Jimi Hendrix – Electric Gypsy

Harry Shapiro · Caesar Glebbeek

ELECTRIC GYPSY

JIMI HENDRIX

DIE BIOGRAPHIE

Aus dem Englischen von Ingeborg Schober

vgs

Die Deutsche Bibliothek – CIP Einheitsaufnahme

Shapiro, Harry:
Jimi Hendrix – electric gypsy / Harry Shapiro ; Caesar
Glebbeek. [Aus dem Engl. von Ingeborg Schober]. – 1. Aufl. –
Köln : vgs, 1993
Einheitssacht.: Jimi Hendrix – electric gypsy <dt.>
ISBN 3-8025-2243-5
NE: Glebbeek, Caesar:

Titel der englischen Originalausgabe:
Jimi Hendrix – Electric Gypsy

Erstausgabe 1990 by William Heinemann Ltd.

1. Auflage 1993

Caesar Glebbeek hat den Text für die deutsche Ausgabe
nochmals durchgesehen und aktualisiert.
Übersetzung des Anhangs: Lothar Trampert
Lektorat: Albrecht Piltz
Schutzumschlag: Papen Werbeagentur, Köln
Satz: ICS Communikations-Service GmbH, Bergisch Gladbach
Druck und Verarbeitung: Mohndruck, Gütersloh
Printed in Germany
ISBN 3-8025-2243-5

»Hey Joe – this one 's for you!«
H.S.

For Jimi
C.G.

Ahoy Hallen, Rotterdam, Holland, 10. November 1967
(signiert in der Rheinhalle, Düsseldorf, Deutschland, 12. Januar 1969)

Inhaltsverzeichnis

Vorwort und Danksagung 11
Einführung: Hear My Train A 'Comin' 17
1. Cherokee Mist. 21
2. The Night I Was Born, The Moon Turned A Fire Red . . . 28
3. Spanish Castle Magic 48
4. Hope You Brought Your Parachute With You 64
5. Dusty Boots Cadillac 87
6. If My Daddy Could See Me Now 123
7. Are You Experienced? 150
8. No More Surf Music. 203
9. Alive, But The War Is Here To Stay. 259
10. Have You Ever Been . . . To Electric Ladyland? 298
11. Electric Church 352
12. House Burning Down 386
13. New Rising Sun 441
14. Tomorrow, I'm Gonna Be By Your Side 482
15. Ain't No Telling 514
16. Can You See Me? 534

Quellennachweis. 545
Bibliographie 554

Anhang:
1. Music, Sweet Music: Die Diskographie. 557
2. More Over Rover And Let Jimi Take Over: Die Technik . . 669
3. Jimi Hendrix – A Life In Music: Eine Chronologie 700
4. Stammbaum der Familie Hendrix 756
5. Jimi Hendrix in Büchern und Filmen 758
Bildnachweise 763
Register 765

Vorwort und Danksagung

Nach mehr als drei Jahren fällt es mir rückblickend schwer auszumachen, wann die Idee zu diesem Buch geboren wurde. Das Projekt nahm in kürzester Zeit solche Dimensionen an, daß es schwer war, in der Flut von Informationen die Begeisterung nicht zu verlieren. Doch wenn ich durch den purpurfarbenen Nebel von »Purple Haze« zurückblicke, sehe ich folgendes Bild: Ich sitze in einem Bauernhaus in Cornwall vor einer Tasse Cream-Tea und beschließe, eine spannende Rekonstruktion von Jimis Leben zu schreiben, die ich einfach »Jimi« nennen möchte. Bei meiner Suche nach noch nicht veröffentlichten Hintergrundinformationen lernte ich Caesar Glebbeek kennen, der das Jimi Hendrix Information Centre leitet. Unser Gespräch führte zu einem sechsmonatigen Briefwechsel. In dieser Zeit wurden mir zwei Dinge klar: Erstens, »Jimi« würde niemals geschrieben werden, zweitens, es gab eine wesentlich wichtigere Aufgabe zu bewältigen. Das vorliegende Buch ist das Ergebnis unserer gemeinsamen Arbeit.

Unser Ziel war es, die detaillierteste Zusammenfassung von Jimis Leben und Werk zu erstellen, die jemals veröffentlicht wurde. Vor allem lag es Caesar und mir am Herzen, Jimis internationale Bedeutung und Wirkung über Amerika und England hinaus aufzuzeigen, sein Talent als Songwriter zu würdigen, vor allem aber seine Geschichte trotz des uns zur Verfügung stehenden Informationsbergs so klar wie möglich herauszuarbeiten. Dabei haben wir durchweg versucht, Jimi selbst über seine Einstellung zum Leben, zu seiner Musik und Weltanschauung zu Wort kommen zu lassen.

Den Eckpfeiler für dieses Buch bildet das Archiv des Hendrix Information Centre, das Caesar vor etwa zwanzig Jahren gegründet hat. Sein Umfang ist beeindruckend. Es enthält über 10000 Artikel, Kritiken und Tonbänder mit Interviews, kompletten Konzertmitschnitten und Studio-Sessions sowie eine Datenbank, die viele Aspekte von Jimis Leben von der Geburt bis zum Tod abdeckt. Dazu haben wir weitere Bibliotheken und Archive konsultiert, bei deren Mitarbeitern wir uns bedanken möchten:

BBC Sound Archives, London; BBC Written Archives, Reading; Board of School Trustees, Vancouver, British Columbia; Chicago Public Library; Genealogical Library, London; Genealogical Library, Salt Lake City, Utah; Harborview Medical Center, Seattle; Houston Public Library, Texas; King's Lynn Public Library, Norfolk; Library of the City of Pasadena, California; Nashville Public Library; National Sound Archive, London; Newspaper Library (British Library), London; Public Health Vital Statistics Division, Seattle; San Francisco Public Library; Seattle Public Library; Seattle Public Schools Archive; UCLA Libraries, Los Angeles.

Es ist überraschend, wie viele Personen, die in Jimis Leben eine Rolle gespielt haben, zuvor noch nie befragt worden sind. Andererseits ist es verständlich, wenn man bedenkt, daß nach Jimis Tod manche von sensationsgierigen Journalisten regelrecht gelöchert wurden. Sie haben in der Folge Interviews abgelehnt und zwanzig Jahre lang geschwiegen – bis jetzt. Andere Schlüsselfiguren dagegen sind nie befragt worden. Dabei möchten wir den folgenden Personen für ihre Hilfe danken:

Keith Altham, Lulu Appleton, Al Aronowitz, Anne Bjørndal, Benorce Blackmon, Mark Boyle, Leo Branton, Pearl Brown, Randy California, Ed Chalpin, Chas Chandler, Neville Chesters, George Chkiantz, Jimmy Church, George Clemens, Parker Cook, Mick Cox, Monika Dannemann, Dave Dee, Lee Dicker, Alan Douglas, Kathy Etchingham, Bruce Fleming, Freddie Mae Gautier, Dolores Hall, Eddie Hall, Nancy Hall, Dorothy Harding, Al Hendrix, Leon Hendrix, John Hillman, Hugh Hopper, Frank Jeffery, Johnny Jones, Melody Jones, Angie King (ehemals Burdon), B. B. King, David King, Larry Lee, Gary Leeds, Jimmy Leverton, Buzzy Linhart, Emeretta Marks, Jim Marshall, Dave Mason, Roger Mayer, Jane de Mendelssohn, Buddy Miles, Colette Mimram, Mitch Mitchell, Zoot Money, David Montgomery, Lawrence Moore, Claire Moriece, Buck Munger, Henry Nash, Claude Nonette, Walter Price, Bernard Purdie, Mike Quashie, Margaret Redding, Noel Redding, Vicky Redding, Carol Shiroky, Chris Stamp, Gerry Stickells, Trixie Sullivan, Juma Sultan, Jerry Velez, Geno Washington, Chris Welch, Herbert Worthington und Robert Wyatt.

Wir haben nur wenige direkte Absagen auf unsere Interview-

Anfragen bekommen. Und wenn, dann nur, weil die Angesprochenen vordringlich mit eigenen Projekten beschäftigt waren. Dazu gehörten Eddie Kramer und Billy Cox. Ihre Absagen bedauern wir besonders. Denn nach unseren Informationen (die von jenen, mit denen wir sprechen konnten, bestätigt wurden) zählten sie beide zu Jimis engsten Freunden. Damit sie in diesem Buch zu Wort kommen konnten, mußten wir auf Quellen aus zweiter Hand zurückgreifen. Wir hoffen, daß wir ihnen dennoch gerecht geworden sind.

Unzählige Leute aus aller Welt haben sich uns für eine ganze Palette von Unternehmungen uneingeschränkt zur Verfügung gestellt. Manche haben uns beim Arrangieren der Interviews geholfen, uns bei der Suche nach bestimmten Personen weitergeholfen oder kleine Informationspartikel für das große Puzzle geliefert. Andere wiederum haben Artikel aus dem Französischen, Finnischen, Deutschen, Schwedischen, Italienischen und Spanischen übersetzt, uns großzügigerweise bei der Zusammenstellung der Diskographie unterstützt oder Fotos aufgetrieben. Und wir hatten freien Zugang zu allen anderen Hendrix-Archiven in Europa und Amerika.

Unser Dank gilt auch Ben Valkhoff in Holland und Bill Nitopi in Amerika, die seltene Fotos ausgegraben haben und generell an den Foto-Recherchen beteiligt waren. Darüber hinaus schulden wir folgenden Personen Dank:

Charlie Angel, Steve Barker, Mike Barich, Anders Berglund, Paul de Bie, Peter Blecha, Jan Blom, David Hugo Boarman, Marc Bogard, Gene Bowen, Veronique Brooke, Ralph Brooks, Carol Brown, Peder Bundgaard, Joe Cabot, Alan Clayson, Darell Clingman, Judy Collins, Michael Collins, Ian Coomer, Paul Day, Roy Dean, Fred Dente, Michel Doncque, Michael Fairchild, Carol French, Shane Gates, Tony Glover, John Goddard, Keith Grant, Finn Jensen, Jess Hansen, Justin Harrison, David Haslam, Richie Havens, Nona Hatay, Andrew Crawley, Ayako June Hendrix, Peter Herzig, Phil Hilborne, Graham Howe, Sami Hurmerinta, Sören Karlson, Francis King, Michael Krogsgaard, David Lands, Paul Lane, Kees de Lange, Alan Lowe, Jeff Marsho, Eugene McFadden, Jean-Yves Moguerou, Charles Shaar Murray, Joe Musella, Maureen Neller, David Noonan, Christian Nötzli, Tim O'Brien, Alain Oddou, George Odell, Anders Ögren, Hugh Padgham, Bruce Pates, David Pearcy, Maurizio Percivalle, Håkan Persson, Bruce Pilato, Cliff Richmond, Steven Roby, Mike Ross, Jay Ruby, Edward Rye, Markku Salo, Peter Schertser, Gerhard Schinzel, Barbro Schörling, Mats Schörling, Louis Schwartz, Roy Simonds, Norman Smith, Ron Theisen, Pim Thiemans, Barbara

Thomas, David Thomas (nicht verwandt), Steve Tibbets, Eleanor Toews, Diego Tremonti, Bill Uhrie, Els Valkhoff, Kenneth Voss, Charles White, Fred Wiebel, David Worthing und Thomas Yeates.

Ein Dankeschön auch unserem Agenten Mic Cheetham und unserer Herausgeberin Jane Carr für ihren Rat und ihre Ermutigung.

Ganz besonders wollen wir John Tobler erwähnen, ohne dessen Namen keine Danksagung in einer ernsthaften Rockbiographie komplett wäre. Ihm gebührt Dank, weil er ein wunderbarer Autor und ein Seelenverwandter ist, der in schwierigen Zeiten immer verständnisvoll zuhörte und uns aufmunterte.

Ganz ohne Übertreibung können wir behaupten, daß dieses Buch wohl nie geplant, geschweige denn geschrieben worden wäre ohne die Liebe, Unterstützung und Aufmunterung von Kay. Sie mußte die Einsamkeit vieler Lebensgefährtinnen von Autoren wie uns durchstehen und zusehen, wie ich mir ständig die Haare raufte, so daß es an ein Wunder grenzt, daß ich überhaupt noch welche habe. Und trotzdem war sie bereit, das Manuskript zu lesen und es unmißverständlich zu kommentieren. Dafür schulde ich ihr grenzenlosen Dank. Als ich das Buch zu schreiben begann, wurde mein Sohn Joseph geboren. Auch er lieferte seinen Beitrag. Denn plötzlich bekam ich eine vage Vorstellung, wie das Leben auf Tournee sein muß, obwohl ich niemals die freiwillige Gefangenschaft meines kleinen Zimmers verlassen mußte. Wie das? Indem er mich nach einem vollen Arbeitstag und einem Abend vor dem Computer die ganze Nacht wachhielt. Vielen Dank, Joseph – dieses Buch ist dir gewidmet.

Harry Shapiro
Harrow, 1990

Besonders danken möchte ich meinen Freunden Ben Valkhoff und Bill Nitopi für ihre Unterstützung und Hilfe bei den Vorrecherchen und während all der Jahre, in denen wir das Buch zusammenstellten. Und nicht zuletzt möchte ich den netten Leuten danken, die sich in den vielen Monaten um meine Haustiere und das Haus gekümmert haben, während ich zu Interviews und Recherchen unterwegs war: Ida, June & Frank, Rose & Colum. Ich widme dieses Buch James Marshall Hendrix . . . für immer in unseren Herzen.

Caesar Glebbeek
»Aquarius Cottage«, Juni 1990

Die Autoren möchten sich insbesondere für den Beitrag von Tony Brown (Jimi Hendrix Archives, England) bedanken. Tony ist seit vielen Jahren Hendrix-Forscher, und durch unermüdliche Bemühungen hat er einen unschätzbaren Beitrag zu diesem Buch geliefert.

Außerdem möchten sich die Autoren bedanken bei Bella Godiva Music Inc. und den Estate of Jimi Hendrix für die Genehmigung zum Abdruck von Jimis veröffentlichten und unveröffentlichten Songtexten. Internationales Copyright: 1990. Dank auch an: Meatball Fulton/ZBS Media für die Auszüge aus dem Meatball Fulton-Interview; Knockabout Comics für »The Adventures of Fat Freddy's Cat«, Copyright Gilbert Shelton; Macmillan Ltd. für Ausschnitte aus »Deep Blues« von Robert Palmer; Pan Books Ltd. für Auszüge aus »The Life And Times of Little Richard« von Charles White; Mirror Group Newspapers für den Comic »Fan«; dem »Debris«-Magazin für das »West One«-Interview; der Zeitschrift »Guitar Player«.

Harry Shapiro
August 1991

Vorwort zur deutschen Ausgabe 1993*

Mein Dank geht an folgende gute Seelen, die sich Zeit genommen haben, mir etliche Korrekturen zu schicken, die in der deutschen Ausgabe berücksichtigt wurden: Marc Bogard, Professor Joel J. Brattin, Art Casares, Fred Dente, Michael Fairchild, Jess Hansen, Peter Herzig, Alan Lowe, Douglas J. Noble, Dave Noonan, Patrick O'Donovan, Håkan Persson, Steven Roby, Gerhard Schinzel, Mats Schörling, Gary Vargas und Thomas Yeates. Besonderen Dank an Peter Herzig, der das Manuskript für diese Ausgabe gegengelesen hat.

Caesar Glebbeek
April 1993

* Die Übersetzerin dankt: Georg von Grote, Nick Woodland, Jürgen Herrmann.

Einführung: Hear My Train A'Comin'

Am Dienstag, dem 19. Dezember 1967, herrscht in London Eiseskälte. Direkt am Ende des Leicester Square, im Herzen des Londoner West End, liegt die Great Newport Street 12. Und in der obersten Etage befindet sich das Fotoatelier von Bruce Fleming. The Jimi Hendrix Experience hat soeben eine Fotosession für den Promotion-Film »See My Music Talking« beendet.

Schlagzeuger Mitch Mitchell und Bassist Noel Redding haben sich schon verabschiedet. Und auch Bruce Flemings Arbeit, ein marktgerechtes Image der Gruppe zu kreieren, ist abgeschlossen. Doch Austin Marshall, der Produzent des Films, hat andere Vorstellungen. Er will weg von Jimis bisherigem öffentlichem Image – den Stroboskop-Lampen, Verstärkern, Verzerrern, dem Phasing und den Rückkopplungen. Ihm schwebt das Bild des sanften Genies vor, das vor einem leeren weißen Hintergrund einen einfachen Blues spielt.

Als Regisseur Peter Neal eine zwölfsaitige 1960-Zemaitis-Akustikgitarre anschleppt, deren Saiten speziell für Jimi »linkshändig« aufgezogen worden sind, wird Austin Marshalls Gesichtsausdruck jedoch skeptisch. Jimi greift widerwillig nach der Gitarre. »Zwölfsaitig – Scheiße, was zum Teufel soll ich damit?« »Mhm . . . also«, meint Austin, »wir dachten halt, na ja, du könntest als Kontrast zum restlichen Film 'ne Art langsamen, ruhigen Blues spielen. Okay?«

Jimi schwingt sich auf einen Barhocker, zieht ein Schildpatt-Plektrum aus der Tasche und spielt. In der laufenden Kamera befinden sich allenfalls noch fünf Minuten Filmmaterial. Aber Jimi ist nervös. Für einen Perfektionisten wie ihn muß auch so eine Improvisation sitzen. »Nein, das Ganze noch mal. He, stoppt den Film! Stoppt ihn für eine Sekunde! Ich bin völlig fertig. Kann ich es nur noch einmal spielen? Nur noch *einmal*?«

Ein knappes Drei-Akkorde-Motiv verschleppt sich zu einem klagend-monotonen Mississippi-Delta-Blues in B:

Well I wait around the train station
Waitin' for the train
Waitin' for the train, yeah
Take me, yeah
from this lonesome place
Well now a whole lotta people put me down a lot 'a changes
My girl had called me a disgrace

Dig
The tears burnin'
Tears burnin' me
Tears burnin' me
way down in my heart
Well you know it's too bad, little girl, it's too bad,
too bad we have to part (have to part . . .)

Dig
Gonna leave this town, yeah
Gotta leave this town
Gonna make a whole lotta money
Gonna be big yeah
Gonna be big yeah
I'm gonna buy this town
I'm gonna buy this town,
an' put it all in my shoe (might even give a piece to you)
That's what I'm gonna do, what I'm gonna do, what I'm gonna do

Das paßte bestimmt nicht zum marktgerechten Image und all den rassistischen Schlagzeilen über den »Wilden aus dem Busch«, den »Mau Mau« der Rockmusik. Hier saß ein Jimi, der sein Innerstes nach außen kehrte, Jimi, der im Auge des Sturms zu Hause war, der echte Jimi, der Jimi, der sich nicht seines kulturellen Erbes schämte und den Country Blues nicht als verstaubte »Baumwollpflücker-Negersklaven-Musik« abtat. Jimi, der mit seinen großen Händen schier unmögliche Griffe meistern konnte, hielt die Akustik-Gitarre liebevoll in seinen Armen und zupfte die Saiten so vorsichtig, als seien sie pures Dynamit. Und für einen kurzen Augenblick trat Ruhe in sein Leben, in eine auf Schnellgang programmierte Karriere. Dann kicherte er: »Wetten, daß ihr das nicht erwartet habt?«

Dann war alles vorbei. Das Equipment wurde abgebaut, und Jimi Hendrix, der »Electric Gypsy«, verschwand in seinen dünnen Klamotten allein in der Kälte.

Rheinhalle, Düsseldorf, 12. Januar 1969

Wie meinte Alexis Korner, der Kommentator im Film: »Die *echten* Bluessänger sind geborene Prediger . . . Sie wollen unbedingt auf einer Bühne stehen und den Leuten sagen, wer sie sind und was sie zu tun haben. Wenn du so leben möchtest, gut. Wenn nicht, macht es auch nichts. Aber sag bloß nicht *mir,* was ich tun soll. *Das* ist die Haltung eines Bluesmannes.«

Jimis Credo hieß grenzenlose Freiheit, das war seine Religion. Und seine Autogramme unterschrieb er gerne mit der Zeile »Stay Free« – bleib frei. Für ihn bildeten Freiheit, Wahrheit und Perfektion eine Art Heilige Dreifaltigkeit. Und nach diesem persönlichen Gral suchte er unbeirrt im Musikgeschäft, einem undurchdringlichen Dschungel, aufgebaut aus Lügen und Kompromissen.

Natürlich war Jimis Suche eine einzige Illusion, aber hinterher ist man ja immer schlauer. Sein früher Tod war eine Tragödie, wie der von Buddy Holly, auch einer dieser toten »Was-hätte-der-alles-noch-gemacht-wenn-er-überlebt-hätte«-Rockgrößen. Aber man sagt ja, daß die Kerzen, die am hellsten brennen, oft am schnellsten verlöschen. Doch selbst in schweren Zeiten, und davon erlebte er nicht wenig, verlor Jimi nie seinen Glauben, sein Ziel und seinen Humor. Jimi Hendrix überschritt musikalische Grenzen. Niemand konnte mit ihm Schritt halten, und wahrscheinlich wird es nie jemand können. Nur durch seine Musik und seine Texte kann man das Außergewöhnliche an Jimi verstehen. Und wenn nur einer nach der Lektüre dieses Buches wieder in seine Plattensammlung greift, hat sich der Einsatz gelohnt.

1

1. Cherokee Mist

Die Cherokee, das große Appalachenbergvolk des Südostens, waren wohl der außergewöhnlichste Indianerstamm Amerikas, und die Geschichte seiner Ausrottung zählt vermutlich zu den dunkelsten Kapiteln amerikanischer Kolonialpolitik. Das Volk der Cherokee lebte in festungsähnlichen Städten im südlichen Allegheny, den Rocky Mountains und in den angrenzenden Gebieten von Virginia, Nord- und Süd-Carolina, Georgia, Tennessee und Alabama. Sie hatten eine hochentwickelte Kultur, waren kenntnisreiche Naturheilkundler, besaßen eine politische und ökonomische Verwaltung und eine demokratische Staatsform, in der Frauen nicht nur voll stimmberechtigt waren, sondern im zivilrechtlichen Bereich sogar dominierten. Von Anfang an bemühte sich dieser Indianerstaat um Frieden und Harmonie zwischen den Eingeborenen Amerikas und den Weißen. Vor allem die Engländer, mit denen sie im 17. Jahrhundert ein Handelsabkommen trafen, waren von der diplomatischen Rhetorik und den ausgesucht höflichen Umgangsformen dieses Volkes beeindruckt. Ab 1802 waren die Cherokee-Indianer voll christianisiert und viele mit Europäern verheiratet. 1821 führten sie ihre eigene Schriftsprache ein, kurz darauf wurde ihre Nationalakademie gegründet, auf der unter anderem Medizin, Rechtswissenschaften, Zahnheilkunde, Mathematik, Mechanik, Agrarökonomie, Bergbau, Geologie und Sprachen gelehrt wurden. Und sie publizierten mit der in Englisch und Cherokee gedruckten »Cherokee Phoenix« als einziger Indianerstamm eine eigene Zeitung. Der Cherokee-Staat war in seiner Grundstruktur der vollkommene Wohlfahrts- und Sozialstaat.

Die weißen Pioniere hatten es jedoch auf das reiche und fruchtbare Land der Cherokee abgesehen. Als ein Krieg zwischen der Kolonistenarmee und den Engländern entbrannte, sollte es für die Cherokee fatale Folgen haben, daß sie an der Seite der Engländer kämpften. Von da an standen ihnen nämlich die Amerikaner Georgias mit unversöhnlichem Haß gegenüber und versuchten, die Indianer mit aller Gewalt zu vertreiben. Damit war das Schicksal der friedliebenden und fortschrittlichen Cherokee-Nation besiegelt. 1838 erzwangen 7000 US-Soldaten unter General Scott die Umsiedlung des gesamten Cherokeestammes nach Oklahoma. Rund 17000 Cherokees traten den »Weg der Tränen« an, der durch Tennessee, Kentucky, Missouri und Arkansas in die wasserarme Steinwüste Oklahomas führte und auf dem fast ein Drittel von ihnen durch Hunger, Durst, Kälte, Dürre, Erschöpfung und Krankheit umkam.

Wenige Jahre nach der Evakuierung entfaltete sich im unwirtlichen Präriegebiet des Indianer-Territoriums Oklahoma das blühende Staatswesen der sogenannten »Fünf Zivilisierten Nationen«, bestehend aus den Indianerstämmen Cherokee, Choctaw, Chickasaw, Creek und Seminole. Doch dann brach 1847 der Goldrausch in Kalifornien aus, und immer mehr Siedler und Neueinwanderer beanspruchten Indianerland. Daß die Cherokees 1861–65 im amerikanischen Bürgerkrieg auf seiten des Südens kämpften, wurde ihnen nach dem Sieg der Nordstaaten zum Verhängnis. Ein alter Südstaatenpakt, der die Souveränität ihrer Cherokee-Nation garantiert hatte, wurde für ungültig und Oklahoma zum 46. (weißen) Bundesstaat erklärt. Der nahezu hundertjährige Traum der Cherokee-Demokratie von einem indianischen Bundesstaat »Sequoyah« war damit endgültig zerronnen. H. J. Stammel beschreibt in seinem Buch »Der Indianer – Legende und Wirklichkeit« diesen Niedergang einer blühenden Zivilisation.

Einige der Cherokees, die dem »Weg der Tränen« entkommen waren, hatten bei ihnen freundlich gesonnenen weißen Farmern in Georgia Unterschlupf gefunden und waren mit Weißen oder Schwarzen eine Mischehe eingegangen, durch die sie einigermaßen gegen staatliche Willkür geschützt waren. Darunter befand sich auch eine echte Cherokee-Häuptlingstochter, die in Georgia einen Iren namens Moore heiratete. Ihr Sohn Robert hatte als Halbblut keine Chance, in der Welt der Weißen gesellschaftlich aufzusteigen. Robert arbeitete als Putzer und heiratete eine Schwarze namens Fanny. Am 19. November 1883 wurde ihre Tochter Nora Rose Moore geboren – Jimi Hendrix' Großmutter väterlicherseits. Und das Schicksal wollte es, daß sie beim fahrenden Volk landete.

Vor der Erfindung von Radio, Fernsehen und Kino waren in Amerika reisende Shows die einzige Massenunterhaltung – fahrende

Ärzte, Schmierentheater, Zirkusaufführungen, Minstrel Shows, in denen weiße Schauspieler als Schwarze auftraten, und Vaudevilles. Letztere waren eine Mischung aus allen anderen Darbietungen und stellten die letzte Unterhaltungsform dieser Art dar vor dem Beginn des elektronischen Zeitalters und seiner Populärkultur. Zu den Vaudeville-Truppen gehörten Sänger, Komödianten, Schauspieler für Monologe und Melodramen, Gaststars und eine Tanzgruppe. Nora Moore war Vaudeville-Tänzerin und reiste quer durch die Lande. Sie stellte sich dabei einem ungehobelten Publikum zur Schau, Männern, die sich am Anblick leichtgeschürzter Frauen, die sie sonst nur in der verrufenen Halbwelt der schmutzigen Bars und Saloons sehen konnten, ergötzten.

Aber Anfang des 20. Jahrhunderts konnten viele der kleinen fahrenden Truppen mit den großen extravaganten Bühnenshows nicht mehr mithalten und lösten sich auf. Die Künstler und das Personal blieben dann meist dort, wo ihnen gerade das Geld ausging.

Um 1911 kam die gerade 29jährige Nora mit ihrer damaligen Truppe nach Seattle an der Nordwestküste des Pazifik. Es war das Ende der Reise – die Truppe war pleite. Doch Nora hatte das ewige Zigeunerleben aus dem Koffer und Übernachtungen in Provinzkaffs ohnehin satt und wollte endlich seßhaft werden. Ihr Ehemann Ross Hendrix war damit einverstanden.

Bertran Philander Ross Hendrix wurde am 11. April 1866 in Urbana, Ohio, geboren. Seine Mutter hieß ebenfalls Fanny. Fanny Hendrix (ursprünglich Hendricks geschrieben) war eine arme Mulattin und mit Jefferson Hendrix verheiratet. Als Ross geboren wurde, lebte die damals vierzigjährige Fanny allein. Vater des Kindes war wahrscheinlich Bertran Philander Ross, ein reicher weißer Getreidehändler aus Urbana, der sie irgendwann im August 1865 geschwängert hatte. Es ist anzunehmen, daß Fanny für Ross gearbeitet und er sie vergewaltigt hatte. Vielleicht war es eine Art Rache, daß Fanny dem Kind den Namen des Vaters gab. Vorteile hatte Fannys Sohn durch seine »privilegierte« Zeugung jedenfalls nicht.

Nach dem Ende des Bürgerkriegs und der Abschaffung der Sklaverei war von einer Gleichberechtigung der Schwarzen jedoch wenig zu spüren. Meist wurden sie von den weißen Farmern schamlos ausgenutzt, lebten in bitterster Armut und ständiger Angst vor Lynchjustiz. Und in Ohio war die Gesetzgebung besonders hart. Aber Ross Hendrix hatte keine Lust, Schikanen oder Schlimmeres zu ertragen. Also machte er sich nach Chicago auf, wo er Arbeit bei der Polizei fand. Später schloß er sich als Bühnenarbeiter einer Vaudeville-Truppe an und heiratete Nora Moore.

1912 hatte Ross von Amerika, dem Land der Freiheit für die Weißen, endgültig die Nase voll und zog mit Nora nach Vancouver,

Bertran Philander Ross und Nora Rose Hendrix, Seattle, 1911

Kanada. Die Familie Hendrix hatte vier Kinder: Leon Marshall wurde 1913 geboren, Patricia folgte ein Jahr später, Frank 1918 und am 10. Juni 1919 schließlich Jimi Hendrix' Vater, James Allen, kurz Al genannt.

Der 71jährige Al Hendrix lebt heute in einem gepflegten Vorort von Seattle. Die Wände in dem großen gemütlichen Hauses sind mit Erinnerungen an seinen berühmten Sohn dekoriert. Nachdem Diebe die Goldenen Schallplatten gestohlen haben, hält er seine private Sammlung von Gitarren und Tonbändern nun sicher verschlossen.

Umgeben von Fotoalben und Familiendokumenten erinnert sich Al an seine ärmliche Kindheit: »Mein Vater traf diesen Typen, ich glaube, er hieß Cohen, und bekam einen Job draußen auf dem Golfplatz – es war sein einziger Job, soweit ich mich erinnern kann.« Ross war ein strenger Vater, aber als Jüngster durfte Al sich mehr erlauben als seine Geschwister. Er denkt gerne an seine Familie. »Wir waren immer zusammen, und ich lebte wohlbehütet.«

Im März 1932 begann sich das Schicksal zu wenden. Der erst neunzehnjährige Leon erlag den Folgen eines Blinddarmdurchbruchs. Vater Ross starb genau zwei Jahre später im März 1934. Die Familie löste sich auf: Pat heiratete, blieb aber in Vancouver; Frank ging die erste seiner vier Ehen ein, und der fünfzehnjährige Al war plötzlich ganz auf sich gestellt. Während der Schulzeit zeigte er keine besonderen Talente und hatte deshalb wenig Aussicht auf einen besseren Job als den eines schlechtbezahlten Arbeiters in Vancouver oder auf Vancouver Island. »Ich war Schuhputzer und arbeitete im Friseursalon.« Doch die verborgenen Talente steckten in seinen Fäusten und Füßen. Von seinem Vater hatte er die Fähigkeit zur Selbstverteidigung und den Instinkt zum Überleben geerbt, von seiner Mutter Nora und seinem Bruder Leon die große Leidenschaft und Liebe zum Tanz.

> Ich kam etwa 1936 nach Seattle, um bei den Golden Gloves zu boxen. Die veranstalteten da riesige Turniere, und die Boxer kamen aus ganz Amerika. Ein Typ fragte mich, ob ich nicht auch Lust hätte, pro Runde 25 Dollar zu machen. Ich war einverstanden. Damals wußte ich noch nicht, daß die Golden Gloves alle Amateure waren und eh nicht bezahlt wurden. Ich war ein Leichtgewicht. Ich boxte im Crystal Pool an der First Avenue.

Obwohl Al keinen Killerinstinkt besaß, schickte man ihn in die Endrunden. »Ich mußte auf meinen Gegner einfach eindreschen, bis er in den Seilen hing, und sie feuerten mich an, immer weiter auf ihn einzuprügeln. Dabei hatte mir der Typ doch gar nichts getan.«

Und dann war da noch der Bigband-Jazz. 1938 tanzte alle Welt den Jitterbug, und Duke Ellington machte damals auch in Vancouver Station.

> Es gab Jitterbug-Wettbewerbe. Für diese Wettbewerbe wurden aber Schwarze und Weiße getrennt, weil die Weißen überzeugt waren, daß sie gegen die Schwarzen keine Chance hätten. Einmal schafften wir zu viert die Zulassung zum Wettbewerb: Buster Keeling, Alma, ich und Dorothy King. Wir waren in der

schwarzen Gruppe die Paare. Als Preis waren 100 Dollar ausgeschrieben . . . Mann, ich hatte es schnell drauf, blitzschnell kapierte ich das Timing, denn ich machte 'ne Menge Steptanz. Wir trugen uns für den Wettbewerb ein. An diesem Abend waren nur zwei weitere schwarze Paare dabei, und in meinen Augen hatten wir es bereits geschafft.

Leider schafften sie es aber nicht, weil die beiden Mädchen in letzter Minute ausstiegen, und damit waren 100 Dollar futsch – für einen Arbeitslosen eine unvorstellbar große Summe. Al wurde klar, daß er es allein schaffen mußte. Er gab Solo-Gastspiele und tanzte zu Rhythmen, die nur in seinem Kopf existierten, weil die weißen Bands, mit denen er in den Nachtclubs von Vancouver auftrat, nicht die geringste Ahnung von Swing hatten. Er absolvierte Gastauftritte bei den Vaudeville-Truppen, die in Vancouver haltmachten. Bei diesen Tanzsoli improvisierte er zu den allerneuesten Tanzmoden, bis die Bühnenbretter wackelten, während ihm der Anzug mit den Reißverschlüssen an der Außenseite um die muskulöse Figur schlotterte. Seiner Größe wegen hatte Al es schwer, geeignete Partnerinnen für die eher akrobatischen Nummern zu finden.

Irgendwann hatte Al genug von Vancouver und kehrte nach Seattle zurück. Das Leben dort war aber nicht besser, auch in dieser Stadt lag das Geld nicht auf der Straße. In seinen schäbigen Unterkünften versuchte er sich wenigstens körperlich und geistig fit zu halten. Nur das Tanzen hielt ihn am Leben. Eines Nachts tanzte er mit der Band von Louis Armstrong und gab sein Bestes, die gesamten Modetänze seiner Zeit: Ballin' The Jack, Eagle Rock, den Georgia Grind, eine Prise Charleston und Jitterbug. Das elegante Publikum, das über ihn lachte und begeistert mitklatschte, machte jenen Abend wahrscheinlich zum Höhepunkt seiner Tanzkarriere. Obwohl er nie ein Profi wurde, veränderte das Tanzen sein Leben, denn dabei lernte er die sechzehnjährige Lucille Jeter kennen.

Lucille war eines der acht Kinder von Preston Jeter und seiner Frau Clarice. Preston wurde im Juli 1875 in Richmond, Virginia, geboren und hatte als Hafenarbeiter und in den Kohleminen von Whitesville südlich von Charleston am Coal River gearbeitet. Von der Unabhängigkeitserklärung hatte man in diesen Orten noch nichts gehört, und die Arbeit unter Tage war praktisch Sklavenarbeit. Nach der Auseinandersetzung mit einem reaktionären Hinterwäldler war Preston nach Boston geflüchtet und hatte unterwegs seinen Namen geändert. Ein weißer Arzt nahm sich seiner an und schickte ihn aufs College. Aber ein Schwarzer mit Ausbildung blieb dennoch ein Schwarzer, wenn es um eine Anstellung ging, und so landete Preston in den Rosslyn-Minen im Staate Washington. Von Clarice weiß man nur, daß sie am 17. Januar 1894 in Little Rock, Arkansas, geboren wurde.

Ihre Situation war vergleichbar mit der vieler schwarzer Ehepaare – eine große Familie mit geringem Einkommen. Als Clarice ernsthaft erkrankte, konnte oder wollte Preston sich nicht um die Kinder kümmern, und sie kamen zu einer deutschen Pflegefamilie im Norden Washingtons. Obwohl sie die einzigen schwarzen Kinder in der weißen Wohngegend waren, ging es ihnen sehr gut. Aber die Trennung von ihrem Zuhause hatte Folgen. Lucilles Schwester Dolores meint: »Wir heirateten deshalb alle sehr jung, wir wollten Kinder, eine Familie haben, zusammensein, doch es kam leider ganz anders.«

Lucille wurde am 12. Oktober 1925 geboren. Sie war so hellhäutig, daß ihre Familie befürchtete, sie würde die nächstbeste Gelegenheit nutzen, um sich in die Welt der Weißen abzusetzen. Dolores und die Familie beteten Lucille an. »Sie war ein so süßes kleines Ding.« Und das war sie auch noch, als Al sie kennenlernte. »Wir trafen uns bei Freunden«, erinnert er sich, »eine Freundin von ihr hatte sie mitgebracht. Sie wirkte sehr jung. An diesem Abend gingen wir tanzen, es war ein Freitag . . . Fats Waller spielte.« Lucille war eine kleine, zierliche Person und sehr anfällig, was von einer Lungenentzündung herrührte, die sie als Baby gehabt hatte. Aber auf der Tanzfläche war sie die ungekrönte Lokalmatadorin, geschmeidig und weich und so schnell wie ein Wirbelwind. Al hatte seine perfekte Tanzpartnerin gefunden. Das Jahr 1941 war für beide ein einziger großer Tanz, und die Zukunftsaussichten schienen rosig. Doch dann bombardierten die Japaner im Dezember Pearl Harbor.

Nach der Kriegserklärung herrschten große Unsicherheit und Angst. Niemand wußte, was passieren würde, aber man ahnte, daß es wohl nie mehr so sein würde wie früher. Die Angst vor der Zukunft und dem drohenden Einberufungsbefehl wirkten sich auch auf die Beziehungen aus. Man hatte keine Zeit zu warten. Trotz einer Bruchoperation erhielt auch Al Anfang 1942 seinen Marschbefehl, und am 31. März heiratete er Lucille. Er war noch nicht mal dreiundzwanzig und sie gerade sechzehn. Aber es gab noch einen Grund für die Verbindung: Lucille Jeter war schwanger.

2

The Night I Was Born, The Moon Turned a Fire Red

Kurz nach seiner Heirat wurde Al eingezogen. Seine Grundausbildung für die Feldartillerie absolvierte er in Oklahoma. »Schließlich kamen einige von uns nach Fort Benning, Georgia. Wir alberten gelangweilt in den Baracken herum und wurden dafür bezahlt.«

Am 26. November 1942 wurde Lucille spätnachts ins King County Hospital von Seattle eingewiesen, wo sie nach langen und schweren Wehen vormittags um 10.15 Uhr einen Jungen gebar. Er wog etwa neun Pfund, hatte dichtes Kopfhaar, große Augen, war so hellhäutig wie Lucille und zu einem Sechzehntel Cherokee. Lucille nannte ihn Johnny Allen. Erst später wurde der Name geändert in James Marshall Hendrix, von allen Jimmy genannt.

Al saß während der Geburt seines Sohnes in Alabama hinter Gittern. »Ich hatte meinen Kommandanten um den Heimaturlaub gebeten, der mir zustand. Doch er lehnte ab und meinte, die Entfernung sei zu groß und – komm ja nicht auf die Idee, dich aus dem Staub zu machen.« Und weil seine Vorgesetzten genau das befürchteten, steckten sie den wütenden Al vorsichtshalber ins Gefängnis – und das für rund zwei Monate. »Dort erhielt ich von meiner Schwägerin Dolores das Telegramm mit der freudigen Nachricht.«

In Seattle standen die Dinge nicht zum besten. Lucille war während ihrer Schwangerschaft zu Hause ausgezogen und lebte bis zu Johnny Allens Geburt bei Dorothy Harding, einer Freundin ihrer Schwester Dolores. Doch Dorothy hatte selbst zwei Kinder, und für ein weiteres Baby war die Wohnung zu klein.

Eine Weile hauste Lucille in verschiedenen schmuddeligen und tristen Pensionen, bis ihre Mutter Clarice nach dem Tod ihres Mannes 1943 das Haus verkaufte, um mit Lucille und dem Baby zusammenzuleben. An Lucilles finanzieller Misere war die Militärbürokratie

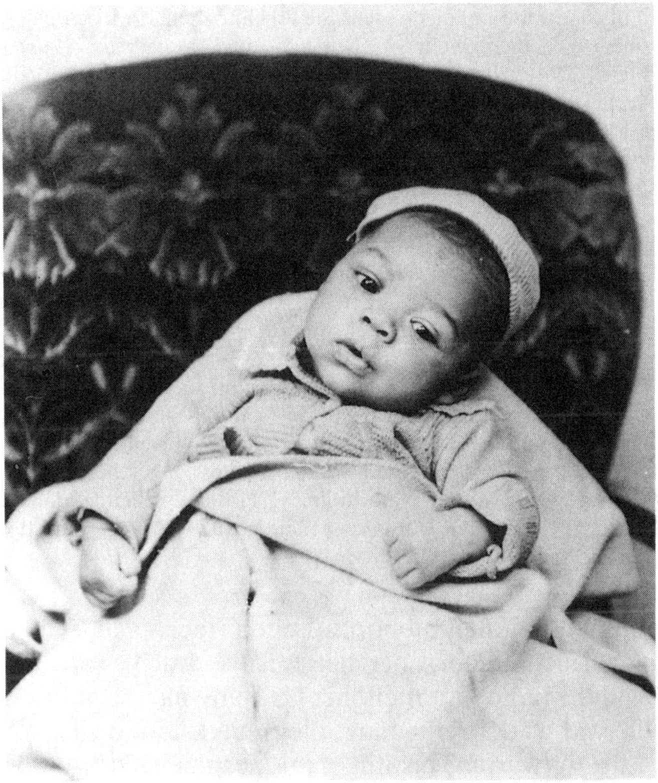

Johnny Allen (im Alter von 2 Monaten und 3 Wochen), Seattle, 20. Februar 1943

schuld. Nach Als Einberufung erhielt sie fast ein Jahr lang kein Geld, und als es schließlich eintraf, war sie hochverschuldet, obwohl sie ab und zu als Kellnerin im Farwest Café jobbte. Doch das eigentliche Problem lag woanders. Der lebenslustige Teenager, der sich nachts in den Clubs und Tanzpalästen von Seattle amüsiert hatte, kam mit seiner neuen verantwortungsvollen Aufgabe als Ehefrau und Mutter nicht zurecht und fühlte sich völlig überfordert.

Lucilles Mutter arbeitete damals als Putzfrau bei einer Familie, deren Tochter Freddie Mae zwölf Jahre alt war.

Wir wohnten Ecke 21st und East St John Street. Mrs. Jeter, Lucilles Mutter, war unsere Putzfrau und gehörte fast zur Familie. An einem kalten Wintertag kam sie mit dem Baby zu uns. Es war vielleicht zwei Wochen alt, und seine kleinen nackten Füßchen waren blaugefroren. Sie erzählte meiner Mutter Minnie, daß sie Lucille seit Tagen nicht mehr gesehen habe und deshalb das Baby mitbringen mußte. Meine Mutter hatte immer Pflegekinder und nahm Johnny Allen zu sich. Meine Mutter und Mrs. Jeter bekamen Krach, weil sie das Baby durch die ganze Stadt geschleppt hatte, nur in eine dünne Decke gehüllt. Es hatte die Windeln voll, und draußen war es so kalt, daß sie gefroren waren und der Urin auf seinem Po einen Ausschlag hervorrief. Mrs. Jeter hatte weder Windeln noch ein Fläschchen bei sich.

Meine Mutter badete das Baby, cremte es mit Olivenöl ein und massierte es warm. Es wimmerte ein bißchen. Meine Mutter wärmte etwas Milch an, und weil das Baby anfangs etwas zögerte, fragte sie, ob es an die Brust gewöhnt sei. Doch Mrs. Jeter antwortete, da Lucille ja nie zu Hause sei, habe sie immer Milch gegeben. Sie wollte nach ihrer Arbeit das Baby wieder mit nach Hause nehmen, aber meine Mutter protestierte. Lucille solle selbst das Baby bei ihr abholen und erklären, warum es in einem solchen Zustand sei. Mrs. Jeter meinte, Lucille würde sicher sauer sein, und meine Mutter antwortete: »Soll sie doch!«

Ich weiß nicht mehr genau, wann Lucille zu uns kam, aber es war wohl zwei Monate später. Meine Mutter sagte zu ihr: »Es ist eine Schande, daß du das Baby deiner Mutter überläßt. Ich werde es behalten.« Und Lucille fand das okay. Es schien sie nicht besonders zu berühren.

So begann Johnny Allen Hendrix' Leben: meist war er bei Minnie, manchmal bei Mrs. Jeter oder bei Lucille. Lucille war eine starke Trinkerin, und Minnie überließ ihr das Baby nur, wenn sie nüchtern war. Lucille war weder reif genug, die treue Ehefrau zu spielen, noch hatte sie Lust zu warten, bis ihr Mann aus dem Krieg zurückkehren würde. Sie war in schlechte Gesellschaft geraten und trieb sich in der Stadt herum. Sie flog auf gutaussehende Tunichtgute, die Spaß daran hatten, Frauen zu mißhandeln, und wurde oft in Begleitung eines Schwarzen namens John Williams (Name geändert) gesehen.

Williams kam aus Kansas City und arbeitete im Hafen von Seattle. Seattle galt als verrufene Lasterhöhle, und seine billigen Vergnügungsviertel waren ein Dorado für zwielichtige Gestalten. Es war genau der richtige Ort für Typen wie John Williams. Für Dorothy Harding, die sich um die schwangere Lucille gekümmert hatte, war John einfach nur Abschaum.

Als Williams auftauchte, hatten Dolores Jeter und ihre Mutter alle Hände voll zu tun, Lucille und das Baby zu beschützen. »Er zog mit meiner Schwester und dem Baby quer durchs Land. Ich besuchte sie in einer Sozialsiedlung in Vancouver (im Staat Washington), und sie lebten dort wie in einem Schweinestall. Wir versuchten, Lucille zu uns zu holen, aber sie wollte bei ihm bleiben. Ein andermal mußten wir das Baby zu uns nehmen, weil Williams Lucille krankenhausreif geschlagen hatte.« Jimmy selbst wurde zwar niemals körperlich mißhandelt, aber die ständig wechselnden kalten und feuchten Quartiere schwächten die Gesundheit des Babys.

> Ich hatte als Kind Lungenentzündung und schrie jedesmal, wenn ich eine Spritze bekam . . . Ich kann mich daran erinnern, wie diese Krankenschwester mir neue Windeln anlegte . . . Sie sprach mit mir. Sie nahm mich aus einem Lattenbett . . . Dann ließ sie mich aus dem Fenster sehen. Da war Seattle, und sie zeigte mir irgendwas am Himmel. Es war ein Feuerwerk. Es muß wohl der 4. Juli gewesen sein. Sie erdrückte mich fast mit der Windel . . . Es ging mir wirklich nicht gut . . . Ich hing am Tropf und all diesem Kram, und plötzlich hielt sie mich hoch, und ich konnte durch das Fenster den Himmel sehen, und es war einfach uh-uh-uh.[1]

Die gesamte Nachbarschaft mochte den kleinen Johnny Allen mit seinem runden Engelsgesicht und den staunenden Augen. Es war immer jemand für ihn da, wenn Lucille nicht in der Lage war, sich um ihn zu kümmern, oder keine Lust dazu hatte. Johnny besuchte seine Großmutter in Vancouver, Kanada, und danach verbrachte er etliche Zeit in Seattle bei einer Frau namens Walls und einer anderen namens White. Dann nahmen Lucilles Schwestern Dolores und Nancy ihn eine Zeitlang zu sich. Clarice Jeter war es leid, hinter ihrer Tochter herzurennen, kaufte 1944 oder '45 ein anderes Haus und holte das Baby zu sich. Zu Dolores sagte sie: »Ich werde mich jetzt um ihn kümmern, ich habe eine ziemlich gute Arbeit gefunden. Wir werden's schon schaffen.« »Als nächstes erfuhr ich«, so Dolores, »daß eine Freundin meiner Mutter ihn mit nach Kalifornien genommen hatte.«

Clarice Jeter kannte Mrs. Champ aus der Pentecostal Church, der Kirchengemeinde der Schwarzen. Mrs. Champ fand den kleinen Kerl entzückend und wollte ihn auf eine zweiwöchige Reise mitnehmen. Doch aus den zwei Wochen wurden schließlich zwei Monate, in denen der zweijährige Johnny in Mrs. Champs Heimat Texas aufgepäppelt wurde. Dann nahm sie ihn mit in ihre eigene Wohnung in Savo Island Village, einer billigen Sozialsiedlung in Berkeley, Kalifornien. In der Zwischenzeit kehrte Al Hendrix nach Hause zurück.

Fernab auf den Fidschi-Inseln war Al darauf angewiesen gewesen, daß ihn Dolores auf dem laufenden hielt. Er schickte ihr auch Geld für Lucille und Johnny. Von Mrs. Champ erhielt Al ebenfalls Briefe über seinen Sohn, und es wurde ihm klar, daß Lucille sich nicht so um Johnny kümmerte, wie er es erwartet hatte. Das allein erklärt allerdings noch nicht, warum Al bereits bei der Armee ernsthaft mit dem Gedanken spielte, sich von Lucille scheiden zu lassen. Er entschied sich jedoch, der Sache noch eine Chance zu geben, »um die 25 Dollar für den Anwalt zu sparen«. Wahrscheinlich dachte er an Scheidung,

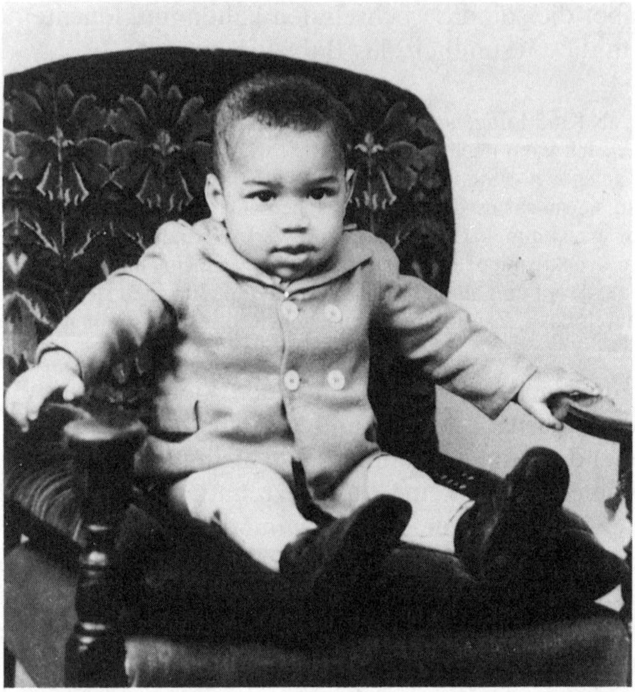

Johnny Allen, Seattle, 1944

weil er von Lucilles Verhältnis mit John Williams erfahren hatte. Dolores streitet ab, ihn informiert zu haben, möglicherweise tat es aber Nora. Nach Als Rückkehr forderte Williams Lucille auf offener Straße und vor Als Augen lautstark auf, zu ihm zurückzukehren. Als Antwort bekam er eine Kostprobe von Als »goldenen Fäusten« zu spüren. Al, ein stolzer Mann, äußert sich über John Williams sehr zurückhaltend. »Ja, er tauchte manchmal auf.«

Al hatte seine Entlassung eingereicht, nachdem er erfahren hatte, daß sein Sohn in Kalifornien war, und so kehrte er schließlich am 11. November 1945 nach Seattle zurück. Er hatte den Briefen von Mrs. Champ entnommen, daß sie nicht daran dachte, auf den Jungen zu verzichten. Weil er Schwierigkeiten befürchtete, besorgte sich Al die Geburtsurkunde von Johnny Allen, um seine Vaterschaft zu beweisen.

Johnny hatte sich mit Mrs. Champs Tochter Celestine angefreundet. »Sie hatten sich an ihn gewöhnt«, so Al, »und wollten ihn nicht hergeben. Sie liebten ihn wirklich.« Mrs. Champ weigerte sich auch deshalb, weil vereinbart worden war, daß sie den Jungen Lucille übergeben sollte. Und sie hatte wohl von Clarice erfahren, welch erbärmliches Leben Johnny in den Slums von Seattle erwartete. Sie versuchte Al davon zu überzeugen, daß das Kind bei ihr besser aufgehoben sei. Aber das Recht war auf Als Seite, und er dachte nicht daran, auf seinen Sohn zu verzichten, für den er sogar ins Gefängnis gegangen war. Während der Zugfahrt nach Hause war Johnny völlig aufgedreht und bekam zum ersten Mal Als Strenge zu spüren. Weil er den Grund der Reise nicht verstand, maulte er: »Ich werd's Celestine sagen.« »Kannst du machen«, antwortete Al.

In Seattle nahm sich Al zuerst eine Wohnung in der Oregon Street und zog dann zu Dolores in die 10th Avenue. Lucille kam schließlich zurück, und sie lebten etwa ein Jahr zusammen. »Sie lebten wie in den Flitterwochen«, sagt Dolores, »denn sie waren ja zum ersten Mal wirklich zusammen. Jede Nacht gingen sie aus, amüsierten sich, und wahrscheinlich war es die einzige gute Zeit, die Jimi erlebte. Er bekam Liebe und Aufmerksamkeit, und wir waren eine große Familie.«

Al paßte es nicht, daß er über den Namen seines Sohnes nicht hatte mitentscheiden können. Und so wurde Johnny Allen am 11. September 1946 in James Marshall umgetauft, in Erinnerung an Als 1932 verstorbenen Bruder Leon Marshall. Aus Johnny wurde Jimmy (später verkürzt zu »Jimi«, Hendrix' Künstlername). Warum diese Namensänderung? ›Johnny‹ gefiel mir nicht.« Vielleicht erinnerte ihn »Johnny« an John Williams, und es ist auch gut möglich, daß Lucille mit dem Namen Johnny Allen ihre beiden Liebhaber verewigt hatte. Später deutete Lucille Jimmy gegenüber sogar an, daß Al gar nicht sein Vater sei. Sie machte diese Bemerkung allerdings erst, als Lucille und Al sich bereits unwiderruflich getrennt hatten.

Aber 1947 war die Welt noch in Ordnung. Für Al war es zwar schwer, eine feste Arbeit zu finden, aber er lebte von seiner Armeerente oder, wie er es nannte, seinem »Schaukelstuhl-Geld«. Die Hendrix' zogen in eine eigene Wohnung in der Rainier-Vista-Sozialsiedlung, und im Januar 1948 wurde ihr zweiter Sohn Leon Morris geboren, von dem Al sagt, er sei »wie aus heiterem Himmel« gekommen. Jimmy besuchte ab September den Kindergarten der Rainier-Vista-Schule. Das Eheglück dauerte etwa drei Jahre, und Al nahm alle möglichen schlechtbezahlten und erniedrigenden Jobs an, während er auf seinen Grundschulabschluß und seine Ausbildung als Elektriker hinarbeitete.

Johnny Allen mit seinem Vater Al Hendrix, Seattle, Winter 1945

All das ließ sich nicht mit Lucilles Sehnsucht nach Amüsement in Einklang bringen. Wann immer sie konnte, büchste sie aus und ließ Jimmy und Leon in der Obhut ihrer Mutter zurück. Al ärgerte es, daß Lucille nicht die normale Ehefrau und Mutter war, die er sich gewünscht hatte. Doch Lucille trieb es immer bunter, und Mrs. Jeter machte Al dafür verantwortlich. Ein anderer ewiger Streitpunkt war das Geld, denn Al war mehr als sparsam. »Er war sehr streng mit meiner Schwester«, sagt Dolores, »das war der Grund für ihre Trennung. Sie wäre bei ihm geblieben, wenn er nicht so streng gewesen wäre.« Die Trennung fand unter Streit und Tränen statt. Jimmy und Leon verbrachten den Sommer 1949 bei Als Schwester Pat in Vancouver. Jimmy besuchte etliche Monate eine von Als früheren Schulen in

Johnny Allen, Seattle, Mitte 1946

der Dawson Street. Dann starb Pats Ehemann, und Jimmy und Leon mußten zurück nach Seattle. Nach einem letzten Versöhnungsversuch von Al und Lucille feierten sie 1949 zusammen das Weihnachtsfest.

Doch die rührselige Weihnachtsstimmung war schnell verflogen, und alles begann wieder von vorne – Lucille trank und verschwand tagelang. Einmal suchten Al und die Jungs nach ihr. Sie war mit einem anderen Mann zusammen, kam aber mit nach Hause. Im Auto entbrannte ein höllischer Streit, und Lucille trat gleichzeitig aufs Gas und auf die Bremse. »Der Wagen machte einen Satz nach vorn und hielt dann abrupt«, erinnert sich Leon, »Jimmy und ich flogen auf den Vordersitz. Mama begann zu weinen und entschuldigte sich . . . Sie umarmte und küßte uns. Das war die innigste Umarmung, die ich und

Lucille Hendrix, Seattle, 1948

Jimmy je von ihr bekamen.«[2] Die Scheidung fand im Dezember 1951 statt. Al erhielt das Fürsorgerecht für Jimmy, Leon und den 1949 geborenen Joseph. Jimmy und Leon blieben bei Al, Joseph kam zu Pflegeeltern. Etliche Jahre später hatte Al ein traumatisches Erlebnis: Bei einem zufälligen Treffen auf der Straße ignorierte Joseph ihn einfach. Im Geburtsregister sind bis zu Lucilles Scheidung zwei weitere Kinder eingetragen – Cathy Ira (27. September 1950) und Pamela Marguerite (27. Oktober 1951). Beide Male wird Al als Vater genannt. Cathy wurde sechzehn Wochen zu früh geboren, wog knapp zwei Pfund und überlebte wie durch ein Wunder. Sie wurde zur Adoption freigegeben.

Jimmy und Leon hatten weiterhin Kontakt zu Lucille. »Sie kam manchmal vorbei«, so Al, »und versprach ihnen die tollsten Sachen. Jimmy fragte mich, warum Mama immer Dinge versprach, die sie nicht halten konnte. Und ich antwortete ihm: ›Weißt du, sie meint es ernst, sie will es tun.‹ Ich habe vor Jimmy nie schlecht über sie gesprochen, er *wußte* ja, was ich mit ihr durchgemacht hatte.« Lucilles mitternächtliche Besuche machten Al wütend, weil er zur Arbeit mußte und die Jungs am nächsten Morgen zur Schule. Meist schleppte Lucille ihre neueste Eroberung an und hielt die Schnapsflasche in der Hand. Leon meint, Jimmy und er hätten Lucille weit öfter gesehen, als Al ahnte. »Obwohl wir sie nicht besuchen durften, taten wir es. Wenn wir was ausgefressen hatten, drohte uns Dad, daß wir zu unserer Mutter müßten. Dabei hatten wir mit ihr viel mehr Spaß. Ein paar Tage überschüttete sie uns mit Liebe, dann wieder war sie für Monate verschwunden.«

Jimmy besuchte bis zur Scheidung seiner Eltern zuerst die Rainier-Vista-Schule und dann die Horace-Mann-Grundschule an der East Cherry Street, Ecke 23rd Avenue. In seinen Zeugnissen wurde Jimmy anfangs als durchschnittlicher Schüler bezeichnet. Als er sich für Musik zu interessieren begann, sackten seine Leistungen ab und lagen meist unter dem Durchschnitt. Im Musikunterricht war er schlecht, sein Lieblingsfach war Kunst. »Ich malte gern in der Schule. Wenn der Lehrer sagte, malt drei Bilder, dann malte ich abstrakte Dinge wie den Sonnenuntergang auf dem Mars, ohne Flachs!«[3] Leon erzählt, Jimmy habe einige Entwürfe für Autos an Ford geschickt und etliche Preise gewonnen.

Nach der Schule trieb sich Jimmy wie die meisten Kinder auf der Straße herum. Auf der Leschi-Grundschule in der 32nd Avenue freundete er sich mit einem Jungen namens James Williams an. Sie spielten zusammen im Madrona oder Seward Park und schlossen sich

Jimmy mit seinem Bruder Leon, Seattle, 1950

den Pfadfindern an. Dort überlisteten sie die anderen bei Schnitzeljagden, indem sie sich laut bei ihren geheimen Spitznamen riefen. Jimmy war »Henry« (abgeleitet von Hendrix), James wurde »Kartoffelchips« gerufen, weil er sich von nichts anderem zu ernähren schien. Oft war Jimmy mit seinem Hund Prince und dem kleinen Leon unterwegs.

Wir stromerten manchmal bis zum Sonnenuntergang herum, dabei hätte Jimmy als der Ältere von uns klüger sein müssen. Die Beschwerden der Nachbarn riefen schließlich die Fürsorge auf den Plan. Im Sommer standen wir um drei Uhr morgens auf und gingen ans andere Ende der Stadt zu den Obstpflückern und besorgten uns

Leschi Elementary, Klassenfoto (Jimi ist in der zweiten Reihe von unten der dritte von links. Links neben ihm sein Freund James Williams), Seattle, Juni 1955

Doughnuts. Das machten wir jeden Sommer so. Danach fuhren wir mit dem Bus zum Bohnenpflücken, für einen Dollar pro Stunde. Wenn wir den Bus verpaßten, kletterten wir am Güterbahnhof in einen der Züge und reisten als blinde Passagiere zu den Bohnenfeldern. Wir waren Vagabunden, es fand sich immer jemand, der uns zu essen gab. Jimmy war mein ein und alles – mein bester Freund.

An den Wochenenden ging Al manchmal mit Jimmy und Leon ins Atlas Cinema. Sie sahen »Prinz Eisenherz«, einen Mantel-und-Degen-Film, 1954 nach einem Comic über einen verwegenen Ritter gedreht. Nachdem Jimmy den Film gesehen hatte, nannte er seinen Hund Prince. Aber sein absoluter Lieblingsfilm war »Flash Gordon«.

> Man konnte zwar den Faden sehen, an dem die Rakete hing, aber wir fanden es einfach toll. Dad gab uns einen Nickel für Popcorn und zehn Cents fürs Eintrittsgeld. Von da an hatte Jimmy seinen Spitznamen weg – Buster. Jeder nannte ihn nach dem »Flash Gordon«-Schauspieler Buster Crabbe. Wir verkleideten uns mit Cape und Helm, und einmal sprang Jimmy sogar vom Dach. Er glaubte wirklich, er könne fliegen. Jimmy erzählte mir alles über die Sterne und die Planeten, erfand Geschichten und machte Zeichnungen.

Als Kind liebte Jimmy Science-Fiction, und in seinen späteren Songs lebten diese Geschichten weiter. Die Welt des Universums spielte für seinen persönlichen Kosmos, sein Weltbild und den Platz, den er darin einnahm, eine große Rolle. So schaffte sich Jimmy bereits als Kind eine Traumwelt, in der er seine lebhafte Phantasie ausleben konnte. Wenn er durch die Straßen des schwarzen Ghettos von Seattle raste, mit einem Helm auf dem drahtigen Kraushaar und mit dem flatternden Cape, dann war er nicht mehr der scheue, verwirrte kleine Junge mit den traurigen Augen, der nicht verstehen konnte, warum seine Mutter in der einen Minute auftauchte und in der nächsten wieder verschwand. Er lebte auf dem Planeten Mongo und rettete die Erde vor Ming dem Gnadenlosen. Und in seinen Bildern konnte er die Schlacht um Neptun oder die kahle Landschaft seiner imaginären Heimat auf dem Jupiter erschaffen. Das war *seine* Welt, und in der gab es keine unangenehmen Überraschungen.

Und er war ein guter Sportler. Auf der Leschi-Grundschule gehörte er dem Fighting-Irish-Footballteam an. Nach dem Wechsel auf die Meany Junior High im September 1955 spielte er für die Capitol Hill Rough Riders. »In unserer Mannschaft waren Chinesen, Japaner, Puertoricaner, Filipinos, und wir gewannen alle Spiele.«[4]

Al schlug sich als alleinerziehender Vater durch und sorgte dafür, daß die Kinder Essen und Kleidung hatten und zur Schule gingen. Jimmy, der wußte, wie schwer es für seinen Vater war, bemerkte später gegenüber Freddie Mae: »Er mag zwar nicht gebildet gewesen sein, aber er hat sich wirklich um uns gekümmert.« Al war jedoch nur selten zu Hause, und Jimmy und Leon vermißten ein geordnetes Familienleben. Al war darauf angewiesen, daß andere sich um seine Söhne kümmerten, wenn er nicht genug verdiente oder einfach nicht zurechtkam. Seine Schwester Pat kam aus Vancouver, um eine Weile mit ihnen zu leben, meist aber war Jimmy bei Als Bruder Frank und dessen Frau Pearl, bei Freddie Maes Familie, bei Dorothy Harding und zwei anderen Freunden der Familie, Bill und Ernestine Benson. Pats Tochter Gracie kümmerte sich um ihn, und bisweilen fuhr er zu seiner Großmutter Nora, die er sehr liebte. »Meine Großmutter ist

Jimi mit seinem Football-Trainer, Seattle, 29. November 1956

eine Vollblutindianerin (sic) . . . Sie nähte Kleidung für mich, und jeder in der Schule lachte mich aus, na ja, die übliche rührselige Geschichte.«[5]

Bei den Hendrix' war das Geld auch deshalb knapp, weil Al gerne spielte, und mit Verbitterung bemerkt Leon: »Er versuchte sein Glück an den Spielautomaten, aber uns gab er kein Geld.« Oft blieb Al die ganze Nacht weg, um Karten zu spielen. Dafür lief er den gesamten Weg zur Abendschule, um die Busfahrt zu sparen. Leon erinnert sich auch an eine Haushälterin und Babysitterin namens Edith, die sich zeitweise um ihn kümmerte, wenn Jimmy zur Schule und Al zur Arbeit mußten. »Ich habe dann sehnsüchtig auf Jimmy gewartet, denn diese Frau hat mich wirklich schlecht behandelt, sie machte mir nicht mal was zu essen. Wenn Jimmy morgens das Haus verlassen hatte, bekam ich's mit der Angst zu tun.« Al hatte Edith engagiert, um keine Schwierigkeiten mit der Fürsorge zu bekommen. »Die Leute von der Fürsorge tauchten seit Jahren bei uns auf«, sagt

Leon, »denn es hatte Beschwerden gegeben. Sie blieben immer länger bei uns, und wir mußten dann ins Nebenzimmer. Aber das Wesentliche bekamen wir mit – wir sollten zu Pflegeeltern.« Von seinem achten Lebensjahr an lebte Leon bei verschiedenen Pflegeeltern und für eine kurze Zeit sogar bei Lucille. Es hatte sich eingespielt, daß Jimmy bei Al bleiben konnte, wenn dieser in Schwierigkeiten steckte, während Leon gehen mußte, obwohl er eigentlich Als Lieblingssohn war. Al gibt zu, daß er zwar mit dem älteren Jimmy strenger war, aber gleichzeitig annahm, er müsse sich nicht soviel um ihn kümmern.

Leon hat bis heute nicht verstanden, warum er zu Pflegeeltern gegeben wurde. »Ich hab's nur ertragen, weil Jimmy mich besuchte. Ich kam zu den Wheelers, einer reichen schwarzen Familie mit acht Kindern. Sie waren wirklich gut zu uns. Ich nannte Mrs. Wheeler ›Mama‹, und Jimmy besuchte mich fast jeden Tag.«

Die unsicheren und zerrütteten Familienverhältnisse machten es Jimmy unmöglich, engere Gefühlsbindungen einzugehen. Er wurde allmählich still und verschlossen, denn kaum hatte er sich an jemanden gewöhnt, wurde er von ihm wieder getrennt. Trotz der Liebe, die man ihm entgegenbrachte, machte ihn dieses unermüdliche Hin und Her zwischen Familie und Freunden reserviert, und er war unfähig, seine Gefühle zu zeigen. Diese Verhaltensweise erklärte er später oft mit seinem Drang nach Unabhängigkeit. Gleichzeitig suchte er verzweifelt jemanden, dem er vertrauen, mit dem er reden konnte und der ihm zuhörte.

Die Verschlossenheit seines Vaters machte es Jimmy nicht leichter. Al konnte mit der Empfindsamkeit seines Sohnes nicht umgehen und war sich nicht bewußt, daß Jimmys Zurückhaltung eine Folge seiner orientierungslosen Kindheit war. Dorothy Harding erinnert sich an einen Zwischenfall, der sich ereignete, als Jimmy etwa drei Jahre alt war.

> Wir waren bei irgendwelchen Leuten, und Al war auch da mit Lucille und den beiden Jungs. Der kleine Jimmy versuchte, seine Schuhe zu binden. Er war sehr nervös. Al beobachtete, wie Jimmy sich bemühte. Aber er war so nervös, daß er es einfach nicht richtig hinbekam. Al schrie ihn an, und ich sagte: »Er ist doch noch ein Baby, du bringst ihn ganz durcheinander, du wirst Probleme mit ihm kriegen.« »Was für Probleme«, antwortete Al, »er ist einfach genauso stur wie seine Mutter.«

Aber Dorothy behielt recht, Jimmy war entsetzlich schüchtern und stotterte sogar einige Jahre.

Al fand als Elektriker keine Arbeit, »wegen der Vorurteile«, wie Leon meint. Also arbeitete er als Putzer, im Stahlwerk, in einem Supermarkt und an einer Tankstelle. Aber welcher Chef hätte Verständnis für seine häufige Abwesenheit gezeigt, wenn Al immer wieder in die Schule gerufen wurde, weil Leon etwas angestellt hatte oder Jimmy Dummheiten machte? Wegen der ständigen Umzüge mußte Jimmy mehrmals die Schule wechseln. Dank des GI-Gesetzes bewohnte Al zwar eine Zeitlang ein eigenes Haus, mußte dieses aber 1956 aufgeben, weil er die Rechnungen nicht mehr bezahlen konnte. Der Strom war gesperrt, zum Abendessen gab es Hamburger aus Pferdefleisch. Es war eine besonders üble Zeit für Al und seine Söhne. Leon mußte wieder zu Pflegeeltern, Al und Jimmy kamen bei einer gewissen Mrs. Mackay unter und schließlich in einer Bruchbude am Yesler Way. Am 20. Februar desselben Jahres verließ Jimmy die Meany Junior High, wechselte drei Tage später auf die Washington Junior High am Columbian Way, verließ die Washington Junior im Juni wieder und fand sich zu Beginn des Herbstquartals im September erneut auf der Meany ein.

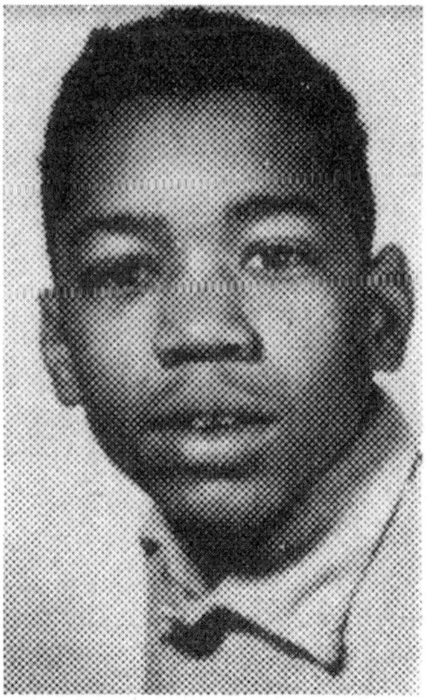

Meany Junior Highschool, Seattle, April 1958

Nachdem Lucille Al verlassen hatte, nahm sie ihr altes Leben mit ihren Trinkkumpanen wieder auf und brachte Alfred, ihr fünftes

Kind, zur Welt. Kurze Zeit war sie auch wieder mit John Williams zusammen. Doch Clarice setzte seine Verurteilung durch, weil er die damals noch minderjährige Lucille unerlaubt über die Staatsgrenze gebracht hatte. Williams wurde zu fünf Jahren verurteilt und schwor Rache. Dolores erinnert sich.

> Wir hatten ihn bereits vergessen, als ich eines Tages auf der Straße diesen Cadillac sah und mich fragte, wer das wohl sei . . . Ich hatte ein ungutes Gefühl. Jeder kannte seine Drohung, und es ging das Gerücht um, daß er entlassen worden sei. Lucille hatte Todesangst. Uns war klar, daß er Lucille bei ihrer Mutter aufsuchen würde, deshalb blieb sie bei Al Longacres auf der anderen Straßenseite. Lucille fragte: »Was machen wir, wenn er kommt?« Und Al Longacres beruhigte sie und deutete auf sein Gewehr.

Dolores' Vermutung mit dem Cadillac stimmte.

> John Williams schickte einen Freund bei mir vorbei, der klingelte.
> »Was wollen Sie?«
> »Wir suchen Dolores. Kennen Sie sie?«
> »Nein.«
> »Lebt sie denn nicht hier?«
> »Nein, wohl nicht, vielleicht vor einigen Jahren.«
> »Kennen Sie Lucille?«
> »Nein, aber ich frag mal meinen Ehemann . . .«
> »Nein, nein, nicht nötig, ich dachte nur . . .«
> Er verschwand, aber das Auto wendete und fuhr in die Richtung von Al Longacres' Haus. Sie wußten es. Später erzählte mir Lucille, daß John und sein Freund an die Tür klopften und sie Joe und Pammy festhielt, damit sie nicht zu weinen anfingen. Sie klopften weiter an die Tür.
> »Da wartet ein Freund von Lucille im Auto.«
> »Sie ist nicht da.«
> Dann kam John angerannt und brüllte: »Ich weiß, daß sie da ist, ich weiß es. Und ich werd' sie nach Kansas City mitnehmen.« (Nach seiner Entlassung hatte man Williams aus dem Staat Washington ausgewiesen.)
> »Nur über meine Leiche.«
> Al drohte mit seinem Gewehr.

Eingeschüchtert zogen sie ab und fuhren davon. Wir haben nie mehr von ihnen gehört.

Am 23. Dezember 1957 heiratete Lucille den Hafenarbeiter Bill Mitchell und verschwand aus dem Leben der Hendrix-Familie. Irgend jemand soll Lucille jedoch an der Ecke 3rd Street/Yesler gesehen haben: »Sie saß da mit drei Kindern, das jüngste vielleicht drei, und aß irgend so ein Puddingzeug aus einem Pappbecher.«

Dorothy zufolge war Lucille mehrmals im Krankenhaus, nicht nur wegen ihrer anfälligen Gesundheit, »sondern weil sie wohl mehrmals zusammengeschlagen wurde. Jimmy besuchte sie, ohne daß Al davon wußte, und brachte ihr Spielkarten, die er in der Schule gemacht hatte.« 1957 lag Lucille wieder im Krankenhaus, und diesmal besuchte Jimmy sie mit Als Schwester Pat. Zur Überraschung der beiden hatte Lucille eine neue Frisur und war auch sonst guter Dinge. Jimmy starrte sie schweigend an. Es war das letzte Mal, daß er seine Mutter sah. Sie trank trotz einer Leberzirrhose weiter und starb am 2. Februar 1958 an den Folgen eines Milzrisses.

Über die Beerdigung kusieren widersprüchliche Geschichten. Al entschuldigte sein Fernbleiben mit der fadenscheinigen Ausrede, daß er kein Auto gehabt habe, aber natürlich hätten Jimmy und Leon jederzeit gehen können. Leon jedoch behauptet, daß Al ihnen verboten hatte, zur Beerdigung zu fahren. Man mag ja verstehen, daß Al weder Lucilles Ehemann noch der Jeter-Familie begegnen wollte. Pat jedenfalls hätte die Jungen gerne mitgenommen. Doch Jimmy, der die Autorität seines Vaters nie in Frage stellte, lehnte sich auch diesmal nicht gegen ihn auf. Jimmy war nie nachtragend gewesen, »aber«, so Dorothy Harding, »*das* hat er nie verwunden«. Sie hatte Al damals prophezeit: »Was du deinen Kindern antust, wird irgendwann einmal auf dich zurückfallen.« Jimmy hatte der Tod seiner Mutter tief getroffen, aber wie sein Vater, so verbarg auch er seinen Schmerz. Das Zusammenleben der beiden klappte ohnehin nur, weil so vieles unausgesprochen blieb.

Jimi Hendrix widmete im August 1967 bei einem Konzert im Londoner Saville Theatre den Song »The Wind Cries Mary« seiner Mutter. Manchmal erwähnte er sie auch in Interviews. »Ich erinnere mich, als ich vier war und in die Hosen gemacht hatte, blieb ich stundenlang draußen im Regen, damit meine Mutter es nicht merkte. Aber sie wußte es längst.«[6] In seinen Songtexten konnte er seine Gefühle ausdrücken, und ohne Übertreibung kann man sagen, daß Lucille seine größte Inspiration war. Sie tauchte in seinen Träumen auf, und nach einem dieser Träume schrieb er die ergreifende Ballade »Angel«. In einem Gespräch mit dem Journalisten Meatball Fulton im Dezember 1967 beschrieb er einen anderen Traum:

> Meine Mutter ritt auf einem Kamel davon. Und dann stand da ein riesiger Wohnwagen, und sie sagte: »Ich werde dich jetzt besuchen kommen«, und sie spazierte unter den Bäumen durch, und man konnte ihren Schatten sehen, also, das Schattenspiel der Blätter auf ihrem Gesicht, als sie verschwand . . . Also, die Sonne schien durch die Bäume, und wenn man im Schatten eines Baumes

geht . . . Der Schatten auf ihrem Gesicht . . . grün und gelb . . . Dann sagte sie: »Ich werde nicht mehr so oft kommen können, weißt du. Bis bald.« Und zwei Jahre später war sie tot, mein Gott. Und ich hab' dann im Traum gefragt: »Wohin gehst du?« Na ja, und all diese Sachen halt. Daran erinnere ich mich. Ich werde mich immer daran erinnern. Das habe ich nie vergessen . . . Es gibt Träume, die man nie vergißt.[7]

Lucille verkörperte Gefahr, Aufregung und Vergnügen, und als Erwachsener fühlte sich Jimmy zu leichtlebigen Frauen hingezogen. Lucille war immer ein Freigeist gewesen, der auf gesellschaftliche Konventionen pfiff und nach seiner eigenen Façon lebte, wenn auch mit Männern, die sie ausnutzten, und auf Kosten ihrer eigenen Kinder. Aber sie war Jimmys Mutter, und nur das zählte für ihn. Er war dankbar für jeden Liebesbeweis. Lucille wurde zu einem übermächtigen Mythos, voller Geheimnisse und Phantasien.

Jimmy hatte viele Geschichten über seine herumziehenden Vorfahren gehört – über Noras Tourneeleben mit der Vaudeville-Truppe, über das Nomadenleben der Indianer. Leben bedeutete, Dinge zu tun und zu sagen und sie dann hinter sich zu lassen. Hinter der nächsten Kurve warteten neue Träume, und die nächste Kreuzung forderte neue Entscheidungen. Der Zigeunergeist hatte sich über drei Generationen weitervererbt, auch Jimmy besaß ihn. Seine Reiselust hing eng zusammen mit seiner Sehnsucht, Seattle zu verlassen – die Stadt, die alle Ängste seiner Kindheit verkörperte. Er sprach nur selten offen über seine Kindheit: »Ich bin ein paarmal von zu Hause ausgerückt, weil ich so unglücklich war. Wenn mein Vater es bemerkte, war er verrückt vor Angst.[8] Meist ging ich dann zu meiner Tante oder Großmutter. Zwischen meiner Mutter und meinem Vater gab es Probleme. Mein Bruder und ich wuchsen in verschiedenen Familien auf, weil meine Eltern sich mehrmals trennten.«[9]

Diejenigen, die Jimmy kannten, wußten, daß sein Wunsch abzuhauen sehr tief saß und daß er eines Tages für immer gehen würde. Jimmy war ungefähr acht Jahre alt, als Dorothy wieder mal den Babysitter spielte. Al und Lucille kamen erst sehr spät nach Hause.

Die Kinder und ich saßen auf der Veranda – wir sangen und machten Popcorn. Als es spät wurde, sagte ich: »Jimmy, ich werd' die Kleinen baden und ins Bett bringen und komm dann gleich wieder.« Nachdem die Kinder gebetet hatten, gingen sie zu Bett. Jimmy saß draußen und weinte. Ich legte meinen Arm um ihn und meinte: »Was ist denn los, Kleiner?« Er schniefte und meinte: »Was los ist? Ich sag's dir, Tante Dorothy. Wenn ich groß bin, geh' ich weit, weit weg. Und ich komme nie mehr zurück. Nie.«

Ich wußte nicht, was ich sagen sollte. Ich drückte ihn, und mir liefen Tränen die Wangen runter. Dann sagte ich: »Komm, wir singen ein Kirchenlied.« Später las ich ihm aus der Bibel vor und versuchte ihn zu trösten: »Es gibt Dinge im Leben, die einem nicht gefallen – aber weißt du was? Kinder können im Glauben viel stärker sein als ihre Eltern, und eines Tages wirst du ihnen die Hand reichen und ihnen aufhelfen.« Er sah mich an und meinte: »Wirklich?« Und ich sagte: »Ja, du bist wirklich klug, und du hast ein gutes Herz.«

Jimmy war fünfzehn, als seine Mutter starb. Doch bevor das Jahr um war, hatte er etwas gefunden, das ihn seinen Kummer vergessen ließ. Denn noch im selben Jahr bekam er seine erste Gitarre.

3

Spanish Castle Magic

Musik begleitete Jimmy durch seine ganze Kindheit, und er speicherte sie in seinem Unterbewußtsein, bis für ihn die Zeit kam, seine eigenen Ideen umzusetzen.

Wenn er Nora besuchte, erzählte sie ihm nostalgische Geschichten aus ihrer Zeit als Vaudeville-Tänzerin und wundervolle Indianer-Legenden über Musik und magische Tänze, die bei ihren Ritualen eine sehr wichtige Rolle spielten. Musik – das waren die glücklichen Tage, als seine Eltern noch zusammen waren, sich um ihn und Leon kümmerten und nachts zum Tanzen gingen. Al und Lucille nahmen das Tanzen wirklich ernst und studierten zu Hause zu den Klängen von Als Plattensammlung neue Schritte ein. Musik weckte in Jimmy Erinnerungen an die Hausparties in der Sozialsiedlung und an die Zeit, die er als Baby in den Hinterzimmern des Nuttenviertels verbracht hatte. Diese Nächte waren erfüllt gewesen von den Klängen eines Duke Ellington und eines Count Basie und dem Rhythm'n Blues eines Louis Jordan, Joe Turner oder Roy Milton, wozu die Leute bis zum Sonnenaufgang lachten, tranken und tanzten. Musik – das war Vergnügen. Selbst in der Kirche machte Musik Freude. Zumindest in der schwarzen Kirchengemeinde der Pentecostalisten, die eine wichtige Rolle im Leben von Jimmys Familie spielte. Oft sang er mit Clarice und seiner Tante Dorothy Choräle in der Church of God and Christ an der 23rd Street, Ecke Madison. Daß man ihn einmal aus der Kirche gewiesen hatte, weil er zu seinem Anzug weiße Tennisschuhe trug, prägte sein Bild von der Institution Kirche. Doch Freddie Mae erzählte er, daß er sehen konnte, wie die Leute in der Kirche glücklich waren. Im Gegensatz zu den steifen Gottesdiensten der Weißen oder den asketischen der schwarzen Baptisten gab es bei den Pentecostalisten Tanz und Musik, und ihre Kirchenlieder handelten vom Alltag der armen schwarzen Arbeiterklasse. Ihre Sänger fanden nichts Unmoralisches daran, auch Instrumente der weltlichen Musik wie Harmonika, Gitarre oder Tamburin und Jugband-Klänge einzusetzen, und ihre Lieder über das Leben Schwarzer in dieser Welt ähnelten sehr denen der Bluessänger, der vermeintlichen Abgesandten des Teufels. Doch im Gegensatz zu den Baptisten oder Methodisten schien sie das nicht zu stören. Charles Keil notiert in seinem Klassiker »Urban Blues«: »Die kirchliche Musik der schwarzen Kirchen der Armen verändert sich ständig . . . Fast jede Woche werden einige neue Lieder aufgenommen und alte Songs wirkungsvoll umarrangiert«; und er fragt sich, ob schwarze Kirchenmusik »wirklich sehr viel konservativer ist als andere Musikformen«.[1]

Aber Jimmy wollte nicht nur zuhören – er wollte mitmachen. Schon als Achtjähriger wurde er die Töne in seinem Kopf nicht richtig los, weil kein Geld für ein Instrument da war. Ein Los, das er mit vielen schwarzen Kindern teilte, die später ihren Weg als Musiker machten. Und wie sie lebte auch Jimmy seine Phantasien erst einmal auf allerlei provisorischen Instrumenten aus – darunter auch ein selbstgebastelter Gitarrenersatz aus den Einzelteilen eines Strohbesens.

Diese provisorischen Instrumente spielten in der Geschichte der Bluesgitarre keine unwesentliche Rolle. »Viele Bluessänger vom Mississippi starteten ihre musikalische Karriere mit einem selbstgebastelten Instrument, das manche ›Ein-Draht-an-der-Wand‹ nannten. Kinder, die sich keine Gitarre leisten konnten, spannten den Draht aus einem Strohbesen an ihre Zimmerwand. Durch einen harten Untergrund wie Stein gab der gespannte Draht auf jeder Seite einen klaren Ton ab. Während sie mit einer Hand den Takt schlugen, ließen sie mit der anderen eine Flasche an der Oberseite des Drahtes entlanggleiten und veränderten so den Ton.« Mit dieser Methode hatten Elmore James, der König der Bottleneck-Gitarre, und auch B. B. King angefangen:

> Den meisten Kindern erschien das wohl als ganz normal, denn da, wo ich aufwuchs, besaßen nur wenige ein Instrument. Wer Musik machen wollte, zog einfach einen Draht auf. Meist befestigten wir ihn mit einem Nagel an der rückwärtigen Veranda. Man nahm einfach einen glatten Besendraht, mit dem das Stroh eines Besens zusammengehalten wurde. Den machten wir von einem alten Besen ab, oder, wenn uns dabei keiner erwischte, auch von einem neuen. Und dann befestigten wir den Draht an einem Brett oder an der Veranda.[2]

Aber Jimmy konnte dem Besendraht keine unterschiedlichen Töne entlocken. Während Al arbeitete, sollte Jimmy das Schlafzimmer saubermachen. »Aber wenn ich nach Hause kam, lag das Stroh des Besens am Ende des Bettes. Ich fragte ihn: Hast du den Boden gewischt? Oh ja, antwortete er. Dabei hatte er die ganze Zeit auf dem Bett gesessen und versucht, Gitarre zu spielen.« Leon erinnert sich an einige ernsthafte Auseinandersetzungen. »Dad schrie und tobte, bis die Adern auf seiner Stirn hervortraten. – Besen kosten Geld! Ich hab' mit dir über das Stroh auf dem Fußboden gesprochen. Bind' den Besen sofort wieder zusammen! – Jimmy gehorchte, sang aber die Noten weiter, die er eigentlich spielen wollte. Er spazierte mit dem Besen die Straße runter, nahm ihn sogar mit in die Schule. Alle hielten ihn für verrückt.«

Eine Sozialarbeiterin versuchte Anfang der fünfziger Jahre an der Horace-Mann-Grundschule Geld aus dem Sozialfonds für bedürftige Kinder lockerzumachen, um Jimmy eine Gitarre zu kaufen. Jimmy war so besessen von der Idee, Gitarre spielen zu müssen, daß sie um seine Psyche fürchtete, falls er keine bekam. Nachdem sie ihn ein Jahr lang mit seinem Besen beobachtet hatte, sprach sie schließlich mit der Schulleitung darüber. Doch ihr Gesuch wurde abgelehnt. Also experimentierte Jimmy auf eine andere Weise mit Klängen – mit einem uralten Trick von Möchtegern-Musikern auf der ganzen Welt. Er bohrte in eine Zigarrenkiste ein Loch, spannte ein Stück Gummi um den »Klangkörper« und befestigte an einem Ende eine Art Gitarrenhals. Jimmy nächstes Instrument war eine alte Ukulele mit einer Saite, die Al beim Entrümpeln einer Garage gefunden hatte.

Jimmy studierte einige Songs auf der Ukulele ein, darunter Henry Mancinis »Peter Gunn«. Aber der Song, der Jimmy und viele andere Anfängergitarristen am meisten beeinflußte, war ein absolutes Novum, ein Song mit einem mitreißenden Calypso-Rhythmus, »Love Is Strange« von Mickey und Sylvia. 1956 war das ein Top-Twenty-Hit auf dem RCA-Label Groove, mit dem Elvis Presleys Plattenfirma den Independent-Labels Konkurrenz machen wollte. Doch »Love Is Strange« blieb ihr einziger großer Erfolg, und 1960 machte das Label Pleite. Mickey war Mickey »Guitar« Baker, ein Bluesmusiker und Top-Session-Musiker von RCA. Sylvia Vanderpool gründete später die Firmen All-Platinum und Sugar Hill Records. »Love Is Strange« war aus mehreren Gründen wichtig. Buddy Holly (den Jimmy zu jener Zeit besonders verehrte) übernahm Sylvias Gesangsphrasierungen, insbesondere bei Worten wie »Ba-bee«, und integrierte sie in seinen eigenen ungewöhnlichen Gesangsstil. Und Mickey Bakers Solo auf der Platte war wahrscheinlich das erste Bluesgitarren-Solo, das weiße Teenager zu hören bekamen, denn in Seattle gab es bis 1958 keine schwarze Radiostation, und die weißen Sender spielten Muddy Waters oder T-Bone Walker nicht.

Diesbezüglich war Jimmy dank Als Plattensammlung den anderen einen Schritt voraus. Außerdem war der Song ein erstklassiges Beispiel dafür, wie die Gitarre den Dialog zwischen einem Mann und einer Frau simulieren kann. Das ganze Stück über singen Mickey und Sylvia im Duett, doch plötzlich wird Sylvias Gesang mit der klirrenden Stimme von Mickeys Gitarre beantwortet. Bakers trockenes Solo, auf einer Saite gespielt, begeisterte Jimmy. »Nachdem er den Song gehört hatte«, sagte Leon, »probierte Jimmy wirklich ernsthaft auf einer Saite herum.«

Jimmy war ein großer Elvis-Fan. »Love Me Tender« liebte er besonders. Mit 15000 treuen Fans erlebte er am 1. September 1957 einen Elvis-Auftritt im Sicks Stadium von Seattle. Elvis fuhr mit einem Cadillac auf die Bühne, trat ans Mikrofon und forderte alle auf, sich zur Nationalhymne zu erheben. Sobald alle auf den Beinen waren, schnappte er sich seine Gitarre, stellte den Verstärker an und knurrte im Rhythmus des Beat: »You ain't nothing but a hound dog . . .« Die Menge tobte, und Jimmy klatschte und stampfte mit den Füßen den Rhythmus. In diesem Jahr lernte er noch einen weiteren Giganten des Rock 'n' Roll kennen – Little Richard. 1957 beschloß Richard Penniman alias Little Richard, seine Fähigkeit, ein Publikum zum Rasen zu bringen und ein Gemeinschaftsgefühl zu erzeugen, in den Dienst Gottes zu stellen. Während einer Australientournee wandte er dem Musikgeschäft den Rücken zu und kehrte in die Staaten zurück, um seine Mutter in Seattle zu besuchen und eine neue Karriere als Baptistenprediger zu starten. »Eines Tages parkte ein riesiger Cadillac vor der Tür«, sagt Leon. »Jimmy und ich rannten nach draußen, und da saß doch tatsächlich Little Richard auf dem Rücksitz. Auf seinem Kopf thronte eine von diesen Doo-Wop-Perükken. Er hatte extra für uns angehalten! Seine Mutter lebte um die Ecke, und sie wußte, daß wir ganz verrückt nach Musik waren . . . Wir gingen alle zusammen in die Goodwill Baptist Church an der 14th Street, Ecke Spring.«[3]

Es war ja nicht schlecht, daß Jimmy ein Gefühl für Live-Musik entwickelte und auf einer Saite herumzupfte, aber wenn er wirklich etwas lernen wollte, mußte eine Gitarre her. Jemand aus Als Kartenspielrunde besaß eine Akustikgitarre, die sich Jimmy heimlich schnappte, wenn die Runde in ihr Spiel vertieft war. »Ich wußte nicht, daß ich die Saiten andersrum aufziehen mußte, weil ich Linkshänder war, aber ich merkte, daß irgendwas nicht in Ordnung war. Ich dachte bei mir, irgendwas stimmt da nicht. Eines Abends war Als Freund bekifft und verkaufte mir die Gitarre für fünf Dollar.«[4] Doch Jimmy hatte keine fünf Dollar, und deshalb zahlte Al mehr als widerwillig, wie sich Leon erinnert. »Tante Ernestine *zwang* ihn – ja, sie verfluchte ihn. – Al Hendrix, du wirst diese Gitarre für fünf Dollar kaufen!« Al hingegen erzählt die Geschichte ganz anders. »Jimmy fragte mich, und ich sagte ›okay‹ und gab ihm das Geld. Er klimperte auf ihr herum, spielte ununterbrochen, hatte für nichts anderes mehr Zeit.« Al versuchte Jimmy beizubringen, rechtshändig zu spielen, doch sobald Al außer Reichweite war, spielte Jimmy so, wie es ihm gefiel. »Ich vertauschte die Saiten, aber als ich damit fertig war, war die Gitarre total verstimmt. Ich hatte keine Ahnung, wie man sie stimmte, ging deshalb in einen Laden und probierte dort eine andere Gitarre aus. Danach konnte ich meine eigene stimmen.«[5] In seiner frühen Teenagerzeit hatte Jimmy auf einem Baß und einem Schlagzeug herumgespielt, die einem Freund gehörten. »Aber mit fünfzehn war mir klar, daß die Gitarre mein Instrument war.«[6] Und bald war Jimmy ein echter Könner. Seine Tante Dorothy erinnert sich: »Als ich an der 25th Street, Ecke Raye wohnte, besuchte er mich und erzählte meiner ältesten Tochter Roberta, daß er gern Musiker werden würde. Da hörte ich es zum ersten Mal von ihm.«

Jimmy sog Musik auf, wo immer er sie hören konnte: von Platten, aus dem Radio; ja, er setzte sich sogar zu einem alten Bluesmusiker, der einige Blocks von seiner Wohnung entfernt auf einer Veranda spielte. Der Alte spielte vor allem Country-Blues-Songs von Big Bill Broonzy. Auch Broonzy hatte auf einer umgebauten Zigarrenkiste angefangen – einer Fiedel, auf der er zu Hause in Arkansas Country-Songs spielte. Erst als er 1920, mit dreißig Jahren, nach Chicago kam, wechselte er zum Blues. Er spielte Rags, Tanzsongs, Country-Reels und hatte sogar eine fünfköpfige Gruppe mit Bläsern. Bei seinen langsamen, melodischen Bluesnummern wurde er oft von Black Bob am Klavier begleitet. Jimmy hatte immer eine Schwäche für Balladen, und etliche seiner besten Einfälle als Songwriter resultierten aus diesem Hang zur Romantik.

Bis jetzt hatte Jimmy nur für sich gespielt, geduldig gelernt, experimentiert und versucht, eine Beziehung zu seinem Instrument aufzubauen. Er und seine Gitarre wurden unzertrennlich. Sie wurde ein Teil von ihm, eine Erweiterung seiner Sinne und seines Körpers, der Schlüssel zu seiner Seele. Fast könnte man sagen, die Gitarre war *er selbst,* sie charakterisierte ihn, sie gab ihm Identität und Selbstbewußtsein. Die Gitarre war sein Platz in der Welt, seine Stimme. Und diese Stimme brauchte jetzt nur noch die richtige Verstärkung, damit man sie überall hören konnte.

Elektronische Geräte übten auf Jimmy eine starke Faszination aus. Einmal hatte er Als Radio in alle Einzelteile zerlegt. »Warum hast du das gemacht? Warum?« »Um zu sehen, wie es funktioniert, Dad.« Und jetzt wünschte er sich nichts sehnlicher als eine elektrische Gitarre. »Zuerst sollte ich beweisen, daß ich auf der Gitarre eines Freundes ein paar Songs spielen konnte, aber ich bekam das Ding nicht in Gang.«[7] Schließlich ließ sich Al dazu überreden, mit Jimmy in Myers Music Store an der 1st Avenue zu gehen, wo er ihm eine weiße Supro-Ozark-Gitarre kaufte. Gleichzeitig erstand Al für sich ein C-Melody-Saxophon, auf dem er Jimmy begleitete. Damit hatte er nach Jahren endlich einen Weg gefunden, mit Jimmy zu kommunizieren. Er begriff plötzlich, daß Musik für Jimmy eine ebenso ernste Sache war wie für ihn damals das Tanzen. Sie spielten eine Weile zusammen, aber Al merkte bald, daß er mit Jimmy nicht mithalten konnte. Jimmys Hauptproblem hieß nach wie vor: Welchen Sinn macht eine elektrische Gitarre ohne Verstärker? Doch bald sollte sich die Lösung ganz von selbst anbieten und damit gleichzeitig eine Möglichkeit für Jimmy, sich dem Publikum von Seattle zu präsentieren.

Man kann es fast als eine alte amerikanische Tradition bezeichnen, daß in den wichtigsten Hauptstädten der populären Musik immer eine enge Verbindung zur Unterwelt bestand: New Orleans, New York, Chicago und Kansas waren die Hochburgen des Jazz und des Blues, und Musik war das Amüsement der Spieler, Kleinganoven, Besitzer von Flüsterkneipen, Bars, Saloons und deren Klientel. Seattle wurde von Holzfällern gegründet und von deren rauhem Lebensstil geprägt. Kaum daß die ersten Bäume fielen, entstand bereits das Vergnügungsviertel *Down on the Sawdust.* Und obwohl Seattle nicht dieselbe Klasse wie New York oder New Orleans hatte, galt die Stadt wegen der großen Konkurrenz als ein schwieriger Auftrittsort.

Im März 1948 kam der damals achtzehnjährige Ray Charles aus Florida nach Seattle. »Als ich ankam, war es sehr kalt . . . Die Stadt war offen für alles, und das Unterhaltungsgeschäft erlebte einen regelrechten Boom. Die Konkurrenz war mörderisch. Viele Typen hatten gerade die Militär-Bands verlassen . . . Die Straßen waren von Musikern bevölkert, die dir auf der Stelle den Hintern weggeblasen hätten, wenn man ihnen die Chance dazu gegeben hätte.«[8] Unter anderem spielte Charles Piano in der Band von Bumps Blackwell, in der auch Quincy Jones Trompete blies. Blackwell produzierte später

Little Richard, während Quincy Jones eine der profiliertesten und erfolgreichsten Figuren der heutigen Popmusik wurde. Zu seinen Erfolgen zählen nicht nur eine Reihe preisgekrönter Filmsoundtracks, sondern auch die Produktion von Michael Jacksons Album »Thriller«.

In den fünfziger Jahren boten Clubs wie Rocking Chair, Esquire und das Palomar Theatre rund um die Uhr die beste Musik in der Stadt. Der Washington Social Club war die Hochburg von Bluesleuten wie Muddy Waters und B. B. King, die das Publikum über Dreißig begeisterten. Die Jungen sahen sich lieber die neuesten Rhythm'n'Blues-Künstler wie Little Willie John oder Hank Ballard an, die beide von Johnny Otis entdeckt wurden. Clyde McPhatter war ein weiteres Idol. Sie alle traten im Birdland auf und wurden von vielen lokalen Bands wie The Wailers, der Dave Lewis Combo, den Checkers, Frantics, Playboys und Jimmy Hannah and the Dynamics begleitet, die alle jene rauhe Mischung von Blues, Jazz und Rock spielten, die den »Nordwest-Sound« charakterisierte.

Die meisten Clubs waren für Schwarze zugänglich, aber es gab unterschiedliche Gewerkschaften für weiße und schwarze Musiker, und die weißen Bands spielten sowieso lieber auf der nördlichen Seite der Denny Street. Die schwarzen Clubs, die Jimmy besuchte, befanden sich fast alle im Central District, einer Gegend zwischen Union Street, Jackson Street und Madison Street. Eine wichtige Ausnahme bildete das Spanish Castle, eigentlich eine Raststätte in der Nähe des Flughafens am Highway 99. Es war die Heimat des Bigband-Jazz, die durch den Song »Spanish Castle Magic« auf dem zweiten Album der Jimi Hendrix Experience, »Axis: Bold As Love«, unsterblich wurde.

James Thomas lebte in der 21st Avenue. An einem Ferientag im Sommer 1959 spielten er und sein Neffe Perry Gitarre und Klavier. Dabei wurden sie von einer Clique Teenager unterbrochen, die mitmachen wollte. James Woodberry spielte Klavier und sang, Webb Lofton und Walter Harris spielten Saxophon, Ulysses Heath Jr. griff in die Gitarre, und dann war da noch ein ziemlich stiller Junge, der auf einer sechssaitigen Gitarre Baß spielte – Jimmy Hendrix. Die Jungs spielten in James' Wohnung, und er war beeindruckt. Er schlug vor, eine Band zu gründen. Sie antworteten, die gäbe es schon, die Rocking Kings, und holten ihren Schlagzeuger, Lester Exkano. Jimmy hatte mit der Band schon ein paar lokale Auftritte absolviert, aber sein erster richtiger fand in Kent, einer kleinen Stadt in der Nähe von Seattle im National Guard Armory an der 36th Avenue statt. »Jeder bekam 35 Cents, ich stand wohl zu der Zeit auf Rock'n'Roll, wir spielten Sachen von den Coasters und so.«[9] Auf jeden Fall brauchten sie einen Manager, der ihnen anständige Auftritte und eine Übungsmöglichkeit besorgte. James Thomas nahm sie unter Vertrag, nachdem er mit den jeweiligen Eltern geredet hatte. Jimmys Vermutung war richtig – sein Vater war nicht gerade begeistert, daß sein Sohn öffentlich auftrat und die Schule vernachlässigte. Aber Al stimmte einem Versuch zu, und Jimmy ging zu seinen ersten offiziellen Proben im Haus von James Thomas. Das war wahrscheinlich der bislang glücklichste Tag in seinem Leben.

Für Jimmy waren die Proben mit den Rocking Kings die schönsten Stunden des Tages. James Thomas organisierte den ersten Auftritt bei einer Party in der 21st Avenue, dann folgte eine Tanzveranstaltung in der Polish Hall auf der 18th Street – für eine Gage von 65 Dollar. Die Auftritte waren ein großer Erfolg, alle vergnügten sich bestens zu den Klängen der Coasters-Songs »Searchin'« und »Yakety Yak«. Diese Auftritte schärften Jimmys Blick für die Darbietung auf einer Bühne. Die Clubs wurden seine Schule, er studierte, wie Musiker das Publikum aufpeitschten, es zum Singen, Schreien und Mitstampfen brachten. Sie bauten dramaturgische Höhepunkte in ihre Shows ein, wie er es bereits von den Pentecostal-Predigern aus den Sonntagsgottesdiensten kannte. Das Gefühl war absolut dasselbe, nur die Götter waren andere. Jimmy sah einen pathetischen Rock'n'Roll-Tenorsaxophonisten namens Jay McNeely, der auf dem Rücken liegend weiterspielte, während die Band in phosphoreszierenden Hemden ihre Tanznummer abzog. McNeely hatte 1959 mit »There Is Something On Your Mind« einen großen Rhythm'n'Blues-Hit. Saxophonisten waren damals die musikalischen Helden ihrer Zeit, und Jimmy nahm McNeelys Auftritte als Vorlage für seine spätere Konzertstrategie. Er war überwältigt von der Kraft des Saxophons, dessen musikalischer Reichweite, der Art, wie es sich gegenüber der Rhythmusgruppe durchsetzte, wie es auf- und abstieg bis zum Höhepunkt eines Songs. Der Bläsersound bildete später die Grundlage für seinen eigenen Stil und seine Spieltechnik.

Auf den Proben der Rocking Kings brachte Ulysses Heath Jimmy einige Grundbegriffe bei, und oft saßen sie zusammen und knobelten Ideen aus. Jimmy übte jeden Tag bei James Thomas, denn da stand ein Verstärker herum – für Jimmy eine wahre Offenbarung. Endlich konnte er neben dem Grundrepertoire eines Gitarristen, den Griffen, Phrasierungen und Rhythmen, auch mit dem puren Rohmaterial der Klänge experimentieren. Auch wenn Jimmy viel von den Bläsern übernahm, die er sah, galt seine Liebe den Bluesgitarristen, was ihn von seinen Altersgenossen deutlich unterschied. »Muddy Waters war der erste Gitarrist, den ich wirklich wahrnahm. Als kleiner Junge hörte ich eine seiner alten Platten, und er erschreckte mich zu Tode.«[10] Jimmy war ein aufmerksamer Schüler stilistisch so unterschiedlicher Bluesgitarristen wie B. B. King, Jimmy Reed, Elmore James oder John Lee Hooker. Und er war ein Fan des Boogie-Pianisten Roscoe Gordon und des Sängers Bobby »Blue« Bland. Jimmy lernte auch von lokalen Gitarrengrößen, insbesondere von dem aus Los Angeles stammenden Guitar Shorty. Dieser spielte den Westcoast-Blues im Stil eines Lowell Fulson, und wie die meisten Gitarristen präsentierte er sich dem begeisterten Publikum mit einer Reihe von Gitarren-Kunststückchen

Schon bald war Jimmy selbst in der Lage, Anfängern ein paar Griffe beizubringen. Benorce Blackmon, der mit Leon zur Schule ging, versuchte ebenfalls, sich das Gitarrenspiel selbst beizubringen.

> Als ich damit anfing, erzählte mir Leon die ganze Zeit, wie gut sein Bruder sei . . . Ich hatte Jimmy schon mal gesehen, kannte ihn aber nicht . . . Er fuhr mit einem Fahrrad, das mit so Fuchsschwänzen, Lichtern und Spiegeln geschmückt war . . . Er war völlig schwarz gekleidet, als er eines Tages vorbeikam . . . Er war ein komischer Kerl . . . Er war ziemlich distanziert, man kam schlecht an ihn ran . . . Ich saß bei meiner Mutter auf der vorderen Veranda, und da kam dieser Typ den Hügel hoch. Er spielte was auf meiner Gitarre, und ich sagte: »Mensch, zeig mir das«, und er brachte mir eine Menge bei . . . Da erkannte ich ihn plötzlich wieder. Er war wirklich nett, er brachte mir immer was Neues bei . . . Er machte das bei allen. Jimmy spielte immer . . . Manchmal behielt mich meine Mutter einfach im Haus, weil er oft unvermutet auftauchte und Gitarre spielen wollte . . . Dann stand er einfach auf der Veranda und wartete.

Benorce kannte auch die Gitarristen Pernell Alexander und Sammy Drain. »Sammy und Jimmy spielten sehr oft zusammen. Dann ging ich zu Sammy rüber, und wir standen draußen, und sie übten ununterbrochen . . . Sie entwickelten einen Stil . . . nicht diesen Rückkopplungskram, nein, richtig schöne Sachen . . . alles eigene Sachen . . . Und wenn Sammy spielte, klang er wie Jimmy.«

Jimmy glich einem musikalischen Schwamm, der aus jeder Quelle Ideen sog. Auch wenn seine eigenen Visionen zu der Zeit bereits Formen annahmen und er den anderen Jungen um Lichtjahre voraus war, wußte er, daß er noch viel zu lernen hatte. Und das blieb sein Leben lang so. Er hörte selbst bei schlechten Gitarristen etwas heraus, das er gut fand und für sich verwenden konnte.

Bei all ihren Auftritten zwischen 1959 und 1960 erregten die Rocking Kings Aufsehen. 1960 wurden sie zweite im Wettbewerb um die »Beste Band des Staates«. Ihr Durchbruch aber kam mit einem festen Engagement im Birdland, wo sie die Teenagerabende am Mittwoch, Donnerstag und Sonntag bestritten. Dabei erlebte Jimmy auch seine erste Enttäuschung im Musikgeschäft. Eines Nachts ließ er seine Gitarre auf der Bühne stehen, und sie wurde geklaut. Schon zuvor hatte Jimmy mit Al oft Streit gehabt, weil sein Vater nicht wollte, daß er drei Nächte pro Woche auftrat. Und nun mußte Jimmy ihm beibringen, daß seine Gitarre durch seinen eigenen Leichtsinn weg war. Al erinnert sich: »Er hat's mir lange nicht erzählt. Er sagte, sie sei bei James Thomas. Als ich wollte, daß er sein Equipment nach Hause bringt, hat er es mir dann gestanden; ich sagte nur: Du wirst wohl 'ne Weile ohne Gitarre auskommen müssen.« Ohne Gitarre fühlte sich Jimmy wie ein Einarmiger, und er machte zu Hause und in der Schule eine traurige Figur. Mary Hendrix, die Frau von Als Bruder Frank, kaufte ihm aus lauter Mitleid bei Myers eine neue Gitarre. Darüber war Al nicht gerade begeistert: »Er kam mit der Gitarre heim, und ich fragte ihn, wo er sie herhabe. Er antwortete, daß Mary bei Myers Kredit habe. Ich verlangte, daß er die Gitarre sofort wieder zurückbrachte. Wenn wir uns keine leisten konnten, dann sollte er auch keine haben.« Schließlich gab Al nach, und Jimmy bekam eine weiße Danelectro, die er rot lackierte.

Außer mit den Rocking Kings trat Jimmy auch noch mit anderen Bands aus Seattle auf, zum Beispiel mit den Velvetones. Leon erinnert sich: »Um spielen zu können, wäre Jimmy zu Fuß quer durch die ganze Stadt marschiert.« Obwohl Jimmy nie mit seinem überragenden Können prahlte, löste sein unüberhörbares Talent doch Vorurteile und Neid aus. Zudem schlugen ihm die Nacht für Nacht gleichen Rock'n'Roll-Akkorde und Tanzschritte allmählich aufs Gemüt. Er kannte den Kram auswendig, er wollte anders spielen und anders aussehen. Leon besuchte ihn oft bei den Proben: »Allmählich gingen ihm die Bands alle auf die Nerven, er wurde immer ausgeflippter. Er steckte Federn an seine Gitarre und bemalte sie, und die anderen machten sich darüber lustig. Sie ließen Jimmy bei den Proben nicht mehr zu. Aber schon damals wußte bereits jeder, er war der Beste, und sie konnten nicht auf ihn verzichten. Es sprach sich herum, und aus den Proben wurden regelrechte Parties.«

Wenn er nicht mit den Rocking Kings spielte, trieb Jimmy sich in den Clubs herum und hoffte, daß ihn jemand zum Spielen auffordern würde. Kurz nachdem seine Gitarre geklaut worden war, ließ ihn eine Band beim letzten Stück des Abends mitspielen, aber der Gitarrist meinte: »Dem geb' ich meine Gitarre nicht, der ist Linkshänder.« »Kein Problem«, sagte Jimmy, und der Typ stand da und glotzte, während die Band einen Rhythm'n'Blues-Song begann, und Jimmy brillant mit der rechten Hand spielte – er mußte die Gitarre nicht mal umdrehen. Dann gestanden sie ihm ein kurzes Solo zu, doch er vergaß sich völlig und meinte dann: »'Tschuldigung, aber das mußte sein.«

Nicht alle fanden seine Show-Einlagen toll, aber James Thomas ermutigte ihn, sie auszubauen. Zum größten Auftritt der Rocking Kings, einer Open-Air-Party am Cottage Lake, kamen über 2000 Leute. Wahrscheinlich nutzte Jimmy die Gunst der Stunde, um seine Gitarrenkunststückchen erstmals in der Öffentlichkeit vorzuführen. Die Menge reagierte äußerst enthusiastisch, als er die Gitarre hinter seinem Kopf und zwischen den Beinen spielte.

Als er schließlich *der* Jimi Hendrix war und 1967 auf dem Monterey-Festival auftrat, kritisierten einige (weiße) Journalisten sein »Gekasper« und bedauerten, daß er für das weiße Publikum den Onkel Tom spielte. Ein Beweis, wie wenig Ahnung sie von der Show-Tradition schwarzer Bluesmusiker hatten. Auf »Show« machte man, um die Aufmerksamkeit des Publikums auf sich zu lenken, vor allem bei Freiluftveranstaltungen. Wer da steif wie eine Schaufensterpuppe herumstand, wurde einfach ausgebuht. Charlie Patton war einer der besten und einflußreichsten frühen Mississippi-Sänger, und sein Halbbruder Sam Chatmon erinnert sich: »Charlie war ein clownesker Gitarrist. Wenn er in Fahrt war, hob er sie hinter seinen Kopf oder klemmte sie zwischen die Beine, legte sich auf den Boden und spielte dabei einfach weiter!«[11]

Einen ähnlichen Einfluß hatte Tommy Johnson, dessen Auftritte spektakuläre Akrobatik waren. »Er schlug die Gitarre, drehte sie, nahm sie hinter den Kopf und spielte weiter«, erinnert sich Houston Stackhouse, ein Bluesmusiker, der in den späten Zwanzigern mit Johnson auftrat. »Dann setzte er sich auf sie wie auf einen Esel, den er reiten wollte, und spielte sie auf diese Weise. All diesen Scheiß. Oh, er riß sich echt den Arsch auf, Mann, und die Leute mochten es.«[12]

Diese bravourösen Gitarrenauftritte der zwanziger Jahre wurden später von Leuten wie T-Bone Walker und dem weniger bekannten Johnny Jenkins popularisiert, dem Stargitarristen der Pinetoppers – die Band, mit der Otis Redding in den späten fünfziger Jahren seinen Durchbruch in Macon, Georgia, schaffte. Wie Jimmy war auch Jenkins hellhäutig und eine Hollywood-Schönheit. Speedo Sims, Otis' Tourmanager, erinnert sich an eine heiße Nacht tief im Süden Amerikas. »Wir spielten dort. Und da war dieser Gitarrist mit seinem Act – er warf sich auf den Boden und spielte weiter, und dann sah er hoch, und da kam plötzlich dieses weiße Mädchen an, stellte sich über ihn mit gespreizten Beinen und fing an . . . Du weißt schon . . . die ganze Nummer halt.«[13] Und das in einer Halle, die der Ku-Klux-Klan benutzte!

Ob die Rocking Kings zu einem Auftritt wirklich ankamen, war Glückssache. Man hatte ihnen eine Tour durch British Columbia und Alaska angeboten, aber sie kamen nicht mal bis zur Grenze, weil der VW-Bus, den sie sich von James Thomas' Schwester ausgeliehen hatten, seinen Geist aufgab. Der Bus wurde nach Bellingham abgeschleppt, wo sie dann auf der Straße für das Western Washington College spielten, weil die Aula der Uni zu klein für sie war. Die Polizei vertrieb sie, aber sie spielten drinnen für die Studenten weiter – und das alles für eine Taxifahrt zurück nach Seattle plus ein Abendessen. Desillusioniert trennte sich die Band. Zurück blieben James Thomas, Saxophonist Webb Lofton, Schlagzeuger Lester und Jimmy. James übernahm den Gesang, sein Neffe Perry spielte Klavier, und Robert Green bediente den Baß. Die Band nannte sich Thomas and The Tomcats, und zum ersten Mal war Jimmy der Leadgitarrist und mußte nicht mehr zwischen Baß und Gitarre wechseln. Sie machten da weiter, wo die Rocking Kings aufgehört hatten, übten und spielten überall im Staate Washington.

In Geldsachen machte Jimmy seinem Vater alle Ehre. Wenn Jimmy und Leon als Kinder zur Parade gingen, »gab uns Dad einen festen Geldbetrag mit und erwartete, daß wir einen Dime zurückbrachten, ›eine Karussellfahrt und eine Tüte Bonbons‹. Einmal überredete ein weißer Junge Jimmy, seinen Dime gegen einen Nickel zu tauschen, da der doch viel größer sei. Zu Hause schimpfte ihn Dad deswegen fürchterlich aus.« Diese Lektion hatte Jimmy nicht vergessen – und das Geld, das er mit seinen ersten Bands verdiente (oder auch nicht), machte ihn ganz fiebrig.

Die Tomcats hatten einen Auftritt auf dem Luftwaffenstützpunkt Moses Lake, etwa 200 Meilen von Seattle entfernt, und sie sollten 35 Dollar plus Reisekosten dafür bekommen. Sie fuhren mit zwei Autos, eines davon hatte eine Panne, und die Reparatur kostete mehr, als ihre Reisespesen hergaben. Jeder in der Band zahlte was dazu – bis auf Jimmy, der meinte, es sei ja nicht seine Schuld und er brauche sein Geld für die Rückfahrt. Dann stieg er aus dem Wagen, um die 5 Meilen bis zur nächsten Stadt in eisiger Kälte zu Fuß zurückzulegen – samt Verstärker und Gitarre. Sie ließen ihn erst ein paar Meter laufen, holten ihn dann aber zurück. Ein andermal spielte die Band beim alljährlichen Jahrmarkt von Seattle, und das Jackett für die Bühnenuniform kostete Jimmy 5 Dollar Leihgebühr, genau soviel wie seine Gage. Er beschwerte sich bitter bei Al, der ihm riet, das Ganze als Erfahrung abzubuchen. Jimmy hatte damit das erste Gesetz der Musikbranche gelernt: Musiker werden als letzte und am schlechtesten bezahlt.

Inzwischen hatte Jimmy an die Garfield High School in der 23rd Avenue gewechselt, ganz in der Nähe von James Thomas' Haus. Er besuchte weiterhin den Kunstunterricht, aber eigentlich war die Schule für ihn Schnee von gestern. Ihn interessierte nur die Musik. Ende Oktober 1960 verließ er dann die Garfield High ohne Abschluß. Als offizielle Begründung wurden seine Schulverweise und sein Alter angegeben, aber Jimmys Version klang anders: »Sie beschwerten sich, daß ich ständig zu spät kam, aber ich hatte nur gute Noten. Der wahre Grund war wohl, daß ich in der Kunstklasse eine Freundin hatte und wir die ganze Zeit Händchen hielten. Der Kunstlehrerin gefiel das gar nicht, sie war sehr voreingenommen. Sie sagte: Hendrix, ich sehe Sie in drei Sekunden in der Garderobe, ja? In der Garderobe meinte sie dann: Was fällt Ihnen ein, so mit dieser weißen Frau zu reden? Ich antwortete: Wie, Sie sind wohl eifersüchtig? Da fing sie zu weinen an, und ich flog raus.« [14]

Jimmy Schulzeugnisse beweisen, daß er keine guten Noten hatte, auch wenn Leon einwendet: »Er hätte lauter Einsen haben können, aber es interessierte ihn nicht.« Jimmy hatte sich durch die ständigen Wechsel nie in einer Schule einleben können. Er war im Laufe von zehn Jahren auf mindestens ebenso vielen Schulen gewesen. Und als er mit der Musik anfing, verlor er jegliches Interesse. Aber angeborene Intelligenz ist ja nicht unbedingt eine Sache der akademischen Ausbildung – oder, wie Leon es formuliert: »Jimmy wußte immer eine Antwort, obwohl er nie ein Buch gelesen hat.«

Nachdem Jimmy die High School verlassen hatte, suchte er Arbeit. »Aber«, so Al, »das war noch kurz vor der Bürgerrechtsbewegung, und für Schwarze war es schwer, Arbeit zu bekommen.« Al hatte inzwischen sein Auskommen als Landschaftsgärtner. Da er weniger arbeiten wollte, suchte er eine Hilfskraft, und so fing Jimmy bei seinem Vater an. Doch es klappte nicht mit den beiden. Jimmy haßte körperliche Arbeit und mochte es nicht, wenn man ihn rumkommandierte. Er war überzeugt davon, daß Al ihn ausnutzte: »Ich schleppte Steine und Zement, und er kassierte ab . . . Nach einem fürchterlichen Krach mit meinem Vater haute ich ab. Er schlug mir ins Gesicht, und ich rannte davon.«[15]

Al arbeitete für die Musiklehrerin Melody Jones. Jimmy erzählte ihr, daß er Musiker werden wollte. Sie berichtete ihm aus der Zeit, als sie in den Gangster-Clubs von New York Klavier gespielt hatte, dem Cotton Club etwa, und aus diesen Gesprächen erfuhr er viel über die Geschichte des Jazz. In ihrem gepflegten Garten erinnert sich die reizende alte Dame, die noch immer Klavier spielt, an Jimmy: »Ein netter junger Mann, gute Manieren, ruhig, sprach nie laut.« Al war das egal, er wollte, daß Jimmy nicht plauderte, sondern arbeitete.

Jimmy bestand auf seiner Unabhängigkeit. Zwar respektierte er Al weiter, aber dieser war für ihn nicht mehr die einzige Autorität. Er entwickelte einen Grundzug seines Charakters, der für das Verständnis seiner Musik sehr wichtig ist: den Glauben an den fundamentalen Wert menschlicher Handlungsfreiheit. Die Lebenseinstellung der sechziger Jahre spiegelte seine persönliche Philosophie wider: »Mach deine Sache«, oder, wie Aleister Crowley schrieb: »Das Gesetz soll lauten: Tu, was du tun willst.« Sein Talent als Musiker gab Jimmy das Selbstbewußtsein, das man bei jemandem aus einem solch zerrütteten Milieu selten findet, wenn auch Jimmy, wie so viele Künstler, nie mit dem Erreichten zufrieden war. Aber Musik war nicht die einzige Quelle seines Selbstbewußtseins. Wenn Lektion eins des Musikgeschäfts hieß: »Sein Geld zu bekommen bedeutet Ärger«, hieß Lektion zwei »Sex zu bekommen, nicht«. Schon bevor Jimmy Gitarre spielte, waren die Mädchen hinter ihm her. Sein Vater hielt sie ihm vom Leib: »Die Mädchen kamen am Sonntag vorbei, um mit ihm zur Kirche oder sonstwohin zu gehen. Er fragte mich, wer an der Tür sei? Und wenn ich antwortete, irgendein kleines Mädchen, dann meinte er, sag' bloß nicht, daß ich da bin. Mmh, Jimmy, sie sieht aber wirklich gut aus.« Nach seinen ersten Auftritten in Seattle hatte er schnell eine Gefolgschaft weiblicher Fans, die von seinem guten Aussehen und seinem verlorenen Kleiner-Junge-Charme hingerissen waren.

Die Neujahrsnacht 1959 verbrachte Jimmy zu Hause mit seinem alten Schulfreund James Williams. 1954, als sie noch auf der Leschi-Schule waren, hatten sie für ein Schulkonzert einen Song einstudiert. Und jetzt saßen sie an diesem eiskalten Dezemberabend wieder zusammen, um Musik zu machen. James sang »Memories Are Made Of This«, und Jimmy sang die Begleitstimme. Später machte sich Jimmy sehr viele Gedanken über seinen Gesang, »aber damals«, so behauptet Leon, »sang er falsch, ohne mit der Wimper zu zucken«. James sang weiter, während Jimmy seine damalige Freundin Betty Jean Morgan anrief, um ihr beizubringen, daß aus ihrer Verabredung nichts würde, da er kein Geld habe. Jimmy legte seine Hand auf den Hörer und ließ James das Gespräch mithören. »Und was gibt's zu essen, wenn ich rüberkomme? . . . Weiter, erzähl mir alles . . .

Weichgekochte Eier, Austern und rohe Muscheln, dazu Butter und Brot . . .« James war verwirrt, doch Jimmy platzte fast vor Lachen. Er legte auf, und James wollte wissen, was das sollte. »Damit päppelt eine Frau den Mann für Sex auf«, antwortete Jimmy, »das ist ein Liebesmahl, verstärkt die Potenz.«[16]

Jimmy wurde erwachsen, und sein bester Freund konnte nicht mehr mithalten. Später am Abend gingen die beiden zusammen ins Kingfish Café. Jimmy hatte sich etwas Geld fürs Essen geliehen, aber James ließ ihn einfach an der Theke sitzen. Sie sollten sich danach nie wieder sehen.

Jimmy wußte alles über Weib und Gesang, aber nichts über Wein. Keiner kann sich daran erinnern, daß er bei den Rocking Kings und den Tomcats jemals geraucht oder getrunken hätte. Wenn die anderen in den Pausen verschwanden, um die eine oder andere Droge einzuwerfen, blieb Jimmy stets allein und übte auf seiner Gitarre für den zweiten Auftritt. Einmal ließ er sich zu einem Glas Wein überreden und rastete danach völlig aus. Doch für Jugendstreiche war er immer zu haben. »Als Kind war mehrmals die Polizei hinter mir her. Ich hatte eine Schwäche für verrückte Klamotten, und die bekam man nur durch das Hinterfenster eines Ladens.«[17] Eines Nachts stieg Jimmy mit einem Freund in Wilners Geschäft ein und bediente sich kostenlos. Aber entweder bereuten sie es tags darauf oder es dämmerte ihnen, daß sie die Herkunft der neuen Klamotten zu Hause hätten erklären müssen. Jedenfalls warfen sie die Sachen in einen Schulcontainer für notleidende Kinder. Der Ladenbesitzer ahnte, wer die Diebe waren, und sah von einer Anzeige ab, da man die Sachen sicherstellen konnte. Al machte die Angelegenheit mit kostenloser Gartenarbeit wieder gut.

Jimmy nahm seine Gitarre auch auf die Straße mit. Die meisten Straßenjungs hielten ihn für einen Freak, einen Außenseiter, über den sie ihre Witze reißen konnten. Die Mitglieder der Straßenbanden von Seattle jedoch, die Counts und die Cobras, die coolen Jungs der Gegend, respektierten seine Individualität. Wenn es nicht gerade um seine Schwäche für Klamotten ging, hielt sich Jimmy aus Schwierigkeiten heraus, hielt sich von den Gangs fern, konnte sich aber jederzeit verteidigen und war mehrmals in Straßenkämpfe verwickelt. In Gesellschaft hielt Jimmy sich zurück und war zufrieden, wenn man ihn ab und an zu einer Fahrt einlud. Und das war sein großer Fehler. Am 2. Mai 1961 wurde Jimmy wegen des Besitzes eines fremden Fahrzeugs verhaftet. Und einem Polizeibericht zufolge wurde er drei

Tage später wieder mit einem gestohlenen Fahrzeug aufgegriffen. »Diesmal landete ich für drei Tage im Kittchen . . . Aber ich hatte nicht gewußt, daß der Wagen gestohlen war.«[18] Bis er dem Richter vorgeführt wurde, saß Jimmy im Rainier-Vista-4-H-Jugendgefängnis ein. Er bekam zwei Jahre auf Bewährung, weil sein Pflichtverteidiger dem Gericht mitteilte, daß Jimmy vorhabe, zur Armee zu gehen. Jimmy erzählte, daß ihn die Auseinandersetzung mit seinem Vater, bei der Al ihn schlug, und die Arbeitslosigkeit zur Armee getrieben hätten. »Weil ich keinen Cent besaß, marschierte ich ins nächstbeste Rekrutierungsbüro und meldete mich freiwillig.«[19] Jimmy wäre eh eingezogen worden, aber als Freiwilliger konnte er den Zeitpunkt seiner Einberufung bestimmen. Jimmy wollte unbedingt zu den »Screamin' Eagles«, den Fallschirmjägern des 101. Luftwaffenstützpunktes, und kurz nach seiner Gerichtsverhandlung wurde er angenommen.

Es war Zeit, sich von allen zu verabschieden. James Thomas mußte sich nach einem neuen Gitarristen umsehen, und Jimmy verpaßte einen Drei-Tage-Auftritt beim »Annual Seattle Seafair Picnic and Dance« – und möglicherweise seine erste Chance zu einer Plattenaufnahme. Die Tomcats hatten dafür einen Song namens »Drive, Drive« ausgearbeitet. Natürlich sagte er auch Betty Jean adieu. Ihre Schwester Maddy ging damals mit Leon und behauptet: »Betty Jean war die einzige, der er einen Ring und ein Heiratsversprechen gab.« Ganz so war es nicht, denn Jimmy schenkte Betty Jean den Verlobungsring bei einem Straßenfest, einige Tage bevor er seine achtwöchige Grundausbildung in Fort Ord in Kalifornien antrat.

Jimmy war seiner Freiheit ein gutes Stück nähergekommen. Er konnte Seattle endlich verlassen. Und er machte seine Drohung wahr, die er an jenem Sommerabend auf Tante Dorothys Veranda geschluchzt hatte. Bis auf ein paar kurze Heimaturlaube während seiner Militärzeit kehrte Jimmy nie mehr freiwillig nach Seattle zurück.

4

Hope You Brought Your Parachute With You

RA 19693532 James Marshall Hendrix trat am Dienstag, den 31. Mai 1961, in Fort Ord an der Westküste seinen Dienst unterm Sternenbanner an. Der Koreakrieg war vorbei, der Vietnamkrieg hatte noch nicht begonnen, aber im selben Jahr verkündete Präsident John F. Kennedy der Nation in seiner Antrittsrede: »Wir bewegen uns am Rande der Gefahr . . . Ich glaube, daß wir Amerikaner bereit sind, Macht zu demonstrieren.« Mit »Gefahr« war die Sowjetunion gemeint, und innerhalb von zwei Jahren drohte John F. Kennedy mit einem Atomkrieg, falls die Sowjets nicht ihre Raketen aus Kuba abzögen.

Jimmy machte sich jedoch vor allem über seine alarmierende finanzielle Lage während des achtwöchigen Trainings Gedanken. Am 8. Juni schrieb er folgenden Brief nach Hause, der auf den Seiten 65–67 abgedruckt ist.

Jimmys Brief war an »Herrn und *Frau* James A. Hendrix« adressiert . . . *Frau* Hendrix war Willene. Al war mit ihr bereits befreundet, als Lucille noch lebte. Nach ihrem Tod war Willene zu Al in die 26th Street, Ecke Yesler gezogen. Sie hatte eine Tochter, Willette, und war noch verheiratet, doch ihr Mann war damals entweder beim Militär oder auch einfach nur verschwunden. Al und Willene wollten heiraten. Leon wohnte während Jimmys Militärzeit zu Hause und nannte Willene »Mama«. Doch eines Tages kehrte Willenes Mann überraschend zurück, und damit lösten sich die Heiratspläne in Luft auf. Jimmys Brief vom 11. August war wieder ausschließlich an seinen Vater gerichtet:

> Wie geht's Dir? Ich hoffe, gut. Und wie geht's Willene, Willette, Leon usw. . . . und Oma? Hier ist alles beim alten, aber es gibt nichts zu tun. Die Kompanie zog am letzten Samstagmorgen um 0800 ab, nur wir 4 hier dürfen nicht nach Hause.

June 8, 1961

RCT E-1 James Hendrix RA19693532
HQ + HQ Co 11th BG, 3rd Bde. 4 Platoon
Fort Ord, California

Dear Mr. + Mrs. James A. Hendrix =

Well... I know it's about time for me to write — We had a lot of things to do down here though — How's every body up there? Fine, I really hope — the weather here is pretty nice except that it's pretty windy at times because the Ocean is only about a mile away — I can't say too much because we have to clean the ~~barrack~~ barrack up a little before we go to bed — I just wanted to let you know that I'm still alive although not by very much — Oh, the army's not too bad so far. It's so-so although it does have it's "ups and downs" at times — All, I mean All my hair's cut off and I have to shave — I only shaved two times so far counting tonight since I've been here —

I won't be able to see you until about 2 months from now — That's if I'm lucky — We're going through Basic Training, That's the reason — Although I've been here for about a week, it seems like about a month — Time passes pretty slow even though we do have alot to do —

How's the gardening business? I hope it's doing fine — I believe it's more expensive being in the Army than it is liveing as a civilian — So far we had to get =

1. 2 laundry bags 1.00 each, ~~2~~ 2 block hat 1.75, 2 locks .80 each, 3 Towels .50 each, Stamping kit 1.75, Haircut 1.00, Shoe polish kit 1.70, shaveing razor and blades, and lather, 1.70, insignias .50. So I guess this isn't all that good, finacially, as I first thought. $10.60 — that's about what it is. ~~A~~ And, we have to buy way more than that before we're actually set for awhile, and we don't get paid until JUNE 30th 1961. And so I would like to know if you might be able to send about 5 or 6 dollars —

We have to buy so much stuff right away and payday is pretty far away. They ~~so~~ only gave us $5.00 when we first came and all that's gone except $1.50 and that isn't going to last a minute around here —

I can and will pay you back at the end of this month when we get paid if you could send it — After we get situated, things will be way better — It's just this first mixed-up month that messes us up — So I really must close now —

Please, if you have time, ~~to~~ write back or have Willene to write back and tell me what's going <u>on</u> up there —

Give everybody my love, Gramma, Gracie, Willie Mae, Uncle Frank, Betty, ect... ect....

To Mr + Mrs. James A. Hendrix

from James with love

Please if you can send a few dollars as soon as you can — Thank you

Wir 4 sitzen nur deshalb herum, weil wir immer noch auf unsere Befehle warten. Dann werden wir erfahren, was sie mit uns vorhaben und wohin wir gehen. Ich soll nach Fort Lee in Virginia ins Schreibbüro. Aber das kann sich mit meinem offiziellen Befehl noch ändern . . . Manche hier haben 2, 3 oder 4 Tage gewartet, andere sogar Wochen oder Monate – hoffentlich passiert mir das nicht auch. Man bekommt das Gefühl, Zeit zu verschwenden, und die zählt doch. Jedenfalls will ich schnell nach Hause – denn sonst verpasse ich vielleicht noch den ganzen Sommer . . .

Jimmy ließ Al Grüße an Betty ausrichten und setzte als P.S. darunter:

"How did you get in this line?"

Er schloß den Brief mit »In Liebe, Dein Sohn James«, und unter seine Unterschrift kritzelte er eine Gitarre.

Nach einem kurzen Heimaturlaub schrieb er am 12. September abermals an Al. Weil Jimmy vor seiner Rückfahrt den Fahrschein verloren und den Bus verpaßt hatte, mußte er sich bei der Militärpolizei melden, die ihn schließlich zurückbrachte. Dadurch war er erst nach dem Zapfenstreich im Lager angekommen: »Jetzt bin ich erst 4 oder 5 Tage aus Seattle weg, doch es kommt mir wie mindestens 2 Wochen vor – die Zeit scheint dahinzukriechen . . .«

Irgend jemand hatte wohl Jimmys Briefe gelesen und sich während seines Heimaturlaubes über seine Militärsprache mokiert, zum Beispiel, daß er statt 8 Uhr »0800« schrieb. Deshalb konterte er in diesem Brief: »Ich schreibe dies hier im Lagerraum, allein – es ist 11.05 und nicht 23.05 (grins).« Der Brief endet:

Grüß alle von mir, auch Betty Jean, die Süße. Und Willene + Willette – jeden – ich versuch', bald wieder zu schreiben.
Mach's gut
In Liebe
Dein Sohn James
Und sag Oma »Hallo und ich lieb' sie«.

Jimmy schien großes Heimweh gehabt haben, da er sofort nach seiner Rückkehr ins Lager erneut schrieb. Er hatte sich zwar sehnsüchtig gewünscht, aus Seattle herauszukommen, aber so lange war er noch nie von zu Hause weggewesen. Und erst jetzt wurde ihm klar, was ihm seine Familie bedeutete.

Der nächste Brief kam erst nach sechs Wochen, denn Jimmy war mit dem nächsten Abschnitt seiner Grundausbildung beschäftigt. »Dem achtwöchigen Kurs, den wir gerade absolviert haben, gehörten 325 Mann an, und wir haben hart gearbeitet.« Jimmy schrieb zwar nach Seattle, aber nicht an Al:

Ich schrieb an Betty, weil sie mir ständig Briefe schickte, und wenn ich nicht antwortete, kam sie auf dumme Gedanken. Aber ich hatte genug mit den dickköpfigen Rekruten zu tun. Und sie schrieb diesen Unsinn über die kalifornischen Mädchen und daß ich sicher mit einem von ihnen rummachen würde. Sie gab mir den guten Rat, schleunigst zu schreiben und meine Finger von diesen »Perlen« zu lassen, weil ich mich sonst gar nicht mehr bei ihr blicken zu lassen brauchte. Aber es blieb mir keine Zeit zum Schreiben. Ihren Briefen merkte man an, daß sich ihre Stimmung während des Schreibens ständig änderte. Einige Zeilen klangen sehr fröhlich, ein paar auch noch recht nett und dann, na ja, etliche zuerst sehr wütend, aber dann beruhigte sie sich wieder.

Betty Jeans Geburtstag am 23. Oktober vergaß Jimmy jedoch nicht. »Aber ich hatte ihr schon mitgeteilt, daß ich ihr vor Anfang November nichts schenken konnte.« Es tat ihm leid, daß er auch kein Geld schicken konnte, weil er sich zwei Paar Springerstiefel, vier Arbeitsanzüge sowie zwanzig »Screamin'-Eagle«-Abzeichen kaufen mußte: »Und weißt du, was auf denen abgebildet ist? Die 101. AIRBORNE DIVISION, Fort Campbell, Kentucky, ja tatsächlich – und da muß ich am 8. November um 5.00 antreten – den Befehl habe ich gestern erhalten.«

Jimmy erfuhr erst drei Monate nach seiner Grundausbildung in Fort Ord von seinem neuen Stützpunkt. Endlich schien sein Traum in Erfüllung zu gehen. Der Rest des Briefs macht klar, daß sich Jimmy eine maßgeschneiderte Militärkarriere zu seinen Bedingungen wünschte. Er wollte schnellstens seinen Abschluß auf der Fallschirmspringerschule in Fort Campbell machen: »Selbst wenn ich mir dabei ein Bein oder sonst was brechen sollte, wenn ich doch nur endlich diese Screamin'-Eagle-Abzeichen und die der Luftwaffe tragen dürfte! Es ist eine schmucke Uniform.« Danach träumte er jedoch von einem gemütlichen Schreibtischposten und einem Sprung monatlich für 55 Dollar als zusätzlichem Taschengeld. Nachdrücklich stellte er fest: »Mit dem Infanteriekram möchte ich nichts zu tun haben . . .« und er war sich sicher, daß er »diesen Ranger-Scheiß (grins)« bald hinter sich hatte. Schon am nächsten Tag beantwortete er einen Brief von Al. Leon, der nach Willenes Auszug zunächst gegangen war, war wieder zurückgekommen:

Ich habe gerade Deinen Brief erhalten und bin froh, daß Du in Ordnung bist und daß Leon und Du wieder zusammen seid. Das hat mich überrascht, und ich bin darüber sehr glücklich, weil mir klar war, wie einsam es für dich gewesen sein muß. Solche Gedanken kommen mir, wenn ich hier über Dich und alles andere nachdenke. Sag Leon, er soll auf Dich hören, das zahlt sich später im Leben aus, wie Du mir immer gesagt hast . . . Ich freue mich auch, daß Du jetzt einen Fernseher hast, und ich weiß, daß Du das Haus prima in Schuß hältst. Behalte Deine gute Arbeit, und ich werde mein Bestes geben, um unserer Luftwaffe alle Ehre zu machen. Ich werde mich wirklich nach allen Kräften bemühen und es schon drehen, daß die ganze Familie Hendrix das Screamin'-Eagle-Abzeichen der Luftwaffe tragen darf. (Kleiner Scherz.) Mach's gut, und das nächste Mal siehst Du mich hoffentlich die Abzeichen des Stolzes tragen (grins).

Für Daddy Hendrix von seinem Sohn James, der ihn liebt.

P.S. Sag Betty nicht, was ich über sie im letzten Brief geschrieben habe, sie könnte wütend werden (grins).

Jimmy kam am 8. November in Fort Campbell an und schrieb Al am 13. folgenden Brief:

Gut, jetzt bin ich also endlich da gelandet, wo ich in der 101. Airborne sein wollte. Wir sind schon am dritten Tag von einem 10 Meter hohen Turm gesprungen, und es hat fast Spaß gemacht. Wir waren die ersten neun in einer Gruppe von 150. Ich bin ganz langsam die Treppen bis zur Spitze des Turms hochgestiegen und war überhaupt nicht aufgeregt. Drei Jungs haben dort oben noch einen Rückzieher gemacht. Man kann das jederzeit. Sie haben nur einen Blick nach draußen geworfen und aufgegeben. Und als ich nach oben stieg, dachte ich darüber nach und entschloß mich, nicht freiwillig aufzugeben, egal, was auch passieren würde.

Oben auf dem Turm hat der Sprungmeister die beiden Schlaufen an meinem Gurt befestigt, dann hat er mir auf die Schulter geklopft und direkt in mein Ohr geschrieen: Los, los, LOS! Ich zögerte eine Sekunde, und das nächste, an das ich mich erinnern kann – ich fiel. Als das ganze Seil abgerollt war, knallte ich wie eine Stierpeitsche nach vorn und baumelte am Ende des Seils . . . Die Beine zusammengepreßt, die Hände auf dem Rücken, das Kinn an die Brust gepreßt, segelte ich nach unten. Und dann bin ich der Länge nach direkt auf eine Sanddüne geknallt. Später haben sie uns gezeigt, wie man das vermeidet – indem man die Füße anhebt. Aber ich bin ja auf dem Rücken gelandet.«

Vor Weihnachten war Jimmy dann soweit, falls es überhaupt möglich ist, *soweit* zu sein, um einen Kilometer über dem Erdboden aus einem Flugzeug zu springen. Den Adrenalinstoß, den er beim Fallschirmspringen verspürte, beschrieb Jimmy später in dem Film »See My Music Talking« sowie im folgenden Interview mit dem »New Musical Express«:

> Der erste Sprung war wirklich unmöglich – manche der Jungs waren noch nie geflogen, und es wurde ihnen schlecht. In der Mitte stand ein Kübel, ein riesiger Abfalleimer. Wirklich irre. Anfangs machte das Flugzeug rrrrrrr – dieses Dröhnen und Schaukeln, man konnte förmlich sehen, wie die Schrauben raussprangen. Du fragst dich: Was mach' ich hier eigentlich? Für den Bruchteil einer Sekunde durchzuckte mich der Gedanke: Du mußt verrückt sein. Man ist vollkommen weggetreten und könnte gleichzeitig weinen und lachen. Und der Feldwebel fragt: Wer ist dieser Witzbold? Und die ganze Zeit denkst du nur: Was mache ich hier? Und dann stehst du auch schon an der Tür, bist draußen und es ist – ooooooh!

Im »New Musical Express« wurde er folgendermaßen zitiert: »Es ist das einsamste Gefühl der Welt. Jedesmal, wenn du springst, hast du Angst, daß der Schirm nicht aufgehen könnte. Du spürst den Ruck im Nacken, und dann ist dieser riesige weiße Pilz über dir, und die Luft saust ssshhh an deinen Ohren vorbei. Und dann sprichst du wieder mit dir sclbst.«[1]

Er schickte Luftaufnahmen vom Sprungtraining nach Hause und schrieb auf die Rückseite: »Diese Springerei ist das Aufregendste, was ich je gemacht habe. Es macht genausoviel Spaß, wie es aussieht, wenn man dabei die Augen offenhält (grins).«

Wie jeder Künstler hatte Jimmy das Bedürfnis, seine täglichen Erfahrungen zu verarbeiten. Seltsamerweise hatte er aber seine geliebte Gitarre nicht mit zur Armee genommen. Es ist ziemlich unwahrscheinlich, daß er sie vergessen hatte, wie ein Musikerkollege später behauptete. Vielleicht wollte er abwarten und erfahren, wo er nach seiner Grundausbildung stationiert werden würde, und ob seine persönliche Habe dort auch sicher war. Er war knapp bei Kasse und hatte schließlich schon eine Gitarre durch seine Unachtsamkeit verloren. Aber Jimmy lieh sich von anderen Musikern im Lager ein Instrument aus. Und wenn er nicht auf einer echten Gitarre spielte, dann auf einer eingebildeten »Luftgitarre«.

Fort Ord, Kalifornien, 20. Juni 1961

Am 17. Januar 1962 schrieb Jimmy an Al und bat ihn, »so schnell wie möglich die Gitarre zu schicken – ich brauch' sie jetzt wirklich – sie ist immer noch bei Betty«. Kurz darauf erhielt er das Paket mit der rotlackierten Danelectro, in die er Betty Jeans Namen eingraviert hatte. Er nahm seine Gitarre mit ins Bett, was bei Bluesmusikern ganz üblich war. Aber in der ziemlich kleinen Militärgemeinschaft fiel Jimmy damit auf. Er war nie ein Durchschnittstyp gewesen und blieb auch hier gern für sich, so wie er es schon in Seattle gehalten hatte. Doch in der hermetisch abgeschlossenen Militärwelt wurde jeder, der auffiel, zur Zielscheibe des Spotts. Die engstirnigen Rekruten hatten bald Jimmys wunden Punkt erkannt und es auf seine heißgeliebte Gitarre abgesehen. Sie versteckten »Betty Jean«, und er mußte um sie betteln. Jimmy probierte (üblicherweise ohne Verstärker) ständig neue Klänge und Spielweisen aus. Und so versuchte er auch, die Geräusche des Fallschirmspringens in Klänge umzusetzen: das Donnern und Beben der Flugzeuge, die Anspannung vor dem Sprung, die unglaubliche Schnelligkeit, mit der man ins Nichts sprang. Hoch oben am Himmel fühlte sich Jimmy befreit von den irdischen Fesseln und ließ sein Ego in die Traumwelt des freien Falls gleiten. Diese Empfindungen wollte er durch seine Gitarre mitteilen. Aber seine Luftsinfonien blieben unter Verschluß, bis er die Technologie besaß, sie zu realisieren. Zuvor mußte Jimmy aber noch eine Menge Lehrgeld bezahlen.

An einem Novembertag des Jahres 1961 suchte eine Gruppe von Soldaten vor dem prasselnden Regen Schutz. Billy Cox, der sich beim Soldatenclub Nr. 1 untergestellt hatte, hörte jemanden Gitarre spielen und folgte diesem Klang »irgendwo zwischen Beethoven und John Lee Hooker«, bis er zu einem kleinen Übungsraum kam, in dem ein schmächtiger Junge mit einer roten Gitarre stand. Jimmy bemerkte ihn erst, als Billy sich vorstellte. Billy stammte aus West Virginia und war mit Musik großgeworden. Seine Mutter war klassische Pianistin, und sein Vater hatte bei Duke Ellington Saxophon gespielt. Er selbst spielte ein bißchen Trompete, Saxophon, Klavier und Geige, wurde dann aber Bassist. Wie seine Vorbilder Ray Brown und Charles Mingus spielte er in der Schule Standbaß und studierte danach Musik. Vor seiner Armeezeit hatte er, genauso wie Jimmy, mit Bands gearbeitet.

Jimmy und Billy verstanden sich auf Anhieb und wurden enge Freunde. Sie bewunderten gegenseitig ihr Können – Jimmy, der herumziehende Abenteurer, der stets bereit war fürs Unorthodoxe, Billy der Vorsichtige, der alle Für und Wider abwog, bevor er eine Entscheidung fällte.

An diesem verregneten Novembertag schlug Billy vor, eine Band zu gründen. Und bald spielte ihre Fünf-Mann-Combo zur Unterhaltung in den Soldatenclubs und im Pink Poodle Club in der Nähe von Clarksville. Die Besetzung wechselte bald, zum verbliebenen Trio gesellte sich Gary Ferguson, ein Schlagzeuger aus Toledo. Kurze Zeit gehörte ihr sogar ein Major als Saxophonist an – Charles Washington. Er erinnert sich an Jimmys Gitarre, die extra für ihn als Linkshänder umgebaut worden war:

Irgendwann hatte er seine Gitarre vor einem Konzert verpfändet, und die Band mußte sie auslösen. Es half nichts, er brauchte *seine* Gitarre . . . Eigentlich war Jimmy nie wirklich einer von uns. Er konzentrierte sich auf seine Musik. Während wir den üblichen Small talk machten, den Musiker drauf haben, blieb er für sich . . . Wenn wir nach ihm sahen, dann starrte er irgendwohin . . . Man kam nicht an ihn ran . . .[2]

Die Band spielte auch in anderen Militärstützpunkten Nord- und Süd-Carolinas, löste sich aber bald auf. Jimmy und Billy kehrten zu einer Quintettbesetzung zurück und traten als King Kasuals in den üblichen Armee- und Kleinstadt-Clubs auf. Als Jimmy seine musikalische Karriere wieder aufnahm, verlor für ihn das Militärleben zusehends an Glanz. Er machte zwar sein Screamin'-Eagle-Abzeichen und wurde im Januar 1962 zum Soldaten Erster Klasse befördert. »Ich hab's geschafft«, schrieb er nach Hause, »in acht Monaten und acht Tagen!« Aber er beschwerte sich auch im März bei Al, »daß ich den ganzen Tag Tennessee mit meinen Händen umschaufele . . .«, und erwähnte später in einem Interview Übungen im nassen Sand bei Temperaturen von sechs Grad unter Null.[3] Al hatte während seiner Soldatenzeit immer akzeptiert, daß »Befehle Befehle sind«, auch wenn er dadurch die Geburt seines Sohnes versäumte. Aber Jimmy war aus anderem Holz geschnitzt. Er lehnte sich gegen die Autorität auf und ärgerte sich, daß er seine Musik verteidigen mußte. »Beim Militär kommandiert man dich die ganze Zeit herum . . . Es ist echt ein übler Ort. Sie wollten mich total von der Musik fernhalten. Sie sagen dir einfach, für was du dich zu interessieren hast, und lassen dir keine Wahl. Die Armee ist was für Leute, die es nötig haben, daß man ihnen sagt, was sie zu tun haben.«[4]

Wie Corporal Klinger suchte Jimmy in bester »M.A.S.H.«-Tradition mehrmals den Armeepsychiater auf, fand dann aber einen einfacheren Weg in die Freiheit. »Eines Tages verfing sich mein Fußgelenk kurz vor dem Absprung im Seil und war gebrochen. Ich behauptete, daß ich mir auch den Rücken verletzt hätte. Bei jeder Untersuchung stöhnte ich, bis sie's mir glaubten und mich entließen.«[5]

Jimmy erhielt im Juli 1962 seine Entlassungspapiere und wollte nach Hause zu seiner Familie und zu Betty Jean.

Eines Morgens stand ich dann außerhalb von Fort Campbell, an der Grenze von Tennessee und Kentucky mit meinem kleinen Armeesack und vierhundert Dollar in der Tasche. Seattle war sehr weit weg, aber es gab dort ein Mädchen, an dem ich hing. Ich beschloß daher, in Clarksville zu übernachten und am nächsten Tag nach Hause zu fahren . . . Ich ging in einen Jazzschuppen und trank was. Das Lokal gefiel mir und ich blieb. Viele behaupten, daß ich manchmal mehr als gutmütig bin. Na ja, ich war an diesem Tag ziemlich großzügig und hab' wohl jedem einen Schein in die Hand gedrückt, der einen haben wollte. Als ich das Lokal verließ, hatte ich noch sechzehn Dollar! Für die Strecke von Tennessee nach Seattle reichte das nicht! Also, nicht nach Hause, was gut 2000 Meilen sind . . . Zuerst wollte ich meinen Dad anrufen und ihn um Fahrgeld bitten – als Gartendesigner verdiente er ja gut. Aber ich wußte, was er sagen würde, wenn ich ihm erzählte, daß ich fast vierhundert Dollar in einer Nacht durchgebracht hatte. Nein, das kam nicht in Frage, ich mußte 'ne Gitarre auftreiben und Arbeit finden. Nach Nashville waren es nur 20 Meilen, und dort gab es 'ne riesige Musikszene. Da mußte doch was laufen.

Mir fiel ein, daß ich kurz vor der Entlassung einem Typen in meiner Einheit eine Gitarre verkauft hatte. Ich kehrte nach Fort Campbell zurück und übernachtete dort heimlich. Dann fand ich den Typen und lieh mir von ihm die Gitarre.[6]

Jimmy verließ die Armee zwei Monate vor Billy und hatte mit ihm abgemacht, daß er in der Gegend bleiben würde, um auf ihn zu warten, weil sie gemeinsam ihr Glück als Musiker versuchen wollten. Jimmy blieb in Clarksville, und dadurch ging schließlich seine ohnehin gespannte Beziehung mit Betty Jean in die Brüche. Dafür tauchte Joyce Lucas auf. Nach Billys Entlassung im September 1962 mieteten sich Jimmy, Billy, Joyce und ein befreundetes Pärchen zusammen ein Haus. Weil jedoch musikalisch nichts lief, machten sich Jimmy und Billy in einem wackeligen 1955er Plymouth nach Indianapolis auf. Unterwegs hatten sie eine Panne, lebten von Chili-Schoten und schliefen, wenn sie pleite waren, im Auto.[7] Indianapolis war schon damals nicht gerade eine vibrierende Musikmetropole, deshalb kehrten die beiden nach Clarksville zurück, gründeten die neuen King Kasuals und bekamen ein paar harte Lektionen in Sachen Musikgeschäft verpaßt. Jimmy erzählte später: »Ich trat in Clarksville mit einer Gruppe auf, die war unter Vertrag bei einem Laden namens W & W. Die zahlten derart schlecht, daß wir sie Windig & Wenig tauften.«[8] »Diese armseligen Musikagenten marschierten mitten im Auftritt auf die Bühne und steckten uns die Gage in die Tasche, weil sie genau wußten, daß wir sie während des Spiels nicht nachzählen konnten. Wenn dann die Nummer vorbei war und ich in meinen Umschlag sah, steckten da nicht mehr drin als zwei Dollar.«[9] Die erste Besetzung der Kasuals wurde schließlich vom Del Morocco gebucht, einem der Top-Clubs für Rhythm'n'Blues in Nashville, und Jimmy und Billy versuchten noch einmal ihr Glück.

1962 steckte Nashville mitten im Umbruch. Die provinzielle Hauptstadt einer kleinen Country-Music-Szene war auf dem besten Weg, neben Los Angeles und New York zu einem international anerkannten Musikzentrum zu werden. Der Rhythm'n'Blues war allerdings nur äußerst begrenzt vertreten. Eine rühmliche Ausnahme bildete WLAC, eine 50000-Watt-Radiostation, die der Life and Casualty Insurance Company gehörte. Mitte der vierziger Jahre verkaufte die Station billige Sendezeit an Randy's Record Store, einen Postversand-Laden im nahegelegenen Gallatin. Randy Wood pries seine Ware der schwarzen ländlichen Kleinstadtbevölkerung an, für die es schwer war, neue Rhythm'n'Blues-Scheiben zu bekommen. Gene Nobles moderierte als erster Disc-Jockey eine nächtliche Blues-Show mit Musik von Roy Brown bis Muddy Waters. Er wurde von John »R« Richbourg und William »Hoss« Allen abgelöst. Neben Randy Wood beteiligten sich weitere Plattenläden als Sponsoren an den Shows von John »R«, während »Hoss« Allen von der Kosmetikindustrie unterstützt wurde. Der Erfolg der Versandläden im Musikgeschäft war unglaublich. Jerry Wexler von Atlantic Records behauptet, daß Nobles, Richbourg und Allen enormen Einfluß auf die weißen Teenager und ihr plötzliches Interesse für schwarze Musik hatten. In Nashville war die schwarze Musik in der Jefferson Street zu Hause: im New Era, im Del Morocco (die Nummer eins und zwei auf der Lokalliste), im Baron, Steal Away, Wigwam und anderen Clubs.

Jimmy und Billy kamen vermutlich im Oktober 1962 in Nashville an und trafen sich mit dem Manager des Del Morocco, der sie in einer kleinen Pension namens Joyce's House of Glamour unterbrachte. Als ihre finanzielle Situation noch desolater wurde, als sie eh schon war, schliefen sie unter freiem Himmel, »im Rohbau eines Häuserblocks, den sie dort gerade hochzogen, ohne Zimmerdecken, und manchmal fehlte sogar der Fußboden. Der reine Wahnsinn!«[10]

Jimmy spazierte oft mit umgehängter Gitarre durch die Straßen im Norden der Stadt, was ihm den Spitznamen »Marbles« einbrachte (nach der englischen Redewendung: »He's lost his marbles«, er hat nicht mehr alle Tassen im Schrank). Wenn Billy Cox ihn morgens weckte, »lag er meist in den Klamotten vom Vortag auf dem Bett, die Gitarre auf dem Bauch oder neben sich. Er übte die ganze Nacht.«[11]

Rassistische Äußerungen spielte Jimmy herunter oder machte sich über sie lustig. Rassismus war für ihn kein Thema, obwohl er sogar noch als berühmter Superstar etliche persönliche Demütigungen einstecken mußte. Seine Weltbürger-Haltung, die ja auch eine politische war, selbst wenn er das nicht wahrhaben wollte, brachte ihm später eine Menge Ärger mit den Militanten der schwarzen Bürgerrechtsbewegung ein. »Sonntagnachmittags sahen wir uns oft die Rassenunruhen in der Stadt an. Wir nahmen einen Picknickkorb mit, weil man uns in den Restaurants nicht bediente. Eine Gruppe stand auf der einen Seite der Straße, die andere auf der anderen Seite. Sie beschimpften sich gegenseitig und beleidigten ihre Mütter. Das ging ein paar Stunden so, dann machten sich alle wieder auf den Heimweg. Wurde an einem Sonntag ein guter Film gezeigt, gab's keine Unruhen.«[12]

Jimmy interessierte sich ohnehin mehr für Frauen als für Politik. Er traf sich immer noch mit Joyce Lucas und einem Mädchen namens Florence Henderson. Außerdem hatte er einen kurzen Flirt mit Verdell Barlow, einer Barfrau aus dem Baron Club. Jimmy besaß sogar einen inoffiziellen Fanclub in Nashville, der sich »Buttons« (Knöpfe) nannte, weil seine Mitglieder Jimmys Kleidung instand hielten, ihm Essen und eine Unterkunft besorgten. Ein Bett zu finden, war für Jimmy kein Problem, ihn zum Aufstehen zu bewegen, war eine andere Sache, erzählt Billy Cox. »Wir hatten einen Auftritt . . . im Del Morocco . . . Ich glaub', es sollte um neun losgehen. Um neun Uhr – kein Jimmy weit und breit. Zehn Uhr – immer noch kein Jimmy. Langsam machten wir uns Sorgen. Ich rannte zu ihm nach Hause und klopfte an die Tür. Er antwortete: Herein! – Und liegt auf dem Bett. Ich sagte, he, Jimmy, du verpaßt den Auftritt, worauf er antwortete: Ich hab' geträumt, der Auftritt wäre abgesagt, und da hab' ich weitergeschlafen.«[13]

Eines Nachts kam Larry Lee, ein junger Gitarrist aus Memphis, ins Del Morocco – auf der Suche nach einem Gleichgesinnten, der wie er *nicht* gut spielen konnte.

> Damals war ich wohl der schlechteste Gitarrist Nashvilles und auf der Suche nach einem ebensolchen, jemandem, mit dem ich reden konnte. Ich sah die King Kasuals mit ihren beiden Gitarristen, Jimmy stand ganz rechts. Alle schienen besser zu sein als ich. Die Typen, die spielen konnten, beachteten einen sowieso nicht. Mein Blick fiel auf Jimmy, er schien mir genau der Richtige zu sein. Ich setzte mich also hin und hörte mir den ganzen Auftritt an . . . Er machte einfach gar nichts mit der Gitarre. Es war eine alte Kay mit sooo langen Saiten, und ich war mir sicher, daß Jimmy genau meine Schuhgröße war und ich mit ihm reden konnte . . . Ich brauchte einen Freund, der nicht spielen konnte, und dachte, Jimmy wär' der Richtige. Ich verließ den Club und wartete ein paar Häuser weit weg vom Del Morocco . . . Ich war so glücklich, ihn gesehen zu haben, daß ich nach Hause ging. Ein paar Tage später ging ich wieder in den Club, stellte mich vor und merkte, daß er eine Saite brauchte . . . Ich holte ihm von zu Hause eine E-Saite. Er hatte eine neue Gitarre, eine Epiphone, und ich konnte nicht glauben, daß das derselbe Typ war, und sagte mir, der hat dich schön reingelegt! Und dann stellte ich fest, daß er wirklich spielen konnte!

Im Gegensatz zu anderen Musikergrößen fand Jimmy immer Zeit, anderen Gitarristen etwas beizubringen, wenn auch der Hendrix-

Gitarrenunterricht für einen unerfahrenen Musiker wie Larry Lee nervenaufreibend war: »Also, es machte mich völlig fertig, daß Jimmy oft, wenn er ein Mädchen tanzen sah, seine Gitarre fallen ließ, mit ihr aufs Zimmer verschwand und mich bat, für ihn einzuspringen. Das ging mir total auf die Nerven. Als ich Jimmy traf, war ich kein Lead-Gitarrist . . . Aber auf diese Weise wurde ich einer.«

The King Kasuals (Jimi mit Billy und Leonard Moses), Jolly Roger, Nashville, Tennessee, Frühjahr 1962

Jimmy benutzte für seine Gitarre einen Silvertone-Verstärker, den ihm der Boß des Del Morocco zur Verfügung gestellt hatte, und er drehte ihn ziemlich laut auf. »Meist war es pure Magie, Mann«, meint Larry Lee. Jimmy suchte immer neue Wege, Töne zu produzieren. Jimmy Church, der manchmal mit den Kasuals sang, erinnert sich: »Einmal spielten wir in Clarksville, und der Lautsprecher verstellte sich und machte einen Höllenlärm. Jimmy sagte: »Hör dir diesen Klang an, Mann, hör dir diesen Klang an, das ist was anderes, ändere das bloß nicht, Mann . . . Hör dir diesen Sound an . . . Hör dir diesen Sound an.«

In der Stadt galt Jimmy allerdings nicht als der heißeste Rhythm'n' Blues-Gitarrist. Diese Ehre gebührte Johnny Jones, dem Lead-Gitarristen der Imperials; für Larry Lee ein Irrtum: »Mich hat Jimmy viel mehr beeindruckt als Johnny. Aber viele hatten sogar Angst, von Jimmy zu sprechen, sie nannten ihn einen Verrückten. Doch ich wußte, Jimmy war was Besonderes . . . Sein Sound war viel fließender als der von Johnny, er spielte natürlicher, legte mehr rein . . . Er hatte einfach Mut. Er spielte im Schuppen oder in der Küche . . . Er hörte nie auf . . . Sobald er loslegte, hatte er nur noch eines im Kopf.«

Aber Larry erzählt auch, daß Johnny Jimmys Idol war und daß er Johnny Jones in den Clubs nächtelang beim Gitarrespielen zusah. Jimmy war sehr empfindlich, was seinen sogenannten Rivalen betraf: Jones besaß eine bessere Gitarre, größere Verstärker. Und weil er wegen seines schlechteren Equipments Komplexe hatte, war Jimmy noch nicht im New Era, der Nummer eins unter Nashvilles Rhythm'n' Blues-Clubs aufgetreten. Doch schließlich wollten Jimmy und Larry Johnny Jones zeigen, wer der Bessere war. Johnny saß in einer Pause an der Bar des Baron, als Jimmy und Larry völlig außer Puste ihre Verstärker und Gitarren ins Lokal schleppten. »Was wollt ihr beiden?« fragte Johnny. »Wir werden's dir zeigen, Meister!« antworteten sie. »Und zwar heute nacht.« Johnny und Jimmy betraten die Bühne: Johnny drehte seinen Verstärker bis zum Anschlag auf, Jimmy jedoch stellte seinen Verstärker völlig unerwartet auf einen Baßton ein und spielte einen lieblichen, weichen B.-B.-King-Sound. Alles lachte, außer Larry Lee. »Jimmy kam von der Bühne, und ich sagte: Mann, was zum Teufel war denn das? Du hast mich total lächerlich gemacht. Wir Idioten haben den ganzen Kram die Straße runtergeschoben, und dann stellst du einen Baßton ein. – Mann, antwortete Jimmy, ich hab' versucht, diesen B.-B.-King-Sound hinzukriegen.« Johnny Jones hatte Jimmy bei lebendigem Leib verspeist, und die beiden verließen den Laden mit eingekniffenem Schwanz. »Draußen lachten wir zwar darüber, aber es war wirklich beschämend.«

Während Jimmy vielleicht nur mit dem Gedanken gespielt hatte, an diesem Abend Johnny in den Hintern zu treten, hatte Larry Lee es wirklich vorgehabt. Denn er war einfach frustriert, daß Jimmy nicht die Anerkennung bekam, die er seiner Meinung nach verdiente. Tatsache war, daß Jimmy sich eine richtige Bühnenshow zulegen mußte, wenn er es im Süden schaffen wollte. Jimmy Church bestätigt, was weiter oben bereits über die Bedeutung der Show für einen Bluesmusiker gesagt worden ist. »Ohne Show nahm dich keiner ernst . . . Dann war das kein Auftritt!« Jimmy hatte in Seattle bereits mit positiver Resonanz einige Tricks ausprobiert, hatte aber auch seine Bedenken: »Manche wollen, daß ich meine Gitarre hinterm Kopf spiele, weil ich mich kaum bewege, ja, aber ich frage dich, wer will denn diesen Quatsch machen? Irgendwann langweilt dich das doch selbst.«[14]

Zweifellos genoß es Jimmy jedoch aufzufallen. Billy Cox hatte ihm ein zwanzig Meter langes Kabel besorgt, mit dem er die Bühne verlassen und ins Publikum gehen konnte. »Der Club war nicht sehr groß . . . Er konnte sogar zur Tür raus und auf der Straße spielen. Manche Leute wußten nicht, ob sie klatschen oder gehen sollten, aber sie merkten, daß er gut war.«[15] Jimmy hatte das Kabel mit einem Klinkenstecker der Marke Radio Shack in seine Gitarrenbuchse gestöpselt. Billy meint, daß Jimmy bei seinem Rückweg durch den Club bereits Rückkopplungseffekte erzielte, wenn er sich dem Verstärker näherte und, auf ihm stehend, Gitarre spielte. Jimmy spielte aber auch mit den Zähnen: »Die Idee kam mir in einer Stadt in Tennessee. Dort mußt du mit den Zähnen spielen, sonst erschießen sie dich. Die Bühnenbretter dort sind mit abgebrochenen Zähnen übersät.«[16]

Auch wenn das Publikum instinktiv erkannte, daß Jimmy spielen konnte, bekam es nie eine Chance, ihn auch singen zu hören. Schon in Seattle war er sich seiner Stimme nicht besonders sicher gewesen. Leon sagt, daß Jimmy ihn manchmal von unterwegs angerufen und ihm am Telefon Songs vorgesungen habe, aber im Beisein von Profis sah die Sache anders aus. Jimmy besaß nicht die süße, starke und flexible Gospel-Stimme, die man vom Sänger einer Blues- oder Rhythm'n'Blues-Gruppe erwartet, und die Kollegen nahmen kein Blatt vor den Mund. »Ich hab' ihn nie singen gehört«, sagt Johnny Jones, »und wenn man ihn mal hörte, wußte man, er ist kein Sänger.« Jimmy hatte nie Vertrauen zu seinem eigenen, überaus beschwörenden Gesangsstil – selbst als Bob Dylan den Beweis lieferte, daß man es sogar mit einer Stimme wie aus einer verstopften Gießkanne schaffen konnte. Um ihr Auskommen zu haben, spielten Jimmy und Billy für Künstler wie Nappy Brown, Carla Thomas, School Boy und Ironing Board Sam. Außerdem spielte Jimmy mit Larry Lee bei

Bob Fisher and the Barnevilles auf einer gemeinsamen Tournee mit den Marvellettes und Curtis Mayfield. Larry Lee, der engagiert war, um auf seiner Gitarre Baß zu spielen, hatte Jimmy den Job besorgt. Jimmy hatte keinen Verstärker dabei und lieh sich für seinen Auftritt mit Bob Fisher den von Curtis Mayfield. Curtis war ein Star, und sein Equipment war vom Feinsten. Jimmy, der noch nie zuvor auf einer so guten Anlage gespielt hatte, jagte den Verstärker hoch, und als er einen langen fließenden Ton spielte, überschritt er den Maximalpegel, so daß der Verstärker den Geist aufgab. Laut Larry Lee konnte Curtis Mayfield es nicht leiden, wenn andere Gitarristen in seiner Nähe waren, während er spielte – und schon gar nicht ein so ausgeflippter wie Jimmy. Bei Curtis Mayfield mußte Jimmy runter von der Bühne. »Meine Damen und Herren, hier sind Curtis Mayfield and the Impressions« – donnernder Applaus! Curtis schloß seine Gitarre an – nichts! Und Jimmy beobachtete leicht amüsiert den großen Star, der irritiert murmelte: »Was ist mit meinem Verstärker passiert, Mann?«

Von Curtis Mayfields Auftritten lernte Jimmy eine Menge über Resonanz und Herzschlag der Musik, und Curtis' geschmackvolles Gitarrenspiel mit den perkussiven Akzenten beeinflußte die eher melodischen Aspekte von Jimmys Gitarrenspiel sehr. Hier im Süden versuchte Jimmy, wenn er nicht gerade für ein paar Dollar die Hit-Akkorde anderer runterschrubbte, so viel Blues wie nur möglich aufzusaugen. Aber Nashville war nicht wie Memphis, es gab nur wenige Blues-Größen, die hier auftraten. Jimmy mußte sich mit den Platten in den Musikboxen der Cafés zufriedengeben, wo er mit Billy Cox rumsaß, Musik hörte, Erdbeerkuchen aß und sich für Albert Kings neuestes »Lucy«-Lick begeisterte, um es möglichst auf der Stelle einzuüben. Er versuchte Larry Lee beizubringen, wie B. B. King zu spielen, und jeder Musiker, der Jimmy in Nashville getroffen hat, erzählt dieselbe Geschichte über Jimmy und seine Liebe zum Blues.

Weihnachten 1962 wollte Jimmy aus Nashville weg und legte mitten im Winter die 2000 Meilen nach Vancouver zurück, um über die Feiertage seine geliebte Großmutter Nora und seine Tante Pat zu besuchen.

Eines Nachts lernte er in einem Club namens Dante's Inferno die beiden Besitzer Bobby Taylor und Tommy Chong kennen, die Frontmänner einer Motown-inspirierten Gruppe namens The Vancouvers. Jimmy kannte bereits einige der Bandmitglieder, und für die Zeit seines Aufenthalts in Kanada schloß er sich der Gruppe an. Später gründete Tommy Chong mit Richard »Cheech« Marin die Improvisationsgruppe The City Lights, und noch später machten die beiden in Los Angeles als die Rockkomödianten Cheech & Chong Karriere.

Anfang 1963 kehrte Jimmy nach Nashville zurück und spielte für jeden Blues-, Soul- oder Rhythm'n'Blues-Musiker, der in der Stadt auftrat. Persönlich tat ihm Nashville gut, er war mit Billy Cox und Larry Lee unterwegs, und sie hatten viel Spaß zusammen. Sie kannten viele Mädchen und riefen sich bei ihren Spitznamen: Jimmy war »Woody Woodpecker« und Billy »Charlie Chicken«. Aber Jimmy erwartete von seinen Musikerfreunden mehr. Er wollte, daß die Leute, die mit ihm auftraten, auch musikalisch mit ihm wuchsen. Sie sollten das hören, was er hörte. Aber das war natürlich pure Illusion, denn Jimmy war viel zu sehr Individualist, um, wie es Jimmy Church formulierte, »in einer Band zu spielen . . . Er spielte ein Solo und vergaß die anderen . . . Man hatte das Gefühl, er würde nie aufhören.« Das hatte wohl auch etwas mit der starken Konkurrenz in seiner Umgebung zu tun, die ihm aber auch technischen Schliff verlieh. »Man muß einfach so spielen, weil die Leute dort schwer zufriedenzustellen waren. Das Publikum im Süden ist wirklich schwierig . . . Es ist verwöhnt. Jeder kann dort Gitarre spielen. Wenn man die Straße runtergeht, sitzt auf jeder Veranda einer, der Gitarre spielt . . . In Nashville . . . da hab' ich wirklich gelernt zu spielen.«[17]

Seine musikalische Richtung war Jimmy selbst noch nicht klar. Aber eines wußte er – er würde sie nicht in Nashville finden. In der dampfenden Küche eines Schnellrestaurants in Memphis sitzt Johnny Jones, einen Bo-Diddley-Hut auf dem Kopf, und meint: »Er wollte einfach frei spielen, er wollte sich selbst ausdrücken, ohne den Stil und die Wurzeln anderer . . . Er konnte spielen . . . Aber er suchte eine Richtung . . . Und es dauert lang, bis man zu sich selbst findet.« Jones meint, daß man Jimmys Konfusion beim Spielen hören konnte. Streckenweise spielte er sehr abstrakt, die Phrasierungen schienen zerrissen, so als ob Jimmy nach fehlenden Noten suchte, die sie zusammenhalten konnten. »Er war wie ein kleines Vögelchen, das zu fliegen versucht, man flattert 'ne Weile . . . bis man es hinbekommt, es koordinieren kann, Mann.«

Jimmy hatte also ein Problem. Charles Keil schreibt in »Urban Blues« über die jungen Bluesmusiker der frühen sechziger Jahre:

> Gehen wir davon aus . . ., daß sein Blues unverwechselbar ist. Er hat sich einen Schritt von seinen B.-B.-King-Gitarrengriffen entfernt . . ., und er hat ein paar ungewöhnliche Texte parat. Nehmen wir an, daß er eine Weile in einigen kleinen

Rhythm'n'Blues-Bands gearbeitet hat . . . mit 15 bis 25 Jahren vielleicht. Er weiß, daß Clubbesitzer nicht viel oder sogar überhaupt nichts bezahlen. Unser junger Bluesmusiker verfügt über genug Lebensart . . ., aber in den Händen der Musikindustrie ist er so hilflos wie ein neugeborenes Baby . . . Und er merkt schnell, daß die meisten Plattenfirmen ihre Finger von einem städtischen Bluessänger mit Kleinverstärker lassen.«[18]

Das klingt fast wie eine Beschreibung von Jimmy, der schon damals Songs schrieb, obwohl er sich nicht für einen Sänger hielt. Doch ein unbekannter schwarzer Gitarrist, der sich einen Namen machen wollte, mußte erst einmal für andere spielen. »Dabei habe ich gelernt, wie man eine Gruppe *nicht* zusammenstellt. Das Hauptproblem ist, daß die meisten ihre Band nicht bezahlen wollen. Man feuert einfach jemanden unterwegs, weil er angeblich im Bus zu laut geredet hat, oder aber, weil ihm der Bandleader zu viel Geld schuldet.«[19] Kurz nach Jimmys Kanada-Reise kamen Sam Cooke und Jackie Wilson nach Nashville und mit ihnen ein Hansdampf in allen Gassen des Showgeschäfts, »Gorgeous« George Odell, der viele Rollen beherrschte: Zeremonienmeister, Conférencier, Veranstalter, Mädchen für alles. Und er hatte sogar eine eigene Band, mit der er einmal pro Abend selbst auftrat und die ansonsten die Solo-Stars begleitete.

George Odell war ein alter Showhase mit auffallenden Kostümen und einer silbernen Perücke, ein Selbstdarsteller mit einem untrüglichen Gespür für Dramaturgie. Larry Lee erlebte Odell in Aktion.

Er gehörte zu denen, die ohne Proben auskommen . . . Er sagte einfach: Wo ist meine Band? Und der Veranstalter fing ein paar Musiker ein, und er stellte eine Show auf die Bühne, Mann. Jimmy lernte von diesem selbstbewußten Typ, daß man auf diese Weise alles mögliche machen kann . . . Der kannte die Menschen und wußte, wie man sie glücklich macht . . . Es war ihm in Fleisch und Blut übergegangen, und als Jimmy George traf, spürte er diese Kraft.

Jimmy und Billy sahen sich Jackie Wilson im Hippodrome von Nashville an und kamen mit Gorgeous George ins Gespräch. Billy Cox mißtraute diesem redegewandten Mann und verlor nach einer Auseinandersetzung das Interesse an einem Engagement. Aber Jimmy wollte herumreisen. Daher schloß er sich im Frühjahr 1963 George Odells Tourband an.

Zwei Jahre tingelte Jimmy durch den sogenannten »Chitlin Circuit«, wie man diese Provinztourneen herablassend bezeichnete; Chitlins, das sind Schweineinnereien, und dieses Billigfleisch ist ein fester Bestandteil der schwarzen Soulfood-Küche. Aber B. B. King empfindet diese Bezeichnung als abwertend: »Ich spiele immer noch sehr oft solche Konzerte und würde noch mehr davon spielen, wenn sie mich bezahlen könnten.« [20] Diese Tourneen waren für schwarze Künstler wie Sam Cooke, Solomon Burke, Jackie Wilson oder James Brown ein Muß und die einzige Möglichkeit, sich ihren Fans zu präsentieren. Denn im Gegensatz zu ihren weißen Kollegen waren den schwarzen Künstlern Medien wie Fernsehen, Film und Radio verschlossen.

Als Jimmy nach England kam, behauptete er anfangs, daß er mit der Mehrzahl der großen Soul-Acts seiner Zeit zusammengearbeitet habe, was nicht ganz der Wahrheit entsprach. Aber Klappern gehört zum Handwerk. Doch natürlich war er mit vielen großen Namen auf Tournee und lernte von Jackie Wilson oder Solomon Burke, das Publikum durch Manipulation und anheizendes Spiel zum Kochen zu bringen. Und deren Methoden standen ganz in der Tradition der Pentecostal-Kirche, deren Prediger die Gläubigen so aufpeitschten, daß sie ohnmächtig zusammenbrachen oder in Zungen sprachen. Und er erkannte auch, daß sich die Raserei des Publikums sehr nachteilig auf die Musik auswirken konnte. Gern hätte er von Sam Cooke noch mehr abgeguckt, dessen Musik oft völlig im Lärm des Publikums unterging. »Sie standen auf den Stühlen und schrien jedesmal derart, daß ich nicht ein einziges Mal sein Schlußstück hören konnte.«[21]

Über Bühnenshows hat er bei diesen Tourneen sicher das eine oder andere erfahren, musikalisch lernte er jedoch nichts, was er nicht schon kannte. Jeder Sänger dieser Shows hatte gerade mal zwanzig Minuten, um seine Hits runterzuträllern. Und wenn Jimmy aus Langeweile mal aus der Reihe tanzte, dann wurde er sofort zurückgepfiffen, damit er dem Star nicht die Show stahl. Aber das Risiko, gefeuert zu werden, stellte keine ernsthafte Bedrohung dar, es sei denn, man war noch nicht bezahlt worden. Wenn man am Freitag rausflog, hatte man am Samstagabend bereits einen neuen Job bei jemand anderem.

Die Langeweile auf der Bühne war ja schon schlimm genug, aber nach dem Auftritt war es einfach tödlich. Nach mehreren hundert Kilometern Busfahrt kam man frühmorgens in einer fremden Stadt an, und wenn da nichts los war, spielte man in der Garderobe Karten, trank, rauchte Marihuana und schob auf dem Parkplatz oder in einer dunklen Gasse eine schnelle Nummer. Aber all das war nicht Jimmys Stil. Er übte lieber oder tauschte mit einem interessierten Musiker Ideen aus. Wegen dieser zurückhaltenden Art wurde niemand so recht warm mit ihm, und das brachte ihm Ärger ein. Bei seiner ersten Tournee waren auch die Womack Brothers (ehemals Valentinos) dabei – Bobby Womack als Sam Cookes Gitarrist. Auf dem Weg nach Minneapolis war aus der Garderobe Geld von Harry Womack verschwunden, und weil Jimmy als einziger in der Nähe gesehen worden war und Harry ihn kaum kannte, verdächtigte er ihn des Diebstahls, was Jimmy hartnäckig abstritt. Harry war seine Wochengage los, völlig pleite und schwor Rache. Im Gegensatz zu den anderen Musikern, die ihre Instrumente im Gepäckraum verstauten, nahm Jimmy seine Gitarre immer mit in den Bus. Und als Jimmy schlief, warf Harry Womack seine Gitarre einfach aus dem Fenster.

George Odell nahm Jimmy unter seine Fittiche, und auf der nächsten Tour sollte Jimmy nicht spielen, sondern George bei der Betreuung von Hank Ballard and the Midnighters unterstützen. Aber Jimmy schleppte in einem Kartoffelsack eine Gitarre an – man konnte ja nie wissen. Star der Show war Little Richard mit seiner Band The Upsetters. Henry Nash, der assistierende Tourmanager, hatte George erlaubt, Jimmy als Assistenten anzuheuern, wußte aber nicht, daß Jimmy auch Musiker war. »Nach dem Konzert folgte üblicherweise noch eine Spätshow in irgendeinem lokalen Club. Und in Greenville, Süd-Carolina, wollte er wissen, ob ich bei den Upsetters einspringen könnte.« Jimmy spielte also mit den Upsetters, und zwar auf einer Gitarre mit nur fünf Saiten. Nash erkannte sofort, daß er da keinen Laufburschen vor sich hatte, der von einer Musikerkarriere träumte, sondern »einen, der etwas besaß, was andere Gitarristen nicht hatten . . . Dafür gab es ein Publikum . . . Er hatte ein feines Gehör.«*

Bis Ende 1963 reiste Jimmy quer durch Amerika, kehrte aber zum Winteranfang nach Nashville zurück. Er kam oft zurück, genoß die familiäre Umgebung und besuchte Freunde, um Energie zu tanken. Jedoch blieb er nie lange. Eines Nachts stürmte ein Veranstalter aus New York ins Baron, wo Jimmy mit Larry Lee spielte, und behauptete, er könne in New York einen Star aus Jimmy machen. Der brauchte lange, um überzeugt zu sein. »Jimmy war festgefahren, richtungslos. Er hatte große Träume, wie immer, und er sprach ständig davon, daß er berühmt werden würde, daß tausend Gitarren in seinem Haus rumliegen würden, und daß er ein paar Songs habe, die er aber niemandem zeigte. – Ich hab' diese Songs, sagte er, aber es interessiert ja doch keinen . . . Es war kalt, und er besaß nicht mal einen Mantel, ich gab ihm meinen . . . Er schrieb mir einen Brief aus

* Henry Nash widerspricht anderslautenden Quellen, wenn er behauptet, Jimmy habe erst 1965 mit Little Richard gespielt.

New York und bat mich zu kommen . . . Er schrieb, daß New York auch nur eine riesige Provinzstadt sei und wir sie erobern könnten, Mann. Jimmy hatte keine Verpflichtungen, war rastlos und reiselustig. Aber mir war klar, daß es in New York nicht so einfach sein würde.«

5

Dusty Boots Cadillac

Mit Larry Lees Mantel als Schutz gegen die Kälte machte sich Jimmy auf in die Wüste der leeren Versprechungen, die alle Musiker durchqueren müssen. Die großen Worte des Veranstalters, aus Jimmy einen Star zu machen, lösten sich natürlich in Luft auf. Statt dessen fand sich Jimmy arbeitslos und beinahe pleite in Harlem wieder.

> Um das Leben der Schwarzen in Amerika wirklich zu verstehen, muß man den Pulsschlag von Harlem fühlen. (Roi Ottley, 1943)

Zur Jahrhundertwende war Harlem der Traum eines jeden Immobilienmaklers – man entwarf großzügige Pläne für die luxuriösen und teuren Häuser reicher Weißer, die Grundstückspreise stiegen ins Unermeßliche, dann folgte der Zusammenbruch. Die bankrotten weißen Hausbesitzer vermieteten ihre Wohnungen an schwarze Familien, und daraufhin zogen die Weißen aus Harlem weg. Zwar blühte Harlem in den zwanziger Jahren noch einmal auf, aber es erholte sich niemals wirklich von der Depression. Obwohl die weißen Bewohner verschwunden waren, bestimmten Weiße den wirtschaftlichen Takt in dieser zehn Kilometer langen Region mit der weltweit dichtesten schwarzen Bevölkerung – rund 500 000 waren es Mitte der sechziger Jahre. Harlem war gleichzeitig das Zentrum des schwarzen Nationalismus und eine Kolonie der weißen Hausbesitzer und Arbeitgeber. Der Profit wanderte in die Taschen derer, die außerhalb dieser »Stadt in der Stadt« lebten.

Der schwarze Journalist und Theaterautor Sylvester Leaks beschrieb Harlem als »eine sechs Meilen lange eitrige Wunde auf dem Alabasterleib der weißen Ignoranz . . . das bevorzugte Heiligtum der unheiligen Allianz aus Miethaien, bestechlichen Polizisten, geldgierigen, Politikern, Verkäufern von Sex und Religion, Geisterheilern, Wahrsagern und widerlichen, todbringenden Drogenhändlern«. Inmitten dieser »schmuddeligen, dunklen Anhäufung aus niedrigen, rattenverseuchten Sandsteinbaracken, Mietwohnungen und Sozialsiedlungen« erhoben in den 256 Kirchen des Viertels die Armen ihre Stimme. »Einige Priester durchqueren das Elendsviertel in flotten Straßenkreuzern, und das einzige Gegengift zu dieser atavistischen Qual ist der Blues.« Gleichzeitig ist »die Lebenslust Harlems anstekkend, man spürt den beschleunigenden Rhythmus und dämonischen Pulsschlag des Lebens, sobald einen das enge Straßennetz einfängt. Jährlich werden hier in 168 Schnapsläden 34 368 000 Dollar umgesetzt, nicht mitgerechnet die Millioneneinkünfte der Bars. Und ihre anspruchslosen Konsumenten strecken den Kritikern die Zunge raus: ›Na und, was geht das euch an!‹«[1]

Wie sein Vater, der damals in Seattle sein Glück suchte, hatte es Jimmy als Fremder in New York nicht leicht. Ein Junge aus der Provinz wurde in Harlem einfach untergebuttert. »Seattle, wo ist das denn?« Er trieb sich in den wichtigen Musikertreffs am Harlemer Broadway herum, in der 125th Street, dem Herzen der Gemeinde mit seinen Cafés, Bars, Restaurants und Musik-Clubs: Small's Paradise, Palm Café, Sugar Ray's und Frank's. In den goldenen zwanziger und dreißiger Jahren hatte das Small's Klavierwettbewerbe zwischen Willie »The Lion« Smith, Fats Waller und James P. Johnson veranstaltet. Dann kam der Bebop in Mode, und überall in Harlem fanden Sessions statt, bei denen Charlie Parker, Dizzy Gillespie oder Thelonious Monk auftauchten. Aber Ende der fünfziger Jahre nahm das Interesse an Jazz ab, und Harlem verlor seine Bedeutung als eines der wichtigsten Zentren innovativer schwarzer Musik. Es war schwer, Arbeit zu finden, und Jimmy war nur einer unter vielen, die verzweifelt nach einer Auftrittsmöglichkeit Ausschau hielten, und sei es nur die, bei der Hausband einspringen zu dürfen. Nur sein gutes Aussehen rettete ihn vor dem Hungertod. Sein Schutzengel kam in der Person von Fayne Pridgeon, einer mit allen Wassern gewaschenen und Harlemerprobten Straßengöre, die alle nur Fay nannten.

Er traf die unternehmungslustige und aufgedonnerte Fay im Palm Café. Sie trug einen bemalten Rock, hohe Absätze und eine wilde Hochfrisur. Fay war eine frühere Freundin von Sam Cooke, und das Palm Café, das nur ein paar Häuser vom berühmten Apollo Theatre entfernt lag, war eines ihrer Stammlokale. Denn hierher kamen viele der schwarzen Musikstars nach ihrem Auftritt. Sie verwickelte den gutaussehenden langhaarigen Jungen in ein Gespräch. Er wirkte sehr jung und unschuldig, hatte nichts mit den geschwätzigen Typen aus Harlem gemein. Seine abgetragenen schwarzen Hosen verrieten, daß er auch keiner der Kleinganoven aus der 125th Street war. Sie redeten und redeten, verließen dann zusammen das Café und gingen zu Fuß zum Central Park West, wo Fays Mutter lebte. »Meine Mutter war immer am Kochen«, erzählte Fay dem Magazin »Gallery«, »für sie ist das Leben eine einzige große Mahlzeit.« Jimmy war kein großer Esser, selbst dann nicht, wenn er es sich leisten konnte, aber er liebte Hausmannskost, und diesmal war er wirklich hungrig. Später hörten sich Jimmy und Fay die Bluesplatten ihrer Mutter an, Muddy Waters und Lightnin' Hopkins, während Jimmy auf seiner Gitarre mitspielte. Schließlich hatte Mrs. Pridgeon genug und warf die beiden raus. Sie zogen weiter ins Hotel Seifer, wo Fay mit einer Freundin wohnte:

> Keiner war da, also sprangen wir auf die Matratze. Er war schüchtern . . . extrem schüchtern . . . Nach der ersten Nacht zog er zu mir. Das war einfach, denn seine ganzen Habseligkeiten hatte er im Gitarrenkoffer . . . Wir schliefen meist bis mittags . . . standen aber erst Stunden später auf. Jimmy spielte im Bett liebend gern auf seiner Gitarre und schlief neben ihr. Oft schlief er ein, und sie lag auf seiner Brust. Und jedesmal, wenn ich sie ihm wegnehmen wollte, wachte er auf und sagte: Nein, nein, laß meine Gitarre in Ruhe! . . . Wir lebten praktisch im Bett . . . Er war gut gebaut, ja . . . Er stürzte sich auf mich mit der Grazie eines Mississippi-Holzfällers, der sich nach zehn Stunden in der Sonne über einen Teller Gemüse und Brot hermacht. Aber er war auch im Bett erfinderisch. Eine Zugabe nach der anderen . . . schnell und heiß wie seine Musik. Manchmal dachte ich, er nimmt mich auseinander wie eine Gitarre auf der Bühne.[2]

Manchmal machte sich Fay mitten im Sexgetümmel über Jimmy lustig, mit Bemerkungen wie: »Na, das Gelbe vom Ei bist du auch nicht.« Aber Jimmy rächte sich. Einmal wachte Fay auf, und Jimmy saß nackt am Bettende und war dabei, sie ans Bett zu fesseln. Sein Gesichtsausdruck ängstigte sie zu Tode. Er steckte ihr einen Knebel in den Mund, machte mit ihr Liebe und ließ sie gefesselt und geknebelt liegen, um auf eine Probe zu gehen. Als er zurückkam und sie befreite, redete er über die Proben, als ob nichts geschehen wäre. Wenn sie nicht im Bett lagen, ließen sich Jimmy und Fay von Mrs. Pridgeon, die Jimmy für einen Schnorrer hielt, bekochen. Sie verbot ihrer Tochter, diesen »langhaarigen Neger« mitzubringen, und erklärte Jimmy, daß Fay gerade so eine Phase durchmachen würde und er die Sache nicht so ernst nehmen sollte. Aber Jimmy mochte Fay wirklich und war sehr eifersüchtig. Sie war stark, lebendig, aufregend und erinnerte ihn an seine Mutter. Schon deshalb wollte er sie nicht verlieren. Wenn sie das Haus verließ, bestand er darauf zu erfahren, wohin sie ging. Einmal, als Jimmy in einem Club in Harlem auftrat, wollte jemand mit Fay tanzen. Jimmy verließ die Bühne und schleppte seinen Verstärker und die Gitarre mit sich, die er dem Typen über den Kopf zog. Es folgte ein fürchterliches Handgemenge. In einem Magazin für Schwarze konnte man Mitte der siebziger Jahre eine andere Version dieses Zwischenfalls lesen: Nämlich, daß Jimmy mit seiner Gitarre auf Fay losgegangen war.[3] Jedenfalls schien Jimmys Charakter bisweilen sehr widersprüchlich. Eigentlich hielten ihn alle für einen der nettesten, ruhigsten und höflichsten Menschen, die man sich vorstellen kann. Für Rock'n'Roll-Begriffe war er also ein Heiliger. Keiner, der Jimmy näher kannte, traute *ihm* Gewalttätigkeiten zu. Doch später stellte sich heraus, daß er zu unkontrollierten Wutausbrüchen neigte, die sich vor allem gegen die Frauen richteten, die er wirklich liebte. Er selbst war der Meinung, »daß in jedem, egal wie nett oder gut, tief verborgen dunkle und häßliche Dinge stecken.«[4]

Dank der Kontakte von Fay konnte sich Jimmy für seine seltenen Engagements eine Gitarre ausleihen – seine eigene wanderte regelmäßig ins Pfandleihhaus. Fay und er zogen gemeinsam durch die Musik-Clubs, und Fay tat es weh, wenn sie zusehen mußte, wie Jimmy sich um einen Aushilfsjob bemühte. Doch er gab selbst nach einer Absage nie auf. Während Fay ihm weitere Demütigungen ersparen wollte, ließ er nicht locker. Oft durfte er bei einer Band nur einsteigen, weil sie sich hinter seinem Rücken darüber amüsierte, daß er plötzlich die Tonart wechselte oder aus dem Rhythmus kam. Dann drehte sich Jimmy verächtlich um und verließ die Bühne. Bekam er aber eine halbwegs faire Chance, stahl er den anderen die Show und drehte die Verstärker auf Lautstärke »10« – die einzige Position, die ihn außer »off« interessierte.

Weihnachten 1963 wurde er für seine erste Plattenaufnahme engagiert. Auf seinem Weg nach New York hatte er in Philadelphia haltgemacht und mit einem Saxophonisten namens Lonnie Youngblood einige Sessions eingespielt. Als Jimmy berühmt war, erschienen einige dieser Youngblood-Aufnahmen auf Platte, und Jimmy wurde als Studiogitarrist aufgeführt. 1986 entschied ein New Yorker Distriktgericht, daß die meisten dieser Aufnahmen Schwindel seien. Aber neben diesen Fälschungen gab es einige wunderbare Sessions, die laut Copyright-Behörde tatsächlich 1963 aufgenommen wurden. Stücke wie »Wipe The Sweat« und »Under The Table« zählen zu seinen ersten Plattenaufnahmen. Auf diesen und anderen Stücken ist Jimmys Vibrato unverkennbar, und für einen Einundzwanzigjährigen klang seine Bluesgitarre erstaunlich reif, eine Kombination aus B.B. Kings Finesse und Albert Kings Aggressivität. »Fox«, das sehr an Curtis Mayfields Stil erinnert, ist offensichtlich ein Vorläufer von »Little Wing« und »Go Go Shoes« aus der gleichen Session. Das Stück zeigt, daß ihm die schroffen Soul- und Rhythm'n'Blues-Muster ebenfalls geläufig und ein wichtiger Bestandteil seines Spiels waren – im Gegensatz zu dem seiner späteren weißen Kollegen Eric Clapton und Jeff Beck.

Fay war durch ihre Liaison mit Sam Cooke im Apollo gut bekannt. Durch sie lernte Jimmy den Star höchstpersönlich kennen. Und es war wohl auch ihr Verdienst, daß er die drei- bis viermonatige Wartezeit für die »Amateur Night« überspringen konnte. An jedem Mittwochabend um 23 Uhr drängte sich ein Grüppchen von Fans ängstlich am Bühnenrand. Das Publikum des Apollo war gnadenlos und ließ jeden im Regen stehen, der die Frechheit besaß, auf der geheiligten Bühne zu versagen. Man hatte Glück, wenn man nur ausgebuht und durch Zwischenrufe irritiert wurde. Wehe aber, die Leute auf der zweiten Empore hatten was gegen einen, dann flogen Flaschen und Stühle! Noch schlimmer wurde es, wenn das gesamte Publikum einen Kandidaten nicht leiden konnte. Dann eilte ein Garderoben-Faktotum namens Junkie Jones zum Klang einer heulenden Sirene auf die Bühne und schoß mit Platzpatronen um sich.

Als Jimmy an der Reihe war, berührte er erst einmal den Stamm des Glücksbaums, der auf seiner Seite stand, bevor er die Bühne betrat. Ursprünglich hatte dieser Baum in der Nähe des Lafayette Theatre, dem größten Konkurrenten des Apollo, gestanden. Er war ein Treffpunkt für arbeitslose Künstler gewesen, und als die Agenten Wind davon bekamen, nahmen sie dort Künstler unter Vertrag. Als der Baum 1933 gefällt wurde, landete ein großes Stück von ihm im Apollo. Der Zeremonienmeister schickte alle zurück, die vergessen hatten, den Stamm zu berühren. Nachdem die Bewerber aufgetreten waren, brachte der Zeremonienmeister alle Kandidaten wieder auf die Bühne, hielt seine Hand über jeden einzelnen und ermittelte per Publikumsapplaus den Sieger. Meistens gewannen Sänger die »Amateur Night« – Sarah Vaughan, James Brown und Gladys Knight gehörten zu den zahlreichen populären Siegern früherer Veranstaltungen. Aber auch King Curtis, einer der heißesten Rhythm'n'Blues-Saxophonisten Amerikas, hatte dort gewonnen. Jimmy trat in seine Fußstapfen und verließ das Apollo mit den 25 Dollar, die er dringend brauchte. Doch auch nach dieser glorreichen Nacht im Apollo trudelten die Auftrittsangebote nur spärlich ein, und er landete wieder im Palm Café.

Im März 1964 wendete sich das Blatt. Im Publikum des Palm Café saß nämlich Tony Rice, ein Freund der bekannten Isley Brothers.

Ronnie, Rudolph und Kelly Isley waren mit ihrer Familie als Gospelgruppe unterwegs gewesen, bevor sie nach New York zogen und gemeinsam unter dem Namen »The Isley Brothers« in Clubs und Bars auftraten. 1957 und 1958 hatten sie für zwei kleine Plattenfirmen erfolglos Platten produziert, dann schnappte sich 1959 die Firma RCA das Trio. »Shout« war ihr größter Hit bei RCA, mit dem auch Lulu ihren ersten Hit in England landete. Da die Isley Brothers mit der konservativen Einstellung von RCA nicht zurecht kamen, wechselten sie 1960 zu Atlantic und zwei Jahre später zur Firma Wand. Dort schafften sie mit einer Coverversion von »Twist And Shout« einen Top-Twenty-Hit, von dem sich die Beatles für ihre Version des Stücks beeinflussen ließen. Nach einem Vertrag mit United Artists zogen sie nach Teaneck, New Jersey, wo sie ihr eigenes Label T-Neck gründeten, deren Produktionen von Atlantic vertrieben wurden.

Die Isleys hielten nach einem neuen Gitarristen Ausschau, und Tony Rice glaubte, ihn in Jimmy gefunden zu haben. Ja, er fand sogar, daß Jimmy der beste war, den er je gesehen hatte. Ronnie war jedoch skeptisch, weil Tony Jimmys Alter auf fünfzehn oder sechzehn Jahre schätzte. Außerdem zählte er all die großen Gitarristen auf, die er für seine Band haben wollte, einschließlich Curtis Mayfield und Sam Cookes Gitarrist Bobby Womack, aber Tony blieb dabei: Jimmy war besser. Nun wollten sich die Isleys selbst überzeugen und suchten das Palm Café auf. Doch mittlerweile hatte man Jimmy dort wegen seiner Lautstärke gefeuert. Also lud Ronnie Isley Jimmy übers Wochenende in sein Haus in Englewood, New Jersey, ein. »Ich habe Verstärker, die Band kommt, und wir werden ein bißchen Spaß haben.« Damals war der Saitensatz von Jimmys Gitarren selten komplett. Denn wenn ihm eine Saite riß, hatte er meistens kein Geld, sie zu ersetzen. Also traf Jimmy folgende Abmachung: Er würde nur kommen, wenn Ronnie Isley ihm einen neuen Satz Saiten besorgte. Jimmy kam, und Ronnie hielt sein Versprechen. »Jimmy zog die neuen Saiten auf und meinte: Was dagegen, wenn ich sie ein bißchen höher stimme? Danach klang es – *wonk, woonk, whee!* Wir spielten dann einige unserer Songs, die er alle von unseren Platten kannte, und engagierten ihn noch am selben Nachmittag.« [5]

Zunächst nahmen die Isley Brothers eine Single für ihr neues T-Neck-Label auf, »Testify«, ein weiteres Beispiel für die zwei verschiedenen Seiten von Jimmys Gitarrenstil – auf der einen peitschende Rhythmusakkorde, auf der anderen gibt es fließende, blues-inspirierte Soli. In Jimmys eigenem Stil spielte der Rhythmus mehrere Rollen. Er baute ihn symmetrisch auf, und das machte die Musik rund und ausgewogen und verankerte sie in ihren Wurzeln. Gleichzeitig produzierte er mit dieser Rhythmusstruktur nach Meinung des Musikwissenschaftlers Carl Seashore »ein Gefühl von Fülle, Freiheit und Weite«.

Nach den Aufnahmen von »Testify« ging Jimmy mit den Isley Brothers auf Tournee und war glücklich, wieder reisen zu können. Jimmy liebte das Reisen. Von Montreal aus ging es auf die Bermudas, wo die Isley Brothers überaus populär waren. Sie sollten dort in einem Basketball-Stadion auftreten. Das Konzert war seit Wochen ausverkauft, und diejenigen, die keine Karten mehr bekommen konnten, saßen auf den Hügeln oberhalb des Stadions. Bei diesem Konzert fungierte die Gruppe der Isley Brothers auch als Begleitband der lokalen Größen. Ronnie und seine Brüder waren in der Garderobe, »und plötzlich hörte es sich an, als ob draußen ein Aufstand im Gange sei. Wir vermuteten, daß es sich um den Beifall für eine der lokalen Bands handelte, die hier einen Riesenhit haben mußte. Aber dann kam ein Typ in die Garderobe und meinte: Wer ist der Bursche da draußen? Wir gingen raus und sahen, wie Jimmy auf der Bühne kniete und seine Gitarre leckte. Die Menge tobte.« [6]

Die schwarze Rhythm'n'Blues- und Soul-Szene unterschied sich vom weißen Rock'n'Roll und größtenteils auch vom Jazz durch die Vorherrschaft der Sänger und Gesangsgruppen, deren Begleitgruppen die Kompositionen ständig veränderten. Die Sänger waren ein wichtiges Element der schwarzen Show-Tradition. Und sie wachten eifersüchtig darüber, daß neben ihnen niemand ins Rampenlicht trat und ihnen kein Begleitmusiker die Show stahl. Aber die Isley Brothers nahmen es gelassen und gestanden Jimmy gewisse Freiheiten zu, wenn er hinter ihnen agierte. Sie waren eben nicht zuletzt gewiefte Geschäftsleute – und Jimmy war ein Novum. Jimmy war das klar, und somit basierte die Vereinbarung auf Gegenseitigkeit: »Die Isleys ließen mich machen, weil sie von mir profitierten . . .« [7] Das galt auch für die Band-Uniform: Mohair-Anzüge, weiße Hemden, polierte Schuhe gehörten zur Grundausstattung. Jede Ausnahme wäre eine Beleidigung für den Star gewesen. Ein ungebügeltes Hemd war mindestens so kriminell wie eine kommunistische Verschwörung. Auch in diesem Punkt waren die Isley Brothers nicht so streng, so lange es ihre Show optisch aufwertete. Jimmy konnte einen Kettengürtel tragen und einen zweiten runterbaumeln lassen oder sich einen Schal um einen Arm oder ein Bein binden. Solange er auf der Bühne stand, war er ohnehin ein Bündel aus Haar und Metall.

Niemand von den Isley Brothers lernte Jimmy wirklich näher kennen, sie nannten ihn den »Schleicher«, weil er so leise herumschlich wie eine Katze. Aber in einem Punkt waren sie sich einig – seine Leidenschaft für Musik war *absolut* und *total.* Manchmal verbrachte Jimmy seine Zeit bei der Isley-Familie. Vor allem mit den jüngeren Brüdern Marvin und Ernie, die sich später der Gruppe anschlossen, steckte er oft zusammen. Ernie bekam mit, wie sehr Jimmy und seine Gitarre eine Einheit bildeten und daß er sich für nichts anderes als Musik interessierte. Als Jimmy einmal im Wohnzimmer leise Gitarrenphrasen vor sich hinsang und zum Fenster hinausstarrte, unterbrach Marvin seine Gedanken.

»He, Jimmy, willst du einen Orangensaft?«
»Was? Ja, gut, Marvin.«
»Mit Eis?«
»Ähem, nein, kein Eis.«
»Ich mach' mir ein Erdnußbutter- und Marmeladenbrot, willst du auch eines?«
»Mmm . . ., nein danke.«
»Sag mal, Jimmy, woher weißt du, wann du die Saiten wechseln mußt?«
»Also, sieh mal, Marvin, das ist so, du stimmst die Saiten und . . .«

»Und er setzte sich hin«, sagt Ernie, »und erklärte uns alles . . . Er spielte *ununterbrochen,* die *ganze* Zeit. Und keinem kam das komisch vor. Es war einfach so. So wie die Sonne scheint, so spielte Jimmy Gitarre.«

Jimmy war ein Naturtalent, aber er betrachtete dieses Talent nicht als selbstverständlich – er arbeitete pausenlos daran, um es zu perfektionieren. »Jimmy übte immer wieder dieselben Phrasen, von innen nach außen, zerlegte sie in halbe Noten, in Viertelnoten, spielte sie langsam, spielte sie schnell . . .«

Er ließ sogar die Gitarre für sich sprechen: »Wie geht's dir, Jimmy?« *»Bading dada dooo«,* antwortete die Gitarre. »Ist es kalt draußen?« *»Wheeooooow.«*[8]

Jeder in der Band wußte, daß es keinen Sinn hatte, sich mit dem Linkshänder anzulegen. Manche versuchten mit ihm zu konkurrieren, so etwa der Isley-Organist Gene Friday, der beim Spielen gern tanzte und sich auf der Bühne herumbewegte. Aber Jimmy übertrumpfte ihn jedesmal und zeigte Friday unmißverständlich, wer der Boß war.

Von den Musikern, die nicht mit ihm spielten, bemerkten nur

wenige, wieviel Schweiß ihn sein Können kostete. Und selbst die erkannten selten den wahren Ursprung seines reichen Talents und seiner ausgefallenen Ideen.

Denn zu dieser Zeit bahnte sich Jimmy immer stärker seinen Weg zu jenen mystischen Quellen musikalischer Genialität, aus denen sich sein späteres Schaffen speisen sollte. Die wirklich guten Musiker ignorieren meist die geltenden Musikregeln. Sie lassen die Musik einfach fließen, sie werden unsichtbar, unerreichbar, unantastbar und bisweilen unverständlich. Wie konturlos Jimmy vielen erschien, beweisen die zahlreichen Spitznamen, die man ihm während seiner Karriere verpaßte. Bei den Rocking Kings hieß er »Cupcake«, weil er sich dieses Gebäck auf dem Weg zu den Proben mit James Thomas immer kaufte. Nach seiner Entlassung aus der Armee nannte man ihn in Nashville »Marbles«, jetzt war er »the Creeper«, der Schleicher. Und später, bei der Experience, hieß er »the Bat«, die Fledermaus, weil er sich während der Tourneen tagsüber bis zum Auftritt im Hotelzimmer hinter geschlossenen Vorhängen verkroch. Jimmy bot den Leuten keine greifbare, fertige Persönlichkeit, und deshalb versuchten sie, ihn mit Spitznamen auf eine Eigenart festzunageln. Doch Jimmy war damals einfach nur verwirrt. Später kam er mit seinem Talent zurecht, glaubte an die heilende Kraft seiner Musik und an seine Mission, diese Kraft zu verarbeiten. Doch damals, im Jahr 1964, ängstigte es ihn wohl eher, daß er so viel Energie in die Musik steckte. In diesem Jahr begleitete er einmal den Bluesmusiker Tommy Tucker aus Chicago, der damals gerade einen großen Hit hatte: »Hi Heel Sneakers«. Tommy wollte wissen, woher Jimmy all diese Klänge nahm: »Ich weiß es nicht, Mann, ich weiß es einfach nicht.«

Jimmy konnte sicher sein, daß etwas Unangenehmes passieren würde, wenn er nach Seattle zurückkehrte. Als sie während der Isley-Brothers-Tournee dort haltmachten, zog er mit einer alten Freundin los, wollte aber am kommenden Tag mit der Band zurück nach New York fahren. Doch er verpaßte den Bus, und seine Gitarre war ebenfalls weg. Schließlich kam der Star-Gitarrist der Band ohne Gitarre in New York an. Kelly erstand für Jimmy in Manny's Music Store auf der 48th Street eine neue Gitarre – eine Fender Duosonic, Jimmys erste Fender-Gitarre.

In der Geschichte der elektrischen Gitarre sind zwei Namen von Bedeutung – Les Paul und sein großer Rivale Leo Fender. Die erste elektrische Gitarre hatte Rickenbacker konstruiert, eine Steel-Gitarre, die man auf dem Schoß hielt. Populärer war die ES-150 der Firma Gibson aus Kalamazoo, Michigan. Sie wurde 1935 eingeführt und vor allem durch den Jazzgitarristen Charlie Christian bekannt. Mit »ES-150« war eigentlich der Tonabnehmer gemeint, denn die Gitarre selbst war noch immer eine akustische. Ein echtes Novum war dann die Gitarre mit festangebrachtem Tonabnehmer. Leo Fender stellte diese erste echte E-Gitarre vor. Er nannte sie »Broadcaster«, mußte sie aber in »Telecaster« umbenennen, da es bereits eine gleichnamige Schlagzeug-Serie von Gretsch gab. Es war die erste Gitarre, die für den Gebrauch mit einem Verstärker entworfen und konstruiert worden war. Durch den insgesamt festen Korpus und den doppelten Tonabnehmer waren bislang unerreichbare Geräuschpegel möglich. 1952 legte Les Paul seine marode Firma mit Gibson zusammen. In den fünfziger und sechziger Jahren vergrößerten sowohl Gibson als auch Fender ihr Angebot, wobei Fender seinem Konkurrenten einen Schritt voraus war. Dank der elektrischen Baßgitarre wurde der Name Fender zum Begriff. Aber sein größter Wurf blieb die Stratocaster mit ihren drei Tonabnehmern, die erstmals 1954 auf den Markt kam. Die Gitarre besaß eine unglaubliche Flexibilität, und Buddy Holly, Hank Marvin und Eric Clapton sind nur einige Namen, die man mit der Fender Strat in Verbindung bringt. Ein Mann jedoch ließ Leo Fenders Strat weit über dessen kühnste Vorstellungen hinaus erklingen: Jimi Hendrix. Aber 1964 war für *Jimmy* Hendrix eine Fender Stratocaster allenfalls noch ein verrückter Traum.

Aufgrund eines seltsamen Zufalls wäre Jimmy beinahe von Les Paul entdeckt worden, als er seine neue Fender ausprobierte. Paul war nicht nur Gitarrenbauer, sondern hatte auch die Mehrspuraufnahmetechnik im Studio entwickelt. Außerdem machte er selbst Musik. Mit der Sängerin Mary Ford hatte er in den frühen Fünfzigern zwei Nummer-1-Hits. Eines Abends waren Les Paul und sein Sohn Gene auf dem Weg zur Plattenfirma Columbia Records in New York. In New Jersey machten sie kurz halt und sahen im »Lodi«-Club vorbei. Gene wollte erst mal rausfinden, wer an diesem Abend spielte. Und er kam aufgeregt zurück und holte seinen Vater. »Ich blieb am Eingang des Clubs stehen und war wirklich beeindruckt von dem, was ich hörte. Also wirklich, dieses Kerlchen zerpflückte seine Gitarre. Er ruinierte die Saiten und spielte höllisch funky. Niemals zuvor hatte ich so was Radikales erlebt.«[9] Bleiben konnten sie nicht, sie mußten auf schnellstem Weg nach New York. Les Paul behauptet zwar, daß er später ergebnislos versucht habe, Jimmy zu erreichen, aber wie immer gibt es auch hierzu eine andere Version. Dem Hendrix-Forscher Bill Nitopi soll Les Paul erzählt haben, daß er, nachdem er Jimmy in dem Club erlebt hatte, nur deshalb abhaute, weil dieses unglaubliche linkshändige Gitarrentalent sein Selbstbewußtsein ziemlich verstört hatte. Jedem Zahlenden seine persönliche Anekdote!

Im Oktober 1964 beschloß Jimmy, die Band zu verlassen; er nutzte dafür einen Aufenthalt in Nashville. Obwohl die Isleys ihn nur ungern gehen ließen, gab es keine Reibereien, und Jimmy machte mit ihnen 1965 noch Plattenaufnahmen in New York. Später behauptete er allerdings: »Wenn du auf der Bühne zwei verschiedenfarbige Schnürsenkel getragen hast, wurden dir fünf Dollar abgezogen.« Vielleicht war etwas Wahres daran, aber wahrscheinlich charakterisiert diese Aussage nur Jimmys Gefühl, in einer Zwangsjacke zu stecken, wobei er die uniformierte Band als Sinnbild seiner Unfreiheit betrachtete. Letztendlich waren die Isleys immer noch seine Arbeitgeber, die befahlen, was er zu tun hatte, wohin er gehen sollte, wie er zu spielen hatte und sich kleiden sollte. Für Jimmy schien es aber so, als habe er die Uniform der Screamin' Eagles nur gegen einen Mohair-Anzug eingetauscht.

Jimmy war also wieder in Nashville bei seinen alten Freunden. Auf seinen Streifzügen durch die Umgebung machte er zwei musikalische Bekanntschaften, die ihm zwar nicht besonders wichtig erschienen, aber seinen tristen Alltag doch etwas aufhellten. In einem Soulfood-Restaurant gegenüber den Stax-Studios in Memphis lernte er Steve Cropper kennen, den Gitarristen der Stax-Hausband Booker T. And The M.G.'s, die 1962 mit »Green Onions« einen Riesenhit gelandet hatten. Cropper war ein Musikeridol und so sauber, einfach und ordentlich wie seine Fender Telecaster. Viele Gitarristen bewunderten seinen geschmackvollen, einfallsreichen Stil, den er ohne Verzerrer oder Hochfrequenz-Soli erreichte. Der weiße Junge aus Mississippi war ein versierter Songwriter, Arrangeur und Produzent; er hatte zusammen mit Otis Redding »Dock of the Bay« geschrieben und mit Eddie Floyd »Knock On Wood«. Er lieferte für viele Stax-Produktionen die eingängigen Bläser-Arrangements, unter anderem auf »Soul Man« von Sam & Dave.

Jimmy und Steve kamen ins Gespräch, und Jimmy erwähnte, er wolle einen Song aufnehmen. Sie gingen ins Studio, wo Jimmy ein Demo-Band einspielte und sich selbst auf der Gitarre begleitete. Aber es wurde nichts daraus, und das Band ist seither nie mehr aufgetaucht. Trotzdem genoß Jimmy dieses einmalige Treffen mit einem Mann von Steve Croppers Format ganz offensichtlich: »Steve Cropper hat mich unheimlich angetörnt und ich ihn auch, aber wegen der unterschiedlichen Songs . . . Nach dem Demo alberten wir 4 oder 5 Stunden lang rum, probierten diverse Sachen aus, es war sehr komisch. Er brachte mich auf eine Menge Ideen, zeigte mir, wie man bestimmte Songs spielt, und ich zeigte ihm, wie ich ›Mercy, Mercy‹ spielte oder irgend sowas.«[10]

Und bei einem Auftritt in Nashville traf Jimmy eines seiner größten Idole: Albert King. Trotz des Altersunterschieds verstanden sich die beiden gut und entdeckten viele Gemeinsamkeiten. Beide waren Linkshänder und hätten mit ihren großen Händen eine Gitarre zerquetschen können. Deswegen konnten sie auch auf zwei Saiten gleichzeitig einen Ganzton auf dem Griffbrett höherziehen. Albert King stimmte seine Gitarre generell etwas tiefer, indem er die Saiten ein bißchen lockerte, wodurch man sie besser anziehen konnte. Jimmy übernahm diesen Kniff. B. B. King meinte einmal, daß man diese Technik vor ewigen Zeiten von hawaiianischen Steel-Gitarristen übernommen habe. Wie Jimmy, so versuchte auch Albert, auf der Gitarre Bläserklänge zu imitieren. In den späten Fünfzigern gab es auf vielen Platten von Albert King für das Label Bobbin Records große Bläserarrangements, die sich um seinen leicht zu identifizierenden Gitarrensound woben. Beide legten großen Wert auf Rhythmus. Jimmy hatte in seiner Kindheit auf einem Schlagzeug herumgespielt. Albert war sogar für eine kurze Zeit Schlagzeuger in der Band von Jimmy Reed gewesen. Sie sahen sich gegenseitig beim Spielen zu. Bei ihrem nächsten Treffen sollte Jimmy dann allerdings bereits ein großer Star sein.

Die Schule der Blues-Gitarristen waren die Bars, Clubs, Freiluftveranstaltungen, Hausparties, Züge, Band-Busse, Garderobenräume und Studios, wo sie Griffe, Tricks und Ideen austauschten. B. B. King, ein weiteres Idol von Jimmy, lernte ihn auf einer dieser *Pakkage*-Tourneen kennen, bei der mehrere Stars auftraten. »Jimmy war ziemlich still, schüchtern, er war nicht sehr zugänglich. Aber wir tauschten Erfahrungen aus: wie man was macht, und warum man dies oder jenes so macht . . . Wir diskutierten über dies und das.« Jimmy besuchte auch die Firma Chess Records, das Mekka des Electric Blues in Chicago und neben Sun und Atlantic wahrscheinlich die wichtigste Plattenfirma aller Zeiten. Ihre Künstlerliste, angeführt von Muddy Waters, Little Walter, Howlin' Wolf und Sonny Boy Williamson, war schier endlos. Bo Diddley war bei Chess einfach zur Tür reinspaziert, und Muddy Waters vermittelte seinen Gitarristen, der wegen eines bewaffneten Raubüberfalls in einer Besserungsanstalt gesessen hatte und danach Arbeiter in einer Autofabrik und Aushilfsfriseur gewesen war: Chuck Berry. Chicago Blues, das war Großstadtmusik, die nichts mit dem weichen, ländlichen Blues eines B. B. King gemeinsam hatte. Sie war schroff, kantig, ungehobelt, draufgängerisch, wurde komprimiert und durch Verstärker gejagt. Und trotzdem gab es keinen wesentlichen Unterschied zum Deep Blues, dem Mississippi-Country-Blues der zwanziger und dreißiger Jahre, den Muddy Waters von den Plantagen, auf denen er in Clarksdale, Mississippi, gearbeitet hatte, nach Chicago importierte – ein Blues von ursprünglicher und fast überirdischer Intensität, dessen Kraft Jimmy tief berührte und dessen Einfluß auf Jimmys eigene Musik man nicht hoch genug einschätzen kann.

Zwischen Oktober und Dezember heuerte Jimmy abermals bei Gorgeous George an, für eine weitere Tournee mit Sam Cooke als Hauptattraktion. Die Tour endete für Jimmy in Kansas City, weil er den Band-Bus verpaßte. Am 11. Dezember wurde Sam Cooke von Bertha Franklin, einer Angestellten des Hacienda Motel in Los Angeles, erschossen – angeblich in Notwehr. Wenig später tauchte Jimmy bei George zu Hause in Atlanta auf; er brauchte dringend einen neuen Job. Und so kam Jimmy, der sich mittlerweile Maurice James nannte, zu einem Auftritt mit dem ungekrönten König des Rock'n'Roll: Little Richard. Aufgrund seiner mitternächtlichen Sessions mit den Upsetters war Jimmy für Little Richards' Unternehmen kein Unbekannter mehr. Am 25. Januar 1965, auf dem Weg zur Westküste, schrieb Jimmy aus Lafayette, Louisiana, an Al:

Holiday Inn
LAFAYETTE, LA.
Hwy. 90 near Airport – P. O. Box ... Ph: 234-8521, AC: 318, TWX: 318-232-6051
Swimming Pool – Air-conditioned – Restaurant
Free TV – Free Teletype Reservations

POST CARD

Deerest Dad – I recieved your letter while I was in Atlanta. I'm playing with little Richard now – we're going toward the west coast. we're in Louisiana now. But my address will be Los Angeles when I write again. Jimmy

Mr. James A. Hendrix
2606 Yesler
Seattle Wash.

Seinem Biographen Charles White diktierte Little Richard:

> Das erste Mal traf ich Jimi Hendrix in Atlanta, Georgia, und er war pleite. Er hatte als Gitarrist für einen gewissen *Gorgeous George* gearbeitet . . . Unser Bus war in der Auburn Avenue geparkt, und Jimi wohnte dort in einem kleinen Hotel, wo wir uns trafen. Er hatte mich schon auf der Bühne gesehen und fand meine Haarbänder und meine wilden Klamotten einfach toll . . . Also schloß er sich uns an, obwohl seine Musik nicht ganz mein Fall war. Er spielte Blues, wie B.B. King. Aber er boxte sich durch und war ein guter Typ. Er imitierte meinen Kleidungsstil und ließ sich sogar einen kleinen Schnurrbart wachsen, wie ich ihn hatte.[11]

Einer der damaligen Tour-Manager war Hosea Wilson: »Jimmy war ein echt starker Rhythmusgitarrist. Er war unglaublich talentiert . . . Das fiel einem schon damals auf. Aber die Sache war die: Jimmy war an dem ganzen Gruppengehabe nicht interessiert . . . Er blieb lieber für sich.« [12] Die Kompromißlosigkeit und der Individualismus von Little Richard beeindruckten Jimmy. Der schwarze Star aus dem konservativen Süden hatte schon während seiner Teenagerzeit kein Hehl aus seiner Homosexualität gemacht; nachdem ihn sein Vater, ein Schnapsbrenner, verstoßen hatte, war er von zu Hause weggelaufen. Sein Vater wurde später bei einem Streit erschossen. Entgegen allen Erwartungen war aus Little Richard ein großer Star geworden, der sich in exzentrische Kostüme warf und eine Perücke trug, die so hoch war wie der Schiefe Turm von Pisa.

Und dennoch hatte Jimmy ein Problem mit Little Richard: Er haßte Band-Uniformen und die damals üblichen peniblen Bühnenchoreographien für alles und jedes. Jimmy konzentrierte sich auf sein Spiel und wollte ausflippen, wenn ihm danach war. Der Konflikt war also vorprogrammiert.

Little Richards Bruder Marquette bestreitet, Jimmy vom Rampenlicht ferngehalten zu haben; und Richard selbst hat einmal gestanden, daß das Publikum gelegentlich nach Jimmy und nicht nach ihm verlangte. Im nachhinein kann man ja großzügig sein. Trotzdem ist nur schwer vorstellbar, daß Little Richard dies über längere Zeit geschluckt haben soll – zumal er damals gerade nach jahrelanger Pause (seit 1957, dem Jahr, in dem Jimmy ihn in Seattle kennenlernte) ein Comeback versuchte. Und auch der Schauplatz des Konflikts war ziemlich vorhersehbar: die Bühne.

> Bei Little Richard durfte niemand besser aussehen als er selbst. Ich war mit dem Bandmitglied Glyn Willings ganz gut befreundet. Wir kauften dieselben alten Klamotten und trugen sie auf der Bühne. Eines Abends, nach der Show, sagte

Little Richard: »Brüder, wir müssen uns mal aussprechen: Ich bin Little Richard, ich bin der *King of Rock'n'Rhythm* und derjenige, der auf der Bühne gut aussieht. Also, Glyn und Jimmy, entweder ihr zieht andere Hemden an, oder ihr werdet die Konsequenzen zu spüren kriegen!« Anschließend gab's noch eine Diskussion über meine Frisur. Ich sagte ihm, daß ich mir um nichts in der Welt die Haare schneiden lassen würde. »Dann werden dir fünf Dollar abgezogen.« Es war die reinste Gehirnwäsche.[13]

Jimmy war so unglücklich, daß er sich in Los Angeles aus dem Staub machte. Arthur Lee, ein junger schwarzer Musiker aus Memphis, der in den lokalen Clubs auftrat, suchte für einen selbstkomponierten Song einen Gitarristen. »Ich hatte diesen Song für ein Mädchen geschrieben – Rosa Lee Brooks. Ich arbeitete mit ihr daran, als mir jemand erzählte, er würde den passenden Gitarristen kennen. Ich wollte unbedingt dieses Curtis-Mayfield-Feeling haben, verstehst du? Sowas wie ›People Get Ready‹ – genau diese Gitarre. Und der Typ erzählt mir, da ist ein Junge in der Stadt, der das draufhat . . . Und er meinte Jimmy Hendrix . . . Zu der Zeit arbeitete er mit Little Richard, da sah ich ihn das erste Mal.« [14]

»My Diary« (B-Seite: »Utee«) wurde auf dem Label Revis Records veröffentlicht; es war eine ziemlich durchschnittliche langsame Soulnummer mit sanften, tremolobetonten Gitarrentönen und einem kompakten Gitarrensound, wie er die meisten Soulballaden jener Zeit kennzeichnete. Arthur Lee war gerade damit beschäftigt, seine Band Love aus der Taufe zu heben, eine Flowerpower-Popgruppe für die Intellektuellen der sechziger Jahre – Hollywoods kommerzielle Durchtriebenheit und San Franciscos Hippie-Spiritualität trafen auf die Bodenständigkeit von Memphis. »My Diary« war nicht gerade typisch für Love. Die Band gab ihren Einstand im Brave New World, einer fliegenverseuchten Klitsche. Jimmy und Arthur blieben Freunde und spielten später sogar ein gemeinsames Album ein.

Little Richard nahm – für seine neue Single »I Don't Know What You've Got But It's Got Me« – ebenfalls Jimmys Dienste in Anspruch. Auch hier schlüpfte Jimmy in die Rolle von Curtis Mayfield. Little Richard brauchte dringend einen neuen Hit; seine jüngste Single »Bama Lama Loo« war zu sehr im Stil seiner alten Aufnahmen gehalten, und der Musikgeschmack der Schwarzen hatte sich verändert. Soul war der letzte Schrei, und Little Richard paßte sich brav an. Die Platte wurde im Oktober 1965 auf Veejay Records veröffentlicht;

doch obwohl sie Platz 12 der Rhythm'n'Blues-Charts eroberte, schaffte sie nicht den Sprung in die *Hot 100* von »Billboard« und »Cashbox«. »Bama Lama Loo« blieb Little Richards letzter bedeutender Hit.

Jimi mit Little Richard und Musikern der Upsetters und Kingpins, Paramount Theatre, New York City, 17. oder 18. April 1965

Nachdem Jimmy bei Little Richard ausgestiegen war, spielte er einige Male mit Ike & Tina Turner. Glaubt man den Gerüchten, wurde Jimmy von Ike sofort gefeuert, als dieser Hendrix' Wirkung auf Frauen erkannte und fürchtete, Jimmy könnte Tina und die Ikettes verführen. Auch der Arbeitsvertrag mit Sam & Dave war befristet; jeder ihrer Vorwürfe hätte bereits für eine Kündigung gereicht. In St. Louis schloß sich Jimmy abermals Little Richard an; aber die Situation erwies sich als unerträglich, und sie eskalierte, als die Truppe New York erreichte.

Vom 17. bis 19. April waren sie, neben King Curtis, den Hollies und Sandie Shaw aus England, im Paramount Theatre gebucht. Am ersten Abend saß ein schwarzes Model im Publikum: Pat Hartley, eine spätere Freundin von Jimmy.

»Der Vorhang öffnete sich, und man sah einen goldenen Thron und einen riesigen roten Teppich. Und dann erschienen zwei Bauchtänzerinnen, die alles konnten, bloß nicht Bauchtanz . . . – und sie trugen unglaubliche Kostüme! Anschließend betraten diese vier Typen die Bühne; einer von ihnen war Jimmy, und er sah wirklich sagenhaft aus mit seinen langen Haaren, und er spielte seine Gitarre direkt aus dem Bauch raus.« [15] Aber der eigentliche Star des Abends war ein Komiker, Soupy Sales. Little Richard protestierte, weil Sales ihm die Show zu stehlen versuchte und es – Ironie des Schicksals! – auch schaffte. Was für Little Richard zur Folge hatte, daß er gefeuert wurde.

Laut Robert, einem der vier Brüder von Little Richard, wurde jedoch Jimmy abserviert.

> Er verpaßte immer beinahe unseren Bus, flirtete mit den Mädchen rum und so weiter. In New York war es dann soweit. Wir hatten im Apollo gespielt, und Hendrix hatte den Bus nach Washington, D.C. verpaßt. Schließlich brachte ich Richard dazu, ihn sitzenzulassen. Meine Meinung ist: Wenn man mit Leuten auftritt, gibt es gewisse Spielregeln . . . Und als Hendrix anrief, sagte ich ihm, wir würden auf seine Dienste verzichten. Wir hatten einen kleinen Streit, und ich machte ihm klar, weshalb wir uns so und nicht anders entschieden hatten. Ich war verantwortlich für Richards Sachen und akzeptierte diese Art von Scheiße nicht.[16]

Jimmy hingegen schrieb aus New York an Al, er habe Little Richard verlassen, »weil er uns seit fünfeinhalb Wochen nicht mehr bezahlt hat, und man kann auf einer Tour nicht nur von Versprechungen leben. Darum hab' ich mit dem Mist Schluß gemacht.«

Jimmy mußte also wieder von vorne anfangen – in New York, ohne Geld, ohne Arbeit. Er wollte nicht länger warten; seine technischen Fähigkeiten waren durch die jahrelange Praxis enorm gewachsen. Er wollte nur noch eines: sein eigenes Material aufnehmen und eine eigene Band gründen. Also bot er den New Yorker Plattenfirmen seine eigenen Aufnahmen an. Um welche es sich dabei handelte, ist nicht bekannt, aber später bemerkte er einmal: »Als junger Bursche schrieb ich sehr kritische Protestsongs.«[17] Schon mit achtzehn hatte Jimmy Gedichte verfaßt, die sich vom üblichen Liebe-Triebe-Gesäusel seiner Generation unterschieden. Im folgenden Beispiel versuchte er (mit einem gewissen Hang zu Shakespeare), den Sprachrhythmus und die Wortkaskaden der Harlemer Jugendlichen einzufangen:

> Blessings on thee little square
> O barefoot hag with uncombed hair
> With thy solid peg-legged pants
> And thy solid hep cat stance
> With thy cheeks so fine and mellow

Kiss thy cheeks so fine and mellow
I was just a little square
Like the cat with unconked hair
Now I'm hip to the chicks
And far from a drip
The cats on the square
Call me Joe Ad-Lib
To show how the cats will rap your
Scratchings if you're not into
Their latchings
Stached at the main crib
Crib on the hep cat square
When I just hit this trip
I was laughed for a square

I'm telling you Jack
These cats are on with half a chance
They'll give you the gong
The hats with the gats
And the scopes with them gapes
Pitch a fog very dim
Over some dregs
My first encounter with some of these frills
When I was down at Joe's I was flatched to the gills

She had a condied cutie
Over a solid coke frame
I was so loaded to the gills
I didn't get her name.

Der Text war so ausgereift, daß man Jimmys Bemühungen spürt, etwas Originelleres zu schreiben als die zumeist recht banalen Soultexte jener Zeit. Im folgenden Brief, den er am 8. August 1965 nach Hause schickte, beschreibt er die Reaktionen darauf und zieht ein Resümee seiner bisherigen Karriere:

> Ich hab' noch immer meine Gitarre und meinen Verstärker, und solange ich die besitze, wird mir nichts passieren. Für einige der Plattenfirmen, die ich besucht habe, kann ich sicher Aufnahmen machen. Ich will es auf diesem Weg versuchen, denn so kann man sich einen wesentlich größeren Namen machen, als wenn man für andere spielt. Diese Tourneen habe ich nur mitgemacht, um vor ein Publikum treten zu können und herauszufinden, wie das Musikgeschäft funktioniert. Vor allem wollte ich wissen, worum es dabei eigentlich geht. Und wenn ich jetzt eine Platte herausbringe, gibt's da schon ein paar Leute, die mich kennen und die mir behilflich sein können, sie zu verkaufen.
>
> Heutzutage reicht es nicht, gut zu singen. Es ist den Leuten egal, ob man schlampig singt, solange nur der Beat stimmt. Und darauf werde ich setzen, da

liegt das Geld. Also, wenn ihr in ein paar Monaten eine Platte von mir hören solltet, die scheußlich klingt, müßt ihr euch nicht schämen. Wartet lieber auf das Geld, das reinkommen wird! Heutzutage singen die Leute mit Absicht schlecht, und das Publikum kauft all ihre Platten.

Ihr sollt nur wissen, daß ich noch lebe und immer noch versuche, es zu schaffen.

Es geht mir gut, obwohl ich nicht jeden Tag was zu essen habe. Die Lage könnte schlimmer sein, aber ich schlage mich schon durch, bis alles für mich so läuft, wie ich es mir wünsche.

Grüße alle von mir. Leon. Oma. Ben. Ernie. Frank. Mary. Barbara. Und so weiter. Bitte schreib bald. Ich fühle mich hier ziemlich einsam. Viel Glück euch allen. In Liebe, dein Sohn Jimmy.

Dieser Brief beweist, daß Jimmy trotz seiner Schüchternheit und Zurückhaltung von seinen Fähigkeiten wirklich überzeugt war und fest daran glaubte, daß man sein Talent erkennen würde, auch wenn die damaligen Umstände nicht gerade dafür sprachen. Selbstzweifel plagten ihn erst später, als ihn alle in den Himmel lobten, selbst wenn er schlecht gespielt hatte.

Seit dem Fiasko mit Little Richard lebte Jimmy wieder mit Fay zusammen, und das hieß »Leben auf Pump«: geschnorrtes Essen und schäbige Hotels, die man wechselte, wenn man die Miete nicht mehr bezahlen konnte. Dazu die ständige Angst, daß sein Equipment beschlagnahmt werden könnte – was dann auch eines Tages passierte. Nur zu verständlich, daß Fay keineswegs begeistert war, als Jimmy ihr letztes Geld in ein Exemplar der neuen Bob-Dylan-LP »Highway 61 Revisited« investierte, die im August 1965 veröffentlicht wurde.

Dylan beeinflußte Jimmy in mehrfacher Hinsicht. Zunächst einmal bewies Dylan, daß es sehr wohl ein Publikum für sozialkritische Songs, über die man nachdenken konnte, gab – auch wenn Jimmy von den Plattenfirmen das Gegenteil zu hören bekam. Für Jimmy war dies eine wirkliche Offenbarung, denn er war geradezu darauf trainiert worden, ausschließlich Liebeslieder zu spielen, deren Spektrum sich zwischen »sentimental« und »primitiv« bewegte. Es gab allerdings einen sehr wichtigen Unterschied: Dylans Markt war ein bestimmter Teil des weißen Publikums, während Jimmys Material in erster Linie für ein schwarzes Publikum bestimmt war.

In seinem Brief an Al hatte sich Jimmy darüber beklagt, daß die Künstler bewußt schlecht sangen. Sie *wollten* schlampig singen. Dylans leiernder Nasalgesang bestätigte diese Auffassung, aber er setzte seine Stimme eher als Instrument ein denn als Transportmittel für eine klare Übermittlung seiner Texte. Dylan stilisierte dieses

Manko zu einer Kunstform hoch; mittels dieser Technik erweiterte er die Aussage seiner Songs weit über den reinen Textgehalt hinaus. Er verließ sich nicht auf das Triumvirat aus Text, Stimme und Instrument. Die Wirkung dieser Methode fand Jimmy, der für diese Technik eine Vielfalt von Klangnuancen besaß, verblüffend. Trotzdem ist seine Bemerkung über den »schlampigen« Gesang merkwürdig. Auch wenn die damaligen Soul- und Rhythm'n'Blues-Texte reichlich prosaisch klangen, wurden die wichtigsten Hits dieser Genres von so göttlichen Stimmen wie zum Beispiel Otis Redding, Jackie Wilson, Solomon Burke, Wilson Pickett und den Supremes interpretiert. Ein schwarzer Sänger konnte süß wie Zucker oder hart wie Stahl singen. Wenn man aber das Publikum wirklich begeistern wollte, mußte man sich in religiöse und andere Gesangstraditionen stellen, die bis in die Tage der Sklaverei und noch weiter zurückreichten. Man mußte rein und stark sein. Jimmy wußte, daß er da niemals mithalten konnte. Daß »Highway 61 Revisited« 1965 von einer wichtigen Plattenfirma veröffentlicht wurde, war jedoch ein Beweis dafür, daß dies auch gar nicht nötig war.

Dylan hatte enormen Einfluß auf Jimmys Songtexte. Er lieferte Jimmy eine Vorlage für seine poetische Bildersprache, die ersten Farben, mit denen er seine Gefühlslandschaft in groben Strichen skizzierte. Oder, wie es David Bowie umschrieb: Bob Dylan saß hinter Jimmys Augen und erklärte ihm, was er sah. Er hatte sich in Jimmys Seele eingenistet und half ihm, seine Gefühle auszudrücken.

Übrigens war »Highway 61« nicht Jimmys erste Bekanntschaft mit Bob Dylan. Irgendwann einmal war Jimmy mit dem ersten Dylan-Album unterm Arm in einen schwarzen Club marschiert und hatte den Discjockey gebeten, »Blowin' In The Wind« aufzulegen. Der Discjockey war einverstanden, das Publikum weniger – es hätte Jimmy beinahe gelyncht. Und als er mit Dylans neuem Album nach Hause kam, konnte er nicht glauben, daß Fay nicht einmal den Namen Bob Dylan kannte.

Isolation und Außenseitertum waren die zentralen Themen auf »Highway 61«, und in beiden war Jimmy ein Experte. Er wollte, daß auch Fay begriff, worum es ging. Er interpretierte ihr jede einzelne Strophe und jeden Refrain und spielte das Album so oft, bis das Vinyl beinahe durchsichtig wurde.

Wenn Dylan in »Like A Rolling Stone« von einem Leben in Einsamkeit und ohne Ziel sang, konnte man aus Jimmys Augen ein »Ja, Mann, ich weiß, was du meinst!« lesen und ihn bei der Zeile »scroungin' your next meal« verständnisvoll kichern hören. Man kann sich vorstellen, wie er über den Text von »Ballad Of A Thin Man« brütete – ein Stück, das sein eigenes Gefühl, für die Leute ein Außenseiter zu sein, der sich zwar *unter* ihnen bewegte, ohne jemals *zu* ihnen zu gehören, perfekt widerspiegelte. Seine Gitarre markierte die Grenze, und auf der anderen Seite der tiefen Kluft saßen die, die ihn für einen »Verrückten« hielten, für einen, der nicht mehr alle Tassen im Schrank hatte, der durch die Straßen lief und Gitarrenphrasen vor sich hin sang, der die Fragen der Leute auf seiner Gitarre beantwortete wie ein Bauchredner durch seine Puppe, der mit seiner Gitarre ins Bett ging, mit ihr sprach und sie beschützte. Und man kann sich ausmalen, wie er sich Gedanken machte über das Sprachfeuerwerk im akustischen »Desolation Row«, Dylans düsterer Analyse der amerikanischen Gesellschaft, die keine Antwort auf Zukunftsfragen weiß und die Augen vor der unvermeidlichen Katastrophe verschließt. »The ›Titanic‹ went at dawn«, aber während des Untergangs der Titanic spielte die Band einfach weiter. Doch selbst in diesen und anderen apokalyptischen Visionen Bob Dylans existierte die Hoffnung – ein Wrack, an das man sich klammern konnte –, daß eine persönliche Entwicklung, eine unparteiische Perspektive, wie der Dylan-Kritiker Michael Gray schrieb, der Ausweg sein könnte. Damit gab es eine Rechtfertigung für den Verlust der Werte, solange bei dieser Entwicklung die *falschen* Werte auf der Strecke blieben und die Hoffnung überlebte, daß es eine Zeit nach dem Armageddon geben könnte. Jimmy wollte, daß dieses neue Zeitalter auf Musik gründete, und er tat in seinem gesamten kurzen Leben alles dafür, der Welt zu zeigen, wie dies geschehen konnte.

Mit Dylans psychedelischen Eingebungen war Jimmy noch nicht vertraut, und mit Dylans politischen Ansichten war er nie einverstanden. Aber was er mit seinem Verstand nicht begriff, erfaßte er mit seinem Gefühl, und so entwickelte er paradoxerweise ein wesentlich tieferes Verständnis für Dylan als jeder Literaturwissenschaftler.

In seinen Texten übernahm Jimmy viele grundlegende Metaphern von Dylan, zum Beispiel das Meer, die Straße, den Regen, aber auch Themen wie Außenseitertum und Apokalypse, die ein fester Bestandteil vieler Dylan-Platten aus der Mitte der sechziger Jahre waren. Als direkte Hommage an Dylan waren Jimmys eigene Versionen von »Like A Rolling Stone«, »All Along The Watchtower«, »Drifter's Escape« und »Can You Please Crawl Out Your Window?« gedacht. Er interpretierte sie auf seine Weise und schuf mit den feinen Details seiner Klangmalerei plastische publikumswirksame Visionen vom Zustand der Menschheit.

Fay mußte jedoch lachen über Jimmys kindliche Begeisterung für diesen weißen Typen, dessen Songs sie nicht verstand und zu denen sie nicht mal tanzen konnte. Der Krach, den Jimmy wegen Bob Dylan mit Fay hatte, öffnete ihm die Augen. Er begehrte sie zwar und brauchte sie auch, aber Fay gehörte zur Harlem-Szene, und von der hatte er die Nase voll. Fay gehörte zu seiner Vergangenheit, nicht zu seiner Zukunft.

Wenn Jimmy mit Fay Streit hatte, haute er meistens ab. Und irgendwann hatten sie den Punkt erreicht, wo sie sich nur noch per Brief verständigten, »weil ich das Gefühl hatte, mich nur so verständlich machen zu können, ohne daß ich unterbrochen wurde oder daß ein Streit ausbrach.« Jimmys und Fays Auseinandersetzungen führten schließlich zum Ende ihrer Beziehung. Dennoch blieben sie ein Leben lang gute Freunde.

Jimmy hatte sich in Harlem nie besonders wohl gefühlt; er betrachtete sich zu keiner Zeit als schwarzer »Bruder« und hatte damit für die anderen automatisch eine Macke. Mit Fay hatte er in einem besetzten Haus gewohnt und war dort ihren Freunden Arthur Allen und dessen Zwillingsbruder Albert recht nahegekommen: »Er dachte ständig über sich nach – was er anziehen sollte und so. Er war eben einfach anders, weißt du, ziemlich verrückt – vor allem, wenn man ihn mit den anderen Brüdern von damals verglich. Es spielte für ihn eine große Rolle, wo er sich aufhielt . . .« [18]

Dylan hatte Jimmy motiviert, aus Harlem fortzuziehen. Die Chance, seine Sachen bei einem schwarzen Label zu veröffentlichen, schien ziemlich gering; aber möglicherweise war man in Dylans Milieu, dem Künstler- und Boheme-Viertel Greenwich Village, empfänglicher, offener und liberaler – mit anderen Worten: eher bereit, einen Individualisten wie ihn zu akzeptieren. So sah es auch Albert Allen: »Er nahm an, daß ihn die Leute dort eher akzeptieren würden . . ., weil er einfach in der Menge untertauchen konnte. Das klappte natürlich nicht, denn er fiel überall auf, er war einfach eine auffällige Person. Wir nannten ihn ›Die böse Hexe aus dem Osten‹, wegen dieses Hutes, den er ständig trug.«

Aber auch das Leben eines Bohemiens muß finanziert werden, und deshalb suchte Jimmy wieder einmal Arbeit nach dem Motto »Habe Gitarre, will reisen«. Im November schrieb er von Boston aus nach Hause, er sei mit Joey Dee and The Starlighters auf Tournee. Sie hatten 1961 mit »Peppermint Twist« einen Nummer-1-Hit gehabt und waren lange Zeit die Hausband des New Yorker Peppermint Lounge gewesen.

London, Ende April oder Mai 1967

In den Tourneepausen verdiente sich Jimmy ein kleines Zubrot mit Studioarbeit und Sessions. Mit Curtis Knight, einem Musiker aus Fort Scott, Kansas, kam er im Foyer eines lausigen Hotels, dem Hotel America an der West 47th Street, ins Gespräch. Knight war seit rund anderthalb Jahren in New York. Er spielte Gitarre und bot mit seiner Band, den Squires, die übliche Mixtur aus Blues und Soul für vergnügungssüchtige Clubbesucher. Knight hatte den Plattenproduzenten Ed Chalpin kennengelernt, dem das Studio 76 in der 51st Street am Broadway gehörte. Er wollte als Produzent ins Geschäft mit der Soulmusik einsteigen und hatte mit Knight einen Platten- und Managementvertrag geschlossen, weil er ihn groß herausbringen wollte.

Bei diesem ersten Treffen, so Knight, sei Jimmy gerade mal wieder ohne Gitarre gewesen, weil er sie für die Miete verpfändet hatte. Knight machte sich also auf, um seine eigene zweite Gitarre und einen Verstärker zu holen, und besuchte Jimmy in seinem Zimmer im 7. Stock. Als er Jimmy dann spielen hörte, war er sprachlos. In seinem Kopf tickte es – Jimmy bei den Squires, daraus konnte etwas werden. Knights Angebot, drei- oder viermal pro Woche mit den Squires aufzutreten, klang für den arbeitslosen Jimmy verlockend. Außerdem hatte Knight, der ebenfalls auf der Welle der Protestsongs mitschwimmen wollte, sein eigenes »Like A Rolling Stone« geschrieben. Er hatte den Dylan-Song nach dem Geschmack der Schwarzen umgemodelt und ihn »How Would You Feel?« genannt. Knight war für sein Treffen mit Ed Chalpin im »Studio 76« bestens präpariert: Er hatte einen Song und einen neuen Freund, ein wahres Gitarren-As. Als der Produzent Jimmy hörte, zögerte er nicht lange: Am 15. Oktober 1965 unterschrieb Jimmy einen Vertrag von einer Seite bei Chalpins Firma PPX Enterprises. Jimmy hatte keinen blassen Schimmer vom Musikgeschäft, und diese eine Unterschrift sollte noch jahrelang Auswirkungen auf seine Karriere haben.

Jimmy hatte sich für drei Jahre verpflichtet, exklusiv für PPX zu spielen, zu singen und zu produzieren. Für seine Arrangements sollte er nur eine minimale Beteiligung erhalten, ohne Kontrolle über die Veröffentlichung der Platten und ohne finanziellen Zuschuß für seine Ausrüstung, mit Ausnahme dessen, was er von seiner einprozentigen Gewinnbeteiligung sparen konnte, nachdem PPX sämtliche Studiokosten wieder hereingeholt hatte. Als Gegenleistung bekam Jimmy 1 Dollar und »andere gute und großzügige Bedingungen«, was auch immer das in der Praxis zu bedeuten hatte. Eines bedeutete es in jedem Fall – Jimmy hatte jederzeit ohne Gage als Studiomusiker anzutreten.

Es schneite an diesem 26. Dezember 1965, als die Squires in einem alten Stammlokal von Curtis Knight auftraten, dem George's Club 20 in Hackensack, New Jersey. Das Publikum war bester Laune, denn Knight hatte verkündet, daß der Auftritt mitgeschnitten werden sollte. »Was wirst du den Leuten an diesem verlängerten Weihnachtsfest bieten, Jimmy?« »Einen kleinen Song mit dem Titel ›Drivin' South‹«, murmelte Jimmy. Dank »Drivin' South«, Albert Kings »Travelin' To California«, Howlin' Wolfs »Killing Floor« und anderer Aufnahmen, die Jimmy mit den Squires 1965 und '66 machte, durfte er sich zu Recht zu den besten Bluesgitarristen Amerikas zählen. Und selbst in England, wo etwa zur selben Zeit Eric Clapton mit John Mayalls Bluesbreakers das Publikum zum Toben brachte, konnte ihm niemand wirklich das Wasser reichen. Die Höhepunkte dieser Live-Aufnahmen waren ungeschliffene Diamanten, die bewiesen, daß Jimmy den Blues fest im Griff hatte. Die einzige Frage war nun: Wie sollte es mit Jimmy weitergehen? Auch Jimmy selbst sah offensichtlich die Fortschritte, die er machte, wie aus einer Karte hervorgeht, die er am 13. Januar 1966 nach Hause schrieb: »Sagt Ben und Ernie, ich spiele einen Blues, wie sie ihn noch NIE gehört haben!«

Jimmy hatte bei jenem schicksalhaften Auftritt mit Little Richard im Paramount Theater auch King Curtis kennengelernt. Er war wohl der begehrteste Sessionsaxophonist Amerikas; sein durchdringendes Rhythm'n'Blues-Saxophon prägte den Monster-Hit der Coasters, »Yakety Yak«. Bis zu seinem tragischen Tod im Jahre 1971, als er erstochen wurde, hatte King Curtis mit Musikern aus den verschiedensten Stilrichtungen der amerikanischen Unterhaltungsmusik zusammengearbeitet, unter ihnen Buddy Holly, Sam Cooke, Aretha Franklin, Andy Williams, Lionel Hampton und Duane Allman. Den Kingpins, King Curtis' eigener Band, gehörten einige der besten New Yorker Musiker an, so der Gitarrist Cornell Dupree und der Schlagzeuger Bernard »Pretty« Purdie.

Als Curtis Anfang 1966 nach einem zweiten Gitarristen Ausschau hielt, fiel seine Wahl auf Jimmy. Cornell Dupree hatte Jimmy bereits bei den Isley Brothers kennengelernt:

> Das war in Wildwood, New Jersey . . . King Curtis war da, Fats Domino, die Isleys und ein paar andere Gruppen. Wir traten alle in verschiedenen Clubs auf. Jimmy und ich wohnten ungefähr einen Monat lang im selben Hotel und freundeten uns an. Er war sehr ruhig und schüchtern, aber wir sprachen über unser Zuhause, stellten fest, daß wir dasselbe Sternzeichen hatten und solche Sachen. Wir machten auf unseren Zimmern zusammen Musik.
>
> Als Jimmy zu uns kam, wollte Curtis die Band erweitern. An ein Konzert kann ich

The brilliant glamour of the Empire State Building piercing the twilight of the sky over the myriad colored lights of New York. J-9300

POST CARD

Dear Dad-

Well --- I'm just dropping in a few words to let you know everything's so-so here in this big raggedy City of New York - Everything's happening bad here - I hope everyone at home is alright - tell Leon I said Hello - I'll write you a letter real soon - And will Try to send a decent picture - So until then I hope you're doing alright, tell Ben & Ernie I play the blues like they NEVER heard - Love Jimmy

Address

Mr. James Allen Hendrix
2606 E Yesler Way
Seattle Wash.
98122

mich noch erinnern, Jimmy und Billy Preston spielten zusammen, das war *echt* toll.

Wir spielten auch für Chuck Berry . . . Das war in irgendeinem College. Und Jimmy stahl allen die Show . . . Wenn es ihn überkam, dann ging er einfach raus und *spielte* . . . Das waren echt magische Momente, ich glaube, da spürte er was und legte los. Denn das passierte nicht ständig – es war nicht beabsichtigt. Aber in solchen Momenten stahl er allen die Show.

Da eine Menge Konzerte ins Haus standen, mußte Jimmy schnell lernen. Bernard Purdie: »Aber das war für ihn kein Problem, in ein paar Tagen hatte er alles drauf . . . Er begriff unheimlich schnell.« Purdie und Ray Lucas teilten sich den Schlagzeuger-Job; wenn Purdie im Studio arbeitete, ging Lucas mit auf Tournee. »Es gab da einen Auftritt im ›Small's Paradise‹, und wir konnten vorher nicht proben. Jimmy kannte viele Songs nicht, und der Bassist flüsterte ihm die Akkorde zu. Und mein ganzes verdammtes Leben lang hab' ich nie jemanden kennengelernt, der die Songs so schnell begriff wie Jimmy an diesem Abend.«

Wahrscheinlich waren die Kingpins die beste Gruppe, mit der

Jimmy je gespielt hatte, aber so gut sie auch sein mochten, für Jimmy war es die altbekannte Situation: keine Improvisationen und damit auch keine Möglichkeit, sich auszuleben. Zwangsläufig war Curtis auch ein hartnäckiger Verfechter der Band-Uniform. Erst wenn er sein Jackett ablegte, durften es die anderen auch. Gespielt wurde ein Standard-Repertoire von aktuellen Hits aus Amerika und England; »Stand By Me« von den Drifters war besonders populär – und natürlich »Yakety Yak« von den Coasters. Die Band hatte dabei im Gleichtakt bestimmte Schulterbewegungen zu machen – Jimmy verzog sich dann so weit an den Bühnenrand, bis er aus dem Blickfeld des Publikums heraus war.

Natürlich brachte dies Jimmy keinen Millimeter weiter. Aber er konnte bei diesen merkwürdig gleichbleibenden Standard-Konzerten mit King Curtis oder Curtis Knight wenigstens ab und zu einmal ausflippen und ein bißchen Blues ins Spiel bringen. Und er brauchte nicht zu hungern. Bernhard Purdie ist der Ansicht, daß sich Jimmy, obwohl er der ganzen Sache überdrüssig war, wie ein Profi verhielt: »Er war bei allen sehr beliebt, weil er seine Arbeit machte . . . Er hatte keine Probleme mit den Leuten. Und das Wichtigste: er arbeitete *wirklich.*«

Doch im Frühjahr 1966 hatte es Jimmy endgültig satt. Wenn er denn schon verhungern sollte, dann wenigstens auf seine Weise. Es ging das Gerücht, daß King Curtis Jimmy deshalb feuerte, weil er seine Hemdmanschetten nicht ordnungsgemäß trug, sondern sie über die Ärmel des Jacketts krempelte. Aber es ist ziemlich unwahrscheinlich, daß Curtis einen seiner Musikerstars wegen einer solchen Lappalie fallenließ; und Geld schien er ihm auch nicht zu schulden. Laut Bernard Purdie gab es auch keinen Ärger, es sieht also ganz danach aus, daß Jimmy einfach aufstand und ging.

> In einem meiner Träume hatte ich die Jahreszahl 1966 gesehen, und ich wußte, irgendwas würde passieren. Und ich wartete bis dahin einfach ab. Ich wollte meine eigene Show machen, meine *eigene* Musik, und nicht immer dieselben Griffe spielen.[19]

Bei der Trennung von Curtis Knight und den Squires spielte für Jimmy auch noch eine andere, sehr wichtige Sache eine Rolle. Seine Gitarre gehörte Curtis Knight, und er wollte sein eigenes Instrument zurückhaben. Damals hatte Jimmy gerade eine neue Freundin, die ihn unterstützte, eine Weiße (zum ersten Mal) namens Carol Shiroky, genannt Kim. Hier spricht sie erstmals über ihre Zeit mit Jimmy: »Ich lernte ihn bei Freunden kennen. Er saß da in der Mitte des Wohnzimmers und bastelte an einem Verstärker herum. Ich konnte ihn nicht leiden. Für mich war er total auf dem Egotrip, so nach dem Motto Hallo! – und das war's dann.« Das nächste Mal sah ihn Carol in einem neueröffneten Club, dem Cheetah, wo er mit den Squires auftrat. »Er kam an meinen Tisch und sagte: ›Ich muß dir was sagen, aber du wirst sicher gleich lachen!‹ Ich sagte, ich würde nicht lachen. Und er antwortete: ›Doch, du wirst lachen‹. Und ich sagte: *›Ich verspreche dir, daß ich nicht lache!‹* ›Gut, ich möchte dein Knie küssen‹. Klar, daß ich lachen mußte. Ich meine, wie viele Leute sagen dir, daß sie dein Knie küssen wollen? Drei Tage später sind wir zusammengezogen und wir erlebten ein permanentes Feuerwerk.«

Sie wohnten zusammen im Lennox Hotel, und es dauerte nicht lange, bis Carol herausfand, wie anders Jimmy wirklich war.

> Jimmy behauptete immer, er käme von einem anderen Planeten, von irgendwoher aus dem Weltall. Wenn er in dieser Leck-mich-am-Arsch-Stimmung war, war sein Lieblingssatz: »Ich komme von einem anderen Planeten.« Hör mal, er war nicht irgendein Durchschnittstyp, ist das klar? Weißt du, was er zum Frühstück aß? Spaghetti mit Knoblauch! Ich hab' ihn mal gefragt: »Was willst du zum Frühstück? Eier?« *»Eier?* Verdammt nein, ich will Spaghetti mit Knoblauch – ohne Soße!« Mit Curtis hatte er eine Menge Probleme, es machte ihn völlig fertig, daß er dauernd wegen Geld streiten mußte, daß er schlecht bezahlt wurde – ein Hungerlohn! Ja, gerade genug, um zu überleben.

Carol erinnert sich, daß Jimmy nach einem weiteren Krach mit Knight »eines Abends brüllend nach Hause kam. Mitten in der Nacht wurde er wach, stand auf und schrieb zwei Strophen eines Songs, warf ihn mir hin und ging wieder zu Bett. Er hat ihn nie beendet, hat nie Musik dazu komponiert, und ich hab' auch nie rausgefunden, worum es in diesem Streit eigentlich ging.«

> My friends of fashion
> Turned out to be my enemies of thought.
> They don't dig the way I'm thinking
> They say they adore my chequered bell-bottoms
> And wine-coloured socks
> But in reality one of us is faking.
> So what do I do after thinking about you
> And your beautiful long-haired friends?
> I just hope and pray that someday
> They'll all begin to appreciate the bag I'm livin' in.

In New York dominierten zwei sehr unterschiedliche Musikströmungen. Joey Dee and The Starlighters lösten Anfang der 60er Jahre den Trend aus, daß Bars und Tanzclubs ihre eigene Hausband engagierten, die Hits, Klassiker und Evergreens spielte. Jordan Christopher and The Wild Ones spielten im Arthur's, Dow Jones and The Industrials im Trude Heller's. Mit dem Cheetah öffnete im April 1966 eine der besten Musikmedia-Discotheken ihre Pforten. Dort wurde zur Musik von Mike St. Shaw and The Prophets und The Squires getanzt. Und alle standen im typischen Cheetah-Look auf der Bühne. Jimmy spielte mit Joey Dee, The Squires und Carl Holmes and The Commanders (die 1963 ein Twist-Album bei Atlantic veröffentlicht hatten) sowie im Purple Onion im Greenwich Village und im Ondine's auf der Upper East Side. Kurz nach der Eröffnung des Cheetah trat Jimmy dort mit Carl Holmes auf; der Folksänger Richie Havens eröffnete die Show.

> Dort lernte ich Jimmy kennen . . . Ich komm' zur Tür rein, es ist früher Abend, es ist leer. Da steht dieser Typ auf der Bühne und beißt in seine Gitarre. Zum Teufel, was macht der da, denk' ich. Und ich seh' mich nach dem zweiten Gitarristen um – weil ich mir einfach nicht vorstellen konnte, daß er die Töne allein produzierte. Wo ist also der andere Gitarrist? Es gibt keinen! Ich kroch unter die Bühne, Mann, und die war höchstens einen Meter hoch. Ich rutschte auf den Knien rum, um unter der Gitarre dieses Typen nachsehen zu können. Was *macht* der da?

Die zweite Musikströmung, entspannter Folkrock, war im Greenwich Village und in Clubs wie dem Café Au Go Go, in dem Bitter End in der Bleecker Street, dem Night Owl Café an der West 3rd Street, dem Bizarre und dem Golden Bug und im Café Wha? in der McDougal Street South zu Hause.

Im Café Wha?, einem Club im Keller des Player's Theater, präsentierten Ed Sanders and The Fugs allabendlich ihre anarchische, temporeiche, satirische Rockpoesie. Das Kellerlokal öffnete bereits am frühen Nachmittag, der Eintritt war frei, und wenn man ein Gericht auf der Speisekarte bestellte, konnte man dort den ganzen Nachmittag verbringen. Wer die Nerven hatte, dort aufzutreten, konnte sich nachmittags – beim sogenannten »Johlkonzert« – für einen Auftritt am Abend qualifizieren. In der Rangordnung der Village-Clubs rangierte das Café Wha? ganz unten. Das auf der anderen Straßenseite gelegene Gaslight war die Nummer eins. Zwischen den beiden Clubs lagen musikalische Welten. Zum Künstlerstamm des Gaslight zählten Namen wie Tim Hardin, Bob Dylan, David Van Ronk und gefeierte Bluesmusiker wie Mississippi John Hurt, Sonny Terry und Brownie

McGhee. Im Café Wha? konnte man am Wochenende zum günstigen Eintrittspreis von einem Dollar neue Talente bewundern.

Jimmy, der sich inzwischen Jimmy James nannte, konzentrierte sich bei seiner Suche nach Auftrittsmöglichkeiten für seine erste Band auf das Zentrum von Greenwich Village. Anfangs nannte er seine Band The Rainflowers, taufte sie dann aber, zu Ehren der Band von Junior Parker, in Jimmy James and The Blue Flames um. Doch vorerst stand ihm noch die Trennung von Curtis Knight bevor. Carol hat nie verstanden, weshalb er weiter bei Knight blieb, obwohl er sich bei ihm so elend fühlte. Aber die Antwort war ganz einfach: »Weil es seine Gitarre ist.« »Zwei Tage später kaufte ich ihm eine weiße Fender Stratocaster.« Nun hielt Jimmy endlich seine »Traummaschine« in Händen – seine allererste Fender Strat. »Sie war die Liebe seines Lebens, und da er die Saiten andersherum aufziehen mußte, saß er stundenlang da, um die Saiten zu befestigen. Curtis hat mir das nie verziehen, und er hat danach lange Zeit nicht mehr mit mir gesprochen.« Aber Jimmy war frei. Der schwarze Sänger »King« George Clemens erlebte Mitte Mai einen Auftritt von Jimmy, bei dem er gegen Ende des Konzerts den Stecker seiner Gitarre ausstöpselte und meinte: »Nie wieder werde ich diesen Mist spielen.«

Für Jimmy war das Café Wha? schon deshalb ideal, weil es nicht in Mode war. Er konnte dort nach Lust und Laune an seinem Material und an seiner Bühnenshow feilen, da das außerordentlich geduldige Publikum zum großen Teil aus Musikern bestand, die nach ihm auftreten durften.

Der ständig wechselnden Besetzung der Band gehörte auch ein fünfzehnjähriger Gitarrist an, ein Ausreißer aus Los Angeles, Randy Wolfe. Jimmy und Randy trafen sich in Manny's Music Store an der 48th Street. Als Jimmy den Jungen spielen hörte, war er völlig begeistert und lud Randy ein, abends mit ihm in seiner ersten eigenen Show im Café Wha? aufzutreten. In der stickigen Garderobe brachte er Randy innerhalb von fünfzehn Minuten »Hey Joe«, »Like A Rolling Stone«, »Wild Thing«, »Shotgun« und einige andere Songs bei. »Wir haben ungefähr drei Monate zusammengespielt. Die Band verdiente circa 60 Dollar pro Abend, und Jimmy teilte das Geld in vier gleiche Anteile. Auch der Bassist hieß Randy, und weil er aus Texas stammte, nannte Jimmy ihn Randy Texas und mich Randy California. So kam ich zu meinem Namen.« Randy California kehrte noch im selben Jahr nach Hause zurück und gründete zusammen mit seinem Stiefvater, dem Schlagzeuger Ed Cassidy, die Gruppe Spirit. Übrigens war der Aushilfsverkäufer an jenem Tag in Manny's Music Store ein gewisser Jeff Baxter, der später mit Steely Dan und den Doobie Brothers zu hohen Ehren kam. Bei den Blue Flames hatte er ein paarmal Baß gespielt.

Carol berichtet, daß Jimmy seinen Randy Texas »Robin« nannte; er selbst war natürlich »Batman«. »Jimmy *liebte* Batman. Er saß auf dem Bett vor dem Fernseher und verschlang jedes Wort der alten Adam-West-Serie. Er wäre für Batman gestorben. Und ›Wild Thing‹«, so erzählt sie weiter, »ist im Hotel Lennox entstanden. Jimmy kam nach Hause und wollte wissen, ob ich den Song gehört habe. So etwa einen Tag später lief er im Radio, und Jimmy stürzte splitterfasernackt, mit Lockenwicklern auf dem Kopf, aus dem Badezimmer, packte seine Gitarre und spielte mit. Er liebte den Song und hatte ihn bereits nach dem zweiten Mal drauf. Die Musik flog ihm einfach zu.«

Schon nach kurzer Zeit trat Jimmy sechs Abende pro Woche im Café Wha? auf. In dieser Zeit trennte er sich auch von Carol. »Man konnte ihn nicht festhalten. Wer das versuchte, war ihn garantiert los. Wenn er nachts nicht nach Hause kam, schlief er bestimmt mit einer anderen. Doch ich hab' ihm nie Fragen gestellt, weil er dann sofort abgehauen wäre.« Aber Jimmy blieb mit Carol befreundet, wie übrigens mit all seinen verflossenen Freundinnen. Carol ging auch zu seinen Auftritten im Café Wha?. Soweit sie sich erinnert, verdiente die Band nicht 60, sondern genau 7 Dollar am Abend.

> Sein Auftritt war immer der Schluß des Programms, denn er hob ab! Sein letztes Stück bestand aus einer 45minütigen Rückkopplung, bei der alle ausflippten. Wir saßen da im Dunkeln, jemand spielte mit der Beleuchtung rum, und Jimmy ließ einfach los. Danach gingen wir alle völlig erschöpft nach Hause.
>
> Wenn was schieflief, war er sofort frustriert – ich hab' ihn mal während eines Auftritts heulend auf der Bühne liegen sehen. Und ich habe erlebt, daß er die Bühne verließ, weil ihm eine Saite gerissen war. Die Band saß da und fragte sich: Was sollen wir jetzt machen?

Im Village freundete sich Jimmy mit einigen wichtigen Leuten an, John Hammond jr., dessen Vater Billie Holiday zu Columbia gebracht hatte, Pete Seeger, Bob Dylan und Bruce Springsteen, der später für die Jugend des urbanen Mittelstands zum Fackelträger eines wiederbelebten Interesses am Blues werden sollte. Springsteen hatte 1963 sein erstes Blues-Album für Vanguard aufgenommen. Anschließend ging er nach Kanada und kam mit einer Band namens The Hawks zurück, die den Rockabilly-Sänger Ronnie Hawkins begleitet hatte. Als Hammond Jimmy kennenlernte, hatte sich Bob

Dylan die Hawks unter den Nagel gerissen; sie nannten sich inzwischen The Band. Doch zuvor hatten sie 1965 mit Hammond das Album »So Many Roads« eingespielt. Aus diesem Album spielte Jimmy mit seinen Blue Flames einige Songs. John Hammond arbeitete damals im Gaslight.

> Ein Freund von mir arbeitete im Players' Theater, und zwischen zwei Shows kam er rüber und meinte: »John, diese Band im Keller mußt du dir anhören. Der Typ spielt Sachen aus deinem alten Album, und er klingt besser als du.« Das mußte ich natürlich sehen, also ging ich in den Keller. Und er spielte die Gitarrenparts besser als Robbie Robertson. Dieser echt gutaussehende schwarze Junge spielte mit Typen, die kaum den Beat halten konnten . . . Seine Stratocaster spielte er mit links und umgedreht – das konnte einen echt aus der Fassung bringen. Ich konnte es einfach nicht glauben – er spielte mit den Zähnen und hatte diese ganzen raffinierten Kunststückchen drauf, die ich in wilden Nächten im Süden von Chicago gesehen hatte. Der Junge hatte das alles drauf und spielte den Blues einfach göttlich.[20]

Jimmy und John Hammond hatten inzwischen ein gutes Verhältnis zueinander, und deshalb meinte Jimmy, es sei an der Zeit, sich mit Johns Unterstützung besser zu verkaufen. Daß es mit seinen Arbeitsmöglichkeiten nicht gerade zum besten stand, hat Jimmy einmal sehr anschaulich geschildert: »Alle Jubeljahre gab es mal einen Auftritt, wir aßen sogar Orangenschalen und Tomatenmark. Es war die Hölle, zwischen diesen Wolkenkratzern auf der Straße zu schlafen. Die Ratten krochen uns übers Gesicht, und die Küchenschaben fraßen unseren letzten Riegel Schokolade auf.«[21]

Da traf es sich gut, daß John für ein Konzert vom Café Au Go Go engagiert worden war. Zusammen übten die beiden für einen gemeinsamen Auftritt, der zwei Wochen später auch stattfand. Das Café Au Go Go war der exklusivste Club in der MacDougal Street, und alle englischen Musiker, die nach New York kamen, statteten ihm einen Besuch ab. Dort war es auch, wo Gruppen wie die Beatles, die Rolling Stones und die Animals zum ersten Mal den vielseitigsten und visuell aufregendsten Bluesgitarristen erlebten, den sie je gesehen hatten. Unter den angesagten Gitarristen des Village verbreitete sich die Nachricht über den Schwarzen, der seine Strat verkehrt herum spielte, wie ein Lauffeuer. Der heißeste Gitarrist in der Gegend war Mike Bloomfield, der normalerweise mit Paul Butterfield auftrat und von Bob Dylan für »Highway 61 Revisited« engagiert worden war. »Ich dachte mir, *das* ist es.« Mike hatte Jimmy schon im Café Wha? gesehen. »Hendrix wußte, wer ich war, und er hat mich an diesem Abend, vor meinen Augen, vernichtet. Ich holte nicht mal mehr meine Gitarre raus. Wasserstoffbomben explodierten, ferngesteuerte Raketen flogen durch die Luft – ich kann den Sound gar nicht beschreiben, den er aus seinem Instrument herausholte. Er fabrizierte jeden Sound, den ich je von ihm gehört habe, dort in diesem Raum, mit einer Stratocaster, einem Fender Twin-Amp, einem Maestro-Fuzz-Effekt, und das war alles – er kriegte im wesentlichen alles durch seine extreme Lautstärke hin. Dieser Schlag traf mich mitten ins Gesicht, und ich wollte danach ein Jahr lang keine Gitarre mehr anfassen.«[22]

Ein beliebter Musikertreff war auch das Loft in der Hudson Street. Man redete, spielte zusammen oder bekiffte sich ganz einfach. Der Gitarrist Roy Buchanan und Jimmy spielten auf Speed, bis ihnen die Birne wegflog. Für diese enge Musikergemeinde waren das Marihuana-Rauchen zum Entspannen und das Methedrin-Schnupfen zum Wachbleiben so normal wie das Atmen. Jimmy bewahrte zum Vergnügen aller seine Speed-Kristalle in einer Babyflasche auf. Man dachte sich nichts dabei. Jimmy traf Bob Dylan nur ein einziges Mal, im Kettle of Fish in der MacDougal Street. Sie waren beide total bekifft, und das einzige, was Jimmy von dieser denkwürdigen Begegnung in Erinnerung behielt, war folgendes: »Wir lachten die ganze Zeit, ja, wir lachten einfach.«[23]

Durch Carol lernte Jimmy Mike Quashie kennen. Der 1,88-Meter-Mann aus Trinidad wog über 95 Kilo und hatte den Limbo-Tanz in Amerika eingeführt. Im März 1961 zierte deshalb das Konterfei des Sängers und Tänzers das Titelblatt des »Life«-Magazins. Zu seinem Repertoire gehörten auch Feuerschlucken und Durchs-Feuer-Laufen, und Jimmy unterhielt sich mit Mike über Westindien, afrikanischen Voodoo-Zauber und den Obikult. Laut Carol standen sich die beiden sehr nahe. Jimmy hatte ein Auge auf die farbenfrohen Schals seines Freundes geworfen, und manchmal lieh er sich einen für die Bühne aus, band ihn um den Arm oder um ein Bein. Das war eine alte Angewohnheit von ihm, die er pflegte, wann immer es die strenge Kleiderordnung der Bühnen-Uniform zuließ. Außerdem unterstützte Mike den an chronischem Geldmangel leidenden Jimmy auch finanziell. Später, als Jimmy schließlich Erfolg hatte, revanchierte er sich auf großzügige Weise und übernahm die hohen Krankenhausrechnungen seines alten Freundes. Bei ihrer ersten Begegnung lief Jimmy mit rosa- und gelbfarbenen Lockenwicklern durch Carols Hotelzimmer, so daß Mike dachte, er wäre schwul. Nach Mikes Meinung war Jimmy bei den Clubbesitzern des Village nicht gerade beliebt, weil er sich nicht besonders entgegenkommend zeigte, wenn es um zusätzliche Auftritte oder um Auftritte zu bestimmten Uhrzeiten ging. »Er hatte einfach keine Zeit, sich mit all diesen Arschlöchern abzugeben. Er sagte: ›Ich hab' keine Zeit für den Scheiß.‹ Jimmy erschien pünktlich zum Auftritt, zog ihn durch und verschwand. Das war keine Unhöflichkeit, er entzog sich bloß solchen Situationen.« »Er konnte einfach nicht nein sagen«, erinnert sich Carol, »er schlich um den heißen Brei herum. Aus irgendeinem Grund existierte das Wort ›nein‹ für ihn nicht. Bei ihm hieß es immer: Ich melde mich bei dir, oder: Ich geb' dir Bescheid.« Mike bestätigt: »Man konnte ihn nicht festnageln. Soll einer kommen und behaupten, er hätte Jimmy mal festgenagelt! Bei ihm mußtest du selber rausfinden, was ein Ja und was ein Nein bedeutete. Junge, was für ein Typ!«

Natürlich lernte Jimmy auch einige der Frauen kennen, die zur Musikszene des Village gehörten: Emeretta Marks zum Beispiel, aus dem Original-Ensemble des Musicals »Hair«. »Ich hab' ihn oft im Village gesehen, ich hab' damals bei den Blues Project gesungen.« Jeanette Jacobs stammte aus einem ähnlich zerrütteten Elternhaus wie er. »Er riß mir die Drinks aus der Hand und sagte: Du hast genug getrunken, Mädchen! Und er sagte: ›Wenn ich ein großer Star bin, dann kaufe ich dir alle Kleider, die du dir wünschst.‹ Er schrieb sich die Namen von Kleiderläden auf und meinte: ›Das kannst du haben, und das auch . . .‹«[24]

Nach der Trennung von Carol war er ein halbes Jahr mit der gerade sechzehnjährigen Diana Carpenter befreundet, die damals angeblich schwanger von ihm wurde. Später reichte sie eine Vaterschaftsklage ein, aber ihre Tochter Tamika wurde nie offiziell als Jimmys Kind anerkannt, »weil sie, wie man mir sagte, zu dunkelhäutig war«. Viele Jahre später erhielt Tamika, die jetzt Mitte zwanzig ist, von Al Hendrix ein Foto mit der Unterschrift »In Liebe, Dein Opa«, das sie bis heute sorgfältig aufbewahrt hat.

Nachdem inzwischen nicht nur die besten Musiker aus New York, sondern auch große Namen der britischen Popmusik Jimmys Auftritte voller Enthusiasmus erlebt hatten, *mußte* über kurz oder lang etwas passieren. Man erzählt, daß sich Linda Keith, die Freundin von Keith Richards, sehr für Jimmy interessierte. Während Keith mit den Stones auf Tournee war, spendierte sie ihm Essen, Geld und Schallplatten, und er ging in ihrer Hotelsuite ein und aus. Damals planten die Animals für Juni/Juli 1966 eine Abschiedstournee durch Amerika. Linda kannte den Bassisten Chas Chandler. Chandler hatte vor, mit Mike Jeffery, dem Manager der Animals, eigene Künstler zu produzieren und zu managen. Linda hatte schon einmal einen Produzenten ins Café Wha? geschleppt, der sich Jimmy ansah, ihm zuhörte, mit den Schultern zuckte und wieder ging: Noch ein schwarzer Gitarrist, der seinen Kram runterschrubbte – na und? Zweifellos überredete Linda auch Chas, sich persönlich ein Bild von Jimmy zu machen. Nun läßt sich ein echter »Geordie«, ein Typ aus Newcastle-on-Tyne, nicht leicht beeindrucken, aber Chas sah Jimmy und war sofort im Bilde. Jimmy spielte an diesem Abend auch »Hey Joe«, und wie es der Zufall wollte, plante Chas, seine Produzentenkarriere in England mit einer neuen Cover-Version eben dieses Songs zu starten.

Der Titel hatte bereits eine bewegte Vergangenheit hinter sich. 1965 wurde er erstmals von den Leaves, einer Gruppe aus Los Angeles, unter dem Titel »Hey Joe, Where You Gonna Go?« aufgenommen. Im Juni 1966 kam eine neue, etwas sanftere und entschärfte Leaves-Version unter dem Titel »Hey Joe« auf Platz 31 der Billboard Hot 100. Als Texter wurde ein gewisser Chester A. Powers genannt; dahinter steckte kein anderer als der Songschreiber Dino Valenti aus Greenwich Village, der später Quicksilver Messenger Service gründete. In Wirklichkeit hatte den Song jedoch Billy Roberts, ein obskurer Folksänger von der Westküste, komponiert. Die '66er Leaves-Version von »Hey Joe« war ein schneller, atemloser Folkrock-Knaller im Stil der Byrds. Jimmy aber hatte auf eine andere Version zurückgegriffen, die im selben Jahr erschienen war; der Urheber war ein gewisser Tim Rose. In den frühen sechziger Jahren hatte Tim Rose zusammen mit »Mama« Cass Elliott und einem James Hendricks eine Folkgruppe gebildet. Rose hatte das Tempo des Songs verlangsamt und auf diese Weise den Text in den Vordergrund gerückt, den Bernard Purdie mit seinen Trommelwirbeln vital untermalte. Genau diese Version hatte auch Chas im Kopf, und damit schien Jimmy für die geplante Platte die Idealbesetzung zu sein.

Doch während Chas an diesem Nachmittag Jimmy beobachtete, der vor leeren Tischen und Stühlen im Café Wha? spielte, kam ihm der Gedanke, daß die Sache doch irgendwo einen Haken haben mußte. Warum hatte noch niemand dieses Typen unter Vertrag genommen? Und natürlich hatte er recht – es gab einen Haken, denn Jimmy *hatte* einen Vertrag. Und zwar nicht nur mit Ed Chalpin und PPX, sondern auch mit Juggy Murray von Sue Records und mit vielen anderen, die Jimmy die Chance boten, Plattenaufnahmen zu machen, und ihm zu diesem Zweck mit einem Fetzen Papier vor der Nase herumgewedelt hatten. Chas nahm Jimmy ins Kreuzverhör, und Jimmy informierte ihn über alle, die er ausbezahlen mußte. Leider vergaß er dabei, Ed Chalpin zu erwähnen. Chas wollte von Jimmy wissen, ob er Lust hatte, nach England zu gehen, eine eigene Band zu gründen und Platten zu machen. Jimmy beeindruckte das nicht im mindesten, denn diesen Quatsch hatte er schon zu oft gehört. Ihn interessierten nur zwei Fragen: Was für ein Equipment gab es in England, wie waren die Musiker dort? Chas' eigentliche Trumpfkarte aber war, daß er Jimmy zusagte, ihn mit Eric Clapton bekannt zu machen. Chas versprach, sich nach Abschluß der Animals-Tour wieder zu melden, und kehrte Ende September mit Mike Jeffery nach New York zurück. »Ich brauchte vier Tage, um Jimmy aufzutreiben«; und der war wirklich überrascht, Chas wiederzusehen, weil er das Gerede – von wegen: nach England gehen! – nicht ernstgenommen hatte. Aber nun stand Chas in voller Lebensgröße vor ihm und sagte: »Es geht los.«

Jimmy wollte, daß ihn Randy California begleitete. Aber Chas war dagegen: erstens war Randy zu jung, und zweitens glaubte er, daß es in Jimmys Band keinen Platz für einen zweiten Gitarristen gab. Billy Cox behauptet, daß Jimmy *ihn* mitnehmen wollte, aber niemand wußte wirklich, was Sache war – selbst Al in Seattle erhielt weder einen Brief noch einen Anruf. Das einzige, an das sich alle Freunde und Musikerkollegen von Jimmy erinnern, ist, daß »Jimmy James« ebenso schnell aus dem Village verschwand, wie er, auf der Suche nach Auftrittsmöglichkeiten, aufgetaucht war. Als sie ihn wiedersahen, war er *der* Jimi Hendrix.

Habe Paß, möchte reisen . . .

6

If My Daddy Could See Me Now

Nach einem Pan-Am-Flug erster Klasse betrat Jimmy am Samstag, dem 24. September 1966, um neun Uhr morgens den Londoner Flughafen Heathrow. Seine ganze Habe trug er in seinem Gitarrenkoffer bei sich: die Fender Stratocaster, Kleider zum Wechseln und eine Dose Valderma-Gesichtscreme.

Terry McVay, ein Roadie der Animals, brachte Jimmys Gitarre durch den Zoll, denn Jimmy hatte keine Arbeitsgenehmigung. Aus diesem Grund drehte die Einwanderungsbehörde Jimmy auch durch die Mangel; ohne Arbeitsgenehmigung war nämlich sein Visum ungültig. Um zu verhindern, daß sein Star mit dem nächsten Flug nach New York zurückgeschickt wurde, redete sich Chas den Mund fusselig. Schließlich kauften ihm die Beamten die Geschichte vom reichen Songschreiber ab, der auf der Durchreise war, um seine Tantiemen zu kassieren. Jimmy erhielt eine Aufenthaltsgenehmigung für sieben Tage, ohne Arbeitsgenehmigung allerdings. Die Behörden wurden nicht nur in diesem Punkt in die Irre geführt, denn auch Jimmys Paß war unter Vortäuschung falscher Tatsachen ausgestellt worden. Als Jimmy in New York seinen Paß beantragte, mußte er als Referenz einen Leumund benennen, der ihn seit langem kannte. Und da Chas den Streß vermeiden wollte, nach Seattle zu fliegen, um dort jemanden zu finden, »fälschte dieser New Yorker Schreiber, den ich kannte, die Papiere für den Reisepaß – nach dem Motto: Klar, den Mann kenne ich seit acht Jahren, er ist ein zuverlässiger Mensch . . .«

Nun, da Chas Jimmy endlich sicher durch den Flughafen gelotst hatte, wollte er ihn natürlich so schnell wie möglich mit der Londoner Musikszene bekannt machen. Außerdem hatte er nach seiner monatelangen Abwesenheit eine Menge Telefonate zu führen und vor allem den Wunsch nach einer original englischen Tasse Tee. Die beste

Adresse dafür war der Keyborder Zoot Money. Sein Haus befand sich in der Gunterstone Road, Fulham in West-London. Es lag direkt auf dem Weg zum Flughafen und diente allen Musikern, die nach London kamen oder London verließen, als eine Art Durchgangslager. Zoot war mit John Mayall, Graham Bond und Alexis Korner befreundet, allesamt keine großen Stars mit eigenen Hits, aber wichtige Katalysatoren der Musikszene, aus deren Bands einige der besten Musiker hervorgingen.

Damals hatte Zoot noch seine Big Roll Band, eine stark von Ray Charles, James Brown und Jimmy Smith beeinflußte Rhythm'n'Blues-Gruppe, die sich dank Zoots überschwenglicher »Willkommen im Club«-Desperado-Haltung zusammengefunden hatte. Im Keller von Zoots Haus wohnte damals auch der spätere Police-Gitarrist Andy Summers. Jimmy und Chas kamen gegen elf Uhr morgens bei Zoot an.

Die Anlage der Big Roll Band stand, nahezu komplett aufgebaut, im Haus, und auf seiner weißen Stratocaster jammte Jimmy mit Zoot, Andy und den anderen, bis die Anlage für den abendlichen Auftritt abgebaut wurde. Anschließend versuchte sich Jimmy vergeblich an Zoots Stereo-Anlage und spielte dann weiter auf der akustischen Gitarre seines Gastgebers. Zoots erster Eindruck von Jimmy war, »daß alle Formen des Blues und der schwarzen Musik durch ihn hindurchgeflossen waren. Er beherrschte sämtliche Stile, ob Blues, ob Gospel, was auch immer.« Irgendwann tauchte Zoots Frau Ronnie auf, der beim Anblick dieses schwarzen Phänomens die Augen aus dem Kopf fielen. Die damals neunzehnjährige Kathy Etchingham wohnte im Obergeschoß. »Ronnie stürmte in mein Zimmer und sagte: Kathy, du mußt dir das ansehen, Chas hat diesen schwarzen Jungen aus Amerika mitgebracht, der sieht aus wie ein Wilder aus Borneo. Ich sagte, okay, ich komm runter, obwohl ich eigentlich gar keine Lust hatte, aufzustehen. Als ich schließlich runterkam, waren sie schon weg. Aber Ronnie meinte, daß sie abends alle im Scotch of St. James auftreten würden.«

Zoots und Ronnie Moneys unterschiedliche Reaktionen waren typisch für den Eindruck, den Jimmy in den ersten Wochen nach seiner Ankunft von der Szene in London bekam – die Männer waren begeistert von seiner Musik, die Frauen von seinem Körper, aber alle waren von diesem Mann hingerissen.

Das auf »schottisch« getrimmte Scotch of St. James am Mason's Yard lag in einem Gewirr von kleinen Sträßchen und geheimnisvollen Seitengassen in nächster Nähe zum St. James Square und zu den Houses of Parliaments.

Einen Steinwurf entfernt residierte die politische Machtelite, und das Scotch und Clubs wie der Cromwellian und das Blaises in Kensington oder das Ad-Lib am Leicester Square waren schicke Treffs für die junge blaublütige Szene Londons. Hier hatte sie hautnahen Kontakt zur neuen Aristokratie der Pop-Stars, Modedesigner, Models, Photographen und – besonders aufregend! – Gangster aus dem East End. 1964, als die Carnaby Street noch der berühmteste Rummelplatz der Welt war, galten diese Clubs und etliche andere als der letzte Schrei von »Swinging London«. Musik und Mode in London änderten sich jedoch schnell, Underground und Flower-Power waren zu Pflichtthemen für die Farbbeilagen der Sonntagszeitungen avanciert, und diese Clubs waren bereits in gewisser Hinsicht ein Anachronismus. Unter Musikern standen sie jedoch als private Treffs hoch im Kurs, und für Klatschkolumnisten waren sie eine wahre Fundgrube.

Staunend erlebte das Publikum im überfüllten Scotch Jimmys Auftritt. Da Chas wegen der Probleme mit der Arbeitsgenehmigung nicht wollte, daß Jimmy zu lange spielte, war bereits alles gelaufen, als Kathy, Zoot und Ronnie Money eintrafen.

> Als wir durch die Tür kamen, stand eine Gruppe von Leuten auf einer Plattform, darunter Jimmy und Chas, und alle winkten und riefen: »Hierher!« Wir wurden einander vorgestellt, und Jimmy beugte sich zu mir und sagte: »Ich möchte dir was sagen.« Ich fragte: »Was?« und neigte meinen Kopf zu ihm hin. Er küßte mich aufs Ohr und sagte: »Ich find' dich schön.« Na gut, wir saßen alle da und tranken was, als sich ein Mädchen, das ich überhaupt nicht kannte, zu uns setzte und mit Ronnie Streit bekam. Wie sich herausstellte, war es Linda Keith. Teller flogen über den Tisch, und alle wollten nur noch raus. Ich stand also auf, und Jimmy nahm meine Hand, und Chas meinte: »Bring ihn ins Hyde Park Towers Hotel«, denn Jimmy hatte keine Ahnung, wo er ein Taxi oder sonst irgendwas herbekommen sollte. Er war ja gerade erst angekommen. Wir nahmen ein Taxi. Er war unglaublich höflich, nie mehr habe ich später jemanden mit so guten Manieren kennengelernt.

Das Hyde Park Towers Hotel in der Nähe der Bayswater Station war eine beliebte Musikerbleibe. Chas und seine schwedische Freundin Lotte wohnten dort und auch Jimmy. »Schließlich kamen die anderen, und es gab eine Beschwerde. Wir standen alle in der Lobby rum, und Jimmy sagte: ›Komm, wir gehen eine Minute raus, ich will mit dir reden.‹ Und dann ließ er all diese Entschuldigungen los wegen dieses Mädchens: daß er sie kaum kennen würde, daß sie Keith Richards' Freundin sei und daß er sich da überhaupt nicht einmischen wollte – und daß ich nicht gehen sollte. Das tat ich dann auch nicht. Und so begann alles.« Sie schlossen sich den anderen in der Cocktail-Bar an. »Ich werde nie vergessen, wie er fragte: ›Sollen wir auf mein Zimmer gehen?‹«

Und alle sagten: ›Gute Nacht, Kathy! Gute Nacht, Jimmy!‹ Dann verschwanden wir auf sein Zimmer. Wir lagen noch im Bett, als am nächsten Morgen Linda Keith ins Zimmer stürmte, sich die Stratocaster schnappte und damit verschwand. Später rief sie an und meinte: ›Schmeiß sie raus, dann komm ich und bring dir deine Gitarre wieder.‹« Kathy machte sich dünne, und Jimmy versuchte, seine Gitarre zurückzubekommen. Dann rief er Kathy in der Gunterstone Road an und bat sie, ins Hotel zu kommen. »Wir waren die ganze Zeit zusammen, und schließlich zog ich zu ihm ins Hotel. Wir waren völlig pleite, besaßen keinen Penny. Morgens saßen wir bei Tee und Toast im Bett und redeten ununterbrochen. Dann liefen wir durch die Läden, und ich nahm ihn zu meinen Freunden mit. Wir ließen uns einfach treiben. Ich zeigte ihm alle Sehenswürdigkeiten, aber einen Großteil der Zeit verbrachten wir im Bett – wir waren völlig wild aufeinander.« Die Beziehung mit Kathy dauerte gut drei Jahre und war die längste, die Jimmy je mit einer Frau hatte.

Chas hielt sein Versprechen bezüglich Eric Clapton. Jimmy traf ihn und Jack Bruce zufällig, als die beiden in den Startlöchern für Cream saßen. Sie luden Jimmy für den folgenden Abend, den 1. Oktober, zum ersten Auftritt von Cream ins Polytechnic of Central London ein. Jimmy tauchte zusammen mit Chas pünktlich dort auf, aber Ginger Baker war nicht gerade begeistert über den Gastmusiker. Cream war seine Vision einer zukunftsweisenden Band, und ihr erster Auftritt war für ihn ein ungeheuer wichtiger Termin. Es wurde vereinbart, daß Jimmy nur an der Seite von Eric Clapton spielen durfte. Jimmy fing mit Howlin' Wolfs »Killin' Floor« an, ein Stück, mit dem Eric Clapton, wie er später sagte, immer Schwierigkeiten hatte. »Ich werde Erics Gesicht nie vergessen«, meint Chas, »er trat einfach zur Seite und schaute zu.« Und das, was Eric sah, flößte ihm Angst ein, wie kurz darauf auch jedem anderen Gitarristen in London – Todesangst!

Eines Abends kam Jeff Beck ins Blaises. »Ich hörte den Lärm schon auf der Straße. Ich stieg aus dem Taxi, ging rein, und da war Jimmy. Ich konnte es einfach nicht glauben. Er sang gerade ›Like A Rolling Stone‹. Ich kannte die Melodie, aber wie er sie brachte, war etwas ganz Besonderes. Er drehte völlig durch und das Publikum auch. Das hat uns alle völlig verändert.«[1] Als Beck das Blaises verließ, traf er Pete Townshend und erzählte ihm, was er gerade erlebt hatte. Townshend wollte das selbst sehen. Jimmy zog seine Show ab und jagte Rückkopplungen durch den Verstärker – im Grunde war es vergleichbar mit dem, was The Who veranstalteten. Aber Townshend erkannte gleich, daß Jimmy diese Idee weiterführ-

Jimi und Kathy Etchingham, Jimis Wohnung, London, erste Januarwoche 1969

te – in eine neue Dimension. Pete bekam völlig unerwartet einen Anruf von Eric Clapton, der, wie Pete berichtet, nie zuvor mit ihm gesprochen hatte und der ihn ins Kino einlud. Ihr einziges Gesprächsthema war Jimmy Hendrix. Jimmy tauchte abends oft mit Chas und Kathy in irgendeinem Club auf und spielte dann einfach mit. Unter den Musikern wurde es fast zu einer Art Sport, herauszufinden, wo sich Jimmy gerade aufhielt. Clapton und Townshend verpaßten keine Chance, ihn zu sehen; nur zweimal war der Club so überfüllt, daß sie nicht reinkamen.

Es dauerte nicht lange, da war Jimmy das Gesprächsthema Nummer eins bei allen Kennern der Clubszene: Paul McCartney, Brian Jones, John Lennon und Mick Jagger gehörten zu seinen größten und einflußreichsten Bewunderern. Für eine Weile war Jimmy ihr Geheimtip, und sie überboten sich mit Erklärungen, weshalb ein so ungewöhnlicher schwarzer Bluesmusiker aus Amerika nach England kommen mußte, um Karriere zu machen. Das Faible der englischen Musikfans für die »hoffnungslosen Fälle« der schwarzen Musik hat eine lange Tradition: angefangen vom New-Orleans-Jazz über Dixieland, Bebop, Cool Jazz, Country-Blues bis hin zum Reggae. Es gab Zeiten, wo man in England eine größere Auswahl an Reggae-Platten kaufen konnte als in Kingston, Jamaika.

Aber wie alle religiös Bekehrten entpuppten sich diese neuen Verehrer oft als unglaublich engstirnige Puristen. Big Bill Broonzy besuchte England in den fünfziger Jahren ohne seine elektrifizierte Band und zupfte seinen klagenden akustischen Country-Blues wie ein alter Plantagen-Neger, weil man ihm erzählt hatte, daß die Leute genau das hören wollten. Muddy Waters hingegen dachte gar nicht daran, sich dazu herabzulassen. Seine schrille, schmutzige, urbane Chicago Blues Band trat 1958 in glänzenden Anzügen auf, und die Kritiker hielten sich die Ohren zu und rannten auf die Toilette. So mißbilligend reagierten vor allem jene, die sich betrogen fühlten, wenn schwarze Musiker nicht ihren romantischen Vorstellungen entsprachen. Doch hätte man ihnen deshalb ein beinah rassistisches, auf jeden Fall jedoch höchst gönnerhaftes Verhalten vorgeworfen, hätten sie sicher empört die Hände über dem Kopf zusammengeschlagen. Jimmy sollte später noch das Opfer von wesentlich geschmackloseren und unmittelbareren rassistischen Attacken werden, die ihn in der Öffentlichkeit zu einem unreifen und ungehobelten Subjekt herabstuften. Für die Musiker war Jimmy jedoch der Traumgitarrist, der speziell für sie spielte – oder, wie Mick Jagger einmal bemerkte: »Er war einer von uns.«

Jimmy wollte schnellstens seine eigene Band auf die Beine stellen. Da Chas aber keine bestimmte Vorstellung hatte und Jimmy keine Musiker kannte, mußte man sich unter denen umsehen, die gerade zu haben waren.

Am 28. September erhielt Jimmy eine Arbeitsgenehmigung, die bis zum Ende des Jahres galt. Am selben Tag betrat ein arbeitsloser Rock'n'Roll-Gitarrist das Büro der Harold-Davidson-Agentur und bewarb sich für einen Vorspieltermin bei Eric Burdons New Animals, von dem er zufällig gehört hatte.

Der knapp 21jährige Noel Redding war aus seiner Heimatstadt Folkestone an der Küste von Kent angereist und so desillusioniert, daß er schon mit dem Gedanken spielte, Milchmann zu werden.

Noel Redding, Rheinhalle, Düsseldorf, 12. Januar 1969

Noel war 1962 ins Profilager gewechselt und hatte mit den Lonely Ones und den Loving Kind das Vorprogramm für zahlreiche Popgrößen der damaligen Zeit bestritten, so zum Beispiel für die Hollies, die Beatles und Manfred Mann; dort hatte er seine Erfahrungen gesammelt. Er war kreuz und quer durch England gereist und hatte auch die obligatorischen Clubauftritte in Hamburg absolviert. Die Loving Kind hatten drei erfolglose Singles veröffentlicht, denn so sehr sie sich auch bemühten – der Erfolg blieb aus. Als Noel ausstieg, prophezeite ihm Manager Gordon Mills alles andere als eine rosige Zukunft.

Noel wurde zum Vorspielen in den Birdland-Club geschickt, wo Chas Eric Burdon beim Zusammenstellen seiner neuen Gruppe behilflich war. »Noel hatte dieselbe Frisur wie Jimmy. Er wollte zu den Animals, und ich sagte: Also, der Platz ist bereits besetzt (Vic Briggs von Brian Augers Band hatte ihn), aber ich kenne da diesen Amerikaner, der einen Bassisten sucht. Und weil er total pleite war, sagte er zu.«

An diesem Tag war Jimmy mit Mike O'Neill, dem Keyborder der Gladiators, im Übungsraum und – merkwürdigerweise – auch mit dem Trommel-As Aynsley Dunbar, der erst zwei Wochen zuvor bei John Mayalls Bluesbreakers eingestiegen war. Sie gingen ein paar Nummern durch, unter ihnen auch »Hey Joe«, und Chas bat Noel, am nächsten Tag wiederzukommen, und gab ihm 5 Schilling Fahrgeld. Zu Hause in Folkestone erzählte Noel seiner Mutter: »Ich habe da einen getroffen, der wird mal der größte Gitarrist aller Zeiten, und möglicherweise werde ich in seiner Band spielen.« Am nächsten Tag fand Noel das Birdland leer vor und ging zu ANIM, Mike Jefferys Büro in der Gerrard Street. Mike bot ihm den Job des Bassisten an, was Jimmy ein paar Tage später durch einen Anruf von Chas bestätigen ließ. Noel hatte nichts dagegen, Bassist zu sein, zumal er dringend Arbeit benötigte und sofort erkannt hatte, daß es in Jimmy Hendrix' Band keinen Platz für einen zweiten Gitarristen gab. Jimmy hatte sehr genaue Vorstellungen von seinem Bassisten. Vor langer Zeit hatte er bei den Rocking Kings auf einer Gitarre Baß gespielt und war daher mit den Möglichkeiten des Instruments vertraut. Er wußte genau, was er hören wollte – welches Feeling, welchen »Puls«. Ein Neuling am Baß hatte den Vorteil, daß er noch nicht so festgelegt war. Außerdem mochte Jimmy Noels Afro-Locken; er hielt sie für einen Ausdruck von Persönlichkeit. Noel war also das richtige Gesicht am richtigen Ort und zur richtigen Zeit.

Am Abend von Noels erstem Vorspiel jammte Jimmy ausschließlich mit Brian Augers Gruppe Trinity im Blaises. Im Publikum saß auch der »französische Elvis« Johnny Hallyday, Anfang der sechziger Jahre ein großer europäischer Rockstar, dessen Karriere aber seit 1966 deutlich an Schwung verloren hatte. Grund dafür war das Auftauchen der Beatles. Aber in Frankreich war Johnny Hallyday noch immer enorm populär, und jetzt plante er gerade eine Tournee. Hallyday machte Jimmy ein Angebot, falls dieser bis dahin seine Band zusammenbekommen konnte.

Also mußte ein Schlagzeuger her. Unter anderem hatte für diesen Job ja auch Aynsley Dunbar vorgespielt, aber noch war nichts entschieden. Anfang Oktober löste der Rhythm'n'Blues-Keyborder Georgie Fame, der in England zwei Nr.-1-Hits gehabt hatte (»Yeh Yeh« und »Get Away«), seine Band The Blue Flames auf. Fames Manager, der Clubbesitzer John Gunnel, rief den Schlagzeuger Mitch Mitchell an. »Er sagte, ich solle einem Gitarristen vorspielen, den Chas aus Amerika mitgebracht hatte. Ich glaube, das Angebot war für zwei Wochen Tour in Frankreich.«

John »Mitch« Mitchell wurde 1947 in West-London geboren und war seit seiner Kindheit im Showgeschäft tätig. Als Jugendlicher hatte er die Schauspielschule besucht, war in etlichen Filmen und Fernseh-Shows (»Whacko«, »Emergency – Ward 10«) aufgetreten und hatte in Werbespots mitgespielt. Er konnte Step tanzen – eine Fähigkeit, die er mit anderen großen Schlagzeugern wie Steve Gadd und Buddy Rich teilte. Samstags hatte er im Musikinstrumentenladen von Jim Marshall gearbeitet, dessen Verstärkersystem den Rock-Sound der sechziger Jahre mitprägte. Das Schlagzeugspiel brachte er sich neben seiner Schauspielerei selbst bei; sein Debüt gab er in einer Reihe von Bands, darunter Screaming Lord Sutch und Johnny Kidd and The Pirates. Schließlich entschloß er sich zu einer Musikerlaufbahn und trat in die Riot Squad ein, eine Mod-Band, deren Saubermann-Image mit Hemd und Krawatte im krassen Gegensatz zu ihrer ausgefallenen Bühnenshow mit bemalten Gesichtern und exotischen Requisiten stand. Bei den Riot Squad spielte übrigens auch Jon Lord mit, ehe er Deep Purple gründete. Mitch Mitchell hatte bald von den albernen Riot Squad und dem endlosen Club-Getingel die Nase voll und wurde Studiomusiker – ein langweiliger, aber gutbezahlter Job. Während eines dreitägigen Studio-Engagements bei den Pretty Things packte ihn plötzlich wieder sein alter Enthusiasmus, und er schloß sich Georgie Fame an.

Mitch hatte noch nie etwas von Jimmy gehört und daher keine Ahnung, was ihn erwarten würde. Entsprechend groß war seine Überraschung, als Jimmy zu ihrer Session in einem Humphrey-Bogart-Burberry-Trenchcoat antrat. Rund vier Stunden spielten sie diverse Soulsachen, »ein bißchen Wilson Pickett, ein bißchen James Brown«, aber Chas und Jimmy konnten sich noch immer nicht ent-

Mitch Mitchell, Proben am Nachmittag, Royal Albert Hall, London, 24. Februar 1969

scheiden – Mitch oder Aynsley? Beide waren echte Könner, technisch versierte Musiker mit einem aufregend schnellen Stil, ein idealer Motor also für eine mögliche Drei-Mann-Band. Aber nicht einmal diese Besetzung stand fest. In einer Probe zusammen mit dem Bassisten Dave Knight (später bei Procol Harum) wurde Noel als Rhythmusgitarrist getestet, doch auch diese Idee ließ man wieder fallen. »Schließlich«, sagt Chas, »warfen wir eine Münze, und Mitch gewann.« Für diesen war es eine neue Spielerfahrung. »Es war ein tolles Gefühl, innerhalb einer kleinen Gruppe fast grenzenlose Freiheit zu genießen. Zum ersten Mal durfte ich in einem Trio laut spielen.« Seine Einstellung zu Noel, dem Baßgitarristen, der nie Baß gespielt hatte, beschrieb er so: »Na ja, vielleicht war ich manchmal ein bißchen hochnäsig, aber er machte seine Sache gut. Er wäre bestimmt lieber der Gitarrist gewesen, aber er hielt sich tapfer.«

Nun mußte ein guter Name her. Jimmy kam wieder auf »Hendrix« zurück, weil es einfach härter und dramatischer als »James« klang. Jimmys Name sollte im Bandnamen unbedingt auftauchen, und Chas schlug eine andere Schreibweise vor, die sich die Leute besser merken konnten und die vielleicht mehr Aufmerksamkeit erregen würde. Aus »Jimmy« wurde also »Jimi«. Das Wort »Experience« war im Gespräch gefallen – Jimi Hendrix And The Experience? Nein – The Jimi Hendrix Experience! Daß Konzertveranstalter den Namen *richtig* schreiben würden, war von Anfang an illusorisch – jede nur erdenkliche Schreibweise von »Jimi« und »Hendrix« tauchte in der ersten Zeit auf Plakaten und in Anzeigen auf. Und ein Roadie beschwört, daß er 1967 in Amerika ein Plakat mit der Ankündigung »The Garry Henpecked Exposition« gesehen habe.

Chas hatte zwar eher intuitiv entschieden, das übliche »And The« im Bandnamen fallenzulassen, aber zugleich war dies ein Ausdruck für die Einstellung des Managements. Ohne das »And The« sah es so aus, als sei Jimi Hendrix selber The Experience und also nicht bloß ein Bandmitglied. Chas und Mike sahen in Noel und Mitch lediglich Angestellte einer auf Jimi Hendrix zugeschnittenen Band. Schließlich war es Jimi, den sie managten. Sogar Mitch glaubte anfangs, er werde nur für eine zweiwöchige Tournee in Frankreich angeheuert: »Chas' ursprüngliche Idee war, Hendrix groß rauszubringen und eine Begleitband zu engagieren.« Und nicht nur das: den Vertrag, den sie im Oktober 1966 mit den Managern Chas und Mike abschlossen, war kein Managementvertrag, sondern ein Plattenvertrag – Chas und Mike waren die Plattenproduzenten. Nur Jimi schloß im Dezember einen Managementvertrag ab. Aber die Produzentenverträge unterschieden sich in nichts von dem mit Jimi – die einzelnen Mitglieder sollten eine »Gruppe namens The Jimi Hendrix Experience« gründen. Mike und Chas erhielten dafür 20 Prozent plus zusätzliche Prozente von den Platten- und Verlagstantiemen. Die Band sollte sich 2,5 Prozent der Einnahmen aus den Plattenverkäufen teilen. Das waren nicht gerade günstige Bedingungen für die Band, aber noch ahnte ja keiner von ihnen, was auf sie zukam. Und 20 Prozent von nichts waren damals eben erst einmal nichts. Inzwischen sind die Profite ins Astronomische gestiegen. Bis heute liefern Noel und Mitch erbitterte Gegendarstellungen zu ihrem Status bei der Experience und zu ihren daraus resultierenden finanziellen Ansprüchen.

Die Proben gingen weiter, obwohl keiner mit den kleinen 30-Watt-Amps zufrieden war, die der Hersteller Burns zur Verfügung gestellt hatte. Der sparsame Noel war dagegen, die gesamte Ausrüstung einfach die Treppe runterzuwerfen oder vom Balkon zu schmeißen. Außerdem erwiesen sich die Verstärker als ausgesprochen robust. Schließlich täuschten die Band einen Diebstahl vor und bekam eine stärkere Marshall-Anlage. Aber es gab wieder einmal Geldprobleme. Einnahmen waren nicht vorhanden, und der Vorschuß für die Frankreichtournee deckte nicht einmal die Reisekosten. Chas behauptet, daß er mindestens fünf seiner Baßgitarren verkaufen und sich von John Gunnell Geld leihen mußte, weil das Kapital, das der Geschäftsführer Mike Jeffery einbringen sollte, »wegen einer absurden Prozeßlawine irgendwo in Amerika festlag« – eine Folge der Rechtsstreitigkeiten, die mit dem bewegten Geschäftsleben der verflossenen Animals zu tun hatten. Bei den Animals hatte Chas vor allem auf teuren Gibson-Baßgitarren gespielt. Bei einem Wiederverkaufswert von etwa 150 Pfund hätten die fünf Baßgitarren damals eine Summe von 750 Pfund eingebracht, was heute etwa 4500 Pfund entspricht. Das war eine Summe, die man nicht so einfach aufs Spiel setzte. Laut Marianne Faithfull unterbreitete Chas Mick Jagger den Vorschlag, Jimi mitzufinanzieren. Trotz seiner Begeisterung für Jimi zeigte Mick jedoch nicht das geringste Interesse.[2]

Wie auch immer: Mike war der Geldgeber, und es ist unwahrscheinlich, daß seine Gelder in Amerika festlagen, denn er hatte in Spanien investiert. Und genau dorthin verschwand er nach dem Vertragsabschluß im Oktober. Nicht umsonst nannte man ihn »Scarlet Pimpernel«.

»Rock-Management« hieß das neue Spiel der sechziger Jahre. Schlüsselfiguren wie Robert Stigwood (Cream), Andrew Oldham (Rolling Stones), Kit Lambert (The Who) und Brian Epstein (Beatles) führten die Geschäfte ihrer Stars sehr unterschiedlich. Stigwood und Oldham träumten von einem riesigen Medienimperium im Stile eines heutigen Leo Kirch oder Rupert Murdoch. Im Gegensatz zu Stigwood wollte Oldham auch noch als einer der Jungs anerkannt werden und platzte vor Stolz, wenn Autogrammjäger ihn für ein Bandmitglied hielten. Epstein wiederum war ein eher väterlicher Typ, der mit viel Gefühl bei der Sache war. Eines jedoch hatten sie alle gemeinsam – auch Kit Lambert: Sie waren süchtig nach Publicity, wollten als mächtige und einflußreiche Trendsetter anerkannt werden, als die treibende Kraft hinter den Stars. Mike Jeffery war da ganz anders. Als Manager der Girl Group Goldie and The Gingerbreads und vor allem der Animals hatte er sich im Hintergrund gehalten. Es gibt wenig Fotos von ihm, und man sah ihn selten ohne seine vom Arzt verordnete dunkle Brille. Von allen Managern der Rockgrößen war er wohl der mysteriöseste und undurchsichtigste. Und doch zeigen viele seiner alten Mitarbeiter eine erstaunliche Treue. Zu Jimis Zeiten war Trixie Sullivan seine persönliche Assistentin. »Ich mochte Mike sehr, er war etwas Besonderes. Er war sehr begabt, und er erkannte ein Talent sofort. Er konnte schüchtern und zurückhaltend sein, aber er war auch eine harte Nuß und verdammt clever.« Selbst seine zahlreichen Feinde fanden ihn trotz seiner Unzuverlässigkeit charmant und unterhaltsam. Chas Chandler hat wenig Gutes über Mike zu berichten, gibt aber zu: »Er besaß unglaublich viel Humor, man mußte ihn einfach mögen.«

Mike wurde im März 1933 in Peckham, South London, als einziges Kind der Postangestellten Frank und Alice Jeffery geboren. Seinem Vater zufolge lag er in der Schule knapp über dem Durchschnitt, war ein guter Sportler und hatte viele Freunde. 1949 machte er seinen Schulabschluß, wurde Angestellter der Firma Mobil Oil und 1951, mit achtzehn, zur Armee eingezogen. Das war für Mike, der Büroarbeit haßte, der Wendepunkt. Dank seines guten wissenschaftlichen Abschlusses wurde er Ausbilder und verpflichtete sich danach als Berufssoldat. Seine anschließende Militärkarriere beim Nachrichtendienst gab natürlich Anlaß zu wilden Spekulationen. Gern erzählte er Spionagegeschichten über die Suezkrise von 1956, als der ägyptische Präsident Nasser den Suezkanal sperren ließ, von seiner Zeit bei der Spionageabwehr in Rußland, uber Mord und Totschlag und Folter in fernen Ländern. Mit vielen dieser Geschichten wollte er Eindruck schinden und jungen Musikern klarmachen, daß er nicht zu den Männern gehörte, die Zeit verschwendeten. Was nicht heißt, daß er Märchen auftischte. Sein Vater behauptet, Mike habe selten über seine delikaten Aufträge gesprochen, glaubt aber, daß er die meiste Zeit als Zivilist gearbeitet habe. Jedenfalls war er in Ägypten stationiert gewesen und konnte Russisch. Mike hatte Trixie einmal scherzhaft vorgeschlagen, die Büroabrechnungen in Russisch abzufassen, damit das Finanzamt sie nicht lesen könne.

Nach seiner Militärzeit studierte Mike an der Universität von Newcastle Sprachen und Soziologie. Seine guten Manieren, seine eleganten Nadelstreifenanzüge, die geheimnisvolle dunkle Brille und seine akademische »Reife« machten ihn zu einer charismatischen Persönlichkeit. Er hatte viele Verehrerinnen, die begeistert seine

Tanzveranstaltungen besuchten, die er 1958 für seine Mitstudenten in einer Balletthalle organisierte. Er fand Gefallen am Showbusiness, und so eröffnete er nach seinem Universitätsabschluß den Downbeat-Club, das Marimba (das unter ungeklärten Umständen abbrannte) und den Club A Go Go. Für Bands wie die Rolling Stones waren Mikes Clubs die Top-Adressen in Newcastle. Er gab neuen Talenten eine Chance, insbesondere den Animals, deren Manager er dann wurde. Als Clubbesitzer in Newcastle brauchte man starke Nerven, um mit gewalttätigen Betrunkenen, Schutzgeld-Erpressern und den Strohmännern rivalisierender Clubbesitzer fertig zu werden. Und gleichgültig, ob die Ganoven unauffällig gekleidet und höflich waren und schnelle Autos fuhren oder ob sie gleich mit der Brechstange anrückten – sie alle lernten den lächelnden Mike Jeffery von einer anderen Seite kennen. Natürlich hatte er auch seine Aufpasser und war bewaffnet, aber man erzählte sich, daß er einmal im Alleingang mit acht Typen fertig wurde, von denen einer sogar mit einer Axt bewaffnet war.

Mikes Imperium wuchs. In London machte er die Animals mit dem grimmigen Don Arden bekannt; in Spanien investierte er in Immobilien und Clubs. Seine Militärausbildung war ihm dabei von großem Nutzen. Ein erfolgreicher Offizier des Geheimdienstes muß einen ausgeprägten Selbsterhaltungstrieb besitzen, eine gute Portion Paranoia, eine angeborene Gerissenheit, das Schauspieltalent eines Sir Laurence Olivier, die Verschlagenheit eines Machiavelli und nicht zuletzt die Fähigkeit, perfekt zu bluffen. All das sind ideale Voraussetzungen für den Beruf eines Möchtegern-Rockmanagers.

Chas und die Animals waren überzeugt, daß Mike sie übers Ohr gehauen hatte – sie waren berühmt, er war reich geworden. Aber Chas war Realist, und als es mit den Animals aus und vorbei war, wurde er Mikes Partner. Für die neuen Künstler, die sie unter Vertrag nahmen, handelten sie laut Chas folgendes aus: »Ich sollte die Hälfte von Eric Burdon und The Alan Price Set bekommen und er die Hälfte von Jimi Hendrix.«

Die neue Jimi Hendrix Experience flog einen Tag nach der Vertragsunterzeichnung zu ihrer viertägigen Tournee mit Johnny Hallyday ab. »Wir hatten ein paar Marshall-Verstärker«, erinnert sich Mitch, »aber keinen Roadmanager. Unsere Verstärker wurden einfach so, ohne Verpackung, in die Luftfracht-Container geworfen.« Sie konnten nur hoffen, daß ihre neue Marshall-Ausrüstung genauso unverwüstlich war wie ihre ehemaligen Burns-Verstärker.

Jimi übernahm den Leadgesang nur widerwillig und war mit seinem Bühnen-Outfit sehr unzufrieden. Der noch ungekrönte König der Psychedelic-Mode steckte in einem blauen Zweiteiler mit weißem Hemd. »Das Jackett hatte einen langen Rückenschlitz«, erinnert sich Kathy, »und Jimi haßte es.« Jimis erste Konzertkritik erschien nach einem Auftritt im Novelty-Kino von Evreux am 13. Oktober. »Johnny Hallydays neueste Entdeckung . . . ist ein Sänger und Gitarrist mit krausem Haar, eine schlechte Mischung aus James Brown und Chuck Berry, der eine Viertelstunde lang Grimassen schnitt und die Gitarre sogar mit den Zähnen spielte.«[3] Der Höhepunkt dieser kurzen Testtournee war das ausverkaufte Olympia in Paris, wo die Experience wie eine Bombe einschlug. Ihr Auftritt dauerte nur zehn Minuten. Sie spielten »Killing Floor«, »Hey Joe« (als erste Single geplant) und »Wild Thing«.

In den Pausen übte Chas Manöverkritik, analysierte die Auftritte und sah sich zusammen mit Jimi Johnny Hallyday an. »Er wußte, wie man das Publikum verführte, er war ein unglaublicher Selbstdarsteller. Ich habe keinen erlebt, der das Publikum so fest im Griff hatte wie Johnny. Er hatte den Mut, im richtigen Moment einfach nur zu posieren. Die Hendrix Experience übernahm viele seiner Tricks.«

Zu Hause in London erhielten Mitch und Noel 15 Pfund pro Woche und nahmen Session-Jobs an, um zu überleben. Als Little Richard in Brian Epsteins Saville Theatre auftrat, besuchte ihn Jimi im Hotel und lieh sich von seinem früheren Arbeitgeber 50 Dollar. Im Gegensatz zu Mitch und Noel konnte er wenigstens seine Miete bezahlen. Am 6. Dezember zog er mit Kathy in Chas' und Lottes neue Wohnung am Montagu Square nahe der Baker Street; zuvor hatte sie Ringo Starr gehört.

Chas lernte Jimi in den folgenden Monaten besser kennen als jeder andere. Tagüber schmiedeten sie Zukunftspläne, hörten Musik und spielten Risk, ein Kriegsspiel. Jimi trank Wein, gemixt mit Coca Cola, rauchte eine Menthol-Zigarette nach der anderen, las die Science-Fiction-Bücher von Chas, schrieb haufenweise Songs und hatte schon beim Frühstück die Gitarre umhängen. Chas kümmerte sich um Jimi. Eines Abends besuchten Chas und Lotte, Mike und seine Freundin Nancy, Jimi und Kathy eine Bar in Soho. Zwei Typen an der Theke machten sich über Jimi lustig. »Sie folgten uns sogar bis nach draußen«, erzählt Kathy, »der eine verschwand, aber der andere ließ nicht locker. Chas drehte sich um und warnte den Typen. Aber der gab nicht auf. Chas drehte sich zu uns um und sagte: ›Kümmert euch um

Lotte‹, und dann schlug er den Typen völlig unerwartet zu Boden. Jimi war völlig fertig; nicht mal in New York hatte er so etwas erlebt, und in England hatte er damit überhaupt nicht gerechnet. Chas war Jimis Beschützer.« Seine Beziehung zu Kathy vertiefte sich und ging bald über die anfangs rein körperliche Anziehung weit hinaus. Kathy hatte ihren Job bei einer Firma für Tiefkühlkost aufgegeben und war die ganze Zeit mit Jimi zusammen. »Wir hatten vieles gemeinsam, meine Kindheit war genau wie seine schwierig gewesen. Er beschützte mich, und ich half ihm dabei, sich in London einzuleben. Ich stellte ihm Leute vor, öffnete Türen für ihn, und er tat dasselbe für mich.«

Finale! Olympia, Paris, 18. Oktober 1966

Kurz nach ihrer Rückkehr aus Frankreich nahm die Gruppe im »De Lane Lea«-Studio in Kingsway zwei Songs auf, »Hey Joe« und das von Jimi geschriebene »Stone Free«. Jimi wollte unbedingt »Killing' Floor«

auf der B-Seite haben, aber Chas blieb hart. »Ich sagte ihm, daß für die B-Seite nur einer seiner eigenen Songs in Frage kam, weil mich ›Hey Joe‹ mein ganzes Geld gekostet hatte.« Außerdem war es wichtig, daß sich Jimi als Songwriter präsentierte. Es war nicht mehr wie in den frühen Zeiten der Beatles und Stones. Wer einen Plattenvertrag wollte, mußte sein eigenes Material schreiben und spielen. Chas versuchte Jimi auch klarzumachen, daß er im Studio nicht alles bis zum Anschlag aufdrehen konnte, weil die Geräte für diese Lautstärke nicht konzipiert waren. Das war übrigens eine der wenigen Auseinandersetzungen zwischen den beiden. Chas hatte an diesem Tag versucht, Jimis Arbeitssituation zu klären, und deshalb seinen Paß und die zugehörigen Papiere bei sich. »Als Jimi immer lauter wurde«, berichtet Chas, »zog ich seinen Paß hervor und sagte: Gut, wenn du es nicht anders willst – verschwinde! Er lachte, und alles war vorbei. Wir haben viel gelacht, er war ein lustiger Bursche.«

»Hey Joe«, von Chas und Toningenieur Dave Siddle produziert, orientierte sich an dem Arrangement von Tim Rose. Der Song ist zwar nicht gerade ein Paradebeispiel für Jimis Gitarrenstil, aber für seine Stimme war er bestens geeignet. Jimis außergewöhnliches Gitarrenspiel und sein spektakuläres Image drängten seine exzellenten Texte oft in den Hintergrund. Viele seiner Songs spielten auf verschiedenen Ebenen und transportierten mehrere Aussagen. Freunden gegenüber äußerte er, daß er seine methaphysischen und spirituellen Botschaften in eine vereinfachte Sprache oder in abgedroschene Metaphern verpacken mußte, weil sie sonst weder von seiner Plattenfirma noch von seinem Publikum akzeptiert worden wären.

»Stone Free« ist Jeff Becks Lieblingssong. »Es hat diesen tollen treibenden Hendrix-Rhythmus . . . und ein unvergeßliches Solo. Wenn der Song zufällig irgendwo im Hintergrund läuft, während ich mich gerade unterhalte, bin ich sofort abgelenkt.«[4]

»Stone Free« behandelt Jimis Lieblingsthema: Freiheit, auf drei verschiedenen Ebenen. Auf der ersten drückt er sein Gefühl geographischer Klaustrophobie und seinen an Besessenheit grenzenden Wandertrieb aus:

Every day in the week
I'm in a different city.

Auf der zweiten formuliert er seine Verachtung für alle, die anderen ihren Willen aufzwingen wollen oder sich über alles lustig machen, was nicht in ihre Norm paßt:

They talk about me like a dog
Talk about the clothes I wear
But they don't realise
They're the ones who's square.

Und die dritte Ebene schließlich gilt den Frauen, die glauben, ihn gefühlsmäßig an sich binden zu können:

A woman here, a woman there
Try to keep me in a plastic cage
But they don't realise
It's so easy to break.

Schon als Begleitmusiker mußte sich Jimi mit zwei Problemen herumschlagen: mit dummen Kommentaren über sein Aussehen und den Scharen von Frauen, die hinter ihm her waren. Frauen gegenüber verhielt sich Jimi übrigens regelrecht altmodisch und sehr schüchtern. Sein New Yorker Freund Mike Quashie hat beobachtet, daß sich Jimi, wenn ihm eine Frau gefiel, absolut an die Anstandsregeln hielt. So schickte er etwa in einem Restaurant erst jemand anderen vor, der die Frau seiner Wahl an seinen Tisch einlud. Er war ungewöhnlich höflich und charmant im Vergleich zu einigen seiner Kumpels – »zu den Jungs von Led Zeppelin zum Beispiel«, meint Mike lachend, deren Anmache aus dem Zeitalter des Neandertalers zu stammen schien.

Chas hielt das Demo-Band von »Hey Joe« für einen todsicheren Hit. Um so schockierter war er, als er während eines Besuchs bei Decca Records mit dem Satz »Taugt nichts, tut uns leid!« hinauskomplimentiert wurde. Er hatte weder Zeit noch Geld, mit dem Band sämtliche Plattenfirmen Londons abzuklappern. Zeit *war* Geld, und beides war knapp. Doch da kam ihm aus heiterem Himmel das Glück zu Hilfe. Jimi feierte wieder einen triumphalen Abend im Scotch of St. James, und diesmal war das Management-Team der Who im Publikum, Kit Lambert und Chris Stamp, der Bruder des Schauspielers Terence Stamp. »Jimi kam auf die Bühne und jammte. Kit und mir wurde klar, daß er etwas ganz Besonderes war, und wir wollten mitmachen. Einen Manager hatte er schon, also kamen wir auch als Produzenten nicht in Frage. Aber er brauchte einen Plattenvertrag.«

The Who waren bei Decca unter Vertrag (vielleicht hatte es Chas deshalb dort versucht), eine erzkonservative Firma, die von ihrem Klassik-Repertoire lebte und mit Popmusik nichts anzufangen wußte. Die Firma hatte die Beatles abgelehnt, Chas zum Teufel gejagt und die erste Who-Single »I Can't Explain« 1965 nur deshalb veröffentlicht, weil Kit Lambert dort eine große Nummer abgezogen hatte. Lambert und Stamp planten ihr eigenes Plattenlabel Track, das die Firma Polydor vertreiben sollte. Aber Polydor zögerte noch. Doch dann sahen Lambert und Stamp Jimi.

Für Chas ging es um die Existenz, aber er spielte seine Karten vorsichtig aus. Lambert und Stamp hatten die fixe Idee, Jimis schwerer Acid-Blues sei der kommende Sound von 1967, während die Ära der Mods passé war und ihre eigene Band damit auch. Um Polydor zu beweisen, daß sie voll im Trend lagen, wollten sie Jimi und nicht The Who als ersten »Act« auf ihrem Track-Label veröffentlichen. Die Verhandlung zogen sich über Wochen hin. »Der Vertrag hing nur von dem ab«, erinnert sich Chris Stamp, »was wir mit Jimi vorhatten . . . Und wir versprachen, daß er in ›Ready, Steady, Go‹ auftreten würde.«

»Ready, Steady, Go« war die beliebteste und wichtigste Musiksendung im englischen Fernsehen der sechziger Jahre. Die Produzenten Vicki Wickham und der Regisseur Michael Lindsay-Hogg engagierten nur Künstler, die sie mochten, und leider war ihr Geschmack unberechenbar. Die Rolling Stones, die Animals, die Kings und die Moody Blues hatten alle ihr Fernsehdebüt in »Ready, Steady, Go« absolviert. In dieser Show wurden auch regelmäßig schwarze Künstler aus Amerika vorgestellt, z. B. Stevie Wonder, James Brown und Ike & Tina Turner. Die Who gehörten beinahe schon zur festen Besetzung, und deshalb waren sich Lambert und Stamp sicher, daß es auch mit Jimi klappen würde. Schließlich kam es zum Geschäftsabschluß. »Hey Joe« sollte auf Polydor veröffentlicht werden, und bei entsprechendem Erfolg wollte Polydor das Label Track Records finanzieren, auf dem die zukünftigen Platten der Experience dann erscheinen sollten.

Während diese Verhandlungen liefen, übte die Band fleißig weiter. Aber trotz ihrer Referenzen wollten die englischen Clubbesitzer die neue Band nicht buchen, und deshalb wurde eine weitere Europatournee auf die Beine gestellt – diesmal ging es nach Deutschland, ins Münchner Big Apple. Viele Rock-Historiker haben behauptet, daß

Jimis Karriere in England begann; tatsächlich aber war es eine Clique europäischer Musiker, vor allem aus Skandinavien, Deutschland und Frankreich, die Jimi nach den ersten Konzerten auf dem Kontinent Anerkennung zollte. Die Proben für diese Tour und den geplanten Auftritt in »Ready, Steady, Go« mußten unterbrochen werden, weil Mitch nicht auftauchte. In der Anfangsphase der Band kam dies hin und wieder vor. Zuweilen sprang John Banks von den Merseybeats dann für ihn ein.

Bei den vier Deutschlandkonzerten wurde die Band zum ersten Mal von einem Roadie begleitet. Gerry Stickells überzeugendste Qualifikation war, daß er einen Bus besaß. »Noel hat mir den Job verschafft. Er stammt wie ich aus Kent. Ich wollte eigentlich nach Spanien, um in einer Bar zu arbeiten, und wurde nur vorübergehend engagiert.« Gerrys »vorübergehender« Job dauerte bis über Jimis Tod hinaus.

Daß ausgerechnet die deutschen Hendrix-Fans Zeugen von Jimis erstem Zerstörungsakt wurden, war purer Zufall,* zumindest nach einer Aussage von Chas aus dem Jahr 1968. »Jimi war von einigen begeisterten Fans von der Bühne gezerrt worden und wollte seine Gitarre in Sicherheit bringen. Er warf sie auf die Bühne, bevor er selbst wieder hinaufklettern konnte. Aber als er die Gitarre aufhob, stellte er fest, daß sie geborsten und die Saiten gerissen waren. Daraufhin drehte er total durch und schlug alles kurz und klein. Das deutsche Publikum war begeistert, und wir beschlossen, diesen Ausbruch zu einem festen Bestandteil des Programms zu machen, wenn interessante Presseleute anwesend waren oder die Situation es erforderte.«[5]

Jimi wollte seinen Vater Al über seinen Erfolg informieren und rief in Seattle an. Dummerweise meldete er um ein Uhr morgens (Seattle-Ortszeit) ein R-Gespräch an. Al war darüber so verärgert, daß er erst einmal fragte: »Wem hast du das Geld für den Flug geklaut?«[6] Dorothy Harding erinnert sich, wie Al Jimi wegen des R-Gesprächs zusammenstauchte und Jimi seinen Vater anflehte, nicht aufzuhängen. Ein späterer Anruf, bei dem Kathy mit einigen Worten Jimis Nachrichten bestätigte, verlief erfreulicher.

* Die Übersetzerin sieht das anders: Die Münchner Nobel-Discothek »Big Apple« war damals der Treff der Jeunesse Dorée, die ausschließlich auf tanzbaren Soul im Stil von Sam & Dave oder Otis Redding stand. Die Leute stürmten bei Jimis Auftritt die Bühne nicht vor Begeisterung, sondern weil sie seine Musik für eine Zumutung hielten.

Nun hing alles vom Erfolg von »Hey Joe« ab, denn 1966 konnte eine Band ohne einen Nummer-1-Hit einpacken. Als erstes mußte die Presse für die Plattenveröffentlichung »geimpft« werden. John Gunnell hatte soeben seinen »Bag O'Nails«-Club in der Kingly Street, in der Nähe der Regent Street, wiedereröffnet. Dort organisierte Chas ein teures Presse-Essen für die Gruppe. Keith Altham vom »New Musical Express« kannte Chas und die Animals seit ewigen Zeiten und hatte den ganzen Sommer Informationen über Jimi erhalten. Jetzt, im November, wollte er sich selbst überzeugen, was der ganze Wirbel sollte.

Der Presseempfang fand mittags statt. Und während ich die Kellertreppen runterstieg, fragte ich mich, was ich an einem so schönen Tag da unten sollte. Die Band spielte für diesen kleinen Raum wirklich sehr laut. Ehrlich, Jimi war einfach unglaublich, absolut überzeugend. Hier passierte wirklich etwas Besonderes, Jimi war zweifellos ein brillanter Gitarrist. Aber als Journalist war ich nach vier oder fünf Stücken eher skeptisch, für mich war das einfach zu intelligent. Ich dachte, der Typ gehört in eine Avantgarde-Jazz-Gruppe oder sowas. Aber er spielte beängstigend gut, und zwar eindeutig rock-orientiert.

Keith hatte genug gehört. Jimi war wirklich gut, Chas war ein Freund, also würde er etwas Wohlwollendes schreiben.

Ich wollte gerade gehen, als sie mit einer Version von »Wild Thing« loslegten, und *die* haute mich um . . . Was Jimi aus dem ursprünglich ganz einfachen Soundgerüst machte, war so außergewöhnlich, daß ich zurückkam und mich hinsetzte. Damit hatte er mich vollständig überzeugt. Ich dachte, der Typ kommt von einem anderen Planeten. Die drei bildeten zwar eine visuelle Einheit, aber die Leute sahen bei Fotos oder Auftritten vor allem wegen Jimi zweimal hin. Die Band erregte auf jeden Fall Aufmerksamkeit, auch wenn sie vielleicht den durchschnittlichen Monkees-Fan überforderten. Sie gingen von der Bühne, und Jimi ließ seine Gitarre zurück, die von allein weiterspielte . . . Das beeindruckte mich zwar alles mächtig, aber natürlich dachte ich nicht: Mann, der wird mal ein Super-Mega-Star.

Der »Record Mirror« schwärmte nach dem Presseempfang von »Mr. Phänomen!«, war sicher, daß Jimi »wie ein Tornado ins Musikgeschäft einschlagen« würde und veröffentlichte sein erstes Interview. Darin erklärte Jimi unverblümt, daß er mit keinem bestimmten Musikgenre verglichen werden wolle und nicht vorhabe, seine Musik nach dem Publikumsgeschmack auszurichten. »Wir wollen in keine Schublade, aber wenn ich es beschreiben soll, dann würde ich es ›Free Feeling‹ nennen. Es ist eine Mischung aus Rock, Freakout, Blues und

Big Apple, München, zwischen dem 8. und 11. November 1966

Bag O'Nails, London, 25. November 1966

wilder Musik.« Und auf seine Spielerei mit den Zähnen angesprochen, meinte er unbekümmert: »Ich muß sie mir natürlich dreimal am Tag putzen!« [7]

Die Auftrittslage war katastrophal. Zwar bestritten sie tags darauf das Vorprogramm der New Animals im Ricky Tick-Club in der Nähe des Flughafens. Aber dieser Auftritt war bereits am 19. November, also eine Woche vor der Pressekonferenz, im »Melody Maker« annonciert worden. Ein zu früh arrangiertes Engagement in einem kleinen Club konnte sich für einen vielversprechenden neuen Künstler als Bumerang erweisen. Denn wenn eine solche Band schnell den großen Durchbruch schaffte, hatte sie häufig eine Reihe minderwertiger Auftritte am Hals, die ihrem Ruf schaden konnte.

Am 27. November feierte Jimi seinen 24. Geburtstag, und er konnte mit einem gewissen Stolz auf die vergangenen zwölf Monate zurückblicken. Noch vor einem Jahr war er mit Curtis Knight herumgetingelt und mußte seine Schokolade mit den Ratten teilen. Jetzt hatte er seine eigene Band, hatte Plattenaufnahmen im Kasten, eine Single in Aussicht, Fans in Europa und eine gute Presse in England. Aber noch konnte alles entsetzlich schiefgehen – die folgenden vier Wochen würden entscheidend sein.

Am 16. Dezember wurde »Hey Joe«/»Stone Free« in England auf Polydor veröffentlicht, und gleichzeitig hatte Jimi seinen ersten Fernsehauftritt in »Ready, Steady, Go«. Lambert und Stamp hatten die Sache geschickt eingefädelt, denn in der darauffolgenden Woche sollte die allerletzte Folge von »Ready, Steady, Go« ausgestrahlt werden. Doch der Live-Auftritt war für die Experience noch lange keine Hit-Garantie; solange der Song nicht in den Top-Fifty auftauchte, bekam er auch keine entsprechenden Rundfunkeinsätze; doch denen half man mit Schmiergeldern nach. In Johnny Rogans Buch über Pop-Manager, »Starmakers and Svengalis«, behauptet Tony Martin, ein früherer Mitarbeiter des »New Musical Express«, daß er neben der Small-Faces-Single »Watcha Gonna Do About It« und David Bowies »Space Oddity« auch »Hey Joe« in die Charts manipuliert habe.[8] Chas Chandler und Chris Stamp bestreiten das ganz entschieden, obwohl so etwas damals gang und gäbe war. Was auch Trixie Sullivan bestätigt: »Bei uns ging ständig ein Typ ein und aus, den alle in der Musikbranche benutzten. Er kannte alle Plattenläden und kaufte im Auftrag Platten, um die Umsatzzahlen hochzutreiben.«

Es war einfach, die Charts zu manipulieren, die vom Britischen »Market Research Bureau« auf Grund der Verkaufslisten bestimmter »Charts-Läden« im ganzen Land ermittelt wurden. Jeder in der Branche kannte diese Läden, und nichts war leichter, als einen Verkäufer zu bestechen, der die Zahlen nach oben fälschte. Oder man kaufte einfach in den entsprechenden Charts-Läden die Singles auf und lancierte sie damit in die Hitparaden. Im allgemeinen reichte es aus, sie in die Top-Forty zu boxen, um entsprechende Rundfunkeinsätze zu bekommen. Danach entschied dann das Publikum über die Qualität der Platten. Diese Art von Leistung war nicht gerade billig – Don Arden (Small Faces) mußte in zwei Jahren rund 15 000 Pfund dafür hinblättern. Allerdings darf man nicht vergessen, daß die damaligen Piratensender, die von Schiffen in der Nordsee aus operierten, ebensoviel Einfluß auf Jimis erste Hiter-

folge hatten wie die manipulierten Statistiken. Neben Radio Luxemburg, das Jimi viel Sendezeit einräumte, diktierten die Privatsender den Geschmack des jungen Publikums, und viele Hendrix-Fans haben es Disc-Jockeys wie Kenny Everett, Stuart Henry und Emperor Rosko zu verdanken, daß sie Jimis rebellische Musik hören konnten.

Daß er mit einigen Popgrößen auf du und du stand, stieg Jimi nicht zu Kopf, er blieb nach wie vor schrecklich schüchtern. Am 18. Dezember feierte Chas zu Hause seinen Geburtstag. Unter den zahlreichen Gästen befanden sich auch Eric Burdon, Mitch Mitchell, Zoot Money, Alan Price, Bill Wyman und Brian Auger. Chris Welch vom »Melody Maker«, von Anfang an ein Hendrix-Fan, erinnert sich, daß »Jimi während der Party die meiste Zeit auf dem Fußboden saß und sich in eine Ecke kuschelte«.

Am Neujahrstag besuchten Jimi, Kathy, Chas, Lotte und Mitch in Folkestone Noels Mutter Margaret Redding. Noels Schwester Vicky kam am nächsten Tag ebenfalls zu Besuch. »Ich blickte die Treppe hoch, und da stand Jimi. Er hatte ein unglaubliches Charisma, ich mußte ihn einfach ansehen . . . Er war sehr höflich, charmant und schüchtern.« Was auch Margaret Redding bestätigt: »Dieser Mann hatte eine ganz besondere Ausstrahlung. Wenn er da war, hatte man nur noch Augen für ihn . . . Man konnte seine Gegenwart regelrecht spüren . . . Ich mochte ihn wirklich sehr . . . Er verbreitete eine bestimmte Art von Wärme.«

Am Abend schickten sie ihn Kohlen holen. Das war ein alter Neujahrsbrauch: Der erste Besucher im neuen Jahr mußte Feuer machen, das brachte Glück. Und die Zeichen dafür standen günstig. Nach Meinung des »Record Mirror« mußte »Hey Joe« ein Hit werden, »falls die Gerechtigkeit siegt«, und der »New Musical Express« fand den Song »guttural, erdig, überzeugend und authentisch«. In der ersten britischen Konzertkritik über einen Auftritt im »Blaises« vermutete Chris Welch, »daß Jimi wohl zu den großen Namen des Jahres 1967 gehören wird«. Doch das Wichtigste waren die Hitparaden am Neujahrstag: Da stand »Hey Joe« auf Platz 12 der Rhythm'n'Blues-Charts und unter den nationalen Singles auf Platz 38.

All Together Now
Big Apple, München, zwischen dem 8. und 11. November 1966

7

Are You Experienced?

Haha, jetzt bin ich eben nicht mehr der dumme Jimi – sondern Mr. Hendrix. (»BRAVO«, 26. Juni 1967)

Ich möchte der erste Mensch sein, der über die Blues-Szene auf der Venus berichtet. (»New Musical Express«, 28. Januar 1967)

Ich hasse wirklich Typen, die einfach behaupten: »Die Band da, die will psychedelische Musik spielen? Die lassen doch nur ein paar Lichter tanzen und spielen ›Johnny B. Goode‹ falsch. Gräßlich.« (»West One«, Februar 1967)

Neunzehnhundertsiebenundsechzig war das Jahr, in dem wirklich alles gleichzeitig passierte, und die Rockmusik lieferte den Soundtrack für den Protest der weißen Mittelstandsjugend, die mit Blumen und Acid die Welt verändern wollte. Hunter Thompson schrieb: »Es herrschte eine phantastische allgemeine Übereinstimmung, was immer wir auch taten, wir hatten *recht,* wir würden siegen . . ., unsere Energie würde sich auszahlen . . . Es war, als würde man auf der Gischt einer hohen und wunderschönen Welle reiten.«

Es war das Jahr von »Sergeant Pepper«, dem Monterey Pop Festival, der ersten Ausgabe des »Rolling Stone«, dem Sommer der Liebe, dem Human Be-In im Golden Gate Park von San Francisco, von Scott McKenzie, von »A Whiter Shade of Pale«, von Kaftans, Glöckchen, Holzperlen, Armeemänteln, flirrenden Farben, Postern, Batik-T-Shirts, dem Niedergang Liverpools und Aufstieg Londons zur Pop-Metropole, der Apple-Boutique, Haight Ashbury, Portobello Road, Pink Floyds erster Single und erstem Album, dem UFO-Club, Middle Earth, »Oz«, »International Times« – eine psychedelische Suppe aus Sozialkritik, Hedonismus und östlichen Religionen, aufgekocht und proletarisiert für den Massenkonsum; eine Weltanschauung, die man an der Theke feilbot und die später zu Tode analysiert worden ist. Aber hinter den Kulissen liefen die Geschäfte wie gehabt. Gut, die Nadelstreifenanzüge waren den Blumenhemden gewichen, die Haare trug man schulterlang, und »Hey, Mann!« gehörte zum festen Vokabular vieler Mitarbeiter von Plattenfirmen. Aber während sie in der einen Hand den Joint hielten, zückten sie mit der anderen den Kugelschreiber, um dem nächstbesten glücklosen Musiker ein vielversprechendes Angebot mit den unsterblichen Worten zu unterbreiten: »Einfach hier unterschreiben, Junge, den Rest machen wir schon.«

Früher Cb-Auftritt (wahrscheinlich Bag O'Nails, London, 11. Januar 1967)

In dem Augenblick, wo »Hey Joe« in den Charts auftauchte und die Band in »Ready, Steady, Go« und »Top of the Pops« auftrat, Anfang

1967, setzte sich für die Experience der ganze Rock'n'Roll-Zirkus in Gang: Interviews, Fototermine, Plattenaufnahmen und Club-Gastspiele im ganzen Land. Gut vier Monate hatte es gedauert, die Maschinerie in Schwung zu bringen, jetzt war sie unbarmherzig. Die Band war rund um die Uhr ausgebucht. Die Nonstop-Presse, die Jimi in England erhielt, wäre in Amerika undenkbar gewesen, einfach deshalb, weil das Land zu groß war und dort kein überregionales Fernsehen, Radio oder Printmedium existierte.

Chas verpaßte Jimi das Image eines gemeinen, launischen und bösen Kerls, ließ ihn auf Fotos häßlich aussehen, und die Presse schluckte es brav. Das Magazin »Disc and Music Echo« kam zu zweifelhaften Ehren, als es Jimi erstmals als den »Wilden aus dem Busch«, den »Wild Man of Borneo«, titulierte. Der »New Musical Express« zog im Januar mit der Überschrift »Der wildeste Aufreißer« nach und schrieb: »Das Auffälligste an Jimi Hendrix ist seine Häßlichkeit.« Jimis Medien-Image transportierte unterschwellig weit mehr als nur Häßlichkeit, wie Eric Clapton 1968 offen zugab: »Jeder Durchschnitts-Engländer glaubt, daß alle Nigger große Schwänze haben. Und Jimi hat das bis zum Geht-nicht-mehr ausgenutzt, der Arsch mit Ohren. Und jeder ist darauf reingefallen . . . Ich auch.«[1]

In seinen Interviews formulierte Jimi stets sehr freimütig seine Ansichten über Musik und über die Situation, in der er sich damals befand. Jimmy hatte Blut geleckt.

Mike Ledgerwood von »Disc« offenbarte er seine größte Angst, nämlich »hier rumzusitzen. Keiner ist ewig gefragt. Ich hoffe, daß ich auch morgen noch Auftritte bekomme. Wenn ich um drei oder vier Uhr morgens etwas schreibe, kann ich den Zeitpunkt kaum abwarten, bis ich es gespielt hören kann. Es ist wirklich entsetzlich, darauf warten zu müssen, bis die Jungs eintreffen. Es ist fast schon eine Abhängigkeit von Musik. Musik törnt mich auf der Bühne wirklich an. Das ist die absolute Wahrheit!«[2] Ohne Zögern bezeichnete er »Hey Joe« schlicht als »so'ne Art Cowboy-Song«, obwohl »Hey Joe« damals, im Januar, in den Top-Ten war, Tendenz steigend, und schließlich im folgenden Monat, Platz 4 erreichte. »Die Platte hat nicht das geringste mit uns zu tun. Die nächste wird ganz anders. Wir arbeiten an einer LP mit fast ausschließlich eigenem Material.«[3]

Während der Internationalen Rennwagen-Schau am 12. Januar im »Olympia« trat Jimi am Stand des Piratensenders Radio London zu einem Playback auf, eine Sache, die er einfach haßte, wie er dem »New Musical Express« gestand: »Es ist so billig . . . Ich hab' ein richtig schlechtes Gewissen, wenn ich da nur rumstehe und meine

Gitarre halte. Wer zu einer Platte rumschreien und brüllen will, soll das zu Hause machen – ich bin ein überzeugter Live-Musiker.« Im selben Interview sprach er auch entwaffnend offen über seinen größten Komplex: »Ich weiß, daß ich nicht singen kann – ich bin in erster Linie Gitarrist.« Doch als zukünftige Rockgröße hielt er sich brav an die Altersangabe seiner Plattenfirma (die ihn ein paar Jahre jünger machte) und betonte: »Ich arbeite an mir und an meinen Ideen seit 21 Jahren. Jetzt will ich rausfinden, wie gut die anderen sind.«[4]

Daß sie den Hausrekord im Marquee brachen (die Warteschlange vor dem Club soll über 500 Meter lang gewesen sein), gehörte ebenso zu ihren Höhepunkten vom Januar wie ihr erstes Konzert in Brian Epsteins Saville Theatre an der Shaftesbury Avenue. An diesem Abend saßen die Cream im Publikum und erlebten mit, wie Jimi außer einer abgedrehten Rock 'n 'Roll-Version von B. B. Kings »Rock Me Baby« auch »Like A Rolling Stone«, »Wild Thing«, »Hey Joe« und eine eigene Komposition, »Can You See Me?«, spielte. Eric Clapton beschrieb in einem späteren »Rolling Stone«-Interview, wie sehr Jimi mit diesem Auftritt den bekanntesten Cream-Song, »Sunshine Of Your Love«, beeinflußt hat:

> Dieses Konzert war einfach unbeschreiblich. Ich glaube nicht, daß Jack Bruce bis dahin Jimi wirklich begriffen hatte. Als ich Jimi zum ersten Mal sah, war mir klar, zu was der Typ fähig war. Er verkörperte sämtliche Aspekte der Rockgitarre auf einmal. Ich spürte einfach, daß er groß rauskommen würde. Und nachdem Jack es an diesem Abend auch begriffen hatte, kam er mit einem Motiv an. Es war eine eindeutige Hommage an Jimi, und wir bauten unseren Song darauf auf.

Witzigerweise spielte Jimi diesen Song später als eine Hommage an Cream, eine *seiner* Lieblingsbands, ohne zu wissen, daß er damit in Wahrheit eine Hommage an sich selbst spielte.

Der Erfolg von »Hey Joe« zwang die Firma Polydor zur finanziellen Starthilfe für Track Records. Am 11. Januar ging die Band ins De Lane Lea-Studio, um »Purple Haze« aufzunehmen. Am selben Tag schlossen Chas und Mike mit Lambert und Stamps Produktionsfirma New Action einen Vertrag ab. Gegen einen 1000-Pfund-Vorschuß und die Zusage, daß zu jeder Single ein Promotionfilm gedreht würde, verpflichtete sich Jimi zu vier Singles und zwei Alben pro Jahr. The Jimi Hendrix Experience war nicht unmittelbar bei Track Records unter Vertrag; keiner aus der Band unterschrieb einen

Vertrag bei New Action. Die Bedingungen des im Oktober abgeschlossenen Vertrags erlaubten es Chas und Mike, Plattenaufnahmen und Verlagsgeschäfte in die Wege zu leiten. Solche Verträge mit Produktionsfirmen machten es den Künstlern fast unmöglich, ihre Einnahmen zu kontrollieren. In diesem Fall zahlte New Action an Chas und Mike 8 Prozent der Tantiemen aus den Plattenverkäufen, an die Band jedoch gar nichts – deren Beteiligung wurde zwischen der Band und ihren Managern geregelt. Vertragsbedingung war, daß für jede Plattenaufnahme eine schriftliche Abmachung mit den Musikern getroffen wurde, die die Produzenten Chas und Mike bevollmächtigte, das Material auszuhändigen. Chris Stamp erklärt, daß die Firma Track, beziehungsweise New Action einen Brief von Jimi erhielt, in dem er die Abmachungen bestätigte (was nicht unbedingt erforderlich war), aber weder Noel noch Mitch wurden darum gebeten. Chris Stamp zufolge traf Mike Jeffery in dem Moment, wo das geklärt war, mit Polydor eine Vereinbarung, nach der alle Rechte an den Arbeiten der Experience nach Ablauf des Track-Vertrags an ihn und Chas zurückfielen.

Im Anschluß daran konzentrierte sich Mike auf Amerika, und sein in langen Jahren geknüpftes Netz von Kontakten kam ihm bei den Bemühungen um einen Plattenvertrag zugute. Jedenfalls hatte er nach zwei Monaten einen Vertrag in der Tasche, der für eine unbekannte Band, die nie in Amerika aufgetreten war und keine Platte auf dem Markt hatte, unglaublich schien: ein 150 000-Dollar-Abschluß mit Warner Brothers, die ihm 2 Prozent Produzenten-Tantiemen garantierten und der Band 8 Prozent plus einen dicken Vorschuß. Mit einem Schlag lag eine Menge Geld auf dem Tisch. Fragt sich nur: auf wessen?

Die Band hatte von Verträgen und Geschäften keine Ahnung und überließ alles, wie so viele Musiker, ihrem Management. Dave Dee (von Dave Dee, Dozy, Beaky, Mick and Tich) bringt das Verhalten der Musiker in den sechziger Jahren auf den Punkt: »Wir waren an Geld nicht interessiert, es war ja alles so neu und aufregend, und wir wollten einfach nur auf die Bühne, spielen und berühmt werden. Daß man damit auch Geld machen konnte, haben alle, die in den sechziger Jahren hochkamen, erst erfahren, als es zu spät war. Und die Experience machte da bestimmt keine Ausnahme.« Wahrscheinlich nicht. Immerhin beschwerte sich Noel über sein wöchentliches Gehalt, das daraufhin, Mitte Februar, auf ganze 30 Pfund angehoben wurde: »Wir hatten keine Lust, uns zu beschweren, aber ohne Beschwerden lief gar nichts. Wie die meisten Musiker machten wir den Mund nicht

Imperial Hotel, Darlington, 2. Februar 1967

auf, weil wir niemanden verärgern wollten. Man kann einfach nicht spielen, wenn Ärger in der Luft liegt. Wir maulten und nörgelten solange herum, bis es zwangsläufig zu einer Konfrontation kam.«[6] Außerdem wurde gemunkelt, daß das Management die Band schlicht als »Jimi Hendrix« anbot.

Das Magazin »Beat Instrumental« führte mit Jimi, der in der Begleitung von John Mayalls Ex-Freundin Chrissie Charles war, in einem Londoner Club ein Interview. Irgendwann kam Eric Clapton herein und setzte sich zu ihnen. Es war wohl das erste Mal, daß die beiden wirklich miteinander redeten. Obwohl sie sich gegenseitig sehr respektierten, begegneten sie sich doch etwas argwöhnisch. Schließlich wußten beide, daß sie ständig verglichen wurden, und Eric Clapton ärgerte es ziemlich, daß er in Jimis Schatten stand. »Alle sind geradezu besessen von Jimi Hendrix – und wenn es einer wagt, einen Griff auf der Bluesgitarre zu spielen, heißt es sofort, man würde ihn kopieren!«[7] Der Journalist ließ das Band nach dem Interview weiterlaufen, und während alle nach und nach ziemlich betrunken wurden, philosophierten sie über die Liebe, das Geld und die Zukunft. Jimi kam auf sein Lieblingsthema – die Monotonie des Lebens, die Stagnation und das Gefühl von Langeweile, »immer die gleichen Straßen entlang zu gehen, ins selbe Büro, egal, ob du damit eine Million Dollar machst . . . Irgendwann merkst du eine Sekunde lang, daß du dich seit dreißig Jahren wiederholst . . . Immer dasselbe . . . Und wenn sie mir für einen Auftritt 500 Dollar pro Woche zahlen würden, und es würde mich langweilen – ich würde aufhören, Mann, und irgendwas anderes machen . . . Ich will zum Nordpol . . . Ich möchte die Berge des Südpols sehen, von denen ich gehört habe . . . Ich will auch mal nach Moskau.« Jimi, in den fünfziger Jahren mit der Angst vor der Roten Gefahr aufgewachsen, äußerte sich sehr vorsichtig über den Kommunismus. »Ich möchte mich selbst mal von der Not überzeugen, von der man soviel hört. Vielleicht ist ja alles nicht wahr, sondern nur Propaganda. Aber egal, lange möchte ich mich dort allerdings nicht aufhalten . . .«

Anschließend erging sich Jimi in lyrischen Ergüssen über Frauen, schwärmte von Chrissies Haar und gestand, daß er sich jeden Tag aufs neue verlieben würde: »Wenn man sich nur für eine Sekunde oder für drei Minuten verliebt, dann tut es nicht weh . . .«

Alles lachte und kicherte, und Jimi meinte nachdenklich: »Ich habe festgestellt – auch wenn ich nüchtern bin –, daß ich in so einem Zustand wie jetzt viel ehrlicher über mich rede, als wenn ich nichts getrunken habe . . . Musik und Leben hängen so eng zusammen . . . Musik, Mann, sie bedeutet soviel. Nicht nur die Noten, die man mit den Ohren hören kann. Man kann Noten auch spüren oder sich denken, man kann sie in seiner Vorstellung hören und sogar im Gefühl . . .«

Die Stimmung wechselte abermals, und Jimi, der nach England gekommen war, um Eric Clapton kennenzulernen, beugte sich jetzt zu seinem Kollegen, um zu verkünden: »Ich hab' ihn geküßt, ich habe

Blue Moon, Cheltenham, 11. Februar 1967

Eric Clapton geküßt . . . Ich hab' den besten meiner Soulbrüder aus England geküßt.«

Der Journalist wollte von Eric wissen, was er mit 45 machen wolle: »Wenn es mal zu Ende sein sollte . . ., dann kannst du dir immer noch überlegen, was du dann anfangen willst. Aber, ehrlich, es ist doch krank, wenn du dir als junger Typ Gedanken übers Alter machst . . .«

Jimis Vorstellungen hingegen waren präziser; er war überzeugt, daß sein Ruhm nicht allzulange anhalten würde. »Vielleicht mach' ich in Immobilien, kaufe ein paar Clubs und manage ein paar Gruppen mit kreativen Köpfen und guten Ideen.«

Die meisten der arrangierten Interviews liefen nach dem gleichen Schema ab: Einflüsse, die ersten Musikversuche, Kommentare über sein extrovertiertes Verhalten und so weiter. Viele dieser Interviews waren abgeschriebene Versionen und erschienen in mehreren Zeitungen. Da waren die Interviews mit alternativen Zeitschriften wie »West One«, der Studentenzeitung des Londoner Polytechnikums, schon aufschlußreicher. Man redet über Psychedelia und Donovan, und Jimi machte eine versteckte Anspielung auf die Bühnenshow der Move: »Und dann zertrümmert der Typ ein Auto, obwohl er gerade *I Love you baby* singt. Was soll denn das? Also, wenn er singen würde, daß Autos was Schlechtes sind, und dazu läuft die Musik im Hintergrund, und er würde in seiner kleinen grün-goldenen Robe Gedichte rezitieren, dann würde das vielleicht Sinn machen. Aber ›*love ist strange*‹ zu singen und dabei einen M.G. zu zertrümmern, ist einfach blöd.« Über Donovan sagte er: »Er ist nett, richtig süß. Auf seine Weise ist er wirklich in Ordnung mit all seinem Zeug über Blumen und Menschen, die goldene Unterwäsche tragen. Als Person mag ich Donovan, aber keiner nimmt doch seinen Kram über ›Liebe‹ ernst.«[8]

Und in einem Aufwasch machte Jimi gleich noch den pseudosurrealistischen Dada-Unsinn der englischen Kunststudenten nieder: »Wir sind ja so exzentrische Briten – wir haben Geld, also, laßt uns verrückt spielen!« Tatsächlich saß anfangs sogar bei den Cream ein ausgestopfter Bär mit auf der Bühne. Und aus seinem Blickwinkel, mit dem kulturellen Hintergrund der schwarzen Arbeiterklasse und seinem ausgeprägten Sinn für Individualismus, entlarvte Jimi die Hohlheit von Flower-Power, lange bevor sie in England überhaupt Fuß faßte. Frank Zappa formulierte 1989 in einem Interview mit dem »Sunday Observer« den Unterschied zwischen einem Sechziger-Jahre-Hippie und einem »Freak«:

> Hippies waren meist ein uniformierter und konformistischer Haufen. Sie hatten ihre eigene Uniform . . ., ihre eigene Sprache . . ., ihre eigene Kultur, ihren eigenen Lebensstil und ihre eigene Vorstellung von Vergnügen. Ein Freak ist für mich in erster Linie ein Individuum, das seinen eigenen individuellen Stil hat . . . [Freaks] waren Mutanten, die außerhalb der Gesellschaft standen. Und auch wenn beide, der Freak und der Hippie, lange Haare haben, sind sie doch nicht dasselbe.

Eigentlich war Jimi schon *psychedelisch* im Sinne von »bewußtseinserweitert«, bevor je ein Journalist dieses Wort gehört hatte. Man hätte Jimi schon damals in den Staaten, wo er den Blues wie kein zweiter spielte, dem Publikum mit seiner Show den Kopf verdrehte und sich, wenn man ihn ließ, Tücher um Arme und Beine band, für eine *Erfindung* des weißen Publikums halten können. Aber Jimi war immer nur er selbst.

Den ganzen Februar und März hindurch war die Band weiterhin in England unterwegs. Die Journalisten, die so etwas noch nie gesehen hatten, reagierten überall mit Ehrfurcht, wie die folgende, sehr typische Kritik zeigt:

> Gestern abend im Plaza, Newbury, bot The Jimi Hendrix Experience eine und eine viertel Stunde lang tosende, dröhnende und hochkarätige Musik, die akustisch und visuell die Sinne erschütterte.
>
> Jimi glänzte in roten Cordhosen und Antikweste, demonstrierte überzeugend, in welchen Positionen man Gitarre spielen kann und legte ein so individuelles und professionelles Können an den Tag, daß man ihn nach Jeff Beck und Eric Clapton zu einem der herausragendsten Newcomer der Szene zählen muß.
>
> Hervorragend am Schlagzeug der Experience war Mitch Mitchell . . .
>
> Im Laufe des Abends zeigte Jimi Anflüge von Entertainer-Humor, für den ihm volle Anerkennung gebührt. »Hey Joe« wurde als eine Komposition vom Mickymaus angekündigt.
>
> Nach einem plötzlichen Begeisterungstaumel sorgte er für Aufregung, als er den Verstärker mit seiner Gitarre attackierte (kein neuer Einfall, aber sehr erfrischend), um anschließend zu verkunden: »Will jemand 'ne alte Gitarre kaufen? Die hier klingt nicht so gut.«
>
> Das Konzert endete mit einem abrupten, gewalttätigen Finale. Mitch Mitchell attackierte einen Beckenstander, der daraufhin zu Bruch ging, und beförderte dann seine Baßtrommel über die gesamte Bühne, während er die beiden anderen mit einer kleinen Wasserpistole beschoß. Der Baßgitarrist verstaute seine Gitarre in ihrem Koffer, den er anschließend über die Bühne kickte. Jimi attackierte seine riesigen Verstärker mit der Gitarre, bis fast alle Saiten gerissen waren und ihm der Verstärker fast auf die Hände fiel. Dann kauerte er sich über die Gitarre und wiegte sich hin und her. Der Abend wurde beschlossen mit einem Sturm von Rückkopplungen, fliegenden Mikrofonen und Wasserpistolen.[10]

Es folgten einige Club- und Fernsehauftritte in Frankreich und Belgien, und nach fünf Tagen in England landete die Band auf dem Flughafen von Schiphol zu ihrer ersten Holland-Visite. Wo immer auch Jimi auftauchte, überall erregte er Aufsehen. Schließlich war der hochgewachsene Schwarze mit den indianischen Gesichtszügen, dem wilden Afro-Look und der mit Goldknöpfen und Kordeln verzierten viktorianischen Militärjacke nicht gerade ein alltäglicher Anblick. Die

The Pavilion, Bath, 20. Februar 1967

Band sollte in der Fernsehshow »Fanclub« auftreten und probte ihre neue Single »Purple Haze«, die nach ihrer Rückkehr in England veröffentlicht werden sollte. Die drei spielten so laut, daß die Angestellten aus den Studios flohen und der Putz im fünfzig Meter entfernten Hotel American von der Decke rieselte. Da sich Jimi weigerte, leiser zu spielen, verdonnerte man ihn zu einer Playback-Version von »Hey Joe«. Daraufhin rannte er empört aus dem Studio, kehrte aber wieder zurück, was den Produzenten zu der Annahme verleitete, er habe seinen launischen Künstler im Griff. Doch weit gefehlt: Der Kameramann hatte die Anweisung, ausschließlich auf Jimis Gesicht zu halten, wenn er seine Gitarre *aufaß*. Die Moderatorin kündete Jimi brav als »Gitarrenfresser« an – aber Jimi stand einfach unbeweglich da. Er spielte »Stone Free« und marschierte danach schnurstracks aus dem Studio, um sich mit dem Underground-Dichter Simon Vinkenoog zu betrinken.

Am 17. März 1967 wurde »Purple Haze«/»51st Anniversary« als erste Track-Platte veröffentlicht.

»Purple Haze« beginnt mit der berühmtesten Zwei-Noten-Figur der Rockmusik, einem Tritonus-Intervall, auch bekannt als chromatisch erniedrigte Quinte. Die spanische Inquisition hatte sie als »Diablo in Música« verdammt. Da man glaubte, die Note würde den Teufel herausfordern, hatte man sie allen Komponisten religiöser Musik verboten. »Purple Haze« war gitarrenlastiger als »Hey Joe« und der erste wirkliche Beweis für die Vielfalt und den Einfallsreichtum von Jimi, der gleichzeitig als Lead-, Rhythmus- und Baßgitarrist agierte. Vor allem aber ist der Song ein ausgezeichnetes Beispiel für Jimis angeborenen Freiheitsdrang und dafür, daß Gefühl für ihn viel mehr zählte als ausgefeilte Technik. Der Einsatz offener Saiten, chromatisch erniedrigter Quint-Intervalle, das Anschlagen und Loslassen in Einzelton-Läufen, was hohe und tiefe Triller zur Folge hatte, schuf modale Klänge und prägte, zusammen mit dem berühmten »Hendrix-Akkord« – der chromatisch erhöhten None – den schmutzigen, rauhen, metallischen, eckigen Sound dieses und vieler anderer Hendrix-Songs. Der chromatisch erhöhte Nonenakkord ist besonders interessant, weil er aufzeigt, wie Hendrix die traditionellen Akkorde der schwarzen Musik übernahm und ausschmückte, um eine neue musikalische Farbe zu gewinnen.

Normalerweise spielten die Rhythm'n'Blues-Gitarristen einfach eine Septime. Doch als die schwarze Musik mehr *funky* wurde, kamen die Nonen hinzu. Jimi wiederum erhöhte den Nonenakkord chromatisch. Auf diese Weise erzeugte er abermals einen neuen Klang.

Außer einem leichten Hallgeräusch hört man auf »Hey Joe« keine technischen Effekte. Auf »Purple Haze« wurde jedoch außer dem Fuzz-Face-Verzerrerpedal, um den Klang aufzurauhen und zu verwa-

Roundhouse, London, 22. Februar 1967

Sehen und gesehen werden . . .
Hamburg, zwischen dem 17. und 19. März 1967

schen (was ein angenehmes Krachen erzeugte), auch der Prototyp eines Effektgeräts namens »Octavia« eingesetzt. Die zweite Gitarre, die man auf dem Solo hört, wurde durch den »Octavia« gefiltert. Erfunden hat dieses Gerät der Elektronik-Freak Roger Mayer.

Mayer arbeitete für den Wissenschaftsdienst der Königlichen Marine und hatte die allerersten Verzerrergeräte entwickelt, die zum Beispiel Jim Sullivan (in P. J. Probys »Hold Me«), Jimmy Page, Jeff Beck (in »Heart Full Of Soul« und auf anderen Yardbirds-Singles) und Keith Richards (in »Satisfaction«) benutzten. Mit dem »Octavia« konnte man Gitarrennoten um eine ganze Oktave anheben oder absenken. Das gab Jimi die Möglichkeit, verschiedene Varianten der Verzerrung, weitere Obertöne und alles mögliche andere zu addieren. Jimi drehte seine Marshall-Boxen stets voll auf und spielte auf jedem nur möglichen Teil seiner Fender Strat (oft veränderte er die Gitarre, indem er die Schaltgriff-Feder entfernte, um fünf Tonabnehmer-Positionen zu haben); er löste die Rückenplatte ab, um auf die für die Saitenspannung verantwortlichen Federn zu schlagen, oder er zog die Saiten selbst mit Hilfe des Vibrato-Arms bis hinter den Saitensattel. Die verzierten Akkorde, die Effekte, die erstaunlich präzise Beherrschung des Rückkopplungseffekts, die Lautstärke – dies alles zusammen machte den Hendrix-Sound, der kein Zufallsprodukt war und keineswegs willkürlich entstand, so einzigartig.

Der Text von »Purple Haze« war am zweiten Weihnachtsfeiertag im Garderobenraum des Upper Cut-Clubs entstanden. Ein Jahr später beklagte sich Jimi bei dem Journalisten Meatball Fulton darüber, daß seine Texte gekürzt worden seien. »Kennen Sie unseren Song ›Purple Haze‹? Da ging's um . . . Nun, der bestand aus tausend Worten und wurde nicht . . . Ach, es macht mich so wütend, weil es einfach nicht ›Purple Haze‹ ist, verstehen Sie?« [11] In einem Interview für dieses Buch bestritt Chas entschieden, daß »Purple Haze« gekürzt worden sei, gab aber gleichzeitig zu (ohne einen Titel zu nennen), daß gewisse Songs gekürzt worden waren: »In der Anfangsphase habe ich viele Texte verändert. Er zeigte mir einen Text, und ich machte Vorschläge. Und im allgemeinen kürzte ich auch. Normalerweise waren seine Songs sechs, sieben Minuten lang, und wir haben sie dann auf drei bis vier Minuten runtergekürzt und waren überzeugt, daß sie dadurch nur besser werden konnten.«[12]

Purple Haze all in my brain
Lately things don't seem the same
Actin' funny, but I don't know why
'Scuse me while I kiss the sky.

Purple Haze all around
Don't know if I'm coming up or down
Am I happy or in misery?
Whatever it is, that girl put a spell on me!
Help me, help me . . .

Yeah, Purple Haze all in my eyes
Don't know if it's day or night
You got me blowin', blowin' my mind
Is it tomorrow or just the end of time?

»Purple Haze« gilt als einer der archetypischen psychedelischen Drogensongs der sechziger Jahre – schon wegen der Zeilen »Purple Haze all in my brain« und »'Scuse me while I kiss the sky« (die Jimi in

Konzerten oft umdichtete in »'Scuse me while I kiss this guy«, wobei er auf Mitch zeigte). Aber wie akkurat ist diese Song-Interpretation wirklich? Ein Eingeständnis von Jimi, daß es in diesem Song um Drogen ging, wäre einem beruflichen Selbstmord gleichgekommen – mit Sendeverbot, Konzertabsagen und so weiter. Und obgleich man ihn oft zusammen mit berüchtigten Drogenkonsumenten wie Eric Burdon (auch »Space-Kadett« genannt) und Brian Jones sah, kann sich niemand daran erinnern, daß Jimi vor dem Monterey Pop Festival im Juni – sechs Monate, nachdem der Song geschrieben worden war – je LSD geschluckt hätte. Dem »New Musical Express« erzählte er: »Ich träume 'ne Menge, und viele dieser Träume tauchen in meinen Songs auf, zum Beispiel in ›First Around The Corner‹ oder ›The Purple Haze‹. Da habe ich geträumt, ich würde auf dem Meeresboden spazierengehen.«[13]

Wenn es sich wirklich nur um ein Fragment des Textes handelt (der Rest ist niemals aufgetaucht), dann ist natürlich der Interpretationsspielraum zwangsläufig begrenzt, aber es gibt Hinweise auf andere Quellen. Jimi hatte einmal von einem Mädchen aus New York erzählt, das ihn dort in seinen Anfangszeiten mit Voodoo zu umgarnen versuchte, und daß er deshalb sogar einen Arzt konsultieren mußte. Die Zeile »Whatever it is that girl put a spell on me«, ja sogar die kompletten beiden ersten Strophen könnten davon handeln.

Jimi verarbeitete in seinen Songs nicht nur Alltagserlebnisse, sondern auch Bilder und Themen aus Science-Fiction- und Mythologie-Büchern. Von einem Buch schien Jimi besonders fasziniert zu sein, »Das Buch der Hopi« von Frank Waters, eine ausführliche Beschreibung der Rituale, Zeremonien und Legenden der Hopi-Indianer und ihrer religiösen Weltsicht. Für die Hopi gibt es insgesamt neun Welten. Unsere heutige ist die vierte; sie ist entstanden aus drei bereits durchlebten mythologischen Epochen, die wahrscheinlich allegorische Interpretationen der prähistorischen Völkerwanderung der Hopi von Südamerika nach Nordamerika sind. Die erste Phase der Schöpfungsgeschichte war die Geburt der ersten Welt. Schöpferin der ersten Welt war eine Wesenheit namens Spinnenweib, die »Eva« der Hopi, die jedoch göttliche Macht besaß. Sie sammelte Erde und vermischte diese mit ihrem Speichel; so schuf sie die ersten Menschen. Während des Schöpfungsaktes verwandelte sich das diffuse fahlblaue Licht in einen gelben und schließlich in einen purpurfarbenen Nebel.

Der Song ist das erste Beispiel für Jimis Erforschung des Möglichen, das dem Unmöglichen innewohnt. Denn wer kann schon wirklich den Himmel küssen? Später erzählte Jimi Freunden, daß er sich als Kind, wenn er sich in der Realität nicht wohl fühlte, weil alles unsicher und nichts von Dauer schien, im Bett einfach fortgeträumt habe. Obwohl er nicht schlief, habe er auf sich herabblicken können und sei durch die Nebel anderer Dimensionen geschwebt wie ein Sternenflieger, der etwas suchte, was er nicht kannte.

Jimi selbst lieferte die unterschiedlichsten Erklärungen zu diesem Song. Wahrscheinlich war er sich über dessen Ursprung selbst nicht ganz sicher. »Er ist so verrückt nach diesem Mädchen, daß ihm gar nicht klar ist, was mit ihm passiert, verstehst du? Er ist vollkommen verwirrt, denk' ich. Und darum geht's in diesem Song.«[14]

Ununterbrochen gingen Jimi Textideen durch den Kopf, die er sich nachts notierte, in Restaurants auf Servietten, auf Zündholzschachteln schrieb – merkwürdige Zeilen oder Worte, aus denen später ein Song entstand. Er behauptete einmal, ganze Stapel seiner Texte lägen verstreut in Hunderten von Hotelzimmern in ganz Amerika. »Purple Haze« war wahrscheinlich eine sorgfältig zusammengebastelte Mixtur aus verschiedenen Ideen. Wie viele Künstler wurde auch Jimi durch seine LSD-Visionen beeinflußt, doch wie sehr, darüber kann man streiten. Viele Künstler verwendeten die Droge Mitte und Ende der Sechziger so obsessiv, daß ihr Effekt abstumpfte. Das Unergründliche wurde prosaisch, und LSD verkam zu einer reinen Entspannungsdroge.

»51st Anniversary«, die B-Seite von »Purple Haze«, war eine einzige Tirade gegen Frauen, die Jimi fest an sich binden wollten. Für ihn bedeutete so etwas nichts anderes als Stagnation. In der ersten Strophe wird zwar die Hoffnung ausgedrückt, daß es durchaus klappen könnte, sofern man nicht aufgibt – »old and happy and they settled down«, denn die ersten Jahre sind die schlimmsten:

> A thousand kids run around hungry
> 'Cause their mother is a louse
> Daddy's down at the whiskey house
> That ain't all.

Jimis eigene Erfahrungen mit seinen Eltern spielten sicher eine Rolle bei seiner Betrachtung einer langfristigen Beziehung zu einer Frau; das drücken die letzten beiden Sätze des Songs aus. Er wehrt sich dort nicht nur gegen irgendeine feste Beziehung, sondern vor allem gegen die mit einem siebzehnjährigen Mädchen (so alt war Lucille, als sie Al heiratete): »Life for you has just begun«; und wenn sie heiraten will,

»you must be losing your . . . sshh, hmmm . . . mind. Let me live, let me live a little while longer.«

An jenem Abend im Club sprach er mit Eric Clapton über diesen Song: »Im ersten Teil schildere ich einfach die guten Seiten einer Ehe oder die üblichen . . . Aber der zweite Teil der Platte beschreibt die Ehe, wie ich sie erlebt habe. Ich sehe beide Seiten, erleben möchte ich aber nur die erste.« »Purple Haze« kam auf Platz 39 der englischen Hitparade und kletterte bis auf Platz 3. Zwei Singles – zwei Hits.

Faculté de Droit d'Assas, Paris, 4. März 1967

Wir dachten vor dem Start über die Tournee nach, und es stimmt wohl, daß die Reaktionen der Fans eine Art Folgeeffekt darstellen . . . Da zu uns wirklich tolle Leute kommen, müssen wir eine ganz heiße Show abliefern. (»Disc And Music Echo«, 15. April 1967).

Es muß die Schnapsidee eines verrückt gewordenen Veranstalters gewesen sein, ausgerechnet die Walker Brothers, Engelbert Humperdinck, Cat Stevens und Jimi Hendrix zusammen auf Tour zu schicken. Für diese Abschiedstournee der Walker Brothers, die im April durch verschiedene Kinos des Landes führte, wurde die Besetzung bereits im Januar festgelegt. Dadurch spielte die mittlerweile populäre Experience weit unter ihrem Status. Aber für sie war diese erste offizielle Englandtournee einfach wichtig. Der erste Auftritt fand im Finsbury Park Astoria, dem späteren Rainbow, statt. Der Journalist Keith Altham erinnert sich an diesen 31. März:

> Ein paar Leute saßen in der Garderobe, und ich redete mit Chas und Jimi. Wir überlegten, wie sie sich an diesem Abend präsentieren sollten, um Eindruck zu schinden und Schlagzeilen zu machen. Da kam mir die Idee mit dem Feuerzeug, und ich sagte: »Wie wär's, wenn die Gitarre brennt?« Es war ein Scherz von mir, aber Chas meinte: »Keine schlechte Idee.« Ich war skeptisch, denn diese Gitarren sind so feuerfest, daß sie sich selbst in einem Lagerfeuer erst nach 15 Minuten entzünden. Aber Chas meinte: »Okay, wir entzünden das Feuerzeugbenzin und nicht die Gitarre.« Nach einigen Versuchen in der Garderobe klappte es dann auch.

Die Experience trat während der zweiten Show zwischen den Kaliforniern und Engelbert Humperdinck auf und stellte in diesem kurzen Auftritt zwei neue Songs für das erste Album vor, »Foxy Lady« und »Can You See Me?« – und natürlich »Hey Joe« und »Purple Haze«. Zum Schluß spielten sie einen weiteren neuen Song, »Fire«, auf dessen Höhepunkt Jimi das Feuerzeug an die benzingetränkte Gitarre hielt. Und nach dem dritten oder vierten Versuch – wwwosch! – züngelten Flammen hoch. Das Publikum schnappte nach Luft, und der Ansager Nick Jones eilte auf die Bühne, um das Feuer zu löschen, wobei er sich die Hand verbrannte. Keith Altham erzählt weiter: »Es kam zu einem unsäglichen Streit mit einem der Sicherheitsbeamten im Saal, der Jimi androhte, er würde nie wieder in einem seiner Kinos auftreten. Er kam hinter die Bühne gestürmt und wollte die Gitarre als Beweismittel beschlagnahmen.« Entgegen anderslautenden Berichten war der Veranstalter Tito Burns sofort zur Stelle, versteckte Jimis Gitarre unter seinem Mantel und verließ mit ihr das Kino. »Doch zuvor steckte er seinen Kopf durch die Garderobentür und stauchte Jimi vor dem Sicherheitsbeamten ordentlich zusammen: daß er niemals mehr für ihn arbeiten würde, falls er ihn noch einmal so reinlegen würde, und so weiter, und so weiter.« Die Presse schlachtete die ganze Angelegenheit weidlich aus.

Einige Provinzzeitungen reagierten auf Jimi ohnehin ziemlich prüde. Der »Lincolnshire Chronicle« empörte sich, »daß seine Bewegungen für die Altersgruppe von vierzehn bis achtzehn viel zu anzüglich« seien. Daß man Jimi, falls er sich nicht zurückhielt, wegen Obszönität aus dem Tourprogramm kippen wollte, paßte wie maßgeschneidert zum Hype der Werbemaschinerie. Für die macht es sich auch immer gut, wenn ein Star seine Konkurrenten haßt. Offensichtlich war Scott Walker sauer, denn für ihn waren das alles plumpe Versuche, seiner Gruppe auf ihrer Abschiedstournee die Show zu stehlen. Aber die ganzen Geschichten über Streitigkeiten hinter der Bühne und Sabotageversuche während Jimis Show, über zerschnittene Gitarrensaiten und ähnliches, wurden absichtlich in die Gazetten lanciert, um das »Großer Böser Jimi«-Image aufzubauen. Laut Gary Leeds, dem Schlagzeuger der Walker Brothers, kamen diese grundverschiedenen Künstler aus den unterschiedlichsten musikalischen Welten sehr gut miteinander aus. Oft gingen sie zusammen einen trinken. Noel verdiente sich mit seinem Gitarrenspiel für Engelbert Humperdinck ein paar Mark nebenbei. Gary kannte Mitch noch aus den Riot-Squad-Tagen und kam auch mit Jimi gut aus. Jimi hat seine Freundschaft mit Leuten wie etwa Billy Cox und Larry Lee aus Nashville, die ihn kannten, bevor er ein Superstar wurde, auch später sehr gepflegt. Und im April 1967 war Jimi weit davon entfernt, eine internationale Berühmtheit zu sein. »Wenn ich zu ihnen in die Garderobe kam, hatten wir immer 'ne Menge Spaß und viel zu lachen.«

Statt mit heimtückischer Sabotage vertrieb man sich auf dieser »blödsinnigen Tour«, wie Jimi einem Fan schrieb, die Langeweile mit jeder Menge lustiger Späße. Außer Cat Stevens, der sich bei diesen Dummejungenstreichen eher zurückhielt, reagierten alle nachsichtig, wenn mitten in ihrem Auftritt Feuerlöscher losgingen oder Spielzeugsoldaten über die Bühne marschierten. Humperdincks Bassist Jimmy Leverton war ein alter Freund von Noel. »Wenn Cat auftrat, sang er ›Love My Dog‹, ›Matthew And Son‹, und bei ›I'm Gonna Get Me A Gun‹ bespritzten ihn Noel und Mitch von hinten mit Wasserpistolen. Humperdinck hat mich dann gefeuert, weil ich mit diesen unerwünschten Subjekten rumhing!« Wenn jemand an seinem Schlagzeug herummachte, dann hörte der Spaß für Mitch allerdings auf. Er hatte es zur Verfügung gestellt, um die Umbaupausen zwischen zwei Auftritten zu verkürzen, aber natürlich stellt sich jeder Schlagzeuger das Instrument nach seinen eigenen Bedürfnissen ein. Dafür rächte sich Mitch dann aber am Ende der Tournee. Er hängte den zweiten Schlagzeuger von Cat Stevens und den Walker Brothers an einem Kleiderbügel auf, der daraufhin die erste Nummer verpaßte. Dann warf er unter seine Baßtrommel und unter die Hi-Hat-Pedale Stinkbomben. Der Schlagzeuger war gezwungen, zwei volle Sets durchzuhalten. Und auf der Fahrt von Birmingham nach Lincoln ließ Mitch im Bus Rauchbomben hochgehen nach dem Motto: »Der Mensch muß auch mal ein bißchen Spaß haben.«

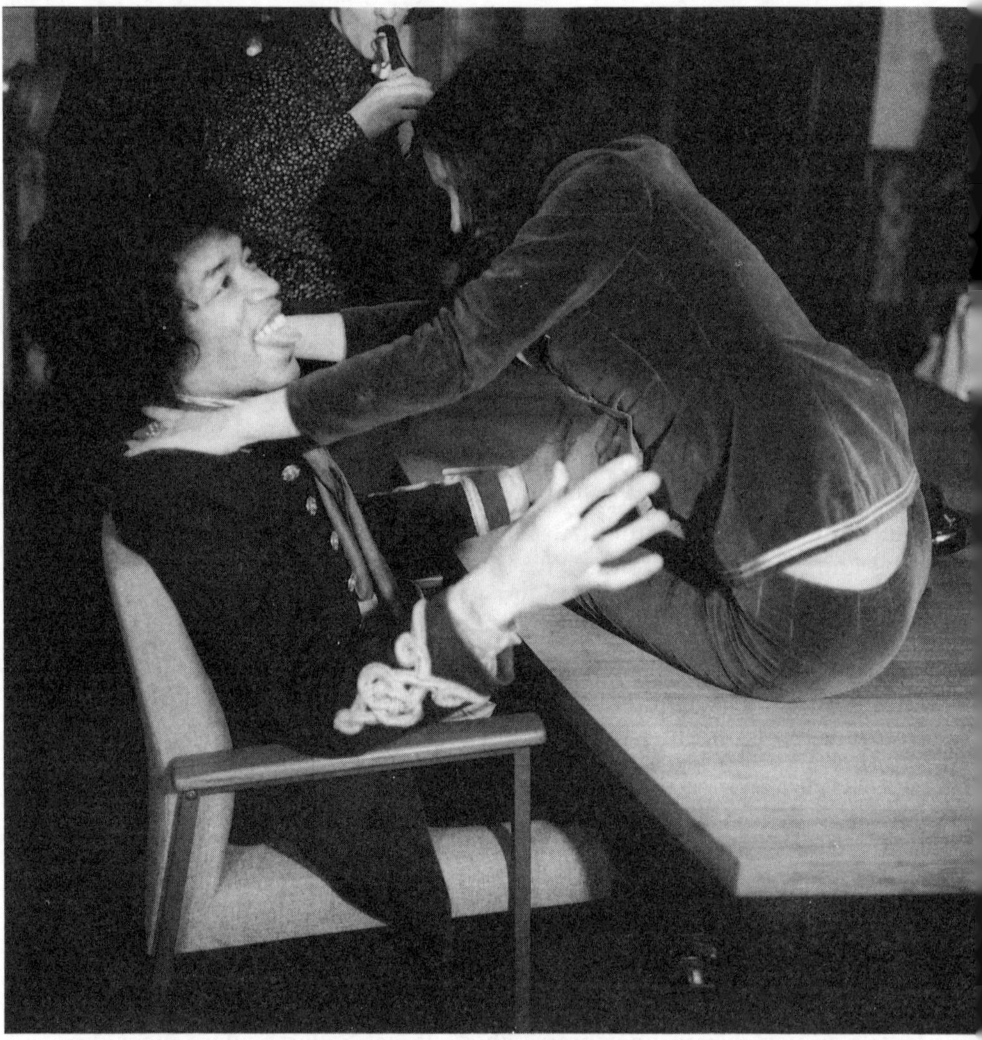

Der Würger von Hamburg . . .,
zwischen dem 17. und 19. März 1967

Bei jedem Auftritt gab's neue Aufregungen. In Cardiff wurden Noel und Mitch von Fans verfolgt. Sie schafften es nicht bis zum Kino und retteten sich auf ein Baugerüst. In Blackpool stürzte sich ein Mädchen mit einer Schere auf Jimi und schnitt ihm ein paar Haare ab. Dort verbrachte auch die ganze Band die Nacht auf der Straße, weil das Hotel sie nicht akzeptierte. Bei einem anderen Konzert sprang während des Auftritts der Experience ein Fan vom Zuschauerbalkon und warf dabei die Lautsprecher um. »Und das nur«, meinte Jimi später, »weil er uns die Hand schütteln wollte.«

Die wenigsten Besucher kamen allerdings wegen Jimi. In Bolton spielte die Band während ihres zweiten Auftritts nur drei Songs, weil sie beim ersten nicht gut angekommen waren. In Birmingham wurden die Hendrix-Fans von einer Armee Hausfrauen mittleren Alters, die, mit Thermosflaschen und Butterbroten bewaffnet, auf Engelbert warteten und Jimis Auftritt mit Buhrufen quittierten, in die Ecke gedrängt. Aber Jimmy Leverton meint, daß die Leute »zum Schluß völlig aus dem Häuschen waren. Man hätte den Spielplan ändern sollen – alles, was nach dem Auftritt der Experience in der ersten halben Stunde der Show kam, war nur ein Abgesang.« In Carlisle wurde die Reihenfolge geändert; an diesem Abend trat Jimi direkt nach der Pause auf:

> Es dauerte nicht lange, da wurde die Stimme des Ansagers von den »Jimi, Jimi«-Chören übertönt, und der Vorhang ging unter dem ekstatischen Geschrei der Fans hoch. Ein Mädchen rannte den Hauptgang runter und schaffte es, den Orchestergraben zu überwinden, um in Jimis Arme zu sinken. Ein Rausschmeißer namens Ginger Watson geleitete sie freundlich von der Bühne, und durch das ABC-Kino spukte das Echo von »Purple Haze« . . . Von den folgenden Nummern konnte man in dem Schreien und Toben der zweitausend Fans nur »Purple Haze« ausmachen. Jimi machte eine gute Figur, als er es mit seiner Gitarre trieb und sie schließlich mit den Zähnen spielte . . . Die St.-Johns-Ambulanz hatte alle Hände voll zu tun, sich um ohnmächtig gewordene und hysterische Mädchen zu kümmern. Dann fiel der Vorhang . . ., und der Ansager Nick Jones versuchte Fassung zu bewahren und kündigte Engelbert Humperdinck an, was im anhaltenden Geschrei der Fans völlig unterging.[15]

Gary Leeds meint, daß die Veranstalter nach dem Chaos der ersten Nacht die schlimmsten Befürchtungen hegten. Doch am Ende der Tournee stand das Granada Tooting noch immer an seinem Platz. Es war natürlich, gelinde ausgedrückt, aberwitzig, die Experience auf eine solche Tour zu schicken, aber promotionmäßig konnte gar nichts schieflaufen, denn die gesamte Presse berichtete über die Abschiedstournee der Walker Brothers. Und viele der Fans, die Jimis Platten gekauft hatten, konnten ihn endlich live sehen. Die Show sollte einen

Eindruck hinterlassen und Aufsehen erregen, und beides war eingetreten. Schließlich war jede noch so vernichtende Kritik über Jimi unbezahlbare Werbung. Auf diese Weise brachte man die jungen Leute dazu, in die Konzerte zu kommen und die Platten zu kaufen. Aber das Verrückteste war das Feuerlegen an der Gitarre – ein Kraftakt, den Jimi in seiner späteren Karriere nur noch zweimal ausführte und den er später bereuen sollte. Wie auch immer, als die Tour am 30. April zu Ende ging, waren die drei von der Jimi Hendrix Experience Stars und der Traum eines jeden Zeitungsredakteurs.

> Klar, die Tour war eine gute Erfahrung, aber der Ablauf war für uns völlig verkehrt. Ich war für alle der Anheizer . . . Dieser *Engelflumplefuff* hatte nicht die geringste Bühnen-Präsenz, der hat's absolut nicht gebracht. Bei dem ist ja alles eingeschlafen . . . Wir haben Bob Dylans »Like A Rolling Stone« und »Wild Thing« gespielt, aber auf diesen »Midnight Hour«-Kram steigen wir nicht ein – nein, nie, nie, nie, weil wir nicht müssen, nicht müssen, nicht müssen. (»New Musical Express«, 13. Mai 1967)

Am 5. Mai wurde die dritte Single der Experience, »The Wind Cries Mary«/»Highway Chile«, veröffentlicht. Mitch berichtet, daß die Band so viele verschiedene Versionen dieses Songs aufgenommen hatte, daß er am Schluß völlig steril klang und der kreative Funke der ersten Aufnahme so gut wie dahin war. Schließlich veröffentlichte man die ursprüngliche Version. »Mary« beweist, daß Jimi einen beinahe technischen Ansatz für den Aufbau der Akkordmuster und deren Ausschmückung gefunden hatte. Der Song fing auch die Stimmung des Gitarrenstils von Curtis Mayfield und Bobby Womack ein, mit als Glissando gespielten Quarten und der offen gestimmten Gitarre, was die eher melodischen Aspekte von Jimis Spiel zeigte. Dort, wo man vielleicht ein fließendes Rhythm'n'Blues-Saxophonsolo erwartet hätte, ertönt ein klares, klirrendes, kompaktes, virtuoses Gitarrensolo, bei dem er nur ein einziges Mal eine Saite verzieht.

> After all the jacks are in their boxes
> And the clowns have all gone to bed
> You can hear happiness
> Staggering on down the street
> Footprints dressed in red
> And the wind whispers Mary
>
> A broom is drearily sweeping
> Up the broken pieces of yesterday's life
> Somewhere a Queen is weeping

Fringe Boutique, Carlisle, 7. April 1967

Somewhere a King has no wife
And the wind it cries Mary

The traffic lights they turn blue tomorrow
And shine their emptiness down on my bed
The tiny island sags downstream
'Cause the life they'd lived is dead
And the wind screams Mary

Will the wind ever remember
The names it has blown in the past
And with its crutch, its old age and its wisdom
It whispers ›No, this will be the Last‹
And the wind screams Mary.

Der Song entstand nach einem fürchterlichen Streit zwischen Kathy (ihr zweiter Vorname lautet Mary) und Jimi. Obwohl sich die beiden wirklich mochten, »hatten wir ständig Streit. Wir waren wie Hund und Katze, wir kreischten und schrien. Aber bis zum Abend hatte sich Jimi jedesmal wieder beruhigt.« Kathy erinnert sich nicht mehr genau an die Ursache des Streits. Aber irgendwann hatte Jimi ihr vorgeworfen, sie würde zum Kochen eine schmutzige Pfanne benutzen. »Ich schlug ihn mit der Pfanne, und Teller und Gläser flogen durch die Luft, die ganze Küche war ein einziger Scherbenhaufen. Es war wirklich beängstigend, echt total häßlich. Er sperrte mich eine Ewigkeit im Badezimmer ein und verließ einfach die Wohnung. Schließlich befreite mich Chas' Freundin Lotte. Ich stürmte aus dem Badezimmer, und da saß Jimi in seinem schwarzen Mantel. Ich rief mir ein Taxi, und er schrie hinter mir her: ›Wo gehst du hin?‹« Kathy flüchtete zu ihrer besten Freundin Angie, der Frau von Eric Burdon. »Als ich zurückkam, hatte er aufgeräumt und den ganzen Songtext geschrieben.«

»Highway Chile« hingegen ist eine fröhliche autobiographische Geschichte, die mit einer typischen Gitarre/Baß-Harmonie beginnt. In diesem Song ist Jimi unterwegs, auf der Suche nach dem amerikanischen Traum: »Yeah, his guitar is slung across his back/His dusty boots is his Cadillac«. Daß man ihn als Landstreicher bezeichnete, stört ihn nicht, denn er weiß ja, »it goes a little deeper than that«.

»Mary« kam gut an. Der »New Musical Express« schrieb: »Eine wunderschöne Platte, das bislang gelungenste Beispiel für Jimis angeborenes Bluesgefühl. Erinnerungen an Ray Charles, Percy Sledge, und dazu die ungewöhnliche Stimme des Sängers selbst . . . Regt zum Denken an . . . Eine sanft dahinfließende Begleitung und die hervorragende Gitarrenarbeit machen es zu einer Blues-Ballade erster Güte. Eigentlich nicht kommerziell, aber dank Jimis derzeitiger Popularität könnte es ein weiterer Hit werden.«[16]

Zwei Tage nach Veröffentlichung der Single war die Jimi Hendrix Experience zum ersten Mal die Hauptgruppe im Saville Theatre. Penny Valentine von »Disc« bemerkte in ihrer Kritik, wie selbstbewußt Jimi geworden war. »Wie er da auf der Bühne stand und spielte, strahlte er eine unglaubliche Kraft aus. Er sprach kaum zum Publikum und wirkte unheimlich bescheiden . . . Er wirkte sehr selbstsicher und total entspannt . . . Er kommt jetzt viel besser mit seinem Erfolg zurecht . . . Er lächelte seinen Freunden zu und meinte: ›Als ich bei uns zu Hause im Hinterhof spielte, kamen immer die Kinder an und sagten, es würde ihnen gefallen. Ich habe es euch zu verdanken, daß ich mich hier wie zu Hause fühle.‹ [17] Jimi war an diesem Abend bester Laune und scherzte sogar noch weiter, als er Probleme mit seiner Gitarre hatte, etwas, das ihn normalerweise wütend machte: ›Mann, ist Eric Clapton im Saal? Er soll mal zu mir raufkommen.‹«

Am 9. Mai war Jimi Hendrix zu einer Gala der englischen Plattenindustrie in den Variety Club des Dorchester Hotel in Mayfair eingeladen, als einziger Nonkomformist unter Gästen wie Sandie Shaw, Harry Secombe, Tom Jones, Val Doonican und Vince Hill. Früher hätte er sich glücklich schätzen können, hier als Tellerwäscher arbeiten zu dürfen. Jetzt marschierte er mit seiner edel gestylten Einladungskarte durch die Vordertür.

Den ganzen Mai über reisten Experience quer durch Europa: an einem Tag Fernsehaufnahmen in Paris, dann drei Konzerte in England. In der Zwischenzeit stieg »Mary« auf Platz 25 in die Single-Hitparade ein. Es folgten drei Tage in Deutschland, darunter ein weiterer Auftritt im Münchner Big Apple. Nach dem Auftritt wurden Jimi und die Band von der Zeitschrift »Bravo« interviewt, die den Artikel mit der Schlagzeile »Ich bin nicht mehr der Dumme!« aufmachte. Jimi gab sich sehr selbstbewußt:

JIMI: Ich pfeife darauf, was die Kritiker erzählen!

BRAVO: . . . die Kritiker sagen, du seist ein Genie, Jimi. Warum willst du davon nichts hören?

JIMI: Es sind die gleichen Leute, die zuerst gelacht haben. Sie saßen hinter ihren Schreibmaschinen und rieben sich die Bäuche. Jetzt »machen sie in Verständnis«. Ich glaube nicht, daß sie meine Lieder begreifen. Sie leben in einer anderen Welt.

Star Club, Hamburg, zwischen dem 17. und 19. März 1967

Und die Gitarre weinte . . .
Star Club, Hamburg, zwischen dem 17. und 19. März 1967

Meine Welt – das ist Hunger, das sind die Slums, das ist der lodernde Rassenhaß, und es ist das Glück von der Art, daß du es in einer Hand halten kannst, nicht mehr!

Zum Schluß wollte der Journalist von Jimi noch wissen, was seiner Meinung nach den öffentlichen Stimmungsumschwung zu seinen Gunsten bewirkt habe. »Haha«, meinte er, »jetzt bin ich eben nicht mehr der dumme Jimi – sondern Mr. Hendrix.«[18]

Die nächsten Stationen ihrer Reise waren zwei Auftritte in Schweden, einer in Dänemark, einer in Finnland.

Am 22. Mai landeten sie auf dem winzigen Seutula-Flughafen von Helsinki, den die Beach Boys für eine private Start- und Landebahn

Jimi mit Gerry Stickells, Star Club, Hamburg, zwischen dem 17. und 19. März 1967

gehalten hatten. Und auch hier erregte Jimi an der Zollkontrolle großes Aufsehen.

Die Experience sollte mit Cat Stevens im »Kulttuuritalo« auftreten und eine Fernsehshow aufzeichnen. Dem Produzenten erklärte Jimi, Playback käme nicht in Frage, da er erstens grundsätzlich die Songtexte vergessen und sich zweitens beim Spielen nie an die Plattenversion halten würde – was absolut der Wahrheit entsprach. Jimi konnte sich seine Texte einfach nicht merken und interpretierte niemals einen Song zweimal auf dieselbe Weise. Nun gingen seine Texte in Konzerten ohnehin meist im allgemeinen Lärm unter.

Die finnischen Popzeitungen waren durch die englische Skandalpresse angestachelt und gingen prompt auf Jimi los. Einen Tag vor dem Konzert konnte man in der »Helsingin Sanomat« die Schlagzeile lesen: »Neuer Irrer kommt nach Helsinki.« Sie machten Jimi fertig, weil er »nicht mal die Kraft besitzt, ein Mythos wie . . . Donovan . . . zu werden.«

Bei der Fernsehaufzeichnung lief erst einmal alles schief: Cat Stevens verspätete sich um anderthalb Stunden, die Anlage der Experience war noch im Lastwagen, und die Band schlief tief und fest. Der Produzent rannte wie ein Verrückter herum, um die Dinge zum Laufen zu bringen. Schließlich war die Band aufgewacht, und der Produzent schleppte die gesamte Anlage aus dem Laster ins Studio (wobei ihm nur einer der Bühnenarbeiter half), um dann zu erfahren, daß Jimi nun doch mit einem Playback-Auftritt einverstanden sei. Daraufhin wurde die gesamte Anlage wieder abgebaut.

Als die Band endlich auf der Bühne stand, beschwerte sich Jimi, das Licht sei zu hell. Er versuchte es zu ignorieren, hörte dann aber am Ende des zweiten Songs auf, weil er den Text nicht mehr wußte. Daraufhin bekam der Regisseur einen Tobsuchtsanfall. Da Jimi Playback abgrundtief haßte, ist es unwahrscheinlich, daß er sich gern zu diesem Schritt entschlossen hatte. Möglicherweise war er nach seiner Ankunft in Finnland einfach zu müde, um auf der Live-Aufzeichnung zu bestehen, wie es ursprünglich vereinbart worden war. Endlich hatten sie alle vier Songs aufgezeichnet.

Anschließend fand im Hotel eine Pressekonferenz statt. Jimi war schweigsam und unkommunikativ. Man stellte ihm Fragen wie: »Mögen Sie Ohukaiset (finnische Pfannkuchen)?« Und er fragte: »Ist das Musik?«

Auch das Konzert am Abend war nicht ausverkauft. Gekommen waren die eingefleischten Fans des britischen Blues und Rock sowie Liebhaber von Modern Jazz und klassischer Musik, die sich tags zuvor noch Karlheinz Stockhausen angehört hatten. Otto Donner, Anfang der sechziger Jahre einer von Finnlands führenden Komponisten moderner Klassik, schrieb später:

> Für mich war es ein bedeutender Zufall, daß ich am Tag vor Hendrix' Auftritt im ›Kulttuuritalo‹ Stockhausens ›Musica Nova‹-Konzert besucht hatte . . . Stockhausen und Hendrix arbeiten vielfach mit dem gleichen Material und demselben Instrumentarium. Aber Stockhausen stagniert in einer sterilen Betrachtung des Klangmaterials, während Hendrix aus diesem Material vitale Musik herstellt . . . Wie Hendrix Rückkopplungen, erweiterte Noten, das Brummen der Verstärker und Echo-Effekte einsetzt und sie mit seiner höchst lebendigen Bluesgitarre verbindet . . ., das macht ihn zu einem Künstler, den man im Hinblick auf seine Komplexität mit vielen Komponisten der Ernsten Musik vergleichen kann.

Nach dem Auftritt schlug Chas in der Garderobe vor, ein Restaurant namens »Kalastajatorra« zu besuchen, von dem er gehört hatte. Sue Lemstrom, die damals als Teilzeit-Discjockey arbeitete und noch zur Schule ging, hatte es geschafft, hinter die Bühne zu kommen. Sie versuchte Chas die Idee auszureden, denn der Laden war das vornehmste Hotel und Restaurant in Helsinki, und dort war man sicher nicht gerade begeistert davon, langhaarige »Psychedelic-Köpfe« als Gäste zu empfangen. Aber Chas ließ nicht locker und bat Sue, eine telefonische Reservierung für »berühmte Künstler aus England« vorzunehmen.

Als sie das Taxi verließen, schüttelte der Portier den Kopf. Chas, der Anzug und Krawatte trug, ging alleine hinein, um die Sache zu klären. Aussichtslos. In der Zwischenzeit beschimpfte vor dem Hotel eine Gruppe betrunkener Finnen und Engländer auf englisch, später auf finnisch, die Band, die darauf nicht reagierte. Dann kam ein hünenhafter Glatzkopf auf Jimi zu und schrie: »I'm sorry, I'm sorry!« und Jimi antwortete: »Das sollte es auch – mit so einer Frisur!«

Am nächsten Tag kehrten der »Irre« und seine Truppe Finnland für immer den Rücken und flogen nach Schweden. Zu ihrem Konzert im Tivoli Garden von Stockholm kamen 14 000 Zuschauer, etwa doppelt so viele wie kurz zuvor bei den Beach Boys.

Auch hier gab es wieder den gewohnten Ärger mit den Hotels. Nach der ersten Nacht setzte man sie vor die Tür, und sie konnten kein neues finden, das sie als zahlende Gäste akzeptiert hätte. Empört flogen sie nach Göteborg weiter und zwei Tage später nach Deutschland. Inzwischen begann der aberwitzige Tourneeplan aus Auftritten, Fernsehshows und so weiter allen aufs Gemüt zu schlagen.

Insbesondere Jimi hatte die Schnauze voll. Noels schlechteste Erfahrung mit ihm in dieser Hinsicht war ein Abend in Kiel im dortigen Star Palace. Jimi war so betrunken, daß Noel für ihn die Gitarre stimmen und ihn beim Publikum auf deutsch entschuldigen mußte, weil es ihm so dreckig ging.

Kulttuuritalo, Helsinki, 22. Mai 1967

In England trat die Experience als Hauptgruppe in der Tulip Bulb Auction Hall von Spalding, Lincolnshire, beim Rock-Festival »Barbeque '67« auf. Im Vorprogramm spielten unter anderem die Cream, Pink Floyd, Move und Zoot Money. Viertausend Leute waren in diese riesige Viehauktionshalle hineingepfercht worden, wo es heiß war und stank. Es waren zu viele Eintrittskarten verkauft worden, und der Veranstalter hatte sich aus dem Staub gemacht. Dafür mußten sich die Jugendlichen gegen die Drogenhunde der Polizei wehren, und wer ohnmächtig wurde, hatte kaum Platz zum Umfallen. Auf der Bühne war es nicht viel besser. Vielleicht lag es an der Hitze, jedenfalls hatte Jimi Probleme, seine Gitarre zu stimmen, und sein Marshall-Verstärker funktionierte auch nicht perfekt. Nach kurzer Zeit brach die Experience ihren Auftritt wegen des grauenhaften Sounds ab. Die Menge, mittlerweile durch die unerträglichen Zustände bis zur Weißglut gereizt und unruhig geworden, begann zu johlen. Jimi schrie zurück: »Scheiß auf euch, ich muß meine Gitarre stimmen – und wenn's die ganze Nacht dauert!« Germaine Greer beschrieb das Chaos folgendermaßen:

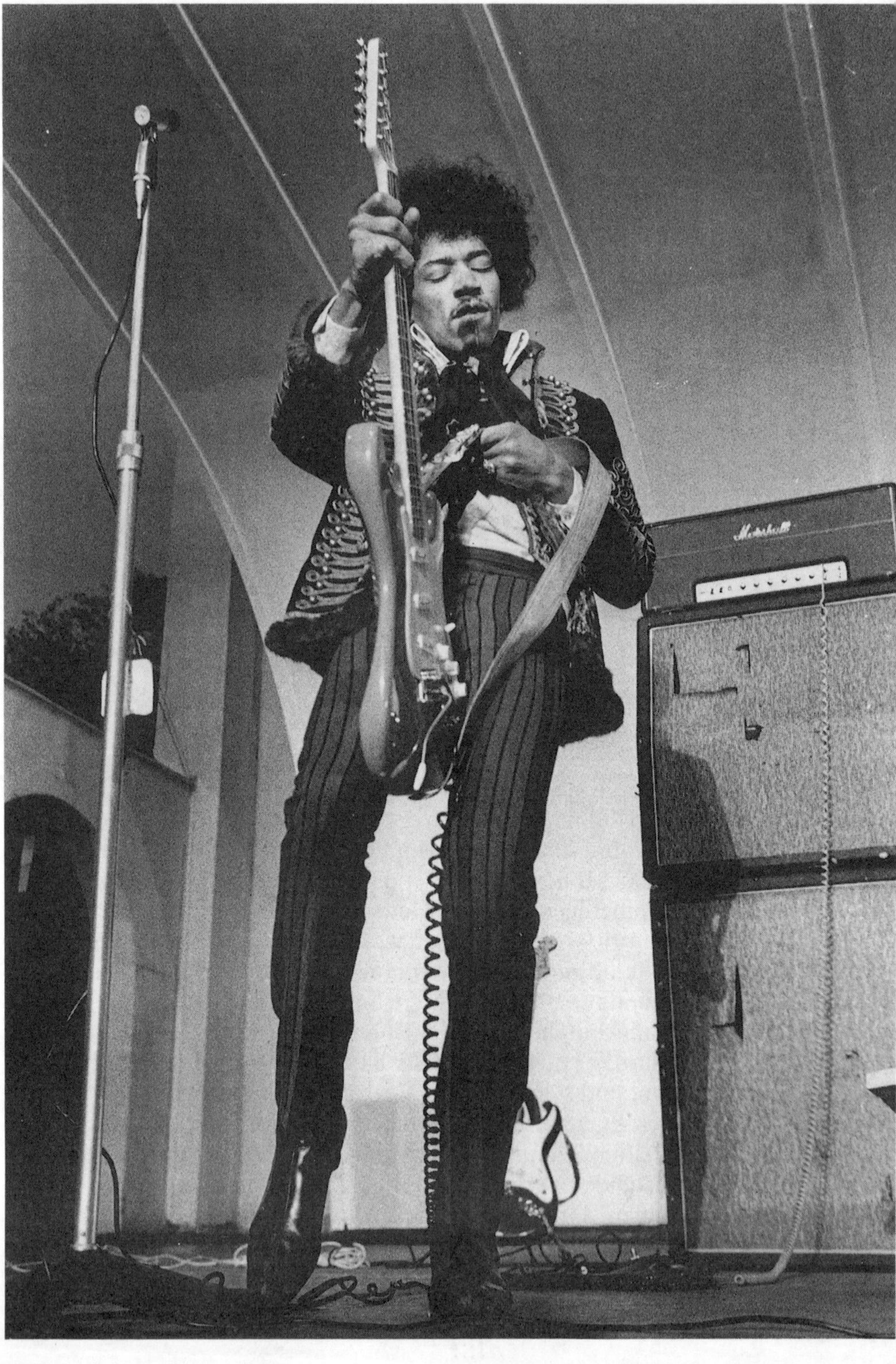

Stora Scenen, Gröna Lund, Tivoli Garden, Stockholm, 24. Mai 1967

»Barbeque 67«, Spalding, 29. Mai 1967

> Es war den Leuten egal, ob Jimi »Hey Joe« richtig spielte. Sie wollten einfach nur irgendwas hören und beklatschen. Sie wollten einfach, daß er seine Gitarre in Gang brachte und sie mit seinem Schwanz streichelte. Sie wollten ihn gar nicht spielen hören. Aber Jimi wollte wie immer spielen, süß und hoch. Und das tat er dann auch, und er trieb es mit seiner Gitarre, und sie stöhnten und taumelten, und er sah sie drohend an und wußte, daß sie nicht mitbekamen, worum es ihm ging, und daß sie es nie mitbekommen würden. [19]

Zum Schluß riß Jimi eine Saite nach der anderen von seiner Gitarre, zertrümmerte, was übrig war, und schmiß die Verstärker um. Das hatte zur Folge, daß die Lichter erloschen, und der Saal in absolute Dunkelheit fiel.

Jimi hatte einen Vorgeschmack auf seine zwei größten Probleme bei Live-Auftritten bekommen. Seine Bühnenanlage war dem Dauerbombardement aus Lautstärke und Selbstzerstörung nicht gewachsen. Verschlimmert wurde die ganze Sache noch dadurch, daß es damals keine schützenden »Cases« für das Equipment gab, das aus diesem Grund oft schon beim Transport ruiniert wurde. Und weil Jimi sehr oft und sehr energisch den Vibrato-Arm seiner Gitarre benutzte, mußte sie immer wieder gestimmt werden. Jimi, der nach absoluter Perfektion strebte, fand das enorm frustrierend. Und er kam auch nicht damit klar, daß das Publikum nicht wegen der Musik, sondern wegen der Show kam. Eigentlich machte es Jimi Spaß, den »Showman« zu spielen und dafür die Komplimente einzuheimsen, aber nur solange, wie *er* dazu Lust hatte, und nicht, weil das Publikum danach verlangte. Das wurde für ihn zu einem unlösbaren Dilemma. Außerdem zog er die Arbeit im Studio den aufreibenden Tourneen vor, und die Live-Konzerte waren für ihn selten ein positives Erlebnis.

Auch hinter den Kulissen endete der Mai mit einer bitteren Pille. Es schien sich eine Palastrevolution anzubahnen, weil die Band kein Geld sah, obwohl sie seit Januar ununterbrochen gearbeitet hatte und manchmal bis zu 300 Pfund Gage pro Abend kassierte. Zudem befanden sich ihre Platten allesamt in den Hitparaden. Noel schrieb an Chas und Mike, und alle hatten den Brief unterschrieben, der dann zu einem Showdown im Büro führte. Das Ergebnis war typisch: Man händigte der Band Bares aus, um sie bis zum nächsten Mal ruhigzustellen. Gleichzeitig forderten Mitch und Noel von Jimi eine Beteiligung; er sollte 50 Prozent, sie jeweils 25 Prozent der Einnahmen anstelle eines Gehalts bekommen. Doch es wurde nichts schriftlich festgehalten, und es änderte sich auch nichts. Nach Abzug der gesamten Unkosten blieb vom Kuchen nur ein Stück übrig, von dem jeder versuchte, noch ein paar Krümel abzubekommen.

Meist war es Noel, der bei diesen Treffen redete, während Mitch und Jimi schwiegen. Es wäre durchaus begreiflich, wenn Jimi wegen seiner früheren Armut geldgierig geworden wäre. Tatsächlich aber ging er mit Geld ziemlich unbekümmert um und interessierte sich im Grunde gar nicht dafür, solange es ihm die Freiheit garantierte, Musik zu machen. Er hatte selten viel Bargeld bei sich. Einmal, in Hull, wollte ein Fan von ihm ein Autogramm auf seine Lohntüte haben. »Was ist 'ne Lohntüte?« fragte Jimi. Einen Tag nach der Veröffentlichung von »Purple Haze« war Jimi auf einem Presseempfang im

Hamburger Folk-Club Danny's Pan. Dort fragte ihn jemand, was er denn mit seinem Geld machen würde, und Jimi drehte sich zu Chas um und meinte: »Wann krieg' ich denn mein Geld? Ist da überhaupt welches?« Alle lachten, und Jimi erklärte, er habe kein Geld, aber wenn er jemals welches haben sollte, dann würde er seinem Vater ein Haus kaufen und seine Mutter wieder zum Leben erwecken. Das behauptet zumindest ein Fotograf, der die Konferenz mitorganisiert hat.

Der Juni war für die Band ein entscheidender Monat. Der Erfolg ihres ersten Albums »Are You Experienced?« war für sie mindestens so wichtig wie der von »Hey Joe«. Und ihre Musik paßte perfekt in den wachsenden internationalen Markt für Stereo-LPs. Das Album war zum größten Teil im De Lane Lea-Studio aufgenommen worden, Dave Siddle war der Tontechniker und Chas der Produzent. Aber Chas hatte die Master-Bänder in den Olympic Studios von einem jungen südafrikanischen Toningenieur namens Eddie Kramer abmischen lassen, der später bei der Umsetzung von Jimis Ideen auf Schallplatte eine große Rolle spielen sollte (Studio-Details über diese und alle anderen Platten: siehe Diskographie, Appendix 1.).

Es gab Verzögerungen auf Grund technischer Probleme, und das Album erschien erst am 12. Mai, genau eine Woche nach »The Wind Cries Mary«.

Chas war über diese Entscheidung von Track Records nicht gerade glücklich, denn er hatte Angst, daß die rasch aufeinanderfolgenden Singleveröffentlichungen die Umsatzzahlen der LP drücken könnten. Aber seine Befürchtung war völlig grundlos, denn am 10. Juni stand das Album in den LP-Charts bereits auf Platz 3. Und hätte damals nicht das Beatles-Album »Sergeant Pepper« auf Platz 1 gestanden, hätten diesen sicher die Experience mit ihrem LP-Debüt erklommen.

Die Kritiker waren von »Are You Experienced?« begeistert, was Keith Althams Kritik im »New Musical Express« vom 20. Mai beweist: »Hendrix erschließt für die elektrische Gitarre eine neue Dimension und trifft mit seinem Ein-Mann-Angriff unseren Nerv. Die LP ist ein mutiger Versuch von Hendrix, Musik zu produzieren, die ebenso ursprünglich wie aufregend ist.« »Are You Experienced?« belegt aufs treffendste Jimis Behauptung, daß seine Musik nicht kategorisiert werden kann; die LP bewegt sich zwischen allen Genres der populären Musik, vom Rhythm'n'Blues bis zum Free Jazz.

Jimi hatte große Schwierigkeiten, seine Gefühle, vor allem Frauen gegenüber, auszudrücken, und sagte selbst: »Solange ich mich zurückerinnern kann, bin ich launisch gewesen. Ich kapsele mich gern ab.

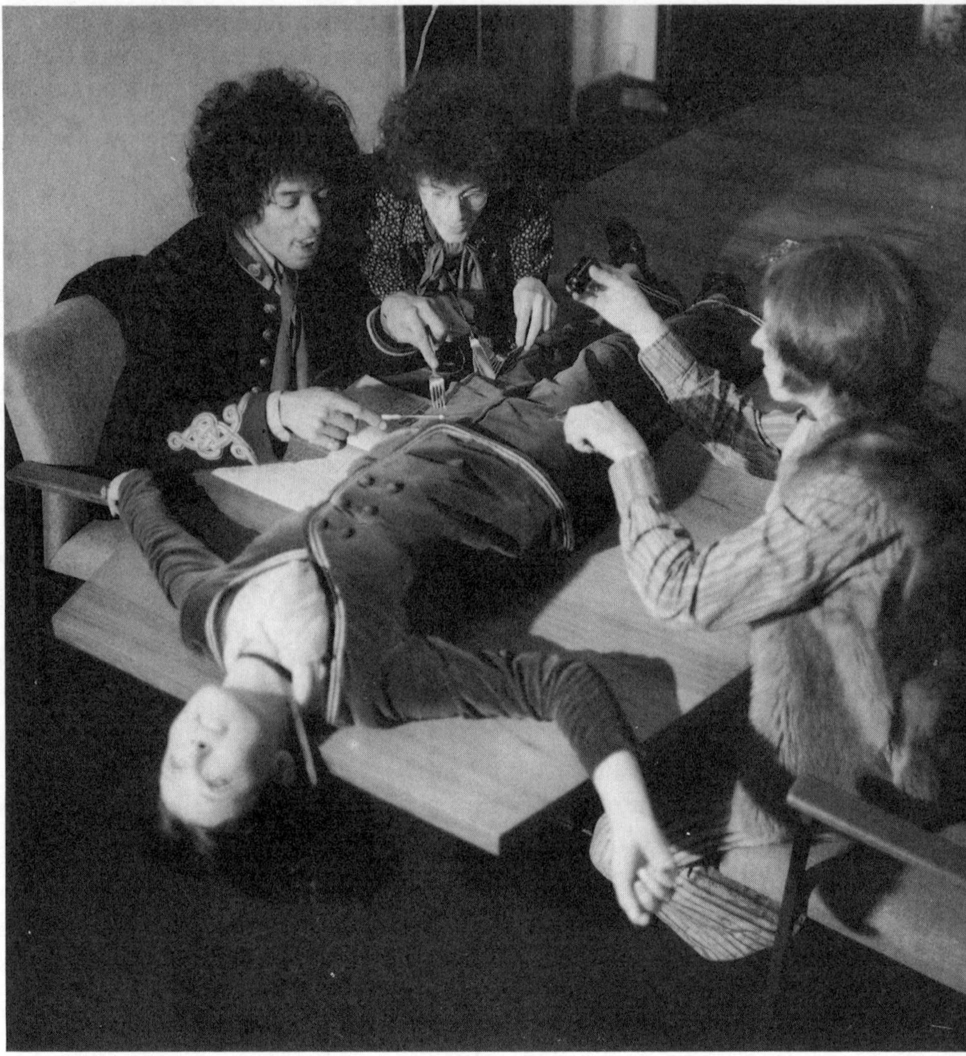

Hamburg, zwischen dem 17. und 19. März 1967

Manchmal möchte ich einfach nur alleine sein. Die Leute denken, ich wäre komisch – tut mir leid, ich kann's nicht ändern.«[20]

Allerdings sprechen Jimis Texte für sich; sie drücken seine Gedanken aus, und in seinen Songs läßt er sein Herz sprechen. Sie waren stets Ausdruck seines Glaubens und seiner Ansichten, seiner Ekstasen und seiner Einsamkeit – ein Spiegelbild seiner Gefühle. Und je nach dem Gefühl, das er in einem Song vermitteln wollte, wählte er den Musikstil. Musik als persönliche Wahrheit: durch die Songs lernt man ihren Komponisten kennen.

Der Opener der A-Seite von »Are You Experienced?« ist »Foxy Lady«. Die Einleitung ist ein absoluter Hammer: ein F, hochgezogen zu einem Fis, während die ganze Gitarre von einem wilden Vibrato erschüttert wird. Die danebenliegenden Saiten erzeugen einen Schrei. Dann rutscht er in dieselbe Akkordfolge wie in »Purple Haze«: Die chromatisch erhöhte None signalisiert den Beginn eines relativ geradlinigen Rhythm'n'Blues »Macho-Stomp«. Textlich gelang es Jimi jedoch, die übelsten der pubertären Sexismus-Parolen der Rockmusik zu vermeiden. Dieser Song bildet ganz im Gegenteil die berühmte Ausnahme in Jimis Repertoire. Denn im allgemeinen stellte er die Frauen auf ein Podest, und seine Loblieder auf die Liebe hatten wenig mit den ungehobelten Anzüglichkeiten eines Wilson Pickett gemein. In diesem Song scheint Jimi mit lupenreinem Soul-Funk den verbliebenen Staub der Tingeltangel-Tourneen durch die Provinz von seinen Stiefeln zu klopfen.

So gesehen ist »Foxy Lady« nicht unbedingt an die Dame seines Herzens gerichtet, sondern eher eine grundsätzliche Liebeserklärung an die Frauen und ihre emotionale Kraft. Frauen geben beim lustvollen Katz-und-Maus-Spiel den Ton an und sind sich dessen auch bewußt. Und so verwendet Jimi das Wort »foxy« auch eher in seiner ursprünglichen Bedeutung; es ist also nicht mit »sexy« zu übersetzen, sondern mit »gerissen«.

You know you're a cute little heartbreaker
And you know you're a sweet little lovemaker

Für Jimi bedeutete Sex in seinen Beziehungen nicht alles, er erwartete mehr. Als er mit den Walker Brothers auf Tournee war, beantwortete er den Brief eines weiblichen Fans aus Leeds mit Namen Bil. Und obwohl sich die beiden nie getroffen hatten, schrieb er ihr folgendes:

> Egal, was die Leute, ich oder unsere Gruppe von dir denken – solange du frei denken und sprechen kannst – laß dich nicht von deinen Gedanken und Träumen abbringen – ich würde dich gerne treffen – ich glaube, ich könnte mit dir eine ganze Weile reden. Du scheinst dich sehr von all den anderen Mädchen zu unterscheiden, die uns schreiben . . . Ich glaube, daß du im Kopf ganz gut beieinander bist. ABER!!! Bezeichne dich nie wieder als dumm . . . Es ist dein

> Leben – du mußt allein sterben, und deshalb, um Gottes Willen, leb auch dein Leben für dich und nicht für andere . . . In ewiger Liebe, Jimi Hendrix.

Später bat er Bil um ein Foto – ein Hinweis darauf, daß er die Situation nicht ausnützen und sie bloß ins Bett kriegen wollte. So gesehen ist »Foxy Lady« nicht die süße Versuchung, die man ahnungslosen Schulmädchen offeriert. In gewisser Weise handelt der Song eher von der eigenen Bestimmung, davon, daß man von eingefahrenen Familienstrukturen Abschied nehmen soll, um sich neuen Herausforderungen zu stellen. Jimi bietet sich als »Reiseführer« an.

»Manic Depression« ist ein eigenartiges Stück im Dreivierteltakt, ein psychotisches Klanggedicht, ein wütender Aufschrei voller Verzweiflung und Wut über die Not und den Schmerz in unserer Welt – alles in allem also eine frustrierende Sauerei! Während sich Jim Morrison über sein Ziel im klaren war (»We want the world and we want it now«), war sich Jimi nicht so sicher: »I know what I want, but I just don't know how to go about getting it.« Lohnt es sich, die Welt zu wollen, wenn sie sich in einem solchen Zustand befindet? Lohnt es sich überhaupt zu leben? Womit wir einen Anhaltspunkt dafür hätten, daß Jimi die Acid-Anarchie vieler seiner Anhänger und Fans nicht teilte. Jimi kannte nur einen sicheren Ort; sein persönliches Eldorado war die Musik – »music, sweet music«. Und wenn diese Nabelschnur durchtrennt wurde, gab es nur noch den Weg nach ganz unten – »all the way down«.

»Manic Depression« ist charakterisiert durch ein tiefes Riff in Noels dominierendem Baßpart. Und hinter all der Seelenqual kriecht Mitchs spiralförmiges Schlagzeugpattern daher, das in einem Elvin-Jones-artigen perkussiven Strudel kulminiert, bevor sich alles in schieren Wahnsinn auflöst. Mitch machte in Balladen wie »Mary« oder »Angel« gern etwas Druck. Aber er fühlte sich in seinem Element, wenn er pulsierende Rhythmen spielen konnte, auf denen sich Jimi bis zum Höhepunkt treiben ließ, um – nach langen Intervallbögen, Rückkopplungen und Vibrati im Solo – in die Depression zurückzufallen.

So wie früher Nashville für Jimi »sicherer Boden« war, auf dem er seine alten Freunde Billy Cox und Larry Lee treffen konnte, so stellte für ihn jetzt »Red House« in musikalischer Hinsicht ein sicheres Zuhause dar. Sowohl im Studio als auch auf der Bühne konnte er über diese Bluesnummer endlos improvisieren und sie immer wieder neu ausschmücken. Die Experience hatte sie als einen ihrer ersten Songs im November 1966 aufgenommen, aber bislang kaum in Konzerten

Stora Scenen, Gröna Lund, Tivoli Garden, Stockholm, 24. Mai 1967

gespielt. Und mit ihr lernten viele Hendrix-Fans Jimi erst jetzt als echten Bluesmann kennen. »Red House« ist ein glänzendes Beispiel für Jimis flüssiges Bluesgitarrenspiel. Sogar auf Platte klingt der Song wie eine Jam-Session, in der Jimi Ströme von melodischen Bluesläufen herausschleudert. Der Song steht zwar in B-Dur; da Jimi seine Gitarre jedoch immer um einen Halbton tiefer stimmte, handelt es sich folglich um ♭-Dur – und um einen würdevollen Blues im Zwölfachteltakt, der genug Raum für raffinierte Melodien und für rhythmische Details läßt, die Gitarren-Epigonen ins Schwitzen bringen, während sich der Normalsterbliche einfach zurücklehnen und genießen kann. Am Schluß des Stücks ruft Jimi: »Wie gefällt euch das?«

Im Text geht es um die unerwiderte Liebe, das Thema von hunderttausend anderen Bluessongs, mit einem wichtigen Unterschied allerdings: Jimi macht sich hier nicht allzu viele Sorgen – er kann ja immer noch zu seiner ersten Liebe zurückkehren, die ihn *niemals* im Stich gelassen oder hintergangen hat: »That's alright, I still got my guitar!« Und er nennt noch einen anderen Grund: »Because if my baby don't love no more/I know her sister will.« Jimis Bruder Leon glaubt, daß es sich hier um Betty Jean und ihre Schwester Maddy handelt, die beide in einem rot angestrichenen Haus wohnten.

Aber auch das »Buch der Hopi« könnte erneut Pate gestanden haben; in diesem Fall würde »Red House« mehr als eine der üblichen Frauengeschichten erzählen. Die Hopi-Saga kennt zahlreiche Geschichten über die mysteriöse »Rote Stadt« im Süden – ein religiöses und spirituelles Zentrum, möglicherweise in Mexiko oder Zentralamerika, das sich »Palatkwapi« nennt, was soviel wie »Rotes Haus« bedeutet. »Die Stadt wurde in drei Teilen erbaut. Der erste Teil war ganz von einer hohen Mauer umschlossen und ganz den religiösen Ritualen vorbehalten . . . Diesem Ritualbezirk kam die größte Bedeutung zu . . . Das Zeremoniengebäude war vier Stockwerke hoch und wie die heutigen Pueblos terrassenförmig gebaut . . .« So beschrieb es jedenfalls Frank Waters in seinem »Buch der Hopi«. Neulinge wurden in diesem Gebäude von den Kachina, den Geistlichen, in die Zeremonien eingeweiht. Je fortgeschrittener das Wissen des Eingeweihten war, desto höher wohnte er im Gebäude. Im vierten Stock »waren nur Initianden mit erweitertem Bewußtsein zugelassen, die ein tiefes Wissen über die Gesetze der Natur erreicht hatten. Hier wurden sie über die Gesetzmäßigkeiten des Planetensystems unterrichtet . . .« Die Schützlinge wurden auch in das Geheimnis der sogenannten »offenen Tür« eingeweiht, die sich ganz oben im Kopf jedes einzelnen befand, »und wie sie sie offenhalten konnten, um mit ihrem Schöpfer Zwiesprache zu halten . . .« Was geschah jedoch, wenn man seinen Glauben verlor, auf Abwege geriet und der Erleuchtung und der Liebe den Rücken kehrte? »Wait a minute something's wrong, baby/The key won't unlock the door«: Dein Geist kann sich nicht lösen, und du bist nicht länger frei. Das war der Moment, in dem Jimis schlimmster Alptraum Wirklichkeit werden mußte.

Jimi besaß einen unerschöpflichen Vorrat von grandiosen Rock-Riffs: »Can You See Me?« ist nur ein Beispiel. Gleichzeitig hatte er immer eine Überraschung im Ärmel; so beendete er diesen Song mit einem Ton wie von dem Shadows-Gitarristen Hank Marvin: eine einzige Note, »verzogen« und mit reichlich Hall unterlegt.

Mitch sitzt fest auf seinem Schlagzeugthron, in seiner typischen Haltung über die Trommeln gebeugt, und trägt den ganzen Song auf seinen Schultern, insbesondere, wenn er Jimi ins Solo jagt, das den Auftakt zu einer ausufernden Improvisation zu bilden scheint. Doch dann richtet sich Mitch wieder auf und trommelt sich mit all seiner Muskelkraft in die erste Strophe hinein.

Can you see me, yeah, begging you on my knees?
O yeah, can you see me, baby?
Baby please don't leave, alright
If you can see me doing that
You can see in the future of a thousand years.

Im Text geht es um verdrängte Gefühle, um die Unfähigkeit zu kommunizieren, woran so viele Beziehungen scheitern. Wer kann schon tausend Jahre voraus in die Zukunft blicken oder einen Zug aus tausend Meilen Entfernung hören? Die Frau merkt also nicht, wie sehr Jimi leidet; vielleicht will sie es nicht erkennen, vielleicht kann sie es auch nicht, weil Jimi seine Vorwürfe, seine Tränen und seine Klage nicht zeigen kann und deshalb unterdrückt.

An dieser Stelle läßt Jimi den Kippschalter seiner Stratocaster zwischen dem Hals- und dem Mitteltonabnehmer im Viervierteltakt schnappen, während er einen Akkord stehenläßt, um nahtlos in »Love Or Confusion« überzugehen.

Is that the stars in the sky or is it rain falling down?
Will it burn me if I touch the sun, yeah, so big, so round?
Will I be truthful yeah, in, eh, in choosing you as the one for me?
Is this love, baby, or is it, uh, just confusion?

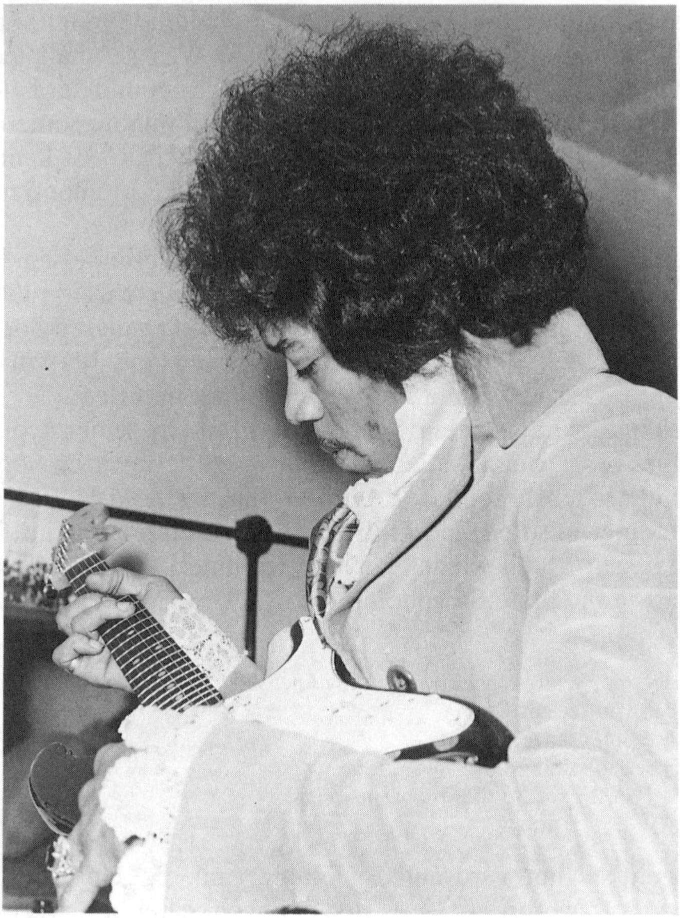

Astoria, London, 31. März 1967

Dank des F-Akkords mit der offenen G-Seite entsteht ein monotoner Raga-Effekt, der dem Song seinen typischen zeitgemäßen Charakter verleiht. Jimis Stimme im Hintergrund klingt geisterhaft und gespenstisch, so als ob es seine innere Stimme wäre, die wissen will, ob er die wahre Liebe gefunden hat oder ob er nur wieder betrogen wird. Sein Gefühl sagt ihm zwar: »My heart burns with feeling . . .«, aber sein Verstand warnt ihn: »Oh, my mind is cold and reeling«. Das ganze Dilemma wird zudem durch eine massive Rückkopplung mit Vibrato und Verzerrern verdeutlicht. Bruce Springsteen rät den Leuten in seinen Songs, ihre Probleme bei nächtlichen Fahrten in einem

'55er Chevy zu überdenken. Doch Jimi macht mit seinem Solo einen Blitzstart in Richtung Sonne, weil er herausfinden will, ob sie sich wirklich heiß anfühlt. Immer ist er auf der Suche nach Namen und Klängen, die seine Gefühle, Gedanken und seinen seelischen Zustand beschreiben können. Jimi wütet durch den Song, steuert ins Leere, eine Note hämmert in der Ferne, das Problem bleibt ungelöst.

Viele von Jimis frühen Songs wirken wie heftige Befreiungsversuche von jahrelang unterdrückten Energien. Erst durch die Gründung seiner Band und durch seine Plattenaufnahmen fand er ein Ventil, dank dessen er sich aus aus seinen emotionalen Verstrickungen befreien konnte: Depression, Frustration, Lust, Wahnsinn, Wut und Liebe. Sollte Jimi Ende 1966/Anfang 1967, als die Songs aufgenommen wurden, wirklich Acid geschluckt haben, hat dies allenfalls seine psychedelische Metaphorik befördert. Die Songs sind nicht Beschreibungen eines gestrandeten Ich, einer Höllenfahrt durch einen schlechten Trip oder irgendeiner transzendentalen Glückseligkeit. Jimis Gefühle sind bewußt, klar, präzise und oft qualvoll. Am deutlichsten spürt man das in einem seiner verzweifeltsten Songs, »I Don't Live Today«.

Mitchs traditioneller Trommelrhythmus deutet an, daß hier ein Indianer aus den Reservaten seine Qualen vor der Welt ausbreitet.

> Es ist nicht so wichtig, wo wir auf die Spuren unserer Kultur stoßen. Es werden ohnehin nicht sonderlich viele sein. Noch einige Monde, noch einige Winter – dann wird kein Abkömmling der heiligen Krieger, die einst über dieses Land gingen und hier ein glückliches Zuhause hatten, vom Großen Geist beschützt, überlebt haben, um an den Gräbern jener zu klagen, die so viel stärker und hoffnungsvoller waren als wir.

So sprach Häuptling Seattle vom Stamm der Duwamish, als er das Land seines Volkes im Jahr 1854 an den Gouverneur des Staates Washington übergab.

In gewisser Hinsicht kann man Filme wie »Soldier Blue – Das Wiegenlied vom Totschlag« und »Little Big Man«, die die unmenschliche Behandlung jener Indianer schildern, die im vorigen Jahrhundert von amerikanischen Soldaten ausgerottet wurden, als Vorlagen für diesen Song sehen. In »I Don't Live Today« beschreibt Jimi das heutige Leben der Indianer in den Reservaten, eine moderne Form der Barbarei, von der er wahrscheinlich durch seine Großmutter Nora Hendrix erfuhr. Ein Leben in Armut, Verwahrlosung, Arbeitslosigkeit und Suff – ein Leben ohne Gegenwart, ohne Zukunft und mit einer Vergangenheit, die man nur noch aus Geschichtsbüchern kennt.

> Will I live tomorrow? Well I just can't say,
> Will I live tomorrow? Well I just can't say
> But I know for sure, I don't live today.
> No sun coming through my windows
> Feel like I'm living at the bottom of a grave.

Vier Gitarren sind im Solo zu hören: zwei mit Wah-Wah-Pedal, eine mit Verzerrer, und die vierte deckt alles mit einem sitar-ähnlichen Klang zu. Damals nannte man das »Freak-out«, totales Ausrasten. Jimi konnte diesen Begriff nicht leiden: »Ich habe diesen Song ›I Don't Live Today‹ geschrieben, eine ›Freak-Out‹-Melodie, ich nenn' es jetzt einmal so, weil es sowieso jeder tun wird.« Anschließend erklärt er, daß »Freak-out« in der kalifornischen Umgangssprache bedeutet, es auf einem Autorücksitz zu treiben. Jimi, lachend: »Ehrlich, genau das bedeutet es. Wetten, daß ich jetzt bald des Landes verwiesen werde?«[22]

> It's such a shame to spend the time away like this . . . existing
> Oh, there ain't no life nowhere.

»May This Be Love« ist eine wehmütige Ballade mit einem großartigen Solo voller Tiefe und Einfallsreichtum, wenn auch der »Tschakatschaka«-Rhythmus in der zweiten Strophe irritiert. Man muß diese endlos wiederholten Echos, die fließenden Glissandi und das Rückwärtsschaben auf den Saiten, das ein Geräusch erzeugt, als würde man auf Wasser dahingleiten, gehört haben. Wie so viele Komponisten vor ihm erkannte Jimi instinktiv, daß die Charakteristika von Musik – Veränderungen in Stimmung, Tempo, Rhythmus und Klangfarbe – vieles mit den Eigenschaften von Wasser – ob Ozeane, Flüsse, Seen, Ströme oder Wasserfälle – gemeinsam haben. Und dabei spielt es keine Rolle, ob der Komponist für ein klassisches oder ein elektronisches Orchester arbeitet – die Palette der verfügbaren Klänge ist in ihrem Wesen sinfonisch.

Jimi setzte das Symbol des Wassers sowohl konkret als auch metaphorisch ein. Im folgenden Text rückt er dieses Thema in eine Perspektive, mit der er auf die innere Ruhe eines Menschen anspielt, der bewußt das äußere Chaos verdrängt.

Waterfall, nothing can harm me at all
My worries seem so very small
With my waterfall.

Jimi, der mit dem Spott der Menschen rechnet, hält trotzdem an seinem Glauben fest:

Some people say ›day dreaming is for all the lazy minded
fools with nothing else to do‹.
So let them laugh, laugh at me
So, just as long as I have you
To see me through, I have nothing to lose
Long as I have you.

»May This Be Love« ist musikalisch wie textlich beispielhaft für Jimis Spiritualität.

»Fire« lebt von einer wunderbaren Rhythm'n'Blues-Tonfolge: schwerer Funk, abrupte Schlagzeugbreaks, Gitarre und Baß unisono, aus tiefen Noten zusammengesetzte Riffs und sorgfältige »Saitenverzieher«, mal mit einem Ton, mal mit zweien. Jimis Soli sind jedoch trotz ihres Ungestüms niemals unkontrolliert. Dieser routinierte Aufreißer-Song entstand auf Grund eines ziemlich belanglosen Ereignisses. Als Jimi Weihnachten 1966 in Margaret Reddings Haus in Folkestone ankam, prasselte dort ein herrliches Feuer im offenen Kamin. Jimi war immer zu dünn angezogen. Und wie es so seine Art war, fragte er ganz höflich, ob er sich am Kamin aufwärmen dürfe. Dabei inspirierte ihn der deutsche Schäferhund der Familie, der den Platz vor dem Kamin blockierte, zu dem legendären Reim: »Oh, move over Rover and let Jimi take over.«

Es dauert etwa sieben Minuten und ist ein Instrumental. Hey, diese Typen kommen von einem anderen Planeten, verstehst du? Und der dritte Planet von der Sonne aus ist die Erde, . . . sie beobachten eine Weile die Erde und sind anschließend überzeugt, daß die klügsten irdischen Lebewesen die Hühner sind . . . Und deshalb . . . weil es dort sonst nichts gibt, jagen sie die Erde zum Schluß in die Luft . . .[23]

Die Idee zu »Third Stone From The Sun« stammt womöglich von dem Louis-Jordan-Song »Ain't Nobody Here But Us Chickens«. Dieser saxophonlastige Blues-Band-Stil war während Jimis Jugend in Seattle sehr beliebt. In der Geschichte geht es um eine Hühnerparty, die einem Farmer den Schlaf raubt, »eine Metapher für eine Hausparty der Schwarzen, die der Farmer, in diesem Fall der Hausbesitzer, oder auch die Polizei beenden will.«[24] Jimis Song wiederum diente als Vorlage für einen Donald-Duck-Cartoon (siehe Diskographie, Appendix 1).

Wenn man den verlangsamten Gesang auf »Third Stone From The Sun« auf eine Umdrehungszahl von 66⅔ pro Minute beschleunigt, hört man folgende Unterhaltung:

»Sternenflotte an Aufklärungsschiff, bitte Ihre Position angeben. Over.«
»Ich bin im Orbit in der Gegend des dritten Planeten vom Stern Sonne. Over.«
»Sie meinen, das ist die Erde? Over.«
»Absolut. Man weiß, daß es dort intelligente Lebewesen gibt. Over.«
»Gut, dann sollten wir uns mal umsehen.«

Jimi benutzte oft Science-Fiction-Bilder, Schlachten auf fernen Planeten, UFO-Landungen und das Motiv des baldigen Untergangs der Welt, um den hoffnungslosen Zustand der menschlichen Rasse mit dem Niedergang aller geistigen Werte zu erklären. »Third Stone From The Sun« war der erste dieser Songs aus einer langen Reihe, zu der auch zwei unveröffentlichte Songs zählen, ein Instrumental namens »South Saturn Delta« und »Valleys of Neptune . . . Arising«, sowie »Somewhere« aus dem Album »Crash Landing«, das nach Jimis Tod veröffentlicht wurde.

Es gab unzählige Versuche zu beweisen, daß sich Jimi vor seinem Tod dem Jazz zuwandte. Doch diese Behauptungen basieren größtenteils lediglich auf einigen Jam-Sessions, die er mit gleichgesinnten Musikern wie Tony Williams, John McLaughlin und Larry Young machte, und auf dem Plan Jimis, eine Zusammenarbeit mit Gil Evans zu versuchen. All diese Mutmaßungen sind schon deshalb überflüssig, weil Jimi musikalische Schubladen kategorisch ablehnte. Seine Parole lautete »Frei spielen können!«, und er nahm sich die Freiheit, über gängige Formen und Themen zu improvisieren und sie auszuschmükken. Damit war Jimi von Natur aus ein ebenso typischer Jazzer wie Bluesmusiker, denn in der modernen populären Musik verkörperte in erster Linie der Jazz diese grenzenlos großzügige Einstellung. So war Jimi ein geistiges Kind der Jazzer, ohne daß er selbst zu einem solchen werden mußte. Er hatte eine besondere Vorliebe für Free Jazz. »Ich mag Charlie Mingus und diesen anderen Typen, der all die Blasinstrumente spielt, Roland Kirk. Ich mag außergewöhnlichen Jazz, nicht den üblichen Kram. Vieles davon klingt wie Blues auf Blasinstrumenten, darum liebe ich Free Jazz. Wirklich mitreißende Sachen und nicht diese alten Hüte, wo alle aufstehen und dann stundenlang ›How High

Is The Moon‹ spielen – das ist 'ne echte Pest.«[25] Über Roland Kirk sagte er: »Den würde ich wirklich sehr gern kennenlernen, und es wäre toll, wenn er mit uns spielen würde. Leute, die das jetzt lesen, denken wahrscheinlich, daß ich nicht mehr alle Tassen im Schrank habe, wenn ich behaupte, daß Roland Kirk und wir im Grunde dasselbe machen. Wir arbeiten mit verschiedenen Stimmungen, und einige davon sind denen von Roland Kirk sehr ähnlich.«[26] Tatsächlich spielte Jimi später mit Roland Kirk eine Jam-Session.

Wie Jimi, so warf man auch Kirk vor, er würde mit Effekthaschereien arbeiten, weil er drei Instrumente gleichzeitig spielte, um Dramatik und Aufregung zu erzeugen: das Stritch, eine Art einfaches Altsaxophon, das Manzello, das wie ein Altsaxophon aussah, aber wie ein Sopransaxophon klang, dazu ein Tenorsaxophon und diverse Sirenen und Pfeifen. Kirk erklärte, daß er dies alles aus einem ganz bestimmten Grund machen würde – er versuche einfach, die Klänge, die er in seinem Kopf höre, umzusetzen. Der Jazzmusiker und -kritiker Ian Carr beschrieb ihn als einen absolut eigenwilligen Live-Musiker, einen großen Meister der Improvisation, der in seinem Stil die gesamte Jazzgeschichte transportierte – vom frühen New Orleans bis zur Avantgarde. Ähnliches kann man über Jimi Hendrix sagen, bezogen auf Blues, Rhythm'n'Blues, Rock'n'Roll und Free Jazz.

Ein weiterer Seelenverwandter von Jimi war der Free-Jazzer Ornette Coleman, dessen musikalische Biographie der von Hendrix nicht unähnlich ist. Coleman war Autodidakt und hatte den ganzen Rhythm'n'Blues-Zirkus im Süden mitgemacht, bevor er nach New York zog und dort von einer miesen Spelunke zur anderen zog. Auch er mußte üble Demütigungen durch andere Musiker einstecken. Sein Musikkonzept war ziemlich unorthodox, unharmonisch und ohne Akkorde, doch gleichzeitig sehr blues-orientiert. Man schimpfte diesen begabten und originellen Musiker einen Scharlatan, der nicht spielen könne. Aber er verschloß seine Ohren vor allem, was nicht mit Musik zu tun hatte, und übte, wie Jimi, endlos für sich, besessen von der Idee, das, was er spielte, atomisieren zu können: »Ich habe einen Tag lang nur ein und dieselbe Note gespielt. Ich wollte herausfinden, wie viele verschiedene Klänge ich mit meinem Mundstück erzeugen konnte . . . Ich habe so viele verschiedene Töne und Klänge gehört.«[27]

Seine Empfindungen, die Ornette Coleman im Hüllentext seiner fünfzigsten LP »Something Else« ausdrückt, hat Jimi in die Rock-Sprache der sechziger Jahre übersetzt: »Das Schaffen von Musik ist so normal wie die Luft, die wir atmen. Ich glaube, daß Musik eine wirklich freie Sache ist und daß man jede Möglichkeit, sie zu genießen, nutzen sollte.«

In »Third Stone From The Sun« kann man den Jazz-Einfluß ziemlich eindeutig nachweisen. Die Spielweise stammt von Wes Montgomery, und was die Arbeit mit Klängen angeht, werden Anleihen bei John Coltranes »sheets of sounds« gemacht. Das regt Mitch Mitchell zu einem Coltrane/Jones-ähnlichen Spiel an, während Noel dem Ganzen ein gemeinsames Fundament verschafft.

Hier wurde die Rückkopplung erreicht, indem man sämtliche Geräte bis zum Anschlag aufdrehte, wobei Jimi die Gitarre in alle Himmelsrichtungen schwang, um sie anschließend so nahe wie möglich an die Lautsprecher heranzubringen. Ein Anfänger hätte damit ein unkontrollierbares Klangchaos auslösen können. Und in der Tat passierte es gelegentlich, daß jemand, der Jimis Gitarre auch nur berührte, einen unvorstellbaren Lärm auslöste. Doch Jimi beherrschte sein Instrument wie ein Dompteur. In »Third Stone« haben wir das beste Beispiel für Jimis Können, was den Rückkopplungseffekt betrifft; er benutzte dazu den Vibrato-Arm der Gitarre, um Höhe und Intensität der Töne zu verändern und zugleich die Rhythmusmuster zu kontrollieren.

In diesem Song werden von Jimi zwei kurze Strophen gesprochen. In der zweiten meint er, es sei vielleicht gar nicht so schlecht, wenn die Erde explodieren würde, weil man dann zumindest keine Surf-Musik mehr hören müßte: »You'll never hear surf music again.«

Das wahrscheinlich schwächste Stück der LP ist »Remember«, obwohl der Kritiker Charles Shaar Murray schrieb, »daß es von einem wunderbaren, ganz und gar beiläufig gespielten Arpeggio-Akkord-Gitarrensolo gekrönt wird, etwas, bei dem die meisten britischen Gitarrenhelden und Bluesmeister schon im Ansatz passen müßten.«[28]

If you can just get your mind together
Then come on across to me
We'll hold hands and then we'll watch the sun rise
From the bottom of the sea
But first, are you experienced?
Have you ever been experienced?
Well, I have
I know, I know you'll probably scream and cry
That your little world won't let you go

But who in your measly little world
Are you trying to prove that
You're made out of gold and eh can't be sold

So, are you experienced?
Have you ever been experienced?
Well, I have . . .

Trumpets and violins I can hear in the distance
I think they're calling our names
Maybe now you can't hear them, but you will (ha ha)
If you just take hold of my hand
Oh, but are you experienced?
Have you ever been experienced?
Not necessarily stoned, but beautiful.

Das Titelstück des Albums ist das majestätische und formvollendete Beispiel einer pathetischen Rock-Hymne. Mitchs militärische Snare-Drums unterstreichen die erstaunlich modernen Hip-Hop-Scratch-Effekte, die durch rückwärtsgespielte Tonbänder entstehen. Dabei verkündet Jimi, er wolle unser Führer sein (»If you can get your mind together«). Für was? Für sexuelle Ekstase? Für ein verändertes Bewußtsein? Oder einfach, um sich selbst zu finden, sich Zeit zu nehmen, um sich selbst außerhalb des eigenen Ichs zu beobachten, »from the bottom of the sea«, während man die tägliche Schufterei in dieser schäbigen Welt vergißt? All das könnte gemeint sein; doch eigentlich geht es nur darum, Ruhe zu finden – »nicht unbedingt bekifft, aber angenehm«.

Wie bereits erwähnt, stellten einige skandinavische Kritiker Jimis Musik den Werken klassischer Avantgarde-Komponisten gleich; sie sahen in ihr eine extreme musikalische Herausforderung – eine Mischung aus Ordnung, Kontrolle und Absicht. Nicht die Anarchie war das Ziel, denn Jimis Wertmaßstäbe waren ziemlich traditionell; trotzdem sind die meisten Songs auf diesem Album ein Angriff auf die Sinne. Wie Jimi die Unmenschlichkeit und Grausamkeit der Welt sah, und wie er sie in seinen gewalttätigen musikalischen Ausbrüchen widerspiegelte, das konnte schon schockieren und verstören. Jimi hatte immer das Gefühl, anders zu sein, ohne Kontakt zu seiner Umgebung, und deshalb drückte er seine Beobachtungen mit den Worten eines Außenseiters aus, eines Fremden in einem fremden Land – ob oben im Himmel oder unten im Wasser. Aber selbst draußen im Kosmos entdeckt Jimi die Kälte einer fremden Technologie, die intergalaktische Schlachten führt und Planeten zerstört.

Vielleicht formulieren Jimis Songs über Krieg und Frieden, ungeachtet dessen, ob es sich um einen zwischenmenschlichen oder um einen interplanetarischen Konflikt handelt, nur seinen eigenen inneren Aufruhr, die Hoffnung und Verzweiflung eines geistigen Führers oder eines Wanderers zwischen den Welten.

Im März 1967 mieteten zwei junge Veranstalter, Ben Shapiro und Alan Pariser, die staatlichen »Monterey Fairgrounds« für den 16.–18. Juni, um ein Festival zu veranstalten, auf dem die Crème de la Crème der progressiven Rockmusik auftreten sollte.

Seit 1964, als sich die Insider aus der Bay Area mit einem LSD-Orangensaft-Cocktail und zur Musik der Warlocks (den späteren Grateful Dead) zugrunde richteten, waren Massenveranstaltungen, in deren Mittelpunkt die Musik stand, unglaublich beliebt. Höhepunkt dieser Vorläufer der späteren kommerziellen Rockveranstaltungen war das »Human Be-In« im Januar 1967, als Tausende jugendlicher Rockfans den Golden Gate Park von San Francisco bevölkerten, um die besten lokalen Talente, angeführt von Jefferson Airplane, zu hören. Es war das erste Rockfestival, das die Aufmerksamkeit der Medien erregte und ein schlagender Beweis dafür, daß Massentreffen von Leuten unter fünfundzwanzig nicht zwangsläufig in Mord und Totschlag enden mußten. Und mit den 100 000 kostenlosen LSD-Proben, die Kaliforniens führender Underground-Chemiker Augustus Owsley über dem Park abwerfen ließ, um den schwarzen Markt zu unterlaufen, war fast automatisch eine Atmosphäre von Liebe und Frieden garantiert, trotz Anwesenheit der Hell's Angels. Unternehmer wie Shapiro und Pariser erkannten zwei wichtige Punkte: Die neue Musik zog Heerscharen von Jugendlichen an, und die meisten von ihnen stammten aus der wohlhabenden weißen Mittelschicht.

Shapiro und Pariser trieben 50 000 Dollar auf und heuerten den in Los Angeles lebenden Publizisten Derek Taylor, der für die Beatles gearbeitet hatte, an, um die Show zusammenzustellen. Doch bald steckten sie in Schwierigkeiten. Als John Phillips von den Mamas & Papas nicht mal für 5000 Dollar auftreten wollte, wurde ihnen klar, daß selbst 1967 eine Produktionssumme von 50 000 nicht mehr ausreichte, um ein dreitägiges Musikfestival mit attraktiven Gruppen auf die Beine zu stellen. In Wirklichkeit hatte John Phillips das Geld ausgeschlagen, weil ihm das ganze »Colonel Parker«-Getue des Unternehmens nicht behagte – die Gruppe konnte es sich leisten, ihre Auftritte auszuwählen. Zusammen mit Paul Simon, den man ebenfalls angesprochen hatte, drehte John Phillips die ganze Sache um und schlug vor, ein Non-Profit-Festival zu veranstalten, das die Künstler selbst organisieren sollten. Sie wollten nur auf einer Unkostenbasis spielen, während die Gewinne an wohltätige Institutionen gehen sollten. Shapiro und Pariser waren einverstanden. Hauptsäch-

Paris, 3. März 1967

lich zu Werbezwecken wurde ein Veranstaltungskomitee gegründet, dem Paul McCartney, Mick Jagger, Brian Wilson und Smokey Robinson angehörten. Obwohl sie alle bei der Organisation des Monterey-Festivals keine wirklich ernstzunehmende Rolle spielten, war es McCartney, der sich eine internationale Veranstaltung dieser Dimension ohne Jimi Hendrix nicht vorstellen konnte.

Die Experience gab also am 4. Juni, während ihr Album die Hitparaden hochraste, ein »Abschiedskonzert« im Saville Theatre, um anschließend nach Monterey zu fliegen. Das Publikum, in dem auch Paul McCartney saß, war völlig aus dem Häuschen, als die Band »Sergeant Pepper's Lonely Hearts Club Band« zum besten gab, das auf Anhieb Platz 1 der Hitparaden erobert hatte. Zum Schluß zertrümmerte Jimi die Gitarre, die man ihm für das Finale von »Are You Experienced?« gereicht hatte, und schmiß sie ins Publikum. Auf die Rückseite der weißen Fender hatte er ein Gedicht geschrieben:

May this be
Love or just
Confusion Born out of
frustration wracked
feelings – of not
being able to
make true physical
love to the
Universal gypsy Queen
True, free expressed music
Darling guitar please
rest. Amen

In England und Europa hatte Jimi seine Fähigkeiten unter Beweis gestellt. Ohne Zweifel besaß er das Potential für einen international anerkannten Star – aber dazu mußte er erst einmal Amerika gewinnen. Und das war für Jimi noch aus einem anderen Grund von besonderer Bedeutung: Im Gegensatz zu allen anderen Musikern der britischen Invasion seit 1964 kehrte Jimi in seine Heimat zurück.

8

No More Surf Music

Nur weil man Afrolocken, Glöckchen und Holzperlen trägt, ist man noch lange kein Blumenkind. An die Liebe muß man glauben. Es reicht nicht aus, Blumen zu verteilen. Es kommt auf das Gefühl an, auf die Einstellung. Und die kann auch ein Beamter haben. (»Fabulous 208«, 4. November 1967)

In fünf Jahren möchte ich gern Theaterstücke und Bücher schreiben. Ich möchte auf einer Insel wohnen – auf *meiner* Insel – und meinen Bart wachsen hören. Und dann werde ich als Biene wiedergeboren, als Bienenkönigin. (»Newsweek«, 9. Oktober 1967)

Die Experience fuhr in Mike Jefferys Rolls-Royce zum Flughafen Heathrow. Dort durchforstete Jimi den Buchladen nach Science-Fiction-Literatur, sein damaliger Favorit war Asimov. Alle waren von Jimis Charme beeindruckt. Die TWA-Stewardeß schenkte ihrem Erste-Klasse-Passagier besonders viel Aufmerksamkeit und plauderte mit ihm über Musik. Die meiste Zeit aber hatte Jimi seine Kopfhörer auf, hörte Musik von Al Jolson, Bing Crosby und Bach, für den er sich besonders interessierte. Direkt nach seiner Ankunft ließ Jimi sich zum Colony Record Centre nahe dem Broadway kutschieren, um stapelweise Platten zu kaufen.

Am Abend unternahm die Band einen Streifzug durch das Greenwich Village. Man speiste im Tin Angel und besuchte dann das Café Au Go Go. Keith Altham begleitete die Band, um für den »New Musical Express« eine Reportage zu schreiben. »Während ich an meinem Bier nippte, spielte ein Typ für die vielleicht 150 Clubbesucher Gitarre, aber keiner hörte wirklich zu. Aber ich war völlig fasziniert . . . Er sang ein Lied über den Ku-Klux-Klan . . . Es war Richie Havens, den damals noch keiner kannte.« Havens wollte von den Leuten wissen, wie sie jetzt, nachdem gerade der Sechstagekrieg zwischen Israel und den arabischen Staaten beendet war, den Krieg in Vietnam verhindern wollten? Irgend jemand brüllte: »Schickt doch einfach zwölf israelische Offiziere hin!« Jimi hörte zwar nicht richtig zu, meinte aber zu Keith, daß man von Richie Havens sicher noch hören würde. Dann zogen sie zum Scene Club weiter, um sich die Doors anzusehen. Bei seinem Village-Besuch trug Jimi ein knallbuntes Blumenjackett, weiße Hosen, einen smaragdgrünen Schal und ein goldenes Medaillon mit der Aufschrift »Champion Bird Watcher«. Bis jetzt war der Abend harmonisch verlaufen, aber das änderte sich, als sie nach einem Taxi Ausschau hielten, das sie ins Buckingham-Hotel zurückbringen sollte. Keith erinnert sich:

> Damals bekam man im Village kein Taxi, wenn einer der drei folgenden Gründe zutraf: man sah wie ein ausgeflippter Hippie aus, man hatte lange Haare, man war ein Schwarzer. Auf Jimi trafen gleich alle drei zu. Die Taxifahrer versuchten sogar, ihn über den Haufen zu fahren. Wir versuchten, ein Taxi anzuhalten, während er sich in einem Hauseingang versteckte. Einige Taxifahrer setzten uns einfach wieder an die Luft, und mir wurde allmählich mulmig. Aber Jimi sagte nur: »Halt den Mund und steig aus.« Na ja, ein oder zwei Jahre später, als er der große Superstar war, zeigten sich die Leute plötzlich alle ganz hilfsbereit.

Jimi war also wieder zu Hause. Nach einem Zwischenstopp in San Francisco landeten sie in Monterey. Die Organisatoren des ersten internationalen Musikfestivals hatten mit zahlreichen Problemen zu kämpfen. Die treibende Kraft hinter Monterey war der Produzent von John Phillips, Lou Adler, gegen den Ben Shapiro mittlerweile eine so große Abneigung entwickelt hatte, daß er nach etlichen »Zweikämpfen« aus dem Unternehmen ausstieg.

Das berühmt-berüchtigte Haight-Ashbury-Viertel in San Francisco war zu jener Zeit bereits von jugendlichen Ausreißern übervölkert. Minnie Coyle, Bürgermeisterin von Monterey, und der Polizeichef Marinello befürchteten eine weitere Völkerwanderung ausgerissener Teenager und forderten von John Phillips präzise Informationen über das Festival. Der beruhigte sie erst einmal mit der Mitteilung, das Festival sei für ein älteres Publikum gedacht, und sogenannte »Teeniepop«-Bands würden ebensowenig auftreten wie Rockgruppen, die von der Bühne aus die Revolution ausriefen.

Damit ließe sich zumindest die merkwürdig anmutende Programmzusammenstellung erklären. Man hatte vorwiegend entspannten Westcoast-Pop und ein paar Mainstream-Rockbands, aber nur wenige schwarze Künstler und Bands von der Ostküste unter Vertrag genommen. Schon deshalb kam es bereits im Vorfeld zu scharfer Kritik.

Bands aus anderen Teilen der USA warfen der kalifornischen »Musik-Mafia« vor, sie bewußt von einem enorm wichtigen Ereignis auszuschließen. Im Gegenzug zwangen Agenten und Manager der großen Stars die Organisatoren, auch unbekannte Künstler aus ihrem Stall mit ins Programm aufzunehmen. Und so kam es, daß ein englischer Sänger namens Beverley und eine Band aus Toronto namens The Paupers neben den Mamas & Papas und The Who auftraten. Daß so wenige schwarze Künstler mit von der Partie waren, lag jedoch weniger an den Veranstaltern: Chuck Berry dachte gar nicht daran, ohne Gage aufzutreten, und Dionne Warwick hatte einen Vertrag mit einem Hotel in San Francisco, das ihr die Auftrittsgenehmigung verweigerte. Die Rolling Stones wiederum konnten nicht auftreten, weil Mick Jagger und Keith Richards aufgrund schwebender Drogenverfahren keine Arbeitserlaubnis erteilt wurde. Und die Beach Boys lehnten ab, weil sie dem Versprechen, alle Einnahmen würden wohltätigen Zwecken zugeführt, mißtrauten. In den Augen der Sprecher der Radikalen aus der Westcoast-Szene fehlte es dem Festival ohnehin an Glaubwürdigkeit, und ein Manager der Grateful Dead organisierte sogar ein Anti-Festival auf dem Fußballplatz des Monterey Peninsula College. Derek Taylor versuchte, gegen die Stimmungsmache anzugehen, und erklärte in einer Pressemitteilung, daß ein Teil der Einnahmen den Diggers zugute käme, einer lokalen uneigennützigen und autarken Gruppe, die unter anderem kostenlos Kleider und Lebensmittel verteilte, die von ihrer Farm stammten, und die auch eine Suppenküche betrieb. Doch die Diggers, deren Einfluß in der lokalen Szene nicht zu unterschätzen war, ließ das kalt. Sie wollten wissen, wieso man einen Dollar Eintritt bezahlen mußte, um auf das normalerweise kostenlos zugängliche Veranstaltungsgelände zu gelangen. Ihrer Meinung nach war Monterey sowieso nur eine kommerzielle Veranstaltung des traditionellen Rock'n'Roll-Business, das sich hier einen alternativen Anstrich gab.

Womit sie absolut recht hatten. Zunächst einmal benötigten die Veranstalter die Unterstützung der Plattenfirmen, um Monterey überhaupt auf die Beine stellen zu können. Dafür bot Monterey den Plattenfirmen einen Supermarkt voller vertragsloser Rocktalente, die den versteinerten Konzernen jene jugendliche Glaubwürdigkeit verliehen, die sie so dringend benötigten. Chas und Mike war es egal, ob mit dem Monterey-Festival tatsächlich das Zeitalter des Wassermanns anbrechen würde – ihnen ging es ums Geschäft. Falls Jimi gut ankam, hätten sie endlich einen internationalen Star. Es sah ganz so aus, als würde Monterey ein Festival zweier verschiedener Welten werden. Im

Publikum saßen eine Menge Leute, die glaubten, daß sich mit diesem Ereignis die Gesellschaft verändern würde. Hinter der Bühne beschränkte sich die Revolution allerdings auf Organisatoren, die um ihre Kalkulation bangten, während die Manager auf satte Vorschüsse aus waren, die sie dann auch erhielten. Und die Künstler saßen zwischen allen Stühlen und versuchten es jedermann recht zu machen.

Das Mißtrauen der Lokalmatadoren gegenüber den Finanziers des Festivals wuchs noch, als bekannt wurde, daß Adler vom ABC-Fernsehen 400000 Dollar für die Filmrechte kassiert hatte. Allerdings muß man dem Impresario zugute halten, daß er es geschafft hatte, die gesamte Show innerhalb von sechs Wochen auf die Beine zu stellen: Künstler, Bühnenaufbau, Beleuchtung, Musikanlage, Reiseorganisation, Unterbringung und Verpflegung, Sicherheitsdienst und Genehmigungen. Man hatte für alle, die nicht aufs Festivalgelände konnten, außerhalb der Arena einen Spielplatz eingerichtet mit Projektionsräumen, einer Bühne für improvisierte Auftritte, Vorführungen eigener Fernsehprogramme und dem Moog-Synthesizer des Erfinders Dr. Robert Moog. Für die vierzig Läden und Buden, die direkt von dem vergleichsweise bescheidenen Magic Mountain Music Festival im Marin County kamen, sollten hier die Geschäfte wesentlich besser laufen. Anfang der Woche wurde unter Leitung des Tontechnikers Wally Heider die Bühne mitsamt Anlage aufgebaut, und am Donnerstag, dem 15. Juni, trafen die ersten Blumenkinder ein. Am Freitag war der Ansturm bereits so groß, daß die Straßen nördlich und östlich der Bay völlig verstopft waren. Außer den Hippies reisten zahlreiche schaulustige Normalbürger an, Motorrad-Gangs der Hell's Angels, Tramper, viele von ihnen wie Cowboys oder Indianer gekleidet, und sie alle mischten sich unter die selbsternannten Hippies. Als John Phillips am Freitagabend um 21 Uhr das Festival eröffnete, drängten sich auf dem Areal 30000 Besucher, von denen allenfalls 7500 Zugang zum Festivalgelände gewährt werden konnte.

Im Laufe des Wochenendes wuchs ihre Zahl auf schätzungsweise 90000 an, und Polizeichef Marinello forderte Verstärkung an, die sich jedoch als überflüssig erwies. Man übte sich in Zurückhaltung, ignorierte den Drogenkonsum und drückte bis zum Schluß des Wochenendes beide Augen zu. Wenn sich jemand überfordert fühlte, dann waren es die Veranstalter. Irgendwann im Verlauf der Samstagnacht war Derek Taylor von der Bildfläche verschwunden. An der Bürotür hatte er folgende Nachricht hinterlassen: »Ich kann mich nicht um eure Probleme kümmern.« Aber alle, die dort waren und später über das Ereignis schrieben, schwärmten von der völlig friedlichen Atmosphäre. Wer durch die haschischrauchende Menge bekiffter, glücklicher, lachender Gesichter ging, konnte allein vom Rauch high werden. Später wurde Monterey oft als ein Stammestreffen bezeichnet, ein Fest des kollektiven Unterbewußtseins. Der Journalist Robert Christgau schrieb, das Wochenende sei vor allem durch eine »Stimmung heiterer Verblödung« geprägt gewesen. Im Laufe der Zeit wurden immer mehr Polizisten gesichtet, die mit einem gelassenen Lächeln durch das Gelände wanderten, über dem eine Marihuana-Wolke hing, die so dick war wie der Smog von Los Angeles. Und sicher probierte auch der eine oder andere Owsleys besonderes Geschenk aus – die LSD-Trips. Alles in allem war das Publikum in Monterey wichtiger als die Musik. Die Besucher unterhielten sich selbst prächtig, beobachtet von den meisten der insgesamt 1.200 akkreditierten Journalisten. Es war ein wahres Disneyland des Rock'n'Roll.

Das Festivalprogramm sah ungefähr folgendermaßen aus: am Freitagabend Pop, am Samstag kalifornische Bands und zum Schluß, am Sonntag, die Superstars. Die schwarzen Künstler und Rhythm'n-'Blues-Musiker wie Otis Redding, Lou Rawls, Booker T. and The MG's, Johnny Rivers und Hugh Masekela hatte man über das ganze Wochenende verstreut wie Parmesan über Spaghetti. Es gab eine Reihe prominenter Gastmoderatoren, unter ihnen der Rockmanager und -veranstalter Chet Helms sowie Peter Tork und Mickey Dolenz von den Monkees. Die Monkees waren ganz versessen darauf zu spielen, weil es ihrer musikalischen Glaubwürdigkeit genützt hätte, fühlten sich aber gehemmt wegen des Publikums, das sie möglicherweise anzogen. Und es ließ sich bei einem solchen Ereignis auch nicht verhindern, daß Gerüchte umgingen, wer noch alles auftreten würde. Paul McCartney wurde gesichtet, ebenso Brian Jones, gekleidet in einen Goldlamé-Mantel, der mit Kristallen, Spitzen und Perlen übersät war und in dem er »herumschwebte wie ein Vorbote des Weihnachtsgeistes«, wie es Keith Altham formulierte – was zu unzähligen Spekulationen über die Beatles und Rolling Stones führte. Auch Dylan war in aller Munde. Natürlich war an keinem der Gerüchte etwas dran, und so blieb es bei David Crosbys Auftritt mit den Buffalo Springfield. Wohltätigkeit hin oder her: Die Bands waren da, um Eindruck zu schinden, ihre eigenen Songs zu spielen – und zwar mit ihren *eigenen* Musikern.

Der Auftritt der Experience fand erst am Sonntagabend statt. Bis dahin genossen die drei ihr Leben als Rockstars in vollen Zügen. Noel hatte bereits im Flugzeug neben Brian Jones gesessen und zum ersten Mal LSD ausprobiert. Keith Altham berichtete in seiner Reportage für den »New Musical Express«: »Noel Redding und Mitch Mitchell amüsieren sich, mit einer Horde wildgewordener Mädchen im Schlepptau, im und am Swimmingpool fast zu Tode.« Jimi verbrachte die meiste Zeit mit Brian Jones und Eric Burdon, der schon am Eröffnungsabend mit den New Animals auftrat, sowie mit Buddy Miles, dem schwarzen Schlagzeuger und Sänger der Electric Flag, Mike Bloomfields neuer Band. Jimi und Buddy kannten sich seit einer Ewigkeit. Damals, als Jimi mit den Isley Brothers in Montreal aufgetreten war, spielte Buddy Miles bei Ruby and The Romantics Schlagzeug, und die beiden waren gelegentlich zusammen ausgegangen. Viele der Musiker wollten »Purple Haze«-Acid ausprobieren oder STP, etwas ganz Neues aus dem Hause Owsley, gegen das LSD eine fade Salatsauce war.

Das Kürzel STP stand für »Serenity, Tranquillity, Peace« – Gelassenheit, Heiterkeit, Friede –, aber ein STP-Trip konnte auch alles andere als friedlich ausgehen. STP, auch als DOM (2,5-Dimethoxy-4-Methyl-Amphetamin) bekannt, ist ein Abkömmling der Familie der Amphetamine und somit kein echtes Halluzinogen wie LSD. Aber es enthält Stoffe, die mit beiden verwandt sind und ist ein wirkungsvollerer Verwandter von MDMA oder Ecstasy. Zum ersten Mal tauchte es im Januar 1967 auf dem Be-In im Golden Gate Park in Zehn-Milligramm-Dosen auf. Drei Milligramm genügen bereits für einen Achtzehn-Stunden-Trip, und nach der Einnahme von zehn Milligramm rasteten manche über eine Woche aus und landeten in Panik in den Krankenhäusern der Bay Area, weil sie befürchteten, daß sie von dem Zeug nie mehr runterkommen würden. Bei Jimi schien der Konsum dieser Droge jedoch keine unangenehmen Nebenwirkungen hervorzurufen.

Während sich Jimi mit seinen Musikerkollegen vergnügte und die Atmosphäre in sich aufsog, war er noch immer auf der Suche nach einer zweiten Fender Strat für seinen Bühnenauftritt. In New York hatte er vergessen, sich eine zu besorgen, und bei ihrem nächtlichen Zwischenstopp in San Francisco waren die Läden geschlossen gewesen. Schließlich konnte er eine in Monterey auftreiben. Eric Burdon beobachtete Jimi am Sonntag in seinem Motelzimmer. »Wie er da im Sonnenlicht hockte, einen silbrigen Muschelgürtel um die Taille, weiße Kalbslederstiefel bis übers Knie, das Zigeunerwestchen über dem purpurroten Hemd und mit bunten Tinten und Ölfarben neben der Gitarre, wirkte er völlig entrückt. Es war wie ein Navajo-Traum – der Krieger vor der Jagd.«[1]

Jimi hatte vor sich auf dem Boden vier Fender-Gitarren, und Eric sah ihm zu, wie er eine von ihnen, eine weiße, mit schwarzen Kringeln bemalte und eine andere mit gelben. Eine der beiden sollte an diesem Abend die heilige Opfergabe werden. Jimi und Eric rauchten einen Joint. »Ich bin gespannt auf heute abend, Mann«, meinte Jimi. »Ich schwebe förmlich – ein totales Nervenbündel. Heute abend wird das Raumschiff abheben.«[2] Jimi machte sich einen ruhigen Nachmittag, saß im Publikum, sah sich Ravi Shankar an und versuchte etwas von der inneren Ruhe dieses Künstlers zu absorbieren. Später gab es einen ärgerlichen Zwischenfall. Jimi stritt sich bis aufs Messer mit Pete Townshend über die Reihenfolge ihrer Auftritte. Keiner der beiden wollte nach dem Auftritt des anderen auf die Bühne. Die Who waren in diesem Jahr schon einmal im Saville Theatre nach Jimi aufgetreten, und Townshend hatte keine Lust auf eine Wiederholung dieser Erfahrung. Beide Bands griffen für ihre aufregende Show auf dasselbe Hauptelement zurück: Zerstörung. Zweimal hintereinander geboten, verlor diese Aktion natürlich an Wirkung. Ihre Diskussion drehte sich im Kreis, und schließlich warf John Phillips eine Münze. Jimi verlor, die Experience mußte nach den Who auftreten. Wortlos kletterte Jimi auf einen Stuhl und spielte derart mörderisch Gitarre, daß allen der Mund offenstand. Dann sagte er leise zu Pete: »Wenn wir nach euch auftreten, werde ich alle Register ziehen.« Eric Burdon hatte die Geschichte von Mike Jeffery allerdings ein bißchen anders gehört. Mike habe ihm, so Burdon, erzählt, sie hätten einen Riesencoup gelandet, weil sie es geschafft hätten, daß die Experience erst nach den Who auftreten würde.

Jimi war sehr darauf bedacht, sich in Amerika als der »neue« Jimi Hendrix zu präsentieren. Er malte sich aus, was diejenigen, die ihn von früher her kannten, als er noch im Smoking aufgetreten war, von seiner Verwandlung halten würden, wenn sie ihn jetzt in seiner Psychedelic-Pracht zu Gesicht bekamen. Bei seiner Ankunft war er sich noch nicht so ganz sicher gewesen, ob die Uniformjacken und die verrückten Hemden wirklich das richtige waren, aber inzwischen fühlte er sich in seinen Klamotten sehr wohl, weil sie für ihn ein Ausdruck seiner Weiterentwicklung waren. Aber er befürchtete, mit ihnen erneut jene Hänseleien und Kritiken zu provozieren, unter denen er so lange gelitten hatte.

Unterhalb der Hauptbühne befand sich ein kleiner Übungsraum mit ein paar *VOX-AC-30*-Verstärkern, in dem Gitarristen ihr Instrument stimmen konnten. Jimi schloß seine Fender an und ließ ein Riff los. Buddy Miles klatschte dazu, Mitch trommelte lautlos gegen die Wand, Chas und Mike machten mit, bis der Veranstalter Bill Graham seinen Kopf zur Tür hereinsteckte und meinte, sie sollten, verdammt noch mal, aufhören. Wie erwartet lösten die Who Begeisterungsstürme aus. Die Rockkritikerin Ellen Sander, die in einem für die Presse reservieren Korridor eingepfercht stand, schrieb, daß während des Who-Auftritts alle völlig aus dem Häuschen gerieten: »Niemand wollte sich mehr hinsetzen. Irgendwas lag in der Luft, ein undefinierbares Gefühl. Oft entschieden solche Momente über das Gelingen oder Mißlingen eines ganzen Festivals.«[3] Nach den Who traten erst einmal die Grateful Dead auf. Nachdem der Trümmerhaufen beseitigt war, den die Who hinterlassen hatten, kam Peter Tork auf die Bühne und bat die Leute in den letzten Reihen, nicht die Zäune niederzureißen, da sich die Beatles allen anderslautenden Gerüchten zum Trotz nicht auf dem Festivalgelände befänden. Aber Phil Lesh, der Bassist der Grateful Dead, erklärte, daß das am letzten Abend auch keine Rolle mehr spielen würde, und erhielt dafür riesigen Beifall. Laßt die Leute rein! Tork verzog sich und überließ es den Grateful Dead, die Leute zu beruhigen, was ihnen mit einem sensiblen Gitarrenduett von Jerry Garcia und Bob Weir auch gelang. Es war die Ruhe vor dem Sturm. Dann kam die Ansage: »Und jetzt, als nächstes, eine der heißesten Bands aus England – angeführt von einem Amerikaner: Jimi Hendrix. Und hier – direkt aus London – Brian Jones von den Rolling Stones, der die Gruppe ankündigen wird. Meine Damen und Herren – Brian Jones!« Brian Jones rief: »Ich möchte euch einen sehr guten Freund vorstellen, einen Landsmann von euch – er ist der aufregendste Künstler, den ich je gehört habe. The Jimi Hendrix Experience!«

Jimi betrat die Bühne, aufgedonnert wie Little Richard. Er trug ein knittriges Pluderhemd, rote Hosen, eine Federboa und die Haare derart hochgezwirbelt, als habe er eine Pompadour-Perücke auf dem Kopf. Das war die Rache des ewigen Begleitmusikers, denn Jimi war im Begriff, all jene zu übertreffen, die ihn früher gefeuert oder seine Musik verspottet hatten.

Die Band legte mit einer ungestümen Version von »Killing' Floor« los. Jimi strich mit seinem Arm über den Gitarrenhals, bewegte seine Zunge zu einem Vibrato-Sound wie eine Schlange hin und her und baute sich schließlich vor den Lautsprechern auf, um eine wilde Rückkopplung zu erzeugen. Aber das war nur der Anfang. Es ging weiter mit »Foxy Lady«, und danach wandte sich Jimi ans Publikum: »Ich sag euch was, laßt uns zur Sache kommen [legt die Federboa ab] . . ., damit mich niemand hier für P.T. Barnum hält [das Publikum lacht]. Es ist wirklich unbeschreiblich hier . . ., und den nächsten Song möchten wir all denen widmen, die Herz und Ohren haben. Geht ungefähr so . . .«

Aus der Tiefe schleuderte er den ersten Akkord hervor – von welchem Song? »Wild Thing«? »Like A Rolling Stone«? Jimi ließ das Publikum schmoren. Anfangs waren die Leute ziemlich sprachlos, versuchten einfach mitzubekommen, was er da auf sie losließ. Aber dann riß Jimi sie mit sich; er wurde selbstbewußter und brummelte seine Ansagen nicht bloß vor sich hin. »Wie ich vorhin schon gesagt habe, es ist absolut toll hier. Ich möchte euch jetzt für sechs oder sieben Minuten mit einem kleinen Stückchen langweilen . . . 'tschuldigung, will nur auf meiner Gitarre spielen . . . Wir spielen jetzt also ein kleines Liedchen von Bob Dylan, ›Like A Rolling Stone‹, [deutete auf Noel] und das da ist seine Großmutter.« Und damit hatte er sie! Er hatte eine Hommage an ihren Helden angekündigt, und Publikum und Künstler waren jetzt auf ein und derselben Wellenlänge, sprachen die gleiche Sprache.

Jimi machte aus dem Stück eine Art souligen »Hüftwackler« – das Raumschiff hob ab zum Überschallflug, und der Band rauchten die Socken. Jimi surfte über die Wellen und machte sich sogar über seine Fehler lustig. Während er sich zu Noel umdrehte, meinte er: »Ich hab' eine Strophe ausgelassen, macht nichts.«

Mit der Einleitung zu »Rock Me Baby« erteilte Jimi dem Publikum eine kleine Blues-Lektion und demonstrierte, wie B.B. King es gespielt haben könnte. Aber: »Wir haben unsere eigene Version von ›Rock Me Baby‹, und die geht ungefähr so. Vielleicht stimmt der Text nicht ganz, aber das macht nichts.« Bei »Can You See Me?« schienen Mitch die Arme förmlich abzufallen, während er die Band zum Höhepunkt trieb. Noel stellte am Baß die Teilnahmslosigkeit eines Bill Wyman oder John Entwistle zur Schau und leistete in »Hey Joe«, »Can You See Me?« und »The Wind Cries Mary« hervorragende Arbeit.

Jimi bereitete die Atmosphäre für sein Finale vor. Er ließ einen rätselhaften Seitenhieb auf den Medien-Hype los: »Ich weiß, jeder sagt das, Mann, aber für uns ist es echt was anderes. Jeder weiß, daß wir es hierzulande nicht schaffen können und daß wir deshalb nach England gehen. Und Amerika mag uns nicht, weil, na ja, ihr wißt schon, unsere Füße sind zu groß, und wir haben 'ne lange Matte [vgl. Fat Mattress, der Name von Noel Reddings späterer Band] und tragen goldene Unterwäsche. So ist's wirklich nicht, Brüder, es ist ganz einfach, mir gefällt es dort, jawohl. Statt rumzuhängen, bin ich nach England gegangen, hab' die beiden Typen hier aufgegabelt, und jetzt

Monterey International Pop Festival, 18. Juni 1967

sind wir eben hier. Mann, es ist einfach so toll, auf diese Weise wieder hier zu sein und, na ja, mit der Chance, wirklich spielen zu können ... Ich könnte jetzt den ganzen Abend hier stehen und mich bedanken, danke, danke, danke, aber ich kann euch auch einfach packen, Mann, und – ohhhhh ... Eine dieser Geschichten, aber das kann ich hier einfach nicht machen ... Und deshalb ... werde ich jetzt einfach was opfern, das ich wirklich liebe, okay ... Denkt bloß nicht, ich wär' blöd, weil ich das tue, ich bin nämlich absolut nicht verrückt. Gestern nacht, o Mann, mein Gott ... Das hier ist für jeden, ich kann's nur auf diese Weise machen. Und deshalb werden wir jetzt die englische und die amerikanische Nationalhymne kombinieren, okay? Oh, seid mir nicht böse, ich will, daß ihr alle mitmacht, ja? Seid mir nicht böse ... Ich kann nicht anders ...«

Und dann jagte Jimi seine Gitarrentöne einmal durch die Hölle und wieder zurück. Mitch drosch, was das Zeug hielt, auf sein Premier-Schlagzeug ein, und die Band stolperte, während Jimis Gitarre schon völlig verstimmt war, in »Wild Thing« hinein. Nun zog er seine komplette Show ab, zauberte jeden Trick aus der Kiste: spielte seine Gitarre zwischen den Beinen, auf den Knien, hinter dem Rücken, ließ sie sogar Salti schlagen. Er drehte sich zu seiner Anlage um, bumste die Lautsprecher und rammte den Gitarrenhals in die Verstärkerfront. Er ritt auf der Gitarre und zerrte am Vibrato-Arm, bis sie sich ihm schließlich unterwarf. Er ging ein paar Schritte zurück, kam wieder nach vorn und spritzte Feuerzeugbenzin über seine Gitarre. Es war Theater, eine kleine Show, denn natürlich war alles bestens vorbereitet und geplant. Aber aus der Sicht des Publikums konnte Jimi sich nur noch auf diese eine Art steigern – mit dem ultimativen Opfer. Flammen züngelten nach oben, Jimi zertrümmerte die brennende Gitarre und warf die Einzelteile ins Publikum. Die Verstärker und Überbleibsel der Gitarre röchelten im Todeskampf. Das Publikum war vor Überwältigung wie gelähmt. Gute Nacht.

Beifall brauste auf in der Arena, und die Band verließ die Stätte des Triumphs und der Verwüstung. Hinter der Bühne spielten sich tumultartige Szenen ab – lächelnde Gesichter, zustimmendes Nicken, anerkennendes Schulterklopfen. Die Andy-Warhol-Schauspielerin und Velvet-Underground-Sängerin Nico gab Jimi einen Kuß, und Hugh Masekela jubelte: »Mann! Du hast sie fertiggemacht, Mann, du hast sie fertiggemacht!« Chas brauchte von seinem Platz in der Beleuchterbox im hintersten Bereich des Geländes ungefähr fünfundzwanzig Minuten bis zur Bühne. Mike Jeffery war früher da und regte sich trotz aller Glückwünsche wegen eines zerbrochenen Mikrofonständers auf. Als rettender Engel erschien der New Yorker Publizist Michael Goldstein, der Mike zur Seite zerrte: Er wollte in den nächsten drei Monaten unbedingt die Pressearbeit für die Experience machen. Doch es gab auch Kritiker: Die Angestellten der Plattenfirma Warner Brothers wollten sich vor Ort überzeugen, wen sie da für viel Geld eingekauft hatten und sahen jetzt, wie die Who ihre Anlage ebenfalls zertrümmerten und zwar vor Jimis Auftritt – womit Jimi in ihren Augen nicht gerade einen Preis in puncto Originalität gewonnen hatte. Sie mußten sich ein bißchen so vorgekommen sein wie später die EMI, als diese herausfand, was für eine Band sie sich mit den Sex Pistols eingehandelt hatte. Die Journalisten waren geteilter Meinung: Die »Los Angeles Times« schrieb, Jimi sei, als er die Bühne verließ, »vom Gerücht zur Legende geworden«. Doch die Leute von der Ostküstenpresse, die immer noch nicht die Bedeutung der Show-Elemente schwarzer Musiker verstanden hatten, degradierten Jimi zu einer »Nigger-Nummer«, zu einem psychedelischen Onkel Tom, einer »vulgären Parodie des Rocktheaters«. Sie begriffen nicht, daß diese Theatralik eine Reaktion auf Jimis unbändigen Spaß am Blues war, ein ganz aus dem Gefühl geborener Überschwang. Das ließ sich nicht per Knopfdruck an- und abschalten, sondern trat immer dann auf, wenn er sich danach fühlte. Und die wenigsten würden das jemals begreifen. Es war eine Schande, daß man das Publikum anschließend den einschläfernden Gesangsharmonien der Mamas & Papas aussetzte, statt ihm die Chance zu geben, sich selber vom Jimi-Hendrix-Speed-Trip herunterzuholen. Jimi brachte an diesem Abend die Musik all der unterschiedlichen Künstler, die sich auf dem Monterey-Festival vor ihm präsentiert hatten, auf einen Nenner: die des bodenständigen Bluesmanns, des funkigen Soul-Bruders, des Folkpoeten und des psychedelischen Gitarrenhelden. Es war sein Debüt als wahrhaft universaler »Fusions«-Musiker.

Um verschiedene Ereignisse in Jimis Karriere ranken sich allerlei Legenden. Zum Beispiel jene, daß die Experience in Amerika außer dem Monterey-Festival keine weiteren Konzerte geplant hatte und all ihre späteren Konzerte nur dank des spektakulären Monterey-Auftritts zustande kamen. Tatsächlich waren bereits vor Reisebeginn einige Auftritte in Bill Grahams Fillmore West vereinbart worden, die Jimi gegenüber der englischen Presse und einem schwedischen Journalisten längst erwähnt hatte. Unmittelbar nach Monterey flog die Band für sechs Tage nach San Francisco. Dort absolvierte sie zwei Auftritte pro Abend sowie ein Open-Air-Gratiskonzert im Golden Gate Park, bei dem sie auf einem offenen Lieferwagen spielte.

Anläßlich ihres ersten Konzerts im Fillmore West gerieten die Jefferson Airplane völlig ins Hintertreffen. Nach Jimi Hendrix wollte keiner mehr die eigentliche Hauptgruppe des Abends hören. Schließlich handelte Bill Graham folgenden Deal aus: Die Experience spielte als Hauptgruppe, und dafür erhielten die Musiker 2000 Dollar zusätzlich sowie je eine antike Golduhr mit Gravur als Geschenk. Anschließend flogen die Experience nach Los Angeles weiter, wo sie im TTG-Studio in Hollywood einige Aufnahmen machten. Nach den zwölf Fillmore-Konzerten rissen die Angebote nicht ab: Fernseh- und Radio-Termine, Club-Dates an der West- und Ostküste jagten sich nur so.

Und noch etwas hatte Monterey bewirkt: Die gesamte namhafte Rock-Elite von Los Angeles hofierte Jimi. Peter Tork lud ihn auf sein Anwesen im Laurel Canyon ein, wo Jimi Cass Elliot, Judy Collins, Joni Mitchell, David Crosby und Mike Bloomfield kennenlernte. In Steve Stills' Haus in Malibu fand eine Jam-Session statt, an der unter anderem Buddy Miles und Bruce Palmer, der Bassist der Buffalo Springfield, teilnahmen. Steve Stills baute seine Anlage auf, »wir warfen Acid ein, und dann ging's los. Wir spielten circa zwanzig Stunden an einem Stück. Wir haben wohl an die fünfzig Songs ausgearbeitet, aber es lief kein Tonband mit. Wir spielten nur für den Ozean vor der Tür. Wegen der Musik kam die Polizei vorbei, aber sie machte ausnahmsweise keine Schwierigkeiten. ›Habt ihr was dagegen, wenn wir auf der anderen Straßenseite parken und einfach zuhören . . .? Es interessiert uns nicht, was ihr macht, wir wollen nur zuhören. Und wenn einer unserer Sergeants auftauchen sollte, stellen wir unsere Sirene an, damit ihr wißt, daß ihr für ein paar Minuten leiser sein müßt.‹ Ich jammte also mit Hendrix unter dem Schutz des Sheriffs! In dieser Nacht habe ich wirklich gelernt, Leadgitarre zu spielen.«

Eine andere Laurel-Canyon-Bewohnerin war Devon Wilson aus Milwaukee. Die atemberaubende schwarze Schönheit trieb sich seit ihrem fünfzehnten Lebensjahr herum und hatte mit jedem Musiker angebandelt, der ihr über den Weg gelaufen war. Dennoch war dieses Groupie nicht auf die Szene-Hierarchie scharf und keine jener ehrgeizigen Rock-Ladies, die man in noblen Musikergarderoben, auf Empfängen, in Clubs, auf Parties und in Betten antrifft. Devon Wilson war clever genug, sich selbst in Szene zu setzen. Jimi lernte sie durch Emeretta Marks, seine alte Freundin aus dem Village, kennen. Damit begann eine äußerst komplizierte Beziehung. Jimi war nie besonders redselig gewesen, aber Devon erahnte instinktiv seine Bedürfnisse.

Und nach dem Ansturm von Presse und Öffentlichkeit, der nach Monterey über ihn hereingebrochen war, wünschte Jimi sich nichts sehnlicher als eine Atempause. Devon entführte ihn für eineinhalb Tage in ihr Haus, das übrigens auch einmal dem Entfesselungskünstler Houdini gehört hatte.

Seit ihrer Ankunft an der Westküste hatte die Band ununterbrochen gearbeitet oder gefeiert. Bei ihrem Los-Angeles-Debüt am 2. Juli im Whiskey A Go Go »waren wir«, berichtet Noel, »derart erschöpft und bekifft, daß uns alles egal war. Wir konnten uns kaum auf den Beinen halten und waren nicht im mindesten angetan davon, daß wir am nächsten Morgen um zehn nach New York fliegen sollten.«[4] Den Club-Besitzer Elmer Valentine schien das nicht zu stören: »Bei mir traten Sam and Dave auf . . ., und die waren echte Schlaftabletten. Ich fragte, ob sie zusammen mit Jimi auftreten würden. Und die Warteschlange wurde immer länger . . . Als Sam and Dave an diesem Abend eintrafen, dachten sie, die Leute wären ihretwegen da. Aber als Jimis Auftritt zu Ende war, gingen die Leute . . . *Niemand* blieb für Sam and Dave.«[5] Der einstige Begleitmusiker hatte sich wieder einmal gerächt.

Einige Tage zuvor hatte die Band an ihrer nächsten Single »The Burning Of The Midnight Lamp« gearbeitet. Unzufrieden mit dem Ergebnis, brach die Experience die Aufnahmen ab, um ihren Konzertverpflichtungen an der Ostküste nachzukommen. Jimi war deswegen sehr frustriert, ja, deprimiert und trat den 2000-Meilen-Flug äußerst schlechtgelaunt an. Es existierte noch kein Text für den Song. »Zum Teil ist er auf dem Flug von Los Angeles nach New York entstanden . . . Es geht da um ein paar sehr persönliche Sachen. Ich glaube, jeder, der viel reist, kennt das Gefühl, daß man sich an keinem Ort so richtig zu Hause fühlt. Und die Geschichte beschreibt die Gefühle eines Mannes, der mitten in der Wüste in einem winzigen alten Haus lebt und die Mitternachtslampe anzündet . . . Man glaubt ja, daß man nicht immer seine persönlichen Dinge um sich braucht, aber das stimmt nicht.«[6] Jimi hatte sich mittlerweile daran gewöhnt, daß man ihn verhätschelte. Und der ständige Mangel an Schlaf förderte Jimis negative Gedanken zusätzlich. Seine eigentlichen Ängste aber waren wohlbegründet. Mike Jeffery hatte sie für eine große Amerikatournee gebucht – zusammen mit den Monkees. Und das hatten sie laut Chas bereits am ersten Abend im Fillmore West erfahren.

Als wir ins Hotel zurückkamen, rief Mike Jeffery an. »Ich hab's geschafft, ein toller Vertrag, eine Amerikatournee.«
»Oh ja, mit wem?«
»Mit den Monkees!«
»Hat man dir ins Hirn geschissen?«

Jimi saß neben Chas, der mit seinem Partner am Telefon verhandelte, und wollte es nicht glauben. Jetzt, wo sie sich in die erste Reihe der neuen progressiven Rockmusiker hochgearbeitet hatten, bedeutete eine solche Package-Tournee, die die Erinnerung an ihre Walker-Brothers-Erfahrung wachrief, einen riesigen Rückschritt. Sie würden vor einem Publikum auftreten müssen, das nicht einmal den Windeln entwachsen war. Schon vor ihrer Amerika-Reise hatte Jimi folgendes über die Monkees abgelassen: »Es ist einfach beschämend, Mann, wenn uns die Amerikaner die Monkees rüberschicken. Oh Gott! Ich glaube, ich sterbe. Ich finde es dermaßen peinlich, daß Amerikaner so dumm sein können und auf so etwas reinfallen. Sie hätten das Ganze ja wenigstens mit einer Band machen können, die etwas zu bieten hat. Es gibt in den Staaten Bands, die geradezu nach Erfolg hungern. Und dann kommen diese **** daher.«[7]

Jimi mit Peter Tork von den Monkees auf einem Ausflugsdampfer, Miami, Florida, 9. Juli 1967

Obgleich Jimi inzwischen Peter Tork kennengelernt hatte, fand er die Idee, mit den Monkees auf Tournee zu gehen, einfach unerträglich. Tatsächlich hatte Tork den Ball ins Rollen gebracht, weil er ein paar wirklich gute Musiker auf der Tour haben wollte – Musiker, wie er sie aus seinem Wohnort im Laurel Canyon kannte. Auch Mickey Dolenz war ein Fan von Jimi. Er hatte ihn in London gesehen und fand die Idee toll. Die Monkees wollten aus demselben Grund mit Jimi Hendrix auf Tournee gehen, aus dem sie auch gern in Monterey aufgetreten wären. Sie suchten nach einer Möglichkeit, aus dem Teenie-Markt ausbrechen und die älteren Jugendlichen gewinnen zu können, um endlich vom Rock-Establishment anerkannt zu werden. Der Monkees-Produzent Tommy Boyce formulierte es so: »Es war ein absolut privates Anliegen. Sie wollten sich einfach jeden Abend Jimi Hendrix ansehen können. Ob er zu ihnen paßte, war ihnen egal.«[8] Der Tourneeveranstalter Dick Clark stimmte widerstrebend zu, und die Räder setzten sich in Bewegung, um dieses Unding – Jimi Hendrix und die Monkees – in die Wege zu leiten.

Mike war überzeugt, ihm sei der größte Coup aller Zeiten gelungen. Man konnte von den Monkees halten, was man wollte, aber in Amerika waren nur die Beatles noch populärer. Der geschäftstüchtige Mike fand es in Ordnung, die musikalische Integrität der Experience auf dem Altar einer riesigen Medienpräsenz zu opfern. Ein weiteres Indiz dafür, daß Mike nur an Jimi als Solo-Star interessiert war; die Band war ihm egal. Jimi hatte trotz seiner Musik noch ein gewisses Teeniebopper-Image. Im August annoncierten zwei Mädchen im »Record Mirror«: »Falls jemand Material von Jimi Hendrix, den Walkers (besonders Gary) oder Peter Tork von den Monkees hat, bitte schicken!« Die Leute bei Warner Brothers dachten ähnlich, wie einer der Angestellten, Stan Cornyn, bestätigt: »Alles jenseits von Dean Martin fiel damals in diese Kategorie. Sowohl die Monkees als auch Jimi Hendrix *waren* jenseits von Dean Martin. Und deshalb fand es damals keiner in Burbank absurd, die beiden zu koppeln. Denn eines hatten sie gemeinsam: sie spielten beide *laut.«* [9] Chas war mehr als verärgert, denn er hatte versucht, mit Frank Barsalona, einem der besten Rock-Agenten im Lande, einen Vertrag auszuhandeln. Barsalonas neue Firma, die Premier Talent Agency, hielt nichts von den dubiosen Package-Tourneen, die die Manager üblicherweise aushandelten, denn sie vertrat die Ansicht, daß eine Popkarriere sowieso nicht länger als achtzehn Monate dauern würde. In dieser Zeit wollte man die Kuh melken, wobei es ihnen egal war, daß gerissene Veranstalter und selbstsüchtige Discjockeys die Show organisierten. Barsalona glaubte an die Zukunft der Rockmusik und daran, daß man Stars aufbauen und ihnen eine Chance zur Weiterentwicklung geben mußte. Er hatte sich einen guten Namen gemacht und hatte die besten Künstler zu den besten Bedingungen unter Vertrag. Und er war über den ständig wachsenden Kreis von Tanzsälen und Arenen, die Gastspiele mit Rockbands akzeptierten, bestens informiert.

Zunächst einmal wurde jedoch die Experience in New York erneut mit einem alten Problem konfrontiert: Das gebuchte Hotel lehnte sie ab. Sie kamen schließlich in Loew's Motor Inn an der 8th Avenue unter. Während Jimi die mißbilligenden Blicke und lauten Kommentare, die die Band auf sich zog, gelassen wie immer hinnahm, reagierte Mitch wütend. Einem Journalisten vom »Melody Maker« gab er zu Protokoll: »Es ist doch einfach unglaublich, daß dich am New Yorker Flughafen Leute auslachen, die selbst bloß schlechtsitzende Bermuda-Shorts tragen.« Im berühmten Chelsea Hotel hielt eine Frau Jimi gar für den Pagen und forderte ihn auf, ihr Gepäck zu tragen – eine schmerzhafte Erinnerung daran, daß er außerhalb seiner Musikwelt noch immer bloß irgendein Schwarzer war.

In New York waren die Erfolge der Experience an der weit entfernten Westküste von keinerlei Bedeutung. Hier mußte die Band wieder bei Null anfangen. Aber die ersten Auftritte kamen laut Mitch gut an: »Der Scene-Club war wirklich unheimlich gut für uns. Das war eigentlich eher so ein Underground-Treff und kein Teenie-Club, wo wir sowieso nichts zu suchen hatten.« Die Experience spielte auch auf dem »Rheingold-Festival« im Central Park vor 18000 Besuchern. Obwohl die meisten nur die Hauptgruppe The Young Rascals sehen wollten, wurde es für die Experience ein triumphaler Abend; bei einem Titel wurden die Rascals sogar ausgebuht.

Aber auf die Siege folgten Niederlagen. Am 8. Juli startete die Monkees-Tournee in Jacksonville, Florida. Von dort aus ging es weiter nach North-Carolina. In der Fachzeitschrift »Guitar World« beschrieb Mike Nesmith einen merkwürdigen Anblick, der sich ihm im dortigen Hotel bot:

> In der Hotelhalle standen etwa fünf oder sechs dieser typischen Südstaaten-Polizisten Spalier, mit Bierbäuchen und Hemden in verschiedenen Blautönen . . . Ich war in der Halle, weil ich nicht schlafen konnte oder sowas. Eine Tür öffnete sich, und dann war da plötzlich dieses irrwitzige blaurote Licht, das von dem »Exit«-Zeichen kam. Hendrix erschien als Silhouette, das Licht hinter ihm . . . Dann machte er einen Schritt nach vorn, wie in einer Choreographie. Noel und Mitch kamen von verschiedenen Seiten, und sie bildeten ein perfektes Trio; es sah genauso aus wie das Cover von »Axis«. Als sie durch die Halle gingen, wirkten sie

ziemlich klein, während die Bullen alle an die zwei Meter groß waren. Und Hendrix marschierte einfach so durch die Halle mit diesen Feuerrädern in den Augen. Wie er da unter den Nasen dieser Bullen, die ihn alle anstarrten, entlang ging, war echt gruselig. Sie hatten nicht den geringsten Schimmer, was vor sich ging . . . Es war ziemlich spektakulär, Haare von Wand zu Wand, die sich an diesen Schmerbäuchen rieben . . . Und Jimi hatte sich absolut unter Kontrolle.[10]

Ihre nächste Station war Forest Hills im Staate New York. Etwa um diese Zeit heuerte die Experience mit Neville Chesters einen zweiten Roadie an, der bereits für die Who und Robert Stigwood gearbeitet hatte. Für Gerry Stickells waren die Aufgaben eines Roadies ziemlich neu, und deshalb hatte Noel dem erfahreneren Chesters das Angebot gemacht, einzuspringen, wann immer er nichts bei den Who zu tun hatte. Nach Monterey hatte Chesters Zeit genug und nahm daher das Angebot der Experience dankend an.

Die gesamte Organisation der Tournee war eine einzige Farce. Die Monkees flogen in ihrem Privatjet, der vom Bug bis zum Heck mit ihrem Logo bemalt war. Und das Personal trug Uniformen mit »Monkees«-Schriftzug. Ihr Management versuchte vergeblich, sie von den übrigen Künstlern fernzuhalten, denn Mickey Dolenz war ein Wahnsinniger, der bei jeder Gelegenheit verschwand, um sich eine sündhaft teure Kamera-Ausrüstung zu kaufen, mit der er alles knipste, was ihm vor die Linse kam . . . Die Tournee war einfach ein Witz. In New York wohnten wir im Waldorf, wo auch die Beatles schon übernachtet hatten. Für die Beatles hatte man vier Häuserblocks abgesperrt, für die Monkees gleich ein Gebiet von vier Kilometern! Aber es war absolut nichts los – statt der erwarteten 5000 Fans kamen vielleicht fünfzig. Aber es war toll, weil alles auf Spesen ging und wir zwei Etagen des Hotels bewohnten – eine wir und eine die Monkees. Selbst für uns war es schwierig, die Sicherheitseinrichtungen zu überwinden, wenn wir zu den Monkees wollten . . . Die waren vielleicht streng! Man hat einfach versucht, die ganze Sache enorm aufzublasen. Aber es gab kaum Konkurrenzdenken. Ein paar von ihnen waren vielleicht auf diesem »Wir sind die Monkees«-Trip, aber Dolenz und Tork waren absolut in Ordnung, Mike Nesmith stand ein bißchen neben sich, und David Jones versuchte immer, über allem zu stehen. Er kam aus Manchester und hatte diesen furchtbaren nordenglischen Akzent, und alle, die selber aus England waren, äfften ihn ständig nach, den armen Kerl . . . Und dann hatten wir diesen echten Wasserpistolen-Fetischismus – das hieß, wer trieb die beste Pistole auf? Die Polizisten vor dem Waldorf versuchten uns in die Limousinen zu verfrachten, dabei waren wir doch bloß Nobodies. Wir kamen aus dem Hotel und standen rum, da stürzte sich ein Mädchen auf uns. Ein Polizist wollte sie zurückhalten. Mitch hatte eine Wasserpistole bei sich, von der Größe einer Maschinenpistole und mit einem Tank für zwei Liter Wasser. Er zielte auf das Mädchen und erwischte natürlich den Polizisten, der klatschnaß wurde.

Auf der Bühne ging es weniger lustig zu. Die Auftritte der Band dauerten zwanzig bis fünfundzwanzig Minuten: Manche waren ganz in

Ordnung, aber im allgemeinen bewegte sich die Reaktion zwischen Totenstille und Feindseligkeit. Jimi wurde fürchterlich depressiv und zeigte es auch. Bei einem derart desinteressierten Publikum, das die Experience allenfalls als lautstarkes Intermezzo erduldete, brauchte es nicht viel, um Jimi auf die Palme zu treiben – es reichte eine gerissene Saite oder ein brummender Verstärker. Er spielte mit dem Rücken zum Publikum, hatte keine Lust zu singen, schrammte in halsbrecherischem Tempo die Songs runter und spielte äußerst schlampig. Das wiederum machte Noel extrem wütend, der Jimi Unprofessionalität vorwarf. Schließlich weigerte sich Jimi weiterzumachen.

Wohlweislich hatte Chas vorgesorgt und mit Dick Clark vereinbart, daß die Experience ohne juristische Folgen aussteigen konnte. Aber dafür mußten sie sich erst einmal eine gute Geschichte für die Presse ausdenken. Bis dahin herrschte über das, was passiert war, ziemliche Konfusion. Am 16. Juli trat die Experience zum letzten Mal mit den Monkees auf, und eine Woche später informierte Jimi den »New Musical Express«:

> Zu Anfang waren wir der Pausenfüller und spielten direkt vor den Monkees. Das Publikum schrie erst nur nach den Monkees, aber dann ließen die Fans uns doch weiterspielen und von da an lief es besser. Es gab positive Reaktionen, und ein paar Teenies stürmten sogar die Bühne. Aber es gab keine Werbung für uns. Auf den Konzertplakaten stand ganz groß: MONKEES! Und dann beschwerten sich einige Eltern, die ihre Kinder begleiteten, darüber, daß unser Auftritt angeblich vulgär war. Es war einfach das falsche Publikum für uns. Wahrscheinlich werden sie mich jetzt durch Mickymaus ersetzen.[11]

Das Presseteam um Michael Goldstein griff die Geschichte mit den aufgebrachten Eltern auf und verkündete, die rechtsgerichtete Frauengruppe DOAR, die »Daughters Of The American Revolution« (»Töchter der amerikanischen Revolution«), habe Jimis Ausstieg aus der Tournee gefordert, und weil Jimi die Eltern der Teenies, die den Monkees Millionen einbrachten, nicht vergrätzen wollte, habe er zugestimmt. Die Geschichte war gut, und die Presse griff sie dankbar auf, weil sie zu Jimis Image paßte. Es kam niemandem komisch vor, daß die DOAR kein eigenes Statement abgaben, aber natürlich waren sich die meisten Journalisten darüber im klaren, daß die Sache ein ähnlicher Werbegag war wie damals die Geschichte mit der brennenden Gitarre. Denn natürlich war das Presseecho wesentlich größer, wenn ein Musiker aus einer Tournee gefeuert wurde, als wenn er sie freiwillig beendete. Die Geschichte wurde Bestandteil des Hendrix-Mythos und erst nach seinem Tod richtiggestellt.

Mike Jeffery war mit der jüngsten Entwicklung nicht sonderlich glücklich. Er und Chas befanden sich ohnehin auf Kollisionskurs. »Wir haben einen Tag und eine Nacht gebraucht, um Mike davon zu überzeugen, daß wir aus der Tour raus mußten.« Schließlich ließ Chas eine sehr interessante und mysteriöse Drohung los, zu der er sich nicht genauer äußern wollte: »Ich sagte: Falls du dich nicht daran erinnern solltest – Jimi ist bei *mir* unter Vertrag, und du hast nicht die geringsten Ansprüche an ihn.« Woraufhin Mike zurück nach Spanien verschwand.

Von Mitte Juli an waren Jimi, Noel und Mitch wieder in New York. Im Mayfair Recording Studio nahmen sie die neue Single nochmals auf. Außerdem gaben sie einige wichtige Konzerte im Café Au Go Go und im Salvation, einem Village-Club mit engen Beziehungen zur Mafia. Zwischendurch nahm sich Jimi die Zeit für ein paar überzeugende Jam-Sessions mit John Hammond und anderen alten Freunden im Gaslight in der MacDougal Street.

> Ich erinnere mich, daß er mit einem Bündel Geldnoten reinkam. Jimi hatte sich, bevor er nach London ging, von Charles Otis Geld geliehen, und Jimi zahlte es ihm nun zurück. Charles erzählte mir, daß Jimi eine Rolle mit Hundert- und Tausend-Dollar-Scheinen aus der Tasche zog und meinte: »Hier, Mann, nimm, was du brauchst!«, und Charles nahm seine 40 Dollar, die er Jimi geliehen hatte und sagte: »Nein, stimmt so, Mann.« Aber du kannst Gift drauf nehmen, daß es Charles mächtig beeindruckt hat. Irgendwann kam Eric Clapton nach New York, und die beiden spielten mit uns zwei Nächte hintereinander im Gaslight. Es war unglaublich . . . Was die beiden gespielt haben? Na, Blues natürlich, einfachen, schweren Blues.[12]

John Hammond war nicht der einzige aus alten Zeiten, der Jimi im Sommer 1967 über den Weg lief. Er verbrachte einige Zeit mit Fay Pridgeon und ihren Freunden Albert und Arthur Allen. Er wirkte ziemlich wohlhabend, und sie waren über seine Veränderung überrascht. Als Geschenk brachte Jimi ein bißchen »Acid« mit, und Fay wußte zuerst nicht, was er damit meinte, bis jemand LSD erwähnte. Jimi riet ihnen, nicht so viel zu nehmen wie er, der daran gewöhnt war. Aber Arthur wollte kein Feigling sein, sondern mit Jimi mithalten. Schließlich waren sie alle völlig weggetreten. Fay drehte komplett durch und bildete sich ein, ihr neugeborenes Baby sei in Gefahr. Sie rannte aus der Wohnung, um die Nachbarn zu alarmieren. Arthur erinnert sich: »Sie war total hysterisch. Jimi und ich stiegen in die Badewanne und zogen die Duschvorhänge zu . . . Sie grölte durchs Haus . . ., und alle stürzten in die Wohnung. Scheiße, meinte Arthur, irgendwie müssen wir hier raus, aber wie? Fay redete wirres Zeug: Schmeißt diese Nigger hier raus. Sie hat uns nicht mal mehr erkannt, verstehst du!«

Curtis Knight behauptet, er habe sich mit Jimi im Gorham Hotel getroffen. Jimi habe Mike um Geld gebeten, aber der habe ihn zum Teufel gejagt. Einige Tage später habe er im Gaslight mit einer dicken Geldrolle seine alten Schulden bezahlt, aber Knight behauptet, daß Mikes Weigerung Jimi in die Arme von Ed Chalpin getrieben habe, von dem er das Geld leihen wollte. Chalpin und Jimi trafen sich zum Essen, und Ed teilte Jimi kurz und bündig mit: Da Jimi noch immer bei ihm unter Vertrag sei, werde er gegen Gott und die Welt klagen. Die erste Klage war bereits eingereicht. Im Londoner »Evening Standard« erschien am 4. Juli die Meldung: »Jimi Hendrix wegen Vertragsbruch verklagt.« Ed informierte Jimi darüber, daß PPX auch gegen Polydor und Track Records Schritte eingeleitet habe, um weitere Platten bis zum Vertragsablauf bei PPX im Oktober 1968 zu verhindern. Außerdem hatte er vor, auch gegen Warner Brothers vor Gericht zu ziehen. Trotzdem erklärte sich Jimi bereit, einige Aufnahmen für Chalpin zu machen. Er ging mit Curtis Knight in Chalpins Studio, in dem folgende Unterhaltung mitgeschnitten wurde:

Jimi: »Du kannst nicht, ja . . . Also, wenn du's verwenden willst, dann kannst du nicht meinen Namen verwenden auf diesem, äh, Ding . . ., klar?«
Curtis: »Nein, nein, nein, zur Hölle, nein.«
Jimi: »Jetzt hör mal zu, ja? . . . Er kann das nicht machen, ist das klar . . ., ja?«
Ed: »Macht weiter.«
Jimi: »Edward, kannst du mich hören?«
Ed: »Ja, ich höre.«
Jimi: »Ich sag's nochmals, du kannst es nicht, verstehst du? Meinen Namen kannst du für diese Sachen einfach nicht verwenden . . ., verstanden?«
[Jemand erwähnt einen Song mit dem Titel »Gloomy Monday«.]
Ed: »Du bist nicht laut genug.«
Curtis: »Du kannst seinen Namen nicht dafür benutzen.«
Ed: »Macht euch keine Sorgen!«
Jimi: »Nein, aber . . .«
Ed: [lacht]
Jimi: »Nein, ich mein's wirklich ernst, ich mein's wirklich ernst . . .«
Ed: »Es ist unser Band, mach dir keine Sorgen!«
Jimi: »Was?«
Ed: »Ich werd's nicht benutzen, keine Angst . . .«

Sie nahmen ungefähr sechs Stücke auf, und die Frage bleibt: Warum hat Jimi das gemacht? Curtis Knight behauptet, Jimi wollte Mike heimzahlen, daß er ihm kein Geld gegeben hatte. Außerdem hatten er

Jam mit Tomorrow, von rechts nach links: Junior, John »Twink« Adler am Schlagzeug, Jimi am Baß, Keith West, UFO, London, 28. April 1967

und Jimi bei früheren Aufnahmen viel Spaß gehabt. Vielleicht glaubte Jimi, er könne damit die Dinge bereinigen. Er hatte keine Ahnung, was der Vertrag eigentlich bedeutete, wies Chalpin aber darauf hin, daß er seinen Namen nicht verwenden dürfe. Aber Chalpin hatte trotz seiner im Studio abgegebenen Versprechen das Recht dazu. Damit verschlimmerte Jimi seine Lage nur noch, denn die neuen Aufnahmen stellten sein Eingeständnis dar, daß ein Vertrag existierte. Nach einer gerichtlichen Verfügung landete Chalpin den nächsten Treffer. Ed Chalpin war an die amerikanische Plattenfirma Capitol gebunden. Die englische Tochterfirma von Capitol war Decca, und die hatte vor, »How Would You Feel?«, Curtis Knights Version von »Like A Rolling Stone«, zu veröffentlichen. Auf dieser Platte sollte Jimi als Begleitmusiker erwähnt und so die Veröffentlichung der neuen Experience-Single »The Burning Of The Midnight Lamp« verhindert werden. Unter dem Druck der Androhung einer Gegenklage von Track/ Polydor wurde die für den 13. August geplante Veröffentlichung abgesagt.

Im August trat die Experience wieder im Salvation auf, spielte danach fünf Abende im Ambassador Theater in Washington (wo man Jimi wegen verkehrswidrigen Verhaltens verhaftete), und schließlich, am 18. August in Los Angeles, wo sie einen Prestige-Auftritt im Vorprogramm der Mamas & Papas in der Hollywood Bowl bestritt. Für Jimi war die Rückkehr an die Westküste kein Triumph – mit Noels Worten: »Wir starben einen unserer Tode«. Und zwar deshalb, weil die Mamas & Papas die Hauptgruppe waren und das Publikum damit erneut das falsche. Anläßlich dieses Auftritts gab Jimi der Lokalzeitung »Open City« ein Interview, in dem er eine unmißverständliche Erklärung seiner Verfahrensweise, seines »Modus operandi«, gab:

ÜBER SEXUELLE UND GEWALTTÄTIGE BÜHNENSHOWS [sic]
Alle glauben, daß wir das bei jeder Show machen . . . Aber wir verlassen uns da nicht auf solche Sachen. Ich habe bei insgesamt 300 Auftritten vielleicht dreimal meine Gitarre verbrannt, es geschieht also wirklich selten.

Eine Menge Leute finden meine Gitarrenaktionen vulgär. Für mich ist das kein vulgärer Sex . . . Bei mir passiert das ganz spontan, es ist nicht vorausgeplant. Ich ziehe da keine Nummer ab, es ist eine Frage meines augenblicklichen Zustands. Meine Musik, mein Instrument, mein Sound, mein Körper – alles bildet eine Einheit mit meinem Geist. Und was die Leute daraus machen, ist ihre Sache. Jeder sieht das anders. Also, wenn jemand jeden Morgen die Fahrradsitze von Mädchen ableckt, bevor sie zur Schule fahren, dann könnte er vielleicht auf die Idee kommen, daß ich mit meinem Instrument masturbiere . . .

Bestimmte Zuschauer halten mein Spiel vielleicht für Sex oder Liebe, aber für mich ist es – nun, ich bin beim Spielen einfach total weggetreten. Es ist eine Art höherer Kontakt zwischen mir und der Musik. Die momentane Musik ist für mich jedesmal wie ein schneller anhaltender Höhenflug.

DIE ZERSTÖRUNG DER ALTEN SZENE DURCH NEUE KLÄNGE
Meine Aufgabe ist es nicht, etwas zu zerstören. Es gibt ja noch genug Leute, die diese nette, süße Musik machen. Die Beach Boys und die Four Seasons spielen ja weiterhin . . .

DER WEG DURCH DIE VERSCHLUNGENEN PFADE DER ELEKTRONIK
Wir benutzen Verstärker wie alle anderen auch. Alle Klänge werden ausschließlich mit der Gitarre, dem Baß und dem Schlagzeug hergestellt. Auf Platten benutzen wir vielleicht Overdubs, aber auch bei denen wird der Klang hauptsächlich durch Gitarre, Baß und Schlagzeug erzeugt. Die Rückkopplung entsteht in einem einzigen Verstärker – und in einem kleinen Verzerrer, den ich mir habe bauen lassen. Wir setzen nicht einmal einen Oszillator ein. Damit könnten wir die Leute wirklich mächtig beeindrucken, aber im Augenblick bin ich nicht besonders daran interessiert.

Wir improvisieren viel. Und wir üben eigentlich überhaupt nicht. Es sind spontane Konzerte. Einer von uns kommt aus der Rockszene, der andere vom Jazz, und ich liebe den Blues. Und trotzdem bringen wir alles unter einen Hut. Proben machen wir nur, um technische Dinge herauszufinden und zu hören, wie die Verstärker klingen. Spontan kann ich mich am besten ausdrücken. Und durch diese Spontaneität entwickeln wir uns ständig weiter. Wir müssen neue Klänge entwickeln, neue Singles und LPs machen.

Kritiker haben uns bereits nach zehn Monaten klassifiziert . . . auf Grund eines Albums und vielleicht zweier Auftritte, die sie gehört haben. Es wird langsam Zeit, daß die Leute begreifen, daß sie nicht jeden unserer Auftritte in dieselbe Schublade stecken können. Wie soll denn das auch funktionieren? Wir sind ständig auf der Suche, wir improvisieren, wir experimentieren. Deshalb geht das gar nicht. Aber es wird noch eine Weile dauern, bis wir die Leute, die uns abstempeln, mit unserem Sound wirklich erreichen. Das ist wie mit den Cowboys und den Indianern. Alle Indianer sind böse, weil sie Tripper haben – und wenn da jetzt plötzlich etwas daherkommt wie die Experience, die ganz anders ist, kriegen diese Pauschalisierer einfach Angst. Man kann uns nicht so einfach einordnen, aber sie werden es auf Teufel komm raus versuchen. Und zwangsläufig setzen sie ein paar Gerüchte in Umlauf, wie zum Beispiel: »Jimi Hendrix ist mürrisch, ständig bekifft, er trinkt seinen Kaffee mit Wassermelonensaft, er benutzt Duschvorhänge als Klopapier.«

ÜBER DEN UMZUG NACH ENGLAND
. . . Vergiß nicht, daß der USA-Jimi-Hendrix überhaupt keine Chance hatte, weil er nur als Begleitmusiker für andere Leute spielte, Mann. Es wird behauptet, daß ich nach England gehen mußte, um es zu schaffen – das ist nicht wahr. Zum Beispiel hatte ich immer genug Respekt für einen Performer, um zu wissen, daß ich mich erst mal von dem runterholen mußte, was ich eigentlich spielen wollte, bevor ich mit ihm auf die Bühne ging, um ihn zu begleiten. Was wäre denn passiert, wenn Little Richard seine Show abzieht, und ich komme an und ziehe vor

seinen Augen meine eigene ab – spiel' mit den Zähnen auf meiner Gitarre und steck' die Verstärker in Brand? Stimmt, ich hab' mich als Begleitmusiker zu Tode gelangweilt, aber ich hab' die Leute respektiert, für die ich gespielt habe. Also bin ich gegangen, um meine eigene Sache zu machen.

IST DIE MUSIK VON JIMI HENDRIX PSYCHEDELISCH?
Auf meinem Album gibt es nur zwei Songs, die jemanden, der gerade auf einem Trip ist, auf den Horror bringen könnten – »Are You Experienced?« und »May This Be Love?«. Aber eigentlich sind es friedliche Songs. Sie sind so entspannend wie Meditationsübungen. Solange du beim Zuhören deinen Verstand beisammen hast, bewirken sie genau das, Mann.

TEENIEBOPPERS
Die sind okay, gut drauf, nehm' ich an. Das ganze Geschrei, ihre sexy Bewegungen und ihr Zucken stören mich überhaupt nicht . . . Manchmal schreien sie allerdings an der falschen Stelle, zum Beispiel, wenn ich bloß huste . . . Das Gekreische darf dich nicht nerven. Aber Schreie sind nicht der Maßstab für mich, also, ich spekuliere beim Spielen nicht auf ihr Geschrei.

HENDRIX ÜBER SOUL
Ein spanischer Tänzer hat Soul und Grazie. Jeder hat Soul. Aber ich mag die Bezeichnung nicht in bezug auf die Experience. Ich mag die Begriffe *»feeling«* und *»vibration«*. Das bedeutet, daß man wirklich zusammenspielt. Wir spielen auf eine freie Weise zusammen – dadurch hat jeder die Möglichkeit, seine Sache zu spielen, seine eigenen Gefühle auszudrücken. Ich bin von dieser Gefühlskiste absolut überzeugt. Der Klang einer funky gespielten Gitarre versetzt mich in völlige Aufregung, das geht mir durch und durch . . . Ich kann da fast reinkriechen. Ich spiele wirklich nicht sooo gut, ich versuche nur, mein Gefühl zu beschreiben, ein Gefühl, das durch Klänge ausgelöst wird.

HENDRIX ÜBER DETROIT UND WATTS
Es ist ja wohl klar, daß ich nicht einverstanden bin, wenn Häuser in Flammen aufgehen. Aber im Augenblick bin ich weder für die eine noch für die andere Seite . . . Vielleicht kann ich später einmal mehr dazu sagen, wenn ich politischer denke.[1]

WIE GEHT ES MIT DER JIMI HENDRIX EXPERIENCE WEITER?
. . . Im Augenblick macht es mir wirklich angst. Denn ich werde bald in eine neue Richtung gehen, mit einem neuen Sound, einer neuen Platte, werde neue Erfahrungen machen. Wir werden unserem Gefühl folgen. Und ich weiß nicht, welche Richtung das sein wird, weil wir nichts planen. Es wird einfach passieren. Musikalisch gesehen werden wir keine Gags machen. Wir haben keine Lust dazu, Trends zu folgen, weil wir durchaus unseren eigenen Trend kreieren können.[13]

Einen Tag nach dem Interview erschien in England die neue Single »The Burning Of The Midnight Lamp«/»The Stars That Play With Laughing Sam's Dice«. Jimi hatte einen großen Teil dieses introvertierten und melancholischen Songs auf einem Flug von Los Angeles nach New York geschrieben.

Die Rassenunruhen vom August 1965 in Watts, dem Schwarzen-Ghetto von Los Angeles, waren der ernstzunehmendste Ausbruch urbaner Gewalt in Amerika seit Ende des Zweiten Weltkriegs. 1967 gab es auch in den schwarzen Ghettos anderer Großstädte eine ganze Anzahl von Rassenkrawallen. 83 Menschen wurden erschossen, die meisten in Newark und Detroit.

The morning is dead and the day is through
There's nothing left here to lead me, but the velvet moon
All my loneliness I have felt today
It's a little more than enough to make a man throw himself away
And I continue to burn the Midnight Lamp, alone

Now the smiling portrait of you
is still hanging on my frowning wall
It really doesn't, it really doesn't bother me too much at all
It's just the eh ever falling dust that makes it so hard for me tò see
That forgotten earring laying on the floor
Facing coldly towards the door
And I continue to burn the Midnight Lamp, all alone
Burn!
Yeah, yeah
Lonely, lonely, lonely
Loneliness is such a drag!

So here I sit to face that same old fireplace
Getting ready for the same old explosion
Going through my mind
And soon enough the time will tell
About the circus in the wishing well
And someone who will buy and sell for me
Someone who will toll my bell
And I continue to burn the same old lamp, alone
Yeah
Darling, can you hear me calling you?
So lonely
Gotta blow my mind
Yeah, yeah
Lonely, lonely . . .

Der Song beschreibt »die Gefühle eines Mannes, der in einem kleinen alten Haus mitten in der Wüste lebt und die Mitternachtslampe anzündet«.[14] Der Mann lebt in der Vergangenheit, lebendig begraben beim Schein des Ewigen Lichts – inmitten all seiner Erinnerungen.

The Burning Of The Airport Lamp . . .
Flughafen Kloten, Zürich, 30. Mai 1968

Und das tut weh, auch wenn er es nicht zugeben will.

Das Haus in der Wüste ist eine Metapher für Jimis eigene unterdrückte Frustationen im Studio, als ihm der Song nicht gelingen wollte; für sein Gefühl, versagt zu haben, weil er sich nicht verständlich machen konnte und das Opfer von Mißverständnissen wurde. Im Flugzeug hatte er Zeit, darüber nachzudenken und reflektierte die Schattenseiten seines Lebens als Electric Gypsy: Ein Zirkus verläßt die Stadt, ohne Spuren zu hinterlassen, ganz so, als wäre er niemals dagewesen. Ohne Vergangenheit, ohne Zuhause, ohne Liebe. Aber Jimi besitzt seine eigene Flamme der Liebe. Seine Lampe ist ein Leitstrahl, mit dem er seinen Funkspruch aussendet an jene, die bereit sind, zuzuhören.

Jimi spielt die Eingangsmelodie auf einem Cembalo. »Es fiel mir einfach so ein . . . Wir nahmen das Album auf und experimentierten herum. Ich kann weder Piano noch Cembalo spielen. Ich hab' einfach ein paar Noten ausprobiert, und mit denen haben wir angefangen.«[15] Für einen der prägnantesten Gitarreneffekte, den man für alle Zeiten mit dem Namen Jimi Hendrix verbinden wird, setzte er das Wah-Wah-Pedal ein. Mit dem Wah-Wah-Pedal lassen sich Gitarrentöne auf einfache Weise verändern: Tritt man das Pedal durch, entsteht ein dumpfer Ton, tippt man es nur leicht an, wandelt er sich zu einem knackigen hellen Diskant. Bedient man das Wah-Wah auf eine rhythmische Weise, kann man den Beat forcieren. Gleichzeitig kann man die Gitarre so zum Singen bringen wie Jimi in »Midnight Lamp«. Zu Beginn des Solos stöhnt Jimi ein fatalistisches »Burn!« und läßt dann das Feuer mit Hilfe seiner Gitarre auflodern: Das Wah-Wah untermalt Jimis eigene Wehklage »Einsam, einsam!« mit einem echoartigen Effekt, der nach und nach, bis zu der Zeile »Einsamkeit ist einfach grausam!«, wieder verklingt.

»The Stars That Play With Laughing Sam's Dice« wurde damals kaum beachtet und als unbedeutendes Füllsel für die B-Seite angesehen, ein kleiner lustiger Scherz auf der Gitarre. Später vermutete man, daß der Song mit den Halluzinogenen STP und LSD zu tun haben könnte. Hier präsentiert sich Jimi scheinbar als »Captain Trips«, als unser Reiseleiter durch das Weltall. In Wirklichkeit geht es hier jedoch um eine Reise in unser Innerstes. Jimi richtet an die Passagiere folgende Worte:

> Alright everybody together now. Away we go . . . Thank you very much for coming . . . We'd like to bring to you our one and only friendly neighbourhood Experience Maker. . . . The Milky Way express is loaded. All Aboard! I promise

each and every one of you won't be bored. . . . Oh, I'd like to say that there will be no throwing cigarette butts out the window. . . . Thank you. . . . Now to the right you'll see Saturn. Outtasight. Really outtasight. And if you look to the left you'll see Mars. . . . I hope you brought your parachute with you. Hey! Look out! Look out for that door! Don't open that door! Don't open that door! (Oh but, that's the way it goes) . . . and now we're coming to the Milky Way section. . . . If you look around you'll see a few minds being blown hahaha. . . . It's happening baby. Yeah, I hope you're enjoying your ride – I am!

Jimi verwandelte sich in einen Zeitreisenden, der auf dem Weg durch die geistigen Landschaften einer psychedelischen Erfahrung ist – aber nicht als Tourist, sondern als Ortskundiger. Auch bei Jimi hatte der Genuß von LSD zu einem wachsenden Interesse an okkulten und esoterischen Themen wie dem »I-Ging«, Astrologie, Numerologie und Farbe-als-Klang geführt. Aber er war ein Reisender, der jedes Schlagloch auf seinem Weg kannte. Deshalb hatte er auch versucht, Fay und ihre Freunde davon abzuhalten, zuviel von der Droge zu nehmen, mit der sie nicht vertraut waren. Aber der Passagier auf Jimis Vergnügungstrip hat die Warnung ignoriert: Jeder, der die »Türen«, wie sie Aldous Huxley in seinem Buch »Doors Of Perception« (Die Pforten der Wahrnehmung, 1954) genannt hat, öffnete, setzte sich der Gefahr einer Überreizung der Sinne aus.

Die Kritiken über die Single fielen sehr unterschiedlich aus, aber in einem waren sich alle einig: Sie besaß nicht gerade das kommerzielle Potential für einen Hit. Bruce Johnston von den Beach Boys, der sie für den »Melody Maker« besprach, fand, daß Jimis Musik viel von ihrem Feuer und ihrem Humor verloren habe. »Die besten Passagen sind die, in denen das Schlagzeug geradlinig durchspielt und Jimi seine Gitarre wirklich zum Dampfen bringt. Aber zuviel Spielzeit wird mit billigem Maultrommel-Geklimper und anderen überflüssigen Effekten vertan.« Er stimmte allerdings zu, daß »an drei bestimmten Stellen die Effekte hypnotisch wirken und einen interessanten wagnerianischen Höhepunkt erreichen . . .«[16] Der »Record Mirror« meinte, daß dies Jimis bislang beste Single sei, während ein Kritiker des »Guardian Journal« aus Nottingham traurig kommentierte: »Selten habe ich von einer Platte so viel erwartet und bin so enttäuscht worden.«[17] Die Kritiker sollten recht behalten: »Midnight Lamp« kam nicht in die Top Ten, sondern blieb auf Platz 18 hängen. Jimi schien das egal zu sein: »Von allen meinen Sachen ist dies mein Lieblingssong. Ich bin froh, daß er nicht so erfolgreich ist und überall herumgereicht wird.«[18]

Zum Trost plazierten sich eine Woche nach der Veröffentlichung von »Midnight Lamp« die Titel »Purple Haze« und »Are You Experienced?« in den amerikanischen »Billboard«-Charts. Die amerikanische Version des Albums auf Reprise Records unterscheidet sich in einigen Stücken von der englischen auf Track. Warner hatte Jimis Singles »Hey Joe«, »Purple Haze« und »The Wind Cries Mary« anstelle von »Remember«, »Can You See Me?« und, leider Gottes, »Red House«, auf das Album genommen. Außerdem hatten sich die Warner-Leute ein neues Cover ausgedacht. Das englische Original ziert ein Foto von Bruce Fleming, das Jimi in seinem schwarzen Lieblingshemd mit roten Rosen zeigt. Kathy hatte ihm dieses Hemd in der Kings Road gekauft und sich dafür extra Geld von Angie Burdon leihen müssen. Mitch und Noel sitzen in ziemlich untertäniger Pose zu Jimis Füßen, wie Elfen, die den Großwesir in seinem ausgebreiteten Umhang anhimmeln. Bruce selbst hätte lieber eine Schwarzweißaufnahme gewählt, die Jimi ohne den ausgebreiteten Umhang zeigt, wurde aber von Chris Stamp, Kit Lambert und Chas überstimmt. Das amerikanische Cover dagegen gaukelt »Band-Demokratie« vor. Es zeigt die Gruppe stehend, mit gleich schrecklich aussehenden Gesichtern. Wegen des verwendeten Fischaugenobjektivs ist die Aufnahme verzerrt, und ein blaues Raster verfremdet den typisch amerikanischen Hintergrund der Kew Gardens.

Leider war die Band bereits wieder in England, als sie die amerikanische Hitparade eroberte, obwohl es in diesem Moment wirklich sinnvoll gewesen wäre, eine Tour durch die USA zu machen. Zwar waren bereits die Tourneedaten für Europa festgelegt, aber die eigentlichen Gründe für die Rückkehr nach England waren eher privater, nicht geschäftlicher Natur. Jimi wollte auf gar keinen Fall abreisen, aber Chas hatte erst kürzlich seine Freundin Lotte geheiratet, und Mitch wollte sich mit seiner Freundin Carolyn verloben. Außerdem hatten Noel und Mitch das Gefühl, daß sie nach dem verrückten Tourneeleben in Amerika dringend eine Pause brauchten.

Ihre Rückkehr nach England am 21. August trug sowohl komische als auch tragische Züge. Auf dem Londoner Flughafen nahmen die Zöllner Mitch eine Tränengaspistole ab, Noel verteidigte seinen Kollegen gegenüber dem »Daily Mirror« tapfer: »Es war nur eine ganz kleine Knarre.« Die Konzertveranstalter der bevorstehenden Tournee dürften in der folgenden Nacht bedeutend ruhiger geschlafen haben.

Drei Tage nach ihrer Ankunft machte Jimi ein paar Aufnahmen für die Fernsehsendung »Top Of The Pops« mit Alan Price. Man tat so, als würden alle Künstler in dieser Sendung live auftreten, und deshalb sollten sie zu den Bandaufnahmen ihrer neuen Singles wenigstens den Text live singen. Die englische Musikergewerkschaft hatte nämlich ein Playback-Verbot für Fernsehsendungen ausgesprochen. Statt Jimis »Midnight Lamp« wurde aber plötzlich das Intro von »The House That Jack Built« von Alan Price eingespielt. Jimi reagierte schlagfertig: »Ich mag die Stimme, Mann, aber ich kenn' den Text nicht!« Später sagte er zu einem Journalisten: »›Burning Of The Midnight Lamp‹ ist eh schon schwierig genug, und ich hatte mich sorgfältig vorbereitet, man sollte jedes gesungene Wort verstehen können. Aber das hat mich einfach umgehauen, Mann, eine Massenkonfusion.«[19] Für Alan Price hatte die Sache auch etwas Positives: Er durfte noch einmal auftreten.

Für den 27. August waren zwei Konzerte im Saville Theatre geplant gewesen. Als die Experience nach dem ersten Auftritt in Chas' Wohnung zurückkam, erfuhr sie, daß Brian Epstein an einer Überdosis Barbiturat gestorben war. Der zweite Auftritt wurde abgesagt, obwohl viele meinten, es wäre sicher in Brians Sinn gewesen, wenn sie gespielt hätten. Einige Zeit zuvor hatte Brian dem New Yorker Discjockey Murray The K erzählt: »Viele deiner Zuhörer kennen wahrscheinlich Jimi Hendrix nicht, ich habe eigentlich auch nichts mit ihm zu tun. Aber er ist inzwischen ganz groß. In England halten sie es wohl für einen Über-Nacht-Erfolg, aber kein Star wird über Nacht geboren, und er ist ein großartiger Künstler . . . Er spielt seine Gitarre mit den Zähnen . . ., mit seinem Verstärker. Er schleudert sie herum, aber nicht zum Spaß . . . Er kann sie wirklich mit den Zähnen spielen, er ist ein Gitarren-As.«[20]

Im September und Oktober wurden die Live-Auftritte auf ein Minimum beschränkt, damit sich die Band auf die Plattenaufnahmen für ihr zweites Album »Axis: Bold As Love« konzentrieren konnte. In Schweden gaben sie sieben Konzerte, darunter zwei ausverkaufte Shows im Stockholmer Tivoli vor 8000 Zuschauern. Nach diesem enthusiastischen Empfang muß es wie eine kalte Dusche gewirkt haben, daß man sie aus dem Restaurant ihres Park-Avenue-Hotels hinauskomplimentierte. Prinzessin Alexandra wurde erwartet, und man hatte Angst, sie könnte sich belästigt fühlen. Selbst als sich herausstellte, wer sie waren, versuchte der Hotelmanager die Experience loszuwerden. Doch der britische Botschafter in Schweden, Sir Archibald Ross, lud sie auf einen Versöhnungsdrink in die Bar ein.

Es folgten Fernseh- und Radioshows in Schweden und Deutschland sowie ein Auftritt beim »Guitar-In« am 25. September in der Royal Festival Hall zur Unterstützung der Liberalen Partei. Am 8. Oktober

Saville Theatre, London, 27. August 1967

traten sie abermals im Saville Theatre auf und spielten Bob Dylans »Can You Please Crawl Out Your Window«. Beim Finale »Wild Thing« riß Jimi Noel mit einem riesigen Sprung zu Boden.

Mittlerweile waren die meisten Piratensender verboten, und die BBC startete am 30. September ihre eigene Popwelle. Eine Woche später nahm die Experience im BBC-Studio die erste von zwei Sessios für die Sendung »Top Gear« auf, die John Peel, ein ehemaliger Piratensender-Discjockey, moderierte. Diese Aufnahmen erschienen 1989 auf dem Album »Radio One«. Und was für Aufnahmen! Insbesondere »Driving' South« ist wohl eines der besten gemeinsamen

Stücke der Experience, angeführt von der ruhelosen, atemberaubenden Gitarre. Falls das Wort »Zusammenspiel« in der Musik je etwas bedeutet hat, dann ist »Driving' South« ein Paradebeispiel dafür. Im Vergleich zum gutgeölten Tourenwagen der Experience klingt Curtis Knights Rhythmussektion wie ein Schrottauto mit zwei platten Reifen. Es ist unfaßbar, daß Stücke wie dieses erst nach gut zwanzig Jahren das Licht der Öffentlichkeit erblickten, während der Markt in der Zwischenzeit von miserablen Aufnahmen überflutet wurde, die angeblich von Jimi stammten.

Während der gleichen Session entstand auch »Catfish Blues«, Jimis Tribut an Muddy Waters, mit einem Schlagzeugsolo von Mitch. Eingespielt wurde es vor der Blütezeit der Schlagzeugsoli, in der sich selbst der mittelmäßigste Schlagzeuger berufen fühlte, zwanzig Minuten lang auf seine Felle einzudreschen. Mitchs »offene« Spielweise ließ, ähnlich wie die von Keith Moon, eigentlich keine Soli zu. Aber wenn er welche spielte, dann meist in einem langsamen Blues wie diesem, der einen Anstoß brauchte, um zum Schluß hin langsam auszurollen.

Sie nahmen auch eine völlig neue Version von »Midnight Lamp« auf, ohne zusätzliche Instrumente und Hintergrundchöre. Der Schlußsong war eine improvisierte Version von »Hound Dog«, in der Noel und Mitch im Hintergrund herumbellten. Normalerweise spielten sie den Song nur zum Aufwärmen bei Soundchecks; dabei hätten sie es auch belassen sollen. Am Tag der BBC-Aufnahmen hielt sich wegen eines Interviews auch Stevie Wonder im Studio auf. Er war so nervös, daß ihn die Experience zur Beruhigung ans Schlagzeug setzte. Zusammen spielten sie »Ain't Too Proud To Beg« von den Temptations.

Das neue Album »Axis: Bold As Love« wurde in den Olympic-Studios in Barnes aufgenommen. Produzent war Chas, und als Tontechniker fungierte Eddie Kramer, der alle mit seinem einfühlsamen Mix von Jimis früheren Aufnahmen beeindruckt hatte. Damals gab es nur wenige Tontechniker mit einem Gespür für Rockmusik; die meisten arbeiteten entweder für klassische Orchester oder produzierten Fließband-Hits und Werbespots.

Eddie Kramer war 1960 aus Südafrika nach England eingewandert. Bei Pye Records baute er ein PA-System für seinen Landsmann Manfred Mann, der damals noch bei den Mann-Hugh-Blues-Brothers spielte. Schließlich eröffnete er sein eigenes Studio KPS: »Ich hab' mir wirklich den Arsch aufgerissen, um unter den widrigsten Umständen zu lernen, wie man Platten aufnimmt.«[21] KPS wurde an die Firma

Popladen, Högbo Bruk, Högbo, Schweden, 8. September 1967

Regent Sound verkauft, und Eddie blieb Studiomanager, bis er von Keith Grant, dem Boß von Olympic, als Toningenieur abgeworben wurde.

Das äußerst kreative und begeisterungsfähige Team um Keith Grant bestand aus Chefingenieur Dick Swetenham, Phil Brown und George Chkiantz. Eigentlich war George der »Tape Operator«, aber er war zugleich ein sehr erfahrener Elektronik-Experte, dem wir die Entwicklung des sogenannten Phasing verdanken, jenes »Panning«-Effekts, den man zum ersten Mal auf der Small-Faces-Single »Itchycoo Park« hören konnte. Und auf »Axis« gelangen ihm diese Effekte zum ersten Mal in Stereo.

Jimi brauchte jemanden, mit dem er einfach auch mal herumspinnen und solche verrückten Dinge ausprobieren konnte. Und den guten Studiotechnikern machte es Spaß, wenn einer verlangte: »Ich möchte einen Klang wie unter Wasser!« oder er wenn die Bitte äußerte, einen intergalaktischen Krieg simulieren zu dürfen. Doch neben Eddie spielten auch George Chkiantz und Roger Mayer bei der Umsetzung von Jimis Ideen eine wichtige Rolle. Roger machte viele der Klänge möglich, die Jimi seiner Gitarre mühsam abrang. Jimi besaß nicht nur die Fähigkeit, schnell neue Technologien zu beherrschen; bei ihm wurden sie immer auch human, gewannen an Wärme, Tiefe und Ausdruck. Roger Mayer war an der Entwicklung dieser Technologie maßgeblich beteiligt. »Ich habe mit Jimi oft privat zusammengesessen, und dabei redeten wir über Klänge. Manchmal haben wir ein paar Verzerrerboxen in der Wohnung aufgebaut, damit er mit ihnen rumexperimentieren konnte. Auf diese Weise versuchten wir, einige grundsätzliche Dinge über die Belastbarkeit der Geräte und über ihr Klangspektrum herauszufinden. Die Töne haben wir uns gegenseitig mit Hilfe von Farben beschrieben.«

Bei den ersten Aufnahmen der Experience war Jimi im Studio ziemlich verschlossen und akzeptierte meist die Vorschläge, die Chas machte. Doch allmählich wuchs Jimis Selbstbewußtsein im Studio. Eddie Kramer berichtet:

> Es gab keine Besprechungen im Vorfeld, denn Jimi hat alles immer auf eine sehr spontane Weise gemacht. Er hatte genau im Kopf, was er machen und wie er es herstellen wollte – er hatte ganze Stapel von Texten, aus denen er auswählen konnte –, aber er wußte *absolut,* was er machte. Jeden Overdub, jedes Gitarrensolo rückwärts, jede Zweispur-Geschichte war sorgfältig ausgearbeitet . . ., in seinem Kopf . . ., auf eine sehr persönliche Weise. Ich wußte erst, was er machen wollte, wenn er ins Studio kam. Und ich glaube, keiner wußte es vorher.[22]

> Nehmen wir mal ein x-beliebiges Gitarrensolo rückwärts – es gibt ja eine Menge davon. Wenn das Band zurückgespult wurde – und damit meine ich, es war auch alles bereits rückwärts aufgenommen worden –, dann wußte Jimi auf den Zentimeter genau, wo was auf dem Band war. Egal, wo wir es starteten. Und in seinem Kopf war absolut klar, wie das Solo, das er gerade spielte, später klingen würde. Ich will damit nur sagen, daß der Mann eine total klare Vorstellung von dem hatte, was er machte, und davon, wie das Resultat aussehen würde.[23]

Der Roadie Neville Chesters gibt einen weiteren Einblick in Jimis Arbeitsweise während der Plattenaufnahmen zu »Axis«: »Er schrieb die Texte während der Aufnahme . . . Erst einmal nahmen sie Rohentwürfe der Songs auf Band auf, die dann allmählich eine Form bekamen. Dann ging Jimi in den Kontrollraum oder setzte sich irgendwo hin. Da konnte man ihn dann beobachten, wie er irgendwas notierte, das er sich ausdachte und anschließend spielte . . . Es war, glaube ich, einfach ganz natürlich. Sie übten wirklich wenig, sehr, sehr wenig . . .«

Mariebergsskogen, Karlstad, Schweden, 9. September 1967

Für Eddie war Jimi immer ein ganz besonderer Kunde, und er wuchs als Techniker jedesmal, wenn Jimi da war, über sich hinaus. Eddie hatte in Südafrika mit einigen schwarzen Musikern gearbeitet und liebte Avantgarde-Jazz – das waren seine Ausgangspunkte für eine Session mit Jimi. »Es gab nichts, was er nicht ausprobierte. Im Studio war er einfach wunderbar, ein absolut lustiger Typ. Er lachte immerzu und machte keine Pausen. Denn für ihn war Studioarbeit der reine Spaß . . .« [24]

Nun ja, wenigstens manchmal! Im in sich geschlossenen Universum des Studios hatten sich einige ausgeprägte Charaktere zusammengefunden. Es herrschte einc intensive und konzentrierte Atmosphäre, in der die Außenwelt nicht mehr existierte. Man arbeitete unablässig, um mystische Barrieren zu durchbrechen, um Augenblicke reiner Kreativität zu erreichen. Eddie war hart und ehrgeizig, und wenn er ein Problem zu lösen hatte, verrannte er sich manchmal in Ideen, die George Chkiantz nicht immer teilte. Und Chas und Jimi gingen sich inzwischen im Studio mitunter aus dem Weg.

»Jeder im Studio hörte nur auf Jimi«, sagt Neville, dessen Aufgabe es war, die Anlage im Studio aufzubauen. »Er hatte eine Art zu arbeiten, daß niemand in Frage stellte, was er gerade tat. Ich erinnere mich, daß Chas während der Aufnahmen zu ›Axis‹ ein paar Vorschläge machte: Ich finde, du solltest es so machen. Und Jimi antwortete mit gedämpfter Simme: Ja, ja. Und dann machte er es einfach so, wie er es von vornherein vorgehabt hatte.«

Jimi ignorierte Chas nicht wirklich, und er machte sich auch nicht über ihn lustig, aber irgendwie schaffte er es immer, am Schluß seinen Kopf durchzusetzen. Eigentlich hatten sie nie wirklich Streit, aber manchmal gab es Spannungen, wenn Jimi eine Sache immer und immer wieder aufnahm, weil er ein Solo noch perfekter haben oder neue Textteile einfügen wollte, wodurch die Songs nach Chas' Meinung viel zu lang wurden. Neville erinnert sich, »daß Chas uns dann immer wegschickte, damit wir ihre Debatten nicht mitbekamen. Aber ich kann mich an ein paar Zwischenfälle erinnern, wo er und Jimi sich ganz schön in die Haare gerieten. Es muß Chas ziemlich wütend gemacht haben, daß wir immer auf Jimis Seite waren, der uns alle ansah, während wir ihm zustimmten und sagten: Ja, du solltest es so machen.« Als Produzent hatte Chas an den Publikumsgeschmack zu denken und mußte außerdem die Kosten im Auge behalten. Abgesehen davon war er einfach stolz darauf, daß »The House Of the Rising Sun« für ganze vier Pfund während einer Mittagspause aufgenommen wurde und immer noch ein weltweiter Monsterhit war. Noel wiederum fühlte sich auf der Bühne viel wohler als im Studio. Und er teilte Chas' Ungeduld, wenn Jimi hartnäckig darauf bestand, weiterzumachen, bis alles *seiner* Meinung nach richtig klang. Jimis Aufnahmetechnik ermüdete Noel schnell; außerdem weigerte er sich oft, das zu spielen, was Jimi ihm zeigte. Mitch war laut Eddie Kramer ein ganz anderer Fall. »Mitch konnte förmlich sehen, was Jimi dachte. Obwohl Jimi viel von dem diktierte, was zu spielen war . . . zum Beispiel, wo ein Akzent gesetzt werden sollte . . . und wo noch Füllmaterial reingehörte, überließ er es doch Mitchs Phantasie, die ziemlich lebhaft war. Mitch konnte Jimi nicht einmal mit den unmöglichsten Einfällen überraschen.«[25]

Die einzige Sache, deren Jimi sich nach wie vor nicht sicher war, war sein Gesang. Es durfte nicht mal jemand zusehen, wenn er sang. Eddie Kramer mußte die Studiobeleuchtung verdunkeln, wenn sie den Gesang aufzeichneten.

Jimi wollte im Studio unbedingt die Power seiner Live-Auftritte erzielen, und das hieß, daß alle Geräte bis zum Schmelzpunkt aufzudrehen waren. Dadurch wurde die Studioausrüstung bis zum Äußersten belastet. Der Chef des Olympic, Keith Grant, entfernte sogar die teuren BBC-Mikrofone aus dem Studio, wenn Jimi kam. Doch in bezug auf andere Studiogeräte, Kopfhörer etwa, erwies sich Jimi, wie George Chkiantz behauptet, nicht gerade als Technik-Genie.

> Der arme Jimi hatte echt Probleme, die Kopfhörer abzunehmen. Wir hatten unglaublich unbequeme Kopfhörer, die waren wirklich Schrott. Wir alle flehten Keith an, uns neue zu besorgen. Er meinte: »Hört mal, wir verlieren hier etwa fünfzig Paar pro Woche, und ich hab' mich schon echt angestrengt, um die scheußlichsten und unbequemsten zu finden. Ihr einziger Vorteil ist, daß sie laut und unzerstörbar sind – und die Leute klauen sie trotzdem. Wenn ihr glaubt, daß ich jetzt wirklich gute kaufe, dann seid ihr auf dem Holzweg.« Sie glichen den drahtlosen Telefonen aus dem Zweiten Weltkrieg, und wenn Jimi eine Session beendet hatte, sahen die Dinger aus wie »Die Mumie«. Diese Kopfhörer mit ihren Drähten und Klammern um die Ohren verfingen sich in seinen Haaren, und das machte ihn völlig verrückt.

Aber all die Konflikte zwischen den verschiedenen Parteien im Studio störten die eigentliche Arbeit nicht wirklich. Im Gegenteil, manche von ihnen beeinflußten das Endergebnis äußerst positiv. Was *wirklich* störte, waren die sogenannten Rumhänger. Es war üblich, daß in allen Studios, in denen gerade ein namhafter Musiker Aufnahmen machte, andere Musiker und Bands mal kurz vorbeischauten, um zu sehen, was passierte. Oft lud man sie einfach ein, im Chor mitzusingen oder

Percussion zu spielen. Das ging ja noch in Ordnung. Zu einem Ärgernis wurden jedoch die Speichellecker, die an den Rockschößen der Rockstars hingen und sich einzuschmeicheln versuchten, indem sie Drogen mitbrachten. Die hatten es vor allem auf Noel abgesehen, der während der Aufnahmen zu »Axis« wenig zu tun hatte. In Jimis Fall waren es vor allem Frauen, die ganz versessen darauf waren, einen persönlichen Blick auf den Superstar zu werfen.

Die Olympic-Studios befanden sich im ersten Stock über einem alten Kino. Auf der einen Seite des Studios gab es Doppeltüren mit einer Bodenöffnung zur Straße hin, durch die man die Anlage hochhievte. Eines Abends gegen 22.30, als George Chkiantz nach einer Experience-Session die Türen abschloß, entdeckte er ein Mädchen, das auf gefährliche Weise an der äußeren Türangel hing. Jimi schickte die Mädchen normalerweise in ein Restaurant, wo sie auf ihn warten sollten, und vergaß sie dann. Doch im allgemeinen waren Fremde, die in einem Studio herumwanderten, das mit den teuersten Geräten ausgestattet war, ein absoluter Alptraum für die Sicherheitsleute. Techniker George Chkiantz erinnert sich, daß sie »mir wirklich den Schlaf raubten.«

Aber Jimi war auf fast schon pathologische Weise unfähig, nein zu sagen, wenn ihn jemand im Studio besuchen wollte. Andererseits hatte Jimis Politik der offenen Tür auch ihre guten Seiten. Obwohl er mit seinem Gesang Probleme hatte, machte es ihm sogar im Studio Spaß, für die Anwesenden eine Show abzuziehen – eine Bestätigung seiner Behauptung, daß er damit nicht nur zahlende Konzertbesucher unterhalten wollte, sondern seine Nummer abzog, wann immer er sich danach fühlte. Was auch die folgende Geschichte beweist.

Als Jimi der bestbezahlte Rockstar der Welt war, kam er mit einem Taxifahrer in New York ins Gespräch, der Bongos spielte. Jimi lud den Mann zu einer Session ein. Der Typ war nicht gut, und der Taxometer der Studio-Uhr tickte unbarmherzig. Doch der Mann war völlig aus dem Häuschen, daß er mit Jimi Hendrix spielen durfte, und Jimi ließ ihn einfach machen. Diese »Ein Mann des Volkes«-Haltung trug ihm eine Menge Respekt ein.

Hatte Jimi mit »Are You Experienced?« die Rakete in ihre Umlaufbahn geschossen, so beschrieb er mit »Axis: Bold As Love« die Reise der Rakete in dieser Umlaufbahn, wo sie die Wunder des Universums inspizierte. Das Album klang weicher und mystischer, die Texte waren raffinierter, die Effekte phantasievoller eingesetzt.

> Es wurde für Stereo produziert, und ich hoffe, daß es auch alle in Stereo hören können, denn das ist der Witz an der Sache. Wir haben sechzehn Tage an diesem Album gearbeitet, und wir alle haben Chas bei der Produktion geholfen, und ich habe mit ihm sogar die Mischung gemacht – es ist also wirklich ein Produkt von *uns*.
>
> Wir haben versucht, den meisten der ausgeflippten Stücke eine andere Dimension zu verleihen, so daß man diesen Himmelseffekt spüren kann, so, als ob sie direkt vom Himmel fallen würden, weißt du?[26]

Auf seinen ersten Alben befreit sich Jimi von seinen Aggressionen und seinen schlimmsten inneren Leiden. Der leichtere, weniger verzweifelte Ansatz von »Axis« erlaubte Jimi sogar Anflüge von Humor. Und seine durchaus selbstbewußt geäußerte Philosophie kam deutlicher zum Vorschein. Offensichtlich schien er nicht mehr so unter seinem neuen Status zu leiden, sondern sich auf künstlerische Weise mit ihm arrangiert zu haben. Die Songs sind voller Träume und Farben – Empfindungen eines romantischen Poeten, die durch lyrische Präzision und eine geschlossene Orchestration umgesetzt und von einer starken musikalischen Vision untermauert werden. Obwohl sich Jimi auf »Axis« wirklich zurückhielt, fragte sich ein Plattenrezensent, wie denn ein so sanfter Mensch wie Jimi derart gewalttätige Musik produzieren könne? Aber dies ist natürlich der Gipfel des Romantizismus: eine unaufhörliche Revolte gegen Konvention, Autorität, Verlogenheit und Mäßigung, eine extreme Selbstbehauptung, eine Verherrlichung der individuellen Erfahrung.

Dazu paßt der Auftakt von »Axis« nun gar nicht. Das Intro von »EXP« erinnert an »Stone Free«, bricht dann aber abrupt ab, und Mitch verkündet:

> »Good evening, ladies and gentlemen. Welcome to radio station EXP. Tonight we are featuring an interview with a very peculiar-looking gentleman who goes by the name of Mr. Paul Caruso on the dodgy subject of ›Are there or are there not flying saucers or UFOs?‹ Please, Mr. Caruso, please could you give us your regarded opinion on this nonsense about spaceships and even space people?«
> Mr. Caruso [a.k.a. Jimi]: »Thank you. As you well know, you just can't believe everything you see and hear, can you? Now, if you'll excuse me, I must be on my way.«

Mitch verfällt, als könne er nicht glauben, was da passiert, ins Stottern, während eine Wand aus White-Noise-Gitarrenfeedback und dem Geräusch statisch aufgeladener Mikrofone wie wild von links nach rechts und von rechts nach links durch die Lautsprecher wandert. Interplanetarische Stimmen hallen durch die Ewigkeit, im Ein-

Jimis Wohnung, London, Ende März 1967

klang mit – ja, womit? Sphärenmusik? Gräßlichem Getöse? Für letzteres halten es sogar die glühendsten Hendrix-Verehrer. Der nächste Schock folgte mit »Up From The Skies«, das in einem lässigen Jazz-Trio-Stil daherschlendert und ein gutes Beispiel für Jimis Hochachtung vor den traditionellen Stilen populärer Musik darstellt.

> »Up From The Skies«. Also, man stelle sich vor, die Menschen haben keine Lust mehr, in den großen grauen Wohnsilos zu leben und sowas. Und all das verschwindet einfach. Und die Leute rennen herum und rufen: »Oh, wir lieben die Welt, wir lieben sie!« Verstehst du? Wir lieben alle! . . . Selbst wenn man ins Haus fremder Leute kommt, müssen die den Wandel der Zeit akzeptieren. Warum das Alte bewahren, warum in der Vergangenheit leben? Diese Gebäude werden sowieso nicht ewig stehen, warum also an ihnen hängen?[27]

Untermalt von einem zarten Wah-Wah-Sound und Mitchs Schlagzeugbesen, verdeutlicht »Third Stone from the Sun« wohl am besten den Unterschied zwischen dem ersten und dem zweiten Album. Die Fremden in »Third Stone from the Sun« wollen den Planeten zerstören. Der Planet hat sich seit Jimis letztem Besuch so verändert, daß der Fremdling entsetzt ist. Ahnte Jimi vielleicht sogar den Treibhaus-Effekt voraus?

> I have lived here before, the days of ice
> And of course this is why I'm so concerned
> And I come back to find
> The stars misplaced and the smell of a world that's burnt
> A smell of a world that has burned
> Yeah, well maybe, maybe it's just a change of climate
> Oh, I can dig it, I can dig it baby, I just wanna see.
>
> So where do I purchase my ticket?
> I just like to have a ringside seat
> I wanna know about the new mother Earth
> I wanna hear and see everything
> Yeah
> Aw shucks,
> If my daddy could see me now.

Die Unisono-Arbeit von Gitarre und Baß, die jedem Song ein stabiles Rhythmusfundament verleiht, sind Jimis Markenzeichen. Ein sehr gutes Beispiel dafür ist »Spanish Castle Magic«: wieder ein starkes Hendrix-Riff, eine Reihe ungewöhnlicher Akkordfolgen sowie jede Menge verzogener Saitentöne im Solo, die mit einem verrückten »Double-Stop« enden. Mit diesem Song hat Jimi den »Spanish

Castle«-Club in Seattle verewigt (»Nein, der ist nicht in Spanien«), der etwas außerhalb der Stadt liegt (»Er ist sehr weit weg«). Aber »castles in Spain«, die spanischen Schlösser, sind auch eine Metapher, ähnlich wie Utopia oder Eldorado. Mit diesem Song lädt uns Jimi zu einer Reise ins Gelobte Land ein, auf dem Rücken einer phantastischen Libelle: »just a little bit of daydreaming here and there.«

Ganz zum Schluß macht sich Jimi über seine eigenen Sangeskünste lustig: »I can't sing a song.« Auf dem Album findet man viele solcher beiläufigen Gesangszeilen, die leider kaum hörbar sind. Zu der Liebeslieder-Trilogie auf »Axis« gehören auch »Wait Until Tomorrow« und »Ain't No Telling«.

Well, I'm standing here freezing inside your golden garden
I got my ladder leaned up against your wall
Tonight's the night we plan to run away together
Come on Dolly Mae, there's no time to stall
But now you're telling me that ah . . .
I think we better wait till tomorrow

Oh, Dolly Mae, girl you must be insane
So unsure of yourself leaning from your unsure window pane.
Do I see a silhouette of somebody pointing something from a tree
CLICK BANG what a hang
Your daddy just shot poor me
And I hear you say, as I fade away
We don't have to wait till tomorrow

Hier wird Romeo schließlich von Papa Montague erschossen. In »Ain't No Telling« dreht er das Szenario um:

Well there ain't no
Ain't no telling baby
When you will see me again
But I pray it will be tomorrow

Beide Songs enthalten interessante Gitarrenpassagen. In »Wait Until Tomorrow« spielt Jimi unisono mit dem Background-Gesang gleitende Sexten, eine von Steve Cropper favorisierte Spielweise. In »Ain't No Telling« setzt Jimi seine bevorzugten Akkordmuster ein, dazu ein massives Vibrato mit dem Ringfinger, das man nur spielen kann, wenn man so lange und starke Finger hat wie Jimi.

Seine Balladen bilden den populärsten Teil seines Nachlasses, und keine ist so oft nachgespielt worden wie »Little Wing«. Der Song gehört zum Repertoire von Musikern wie Eric Clapton und Sting, und auch der verstorbene Gil Evans hatte ihn im Programm.

Well she's walking through the clouds
With a circus mind that's running round
Butterflies and zebras
And moonbeams and fairy tales
That's all she ever thinks about
Riding with the wind.

When I'm sad, she comes to me
With a thousand smiles, she gives to me free
It's alright she says it's alright
Take anything you want from me, anything
Anything.

Fly on little wing
Yeah, yeah, yeah, little wing

Einem schwedischen Journalisten erzählte Jimi im Januar 1968:

> Es basiert auf einer ganz, ganz simplen Indianer-Weise . . . Die Idee kam mir in Monterey, als ich mich einfach mal umschaute. Ich wollte alles, was ich sah, in, sagen wir, eine Mädchenfigur oder so was Ähnliches umsetzen, verstehst du, und es »Little Wing« nennen und es dann loslassen. In Monterey schienen alle zu schweben, alle waren in einer wunderbaren Stimmung. Es war dort echt, echt großartig. Ich hab' also alles in eine winzige Streichholzschachtel gepackt, weißt du, und es in ein Mädchen verwandelt. Und plötzlich hatte ich den Song. Er ist ganz einfach, aber ich mag ihn trotzdem . . .

Über »Little Wing« liegt ein Hauch von Gaze. Das gilt ebenso für das fesselnde Intro mit seinem verwehten Glockenspiel wie für den Einsatz einer Leslie-Box für die Gitarre. Dieser rotierende Lautsprecher erzeugt einen Verdopplungseffekt aus aufsteigenden und abfallenden Klangwellen. Jimi spielt eher wie ein Pianist: Mit dem Daumen greift er die Baßnoten, wobei die Finger der Greifhand mit den Fingern der rechten Hand korrespondieren. Den Schluß bildet ein magisches Solo von 2 Minuten und 25 Sekunden. Sogar in Konzerten dauerte »Little Wing« selten länger – alles ist gesagt und damit Ende.

In »If 6 Was 9« wird Frank Zappas bereits zitierte Aussage über den Unterschied zwischen Hippies und Freaks in den sechziger Jahren bestätigt, wobei Jimi eindeutig die Position der Freaks einnimmt:

Alright, if all the hippies cut off all their hair
I don't care, I don't care
Dig, 'cos I got my own world to live through
And I ain't gonna copy you

Der Background-Gesang im Intro enthält die Worte »sing a song, brother«, die dann zu der Zeile führen: »If the mountains fell in the sea«. Genauso wird in der Hopi-Legende der Untergang der zweiten Welt beschrieben. Ein Indiz dafür, daß es sich hier um eine Hommage an die amerikanischen Indianer in Gestalt eines Freiheitsliedes handelt.

Jimi beschäftigte sich auch mit der esoterischen Farbenlehre – mit den *»vibrations«* der Farben, wie sie in Begriffen wie »grün vor Neid«, »rotsehen« oder »schwarzsehen« zum Ausdruck kommen. Zu Beginn der letzten Strophe greift Jimi, während Mitch auf seinem Schlagzeug herumwirbelt, auf Farbsymbole zurück, um den rätselhaften Charakter seiner Songtexte zu unterstreichen (»there ain't nobody knows what I'm talkin' about«) und nennt die Farben »Purpur, Rot, Gelb und Grün«. Nach alten Überlieferungen ist Purpur die Farbe des Herrschers, Rot steht für Pioniergeist, Grün symbolisiert Gleichgewicht und Harmonie, während Gelb die Farbe der Kreativität ist. Außerdem verweist der Songtitel auf ein weiteres okkultes Element: Im chinesischen »I-Ging« steht die Zahl Sechs für die Erde und die Neun symbolisiert den Himmel; womit das urzeitliche Chaos beschrieben wäre. Aber Jimi ist sich sicher, daß er erst dann sterben wird, wenn seine Zeit gekommen ist:

I'm the one that's gonna have to die
when it's time for me to die
so let me live my life the way I want to.

Frauen sind in Jimis Songs entweder Engel oder Madonnen. Viele sind Abbilder seiner Mutter Lucille, die als Retterinnen und Erlöserinnen auftreten. Andere sind Mutterfiguren – starke, eigenwillige Herzensbrecherinnen, bei denen Jimi den Verstand verliert. »You Got Me Floatin'« bringt diese Gefühle auf den Punkt, obwohl Jimi mit der Zeile »And I kiss you when I please« klarstellt, daß er seinen Freundinnen nicht die gleiche Freiheit zugesteht, die er für sich selbst in Anspruch nimmt.

Hier beeindruckt Noel mit seinem Spiel auf einem achtsaitigen Hagström-Baß, das den Kontrapunkt zum Gitarrensolo bildet. Die zusätzlichen viersaitigen Gitarren sind eine Oktave höher gestimmt, wodurch der Eindruck entsteht, als würde das, was die Gitarre spielt, auf dem Baß verdoppelt. Die gelegentlichen Dur-Moll-Wechsel unterstreichen das Pathos von »Castles Made Of Sand«, einer kritischen Abrechnung mit der bitteren Ironie des Lebens.

Down the street you can hear her scream »you're a disgrace«,
as she slams the door in his drunken face
And now he stands outside and all the neighbours start to gossip and drool
He cries »oh girl, you must be mad, what happened to the sweet love you and me had?«
Against the door he leans and starts a scene, and his tears fall and burn the garden green

And so castles made of sand fall in the sea, eventually

A little Indian brave,
who before he was ten played war games in the woods with his Indian friends
And he built a dream that when he grew up he would be a fearless warrior Indian Chief
Many moons passed and more the dream grew strong,
until tomorrow he would sing his first war song and fight his first battle
But something went wrong, surprise attack killed him in his sleep that night
And so castles made of sand, melts into the sea, eventually

There was a young girl, whose heart was a frown
'cause she was crippled for life, and she couldn't speak a sound
And she wished and prayed she could stop living, so she decided to die
She drew her wheel chair to the edge of the shore,
and to her legs she smiled ›you won't hurt me no more«
But then a sight she'd never seen made her jump and say,
»Look, a golden winged ship is passing my way«
And it really didn't have to stop, it just kept on going

And so castles made of sand, slips into the sea, eventually

Jimi setzte »Sand« gern als Metapher für die Vergänglichkeit der menschlichen Existenz und die verrinnende Zeit ein, und dafür, daß im Leben weder Liebe, Loyalität oder Familienbande noch Freundschaft selbstverständlich ist. Jimis ganze Kindheit war geprägt gewesen von ständiger Unsicherheit und von Übergangssituationen: verschiedene Wohnorte, verschiedene Schulen, verschiedene Bezugspersonen und eine Mutter, die in der einen Minute da war und in der nächsten schon wieder fort. Die Ironie, die in seinem Text steckt, ist offensichtlich: *Auf* Sand werden zwar auch keine soliden Schlösser

London, September 1967

gebaut, aber ein Schloß, das *aus* Sand gebaut ist, ist von Anfang an dem Verfall preisgegeben. Und wenn schon die Schlösser in Spanien zerbröckeln, dann ist Utopia nichts als eine Illusion. Mit »She's So Fine« gab Noel sein Debüt als Songwriter und Lead-Sänger. Noel fühlte sich durch die Zusammenarbeit mit Jimi frustriert, nicht zuletzt deshalb, weil Jimi keine Lust hatte, Noels Songs aufzunehmen, geschweige denn, sie auf der Bühne live zu spielen. Noel präsentierte auf »Axis« den Titel »She's So Fine« und auf dem folgenden Album »Electric Ladyland« den Song »Little Miss Strange«. George Chkiantz meint: »Jimi hat sich im Studio für ›She's So Fine‹ nicht gerade ein Bein ausgerissen.« Der Song ist eine belanglose Psychedelic-Pop-Nummer und erinnert an den im selben Jahr veröffentlichen Who-Hit »Happy Jack«. Über Noels Songs schrieb ein Journalist ziemlich unfreundlich, er solle »aufhören, weil er einfach hinterherhinkt«.[28] Vergessen wir »She's So Fine«, denn Noels Baßspiel prägt das ganze Album, bildet die musikalische Achse, den rhythmischen Fixpunkt für Mitch und Jimi.

Mike Stern, früher Gitarrist bei Miles Davis, beschreibt Jimis Spiel in »One Rainy Wish« so: »Sein Spiel ist sehr lyrisch. Es besitzt dieselben melodischen Qualitäten, die ich an Jim Hall oder Wes Montgomery schätze. Aber bei Hendrix war da dieser Sound, er konnte auf seiner Strat einen viel volleren Sound erzeugen, als das auf einer normalen Jazz-Gitarre mit hohlem Korpus möglich wäre.«[29]

Der Song ist mit ungewöhnlichen Harmonien und Rhythmusideen überfrachtet. Außerdem stehen die Textstrophen im Dreivierteltakt, während der Refrain im Viervierteltakt daherkommt. Wie schon in »Castles Made Of Sand« hält Jimi in »Wait Until Tomorrow« und »Ain't No Telling« den Kippschalter zwischen Steg- und Mittel-Pickup fest. Aus der Vermischung der beiden entsteht der nasale Klang. Der durchweg filigrane Gitarrenstil wirkt wie ein sanfter akustischer Sog, der Jimis Wortspielereien ergänzt. Dieser Song entstand nach einem Traum von Jimi.

It's only a dream, but I'd love to tell somebody about this dream
The sky was filled with a thousand stars
While the sun kissed the mountains blue
And eleven moons played across the rainbows above me and you
Gold and rose, the colour of the velvet walls that surrounds us.

Eigentlich sollte »Little Miss Lover« die neue Single werden. Es ist das dritte von Jimis pathetischen Liebesliedern auf dem Album. Und wie immer gesteht er sich diese Liebe nur ungern ein.

Excuse me while I see if that gypsy in me is right
If you don't mind.
Well, he signals me okay
So I think it's safe to say
I'm gonna make a play.

Mitchs aufregendes Schlagzeugpattern spiegelt, wie schon in »I Don't Live Today«, die Gitarren- und Baßlinien wider. In einem Break setzte Jimi auch Roger Mayers Octavia ein. Das Wah-Wah in Verbindung mit den gedämpften Saiten erzeugt perkussive Muster.

»Bold As Love« ist in jeder Hinsicht die Tour de force auf dem Album – eine olympische Schlacht der Leidenschaften, in der Jimi sein Spiel mit den Klangfarben noch wesentlich weiter treibt als in »If 6 Was 9«. Der Song wird noch turbulenter, wenn er von der dritten in die erste Person wechselt. Die Botschaft lautet: Die Liebe hat viele Gesichter, sie ist harte Arbeit, und um sich wirklich auf sie einzulassen, braucht es Hingabe und Mut. Man muß sich nur die Achse [axis] anschauen . . .

Anger he smiles, towering in shiny metallic purple armour
Queen Jealousy, envy waits behind him
Her fiery green gown sneers at the grassy ground
Blue are the life-giving waters taken for granted,
they quietly understand
Once happy turquoise armies lay opposite ready,
but wonder why the fight is on
But they're all bold as love, yes, they're all bold as love
Yeah, they're all bold as love
Just ask the Axis

My red is so confident that he flashes trophies of war and ribbons
of euphoria
Orange is young, full of daring,
but very unsteady for the first go round
My yellow in this case is not so mellow
In fact I'm trying to say it's frightened like me
And all these emotions of mine keep holding me from, eh,
giving my life to a rainbow like you
Well I'm eh, yeah, I'm bold as love
Yeah, yeah
Well I'm bold, bold as love (hear me talking, girl)
I'm bold as love
Just ask the Axis (he knows everything)
Yeah, yeah, yeah

Yeah

»Also, na ja, sowas wie die Erdachse eben, verstehst du? Wenn die sich verschiebt, also, dann verändert sich vielleicht alle paar tausend Jahre die gesamte Erdoberfläche. Und mit der Liebe eines Menschen ist es ähnlich; wenn sie ihn entsprechend tief trifft, dann wird sie ihn verändern. Sie verändert sein ganzes Leben. Also haben diese beiden Dinge sehr wohl etwas gemeinsam.«[30]

Auch die Idee mit der Erdachse könnte Jimi beim Lesen vom »Buch der Hopi« gekommen sein. Die Lebensformen der ersten Welt wurden von der Spinnenfrau erschaffen, die einen ihrer Assistenten anwies, »die ganze Welt zu bereisen, um die Klänge des großen Schöpfers Taiowa zu verteilen.«

> All the vibratory centers along the earth's axis from pole to pole resounded to his call; the whole earth trembled; the universe quivered in tune. Thus he made the whole world an instrument of sound, and sound an instrument for carrying messages, resounding praise to the Creator of all.
> The living body of man and the living body of the earth were constructed in the same way. Through each runs an axis, man's axis being the backbone . . . which controlled the equilibrium of his movements and functions. Along this axis were several vibratory centers which echoed the primordial sound of life throughout the universe . . .

Der Song reißt am Schluß abrupt ab. Es folgt ein Solo von Mitch mit einem »Flanger«-Effekt von Eddie Kramer. Dieser Effekt entsteht, indem man zwei Tonbänder gleichzeitig laufen läßt, eines von beiden manipuliert und dann die beiden Signale zusammenmixt. In der Coda brilliert Jimi mit Arpeggios und Phasing-Soli und lenkt so das Raumschiff mit Würde aus der Umlaufbahn in die Stratosphäre zurück.

Die Plattenhüllen der englischen und der amerikanischen Ausgabe sind identisch, wobei in Amerika auch die Texte beigelegt waren. Roger Law, der später mit »Spitting Image« zu Ehren kam, zeichnete dafür die Köpfe von Jimi, Noel und Mitch. Diese wurden dann allerdings in ein buntes Plakat mit einem religiösen indischen Motiv eingearbeitet, das David King, der Art-Director von Track Records in einem indischen Buchladen in London gefunden hatte. Angeblich soll der Entwurf des Covers trotzdem rund 3000 Pfund gekostet haben.

»Axis: Bold As Love« wurde am 1. Dezember auf Track Records veröffentlicht, und die Kritiken waren durchweg euphorisch.

> Hendrix: Phantastisches zweites Album
> Das Erstaunlichste an Jimi ist, daß seine unglaublich persönliche Musik so vielen Leuten gefällt. Es muß an seiner Ehrlichkeit liegen, und es ist erfreulich, daß man auch damit überzeugen kann. (»Disc And Music Echo«, 16. Dezember 1967)

Bei Jimi wird die Musik zu 3-D
Es ist einfach unfaßbar. Laßt eure Ohren staunen, laßt euch schwindelig werden, laßt die Augen flackern, macht irgendwas, aber beschäftigt euch mit Hendrix, wie ihr es noch nie getan habt – es ist einfach unfaßbar. (»Melody Maker«, 9. Dezember 1967)

Ein intensives Hörerlebnis
Jimi und das Mitchell-Redding-Duo haben etwas ganz Besonderes produziert. Ganz ohne Zweifel eine Hit-LP. (»Record Mirror«, 2. Dezember 1967)

In Amerika wurde das Album im Januar 1968 veröffentlicht, und erst im April, als die Band auf ihrer ersten Amerika-Tournee war, erschien eine ausführliche Kritik im »Rolling Stone«.

Vielleicht ist Jimi Hendrix der Charlie Mingus der Rockmusik, vor allem, wenn man bedenkt, daß er eine Vorliebe für das Deklamieren von Texten hat, die man im weitesten Sinne als Lyrik bezeichnen könnte. Aber die meisten seiner Songs sind eigentlich langweilig, und die Experience hat, wie auch die Cream, Probleme mit dem Gesang. Gott sei Dank entschädigen einen bei beiden Gruppen die exzellenten Instrumentalisten. Und Jimi demonstriert auf »Axis« überzeugend, daß er einer der besten Rockgitarristen ist und jeden nur vorstellbaren Gag beherrscht und ausprobiert. Trotz seiner uneinheitlichen Qualitäten ist »Axis« das beste Voodoo-Album, das je eine Rockgruppe produziert hat.[31]

»Axis« erschien gegen Ende der England-Tournee der Experience. Sie spielten zwar nicht in größeren Hallen als während der Walker-Brothers-Tournee, aber diesmal waren sie die Hauptgruppe. Die Tour hatte am 14. November mit einem Auftritt in der Royal Albert Hall begonnen. Unter den zahlreichen Vorgruppen befanden sich die Move, Pink Floyd, Amen Corner, Outer Limits, Nice und eine neue irische Band, die Chas Chandler und Mike Jeffery managten, Eire Apparent. Ihr Road-Manager war Dave Robinson, der später Stiff Records gründete.

Während die Experience in der Garderobe auf ihren Star-Auftritt wartete, dämmerte es den dreien endlich, daß sie inzwischen Superstars waren. Chas erklärte dem »New Musical Express« im Jahr darauf: »Noel und Mitch zitterten wie Espenlaub, und sogar Jimi war wie versteinert. Plötzlich merkten sie, daß sie Teil von etwas viel Größerem als sie selbst waren, und ich mußte eine Flasche Scotch organisieren, um ihnen Mut zu machen.«[32] Hugh Nolan beschreibt in seiner Besprechung des Konzerts in »Disc«, wie sehr sich die englische Popszene seit Jimis Ankunft in England verändert und welche Rolle Jimi dabei gespielt hatte.

Damals, 1966, wäre eine Ankündigung der Jimi Hendrix Experience, der Move und Pink Floyd das Papier nicht wert gewesen, auf dem sie stand. Aber genau

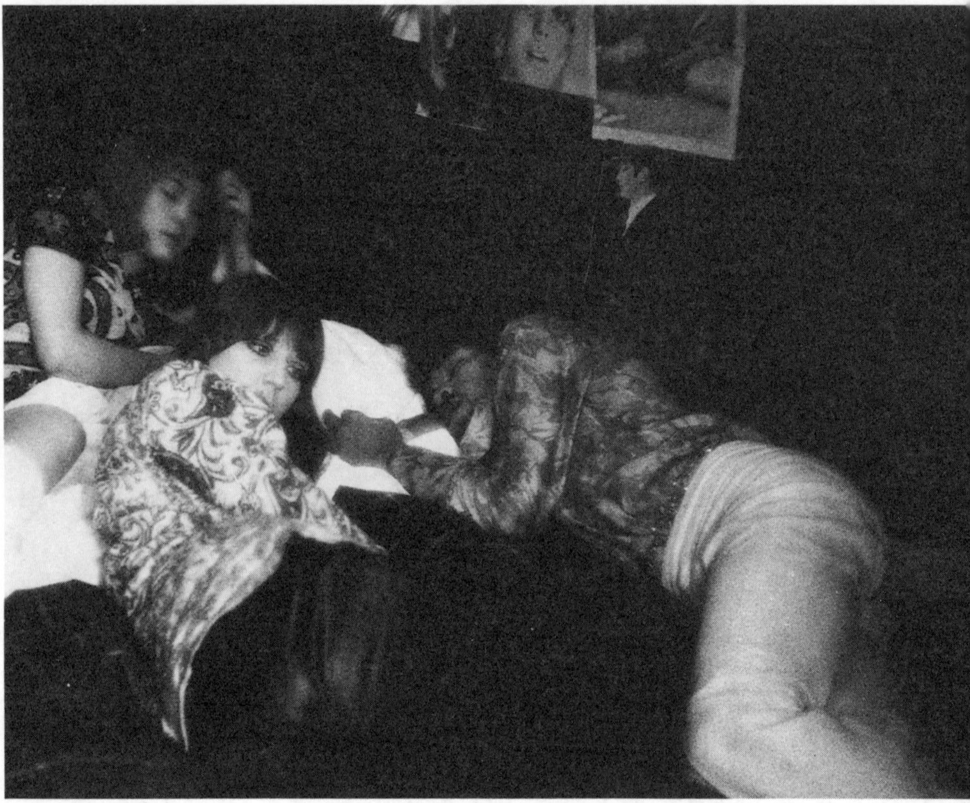

Paris, zwischen dem 9. und 12. Oktober 1967

wegen dieser Besetzung war am Dienstag vergangener Woche die riesige Royal Albert Hall ausverkauft . . . Pop ist schon eine komische Sache, nicht? Hendrix . . ., so hat's den Anschein . . ., kann einfach nichts falsch machen. Sein hysterischer, spannender Act enthält wohl das erschütterndste, souligste, aufregendste Finale, das man sich für ein Popkonzert wünschen kann – mit Ausnahme vielleicht der Beatles, die ja nun keine Konzerte mehr geben.

In der Albert Hall schienen sich nur Hendrix-Fans zu drängen. Auch Mitch und Noel wurden lobend erwähnt, »aber die Menge schrie nach Jimi, und er führte jeden Trick vor, den er kannte . . ., und schaffte es dabei trotzdem noch, die schönsten Klänge zu erzeugen.« [33]

Trotzdem waren nicht alle Auftritte so ungetrübte Erfolge. Die Fans in Sheffield hätten sie beinahe in Stücke gerissen, und Glasgow war okay, aber bei zwei Shows in Blackpool gab es kaum Publikumsreaktionen, und in Chatham lief alles schief. Es war der Tag, an dem »Axis« veröffentlicht wurde. Die Lokalpresse meldete »Popfieber ergreift die Stadt« und teilte mit, daß auch die zweite Show ausverkauft sei. Zuerst konnte die Band die Halle nicht finden, trat dann bei der ersten Show vor einem kleinen Publikum auf, »das sich deshalb ein paar Beleidigungen anhören mußte wie etwa ›Vielen Dank euch beiden!‹ und das trotzdem noch Begeisterung zeigen sollte.«[34] In Belfast, Irland, war die Stimmung besser: Jimi bekam zum 25. Geburtstag eine Torte geschenkt und rief einen Fan im Krankenhaus an, der wegen eines Asthma-Anfalls nicht zur Show hatte kommen können. Er schickte ihm ein kleines Geschenk. Gerry Stickells wurde verhaftet, weil Noel einen Hotel-Aschenbecher in seinen Koffer geschmuggelt hatte.

Nach 32 Shows an 22 Tagen ging die Tour am 5. Dezember in Glasgow zu Ende. Die Band spielte in diesem Jahr nur noch ein wichtiges Konzert, am 22. Dezember im Londoner Olympia-Ausstellungszentrum zusammen mit den Who, Move, Pink Floyd, Eric Burdon, Graham Bond und Soft Machine im Vorprogramm. Jim Marshall, der die Anlage der Band mitfinanzierte, besuchte die Proben, bei denen die Techniker mit Streik drohten, falls Jimi die Lautstärke nicht runterdrehen würde. »Ich sagte zu Jimi, du mußt nachgeben, aber er drehte die Verstärker einfach wieder auf. Am Schluß meinte der Vertrauensmann der Gewerkschaft: Alles raus hier, das Konzert heute abend fällt aus! Und ich sagte zu Jimi: Der Kerl meint das wirklich ernst! Jimi fand das ganze echt komisch . . . Aber es wurde dann doch ein bißchen leiser.«

Noel hatte am ersten Weihnachtstag Geburtstag, und Jimi verbrachte den Tag bei Noels Familie in London und die restlichen Feiertage mit Bruce Flemings Familie und einigen Freunden. Bruce lud Jimi ein, weil er merkte, daß ihn keiner der unzähligen Leute, die das ganze Jahr über an seinem Rockzipfel hingen und ihn von einer Party zum nächsten Empfang schleppen wollten, über Weihnachten eingeladen hatte. Es wurden ein paar amüsante Tage. »Wir redeten viel – über Architektur, über Malerei, über alles mögliche. Er interessierte sich für alles . . . Wir hatten einfach eine wundervolle Zeit und viel Spaß . . . Amerikaner mögen Weihnachten, und es gab einen Truthahn, einfach alles. Seine Ansichten und Ideen waren sehr radikal – ein sehr eigenwilliger Denker, sehr entspannt, sehr ruhig, sehr komisch . . . Sein Humor war einfach köstlich.«

Aus einigen Interviews, die Jimi Ende 1967 gab, konnte man

»Christmas On Earth Continued«,
Olympia, London, 22. Dezember 1967

bereits heraushören, daß er es leid war, den Sturm-und-Drang-Hendrix zu spielen (der für ihn längst Vergangenheit war), und weit über seine augenblickliche Musik und Bandbesetzung hinaus dachte. Zu Bob Farmer von »Disc« sagte er: »Ich weiß, wir werden uns irgendwie verändern müssen, aber ich weiß noch nicht, wie. Ich befürchte, daß wir sonst stagnieren, und das wäre das Aus für uns.«[35] Dem »Manchester Independent« gegenüber erklärte er, daß »man wirklich nur ausflippen kann, wenn man sich danach fühlt. Und ich habe mich oft danach gefühlt, Mann, aber wenn ich das ständig machen würde, wäre ich schon seit zwei Jahren tot.«[36] Um Weihnachten äußerte er sich öffentlich zu einer möglichen Veränderung der Band:

Ich würde gern sechs Monate Pause machen und auf eine Musikschule gehen. Ich bin's leid, viele Dinge nicht komponieren zu können, obwohl ich es ständig versuche. Ich würde gern mythologische Geschichten schreiben und sie auf eine musikalische Weise vertonen, die etwas mit Planeten und mit meinen Ideen im allgemeinen zu tun hat. Es hätte sicher nichts mit klassischer Musik zu tun, obwohl ich Streicher und Harfen einsetzen würde, extreme und gegensätzliche musikalische Strukturen . . . Ich würde außer Noel und Mitch noch ein paar Jungs zur Unterstützung anheuern. [37]

Holländische Fernsehaufzeichnung für »Hoepla«, Vitus Studio, Bussum, 10. November 1967

Aber Jimi stieß mit seinem Wunsch nach einem musikalischen Richtungswechsel auf heftigen Widerstand, und das nicht nur wegen seiner dynamischen Bühnenpräsenz, die seine Fans in eine fast religiöse Ekstase versetzte. Dazu der Brief eines Mädchens aus Yorkshire, der am 23. Dezember 1967 im Teen-Magazin »Fab 208« abgedruckt wurde:

Die grellen Farben der Scheinwerfer ließen alles außer dem Mann unter ihnen bis zur Unkenntlichkeit verblassen. Er stand da, lang und dünn, und betrachtete seine Anhänger. Sein langes abstehendes Haar umrahmte das wunderschöne, sensible Gesicht, und ich wollte ihn unbedingt berühren. Ich sah durch den Rauch und die Stille und sah nur Jimi. Er sang, seine samtene Stimme fiel wie Regentropfen auf den schweigenden Vorhang der Menge. Das war seine Bestimmung. Das war sein Leben.

Ich wollte so gern meine Augen schließen, konnte mich aber einfach nicht von seinem Gesicht losreißen. Ich beobachtete, wie seine langen Finger zärtlich den Gitarrenhals umfaßten. Ich beobachtete, wie er mit den Zähnen heftig an den Saiten zerrte.

Ich beobachtete, wie die Worte aus seiner Kehle flogen und irgendwo über uns hängenblieben. Ich beobachtete, wie Jimi von seiner Musik in Stücke gerissen wurde; seine Haut und sein Verstand lösten sich auf und hinterließen das Skelett seiner Träume, weiß schimmernd und zerbrechlich in der rauhen Dunkelheit. Ich wollte ihn trösten, zu ihm gehen, aber ich war hilflos, ich konnte mich nicht bewegen.

Dann hörte er auf zu singen, hörte auf, mit seinem geschmeidigen Körper diese sinnlichen Bewegungen zu machen, er hielt die Zeit an. Ich sah, wie er müde und erschöpft seine Augen schloß, und ich wußte, daß er bald gehen würde.

Plötzlich blendeten die Scheinwerfer, und ich war allein. Mein Herz erreichte die Bühne und schlang sich um seinen noch immer vorhandenen Schatten und brachte ihn in mein Inneres zurück. Dann konnte ich wieder atmen. Dann konnte ich gehen.

9

Alive, But The War Is Here To Stay

Wir entwickeln uns weiter. Es ist ermüdend, immer wieder dasselbe zu machen, auf die Bühne zu gehen und zu sagen: »Jetzt spielen wir diesen Song« und »Jetzt spielen wir jenen«. Die Leute interpretieren in uns die merkwürdigsten Sachen hinein, aber mir ist egal, was sie in uns sehen. Mann, wir entwickeln uns weiter, man muß in seinem Leben das machen, was man selber will, man muß aufhören zu denken und sich einfach frei und ungezwungen treiben lassen. (»New York Times«, 25. Februar 1968)

Es gibt nur *zwei* Arten von Musik – gute und schlechte. (»Beat Instrumental«, Januar 1968)

Am 3. Januar 1968 traf die Band für eine Vier-Tage-Tournee in Göteborg/Schweden ein. Am ersten Abend stürzten sich Jimi und Mitch ins Nachtleben, um nach einem Besuch des Klubb Karl gegen zwei Uhr morgens ins Hotel Opalen zurückzukehren.

Mitchs Aussage wurde im Polizeiprotokoll folgendermaßen festgehalten: Zwei Freunde hätten dort auf sie gewartet. Zusammen seien sie auf Mitchs Zimmer gegangen. Nach einer ruhigen Unterhaltung habe Jimi plötzlich durchgedreht und das Hotelzimmer zertrümmert.

Jimi gab bei der Polizei an, er habe nur drei Bier und zwei Whisky getrunken; zugleich äußerte er die Vermutung, daß irgendwas in seine Drinks gemischt worden sei. Aber er gab auch zu, daß er nach dem Genuß von Alkohol hin und wieder verrückt spielte. Er sagte, er habe sich bei seiner Rückkehr ins Hotel komisch gefühlt. Die Besucher hätten ihn gestört. Er wollte seine Ruhe haben. Mitch bestätigt das: »Es war nicht wie in Amerika, wo Bodyguards auf dem Hotelflur postiert waren. Die Fans konnten einfach reinspazieren und vorschlagen, 'ne Party zu feiern. Weil man in Schweden nämlich eine Alkohol-Lizenz braucht. Und die bekommt man nur für einige Male im Jahr.

Lorensberg Cirkus, Göteborg, 4. Januar 1968

Also zogen wir uns mit dem Spruch aus der Affäre: ›Tschuldigung, wir haben gerade einen Auftritt gehabt und brauchen etwas Ruhe. Außerdem erwarten wir Gäste.‹«

Gegen vier Uhr morgens beschwerte sich ein Hotelgast beim Nachtportier Per Magnusson über den Lärm auf Zimmer 623. Die Zimmertür war verschlossen, und Magnusson öffnete sie mit einem Zweitschlüssel. Er fand ein völlig zerstörtes Zimmer vor. Mit Ausnahme des Telefons war kein einziges Möbelstück heil geblieben, und überall klebte Blut. Da auch das Fenster zerstört war, dachte Magnusson, jemand sei hinausgesprungen. Aber Jimi lag auf dem Bett. Seine rechte Hand blutete stark, weil er mit der Faust die Scheibe eingeschlagen hatte. Mitch, der sich zunächst auf Jimi geworfen hatte, um ihn zu beruhigen, saß nun neben ihm auf dem Bett. Magnusson informierte den Chefportier und rief die Polizei. Die beiden Polizisten, die Jimi verhaften wollten, mußten Verstärkung anfordern, weil er sich heftig zur Wehr setzte. Schließlich überwältigten ihn fünf Beamte und legten ihm Handschellen an. Er wurde wegen Sachbeschädigung angezeigt und dann im Krankenhaus verarztet. Das Hotel zog seine Anzeige jedoch zurück, nachdem Chas 8000 Kronen, also rund 500 Pfund, für den Schaden bezahlt hatte. Bis zur Verhandlung durfte Jimi Schweden nicht verlassen und hatte sich täglich um zwei Uhr nachmittags auf der Polizeiwache zu melden.

Irgend jemand mußte aber seinen Einfluß geltend gemacht haben, denn am 7. Januar gab die Experience zwei Konzerte im Kopenhagener Tivoli. Jimi war ziemlich niedergeschlagen. Es gab Schwierigkeiten mit den Verstärkern; vor allem aber hatte er Probleme mit seiner verletzten rechten Hand. Laut einem Bericht der dänischen Tageszeitung »Expressen« bekam die dänische Vorgruppe Hanson & Carlsson mehr Beifall als Jimi. Am folgenden Tag kehrte die Experience für einen Auftritt nach Stockholm zurück, bei dem sie die eher melodiösen und weniger strapaziösen Stücke aus »Axis: Bold As Love« präsentierte, zum ersten Mal auch »Little Wing« und »Up From The Skies«. Danach kehrte die Band nach England zurück. Jimi und Chas blieben, um die offizielle Anklage abzuwarten. Am 16. Januar wurde Jimi auf 3200 Schwedische Kronen verklagt, also etwa 200 britische Pfund. Zusammen mit der Abfindung, die Chas dem Hotel bezahlt hatte, verschlang Jimis Wutanfall damit rund ein Drittel der 2000 Pfund, die sie für ihre vier Auftritte kassiert hatten.

> Ich finde, daß Popgruppen ein Recht auf ihr Privatleben haben . . . Die Leute sollten sie nach dem beurteilen, was sie auf der Bühne machen . . . Das Privatleben geht niemanden etwas an . . . Man kann nicht erwarten, daß Künstler immer Tugendbolde sind . . . Und Jugendliche, die über die Stränge schlagen, weil sie ein bestimmtes Popidol nachahmen, hätten es wahrscheinlich auch so getan. (»Music Maker«, Februar 1968)

Trotz ihres Erfolges erhielt die Band in Europa selten mehr als 500 Pfund pro Auftritt. Das große Geld ließ sich nur in Amerika verdienen, und deshalb liefen für den Rest des Monats die Vorbereitungen für die erste Amerikatournee der Experience als Hauptgruppe.

Die Generalprobe für die Tournee fand im Pariser Olympia, einer Lieblingshalle der Band, statt. Dort hatten sie mit Johnny Hallyday im Oktober 1966 ihren ersten Triumph gefeiert. Im darauffolgenden Oktober spielten sie abermals dort, und Jimi bemerkte auf der Bühne: »Wir haben heute ein kleines Jubiläum zu feiern. Ich danke euch allen sehr, daß wir letztes Jahr hier spielen durften und ihr uns nicht ausgepfiffen habt. Also, ihr habt uns eine Chance gegeben – vielen

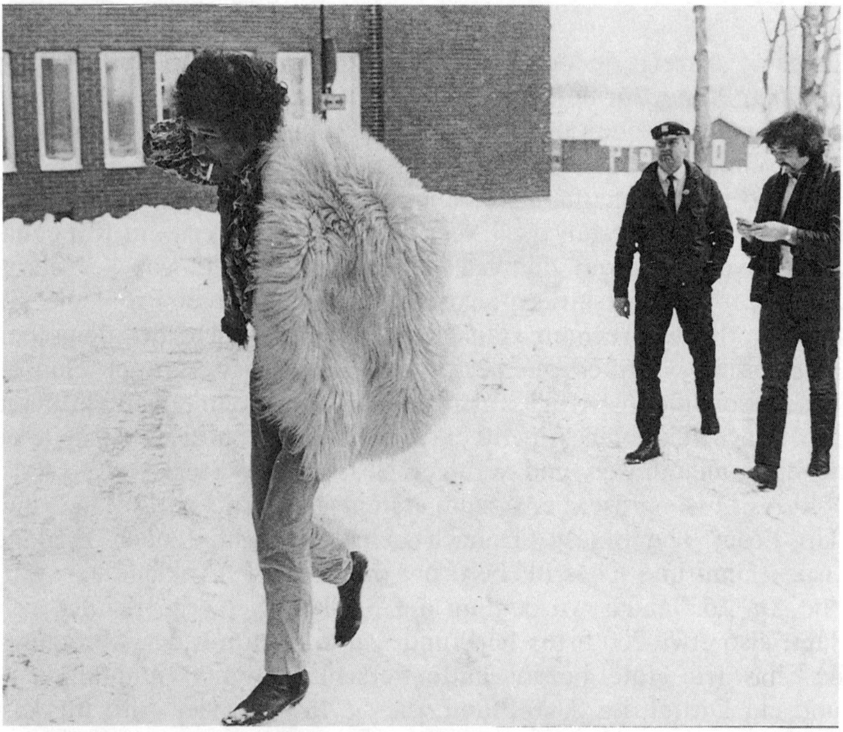

Bei der Meldung auf der Polizeistation (rechts Gerry Stickells)
Göteborg, 9. Januar 1968

Dank dafür.« An diesem Abend war er in Topform. »Ich werde jetzt etwas auf Französisch sagen: Je vous aime beaucoup, verstanden? Oui. Ich kann sogar das Wort ›Eiffelturm‹ aussprechen, ja, hört euch das mal an . . .«

Selbst als es Probleme mit der Anlage gab, scherzte er weiter. Nach dem zweiten Song »Foxy Lady« fragte er das Publikum: »Na ja, diese Gitarre taugt nichts mehr. Wollt ihr sie haben? Hier, da ist sie!« Und später, als er noch immer mit seiner Gitarre kämpfte, erklärte er: »Wir werden jetzt einfach einen kleinen Blues ausprobieren, bis meine Gitarre wieder in Ordnung ist, und wir werden solange bleiben, *bis* diese Gitarre wieder funktioniert.« Dann spielte er einen kurzen Lauf. »Ich hoffe wirklich, daß wir hier wieder auftreten können.« Am 29. Januar 1968 war es soweit – die Experience stand erneut auf der Bühne des Olympia.

Im Zuschauerraum hört man ein gespanntes Raunen – ein paar Schreie nach »Jimi« ertönen in der Halle. Vor einer riesigen Wand aus Marshall-Verstärkern und -Lautsprechern baut sich die Band auf.

Jimi spielt einen Lauf, die Noten fallen wie Regentropfen. Er hält inne, beschleunigt dann, spielt Lead, Baß und Rhythmus gleichzeitig und signalisiert Noel und Mitch, daß sie als nächstes »Killing' Floor« von Howlin' Wolf spielen werden. Das Tempo ist schwindelerregend. Jimi geht auf dem Griffbrett immer höher und schwingt sich über Noels und Mitchs pumpenden Rhythmus auf. Gegen Ende hält er die Spannung des Songs mit einigen wild verzogenen Saitentönen, um schließlich die Zügel schießen zu lassen für ein donnerndes Finale.

> Ich möchte jetzt mit einem Song weitermachen, der ungefähr so geht:
> I wish I was a catfish
> Swimmin' all in the deep blue sea
> I'll have all you pretty women
> Fishin' after me

Jimi drückt dieser klassischen Muddy-Waters-Nummer über sexuelle Spitzenleistungen mit einem beißend-metallischen Gekreische seinen eigenen unverwechselbaren Stempel auf. Der Song, der, als Muddy ihn 1951 aufnahm, den Titel »Still A Fool« trug, war eine raffinierte Kreuzung aus zwei anderen Mississippi-Delta-Blues-Songs: »Deep Sea Blues« von Tommy McLennan und »Catfish Blues« von Robert Petway. 1967 hatte Jimi das Stück für eine BBC-Aufzeichnung in eine Art Blues-Suite mit dem Titel »Experiencing The Blues« umgeändert und dabei auch noch einen weiteren Muddy-Waters-Song, »Rollin'

Stora Salen, Konserthuset, Stockholm, 8. Januar 1968

Olympia, Paris, 9. Oktober 1967

And Tumblin'«, eingearbeitet. Dem »Hitparader«-Magazin erzählte er: »Ich stand auf Muddy, als er nur zwei Gitarren, eine Mundharmonika und eine Baßtrommel hatte. Sachen wie ›Rollin' And Tumblin'‹ gefielen mir wirklich, dieser ganz primitive Gitarrensound.«[1] 1968 in Paris beendete Jimi die Suite, nach einem Solo von Mitch, mit einem Motiv aus Willie Dixons »Spoonful«.

Die meisten denken, daß man leiden muß, um ein guter Bluesmusiker zu sein. Ich glaube das nicht. Ich mag einfach den Klang des Blues. Wenn ich bestimmte Töne höre, dann bin ich einfach glücklich. (»Cheltenham Chronicle«, 11. Februar 1967)

Das Mississippi-Delta erstreckt sich über 200 Meilen von Memphis, Tennessee, nach Vicksburg, Mississippi. Das flache Land mit seinen

Baumwoll- und Sojabohnenfeldern war die Heimat vieler großer Bluessänger. Ob Son House, Charlie Patton, Robert Johnson, Muddy Waters, Howlin' Wolf oder B.B. King, sie alle waren Weltmeister der reinsten und ursprünglichsten Bluesform – des Delta-Blues. Bei oberflächlicher Betrachtung erscheint einem der Delta-Blues als eine ziemlich simple musikalische Form, doch Robert Palmer schreibt in seinem Buch »Deep Blues« folgendes:

> Tatsächlich ist der Delta-Blues eine raffinierte, extrem hintergründige und auf ingeniöse Weise systematische musikalische Sprache. Wenn man ihn richtig spielen, aber vor allem richtig singen will, muß man gewisse Details beachten, die nur wenige weiße Gitarristen beherrschen und praktisch kein einziger weißer Sänger, ja sogar nur wenige schwarze Musiker, die nicht im Delta spielen und singen gelernt haben. Dazu gehören zunächst einmal das Timing, dann die subtilen Variationen des vokalen Timbres und schließlich die Fähigkeit, jene sehr feinen Abstufungen der Tonhöhe zu hören und, stimmlich wie instrumental, umzusetzen, die weder zufällige Schwankungen noch reine Effekte sind. Das sind Techniken, die erlernt und methodisch eingesetzt werden und ebenso als Ausdrucksmittel wie in einem rein musikalischen Sinne von Bedeutung sind – absolut unverzichtbare Grundlagen dieser Kunst. [2]

Wenn man Jimi mit so überragenden Bluesmusikern wie Muddy Waters vergleicht, muß man zugeben, daß er einer der wenigen Auserwählten war, der die Kunst des Delta-Blues nicht nur erlernt hatte, sondern sie wirklich beherrschte.

Vielleicht war es eine Angewohnheit aus Jimis Anfangsjahren, in denen er noch Rhythm'n'Blues-Künstler begleitet hatte, die es als Verbrechen ansahen, das Tempo einer Show zu bremsen; jedenfalls entschuldigte er sich auf der Bühne jedesmal, wenn er zwischen den Songs seine Gitarre nachstimmte. »Wir nehmen Rücksicht auf eure Ohren«, lautete ein geflügeltes Hendrix-Wort. An diesem Abend in Paris wirft er ein wenig Falsetto-Gesang ein und blödelt herum, während er versucht, die Gitarre in Ordnung zu bringen. Zugleich jedoch reagiert Jimi ärgerlich auf jede Publikumsstörung während des melodischen Zwischenspieles, und als er auf der Gitarre »Foxy Lady« anspielt, warnt er freundlich: »Wir haben hier diesen Song, er geht folgendermaßen. Aber ihr müßt alle so still wie Mäuschen sein.«

Jimi kündigt »Red House« an und fügt hinzu, daß Noel Redding Gitarre spielen wird. In Interviews behauptete Noel, daß er damals auf Keith Richards' Gitarre gespielt habe. Tatsächlich wurde die Leadgitarre dann aber von Jimi gespielt, während Noel die Baß-

Olympia, Paris, 29. Januar 1968

Saiten einer sechssaitigen Gitarre zupfte; genauso war der Song im Studio während der Produktion von »Are You Experienced?« aufgenommen worden.

An diesem Abend spielten sie zum ersten Mal auch »Drivin' South«. Doch im Gegensatz zu der durchstrukturierten Version der »Radio-One«-Sessions ist dies keine temporeiche Fahrt über die Landstraße, sondern eine freie Jam-Session. Sie stimmen sich mit einem kurzen »Spanish Castle Magic« auf »The Wind Cries Mary« ein und lassen darauf »Fire« und »Little Wing« folgen. »Ich danke euch sehr, ähem, denn ich habe Probleme mit dieser schäbigen Gitarre, aber wir spielen noch einen letzten Song, der euch allen hier gewidmet ist.«

Jimi läßt Wellen von Feedback und Verzerrungen los (das Chaos des Weltuntergangs!) – Effekte, die er durch Manipulation der fünf Federn auf der Rückseite der Gitarre erzielt, die er mit der rechten Hand anschlägt, während er mit der linken den Vibrato-Arm bewegt, um das Dröhnen zu erzeugen. Die Menge tobt vor Begeisterung, als Jimi das einleitende Zwei-Noten-Motiv von »Purple Haze« anspielt. Und damit ist die zweite Show zu Ende. Das nächste Ziel heißt New York.

Die Zweifel, die die Mitarbeiter von Warner Brothers bei Jimis Show in Monterey noch hatten, waren schnell verflogen, als sie die Verkaufszahlen des »Are You Experienced?«-Albums sahen, das über eine Million mal verkauft wurde, mehr als zwei Jahre in den Hitparaden stand und von dem insgesamt 2,2 Millionen Exemplare über den Ladentisch gingen. Die Plattenläden hatten 100000 Exemplare von »Purple Haze« geordert, und allein die Vorbestellungen garantierten, daß das Album »Axis« in den Charts auftauchen würde. Mike Jeffery bereitete eine gigantische Amerika-Aktion vor, um dort Jimis wachsenden Erfolg als Künstler der Spitzenklasse und der Spitzenumsätze in bare Münze zu verwandeln. Er gründete die New Yorker Firma Jeffery and Chandler Inc., die seine Assistentin Trixie Sullivan und Bob Levine, ein früherer Roadmanager der britischen Band Herman's Hermits, führen sollten.

Gerry Stickells kümmerte sich inzwischen im Büro um die Koordination der unglaublich komplizierten Tour-Arrangements. Mike Jeffery engagierte auch das Anwaltsbüro Steingarten, Wedeen & Weiss. Er arbeitete vor allem mit Steven Weiss zusammen, dem der Ruf vorauseilte, dank seiner engen Beziehungen zur Londoner Harold-Davidson-Agentur britische Bands in Amerika etablieren zu können. Weiss gehörte zu den jungen aufstrebenden Geschäftsleuten, die vor allem das Vertrauen einer reichen Schickeria genossen. Er schlug Mike vor, die Konzerte in eigener Regie zu veranstalten, um keine Prozente mehr an die Agenturen abführen zu müssen. Die Experience flog mit mehreren englischen Popbands als Teil einer erneuten »British Invasion« nach New York. Man landete wegen des schlechten Wetters mit Verspätung. Die Turbulenzen hatten an Bord laut Neville Chesters das totale Chaos ausgelöst:

> Es war ein ziemlich unruhiger Flug . . . Wir gingen auf 39 000 Fuß . . . Wir kreisten etwa zwanzig Minuten über New York . . . Das ganze Flugzeug war eine einzige Müllhalde, jeder war bekleckert – überall Gepäckstücke! Weil wir alle völlig fertig waren, geriet die Geschichte außer Kontrolle. Plötzlich kam die Durchsage, daß wir eine Landebahn hatten, und wenn ich mich recht erinnere, sackten wir innerhalb von Sekunden auf 10 000 Fuß ab. Alles, was an Bord war, flog durch die Gänge und über die Sitze. Als sich die Lage wieder beruhigt hatte, waren manche Leute ganz grün im Gesicht. Ich war als einziger so schlau gewesen, mir einen weißen Anzug anzuziehen; alle andere sahen wie Hippies aus. An der Zollkontrolle hieß es dann für die meisten von uns: »Entschuldigung, Leibesvisitation . . .«

Der amerikanische Presseagent Michael Goldstein hatte unter dem Motto »Die Briten kommen« eine Pressekonferenz in der Copter Lounge im obersten Stockwerk des Pan-Am-Gebäudes von Manhattan organisiert. Eigentlich sollte die »Britische Invasion« in einem Helikopter auf dem Gebäude landen, aber dieser Gag fiel wegen des stürmischen Wetters ins Wasser. Und Eric Burdon von den New Animals hatte den Flug verpaßt und saß noch immer in London. Es herrschte ein unvorstellbares Gedränge, und die Presseleute kämpften miteinander, um an Fotos und Interviews mit Jimi Hendrix zu kommen.

Jay Ruby, damals Assistenzprofessor für Anthropologie an der Temple University von Philadelphia, der hin und wieder Studien zu den verschiedensten sozialen Aspekten der Rockmusik durchführte, durchleuchtete Jimi für das Magazin »Jazz and Pop«. Er sprach Jimi auf den Vergleich mit Eric Clapton an. »Das ist etwas, das ich überhaupt nicht leiden kann . . . Vielleicht klingen die Noten gleich, aber zwischen diesen Noten liegen Welten.« Ruby fragte Jimi nach seiner persönlichen Definition von »Blues«. »Jeder hat seinen eigenen Blues. Folk-Blues ist nicht der einzige Blues auf der Welt. Ich habe irische Lieder gehört, die dermaßen *funky* sind – Text und Gefühl bilden eine Einheit. Großartig. Wir haben unsere eigene Bluesszene.

Wir spielen auf ›Axis‹ so einen Blues . . ., er heißt ›If 6 Was 9‹. So was ist für uns ein großartiges Blues-Feeling. Wir versuchen nicht mal, eine Bezeichnung dafür zu finden. Jeder hat seine Art von Blues, verstehen Sie?«

Kurz vor Weihnachten führte der amerikanische Journalist Meatball Fulton in London ein Interview mit Jimi. Sie sprachen über Singles, und Fulton wollte wissen, ob Jimi mit der Studiotechnik im allgemeinen zufrieden sei.

»Nein, überhaupt nicht.«

»Und wie ist es bei den LPs?«

»Nein, überhaupt nicht. Da ist es noch schlimmer. Es macht mich echt wütend . . . Wir nehmen sie auf und so weiter, und dann passiert plötzlich irgendwas, und am Schluß ist alles versaut. Es macht einen so wahnsinnig, daß man gar nichts mehr davon wissen will. Also, auf unserer nächsten LP, da muß jedes Stück perfekt sein, sonst, na ja . . .«

»Also kommt es auf den Techniker an?«

»Es kommt auf so viele Dinge an . . ., auf die Überspielung . . . Du kannst mischen und mischen und mischen, und du hast einen wunderbaren Sound. Dann kommt die Überspielung, und alles ist verdorben.«

»Das verstehe ich nicht.«

»Ich weiß. Ich versteh' es ja selbst nicht . . . Am Schluß klingt alles mies, weil sie sich nach Dynamikpegeln und solchem Zeug richten. Manche Leute haben einfach keine Phantasie . . . Wenn man eine Platte macht, müßte man sie eigentlich wegen der Tiefe des Sounds, also, um die Tiefe beizubehalten, direkt bei der Überspielung noch mal neu mischen. Aber 99 Prozent machen das nicht mal. Da heißt's dann: ›Oh ja, zieh es hier hoch, paß auf, daß es über diesen Punkt nicht rausgeht und den hier nicht unterschreitet,« Und das war's dann. es ist bloß eindimensional.‹«

Fulton wollte auch wissen, ob Jimi genügend Studiozeit habe.

»Unsere neue LP haben wir in sechzehn Tagen aufgenommen, darüber bin ich überhaupt nicht glücklich.«

Während der Pressekonferenz in der Copter Lounge sprach Jimi über dieses Thema auch mit Michael Rosenbaum vom Magazin »Crawdaddy«. Dabei erklärte er, entweder dürfe er seine nächste LP genauso machen, wie er wolle, »oder aber . . .« Auch über »Axis« äußerte er sich sehr ungehalten. Wegen solcher Aussagen, mit denen er offen seine Unzufriedenheit über das Album kundtat, für das er eigentlich Werbung machen sollte, war Jimi der Alptraum eines jeden

Presseagenten. Denn er war damals unter den Musikern die berühmte Ausnahme, weil er den gesamten Entstehungsprozeß der Musik bis hin zur Überspielung der Aufnahmen kontrollieren wollte. So erscheint auch die folgende Geschichte durchaus glaubhaft, die mir ein Studiotechniker, der anonym bleiben will, erzählte. Kurz nach der Fertigstellung von »Axis« konnte man in der Presse lesen, daß der Stereo-Mix der A-Seite der LP verschwunden sei; ob er nun in irgendeinem Taxi vergessen oder aus Chas' Wohnung gestohlen worden war – niemand wußte etwas Genaues. Der Techniker behauptet, Chas habe ihm gegenüber geäußert, Jimi sei im Besitz der Bänder. Diese Bänder, die produktionsreif waren, hatte man angeblich auf einem Stuhl im Studio deponiert. Jimi kam in den Kontrollraum, und danach waren die Bänder verschwunden. Und sie sind nie wieder aufgetaucht. Erstaunlich, wenn man bedenkt, daß ansonsten jeder Rülpser, der von Jimi auf irgendeinem Band existiert, penibel registriert wurde. Wahrscheinlich hatte jemand die Bänder gestohlen, um sie zu vernichten. Und wer außer Jimi hätte daran Interesse haben sollen?

Nach dem Chaos auf der Pressekonferenz hatte Jimi, der nicht gerade ein Fan der englischen Küche war, Appetit auf gutes traditionelles Soul Food. Mit Al Aronowitz (der ihn für die »New York Times« interviewte) sowie Mike Jeffery und dessen Freundin Nancy Rainer suchte er das Pink Teacup in der Bleecker Street im Village auf. In der Zwischenzeit machte – nach einem Bericht des Soft-Machine-Roadies Hugh Hopper – Noel Redding im Hotel die sensationelle Entdeckung, daß amerikanische Seifenstücke auf dem Wasser schwimmen, und er ließ keine Gelegenheit aus, jedem, der ihm zuhören wollte, davon zu erzählen. Dies war Hughs erste Reise in die Staaten: »Bis zu diesem Punkt meines Lebens hatte ich Amerika immer für eine britische Kolonie gehalten, aber nun stellte ich fest, daß es ein genauso fremdes Land war wie Deutschland oder Frankreich.«

Aus dem Publikum: »Bist du besser als Eric Clapton?«
Jimi: »Bist du besser als meine Freundin?«
(Fillmore East, 10. Mai 1968)

Die Tour startete pünktlich am nächsten Tag in San Francisco, wo die Experience an vier aufeinanderfolgenden Abenden auftrat: zuerst im Fillmore mit den Vorgruppen John Mayall, Albert King und Soft Machine, dann drei Tage hintereinander im Winterland. Am letz-

Brian Jones, Jimi und Kathy Etchingham auf einer Party für die Band Grapefruit, London, 19. Januar 1968

ten Abend spielten außerdem Janis Joplin & Big Brother and The Holding Company.

Die Auftritte waren ein riesiger Erfolg. Michael Lydon besprach das Fillmore-Konzert und Jimis Aufstieg für die »New York Times« in einem überschwenglichen Artikel unter der Überschrift »Der schwarze Elvis?« Das Fragezeichen verweist darauf, daß dieser Titel unter den schwarzen Jugendlichen Amerikas für James Brown reserviert war, während die weiße Jugend nur darauf wartete, die Krone des »King« an Jimi zu überreichen. Veranstalter Bill Graham war über die ausverkauften Konzerte so erfreut, daß er jedem der Jungs eine goldene Uhr schenkte. Weniger begeistert reagierte er auf das

Verhalten von Robert Wyatt, dem Schlagzeuger der Soft Machine, der ihn als Faschisten bezeichnet hatte. Wyatt: »Ich war einfach dieses autoritäre Herumgeschubse nicht gewohnt . . ., daß sich da einer wie der Scheiß-Feldwebel in irgendeinem Krieg aufführt.« Hugh Hopper erinnert sich: »Es war nicht gerade taktvoll, denn wir erfuhren dann, daß Angehörige aus Grahams Familie in Auschwitz ums Leben gekommen waren.« Hugh selbst wiederum geriet wegen der Anlage der Band in eine ziemlich brenzlige Situation. Neville Chesters, der *einzige* (!) Roadie der Experience auf dieser Tournee, war vor dem Tourneestart zum Werk der Firma Fender geflogen, um die Anlage zusammenzustellen. Allerdings hatte ihn niemand darüber informiert, daß auch die Gruppe Soft Machine diese Anlage benutzen würde. Und da Roadies grundsätzlich die Ausrüstung ihrer Künstler wie Höllenhunde bewachen, meint Hugh, daß dieser Umstand »zu 'ner echten Katastrophe hätte führen können, aber wir fanden eine Lösung. Trotzdem war's noch immer ein Desaster, denn für Jimi war es nicht die richtige Anlage, sie klang viel zu sauber und klar . . .«

An diesen vier Abenden wärmte Jimi seine Freundschaft mit Albert King auf, der zum ersten Mal vor einem weißen Publikum auftrat. In einem Interview mit der Zeitschrift »Musician« erinnert sich Albert an diese Begegnung: »Nachdem er Tennessee verlassen hatte, sah ich ihn zum ersten Mal in San Francisco wieder. Er hatte gerade diese heiße Scheibe gemacht . . . Wir hatten uns wohl fünf Jahre nicht mehr gesehen. Ich besuchte ihn in der Garderobe, und wir lachten, redeten und umarmten uns. Ich hab' mich echt gefreut, ihn zu sehen.«

Aber auch Albert war ein stolzer Mann und machte keine Zugeständnisse, wenn es um den Blues ging. »An diesem Abend erteilte ich ihm eine Lektion in Sachen Blues. Er hatte eine Reihe Effektgeräte auf dem Boden und hinter sich eine Wand von Verstärkern. Und er drückte auf einen dieser Effekte und machte etwas Dampf. Dann drückte er einen anderen Knopf, und wieder passierte irgendwas . . . Nachdem er gespielt hatte, nahm er seine Gitarre und rammte sie in den Verstärker, so was Ähnliches jedenfalls, tja [lacht]. Aber wenn's nun darum geht, den Blues richtig zu spielen, also, dann hätte ich leicht *seine* Songs spielen können, aber er nicht *meine.«* Die Tour führte weiter nach Arizona, wo sie in der Turnhalle der State University spielten und im VIP-Club in Tucson – ein Abend, über den Noel in seinem privaten Tagebuch notierte: »Keine schlechte Show, aber ein Scheißclub.«

Winterland, San Francisco, 2., 3. oder 4. Februar 1968

Am 9. Februar kehrte die Band nach Kalifornien zurück und trat im Bürgerzentrum von Anaheim auf. Jimi wartete hinter der Bühne zusammen mit dem britischen Presseagenten Les Perrin auf seinen Auftritt. »Jimi trug eine hellviolette Hose, einen breitkrempigen schwarzbraunen Hut mit Löchern, die mit Metallringen eingefaßt und von farblich dazu passenden Schnüren durchzogen waren, und Schuhe mit Messingschnallen, plus ein Blumenhemd und einen Metallgürtel.« Les Perrin trug den grauen Anzug eines Geschäftsmanns, ein weißes Hemd und eine Krawatte mit dem Emblem des ehrwürdigen Fleet-Street-Journalisten-Clubs »The Wig and Pen«: »Wir standen am Eingang, und alle, die rein- und rausgingen, starrten ihn an. Er drehte sich zu mir um und murmelte: ›He, Mann, Les, alle starren dich an. Mir würde das nicht gefallen, ich würde einfach zurückglotzen!‹«[3]

Auf der Bühne war die Stimmung nicht ganz so locker. Jimi war mit seiner neuen Fender-Anlage nicht zufrieden, und gleich zu Beginn der zweiten Show gab einer der Verstärker seinen Geist auf. Das brachte

Jimi so in Rage, daß er in den nächsten vier Songs nur noch gelegentlich ein paar Worte sang und schließlich einfach die Bühne verließ. Es folgte eine häßliche Szene in der Garderobe, denn Noel war wütend auf Jimi, weil er die Show »geschmissen« hatte, und alle zusammen waren wütend auf die Firma Fender. Hugh Hopper verwies später darauf, daß das Fender-Equipment einfach nicht zu der Band paßte, weil es weder widerstandsfähig genug war, noch die erforderliche Lautstärke lieferte. Jimi hatte, wie immer, alles bis zum Anschlag aufgedreht – mit dem Ergebnis, daß das Equipment kapitulierte. Gerry Stickells hatte – trotz seines Hinweises darauf, daß Jimi der beste Werbeträger für die Firma sei – all seine Überredungskünste aufbieten müssen, um für die Tournee bei Fender lumpige vier Gitarren lockerzumachen. Mit anderen Worten: Man war auf Fender ohnehin nicht gut zu sprechen . . .

Die Rettung schien Buck Munger von der Firma Sunn zu sein, der für den nächsten Auftritt im Shrine von Los Angeles eine kostenlose Anlage in Aussicht stellte. Das Unternehmen aus Oregon gehörte dem Bassisten der Kingsmen, die mit »Louie, Louie« einen Hit gehabt hatten, der zum Repertoire fast jeder Heavy-Band gehörte. Sunn arbeitete auch mit den Who zusammen, und schon deshalb wollte Jimi ebenfalls ihr Equipment ausprobieren. Denn was Pete Townshend hatte, das mußte auch Jimi Hendrix haben. »Jimi drehte die Anlage mit ihrer Zehnerskala sofort bis zum Anschlag auf . . . Unseres Wissens nach waren drei Viertel davon das Äußerste, was bis dahin jemand haben wollte, also telefonierte ich mit einem unserer Ingenieure in Oregon, und der meinte: ›Das macht keiner, sag ihm, er soll es lassen!‹ Und ich antwortete: ›Sag's ihm doch selbst!‹«

Die Ingenieure von Sunn stellten daraufhin den Maximalpegel der Anlage so ein, daß nur zwei Drittel der Power kam, auch wenn Jimi auf volle 10 hochdrehte. Doch weil der Klang dabei sauber und unverzerrt blieb, kam Jimi schnell hinter die Manipulation, und damit war die Beziehung mit Sunn im Eimer, ehe sie überhaupt begonnen hatte. Noel hatte die Anlage gefallen, aber Jimi benutzte sie lediglich als Monitor-System und kehrte wieder zu seinen alten Marshalls zurück.

Immerhin hatte die versprochene neue Anlage Jimis Laune nach dem Fiasko in Anaheim verbessert, zumal auch wieder alte Freunde auftauchten. Eine der Vorgruppen war The Electric Flag, und während des Soundchecks jammte Jimi mit Buddy Miles. David Crosby und Peter Tork hockten an diesem Abend auf den Verstärkern.

Hinter der Bühne hörte Electric-Flag-Gitarrist Michael Bloomfield Jimi zu, der ein bißchen auf der Gitarre herumspielte. »Er betätigte den Kippschalter, trommelte gegen die Rückseite des Gitarrenhalses, setzte den Vibrato-Arm ein, und es klang wie Wüstenwind. Es gibt auf den Hendrix-Platten nicht einen einzigen Klang, den er nicht auch live hätte erzeugen können.«[4]

Jam-Session mit Harvey Brooks, Shrine Auditorium, Los Angeles, 10. Februar 1968

Die Show wurde von einer Medienagentur namens Pinnacle veranstaltet. Zu dieser Zeit trat Los Angeles allmählich aus dem Schatten von San Francisco und New York heraus und wurde ebenfalls zu einem Zentrum für alles, was in Musik und Kunst angesagt war. Und keiner war »angesagter« als Jimi Hendrix.

Die Experience spielte vor einem Hintergrund aus sich langsam verändernden Kaleidoskopfarben, die auf eine Leinwand projiziert wurden, auf der gleichzeitig computeranimierte Filme abliefen. Gene Youngblood von der »L.A. Free Press« schrieb: »Für Hendrix gibt es nur ein Wort: inspirierend. Er ist eine elektrische Religion. Als er rauskam, standen wir alle auf den Zehenspitzen, und nachdem er seine Gitarre für ein umwerfend explosiv-orgiastisches Finale gegen die Leinwand gehalten hatte, fielen wir erschöpft in unsere Stühle zurück, wie erstarrt und betäubt . . . Wenn man bei Hendrix von Bühnenpräsenz spricht, dann ist das eine ähnliche Untertreibung, als würde man die ›Enterprise‹ als Schlauchboot bezeichnen.«

Mann, dieses Seattle-Ding ist wirklich irre. Die einzigen Noten, die ich mir dort hätte vorstellen können, waren die in Schulzeugnissen. (»Sunday Mirror«, 11. Februar 1968)

Jimi muß den Tourneeplan mit einer gewissen Beklemmung studiert haben, als er für den 12. Februar las: »Center Arena, Seattle«. Ob er in den vergangenen achtzehn Monaten Kontakt mit seiner Familie hatte, ist unklar. Sein Vater hatte inzwischen Ayako, eine Japanerin mit einer kleinen Tochter namens Janie, geheiratet, und Jimi hatte keine Ahnung, wie man ihn aufnehmen würde. »Ich habe Angst, nach Hause zurückzukehren«, gestand er im September 1967 in Berlin einem deutschen Journalisten. »Mein Vater ist sehr streng. Der würde mich wahrscheinlich packen, mir die Kleider vom Leib reißen und mir die Haare schneiden.« [5]

Al, Jimis Bruder Leon, Ayako und Janie holten Jimi vom Flughafen ab. Zu Hause bei Al fand eine ruhige Pressekonferenz statt, auf der Al den Journalisten Auskunft gab, während sich Jimi mit Leon und seinen Freunden in eine Ecke des Zimmers zurückzog.

Jimi war vor dem Konzert, das von dem lokalen Discjockey Pat O'Day gesponsert wurde, ziemlich niedergeschlagen. Und seine Stimmung wäre wahrscheinlich auf den Nullpunkt gesunken, wenn er gewußt hätte, daß der Typ, der für O'Day die Werbetrommel rührte, die Mitteilung, daß Jimi ein Schwarzer war, mit den Worten quittierte: »Gott, hoffentlich zieht er nicht zu viele Farbige an!« Derselbe Tom Robbins war es, der für die lokale Alternativ-Zeitschrift »Helix« über das Konzert berichtete und schrieb, Jimi habe ein absolut normales Konzert gespielt: »keine Kopulation mit der Gitarre . . . [Und er] schob auch nicht seinem Schlagzeuger das Mikrofon in den Arsch.« Als Grund für Jimis Zurückhaltung vermutete Robins die Anwesenheit seiner Familie, die in der ersten Reihe saß, aus der Al seinen inzwischen berühmt gewordenen Sohn anhimmelte. Jimi wollte auf seine neue Stiefmutter sicher einen guten Eindruck machen. Außerdem war es ihm immer wichtig gewesen, daß Al ihn akzeptierte. Doch bereits die Stadt verunsicherte ihn völlig und gab ihm ein unbehagliches Gefühl.

Robbins war natürlich nicht gerade begeistert von Jimi, fand seinen Gesang »manieriert«, seine Gitarrenläufe »sperrig und grob«, seine Akkord-Wechsel »amateurhaft und konstruiert« und seinen Sound »flach«, obwohl er großzügig einräumte, daß Jimi das, was er an musikalischem Gehalt vermissen ließ, durch seinen Stil wettmachte.

Jimi hatte in Seattle noch andere Pflichten zu erfüllen. In seiner alten Highschool sollte er sein Abschluß-Diplom entgegennehmen und im Rathaus den Schlüssel der Stadt Seattle. Irgendwie schaffte er es, am Morgen nach dem Konzert, um acht Uhr, in der Garfield-Schule anzutreten. Der Direktor Frank Fidler hielt eine Rede, der Discjockey Pat O'Day machte ein paar Anmerkungen und bat dann Jimi ans Mikrofon. Jimi murmelte etwas davon, wie froh er sei, wieder zu Hause zu sein, verstummte dann und wollte schließlich wissen, ob noch jemand irgendwelche Fragen hätte. Aber 85 Prozent der Schüler waren Schwarze, die Jimis Musik nicht kannten und nicht einmal wußten, wer er war. Nach einer langen peinlichen Pause fragte ein Mädchen: »Wie lange warst du denn weg von Seattle?« Jimi dachte eine Weile nach und antwortete dann: »Oh, ungefähr 2000 Jahre.« Ein anderer Schüler wollte wissen: »Wie schreibst du deine Songs?« Und Jimi meinte: »Jetzt, in dieser Minute, werde ich mich von euch verabschieden, durch diese Tür verschwinden, in meine Limousine steigen und zum Flughafen fahren. Wenn ich zur Tür raus bin, ist dieses Treffen vorbei, und die Glocke wird läuten. Und ich werde in die Limousine steigen und die Glocke hören. Dann werde ich möglicherweise einen Song schreiben. Vielen Dank.«[6] Und damit marschierte er schnurstracks aus dem Gebäude, die Garfield-Schule war für ihn erledigt, und er erhielt weder sein Schuldiplom noch die Schlüssel der Stadt Seattle, denn dieser Tag war Lincolns Geburtstag und das Rathaus deshalb ohnehin geschlossen. Über letzteres schien sich vorher niemand Gedanken gemacht zu haben.

Die Tage vom 15. bis 18. Februar verbrachte die Band in Texas, laut Hugh Hopper »die letzte Möglichkeit, noch ein bißchen Spaß zu haben, bevor es wirklich ernst wurde«. Der Veranstalter Bob Cope entpuppte sich als ein extravaganter Paradiesvogel; er trug einen knallblauen Cowboy-Anzug und Cowboy-Stiefel und gab seine Anweisungen vom Steuer seines Ford T-Bird. Hugh denkt gern an ihn zurück.

Er war ein toller Typ, der sich sehr um seine Künstler kümmerte, für die ganze Truppe Essen besorgte und sich um jede Kleinigkeit kümmerte, die das Tourneeleben ein bißchen erträglicher machen konnte. Aber wehe, wenn sich jemand

Jimi und seine Stiefschwester Janie, Center Arena, Seattle, 12. Februar 1968

a peace of mind is a quiet ~~quite~~
piece of behind - is that yours
I'm scratching? it sure aint
a piece of mine –

nicht an seine Anweisungen hielt, dann war's vorbei mit dem Spaß. Sein Lieblingssatz war: »Ich werd' dich verklagen.« Das erste Mal bekamen wir ihn laut und deutlich zu hören, als er uns am Flughafen abholte und Noel auf den Alarmknopf im Lift drückte. Cope bildete die Nachhut und hatte nicht gemerkt, daß Noel mit seinem typischen Schuljungengrinsen auf den Knopf gedrückt hatte. Zuerst torkelten wir alle, wobei uns wegen dieses plötzlichen Halts kotzübel wurde, und dann versuchten wir krampfhaft, uns auf den Beinen zu halten. Nur hatte Noel den Lift inzwischen per Knopfdruck wieder in Bewegung gesetzt.

Der 17. Februar, ein Samstag, war für Jimi und die Band ein echter Glückstag. »Axis« war eine Woche zuvor in die »Billboard«-Charts eingezogen und bewegte sich in Richtung Top twenty. Diesmal war das Timing perfekt, denn es lagen noch einige Tourneewochen vor ihnen. Am selben Tag veröffentlichte das englische Magazin »Disc and Music Echo« seine jährlichen Popularitäts- und Bestseller-Listen, und Jimi belegte in der Kategorie »Bester Musiker der Welt« den ersten Platz. »Nett zu gewinnen«, sagte der Auserwählte, »aber wir stehen erst am Anfang.« Die Experience trat im Will Rogers Auditorium von Fort Worth, Texas, auf und erhielt dafür ihre bislang höchste Gage, 25 000 Dollar. Mike und Chas hatten eine prozentuale Beteiligung am Kartenverkauf vereinbart, um die Gage zu erhöhen, und das Risiko hatte sich bezahlt gemacht. Je länger die Tournee dauerte, desto mehr sorgte die Mund-zu-Mund-Propaganda für ausverkaufte Hallen, und das Geld floß nur so in die Kassen.

Aber noch aus einem anderen Grund war der Auftritt in Fort Worth für die Band von Bedeutung – die drei hatten zum ersten Mal getrennte Garderoben. Das untermauerte natürlich ihren Superstar-Status, aber es war auch ein Anzeichen für die zunehmend gestörte Beziehung zwischen Jimi und Noel.

Auf Tourneen gelten eigene Zeitgesetze und Umgangsformen. Im

Gegensatz zu einem gewöhnlichen Acht-Stunden-Job sind Musiker von frühmorgens bis spätabends zusammen, auf der Bühne, in der Garderobe, im Studio. Musiker sind auf engstem Raum und bei sehr intensiven Gemeinschaftserlebnissen auf Gedeih und Verderb zusammengeschweißt, oft auch mit Personen, mit denen sie nichts gemeinsam haben außer der Tatsache, daß sie Mitglieder der gleichen Band sind. Hinzu kommt der geschäftliche Druck von außen. Man stelle sich vor, 24 Stunden am Tag mit seinen Arbeitskollegen arbeiten, essen, trinken, entspannen und reisen zu müssen, Tag für Tag, unzählige Monate, ohne Kontakt zur eigenen Familie. Unter diesen Umständen muß man sich selbst entweder total abkapseln, oder man betrachtet die übrigen Bandmitglieder als Ersatzfamilie. Dann muß man als Konsequenz aber auch alle Mißverständnisse und Gefühlsverstrickungen in Kauf nehmen, die eine Familie mit sich bringen kann. Durch Drogen und Alkohol können solche ohnehin schon schwierigen Situationen völlig außer Kontrolle geraten.

Profi-Musiker arbeiten, wenn andere ihre Freizeit genießen, und wenn die Durchschnittsbevölkerung arbeitet, schlafen sie – wenn sie *können*. Denn das ständige Herumreisen führt dazu, daß der natürliche Schlafrhythmus völlig durcheinandergerät; und die wenigen kostbaren Tagesstunden, in denen man schlafen könnte, werden meist von Auftrittszeiten, Presseanrufen, Aufnahmeterminen, Interviews, Soundchecks, Flughafen-Streiks und ähnlichem aufgefressen. Nicht anders verhält es sich mit der »Arbeitszeit«. Fur Jimi, Noel und Mitch war es schon ein Glück, wenn sie überhaupt zum Essen kamen. Und egal, wie schlecht sie sich fühlten: wenn die Lichter angingen, mußten sie für zwei Shows pro Abend THE JIMI HENDRIX EXPERIENCE sein, die dämonischen Superwesen, die Presse und Publikum in ihnen sahen.

Wenn es ihnen nicht gutging, dann konnten sie sich nicht krankmelden, sich freinehmen und eine Woche später mit einem Attest ihres Arztes aufkreuzen. Bei einem Musiker war es üblich, daß man jede Roßkur anwendete, damit er es auf die Bühne schaffte. Auf hyperaktive Phasen konnten Zeiten stumpfsinniger Langeweile folgen: Stunden, in denen man auf Flughäfen herumsaß, in Hotelzimmern, Garderoben, Plattenstudios und so weiter. Für all diese Gelegenheiten gab es Tabletten: die einen zum Einschlafen, die anderen zum Aufwachen, solche, um Superman zu mimen, und solche, die einfach die Langeweile vertrieben. Drogen nahm man, um nach einem tollen Konzert den Adrenalinspiegel zu senken, aber auch, um sich aufzuputschen, um mit der Enttäuschung nach einem schlechten Konzert

Hawaii, erste Oktoberwoche, 1968

fertig zu werden. Und es war gang und gäbe, die eine Droge mit einer anderen »auszutreiben«: mit Speed und Kokain baute man Schlaftabletten ab, mit Tranquilizern neutralisierte man stimulierende Drogen. Und schließlich glaubten Musiker in den sechziger Jahren, die wie die Experience hochenergetischen Rock spielten, daß sie zugedröhnt sein mußten, um mit dem meist völlig abgehobenen Publikum kommunizieren zu können – das völlige Gegenteil also des Mythos vom Junkie-Musiker, der Scharen unschuldiger Jugendlicher zum Konsum zerstörerischer Drogen verführt.

1967 war die Experience durch ganz Europa, England und Amerika gereist, hatte 255 Konzerte gegeben, zwei Alben aufgenommen und sich zum x-ten Mal der oben geschilderten Routine unterworfen. Nun, im Jahr 1968, wiederholten sie den ganzen Zirkus im kraftspendenden Bewußtsein, eine der besten Rockbands der Welt zu sein. Solche Arbeitsbedingungen verführten natürlich dazu, auf das Chemie-Karussell zu springen, um zu überleben. Das ist keine Entschuldigung, sondern eine schlichte Tatsache. Alle in der Band rauchten Haschisch, schluckten LSD und nahmen zum Dessert eine Prise anderer Halluzinogene wie etwa DMT. Noel war zudem ein starker Trinker und hatte die Angewohnheit, sich Amyl-Nitrat-Kapseln unter die Nase zu reiben – was in etwa die Wirkung hat, als würde man einen Ziegelstein ins Gesicht bekommen. Mitch war sowieso eine wandelnde Apotheke. Neville Chesters erinnert sich, daß sich die Band von einem Hintertreppen-Doktor versorgen ließ: »Ehe er auf Reisen ging, deckte sich Mitch mit einem Vorrat ein. In seiner Bordtasche gab's drei Fächer: für Schlaftabletten, Uppers (Amphetamine) und Downers (Mandrax oder Quaaludes). Und die Tasche nahm er überall mit hin, sie war sein Pillen-Kabinett!«

Selbst im günstigsten Fall ist LSD eine »introspektive« Droge, und ihre Wirkung hängt sehr von Stimmung und Erwartung des Konsumenten ab. Wenn man schlecht drauf ist, kann einen LSD auf einen Horrortrip bringen. Zu viel Speed verursacht eine nervöse Gereiztheit, die in Paranoia enden kann, und die Folgen von Alkoholkonsum sind ähnlich unberechenbar. Außerdem war in den Drogen nicht immer das, was man annahm – auch die Jimi Hendrix Experience war nicht sicher vor gepanschter Ware. Aber mit Sicherheit mußten die drei für ihre Drogen höhere Preise bezahlen als der Durchschnittskunde von der Straße.

Der massive Drogenkonsum verschärfte die internen Band-Probleme gewaltig, denn die drei Musiker der Experience waren sehr unterschiedliche Charaktere. Noel war der Klassenclown mit dem Jungengesicht, der nicht erwachsen werden wollte. Er verkraftete den Ärger auf oder hinter der Bühne nicht so gut wie Mitch und konnte mit Jimis Launen schwer umgehen. Aus irgendeinem Grund war Jimi nach dem Fort-Worth-Auftritt unzufrieden. Neville Chesters und Hugh Hopper bauten gerade die Anlage ab, als Noel auftauchte: »Er war in Tränen aufgelöst und wollte mit Neville reden. Jimi hatte das Konzert nicht gefallen. Noel ging in die Garderobe und Hendrix sagte irgendwas wie: ›Ich will jetzt mit keinem von euch Wichsern reden.‹« Kann sein, daß er Noel meinte, vielleicht war es aber auch nur seine momentane Verfassung. Jedenfalls nahm Noel es persönlich und fing buchstäblich zu heulen an.

Mitch hingegen war der ewige Witzbold, wesentlich härter im Nehmen und ziemlich selbstsicher – einer, der die Hochs und Tiefs des Tourneelebens mit seinem Optimismus meisterte. Freundschaft interessierte ihn bei der Arbeit nicht sonderlich, für ihn zählte mehr die Qualität der Musik. Auch die Studioarbeit setzte ihm nicht so zu wie Noel. Und er ging mit Geld lässiger um, was Noel wütend machte, der regelmäßig die Initiative ergreifen mußte, wenn sich die beiden bei der Aufteilung der Einnahmen über den Tisch gezogen fühlten. Folglich stand Jimi Mitch näher als Noel, obwohl Chas der Ansicht ist, »daß Noel eine Menge Einfluß auf Jimi hatte, wenn es drauf ankam. Am Ende schloß sich Jimi meist Noels Meinung an . . . Und wenn Jimi mal Scheiße baute, war es Noel, der ihn wieder zur Vernunft brachte.« Jimi und Mitch fanden Noel mitunter ziemlich schwierig und verpaßten absichtlich Flüge, um nicht mit ihm zusammen reisen zu müssen, was Noel ausschließlich Jimi ankreidete. Für Noel brachte das Leben mit der Jimi Hendrix Experience eine Menge Frustrationen mit sich: Streit um Geld, die Art, wie die Band gebucht und angekündigt wurde, Jimi, der ihm vorschrieb, was er zu spielen hatte, und der seine Songs ignorierte – alles Auslöser für Reibereien, die der zunehmende Erfolg noch verschlimmerte.

Die Erste-Klasse-Flüge, die schnellen Autos, den Zimmer-Service, den unkomplizierten und unbeschränkten Zugang zu verbotenen Substanzen betrachtete man als Privilegien dieses Jobs, als Belohnung für dieses aufreibende Leben. Zu den großen Annehmlichkeiten der reisenden Musiker gehörten auch die Groupies. In London beschränkte sich die Groupie-Szene auf einen harten Kern von etwa einem Dutzend Frauen, die sich im Dunstkreis der Musikerelite herumtrieben. Ganz anders in Amerika. Dort, wo jedes Hotel, jedes Restaurant, jede Flughafen-Lounge und jede Bar dem Ort glich, den man 500 Meilen zuvor verlassen hatte, konnte man sich an ihn manchmal nur dann erinnern, wenn man wußte, mit wem man dort zusammengewesen war. Wie sagte Jimi: »Was ich an Tourneen hasse, ist, daß man sich nur an die Bräute in jeder Stadt erinnert. Zum Beispiel die Blonde mit dem Grübchen, das war in San Francisco, und so weiter.«[7]

In Amerika standen »die Bräute« für Jimi Schlange, und selten sah man ihn ohne eine Frau (wenn nicht gar sechs) an seiner Seite. Sie lungerten hinter der Bühne und im Studio herum, räkelten sich in seinem Bett, wenn er ins Hotel zurückkehrte, oder lauerten ihm irgendwo auf, um sich ihm an den Hals zu werfen. »Also, da steh' ich morgens um sieben auf und bin todmüde, und dann mache ich die Tür auf und sehe etwas, das mir gefällt. Im ersten Moment denke ich: Verdammt, was macht die hier? Oder: Was will die denn? Und sie sagt: Also, ähem, kann ich vielleicht reinkommen? Und ich steh' da, sie gefällt mir wirklich gut, ja, sie sieht echt gut aus, vielleicht neunzehn oder zwanzig, vielleicht auch älter oder auch nicht. Ich sag': Na schön! Und da steh' ich dann und denke: Na ja, vielleicht beiß' ich mal rein in den Apfel.«[8] Viele von Jimis Freunden haben berichtet, daß er überall nackte Frauen in seinem Bett vorfand, die ihren Spaß haben wollten. Aber bei ihm gab's keine organisierten Orgien wie bei Led Zeppelin oder den Rolling Stones. Jimi war eben Jimi. Die Leute besuchten ihn im Studio, wollten in Clubs an seinem Tisch sitzen (und erwarteten, daß er bezahlte), kamen ins Hotel, borgten sich Geld oder sonstwas. Und Jimi sagte immerzu ja, denn das war weniger anstrengend, als nein zu sagen.

Aber auch Noel und Mitch hatten ihre Verehrerinnen. Nichts machte Noel mehr Spaß, als Jimi ein Mädchen wegzuschnappen. Noel, Mitch und Jimmy Page entsprachen dem Bild, das amerikanische Groupies von englischen Rockstars hatten: eine wilde Frisur, die ein elfenhaft verlorenes Jungengesicht umrahmte, ein Körper so dünn wie ein Faden, den der kleinste Windstoß umhauen konnte. Pamela Des Barres (Miß Pamela) war damals Mitglied des Groupie-Zirkels The GTOs, was – unter anderem – »Girls Together Outrageous« (»Mädchen zusammen: schockierend«) bedeutete. Frank Zappa hatte diese Groupies aus Los Angeles aufgegabelt und ein Album, »Permanent Damage«, mit ihnen produziert, auf dem auch Jeff Beck, Nicky Hopkins, Rod Stewart und Mitglieder der Mothers Of Invention zu hören waren. Das Ziel der GTOs war, die L.A.-Groupie-Szene zu beherrschen, um die größten und besten Musiker abzukriegen. Miß Pamela stand total auf Mr. Redding, wie eine ihrer Tagebuchaufzeichnungen verrät:

> Ich hab's geschafft! Wie findest du das? Ich rief (nervös und schwitzend) Noel an, und er meinte, ich könne »jederzeit« rüberkommen! Ich zog mich schnell an . . ., und ab ging's. Wir kamen toll miteinander klar, aber er muß wohl gedacht haben, daß es bei mir eher platonisch sei. Denn nach zwei Stunden mußte ich ihn wirklich verführen, und bald darauf landeten wir in seinem Zimmer . . . Entzückende Romanze, wir flirteten 'ne Weile, und dann liebte er mich. WAHNSINN! Ich war ihm völlig ausgeliefert. Er hat es in circa hundert Stellungen mit mir getrieben und die erstaunlichsten Sachen angestellt! Ich bezweifle, daß jemand besser sein kann als er. Es war wie in einem Spinnennetz, ich konnte mich nicht befreien – wollte mich noch mehr verstricken . . . Noel meinte: »So was, meine Liebe, nennt man einen Fick.« [9]

Pamela hatte in Chicago eine Freundin namens Cynthia, die einem anderen Groupie-Club angehörte, der ebenfalls Zappas Unterstützung genoß. Cynthia bildete mit ihrer Freundin Diana die »Plaster Casters«, die die Penisse von Popstars für die Nachwelt verewigten. Erst lutschten sie Mr. Rockstar, dann steckten sie seinen Schwanz in

..."please... please help me. they're trying to take me away...
for... for a crime that
I just can't help ... A crime they
say I committed to make people happy
sad, indeffrent, deaf, climax, cry,
laugh, life, intertaintment ..."forget
your life and fancy, young slave
you belong to us, Ha Ha Ha"...
please Gold & Rose ... please
help me......."!

eine Blumenvase, die mit »Alginate«, einer schleimigen weißen Pampe, gefüllt war. Sobald der Penis zusammenschrumpfte, zogen sie ihn raus, gossen Gips in das zurückgebliebene Loch und ließen ihn hart werden. Man muß wohl nicht extra darauf hinweisen, daß es Zappa war, der ihre Handarbeit in einem großen Kunstmuseum ausstellen wollte.

Cynthia und Diana trafen die Experience am 25. Februar nach ihrem Auftritt im Chicago Opera House. Sie trugen Jimi ihr Anliegen vor, der amüsiert zustimmte. Auch diese beiden führten ein Tagebuch:

> Wir benötigten ein Mischungsverhältnis von 28 zu 28 (viel mehr Masse als sonst) und fanden das gerade ausreichend. Er hatte den größten Schwengel, den ich je

> gesehen habe! Wir mußten ihn bis auf den Boden der Vase schieben . . . Es entstand eine herrliche Gußform. Und er konnte ihn sogar die ganze Minute lang hart halten. Dann steckte er ungefähr 15 Minuten lang fest, aber er war ein ausgezeichneter Mitspieler, kriegte keine Panik . . . Ich glaube, der Grund, warum wir seinen Schwengel nicht rausbekamen, war, daß er einfach nicht SCHRUMPFTE!

Damit bestätigte Jimi den Mythos von der sexuellen Potenz der Schwarzen, wenngleich der schwarze Komiker Dick Gregory einmal bemerkte, das Schlimmste, was den Schwarzen passieren könne, sei die Einführung gemeinsamer Toiletten für Weiße *und* Schwarze; denn der Mythos, daß alle Schwarzen mit einem Schwanz wie von einem Pferd ausgestattet seien, stelle ihre mächtigste Waffe dar.

Pamela fand heraus, daß sie, was Noel betraf, in Cynthia eine Rivalin hatte. Sie schnüffelte in ihrem Tagebuch herum und fand folgende Eintragung über Noel: »Er ließ sich perfekt formen. Ich rieb seine Haare mit etwas Baby-Öl ein, und er steckte nur fünf Minuten drin. Ich zählte laut mit, bevor wir Noel in die Gußform schoben, und als ich den großen Moment ankündigte, kriegte er Panik und schrumpfte, und anstatt in voller Pracht reinzufahren, mußten wir ihn reinschieben und reindrehen wie einen Wurm.« [10]

Nach Chicago trat die Experience in der Factory von Madison, Wisconsin, auf. Neville notierte in seinem Tagebuch: »Noch so ein scheußlicher Club, schrecklich. Mußte die Anlage durch eine Hotelhalle zum Lift schleppen, von dort durch die Küche des Clubs und dann durch den gesamten Club. Wir brauchten allein drei Stunden für den Transport der Anlage.«

Jimi mochte jedoch solche kleinen Clubs, wie er Buck Walmsley von den »Chicago Daily News« gestand: »Wenn's ums Spielen geht, mag ich wirklich diese guten Clubs. Nette heiße, verräucherte, verschwitzte, schmutzige und primitive Clubs, denn da erreichst du die Leute wirklich. Bei dem Zeug, wo du 2000 Meilen entfernt vom Publikum spielst und so weiter, da komm' ich überhaupt nicht mehr in Stimmung. Aber ich befürchte, daß wir in diesen kleinen Clubs nicht mehr ewig spielen können. Wir müssen einfach auch in diesen anderen Dingern auftreten. Jedenfalls, solange da Leute hingehen.«

Im Columbus, Ohio, traf die Anlage zu spät ein, ebenso in Worcester, Massachusetts, an der Clark University, wo Tony Palmer mit Jimi Hendrix ein Interview für seinen Film »All My Loving« drehte. Die Anlage traf immer öfter verspätet ein, da sie per Lastwagen und nicht per Flugzeug transportiert wurde, denn auf den Flügen ging das meiste davon zu Bruch. Hugh: »Wenn die Verstärker aus den Flugzeugen geholt wurden, hing ihr ganzes Innenleben raus, und die Schlagzeugfelle waren glatt durchschlagen. Manchmal hatte man das Gefühl, als sei die Zerstörung von Musikanlagen der Lieblingssport der Ladecrew.«

In Philadelphia mieteten sie einen nagelneuen U-Haul-Truck, der eigentlich zehn Tage später in New York hätte abgeliefert werden müssen. Tatsächlich aber gaben sie den Laster erst sieben Wochen später und nach über 8000 Meilen zurück. Mundpropaganda und gute Presse veranlaßten das New Yorker Büro, immer neue Auftritte zu vereinbaren. In Hughs Augen war diese aberwitzige Tournee eine VW-Rallye quer durch Amerika. Der vollständige Tourneeplan sah, wenn man die Auftrittsorte auf der Landkarte durch Linien verband, wie eine Spinne aus, die auf Acid ziellos über die Karte torkelte. »Manchmal lud ich die Anlage, die ich erst ein paar Stunden zuvor ausgeladen hatte, um ein Uhr nachts ein, um von diesem Ort mitten im Niemandsland wieder irgendwo anders hinzufahren. Manchmal stiegen wir nur für eine Stunde in einem Hotel ab, um zu duschen. Ich verlor allmählich völlig die Orientierung und war total von der Rolle.«

Neville bretterte, bis obenhin abgefüllt mit Speed (weil er sonst, wie Hugh meint, sein Ziel niemals pünktlich erreicht hätte, bei Wind und Wetter mit dem vollgepackten Laster durch die Lande. Die Fracht wurde immer schwerer, denn die Anlage war um die Sunn-, die Marshall- und Sound-City-Verstärker, die man aus London eingeflogen hatte, erweitert worden. Und alles mußte für jeden Auftritt erneut ab- und wieder aufgeladen werden. Dazu kamen die Resultate der bizarren Einkaufstrips der Experience-Musiker. Unterwegs befand sich die Band in einem regelrechten Kaufrausch: Filmkameras, Radios, Hi-Fi-Geräte und sonstige Neuheiten wurden erstanden. Aber Noel war, wenn es um verrückte Einkäufe ging, der eindeutige Gewinner, wie Hugh meint, der ihn einmal in einem Kaufhaus beobachtete:

> Ich traf ihn an, wie er ernsthaft mit einer Verkäuferin über die Unterschiede von Haarfärbemitteln diskutierte. Schließlich kaufte er ein Peschschwarz und erschien zwei Stunden später im Hilton-Restaurant mit schwarzen Augenbrauen und einem Bart. Es brach eine Art Hysterie aus, und den Rest der Tournee verbrachten sie damit, die Färbemittel an den verschiedensten Körperteilen auszuprobieren. Es wurde rasch zur Gewohnheit, überall zweifarbige Augenbrauen, Wimpern, Koteletten und Bärte zu hinterlassen.
>
> Ein andermal hatte es Noel ein Scherzartikel angetan, ein Geigenkasten, in dem man zwei Schnapsflaschen, Spielkarten und Poker-Würfel unterbringen konnte. Und wo blieb der ganze Krempel? Noel trug seinen Geigenkasten einige Tage mit sich herum, und dann wurde er nicht mehr gesehen. Was bei uns landete,

transportierten wir von Konzert zu Konzert auf dem inzwischen völlig überladenen Laster.

Auch Neville schreckte, wie sich Hugh erinnert, nicht davor zurück, die Mitreisenden mit merkwürdigen Scherzen in Panik zu versetzen. Es war auf dem Weg nach Toledo – oder war es Muncie?

Ich saß im Laster neben ihm, als er seine nötige Ration Speed schluckte, die ihn soweit fitmachen sollte, daß er es schaffte, den berühmtesten Rockgitarristen zu seinen Fans zu kutschieren. Kaum, daß er das Zeug geschluckt hatte, zuckte sein ganzer Körper und sackte in der Ecke des Sitzes zusammen. Ich dachte, oh Gott, jetzt stirbt er, er hat zuviel erwischt. Er machte ein paar Minuten so weiter, während mir tausend Gedanken durch den Kopf rasten. Ich allein, irgendwo in Amerika mit einem Mann, der an einer Überdosis Drogen stirbt! Plötzlich verzog er sein Gesicht zu einem Grinsen und meinte: »Hab' dich echt reingelegt, was?« Ich war so erleichtert, daß ich ihm nicht mal eine runterhauen konnte.

Jimi hatte seit Januar kaum ein Studio von innen gesehen, aber am 13. März hatte er im Sound Center von New York einige Songs aufgenommen, darunter »My Friend«. Der Titel war im Stil eines Bar-Songs arrangiert (mit Unterstützung von Steve Stills, Ken Pine von den Fugs und dem New Yorker Freund Paul Caruso), ein lässig schlendernder Blues, im Tempo so ähnlich wie »Mannish Boy«, mit einigen obskuren Textzeilen, aber dennoch sehr autobiographisch. Jimi spielt darin den Saloon-Zecher, der seine Sorgen in Whisky ertränkt: die üblen Zeiten in Harlem, die Verhaftung in Schweden. Der Begriff »Sand« steht wieder als Metapher für Verrat und für seine Depressionen, weil er erkennen muß, daß die einzige Person, auf die er sich verlassen kann, er selbst ist.

Hey, look out for my glass up there, man!
That's my drink, man, that's my drink, alright . . .
Make it a double, or eh . . .
Somebody has to sing
Somebody will sing?
Somebody will sing, right?
(I don't know!)

Y'all pass me that bottle,
and I'll sing you all a real song
Yeah!
Let me get my tea, ahum!

Well I'm looking through Harlem

Community War Memorial, Rochester, New York, 21. März 1968

my stomach squeal just a little more
A stagecoach full of feathers and footprints,
pulls up to my soap-box door
Now a lady with a pearl-handled necktie
Tied to the driver's fence,
breathes in my face,
bourbon and coke possessed words
»Haven't I seen you somewhere in hell,
or was it just an accident?«
(You know how I felt then, and so:)

Before I could ask »was it the East or West side?«
my feet they howled in pain
The wheels of a bandwagon cut very deep,
but not as deep in my mind as the rain
And as they pulled away I could see her words
Stagger and fall on my muddy tent
Well I picked them up, brushed them off,
to see what they say,
and you wouldn't believe:
»Come around to my room, with the tooth in the middle,
and bring along the bottle and a president«

And-eh sometimes it's not so easy, baby
Especially when your only friend,
talks, sees, looks and feels like you,
and you do just the same as him
(Gets very lonely up this road, baby)
(Yeah, hmm, yeah)
(Got more to say!)

Well I'm riding through LA (huh),
on a bicycle built for fools
And I seen one of my old buddies
And he say, »you don't look the way you usually do«
I say, »well, some people look like a coin-box«
He say, »but like you ain't got no coins to spare«
And I laid back and I thought to myself, and I said this:
I just picked up my pride from underneath the pay phone,
and combed this breath right out of my hair
And sometimes it's not so easy
Especially when your only friend
talks, sees, looks and feels like you,
and you do just the same as him

I just got out of a Scandinavian jail,
and I'm on my way straight home to you
But I feel so dizzy I take a quick look in the mirror,
to make sure my friend's here with me too

And you know good well I don't drink coffee,
so you fill my cup full of sand
And the frozen tea leaves on the bottom
Sharing lipstick around the broken edge
And my coat that you let your dog lay by the fire on
And your cat he attacked me from his pill-box ledge
And I thought you were my friend too
Man, my shadow comes in line before you
I'm finding out that it's eh not so easy
Specially when your only friend
Talks, looks, sees and feels like you,
and you do the same just like him

(Lord it's so lonely here, hmmm, yeah)
Yeah!
(Pass me that bottle over there . . .)
Yeah, yeah, okay . . .

Immer wieder kam es während der Konzerte zu Zwischenfällen, so auch am 26. März in der Public Music Hall von Cleveland.

Der Zirkus ging los, als Neville und Hugh mit dem Laster ankamen. Sie zogen sich mit einem Klimmzug die Laderampe hoch, als ein Bühnenarbeiter erschien. Zuerst dachten sie, der Typ wolle ihnen zur Hand gehen. Doch weit gefehlt.

»Ihr habt 'ne Karte?«

»'Ne Karte?«

»Ja, 'ne Karte. Gewerkschaftsausweis. Teamsters.«

»Nein, aber wir sind Englä . . .«

»Wenn ihr nicht registriert seid, dürft ihr nicht abladen. Eigentlich dürft ihr nicht mal den Laster hier reinfahren. Das Konzert heute abend könnt ihr vergessen.«

Hugh war außer sich, dachte aber an seine Pflichten. Die-Show-geht-weiter-Neville machte sich auf die Socken, um Gerry Stickells und den Veranstalter aufzutreiben. Hugh saß im Laster und beobachtete, wie zuerst Gerry und dann der Veranstalter versuchten, den Bühnenarbeiter umzustimmen. Die Situation eskalierte, als die völlig ahnungslose Band eintraf. Nach etwa zwei Stunden kam man überein, daß das Konzert doch stattfinden würde. Doch niemand außer dem Bühnenarbeiter durfte die Anlage auch nur berühren. Die Gewerkschaftler bestanden darauf, daß keiner außer ihnen vor der Show die Bühne betreten durfte. Mitch fuhr aus der Haut, denn er war sehr eigen, was die Plazierung seines Schlagzeugs betraf. Wenn sein Bekkenständer auch nur einen Millimeter von der Markierung abwich, merkte er das sofort. Neville Chesters ist überzeugt davon, daß sie den Gewerkschaftlern schließlich Geld in die Hand drückten, damit das Konzert überhaupt über die Bühne gehen konnte. Der Aufbau dauerte eine Ewigkeit, weil die Teamsters nicht die geringste Ahnung hatten, für was ein Großteil der Geräte bestimmt war und wohin sie gehörten. In der Garderobe hatte Neville inzwischen wirklich zuviel geschluckt. Er hatte eine ganze Packung des Grippemittels Ephedrin als Speed-Ersatz eingeworfen und konnte sich kaum noch auf den Beinen halten. Hughs freier Abend war im Eimer, er arbeitete für zwei und zeigte den Jungs, wie sie die Anlage aufbauen mußten.

Irgendwann wurde die Show von dem Conférencier Chuck Dunaway unterbrochen, der das Publikum bat, unter die Sitze zu sehen, weil es eine Bombendrohung gegeben hatte. Daraufhin meinte Jimi, der gerade einen Song anfing, den er ein paar Tage später aufnehmen sollte: »Niemand außer Jimi brennt eine Halle nieder!« [11] Gegen Ende stürmte die Menge die Bühne »und schrie: ›Zugedröhnt! Zugedröhnt!‹ Die Zuhörer drängten nach vorne und wehrten die Fußtritte der Polizisten ab, die vor den Scheinwerfern an der Rampe Spalier standen. Nach dem Auftritt zerrissen die Fans die Vorhänge, stemmten Türen aus der Verankerung und ließen ihre Wut an der Music Hall aus, die seit dem Auftritt der Beatles drei Jahre zuvor keine solche Verwüstung mehr erlebt hatte.«[12] Ein Wunder, daß dabei nichts vom Equipment in die Brüche ging oder abhanden kam – denn Diebstahl war ein anderes Problem, mit dem sie auf Tourneen ständig zu kämpfen hatten. Unzählige Gitarren von Jimi verschwanden dank besonders hilfsbereiter Typen, die Neville und Hugh unter die Arme griffen. Schon deshalb arbeiteten sie lieber ohne Fan-Unterstützung. Mehr als einmal mußten Neville und Gerry einem Fan eine der Gitarren entreißen.

»Irgendein Glücklicher in Columbus, Ohio«, erzählt Hugh, »besitzt eine von Jimis Gitarren. Wir ließen ihn mitarbeiten, weil die Bühnenarbeiter schon zehn Minuten nach Ende der Show verschwanden. Auf seinem zweiten Gang von der Bühne zum Lastwagen tauchte der Typ einfach unter. Vielleicht tu ich ihm unrecht – vielleicht hatte er eine unheimliche Begegnung der schlimmsten Art und taucht Jahre später in der Wüste von Mexiko wieder auf, mit einem verblüfften Gesichtsausdruck und einer 1968er Fender Stratocaster, die auf ein tiefes E gestimmt ist.«

Die spektakulärste Runde des Kampfes Fan vs. Roadie fand nach einer anderen Saalschlacht am 2. April in Montreal statt. In Nevilles

Tagebuch liest sich das so: »Randale! Sie mußten Polizeiverstärkung anfordern, um die Kids im Saal zurückzuhalten. Schließlich sprang irgendein Typ auf die Bühne und klaute Noels Mikrofon mitsamt dem Ständer. Dann waren plötzlich alle Lichter in der Halle an, und es herrschte das totale Chaos – überall auf der Bühne Kids!« Zurückblickend meint Neville: »Die Bühne war drei oder vier Meter hoch . . ., und ich erspähte einen Typen, der ein kleines Geländer auf der Rückseite der Bühne runterkletterte und sich meinen Werkzeugkasten schnappte. In diesem blauen Werkzeugkasten war alles, was ich besaß, und er rannte damit die Treppen hoch. Ich rannte über die Bühne, er sprang – es war wie in Zeitlupe. Er sah mich, ich griff nach ihm, er sprang über das Geländer. Ich hörte es krachen, als ich rübersprang, konnte aber nicht mehr anhalten. Ich stürzte kopfüber in die Tiefe . . . ich hätte mir beinahe beide Beine gebrochen.«

Inmitten des Chaos versuchte Jim Morrison auf die Bühne zu gelangen, und der britische Soulstar Geno Washington verfolgte die Ereignisse: »Die Halle war scheißvoll, die Leute gingen die Wände hoch. Jim Morrison leert seinen Drink und spaziert nach vorne zur Bühne. ›He, Jimi! He, Jimi! Laß mich rauf und singen, Mann, und wir machen die ganze Scheiße zusammen.‹ Darauf Jimi: ›Ist in Ordnung, Junge, ich komm schon klar.‹ Und Jim sagt: ›He, weißt du eigentlich, wer ich bin? Ich bin Jim Morrison von den Doors.‹ ›Ja,‹ meinte Jimi, ›ich weiß, wer du bist – und ich bin Jimi Hendrix.‹«

Am 4. April sollte die Band zwei Shows im Civic Dome in Virginia Beach, Virginia, spielen. Am Nachmittag saßen die Experience und einige von der Soft Machine in einer Bar. Unter ihnen war auch Mark Boyle, der für die Lightshow der Soft Machine verantwortlich war. »Die Frau, die uns bediente, erzählte uns, daß gerade Martin Luther King ermordet worden sei und daß in der Bar Typen säßen, die dieses Ereignis kräftig feierten. Sofort fragst du dich: Und was für eine Rolle wirst du jetzt in der Sache spielen? Du würdest am liebsten reingehen und irgendwas unternehmen, weil du außer dir bist vor Wut. Ich erinnere mich, wie ich mich umdrehte und Jimi ansah, der irgendwohin ins Nichts starrte, so als ob nichts geschehen wäre. Natürlich war mir klar, daß die Typen nur darauf warteten, Jimi und uns zu provozieren, damit sie uns zusammenschlagen konnten. Ich machte mir vor Angst fast in die Hose. Ich hatte das Gefühl, innerhalb von zwei Minuten um zwanzig Jahre zu altern.« [13]

Dr. King war nach Memphis gegangen, um den Streik der Müllabfuhr anzuführen. Er lehnte sich über einen Balkon und sagte zu Reverend Jesse Jackson: »Vergiß ja nicht, heute abend ›Precious

Lord‹ zu singen – und zwar richtig.« Das waren seine letzten Worte – James Earl Ray erschoß ihn und flüchtete in einem weißen Ford Mustang. Später faßte ihn das FBI.

Die Nachricht verbreitete sich wie ein Lauffeuer, und in den Schwarzenvierteln Amerikas kam es zu spontanen Gewaltausbrüchen. Im New Yorker Bezirk Harlem wurde Bürgermeister John Lindsay von der Menge mit Steinen beworfen, in Detroit wurden zwei Polizisten erschossen, Brände wurden gelegt, in einem Umkreis von 250 Metern um das Weiße Haus fanden Plünderungen statt, und in Tallahassee, Florida, wurde ein weißer Jugendlicher bei lebendigem Leibe verbrannt.

Ein merkwürdiger Zufall, daß der nächste Auftritt der Experience ausgerechnet im Herzen des schwarzen Distrikts von Newark stattfinden sollte. Alle waren furchtbar nervös. Die Band lungerte im Hotel herum und wartete ab, ob das Konzert überhaupt stattfinden konnte. Schließlich kam die Zusage. Der Fahrer der Limousine stellte eine Bedingung: »Entweder sitzt Jimi vorne neben mir, oder ich fahre nicht.« Die Weißen rutschten unbehaglich auf dem Rücksitz hin und her und der Wagen fuhr vorsichtig zur Symphony Hall in der Broad Street. Der Laster wurde heimlich in einer Seitenstraße hinter dem Theater entladen. Neville gab Hugh die Schlüssel, damit er ihn abschloß, und verschwand durch den Bühneneingang.

> Ich überprüfte alle Autotüren, nahm das letzte Teil der Anlage, einen verchromten Mikrofonständer, und folgte Neville. Aber die Tür war fest verschlossen, und außen gab es keine Klinke. Vergeblich schrie und klopfte ich. Na großartig! Da stand ich also in Newark am Abend des Tages, an dem einer der beliebtesten Schwarzen der Welt erschossen worden war, mußte zur vorderen Eingangstür des Theaters laufen (etwa einen Kilometer, weil es sich in der Mitte eines Häuserblocks befand), und zwar durch ein paar sehr dunkle Straßen, und mein weißes Gesicht zur Schau stellen. Ich betrachtete den glänzenden Mikroständer in meiner Hand und dachte, wenn was passiert, hab' ich wenigstens eine Waffe, um mich zu verteidigen . . . Aber dann, Jesus Christus! Plötzlich wurde mir klar, nach was dieses Ding in der Dunkelheit aus einiger Entfernung aussehen mußte, ob für einen Streifenwagen oder für einen wahnsinnigen Heckenschützen: ein Gewehr! Ich schlenderte mit einer Art fatalistischer Resignation um den Block, und ich schwöre, es lag ein Summen in der Luft, das nicht vom Verkehrslärm stammte.

Außerhalb des Theaters glich Newark einer Geisterstadt: gepanzerte Wagen an den Straßenecken, gelegentliche Schußwechsel in der Ferne. Aber drinnen war der Laden knüppelvoll. Weil die Band mit großer Verspätung eingetroffen war, hatte man beschlossen, die erste und zweite Show zu einer einzigen zusammenzuziehen. Es lag eine seltsame Stimmung in der Luft, so als sei eine geheime Verschwörung im Gange, die sich gegen jeden prominenten Schwarzen oder mit den Schwarzen sympathisierenden Politiker richtete: zuerst John F. Kennedy, nun Martin Luther King – konnte Jimi der nächste sein? Tragischerweise hatte man bereits einen Monat später die Antwort – Bobby Kennedy. Mark Boyle, der an diesem Abend mitten im Publikum sitzen mußte, um die Lightshow für die Soft Machine zu steuern, fragte sich, was er wohl tun konnte, falls irgendein Wahnsinniger in der Dunkelheit mit einem Gewehr auftauchen sollte. »Es war beängstigend voll.« Doch seine Angst erwies sich als unbegründet.

> Hendrix wurde mit enormem Applaus empfangen und sagte: »Dieses Stück ist für einen Freund von mir«, und dann änderte er das gesamte Programm. Die Band spielte eine Improvisation von bewegender Schönheit, und alle wußten sofort, worum es ging. Es war ein Klagelied für Martin Luther King. Nach wenigen Minuten heulte der ganze Saal . . . Alte erzkonservative Bühnenarbeiter stellten sich an die Bühnenseite. Sie standen da, und die Tränen liefen ihnen über die Wangen. Die Musik war von überwältigender Schönheit – qualvolle Musik. Als Jimi zu spielen aufhörte, gab es keinen Applaus. Er stellte einfach seine Gitarre hin, das gesamte Auditorium schluchzte, und dann verschwand er ganz leise von der Bühne.

»Und sollten wir täglich verhaftet werden, täglich ausgebeutet werden, täglich niedergemacht werden, laßt es trotzdem nicht zu, daß euch irgend jemand so tief herunterzieht, daß ihr ihn haßt. Wir müssen die Waffe der Liebe benutzen. Wir müssen Mitleid und Verständnis für jene haben, die uns hassen. Wir müssen begreifen, daß man so vielen beigebracht hat, uns zu hassen, daß sie für ihren Haß nicht völlig verantwortlich sind. Unser Leben ist heute noch tief verdunkelt, aber immer stehen wir an der Schwelle zu einer neuen Morgendämmerung.«
(Martin Luther King, Montgomery/Alabama, 1955).

Hawaii, erste Oktoberwoche 1968

10

Have You Ever Been . . . To Electric Ladyland?

Ich werde wohl unmöglich all die Dinge, die ich musikalisch vorhabe, wirklich realisieren können.
(»Go Go Girl«, 20. Januar 1968)

Nach einem weiteren Konzert in White Plains im Staat New York flog die Gruppe für eine kurze Pause nach England zurück. Neville Chesters verbrachte seinen Urlaub in Amerika. Neun Monate war er mit der Experience ununterbrochen unterwegs gewesen, und es sah so aus, als sei nun ein Kapitel abgeschlossen.

> Um die Band stand es nicht gerade gut. Damals [April 1968] fingen die Probleme an. Ich bin mir sicher, daß Mitch und Noel allmählich – na, du verstehst schon . . . Jimi war ständig von Menschenmassen umgeben, man konnte nicht mit ihm reden, man kriegte einfach nichts auf die Reihe, und jeder war auf jeden sauer . . . Rein psychologisch, würde ich mal sagen, hatte ich das Gefühl, daß es nicht besonders gut lief. Wir hatten viel Spaß, enorm viel Spaß, aber aus irgendeinem Grund schien es nun damit vorbei zu sein . . .

Etwa zwei Wochen später kehrte die Band nach New York zurück, um Jimis bis dato ambitioniertestes Werk in Angriff zu nehmen: das Doppelalbum »Electric Ladyland«. Jimi hatte ja schon Ende 1967 und Anfang 1968 in Interviews ziemlich klar formuliert, wie er sich seine weiteren Platten vorstellte. Zuerst einmal sah er sich nach weiteren Musikern um, dann wollte er mehr Kontrolle im Studio und außerdem wesentlich mehr Studiozeit . . . »Wenn nicht, dann . . .« Aber das hatte auch seinen Preis: eine zunehmende Entfremdung von Noel und, was viel schwerer wog, die Trennung von Chas Chandler.

Sie hatten sich im Record Plant an der West 44th Street, einem der professionellsten Studios von New York, für drei Monate eingemietet. Jimi entwicklelte für die Aufnahmen zum neuen Album einen bestimmten Arbeitsrhythmus. Abends stieg er im Scene, im Café A Go Go, im Salvation oder Generation in Jam-Sessions ein. Seit dem Beginn der Amerika-Tournee hatte Jimi keine Gelegenheit ausgelassen, in diesen Clubs spontan aufzutauchen; und bis zum Ende der Aufnahmen zu »Electric Ladyland« im Juli stand er unter anderem mit Jeff Beck, Eric Clapton, B.B. King, Paul Butterfield, Roy Buchanan, Larry Coryell und Muddy Waters auf der Bühne. Manche der Sessions waren nicht besonders geglückt; so machte etwa Howlin' Wolf Jimi im Scene ziemlich fertig – was Jimi tief verletzte, denn Howlin' Wolf war eines seiner Idole. Aber ansonsten fühlte sich Jimi im Rampenlicht immer dann besonders wohl, wenn ihn kein Fan auf der Bühne erwartete. Rick Derringer, damals Mitglied der McCoys, erinnert sich, daß Jimi nach ihrem Auftritt im Scene-Club für die Dauer einer Jam-Session einstieg. »Jimi war sehr nett und ein echter Gentleman. Eine Menge Gitarristen wollten mit ihm spielen. Die meisten versuchten, sich in den Vordergrund zu drängen, und machten erst Schluß, wenn jemand Aufhören! schrie. Jimi, der ständig Leute zu einer Session mit ihm aufforderte, wartete mit seiner großen Nummer immer bis ganz zum Schluß . . . Eines Tages wurden im Scene meine Gitarren gestohlen, und Jimi lieh mir vier von seinen. Das Problem war nur, daß sie alle für Linkshänder gemacht waren.«[1]

Auch Ted Nugent erinnert sich an eine Jam-Session, die um ein Uhr nachts im Generation stieg:

> Hendrix kam rein, nahm eine blaue Stratocaster aus dem Gitarrenkoffer, schloß sie an einen Fuzz-Face-Verzerrer an und an einen fahrbaren und verpackten Kustom-Verstärker und spielte ganz allein dieses unglaubliche Zeug. Ich war wie hypnotisiert, völlig geschockt. Das ging 45 Minuten so, und dann stiegen B.B. King, Al Kooper und ein Bassist ein. B.B. King winkte mich auf die Bühne, und wir spielten bis sechs Uhr morgens. Für einen Gitarristen war es das Überwältigendste und Aufregendste, ein Erlebnis wie ein Erdbeben.[2]

Jimi erläuterte der Zeitschrift »Eye« seine große Begeisterung für Jam-Sessions:

> Wann immer wir können, jammen wir. Das ist wirkliches Spielen . . ., wenn man mit anderen Musikern zusammen Musik macht. Dafür lebt man. Man kann sich nicht wirklich ausdrücken, indem man ständig nur plappert und quatscht.

Die meisten der heutigen Musiker können nicht jammen. Sie spielen nicht zusammen . . ., sie nehmen einfach auf andere Musiker keine Rücksicht. Aber darum geht's ja gerade beim Jammen – daß jeder mit *jedem* zusammenspielt . . . Wir sind eine kleine verschworene Gemeinschaft, und das ist toll. Wir laden gern andere ein, bei uns mitzumachen, und nach einer Weile spürt man den Fluß der Musik, und jeder kann jedem folgen, und schließlich findet man sich auf einer Ebene. Beim Jammen kann man sich viel näher kommen als auf einer Platte, für die man zwei Wochen lang zusammengearbeitet hat. Zum Beispiel der Wechsel von Tonarten und Timing oder auch Breaks und Läufe – so was kann zu den schönsten Dingen gehören, wenn man die Zeit hat, um es wirklich zu schaffen.[3]

Jimis Lieblingsplatz war das Scene, gleich um die Ecke vom Record Plant-Studio. Und wenn das Scene in den frühen Morgenstunden seine Pforten schloß, ging es im Studio weiter, wie sich Johnny Winter erinnert: »Ich traf Jimi zum ersten Mal im Scene . . . Wir jammten ziemlich oft zusammen . . . Und wenn der Club schloß, dann machten wir oft im Studio weiter, wo Jimi pauschal Aufnahmezeit gebucht hatte, und spielten da noch ein bißchen rum, mehrere Stunden vielleicht. Und irgendwann hörten wir uns dann die Bänder an, um die besten Ideen rauszupicken und sie in die Songs einzuarbeiten.«[4]

Jimi wollte den gesamten Aufnahmeprozeß überwachen. Ein Tontechniker aus dem Record Plant erzählte 1972 dem »Rolling Stone«: »Ich erinnere mich, wie ich ihn einmal nachts am Mischpult beobachtete, wo er die Sounds regelte wie Captain Video am Schaltpult eines Raumschiffes – wie er an den Equalizern rumfummelte, um mehr Höhen und Tiefen zu erzielen, hier ein bißchen an irgendeinem Echo-Knopf drehte, dort die Regler hoch- und runterschob, irgendwelche Schalter betätigte und fast alles neu einstellte. Als er zufrieden war, ging er zu den anderen ins Studio. Noch bevor er seine Fender in die Hand nehmen konnte, warf sich der Tontechniker in den gerade freigewordenen Sessel und begann, alles neu einzustellen. ›Laßt uns diesen Scheiß wieder in Ordnung bringen!‹« Jack Adams aus dem »Plant« gab demselben Interviewer folgendes zu Protokoll:

Jimi hatte vom Mischpult keine Ahnung . . . Aber er war brillant, keine Frage . . . Manchmal kamen er und die Band ins Studio und jammten die ganze Nacht. Ein Song ging nahtlos in den nächsten über, und doch konnte er sich später an jeden einzelnen erinnern . . . Beim Abmischen der Platte hatte er so viele Ideen, wie sie klingen sollte, daß er manchen Song bis zu 300 mal neu mixte. Ich übertreibe nicht. Wir mixten einen einzigen Song oft zehn Stunden, eine ganze Nacht, eine ganze Woche lang. Ich hatte es satt und sagte: Zum

Teufel damit, ich geh' jetzt nach Hause. Er lächelte und fragte, ob er mich anrufen könne, falls er eine Frage habe. Am nächsten Morgen gegen zehn Uhr rief der Hausmeister an und beschwerte sich: »He, werft den Typen raus, wir müssen saubermachen.«[5]

Eddie Kramer wurde aus England eingeflogen, um die Songs für das Album zusammen mit Gary Kellgren vom »Record Plant«-Studio aufzunehmen. Jimi arbeitete gern eng mit Eddie Kramer zusammen. Er spielte zwar weiter am Mischpult herum, mußte sich aber Eddies technischem Wissen beugen. Während der Aufnahmen zu »Electric Ladyland« »zeigte sich deutlich, daß eine neue Zeit angebrochen war, denn die Dinge wurden immer komplizierter. Wir verbrachten viel mehr Zeit im Studio, denn nur so konnte Jimi seine Ideen verwirklichen.«[6]

Jimi war in seinem Element. Das Studio wurde zum Zentrum seines künstlerischen Universums. Zum ersten Mal waren die Geldgeber damit einverstanden, daß Jimi das Studio nicht nur für Plattenaufnahmen benutzte, sondern auch, um neue Gitarreneffekte und Sounds auszuprobieren, an den Soli zu feilen, zu komponieren und zu arrangieren. Er konnte mit Eddie am Mischpult elektronische Experimente durchführen oder auch einfach mit ein paar Freunden jammen und dabei neue Ideen entwickeln.

Jimi löste sein Versprechen ein und bat auch Kollegen, die nicht zur »Scene«-Szene gehörten, bei den Plattenaufnahmen mitzumachen, um den Sound möglichst farbig und vielseitig zu gestalten und das musikalische Spektrum zu erweitern. Mit von der Partie waren neben anderen Steve Winwood und Chris Wood von der Band Traffic sowie Al Kooper, Jack Casady, der Bassist der Jefferson Airplane, und der Keyboarder Mike Finnegan.

Jimi entfernte sich immer weiter vom ursprünglichen Trio-Konzept der Experience und von dessen Produktionsweise. Das führte natürlich zu einem Konflikt. Noel weigerte sich, den ganzen Tag bloß herumzusitzen, während Jimi zum hundertsten Mal ein Solo abmischte, das er zweihundertmal aufgenommen hatte. Und er nahm es Jimi übel, daß auch andere Musiker an den Sessions teilnahmen, daß sich Jimi in bezug auf die Songs von niemandem beraten ließ und sich absolut nicht für Noels eigene Songs interessierte, wenngleich einer von ihnen schließlich doch auf dem Album landete. Manchmal war noch keiner der anderen im Studio, wenn Noel eintraf, und dann arbeitete er mit Gary Kellgren an eigenen Stücken. Vielleicht trug er sich auch deshalb mit dem Gedanken,

Am Mischpult mit Eddie Kramer, Record Plant, Anfang Mai 1968

der unerquicklichen Situation ein Ende zu machen und eine eigene Band zu gründen. In dieser Überlegung wurde er von Chas und Mike bestärkt, die natürlich nur an das Geld dachten, das sie mit einer Band machen konnten, die vom ehemaligen Bassisten der Jimi Hendrix Experience angeführt wurde.

Chas hatte nämlich seine eigenen Probleme mit Jimi und beschrieb das veränderte Verhältnis mit den Worten: »Er hörte einfach nicht mehr zu.« Jimi hatte sich wirklich verändert, beziehungsweise: die Umstände hatten sich verändert. Und die boten ihm nun jene künstlerische Freiheit, nach der er sich immer gesehnt hatte. Es war, als habe man Jimi endlich von der Leine gelassen. In Interviews hatte er nie ein Hehl daraus gemacht, daß er mit seinen Plattenaufnahmen unzufrieden war. Aber genau diese von Chas produzierten Erfolgsalben und Hitsingles waren es, die Jimi jetzt finanzielle Unabhängigkeit garantierten und es ihm ermöglichten, seinen eigenen Weg einzuschlagen. Abgesehen davon hatten Chas und Jimi unterschiedliche Ansichten, was die Bühnenpräsentation der Band anging. Mitch erklärte, Chas' ursprüngliche Idee sei es gewesen, »eine Begleitband für Jimi zu haben, die Lackschuhe, weiße Jacketts und so weiter trug. Aber Jimi hatte andere Vorstellungen . . .« [7] Jimi war der festen Meinung, daß Chas in bezug auf die Experience an einem »Pop«-Image festhielt, das inzwischen überhaupt nicht mehr zu Jimis Musik paßte – falls es das jemals getan hatte.

Gleich zu Beginn der Studioarbeiten erkannte Chas, daß er keine Kontrolle über das Album haben würde, und blockte daher schon bei den ersten Aufnahmen ab. »Jimi tauchte im Studio mit einer Schar von Schmarotzern auf, die keiner kannte . . . Normalerweise verständigten wir uns im Studio in einer Art Kürzelsprache, die auch ganz okay ist, solange kein Fremder dabei ist. Aber wenn da plötzlich ein Publikum rumsitzt, wird die Lage gespannt . . . Es verändert einfach die gesamte Atmosphäre im Studio. Jimi feilte ununterbrochen an seinen Songs, manchmal wegen Sachen, die schon bei der ersten Aufnahme gesessen hatten. Ich bekam einfach keinen Draht mehr zu ihm. Ich fühlte mich wie ein Wildfremder.«

Auch Devon gehörte zu Jimis Gefolge. Sie wurde für ihn zur unentbehrlichen persönlichen Assistentin und zu einer Art Gesellschaftsdame. Sie tat alles, um sich bei ihm einzuschmeicheln, und besorgte ihm sogar Frauen, obwohl sie überzeugt war, die einzige Frau zu sein, mit der Jimi ins Bett ging. Im Verlauf ihres jahrelangen Überlebenskampfes auf der Straße war sie hart geworden. Jimi bewunderte ihre Stärke und war dankbar für ihre Hilfe. Andererseits hütete er sich vor ihr, weil er ihre Skrupellosigkeit kannte. Wenn Devon eine Konkurrentin für eine Weile außer Gefecht setzen wollte, mixte sie einfach Drogen in ihre Drinks. In Jimis Kopf existierten zwei Frauenideale: das eine war die starke, gütige Mutterfigur, die ihn vor den Stürmen des Lebens schützen konnte; das andere verhieß ähnlichen Schutz, zeichnete sich aber durch eine betörende Sanftheit aus, die ihn in eine Aura des Friedens und der Ruhe hüllte. Zu Devon paßte keines dieser Bilder. Jimi behandelte sie denn auch eher wie einen Kumpel und nicht wie eine Frau, mit der er sein Leben teilen wollte, und es ist unwahrscheinlich, daß er sie jemals im traditionellen Sinne des Wortes wirklich geliebt hat.

Nachdem Jimi in New York in diversen Hotels gewohnt hatte, fand Devon für ihn schließlich eine Wohnung in der 12th Street. Sie brachte ihn auch mit der jüdischen Marokkanerin Monique zusammen, die die Abwesenheit ihres Mannes nutzte, um mit Jimi zusammenzusein. Sie richtete auch seine Wohnung im neo-marokkanischen Stil ein, entwarf seine Kleidung und kümmerte sich um ihn, wie es schon viele Frauen vor ihr getan hatten. Durch sie lernte er Colette

Mimram und Stella Douglas kennen, die an der East 9th Street eine Boutique führten. Sie versuchten Jimi etwas Lebensart beizubringen, führten ihn in Kunstgalerien und Nobelrestaurants aus. Devon spielte auch im Studio ihre Rolle; sie entschied, wer reinkam und wer nicht, wo wer saß und so weiter. Oft hockte sie im Regieraum, und ihre Neigung, sich auch in technische Dinge einzumischen, wurde allmählich für Chas, der ja eigentlich der Produzent war, zum Problem.

Drogen schufen laut Chas zusätzliche Probleme: »Die Drogen waren bei den Shows nicht hinderlich und bei den Aufnahmen eigentlich auch nicht. Sie waren nur ein Problem für seinen Verstand . . ., vor allem Acid. Es war der absolute Wahnsinn, und das mußte aufhören!« Jimi schleppte die ausgeflipptesten Wirrköpfe in Chas' New Yorker Wohnung, und Chas' Frau Lotte, die damals schwanger war, bekam vor den nächtlichen Besuchern zunehmend Angst. Schließlich weigerte sich Chas, Jimi in die Wohnung zu lassen, wenn er seine Kumpane im Schlepptau hatte.

Die Drogen trieben auch einen Keil zwischen Jimi und Mike Jeffery. Laut Chas waren Mike und Jimi »Acid-Brüder«. Mike hatte auf zwei Ebenen mit Drogen zu tun. Der verstorbene Rhythm'n' Blues-Star Graham Bond hatte die meiste Zeit seiner Karriere damit verbracht, sich einen Kleinkrieg mit dem Musikbusiness zu liefern. Für ihn waren alle Manager, Agenten, Veranstalter und Plattenfirmen-Mitarbeiter »beaks«, also »Geier« (wörtlich: »Vogelschnäbel«). Für noch gefährlicher hielt er die »freaky beaks«, die »langhaarigen Geier«, jene Geschäftsleute aus der Musikbranche, die sich durch lange Haare, Kaftane, Drogenkonsum und Musikerjargon tarnten, um ihre Zugehörigkeit zur Szene zu demonstrieren. Für Graham war Mike Jeffery ein solcher »freaky beak«. Mike hat Musikern mit Sicherheit Drogen besorgt, damit sie ihm keine unangenehmen Fragen über Geld stellen konnten. Mick Cox, Gitarrist der Eire Apparent, die ebenfalls von Jeffery/Chandler gemanagt wurden: »Mike war einer von denen, die sagen: Komm, Junge, probier mal das! Und schon vergaß man, nach Geld zu fragen, und meinte: Oh ja . . ., äh . . ., nette Wand, die du da hast, Mike. Das passierte ständig.«

Schwieriger ist es schon, eine Erklärung dafür zu finden, warum der überzeugte rechtskonservative Mike unbedingt als Anhänger der »radikalen Sechziger« anerkannt werden wollte. Unter diesem Deckmäntelchen wollte er vermutlich bei den jungen Leuten, die ihn im Geschäftsleben umgaben, als einer mit der »richtigen« Einstellung gelten. So kaufte er auch ein Haus in Woodstock bei New York, einem beliebten Landrefugium der reichen und erfolgreichen Künstler und Musiker der Stadt. Albert Grossman, der Dylan und Janis Joplin managte, gehörte zu seinen Nachbarn und half ihm bei der Konzertwerbung. Im Gegensatz zu Chas wollte Mike sich herumtreiben, zudröhnen, dazugehören. Laut Trixie Sullivan gab Mike Abbie Hoffman 10 000 Dollar für dessen Yippie-Bewegung, obwohl Abbie ein ausgekochter Gauner war. Aber Mike schienen Geheimaktionen, Verschwörungen und ähnliche Dinge stark zu faszinieren, obwohl die Politik dieser Untergrundbewegungen seinen Anschauungen und Überzeugungen völlig zuwiderlief. Diese Faszination war es wohl auch, die, wie Chas meint, die Dinge schließlich auf die Spitze trieb.

Mike war mit dem etwa fünfzigjährigen Jerry Morrison befreundet, der eigentlich Gerald Herbert Breitman hieß. Als PR-Mann und Manager hatte er unter anderem für Louis Armstrong und den Bandleader Harry James gearbeitet. Er behauptete auch, fünf Jahre lang als Presseagent für Papa Doc Duvalier, den gefürchteten Diktator von Haiti, tätig gewesen zu sein. Morrison war angeblich von der Insel geflüchtet, als Duvalier ihn mit seiner Tochter verheiraten wollte. Laut Chas hatte Morrison vor, Papa Doc zu stürzen, und zwar mit Söldnertruppen, die unter Acid stehen sollten. Jimi und Mike wollten ihn dabei angeblich finanziell unterstützen. Timothy Leary hatte stolz erklärt, daß »zwei Acid-Köpfe besser als einer« seien, weil jeder den anderen kritiklos in seinem Irrglauben an eine gemeinsame Verschwörung bestärken würde. »Ich werde deine Euphorie nicht zerstören und du nicht meine.« Genau das sei passiert, meint Chas. Jimi hatte sich in seine eigene Welt abgeseilt. Chas haßte Mike ohnehin; außerdem hatte er New York satt. Weder Chas noch seine Frau Lotte wollten, daß ihr Baby dort zur Welt kam. Noch vor Sommeranfang wurde eine Übereinkunft getroffen, nach der Mike Chas' Anteil für die stolze Summe von 300 000 Dollar erwerben sollte, zuzüglich künftiger »Gegenleistungen«. Doch das Geschäft kam erst im folgenden Winter zustande. Chas kam weiterhin zu den Konzerten, denn wegen der eventuell fälligen »Gegenleistungen« hatte er noch immer ein finanzielles Interesse an der Band.

Sicher hatte Jimis Entfremdung von Chas und Noel auch damit zu tun, daß er sich im Gegensatz zu den beiden als Amerikaner in New York sehr wohl fühlte. Er kannte die Stadt seit 1963. Die schlechten Erfahrungen der Vergangenheit spielten keine Rolle mehr, denn inzwischen gehörte er zur Prominenz. Er war ständiger Gast auf Jam-Sessions, hatte ein Studio zum Arbeiten, ein behagliches Zuhause und schöne Frauen, die sich um ihn kümmerten. So sehr er auch London liebte, zu Hause fühlte er sich in New York.

Doch im nachhinein zeigte sich, daß Jimi einen Kardinalfehler begangen hatte, als er zuließ, daß Mike sein alleiniger Manager wurde. Jimi wollte keine Probleme, er wollte sich um seine Musik kümmern, während Mike die Geschäfte leitete. Aber so einfach war die Sache nicht. Zunächst einmal war da Noel, der schon seit geraumer Zeit Zweifel daran hegte, daß die Abrechnungen korrekt waren. Und da Noel in dieser Hinsicht sowohl bei Chas als auch bei Mike auf Granit biß, wandte er sich an Trixie. Angeblich hatte sie ihm den Rat gegeben, falls er nicht zufrieden war, seinen eigenen Steuerberater mit der Sache zu beauftragen – aber nichts dergleichen passierte. Jimi wußte um all diese Probleme, aber ihm selbst fehlte es an nichts. Er konnte sich alle Gitarren leisten, die er haben wollte, ebenso die neuesten Geräte und Effekte aus Manny's Music Store in New York sowie Autos und unbegrenzte Studiozeit. All seine Rechnungen wurden direkt vom Büro bezahlt.

Jimis eigentliches Problem bestand darin, daß sein Manager Mike nur Geschäftsmann war. Mike wollte vor allem Geld scheffeln, und das hieß: viele Tourneen, viele schnell produzierte kommerzielle Platten – etwas, das Jimis Ansprüchen an seine Arbeit völlig zuwiderlief. Zudem war Mike, der sich ausschließlich auf seine Geschäfte konzentrierte, nicht gerade die geeignete Person, wenn es darum ging, sich um Jimis Gesundheit und persönliches Wohlergehen zu kümmern. Keith Althan: »Manager wie Brian Epstein oder Chas Chandler besaßen Sensibilität und Phantasie und arbeiteten mit ihren Künstlern auf einer sehr persönlichen Basis.« Aber was passiert, wenn man nicht so jemanden hat? »Das ist okay, wenn du eine starke Persönlichkeit bist. Wenn du das nicht bist, läufst du Gefahr, dein Leben in die Hände eines Mannes zu legen, dessen Hauptinteresse das Geschäft und nicht der Mensch ist. Es ist einfach, Mike Jeffery zum Buhmann zu machen, aber er hat nie ein Hehl daraus gemacht, daß er nur eines war – ein geschäftsorientierter Manager. Jimi entschied sich für diese Art von Betreuung, und als er Chas verlor, verlor er zugleich einen sehr wichtigen Teil seiner Orientierung und Fürsorge.«

Trotz Jimis zunehmender Abneigung gegen Tourneen verhinderten genau diese Mitte 1968 den Absturz des Raumschiffs Experience. Egal, welche Schwierigkeiten Tourneen mit sich bringen – die meisten Musiker gehen die Wände hoch, wenn keine Konzerte auf dem Terminplan stehen. Das traf sicherlich auch auf Noel zu. Er hatte viel zuviel Zeit, über echte und angebliche Kränkungen, über Ungerechtigkeiten und Frustrationen nachzugrübeln. Nach einem guten Konzert verflog die Wut dank des berauschenden Gefühls, vitale Musik gemacht zu haben, und alle persönlichen Differenzen waren vergessen, wenn man gemeinsam nach einem Auftritt vor der tobenden Menge flüchten mußte.

Auch Mike Jeffery wollte, daß die Band wieder auf Tournee ging, um mit den Einnahmen die ins Astronomische wachsenden Studiokosten für das neue Album ausgleichen zu können. Außerdem war es wichtig, daß die Band im Gespräch blieb, an neuen Orten auftrat und das Interesse an ihren Platten aufrechterhielt, die noch immer in den Charts standen und sich gut verkauften. Mike hatte an dem gewinnbringenden Potential der Experience ein ganz besonderes Interesse, da andere Gruppen aus seinem Stall, zum Beispiel Soft Machine oder Eire Apparent, keinen nennenswerten Profit versprachen. Außerdem hatte er sich inzwischen endgültig von Eric Burdon getrennt und sah sich einem ganzen Rattenschwanz von noch immer anhängigen Gerichtsverfahren aus der Animals-Zeit gegenüber.

Der Experience standen etliche turbulente Auftritte in Europa bevor. Zuvor jedoch trat die Gruppe beim »Miami Pop Festival« auf, das zwei Tage lang auf dem Gulf Stream Race Track in Hallandale, Miami, über die Bühne ging. Veranstaltet wurde es von dem 22jährigen Michael Lang, der aus Brooklyn stammte und in Florida den ersten »Head-Shop« (Sechziger-Jahre-Krimskrams-Boutique für Posters, indische Öle, Raubpressungen, etc.) eröffnet hatte. Hinter seiner engelhaften und schüchternen Hippie-Fassade steckte ein knallharter Geschäftsmann. Durch den Erfolg von Monterey angestachelt, hatte er unter dem Firmennamen Joint Productions eine Gruppe von Investoren versammelt, deren Absicht es war, eine Reihe von Rockveranstaltungen auf dem Gulf Stream Race Track in der Nähe von Miami Beach durchzuführen. Auf der Künstlerliste für die ersten drei Tage standen unter anderem The Mothers of Invention, John Lee Hooker, Arthur Brown, Chuck Berry und – Jimi Hendrix. Der erste Tag war ein voller Erfolg. 25 000 Besucher kamen, die Bands traten auf drei offenen Sattelanhängern auf, wodurch man sich Umbaupausen ersparte. Während die eine Band auftrat, spielte sich die nächste warm. Das Festival-Finale wurde von einem Feuerwerk begleitet, bei dem ein 35 Meter hohes Friedenszeichen an den Himmel gemalt wurde.

Leider war dies das letzte friedliche Zeichen, das vom Gulf Stream Race Track ausging. Am zweiten Tag regnete es fast ununterbrochen, und der ursprünglich geplante dritte Festival-Tag fiel wegen Regen und Sturm gänzlich ins Wasser. Aus Angst vor Stromschlägen wollte niemand auftreten. Die Veranstaltung wurde abgeblasen. Nun steckten die Veranstalter in der finanziellen Bredouille. Der Firma Joint Producions fehlten 60000 Dollar. Michael Lang hatte einen ehemaligen Polizisten aus Fort Lauderdale angeheuert, der die Ausrüstung bewachte, und der hatte einige seiner Leute als Assistenten mitgebracht. Als feststand, daß das Festival große Verluste machen würde, versuchte diese Gruppe, einen Sicherheitswagen der Firma Brinks zu stoppen, der die Einnahmen zur Bank bringen sollte. Der Ex-Polizist und seine Männer hatten vor, sich im Büro einsperren zu lassen, um sicherzustellen, daß sie bezahlt wurden, ehe das Geld weggeschafft wurde. Sie erreichten den Raum zur gleichen Zeit wie die Leute von Brinks, die mit Michael Lang das gesamte Geld abtransportieren wollten. Beide Gruppen waren bewaffnet. Im Büro warteten auch Gerry Stickells, Jimi, Noel, Mitch und Mick Cox von Eire Apparent auf ihre Bezahlung. Laut Cox spielte sich die Geschichte folgendermaßen ab:

> Wir sitzen also da und warten. »Wo ist das Geld?« »Oh, wir müssen warten, bis mein Partner kommt.« Und der kommt in Begleitung eines riesigen Typen mit einer Knarre. Dann fährt draußen der Brinks-Express-Wagen vor. Ein Typ kommt die Treppe hoch, und auch er hat zwei Bewacher mit Knarren. Und der eine Typ sagt: »Zahlst du den Jungs das restliche Geld?« Und der andere antwortet: »Nein, wir haben unsere Pläne geändert. Wir zahlen nicht bar, wir werden es überweisen.« Und der erste meint: »Tut mir leid, aber wir müssen sie *jetzt* auszahlen.« »Nein, das werden wir nicht.« Dann ziehen sie ihre Knarren und bedrohen sich gegenseitig. »Gut«, sagt der zweite Typ, »aber meine Männer sind besser bewaffnet . . .« Und dann läuft diese ganze Nummer ab, wer nun wen erschießen wird. Das Ganze war nur Theater, aber das haben wir überhaupt nicht kapiert.

Ob dieser Showdown zwischen Brinks und den Sicherheitsleuten des Festivals, den »Boys«, nur eine Farce war, um sich vor der Bezahlung zu drücken, ist im nachhinein schwer zu sagen; jedenfalls tauchte Michael Lang in New York unter, bis Gras über die Sache gewachsen war. Sein nächstes Projekt war das legendäre Woodstock-Festival.

Auf jeden Fall saß die Experience wegen dieser Geschichte ohne Bargeld in Miami fest, und weder Chas noch Mike waren da, um sie auszulösen. Die Musiker wohnten alle zusammen im Castaway-Hotel, in dessen Club eine Jam-Session mit Jimi, John Lee Hooker, Frank Zappa und anderen stieg. Trixie fand sie »unglaublich . . . Eine Musik, wie man sie noch nie gehört hatte. Alle tauschten untereinander ihre Instrumente – brillant.« Dann ging es ans Bezahlen der Hotelrechnung. Mitch, Noel und die anderen schlichen sich aus dem

Hotel und verschwanden in der Limousine. Trixie und Jimi hatten weniger Glück: »Der Hotelmanager sperrte uns als Geiseln in ein Zimmer. Wir mußten durchs Badezimmerfenster flüchten.«

Aber die Sache in Miami hatte auch ihr Gutes. Zumindest meint das Eddie Kramer: »›Rainy Day, Dream Away‹ ist in Miami komponiert worden . . . Ich saß auf dem Rücksitz des Wagens, als wir den Gulf Stream Park verließen . . . Das ganze verfluchte Gelände versank im Wasser, und genau da fing er an, den Song zu schreiben.« [8]

Hey man,
take a look out the window and see what's happening
Hey man it's raining!
It's raining outside man
Oh don't worry about that brother
Everything's gonna be OK
We'll get into something real nice, you know
So just lay back and groove on a rainy day
Yeah . . . yeah I see what you mean brother,
lay back and groove

Rainy Day, Dream Away,
let the sun take a holiday
Flowers bathe and-eh see the children play
Lay back and groove on a Rainy Day
Well I can see a bunch of wet preachers,
look at them on the run!
The carnival traffic noise,
it sinks to a splashing
Even the ducks can groove,
rain bathing in the parkside pool
And I'm leaning out my window sill digging everything,
and-eh you too!

Rainy day, rain all day
Ain't no use in gettin' uptight
Just let it groove its own way
Let it drain your worries away
Lay back and groove on a rainy day (hey)
Lay back and dream on a rainy day

Die kurze Europa-Tournee der Experience bestand aus drei Konzerten in Italien und zwei in der Schweiz, wo sie als Headliner in einem Programm mit John Mayall, Eric Burdon, Traffic und den Small Faces auftraten. Vor dem Abflug nach Italien traf Noel Eric Barrett, der als Roadie für The Nice arbeitete, und bot ihm den Job von Neville

Chester an. Eric sagte, er werde darüber nachdenken, und stolperte um 4.30 Uhr morgens betrunken aus dem Blaises. Drei Stunden später erhielt er einen Anruf von Gerry Stickells, der ihn bat, sich zu entscheiden. Kurz darauf saß Eric Barrett im Flugzeug nach Mailand.

Für ihn war es ein Sprung ins kalte Wasser: Ein großer Teil der Anlage war kaputt aus Amerika eingetroffen, und Eric bekam Jimis Launen zu spüren, den die ständig defekte Anlage nervte. Eric hatte Jimis Beleidigungen schnell satt und wollte sofort wieder kündigen. Aber Jimi entschuldigte sich, und schließlich blieb Eric bis zu Jimis Tod bei der Band.

Die Berichte, die die italienischen Massenblätter im Vorfeld von Jimis Gastspiel brachten, waren absurd, wenngleich vorhersehbar. Eine Zeitung schrieb sogar: »Mütter drohten ihren Kindern, die kein Fleisch essen wollten, mit Jimis Foto.« Nachdem die Presseleute mit Jimi gesprochen hatten, mußten sie feststellen, daß der Mann, den sie als ungewaschenen Kinderschreck dargestellt hatten, äußerst höflich war, täglich drei- bis viermal badete und mit einem Kosmetikkoffer herumrannte, in dem sich Haarnadeln für seine Locken, Lotionen und Parfums befanden. »Die Jugendlichen sind ganz verrückt nach dem häßlichen Mann mit der Dauerwelle.«

> Seit ich in Europa bin, habe ich nur einen unter hundert getroffen, mit dem ich über das reden konnte, was ich wollte. Jeder fragt mich, wie alt ich bin, ob ich wirklich Indianerblut in mir habe, wie viele Frauen ich gehabt habe, ob ich verheiratet bin, ob ich einen Rolls besitze – all diese albernen Sachen. Leute, die mich mögen, interessiert das überhaupt nicht. Die wollen etwas ganz anderes, die wollen etwas fühlen, etwas Wahrhaftiges – Revolution, Kampf, Rebellion. (Interview mit Gigi Movilia, Rom, Mai 1968.)

Bei seinen Auftritten in Europa hatte Jimi häufig mit der von Land zu Land unterschiedlichen Stromspannung zu kämpfen. Im Teatro Brancaccio von Rom brannten alle Sicherungen durch, und das Konzert konnte erst stattfinden, nachdem die gesamte Beleuchtung (auch die auf den Toiletten) ausgeschaltet worden war und Jimi, wenn auch widerwillig, auf einen seiner Verstärker verzichtet hatte. Meist waren ohnehin die ungeplanten spontanen Auftritte die besten. Nach dem Konzert in Rom traf man sich zu einer Jam-Session im Titan Club, bei der sich fast alle Rockmusiker der Stadt ein Stelldichein gaben. Noel und Jimi tauschten ihre Gitarren aus und frönten zwei Stunden lang dem Rhythm'n'Blues. Anschließend stürzten sich Noel und Mitch ins Nachtleben, während Jimi zurückblieb, um mit jedem weiterzujammen, der Lust dazu hatte.

Zwischen den Terminen in Italien und in der Schweiz flogen Noel und Mitch nach London zurück, und Jimi kehrte für drei Tage nach New York zurück. Er hatte wegen Ed Chalpins Prozeß mehrere Besprechungen zu absolvieren. Anschließend flog er weiter nach Zürich. Die Band-Mitglieder hatten sich nach einem gemeinsamen Essen auf dem Flughafen voneinander verabschiedet. Auch Noels Schwester Vicky war dabei: »Jimi gab mir Geld, damit ich die Rechnung bezahlen konnte, und meinte: Der Rest ist für die Bedienung! Der ›Rest‹ betrug 25 Pfund, und da die Bedienung meiner Meinung nach nicht gerade gut gewesen war, fand ich das entschieden zuviel und gab ihr bloß fünf Pfund. Im Flugzeug gab ich Jimi die restlichen 20 Pfund zurück, und er wurde echt wütend. Er hat mich regelrecht niedergemacht.«

Keith Altham begleitete Noel und Mitch und die übrigen englischen Bands auf ihrem Flug von London nach Zürich:

> Jesus Christus, was war das für eine Mannschaft in diesem Flieger! Verdammte Scheiße! Die Flughöhe betrug ungefähr 18 000 Fuß, und Besatzung und Passagiere waren auf etwa 24 000 Fuß. Das erste, was mir passierte, war, daß Noel es ziemlich komisch fand, direkt unter meiner Nase eine Amylnitrat-Kapsel zerplatzen zu lassen. Ich dachte, ich sterbe, aber das war erst der Beginn der Reise. Ich erinnere mich, wie Stevie Winwood auf Händen und Knien im Gang kroch und versuchte, einen Aschenbecher abzuschrauben, in dem jemand einen Joint ausgedrückt hatte, der noch eine ganze Menge Stoff enthielt. Er rannte raus und versuchte den Aschenbecher auseinanderzunehmen. Die Musiker hatten sich auch die Lautsprecheranlage an Bord unter den Nagel gerissen. »Würde sich Keith Altham bitte an der Spitze der nördlichen Tragfläche einfinden, wo man ihn dringend erwartet!«

Damals wurde ganz Europa von politischen Unruhen erschüttert. Im April lieferten sich tausende deutscher Studenten nach dem Attentat auf den linken Studentenführer Rudi Dutschke Straßenschlachten. Die Angriffe auf das Berliner Büro des deutschen Zeitungsverlegers Axel Springer hatten ähnliche Aktionen in Italien, Holland und Großbritannien zur Folge. Paris erlebte im Mai '68 die schlimmsten Straßenschlachten seit Ende des Krieges, und noch vor Sommerbeginn wurde der Traum von einer demokratischen Tschechoslowakei durch den Einmarsch russischer Truppen jäh beendet.

Das erste Konzert im Züricher Hallenstadion fand in einer aufgeheizten Atmosphäre statt. Während des Auftritts der New Animals trafen die Hell's Angels ein. Keith Altham beobachtete das Geschehen von der Haupttribüne des Zuschauerraums:

Teatro Brancaccio, Rom, 24. oder 25. Mai 1968

> Sie kamen in voller Nazi-Montur, mit rußfarbenen Schutzhelmen, und jagten draußen die Motoren ihrer Maschinen hoch. Sie bahnten sich ihren Weg zur Bühne in geschlossener Keilformation, und vor ihnen teilte sich die Menge wie das Rote Meer. Irgend so ein Monster – mit nackter Brust und ganz in Leder und Ketten –, das von dort, wo ich war, fast drei Meter groß wirkte, versuchte, in den umzäunten Bereich der Fotografen einzudringen. Der Ordner deutete auf seinen Button, und man konnte sehen, wie er versuchte, ihm zu sagen: »Nein, nein, ohne den läuft hier gar nichts!« Und dieser Neandertaler sah auf ihn runter, riß ihm den Button vom Revers und heftete ihn sich an die nackte Brust. Und der Ordner winkte den Typen durch.

Jimi spielte gerade »Stone Free«, den zweiten Song seines Programms, als das Publikum aus Protest gegen die brutale Polizei Bierdosen und Stuhlbeine auf die Bühne warf. Der Veranstalter trat ans Mikrofon und drohte, das Konzert abzubrechen, falls nicht Ruhe einkehren würde. Daraufhin kam es zu keinen weiteren Zwischenfällen mehr; aber nach dem Konzert ging der Ärger auf der Straße weiter. Ein Augenzeuge war der Journalist Richard Neville vom Magazin »Playpower«:

> Nach Paris sprangen die Studentenunruhen wie ein Lauffeuer auf andere Länder über. Die Tatsache, daß die Demonstranten im allgemeinen als Studenten bezeichnet wurden, stimmte schon in Paris nicht, denn viele von ihnen waren ziellose Jugendliche, Beats, Globetrotter und Kriminelle.
> Nur ein Beispiel: 10 000 Jugendliche besuchten ein Jimi-Hendrix-Konzert in Zürich. Die Musik – die übliche schwindelerregende, hitzige Mischung aus Black Power und Masturbation – verklang erst nach Mitternacht. Zu dieser Stunde verkehrten keine öffentlichen Verkehrsmittel mehr, und da sich die Jugendlichen aufwärmen wollten, zündeten sie den Straßenmüll an. Ohne Vorwarnung schritt die Züricher Polizei ein, schwang ihre Gummiknüppel und ließ die Hunde los. Die Gewalt und Brutalität der Polizisten schockierte die respektablen Bürger der Stadt derart, daß sie den Opfern erlaubten, ein leerstehendes Geschäft als Treffpunkt zu benutzen. [9]

Zwei Nächte lang tobten die Krawalle. Dabei wurden 200 Personen verletzt und ins Krankenhaus eingeliefert und weitere 250 verhaftet. Die Anführer der Jugendlichen stellten die Forderung, die Stadt solle binnen zweier Wochen den Standort für ein Jugendzentrum benennen. Nichts passierte, und als die zwei Wochen vergangen waren, wurden die Jugendlichen von der Polizei mit Gewalt aus dem Laden vertrieben. »Ich verstehe nicht, warum die Polizei auf diese Weise vorgeht«, sagte Jimi zu Keith Altham. »Vielleicht müssen sie sich irgendwie beschäftigen, weil die Kriminalitätsrate in diesem Land so niedrig ist. Alles, was passiert, scheint bei ihnen eine Art von Überreaktion zu provozieren.«[10]

Flughafen Kloten, Zürich, 30. Mai 1968

Und während nach dem Konzert die Straßenschlacht zwischen der Züricher Jugend und der Polizei tobte, erlebten Keith Altham und die Musiker einen ganz andersgearteten Aufruhr. »Es war das absolute Chaos . . . Da lief eine fürchterliche Party in einem Club [Crazy Girl]. Ich hatte den Journalisten Richard Green, ›The Beast‹, bei mir, der plötzlich auf die Theke sprang und ›Deutschland, Deutschland über alles‹ sang. Das war das Startzeichen für die wundervollen Züricher Bullen, die alles getan hatten, um den Aufenthalt unserer Musiker so angenehm wie möglich zu gestalten. Sie drangen in den Club ein und gingen auf alle Besucher los.« Was die britischen Rockstars dazu bewog, sich schleunigst aus dem Staub zu machen.

Sowohl Keith Altham als auch Richard Green informierten den »New Musical Express«. Doch beide verschwiegen, daß nach ihrer Rückkehr ins Hotel Stoller ihr »Gentle Jimi«, wie Keith Altham ihn in seinem Artikel nannte, gerade noch zurückgehalten werden konnte, von Kopf bis Fuß nackt im Foyer aufzutauchen und eine Axt gegen

Hallenstadion, Zürich, 30. Mai 1968

den unschlagbar flinken Gerry Stickells zu schwingen, der den Angreifer nach Art eines Rugby-Spielers zu Boden rannte, um in letzter Sekunde auf die Treppe zu flüchten. Kurz zuvor hatte der Hotelmanager die Polizei gerufen, die ein Mädchen aus Jimis Zimmer verjagen mußte. Und daß Jimi einen Reporter der Zeitung »Neue Presse« »zur Hölle« wünschte, zeigt, in welcher Stimmung er war, bevor er seine Wikingernummer vom Stapel ließ.

»Gentle Jimi« ist noch immer der König der Gitarre und wurde bei allen Konzerten herzlich empfangen, obwohl er auf der Bühne etwas erschöpft wirkte. Was einen nicht wunderte nach der gerade beendeten Amerika-Tournee, die ihn innerhalb von 57 Tagen durch 47 Städte geführt hat. Zwei seiner Alben stehen hoch oben in den US-Charts, und er ist zur Zeit einer der bestbezahlten Popmusiker der Welt . . .

Keith führte ein kurzes Interview mit Jimi, der wissen wollte: »Wie sieht's in London aus? Ich nehme an, die halten uns dort für tot, stimmt's? Ich kann es gar nicht erwarten, zurückzukehren, mich auf der Toilette einzuschließen und meine Platten zu hören. Ich weiß schon gar nicht mehr, wie sie klingen.«

Nach einem kurzen Aufenthalt in England, bei dem sie ein paar Songs für die Dusty-Springfield-Show aufzeichneten, flog Jimi nach New York, um die Arbeit an seinem Album fortzusetzen. Noel und Mitch blieben in London zurück und hingen die meiste Zeit im Büro in der Gerrard Street herum. Aber da es wohl kein Manager leiden kann, wenn seine Band Einblick in seine Machenschaften und sein Geschäftsgebaren nimmt, schickte man sie einfach auf Urlaub nach Mallorca. In die Sonne und aus dem Weg!

Im Frühjahr 1968 eskalierte eine ganze Reihe von geschäftlichen Dingen. Seit Mitte 1967, als Ed Chalpin seine ersten Klagen gegen Polydor, Track und Warner Brothers eingereicht hatte, lief ein Katz-und-Maus-Spiel wegen der Veröffentlichung des Materials, das Jimi mit Curtis Knight eingespielt hatte und das Chalpin auf Capitol Records veröffentlichen wollte. 1967 brachte Capitol zwei Singles heraus, »Hush Now« und »How Would You Feel?«. Track Records zwang Decca, die britische Tochterfirma von Capitol, die zweite Single zurückzuziehen, veröffentlichte sie dann aber merkwürdigerweise selbst. Im Dezember wurde ein Album mit dem Titel »Get That Feeling« veröffentlicht. Nach einem kostspieligen Prozeß, in dem eine ganze Armee von Rechtsanwälten aufmarschierte, wurde im März 1968 vom englischen High Court verfügt, daß Decca eine Curtis-Knight-Platte vom Markt zu nehmen hatte, weil die Angaben auf dem Cover irreführend waren und vorgaben, Jimi würde bei den Aufnahmen eine bedeutende Rolle spielen. Ein ähnliches Gerichtsverfahren in Amerika wurde jedoch verloren, und Capitol mußte nur das Cover ändern. Bis dahin waren bereits drei weitere Alben veröffentlicht worden. Jimi äußerte unverblümt seinen Abscheu über »Get That Feeling«: »Das Curtis-Knight-Album bestand aus Bändern einer Jam-Session, aus Teilen von Bändern, aus winzigen Konfettischnipseln von Bändern . . . Capitol hat uns nie darüber informiert, daß sie diesen Mist veröffentlichen wollten. . . . Da kann man schon mal darüber ins Grübeln kommen, daß man in dieser Szene keine Freunde hat. Dieser Typ und ich waren doch wirklich Freunde. Außerdem war es doch nur eine Jam-Session, und dann versuchen die mich hinter meinem Rükken zu betrügen und auszunutzen. Ich wußte zwar, daß Curtis Knight

Aufnahmen davon machte, aber, verstehst du, das Ganze war bloß eine Jam-Session!« [11]

Curtis Knight sieht das natürlich ganz anders: »Es gab nie eine Feindschaft zwischen mir und Jimi. Wenn es so gewesen wäre, hätte er dann mit mir Aufnahmen gemacht, als er aus England zurückkam und bereits erfolgreich war?« [12] Das traf natürlich den Nagel auf den Kopf. Zweifellos war Jimi ziemlich naiv gewesen, als er Chalpin das Mitschneiden erlaubte, selbst wenn er es nur für eine Jam-Session hielt. Aber der einzige Grund dafür, daß Chalpin vorhatte, auf jeden Fall irgendwelches Material zu veröffentlichen, bestand ja gerade in der Tatsache, *daß* Jimi berühmt war; andernfalls wäre »Get That Feeling« sang- und klanglos untergegangen – und damit auch Chalpins Hoffnung, aus Curtis Knight einen Star machen zu können. Dazu sollte es ohnehin nicht kommen, und der einzige, der von dem Album profitierte, war Chalpin.

Das Schlimmste an der Sache war jedoch, daß Chalpin das Recht besaß, sie zu veröffentlichen. Theoretisch hätte er sogar von Jimi eine Entschädigung verlangen können, da dieser seinen Vertrag gebrochen hatte. Die Frage war nur, ob irgendein Gericht diesen Vertrag, den Jimi ahnungslos unterschrieben hatte, für fair und somit gültig halten würde. Doch zu dieser Nagelprobe kam es gar nicht. Chalpin trieb in Amerika seinen Prozeß gegen die Firma Warner Brothers voran, dic schließlich cinlenkte und einem Vergleich zustimmte. Warum bloß? Vielleicht, weil sie Jimis Verkaufspotential erkannt hatte und keine langwierigen Prozesse führen wollte, während derer Jimis neues Material möglicherweise auf Eis lag. Denn mit neuen Platten war viel mehr Geld zu machen. Außerdem bestand die Gefahr, daß das Gericht Ed Chalpin recht gab und alle späteren Verträge für null und nichtig erklärte. So kam es zu einem für Ed Chalpin sehr vorteilhaften Vergleich.

Für die ersten beiden Alben wurde ihm eine zweiprozentige »Entschädigungsbeteiligung« zugesprochen; mit demselben Anteil sollte er an dem noch unveröffentlichten dritten Album »Electric Ladyland« beteiligt werden, und zusätzlich erhielt er sämtliche Rechte an Jimis vierter LP (mit einer Garantiesumme von 200 000 Dollar). Außerdem durfte er die Curtis-Knight-Bänder auch künftig ungehindert vermarkten. Und da niemand annahm, daß er je einen weltweiten Veröffentlichungsvertrag abschließen würde, hatte er auch noch die Möglichkeit, die Firmen Track und Polydor sowie das französische Plattenlabel Barclay zu verklagen.

Mitch ist der Überzeugung, daß Jimi selbst nach einem Jahr Arbeit an »Electric Ladyland« noch immer nicht restlos zufrieden gewesen wäre. Und da Track Records in England dringend ein neues Produkt auf den Markt bringen mußte, weil seit der Veröffentlichung von »Axis« im Dezember 1967 nichts Neues mehr erschienen war, veröffentlichten sie kurzerhand das Album »Smash Hits«, das Anfang Juni Platz 4 der englischen Charts erreichte. Ende Juli schienen die Plattenaufnahmen in New York so gut wie abgeschlossen zu sein.

Im April hatte Chris Welch vom »Melody Maker« ein Interview mit Mitch gemacht. Darin ging es vor allem um die Tatsache, daß sich die meisten der britischen Top-Bands – zum Beispiel die Who, Cream und Traffic – ständig in Amerika aufhielten. Mitchs Antwort lieferte die Schlagzeile: »Seien wir ehrlich! Das große Geld macht man in Amerika.« Genau deshalb wurde eine weitere gigantische US-Tournee für die Experience zusammengestellt, die Ende Juli begann. Am 6. Juli kehrten sie jedoch nach England zurück, um auf dem vom »Melody Maker« gesponserten »Woburn Music Festival« zu spielen. Zu den Vorgruppen gehörten Tyrannosaurus Rex (mit Marc Bolan) und Family. In einem Interview, das Jimi Hendrix dem »Melody Maker« gab, machte er kein Hehl daraus, daß er es mit der Veröffentlichung des neuen Albums nicht eilig hatte.

> Die Leute fingen an, unsere ständige Präsenz für selbstverständlich zu halten und uns zu mißbrauchen, so nach dem Motto: Und welche Cornflakes essen wir heute zum Frühstück? Die reinste Pop-Sklaverei. Ich hatte das Gefühl, daß wir Gefahr liefen, eine amerikanische Version von Dave Dee zu werden – nichts dagegen, aber das ist nicht unsere Welt.
> Außerdem hatte ich genug von dieser Einstellung der Fans: sie haben dir deine Wohnung und dein Auto finanziert, und nun erwarten sie, daß wir bis ans Ende unserer Tage das machen, was sie wollen. Andererseits wollen wir sie nicht vor den Kopf stoßen, sie haben ja auch ihre Rechte. Und deshalb haben wir beschlossen, erst mal keine Platten mehr zu machen, bis wir was vorzuweisen haben, von dem wir wollen, daß es alle hören. Ich möchte, daß die Leute hören, was wir jetzt machen, und daß sie es zu würdigen versuchen. [13]

Jimi entschuldigte sich nicht dafür, daß die Band seit dem letzten Weihnachtsfest nicht mehr in Großbritannien gewesen war. Sie verdienten in Amerika einfach mehr und es gab mehr Auftrittsmöglichkeiten als in England. Außerdem: »Ich bin Amerikaner und will, daß mich meine Leute dort sehen können. Und ich wollte herausfinden, ob wir es in Amerika schaffen konnten. Ich mag England, aber ich bin nirgendwo zu Hause. Mein Zuhause ist dieser Planet. Ich habe hier nie ein eigenes Haus besessen. Ich wollte keine Wurzeln schlagen – für den Fall, daß mich wieder die Unruhe packt und ich umherziehen will.« Jimi sprach nur in Andeutungen über die Unstimmigkeiten innerhalb der Experience: »Ich würde es begrüßen, wenn Mitch und Noel sich für Sachen engagieren, die ihnen Spaß machen. Noel steht auf die englische Pop- und Hardrock-Szene und schreibt inzwischen gute Songs. Mitch hat sich zu einem richtigen Schlagzeug-Monster entwickelt . . . Er ist derjenige, bei dem ich Angst hätte, ihn zu verlieren. Er wird allmählich so stark hinter mir, daß es fast beängstigend ist!«

In dem Artikel wurde auch erwähnt, daß Jimi vorhatte, nach Mallorca zu gehen. »Aber ohne Konzert dort läuft gar nichts.« Schließlich fand dort doch eines statt, und sie verbrachten einen Mini-Urlaub vor der großen Amerika-Tournee. Sie spielten zur Eröffnung von Mikes neuem Club Sergeant Pepper's, und Jimi brachte im wahrsten Sinne des Wortes das Haus zum Wackeln, als er den Hals seiner Gitarre in die Dachziegeln rammte.

Der schwarze Superstar Jimi Hendrix führte ein Leben voller Kontraste. Von Spanien aus flog die Band für einige Tage nach London. Die Abende verbrachten sie im Blaises in South Kensington. Wie immer wurde Jimi als Ehrengast behandelt und von den Leuten angestarrt; der Discjockey verkündete die Nachricht von seinem Eintreffen, und die Gäste kämpften um einen Sitzplatz neben ihm. Wenn jemand so blöd war, sich kurz von seinem Sitz zu erheben, schlugen sich gleich sechs Leute um den Platz.

Schließlich ging es nach New York. Am JFK-Flughafen lief ihnen Jerry Lee Lewis über den Weg. Jimi ging auf ihn zu und bot ihm die Hand, als Zeichen seiner Ehrerbietung für das, was Lewis zum Rock'n'Roll beigetragen hatte. Aber der Star aus Louisiana ignorierte ihn. In Los Angeles nahmen sie einige Goldene Schallplatten im Büro von Warner Brothers in Empfang – weitere sichtbare Beweise für Jimis Erfolg. Von Los Angeles ging es nach Louisiana in den tiefen Süden, wo die Tour startete. Eigentlich sollten sie nach ihrem Auftritt in Baton Rouge sofort nach Shreveport weiterfliegen. Aber sie verpaßten den Flug und mußten einen Wagen nehmen. Unterwegs machten sie Rast. Jimi wollte jedoch nicht einmal das Auto verlassen, da er wußte, daß er in dieser Gegend nur ein x-beliebiger Nigger war. Der Mann, der als der größte Rockgitarrist der Welt gefeiert und als dionysischer »Superhengst« verehrt wurde, wäre in diesem lausigen

Schnellimbiß nicht einmal bedient worden. Jimi Hendrix wurde entweder als Übermensch oder als Untermensch behandelt, aber nur ganz selten als Mensch.

Schließlich, nach zehn Tagen in Texas, Illinois, Iowa, New York und Maryland, landeten sie im tiefsten Süden, in Atlanta, Georgia.

Bis dahin waren ihre wichtigsten Vorgruppen Eire Apparent und Soft Machine gewesen. Nun tauchte ein weiterer Name auf dem Tourneeplan auf: Vanilla Fudge. Die Gruppe hatte sich 1965 unter dem Namen The Pidgeons zusammengefunden und landete 1967 als Vanilla Fudge einen kleinen Hit, eine barocke Zeitlupenversion von »You Keep Me Hanging On«, mit altertümlicher Orgel und leiternden Gitarren. Auf ihrem Debütalbum fanden sich ähnliche Versionen von »Eleanor Rigby«, »Ticket To Ride«, »Bang Bang« und »People Get Ready«. Auf Grund der musikalischen Zutaten wurde sie als eine der ersten »Heavy«-Rockbands bezeichnet. Und sie stand unter den Fittichen der Mafia.

Robert Wyatt von Soft Machine erinnert sich, wie Mike Jeffery ziemlich kleinlaut zu ihnen kam:

> Er sagte zu uns: »Ich weiß, ihr habt euch die Zeit für euren Auftritt genau eingeteilt. Aber wir werden eine vierte Gruppe haben, deshalb müßt ihr auf zwanzig bis fünfundzwanzig Minuten verkürzen. Wir wollten diese Typen eigentlich nicht haben, aber was soll's! Macht bitte keinen Aufstand!« Und dann trafen Vanilla Fudge ein in Begleitung von – ich mache keine Scherze! – zwei Figuren wie aus »Der Pate«, mit langen Narben auf den Wangen. Alle, auch Mike Jeffery, bekamen es mit der Angst zu tun. Er hatte einen Anruf erhalten: »Die Fudge haben es an der Westküste noch nicht geschafft. Sie würden sich gern eurer kleinen Tournee anschließen.«
>
> »Tut mir leid, aber unsere Package-Tournee ist komplett.« »Sie verstehen nicht, was ich meine. Die Fudge möchten sich gern Ihrer Tournee anschließen. Sie wollen doch keine Probleme? Die Fudge schließen sich eurer Tour an.«

Unterwegs fungierte die Cosa Nostra als Anstandsdame. Mick Cox: »Die Fudge durften einfach gar nichts – keine Kontakte zu minderjährigen Mädchen, kein Rauchen, kein Trinken, kein Garnichts! Sie mußten sauberer als sauber sein. Als sie ankamen, gingen sie gleich zu Dave Robinson, dem Roadie der Eire Apparent, und sagten: ›Wir werden auf eurer Anlage spielen. Unsere ist noch nicht eingetroffen.‹«

Aber kaum, daß Vanilla Fudge ihren Aufpassern einmal entwischt waren, warfen sie nicht weniger Drogen ein als alle anderen Bands. Sie hatten ihren ganzen Stoff den Roadies gegeben, die ihn mit der

Anlage durch die Wüste transportieren sollten, damit sie selbst bei einer eventuellen Kontrolle »sauber« waren. Einer der Roadies schluckte die gesamte Ware, die man ihm anvertraut hatte, sprang aus dem Laster und wurde nie wieder gesehen. Der zweite Roadie, der bei ihm war, konnte nicht Auto fahren und ließ die gesamte Anlage einfach in der Wüste stehen.

> Dave Robinson sagt: »Nein, kommt nicht in Frage.« Daraufhin packte ihn der Typ, riß ihm das Hemd vom Leib, zog eine Knarre raus und drückte ihn gegen die Wand.
> »Wir werden eure Anlage benutzen, ist das klar?«
> »Ja, okay, geht in Ordnung.«

Kein Zweifel, zwischen dem organisierten Verbrechen und der Welt der populären Musik existiert seit je eine dauerhafte Verbindung. In den zwanziger und dreißiger Jahren spielten alle Jazzgrößen in Clubs, die den Gangstern gehörten – einer der berühmtesten war Owney Maddens Cotton Club in Harlem. Ohne die Verbrechersyndikate wäre die Geschichte des Jazz möglicherweise ganz anders verlaufen. Von der Mafia kontrollierte Bordelle, Bars, Flüsterkneipen, Clubs und noble Nachtlokale waren für viele berühmte Jazzstars wie Louis Armstrong, King Oliver und Fletcher Henderson, die keine Auftritte in den eleganten Etablissements der Weißen, etwa den großen New Yorker Hotels, bekamen, überlebenswichtig. Da die meisten Gangster Immigranten waren, hegten sie eine gewisse Sympathie für weiße Musiker ihrer eigenen Kultur, die zu kämpfen hatten, aber auch für die schwarzen Musiker aus dem Süden. Und sie gehörten ein und derselben Altersgruppe an: 1925 waren Legs Diamond, Lucky Luciano, Vito Genovese, Al Capone, Meyer Lansky und Carlo Gambino alle unter dreißig. Wenn Capone in einen seiner Clubs kam, wünschte er sich seine Lieblingssongs und hinterließ 100 Dollar Trinkgeld für die Musiker.

Nach dem Zweiten Weltkrieg stieg die Mafia (insbesondere die New Yorker Anastasia-Familie) ins Geschäft mit den Musikboxen ein und spielte auf diese Weise abermals eine herausragende Rolle in der Geschichte der populären Musik, indem sie den Rhythm'n'Blues des Südens auch im Norden jenseits der »Mason-Dixon-Linie« (Grenze zwischen Pennsylvania und Maryland) verbreitete. Anastasia hatte nicht nur die Kontrolle über die Aufstellplätze der Musikboxen, sondern auch über ihren musikalischen Inhalt.

Die Mafia verschaffte sich ihre eigene »Hitparade«, indem sie die Musikboxen so fütterte, daß die populärsten Songs auch die meiste Aufmerksamkeit erhielten. Es spielte keine Rolle, bei welcher Plattenfirma eine Platte veröffentlicht worden war, wer auf ihr sang oder welche Hautfarbe er hatte. Wenn ein Rhythm'n'Blues- oder Country-Song in einer Region populär war, wurde er in die nächste transportiert. Schließlich machten die populärsten Rhythm'n'Blues-Platten ihren Weg im Norden durch die kleinen Eisdielen an der Ecke, die von den neuerdings recht finanzkräftigen Teenagern Amerikas frequentiert wurden.[14]

Bedenkt man das Ausmaß der kriminellen Aktivitäten in den meisten Bereichen der amerikanischen Unterhaltungsindustrie und das Geld, das mit Rockmusik verdient werden konnte, wäre es verwunderlich gewesen, wenn sich das organisierte Verbrechen nicht auch an ihr beteiligt hätte. Seit den sechziger Jahren kontrollierten Amerikas Verbrechersyndikate die Arbeiter auch in den Konzerthallen mit Hilfe der Teamsters Union (Gewerkschaft der Transportarbeiter) und durch Konzessionsvergabe für Transport und Stadien. Wer sicherstellen wollte, daß seine Shows auch wirklich stattfanden und die Musikanlagen nicht in Alaska landeten, mußte zuvor gewisse »Arrangements« treffen. Die Mafia war auch in die sogenannten »Payola«-Skandale (Bestechung von Discjokkeys, Managern, Plattenladen-Besitzern usw.) verwickelt, aber die Frage, bis zu welchem Punkt sie die Plattenfirmen wirklich kontrollierte, bleibt offen. Indirekte Verbindungen bestanden jedoch zweifellos, womit wir wieder bei Jimi wären – oder vielmehr bei Mike Jeffery.

Mike erging sich oft in Anspielungen darauf, daß er einflußreiche Freunde habe. Chris Stamp von Track Records betrachtet das allerdings eher mit Skepsis: »Mike hatte eine ziemlich wilde Phantasie.« Man mag davon halten, was man will – gewisse spätere Ereignisse sprechen eher für Mikes Behauptung.

Da war zunächst einmal die Tatsache, daß es Mike zu verdanken war, daß Jimi als einer der ersten Rockstars von Warner für das Label Reprise unter Vertrag genommen wurde, obwohl man es eigentlich exklusiv für Frank Sinatra eingerichtet hatte, um ihn der Konkurrenz, Capitol Records, abspenstig zu machen. Auf einem Warner-Empfang zum Vertragsabschluß mit der Band beobachtete Neville Chesters, wie sich jemand an Mitch heranmachte: »Ich erinnere mich, daß ich mal ein Gespräch zwischen Mitch und einem sehr merkwürdig aussehenden Gentleman mithörte, der Mitch eine

Telefonnummer zusteckte mit den Worten: ›Solltest du in Amerika jemals in Schwierigkeiten geraten, ruf diese Nummer an!‹«

Zudem waren Vanilla Fudge für Mike eine nicht ganz unbekannte Größe, denn Steve Weiss, der Anwalt der Experience, betreute auch sie, und mit Weiss arbeitete Mike schon seit geraumer Zeit eng zusammen. Und es war jemand aus dem Fudge-Management, der Mitch aus einer brenzligen Situation mit der Polizei heraushalf.

Am 18. August spielte die Experience in Tampa, Florida. Man war in einem Hotel an einem großen See abgestiegen. Mick Cox beschloß, einen kleinen Ausflug zu machen:

> Ich und Noel fuhren mit einem kleinen Paddelboot auf den See hinaus, aber Mitch mußte natürlich mit einem Speedboot fahren. Mitch rast also mit 90 Meilen pro Stunde dahin, setzt das Boot unter Wasser und brettert voll in den Landungssteg. Ein einziger Trümmerhaufen! Wenige Minuten später kommen von allen Seiten Polizeiwagen mit Blaulicht und Sirenengeheul. Sie sind natürlich bewaffnet und verhaften Mitch. Der Typ, der sich um Vanilla Fudge kümmert, kommt aus dem Hotel und geht auf den Polizeichef zu. Sie reden ein bißchen, danach ziehen plötzlich alle ab – es war unglaublich! Ich habe keine Ahnung, was er gesagt hat, aber es wimmelte nur so von Polizei . . . Das war, glaube ich, ein echt guter Einblick in einige der Geschichten, die da abliefen.

In diesem Fall hatten sich die »Connections« ausgezahlt; später jedoch nahmen sie eher bedrohliche Züge an.

Im August und September wurde die Tour mit den Vanilla Fudge vor einem ständig wachsenden Publikum fortgesetzt. Die Experience trat inzwischen fast ausschließlich in den großen Stadien und selten vor weniger als 5000 Zuschauern auf.

Je größer das Publikum wurde, desto weniger zeigte Jimi Lust, seine Erwartungen zu erfüllen. Also schränkte er seine Showtricks ein. Obwohl er weiterhin darauf beharrte, daß seine Choreographie aus spontaner Eingebung entstehe, stellte er doch fest, daß er die Geister, die er gerufen hatte, nicht mehr loswurde. Kathy Etchingham beschreibt sein Dilemma folgendermaßen: »Er fing an, sein Image zu hassen. Er saß auf der Bettkante und brach fast in Tränen aus, während er mir zu erklären versuchte, wie er sich fühlte. Wie satt er seinen Bühnen-Act habe und was die Leute alles von ihm erwarteten.«

Diejenigen, die über diese zweite Etappe der Amerika-Tournee berichteten, bemerkten den Wandel und reagierten meist verständnisvoll. Im Washington Ballroom raste während »Foxy Lady« ein Mann in einem konservativen Anzug auf die Bühne und griff Jimi an, der

Singer Bowl, Flushing Meadow Park, Queens, New York, 23. August 1968

daraufhin gegen das Schlagzeug fiel. Ein Dutzend Polizisten warf sich auf den Mann und zerrte ihn fort. Jimi stand lachend auf und spielte weiter. Abgesehen von einer kleinen Attacke auf den Verstärker während des Songs »Wild Thing« war sein Hechtsprung ins Schlagzeug das Äußerste, was er an diesem Abend an gymnastischen Übungen bot. Und die Antwort auf die Frage, die allen auf der Zunge lag – »Wird er sie anzünden? Wird er sie anzünden?« – lautete: »Nein.«

Das »Hullabaloo«-Magazin veröffentlichte folgende Kritik eines Lesers, vielleicht um deutlich zu machen, daß zumindest einige von Jimis Fans empfänglicher für seine Veränderung waren, als er selber es ihnen zutraute.

> Nein, er hat sie nicht verbrannt. Aber der böse Gitarrenverbrenner hat uns auch nicht enttäuscht. Seine hochfliegenden Gitarrenläufe waren eine Sensation. »The Wind Cries Mary« und »Red House Blues« vermittelten seinen Verehrern ganz neue Eindrücke. (Schön, feststellen zu können, daß trotz der ausgelassenen Stimmung des Abends während dieser beiden Songs absolute Ruhe herrschte.)
>
> Er mußte sie gar nicht verbrennen. Wäre er einer dieser oberflächlichen Performer ohne Stil und Poesie, dann wäre dieses Verbrennungsritual ein Muß gewesen – der Schock am Ende der Show, um zusätzlich Eindruck zu schinden. Aber Jimi Hendrix hat Stil und Poesie. Er besitzt das Feuer, das am wichtigsten ist: das Feuer in einem selbst. [15]

In Dallas war es dann jedoch wieder die übliche Situation:

> Der Junge hinter mir schrie: »Zünde sie an, Jimi, zünde sie an!« Aber Jimi war gut, und Jimi blieb brav, Jimi spielte den Blues . . . Jimi *war* der Blues . . . »Red House«, ein guter Blues . . . Plötzlich stand oben auf der Bühne nicht mehr JIMI-HENDRIX-DER-SUPERNIGGER-DER-DIE LUSTGEFÜHLE-DER-TEENAGER-WECKT-INDEM-ER-SEINE-GITARRE-BUMST . . . Es war ein verdammt sympathischer Schwarzer, der den Blues beherrschte und ihn wirklich vermitteln konnte. B.B. King, Muddy Waters und T-Bone Walker wären stolz auf Jimis Blues gewesen. Es war schwarzer, erdverbundener Blues . . ., kein weißer Bastard-Blues . . ., wirklich echter Blues . . . Aber das Publikum wurde unruhig . . ., die Kids gingen Cola kaufen, die Zuschauer husteten . . ., enttäuscht, daß ihr Idol und seine phallische, heulende Gitarre einfach nur guten, ehrlichen Blues spielten. (Wow, er sollte seine Gitarre schleunigst anzünden.) Jimi wollte seinem Publikum zeigen, daß er ein Musiker war und kein angeberischer Showman.
>
> Und als jeder den großen Höhepunkt erwartete, da schaffte Jimi sie erst einmal alle mit »Taps«, ehe er ihnen mit »Wild Thing« und einer kleinen ironischen Andeutung von Zerstörungswut entgegenkam. Und er spielte die »Taps« als Nachruf auf das Super-As, den psychedelischen Derwisch Jimi Hendrix, der so der Welt mitteilte, daß sie es ab sofort mit Jimi Hendrix, dem Musiker, zu tun hatte.

Das wichtigste Konzert der Tournee fand an der Westküste statt. Am 14. September erlebte die Experience eine triumphale Rückkehr in die Hollywood Bowl, in der ihr noch ein Jahr zuvor ein an die Mamas & Papas gewöhntes Publikum die kalte Schulter gezeigt hatte. Etwa in der Mitte des Konzerts, kurz bevor das Publikum in Hysterie ausbrach, sprangen etwa fünfzig Fans in den Swimmingpool vor der Bühne. Noel fürchtete sich vor einem Stromschlag und bat die Besucher, nicht mit dem Wasser herumzuspritzen. Mitch hingegen kletterte hinter seinem Schlagzeug hervor, reichte einem der wassertriefenden Enthusiasten die Hand und bot ihm ein Handtuch an. Wegen der Unterbrechung zog sich der Auftritt bis in die frühen Morgenstunden hin, und der Veranstalter drohte, den Strom abzustellen.

Vom 10. bis 12. Oktober spielten sie zweimal pro Abend im Winterland von San Francisco. Rund fünfzehn Songs von insgesamt vielleicht vierzig, die damals mitgeschnitten wurden, erschienen später auf den Alben »Live At Winterland« und »Jimi Hendrix Concerts«. Hört man sie beide hintereinander, erhält man zwei wichtige Hinweise auf Jimis zukünftigen Stil. Erstens waren die Songs fast alle lässige Jam-Sessions – etwas, das sie sich außerhalb San Franciscos wahrscheinlich nicht zu spielen getraut hätten. Aber mit solchem Material hatten zum Beispiel die Cream Amerika erobert. Denn als sie im Fillmore West mit ihrem üblichen Repertoire aus Drei-Minuten-Songs fertig waren, forderte das Publikum sie auf: »Spielt einfach! Spielt einfach!«

Zweitens traten mit der Experience weitere Musiker auf: am ersten Abend Jack Casady, am zweiten der Flötist Virgil Gonzales (in »Are You Experienced?« während der ersten Show), und die zweite Show des zweiten Abends bestritt mit ihnen fast durchgehend Herbie Rich, der Organist des Buddy Miles Express.

Mit den »Electric Ladyland«-Sessions führte Jimi eine neue Arbeitsweise für seine Platte ein, indem er Sessions eng mit Jams verband und aus dem Trio-Format ausbrach. Jetzt zeigten auch seine Live-Auftritte, daß Jimi versuchte, mit einer ähnlichen, weniger strukturierten und rigiden Arbeitsweise zu experimentieren.

Zum Tournee-Repertoire gehörte auch »Sunshine Of Your Love« von den Cream, die gerade ihre Auflösung angekündigt hatten. Jimi besuchte am 19. Oktober ihr US-Abschiedskonzert im Forum. Zu diesem Zeitpunkt stand für Jimi bereits fest, daß die Experience dasselbe Schicksal ereilen würde. Denn Noel hatte vor, mit alten Musikerfreunden eine eigene Band zu gründen, die Fat Mattress heißen sollte. Seine Pläne führten zu noch größerer Entfremdung zwischen ihm und Jimi. Jimi bezeichnete Noels Projekt später als Grund für die

Hollywood Bowl, Hollywood, 14. September 1968

Auflösung der Experience. Tatsächlich aber war die Gründung von Fat Mattress der längst überfällige Katalysator für die anhaltenden Konflikte zwischen ihm und Noel. Während die Cream ihrem Publikum noch Lebewohl sagten, hatte sich Jimi mit Noel und Mitch bereits darauf verständigt, eine Pause einzulegen.

Alle wollten mit anderen Musikern zusammenarbeiten, Noel mit Fat Mattress, Mitch mit Mind Octopus; und Jimi wollte seine Ideen mit einer eher flexiblen Besetzung verwirklichen. Alle drei hofften, auf diese Weise neue kreative Energie tanken zu können, die später der Experience zugute kommen würde. Vereinbart wurde auch, daß eine erneuerte Experience seltener als bisher auf Tournee gehen solle. Als sie im September zum ersten Mal darüber diskutierten, waren sie voller Optimismus. Aber die Situation glich einer Ehetrennung auf Zeit, durch die man eine unwiderrufliche Entscheidung nur hinauszögerte.

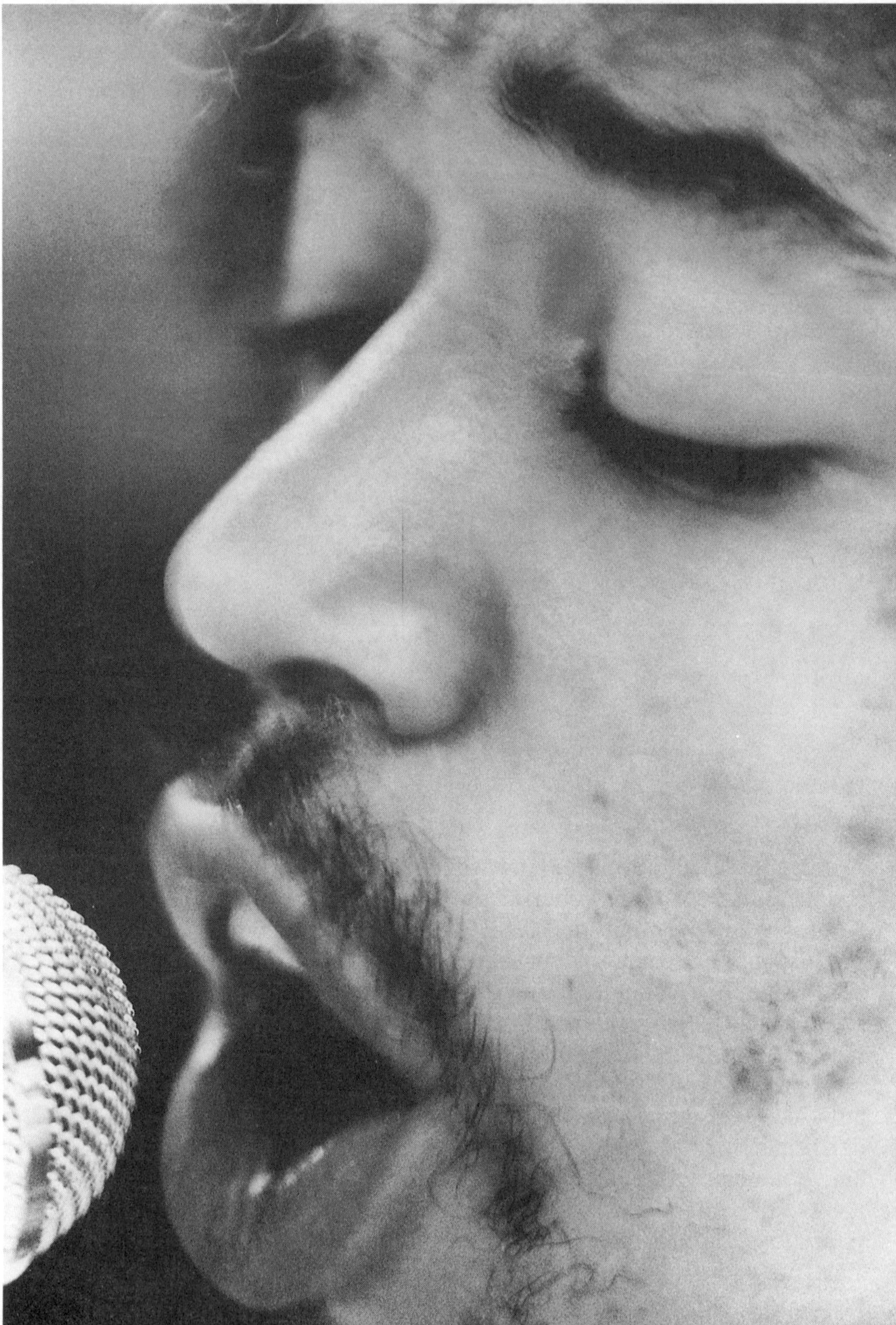

Proben, Honolulu International Center, Hawaii, 5. Oktober 1968

Der Presse gegenüber äußerte sich Jimi im November eher zurückhaltend. In einem Interview mit dem »Melody Maker« erwähnte er nicht einmal, daß andere Gruppen geplant waren. »Mitch und Noel wollen ihre eigene Sache machen – keine Band: produzieren und andere Künstler managen . . . Darum werden wir sehr bald, wahrscheinlich im neuen Jahr, die Gruppe auflösen und nur noch ein paar ausgewählte Konzerte geben.« War das das Ende von Jimi Hendrix als Performer? »Oh, ich werde nicht von der Bildfläche verschwinden, keine Bange . . . Ich werde dies und jenes machen. Aber es gibt eben noch andere Welten, die wir kennenlernen wollen.« Er sprach auch von seiner Idee, mit der Experience in der ganzen Welt aufzutreten, und meinte prophetisch: »Wir sind sowas wie eine Gruppe musikalischer Zigeuner, die keine Grenzen kennen.«[17]

Das Interview fand während einer Tourneepause statt. Die hatte Jimi nach der hektischen Zeit der Plattenaufnahmen, Konzerte und Ängste wegen der ungeklärten Zukunft dringend nötig. Im Oktober hatte er in Benedict Canyon, Los Angeles, ein Haus gemietet und war nun die meiste Zeit mit seinem alten Weggefährten Buddy Miles unterwegs. Er buchte in den T.T.G. Studios von Hollywood Aufnahmezeit, verbrachte aber die Abende vor allem im Whisky A Go Go und in einem neuen Club, den man zu Ehren von Jimi »Experience« genannt hatte. Ein Gemälde von Jimis Gesicht zierte die Vorderfront, im Mund des Gemäldes befand sich die Tür.

Der Club gehörte Marshall Brevitz, der irgendwie in das Fiasko des Miami Pop Festivals verwickelt gewesen war. Auch mit seinem Club hatte er Probleme, weil das Whisky Musikern den Auftritt verweigerte, die im Experience gespielt hatten. Jimi sorgte für eine Entspannung der Situation, indem er im Radio verkünden ließ, daß er eine Woche lang jeden Abend im Experience auftreten würde. Jimi und seine Freunde machten eine Zeche von rund 1000 Dollar, die den Club in diesen Tagen über Wasser hielt; außerdem bestand Jimi darauf, daß die Eintrittsgelder komplett in Brevitz' Kasse flossen.

> Ich sehe sehr schlecht, und da passiert es schon mal, daß ich einen Club betrete und nicht jeden sofort erkenne. Und dann werden die Leute wirklich komisch: »Oh, bist jetzt wohl die große Nummer, sprichst nicht mehr mit jedem.« (»Go Go Girl«, 20. Januar 1968)

Jimi liebte schnelle Autos. Gerry Stickells mußte 3000 Meilen quer durch Amerika fahren, um einen nagelneuen Corvette-Sportwagen von New York nach Los Angeles zu überführen. Am selben Tag, an dem Gerry mit dem Wagen eingetroffen war, nahm Jimi in der Nähe seines Hauses eine Kurve zu schnell und fuhr den Wagen zu Schrott. »Ich rannte mit einem Affenzahn zu ihm, weil wir dem Cop erzählen mußten, ich sei gefahren, denn Jimi hatte ja keinen Führerschein ... Er war blind wie eine Eule, er konnte nicht mal die nächste Ampel sehen. Er besaß eine Brille, aber er trug sie nie.«

Dieser Unfall war nur einer von vielen, die Jimi bereits früher gebaut hatte. Als er 1966 nach London kam, rammte er mit dem Auto von Chas einen Baum, stieg einfach aus und marschierte davon. Anfang Oktober 1968, kurz vor den Konzerten im Winterland, trat die Band in Hawaii auf. Während ihres siebentägigen Aufenthalts fuhr Jimi auf der Insel Maui einen nagelneuen Sportwagen zu Schrott. Einzuparken war ihm ein absolutes Greuel. In New York verbrachte Gerry die meiste Zeit in diversen Abschleppwagen. »Es war ein Alptraum. Er sah einen Platz, wo er halten wollte, hielt an, ließ den Wagen einfach stehen und ging.«

Gerry griff auch ein anderes Mal schützend ein und bewahrte damit Jimi vor einer Anzeige. Diesmal handelte es sich jedoch um ein wesentlich ernsteres Delikt, um die schwere Körperverletzung an einem Mädchen.

Mitch hatte im April dem »Downbeat«-Magazin gestanden: »An manchen Abenden benehmen wir uns wirklich ganz schön daneben. Wir zertrümmern unsere Instrumente nur, weil sie eigentlich unsere große Liebe sind, und wenn sie nicht funktionieren, würde man sie am liebsten umbringen.« Im selben Interview vertiefte Jimi diesen Vergleich mit einer Liebe-Haß-Beziehung noch: »Es ist so, als würde dich deine Freundin betrügen. Genauso fühlst du dich. Und du würdest sie am liebsten umbringen, was du natürlich nicht machen kannst. Aber beim Musikmachen geht das, denn dein Instrument kann sich nicht wehren.« [18]

Für Jimi war seine Gitarre, wie für so viele Bluesmusiker, die personifizierte Weiblichkeit. Eine seiner Gitarren nannte er »Betty Jean«; er sang und spielte mit ihr im klassischen »Frage-und-Antwort«-Stil, schlief mit ihr, manipulierte an ihr auf der Bühne in einer höchst erotischen Weise herum, und oft zertrümmerte er auch sein obskures Objekt der Begierde. Mitunter konnte Jimi nicht mehr zwischen seiner Gitarre und einer Frau unterscheiden.

Diejenigen, die Jimi kannten, bestehen darauf, daß er keiner Fliege etwas zuleide tun konnte, und bestreiten energisch alle Geschichten über seine angebliche Gewalttätigkeit. Und wie jede Person, die in der Öffentlichkeit steht, war auch Jimi nicht gegen Verleumdungen

Bakersfield, Kalifornien, 26. Oktober 1968

aus dem Mund von Leuten gefeit, die sich wichtig machen oder Geld haben wollten – oder sogar beides. Trixie Sullivan allerdings hält an ihrer Meinung über Jimis Umgang mit Frauen fest: »Er war nicht gerade freundlich zu ihnen. Die einzige, die ihm gewachsen war, war Kathy (Etchingham).« Die folgende Geschichte passierte laut Gerry in der Wohnung eines Mädchens. Sie hatte die Polizei gerufen, die Jimi und auch Gerry verhaftete, obwohl Gerry nur anwesend war, weil er schlichten wollte: »Die traten mir echt in die Eier, dabei hatte ich mit der Sache nichts zu tun! Ich sagte ihm dann, er solle zu dem Mädchen gehen und sich entschuldigen, weil man so was einfach nicht machen könne. Ich fuhr ihn also zu ihr, und er meinte: ›Keine Angst, es passiert nichts, ich verspreche es.‹ Ich wartete also im Auto, während er im Haus verschwand. Als er nicht mehr zurückkam, ging ich ihm nach, um rauszufinden, was los war, und erwischte ihn dabei, wie er sie total verprügelte! Ich sagte nur: ›Um Gottes Willen, Jimi, mach, daß du rauskommst!‹ Und dann zerrte ich ihn weg.«

Ironischerweise sollte Jimis großartigste Studioaufnahme just in dem Moment auf den Markt kommen, als die Band dabei war auseinanderzubrechen. »Electric Ladyland« wurde im Oktober veröffentlicht und schoß sowohl in England als auch in Amerika sofort in die Charts. Doch als die britischen Plattenhändler das Cover mit den 21 nackten Mädchen sahen, ging ein Spektakel los, über dem die Musik beinahe vergessen wurde: »STREIT UM JIMIS ALBUM – LÄDEN LEHNEN DEN UMSCHLAG ALS PORNOGRAPHIE AB« und »DIE TITTEN-UND-ARSCH-LP WIRD IN ENGLAND IN EINER BRAUNEN TÜTE VERKAUFT.« David King, der damalige Art Director von Track Records: »Ich wollte ein ganz realistisches Cover und bat David Montgomery, die Fotos zu machen. Die Frauen sollten ganz natürlich aussehen. Ursprünglich hatten die Fotos einen sehr hübschen rosafarbenen Ton, aber durch den billigen Druck wirkten sie dunkel und mies.« Reina Sutcliffe, eines der Models auf dem Foto, beschwerte sich damals im »Melody Maker«: »Wir sehen darauf aus wie ein Haufen alter Nutten. Es ist totaler Schund.«

Die Foto-Session hatte im November in London stattgefunden. Eigentlich sollte Jimi mit auf dem Bild sein, aber er tauchte nicht auf. Deshalb halten einige der Frauen (jede bekam 5 Pfund pauschal und 5 Pfund extra, wenn sie ihr Höschen auszog) ein Foto von ihm in der Hand. Das Innencover zeigt Jimi vor einem Hintergrund aus Flammen und Rauch, ebenfalls eine Idee von David King. »Wir haben das im Roundhouse gemacht und dort wirklich ein Feuer entzündet. Jimi stand ganz nahe an der sechs Meter hohen Flammenwand.« David King war außerdem Fotoredakteur bei der »Sunday Times«. Eigentlich war das Foto für ein Hendrix-Feature gedacht, das aber nie erschienen ist. Die Fotos von Noel und Mitch entstanden laut David King viel später, trafen erst in allerletzter Minute ein und wurden im nachhinein noch vergrößert, um einen eventuellen Streit innerhalb der Band zu verhindern.

In Interviews kam die Sprache immer wieder auf das Cover. Jimi distanzierte sich kategorisch: ». . . Ich weiß nichts darüber. Ich hatte keine Ahnung, daß sie es verwenden wollten.« Nachdem er keinen Einfluß auf das britische Cover gehabt hatte, schrieb Jimi an die Grafikabteilung von Warner Brothers in Amerika und machte für die dortige Veröffentlichung Vorschläge. Er wollte, daß Fotos von Linda McCartney (damals noch Eastman) verwendet wurden, die sie im Central Park geschossen hatte. Die Firma druckte seinen Brief, den »Letter To The Room Full Of Mirrors«, ab und verwendete einige von Lindas Fotos, wählte aber für das Cover ein Gruppenbild, das dem der englischen Ausgabe von »Are You Experienced?« glich.

Kommen wir zur Musik. Auf dem Cover steht »Produziert und arrangiert von Jimi Hendrix«.* »Electric Ladyland« (Abkürzung: EL) kann man mit Fug und Recht als Krönung von Jimis Werk bezeichnen. Mit Sicherheit war es die Platte, die seinen Vorstellungen am nächsten kam. Aber die Kontrolle über den Arbeitsprozeß war ihm immer noch zu gering. »Wir haben sie gemischt und produziert und so weiter, aber dann ging sie ins Preßwerk, wo man sie natürlich völlig versaut hat, weil man dort nicht wußte, was wir uns vorstellten. Den 3-D-Sound kann man einfach nicht genießen, weil sie keinen ordentlichen Umschnitt gemacht haben. Sie waren der Meinung, er sei phasenverschoben.«

Die Songs behandeln ähnliche Themen wie die vorherigen Platten: Probleme mit Frauen, das Schicksal der Erde. Doch trotz der vertrauten Themen sind Jimis bisweilen pädagogische Tendenzen einer intensivierten Suche nach dem eigenen Ich und der Frage, ob es eine Erlösung geben kann, gewichen. Auf »EL« kündigte sich Jimis Versuch an, aus dem Rock'n'Roll-Zirkus auszusteigen, seine Position neu zu überdenken, seine Zukunft zu planen. Und auf »EL« schien sich auch bereits eine Linie seiner zukünftigen Musik abzuzeichnen. Ganz unauffällig hat Jimi hier buchstäblich alle Genres der Populärmusik eingewoben: Blues, Soul, Pop, Rhythm'n'Blues, Jazz/Funk, Rock'n' Roll und Elektronik. Dank seines Studio-Partners Eddie Kramer entstand eine Forschungsreise durch die sinfonischen Möglichkeiten der Rock-Elektronik, wie sie bislang noch niemand gewagt hatte. Mit »Voodoo Chile« hatte Jimi eine der schönsten zeitgenössischen Interpretationen des Delta-Blues auf Vinyl gebannt. Und »EL« ist zugleich der schlagende Beweis dafür, daß Jimi auch einige der besten Intros der Rockgeschichte komponiert hat.

Das Album beginnt mit dem Fragment eines Klanggemäldes, »And The Gods Made Love«, zusammengemischt aus den Klängen von Jimis Stimme, einer Kesseltrommel und Kantenschlägen auf einer Snare-Drum. Der Endmix ist verlangsamt, umgedreht und wird schließlich als sich wiederholendes Band-Echo abgespielt.

Mitch bezeichnete »EL« in Interviews als »Konzept«, ein Begriff, der damals groß in Mode war, ohne daß er jemals genau definiert worden wäre. Jimi äußerte sich genauer, für ihn war das Album den

* Was Chas gegenüber nicht ganz fair ist; immerhin hatte er »Crosstown Traffic«, »Burning Of The Midnight Lamp« und »All Along The Watchtower« produziert.

the
Cosmopolitan
DENVER, COLORADO 80202 ■ BROADWAY AT EAST EIGHTEENTH AVE. ■ PHONE 303/623-2181

Dear Sirs.

Here are the pitcures we would like for you to use anywhere on the L.P. cover — preferably inside and back without the white frames around some of the B/w ones. and with most of them (INSIDE) next to each other in diffrent sizes and mixing the color prints at diffrent points — for instance

Rough Sketch of L.P INSIDE and OUTSIDE

OUTSIDE

Please use color pitcure with us and the kids on the statue for front or BACK COVER — OUTSIDE COVER

and the other back or Front side (outside cover) Please use three Good Pitcures of us. IN B/w or color

we would like to make an apoligee for Takeing so very long to send this but we have been working very hard indeed doing shows AND Recording —

yes sir!

WESTERN INTERNATIONAL HOTELS

the
Cosmopolitan
DENVER, COLORADO 80202 ■ BROADWAY AT EAST EIGHTEENTH AVE. ■ PHONE 303/623-2181

And please Send the pitcures back
to Jimi Hendrix Personal & Private
c/o Jeffery & Chandler -
27 EAST 37th ST. N.Y. N.Y.

after you finishe with them.

Please, if you can, find a nice place and lettering
for the few words I wrote ~~[illegible]~~ named... "Letter ~~[illegible]~~ of the room full of mirrors."
on the L.P cover.
the sketch on the other page is a rough
Idea of course... But please use ALL the pitcures
and the words — Any other drastic change from these
directions would not be appropiate according to
the music and our group's present stage —
And the music is most important. And we have enough
personal problems without haveing to worry about this simple
yet effective layout. "~~yes sir~~!" Thank you. — Jimi Hendrix

WESTERN INTERNATIONAL HOTELS

Groupies gewidmet: »Manche Groupies verstehen von Musik mehr als die Musiker . . . Die meisten bezeichnen sie als Groupies, aber ich ziehe den Begriff ›Electric Ladies‹ vor. Das ganze ›Electric Ladyland‹-Album handelt von ihnen.«[20]

Devon Wilson verbrachte viel Zeit mit Jimi im Studio. Sie hielt mit ihrer Meinung nicht hinter dem Berg, auch dann nicht, wenn es um seine Musik ging. Und das schätzte Jimi an ihr besonders. Oft hat er in Interviews betont, wie sehr er Leute haßte, die ihm nach einem Konzert schmeichelten, obwohl es seiner Ansicht nach nicht gut gewesen war.

Für »Have You Ever Been (To Electric Ladyland)« ist Jimis Falsetto-Gesang im Studio zweistimmig aufgenommen worden. Das Stück beschreibt eine ähnliche Magical Mystery Tour wie »Spanish Castle Magic« und »The Stars That Play With Laughing Sam's Dice«. Die Musik fliegt auf einem ähnlichen melodischen Akkordfolgenteppich wie »Little Wing« dahin: ein Ausflug in den Garten der Lüste der Electric Ladies.

Have you ever been,
Have you ever been to Electric Ladyland?
The magic carpet waits for you so don't you be late.

Oh, I wanna show you the different emotions
I wanna learn you the sounds and motions
Electric woman waits for you and me

Oft waren Groupies die einzigen, die einem Musiker zuhörten, der nach einer endlosen Tournee seine Frustrationsgefühle von Einsamkeit und Isolation loswerden mußte. Es gab sogar Groupies, die einem Musiker hinterherreisten und ihn schließlich heirateten. Aber Jimi zeigte weder den Groupies noch seinen Freundinnen seine wahren Gefühle.

Von Menschen bekommst du keine Inspiration – außer schlechter, mit der du dann Songs wie »Crosstown Traffic« schreiben kannst. Denn das ist ihre Art, sich vor mir aufzubauen, und ihre Art, sich darzustellen. (»IT«, 28. März 1969)

You jump in front of my car when ya, you know all the time,
that, ninety miles an hour girl is, the speed I drive
You tell me it's alright, you don't mind a little pain
You say you just want me to, take you for a drive
You're just like (Crosstown Traffic)
So hard to get through to you (Crosstown Traffic)

I don't need to run over you (Crosstown Traffic)
All you do is slow me down,
and I'm tryin' to get on the other side of town

I'm not the only soul who's accused of hit and run
Tyre-tracks all across your back, I can, I can see you had your fun!
But-eh, darling can't you see my signals turn from green to red
and with you I can see a traffic jam, straight up ahead
You're just like (Crosstown Traffic)
So hard to get through to you (Crosstown Traffic)
I don't need to run over you (Crosstown Traffic)
All you do is slow me down,
and I got better things on the other side of town

Yeah, yeah (Crosstown Traffic)
(Yeah) Look out (look out)
Look out baby
Coming through
(Crosstown Traffic)
Yeah (look out, Crosstown Traffic, yeah, look out)
Look out, look out baby (Crosstown Traffic, yeah, look out)
What's that in the street? (Crosstown Traffic)
(Yeah, look out)
(Crosstown Traffic, yeah, look out)

Im Intro zu »Crosstown Traffic« singt Jimi ganz im Stil der frühen Jazz-Sänger und unisono mit seiner Gitarre Scat und versetzt uns von der »Space-Zeit« in die »Boogie-Zeit«. Die jazzigen akzentuierten Akkordfolgen bewegen sich, meint Dave Whitehill, ein versierter Hendrix-Kenner, auf einem harmonischen Niveau, wie man es in der damaligen Rockmusik selten antraf. Inhaltlich zieht Jimi im Rhythm'n'Blues-Song »Crosstown Traffic« über jenen Frauentyp her, den er immer als »Klette« bezeichnet hat.

Aber »EL« handelt nicht nur von den Groupies, die Jimi auch »Band-Aids« (»Band-Hilfen«) nannte, sondern auch von anderen Themen. Mit »Voodoo Chile« zerrte Jimi die dunkle Seite des Blues auf die internationale Bühne: die historische Beziehung der Bluesmusiker zur geheimen Religion der Sklaven. Voodoo, eine Mischung aus der Magie und den Religionen Westafrikas und katholischen Ritualen, hatten die von den Franzosen verschleppten Sklaven nach Westindien eingeführt. Nachdem sich der Voodoo-Kult auf Haiti eingebürgert hatte, verbreitete er sich unter den verschiedensten Bezeichnungen auch in Nord- und Südamerika. So nannte man Voodoo in dem unwegsamen und gefährlichen Sumpfland von Louisiana auch Hoodoo.

In den schwarzen Gemeinden des amerikanischen Südens wurde Voodoo auf zwei verschiedene Arten eingesetzt. Unter der Ägide eines Hougan, eines erfahrenen und weisen Hohenpriesters, wurde der Voodoo-Kult als ein Akt des politischen Widerstands praktiziert, als ein geheimes Kommunikations- und Glaubenssystem, das die Menschen in der Zeit der Unterdrückung miteinander verband. Normalbürger mit Zugang zu Zaubermitteln setzten Voodoo eher für praktische Zwecke ein, in Form von Zaubertränken und Talismanen, die man nämlich ebenso für guten wie für bösen Zauber verwenden konnte. Diese geheimen Künste wurden von erfahrenen Voodoo-Magiern ausgeübt, den Geisterbeschwörern, Medizinmännern, Zigeunern, Heilern, Schamanen und Zauberern, vor denen man großen Respekt hatte. Zu den wirkungsvollsten Fetischen zählen der High John The Conqueroo Root (der vor dem 21. September eingesetzt werden muß, wenn er wirken soll) und die Mojos. High John wird immer nur in Zusammenhang mit bestimmten Objekten verwendet: Katzenpfoten, Haare, Zähne, Kräuter oder Knochen sollen, in Stoffbeutel eingewickelt, eine verlorene Liebe zurückbringen, und Mojos sollen das Glück zwingen. Dieser simple Voodoo-Zauber wurde in zahlreichen Blues-Songs beschrieben, so etwa in »Got My Mojo Working«, »Louisiana Blues«, »She Moves Me« und »Hoochie Coochie Man«, das Jimi mit Alexis Korner für seine »Rhythm and Blues Show« von 1967 aufnahm und später noch einmal während einer Jam-Session im New Yorker Record Plant mit Buddy Miles und Billy Cox.

Aber der Bluesmusiker verschrieb sich dem Voodoo noch auf eine andere Weise, die ihn zu einer ähnlich gefürchteten Person machte, wie sie der Medizinmann war.

Der Bluesmann war ein freier Geist, der auf staubigen Landstraßen durch die Welt zog, ungebunden und von der Idee besessen, in die Geheimnisse dieser Musik einzudringen, die jeden Zuhörer in seinem Innersten trifft. Um das erreichen zu können, hoffte er auf göttliche Unterstützung (oder, je nach Standpunkt, diabolische) und schloß einen Pakt mit dem Teufel. Dieser Aberglaube brachte Bluesmusiker in Verruf und machte sie zu Außenseitern der Gesellschaft. Aber der Mythos belebte zugleich die Geschäfte. Peetie Wheatstraw nannte sich selbst »des Teufels Schwiegersohn«. Der Aberglaube basiert auf einer alten Legende, nach der sich der Bluesmann an einer Straßenkreuzung mit einem der meistgefürchteten Götter des Voodoo-Pantheon, Papa Legba, getroffen hatte, um diesen Pakt abzuschließen. Der Autor Francis King, ein Spezialist für Okkultes, vermutete, Jimi habe »Voodoo Chile« Akonidi Hini gewidmet, einer Okkultistin aus Ghana und ehemaligen Präsidentin der »African Psychic and Traditional Healers Association«. Angeblich war Jimi von ihren magischen Fähigkeiten tief beeindruckt. Sie wiederum glaubte, daß die Riten, die sie in ihrem baufälligen Tempel an den Ufern des Zribi-Flusses in Ghana ausführte, zu Jimis Erfolg beigetragen hatten – Zeremonien, die sie später übrigens auch für Bob Marley abhielt.[21] Doch Jimi war kein Voodoo-Anhänger, und diese Religion beeinflußte auch nicht sein Leben, ganz im Gegensatz zu dem der Delta-Blues-Legende Robert Johnson, der in seinen Songs davon sang, daß Papa Legba dir Steine in den Weg legt und einen Höllenhund auf deine Fährte setzt – ein schrecklicher Preis für die perfekte Beherrschung des Blues.

Doch zumindest in bezug auf seine Metaphern ist Jimi in »Voodoo Chile« vom Geist des Papa Legba infiziert. Die von Stevie Winwood wie eine Kirchenorgel gespielte Hammond verleiht dem Song eine bedrohliche Atmosphäre und eine düstere und geisterhafte Spannung, die diesen Blues mit einer Aura des Übernatürlichen versieht.

Well I'm a Voodoo Chile
Lord I'm a Voodoo Chile

(Yeah)

Well the night I was born,
Lord I swear the moon turned a fire red
The night I was born,
I swear the moon turned a fire red
Well my poor mother cried out »Lord, the gypsy was right!«
and I seen her fell down right dead
(Have mercy)

Well, mountain lions found me there waitin',
and set me on a eagle's back
(Oh Lord)
Well mountain lions found me there,
and set me on a eagle's wing
(it's the eagle's wing, baby, what did I say)
He took me past to the outskirts of infinity,
and when he brought me back,
he gave me Venus witch's ring
Hey!
And he said »Fly on, fly on«
Because I'm a, Voodoo Chile baby, Voodoo Chile
Hey!

(Yeah)
Well I make love to you,
and Lord knows you'll feel no pain
(Yeah)
Say I make love to you in your sleep,
and Lord knows you felt no pain
(Have mercy),
'cause I'm a million miles away,
and at the same time I'm right here in your picture frame
(Yeah, what did I say now)
'Cause I'm a Voodoo Chile,
Lord knows I'm a Voodoo Chile
(Yeah)

(Yeah, yeah turn it up, yeah)
(Yeah, yeah)
Well my arrows are made of desire
From far away as Jupiter's sulphur mines
Say my arrows are made of desire, desire,
from far away as Jupiter sulphur mines
(Way down by Methane Sea, yeah)
I have a humming bird and it hums so loud,
you think you were losing your mind, hmmm . . .

(Yeah, yeah . .)

Well I float in liquid gardens,
and Arizona new red sand
(Yeah)
I float in liquid gardens,
way down in Arizona red sand . . .

Well, I taste the honey from a flower named Blue,
(way down in California)
and then New York drowns as we hold hands
(Yeah)
(Hey!)
'Cause I'm a Voodoo Chile
Lord knows, I'm a Voodoo Chile
Yeah! . . .

Das höchste Ziel einer jeden Voodoo-Zeremonie ist ein Zustand der Besessenheit, der aber nicht dem Zweck dient, mit Gott in Verbindung treten zu können, sondern dazu, daß Hougan, der Hohepriester, zu Gott *wird.* Dies ist das zentrale Thema des Songs. Aus einer Art von »Ursuppe« aus erotischer Kraft, überliefertem Fluch, Zigeuner-Prophezeiung und intergalaktischer Kommunikation steigt Jimi empor als eine kosmische Kraft, die – geistig und körperlich – durch Zeit und Raum zu reisen vermag. Zwar basiert das Stück auf dem Delta-Blues-Stil; zugleich ist es aber Jimis Exkursion in die Geschichte des Blues, von Peetie Wheatstraw über Muddy Waters und B.B. King bis hin zu John Coltrane.

Auch in »Voodoo Child (Slight Return)« bleibt Jimi dem Symbol der höheren Macht, die alle Naturgesetze überschreitet, treu:

> Well, I stand up next to a mountain and chop it down with
> the edge of my hand.
> Well, I pick up all the pieces and make an island
> Might even raise a little sand.

Schließlich fordert er uns auf eine schreckliche Weise heraus:

> If I don't meet you no more in this world
> Then I'll meet you in the next one
> And don't be late.

Die lange Studioversion von »Voodoo Chile« klingt zwar, als wäre sie live eingespielt worden; aber die Geräusche der Menge wurden von einer kleinen Gruppe von Studiogästen nachträglich hergestellt und dazugemischt. »Slight Return« war ein fester Bestandteil von Jimis Live-Programm, und auf der Bühne entfaltete sich sein Voodoo-Image zu voller Pracht. Wenn es an einem Abend wirklich gut lief, dann verzauberte er sein Publikum und führte es durch seine Musik wie ein Hougan seine Anhänger durch die Rituale und Zeremonien. Mit seiner Kleidung, dem Schmuck, den Federn, dem Hut und dem Schal glich Jimi wirklich einem Hougan, und wenn er tatsächlich über die Bühne tänzelte, so erinnerte das an einen traditionellen Hougan-Tanz, den Kampf mit der Schlange, die als zentrale Voodoo-Gottheit das Symbol des Lebens, die Fruchtbarkeit und die Weisheit verkörpert. Der verstorbene afrikanische Perkussionist Rocky Dzidzournu, der 1969 mit Jimi jammte, erklärte ihm immer wieder, daß sein Beat, in den er ganz automatisch verfiel (und besonders häufig auf »EL«), exakt der Beat sei, der bei jenen Voodoo-Zeremonien gespielt wurde, die er als Kind in Ghana erlebt hatte. Jimi war der Medizinmann, ein Geisterbeschwörer der Elektrizität im Dienste der Musik, ein *Magic Boy*.

Seite B beginnt mit »Little Miss Strange«, einem Stück von Noel, das immer noch sehr an den britischen Small Faces/Who-Popstil angelehnt ist. Es ähnelt zwar »She's So Fine« auf »Axis«, wirkt aber auf Grund des vierstimmigen Gitarrenarrangements etwas anspruchsvoller.

Al Koopers Keyboardspiel im Verbund mit Jimis Sexten à la Steve Cropper und einer kompakten, doch zugleich locker aufspielenden Rhythmus-Sektion läßt »Long Hot Summer Night« nicht ganz so hektisch wie manch andere von Jimis Rhythm'n'Blues-Kompositionen klingen. Charles Shaar Murray verweist in seiner Analyse von Hendrix' Musik auf einige Songs wie »May This Be Love«, »Long Hot Summer Night« und »Angel«, in denen Jimi eine mysteriöse Frau sucht, »keine Geisha, keine Sklavin, kein Groupie«, die Jimi für die einzige Frau hält, die ihm inneren Frieden und Erlösung bringen kann. In einem Konzert bemerkte Jimi jedoch beiläufig: »Wie auch immer, die andere Hälfte eines Mannes ist die Frau.« Eine Bemerkung, die zu der Vermutung Anlaß gibt, daß einige von Jimis Songs, die man als einen Kniefall vor dem weiblichen Geschlecht interpretiert hat, in Wahrheit eine versteckte Anspielung auf die feminine Seite seiner Psyche waren.

In »Long Hot Summer Night« zum Beispiel sind Annie, die Angst vor dem Telefon hat, und Jimi, der es haßte zu telefonieren und es selten persönlich abhob, ein und dieselbe Person.

Around about this time the telephone blew its horn
across the room
Scared little Annie out of her mind . . .
And the telephone keeps on screamin' . . .
»Hello«, said my shaky voice
»Well, how you doing?« (I start to stutter . . .)
»Can't you tell I'm doing fine?«
»It was my baby talkin' way down 'cross the border.«

Doch auf die Panik folgt die Erleichterung:

I'm so glad that my baby's comin' to rescue me

Zugleich kann man in diesem und in einigen späteren Songs zwischen den Zeilen die Erinnerung an seine Mutter Lucille heraushören, nicht so konkret wie im Fall von John Lennons anklagendem »Mother«, aber als eine tief empfundene Sehnsucht nach ihrer Rückkehr und Fürsorge.

1953 schrieb Ray Charles ein Arrangement für Eddie Jones alias

Guitar Slim und dessen Song »The Things I Used To Do«, der in New Orleans für das Plattenlabel Speciality aus Los Angeles aufgenommen wurde. 1954 war er der größte Rhythm'n'Blues-Hit des Jahres, von dem über eine Million Exemplare verkauft wurden und der Ray Charles den Weg zum erfolgreichen Hitkomponisten ebnete. Für Guitar Slim blieb es der einzige Hit, aber der in Mississippi geborene Musiker mit seiner überwältigend intensiven, schrillen und heulenden Gitarre zog eine Reihe von Epigonen nach sich, darunter Ike Turner und Earl King aus New Orleans. Auch Jimi Hendrix nahm den Song im Mai 1969 zusammen mit Johnny Winter im »Record Plant«-Studio auf. Earl King hat zu Recht angemerkt, daß Jimi Ende der sechziger Jahre fast wie Guitar Slim Mitte der fünfziger Jahre klang. Und um den Kreis zu schließen, nahm Jimi schließlich auch Earl Kings einzigen Hit, »Come On Part One«, für »Electric Ladyland« auf.

Earl Kings Song wiederum basierte auf einem anderen Act aus New Orleans, Shirley and Lee, die 1956 für ihren Hit »Let The Good Times Roll« eine Goldene Schallplatte erhielten. Jimi hatte »Come On« schon während seiner Schulzeit gespielt. In diesem Song konnte er richtig loslegen, indem er die Spannung unmittelbar vor dem Solo mit Hilfe einiger dramatischer, aufsteigender Parallel-Akkorde aufbaute, die an die Bigband-Arrangements der Swing-Ära erinnern.

»Gypsy Eyes« beginnt mit einer einfachen, aber effektvollen Schlagzeugfigur auf Baßtrommel und Hi-Hat und einer wunderbaren Unisono-Linie von Gitarre und Stimme im Phasing-Sound. Wie so viele von Jimis Songs beruht auch »Gypsy Eyes« mit seinen Fills und dem Solo im Fade-out auf einem historischen Blues-Song. Das Stück ist eine Art Reminiszenz an »Rollin' And Tumblin'«, das erstmals 1929 von Hambone Willie Newbern aufgenommen wurde, dann von Robert Johnson (der es »If I Had Possession Over Judgement Day« nannte) und schließlich von Muddy Waters (der sowohl den Originalsong aufnahm als auch eine Variante, nämlich seinen ersten großen Hit »Louisiana Blues«).

In der dritten Strophe erklärt Lucille, warum sie gegangen ist.

I remember the first time I saw you
The tears in your eyes look like they was tryin' to say
»Oh, little boy, you know I could love you
But first I must make my getaway
Two strange men fighting to the death over me today
I'll try and meet you by the old highway.«

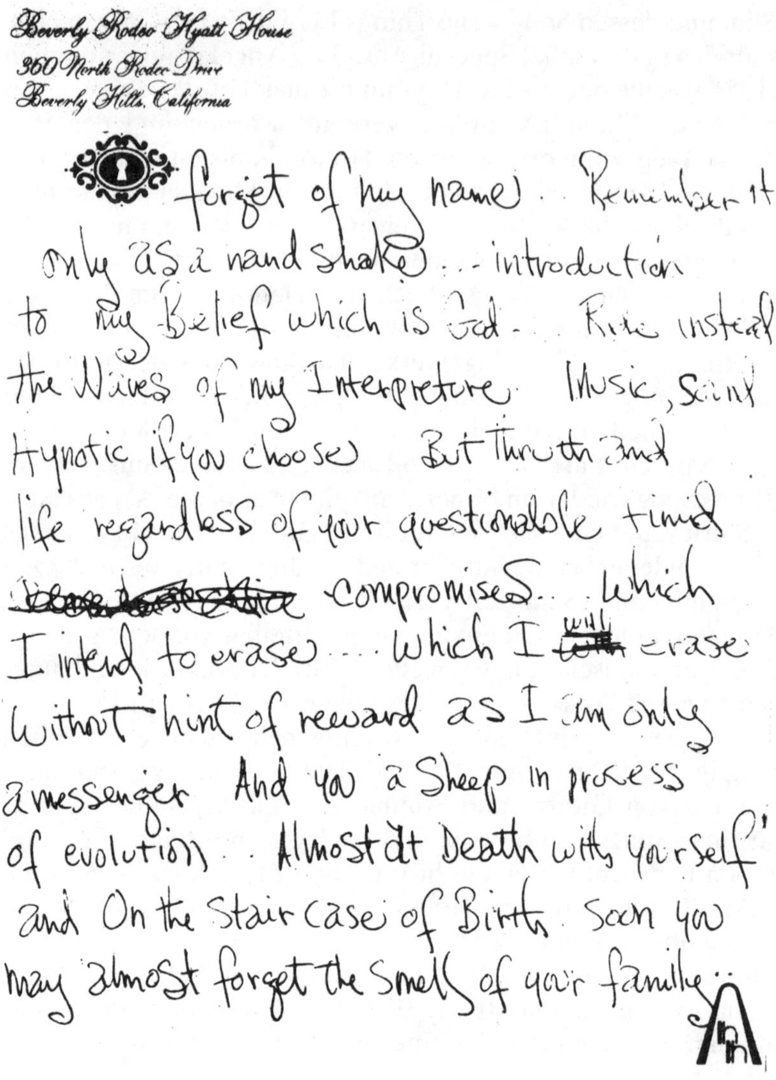
Beverly Rodeo Hyatt House
360 North Rodeo Drive
Beverly Hills, California

forget of my name . . Remember it
only as a hand shake . . . introduction
to my Belief which is God . . . Ride instead
the Waves of my Interpreture Music, Saint
Hypnotic if you choose But Truth and
life regardless of your questionable timid
~~[illegible]~~ compromises . . which
I intend to erase . . . which I ~~[illegible]~~ will erase
without hint of reward as I am only
a messenger And you a Sheep in process
of evolution . . Almost at Death with yourself
and On the Staircase of Birth . Soon you
may almost forget the Smell of your family . .

Seite B schließt mit »The Burning Of The Midnight Lamp«, das mit dem restlichen Album gut harmoniert, obwohl es doch schon mehr als achtzehn Monate zuvor entstanden war; aber in Amerika war es nie als Single veröffentlicht worden. »Midnight Lamp« war Jimis Lieblingssong, wenngleich er mit der Mono-Single nicht zufrieden gewesen war, weil er glaubte, daß der Text in dieser Abmischung unverständlich sei. Dank des Albums hatte er die Chance bekommen, es noch einmal in Stereo zu produzieren; ein Unterschied ist allerdings kaum herauszuhören.

»Rainy Day, Dream Away« war der erste Song, der ohne Noel und Mitch entstand. Statt von ihnen wurde Jimi von Buddy Miles am Schlagzeug, Freddie Smith am Saxophon, Mike Finnegan an der Orgel und Larry Faucette an den Congas unterstützt, die gemeinsam die Atmosphäre eines verrauchten Nachtclubs kreieren und in einen leichten Shuffle-Groove verfallen, dem Jimi als Sahnehäubchen einen Charlie-Christian-Lauf aufsetzt. »Still Raining, Still Dreaming« auf der D-Seite des Doppelalbums stammt aus derselben Jam-Session. Jimi hatte die beiden Stücke durch ein sensationelles »sprechendes« Wah-Wah-Solo verbunden. Während »Rainy Day« ausklingt, setzt »1983 . . . (A Merman I Should Turn To Be)« ein, ein Song der musikalischen Anfänge und Abschiede. Zum ersten Mal setzt Jimi ein großangelegtes Arrangement ein, mit dem er die Möglichkeiten des »Record Plant«-Studios voll ausschöpfte. Der Text beschreibt die letzte von Jimis surrealen Apokalypsen. Von der Menschheit enttäuscht, wendet er sich dem Meer zu, der Quelle allen Lebens. Später äußerte sich Jimi über den Zustand der Menschheit wesentlich optimistischer, denn er setzte seine Hoffnung auf die Eigeninitiative und Stärke des Individuums. Nicht so in diesem Text:

Hurrah, I awake from yesterday
Alive, but the war is here to stay
So my love, Catherina and me,
decide to take our last walk through the noise to the sea
Not to die but to be reborn,
away from lands so battered and torn
Forever, forever

Oh say, can you see it's really such a mess
Every inch of Earth is a fighting nest
Giant pencil and lipstick tube shaped things,
Continue to rain and cause scream and pain
And the arctic stains from silver blue to bloody red
as our feet find the sand,
and the sea is straight ahead, straight up ahead

Well it's too bad that our friends, can't be with us today
Well, it's too bad
»The machine, that we built,
would never save us', that's what they say
(That's why they ain't coming with us today)
And they also said ›it's impossible for a man to live and breathe under water, forever«,
was their main complaint
(And they also threw this in my face, they said:)

»Anyway, you know good well it would be beyond the will of God,
and the grace of the King« (Grace of the King)
(Yeah, yeah)

So my darling and I make love in the sand,
to salute the last moment ever on dry land
Our machine, it has done its work, played its part well
Without a scratch on our body and we bid it farewell
Starfish and giant foams greet us with a smile
Before our heads go under we take a last look at the killing noise
Of the out of style, the out of style, out of style (oooh) . . .

Hier spielt Jimi die Rolle des Sternenkinds aus Arthur C. Clarkes Roman »2001« und spricht auf eine kindliche Weise über die Werkzeuge des Krieges: »Giant pencil and lipstick tube shaped things«. Gleichzeitig ist er Noah, den man bei seiner Vorbereitung auf das Armageddon verspottet: »The machine, that we built/would never save us/that's what they say«. Jimi verwendet auch wieder seine beiden Lieblingsmetaphern, Sand und Wasser, um die Vergänglichkeit der Natur und den Zustand der menschlichen Seele zu beschreiben. Wenn Jimi durch das Wasser gleitet, ist er wieder ganz er selbst, und diesmal hat er auch eine Gefährtin bei sich. Die Worte »straight ahead« sind ein deutlicher Hinweis darauf, daß Jimi an die Macht des positiven Denkens glaubte, die er mit seiner Musik, seinen Texten und Interviews bis zu seinem Tod vermittelte.

»1983« geht nahtlos in »Moon, Turn The Tides« über:

So down and down and down and down and down and down and down we go
Hurry my darling we mustn't be late for the show
Neptune champion games to an aqua world is so very dear
»Right this way!« smiles a mermaid I can hear Atlantis full of cheer
Atlantis full of cheer, I can hear Atlantis full of cheer

Es ist ein eher sparsam arrangierter Song mit unaufdringlichen ragaähnlichen Tönen von Jimis Gitarre und phantasievoll eingesetzten Effekten; Rhythmen und Kadenzen liefern eine großartige Darstellung der Unterwasserwelt. Viele der »Sound-Gags« sind allein durch den genialen Einsatz der Gitarre und mit Hilfe des üblichen Studio-Equipments entstanden. An einer Stelle wurden die Bänder verlangsamt und anschließend wieder auf Normalgeschwindigkeit gebracht. So kam es zu der lautmalerischen Darstellung eines Fischschwarms, der an die Wasseroberfläche schwimmt, um diese merkwürdigen Wesen zu studieren, die sich ihrer Welt angeschlossen haben. Die

Neugier ist befriedigt, und die Fische schwimmen wieder davon. Die Möwengeräusche entstanden durch Rückkopplungen in den Kopfhörern , die Jimi aufnehmen ließ, um sie später mit Echo zu versehen. Eddie Kramer erinnert sich, daß er mit Jimi an diesem Song »ungefähr achtzehn Stunden an einem Stück« gearbeitet hat. »Wir mischten das ganze Ding in einem einzigen Durchgang ab, ohne Unterbrechung, dadurch wurde es wie aus einem Guß. Natürlich haben wir es vorher wegen all der Stereo-Effekte einige Male geprobt, klar. Aber es war wie eine Live-Aufführung . . ., die Erschaffung eines Musikstücks . . ., eine einzigartige Erfahrung.« [22]

»House Burning Down« zeigt, daß Jimi begann, sich stärker für die Belange der Schwarzen zu interessieren, allerdings nicht im Sinne der militanten Black Panthers. Der poetische Text korrespondiert auf wunderbare Weise mit der Musik.

Nicht alle waren von Jimis Engagement für die Schwarzen begeistert:

Well, I asked my friend, »Where is that black smoke
coming from?«
He just coughed and changed the subject and said,
»Oh well, I think it might snow some.«

Jimi steigt in seinen Jaguar, um herauszufinden, was los ist. Er stellt die Frage: »Why did you burn your brother's house down?« Und das ist die Antwort:

We're tired and disgusted
so we paint red through the sky

Aber das ist nicht Jimis Weg, dafür ist Martin Luther King nicht gestorben:

I say the truth is straight ahead
So don't burn yourself instead
Try to learn instead of burn
Hear what I say.

Doch selbst innerhalb der realen Welt mit all der Gewalt in den urbanen Ghettos kommt Jimi noch die Idee, daß Außerirdische von irgendeinem planetarischen Eldorado eingreifen könnten.

A giant boat from space landed with eerie grace
And came and taketh all the dead away.

Als im Januar 1968 »John Wesley Harding« von Bob Dylan veröffentlicht wurde, wußte Jimi sofort, daß er »I Dreamed I Saw St. Augustine« aufnehmen wollte. Weil der Song jedoch zu persönlich war, entschied er sich schließlich für »All Along The Watchtower«. Darin beschreibt Dylan den chaotischen Zustand einer Menschheit, die das Armageddon zwar gestraft, aber lebend überstanden hat – eine Darstellung, die jener ähnelt, die Jimi mit »1983« geliefert hatte. Jimis Version des Dylan-Songs mußte einfach die beste werden. Dylan selbst mochte das neue Arrangement, das den Text bereicherte und belebte. Den Mittelpunkt des Songs bildet ein vierteiliges Solo: geradliniger Rock, Blues auf einer zwölfsaitigen Gitarre mit Slide-Effekten (und Jimi klingt, als würde er die Gitarre zerlegen und wieder zusammensetzen), eine sechssaitige elektrische Gitarre mit Wah-Wah und schließlich eine Akkordfolge, die mit einer Reihe aufsteigender und »verzogener« Unisono-Töne endet. Der Song war Ende Januar aufgenommen worden, »aber«, so erzählt Kathy Etchingham, »er ließ ihn eine Ewigkeit rumliegen und dachte über ihn nach. Er traute sich nicht, ihn zu veröffentlichen, weil es ein ›Bob Dylan‹-Stück war. In ›All Along The Watchtower‹ ging er wirklich aus sich heraus, und er genoß es. Er liebte diesen Song.«

Im Jahr 1968 lösten sich bedeutende Bands auf: Cream, Traffic, die Spencer Davis Group, die Byrds (wieder einmal!). Zur selben Zeit stiegen wichtige Musiker aus ihren damaligen Gruppen aus: Eric Burdon (New Animals), Janis Joplin (Big Brother and The Holding Company), Al Kooper (Blood, Sweat and Tears), John Sebastian (Lovin' Spoonful) und Graham Nash (Hollies). In einem Jahresrückblick für den »Melody Maker« prophezeite Chris Welch: »Die heutige Szene nimmt Abschied von festen Gruppen und bewegt sich in eine Richtung, in der Solomusiker in den Mittelpunkt rücken. Der Trend geht eher in Richtung Jazz, bei dem die Musiker einfach zusammen eine Jam-Session zu ihrem Vergnügen spielen.« Aber er wies auch darauf hin, »daß dies ausschließlich jenen möglich ist, die ein besonderes Talent und das nötige finanzielle Polster besitzen«. Und er erinnerte sich an Super-Sessions, die er erlebt hatte: »Man wird nie den letzten Silvesterabend vergessen, an dem Jimi Hendrix eine halbe Stunde lang ›Auld Lang Syne‹ spielte und einigen der Kopf wegflog.« Aber, so faßte er zusammen, nie und nimmer sei die Rockszene auf der Basis von Jam-Sessions überlebensfähig. Selbst die Jazzgrößen, die mit ihrem Jammen Erfolg hatten, taten dies ja ausschließlich in ihrer Freizeit.

Jimi war ein begeisterter Verfechter des neuen Trends. Aber er war

Philharmonic Hall, New York City, 28. November 1968

nicht so naiv zu glauben, daß er vor ein zahlendes Publikum treten konnte, um ein oder zwei Stunden lang ziellos zu jammen. Allerdings entwickelte er sich als Live-Künstler konsequent vom Entertainer zum Musiker, was bereits die Shows vom Oktober im Winterland gezeigt hatten.

In Konzerten hatte Jimi immer ein untrügliches Gespür für Dramatik. Robert Wyatt, der Schlagzeuger der Soft Machine, die 1968 mit der Experience tourten, hatte bei dieser Gelegenheit Jimis theatralische Effekte geraume Zeit studiert.

> Jimi war wie ein Theaterstück – alles, was man im Theater erwartet: Drama, Tempo, Vielseitigkeit, Spannungsaufbau, Spannungsauflösung. Er war ein Meister im Arrangieren eines dramatischen Ereignisses. Er ließ sich nicht treiben. Tatsächlich haßte er sogar die langweiligen Sachen . . . Er brachte ständig Bewegung rein oder Veränderungen, oder er spielte Sachen schneller, damit keine Längen entstanden. Er ging sogar mit seinem eigenen Material rücksichtslos um. Er ließ sich selber nichts durchgehen. Er zerstörte diesen Zauber niemals.

Am 29. Oktober 1968 entstand in den T.T.G.-Studios von Hollywood eine ganz besondere Version von »Red House«. Der Song wurde live aufgezeichnet. Und Jimi verkündete zu donnernden Trommeln und einem Hammondorgel-Crescendo: »In dieser Minute möchte ich Ihnen Electric Church vorstellen – Mitch Mitchell am Schlagzeug, Buddy Miles an einem weiteren Schlagzeug, dann ist hier Noel Redding am Baß, und es sind noch eine Menge Freunde da – wir haben Lee Michaels an der Orgel, Gott sei uns gnädig. Wir werden jetzt sofort mit einer Jam-Session beginnen, wir gehen mit solchen Sachen ziemlich frei um, wir wünschen euch allen geistigen Frieden, genießt die Klänge, es geht um die Freiheit.«

Dies war einer der allerersten Hinweise auf die Musik von Electric Church oder Sky Church. Mit diesen Namen bezeichnete Jimi einen losen Verband von Musikern, die im Idealfall ohne den Zwang auf die Bühne gehen konnten, irgendwelche Hits notengetreu nachspielen zu müssen. Indem Jimi seine Musik in diesem Sinne neu konzipierte, blieb er seiner Live-Philosophie treu, einer Philosophie, die auf rigoroser Selbstkritik und dem Mut zur Veränderung basierte. Die Frage war nur: Würde er sein Publikum, das Management und die Plattenfirmen mitziehen können?

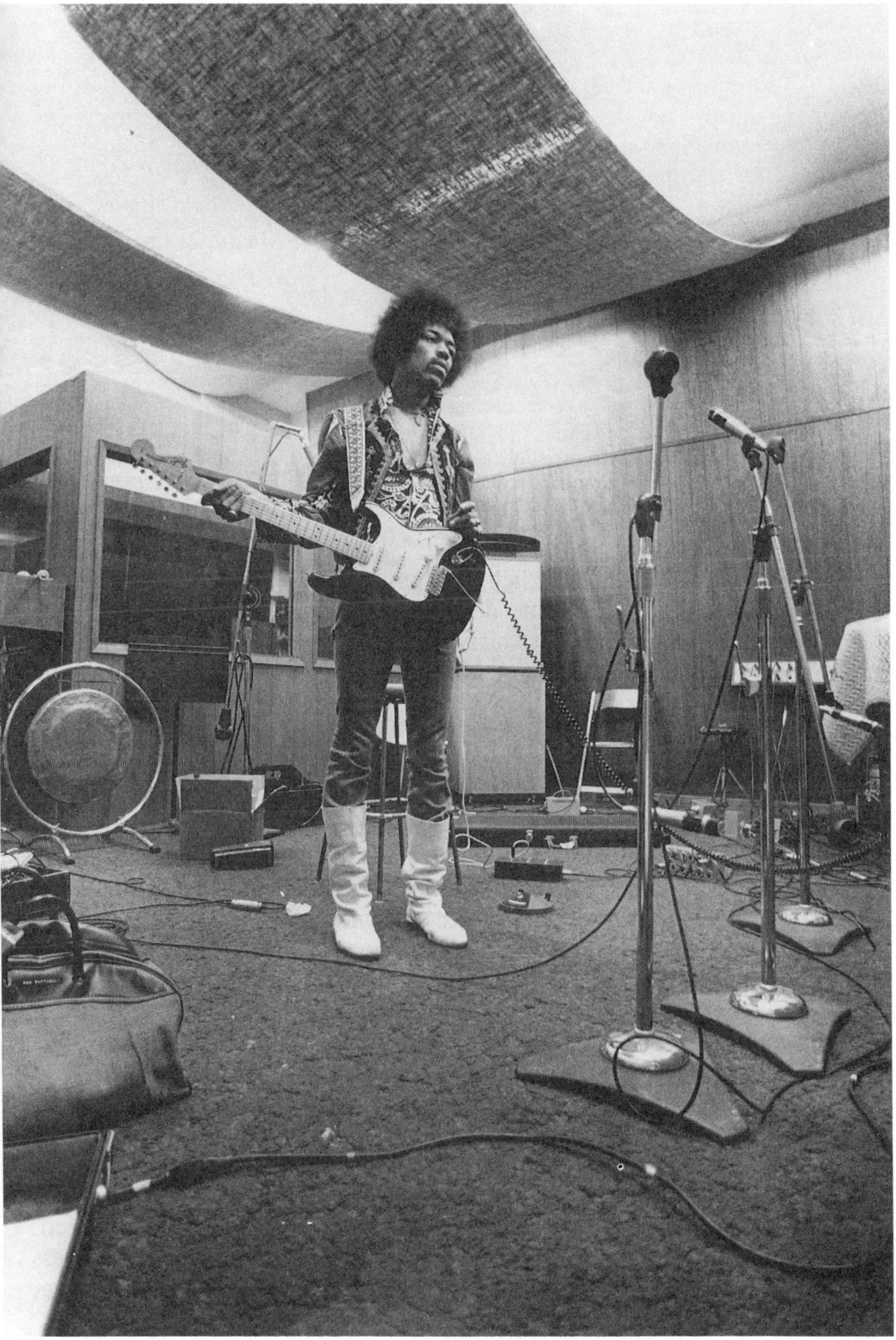

T. T. G. Studios, Hollywood, Oktober 1968

11.

Electric Church

Meine Musik ist mein persönliches Tagebuch. Sie ist die Offenbarung meiner innersten Gefühle – Aggression, Zärtlichkeit, Mitleid, alles. (»Disc«, 22. März 1969)

Mike Jeffery war über die jüngste Entwicklung innerhalb der Experience nicht gerade glücklich. Im Januar 1969 stürzte sich die gesamte Presse auf die Nachricht, daß sich die Band trennen wolle. Doch niemand konnte sich ein klares Bild machen. Die Presse war irritiert darüber, daß Jimi, Noel und Mitch ihre eigenen Projekte planten und trotzdem weiter zusammenspielen wollten. Vielleicht glaubten die drei auch selber nicht daran. Am 11. Januar erschien im Magazin »Disc and Music Echo« ein Artikel mit der Überschrift: »JIMI HENDRIX GROUP LÖST SICH AUF – ALLE DREI MONATE!«. In derselben Ausgabe wurde Noel an anderer Stelle als »Ex-Hendrix-Experience«-Musiker bezeichnet. Chris Welch wiederum jubelte am gleichen Tag im »Melody Maker«: »GERETTET! Die Jimi Hendrix Experience löst sich nicht auf!« Für Mike war die Lage ähnlich konfus. Seine wichtigste Einkommensquelle war die Jimi Hendrix Experience, für die er bereits Konzertverträge für das erste Halbjahr 1969 abgeschlossen hatte. Seiner Meinung nach durfte einfach mit der Band nicht dasselbe passieren, was mit all den anderen großen Gruppen geschah, die sich 1968 auflösten.

Er konnte sie zwar nicht mit Gewalt zum Auftreten zwingen, dank seiner Knebelverträge hatte er Jimi jedoch im juristischen Würgegriff. Jimi gehörte ihm mit Haut und Haaren. Noel hatte seit dem Sommer 1968 zusammen mit seinem alten Bandkumpel Neil Landon von den Loving Kind Songs geschrieben und ein weiteres Mitglied, Jimmy Leverton, als Bassisten für seine neue Gruppe Fat Mattress gewonnen, »die«, so Leverton, »eigentlich gar keine Band sein sollte, sondern nur ein Ein-Album-Projekt«. Auf diese Weise konnte Noel seine eigenen Songs veröffentlichen, endlich mal wieder selbst Gitarre spielen und seinen aufgestauten Frust loswerden. Dennoch stellte Noel Anfang 1969 klar, daß er künftig nur noch dann mit der Experience auftreten werde, wenn Fat Mattress das Vorprogramm bestreiten durfte. Eine rechtliche Handhabe hatte er für diese Forderung allerdings nicht. Er besaß nicht einmal einen Vertrag für das fast fertige Debütalbum der Fat Mattress. Und da man den Musikern Verträge üblicherweise dann zur Unterzeichnung vorlegte, wenn sie gerade betrunken oder zugedröhnt waren – auf dem Weg zum Flughafen etwa oder zu den üblichen Bürostunden, während derer sie normalerweise schliefen –, war sich Noel nicht einmal sicher, ob er nicht doch irgend etwas unterschrieben hatte, das ihn zu Solo-Arbeiten für sein derzeitiges Management verpflichtete. Mike war damit einverstanden, daß Fat Mattress mit auf Tournee ging; er sah darin eher eine Art Gag. Noel hingegen interessierte sich nur noch für die Zukunft seiner eigenen Band. Und sollte tatsächlich ein Katz-und-Maus-Spiel zwischen ihm und Mike ablaufen, war ohnehin klar, wer der Gewinner sein würde. Nun ist Geldgier keineswegs das Privileg von Rock-Managern: die bevorstehenden USA-Konzerte sollten die Experience zur bestbezahlten Rockband der Welt machen, und es gehörte schon eine verdammt große Portion Courage dazu, trotz allem Ärger einfach auszusteigen.

Dic langen Amerika-Aufenthalte waren ein weiterer Streitpunkt innerhalb der Band. Seit über einem Jahr hatte die Experience keine England-Tournee mehr absolviert, und 1968 war sie dort nur ein einziges Mal aufgetreten. In diesem Punkt zumindest waren sich Jimi und Mitch einig: Das große Geld war nur in Amerika zu holen. Trotzdem fand am 4. Januar 1969 ein legendärer Auftritt in der »Lulu Show« statt. Vor der Show führte Chris Welch auf der Dachterrasse der BBC ein Interview mit Jimi, bei dem dieser zumindest einen Anflug von schlechtem Gewissen zeigte, weil er die englischen Fans so sträflich vernachlässigt hatte. »Er sagte: ›Ich werde jedem einen Drink spendieren.‹ . . . Er gab sich sehr großzügig. Ich hatte das Gefühl, daß er bei der Presse etwas gutmachen wollte, weil einiges schiefgelaufen war.«

Später begleitete Chris Welch Noel und Mitch zu den Proben für den Auftritt, die in den geheiligten Hallen der BBC stattfanden. Auch Chas war anwesend. »Mitch und Noel hatten etwas Haschisch dabei und wollten sich in der Garderobe einen Joint drehen. Dabei fiel ihnen der Stoff in den Ausguß des Waschbeckens. Einer der Roadies brach mit Schraubenschlüsseln und ähnlichem Werkzeug die Rohre aus der Wand, um das kleine Stück Hasch zu retten.«

Jimi sollte in der Fernsehshow zwei Nummern spielen. Nach »Voodoo Child (Slight Return)« sagte Lulu das zweite Stück an:

Jimi und Lulu im Hotel Europa, London, 16. September 1967

Nun, meine Damen und Herren, falls Sie es noch nicht wissen: Jimi und seine Jungs sind in »Billboard«, einer großen amerikanischen Zeitschrift [sie wird von einem massiven Feedback unterbrochen und lacht], die . . . äh . . . zur Gruppe des Jahres gewählt worden. Sie werden für uns jetzt den Song spielen, mit dem sie hier bei uns den Durchbruch geschafft haben – »Hey Joe« –, und ich freue mich darauf, ihn mal wieder zu hören.

Im Intro zu »Hey Joe« setzte Jimi den Vibrato-Hebel immer besonders heftig ein, was dazu führen konnte, daß sich die Gitarre sehr schnell verstimmte. Auch diesmal hatte er zu Anfang große Schwierigkeiten und starrte auf die Saiten. Dann schlug er einen herrlich schrägen Ton an und grinste zu Mitch hinüber, während er seine tiefe Saite nachstimmte, ohne dabei mit dem Spielen aufzuhören. Nach dem Solo drehte er sich abermals zu Mitch um und rief: »Hey, hey!«, trat dann ans Mikrofon und unterbrach den Song abrupt: »Wir würden jetzt gern mit diesem Mist aufhören und den Cream einen Song widmen, egal, in welcher Gruppe sie inzwischen spielen – dies ist für Eric Clapton, Ginger Baker und Jack Bruce.« Sie stimmten »Sunshine Of Your Love« an, aber es dauerte nicht lange, bis Jimi abermals grinste und meinte: »Sie nehmen uns gerade vom Sender.« Der Produzent Stanley Dorfman, der erkannt hatte, daß weder Zeit für Lulus Schlußsong noch für ihre Schlußmoderation bleiben würde, sprang auf und fuhr sich mit der Hand in unmißverständlicher Weise über die Kehle. Später erklärte Jimi: »Es war mal wieder die alte Geschichte. Die Leute schreiben uns vor, was wir zu tun haben. Sie wollten, daß wir ›Hey Joe‹ spielen. Ich war so sauer deswegen, daß ich Noel und Mitch ein Zeichen gab, und dann spielten wir dieses andere Ding.«

Kathy Etchingham hatte in der Zwischenzeit für sich und Jimi eine Wohnung in der Brookstreet 25 in Mayfair gefunden, die sie nach ihrem eigenen Geschmack einrichtete, wobei sie hin und wieder mit Jimi am Telefon über die Farben diskutierte. Am 10. Januar schrieb Trixie Sullivan an Mike:

> Jimi ist im Moment sehr glücklich und seit seiner Rückkehr aus Amerika nicht mehr ausgegangen, nur einmal für einen Einkaufsbummel. Nach seiner Ankunft fuhr er nicht zu einem Hotel, sondern zu seiner Wohnung, »um ein paar Klamotten zu holen«, wie er meinte. Ich denke aber eher, daß er »die Lage peilen wollte«. Offensichtlich hat Kathy für ihn gekocht, und ich weiß, daß sie die Wohnung so auf Hochglanz gebracht hat, daß er geblieben ist. Kathy sagt, daß er jeden Abend um 23.30 Uhr schlafen geht und jeden Morgen um 10.30 Uhr aufsteht und daß er so gut aussieht wie noch nie. Im Augenblick scheint ihm das häusliche Leben zu bekommen. Aber man weiß ja nie, wie lange so was anhält.

Es stellte sich heraus, daß in der Wohnung einst Georg Friedrich Händel gewohnt hatte. Das beeindruckte Jimi mächtig. Er nahm sich vor, hier ebenso fleißig zu komponieren wie seinerzeit Händel. Kathy mußte ihm Händels Gesamtwerk auf Platten besorgen. In gewisser Weise war ja Händel der Hendrix seiner Zeit gewesen, hatte er doch allein zu einer Konzertprobe in Vauxhall Gardens ein Publikum von 12 000 Zuschauern angelockt. Musikstudenten, die die Wohnung aufsuchten, verschlug es die Sprache, als sie feststellten, daß dort inzwischen Jimi Hendrix lebte. Wenn Jimi unterwegs war, teilte sich Kathy die Wohnung mit Angie Burdon und der Sängerin Madeline Bell.

Die wichtigsten Interviews, die Jimi im Januar gab, fanden alle in seiner Wohnung statt. Nun war plötzlich kein Chas mehr da, der Kathy aus dem Zimmer scheuchte, weil er nicht wollte, daß irgendein Reporter auf die schreckliche Idee kam, Jimi könnte eine Freundin haben. Eine generelle Erlaubnis für ihre Anwesenheit hatte ihr Jimi allerdings auch nicht erteilt. Gegenüber einem Journalisten äußerte Jimi: »Wissen Sie, was ich an London wirklich ganz toll finde, ist, einfach die Mädchen zu beobachten, die vorbeigehen. Es ist die ideale Stadt zum Mädchenbeobachten. Sie sind alle unglaublich schön, und es gibt so viele unterschiedliche Nationalitäten.« Kathy war von dieser Bemerkung nicht gerade begeistert. Jimi schenkte ihr ein gewinnendes Lächeln und murmelte irgendeine Entschuldigung.[2]

Meist tolerierte Jimi die dummen Fragen, die ihm Reporter stellten, aber von Zeit zu Zeit ließ er auch durchblicken, daß sie ihm auf die Nerven gingen. Die Zeitschrift »Eye« versuchte ihn zum Thema Mode festzunageln. »Wohin geht die Mode?« wollte ein Reporter ernsthaft wissen. »Ich habe keine Ahnung, wohin die Mode geht«, antwortete Jimi. »Es ist mir, ehrlich gesagt, auch egal. Vielleicht tragen die Leute irgendwann bunte Laken, so wie in früheren Jahrhunderten. Und hören Sie mit diesen dummen Fragen auf!«[3]

Tony Norman hingegen, der mit Jimi am Tag der »Lulu Show« ein Interview für »Top Pops« machte, gab ihm die Chance, einige seiner Zukunftspläne zu skizzieren.

THE FIRST RAYS OF THE NEW RISING SUN

. . . Ich habe ihn gefragt, was er davon hielt, daß Noel mit seiner soeben gegründeten Band Fat Mattress eine Platte aufnahm. Ich hatte Gerüchte gehört, Noel würde die Experience im August wahrscheinlich verlassen. Aber Jimi widersprach und meinte:

»Wir alle drei haben verschiedene Interessen. Wir arbeiten in der Experience zusammen, aber wir sind nicht allein darauf festgelegt.

Die Szene entwickelt sich im Moment in Richtung Jazz, wo Musiker aus den verschiedensten Bands schon immer zusammen gejammt haben. Wir sind so eine Art Zigeunergruppe, in der sich jeder frei bewegen und machen kann, was er will.«

Jimi tat »Electric Ladyland« als eine Geschichte aus der Vergangenheit ab und kündigte für die nächste Zeit zwei Alben an – »Little Band Of Gypsies« und »First Rays Of The New Rising Sun«.

»In Amerika ging ich durch Phasen tiefster Depression, als ich sah, daß das Land dabei war, sich in zwei Hälften zu teilen. Das Leben dort wird von materiellen Dingen bestimmt. Ihr Gott ist der Dollar. Die Menschen dort sind wie Pelikane, die alle dasselbe denken. So etwas wie ein Rassenproblem gibt es im Grunde gar nicht. Das ist nur die Waffe der negativen Kräfte, die das Land zerstören wollen . . . Sie interessieren sich nur für tote, unnütze Sachen, zum Beispiel, Jungs auf den Mond zu schießen.

Eines Tages sah ich auf der Straße einen Soldaten und sagte: ›Hey, wie geht's denn so?‹ Er starrte mich nur an und meinte: ›Hey, Mann, sind Sie noch ganz dicht?‹ Er zog sich selbst runter, weil er voller Haß war. Nur mit Liebe und Vertrauen können diese Leute wieder zu sich selbst finden.

Die Amerikaner suchen nach einem musikalischen Führer. ›First Rays Of The New Rising Sun‹ wird davon handeln, was wir gesehen haben. Wenn man tiefere Gedanken in seine Musik einfließen läßt, werden die Massen sie kaufen. Das Leben muß positiv sein . . . Wenn dir dein Leben etwas bedeutet, kommt das Glück von allein. Jeder hat etwas zu geben. Unser Körper ist so unwichtig wie ein Fisch im Meer, verglichen mit unserer Seele. Ich glaube, daß man so viele Leben haben wird, bis man all das Böse und den Haß aus seiner Seele ausgetrieben hat.«

Tony Norman verglich Jimi mit einem Apostel, als er schrieb: »Die Jugend der Welt kennt den äußeren Hendrix, aber die Philosophie, die er in seinem Herzen trägt, ist für uns alle von viel größerer Bedeutung.«[4]

Jimi hatte sich noch gar nicht richtig in seiner neuen Wohnung eingelebt, als er schon wieder in Europa unterwegs war. Am 8. Januar gab er im Lorensburg Cirkus von Göteborg ein ziemlich glanzloses Konzert. Die Experience spielte eine neue Version der langsamen Bluesnummer »Getting My Heart Back Together Again« (auch als »Hear My Train A'Comin'« bekannt), aber falls Jimi etwas in dieses Konzert gesteckt haben sollte, dann bestimmt nicht sein Herz. Chas war mit seiner Frau Lotte zufällig anwesend, und Jimi fragte ihn nach dem Auftritt, ob er das Management für die Band übernehmen wolle. Doch Chas lehnte wieder einmal ab. Für Chas klang die Band inzwischen wie drei Solisten und nicht wie eine zusammengeschweißte Einheit. »Es war ein schreckliches Konzert. Man sah förmlich die Schwierigkeiten innerhalb der Band. Es gab Reibereien, es gab keinen Zusammenhalt, es funktionierte einfach überhaupt nicht.« Aber niemand wußte besser als Chas, daß es für Jimi so gut wie unmöglich war, sich von Mitch zu trennen.

Die erste Show am folgenden Tag in Stockholm verlief ähnlich. Der Conférencier trat vor den Vorhang: »Zeit für ein bißchen Electric-Church-Musik – ja, so bezeichnet die Band ihre Musik am liebsten. Und die Band heißt – THE JIMI HENDRIX EXPERIENCE!«

Aber diese erste Show hatte nicht die geringste Spur von Heiligkeit oder Religiosität an sich. Die Anlage war von Anfang an hoffnungslos verstimmt – und damit auch Jimi, was in einer Aufzeichnung des Schwedischen Fernsehens überdeutlich wurde. Jimi, mürrisch und desinteressiert: »Hallo, wie geht's euch? Ich möchte diese Show der amerikanischen Gesellschaft der Deserteure widmen.« Ein kurzes Aufflackern von »Taps« – und zurück ans Mikro:

> Also, ich möchte diese Show Eva widmen, die uns ständig Rosen schickt, obwohl wir sie nie kennengelernt haben. Sie ist eine Göttin aus Asgard.
>
> Wir werden heute abend nichts als *»Oldies but baddies«* spielen, denn, wißt ihr, wir haben seit etwa sechs Wochen nicht mehr zusammengespielt, also werden wir heute abend einfach zusammen jammen. Wartet ab, was passiert! Hoffe, es stört euch nicht, wir werden einfach rummachen und sehen, was läuft – [nicht ins Mikrofon] ihr merkt den Unterschied ja sowieso nicht.

Nach einem ziemlich chaotischen Intro stolperten sie in eine Version von »Killin' Floor«. Alles klang zusammenhanglos und beliebig. Wenn Jimi sich in einer solchen Stimmung befand, ignorierte er die Texte völlig – halbe Zeilen, halbe Strophen, Strophen, die er ganz ausließ –, oder er sang auch überhaupt nicht. Diesmal brachte er allerdings den kompletten Text zusammen und ließ sich sogar zu einem trockenen Witz hinreißen: »Möchte jetzt was spielen, das 1733 im Benjamin-Franklin-Studio aufgenommen wurde – es heißt ›Spanish Castle Magic‹.«

Es klang flach, hingeschludert und lustlos wie auch das folgende »Fire«. Danach folgte »Hey Joe« in der falschen Tonart. Nachdem er zum x-ten Mal die Verstärker eingestellt hatte, schlenderte er wieder zum Mikrofon zurück: »Jemand hat sich ›All Along The Watchtower‹ gewünscht, aber ich hab' den Text vergessen, und deshalb werden wir's nicht spielen. Wir haben es sowieso noch nie live gespielt – wir haben es nur aufgenommen. Tut mir echt leid.«

Statt dessen kündigte er »Voodoo Child (Slight Return)« an. Noel, mit seinem verbeulten Hut auf den inzwischen langen glatten Haaren, sandte einen Gruß an die schwedische Vorgruppe The Outsiders. Jimi drehte sich um und bat um eine kurze Bestätigung des nächsten Songs. Woraufhin Noel zum Scherz mit offenem Mund und stummen Lippen den Auftakt des Wah-Wah-Breaks »sang« – »nah-na-nah-nah-na-na-nah-na-nah, nah-na-na-nah« – so, als wollte er sagen: »So geht der Song, Jimi, erinnerst du dich?« Aber Jimi fand das überhaupt nicht komisch.

Auch der letzte Song der Show, »Sunshine«, war bloß eine Jam-Version, mit einem heruntergenudelten Baß-Solo, das Noel immer dann einwarf, wenn Jimi aufhörte zu spielen. Mitch versuchte die

Konserthuset, Stockholm, 9. Januar 1969

Dinge in Bewegung zu halten und trommelte zuverlässig auf seinem Ludwig-Schlagzeug mit der doppelten Bass-Drum. Sein überflüssiges Solo in »Voodoo Child« ist allerdings ein ziemlich treffendes Resümee der gesamten Show.

»Red House« war der vorletzte Song, und für ihn tauschte Jimi seine schwarzweiße Stratocaster gegen eine weiße Gibson ein – und verpatzte prompt den Anfang. Danach fing er sich allerdings wieder und spielte einige der besten Passagen des Konzerts, wenn auch sichtlich gelangweilt und mit unverhohlener Verachtung.

Im Vergleich dazu war der zweite Abend in Stockholm eine wahre Offenbarung.

»Okay, Mitch«, signalisierte Jimi.

Mitch legte mit dem unverkennbaren Cherokee-Intro von »I Don't Live Today« los, die Band hob ab, diesmal nicht als drei traurige Solisten, sondern als die homogene Formation der frühen Tage. Der Song gewann an Tempo, und Jimi dehnte die Saiten bis über das Griffbrett hinaus und reizte die Spannung so bis zum Äußersten, ohne eine einzige Pause.

»Ich will euch vorwarnen, es wird ein bißchen laut werden. Aber nur ein kleines bißchen, weil sich unsere englischen Verstärker und diese australische Verzerrer-Box und die amerikanischen Gitarren mit dem Stromnetz hier in Schweden nicht vertragen.«

Und so ging der Kampf gegen die üblichen idiotischen Zwischenrufe, die nach jeder Nummer aus dem Publikum ertönten, weiter. »Wild Thing!« »Ihr lebt ja in der Vergangenheit!« und »Auch du, Bruder!«, konterte Jimi, während er den Text improvisierte und in »Hey Joe« kleine Teile von »I Feel Fine« und »Day Tripper« einbaute. »Laß uns ›Johnny B. Goode‹ machen!«, schrie Noel Jimi zu. Jimi lachte:

> Was werden wir als nächstes machen? Oh ja, ich weiß, was wir machen. Wir haben da so eine Platte rausgebracht, »Electric Ladyland«, und da ist nur ein Song drauf, den wir noch im Kopf haben, denn – na ja, ich weiß nicht, all diese Platten sind ja wie ein Tagebuch. Deshalb spielen wir sie auch nicht unbedingt live. Auf der Bühne jammen wir lieber . . . Ich möchte diesen Song allen widmen, die selbständig fühlen und denken können und die sich frei fühlen – er heißt »Voodoo Child (Slight Return)«.

Diesmal war Jimi voll bei der Sache. Mitch und Noel stiegen aus, während Jimi ein liebliches und einfaches, mit federleichten Tremolo-Effekten verziertes Country-Blues-Solo spielte. Anschließend folgte eine der besten Versionen von »Sunshine Of Your Love«, die jemals auf Tape gebannt worden ist – aufgezeichnet vom schwedischen Radio.

Diese beiden Shows waren typisch für Jimis Alles-oder-nichts-Politik, die er in Konzerten betrieb – einmal baute er das Publikum auf, ein andermal stellte er es auf eine harte Probe. Und da Jimi inzwischen darauf bestand, daß gejammt wurde, so daß die meisten Songs nur als Vehikel fürs Jammen und Improvisieren dienten, war der Verlauf eines Konzertes unvorhersehbar. Um so mehr hätte Jimi auf der Bühne eigentlich immer in Topform sein müssen. Seiner Meinung nach aber konnte das Publikum die Qualität seiner Musik ohnehin nicht beurteilen. Zumindest hatte er das an jenem Abend mit seiner verletzenden Randbemerkung angedeutet.

Mit Eva, die er während der ersten Show erwähnt hatte, war die Studentin Eva Sundqvist gemeint. Sie hatte Jimi erstmals im Mai 1967 in Stockholm getroffen. Jimi hatte sich verlaufen, und als sie aus einer Straßenbahn stieg, fragte er sie nach dem Weg. Später erkannte sie sein Gesicht auf einem Plattencover und schickte ihm seitdem Rosen und Briefe. Am 8. Januar 1968 hatte sie ihn in Stockholm wiedergetroffen, diesmal hinter der Bühne, und anschließend hatten sie zusammen eine Party besucht. Nun trafen sie sich ein Jahr später abermals und verschwanden nach dem Konzert gemeinsam in Jimis Hotel. In einem Vaterschaftsprozeß in Schweden sagte sie später aus, Jimi sei in jener Nacht gegen 5.30 Uhr ihr erster Liebhaber gewesen. Nachdem sie festgestellt hatte, daß sie schwanger war, hatte sie Jimi nach London geschrieben, jedoch nie eine Antwort bekommen.

Nach einem Konzert in Kopenhagen ging die Reise weiter nach Deutschland. Während der zweiten Show in Düsseldorf saß Monika Dannemann im Publikum, eine junge deutsche Eiskunst-Trainerin aus reichem Hause. Sie hatte Jimis Musik zum ersten Mal auf dem Piratensender Radio Caroline gehört und sie auf Anhieb gemocht. Von dem, was sie über die Person Jimi Hendrix gehört hatte – über seine gewalttätige Bühnenshow, seine Promiskuität und seinen Drogenkonsum –, war sie weniger beeindruckt. Sie hielt sich gerade in Düsseldorf auf, als sie erfuhr, daß Jimi Hendrix am 12. Januar dort spielen würde. Sie war mit einer Clique aus einer örtlichen Diskothek befreundet: ein Mitglied dieser Gruppe behauptete, er habe Noel in Spanien kennengelernt, und meinte, er wolle versuchen, die Band in die Diskothek zu locken, damit man Fotos schießen könne. Und da Monika eine Kamera mit Blitzlicht besaß, willigte sie ein mitzukommen.

Rheinhalle, Düsseldorf, Deutschland, 12. Januar 1969

Als sie mit ihrem Bruder in der Rheinhalle auf den Auftritt von Jimi Hendrix wartete, war sie über die Reaktion des ungeduldig wartenden Publikums sehr erstaunt. Bis zu diesem Zeitpunkt hatte sie nicht gewußt, daß die Band so populär war. Aber auch sie wurde von Ehrfurcht ergriffen, als Jimi schließlich auf die Bühne kam, und konnte ihre Augen nicht von ihm wenden.

Anschließend besuchte die Experience tatsächlich die Diskothek, aber da Monika keine Lust auf diesen »Star-Trip« hatte, kam sie nicht mit. Dafür tauchte sie mit ihrer Kamera tags darauf in Jimis Hotel auf. Als Jimi die Hotelbar betrat, kam er direkt auf sie zu, denn er hatte eine Schwäche für Blondinen. Mit seiner sanften Stimme verwickelte er die langhaarige grazile Deutsche in ein Gespräch. Monika blieb gelassen, dachte immer noch an die Geschichten, die sie über ihn gelesen hatte, und erwartete, Jimi werde sie jeden Moment in sein Schlafzimmer entführen. Doch im Laufe des Gesprächs, in dem er ihr eine Menge Fragen über ihr Leben stellte, kam sie zu der Überzeugung, daß sie ihm unrecht getan hatte.

Wir sitzen in einem altertümlichen Cottage an der Südküste Englands, wo Monika Dannemann die meiste Zeit mit Malen verbringt (in ihrer Sammlung befinden sich viele ausgezeichnete Portraits von Jimi), und sie erinnert sich: »Wir redeten wohl über eine Stunde, bis sie zu ihrem nächsten Konzert in Köln aufbrechen mußten . . . In dieser Zeit habe ich meine Meinung über ihn geändert. Ich mußte erkennen, daß er ein freundlicher, netter Mensch war, sehr rücksichtsvoll und ganz und gar nicht so, wie man sich einen Rockstar vorstellt. Deshalb stimmte ich auch zu, als er mich bat, mit nach Köln zu kommen. Ich fuhr ihm später mit meinem Wagen nach. Und auf der Fahrt dorthin wurde mir klar, daß ich mich in ihn verliebt hatte.«

Monika traf Jimi im »Hotel am Dom« und begleitete ihn in die Sporthalle. Obwohl sie seine Gesellschaft schätzte, war sie immer noch skeptisch, weil sie glaubte, Jimi werde sie bei der nächstbesten Gelegenheit in sein Bett zerren. Sie gestand ihm ihre Befürchtungen, und er versprach ihr in ruhigem Ton, er werde sich ihr niemals aufdrängen, und bat sie zu bleiben. Und sie blieb und fuhr nach dem Konzert mit Jimi in dessen Wagen weg. Die Band, Monika, Gerry und seine Freundin sowie zwei weitere Discogänger suchten einen Club auf, in dem Jimi, Noel und Mitch ausnahmsweise allein jammten – Jimi spielte Baß und Noel Gitarre. Anschließend gingen sie in ein chinesisches Restaurant und schließlich ins Hotel zurück. Nach einer Weile war Monika endlich mit Jimi allein. Es entspann sich eine lange Diskussion über Drogen, und Jimi war sehr froh, als er von Monika erfuhr, daß sie keine nahm. Er wetterte gegen Heroin und dagegen, daß es den Geist der Menschen zerstörte, und fand es traurig, daß ihn alle für einen tollwütigen Junkie hielten. Am Tag darauf fuhr Monika nach Hause zurück, und Jimi begab sich nach Münster, um in der Münsterland-Halle aufzutreten. Zur Halbzeit der Show tauchte Monika auf, um nach dem Konzert mit ihm zusammen wieder nach Köln zu fahren, wo sie sich schließlich trennten. Vorher lud Jimi sie noch zu einem Konzert ein, das Ende Februar in der Londoner Royal Albert Hall stattfinden sollte.

Berlin, 23. Januar 1969, hinter der Bühne des Sportpalasts. Die Stimmung ist gelöst und heiter.

Monika Dannemann

»Hallo, Eric«, begrüßt Noel den Roadie Eric Barrett, der gerade die Künstlergarderobe betritt, nicht mit den besten Nachrichten allerdings:

»Ich traue dieser Halle nicht, da draußen sind Millionen von diesen verfluchten Rockern, Millionen! Sie wollen sich einfach nicht setzen, sie hängen überall in den Gängen herum.«

Und Roadmanager Gerry Stickells, der Eric auf dem Fuß gefolgt ist, ergänzt: »Als die Mothers [of Invention] hier waren, sind sie am Schluß einer nach dem anderen von der Bühne gegangen. Irgendwann hörte auch der Bassist auf zu spielen und fing an, sein Equipment im Truck zu verstauen. Aber der Drummer spielte immer noch, und als er mitbekam, daß die anderen längst draußen waren – also, er ist nur noch gerannt!«

»Das war Jimmy Black«, sagt Noel. »Er hat mir erzählt, daß sie ihn fast umgebracht hätten.«

»Was ist denn das?« sagt Jimi zu Trixie, die nur deshalb da ist, weil der Veranstalter ihre Hotelrechnung übernommen hat.

»Guter Stoff«, antwortet sie.

Darauf Eric: »Gib mir auch was ab!«

»Dann lehn deinen Kopf zurück!«

»Verschütt bloß nichts«, lacht Jimi, der auch was davon haben will. »He, gibt's hier irgendwas zu trinken?«

»Jede Menge«, sagt Eric. »Bier vom Faß. Du solltest ›Hey Joe‹ und ›Boris The Spider‹ spielen und dann schleunigst abhauen.«

Auch die Sicherheitsleute sind auf Ärger gefaßt, wie Trixie erfahren hat. »Ich hab' einfach die falsche Tür erwischt, ich dachte, es sei der Bühneneingang. Aber es war eine kleine Zelle, vollgestopft mit Polizisten. Wenn du mich fragst: Spiel ›Foxy Lady‹ und renn!«

Gerry Stickells kommt erneut in die Garderobe: »Drei oder vier Minuten noch. Und seht um Gottes willen zu, daß ihr anschließend möglichst schnell von der Bühne kommt!«

»Hat jemand 'ne Zigarette für mich?« murmelt Noel.

Jimi will genauer wissen, was ihn erwartet. »Was ist da draußen los?«

»Da liegt Gewalt in der Luft«, meint Gerry. »Die werden alles kurz und klein schlagen – von dieser Sorte sind die, verstehst du?« Offenbar hatten die wilden deutschen Biker in der Zwischenzeit mit Feuerwerkskörpern um sich geworfen. »Der Eire-Apparent-Gitarrist [Mick Cox] spielt locker vor sich hin, und – bäng! Einer geht neben ihm hoch. Er läßt seine Gitarre und alles fallen. Er hat wirklich gedacht, sie haben auf ihn geschossen!« Gerry erinnert sich mit Vergnügen an den Vorfall, und alle fallen beinahe vom Stuhl vor Lachen.

In diesem Moment taucht Mick Cox vor der Garderobe auf, hört mit, wie alle über ihn lachen, und brüllt: »Du warst das also! Schikkells, verdammter Hooligan! Du hast mich zu Tode erschreckt.«

»Aber das war ich doch gar nicht, es war das Publikum.«

Mick will das nicht glauben. »*Ich* hätte *dir* das Scheißding nicht nachgeschmissen, Stickells.«

Gerry versucht, vom Thema abzulenken: »Beide Konzerte in der Albert Hall sind ausverkauft.«

»Jetzt schon?« fragen Noel und Trixie im Chor.

Jimi, mit gedehnter Stimme: »Wir sollten eine Tour in der Albert Hall machen.«

Noel überlegt: »Das ist ein Dienstag. Stellt euch vor, wie viele erst am Wochenende kommen würden.« Zu Gerry gewandt: »Warum können wir nicht ein Wochenende buchen?«

Aber ausverkauft ist ausverkauft, wie Trixie richtig bemerkt. »Die Sache ist doch die, daß ihr nicht mehr könnt als ausverkaufen.«

Gerry will wissen, ob jetzt endlich alle bereit sind. Noel verschwindet auf die Toilette.

»Was soll das jetzt?« fragt Jimi.

Gerry: »Er muß noch mal pissen.«

Draußen hebt derweil ein vielstimmiger Chor an: »We'll Meet Again«. Dann ertönt eine einzelne Stimme: »So You Wanna Be A Rock 'n' Roll Star?« In der Garderobe diskutieren Jimi und Gerry noch über Jimis Gitarren. »Möchtest du die auch mit auf die Bühne nehmen, oder spielst du heute nur auf der einen?«

Jimi: »Nein, nein . . . Also, ich hoffe nur, daß nicht irgendwas reißt.«

»Ich werde die Saite für dich auswechseln, keine Sorge . . . Okay, ich werd' mal nachsehen, ob alle soweit sind.«

Sie sind es.

Jimi am Mikrofon: »Ich widme dies allen . . . Laßt mich das besser eurer *Lady* sagen – oder, noch besser, laßt es mich eurem *Feuer* sagen . . .« Die Jimi Hendrix Experience rollt an und hebt ab. Doch während noch die letzten Feedback-Heuler von »Purple Haze« in der Luft hängen, umringen Polizisten die Bühne, und die Band ist auf dem Weg zum Notausgang, den Gerry schon ausgekundschaftet hat. Nichts wie weg.

Von Ende Januar bis zum Beginn der USA-Tournee Mitte April wurde die Experience auf Eis gelegt. Es gab keine Halle auf dem Kontinent und schon gar keine in England, die sich die Band noch hätte leisten können. Es hätte auch wenig Sinn gemacht, außerhalb von Amerika auf Tournee zu gehen, um noch mehr Platten zu verkaufen, denn die Firmen Track und Polydor hielten sämtliche Tantiemen-Zahlungen zurück, da sie zunächst den Ausgang von Ed Chalpins Prozeß gegen die Band abwarten wollten. Jimi kehrte für ein paar Tage nach Amerika zurück, während Noel ein Angebot von Mike Jeffery annahm, der ihm in Spanien eine Wohnung anbot, für die er als Gegenleistung ein paar Rock'n'Roll-Konzerte erwartete.

Im Februar kamen sie im Olympic Studio in London wieder zusammen – für einen Song, an dem Jimi schon seit Monaten gearbeitet

I use to live ~~through~~ in a room
full of mirrors – All I seen
was me – Repeat.
Well I ~~take~~ can't stand it
no more – So I smash the mirror
and set me free –
~~Broken I use to live in a room~~
~~full of mirrors~~

Broken glass all on the floor
Broken Glass in my head – Repeat.
Broken Glass ~~feel~~ come through my
~~head~~ dreams fall and cut me
in my bed –

I find a [illegible] Sweet little girl
But She Say "good bye you
don't need me Repeat
So I go to Detroit to find
an angel and She gives [illegible]
~~Living~~ ~~got to live~~ for [illegible] ~~free~~ me her wings and ~~sets~~ I ~~fly free~~
and sets me free.
I use to live in a room of
mirrors : And I just might

hatte und der nie zu seiner völligen Zufriedenheit abgeschlossen wurde: »Room Full Of Mirrors«. Der auf den Seiten 367/368 wiedergegebene Songtext ist ein früher Entwurf aus dem Jahr 1968, aber das Thema blieb auch in den späteren Versionen dasselbe: die Entdeckung einer Welt weit jenseits der begrenzten Vorstellungen menschlicher Ichbezogenheit.

Noel stellte im Studio der Firma Pye sein Fat-Mattress-Album fertig; aber das wahre Geschehen fand im Speakeasy-Club statt: Jam-Sessions mit buchstäblich jedem, der hereinkam – Dave Mason, Jim Capaldi, Alan Price, Billy Preston . . . Als spezielle Zugabe für Jimi kam es im »Ronnie Scott's«-Jazzclub zu einer musikalischen Begegnung mit Roland Kirk.

Verständlicherweise war Mike Jeffery inzwischen nur noch an Prestige-Auftritten in großen Hallen interessiert, für die er astronomische Gagen kassierte. Folglich kam für einen Experience-Auftritt in England nur noch ein Ort in Frage, nämlich die Royal Albert Hall. Das Konzert war für den 18. Februar angekündigt, aber nachdem innerhalb von drei Stunden sämtliche 4500 Eintrittskarten verkauft worden waren, wurde ein zweites für den 24. Februar gebucht.

Für die Band waren dies wichtige Auftritte, die ersten in England seit über sechs Monaten, und deshalb setzte man eigens Proben für sie an. Solche Proben stellten für die Experience eine Seltenheit dar, und seit Jimi lieber *free* spielte, hatte man ganz auf sie verzichtet. Aus diesem Grund konnten jedoch nur noch selten neue Songs ins Repertoire aufgenommen werden, wenngleich sie für das Konzertprogramm eine Auffrischung bedeutet hätten.

Diesmal mußte also geprobt werden, denn erstens hatte man fast einen Monat lang nicht mehr zusammengespielt, und zweitens stand es hinter den Kulissen der Band nicht zum besten. Wie jede Fußballmannschaft, so braucht auch eine Band vor einem großen Ereignis seelische Streicheleinheiten. Aber dafür war Mike Jeffery, weiß Gott, nicht der richtige Mann, und so bat Jimi abermals Chas, der auch gerne Fat Mattress gemanagt hätte, um Unterstützung.

Als kleiner Junge legte ich einen Zahn unter mein Kopfkissen, weil ich glaubte, eine Fee würde ihn des nachts gegen eine Münze eintauschen. Heute glaube ich vor allem an mich selbst. Und ich denke, daß ich damit in gewisser Weise auch an Gott glaube. Wenn es einen Gott gibt, der uns erschaffen hat, glaubst du automatisch auch an ihn, wenn du an dich selbst glaubst. Deshalb muß man noch lange nicht an Himmel und Hölle glauben und dieses ganze Zeug. Es bedeutet bloß, daß deine Religion das ist, was du bist und was du tust. Ich kann das nicht so gut erklären, ich finde einfach nicht die richtigen Worte dafür. Aber wenn ich auf

Proben am Nachmittag, Royal Albert Hall, London, 24. Februar 1969

> die Bühne gehe – nun, das ist mein ganzes Leben. *Das* ist meine Religion. Meine Musik ist Electric-Church-Musik, wenn man unter »Kirche« »Religion« versteht. Ich bin eine elektrische Religion. (Interview, London 1969, das im Programm zu den Konzerten in der Royal Albert Hall nachzulesen war.)

Leider ließ Jimis Form in beiden Konzerten zu wünschen übrig. Für das erste mußte ihn Trixie regelrecht auf die Bühne schubsen, und er spielte sehr zurückhaltend. Und, sofern dies überhaupt möglich war, geriet ihm das zweite Konzert am 24. Februar noch schlechter. An diesem Abend gaben Fat Mattress ihr Bühnendebüt. Noel hatte aus lauter Nervosität so viel getrunken, daß er von der Bühne in den Orchestergraben stürzte und dabei rief: »Macht weiter, Jungs!« Es gab einen netten Moment, als ein paar Teenager auf der Bühne auftauchten, um Jimi die Hand zu schütteln. Aber wirklich überzeugend waren nur Elmore James' langsamer Blues »Bleeding Heart« sowie »Red House«, »Stone Free«, »Foxy Lady« und eine lässige Shuffle-Jam-Version von »Room Full Of Mirrors«, für die sich Chris Wood von Traffic, sein Ex-Kollege Dave Mason und Rocky Dzidzournu zu der Gruppe gesellten. Mason behauptet, Jimi und er hätten überlegt, ob er nicht bei der Experience mitmachen sollte. »Als ich Traffic verließ, sollte ich als Bassist einsteigen, aber das wurde von Chas Chandler und Mike Jeffery verhindert.« Nach dem Konzert kam Noels Mutter Margaret in die Garderobe: »Jimi saß an die Wand gelehnt in der hintersten Ecke und hatte die Augen geschlossen. Ich zog ein Taschentuch raus und strich ihm über die Stirn. Er öffnete die Augen, blickte auf und meinte: ›Oh, Sie sind es. Könnten Sie ein Auge auf meine weiße Gitarre haben?‹«

Jimis und Kathys Wohnung diente Jimi auch als Presse-Büro, in dem er den Journalisten seine kompromißlose Einstellung zur Musik erklärte. Jimi steckte in einer Phase der Neuorientierung, und es war vorauszusehen, daß er es schwer haben würde, sich gegen die Erwartungen des Publikums, des Managements und der verschiedenen Plattenfirmen zu stellen, die alle nur den einen Wunsch hatten, alles beim alten zu belassen. Im weitesten Sinne des Wortes war Jimi ein religiöser Mensch, und damals trat erstmals sein Glaube an *einen* Gott, an ein höhers Wesen, offen zutage.

> WIE MAN SICH FÜHLT
> Ich träume davon, eine eigene Show zu haben, zu der wir alle zeitgenössischen Künstler als Gäste einladen könnten. Jedem kommt es offenbar darauf an, zu zeigen, was für ein hervorragender Performer er ist, aber das bedeutet heutzutage gar nichts. Was zählt, ist, wie man sich bei dem fühlt, was man macht.

Proben am Nachmittag, Royal Albert Hall, London, 24. Februar 1969

Royal Albert Hall, London, 24. Februar 1969

Mal ganz ehrlich, wäre es nicht wunderbar, wenn wir die Studios in unsere Hand bringen würden, so wie sie es in Kuba machen. Wir würden es »THE JIMI HENDRIX SHOW – UND VIELE ANDERE«! nennen.

EIN ECHTES PROBLEM

Man muß dafür sorgen, daß sich die Leute mit der Musik identifizieren können. Man macht ja eine Platte immer in der Hoffnung, daß sie jemand kaufen will, also muß man sie irgendwie akzeptabel machen. Die Leute brauchen ein Identifikationsmerkmal.

Das Schlimme ist, daß eine Single nicht länger als sechs Minuten sein darf – früher waren es nur drei, und das war ein echtes Handicap. Es war, als würde man ihnen nur eine einzige Seite aus einem Buch geben können, jetzt kann man ihnen wenigstens zwei oder drei geben, aber es ist immer noch nicht das ganze Buch.

Nur die Musik zählt. Wenn das Publikum in einer Show wirklich auf das abfährt, was du machst, überträgt sich diese Begeisterung auf dich selbst, und das hilft. Aber auch ein schlechtes Publikum macht mir eigentlich nichts aus, weil ich das ganze dann als eine Probe-Session betrachte, eine Chance, die Dinge auf die Reihe zu kriegen.

NEBENLEISTUNGEN

Ich hab' immer Spaß am Spielen, ob vor zehn oder zehntausend Leuten. Es ist mir sogar egal, wenn sie buhen, solange es nicht die falsche Tonart ist.

Ich versuche das Publikum nicht zu irgendwas zu bringen. Es liegt ganz an ihnen, was sie von der Musik haben. Wenn sie dafür bezahlt haben, uns zu sehen, dann ziehen wir unser eigenes Ding durch. Sollten wir dabei so was wie Trampolinspringen einbauen, dann ist das eher eine Nebenleistung, denn wir sind da, um Musik zu machen. Und wenn wir einen Abend lang unser Bestes geben, und sie stehen nicht drauf, dann stehen sie halt nicht drauf – was soll's!

SPIRITUELLE MUSIK

Vielleicht besteht ein Text nur aus fünf Worten, und die Musik übernimmt den Rest. Ich versuche nicht, clevere Texte zu schreiben. Mir geht's eher darum, daß die Zuhörer Musik und Text als Einheit betrachten.

Songs von anderen Musikern spiele ich generell nur, wenn sie für mich selbst eine Bedeutung haben.

Wenn du ihnen sagst, daß du Electric-Church-Musik spielst, dann kommen dir die Leute gleich mit »Keuch, keuch« oder »Kreisch, kreisch«. Das Wort Kirche ist zu sehr durch Religion besetzt, aber Musik ist meine Religion. Jesus ist leider viel zu früh gestorben, obwohl er uns noch doppelt soviel hätte mitteilen können. Aber sie haben ihn umgebracht und danach viele der besten Sachen, die er gesagt hat, verdreht. Der Mensch hat einfach alles total versaut, und heute ist ein großer Teil der Religion einfach Gewäsch.[5]

Jane de Mendelssohn, deren Ehemann Felix Redakteur bei Englands berühmtester Underground-Zeitung »International Times« gewesen war, interviewte Jimi für dieses Blatt:

Ich glaube, ich hatte anfangs zu viel Scheu vor ihm. Ich war sehr überrascht, als er mir die Tür zu seiner Wohnung in Mayfair öffnete und von Kopf bis Fuß nackt war. Ich folgte der nackten Gestalt nach oben in den ersten Stock. Dort legte er sich sofort ins Bett. Ein ziemlich ungewöhnlicher Auftakt für ein Interview mit einem berühmten Popstar, um es vorsichtig auszudrücken! Während des Interviews lag Jimi die meiste Zeit im Bett, und ich saß auf der Bettkante. Auf seinem Nachttisch befand sich eine riesige Kollektion von Alkohol und Drogen. Ich meine, es lagen drei verschiedene Hasch-Sorten herum, »Gras«, Amylnitrat, Pillen, jede Menge verschiedener Bourbon- und Whisky-Sorten. Wir bedienten uns einfach.

Er rauchte einen Joint nach dem anderen, und wir tranken beide . . . Ich hielt mich etwas zurück, weil ich mich auf das Interview konzentrieren wollte. Aber ich wollte auch auf seine Wellenlänge kommen, um mich mit ihm verständigen zu können. Irgendwann bot er mir etwas Amylnitrat an, und uns beiden flog fast der Schädel weg. Ich erinnere mich, daß wir mit dem Interview am frühen Abend Schluß machten. Weil wir aber nicht fertiggeworden waren, lud er mich für den folgenden Tag noch mal ein, und da wiederholte sich die ganze Geschichte.

Ich machte Interviews eigentlich nur, weil ich herausfinden wollte, was in Leuten vorgeht. Ich hatte das Gefühl, daß er sehr unsicher war . . . Als ich auf seine Familie zu sprechen kam, wollte er nicht darüber reden. Der ganze Alkohol und all die Drogen waren nur eine Art Kompensation. Nebenbei bemerkt, war es völlig eindeutig, daß ich, wenn ich mit ihm ins Bett hätte gehen wollen, nur unter seine Bettdecke hätte kriechen müssen. Er hat mich nicht ein einziges Mal berührt, aber es wäre ganz einfach gewesen. Ich hab' es nicht gemacht, es war eine Frage des Stolzes. Ich wollte nicht für ein Groupie gehalten werden . . . Als ich rausging, hatte ich das Gefühl, jemanden wirklich kennengelernt zu haben.

»Wirst du oft von Leuten bedrängt, die Geld von dir haben wollen?«

»Oh ja, ständig. Ich versuche, zu jedem fair zu sein, aber wenn ich allen was geben würde, könnte ich mir bald keine neue Gitarre mehr kaufen. Deshalb gehe ich auch nicht allzuoft aus, außer, es läuft irgendwo was ganz Besonderes . . . Die meiste Zeit verbringe ich im Bett, oder ich gehe in den Park oder sonstwohin. Da entstehen dann oft meine besten Songs, im Bett, wenn ich einfach nur rumliege. Ich hab' gerade dagelegen und über ein paar nachgedacht, als du reingekommen bist.«

»Du giltst als sehr launisch. Ich hatte fast Angst zu kommen.«

»Launisch? Ach, das ist doch albern . . . Das *sollst* du ja nur denken . . . Das Establishment verpaßt dir ein bestimmtes Image, und wenn es funktioniert, dann haben sie gewonnen. Sie machen einen fertig, indem sie zum Beispiel sagen, ich wäre launisch, oder der-und-der wäre ein übler Typ, und XY ist verrückt und so weiter, so daß die Leute Angst bekommen, mich zu treffen. Das gehört einfach zu diesen Establishment-Spielchen dazu.«

»Im ›Sunday Mirror‹ bist du mit dem Satz zitiert worden, es sei an der Zeit, daß nach den hübschen Songs der Beatles etwas Neues kommt.«

»Ach, ich weiß nicht, ob ich das gesagt habe. Welche Zeitung hat das behauptet? Der ›Sunday Mirror‹. Die meisten dieser Zeitungen verbreiten ohnehin nur Lügen. Die kommen hierher, machen ihre Interviews, wir törnen die Jungs an, verstehst du, wir geben ihnen Wein und alles, und wenn sie gehen, sind sie so zugedröhnt, daß sie nicht mehr wissen, was sie eigentlich schreiben. Nein, so was habe ich nie gesagt. Warum sollte ich? Ich habe keinen Grund dazu.

Wenn ich nicht Gitarrist geworden wäre, wäre ich wahrscheinlich im Gefängnis gelandet, denn ich gerate oft mit der Polizei aneinander. Ich hab' mit ihnen schon x-mal Reibereien gehabt. Jedesmal mußte ich mir von ihnen sagen lassen, daß ich die Klappe halten soll, aber ich *kann* sie nicht halten. Warum sollte ich auch, besonders, wenn ich was zu sagen habe. Wahrscheinlich werden sie mich irgendwann noch umbringen. Aber ich muß die Dinge spüren. Ich höre ständig von der Gewalt da draußen, aber wenn ich dazu wirklich was sagen soll . . . Ich kann nicht einfach auf den Zug aufspringen, bloß weil das heute so üblich ist.«

»Es war erstaunlich einfach, ein Interview mit dir zu bekommen. Damit will ich sagen, also, wenn man eines mit Paul McCartney machen möchte, dann dauert das Wochen.«

»Mag daran liegen, daß ich nicht Paul McCartney bin. Es gibt 'ne Menge . . . Oh nein, das sag ich wohl lieber nicht . . .«

»Warum nicht?«

»Es gibt viele Sachen, die ich nicht sagen sollte . . .«

»Setzt du dich hin und überlegst dir: ›Das möchte ich ihnen sagen‹, und dann komponierst du den Song um diese Dinge herum?«

»Ja, genauso ist es . . . Viele der Songs sind Fantasy-Songs, und die Zuhörer denken, daß sie nicht die geringste Ahnung haben, um was es geht. Aber es kommt ganz darauf an, was für ein Stück davor gekommen ist und welches danach kommt. Zum Beispiel sagst du ihnen was ziemlich Hartes, aber weil du in ihren Augen kein durch und durch harter Typ sein willst und auch nicht willst, daß dich alle für einen halten, denn in dir stecken ja noch ganz andere Seiten, die dann vielleicht auf der Platte fehlen . . . – also, da passen dann genau die Fantasy-Songs rein. Zum Beispiel ›1983‹ – da geht es darum, daß man wach bleiben muß, um mitzubekommen, was heutzutage passiert, daß man sich nicht völlig zurückziehen darf, was ja manche tun, mit bestimmten Drogen und so weiter . . .«

»Aber bist du dir dieser Dinge voll bewußt, wenn du einen Song schreibst, oder schreibst du ihn, hörst ihn dir an und erkennst erst danach deine Motivation?«

»Also, Hand aufs Herz, auf dem ersten Album wußte ich absolut nicht, über was ich schreibe. Die meisten Songs wie ›Purple Haze‹ und ›Wind Cries Mary‹ waren etwa zehn Seiten lang, aber wir waren damals an ein bestimmtes Zeitlimit gebunden, also mußte ich sie völlig auseinandernehmen und kürzen. Und in dem Moment, wo ich das gemacht hatte, wußte ich nicht mehr, ob man sie noch verstehen würde oder nicht. Vielleicht ist manches von ihrer Bedeutung durch das Kürzen verlorengegangen, darum mache ich das heute auch nicht mehr.«

»Ich habe überhaupt keine Zeit mehr für mich gehabt, seit ich in diese Szene gekommen bin . . . Und um alles, was nicht mit Musik zu tun hat, kümmere ich mich nicht besonders. Manchmal gehen mir die Leute unheimlich auf die Nerven, aber ich darf's nicht immer zeigen, weil es auf alle anderen keinen guten Einfluß haben würde . . . Oh, nein, bloß keine Fotos jetzt, meine Haare sind eine einzige Katastrophe, und ich hasse Fotos. Immer wieder kriege ich zu hören: ›Kannst du dich noch an das Foto von da-und-da erinnern?‹, und ich antworte immer: ›Nein, verdammt noch mal, ich kann mich nicht erinnern.‹ . . . Die meisten Musiker würden sich am liebsten zur Ruhe setzen und von der Bildfläche verschwinden. Ich würde das auch wahnsinnig gerne tun, aber andererseits gibt es noch ein paar Dinge, die ich gern sagen möchte – ich wollte, es wäre mir nicht so wichtig. Ich wollte, ich könnte einfach meine Gedanken abschalten . . . Aber es passiert soviel Mist, und obwohl wir nur unser Ding zu machen versuchen, wird soviel Mist über uns erzählt. Ich möchte in diesem Interview ein paar Dinge klarstellen. Die meiste Zeit schreibe ich Songs und so weiter, und ich habe nicht besonders viel Kontakt zu Leuten, weil sie nicht wissen, wie sie sich verhalten sollen . . .«

»Und glaubst du, daß du irgendwas oder irgend jemanden verändern kannst?«

»Nun, man muß es einfach versuchen. Und das werde ich tun, und wenn es klappt – großartig!«

»Aber es geht dir ausschließlich um die Musik, ja?«

»Ja, darum geht es, darüber reden wir doch, über Musik. Reden ist nicht gerade meine Stärke. Aber Spielen! Es gibt Leute auf dieser Erde, die die Macht haben, verschiedene Dinge zu tun, zum Beispiel in der Black-Power-Bewegung, aber sie benutzen sie falsch . . . Protest ist eine Sache von gestern. Die Menschen wollen Lösungen, nicht bloß Protest. Die Beatles haben es gekonnt, sie haben die Welt verändert oder es zumindest versucht. Aber man sieht ja, daß sie sich in ihrer Position nicht mehr so wohl fühlen. Was mich betrifft, ich pfeife auf meine Position. Ich bin froh, daß ich sagen kann, was ich sagen möchte. Es schlägt sich in meiner Musik nieder, aber anschließend muß man durch diese ganzen Prozeduren hindurch wie zum Beispiel Plattenveröffentlichungen, und man darf nicht jeden

Monat eine neue herausbringen; und man darf dies nicht, und man darf das nicht. Und dann die ganze Scheiße mit dem öffentlichen Image! Es ist zum Davonlaufen! Du mußt dich selbst in den Griff bekommen. Von Leuten bekomme ich nur schlechte Inspiration, für Songs wie ›Crosstown Traffic‹ zum Beispiel . . . Das ist die Art, wie sie sich vor mir aufspielen, wie sie sich selbst in Szene setzen . . .«[6]

Am 13. März kehrten Jimi und Mitch in die Staaten zurück, um sich auf die US-Tournee vorzubereiten. Noel folgte eine Woche später nach. Jimi ging sofort ins »Record Plant«-Studio. Am 25. März spielte er dort mit dem Gitarristen John McLaughlin und dem Bassisten Dave Holland, die wesentlichen Anteil an Miles Davis' zukunftsweisenden Alben »Bitches Brew« und »In A Silent Way« hatten. »Wir spielten eine ganze Nacht lang, von zwei bis acht Uhr morgens.« Abgesehen von einer Jam-Session mit Roland Kirk war dies Jimis erster Versuch mit Jazzmusikern, die eine völlig andere Einstellung zur Musik hatten. Die Sessions mit McLaughlin und Holland brachten Jimi erst richtig auf den Geschmack für weitere Experimente, mit denen er sein musikalisches Spektrum erweitern konnte.

Jazzmusiker arbeiteten seit jeher viel spontaner. Miles Davis' »Kind Of Blue«, wahrscheinlich eines der besten Jazzalben, das je aufgenommen worden ist, entstand nach vagen Vorgaben, die Miles Davis seinen Musikern kurz vor den Aufnahmen geliefert hatte und von deren Improvisationen er ausschließlich die »First Takes« verwendete. Andere hingegen schätzten die unterschiedlichen Klangschattierungen und Strukturen, die sich mit Hilfe mehrerer Takes erzielen ließen: »Charlie Parkers alternative Takes für Savoy werden heute wegen seines grenzenlosen Erfindungsreichtums ebenso hochgeschätzt wie die Studien und Bilderserien von Picasso.« Bedenkt man, wieviel von Jimis Studioarbeit auf Band aufgenommen wurde und wieviel davon heute noch existiert, kann man es nur als eine Schande bezeichnen, daß die meisten Versionen seiner Songs unveröffentlicht geblieben sind. Aber der Perfektionist Jimi wollte es wohl so. Dabei würde dieses Material mit Sicherheit vieles von dem weit übertreffen, was später unter seinem Namen veröffentlicht wurde; und vielleicht würde es uns einen ebensolchen Einblick in seinen Entstehungsprozeß vermitteln wie die Skizzen und Entwürfe eines jeden Künstlers.

Record Plant, Studio A, 7. April. Jimi, Mitch und Noel sind anwesend. Jimi hat beschlossen, »Stone Free« neu aufzunehmen. Für die Zeitschrift »Zygote« sollte Doc Storch einen Bericht über Hendrix' Aufnahmetechnik schreiben: »Jimi Hendrix vögelt seine Gitarre

Royal Albert Hall, London, 24. Februar 1969

bis zu einem ohrenbetäubenden Höhepunkt. Im Wirrwarr der übereinandergestapelten Gitarrenverstärker und Mikrofonständer wirkt Hendrix fast verloren. Im Regieraum lümmelt an diesem Abend die übliche Traube von Rumhängern, Groupies, Speichelleckern und Musikern herum.«

Wenn man wie Jimi ein 16-Spur-Studio nur zum Jammen benutzt, dann ist das ein ziemlich teurer Spaß. Nach Mitternacht kostet jede Stunde 160 Dollar, hinzu kommen pro Tape 120 Dollar. Damit erreichten die Kosten für einen einzigen Studiobesuch von Jimi rasch eine Höhe von 2500 Dollar.

»Die Session ist für acht Uhr gebucht. Aber wie von den Herrschaften nicht anders gewohnt, beginnen die Roadies (Eric Barrett und vielleicht auch John Upsey Downing) erst gegen 22 Uhr mit dem Aufbau der Anlage. Um Mitternacht ist das Vorspiel aus Brummen,

Kreischen und Quietschen endlich vorbei. Die Roadies machen ihre Witze und testen das Schlagzeug (nur für den Fall, daß Mitch wirklich auftaucht) und Hendrix' dreizehn Gitarren, von denen die meisten immer griffbereit liegen. Sie stapeln die Marshall-Verstärker entlang der Wand und basteln an den Adaptern herum, bis das britische Equipment zu den amerikanischen Steckdosen paßt.«

Dann taucht Jimi mit einer kleinen Armee von Frauen auf, unter ihnen auch Devon. Nun folgen die typischen Machtspielchen der Groupies. Devon geht sofort in den Regieraum und läßt sich auf dem Platz neben Tontechniker Gary Kellgren nieder. Ein Typ namens Mike taucht auf, behauptet, er sei Jimis Dealer, und breitet das abendliche Angebot an Marihuana und Kokain aus.

Jimi und Gary lachen und albern im Kontrollraum. Gary lehnt sich nach vorn und schaltet das Sprechmikrofon ein, so daß man seine Stimme über die Lautsprecher hören kann. »Guten Abend, Ladies and Gentlemen, und willkommen im Record-Plant-Bananenboot mit Freak-Show und reisender Blues-Band.« Da Devon eine leichte Anspielung in diesem Kommentar zu hören glaubt und ihre Macht demonstrieren will, macht sie Gary an: »Gefällt dir dein Job?« »Nein«, entgegnet er und läßt sie kalt abblitzen.

Jimi gibt das Zeichen, daß es nun losgehen soll: »Okay, fangen wir an!« Nach etwa dem ersten Drittel des Songs macht er Schluß und verschwindet im Regieraum, um sich mit Gary zu besprechen. Alle greifen nach Bier und Zigaretten, während die Groupies kleine Rempeleien veranstalten, um bei Jimis nächster Besprechung den Platz neben ihm zu bekommen.

Draußen im Studio geht es weiter, aber die Musik wird erneut abrupt unterbrochen, als eine betrunkene Frau auftaucht und Jimi umarmt. Neben Jimis Mikrofon wird getuschelt, und Gary schlägt vor, das Mikrofon aufzudrehen, damit es alle mitbekommen, läßt es dann aber bleiben. Eric und zwei andere Frauen treten heran und bringen die Betrunkene zu einer Couch im Foyer. Sie ist in ziemlich übler Verfassung: verschmiertes Make-up, geschwollene Augen und ein zerrissenes Samtkleid. Sie ist vorhin die Treppen im Scene heruntergefallen und hat sich den Kopf an der Schwingtür gestoßen. Nun dämmert sie halb bewußtlos auf der Couch vor sich hin.

Mittlerweile sind alle wieder im Regieraum, um sich die Bänder anzuhören. Jimi bittet Gary, ein 16-Spur-Band zu bearbeiten – eine heikle Sache, denn dabei kann das Originalband schnell ruiniert werden. »Paß auf, Mann«, sagt Jimi, »schneide einfach da, wo ich es dir sage . . ., hör zu! Ja, genau da. Stop. Das war's. Jetzt laß es zu der Stelle laufen, wo das Schlagzeug ch-boom-ch-boom macht. Schneid's noch mal und kleb' das Ende des ersten Teils genau hier an.« Gary sieht Jimi an, als sei dieser verrückt geworden, aber er befolgt natürlich seine Anweisungen. Der einzige, der nicht überrascht ist, daß das Playback absolut sauber klingt, ohne den geringsten Hinweis auf den Schnitt, ist Jimi.

Sie machen mit einer anderen Aufnahme weiter, aber Mitch und Noel werden allmählich unruhig. Jimi legt eine Pause ein, und als er zurückkommt, wollen die beiden gerade abhauen. »Wo wollt ihr hin? Ich will's wissen!«

»Mann, wir haben diese Nummer in Grund und Boden gespielt«, meint Mitch und sagt beim Hinausgehen zu Storch: »Aber Jimi will ja immer und immer wieder drübergehen, und sie wird nicht besser werden, als sie jetzt ist, Mann, und das ist es, was an dieser Gruppe nicht stimmt.« Aber Jimis endlose Überarbeitungen waren wohlüberlegt, denn er wollte einen Klang herstellen, den er in seinem Kopf hörte. Das Problem war nur, daß niemand außer ihm diesen Klang hören konnte, und deshalb wußte niemand, was er sich vorstellte und nach was er suchte. Jimi konnte es nicht erklären, er wußte nur eines: Wenn er es geschafft hatte, dann würde er es wissen. Aber bis dahin befand man sich auf einer für alle frustrierenden Einbahnstraße.

Jimi machte weiter, spielte zahlreiche Gitarrenspuren ein, hörte sich die Bänder immer und immer wieder an und hoffte währenddessen, daß Mitch und Noel zurückkommen würden. Aber sie kamen nicht. Gegen sechs Uhr morgens gab Jimi auf, packte seine Notenblätter in seine Schultertasche, nahm seinen Mantel und ging. Das Mädchen und die Groupies überließ er der Dunkelheit, aus der sie gekommen waren.

Mark, der Dealer, erklärt in der Zwischenzeit, warum seiner Meinung nach so viele Frauen hinter Jimi her sind, obwohl sie genau wissen, daß er sie ignoriert: »Sie laufen ihm nach, weil sie das haben wollen, was in ihm vorgeht, die Sache, durch die seine Musik entsteht. Aus diesem Grund rennen ihm all diese Tussis nach. Obwohl sie wissen, daß er sie wieder verlassen wird. Er sagt es ihnen, und er meint es ernst.« Und während er sich über das Mädchen auf der Couch beugt, fährt er fort: »Sie würde ihm in die Hölle folgen, wenn sie nur überzeugt ist, daß er sich um sie kümmern wird.«

Storch äußert die Vermutung, daß sich Jimi und die Groupies in gewisser Weise ähnlich sind. Jimi hat eine Vision von einem Song, die er nicht in konkrete Klänge umsetzen kann. Die Groupies leben in einer ähnlich irrealen Welt, weil sie glauben, daß Jimi Hendrix vor ihnen niederknien und ihnen seine wahre und unsterbliche Liebe erklären wird. Und keiner von ihnen begreift, warum sie die meiste Zeit so leiden.

Die 69er Tournee durch die USA begann am 11. April in Raleigh, North Carolina. An diesem Abend gaben Fat Mattress ihr Amerika-Debüt. Jimi hatte keine Lust auf diese Tour gehabt, und er zeigte es unverhohlen, als ihn ein Reporter vom »Distant Drummer« am zweiten Tourneetag in Philadelphia interviewte. Als der Fragesteller wissen wollte, ob er Fotos machen dürfe, antwortete Jimi lustlos: »Nein, diese Scheiße passiert jeden Tag, also Scheiß drauf!« Der Journalist John Lombardi setzte sich in die Nesseln, indem er so ziemlich jede Frage stellte, die Jimi auf die Palme brachte, wie etwa: »Warum hast du dir die Haare geschnitten?« »Ich hab' sie mir aus Protest abgeschnitten. Es rennen heutzutage zu viele Langhaarige herum, die nichts in der Birne haben. Aber wahrscheinlich werde ich sie wieder wachsen lassen.«

Lombardi vermutete (unter Hinweis auf das Cover von »Electric Ladyland«), Jimi verdanke seinen Erfolg eher dem, was er repräsentierte, als seiner Musik:

»Ich halte mich nicht für erfolgreich. Ich hab' ja noch nicht mal richtig angefangen. In dieser Welt durchläufst du eine Menge Veränderungen . . . Man wird von Images beeinflußt. Ich hab' mit diesem blöden LP-Cover nichts zu tun, und ich möchte auch nicht darüber reden . . . Das meiste ist alles Scheiße.«

»Und deine Bühnenshow? Das Anzünden der Gitarre, die Bewegungen wie beim Geschlechtsverkehr?«

»Die meisten Sachen haben wir nur aus Spaß gemacht . . . Es kam einfach aus uns raus. Aber die Musik war dabei immer das Wichtigste. Nur kam es dann soweit, daß die Leute diese Sachen mehr mochten als die Musik. Die Sachen, die wir zusätzlich machten, Nebel etwa, wurden viel wichtiger. Alles wurde auf den Kopf gestellt. Darum machen wir solche Sachen auch nicht mehr so oft.«

Lombardi fragte Jimi auch nach Jim Morrison, der gerade in Miami wegen Erregung öffentlichen Ärgernisses auf offener Bühne verhaftet worden war. Jimi wollte nicht darüber reden, weil er nicht wußte, was wirklich passiert war.

»Früher haben wir versucht, uns gegen eine gewisse Art von Publicity zu wehren, aber das haben wir aufgegeben. Es wird sowieso ignoriert, was du sagst, und die Leute, die uns kennen, wissen ohnehin Bescheid. Sie kennen uns durch die Musik . . . Ich stehe auf Musik.

Hör zu, wir sollten über Musik reden, denn da kenne ich mich wirklich aus. Ich will keine Vergleiche mit anderen Bands anstellen, denn wenn man das tut, stellt man sich über oder unter sie und bewegt sich nur im Kreis. Im Augenblick sind wir musikalisch sehr stabil. Nicht technisch, sondern in dem Sinne, daß wir sie besser erspüren und schneller zum Wesentlichen kommen. Wir haben im Augenblick keine Antworten, aber wir wollen alle für das begeistern, was wir wissen . . . Wir wissen zum Beispiel, daß Jesus seine Sache ziemlich gut gemacht hat. Aber die Zehn Gebote waren einfach ein Fluch. Der Teufel holt dich nicht, nur weil du deine Schuhe falsch zugebunden hast. Man muß sich nicht schuldig fühlen, wenn man mit der Frau eines Freundes schläft. Markenzeichen-Religionen wie der Buddhismus und Zen führen zu Zusammenstößen, und die Katholische Kirche breitet sich aus und kotzt über die ganze Erde. Die Kirche von England ist der größte Grundbesitzer des Landes. Unser Zuhause ist nicht Amerika, es ist die Erde, aber die Lage ist wirklich prekär . . . Du kennst sicher meinen Song ›I Don't Live Today. . . Maybe Tomorrow?‹ Genau darum geht es . . .

Aber ich will über Musik reden. Die Sachen wurden zu prätentiös, zu kompliziert. ›Stone Free‹ – kennst du das? Das ist viel einfacher. Das ist Blues und Rock und was sonst noch läuft. Die Leute haben sogar über Acid gesungen, Mann. Diese Dinge fangen an, dich zu beherrschen. Images. Drogen. Jeder vergißt, was mit Gott passiert ist. Wenn man jung ist, engagiert man sich fast immer für irgendwas, aber dann macht man seinen Schulabschluß und landet in einem kleinen Cellophankäfig. Man muß nicht Entertainer oder sonstwas sein, um Sachen auf die Reihe zu kriegen. Man kann's auch mit einer Familie schaffen. Ich hab' sogar schon manchmal darüber nachgedacht . . . Ab und zu wollte ich am liebsten in der Wüste verschwinden, aber ich bin geblieben. Manche Leute müssen einfach bleiben und ihre Botschaften verkünden.«

Darauf folgte die logische Frage: »Halten Sie sich selbst für jemanden, der eine Botschaft verkündet?« Aber da hatte Jimi die Nase voll: »Nein, Mann, nichts dergleichen. Ich wollte dieses Interview auch gar nicht machen, weil ich müde war und sowieso keine Zeit für mich selbst habe. Ich wollte mich entspannen und einen Song schreiben, aber wie kann man das jemandem erklären?«

Genau das war das Problem. Jimi dachte immer, er dürfe nicht nein sagen, obwohl andere in seiner Position dies ständig taten oder es gar nicht erst mußten, weil man sie abschirmte. Jane de Mendelssohn von »International Times« hatte ja bereits festgestellt, wie einfach, verglichen mit ihren Anfragen an andere bekannte Rockstars, es war, ein Interview mit Jimi zu bekommen. Fans drangen einfach in sein Hotelzimmer ein, wenn sie ihn sehen wollten. Für sie war das toll, und Jimi war immer sehr höflich. Aber er brauchte Zeit für sich, und die hatte er einfach nicht. Für einen Musiker von seinem Status war diese Situation einfach untragbar.

Jimi beendete das Interview, als Gerry Stickells hereinkam und ihm mitteilte, er solle sich für den Auftritt im Spectrum fertigmachen.

»Paß auf, Mann«, sagte er zu Lombardi, »ich bin müde, aber ich will noch folgendes sagen. Wenn man seine Sache verrät . . . – man darf es einfach nicht. Wir hatten 'ne Menge Spaß mit dem Zeug, das wir gemacht haben, aber je mehr es die Presse hochspielte, desto mehr wollte das Publikum davon haben, und desto mehr wollten wir davon loskommen. Sehen Sie, wie das alles zusammenhängt?

Wenn ich auf der Bühne Gitarre spiele, denke ich nicht an Sex. Ich kann nicht Liebe machen, wenn gerade eine schöne Platte läuft. Als ich in Hawaii war, habe ich was Wunderbares gesehen – ein Wunder. Da waren eine Menge Ringe um den Mond, und diese Ringe sahen alle wie Frauengesichter aus.«

Wie immer war der Raum voller Leute. Jimi sah sich um und dann wieder zu John Lombardi: »Ich wollte, ich könnte mit jemandem darüber reden.«[8]

Jimi ging in ein anderes Zimmer und sprach mit einer Schwarzen, die ihm erzählte, eine Freundin von ihr mit dem Spitznamen »Beefy«, ein absoluter Hendrix-Fan, liege im Krankenhaus und könne deshalb nicht zum Konzert kommen. Jimi ging zum Telefon, rief Beefy in der Klinik an, sprach etwa zwanzig Minuten mit ihr und widmete ihr später den Song »Getting My Heart Back Together Again«.

Der nächste Auftritt fand in Memphis statt. Bevor Jimi New York verließ, rief er seinen alten Kumpel Billy Cox an, der noch immer in Nashville lebte, und bat ihn, nach dem Konzert hinter die Bühne zu kommen. Sie hatten ein ruhiges, aber sehr intensives Gespräch, und Jimi gestand Billy, wie unglücklich er darüber war, daß Noel seine Energien an Fat Mattress verschwendete – was seiner Presse-Erklärung ziemlich widersprach, die besagte, daß die beiden Bands durchaus ein Tandem bilden könnten. Vermutlich wollte er Billy nur sagen, daß er keine Lust mehr hatte, mit Noel zu spielen. Er gab ihm 500 Dollar und bat ihn, nach Nashville zurückzukehren und dort auf ihn zu warten. Wenn es soweit sei, werde er ihn anrufen. Die Band fuhr nach Houston, Dallas, und dann zurück nach New York, wo einige Sessions im Record Plant auf dem Programm standen. Der wichtigste Auftritt in diesem Monat sollte im Forum in Los Angeles über die Bühne gehen – Grund genug für eine Probe.

Das Forum war zum Bersten voll und die Menge am Rand der Hysterie, als die Band die Bühne betrat.

Ja, okay, okay, ist ja schon gut. Wir sind alle in der Kirche, klar? Stellt euch vor, über euch ist der Himmel, klar? Jaaa. [zu Noel] Nun mach schon, laß uns zur Sache kommen . . . Diese Show ist euch gewidmet, uns, Murray Roman, den Smothers Brothers, Gott schütze sie . . .Wir brauchen vielleicht noch 45 Sekunden, dann sind wir soweit . . . Vergessen wir alles, was gestern passiert ist, letzte Nacht oder heute morgen. Vergeßt einfach alles, denn was jetzt passieren wird, hängt ganz von euch ab und von uns natürlich, deshalb laßt uns unsere Gefühle auf die Reihe bringen. Alle reden darüber, daß ein Erdbeben bevorsteht – ja, toll, toll, nicht? Und wißt ihr, woher diese ganzen Erdbeben kommen? Von den schlechten Vibrations, Mann, manchmal werden die ziemlich heavy, wißt ihr. Ihr wollt euer Land retten? Dann bringt euer Herz in Ordnung!

Wenn sich auch die Stimmung innerhalb der Band auf einem Tiefpunkt befand, war die Experience doch immer noch in der Lage, ein gutes Konzert zu absolvieren. Manchmal stachelten sich die drei mit ihrer Aggressivität sogar an, wollten sich gegenseitig übertrumpfen. Sie begannen mit dem ziemlich wuchtigen Heavy-Riff aus Bo Hanssons und Janne Karlssons »Tax Free«, stürmten dann durch einige ihrer Standardnummern, die sie zu Jam-Sessions ausweiteten, wodurch der Set nahezu zwei Stunden dauerte. Das war noch nie dagewesen. Zwischendurch rannte die Menge immer wieder nach vorne, was Jimi und Noel dazu veranlaßte, mehrmals um Ruhe zu bitten. Dann tauchte die Polizei auf.

»Hört mal her«, sagte Jimi an einem Punkt, »sie werden die Show abbrechen, wenn das so weitergeht. Also setzt euch lieber hin und bleibt ruhig, damit *diese anderen Leute* [hustet] von der Bühne gehen.«

Als alles vorbei war, stellte Jimi seine Gitarre hin, machte das Friedenszeichen und verließ die Bühne. Viele Leute blieben, sie wollten nicht glauben, daß alles vorüber war. Das Magazin »Image« aus Los Angeles kommentierte: »Es wird lange dauern, bis dieser Auftritt im Forum übertroffen wird – so lange vermutlich, bis die Jimi Hendrix Experience dort erneut auftritt.«[9] Jimi bekam selten »neutrale« Kritiken – entweder liebte man den Mann und seine Musik, oder man machte ihn als »Scharlatan« nieder. Pete Johnson von der »Los Angeles Times« bezeichnete Jimis Gitarrenspiel als »lustlos und schlampig« und warf ihm vor, er verließe sich zu sehr auf seine angestaubten Tricks, und seine Version von »Red House« sei schlicht langweilig. Jimis schlimmstes Vergehen war in Johnsons Augen jedoch, daß er im Gegensatz zu Country Joe McDonald, den Fugs oder Phil Ochs angeblich ein lausiger Gesellschaftskritiker war. »Falls Jimi Hendrix überhaupt etwas Ernstzunehmendes zu sagen hat, dann fängt er damit spät und schlecht an. Falls er musikalisch irgend etwas Ernsthaftes anzubieten hat, dann hat er es an diesem Samstagabend jedenfalls nicht gezeigt.«[10]

Bis zu einem gewissen Grad hatte Johnson recht, trotzdem war seine Konzertkritik unfair. Es gab eine Reihe Konzerte, die eindeutig unter Jimis Standard lagen, und Jimi hatte seine alten Blues-Tricks zweifellos bis zum Erbrechen gespielt. Aber niemand wußte das besser als er selbst.

In finanzieller Hinsicht versprach diese Tour ein überragender Erfolg zu werden. Die Band erhielt für ein einstündiges Konzert mindestens 50 000 Dollar. Drei Konzerte in Philadelphia, in Toronto und im Madison Square Garden von New York versprachen allein Einnahmen von 320 000 Dollar. Damit stiegen die möglichen Gesamteinnahmen auf insgesamt fast 1,3 Millionen Dollar. Nur die Rolling Stones und die Beatles (falls sie sich zu einer neuen Tour entschlossen) konnten solch hohe Gagen fordern. Aber dann kam es zur Katastrophe, zum Schlimmsten, was überhaupt in einer solchen Situation passieren konnte. Als Jimi am 3. Mai um neun Uhr morgens auf dem Flughafen von Toronto landete, wurde er wegen Drogenbesitzes verhaftet.

12

House Burning Down

I want to see desperately . . . I want to grab on to anything besides myself. I turn to the world – what has the world to offer me except pats on the back, shaking hands, making plans? (Auszug aus »Room Full Of Mirrors«, unveröffentlichter Rap)

Musiker sind immer schon wegen Drogenbesitzes gesetzlich verfolgt worden. 1933, vier Jahre bevor der Besitz von Marihuana durch ein neues Bundesgesetz verboten wurde, führte der neuberufene Leiter des *Federal Narcotics Bureau,* Harry Anslinger, bereits eine Sonderliste über Musiker. Damals kamen die einzigen öffentlichen Informationen über Drogen aus dieser Behörde. Mit Hilfe von Vorträgen, Artikeln und albernen Filmen wie »Reefer Madness« beeinflußte Anslinger im Alleingang die öffentliche Meinung über den Zusammenhang von Drogen, Musik und moralischem Verfall der (weißen) Jugend. Es war Anslingers fixe Idee, Musiker zu verhaften. Er versuchte, ein Informationssystem innerhalb der Musikszene aufzubauen, was ihm aber nicht so recht gelang. Doch jede Verhaftung eines Stars schien seinen persönlichen Feldzug gegen Musiker zu rechtfertigen und half ihm, auf der jährlichen Finanzsitzung des Kongresses sein Budget durchzusetzen.

In den fünfziger Jahren wurden viele der großen Jazzstars regelmässig gefilzt und etliche verhaftet, darunter Art Pepper, Lester Young, Hampton Hawes, Thelonious Monk und Billie Holiday. Vor allem für lokale Polizeireviere war ein gefeierter schwarzer Jazzstar in den Armen eines weißen Mädchens ein gefundenes Fressen. Natürlich waren viele Musiker tatsächlich drogenabhängig, und der Besitz von Drogen war nun mal illegal, aber das System war auf erschreckende Weise korrupt, und die Drogengesetze lieferten eine bequeme Rechtfertigung für alltägliche Schikanen. Anslinger schien es vor allem auf

Thelonious Monk abgesehen zu haben, dessen Karriere durch die ständigen Polizei-Einsätze beinahe ruiniert wurde. Billie Holiday wurde wegen Kokainbesitz noch angeklagt, als sie bereits sterbend im Krankenhaus lag und gegen ihre Schmerzen alle der Medizin zur Verfügung stehenden Substanzen bekam. Wie hätte sich auch eine todkranke Frau selbst Kokain besorgen können?

Doch am schnellsten konnte man eine Musikerkarriere mit Hilfe des berüchtigten New Yorker Ausweissystems für Cabaret-Engagements lahmlegen. Wollte man länger als zwei Tage in einem Laden mit Alkoholausschank auftreten, mußte man diesen Auswcis besitzen. Und für jeden Musiker und Sänger waren Auftritte in New York absolut überlebenswichtig. Keiner interessierte sich für einen, wenn man nicht in New York, dem musikalischen Zentrum mit den wichtigsten Nachtclubs, bekannt war. Dieser Ausweis konnte einem aus den verschiedensten Gründen entzogen werden; einer von ihnen war eine Anklage wegen Drogenbesitz. Aber mit Hilfe von Geld und Beziehungen konnte man sie – simsalabim! – zurückkaufen. Schließlich wurde dieses Ausweissystem 1967 von Bürgermeister John Lindsay abgeschafft. Aber genau zu diesem Zeitpunkt wurden die weißen Popstars zur neuen Zielscheibe der Politiker.

Auch in England waren Drogen der Grund für die ersten Verhaftungen von Rockstars. Bis 1960 beschränkte sich die englische Drogenszene auf das Westend von London, wo dic Polizei die Namen der wenigen Haschraucher und Heroinabhängigen kannte. Dann jedoch nahm der Drogenkonsum dramatisch zu. 1964 wurden Amphetamine verboten und 1966 auch LSD. Und die Popstars wurden von Presse und Politikern als Vorreiter dieses freizügigen und hedonistischen Verhaltens beschuldigt. Das erste Opfer war Donovan, den ein Gericht 1966 wegen LSD-Besitzes verurteilte. 1967 folgten die Stones – keuch, Schock! –, und 1968 wurden zwei der heißgeliebten Pilzköpfe, John und George, wegen Besitzes von Marihuana verhaftet. Ähnliches passierte in Amerika: Fast alle Mitglieder der Jefferson Airplane und Grateful Dead wurden festgenommen, außerdem Stephen Stills, Eric Clapton und eine ganze Reihe anderer Musiker. Für Rockstars hatte es ähnlich fatale Folgen, den Anspruch auf ein USA- und, später auch, auf ein Japan-Visum zu verlieren, wie früher der Verlust des Cabaret-Ausweises für Jazzmusiker. Doch trotz des ganzen Presserummels fand man bei ihnen immer nur Marihuana und LSD. Keiner aus der Rock-Familie war bis dato wegen der berüchtigten Droge Heroin verhaftet worden.

Drogen – ganz üble Szene . . ., vor allem dann, wenn man dich mit ihnen erwischt, na klar. (Radio-Interview, Frankfurt, 18. Mai 1967)

Die einzigen unbestreitbaren Fakten der ganzen Geschichte waren folgende: Die Band kam aus Detroit, wo sie am Abend zuvor in der Cobo Arena gespielt hatte, und landete am Morgen gegen 9.30 Uhr in Toronto. Jim wurde von Officer Marvin Wilson aufgefordert, seine Reisetasche zu öffnen. Er förderte ein kleines Glasgefäß zutage, das drei Cellophanpäckchen mit weißem Pulver enthielt, sowie eine kleine Metallröhre, die mit dunklem Harz versiegelt war. Jimi bestätigte, dies sei seine Reisetasche, und wurde daraufhin vier Stunden lang festgehalten, während derer die Substanzen in einem mobilen Labor untersucht wurden. Das Ergebnis war eindeutig: Das dunkle Harz war Haschisch, das weiße Pulver Heroin. Jimi wurde offiziell wegen Besitzes verbotener Drogen angeklagt, zum Polizeihauptquartier gebracht und später gegen eine Kaution von 10 000 Dollar freigelassen.

Während sie auf das Ergebnis des Labortests warteten, rief Gerry Stickells das Büro in New York an, um Mike Jeffery zu informieren, aber der war auf Urlaub in Hawaii. Also sprach Gerry mit dem Presseagenten Michael Goldstein, der ein paar Leute schmierte, um eine ausgiebige Berichterstattung in der Presse zu verhindern. Etwa vier Wochen später erst brachte der »Rolling Stone« in seiner Ausgabe vom 31. Mai einen Artikel über den Vorfall. Hätte die bürgerliche Presse von der Geschichte Wind bekommen, wäre mit ziemlicher Sicherheit eine verleumderische Kampagne angelaufen, an deren Ende Jimi wahrscheinlich als durch und durch verdorbener Junkie dagestanden hätte. Das mußte aus zwei Gründen verhindert werden: Erstens hätte es die laufende Tournee, die immense Profite versprach, gefährdet, denn zweifellos hätten einige der Veranstalter die Konzerte abgesagt, aus Angst vor Lokalpolitikern, vor der Presse und den Bürgergruppen. Zweitens sollte kein Geschworener vor der Gerichtsverhandlung negativ beeinflußt werden.

Am Abend der Verhaftung sollte die Band in den Maple Leaf Gardens von Toronto auftreten. Und sie hatte Glück im Unglück, wie Gerry Stickells meint. Er befürchtete nämlich, der Papierkram könnte soviel Zeit in Anspruch nehmen, daß sie das Konzert würden absagen müssen. »Aber der Detective meinte: ›Keine Angst, wir bringen das ganz schnell über die Bühne. Meine Kinder haben zwei Karten für das Konzert und bringen mich um, wenn er nicht auftritt.‹«

Wenn man die Umstände bedenkt, unter denen die Show stattfand, dann war Jimi in einer erstaunlich guten Verfassung. Er fand gegenüber dem Publikum einen witzigen und warmen Umgangston und verfiel, als die Verstärker für einige Augenblicke ein klassisches Konzert einfingen, in eine scherzhafte Imitation von Operngesang. Das Spiel der Band war guter Durchschnitt, vor allem in einem frei improvisierten Medley, das mit »Spanish Castle Magic« begann und über »Third Stone From the Sun« und »Little Miss Lover« wieder zum Anfang zurückführte. Jimi und Mitch woben Rhythmusmuster ineinander, und Mitch spielte eines seiner möglicherweise besten Soli. Jimi hat seine Texte oft spontan der jeweiligen Situation angepaßt. In der sanften, zurückhaltenden Version von »Red House« sang er: »Soon as I get out of jail, I wanna see her.«

Was also war passiert? Laut Mitch waren sie am Abend zuvor in Detroit gewarnt worden. »In der Cobo Hall ging das Gerücht um, daß es in Toronto Probleme geben würde. Die Roadies meinten: ›Checkt euer ganzes Gepäck und sichert euch ab, so daß niemand irgendwas bei euch deponieren kann.‹ Darum trug ich einen Wildlederanzug ohne Taschen und keine Unterwäsche; so konnte bei mir keiner was ›pflanzen‹. Was mich betrifft, so war die ganze Sache ein abgekartetes Spiel. Wer dahintersteckte, weiß ich nicht.« Mitch behauptet auch, man habe sie bereits am Flugzeug empfangen, in separate Zimmer geführt und untersucht.

Dem widerspricht der Bericht von Louis Goldblatt, Fahrer der Firma Celebrity Limousines, der am Flughafen auf Jimi wartete, um ihn durch Toronto zu kutschieren. Er berichtete dem »Rolling Stone« davon, wie er Zeuge des Vorfalls geworden sei und wie Jimi sich gegen eine Mauer gelehnt und ungläubig den Kopf geschüttelt habe. Jedenfall hatte Louis Goldblatt als Chauffeur von Stars schon ähnliche Vorfälle am Flughafen erlebt – dieser war ein bißchen ungewöhnlich. Normalerweise verhafteten am Flughafen nicht die Mounties [Spitzname der kanadischen Polizei] jemanden wegen Drogenbesitzes, denn das war Sache der Zollbeamten. Außerdem wurde die ganze Prozedur in aller Öffentlichkeit durchgeführt. Üblicherweise fand nach einem Fund die weitere Durchsuchung hinter verschlossenen Türen statt. Es sah also ganz so aus, als habe die Polizei eine Show inszeniert.

Aber auch ohne besondere Vorwarnung hätte die Band in Toronto mit Schwierigkeiten rechnen müssen, weil der Flughafen ein berüchtigter neuralgischer Punkt für einreisende Bands war: der dortige Zoll machte den Musikern generell das Leben schwer. Jedenfalls lautete eine goldene Tournee-Regel, daß der Star durch jeden Flughafen so sauber wie ein Kinderpo ging.

Madison Square Garden, New York City, 18. Mai 1969

Zudem wußte die Band seit langem, daß sie unter Beobachtung stand. Fast alle anderen namhaften Bands hatten nämlich bereits den Arm des Gesetzes zu spüren bekommen, nur die größte von allen, die Jimi Hendrix Experience, war bislang unbehelligt geblieben. Ende 1968, als die Band ein Haus im Benedict Canyon, Los Angeles, bewohnte, erhielt sie Besuch von drei Kriminalbeamten, die sie darauf hinwiesen, daß sie von einem Haus aus beobachtet wurde, das die Polizei oberhalb des Canyons gemietet hatte. Noel war nach diesem Besuch völlig durcheinander und rief Mitch im Whisky A Go Go an. Gemeinsam säuberten sie das ganze Haus, auch Jimis Zimmer, in dem sie zu ihrem Erstaunen ein reichhaltiges Sortiment von Drogen fanden, hauptsächlich Geschenke sogenannter Bewunderer. Die Botschaft der Polizei war unmißverständlich: »Wir haben vor, euch zu schnappen, aber wenn *wir* es nicht schaffen, dann eben ein anderer.«

Vor ihrem Konzert in Detroit war die Band in Los Angeles gewesen und hatte im »Beverly Rodeo«-Hotel gewohnt. Die Journalistin Sharon Lawrence, eine gute Freundin von Jimi und der Band, sagte später aus, Jimi habe über Kopfschmerzen geklagt. Jemand schlug vor, er solle etwas »Bromo«-Kopfschmerzpulver nehmen, und ein Mädchen reichte ihm etwas, das er, ohne es genauer anzuschauen, in seine Reisetasche steckte. Vermutlich hatte Jimi seine Tasche in Detroit nicht so genau gecheckt, wie man ihm geraten hatte, oder er hatte sie durchsucht und geglaubt, es würde sich bei den Päckchen um Kopfschmerzpulver handeln (was allerdings nicht den Haschisch-Fund erklärt). Unwahrscheinlich, daß Jimi das Heroin, falls er es entdeckte, auch benutzt hätte, denn Kathy Etchingham hat berichtet, Jimi habe mehrmals versucht, Heroin zu schnupfen; es sei ihm aber wie den meisten Anfängern schlecht davon geworden, und danach habe es ihn nicht mehr interessiert.

Bleibt die Frage, weshalb die Mounties auf Jimi gewartet hatten. Die Antwort liegt auf der Hand: Sie mußten gewußt haben, daß sich eine Durchsuchung lohnen würde. Jeder, der die Absicht hatte, bei Jimi etwas zu »pflanzen«, und sichergehen wollte, daß er in Toronto verhaftet wurde, hätte dies so kurz vor der Landung wie möglich tun müssen. Daher ist es eher unwahrscheinlich, daß man ihm die Sachen bereits in Los Angeles ins Gepäck geschmuggelt hatte. Womit wir bei Trixie Sullivan wären, die behauptet, ein männliches Groupie, das sich der Band angeschlossen hatte, habe die Drogen deponiert und dann der Polizei einen Hinweis gegeben – und zwar aus Rache, weil Jimi die sexuellen Avancen des Mannes ignoriert hatte. »Er war derjenige, der Jimi diesen Stoff in die Tasche gesteckt hat, denn so dumm war Jimi nun wirklich nicht.« Wenn das stimmt, dann war Jimi beim Verlassen des Flugzeugs in Toronto überzeugt, »sauber« zu sein, weil er wußte, daß er den L.A.-Stoff längst gefunden und weggeworfen hatte. Daher sein Erstaunen, als die Polizei trotzdem Drogen bei ihm fand.

Später flüsterten ihm einige Leute, daß möglicherweise Mike Jeffery hinter der Sache gesteckt hatte, der Jimi auf diese Weise noch enger an sich binden und verhindern wollte, daß er zu Chas zurückkehrte. Aber weshalb hätte Mike seine wichtigste Einkommensquelle einem solchen Risiko aussetzen sollen? Immerhin betrug die Höchststrafe für das Vergehen sieben Jahre Gefängnis. Und 1969 war man in der Rock-Branche noch immer der Überzeugung, daß morgen schon alles vorbei sein konnte. Aus diesem Grunde war auch kaum jemand an der künstlerischen Weiterentwicklung seiner Stars interessiert. Die meisten Manager schlossen für ihre Stars Verträge mit der Plattenfirma ab, die den größten Vorschuß hinblätterte. Das Motto lautete: »Her mit dem Geld und ab durch die Mitte!« Wäre Jimi wirklich für sieben Jahre aus dem Verkehr gezogen worden, welche Garantie hätte es gegeben, daß sich 1976 noch jemand an ihn erinnerte? Und das vorliegende Songmaterial reichte nicht aus, um die Veröffentlichung mehrerer Alben sicherzustellen, die nötig gewesen wären, um das Interesse über Jahre hinweg aufrechtzuerhalten. Jerry Morrison, Mikes »Papa Doc«-Connection, behauptet, Mike Jeffery habe ihn nach diesem Vorfall gebeten, für Jimi ein Haus im Norden des Staates New York ausfindig zu machen, wo man ihn gegen das, was Mike für »den schlechten Einfluß New Yorks« hielt, abschotten konnte.

Aber wie auch immer die Drogen in seine Tasche gekommen waren: für Jimi, der laut Eric Barrett durchs Leben ging, »als habe er gerade einen Flugzeugabsturz überlebt«, war dies eine schlimme Erfahrung. In dem Song »Stepping Stone«, den er später schrieb, bezog sich Jimi auf die Ereignisse und lieferte möglicherweise sogar einen Hinweis darauf, daß ihm der Stoff während des Fluges untergeschoben worden war: »Flying can't be trusted – got busted.« (»Fliegen ist gefährlich – wurde verhaftet.«)

Der Rest der Tour führte von Toronto nach New York und dann runter in den Süden nach Charlotte, North Carolina. Nach diesem Auftritt irrten zwei Fans herum, auf der Suche nach einer Party, die angeblich nach dem Konzert stattfinden sollte. Sie riefen in Jimis Hotel an und waren sehr erstaunt, direkt in sein Zimmer durchgestellt zu werden und ihn persönlich am Apparat zu haben (er hatte sich

Johnny Allen Hendrix, Seattle, 15. Januar 1946

Kentucky, 21. Dezember 1961

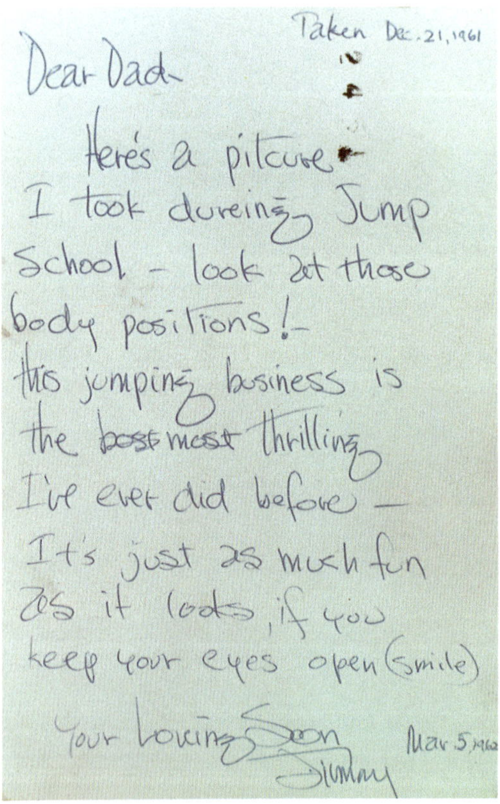
Taken Dec. 21, 1961

Dear Dad

Here's a pitcure I took dureing Jump School – look at those body positions! – this jumping business is the ~~best~~ most thrilling I've ever did before – It's just as much fun as it looks, if you keep your eyes open (smile)

Your Loving Son
Jimmy

Mar. 5, 1962

Jimis Großmutter Nora
an ihrem 95. Geburtstag in Seattle

Jimi und Al Hendrix,
Center Arena, Seattle, 12. Februar 1968

Jimi und Little Richard,
Fillmore, San Francisco,
zwischen Februar und Anfang April 1965

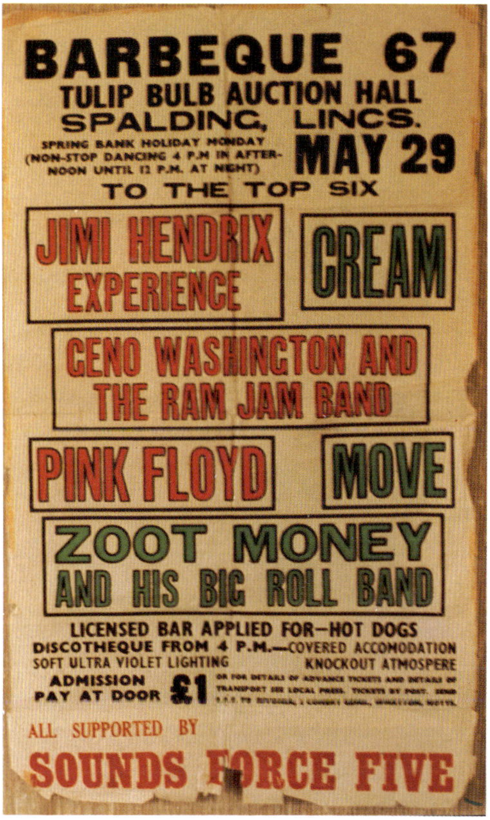

Und das alles für nur ein englisches Pfund!

Roger Mayer, Mitch, Jimi, Noel und Michael Goldstein, Tucson, Arizona, 6. Februar 1968

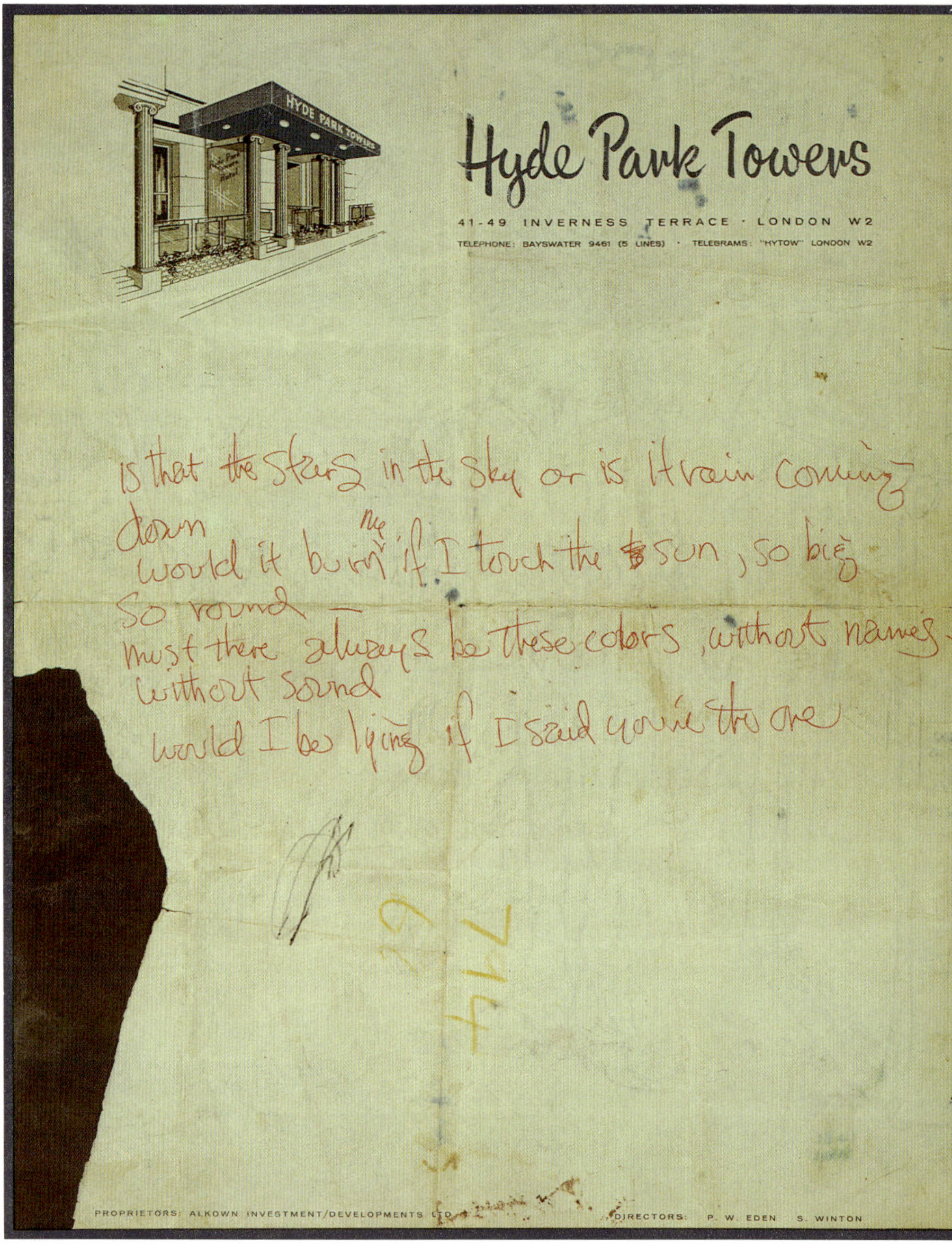

Hyde Park Towers

41-49 INVERNESS TERRACE · LONDON W2

TELEPHONE: BAYSWATER 9461 (5 LINES) · TELEGRAMS: "HYTOW" LONDON W2

is that the stars in the sky or is it rain coming down
would it burn me if I touch the sun, so big so round –
must there always be these colors, without names, without sound
would I be lying if I said you're the one

PROPRIETORS: ALKOWN INVESTMENT/DEVELOPMENTS LTD. DIRECTORS: P. W. EDEN S. WINTON

Fernsehaufnahmen, Zoniewoud, St. Pieters Woluwe, Belgien, 6. März 1967

Jimis Wohnung, London, Februar/März 1967

Hotel Europa, London, 16. September 1967

Jimi mit Rumiko Hoshika (Redakteurin des japanischen Rockmagazins »Music Life«), Hotel Europa, London, 16. September 1967

Studioproben, De Lane Lea Music Ltd., London, 23. Oktober 1967

Tempe, Arizona, 5. Februar 1968

Jam-Session, Wreck Bar, The Castaway Hotel, Miami, Florida, 20. Mai 1968

Kiel Auditorium, St. Louis, Missouri, 3. November 1968

Whisky A Go Go, Los Angeles, 18. September 1968

The Experience mit Jack Casady, Oakland Coliseum, Oakland, Kalifornien, 27. April 1969

»Newport '69«, Devonshire Downs, Kalifornien, 22. Juni 1969

»Woodstock Music And Art Fair«, Bethel, New York, 18. August 1969

Jazz-Straßenfestival, Harlem, New York City, 5. September 1969

Billy, Jimi und Larry
Shokan-Haus, im Norden des Staates New York, August/September 1969

Fillmore East, New York City, 31. Dezember 1969 (zweite Show)

»Second Atlanta International Pop Festival«, Byron, Georgia, 4. Juli 1970

Fehmarn, Deutschland, 6. September 1970

unter seinem eigenen Namen eingetragen). Ihm war nichts von einer Party bekannt, aber er lud sie zu sich ein. Er war niedergeschlagen, aber freundlich. Sie stellten ein paar kindliche Fragen, waren aber klug genug, ihn in Ruhe zu lassen, als sie merkten, wie müde er war. Es war nur ein Intermezzo auf einer Tournee: Da saß der berühmteste Rockstar der Welt, allein in einem Hotelzimmer, und opferte seine Zeit ein paar Fans von einer Zeitschrift namens »Inquisition«, die kaum einer kannte. Aber das war der wirkliche Jimi Hendrix!

Tags darauf waren sie in Charleston, West Virginia, und gaben vor dem Konzert dem Reporter Ray Brack von der »Charleston Gazette« ein Interview. Heute muß Mitch lachen, wenn er daran zurückdenkt, was sie in solchen Interviews über die Zukunft der Experience und die eigenen Projekte der einzelnen Bandmitglieder zum besten gaben: »Phantastereien«. Zwischen einigen ernsthaften Bemerkungen zum Thema Musik ließ Jimi auch den ganzen alten überholten Mist vom Stapel:

Das letzte gemeinsame Experience-Album werde in etwa einem Monat erscheinen. Es sei fix und fertig, und noch in diesem Monat, wenn sie in New York im Madison Square Garden auftraten, würden sie den Endmix machen. »Wir haben uns noch nicht für einen Titel entschieden«, erklärte Jimi, »aber ich glaube, daß es ›The End of the Beginning‹ heißen wird.«

Hendrix' erstes Solo-Album werde möglicherweise schon im Herbst veröffentlicht und solle auf jeden Fall »die neue Seite« zeigen. Außer aufsehenerregenden musikalischen Veränderungen plane er, einen neuen Typus von Hendrix-Song vorzustellen, mystisch und mit starker sozialer Aussage.

»Musik ist stärker als Politik«, meinte Jimi. »Ich fühle mit den Minderheiten, aber ich habe nicht das Gefühl, zu einer zu gehören. Einer der blödesten Sprüche ist für mich: ›Kein Mensch ist eine Insel‹. Jeder Mensch ist eine Insel, und Musik ist so ungefähr der einzige Weg, auf dem wir uns wirklich verständigen können. Diese Massenbewegung mit ihren ›Love‹-Sprüchen kann man vergessen. Da liegt nicht die Lösung. Damit wird kein Verständnis aufgebaut. Und ich wünschte mir, ich könnte das so deutlich sagen, daß es die Leute vom Stuhl haut.

Meine Songs sprechen auf verschiedene Weisen, aber wenn ich ›ich‹ sage, dann meine ich nicht mich selbst, sondern jeden, mit dem ich mich verstehe. Ich habe einen Song über Abtreibung, einen über Vietnam, einen Song zu fast jedem Problem. Und mein Song über die Studentenbewegung von heute sagt, daß die Kids durch ein Schlüsselloch schreien. Sie verhalten sich nicht wie Individuen.«

Mitch mischt sich ein, während Jimi seine Fender stimmt: »Wir wollen bestimmte Dinge machen. Ich zum Beispiel würde gern ein Konzert mit Miles Davis und Roland Kirk in der Carnegie Hall geben. Wir versuchen das gerade auf die Beine zu stellen. Wir können nicht einfach weiter diese Art von Konzert geben. So nach dem Motto: zuerst spielt die eine Band, danach spielen wir.«

Jimi: »Ich bin in dieser Gruppe tausendmal gestorben und immer wieder neu geboren worden. Aber irgendwann mußt du mit dir selbst ins reine kommen. Jeder

Mensch braucht am Tag fünf oder zehn Minuten für sich allein. Wenn diese Tournee vorbei ist und das Album fertig, werde ich einen langen Urlaub machen – vielleicht in Marokko oder Schweden oder einfach weit weg in den Bergen von Südkalifornien.

Nach einem Auftritt in Indianapolis kehrten sie nach New York zurück, wo Jimi sofort im sicheren Schoß des Record Plant untertauchte. Dort war er vor der Polizei, dem Management und der Presse sicher. Hier hatte er das Sagen. Er traf sich mit Billy Cox, der auf Jimis Wunsch nach New York gekommen war. Aber noch war die Zeit nicht reif, daß Billy Cox Noel hätte ersetzen können, wie es Jimi vorhatte, denn es standen noch etliche Konzerte ins Haus. Aber Jimi wollte mit Billy zumindest im Studio, unter Ausschluß der Öffentlichkeit, arbeiten. Mitch teilte sich mit dem früheren Miles-Davis-Schlagzeuger Tony Williams eine Wohnung. »Ich überredete ihn, mit Jimi zu spielen. Leider kamen sie nicht besonders gut miteinander klar, aber all diese Musiker probierten es ja immer auch mal mit anderen . . . Und sieh nur, was wir dabei alles gelernt haben.« Damals stellte Williams gerade seine Lifetime zusammen, eine außergewöhnliche Band mit Riesentalenten wie Jack Bruce, John McLaughlin und dem Organisten Larry Young. Jimi hatte schon einzeln mit Jack und John gejammt, und nun brachte Mitch auch noch Larry zu einer Session ins Record Plant mit. Einen Teil des Ergebnisses dieser Zusammenarbeit kann man auf dem Album »Nine To The Universe« hören, das einen völlig anderen Jimi präsentiert als den, der sich Abend für Abend »Purple Haze« abringen mußte. Jimi brillierte mit ausgezeichnetem Oktavspiel und genoß den musikalischen Freiraum und die Gesellschaft gleichgesinnter Top-Musiker.

Am nächsten Abend herrschte jedoch schon wieder eine völlig andere Stimmung. Jimi brachte Johnny Winter, Stephen Stills am Baß und dessen Schlagzeuger Dallas Taylor zusammen. Sie spielten »The Things I Used To Do« von Guitar Slim, ein ideales Stück für das Blues-Album, das Jimi ebenfalls plante. Der Albino aus dem Süden und der Schwarze aus dem Norden hatten großen Respekt voreinander. »Ich war ein Hendrix-Groupie, und er war ein Johnny-Winter-Groupie.« Sie jammten im »Scene«-Club, der Johnny Winters Manager Steve Paul gehörte, und waren zusammen, so oft es ging. »Damals war Jimi von dem alten Bottleneck-Bluesstil echt fasziniert. Deshalb gingen wir zusammen ins ›Record Plant‹-Studio . . ., ließen den Toningenieur die Bandmaschine anwerfen und fingen einfach an zu spielen . . . Dem Mann konnte man wirklich nichts Neues mehr beibringen. Jimi sah mir einfach zu, wie ich den Flaschenhals beim Spielen einsetzte. Ich schätze, daß Jimi und ich an diesem Tag mindestens zwei oder drei Stunden zusammen gespielt haben.«[2] Steve Stills hingegen war so betrunken, »daß ich kaum sehen konnte. Nach 'ner Weile beugte sich Jimi zu mir rüber und schubste mich mit seiner Gitarre. Dann legte er persönlich meine Hand auf den Baß. Ich griff einen ganzen Bund daneben . . . Ich starb fast vor Verlegenheit.«[3]

Obwohl sich Jimi Gedanken über eine musikalische Richtungsänderung machte, blieb er dem Blues doch immer treu, wenn auch nicht unbedingt seinen traditionellen Strukturen.

> Wenn ich oben in meinem Zimmer war und die Erwachsenen unten ihre Parties feierten und Muddy Waters, Elmore James, Howlin' Wolf und Ray Charles hörten, schlich ich mich anschließend runter, aß Kartoffelchips und rauchte die Kippen. Der Sound war – nicht »böse«, nur irgendwie fett.
>
> Die Basis ist für mich die Gitarre, die Stimme ist nur eine zusätzliche Möglich-

keit, das rüberzubringen, was ich musikalisch mache. Es fällt mir heute schwer, noch in Begriffen wie »Blues« zu denken. So viele Bands sind auf den Blues-Zug aufgesprungen . . . Der Blues ist einfach zu spielen, aber schwer zu fühlen. Der Hintergrund unserer Musik ist dieses spirituelle Blues-Ding. Blues ist ein Teil Amerikas.[4]

Am 23. Mai 1969 war Jimi wieder zu Hause in Seattle, wo er vor 15 000 Leuten im Seattle Coliseum auftrat. Das Konzert lief gut. Und Jimi spielte mit wesentlich mehr Enthusiasmus als bei seinem letzten Auftritt in seiner Heimatstadt. Er war an diesem Abend gut in Form und hatte zum Publikum einen ähnlich guten Kontakt wie in Toronto. Janine Gressel schrieb im »Seattle Post-Intelligencer«: »Er vermittelte einem wirklich den Eindruck, daß es ohne die Musiker oder das Publikum auch keine Experience geben würde – eine zutreffende, wenn auch selten akzeptierte Theorie.« Sie gab zu, daß ihr keine originellen Superlative einfielen, und beschloß ihren Artikel mit den Worten: »Hendrix' Gitarre scheint ein verlängerter Teil seines Körpers zu sein, und die merkwürdigen Positionen, aus denen er sie mitunter spielt, scheinen von seinen Gefühlen diktiert zu werden, ganz so, als könne seine Gitarre, solange er sie auf die übliche Weise hält, seine aus ihm hervorbrechenden Gefühle nicht ausdrücken. Man bekam den Eindruck, als würde die Musik auch ohne Gitarre aus seinem Körper herausfließen – als sei das Instrument im Grunde völlig überflüssig.«[5] Als Vorgruppe spielten, wie fast auf der gesamten Tournee, Fat Mattress. Ihr Bassist Jimmy Leverton beobachtete Jimis Auftritt aus den Kulissen: »Das Stadion besaß eine Glaskuppel und eine Drehbühne in der Mitte. Er spielte auf seiner weißen Stratocaster, er spielte wirklich scharf und ätzend. Über ihm flackerten die Scheinwerfer. Der ganze Ort – es war ein großartiger Effekt! Wie Steven Spielberg an der Lichtanlage! Ein beeindruckendes Erlebnis. ›Gute Lightshow‹, sagte Jimi danach.«

Jimis Enthusiasmus hielt bis zum folgenden Abend in der Sports Arena von San Diego an. Es gab keine Überraschungen, keine neuen Songs, aber es war eines jener Konzerte, in denen alles hübsch dahinfloß, was sich in seiner vielleicht besten Version von »Red House« zeigte, die man auf dem Album »Hendrix In The West« hören kann. Dennoch konnte sich das Underground-Magazin »Door« aus San Diego für die Stärken dieser Musik nicht erwärmen; stattdessen kritisierte es die hohen Eintrittspreise von 5,50 Dollar und die Höhe der Gesamteinnahmen von 35 000 Dollar: »Es ist wahr, liebe Kinder, unsere HELDEN bescheißen uns! . . . Hendrix und die anderen haben sich an die amerikanische Norm von Glück und Erfolg verkauft. Die Unkorrumpierbaren sind korrupt geworden.« Wer nun aber denkt, daß »Door« auf der Seite der Kids war, die das System stürzen, die verhaßten Kapitalisten schlagen und umsonst ins Konzert kommen wollten, irrt sich gewaltig: »Die zweite Größe in dieser unheiligen Dreifaltigkeit (raffgierige Bands und Bullen sind die beiden anderen!) stellen die Kids dar, die versuchten, umsonst reinzukommen . . . Nur weil diese Abgefuckten ihren Kopf nicht genügend beisammen hatten, um entweder Geld oder eine Eintrittskarte vor dem Konzert zu organisieren, kriegten sie gleich einen Koller.«[6] Manchen Leuten kann man es einfach nicht recht machen.

Der offizielle Teil der Tournee ging in Hawaii zu Ende. Jimmy Leverton berichtet, daß »Mike Jeffery und die Tour-Veranstalter Fat Mattress nicht mit nach Hawaii nehmen wollten, so nach dem Motto: Reine Geldverschwendung, wir brauchen sie nicht. Aber Jimi meinte: ›Nun hört mal, sie haben die Scheiße abgekriegt, nun sollen sie auch was von der guten Seite sehen!‹ Ich fand das echt toll von ihm. Das war wirklich großartig.«

Zwischen den Konzerten hatten sie eine Menge Spaß, aber der erste Auftritt war eine Katastrophe, weil Jimi von einem brummenden Verstärker fast zum Wahnsinn getrieben wurde. Er spielte sechs Stücke, verschwand für eine fünfzigminütige Pause von der Bühne und kam nicht wieder. Die zweite Show verlief ohne Probleme, während die dritte der ersten glich. Anschließend flog Noel nach London zurück und schmollte drei Wochen lang bis zum Newport Pop Festival von Devonshire Downs in Northridge, Kalifornien, bei dem sie für ihren Auftritt die enorme Summe von 100 000 Dollar kassierten.

Jimi trieb sich bis dahin in Los Angeles herum und stand in einer Reihe von Interviews im »Beverly Rodeo«-Hotel in Hollywood den Reportern Rede und Antwort. Das Interview, das Jerry Hopkins für den »Rolling Stone« mit ihm führte (es fand am 8. Juni statt, wurde aber erst in der Ausgabe vom 12. Juli veröffentlicht), bestätigte die Gerüchte, daß es mit der Original-Experience vorbei war. Jimi hatte Hopkins wohl schon vor dem Interview erzählt, daß Billy Cox sein neuer Bassist sei, denn im Artikel selbst tauchte keine diesbezügliche Frage von Hopkins auf. Dort hieß es nur: »Kannst du außer Billy Cox noch irgendwelche Namen nennen?« Hendrix antwortete: »Albert Allen wird ein paar Songs schreiben, er ist einer von den Twins. Sein Zwillingsbruder kommt gerade wieder auf die Beine.«

Mittlerweile bereute Jimi offenbar, daß er das Wort »Church«

in Verbindung mit seinem neuen Sound verwendet hatte, – »Sky Church« für Open-Air-Konzerte, »Electric Church« für Hallenkonzerte. »Ich mag den Namen ›Church‹ nicht mehr, er klingt zu sehr nach Gospel, zu verschwitzt. Da denkt man gleich an eine Person, die auf dem Boden kniet und betet. Aber bis wir einen besseren gefunden haben, werden wir ihn wohl weiter benutzen müssen, verstehst du . . .«

Wer sonst noch in seiner neuen Formation spielen würde, wollte Jimi nicht verraten: »Laß uns nicht darauf herumreiten, Personen und so weiter . . . Allein die Form der Musik ist wichtig, davon gehen wir aus. Du wirst es dann sehen, wenn wir auf der Bühne stehen und uns zum ersten Mal vorstellen.«

Ritchie Yorke vom »Globe and Mail« in Toronto und der »Los Angeles Times« erzählte er am 19. Juni, daß es keine von Hendrix angeführte »Supergroup« geben werde:

> Ich habe vor, in meinen Sessions von jetzt an verschiedene Leute auftreten zu lassen, ihre Namen sind nicht wichtig. Sie würden sie sowieso nicht kennen. Es macht mich echt fertig, daß so viele Leute hungern müssen, Musiker, die zweimal so gut sind wie die großen Namen. Ich möchte gern etwas dagegen unternehmen.
>
> Im Grunde bin ich nur ein Schauspieler. Der einzige Unterschied zwischen mir und den Typen aus Hollywood ist der, daß ich meine eigenen Drehbücher schreibe. Ich sehe mich in erster Linie und hauptsächlich als Musiker. Mein Anfangserfolg war ein Schritt in die richtige Richtung, aber er war nur ein Schritt, nur eine kleine Veränderung. Jetzt plane ich, mich mit anderen Dingen zu beschäftigen. Vor ein paar Jahren wollte ich nur gehört werden. ›Laßt mich rein!‹, darum ging es. Jetzt versuche ich, den besten Weg herauszufinden, um gehört zu werden.

Bis zu diesem Zeitpunkt war das Newport Pop Festival, das vom 20. bis 22. Juni stattfand, eines der größten Ereignisse seiner Art. Zu den Bands und Solisten, die auftraten, gehörten Spirit, Joe Cocker, Creedence Clearwater Revival, Steppenwolf, Jethro Tull, Eric Burdon, The Rascals, Johnny Winter und The Byrds. Marvin Gaye und Ike & Tina Turner zählten zu den großen schwarzen Acts des Festivalprogramms. Jimi war als absoluter Star des Eröffnungsabends eingeplant, aber von Anfang an war deutlich zu spüren, daß er nicht die geringste Lust hatte, an diesem Abend vor mehreren tausend Leuten aufzutreten. Mit ziemlicher Sicherheit hatte seine Stimmung mit zwei persönlichen Problemen zu tun.

Am Tag vor seinem Auftritt mußte Jimi nach Toronto fliegen, um zu einer ersten Anhörung in seinem Drogenfall vor Richter Robert

Taylor zu erscheinen. Das Gericht verkündete ordnungsgemäß, daß Jimi am 8. Dezember wegen zweifachen Drogenbesitzes der Prozeß gemacht werden würde. Damit waren immerhin die Gerüchte vom Tisch, Jimi könnte eventuell wegen wesentlich schwerwiegenderer Vergehen angeklagt werden, nämlich wegen Schmuggels und Drogenhandels. Die Kautionssumme wurde auf 10000 Dollar festgesetzt, und für den Rest des Jahres sollte nun über Jimi ein Damoklesschwert hängen.

Kurz bevor die Experience auf die Bühne sollte, betrat Noel den Wohnwagen der Band, der als Garderobe diente. Dort fand er Jimi mit ungefähr acht Typen vor, die behaupteten, zu den Black Panthers zu gehören. Jimi schien Todesangst zu haben und war sehr erleichtert, Noel zu sehen. Aber welche Chance hätte ein schmales Hemd wie Noel gegen diese Kleiderschränke gehabt? Glücklicherweise zogen die Besucher freiwillig ab.

Die Black Panther Party von Oakland, Kalifornien, war 1967 von jungen schwarzen Politaktivisten gegründet worden, die Martin Luther Kings pazifistischen Standpunkt ablehnten. Diese Haltung hatte den Schwarzen ihrer Meinung nach zu keiner Zeit die Freiheit und Gleichberechtigung gebracht, die ihnen als rechtschaffenen amerikanischen Bürgern laut Verfassung zustand. Sie waren überzeugt, eine gewalttätige Revolution sei der einzige Weg, der weißen Gesellschaft diese Rechte abzuringen. Und sie verachteten jeden Schwarzen, der eine einflußreiche Position besaß und ihre Sache nicht unterstützte. Zum ersten Mal erschienen die Panthers am 2. Mai 1967 auf der Bildfläche, als zwei Dutzend schwerbewaffnete Mitglieder ins California State Assembly marschierten und gegen das geplante Waffenverbot protestierten. Ein Jahr später wurde Martin Luther King von einem Weißen erschossen, und von diesem Moment an sahen die Panthers ihren bewaffneten Kampf als gerechtfertigt an. Ihr Hauptangriffsziel war das FBI, das in bezug auf die Panthers ein sehr ausgeklügeltes Zersetzungsprogramm entwickelt hatte, das sogenannte COINTELPRO, das schließlich zu einer tödlichen und blutigen Auseinandersetzung zwischen zwei führenden Panthers, Huey Newton und Eldridge Cleaver, führte. Was die Panthers am dringendsten brauchten, war Geld.

Trixie Sullivan erinnert sich an einen Abend im Fillmore West: »Diese zwei schwarzen Typen kamen rein . . . Die waren verdammt hart drauf, und das ist kein Witz – sie beschimpften Jimi als weißen Nigger und Gott-weiß-was-noch-alles. Bill Graham erschien und warf sie raus.« »Die Black Panthers tauchten ständig auf, weil sie hinter

Geld her waren«, sagt Jimmy Leverton. »Ich durfte nicht in die Nähe, aber hinter der Bühne war es echt gefährlich: ›Geh da bloß nicht rein!‹, und so weiter.

Sie riefen sogar in Jimis Londoner Wohnung an, um Kathy unter Druck zu setzen, da sie wußten, daß Jimi auf Amerika-Tournee war. »Offenbar hatte Jimi ihnen Geld versprochen, und sie wollten, daß ich ihnen den Scheck ausstellte. Aber ich weigerte mich. Ungefähr ein oder zwei Tage später riefen sie wieder an und sagten: ›Warum schiebst du nicht deinen weißen Arsch aus dieser Wohnung?‹ Als ich das Jimi erzählte, flippte er total aus, er war unglaublich wütend. Ich hatte ihn noch nie so wütend gesehen.« Kathy ging zur Polizei, aber die wußte auch keinen Rat.

Es war nur logisch, daß die Panthers einen der prominentesten schwarzen Stars der Welt unter Druck setzten. Jimi hatte jedoch zu keiner Zeit besonderes Interesse, sich in die Politik der Schwarzen einzumischen. Er benutzte Musik, um politische Aussagen zu machen – Songs wie »House Burning Down« und unvollendete Fragmente wie »Peace In Mississippi« und »Captain Coconut«, eigentlich »MLK« (Martin Luther King) betitelt. Wenn überhaupt jemandem, dann galten seine Sympathien eher den amerikanischen Indianern als den Schwarzen. Während eines Konzerts ließ er in den Song »I Don't Live Today« ein ironisches Zitat aus der amerikanischen Nationalhymne »The Star Spangled Banner« einfließen.

Trotzdem war er bereit, in begrenztem Umfang Unterstützung zu leisten, selbst für sogenannte »positive Aktionen« der Panthers, nicht zuletzt, weil ihm dies die Zustimmung der Schwarzen eintragen konnte, die sich bisher für seine Musik nicht besonders interessiert hatten. Ihre Unterstützung konnte für den weiteren Verlauf seiner Karriere noch von Bedeutung sein, gerade jetzt, da er seine Musik um »freiere« und »schwärzere« Elemente zu erweitern versuchte. Abgesehen davon hatte Jimi seine schwarzen Wurzeln nie verleugnet, weder musikalisch noch emotional, und daß die Panthers ihn verächtlich als ›Kokosnuß‹ beschimpften (außen dunkel, innen weiß), tat schon weh. Im Januar 1969 veröffentlichte die Zeitschrift »Teenset« einen Artikel unter der Überschrift: »Jimi Hendrix, Black Power und Geld«, in dem sich Jimi für militante Aktionen dort aussprach, wo friedlicher Protest mehrmals versagt hatte: »Dann hol dir deine Black Panthers – nicht, um jemanden umbringen, aber um ihnen angst zu machen. Es ist schwer zu sagen . . . Ich weiß, es klingt nach Krieg, aber es muß wohl passieren, es muß ein Krieg geführt werden, wenn es keiner friedlich schafft. Genauso selbstverständlich, wie man sagt:

›Make Love Not War‹ und all solche Sachen. Aber dann wirst du wieder mit der Realität konfrontiert, und da treiben sich wirklich eine Reihe übler Gestalten rum, und die wollen, daß man passiv bleibt, schwach und friedlich, damit sie dich so leicht schlucken können wie die Marmelade auf dem Brot . . . Feuer muß mit Feuer bekämpft werden.« Was auch immer Jimi damit sagen wollte, eines ist sicher: Er hatte mit der falschen Zeitschrift gesprochen. Kein schwarzer Jugendlicher von der Straße las »Teenset«.

Immer wenn er in New York war, frischte Jimi seine Freundschaft mit Albert und Arthur Allen auf, den Zwillingen, mit denen er und Fay sich früher ein gemeinsames Haus geteilt hatten. Arthur hatte Fay inzwischen geheiratet, und die beiden Brüder sollten in Jimis Zukunft noch eine Rolle spielen. Arthur erzählt folgende Geschichte:

> Jimi sprach nie in Begriffen wie Hautfarbe. Er hatte es nicht so mit Hautfarben . . . Einmal gingen wir zu Fuß in Richtung 8th Street . . . Wir quatschten über alles mögliche. Und da stand dieser Typ und verkaufte Black-Panther-Zeitungen. »Black Panther, Black Panther, Brüder.« Ich ging also vorbei, war mit meinen Gedanken ganz woanders . . . Aber Jimi bekam es mit . . . Er ging *sofort* über die Straße und kaufte die Zeitung. *Sofort,* verstehst du? Also, Albert und ich, wir sahen uns an, und der Typ sagte: »Oh, wow, Brüder! Jimi Hendrix kauft die Zeitung, die Black Panther-Zeitung, und ihr nicht?« Darauf wir: »Ja, nun, Jimi Hendrix hat sie gekauft, weil er sie haben wollte. Wir wollen sie nicht.« Aber dann sah uns Jimi mit so einem Blick an, als wollte er sagen, ich hab' die Zeitung doch nur gekauft, um euch zu beeindrucken.[7]

Jimi Hendrix wurde in Newport mit stürmischem Beifall begrüßt, aber seine Stimmung war im Keller. Nach all seinen Erfahrungen reagierte er äußerst ungnädig, wenn die Zuschauer in den ruhigeren Momenten seiner Musik nicht zuhörten, zum Beispiel während der Einleitung zu dem langsamen Blues »Getting My Heart Back Together Again«. Jimi begann zu spielen, hörte dann aber plötzlich auf. »Schert euch zum Teufel!« Er fing noch einmal an und unterbrach wieder. »Also, ich hoffe nur, daß wir hier nicht vor einer Horde wilder Tiere spielen, also, dann benehmt euch auch nicht so. Lehnt euch zurück, okay, denn ihr macht uns wirklich verrückt, versteht ihr? Es ist für uns echt mies, wenn wir uns so unter Druck fühlen, während wir versuchen, euch ein gutes Feeling zu geben und all diesen Mist . . . Ich will einfach nur Gitarre spielen, danke.«

Er machte einen Versuch, den Song zu erklären, gab dann aber auf. »Ihr habt euch gerade selbst einen reingewürgt. Fickt euch ins Knie!« Und dann spielte er den größten Teil des Konzerts mit dem Rücken zum Publikum.

Jimi muß wegen dieses Auftritts am Freitagabend ein sehr schlechtes Gewissen gehabt haben, denn am Sonntag spielte er eine fast zweistündige Jam-Session mit Buddy Miles, Eric Burdon und einer neuen Band, Mother Earth, die von einer Janis-Joplin-ähnlichen Sängerin namens Tracy Nelson angeführt wurde. Irgendwann meinte Buddy Miles: »Wir wollen's nicht übertreiben.« Aber Jimi spielte einfach weiter. Für den Kunstredakteur der Zeitschrift »Image« aus Los Angeles war es das eindrucksvollste Rock-Ereignis, das er je erlebt hatte:

> Er schien das Instrument und seine schier unbegrenzten Möglichkeiten besser zu kennen als jeder andere Elektrogitarrist, der je gelebt hat. Nur ab und zu hörte er auf, um anderen Musikern Freiraum zu geben – und er wiederholte nicht ein einziges Riff. Seine Kreativität war geradezu furchterregend, man verfolgte, wie er stilistisch vom Blues zum Jazz und zum Rock und weiter zum Rhythm 'n' Blues oder zu was auch immer wechselte, und all das mit einer unglaublichen Leichtigkeit. Hendrix war Wes Montgomery, B. B. King, Eric Clapton und alle, die man sich nur vorstellen kann, zusammengeballt in ein einziges Paket künstlerischen Furors.
>
> Es war, als sei Hendrix in die abgründigste musikalische Dimension durchgebrochen, die ein Sterblicher erreichen kann – geleitet von den derzeit perfektesten Lehren des improvisierten Komponierens und auf ihrer allerhöchsten Stufe. Mann, Hendrix spielte wie ein Gott.[8]

Seit 1968 war es auf den Straßen amerikanischer Städte zu Szenen zivilen Ungehorsams gekommen, wie man sie in der Geschichte des Landes noch nicht erlebt hatte. Zu den bereits gewohnten Unruhen in den schwarzen Ghettos kam nun auch der Protest der weißen Jugend gegen den Vietnamkrieg hinzu. Polizei und Nationalgarde reagierten auf die in ihren Augen organisierten und direkten Angriffe auf die Autorität des Staates immer gewalttätiger. Natürlich sprang der Funke dieser Auseinandersetzung auch auf die Rockmusik über, die bei den inzwischen populären riesigen Festivals Tausende von Jugendlichen anzog. Da wurden Sicherheitsvorkehrungen zu einem notwendigen Übel, für die Künstler, damit sie auf der Bühne nicht von Fans niedergerannt wurden, und für die Veranstalter, die sich von jenen, die Zäune einrissen, um kostenlos auf das Gelände zu gelangen, um ihren Profit gebracht sahen. Ja, gelegentlich mußte man sogar das Publikum vor sich selbst schützen. Aber die Qualität der Ordnungskräfte variierte enorm; mal waren es ganz normale Polizisten, mal lokale Motorrad-Gangs, die von den Organisatoren »eingekauft« wurden, damit sie keinen Ärger machten. Die Gangs waren auf Schlägereien aus, die Polizisten waren völlig verwirrt von dem, was um sie herum geschah, und legten deshalb eine grimmige Entschlossenheit an den Tag, Köpfe einzuschlagen, wo und wann immer sie es für notwendig hielten. Am schlimmsten waren die Zusammenstöße zwischen den Hütern des Gesetzes und jenen, die versuchten, Konzerte zu stürmen, weil sie fanden, Rockmusik sei eine Sache des Volkes und müsse deshalb gratis sein, oder weil sie schlicht pleite waren. Meistens trafen beide Gründe zu. Und Jimi Hendrix war nun mal, ob er es wollte oder nicht, eines der einflußreichsten Idole der USA, dessen Image eine Kombination aus Ghetto-Straßenkämpfer, Psychedelic-Freak und heldenhaftem Indianerkrieger darstellte.

Die Funken, die auf der Bühne flogen, setzten oft ein Publikum in Brand, das sich dank Jimis umwerfendem Charisma ohnehin bereits im Fieberrausch befand. Nicht selten drohten Fans die Experience einfach über den Haufen zu rennen, so etwa im April in Dallas, wo es fast zu einem Aufstand kam, als Jimi seine aufpeitschende Version von »The Star Spangled Banner« spielte. Gerry Stickells mußte deshalb stets den kürzesten Weg aus der Halle auskundschaften.

Am Wochenende nach Newport fand im »Mile High«-Stadion in Denver, Colorado, ein weiteres dreitägiges Rockfestival statt. Als Höhepunkt des letzten Tages stand die Experience auf dem Programm. Es war der Abschluß ihrer Amerika-Tournee und ein weiterer Auftritt für eine sechsstellige Summe. Und es gab wieder die üblichen Probleme mit Leuten, die die Halle stürmen wollten. Am Freitag kam es nur zu kleineren Rangeleien, aber am Samstag, dem bei Temperaturen von 35 Grad heißesten Tag des Jahres in Denver, passierte ein ernsthafter Zwischenfall am südwestlichen Eingang des Stadions. Die Polizei schoß mit Tränengas auf etwa 500 Hallenstürmer, die die Patronen einfach zurückwarfen und damit einen Großteil der Menge mit Gas einnebelten. Gegen sieben Uhr am darauffolgenden Abend geschah das gleiche noch einmal, woraufhin eine zweistündige Schlacht zwischen der Polizei und den Leuten auf dem Parkplatz entbrannte. Als die Experience die Bühne betrat, lag ein gefährliches Knistern in der Nachtluft. Aber Jimi fühlte sich gut – er hatte mit einem Freund namens Herbert Worthington, der ihn von der Bühnenseite aus beobachtete, etwas LSD eingeworfen. »Jimi begann ›Spanish Castle Magic‹ zu singen, und ich war high. Ich war so glücklich – es war wahrscheinlich einer der glücklichsten Momente in meinem Leben! –, mit einem Engel [Jimi] zusammenzusein und an jeder

Seite eine Frau zu haben. Ich bekam einen dieser LSD-Lachanfälle.« Jimi sah zu Herbert hinüber, merkte, daß auch er total auf LSD war, und wollte etwas zu Herbert sagen, schaffte es aber nicht.

Jimi mit Herbert Worthington, Hollywood, 28. Juni 1969

Während des letzten Songs rannte ein Teil der Menge über das Feld in Richtung Bühne. Herbert hatte Angst um Jimi. »Die Kids sprangen über die Zäune und rannten auf ihn zu, und da ich total high war, war mein Gefühl um so stärker, daß Jimi verletzt werden könnte. Ich rannte die Treppen zur Bühne hoch und schrie: ›Tut ihm nichts, tut ihm nichts, seid vorsichtig, seid vorsichtig!‹ Rechts von mir stand der Lastwagen bereit, und ich sah, daß Noel und Mitch schon drinsaßen. Jimi rief: ›Komm schon, komm schon!‹ Und ich rannte, um in den Lastwagen zu kommen. Die Kids kletterten aufs Dach und schrien:

›Wir lieben dich, wir lieben dich!‹« Aber das eigentliche Drama dieses Abends war, daß Jimi, bevor er die Bühne verließ, verkündete: »Dies war das allerletzte Konzert, das wir zusammen gespielt haben!« Für jeden, der mit der Band zu tun hatte, war es der absolute Schock. Gerry Stickells: »Er hatte mit niemandem darüber gesprochen.«

Kurz nach diesem Konzert flog Noel nach London zurück und gab bekannt, daß er die Band verlassen habe. Dem Magazin »Disc and Music Echo« erklärte er: »Ich wollte Hendrix in diesem Jahr ohnehin verlassen, weil ich anfing, mich fürchterlich zu langweilen. Und dann, auf unserer letzten Tour in Amerika, genauer gesagt: in Denver, lasen wir, daß Jimi die Band vergrößern wollte, und über Gerüchte von meinem bevorstehenden Ausstieg, von denen nicht mal ich etwas gehört hatte. Also ging ich einfach.«[9]

Später erzählte er, irgend jemand habe ihn vor dem Konzert gefragt, ob er noch in der Band sei, da man von Jimi gehört habe, er habe bereits einen neuen Bassisten engagiert. In dem Augenblick, da Jimi die Neuigkeit vor 30 000 Zuschauern bekanntgab, war das Ende der Experience beschlossene Sache. Nach der zeitweiligen Auflösung im Jahr 1968 mußte jedem klar gewesen sein, daß der endgültige Split nur noch eine Frage der Zeit war. Mike hatte Jimi beschwatzt, weiterzumachen, weil die Sommer-Termine schon gebucht waren; aber die waren nun vorbei. Trotzdem hoffte wohl jeder im Hendrix-Lager (außer Jimi) darauf, daß der Erfolgszug noch einmal unter Dampf geriet und weiterratterte – wenigstens für ein paar 100 000-Dollar-Auftritte.

Ich kann nicht mehr so Gitarre spielen, wie ich möchte. Wenn ich auf der Bühne spiele, bin ich sehr frustriert. Wahrscheinlich, weil es nur drei Leute sind . . . Wir arbeiten gerade an mehreren schwierigen Stücken, die aber genau auf den Punkt kommen. Man kann immer über Liebe singen und über die verschiedenen Situationen von Liebe, aber im Augenblick versuchen wir, Lösungen für die ganzen Proteste zu finden, verstehst du, für die Streitigkeiten, die es wegen unserer heutigen Welt gibt. Deshalb versuchen wir, unsere eigene bescheidene Meinung darüber klarzumachen, in ganz einfachen Worten, weißt du. Protestieren kann jeder, aber die wenigsten haben eine klare Antwort zu bieten. Also versuchen wir das zu machen, so, wie wir es schon auf »Are You Experienced?« versucht haben . . . Wo wir auch hinkommen, überall erwarten die Leute von uns eine Art Antwort auf das, was mit ihnen passiert. Das ist natürlich ein schönes Gefühl, aber es ist sehr schwer, und dafür habe ich mein Leben zu leben, verstehst du, ich muß all die guten und schlechten Szenen miterleben, und nicht nur Bücher lesen und so was. Und darum versuche ich, all diese Worte für einen guten, starken Song zusammenzubekommen, für einen unmißverständlichen Song, verstehst du, um ihnen so richtig die Meinung zu sagen. (Radio-Interview, Stockholm, 9. Januar 1969.)

Jimi hatte sich schon seit längerem auf diesen Tag vorbereitet, aber als es soweit war, hatte er Angst, Noel zu verletzen, und auch Zweifel, ob er das Richtige tat. Herbert Worthington erinnert sich, wie Jimi am Tag nach Denver in sein Hotelzimmer kam und sagte: »›Ich muß nach New York zurück, es ist etwas dazwischengekommen.‹ Damals wußte ich noch nicht, daß Noel ausgestiegen war, aber Jimi war offensichtlich ziemlich besorgt, er war sehr nervös deswegen.«

Jimi schwebte anstelle der mächtigen Rockmusik des Trios ein freierer und experimentellerer Stil vor. Er wollte, ganz im Sinne seiner Electric Church, eine Gemeinschaft von Musikern aufbauen, die für seine Ideen offen war und mit der er Dinge ausprobieren konnte, ohne irgendwelche frontalen Zusammenstöße von Egos zu provozieren. Arkestra, die Free-Jazz-Formation von Sun Ra, war dafür ein gutes Modell. Diese New Yorker Kooperative investierte ihre gesamten Einnahmen aus Konzerten und Sessions in Plattenaufnahmen. Sun Ra war zwar ein autoritärer Zuchtmeister, konnte sich aber in einem Maße auf die Loyalität seiner Musiker verlassen wie sonst nur noch Duke Ellington. Jimi und Sun Ra hatten dieselbe musikalische Vision; beide waren beeinflußt von Science Fiction und Kosmologie, die sie als Vehikel für ihre persönliche Flucht vor dem kritischen Zustand der Menschheit benutzten. In den Programmanmerkungen für ein Konzert, das 1970 in London stattfand, schrieb Sun Ra:

> Ich habe die intergalaktische Musik ausgewählt oder sie mich. Intergalaktische Musik beschreibt die Musik der Galaxien. Sie beschreibt intergalaktische Gedanken und . . . Reisen, deshalb liegt sie wirklich außerhalb des Bereichs der Zukunft am Wendepunkt zum Unmöglichen. Aber dennoch existiert sie, was die Astronomie bezeugt . . . Ich male mit meiner Musik im Grunde Bilder von der Unendlichkeit, und das ist der Grund, weshalb sie viele Menschen nicht verstehen.
>
> Das eigentliche Ziel von Musik ist, den Geist der Menschen in Einklang zu bringen, damit er sich um eine bessere Welt und um eine intelligentere Einstellung zur lebendigen Zukunft bemüht.

Jimi stellte sich für ein eigenes »Arkestra« einen ganz bestimmten Musikertypus vor. Es mußten nicht die besten Instrumentalisten sein, im Gegenteil; ihm war es wohl wichtiger, daß sie es *nicht* waren, weil er ähnliche Streitigkeiten, wie sie die Tony-Williams-Formation Lifetime zu zerreißen drohten, vermeiden wollte. Vor allem aber mußte Jimi den Leuten, die ihn umgaben, vertrauen können, und das bedeutete, daß sie ihn bereits aus jener Zeit kennen mußten, als er noch nicht der berühmte Jimi Hendrix war. Aber wie die Dinge lagen, wußte er im Grunde nicht, wem er wirklich vertrauen konnte. Damit litt er unter dem typischen Konflikt eines Prominenten: dem Wunsch nach Vertrauen auf der einen Seite und dem Argwohn gegenüber Vertrauten auf der anderen. Das erklärt auch, weshalb er gegenüber Journalisten ziemlich offen war, während er sich gegenüber seinen Musikern, Roadies und dem Management sehr verschlossen zeigte. Selbst jene, die er als enge Freunde bezeichnete (vor allem Frauen), wußten eigentlich nie, was in seinem Kopf wirklich vor sich ging.

> Der Glaube kommt . . . zu den Leuten durch Elektrizität. Darum spielen wir so laut. Denn es geht nicht so auf die Trommelfelle wie bei anderen Bands. Die haben diesen total schrillen Sound, verstehst du, und der ist echt hart. Wir wollen, daß unser Sound direkt in die Seele der Menschen trifft . . . Einfach mal sehen, ob man in ihnen nicht irgendwas wachrütteln kann, in ihren Köpfen, denn es gibt so viele Leute, die im Grunde bloß schlafen. (Dick Cavett Show, Juli/August 1969)

Jerry Morrison tat Mike den Gefallen und mietete für Jimi ein Haus, damit er für eine Weile seine Karriere als »Rockstar« vergessen konnte. Das Haus befand sich am Ende der Tavor Hollow Road in der Nähe der Dörfer Shokan und Boiceville in der Gegend von Woodstock bei New York. Zum Anwesen gehörte ein riesiges Grundstück mit Reitstall, Swimmingpool und Gärten. Das Haus besaß acht Zimmer, jedes davon ausgestattet mit einem eigenen Wohnzimmertrakt und eigenem Holzofen sowie mit kostbaren Antiquitäten. In Jimis Zimmer stand ein antiker französischer Schminktisch, aber er richtete sein neues Domizil selber ein, zum Beispiel mit wunderschönen marokkanischen Teppichen, die aus seinen verschiedenen Wohnungen in New York stammten. Jimi liebte das Haus – trotz der Monatsmiete von 3000 Dollar. Falls es ihm wirklich etwas Ruhe und Frieden brachte, war es sein Geld wert. Jetzt mußten nur noch seine Musiker Leben in die Bude bringen.

Während Jimi seine letzten Verpflichtungen mit der Experience wahrnahm, sollte Billy Cox in New York auf ihn warten. Damit er in der Zwischenzeit nicht hungern mußte, hatte Jimi ihm einige Engagements beim Buddy Miles Express vermittelt. Nach dem Denver Pop Festival hatte Jimi Luft und freie Bahn. Zunächst wollte er von Billy Cox wissen, was aus seinem alten Freund aus Nashville, dem Gitarristen Larry Lee, geworden war, der ihm damals seinen Mantel für die Winterreise nach New York geschenkt hatte. »Kannst du ihn auftreiben?« fragte Jimi. »Sicher«, meinte Billy, »ich kenne seine Mutter.«

Larry erinnert sich noch genau an den Tag, als er eine Stimme aus der Vergangenheit durch sein Telefon hörte.

Ich war gerade aus Vietnam zurück. Ich kam gerade vom Arbeitsamt, als Billy anrief. Ich sagte: »Was ist passiert, Mann?« Und er darauf: »Ich bin in New York bei Jimi, er sitzt direkt neben mir.« Und ich: »Oh, Wahnsinn, kann ich mit Jimi reden?« »Ja, er will mit dir reden.« »Was gibt's, Jimi?« »Wir haben da eine neue Sache am Laufen, und ich und Billy – nun, wir haben uns gerade überlegt, ob du nicht rüberkommen kannst, um mitzumachen.« Ich sagte: »Wie bitte? Aber klar, ich brauch' nur ein paar Tage, um meine Dinge hier zu regeln.« Er sagte: »Ja, gut!« und: »Wir schicken dir ein Flugticket und rufen dich zurück und holen dich in New York ab.« Ich hatte echt Angst, Mann, ich war ja gerade erst aus Vietnam zurück und auf viele Dinge noch nicht eingestellt. Ich flog also hin, und Jimi und Buddy Miles holten mich mit einer Limousine ab . . . Da hab' ich zum ersten Mal Buddy Miles getroffen. So fing alles an.

Jerry Velez wurde in Puerto Rico geboren, wuchs aber in der Bronx auf. Jimi hatte den Conga-Spieler im Scene spielen gehört. Jerrys Schwester Martha veröffentlichte 1969 das Album »Fiends and Angels«, unterstützt von einer Truppe unglaublicher Talente, die auf dem Originalcover gar nicht erwähnt waren: Eric Clapton, Jack Bruce, Mitch Mitchell, Christine Perfect (später: McVie), Brian Auger, Paul Kossoff, Chris Wood und Jim Capaldi. Jerry hatte seine Wohnung in New York aufgegeben, und Jimi lud ihn in sein Haus nach Shokan ein. »Ich war einer der ersten dort.«

Jimi wollte ohne das Gedröhne eines riesigen Schlagzeugs einige rhythmische Finessen ausprobieren, um jene Leichtigkeit und die Vielzahl an Klangschattierungen zu erzielen, die mit afrikanischer und lateinamerikanischer Perkussion möglich sind, mit Instrumenten also, die einer Komposition eine Art Herzschlag verleihen, einen insgesamt natürlicheren und weniger hektischen Klang. Um diese Idee verwirklichen zu können, kontaktierte er einen weiteren Congaspieler, Juma Sultan, ebenfalls ein Bekannter aus seiner Village-Zeit.

Juma war so alt wie Jimi, hatte einen Abschluß als Musiker für Piano, Sousaphon und Baritonsaxophon, hatte in einem Kirchenquartett gesungen und Unterricht bei einem afrikanischen Trommler gehabt. Seine Jugendzeit war nicht gerade glücklich verlaufen. »Sieben von meinen ersten 21 Lebensjahren habe ich im Gefängnis verbracht . . . Ich war immer in irgendwas verwickelt . . . Es war wie ein Fluch.« Schließlich zog er 1965 nach New York, trat als Congaspieler mit vielen bedeutenden Musikern wie den Saxophonisten Sonny Rollins und Albert Ayler auf sowie mit Aylers Schlagzeuger Sunny Murray und Richie Havens. Murray stammte nicht aus der »Hell for Leather School« von Elvin Jones, was in den sechziger Jahren für einen Jazz-Schlagzeuger recht ungewöhnlich war. Er interessierte sich mehr für die tonalen Variationen, die man auf dem Becken erzielen konnte, und hatte somit eine ähnliche Einstellung zu Perkussionsinstrumenten wie Juma Sultan.

Juma besaß bei Woodstock eine sechzehn Hektar große Farm. »›Warum kommst du nicht zu uns, um ein bißchen mitzujammen?‹ fragte Jimi. Also tat ich es, und anschließend bat er mich, in seiner Gruppe zu spielen.« Jimi fand zu dem ruhigen, nachdenklichen und intelligenten Juma sofort einen Draht. »Juma sah aus wie ein afrikanischer Prinz«, meint Jerry Velez. »Er und Jimi hatten eine ganz besondere Beziehung.«

Doch noch ehe sie sich im Haus eingerichtet hatten, fand bereits ein Auftritt statt, denn Jimi war für den 10. Juli in die »Johnny Carson Show« eingeladen worden. An diesem Abend fungierte allerdings der schwarze Komödiant Flip Wilson als Moderator. John Delgardo, Vorsitzender der Carson Productions, glaubt nicht an einen Zufall. Carson hatte wegen der Presseberichte über die Black Panthers vor dem Interview mit Jimi Hendrix gekniffen. Delgardo meint, Carson habe wohl Angst um seinen Ruf gehabt und deshalb Flip Wilson in seinen Sessel gehievt. Wilson fragte Jimi, ob er irgendeinen Kommentar zu seiner weithin publizierten Behauptung abgeben wolle, daß seine Auftritte eine spirituelle Erfahrung seien. Jimi erklärte, da Musik sein ganzes Leben sei, sei sie zwangsläufig auch seine Religion, und verglich die Erfahrungen, die jemand mit seiner Musik machte, mit dem Erlebnis eines Gospel-Gottesdienstes: »Dasselbe versuchen wir auch mit unserer modernen Musik zu vermitteln.« »Also gut, Jim [sic], mit Vergnügen fordere ich dich auf, für uns eine erleuchtende Predigt zu halten.« Daraufhin stellte Jimi »unseren neuen Bassisten« Billy Cox vor und setzte zweimal zu »Lover Man« an, weil zwischendurch die Verstärker durchbrannten.

Die ersten Tage im Haus von Shokan waren etwas konfus. Als Larry Lee ankam, waren nur Billy, Juma und Jerry da. »Wir übten, so gut es ging, es gab ja keine Band . . . Es waren ein paar von der Paul Butterfield Band da [die damals ebenfalls in Woodstock wohnte] . . . Wir warteten auf Mitch, wir warteten auf Buddy. Jimi sagte, er wolle in die Stadt fahren, und dann war er weg und wurde nicht mehr gesehen. Wir riefen im New Yorker Büro an und erfuhren, daß Jimi in Frankreich oder sonstwo war. Also verbrachten wir eine Menge Zeit mit Nichtstun.«

Folgendes war passiert: Jimi hatte von den kanadischen Behörden eine Reiseerlaubnis bekommen und war Stella Douglas, Colette und

Luna nach Marokko gefolgt, wo sie ihren Urlaub verbrachten. Er reiste mit Deering Howe, der Erbin eines großen amerikanischen Geschäftsimperiums, und ihrem Freund Michael Jason, einem Musiker. Jimi und die Mädchen mieteten einen alten Chrysler mit Chauffeur und fuhren durchs Land – über Marrakesch, Casablanca und Mohammedia bis nach Essaouria, wo sie sich mit dem Living Theatre trafen. Jimi ließ sich von den Souvenirhändlern übers Ohr hauen, weil er fand, daß sie das Geld nötiger hatten als er. Die Kinder folgten ihm auf Schritt und Tritt, nicht nur wegen seiner auffälligen Kleidung, sondern weil er aufs Haar einem nordafrikanischen Superstar namens Vigon glich.

Die Aussagen über diese Reise sind sehr unterschiedlich. Colette behauptete, Jimi habe eine wunderbare Zeit verlebt, und schwärmte davon, wie er neben dem Hotel-Pool saß und auf der akustischen Gitarre von Deering Howe spielte. »Wahrscheinlich war es der einzige Urlaub, den er je gehabt hat . . . Es war alles sehr relaxt, friedlich und wunderbar. Es gab keine Schwierigkeiten, wir hatten eine Menge Spaß.«

Juma Sultan hingegen behauptet: »Die ganzen Umstände waren etwas mysteriös. Meiner Meinung nach ist Jimi nicht wirklich freiwillig mitgereist.«

Jimi selbst erzählte später einigen Freunden, daß ihm der Urlaub keinen besonderen Spaß gemacht habe. Zum einen sei es ihm zu heiß gewesen, aber aus Angst vor einem Sonnenbrand habe er sich nicht getraut, ohne Hemd herumzulaufen. Zum anderen seien ihnen ständig ein paar Typen gefolgt. Wer waren sie? Und warum blieben sie auch dann noch, als Jimi bereits abgereist war? Spionierte etwa Mike Jeffery hinter ihm her? Wahrscheinlich hatte es jedoch mit dem Drogenprozeß zu tun und damit, daß die Anklage versuchte, Jimi als Drogenabhängigen hinzustellen. Durchaus möglich also, daß Jimi unter Beobachtung stand, zumal die Straßen in Marokko mit Haschisch gepflastert waren.

Indem er sich negativ über diese Reise äußerte, mag Jimi allerdings auch um seinen alten Freund Brian Jones getrauert haben, den man erst kurz zuvor, tot und mit Drogen vollgepumpt, aus seinem Swimmingpool gezogen und der Marokko so geliebt hatte. Die beiden waren während Jimis frühen Londoner Tagen eng befreundet gewesen und durch die Jazz-Clubs gezogen; außerdem besaßen sie ein und denselben Geschmack, was Musik, schöne Frauen und ausgefallene Kleidung betraf. Brian war mit nach Monterey geflogen, um Jimi dem Publikum seines Heimatlandes vorzustellen. Nun war er fort, und

look over yonder —
here comes some news —
Comming down ~~[illegible]~~
like lightning...
~~Electric red and blue~~ —
Straight for me and you —
People of destruction —
~~[illegible]~~ your time is
~~[illegible]~~ out of date..
people ~~[illegible]~~ who's liveing
crooked, better start
getting straight

seine Seele von einem Schwarm halbtoter Schmetterlinge davongetragen worden, die man im Hyde Park freigelassen hatte, weil vielleicht irgend jemand sein Gewissen damit beruhigen wollte.

Als Jimi nach Woodstock zurückkehrte, herrschte im Haus eine angenehme Stimmung, und Jimi begann sich wieder auf seine Musik zu konzentrieren. Den ganzen Sommer über arbeiteten sie auf ein dreitägiges Festival hin, das Mitte August in Woodstock stattfinden sollte. Jimi hatte vor, die Gelegenheit zu nutzen, um seine neue Formation zu präsentieren, die er Gypsy Sun and Rainbows nennen wollte. Damit hatten sie ein Ziel, das sie während der Proben und Jams motivierte.

Ein Problem war jedoch noch nicht gelöst: Wer sollte Schlagzeug spielen – Mitch oder Buddy Miles? »Mitch war immer schwer zu erreichen«, sagt Jerry Velez. »Wir wußten nicht, ob er mitmachen würde, denn ständig hieß es, daß Buddy Miles zurückkommen würde . . . Mit Mitch hatten wir Probleme.« Mit anderen Worten, Mitch erschien einfach nicht zu den Proben. Jimi wollte Mitch eigentlich nicht verlieren, aber Mitch war sich nicht sicher, ob er zu Jimis neuem Line-up, das ausschließlich aus schwarzen »Brüdern« bestand, passen würde. Es gab auch noch andere Schwarze, Freunde von Jimi wie etwa James Scott (bekannt als Vishwa), die zu der Shokan-Familie stießen. Mitch war kein Rassist, schließlich hatte er eine Wohnung mit Tony Williams geteilt; aber es herrschte eine Art von Verständigung zwischen Jimi und seinen Leuten, an der weder Mitch noch irgendein anderer Weißer hätte teilhaben können. Außerdem wurden ständig die alten Zeiten in Nashville aufgewärmt, und Mitch konnte da nicht mitreden. Buddy Miles hatte zwar seine eigenen Verpflichtungen gegenüber dem Express; dennoch war zu keiner Zeit sicher, daß Mitch in Woodstock mit von der Partie sein würde.

Wenn Jimi nicht gerade spielte oder komponierte, genoß er die Köstlichkeiten der Hausköchin Claire Moriece. Obwohl Jimi kein großer Esser war, machte er in ihrem Fall eine Ausnahme.

> Ich kochte auf der Dinner-Party eines Freundes in Woodstock, und einer der Gäste [Jerry Morrison] meinte: »Ich wußte gar nicht, daß sie eine so fabelhafte Köchin sind. Würden Sie das auch beruflich machen?« Ich sagte: »Ja, gerne.« Und dann sagten sie: »Haben Sie schon vom Woodstock-Festival gehört, das in diesem Sommer stattfinden soll? Es kommen eine Menge berühmter Rockstars, würden Sie dort für jemanden arbeiten wollen? Aber wir dürfen Ihnen erst sagen, für wen, wenn Sie da sind. Sie wollten mich mit verbundenen Augen hinfahren, weil er ein Superstar war und niemand wissen sollte, wo sie wohnten.

Wie alle, die Jimi persönlich gekannt haben, so hat auch Claire Moriece nur die besten Erinnerungen an ihn. »Mein erster Eindruck war: Was für ein netter, bescheidener, lustiger Kerl! Ich glaube, daß dieses Bild von ihm nie richtig vermittelt worden ist. Man merkte wirklich, daß er wußte, wieviel Glück er gehabt hatte, denn er drückte es durch seine Dankbarkeit aus. Das kommt nie rüber, wenn von Jimi gesprochen wird.« Sie kochte für Jimi all seine Lieblingsgerichte. »Ich hab' für ihn Brombeerkuchen gebacken und alle möglichen Suppen gekocht. Jimi liebte Suppen, Kekse mit Schokoladensplittern und Getreidekuchen.«

Gelegentlich unternahmen sie Vergnügungsfahrten in einem von Jimis Sportwagen. Jerry bestätigt, daß Jimi »einer der schlechtesten Fahrer aller Zeiten war. Er war komisch, er setzte sich hinters Steuer, und es war wie mit Mr. Magoo . . . Oh nein, Jimi! Er versuchte einem Schlagloch auszuweichen und fuhr direkt rein. Er hatte beim Fahren wirklich einen Schutzengel. Einmal, um fünf Uhr morgens bei Sonnenaufgang in Manhattan, wurde er an den Straßenrand zitiert. Aber dieser Kerl war ein Schnellredner, und weil er so viel redete, kam er vollig vom Thema ab. Wir hatten Drogen im Auto, und der Typ sagte am Ende nur: ›Danke für das Autogramm‹.«

Auch mit einer einzigen Pferdestärke stellte sich Jimi nicht geschickter an. Jerry berichtet von einem Ausritt:

> Es gab keinen schlechteren Reiter auf der Welt. Am Morgen ging ich raus und holte die Pferde. Als ich Jimi das erste Mal mitnahm, hatte er Todesangst. Ich half ihm aufs Pferd, und endlich saß er oben. Und als ob das Pferd es gewußt hätte, sah es rauf, als wollte es sagen: »Da sitzt was Lebendiges auf mir.« Und urplötzlich sprang es davon, und Jimi rief nur noch: »Jerry! Jerry! Hierher!« Ich hab' nur noch gelacht, er sah einfach lächerlich aus. Da saß er in seinem wunderbaren Outfit, und der Sattel rutschte ihm weg, und er fiel runter in den Mist und machte sich fast in die Hosen. Ich lachte dermaßen, daß ich ihm nicht mal aufhelfen konnte. Und danach habe ich ihn nie mehr auf ein Pferd bekommen.

Jerrys Tierliebe wurde von den anderen Mitgliedern des Haushalts nicht geteilt. »Jerry hatte zwei Hunde«, erinnert sich Claire. »Der eine war ein deutscher Dackel, der andere eine absolut riesige dänische Dogge, genannt ›Huge Dog‹. Einmal schiß *Huge Dog* mitten auf den Fußboden, direkt am Fuß der Treppe. Das war vielleicht ein Haufen. Ein Haufen, der seinem Namen Ehre machte! Ich bin keine Tierfreundin, genausowenig, wie das Hausmädchen eine war, also weigerten wir uns beide, die Scheiße wegzuputzen. Jerry war für ein paar Tage verreist, also ging im Haus alles seinen gewohnten Gang

– mit diesem riesigen Haufen Hundescheiße mitten auf dem Fußboden!«

Obwohl Jimis Anwesenheit in Woodstock absolut geheim bleiben sollte, verbreitete sich die Nachricht in Windeseile. Das Haus lag zwar abgelegen, war aber keineswegs sicher. Claire versuchte alles, um Jimi wenigstens die aufdringlichsten Schmarotzer vom Leib zu halten. Doch immer wieder tauchten namenlose Gestalten im Haus auf. »Damals lebte eine Freundin aus Texas bei Jimi. Ihr Vater war ziemlich wohlhabend, und sie rief zu Hause an und prahlte damit, daß sie mit einem berühmten Rockstar zusammenlebte. Und der Vater hetzte uns prompt die Polizei auf den Hals! Ich mußte so tun, als wäre Jimi nicht zu Hause.« Ein anderes Mädchen hatte elf Meilen zu Fuß zurückgelegt, weil sie Jimi ein paar Perlen schenken wollte. Claire sorgte dafür, daß sie wieder verschwand: »Ich fuhr sie persönlich mit meinem Wagen aus der Gegend raus, aber dann legte sie im Wagen Feuer. Also, es gab da schon einige echte Wahnsinnsjobs. Womit ich sagen will, daß ihn der Abschaum der Menschheit heimsuchte. Und dann hatte er die Angewohnheit, in seinem silberfarbenen Corvette Anhalter mitzunehmen. Einmal las er eine Schar von Leuten auf, fuhr mit ihnen nach Woodstock und kaufte ihnen eine Unmenge Zeug zum Malen. Wir zündeten ein Kaminfeuer an, und nach dem Essen saßen alle da und malten. Er hat damals sehr viel gezeichnet.« Später, am selben Abend, griff sich Jimi eine akustische Gitarre und spielte für jeden, der zuhören wollte, süße Töne zur Nacht.

Zu Jimis Lebensstil in Woodstock gehörten nicht nur jede Menge Frauen, sondern auch Drogen. »Alle nahmen damals unheimlich viele Drogen«,erzählt Claire, »das ist gar keine Frage. Nicht so sehr Heroin, aber reichlich Kokain und Trips. Wir im Haus nahmen Mescalin, aber die Zeiten damals waren andere, man nahm Drogen zur Bewußtseinserweiterung, und Jimi war wirklich ein zutiefst spiritueller und ganz wunderbarer Typ.«

Wenn er sich danach fühlte, ging Jimi runter nach Woodstock ins Tinker Street Cinema und veranstaltete eine spontane Jam-Session mit Buddy Miles, Taj Mahal, Paul Butterfield, dem Saxophonisten David Sanborn und verschiedenen Mitgliedern von Santana. Die Band Santana war 1967 in San Francisco gegründet worden und hatte bereits bewiesen, daß eine perkussionsorientierte Gruppe mit einer Gitarre, die sich im Vordergrund zu hochfliegenden Tönen aufschwang, durchaus kommerziell erfolgreich sein konnte. Ihr »Soul Sacrifice« sollte in Woodstock zu den absoluten Höhepunkten des Festivals gehören.

Für Woodstock mußte Billy etliche Experience-Standards wie »Purple Haze«, »Fire« und »Foxy Lady« einstudieren. Ihm machte es – im Gegensatz zu Noel – nichts aus, wenn man ihm sagte, was er zu spielen hatte; er war einfach glücklich dabeizusein. Man wagte sich sogar an eine Version von »If 6 Was 9«, das Jimi noch nie live gespielt hatte. Jimi arbeitete zudem an neuem Material. Die Basis für einen Song lieferte ein Instrumental mit dem Titel »Jam Back At The House«. Wie »All Along The Watchtower« mit seinen Solo-Parts war es in vier Abschnitte aufgeteilt; es begann im Tempo von »Lover Man«, kühlte sich dann zu einer Art »Rainy Day, Dream Away«-Shuffle ab und endete schließlich mit einem Schlagzeugsolo und Feedback-Geheule. Die Band probierte auch mehrere Versionen eines neuen Songs mit dem Titel »Izabella« aus. Auf einem Blatt mit hingekritzelten Anmerkungen zum Text steht in Jimis Handschrift: »Monika = Izabella«. Möglicherweise hatte ihn also Monika Dannemann, die er seit Februar nicht mehr gesehen hatte, zu diesem Song inspiriert.

Hey Izabella
Girl, I'm holding you in my dreams every night.
Yeah, but you know good well baby,
You know we got this war to fight.
Well, I'm calling you under fire
Well, I hope you're receiving me all right.

Hey, Izabella
Girl, I'm fightin' this war for the children and you
Yeah, yeah, yeah, baby!
All this blood is for the world of you.
All your love!
So I hope you save your love, baby
Then I know the fightin' is true.

Claire fungierte für »Izabella« als Kritikerin. »Wir sprachen darüber. Zuerst bat Jimi mich in sein Zimmer, spielte stundenlang auf seiner zwölfsaitigen Akustikgitarre und fragte mich, was ich davon hielt. Dann wollte er wissen, wie ich seinen Gesang fand, und ich sagte: ›Was meinst du? Du singst doch toll.‹ Er suchte einfach Zustimmung und Bestätigung.«

Die Idee zum »Woodstock Music and Arts Festival« wurde im Frühjahr 1969 geboren. Ihre Väter waren Michael Lang, der Veranstalter des Miami Pop Festival, und sein Partner Artie Kornfeld, ein früherer Mitarbeiter der Plattenfirma Capitol Records. Zunächst hatten sie vor, auf dem Woodstock-Gelände einen Studiokomplex zu bauen, da dort inzwischen so viele New Yorker Musiker lebten, und ihn mit einem Festival einzuweihen. Lang fand zwei junge reiche Geldgeber, John Roberts und Joel Rosenman, die nach einer ungewöhnlichen Investitionsmöglichkeit suchten. Während sie sich überlegten, wen sie zur Eröffnungsveranstaltung einladen sollten, wurde die Studio-Idee wieder verworfen und statt dessen das Festival geplant. Denn Lang hatte erkannt, daß er auf diese Weise als Gastgeber der größten Rock-Party, die je veranstaltet worden war, in die Geschichte eingehen konnte. Nett auch, daß ihm andere das Geld dafür geben wollten.

Die Beziehung zwischen den Geschäftspartnern war jedoch von Anfang an gespannt, denn Roberts und Rosenman wurde es wegen der ständig steigenden Kosten immer mulmiger. Außerdem hatten sie den Eindruck, daß Lang sie allmählich ausbootete und nur noch als Geldgeber betrachtete. Lang behauptete, er wolle die Festival-»Vibrations« nicht durch zwei Typen in Anzügen stören, die sich wegen des Geldes »uncool« verhielten. Dabei war der charismatische Lang selbst ein knallharter Geschäftsmann, der seinen Financiers wesentlich ähnlicher war, als beide Seiten je zugegeben hätten. Seine Antwort auf alle nervösen Fragen bezüglich der Kosten lautete: »Keine Sorge, Mann, kommt alles in Ordnung.«

Genauso war es. Doch zunächst einmal setzten die Bewohner von Walkill, der Gemeinde, zu der das Festival-Gelände gehörte, dreißig Tage vor Beginn der Veranstaltung die Änderung eines lokalen Gesetzes durch und drängten damit das Unternehmen Woodstock Ventures hinaus. Der Farmer Max Yasgur, der das ständige Lästern der Presse über »die Jugend von heute« satt hatte, sprang ein und vermietete sein Land in Bethel, damit das Festival doch noch stattfinden konnte. Um so trauriger, daß das Ereignis von diesem Moment an ganz im Zeichen der Inkompetenz der Veranstalter auf der einen Seite und der unverhohlenen Profitgier jener Leute auf der anderen stand, deren Dienste die Organisatoren in Anspruch nahmen, da ihnen ein ungeheurer Termindruck im Nacken saß. Der Autor Robert Spitz hat die Vorgänge in seinem Buch »Barefoot in Babylon« ausführlich dokumentiert.

Bis zum Eröffnungstag am 15. August schlingerte das Festival-Unternehmen von einer Krise in die andere. Die Organisation vor Ort war ein einziges Chaos. Etwa 30 000 Leute campierten bereits auf dem Gelände, bevor überhaupt Sicherheitsleute, Nahrungsmittel oder

Sanitäter eingetroffen waren. Es wäre reiner Selbstmord gewesen, von diesen Leuten nachträglich Eintrittsgeld zu verlangen; daher erklärte man die ganze Veranstaltung kurz darauf zum »Gratisfestival«. Von den schätzungsweise 400 000 Besuchern hatten wahrscheinlich nur jene 60 000 bezahlt, die im voraus ihre Karten gekauft hatten.

Die Bedingungen für die Künstler waren ähnlich chaotisch. Mehrere Manager verlangten das Geld für ihre Bands im voraus, da sie merkten, in welchen Schwierigkeiten sich die Veranstalter befanden. Viele Musiker mußten per Hubschrauber eingeflogen werden, da alle Zufahrtsstraßen völlig verstopft waren. So trafen einige Bands mit mehrstündiger Verspätung ein.

Jimi, der sich in Shokan verkrochen hatte, hörte mit wachsendem Unbehagen die Nachrichten über die Menge der Zuschauer und darüber, daß der Gouverneur von New York die gesamte Gegend zum Katastrophengebiet erklärt hatte. Er haßte es, vor Menschenmassen aufzutreten. Janis Joplin hatte sich bereits zuvor bei ihrer Freundin und späteren Biographin Myra Friedman beschwert, ein derart riesiges Publikum sei zu »abstrakt«, da man nur eine kleine Gruppe Zuhörer erreichen könne. Jimi sollte am Sonntag gegen Mitternacht auftreten, doch um vier Uhr am Nachmittag hatte er noch immer nicht zugesagt. Die Höchstgage von 18 000 Dollar (plus 12 000 Dollar für die Filmrechte) war zwar für seine Verhältnisse mager, aber hier ging es ums Prestige. Mike Jeffery wollte unbedingt, daß Jimi auftrat, und hatte den Veranstaltern seine feste Zusage gegeben.

Laut Mitch war es »das reinste Schlachtfeld . . . Wir brauchten Stunden, um mit unseren Kombiwagen überhaupt hinzukommen. Es waren keine Garderoben vorhanden, rein gar nichts. Schließlich kämpften wir uns eine halbe Meile durch dieses schlammige Gelände zu einer kleinen Hütte ohne Heizung. Und als wir dann spielten, konnten wir von der Musik nicht die Bohne hören . . . Wir hatten vielleicht zehn Tage geprobt, und so klang es dann auch.«

Der Beginn ihres Auftritts verzögerte sich bis zum nächsten Morgen um acht Uhr. Etwa 30 000 Leute waren noch geblieben. Zu diesem Zeitpunkt waren sie, wie Jerry Velez untertreibt, »am Durchdrehen«. Im Gegensatz zu Mitch hatte Juma so etwas noch nie erlebt und war einfach überwältigt. »Mir kam es wie drei Minuten vor. Ich ging raus, die Sonne ging gerade auf – und vor uns dieses Menschenmeer, diese unglaublich positive Energie durch die Sonne und das Licht, es war einfach umwerfend. Wir hätten noch stundenlang spielen können – alle Songs, die die Experience je gespielt hat, wir kannten sie alle.«

Wie Juma erklärt, spielte die Band an diesem Tag »aus der Freiheit des Geistes heraus. Es gab keinen Plan, wir hatten keine Vorstellung, was wir spielen würden. Meine Einstellung war, daß ich, wenn Jimi mit etwas anfing, das ich vorher noch nicht gespielt hatte, meinen Beitrag leistete, vorausgesetzt, ich hatte das Gefühl, mithalten zu können. Wenn ich dieses Gefühl nicht hatte, spielte ich auch nicht.«

Mitch fand, daß der Woodstock-Auftritt von Gypsy Sun and Rainbows (»Wir sind nur eine Gruppe von Zigeunern«, sagte Jimi auf der Bühne) etwas zu locker und ausufernd war, aber das schien keinen zu stören. Es gab nämlich einige sehr schöne Momente, vor allem Jimis herrliche Solo-Improvisationen. Bis heute ist das damals mitgeschnittene Material nicht vollständig veröffentlicht worden. Nach einer siedendheißen Version von »Voodoo Child (Slight Return)«, in die »Stepping Stone« eingebaut war, stürzte sich Jimi ohne Umschweife in »The Star Spangled Banner«. Obwohl die Band das Stück erst im März aufgenommen hatte, war es seit geraumer Zeit fester Bestandteil ihres Live-Repertoires. Zum ersten Mal hat Jimi es wahrscheinlich am 17. August 1968 in Atlanta, Georgia, gespielt. Im Vergleich zu den Live-Versionen klang die Studiofassung, die später auf »Rainbow Bridge« erschien, ziemlich blutarm.

Jimi in weißer Fransenlederjacke und Blue Jeans, mit seinen goldenen Ketten und seinem roten Stirnband, wie er ganz allein auf der Bühne »The Star Spangled Banner« gen Himmel schickt und bei Sonnenaufgang eine Schockwelle durchs Publikum jagt: einer der unvergeßlichen Momente von Woodstock. Nachdem Jimi das Stück im April im Forum von Los Angeles gespielt hatte, warf ihm Pete Johnson von der »Los Angeles Times« billige Effekthascherei vor, weil seinem Protest der Ernst des politischen Engagements von Künstlern wie Country Joe McDonald, Phil Ochs und den Fugs »oder anderen intellektuellen und psychisch gestörten Künstlern« fehle. Dennoch ist »The Star Spangled Banner« in die Geschichte als jene klassische Neubearbeitung der Nationalhymne eingegangen, die für *uns* und gegen *sie* war. Aber ist dies die einzig mögliche Interpretation?

In politischer Hinsicht war Woodstock eine bequeme Bestätigung der Ängste des gutsituierten weißen Mittelstands in bezug auf Vietnam als Metapher für den moralischen Bankrott des Staates – was die Auftritte von Country Joe McDonald, Crosby, Stills & Nash und Joan Baez illustrierten. Ein Großteil des Publikums betrachtete seine Anwesenheit in Woodstock als den Gipfel des Protests. Es war eine ebenso radikale Geste wie das Beschimpfen eines Polizisten als

»Schwein« – aus einer Entfernung von 500 Metern, versteht sich – oder das Anpinnen eines Che-Guevara-Posters an der Schlafzimmerwand.

Jimi hatte etwas ganz anderes im Sinn. Außer Sly Stone und Richie Havens traten in Woodstock keine großen schwarzen Plattenstars auf, und auch im Publikum konnte man herzlich wenig schwarze Gesichter ausmachen. Diese Tatsache und Jimis distanzierte Betrachtung der Welt (die er in Songs wie »1983« ausgedrückt hat) verliehen ihm in Woodstock den Status eines beobachtenden Außenseiters. Hinzu kam, daß Jimi nicht im geringsten die unter den Jugendlichen vorherrschende Meinung über den kriminellen Wahnsinn des Vietnamkriegs teilte.

Eric Burdon hat einmal bemerkt, daß Jimi »ziemlich rechts eingestellt war, als er nach England kam«. 1967 hatte er sich folgendermaßen über den Vietnamkrieg geäußert: »Wenn China erst mal die ganze Welt beherrscht, wird alle Welt wissen, warum sich Amerika so stark in Vietnam engagiert.«[10] Damit forderte er den ehemaligen Musikjournalisten Karl Dallas zu einem sarkastischen Kommentar heraus: »Jimi Hendrix hat ja so recht! Die Chinesen versuchen die Welt zu überrollen. Und deshalb muß man sie auch zwingen, ihre Truppen aus England, Westberlin, Westdeutschland, Guantanamo in Kuba, der Türkei, Thailand und dem gesamten Asien abzuziehen. Die Tatsache, daß sie in diesen Ländern unter der amerikanischen Flagge stehen, sollte keinen irreführen. Steck dir das an deine Gitarre und in deinen Arsch, Jimi!«[11] Völlig unbeirrt davon äußerte sich Jimi in der holländischen Zeitschrift »Kink«: »Habt ihr die Amerikaner davongejagt, als sie in der Normandie gelandet sind? Das war doch auch eine Einmischung . . . Aber da ging's um eure eigene Haut. Die Amerikaner kämpfen in Vietnam für eine völlig freie Welt. Sobald sie dort abziehen, werden sie [die Vietnamesen] den Kommunisten ausgeliefert sein. Aus diesem Grund sollte man die gelbe Gefahr nicht unterschätzen. Natürlich ist Krieg schrecklich, aber im Moment ist er die einzige Garantie für den Frieden.«[12]

Der monatelange regelmäßige LSD-Genuß hätte Jimis Einstellung eigentlich verändern und ihn zu einem Teil der globalen Psychedelic-Einheit machen müssen, auf die Timothy Leary baute. Doch genau ein Jahr später erklärte Jimi einem schwedischen Journalisten: »Ich werde wohl kaum noch rechtzeitig nach Vietnam kommen. Wahrscheinlich werde ich direkt nach China gehen. Dieser kleine Krieg in Vietnam ist nur eine Vorbereitung auf das, was noch kommt.«[13]

Die Einwände, die Jimi hatte, schienen sich also eher ganz allge-

»Woodstock Music and Arts Fair«, Bethel, New York, 18. August 1969

mein gegen den Krieg zu richten, weil er die Unmenschlichkeit des Menschen gegen den Menschen symbolisierte und weil die Wehrpflicht eine Einschränkung der persönlichen Freiheit bedeutete – was auch erklärt, weshalb er einige seiner Konzerte den amerikanischen Kriegsdienstverweigerern widmete, die ins neutrale Schweden geflüchtet waren.

Wie also ist »The Star Spangled Banner« zu verstehen? Vielleicht wollte Jimi dem Publikum klarmachen, daß sich nichts ändern würde, nur weil sie drei Tage lang in einem Meer aus Schlamm und Unrat ausharrten. Die angemieteten Militärhubschrauber, die Lebensmittel und Musiker einflogen, mochten ja heute »auf unserer Seite« (oder, besser wohl, auf »eurer Seite«) sein, aber was ist mit morgen? Vergeßt, was Tausende von Kilometern entfernt in Vietnam passiert! Kümmert euch um den Schlamassel vor eurer eigenen Haustür: um die Polizisten, die Kinder verprügeln, um Schwarze und Weiße, um die brennenden Ghettos. Glaubt ihr wirklich an die Morgendämmerung eines neuen Zeitalters, solange solche Dinge geschehen? Wenn ihr wirklich ein besseres Leben wollt, wo sind die Führer? Wo sind die Vorbilder? Wenn man bedenkt, was dann innerhalb der folgenden zwölf Monate passierte – Charles Manson, Altamont, die Studenten, die auf dem Campus der Kent State University in Ohio erschossen wurden –, dann hatten Jimis These und seine Haltung vielleicht einen gewissen Sinn. Berücksichtigt man, wie euphorisch die Medien (wenngleich nicht alle) am Tag darauf über das Ereignis »Woodstock« berichteten und was danach, vor allem in Altamont, geschah und alle Hoffnung zunichte machte, dann war Jimi vielleicht der einzig echte Woodstock-Revolutionär. Mit Sicherheit aber war er der große böse Bilderstürmer.

Doch nach all den Scherereien, zu denen es während seiner jüngsten Auftritte gekommen war, beeindruckte es ihn auch mächtig, daß so viele dieser Kids in einer alles andere als angenehmen Situation friedlich blieben und sich nicht gegenseitig totschlugen. Claire Moriece erzählt, Jimi sei nach dem Auftritt in Woodstock vor Erschöpfung zusammengebrochen. Trotzdem gab er in einer lokalen Radiostation den folgenden Kommentar zu den positiven Seiten von Woodstock ab:

> Die Gewaltlosigkeit, die sehr, sehr, sehr gute Musik – und damit meine ich nicht nur *gute,* sondern sehr *ehrliche* Musik! –, die Geduld der endlos wartenden Menge. Sie mußten im Schlamm und im Regen schlafen und hatten mit diesem und jenem zu kämpfen, und am Ende sagen sie trotzdem, daß es ein erfolgreiches

Festival war. Sie haben die Nase voll von Straßengangs, von militanten Gruppen, vom Präsidenten und von seinem Geschwätz . . . Sie suchen nach einer anderen Richtung, sie wissen, sie sind auf dem richtigen Weg, aber wo, zum Teufel, kommt die her?

Trotz der herrlichen Zeiten, die Jimi in Shokan verbrachte, fühlte er sich in tiefster Bedrängnis. Das Leben setzte ihm zu, und der Druck wurde allmählich unerträglich.

Mike Jeffery sah in Jimis neuen Musikerkollegen nur einen Haufen von Schnorrern und Versagern, die der profitablen Karriere seines Stars im Wege standen. Der unsensible Geschäftsmann hatte so gut wie kein Interesse an Jimis Musik und seiner Entwicklung, solange es ihm kein Geld brachte. Claire begleitete Jimi zu Mikes Haus in Woodstock und wartete dort mit ihm auf Mike. »Jimi wollte eine Platte auflegen. Mikes Plattensammlung reichte von der einen Wand zur anderen, aber Jimi fand nichts Gescheites, nur Teeny-Pop und schlechten Rock 'n' Roll, keine gute Musik eben. Jimi war ziemlich angewidert.«

Jerry, Juma und Larry waren überzeugt, daß Mike sein Mißvergnügen auf subtile Weise äußerte – in Form von Sabotageakten, die er von seinen Büroangestellten und den Roadies ausführen ließ, die nach Meinung der Musiker einen unterschwelligen Rassismus an den Tag legten. Jerry: »Sie warfen unsere Instrumente, meine Congas zum Beispiel, einfach achtlos durch die Gegend.« Jerry sollte eigentlich mit Jimi in der »Johnny Carson Show« auftreten: »Ich bekam einen Anruf, irgendein Ding war da gelaufen«, meint er vage. Juma erlebte Ähnliches, als Jimi im September in der »Dick Cavett Show« auftrat. »Sie wollten mich damals irgendwie loswerden. Aber Jimi sagte: ›Komm einfach, und *ich* werde deinen Auftritt bezahlen.‹ Ich fuhr also zur ›Dick Cavett Show‹, aber die Roadies hatten meine Trommeln im Haus zurückgelassen. Also marschierte ich um die Ecke und borgte mir eine Conga von einem Freund.« Aber die Musiker waren auch nicht gerade Unschuldsengel. Larry Lee, der direkt aus Vietnam kam, war voller Aggression und verbreitete eine gespannte Atmosphäre. »Sie verhinderten meinen Auftritt bei Dick Cavett, weil sie das alte Image beibehalten wollten. Juma schlich sich rein und spielte, obwohl er eigentlich gar nicht spielen sollte. Es sollten nur Mitch, Jimi und Billy sein, damit nichts über unsere Band bekannt wurde. Nach einer Weile hatte ich mit Jimi ein Gespräch unter Freunden und gab ihm zu verstehen, daß es wohl besser sei, wenn ich wieder heimfahren würde [nach Memphis]. Das Ganze entwickelte sich zu einem Desaster. Ich war einfach am falschen Ort.«

Der stille und zurückhaltende Billy Cox konnte die Spannungen und den Ärger nur schwer verkraften. Er wußte nicht, ob er bleiben oder gehen sollte. Larry über Billy: »Der spielte die musikalische Reise nach Jerusalem statt mit Stühlen mit der Boeing 747. Wenn Jimi ihn suchte, rief Billy aus Nashville an, dann kam er wieder zurück, und kaum wollten wir mit irgendwas anfangen, saß er schon wieder in einem anderen Flugzeug.« Larry gibt auch dem Drogenkonsum die Schuld an der Paranoia und Konfusion. »Es waren verschiedene Drogen, die verschiedene Leute auf verschiedene Weise beeinflußten.« Und über Acid erzählt er: »Es war in irgendeinem Obstpunsch, und ich sagte: ›Laßt uns ein bißchen jammen!‹ Jimi nahm einen Baß, ich nahm eine Gitarre, und wir spielten ein paar der alten Nummern aus unserer Nashville-Zeit und fingen an zu lachen. Er hörte zu lachen auf, aber ich konnte nicht. Ich lachte einfach über alles, mein Trip bestand aus neuneinhalb Stunden Gelächter . . . Ich hatte Halluzinationen . . . Ich hatte zum ersten Mal einen Trip genommen und gleich viel zuviel. Ich hatte danach 'ne ganze Weile eine wunde Kehle. Ich habe *neuneinhalb Stunden* gelacht und den Mist danach nie wieder angerührt.«

> Die Leute wittern ein schnelles Geschäft und machen aus dir einen Sklaven der Öffentlichkeit. Sie jagen dich bis zur Erschöpfung, und das Publikum ist genauso. Danach suchen sie sich was Neues. Deshalb lösen sich Gruppen auf. Sie sind einfach ausgelaugt. Musiker wollen sich nach einer Weile freischwimmen, sonst gehen sie im Strudel unter. (»Melody Maker«, 2. März 1969)

Einige Zeit lang erzählte Jimi Freunden, daß er sich von Mike trennen wolle. Er machte sich auch wegen des Geldes Sorgen. Er wußte, daß er ein Vermögen verdient hatte, befürchtete aber, daß die Steuern nicht bezahlt worden waren. Manchmal hatte er Bündel von Geldscheinen in der Tasche, dann wieder war er völlig blank. Freunde von ihm stahlen seine Geschäftspapiere aus dem New Yorker Büro und händigten sie ihm aus. Darin fand sich der Beweis, daß statt der angeblichen 10 000 Dollar Gage, die er für einen Auftritt kassiert hatte, tatsächlich 50 000 Dollar bezahlt worden waren. Von nun an machte er sich auch Sorgen wegen Mikes Plänen, ihm sein eigenes Studio zu bauen – eine Idee, die bis ins Jahr 1968 zurückreichte.

Die New Yorker Zeitschrift »RAT Subterranean News« berichtete in ihrer Ausgabe vom 19. April 1968 über die Gala-Eröffnung eines neuen Musik-Clubs am 7. April, der sich im Village auf dem Gelände des früheren »Generation«-Clubs befand. Michael Goldstein hatte die

Presse eingeladen, und B. B. King, Janis Joplin, Joni Mitchell, Buddy Miles, die Paul Butterfield Blues Band, Richie Havens, Roy Buchanan und Jimi hatten für die Gäste gespielt. Mike wollte mit dem Club seine eigenen Geschäfte ausbauen. Die Eröffnung fand gleichzeitig mit seiner »Sergeant Pepper's«-Veranstaltung auf Mallorca statt. Der Club hieß noch immer »Generation«, aber Jimi erzählte einem Reporter, daß er in »Godiva's« umbenannt werden solle.

Mike wollte ursprünglich eine Kombination aus Club und Studio eröffnen. Der Architekt John Storyk wurde beauftragt, das Gebäude entsprechend umzubauen. Ein Jahr lang wurde diskutiert, und es wurden Pläne entworfen. Während dieser Zeit ließ Jim Marron, Mikes Geschäftspartner bei diesem Projekt, die Bilanz von Jimis Studiokosten im Record Plant überprüfen. Das Resultat bestätigte Mikes Befürchtungen. Da Jimi die Angewohnheit hatte, en bloc die teuerste Studiozeit für endlose Jam-Sessions zu buchen, war die Summe astronomisch: 300 000 Dollar. Daraufhin verwarf Marron die Idee, ein Studio im Hinterraum des Clubs einzurichten. Statt dessen sollte nun ein Studio auf dem neuesten Stand der Technik gebaut werden, das Jimi Tag und Nacht zur Verfügung stehen würde. Das schien zur damaligen Zeit ein äußerst vielversprechendes Geschäft, denn zweifellos würden alle Top-Gruppen dort aufnehmen wollen. Mit Unterstützung von Eddie Kramer begann John Storyk, neue Entwürfe anzufertigen. Das Studio, das Jimi »Electric Lady« nennen wollte, sollte in erster Linie helfen, Kosten einzusparen. Jimi selbst sollte sich mit einem Anteil von nicht weniger als 350 000 Dollar beteiligen und davon bereits im voraus 250 000 Dollar beisteuern. Im April unterschrieb Jimi ein Memo von Jim Marron und autorisierte den Buchhalter Michael Hecht, 17 000 Dollar für die Anschaffung zweier Ampex-Tonbandmaschinen anzuweisen. Im Juni bekam Jimi langsam kalte Füße.

Er suchte in Begleitung der Journalistin Sharon Lawrence seinen Anwalt Henry Steingarten auf und erklärte, daß er sich von Mike Jeffery trennen wolle. Sie trafen Steingarten im Hotel Sheraton-West am Wilshire Boulevard in Los Angeles. Sharon hatte es viel Überzeugungsarbeit gekostet, Jimi zu diesem Schritt zu bewegen. Sie wollte, daß Jimi Steingarten persönlich erzählte, daß er aus dem Studioprojekt aussteigen wolle, daß Mike die Experience seiner Meinung nach betrog und daß er deshalb aus seinem Vertrag herauswolle. Steingarten war zwar bereit, Jimi zu helfen, aber als er von Jimi klare Beweise für Mikes angeblich krumme Geschäfte verlangte, wußte er wohl, wie aussichtslos die Sache war; und sicher war er sich auch über den

Interessenkonflikt im klaren, in den er seine eigene Firma damit brachte. Höchstwahrscheinlich versuchte er Jimi bloß aufzumuntern, weil er wußte, daß alle Musiker behaupten, von ihren Managern betrogen zu werden, und weil er sicher war, daß die Sache zu nichts führen würde. Und genauso war es auch. Es geschah buchstäblich nichts.

Jimi hatte also schon genug um die Ohren, aber nun bedrängten ihn auch noch die Panthers in seinem Haus. Jimi wollte die Sache der schwarzen Militanten nicht direkt unterstützen, aber ihre ständigen Sticheleien veranlaßten ihn schließlich dazu, seine Musik auch einem schwarzen Publikum zu präsentieren.

Eines Abends wollte Jimi in einen schwarzen Club gehen, um ein wenig zu jammen. Arthur Allen schlug ein altes Stammlokal von Jimi vor, das Small's Paradise an der 138th Street in Harlem.

> Irgend eine Band spielte, und Jimi stieg ein – aber wie er einstieg! So, als ob er Angst hatte oder als würde er sich fragen, ob sein Hut auch richtig saß. Er wollte bei diesem Publikum von vielleicht vierzig Leuten wirklich einen guten Eindruck machen. Aber Jimi war bloß sehr, sehr verlegen.
>
> Er kam rein und sagte: ›Wie ist mein Hut, wie sieht mein Hut aus?‹ Wir sagten: ›Dein Hut ist in Ordnung, Mann.‹ ›Glaubt ihr, daß es ihnen was ausmacht, wenn . . .?‹ Er war ständig im Zweifel, was wir und was andere Schwarze von ihm und seiner Musik hielten . . . Er fing also an zu jammen und blies diesen Typen förmlich das Hirn raus . . . Jedesmal, wenn ich ihn *uptown* spielen sah, spielte er besser, als ich ihn je in meinem Leben spielen gesehen habe.

Anfang des Jahres hatte Jimi den Wunsch geäußert, im Apollo Theatre aufzutreten, aber dazu kam es nie, weil das Theater Künstler nur wochenweise buchte. Stattdessen spielte er in der 138th Street mit der Begleitband von Sam & Dave und Big Maybelle ein Open-Air-Konzert zugunsten der United Block Association, die ein Armenprogramm mit Tageszentren und organisierten Ausflügen unterhielt. Der »New York Times« erzählte Jimi: »Manchmal, wenn ich hier hinkomme, sagen die Leute: ›Er spielt weißen Rock für die Weißen. Was will er hier?‹ Nun, ich will ihnen klarmachen, daß Musik etwas Universelles ist, daß es keinen schwarzen oder weißen Rock gibt. Viele von diesen Kids haben keine sechs Dollar, um in den Madison Square Garden zu gehen – abgesehen davon habe ich hier ja selbst mal im Small's angefangen.«[14] In Harlem hatten sich etwa 5000 Leute versammelt, aber als Jimi gegen Mitternacht auftrat, war die Menge auf etwa ein Zehntel geschrumpft. Arthur Allen war anwesend:

Harlem, New York, 3. September 1969

> Jimi begann zu spielen, aber der Sound war zu schlecht. Er konnte sich nicht so rüberbringen, wie er wollte. Niemand kannte ihn: »Hau ab, wir wollen Big Maybelle.« »Wer ist dieser Jimi Hendrix?« »Jimi Wer?« »Jimmy Witherspoon?« Er ließ mit seiner Gitarre ein paar Verzerrungen los, weil er die Stimmung im Publikum spürte. Es war, als wollte er ihnen etwas entgegenwerfen. Und das Publikum antwortete mit einem Ei, irgend jemand warf ein Ei aus dem Fenster, und das brachte ihn wirklich in Rage. Er spielte wie noch nie zuvor in seinem Leben und machte die Leute echt fertig, alles stand auf den Zehenspitzen. Das war seine erste wirkliche Kommunikation mit einem schwarzen Publikum, und die Leute fanden ihn toll.

Diejenigen zumindest, die geblieben waren – »Disc«-Reporter Richard Robinson schätzte, daß noch etwa zweihundert da waren. Aber nach dem Konzert, sagt Arthur, »fühlte sich Jimi total gut . . . Er hatte Spaß daran, selbst eine so kleine Zahl von Leuten anzutörnen.«

Fünf Tage später fand im Village-Club Salvation ein Auftritt statt, auf den Jimi weit weniger Lust verspürte. Die Diskothek des Clubs war ein beliebter Treff der Reichen und Berühmten gewesen, bis er seine Alkohol-Lizenz und damit auch seine mondäne und schillernde Kundschaft verlor. Aber der Besitzer Bobby Woods gab nicht auf und führte ihn als Bar ohne Lizenz weiter.

Ein halbseidenes Publikum hielt Einzug, kleine Drogendealer und junge Mafiosi aus Brooklyn, die in der Gangster-Hierarchie aufsteigen wollten. Sie forderten das übliche Schutzgeld und zwangen Woods schließlich, John Riccobono als Club-Manager einzustellen. Er war ein Verwandter des »Staten Island«-Joc Riccobono, cincr Schlüsselfigur der Carlo-Gambino-Familie, eine der einflußreichsten Mafia-Familien Amerikas. Mafia-Leute standen auf der Gehaltsliste, und riesige Summen verschwanden aus dem Club, während Woods sich standhaft einer Übernahme widersetzte. Er verärgerte die falschen Leute und wurde wenige Monate später tot aufgefunden.

Woods versuchte also seinen Club mit Live-Konzerten zu retten. Da Jimi Stammgast war, schlugen die Mafiosi vor, er solle am Eröffnungsabend spielen. Jimi wollte nicht, denn er hatte eine genaue Vorstellung davon, wie sich die Band weiterentwickeln sollte, und Auftritte in kleinen Clubs waren für diesen Zeitpunkt nicht vorgesehen. Aber die Mafiosi blieben hart, und Mike fuhr nach Shokan und überredete Jimi. Mike wollte es sich auf gar keinen Fall mit diesen Typen verderben. Im Musikgeschäft war es immer hilfreich, einige wohlgesonnene Muskelmänner hinter sich zu haben. Zudem hatte die Mafia mit Besorgnis registriert, wo sich das neue Studio befand – auf

Jazz-Straßenfestival, Harlem, New York, 5. September 1969

einem Gelände nämlich, das zu einem von der Mafia kontrollierten Gebiet gehörte. Sie befürchtete, die dort konsumierten Drogen könnten die Aufmerksamkeit der Polizei erregen. Mike wollte niemanden verärgern, und mit einem Auftritt von Jimi im Salvation konnte er sich gefällig zeigen. Er stand in der Schuld der Mafia, und Jimi sollte dafür bezahlen.

Mike kam nicht allein nach Shokan; er fuhr in einer Limousine vor, der eine weitere folgte, in der ein paar knallharte Kerle saßen. Mit einem von ihnen verschwand Mike in Jimis Zimmer. Vor die Tür postierte sich ein weiterer dieser reizenden Muskelmänner im italienischen Outfit. Juma beobachtete die Sache beklommen, war aber bereit, mit den anderen Jimi beizustehen, falls dieser wirklich eingeschüchtert werden sollte. »Da kommt dieser Typ an, befestigt in ungefähr zwanzig Metern Entfernung eine Zielscheibe an einem Baum, zieht seine 38er raus und – peng, peng! Immer mittenrein, während in der Zwischenzeit die Unterhaltung mit Jimi läuft.« Die Band spielte im Salvation.

Jimi betrat gegen 0.15 Uhr mit seiner Woodstock-Band die Bühne, ignorierte die Erwartungen des Publikums, das natürlich Hendrix' brennende Gitarre sehen wollte, und spielte statt dessen ruhig und konzentriert. Er tauschte Soli mit Larry Lee aus, der laut einem Kritiker vom »Rock«-Magazin einfach »wunderbar« war. Aber dann »ging der Set mit Jam-Songs weiter, während das Publikum enttäuscht und ungeduldig auf ›Foxy Lady‹ und ›Fire‹ wartete. Es war traurig mitanzusehen, wie Jimi, der mit einer Reihe freier Kompositionen glänzte, von einer Horde zehn Dollar zahlender Besucher, die schließlich das Weite suchten, mit Verachtung gestraft wurde«.

Während des gesamten Abends war das Soundsystem gestört, und auch Jimis Gesangsmikrofon funktionierte nicht richtig. Schließlich wurde es repariert, und Jimi konnte »Izabella« spielen. Dann bedankte er sich bei dem verbliebenen Publikum, stellte seine Gitarre auf einem Verstärker ab und ging.

Jimi bereute seinen erzwungenen Auftritt im Salvation noch aus einem anderen Grund. Eines der wohl merkwürdigsten und bizarrsten Ereignisse in seinem Leben hatte nämlich im Salvation begonnen. Jimi war eines Nachts von nicht identifizierten Maskierten aus dem Club entführt worden, die behaupteten, der Mafia anzugehören. Angeblich hatte er den Club mit diesen Typen verlassen, um etwas Kokain zu kaufen – was nicht sonderlich glaubhaft klingt, wurden ihm die Drogen von seinen Fans doch geradezu aufgedrängt. Das nächste, an das er sich erinnern konnte, war, daß man ihn zu einer Wohnung in Manhattan kutschierte. Am nächsten Morgen zwangen ihn seine Entführer, Mike Jeffery anzurufen. Bob Levine nahm den Anruf im Büro entgegen, rief seinerseits Mike und Jerry Morrison an und erklärte beiden, Jimi sei ein toter Mann, falls Mike nicht Jimis Vertrag aushändigte.

Jerry Morrison sagte, er habe Beziehungen zu Leuten, die ihm noch einen Gefallen schuldeten. Ein paar Tage später rief jemand Morrison an, teilte ihm Jimis Aufenthaltsort mit und erklärte, die Entführer seien nur einfache Straßenganoven, es handle sich also um keine Mafia-Aktion, sondern um ein stinknormales Verbrechen. Eine ähnliche Geschichte war bereits früher passiert. In der Garderobe des

Scene hatte man die Band bedroht, um sie zu zwingen, einen Vertrag mit irgendeinem angeblichen Mafia-Gangster abzuschließen. Allein das Wort »Mafia« flößte bereits genug Angst ein, und wenn es dann noch von einem entsprechend aussehenden Subjekt fallengelassen wurde, verfehlte es selten seine Wirkung.

Morrison behauptet, er sei mit zweien seiner eigenen Schläger zu der Wohnung gefahren, habe aber feststellen müssen, daß man Jimi bereits woandershin gebracht hatte. Noch merkwürdiger wird seine Geschichte, wenn er hinzufügt, daß er vermutet habe, Jimi sei in sein Haus nach Shokan gebracht worden. Würde ein echter Entführer sein Opfer wirklich in sein eigenes Haus zurückbringen? Selbstverständlich hatten dann Morrison und seine Kumpane die Entführer dort überwältigt und Jimi völlig ruhig und gelassen oben in seinem Zimmer vorgefunden. Unter den wenigen Personen, denen Jimi diese Geschichte erzählte, herrschte völlige Übereinstimmung darüber, daß die Entführung entweder auf Mikes Veranlassung von Jerry Morrison eingefädelt worden war, um Jimi noch mehr unter Druck zu setzen, oder aber von Morrison selbst, um Mike zu beweisen, daß er nicht der einzige mit »Connections« war. Andererseits waren jede Menge kriminelle Gestalten (organisierte und unorganisierte) am großen Geld interessiert, das man mit Rockmusik verdienen konnte. Und darum glaubte Trixie Sullivan an eine »echte« Entführung – mit einem ungeplanten Ende allerdings.

> Im Musikbusiness ging es damals zu wie im Wilden Westen. Egal, worum es ging, die »junge« Mafia versuchte die ganze Zeit, ins Musikgeschäft einzusteigen. Die »ältere« Mafia hatte kein Interesse daran. Und Jimi wurde von Typen gekidnappt, die ihn festhielten, um an seinen Vertrag zu kommen. Mike hatte eigene Kontakte im Musikbusiness, die auch nicht ohne waren. Mike fand Leute – oder wurde ihnen vorgestellt –, die ihn begleiteten, um bestimmte Angelegenheiten zu klären. Und genau das ist wohl passiert. Mike hatte sich mit den Jungs in den Limousinen zusammengetan, und sie wurden zu Jimis Versteck gebracht. Als die dort rausfanden, wen er da im Schlepptau hatte, ließen sie Jimi sofort frei.

Wer auch immer hinter dieser Geschichte steckte – der Zwischenfall trieb Jimis wachsende Paranoia und sein Mißtrauen auf die Spitze.

Jimi hatte zwar immer noch das Haus in Shokan, in dem er sich etwas Ruhe gönnen konnte, wenn es nicht gerade bis unters Dach mit seinen Anhängern vollgepackt war. Aber er gehörte nicht zu denen, die ganz alleine leben können. An einem ruhigen September-Wochenende, an dem alle Störenfriede verschwunden waren, schaffte er es tatsächlich einmal, das Haus nur für sich, seine Musiker und

Sheila Weller vom »Rolling Stone« zu haben. Er war sehr bedrückt und wortkarg und stopfte sich mit Claires Schokoladensplitter-Keksen voll. In ihrem Artikel, der im November erschien, beschrieb Sheila Weller Jimi als »verwundbar und jungenhaft«. Ab und zu notierte sich Jimi etwas in sein marokkanisches Notizbuch mit dem handgeprägten Einband, das er immer bei sich trug. Sheila staunte über seinen vorurteilslosen Musikgeschmack, der von Marlene Dietrich bis Schönberg, von Wes Montgomery bis Crosby, Stills & Nash reichte. Während des Gesprächs drehte sich auf dem Plattenteller Dylans »John Wesley Harding«, und Jimi begleitete »The Ballad Of Frankie Lee And Judas Priest« sanft auf der Gitarre. Erstaunlich auch, wenn man an frühere Interviews denkt, in denen er über seine Anfangsjahre nur mit Widerwillen gesprochen hat, daß nun auf Jimis Bücherregal ein Foto steht, das ihn während seiner frühen Rhythm'n'Blues-Tage zeigt, mit hingetrimmter Frisur, Seidenanzug und blankgewienerten Schuhen. Doch inzwischen muß er sich nichts mehr beweisen, es gibt keinen Grund mehr, sich von der Vergangenheit zu distanzieren. »Das ist okay«, lacht er, »ich verheimliche meine Vergangenheit nicht, ich schäme mich nicht dafür.«

Aber gleichzeitig macht er einen sehr bescheidenen Eindruck und fragt sich, ob er es nicht mal mit einigen der eher avantgardistischen Jazzmusiker probieren soll. »Sag mir ganz ehrlich«, fragt er jemanden im Zimmer, »was halten diese Typen von mir? Glauben sie, daß meine Musik Swing hat?« Sie hören sich einige freie Jams vom vorigen Abend an, mit Juma und Jerry an der Percussion, Juma an der Flöte und dem Jazzer Mike Ephron an den Keyboards. Jimis Reflexionen über das, was sein könnte, mit wem er es versuchen solle und welche Musik er machen könnte, führten schließlich zu einem seiner bekanntesten Pressezitate: »Ich will nicht mehr den Clown spielen, ich will kein Rock'n'Roll-Star sein.«[15]

Mit seinem Wunsch, nicht manipuliert zu werden, auf Befehl auftreten zu müssen und damit ein Objekt unberechenbarer Publikumserwartungen zu sein, befand sich Jimi in guter Gesellschaft. Einen Monat später gab nämlich Ornette Coleman dem Jazz-Schlagzeuger Arthur Taylor für dessen Buch mit Jazz-Interviews (»Notes And Tones«) zu Protokoll: »Ich fühle mich in dieser Konzertwelt überhaupt nicht mehr wohl. Das ist für mich eine selbstgefällige Welt, es geht nur um Geld und Klamotten, aber nicht um Musik. Ich würde wirklich gern aussteigen, aber meine finanzielle Situation erlaubt es mir leider nicht. Ich habe inzwischen wirklich Spaß am Komponieren, weil man dafür nicht dieses Bühnen-Image braucht . . . Ich will keine

Marionette sein, der man sagt, was sie zu tun und was sie zu lassen hat.«[16] Nicht anders hatten sich klassische Komponisten des neunzehnten Jahrhunderts im damals herrschenden System des Künstler-Mäzenatentums gefangen gefühlt. Der norwegische Komponist Edvard Grieg schrieb an einen Freund: »Ich will kein Orgelschinder sein. Ich möchte das komponieren, was in meinem Herzen ist.« Was zeigt, wie sehr sich – unabhängig von Zeit, Ort und Genre – die Probleme all jener Künstler gleichen, die einen gewissen Grad an Ruhm erreicht haben.

Sieben Uhr morgens. Sie hatten die ganze Nacht hindurch geredet und kehrten nun von einem Ausflug zurück, den sie in Jimis Stingray unternommen hatten, um den Sonnenaufgang an den Wasserfällen zu beobachten. Jimi räumte das Haus auf und leerte die Aschenbecher. Das war auch so eine Charaktereigenschaft, die man von ihm eigentlich nicht erwartete: er haßte Unordnung. Anschließend legten sich alle schlafen, um dann gegen vier Uhr nachmittags ins »Record Plant«-Studio zu fahren. Interessanterweise erklärte Jimi, daß er die Platte woanders mischen wolle, da das Studio (den Namen nannte er nicht) »schlechtes Equipment besitzt und sogenannte Langhaar-Musiker gern ausnutzt«.

Auf der Fahrt zum Studio überholte sie ein Wagen, aus dessen Radio »If 6 Was 9« dröhnte – der Trailer zu dem neuen Film »Easy Rider«. Sheila Weller fragte Jimi, ob er den Film gesehen habe. Keine Antwort. Jimi hatte sich auf dem Rücksitz wie ein Embryo zusammengekauert und schlief fest.

Im Record Plant versuchte Jimi seine Band zusammenzuhalten – ein ziemlich hoffnungsloses Unterfangen. Mitch kam und ging während der Sessions, und auch Jimis Verhältnis zu Eddie Kramer war gespannt. Eddie war von Mike Jeffery angeheuert worden, der nicht wollte, daß Jimi mit der Band im Studio übte. Aus diesem Grund steckte Eddie in einer verzwickten Lage. Nicht umsonst beschreibt Jerry Velez die Gypsy Sun and Rainbows im Studio als einen »Zug außer Kontrolle«. Aber er fügt hinzu: »Es hatte auch seine Höhepunkte.« Wie dem auch sei, man konnte die Schuld an den unproduktiven Sessions nicht allein dem unkooperativen Management in die Schuhe schieben. So hatte etwa Jerry während einer Session nicht unbedingt Musik im Sinn: »Ich brachte ein halbes Dutzend Mädchen mit und Champagner und Essen, und ich platzte in die Session rein und stellte alles auf den Flügel. Jimi sagte: ›He, Mann, was soll das? Du unterbrichst die Session.‹«

Inzwischen warteten sowohl Warner Brothers als auch Track Records voller Ungeduld auf neues Material. Jimi hatte in der Presse die unterschiedlichsten Projekte angekündigt, aber bislang nichts geliefert. Songfragmente waren wahllos über mehrere hundert Stunden Bandmaterial verteilt. Laut Vertrag mußte Jimi sogar zwei Alben mit neuen Songs produzieren, denn Ed Chalpin hatte als erster Anspruch auf ein neues Jimi-Hendrix-Album, und auch er wurde langsam ungeduldig. Um die Kluft zu überbrücken, wurde im Sommer die LP »Smash Hits« veröffentlicht, die sich auf beiden Seiten des Atlantik bestens verkaufte. Etwas später veröffentlichte Track die Single »Fire«/»The Burning Of The Midnight Lamp« als weiteren Lückenbüßer.

Die Sache wurde noch komplizierter, als sich Jimi mit Alan Douglas, dem Ehemann von Stella, und dessen Jazz-Label Douglas Records einließ. Er hatte Douglas auf einer Dinner-Party in dessen Haus kennengelernt, zu der ihn Devon mitgenommen hatte. Alan Douglas ist bis heute eine umstrittene Figur geblieben; dies gilt sowohl für die Rolle, die er zu Jimis Lebzeiten gespielt hat, als auch für die Zeit nach Jimis Tod, als der Kampf um die Rechte an seiner Musik voll entbrannte. Jeder beschreibt Jimis Beziehung zu Douglas anders. Claire Moriece behauptet, daß Douglas unter Musikern »einen sehr schlechten Ruf hatte« und daß »Jimi den Mann haßte«. Ira Cohen, die für Douglas Records als Fotografin arbeitete, meint hingegen, daß Jimi und Alan »einen ziemlich engen persönlichen Kontakt« hatten.

Jedenfalls war Jimi von Douglas' überzeugenden Plattenproduktio nen beeindruckt. Douglas hatte Jazzmusiker wie Eric Dolphy und John McLaughlin produziert. Jimi unterstützte ihn bei zwei Alben, dem legendären »Last Poets«-Album und Timothy Learys »You Can Be Anyone This Time Around« – wofür er von Warner Brothers heftig kritisiert wurde. Anders als Mike Jeffery kannte sich Douglas in der Musik ziemlich gut aus, und Jimi fand in ihm einen interessierten Zuhörer, wenn es um die zukünftige Entwicklung seiner Musik ging.

Alan vermutete zu Recht, daß Jimi es leid war, mit Rockmusikern zu spielen, »weil sie nur beschränkt fähig waren, die Musik mitzuentwickeln, die ihm vorschwebte. Er bewunderte Jazzmusiker wegen ihrer Phantasie und ihres instrumentalen Könnens.« Alan wollte Jimis Jazz-Kontakte erweitern und ihn unbedingt mit Miles Davis zusammenbringen. Obwohl Miles Jimis Musik sehr respektierte, dachte er gar nicht daran, das Studio für weniger als 50 000 Dollar zu betreten. Miles wollte von Schlagzeuger Lenny White wissen, ob er interessiert sei, »aber ich stand nicht auf Hendrix, deshalb winkte ich ab«. Schließlich wurde die Idee ad acta gelegt. Wie sehr Jimi an diesem Plan auch interessiert sein mochte, er wollte, daß alles zu seinen eigenen Bedingungen passierte. Juma bekam einiges davon mit: »Jimi wollte mit Alan arbeiten, aber sie hatten künstlerische Differenzen. Ich war im Studio, als Alan Miles anrief und ihn bat zu kommen. Aber Jimi wollte es auf seine Weise machen, und das war nicht Alans Weise, und so begann der Konflikt.« Miles war nicht scharf darauf, an einer Session teilzunehmen, deshalb verlangte er ein Honorar. In seiner Autobiographie schrieb Miles jedoch, er habe später mit Jimi zu Hause gespielt. Wenn Miles versuchte, Jimi die Musik theoretisch zu erklären, sah ihn dieser verständnislos an, aber sobald Miles ihm das Stück vorspielte, konnte Jimi es nachspielen, egal wie kompliziert es war. Jimi versuchte auch selbst, Jazz-Kontakte aufzubauen. So suchte er zum Beispiel Quincy Jones auf, der behauptet, er habe damals für Jimi eine Session arrangiert, zu der dieser aber nicht aufgetaucht sei. Miles schreibt in seinem Buch auch, daß er es nachträglich bereut habe, Jimi zu sich eingeladen zu haben; denn die Affäre, die sich später zwischen Jimi und Betty Davis entspann, sei mit schuld am Scheitern von Miles' Ehe gewesen.

Unglücklicherweise fand sich Jimi in einem Tauziehen zwischen Alan Douglas und Mike Jeffery wieder, auf das er wirklich hätte verzichten können. Ira Cohen über Alan Douglas: »Er war immer bereit zu helfen, aber natürlich hielt er auch Ausschau nach lukrativen Geschäften.« Noch direkter formuliert es Juma: »Jeffery haßte Douglas, denn er wußte, daß er und Alan aus demselben Holz geschnitzt waren.« Alan arbeitete mit Jimi an Studio-Versionen von »Izabella«, »Room Full Of Mirrors« und »Stepping Stone«, wodurch die Distanz zwischen Jimi und Eddie Kramer weiter wuchs. Dann drang Alan noch weiter in Mikes Revier ein: »Ich wurde für Jimi eine Art geschäftlicher Berater. Das war der Grund für Mikes Eifersucht auf mich. Er meinte ständig: ›Es ist nicht genug vorhanden, daß du auch noch Geschäfte damit machen könntest.‹ Das stimmte zwar nicht, aber er ritt ständig darauf herum.«

Zu Beginn des Winters erkannte Jimi, daß die Gypsy Sun and Rainbows als Gruppe niemals funktionieren würde. Man traf sich im Navarro-Hotel am Central Park South, wo Jimi wohnte, und er teilte ihnen mit, daß das Ende der Fahnenstange erreicht sei. Er hoffte zwar, daß sie auch weiterhin zusammen jammen und vielleicht sogar ihre musikalische Kooperative Heaven Research Unlimited realisieren konnten. Aber zunächst wurde alles auf Eis gelegt.

Daß Jimi unter dem Druck stand, eine schwarze Band zu gründen, ist Teil des Jimi-Hendrix-Mythos geworden. Vielleicht hatten die schwarzen Nationalisten das gefordert, aber Beweise dafür, daß sich Jimi dieser Forderung gefügt hätte, gibt es nicht. Gypsy Sun and Rainbows war entstanden, weil Jimi mit einigen Freunden aus seinen weniger komplizierten frühen Tagen zusammensein wollte; aber Mitch sollte mit dabeisein. Daß seiner nächsten Trio-Formation zwei schwarze Musiker angehörten, hatte rein praktische Gründe.

Den Namen »Band of Gypsys« hatte Jimi schon seit geraumer Zeit im Munde geführt. Ex-Hendrix-Roadie Neville Chesters behauptet, er sei durch eine spontane Bemerkung von Mitch entstanden: »Es war in irgendeinem Hotel in New York im Jahr 1968. Es gab da diese endlose Karawane von Leuten, die auf dem Gang vor Jimis Zimmer hin und her wanderte. Oft sahen wir Jimi tagelang nicht. Und ich erinnere mich, wie Mitch irgendwann mal sagte: ›Es geht hier zu wie unter einer verfluchten Bande von Zigeunern [band of gypsys].‹ Daran kann ich mich deutlich erinnern.«

Mike Jeffery hatte die Idee, Ed Chalpin loszuwerden, indem man ihn mit einem Live-Album abspeiste. Es würde eine billige Produktion sein, die aber neues Material enthalten mußte, damit die Vertragsbedingungen erfüllt waren. Zu diesem Zweck wurde laut Billy Cox die Band of Gypsys gegründet. »Zu der Zeit war ich da, und Mitch war, glaube ich, gerade in England. Man bot ihm an mitzumachen, aber er wollte wohl in England bleiben. Buddy war leicht zu bekommen. Also probten wir – ich, Buddy und Jimi – einige Wochen lang, und das war dann die Band of Gypsys.«[17]

Am 27. November feierte Jimi seinen 27. Geburtstag. Devon organisierte für ihn eine Party in einer Wohnung auf der Upper East Side von Manhattan. Die Rolling Stones waren da, und Devon machte sich sofort an Mick Jagger heran. 1967 hatte Jimi versucht, Marianne Faithfull zu verführen – vor den Augen von Mick Jagger. Und da Mick annahm, Devon sei Jimis »Freundin«, nutzte er die Chance zu einer Revanche und ging auf ihre Avancen ein. Schließlich zog Devon mit Mick Jagger ab. Doch Jimi war das völlig wurscht; er war viel zu deprimiert, um große Gefühle zu haben. Er kokste inzwischen sehr viel, was seine Ängste und seine Unsicherheit noch verstärkte. Und er nahm Drogen nicht mehr bloß zur Entspannung, sondern als Vehikel zur Flucht. Dieselben Drogen, andere Erwartungen, größere Gefahr.

Mitte November war Carlos Santana im Record Plant, als Jimi gerade Overdubs für »Room Full Of Mirrors« aufnahm:

Das war ein echter Schock für mich. Er sagte »Okay, laß das Band laufen!« und begann aufzunehmen, und es war umwerfend. Aber nach etwa fünfzehn oder zwanzig Sekunden war er völlig raus aus dem Song. Plötzlich war die Musik, die aus den Boxen kam, meilenweit entfernt von dem Song, so, als ob er ausflippen und eine riesige Schlacht mit irgend jemandem im Himmel führen würde. Es hatte absolut nichts mehr mit dem Song zu tun. Die Roadies sahen sich gegenseitig an, der Produzent sah *ihn* an und meinte dann: »Holt ihn mir!« Ich erzähle keine Märchen. Sie trennten ihn von den Verstärkern und von der Gitarre, und es war, als hätte er einen epileptischen Anfall. Ich sagte: »Muß ich das alles auch durchmachen, nur um Gitarre spielen zu können? Ich bin doch nur ein Kind.« Als sie ihn losrissen, waren seine Augen rot . . . Er war völlig hinüber.

Meiner Meinung nach war es sein Lebensstil: die ganze Nacht aufbleiben, die Frauen, die vielen Drogen, dieser ganze Kram. Es war eine Kombination all dieser intensiven Dinge, die ihm wegen seiner fehlenden Disziplin zusetzten. Damals war die Disziplin in diesem Rock-Lebensstil gleich null.[19]

Jimi stand im Kreuzfeuer sich befehdender Fraktionen von Plattenproduzenten, Musikern, Frauen und Geschäftsleuten, die alle um sein Geld, seine Zeit, seinen Körper, seine Seele, sein Wohlwollen, sein Bewußtsein und seine Musik buhlten. Alle schienen ihm etwas ins Ohr zu flüstern, ihn vor dieser oder jener Person zu warnen, während ihm keiner, am allerwenigsten das Management, die Fürsorge und den Schutz bot, die er seinem Genie und Status nach verdient hatte. Und niemand aus seiner Umgebung konnte oder wollte Jimis Aufschrei hören, mit dem er das forderte, was man ihm ständig verweigerte: »LASST MICH IN RUHE!«

Am 6. Dezember erfuhr Jimi in New York vom Desaster des Altamont-Festivals, bei dem der schwarze Jugendliche Meredith Hunter von Hell's Angels-»Ordnern« ermordet worden war. Für Jimi hätte es zwei Tage vor seinem Gerichtsverfahren in Toronto wohl keine bedrückendere Nachricht geben können. Am Tag darauf flog Jimi mit seiner Starzeugin Sharon Lawrence und mit Jeanette Jacobs, die er noch aus seinen frühen Tagen im Village kannte, nach Toronto. Er befürchtete, daß er als schwarzer Rockstar, der wegen Drogenbesitzes angeklagt war, nicht die geringste Chance hatte.

Am Montag, dem 8. Dezember, stand ein nervöser Jimi vor Richter Joseph Kelly. Er trug einen schlichten blauen Blazer und graue Hosen, die er speziell für diesen Anlaß gekauft hatte. Der erste Zeuge, der aufgerufen wurde, war Officer Marvin Wilson, der die Drogen entdeckt hatte; ihm folgten sein vorgesetzter Inspektor und der Labortechniker, der die gefundenen Substanzen analysiert hatte. Jimi saß im Gerichtssaal neben seinem kanadischen Anwalt John

O'Driscoll und durchlebte noch einmal den Alptraum der vergangenen sieben Monate.

Es war unstrittig, daß Jimi Drogen bei sich gehabt hatte. Aber um Jimi wegen Drogenbesitzes rechtlich belangen zu können, mußte ihm das Gericht nachweisen, daß er über die Drogen Bescheid gewußt hatte. Also stand zu vermuten, daß das Gericht zunächst einmal versuchen würde, den Beweis zu erbringen, daß Jimi ein regelmäßiger Drogenkonsument war, der seinen Stoff ständig bei sich trug.

Jimi war der erste Zeuge der Verteidigung. Er gab zu, daß er ständig Geschenke von seinen Fans bekam, auch Drogen, und daß er oft in zu großer Eile war, um zu überprüfen, was man ihm da in die Hand gedrückt oder in sein Gepäck gelegt hatte. Er leistete auch einen Meineid, indem er erklärte, daß er keine Drogen mehr nehme. Das war Teil des üblichen Rockstar-wegen-Drogen-vor-Gericht-Theaters. Die Geschworenen sahen es einfach gern, wenn sich ein Prominenter vor einfachen Leuten demütigte. Ein bißchen Reue kam immer gut an. Das erwartete man von einem Angeklagten, und die Verteidiger wußten das. Am Tag darauf fuhr Jimi in seiner Aussage fort und wurde sodann in ein gnadenloses Kreuzverhör genommen, bei dem man versuchte, ihn als gewohnheitsmäßigen Drogenkonsumenten hinzustellen. Der Vertreter der Anklage hielt das Aluminiumröhrchen hoch, in dem das Hasch gefunden worden war, und wollte wissen, was für eine Art »Geschenk« das gewesen sei? Was war denn dieser Gegenstand Jimis Meinung nach? »Ein Erbsenschießer?« meinte Jimi unschuldig. Gelächter im Gerichtssaal.

Sharon Lawrence war die nächste Zeugin, die ihre Version von den Ereignissen in jenem Motel in Los Angeles schilderte. Nach ihr kam Chas, der, obwohl die Anklage seine Aussage für irrelevant hielt, Jimis Angaben über die Flut von Fangeschenken bestätigte. Zum Schluß meinte der Richter, falls die Jury der Aussage von Sharon Lawrence Glauben schenkte, sei Jimi nicht schuldig. Acht Stunden später kehrten die Geschworenen in den Saal zurück und verkündeten: »James Marshall Hendrix: ›nicht schuldig‹.«

Jimi war in Hochstimmung: »Das schönste Weihnachtsgeschenk, das ich mir vorstellen kann«, erklärte er den Reportern. Und der einzige Weg, das zu feiern, war, auf die Pauke zu hauen. Das tat man dann auch in der geräumigen Wohnung an der 57th Ecke 10th Street von New York, die einem Musikerfreund von Devon gehörte. Al Browns Apartment stand Jimi immer zur Verfügung, wenn er sich entspannen, Shit rauchen oder einfach gut essen wollte. Al Brown kannte eine Menge westindischer Rezepte, die einem den Mund wäßrig machen konnten. Wenn Al Jimi erwartete, stand immer ein Topf mit Rindfleisch, Huhn, Knödeln und Karotten auf dem Herd. Sie diskutierten dann über Musik, Kompositionen und Arrangements. Aber an diesem Abend war Spaß angesagt, und Jimi lieferte eine hinreißende Parodie von Little Richard und den Transvestiten in Harlem.

Auch im Studio herrschte nicht nur Trübsinn. Nach den bedrückenden Monaten fand Jimi langsam wieder auf den Boden seiner Kreativität zurück. Im Dezember entstanden während der Proben mit Billy und Buddy im Record Plant zwei Songs. 1968 hatte die Experience bereits von einem der beiden Songs, den Jimi jetzt, Ende 1969, mit der Band of Gypsys aufnahm, Instrumentalversionen eingespielt. Zu dem Text von »Ezy Ryder« hat ihn möglicherweise der Film »Easy Rider« inspiriert.

There goes Ezy, Ezy Ryder
Riding down the highway of desire
he says the free wind takes him higher
trying to find his heaven above
But he's dyin' to be loved . . .

Der zweite Song, »Earth Blues«, war ganz offensichtlich von Gospelmusik beeinflußt.

Well, I see hands and attesting faces
reachin' up but not quite touching the Promised Land
Well, I taste tears and a whole lot of precious years wasted,
saying like, »please give us a helping hand«
Lord, there's got to be some changes
Gonna be a whole lot of re-arranges
You better hope love is the answer
Yeah, it better come before the summer

Well, everybody can hear the sound of freedom's beating heart
Sirens flashing with earth and rockets stoning
You better love me like it's gonna be the last time
and tell the child to bury Daddy's old clothes
Yeah, they're talking about getting together, yeah,
together for love, love, love
You better hope love is the answer, baby
I think you better hope it comes before the summer

Everybody, every Sister, every Mother
to feel the light, it's shining bright, baby

Jimi mit Jeanette Jacobs (rechts) und unbekannter Freundin, Toronto Court House, 10. Dezember 1969

Everybody, we got to live together, oh
Right on baby
Feel those Earth Blues coming at you . . .

Don't let your imagination take you by surprise
A Queen and me I, one day, visualise
My head in the cloud, my feet on the pavement
Don't get too stoned, please remember you're a man
Lord, there's got to be some changes
Living together's gonna be a lot of re-arranges
You better be ready, Lord, my Lord
Just hope love comes before the summer

Everybody, got to feel the light
You gotta feel the light, baby
Everybody, we gotta live together
Keep it together, right on together, oh (yeah)

All standing together for the Earth Blues coming at you baby . . .
(Right on)
Feel those Earth Blues coming at you . . .
(Yeah, yeah)
(Yeah, yeah let me hear it)

Die Band of Gypsys sollte in Bill Grahams Fillmore East auftreten, um dort an zwei Abenden ihr Live-Album aufzunehmen: am Silvesterabend und am Neujahrstag des Jahres 1970, dem Beginn eines neuen Jahrzehnts.

13

New Rising Sun

»The First Rays Of The New Rising Sun« ist mein neues Leben. Jeder kann seinen Beitrag leisten, und zwar nicht nur mit Geld. Ich weiß nicht, was in England passiert, aber der Gott in Amerika ist die Dollarnote. Diese Anzugtypen glauben an Geld und an sonst gar nichts. (»Melody Maker«, 11. Januar 1969)

Ich schreibe nur über das, was ich fühle. Ich feile nicht besonders daran herum, sondern halte es ziemlich einfach . . . Ich habe versucht, drei Dinge gleichzeitig zu machen, wie das so meine Art ist . . . Ich hasse es, auf eine Sache festgelegt zu werden, ich hasse es, wenn man mich nur als Gitarristen oder Songschreiber sieht oder nur als Steptänzer . . . Ich wechsle gern die Seiten. (Radio-Interview, London, 11. September 1970.)

Nach dem ersten Auftritt der Band of Gypsys am Silvestertag 1969 wollte Jimi von Bill Graham wissen, wie ihm das Konzert gefallen habe.

»Mmmm . . ., okay.«

»Wie bitte?«

»Ich sagte, ich fand's okay.«

Jimi fühlte, da war was im Busch. »Also los, Bill, rück raus mit der Sprache!«

Bill Graham schickte seine Assistenten aus dem Büro und schloß die Tür. Er sah Jimi lange und ernst an. »Willst du wirklich meine Meinung hören?«

»Ja, sicher. Ich respektiere dich, wir sind lange genug befreundet. Was ist los?«

Bill seufzte: »Okay, es war nur heiße Luft.«

Jimi sah Bill an, als habe dieser den Verstand verloren. »Was hast du gesagt?«

»Daß es von der ersten bis zur letzten Minute nur heiße Luft war.«

»Bill . . . Oh Gott . . . Was redest du? Hast du's nicht gehört? Sie sind doch völlig drauf abgefahren.«

»Genau das ist es ja, Jimi. Du bist so berühmt, du bist Jimi Hendrix. Für mich bist du der größte Elektrogitarrist der Welt, und du weißt, was man mit dem Instrument alles kann. Du bist ein Genie. Du hast die Gitarre auf die Schultern genommen, du hast sie hinter dem Rücken gespielt, mit den Zähnen, den Zehen und den Knien gezupft. Du hast alles gemacht – nur eines nicht. Du hast vergessen zu *spielen*!«

Jimi war perplex. »Was?!«

»Du hast nicht gespielt. Ich weiß nicht, ob dir klar ist, daß du auf die Bühne rausmarschieren und ›Yankee Doodle Dandy‹ spielen oder Liegestützen machen könntest. Und sie würden dich vergöttern, weil du Jimi Hendrix bist. Aber wenn Jimi Hendrix eine solche Macht besitzt – wäre es da nicht besser, ihnen beizubringen, was man alles machen kann? Und du besitzt die Macht dazu.«

Jimi war wie betäubt: »Wow.«

»Wie bitte? Lüge ich dich an? Was soll ich machen – mich entschuldigen? Vergiß nicht, Arschloch, du wolltest meine Meinung hören. Du hast 'ne Menge Einfluß – musikalisch, politisch, gesellschaftlich. Wenn du keine Socken mehr trägst, werden sie auch keine mehr kaufen und auch keine mehr tragen. Irgendein Typ wird noch mal sein Haus in Brand setzen, weil er seine Gitarre anzünden will, *bevor* er gelernt hat, sie zu spielen.«

Und Bill redete noch weiter, aber Jimi war über die Diskussion nicht gerade glücklich. Er wußte ja, daß Bill recht hatte. Aber Jimi hatte seit Monaten auf keiner Bühne mehr gestanden und glaubte nun, er müsse eine Show abziehen. Wenn er Lust dazu hatte, machte ihm das auch wirklich Spaß. Aber es gefiel ihm nicht, daß man es jedesmal von ihm erwartete. Er wollte nicht der Zirkusclown sein, der programmgemäß herumalberte. Außerdem waren die Leute zwangsläufig enttäuscht, wenn er seine Theaterposen einschränkte oder einen Song wie »Wild Thing« wegließ. Selbst das progressive Woodstock-Publikum hatte zwischen den Stücken noch »Wild Thing« gefordert.

Jimi war auf sich selbst nicht weniger sauer als auf Bill.

»Wirst du bei der zweiten Show noch dasein?«

»Ja.«

Das Publikum für die zweite Show wurde eingelassen. Bill stellte die Band auf der Bühne vor: »Am Baß Billy Cox, am Schlagzeug Buddy Miles, an der Gitarre Jimi Hendrix. »Applaus für . . .«

»Nichts gegen Carlos und Eric und all die anderen«, sagt Bill Graham, »aber was folgte, war die brillanteste emotionale Darbietung von virtuosem elektrischen Gitarrenspiel, die ich je gehört habe. Ich glaube nicht, daß ich jemals wieder in einer Stunde und fünfzehn Minuten eine so durchgängige Brillanz hören werde. Er stand einfach nur da, machte gar nichts, er spielte nur, spielte, spielte.«

Der Beifall des Publikums war nicht der auf Rockkonzerten übliche lärmend fröhliche Beifall, sondern ein widerhallender donnernder Applaus, wie man ihn großen Opernsängern oder klassischen Geigern und Pianisten zollt, eine Verbeugung vor der Hohen Kunst.

> Jimi kam völlig schweißgebadet auf mich zu und meinte:
> »Nun – schnauf, keuch! –, zufrieden, Arschloch?«
> »Jimi, das war brillant. Mehr kann ich nicht sagen. Du warst einfach magisch.«
> »Gut, gut. Läßt du mich jetzt in Ruhe? Bin ich freigesprochen? Danke.«
> Und dann kehrt Jimi auf die Bühne zurück und zieht eine halbe Stunde seine ganzen Showeffekte ab, den ganzen Mist hinter dem Rücken, die ganze Tretmühle, das Rumspringen und Rumhampeln, das Zupfen mit den Zähnen, das Spielen hinter dem Rücken. Dann kommt er runter und meint zu mir: »Naaaa . . .?«*

Das Album der Band of Gypsys, das im Juni veröffentlicht wurde, bestand aus Mitschnitten des Auftritts vom nächsten Tag. Aus der ersten Show stammten »Who Knows« und »Machine Gun«, das Musterbeispiel für jene durchgehende Brillanz, die Bill Graham erwähnt hat. Wenn es ein Stück gab, das bewies, daß Jimi der Beste von allen war, dann war es mit Sicherheit »Machine Gun«. Die Improvisationskunst, die Technik, die künstlerische Leistung und die Phantasie, die er hier zeigt, sind einfach überwältigend.

Jimi kündigte den Song folgendermaßen an: »Erst einmal ein glückliches neues Jahr! Ich hoffe, daß wir noch ein oder zwei Millionen mehr davon erleben . . . falls wir diesen Sommer überstehen – hä, hä, hä . . . Gut, ich möchte den Song den üblen Geschichten widmen, die im Moment passieren – allen Soldaten, die in Chicago, Milwaukee und New York kämpfen . . . – ja, und natürlich all den Soldaten, die in Vietnam kämpfen. Möchte also ein Stück spielen, das ›Machine Gun‹ heißt.«

* Angeblich liefern die Mitschnitte auf Band keinen Anhaltspunkt für Bills Anekdote. Möglicherweise hat er einfach diesen Auftritt mit einem anderen von Jimi im Fillmore verwechselt.

Für die Soldaten in Vietnam war Jimi ein Idol. In seinem Buch »Dispatches« (dt.: »An die Hölle verraten«) beschreibt der Kriegsberichterstatter Michael Herr, wie er einen schwarzen Unteroffizier beobachtete, der sich mit einem breiten Grinsen auf dem Gesicht über einen Kassettenrecorder beugte, aus dem »Fire« über die Reisfelder von Vinh Long dröhnte. Jimi hatte Referenzen vorzuweisen. »›Sag ihnen, daß Jimi für mich der Beste ist‹, meinten sie. ›Der weiß genau, was er macht.‹ Jimi hatte in der 101st Airborne [Fallschirmspringertruppe] gedient, und in der Airborne in Vietnam gab es eine Menge schlauer Krausköpfe wie ihn, echte Kumpels, auf die man sich verlassen konnte, wenn man in Schwierigkeiten geriet. Seine Musik bedeutete ihnen wirklich eine Menge. Ich habe sie nicht ein einziges Mal im Army-Radio gehört.«[1]

Dieser nachträgliche Bericht aus Vietnam enthält also ein weiteres Indiz dafür, daß Jimis lautmalerischen Darstellungen von Tod und Zerstörung in erster Linie möglicherweise an die Protestbewegung in Amerika gerichtet waren.

Machine Gun
Tearing my body all apart
Machine Gun, yeah
Tearing my body all apart
Evil man make me kill ya
Evil man make you kill me
Evil man make me kill you
Even though we're only families apart

Well I pick up my axe and fight like a farmer
(You know what I mean)
Hey! And your bullets keep knocking me down

Hey, I pick up my axe and fight like a farmer now
Yeah, but you still blast me down to the ground

The same way you shoot me down, baby
You'll be going just the same
Three times the pain,
and your own self to blame
Hey, Machine Gun

I ain't afraid of your mess no more, babe
I ain't afraid no more
After a while, your, your cheap talk don't even cause me pain,
so let your bullets fly like rain

'Cause I know all the time you're wrong baby
And you'll be goin' – 'way just the same
Yeah, Machine Gun
Tearing my family apart
Yeah, yeah, alright
Tearing my family apart

(Don't you shoot him down)
(He's 'bout to leave here)
(Don't you shoot him down)
(He's got to stay here)
(He ain't going nowhere)
(He's been shot down to the ground)
(Oh where he can't survive, no, no)

Yeah, that's what we don't wanna hear anymore, alright?
(No bullets)
At least here, huh huh
(No guns, no bombs)
Huh huh
(No nothin', just let's all live and live)
(You know, instead of killin')

»Who Knows« war im wesentlichen ein Jam-Song, in dessen Mittelpunkt die erdige Soul/Rhythm'n'Blues-Stimme von Buddy Miles stand, die in den Scat-Passagen mitunter wie ein strangulierter Papagei klang. Jimi begnügte sich mit einigen für seinen Standard wenig bemerkenswerten Wah-Wah-Läufen.

In Anbetracht von Jimis scheinbar unausrottbarem öffentlichem Image als wilder gitarrenschwingender Frauenheld ist schwer nachzuvollziehen, daß er ein immer stärkeres Bedürfnis verspürte, seinen Glauben zum Ausdruck zu bringen, daß sich die wahre Kraft der Menschheit erst in der Liebe zu Gott entfalten kann. Doch genau diese Überzeugung macht die Stärke von »Message To Love« und »Power Of Soul« (Jimi hatte den Song bei seinem Auftritt am Tag zuvor »Crash Landing« genannt) aus, die während des zweiten Konzerts am Silvestertag mitgeschnitten wurden. Wie Dylan auf »John Wesley Harding«, so wollte auch Jimi weg von Zynismus und Bitterkeit. Er war überzeugt davon, daß man mit Güte und Mitgefühl die Sinnlosigkeit des Lebens überwinden kann. Dylan hatte dies auf leidenschaftliche Weise mit »All Along The Watchtower« ausgedrückt – ein Song, der Jimi ins Innerste traf. »Message To Love« und »Power of Soul« von der Band of Gypsys besitzen vielleicht nicht die gewohnte Eleganz manch anderer Texte von Jimi; aber er hatte wohl erkannt, daß in einem Song, der in erster Linie eine Botschaft vermitteln sollte, kein Platz für eine geheimnisvolle Bildersprache war, sondern daß er möglichst einfach gehalten werden mußte. Bezeichnenderweise hat er sie deshalb auch nicht in rosafarbene Psychedelic-Watte verpackt wie zum Beispiel die Beatles ihr »All We Need Is Love«, sondern in harsche Melodien mit Funk-Anklängen. In späteren Konzerten kündigte Jimi »Message To Love« mit einer verächtlichen Anspielung auf die Hohlheit vieler Hippie-Songs über Liebe an. »Message To Love« liegt nämlich eher auf der Linie eines »Nimm's oder laß es« – aber wenn du es nimmst, dann sei auf einen Kampf vorbereitet. Denn man bekommt im Leben nichts geschenkt.

Die beiden anderen Songs auf dem Album stammen von Buddy Miles – sein Hit »Them Changes« und »We Gotta Live Together«. Erwähnenswert sind dabei nur einige umwerfende Gitarrenpassagen von Jimi am Ende des zweiten Songs. Da verdoppelt er plötzlich das Tempo, und aus seiner Stratocaster strömen mit halsbrecherischer Geschwindigkeit elektronische Klänge, wie man sie bis dahin nicht gehört hatte. Und daß sie im Anschluß an Töne kamen, die Jimi noch im Tiefschlaf spielen konnte, erhöhte ihre Wirkung um so mehr. Es handelt sich nur um eine sehr kurze Passage, aber eine von unheimlich verrückt-abstrakter und intensiver Qualität, so daß man fast um Jimis Verstand fürchtet. Wie schon in seinem »freien« Zusammenspiel mit Larry Young, so zeigte sich Jimis Musik auch hier von einer Seite, die er in der kurzen Lebensspanne, die ihm noch blieb, nicht mehr weiterentwickeln konnte.

Für Ed Chalpin entsprach dieses Album, das im Juni veröffentlicht wurde, nicht Jimis üblichem Standard, obwohl es auf beiden Seiten des Atlantik unter die Top Five der Charts kam und eine Menge Geld einspielte. Was die Qualität betraf, so stimmte Jimi zu. Dennoch erwähnte er Freunden gegenüber, daß er nach den Konzerten sehr deprimiert gewesen sei, weil er wußte, daß die Aufnahmen Ed Chalpin ausgehändigt werden sollten.

Während Jimi mit der Band of Gypsys probte, spielte Mike insgeheim mit dem Gedanken, die Experience wieder auf die Beine zu stellen. Jimis Konzept für die Band of Gypsys entsprach jenem, das er für die Gypsy Sun and Rainbows entwickelt hatte: ein lebendiges und entwicklungsfähiges Kollektiv von Musikern. »Daß ich sie Gypsys nannte, sollte darauf hinweisen, daß das Ganze auf der personellen Ebene und so weiter expandieren konnte . . . Wir würden jetzt gern eine Tournee machen. Wir würden gern auf großen Festivals auftreten. Wir werden nur da spielen, wo wir wissen, daß wir irgendwas bewirken können . . . Vielleicht bin ich nicht ständig dabei, auch Buddy Miles ist vielleicht nicht immer dabei, aber der Kern der Sache, das Kind, wird dasein!«[2]

Proben im Fillmore East, New York City, 31. Dezember 1969

Buddy Miles behauptet, Jimi habe Stevie Winwood als Keyboarder anheuern wollen. Doch für Mike war Jimis neue Band eine einmalige Aktion, die nur dazu diente, Chalpin loszuwerden. Danach begann wieder der Ernst des Lebens. Am Neujahrstag rief er Noel an und schlug ihm eine Tournee vor. Noel ergriff die Chance, weil sein Leben in England eine einzige Katastrophe war. Sowohl seine kurzlebige Ehe als auch seine Band Fat Mattress hatten sich in nichts aufgelöst. Chas hatte einen Vorschuß von 175 000 Dollar in Noels Band investiert, der prompt auf einen Verschwendertrip ging und Häuser und Autos und ähnliches kaufte. Obwohl die Band aus alten Freunden bestand, funktionierte sie einfach nicht. Noel fand sich völlig isoliert von den anderen, und zu dem Zeitpunkt, da Mike ihn anrief und ihm eine Tour vorschlug, suchten seine Kollegen bereits einen Gitarristen.

Mitchs neues Leben hingegen war wesentlich unkomplizierter. Er hatte den Schlagzeugstuhl in einer Ad-hoc-Gruppe namens Jack Bruce and Friends eingenommen, bei der auch der Gitarrist Larry Coryell spielte. Es war die erste Band von Jack Bruce seit der Auflösung von Cream.

Jimis Gefühle in bezug auf eine Wiederbelebung der Experience waren immer sehr ambivalent. Ende Dezember erzählte er dem »Melody Maker«: »Ich denke darüber schon eine ganze Weile nach. Ich warte nur darauf, daß sich Noel und Mitch endlich mal entscheiden, und dann können wir die Sache angehen.«[3]

In einem Interview, das der »Record Mirror« mit ihm im Fillmore East führte, äußerte er hingegen Zweifel an der Idee einer Wiedervereinigung der Band: »Mit Mitch vielleicht, aber sicher nicht mit Noel.«[4] Der Grund dafür war der Erfolg der Band of Gypsys. Aber warum erklärte er dann, daß er möglicherweise mit Mitch auf Tournee gehen würde, wo doch Buddy Miles sein Schlagzeuger war? Tatsächlich war Jimi mit Buddy Miles gar nicht so zufrieden, weil dieser musikalisch einfach zu schwach war. Jimi brauchte jemanden wie Mitch, der ihn im Spiel herausforderte. Buddy war in Ordnung für eine Jam-Session im Scene, und privat war er ein Kumpel, mit dem man viel Spaß haben konnte. Aber auch Gerry Stickells stellte fest: »Buddy Miles war ein solider ›Hau drauf den Beat‹-Rock'n'Roll-Schlagzeuger. Mitch hingegen hatte einen gewissen Jazz-Background, der ihm erlaubte, sich frei zu dem zu bewegen, was Jimi machte.«

Jimi war stets darauf versessen, Benefizkonzerte wie jenes in Harlem zu spielen. Ab 28. Januar ergab sich eine neue Gelegenheit im Madison Square Garden – das »Winter Festival of Peace«, das vom Vietnam Moratorium Committee organisiert wurde. Peter Yarrow von Peter, Paul and Mary kontaktierte die Künstler, die alle umsonst spielten. In dem siebenstündigen Programm spielten unter anderem Richie Havens, Judy Collins, The Rascals und Jimi – ein Geschenk an die Kriegsgegner der New Yorker Underground-Musikerszene. Die Show begann um 20.30 Uhr, aber die Band of Gypsys betrat erst gegen drei Uhr morgens die Bühne. Peter Yarrow kündigte die Band an: »Ich kann sie wohl wirklich als ›Freunde‹ bezeichnen nach all der Zeit, die wir schon zusammenleben. Auf diesen Moment habe ich wirklich gewartet, und ich denke, ihr auch: Mr. Jimi Hendrix und seine Band of Gypsys!«

Jimi wurde mit Begeisterung empfangen, aber Johnny Winter, der ihn von der Rückseite der Bühne aus beobachtete, wußte, daß Jimi absolut nicht in der Verfassung zum Spielen war.

> Als ich ihn sah, bekam ich eine Gänsehaut. Es war das Schrecklichste, was ich je gesehen hatte. Er kam mit seinem ganzen Gefolge rein und sah aus wie ein Toter. Wir waren zwar nie die dicksten Freunde gewesen, aber wir haben immer geredet, immer. Und er kam rein mit gesenktem Kopf, setzte sich allein auf die Couch und legte seinen Kopf in die Hände. Er sagte nichts, und keiner sprach ihn an. Er bewegte sich erst wieder, als es Zeit für seinen Auftritt wurde. Er wollte wirklich unbedingt auftreten, aber er hätte es lassen sollen.[5]

Manche vermuten, daß ihm irgend jemand vor seinem Auftritt unsauberes LSD gegeben hatte, aber laut Johnny Winter ging es Jimi schon vor seiner Ankunft ziemlich miserabel. Buddy Miles ist nicht der einzige, der behauptet, daß Mike ihm absichtlich einen schlechten Trip verabreicht habe, weil er nicht wollte, daß Jimi auf einer politischen Benefiz-Veranstaltung auftrat und mit Buddy Miles und Billy weiter zusammenspielte. Aber Mike hatte speziell für diesen Abend ein Filmteam angeheuert. Warum also sollte er bewußt mit Jimis Gesundheit spielen? Jimi erzählte später einigen Freunden, Devon habe ihm eine mit LSD versetzte Cola gegeben, um ihm ihre Macht über ihn zu demonstrieren. Möglich also, daß ihm Devon und/oder Mike das LSD »in gutem Glauben« (wenn man so sagen darf) verabreichte(n), ohne zu ahnen, was passieren würde.

Jimi versucht, seine Gitarre zu stimmen und Buddy und Billy über die erste Nummer zu informieren, aber seine Stimme klingt seltsam entrückt. »Ich glaub', das ist Tonart D oder A oder G, irgend so was.« Jemand aus dem Publikum will »Foxy Lady« hören. Jimi dreht sich zu ihm und meint: »Foxy Lady sitzt dort drüben in der gelben, verdreckten und vollgebluteten Unterwäsche.« Billy beginnt mit dem Baß-Riff von »Who Knows«. Buddy steigt ein. Jimi versucht ein phantasievolles Solo zu spielen, doch abgesehen davon, daß er sich nicht wohl fühlt, läßt ihn nun auch noch Buddy im Stich, der mit seinen Beats schwerfällig hinter ihm hertrottet. Und von Billy kommt gar nichts. Jimi spielt so gut wie allein. Irgendwann ist der Song zu Ende.

Jimi beginnt mit einer neuen Komposition, »Earth Blues«. Er läßt fast den gesamten Text fallen und stürzt sich in ein Solo, schwingt sich hoch, taucht wieder hinab und läßt auf seinem schwindelerregenden Alleinflug die Band und das Publikum weit hinter sich. Schließlich landet er wieder im Hier und Jetzt und erklärt dem Publikum: »Das passiert, wenn die Erde mit dem Weltall fickt. Vergeßt das nicht, vergeßt das ja nicht!« Dann setzt sich Jimi auf den Bühnenboden. Buddy ins Mikrofon: »Wir kriegen es nicht . . . äh . . . nun, wir kriegen es irgendwie nicht *wirklich* zusammen. Gebt uns noch ein bißchen Zeit, denn es ist schwer für uns gewesen, und wir haben die

Sache noch nicht richtig im Griff. Also, noch ein paar Minuten Geduld bitte, wir werden sehen, ob wir gemeinsam was auf die Beine stellen können.«

Aber Jimi war fertig. Er verließ die Bühne und ging zurück in die Garderobe, wo er sich vor Magenkrämpfen krümmte. Die Band of Gypsys trat nie wieder auf. Mike feuerte Buddy Miles mit den Worten: »Der Trip ist vorbei.« Jimi konnte weder Buddy noch Noel unter die Augen treten, aber Mike erledigte diese Dreckarbeit wohl ganz gerne für ihn.

Mike traf auch Vorbereitungen, um die Nachricht von der Wiedervereinigung der Experience bekanntzugeben. Mitch und Noel wurden aus London eingeflogen, und man setzte sich mit dem »Rolling Stone« in Verbindung, um ein großes Interview zu arrangieren. John Burks, der für den Job verpflichtet worden war, hegte jedoch von Anfang an Zweifel und hatte das Gefühl, daß die Zeitschrift benutzt werden sollte, um die »Wiederauferstehung« von Jimi zu lancieren. Was also geschah mit der Band of Gypsys nach all den Presseankündigungen im Dezember und den erfolgreichen Konzerten im Fillmore? Der Artikel, der am 19. März erschien, war sehr ungewöhnlich und ließ den Schluß zu, daß die Zeitschrift nicht *immer* bereit war mitzuspielen, um sich in der Musikbranche einzuschmeicheln, damit sie Exklusiv-Interviews und Anzeigen bekam.*

> Die beiden anderen in der Band sind Mitch Mitchell und Noel Redding, beide von der originalen Experience. Die Experience ist wieder zusammen, man ist befreundet und wirft sich nichts vor. Angesichts der Verschleißrate unter den Rock'n' Roll-Bands im vergangenen Jahr hat dies in etwa denselben Nachrichtenwert wie die Meldung von einer Trennung auf Probe zwischen Dick & Liz. Aber genau diese sensationelle Nachricht wollte der Presseagent von Hendrix unbedingt unter die Leute bringen. Und darum kamen wir auch gleich zum Thema, während Mike Jeffery, Jimis Manager, Wein und Schnaps brachte.

In diesem Interview wurde Jimis Aussagen wesentlich mehr Platz eingeräumt als denen von Noel und Mitch, auch wenn er sich im Hintergrund hielt, vor allem dann, wenn es um die Frage nach den Zukunftsplänen der »neuen« Experience ging. Auf die Frage nach ihrem Repertoire antwortete Noel spitz: »›Red House‹ mit zwei

* Dies war wohl das einzige Mal, daß die Musikpresse sowohl in England als auch in Amerika einen Publicity-Hype über Jimi *nicht* schluckte. Im Gegensatz dazu veröffentlichte die schwedische Presse mehrere Artikel, in denen sie Jimis Management offen kritisierte.

Gitarren.« Burks versuchte, Jimi in ein Gespräch über seine angebliche Unterstützung der militanten Schwarzen zu verwickeln, aber jeder Ansatz einer ersnthaften Antwort wurde durch alberne Bemerkungen von Noel und Mitch unterbrochen, in deren Folge sich alle drei vor Lachen ausschütteten und sich auf diese Weise erfolgreich vor genaueren Nachfragen drückten. Sie waren einfach nur da, um für die neue Band die Werbetrommel zu rühren. Basta. Irgendwann fragte Burks: »Wieviel Zeit habe ich?« Die Antwort verdient aufgrund ihrer Einmaligkeit, in den Annalen des Rock-Journalismus verzeichnet zu werden: »Soviel du willst.« Burks brachte Jimis Prozeß in Toronto zur Sprache und seine Behauptung, er würde keine Drogen mehr nehmen. Wirklich?

> Lange Pause, ernster Blick von Jimi. »Ich weiß nicht . . .« Das hat er wirklich gesagt. Plötzlich leuchtet sein Kleinjungenlächeln auf. »Ich bin im Moment . . . zu fertig . . .« Hier war er wieder, Jimi der Komödiant. Das ist die Seite, die die Leute an ihm mögen. Er macht das mit einem auf den Sekundenbruchteil genauen Timing – ein Schulterzucken, ein Auge geschlossen, ein leicht überbetontes Wort. Das ist die Essenz seines Charmes, der sich auf verschiedene Arten zeigt, zum Beispiel beim Spielen . . . Zu Drogen: »Oh ja, es stimmt, es stimmt. Aber ich nehm' nicht soviel. Das war es, was ich denen sagen wollte.«

Jimi erzählte, er sei aus seinem Haus in Woodstock ausgezogen, um mehr Zeit zum Schreiben zu haben. »Was schreibst du?« wollte Burks wissen. »Meistens cartoon-ähnliche Sachen. Ich denke mir so einen Typ aus, der echt komisch ist. Er erlebt jede Menge merkwürdige Dinge. Man kann's durch Musik ausdrücken, nehme ich an. So wie man den Blues durch Musik ausdrückt.« Burks meint, daß es für Jimi sicher einfacher wäre, wenn er Noten lesen könnte, weil er dann eine Möglichkeit besäße, seine komplexeren Konzepte, die er im Kopf hat, auszudrücken. Wie komponiert er eigentlich seine Musik? »Meistens geht es auf der Gitarre nicht, verstehst du? Meistens liege ich einfach herum, träume in den Tag hinein und höre dabei diese Musik. Aber es klappt nicht, wenn ich es auf der Gitarre versuche, dann kommt alles falsch raus, verstehst du? Ich spiele einfach nicht gut genug Gitarre, um diese ganze Musik zusammenzukriegen.«

Im Studio bastelte Jimi seine Songs oft aus dem Stegreif zusammen: eine Idee, ein Riff, ein paar Textzeilen – darauf baute er einen Song auf. Diese einfache Arbeitsweise kam Jimis Natur sehr entgegen, und so entstand eine Menge klassischer Rockmusik. Genauso hatte auch die Experience zwischen 1966 und 1969 gearbeitet, und aus diesem Grund vermutete Burks, waren die drei Musiker, entgegen allen

Gerüchten über Differenzen, bereit, wieder zusammen zu spielen. Schließlich waren sie doch alte Freunde, oder etwa nicht? Herauszufinden, auf welche Weise die Aussöhnung zustande gekommen war, »war nicht meine Sache«, fand Burks.

Bezeichnenderweise erwähnte keiner der drei »alten Freunde« konkrete Pläne hinsichtlich der Aufnahme von neuem Material, und über die Frage nach zukünftigen Veröffentlichungen ging man rasch hinweg.

Dann kam Burks auf die Band of Gypsys zu sprechen. »Ich fragte Jimi, weshalb die Gypsys auseinandergebrochen seien.«

> Vielleicht, weil ich zur Abwechslung mal die Gitarre entdeckt habe. Eine Art Anfang vom Ende oder so was. Ich nehme an, daß der Madison Square Garden wie das Ende eines großen, langen Märchens ist. Und das ist toll. Mir hätte kein besserer Schluß einfallen können. Was mich betraf, war die Band of Gypsys damit Vergangenheit. Es waren einfach Veränderungen, die ich im Kopf durchmachte, das war es. Ich wußte es auch nicht genau – ich habe keine Ahnung. Ich war einfach sehr müde. Verstehst du, manchmal kommen in deinem Kopf ’ne Menge Dinge zusammen, über dies und das, und die treffen dich dann zur ungünstigsten Zeit. Und diesmal ist es eben bei dieser Friedensdemonstration passiert, verstehst du? Und da war ich nun und mußte den größten Kampf meines Lebens ausfechten – hier drin, verstehst du? Und es war nicht gerade der passende Ort dafür.

Vielleicht war Jimis Wortwahl nicht gerade die geschickteste, aber er schaffte es doch klarzumachen, daß er an jenem Abend nicht nur wegen einer Dosis Acid von der Bühne geflohen war. Denn was auch immer in seinem Kopf vor sich gegangen war, er hatte offenbar große Zweifel bezüglich dieser Band gehabt und sich auch gefragt, ob es jemals wieder möglich sein würde, mit Noel und Mitch zusammenzuarbeiten.

Die Antwort darauf kam etwa zwei Wochen später, als Burks von Jimis Presseagenten einen Anruf erhielt, in dem dieser ihm mitteilte, daß Noel erst einmal mit Jeff Beck auf Tour gehen werde (wozu es nie kam). Bis zu Noels Rückkehr sollte Billy Cox einspringen.

In Wahrheit hatte Jimi erkannt, daß er mit Noel einfach nicht mehr arbeiten konnte, und die Farce mit dem »Rolling Stone« nur mitgespielt, um einen Streit zu vermeiden. Außerdem war Billy Cox nicht automatisch die Alternative am Baß – auch andere waren im Gespräch: Jack Casady von Jefferson Airplane etwa, der auf »Electric Ladyland« mitgespielt hatte und 1968 mit der Band im Winterland in San Francisco und dann noch mal im April 1969 in Oakland gejammt hatte. Anfang 1970 standen die Jefferson Airplane kurz vor der

Auflösung. Sie unternahmen bereits keine Tourneen mehr, und Jack Casady und Jorma Kaukonen machten unter dem Namen Hot Tuna weiter. Schließlich wurde dann doch Billy Cox zusammen mit Mitch für die Band verpflichtet. Als Noel im März nach New York zurückkehrte, hatte er keine Ahnung, daß bereits ohne ihn geprobt worden war.

Eine Woche nach dem Interview mit dem »Rolling Stone« unterzeichnete Jimi zwei Verträge. Der erste betraf das »Electric Lady«-Studio. Die Kosten für das Studio waren in die Höhe geschnellt. Die Decke mußte drei Schichten dick sein, damit der Lärm aus dem Studio nicht zum Kino im Erdgeschoß durchdrang. Außerdem hatten die Konstrukteure einen unterirdischen Bach zutage gefördert, der die Fundamente aushöhlte. Hinzu kamen die besonders hohen Kosten für das technische Equipment, die Studio-Konstruktion und die Inneneinrichtung. Die Firma Electric Lady Inc. hatte bereits 369 000 Dollar ausgegeben, aber Mike Jeffery brauchte noch mehr Geld, und deshalb setzte er sich erneut mit Warner Brothers in Verbindung. Jimi und Mitch unterschrieben als Bürgen einen Vertrag über ein weiteres »Electric Lady«-Darlehen von 300 000 Dollar. Es sollte innerhalb von drei Jahren zurückgezahlt werden (drei Zahlungen in halbjährlichem Abstand von 50 000 Dollar plus Zinsen von 1,5 Prozent). Der zweite Vertrag war an den ersten gekoppelt und betraf einen Film von Mike mit dem Titel »Wave« (später in »Rainbow Bridge« umbenannt), der auf Hawaii gedreht werden sollte.

Seit Mike mit der Experience im Oktober 1968 und Mai 1969 die Insel besucht hatte, war er von ihr fasziniert. Wann immer er konnte, flog er dorthin; einmal mußte Trixie mit ihm sogar durch ein Feldtelefon sprechen, weil Mike gerade am Fuße eines Vulkans auf der Insel Maui meditierte. Das war die andere Seite des harten Geschäftsmannes Mike Jeffery: Er rauchte Shit, schluckte LSD und spendierte Abbie Hoffman 10 000 Dollar. Mike wollte auf Maui ein Freizeitparadies für Musiker mitsamt einem Studio errichten. Für die Baupläne zahlte er dem amerikanischen Star-Architekten, Visionär und Universalgelehrten Buckminster Fuller beträchtliche Summen. Doch zunächst wollte Mike die Firma Warner Brothers als Financier für einen sogenannten »Jugendfilm« gewinnen, der auf Hawaii gedreht werden sollte.

Regie sollte Chuck Wein führen, der bereits drei Filme für die Factory von Andy Warhol gemacht hatte. Nach dem Start des Films im Jahr 1972 beschrieb ihn der »Rolling Stone« als »ein lebendiges, atmendes Stück südkalifornischer Acid-Trip-Memorabilia der späten

Sechziger«. Wein (der übrigens noch heute purpurfarbene Satinhosen trägt) beschreibt, wie man Jimi für das Projekt gewann. Wein teilte sich mit Devon und Pat Hartley, einer weiteren Freundin von Jimi, die auch im Film auftrat, eine Wohnung in New York. »Ich legte mir immer die Tarot-Karten, und eines Abends legte ich sie in Jimis Apartment auch für Jimi, Mitch Mitchell und Billy Cox. Jimi erzählte mir, er stamme aus einem Asteroidengürtel des Mars. Daraufhin sagte ich: ›Stop, ich werde dir mal was darüber erzählen, weil ich diesen Ort drei- oder viermal glasklar vor mir gesehen habe.‹ Und an diesem Punkt fing es mit der Sache an, was bedeutete, daß sich da irgendwas rauskristallisierte, für das wir nur noch eine äußere Form finden mußten. Und aus diesem Irgendwas wurde schließlich ›Rainbow Bridge‹. Wein behauptet, daß eine Gruppe von Leuten mehrere Monate meditiert habe und daß ihre Astralleiber zu den potentiellen Geldgebern dieses Projekts gereist seien.

Ob Mo Ostin von Warner Brothers solch okkulten Besuch erhielt, konnte zwar nicht geklärt werden, aber fest steht, daß er einen Anruf von Mike Jeffery bekam, der sich von Chuck Weins Begeisterung hatte anstecken lassen. Man erzählt sich übrigens, der junge Wein sei auch der erleuchtete Führer einer Sekte sogenannter Weißer Hexen gewesen und habe folglich über entsprechende Kräfte verfügt.

Für die Produktion von »Wave« wurde eine Firma mit dem angemessen mystischen Namen Antah Kar Ana Inc. gegründet, »in Besitz und unter Leitung von Mike Jeffery«; den Vertrieb sollte Warner Brothers übernehmen. Jimi hatte bereits als Bürge einen Darlehensvertrag für das Electric-Lady-Studio unterschrieben. Um diesen Vertrag zu erfüllen, mußte er eine Einverständniserklärung unterzeichnen, mit der er sich verpflichtete, für »Wave« die gesamte Filmmusik zu komponieren und zu spielen. Das Material sollte ausreichen für »mindestens ein Album in voller Länge, in der Qualität vergleichbar den Alben der Jimi Hendrix Experience für Warner Bros. Records Inc.«. Außerdem sollte das Album nicht angerechnet werden auf »die Mindestzahl der Alben, die laut Künstlervertrag vom [24. Juni 1968] von Hendrix an Warner Bros. zu liefern sind«. Jimi war der Übereinkunft bisher nicht nachgekommen; er hatte zwar seit dem Sommer 1969 eine Reihe von Song-Fragmenten und Studio-Jams eingespielt, aber nur wenige fertige Songs. Fast alle neuen Kompositionen waren mit dem Band-of-Gypsys-Album an Ed Chalpin gegangen. Die »Rainbow Bridge«-LP enthielt zwei Songs, »My Friend« (siehe Seiten 289–292) und »Look Over Yonder«, die

1968 mit der Originalbesetzung der Experience entstanden waren, und »The Star Spangled Banner«, das im März 1969 eingespielt wurde.

Nahezu die einzige »faktische« Information aus John Burks' »Rolling Stone«-Artikel, die sich schließlich als richtig erwies, war der April als Starttermin für Jimis nächste Tournee. Jimi probte mit der Band den ganzen März hindurch, wenn auch ohne allzu große Begeisterung. Das Electric-Lady-Studio, *sein* Studio, war zwar noch nicht fertig, aber sonst doch soweit hergerichtet, daß Jimi mit Aufnahmen zu einigen neuen Songs beginnen konnte. Zum ersten Mal seit Monaten nahmen seine persönlichen Visionen klare Umrisse an, und er hatte das Gefühl, wieder komponieren zu können. Und ausgerechnet jetzt sollte er wieder auf Tournee gehen. Aber die Gründe für eine Tour lagen auf der Hand: erstens stand Jimi wegen des Studios in der Schuld von Warner Brothers; zweitens flossen außerhalb Amerikas keine Tantiemen mehr, weil Chalpin in London noch immer gegen Track Records und Polydor prozessierte; und drittens hatte Jimi seit fast einem Jahr keine Tournee mehr unternommen, und es bestand die Gefahr, daß er in Vergessenheit geriet. Die Situation wurde noch dadurch verschärft, daß sich die neue Single »Stepping Stone/ Izabella« als erste seit »Hey Joe« von Anfang 1967 erwies, die es nicht in die US-Charts schaffte; tatsächlich wurde sie jedoch wegen des schlechten Mix so schnell wieder vom Markt genommen, daß sie nicht mal die Chance hatte, sich als Flop zu entpuppen.

Die Frauen, die damals in Jimis Leben eine Rolle spielten, waren sehr gegensätzliche Persönlichkeiten. Devon verhielt sich nach wie vor aggressiv und klammerte sich verzweifelt an die einzige Machtposition, die sie hatte. Sie war intelligent, und die Musiker respektierten ihre Ansichten über Musik, die sie auch unverblümt äußerte. Außerdem waren ihre sexuelle Ausstrahlung und Schönheit enorm. Vor allem weiße Rockstars wie Mick Jagger und Eric Clapton waren hinter ihr her, was sie sehr amüsierte. Zum »Fußvolk« der Rockmusik, das den Stars an den Rockschößen hing, um ihre Aufmerksamkeit buhlte und sich in der Aura des fremden Ruhms sonnte, zählten viele unsichere Typen, die eine so starke Persönlichkeit wie Devon leicht irritieren konnte. Es hieß auch, sie sei ein heimliches Mitglied der Black Panthers und deren heißer Draht zu Jimi. Angeblich praktizierte sie Schwarze Magie und versetzte die Drinks von Leuten, die sie nicht leiden konnte, mit Drogen. Viele der anderen Frauen, die ebenfalls zum Allerheiligsten des Rock 'n' Roll Zutritt hatten, fürchteten sich vor ihr.

Alan Douglas über Devon Wilson und Jimi: »Sie verstand was von Musik, sie war sehr stark, sehr von sich überzeugt. Devon hatte eine lesbische Ader, einen Hang zu Drogen, alles mögliche. Deshalb glaube ich nicht, daß sie genug Sensibilität besaß, um Jimis Frauenideal zu entsprechen. Aber sie war die einzige, die ihm offen ins Gesicht sagte, wenn er Scheiße baute, wenn er nicht gut spielte. Und er schätzte sie, er hatte großen Respekt vor ihr.« Für Mike Quashie, Jimis Freund aus Greenwich Village, war Devon »seine Mutter und große Schwester. Sehr beschützend.«

Leider kokste Devon zuviel, und schließlich kam sie sogar auf Heroin. »Als er rausfand, daß sie süchtig war«, so Alan Douglas, »veränderte sich ihr Verhältnis. Er wurde mißtrauischer, was ihre Motive anbelangte. Aber sie hatte Einfluß aufs Geschäft. Wenn es nötig war, sagte sie zu Mike Jeffery, er solle sich verpissen, sie hielt all diese Idioten von ihm fern, sie war sehr beschützend. So gesehen war sie eine gute Freundin, die ihm auf die verschiedensten Weisen diente.« Auf manche dieser Dienste hätte Jimi allerdings verzichten können, etwa auf ihre Drogenlieferungen. Als Devons eigener Drogenkonsum anwuchs, wurde aus Jimis Respekt Mitleid.

Monika Dannemann war ganz anders. Sie hatte mit Jimi Anfang 1969 nur ein paar Wochen verbracht, aber seither hatten sie gelegentlich telefoniert und sich Briefe geschrieben. Von zarter Gestalt und hypersensibel, hatte sie ziemlich naive Vorstellungen von der Szene, in der sich Jimi bewegte – eine Unschuld, die Jimi anziehend fand. Monika sagt, Jimi habe sich ihr gegenüber beschützend verhalten und nicht gewollt, daß sie nach New York kam, da er Befürchtungen in bezug auf Devon hegte; er wußte nicht, wie sie reagieren würde, wenn sie sich einer Frau gegenübersah, von der sie vielleicht annahm, sie sei eine Rivalin. Doch obwohl zwischen Devon und Monika Welten lagen, hatten sie doch eines gemeinsam – sie waren die wichtigsten Frauen in Jimi Hendrix' Leben.

Und dann war da noch Kathy Etchingham. Sie hatte Jimi kaum gesehen, seit er im März 1969 zu seiner Amerika-Tournee aufgebrochen war. Aber ein paar Mal flog sie rüber, und Jimi rief sie oft an, wenn er ein Tief hatte. Fast immer hatte sie ein offenes Ohr für ihn. »Nach einem schlechten Auftritt heulte er ins Telefon, und ich baute sein Ego wieder auf. Er hatte überhaupt kein Selbstvertrauen.« Beide waren sie Freigeister. Kathy saß nicht zu Hause herum und jammerte, wenn Jimi nicht da war. Sie ging aus und hatte ihren Spaß. Sie waren sich ihrer Beziehung nie völlig sicher, was dieser eine gewisse Spannung verlieh. »Aber wir konnten uns quer durch einen Raum ansehen und wußten immer, daß nicht das geringste zwischen uns stand. Und deshalb kamen wir wahrscheinlich immer wieder zusammen.« Aber aufgrund der langen zeitlichen und räumlichen Trennungen lebten sie sich auseinander.

Anfang 1970 wurde Jimi zunehmend mißtrauisch, was die Leute um ihn herum betraf: Juma gestand er, daß er eine Weile geglaubt habe, der Congaspieler sei ein Spion aus dem Büro; Billy Cox erzählte er, daß er Hundert-Dollar-Noten auf den Boden fallengelassen habe, nur um mal zu sehen, wer sie möglicherweise einsteckte; er war davon überzeugt, daß Mike Jeffery ihn eher umbringen würde, als Material zu veröffentlichen, das er für nicht kommerziell genug hielt. Und er nahm sogar Kontakt zu einigen verufenen »Drogen-Connections« auf, um sich zu erkundigen, auf welche Weise man einen Killer anheuern könne. So hätte der Augenblick nicht ungünstiger sein können, als er erfuhr, daß Kathy im Monat zuvor einen Typen namens Ray Mayer geheiratet hatte, der für Eric Clapton arbeitete. Um den 10. März herum flog er allein nach London, um Kathy zu überreden, sich von Ray zu trennen. Zunächst wohnte er bei Ray und Kathy, fand die Situation dann aber doch zu problematisch und zog ins Londonderry-Hotel. Kathy über ihre Heirat: »Ich fühlte mich echt schuldig, weil ich Jimi so enttäuscht hatte. Er hatte einfach nicht damit gerechnet. Er war am Boden zerstört. Ich hatte mir mehr Freiheit herausgenommen, als er erwartet hatte. Eine ganze Nacht lang stritten wir uns, und fast hätte er mich überzeugt. Danach habe ich ihn kaum mehr gesehen.« Noch heute ist Kathy Etchingham kaum in der Lage, Jimis Musik zu ertragen. Als wir uns für dieses Buch unterhielten, wollte sie »All Along The Watchtower« hören, riß sich dann aber sofort die Kopfhörer herunter und brach in Tränen aus.

Jimi trieb sich im Speakeasy herum und machte ein paar Studio-Sessions mit Freunden wie Steve Stills und Arthur Lee. Er suchte nach einem Halt, nach Kontakten zu seiner unkomplizierten Vergangenheit. Kathy: »Ich begleitete ihn, fühlte mich aber bald überflüssig. Also zog ich mich zurück.«[6] Jimis Nachdenken über Kathys Heirat führte dazu, daß er das, was er immer für unmöglich gehalten hatte, ernsthaft zu erwägen begann – sich einer einzigen Frau gegenüber zu verpflichten. Monika Dannemann berichtet, daß Jimi sie angerufen und gebeten habe, nach London zu kommen; aber sie war krank und konnte nicht reisen. Deprimiert erkannte Jimi, daß ihn in London nichts mehr hielt. Am 19. März flog er nach New York zurück.

Am 23. März ging er mit Billy und Mitch ins Record Plant und nahm »Midnight Lightnin'« auf. Er hatte den Song seit den Aufnahmen am 14. Februar 1969 im Londoner Olympic-Studio nicht mehr angerührt; es war der Valentinstag gewesen, und Kathy hatte ihn ins Studio begleitet. Vielleicht hatte nun ihre traurige Begegnung in London die Erinnerung daran wachgerufen; jedenfalls verspürte Jimi das Bedürfnis, den Song noch einmal aufzunehmen. Es war ein langsamer Blues, der zu seiner melancholischen Stimmung paßte und in dem Jimi das schreckliche Bild einer gescheiterten Liebesbeziehung beschwor, allerdings mit einem gewissen stoischen Unterton und einer humorvollen Anspielung aufs Rauchen.

I get stoned
I can't go home
I'm calling long distance on a public saxophone
My head is achin'
Lord my mind is breakin'
Feel I got run over by Captain Coconut and his dog named
Rover
Gotta keep on movin'
Gotta keep on movin'
To understand both sides of the sky
You gotta keep on groovin' yeah,
Good groovin'
'Cause you got your God and so do I
We gotta keep on lovin'
Good, good, good, lovin'
Make love on my dyin' bed
We gotta stop smokin', stop, stop,
I mean cigarette smokin'
Or else I cough myself to death
And to make love to you baby,
I wouldn't even have the breath
We gotta keep movin'
Keep on groovin'
Understand both sides of the sky
Keep on movin'
Keep on movin'
You got your God and so do I.

Kurz vor dem Start der »Cry of Love«-Tournee führte Keith Altham, der heute für den »Melody Maker« schreibt, ein Interview mit Jimi in dessen Apartment an der West 12th Street. Jimi ging es wegen einer Lymphdrüsenschwellung nicht gut, und man hatte ihn zu diesem Gespräch überreden müssen. Keith erinnert sich, daß Jimi »in schlechter Verfassung« war, »gesundheitlich ziemlich angeschlagen. Das kam sicher von seinem exzessiven Drogenkonsum.« Trotzdem ließ Jimi während des Treffens immer wieder seinen Humor aufblitzen.

Auf die Frage nach einer neuen Band-Besetzung antwortete er ziemlich dumpf:

> Ich hatte immer vor, den Bassisten auszutauschen, sogar damals schon, in der Zeit nach der Experience, als es gar keine Band gab. Noel ist definitiv und endgültig draußen – Billys Stil ist solider, was zu mir paßt. Aber wie ich morgen darüber denke, weiß ich natürlich nicht.
> Ich weiß nicht genau, was ich im Moment von der Experience halten soll. Vielleicht hätten wir weitermachen können, aber wozu? . . . Sie ist nur noch ein Spuk, sie ist tot, wie die alten Seiten eines Tagebuchs. Ich habe neue Dinge vor, ich will nicht über Gestern, sondern über Morgen nachdenken.
> Ich war mit dem Band-of-Gypsys-Album nicht besonders zufrieden. Wenn's nach mir gegangen wäre, wäre es niemals erschienen.
> Ich möchte gerne auf ein paar Festivals spielen, aber es wäre mir lieber, wenn sie diese Veranstaltungen für das Publikum etwas freundlicher gestalten würden. Sie sollten sie wie einen Zirkus aufbauen mit Buden, Kinos . . . und Freak-Shows!

»Was ist eigentlich aus der Idee zu deinem [. . .] Album ›The First Rays of the New Rising Sun‹ geworden?« wollte Keith wissen. Geschickt drückte sich Jimi um eine klare Antwort herum, indem er sich zunächst nach der schmerzhaften Pockenimpfung erkundigte, die Keith in Monterey bekommen hatte, und dann hinzusetzte: »Der Schmerz ist weg.« Aber mit der Vorwegnahme von Keiths Antwort hatte er ja zugleich auch dessen Frage beantwortet. Zu anderen Gitarristen befragt, erklärte Jimi, daß Alvin Lee von Ten Years After zum Film gehen solle: »Meiner Meinung nach ist er der Gene Vincent der siebziger Jahre.« Daß Eric Clapton mit dem weißen Soul-Duo Delaney and Bonnie zusammenarbeitete, beeindruckte ihn überhaupt nicht: »Er sollte was Eigenes auf die Beine stellen und nicht andere Leute mitschleppen.« Jimi schenkte dem Journalisten, den er als einen der wenigen seiner Zunft immer respektiert hatte, noch ein Lächeln, verabschiedete sich dann aber rasch mit der Begründung, er müsse fort, um sich ein Ruhekissen für seinen entzündeten Körper zu kaufen.

Die Tournee begann mit einem Auftritt im Forum von Los Angeles, in dem sich 20 000 Hendrix-Fans drängten. Die meisten hatten ihn ein Jahr nicht mehr gesehen, seit dem Newport Pop Festival im Juni 1969. Er wurde stürmisch begrüßt. Das »Voodoo Child«, der »Magic Boy« war zurückgekehrt, um sie zu verzaubern. Das Konzert entbehrte nicht einer gewissen Ironie: Jimi trat mit einer Band auf, die sich aus Mitgliedern sowohl der Experience als auch der Band of

Gypsys zusammensetzte und die eine Mischung aus altem und neuem Material spielte; und Buddy Miles bestritt mit seiner neuen Gruppe, dem Buddy Miles Express, das Vorprogramm. Jimi kannte sein Publikum. Nach so langer Abwesenheit riß er sie mit »Spanish Castle Magic« und »Foxy Lady« zu Begeisterungsstürmen hin, auch wenn Mitch nicht so phantasievoll wie üblich trommelte und Billy Cox' »solider Stil«, den Jimi für sich als so passend bezeichnet hatte, viele Songs eher runterzog. Er kündigte »Lover Man« als »Getting Your Brother's Shoes Together« an – ein Song über einen armen Vietnam-Veteranen, der nach Hause kommt und seine Frau im Bett eines anderen vorfindet. Der langsame Blues »Getting My Heart Back Together Again (Hear My Train A'Comin')« beschwor klassische Motive des Blues-Genres: das Trampen auf Güterzügen, das Zusammenkratzen des letzten Pfennigs für den Bus oder Zug, der einen nach Hause zurückbringen soll, und das Marschieren auf dem langen, staubigen Highway, mit dem man politischen, sozialen oder privaten Problemen zu entkommen hofft.

> I'm tired of this Jim Crow, gonna leave this Jim Crow town
> Doggone my black soul, I'm sweet Chicago bound,
> Yes, I'm leavin' here, from this ole Jim Crow town
> (Cow Cow Davenport, »Jim-Crow-Blues«, 1929)
>
> Bye-bye Arkansas, tell Missouri I'm on my way up north now, baby
> I declare I'm gonna pack up, pack up now, baby
> And make my getaway
> (Big Bill Broonzy, »Make My Getaway«, 1951)
>
> I'm waitin' round the train station
> Waitin' for that train
> To take me
> From that lonesome town
> (Jimi Hendrix, »Getting My Heart Back Together Again«, 1970)

Jimi plazierte seine neuesten Songs, »Message To Love« und »Ezy Ryder« zum Beispiel, in die Mitte seines Sets. Zwar bekam er, als er sie ankündigte, kaum Beifall, aber am Ende wurden auch diese Songs, die das Publikum noch nicht gekannt hatte, herzlich beklatscht.

Mitch verlieh »Machine Gun« eine neue Dimension. Statt der dramatischen »Ra-ta-ta-tat«-Snare-Drum-Beats von Buddy Miles spielte Mitch militärische Trommelwirbel, die die Szenerie eines

Begräbnisses heraufbeschworen: die Flaggen auf Halbmast, die Särge mit dem Sternenbanner bedeckt – das logische Schlußbild zu Jimis wütenden Klanggemälden von zerschmetterten Körpern und zerstörten Seelen.

»An einem klaren Tag kann man ins Unendliche sehen«, so kündigte Jimi »Room Full Of Mirrors« an. Wenn er den Song live spielte, mußte Jimi abwechselnd drei Gitarristen verkörpern, zwei Lead- und einen Rhythmus-Spieler. Diese Hektik führte dazu, daß der Song fast auseinanderbrach, er klang schwach und unfertig. Dann ging er zu jener wunderschönen Improvisation im Flamenco-Stil über, die er zum ersten Mal 1968 in einem Konzert gespielt hatte. Und schließlich, nach einer Überleitung, folgte »Hey Baby (The Land Of The New Rising Sun)«, den man als seinen Titelsong für die siebziger Jahre bezeichnen kann. Jimi ließ die Gitarrenklänge in höchste Höhen aufsteigen und dort schaukeln, wie Wellen, die am frühen Morgen sanft gegen einen verlassenen Sandstrand rollen. Und da ist auch wieder Jimis unsterbliche Mutterfigur, die ihn ins Gelobte Land, zu einem neuen Anfang führen wird.

Hey, baby, can I step into your world a while?
»Yes you can« she said
»Come on back with me for a while
We're gonna go across the Jupiter Sun
And see all your people one by one.«

Auf Mitchs Schlagzeugsolo folgte mit dem Funk-Rock Song »Freedom« eine weitere neue Nummer, und dann ging es mit »The Star Spangled Banner«, das sich in »Purple Haze« auflöste, auf sicheren Boden zurück. Das war das Signal für die Menge, nach vorne zu strömen, um lautstark »Voodoo Child (Slight Return)« zu begrüßen, in das nahtlos ein Ausschnitt aus »Midnight Lightnin'« eingearbeitet war.

Mit geringfügigen Abweichungen war dies das Repertoire für die gesamte Tournee, die bis zum 16. Mai von Los Angeles über Sacramento, Milwaukee, Madison, St. Paul, die Universität von Oklahoma, Fort Worth und San Antonio nach Philadelphia führte. Aber Jimi hatte seine Drüsenkrankheit bis zum Tourneestart noch nicht auskuriert und wurde abermals krank. Deshalb mußten die drei folgenden Konzerte in Cincinatti, St. Louis und Columbus abgesagt werden. Die vierzehntägige Pause hatte ihm offenbar gutgetan, denn im kalifornischen Berkeley Community Theater gelangen ihm zwei brillante Konzerte, die zum Teil auf dem »Jimi Plays Berkeley«-Video festgehalten sind.

St. Paul Civic Center, St. Paul, Minnesota, 3. Mai 1970

Jeder hat Angst vor Dingen, die er nicht kennt. Und ich bin auch nur ein Mensch wie jeder andere . . . Das einzige, womit ich wirklich Probleme habe, sind die miserablen Gesetze, die hier gelten, die Art, wie dieses Land regiert wird. Überall sieht man üble Dinge, und sobald man den Fernseher einschaltet, hat man das Böse direkt vor Augen . . . Ich habe das Gefühl, daß ich dazu etwas sagen muß. Ich versuche meine Musik als Maschine einzusetzen, die diese Menschen bewegt, damit sich was ändert. Denn wenn die Leute bis ins Alter so weitermachen, merken sie es entweder irgendwann oder werden mittelmäßig und geraten in diese tödliche Szene, diese Ellbogengesellschaft in Amerika (»New England Scene«, November 1968).

Berkeley war zum Synonym für den Studentenprotest geworden, seit das Free Speech Movement im Dezember 1964 an die Öffentlichkeit getreten war, um »den Widerspruch zwischen der Theorie der Demokratie und der Realität des Pentagon aufzuzeigen«.[7] Im April 1968 wurden 200 Berkeley-Studenten verhaftet, nachdem sie dagegen protestiert hatten, daß eine Vorlesungsreihe des schwarzen Aktivisten Eldridge Cleaver nicht durchgeführt wurde. Doch es sollte noch viel schlimmer kommen. Im Mai 1969 wurde ein Student getötet, ein weiterer verlor sein Augenlicht, und über tausend wurden verletzt, als die Studenten versuchten, ein unbebautes Grundstück, das zum Universitätsgelände gehörte, in einen »People's Park« zu verwandeln und von 2500 Soldaten der Nationalgarde mit Hubschraubern und Panzern zurückgehalten wurden. Die Jugend von Berkeley hatte also bereits ihre Erfahrungen mit Gewalt gemacht.

Die Nachfrage nach Eintrittskarten war gigantisch gewesen, und Hunderte von Fans waren leer ausgegangen. Die Stimmung am Abend des Konzerts außerhalb des Theaters war mies. Die glücklosen Fans irrten ziellos umher. Sobald die Türen geöffnet wurden, stürmte die Menge in bewährter Festival-Manier die Halle. Glastüren gingen zu Bruch, Fans kletterten die Wände hoch, um reinzukommen. Und unter die Fans mischten sich Demonstranten, die wütend gegen den Eintrittspreis von 3,50 Dollar für den kurz zuvor gestarteten »Woodstock«-Film protestierten.

Jimi fuhr zusammen mit Colette, Devon und seinem jungen Freund Vishwa in der mittlerweile üblichen Limousine zum Community Theater. Infolge der abgesagten Konzerte hatte die Band ein bißchen an Schwung verloren. Deshalb funktionierten sie den routinemäßigen Soundcheck in eine echte Probe um, auf der sie »Blue Suede Shoes«, »Power Of Soul«, »Machine Gun«, »Message To Love«, »Room Full Of Mirrors« und »Freedom« spielten.

Die Band schien von der erzwungenen Pause profitiert zu haben, denn sie schuf einen voluminösen Sound, den man am besten mit dem Wort »symphonisch« beschreiben kann. In den beiden Shows konnte man herausragende Versionen von »Machine Gun«, »Getting My Heart Back Together Again« und »Star Spangled Banner« hören. Theatralische Effekte wurden auf ein Minimum beschränkt, doch während einer phantastischen Version von »Johnny B. Goode«, das mit lautem Beifall begrüßt wurde, spielte Jimi doch mit den Zähnen, und der unverkennbare metallische Sound, der beim Aufeinanderprall von Zahnschmelz und Stahlsaiten entsteht, ist auf dem Soundtrack »Jimi Plays Berkeley« deutlich hörbar. Sein Spiel war flüssig und makellos – ein perfekter Auftritt und ein Genuß für die Zuschauer.

Mit dem Band-of-Gypsys-Album in den Charts und nach dem Start des »Woodstock«-Films und der Veröffentlichung des Woodstock-Albums kam die Tournee schnell in Schwung: Dallas, Houston, Tulsa, Memphis (wo Jimi sich mit Larry Lee hinter der Bühne traf und sich für ein paar Songs dessen Gitarre auslieh), Evansville, Baltimore, Albuquerque, San Bernardino, Ventura, Denver, Boston und eine Art Neuauflage von Woodstock auf dem dreitägigen Atlanta Pop-Festival vor einer halben Million Zuschauern. Der Höhepunkt des

Festivals? Nach Meinung des »Rolling Stone« war es Jimi mit »The Star Spangled Banner«, das den Abschluß des zweiten Tages – Samstag, 4. Juli, der amerikanische Nationalfeiertag – bildete, mit einem bombastischen Feuerwerk im Hintergrund. In Wahrheit war es die schlechteste Version, die er von diesem Stück je gespielt hat.

Und auch New York stellte ein eigenes Drei-Tage-Festival auf die Beine, auf Randall's Island in der Nähe von Spanish Harlem. Beinahe wäre allerdings nichts daraus geworden, da eine notwendige Genehmigung verweigert wurde; man argumentierte, Jimis Auftritt könne einen Aufruhr auslösen. Aber Mike Jeffery drohte mit einem Prozeß wegen Rassendiskriminierung, und im Nu lag das Behördenpapier vor. Dafür wurden die Veranstalter des Festivals nun auf einmal von einer weißen Radikalengruppe, dem Randall's Island Collective, erpreßt. Eine ganze Reihe von Forderungen lag auf dem Tisch; unter anderem sollten die Mitglieder des Collective für sämtliche Arbeiten auf dem Gelände angeheuert werden. Was auch geschah; aber kaum hatte das Collective die Ordner-Truppe gestellt, ließ diese das Publikum umsonst rein, und das Festival ging den Bach runter. Als klar wurde, daß kein Geld für die Musiker in den Kassen war, kam es zu lautstarken Auseinandersetzungen zwischen den Managern der Künstler und den Organisatoren, die Unruhen befürchteten für den Fall, daß einer der Akteure in letzter Minute absagte. Jimi reagierte auf die chaotischen Umstände, indem er sich bekiffte. Nach turbulenten Szenen hinter und auf der Bühne – sie mußte geräumt werden – trat Jimi vor ein angespanntes und entnervtes Publikum.

Während nahezu des gesamten Auftritts drangen durch die Verstärker und Lautsprecher der Band die Radio-Nachrichten. Der zweite Song »Fire« fiel völlig auseinander, da Jimi und Mitch sich gegenseitig nicht hören konnten. Und im Publikum gab es Ärger mit dem Collective, das seine Macht demonstrierte, indem es entschied, wer von welchem Platz aus zuschauen durfte. Eine Situation, die dazu angetan war, Jimi auf dem schnellsten Weg zurück in seine Limousine zu treiben; doch abgesehen von einem vereinzelten »Scheiße!« behielt Jimi die Nerven und zeigte trotz des wüsten Durcheinanders eine Spur von Humor, als er ein paar Takte von »Auld Lang Syne« als Bindeglied zwischen »Star Spangled Banner« und »Purple Haze« einfließen ließ. Jimi dankte dem Publikum mehrere Male für all seine Unterstützung in der Vergangenheit, und die Leute, zufrieden, daß sie die alten Hits zu hören bekommen hatten, reagierten, indem sie nun auch nach neueren Songs wie »Machine Gun« verlangten. Leider ging das Finale in die Hose, als Jimi den letzten Song Devon, Colette, Alan Douglas und seinen anderen Freunden, die ihn begleiteten, zu widmen versuchte. Als die Reaktion nicht so ausfiel, wie er es erwartet hatte, spuckte er ins Mikrofon: »Verpißt euch, das sind meine Freunde. Ja, fickt euch ins Knie und gute Nacht!« Anschließend schleuderte er eine wütende Version von »Voodoo Child« – mit den dramatischen Zeilen »If I don't see you no more in this world/I'll meet you in the next one/ don't be late« – hinaus. Jimi verschwand, während das Geplärre von tausend Radiostationen aus seinen Verstärkern tönte.

Am 26. Juli 1970 flog Jimi von San Diego nach Seattle, um im Sicks-Baseball-Stadion aufzutreten. Während dieses Abstechers in seine Heimatstadt verbrachte Jimi soviel Zeit mit seiner Familie, wie er es seit seiner Entlassung aus der Armee nicht mehr getan hatte. Leon behauptet, daß Jimi gar nicht auftreten wollte: »Er sagte, daß es sicher regnen würde, und draußen, Mann, war ein strahlendblauer Himmel.« Aber Jimi sollte recht behalten. Wenig später prasselte ein Regen nieder, und das Außenfeld des Stations verwandelte sich in eine sumpfige Grasmatte und das Innenfeld in ein riesiges Schlammgelände. Leon stand an der Seite der Bühne. »Man sah Jimi an, daß er nicht auftreten wollte. Es war, als würde er die Leute betrachten und alle sehen, die gegen ihn waren.« Die Anlage war nicht ordentlich installiert, die Verstärker waren schlecht ausbalanciert, und Jimi war »wirklich stinksauer«. Das Stadion eignete sich nicht für Live-Musik, denn das Echo dröhnte von allen Seiten und überdeckte alles.

Am folgenden Tag führte Jimi ein langes Gespräch mit Freddie Mae Gautier, die sich mit ihrer Familie um ihn gekümmert hatte, als er erst ein paar Wochen alt war. Sie hatte sein Konzert am Abend zuvor besucht. »Ich war wirklich traurig darüber, daß die Akustik so schlecht war – und dann der Regen. Es war so, als ob sich Seattle an ihm rächen wollte. Die Leute nahmen ihm übel, daß er ständig schlecht über Washington redete und allen erzählte, wie schlecht er in der Schule behandelt worden war. Außerdem hatte seine ganze Kindheit hier aus nichts anderem als aus Aufruhr bestanden. Er hatte bis zurück zu seiner Wiege nur schlechte Erinnerungen an Seattle. Es ist wirklich ein Wunder, daß er nicht kriminell geworden ist.« Sie verstand nicht, warum er einem Auftritt in Seattle zugestimmt hatte. »Ich fragte ihn: ›Warum bist du zurückgekommen und läßt es dir gefallen, daß dich die Leute im Sicks-Stadion fertigmachen?‹ Er meinte, es sei eine List von ihm. Er sagte: ›Ich hab' angefangen, meinen Vertrag zu brechen, und meine Anwälte haben gedroht, mich rauszuschmeißen, falls es noch mal passiert.‹ Jimi hatte schriftlich festgelegt, daß er überall auftreten würde, mit Ausnahme des Staates Washington, und falls sie das von ihm verlangten, würde er seinen Vertrag brechen.«

Jimi wollte mit Freddie Mae ein paar Dinge besprechen, die ihn beschäftigten: »Wir sprachen über das Leben im allgemeinen und darüber, warum die Menschen nicht gut zueinander sind, über Rassendiskriminierung, über Dr. King. Wir sprachen darüber, ob er heiraten solle. Er sagte: ›All meine Freunde bleiben nicht zusammen. Es ist schwierig, weil ich ständig unterwegs bin.‹ Er konnte sich kaum noch an Lucille und an die Jeters erinnern und sagte: ›Tante Freddie Mae, ich muß wirklich ein bißchen mehr über sie wissen.‹« Daraufhin erzählte sie ihm alles über seine Mutter und ihre Familie, was sie wußte. Jimi hörte ruhig und konzentriert zu.

Ich sprach mit ihm auch über sein Testament und meinte: »Hast du Vorkehrungen getroffen? Ich weiß, du liebst Musik, aber was für Vorkehrungen hast du getroffen, falls dir etwas passieren sollte?« Und er antwortete: »Oh, ich hab' ein Testament, aber es ist nicht unterschrieben.« Darauf ich: »Wieso hast du ein Testament gemacht, wenn es nicht unterschrieben ist?« Denn Geld war ihm nicht wichtig. Und er antwortete: »Na, das ist doch wie 'ne Todesurkunde, ein schlechtes Omen.« Ich sagte: »Also, du bist viel zu jung, um so zu reden, Jimi.«
»Ach, es ist sowieso alles für Dad, ist doch egal.« Ich sagte zu ihm, daß er das schwarz auf weiß festlegen müsse. Ich fragte ihn: »Wo ist dein Geld? Wo hast du dein Konto? Kümmerst du dich um diese Sachen?« Und er: »Nein, nein, das macht mein Manager.« »Weißt du, wieviel du besitzt?« »Tja, ich nehme an, daß einiges davon auf den Inseln ist [Westindien], aber das ist kein Problem. Denn wenn ich was brauche, dann gibt's mir Michael [Jeffery].«
Dann sprachen wir über Drogen. Er kam selbst auf das Thema und sagte: »Ehrlich, ich versuche wirklich davon loszukommen, weil sie meinen Verstand beherrschen und ich sie nicht brauche.« Ich sagte: »Damit hast du ganz recht. Aber du kannst nur beten. Du mußt dir selber helfen. Du hast es selbst in der Hand.« Ich fragte ihn, wieviel Geld er für Drogen ausgeben würde. Er antwortete: »Oh, ich muß selten dafür bezahlen. Ich bekomme sie einfach von Leuten geschenkt.« Ich antwortete: »Klar, weil sie in deiner Nähe sein wollen, wegen dem, was du bist. Auf solche Leute kannst du verzichten. Du brauchst jemanden, der sich um *dich* kümmert. Diese Frauen für eine Nacht und diese ganzen Leute denken doch überhaupt nicht an dich. Wenn du nicht Jimi Hendrix wärst, würden sie sich wahrscheinlich nicht mal nach dir umdrehen. Was du als Freunde bezeichnest, sind nur Bekannte. Wirkliche Freunde lassen es nicht zu, daß man sich zerstört.« Er hatte Tränen in den Augen, als er zu mir sagte: »Tantchen, ich möchte wirklich, daß du ernsthaft für mich betest.« Ich sagte: »Jimi, ich bin nicht fanatisch religiös, aber ich glaube an Gott und daran, daß er dir helfen kann.« Er sagte: »Ich werde mich bessern, ich *muß* mich bessern.«
Ich habe das seltsame Gefühl, daß er eine Vorahnung hatte, daß es ein paar Dinge gab, die er wirklich begreifen und in seinem Kopf klären wollte.

Ventura County Fairgrounds, Ventura, Kalifornien, 21. Juni 1970

Nach etwa zwei Stunden holte Gerry Stickells Jimi ab. Es war das letzte Mal, daß Freddie Mae Jimi lebend sah. Jimi hatte keine Lust, mit Gerry wegzufahren. Leon meint, daß Jimi regelrecht entführt wurde. Sogar Gerry selbst gibt zu: »Er wollte eigentlich nicht mit, und das hat er ganz offen gesagt!« Billy Cox hingegen behauptet: »Jimi freute sich auf ein bißchen Rock 'n' Roll dort drüben.« Das Ziel war die hawaiiische Insel Maui, wo Chuck Weins Film »Rainbow Bridge« gedreht wurde.

Der Film sollte ein Gegenstück zu »Easy Rider« werden und die eher positiven Seiten der Jugendbewegung dokumentieren. Eine lobenswerte Absicht, aber leider war das Ergebnis ein wirres Durcheinander, eine pseudomystische Acid-Blase, bar jeglicher Ernsthaftigkeit. In einem Interview behauptete Wein allen Ernstes, seine Laienschauspielerbesetzung bestehe »aus den besten hellseherischen Leuten, die ich finden konnte – Leute, die auf verschiedene Bewußtseinsschulen und Phänomene abfahren und die interplanetarische Kontakte gehabt haben«. Die sogenannte »Handlung« des Films wurde in einem sehr freien dokumentarischen Stil erzählt. Das jüdische Ex-Model Pat Hartley aus New York reist von San Diego zum Rainbow Bridge Occult Centre auf Maui. Dort entdeckt sie verschiedene Dinge wie Surfen, Hellseherei, Zen, Yoga, Meditation und Tai Chi sowie einen seltsamen Ufologen. Der Film enthält einen »Kiffer-Rap« von Pat, Jimi und Chuck Wein, der, obwohl er ziemlich unverständlich klingt, doch anschaulich macht, wie die Bilder in Jimis Kopf zu Musik wurden. Was beim Abdruck natürlich verlorengeht, sind Jimis Intonation und Timing sowie die suggestive Qualität dieser spontanen Darbietung:

> Keine Ahnung, scheint, als gäb's da dieses kleine Zentrum im All, das sich einfach dreht, verstehst du, ständig dreht, und darauf leben diese Seelen, und du sitzt da wie das Vieh an der Tränke, du hörst kein Wort, hast kein Gefühl, du sitzt nur da, und als nächstes kannst du dich nur dran erinnern, daß du zu einem bestimmten Ding hingezogen wirst, das Licht wird hell, und du siehst Sachen, eine Seite wird umgeblättert, du siehst dich selbst neben einem Vietcong, du weißt, ein Soldat wird niedergemetzelt, du kommst an, als ein Soldat erschossen wird, und hast das Gefühl, als ob du dem Soldaten aufhelfen würdest, aber du merkst, daß du von einem anderen Gefühl ergriffen wirst, daß du den Soldaten anders wahrnimmst. So, als wär's seine Seele, verstehst du, dann kehrst du zur Tränke oder Oase zurück, sitzt dort und redest wieder oder ißt einen Bananencreme-Kuchen, sitzt auf der grauen, harten Holzbank und so weiter. Dann ruft dich wieder jemand, aber alles ohne Worte, und als nächstes findest du dich bei der Sphinx wieder, siehst auf ihren linken Fuß runter und auf das Grab von König Blaaa und seinen freundlichen Phöniziern und diese nachts arbeitenden Sozialarbeiter mit Matrat-

zen, die sie auf ihren Rücken gebunden haben, und sie schreien: »Drive-in-Service! Drive-in-Service!«, verstehst du, mit dem Dritten Auge der Sphinx in der Mitte der Pyramide. Ah, wenn wir über den knochentrockenen Wüstensand gleiten, auf dem Heimweg, und plötzlich sieht's so aus, als ob Cleopatra dir Befehle erteilen würde, gleichzeitig bettelt sie um Fetische, erfinde was, sonst tret' ich dir in den Arsch. Solche Bilder. Ein Mädchen, das behauptet, Pio Cleopatra zu sein. Pio wer? Und plötzlich sieht man die hawaiischen Berge, wir gehen noch mal 13 000 Fuß hoch, höher und höher, und Cleopatra hat dieses wunderschöne rabenschwarze Haar, was wirst du machen, Mann, einfach nur daliegen und deine Rolle spielen. Also lieg ich da und spiel meine Rolle und erstick fast an 'ner Traube, aber ich darf ja nicht ersticken, weil ich, na ja, bei der Sache bleiben muß, richtig? Also sage ich, süße Traube, dort ist Cleo. Ich meine, laß uns weitermachen, vergiß den ganzen Kram hinter dir, vergiß dich und die ganze Situation, laß uns in die Hügel abhauen und entspannen und leben. Nein, ich bin mir im klaren, ich müßte . . . Aber vergiß es, Cleo, Mann, du bist 'ne Frau, ich bin ein Mann, laß uns endlich loslegen. Laß uns einen Weinberg kaufen irgendwo im Tal, irgendwo am Vesuv oder so. Ich weiß es auch nicht, zum Teufel. Nein, nein, nein, meine Eltern, meine Traditionen, meine Schlange, uhhh, hast mich schon wieder in den Arsch gebissen, böse Viper. Dann waren wir plötzlich in Decken eingewickelt, und das war okay. Hier bin ich also. Siehst du, manchmal kann's ganz schön stressig sein, zum Beispiel, wenn du versuchst, Marihuana mit Stahl zu säubern, mit Teesieben aus Metall. Sünde! Sünde! Du stirbst wie ein Kaninchen, das ein Mack-Truck überfahren hat, Sünde, aber dann schmeißt du schon wieder deinen Zauberhut weg, und ich hab' ein Streichholzbriefchen in meiner Hosentasche, auf dem steht: Wie ist dein Name? Ich mag dich. Verstehst du, was ich meine?

Den Schlußteil von »Rainbow Bridge« bilden Ausschnitte aus den beiden Konzerten, die Jimi am Fuß des Haleakala gegeben hatte, dem »Haus der Sonne« und höchsten Punkt von Maui. 1866 hatte Mark Twain einen hawaiischen Sonnenaufgang vom Rand des Haleakala-Kraters aus beobachtet. Die Sonne erhob sich über die Wolken und warf einen warmen purpurfarbenen Strahl über die öde Landschaft aus toter Lava. »Es war der erhabenste Anblick, der sich mir je geboten hat, und ich werde mich wohl für immer daran erinnern.«

Es war ein bewölkter und windiger Tag, als Jimi, Mitch und Billy die kleine Bühne betraten. Das Publikum bestand aus nicht mehr als 400 Zuschauern, die man demonstrativ zu einer Gruppe formiert hatte – unter Fahnen mit Sternzeichen, die in der Brise flatterten. Normalerweise spielte Jimi bei Open-Air-Veranstaltungen vor Menschenmassen, was die Kommunikation erschwerte. Selten war er unter solchen Umständen gut drauf, meist spielte er für sich selbst, Auf Maui, vor diesem kleinen Publikum, fühlte er sich wesentlich entspannter, machte Witze, grinste, zog Grimassen und lachte während des ersten Auftritts. Eine ziemlich schlampige Version von »Foxy Lady« widmete er Pat Hartley.

Es war ein mittelmäßiger Auftritt – abgesehen von »In From The Storm«, einem durchstrukturierten Song mit schwerem Rock-Riff, ein ungewöhnlich mächtiger Lobgesang auf Jimis mystische Mutterfigur.

It was so cold and lonely
The wind 'n' cryin' blue rain
Were tearing me up.

It was so cold and lonely
The crying blue rain was tearing me up, tearing me up
I wanna thank you my sweet darling
For digging in the mud and picking me up.

Nach einer kurzen Pause kehrte Jimi für einen einstündigen Auftritt zurück, dessen Musik viel melodischer und verträumter klang und dadurch wesentlich besser mit der Umgebung harmonierte. Leider sieht man in der letzten Schnittversion des Films nur einen kurzen Ausschnitt aus diesem zweiten Auftritt, bei dem Jimi statt auf seiner weißen Stratocaster auf einer Gibson Flying-V spielte. Es ist Chuck Wein zugute zu halten, daß er bei der Aufzeichnung des Konzerts jene Art trickreicher Kameratechniken vermied, mit der Tony Palmer seinen Film über das Abschiedskonzert der Cream in der Londoner Royal Albert Hall ruiniert hatte. Aufs Ganze gesehen jedoch ist das Beste, was man über »Rainbow Bridge« sagen kann, daß es nach 72 Minuten vorbei ist.

Hinter der Bühne war die Stimmung weniger freundlich. Wie fast immer, wenn die *beautiful people* etwas auf die Beine zu stellen versuchten, war die Organisation chaotisch. »Sie hätten nicht mal das Pissen in einer Brauerei organisieren können, um es noch milde auszudrücken«, sagte Mitch. Jimi und Pat waren nicht einverstanden mit der Art und Weise, wie Wein und Mike Jeffery alles zu »inszenieren« versuchten, von dem es vorher geheißen hatte, es solle »improvisiert« werden. Pat Hartley erinnerte sich später: »Sie schleppten uns raus, in die Büsche, einen nach dem anderen, und sagten: ›Jetzt bist du an der Reihe, Baby!‹, und jeder fühlte sich bemüßigt, etwas Edelmütiges über die anderen von sich zu geben . . . Chuck Wein versuchte dieselbe Scheiße auch mit Jimi, und während der ersten Auseinandersetzung zwischen den beiden meinte Jimi, er solle sich verpissen. Eines Abends . . . Jimi fing gerade an, uns eine verdammt komische Geschichte zu erzählen, denn Jimi war ja ein verdammt witziger Typ, und gerade, als Jimi zwei Sätze vor dem Schluß ist, sieht ihn die Kröte [Mike Jefferys Spitzname] an und sagt: ›Ja, Jimi, genau das solltest du vor der Kamera machen.‹«[8] Das Filmteam aus Hollywood, auf dem die Firma Warner Brothers bestanden hatte, hing stundenlang untätig herum, während Chuck, Pat, Jimi und Mike endlos über dem Film debattierten. Schließlich rannte Jimi davon, kam aber, nachdem er sich mit etwas Rosé-Wein gestärkt hatte, zurück, um seine Pflicht zu tun.

»Rainbow Bridge Vibratory Color/Sound Experiment«, Hawaii, 30. Juli 1970

Ich möchte Farbe in meine Musik kriegen: Ich würde gern eine Note spielen, die dann als Farbe herauskommt. (»Disc«, 22. April 1967)

Das Konzert stand unter dem Titel »A Vibratory Color/Sound Experiment«. Chuck hatte Jimi etwa einen Monat vor den Dreharbeiten Emilie Touraine, einer der Organisatorinnen, vorgestellt, die mit ihrer sogenannten »Energie-Klang-Farben-Dynamik« versuchte, Klänge in Farben umzusetzen. Sie kaufte zusammen mit Jimi ein Pferd namens Axis Bold As Love, das aber nie geritten wurde. Songs wie »Bold As Love«, »Love Or Confusion« und »One Rainy Wish« zeigen, daß Jimi ein ähnliches Interesse für die esoterische Bedeutung der zwölf Spektralfarben hatte wie bestimmte okkulte und mystische Denkerschulen. Lange vor den psychedelischen Experimenten hatten sich Menschen schon mit dem Zusammenhang zwischen Klang und Farbe befaßt. »Prometheus«, 1911 von dem russischen Pianisten Alexander Skrjabin komponiert, verlangte geradezu nach der Projektion von Farben auf eine Leinwand während der Aufführung. Sein nur in Fragmenten erhaltenes »Mysterium« war als religiöses Experiment geplant, eine Einheit aus Musik, Tanz, Lyrik, Farben und Gerüchen. Jimi meinte einmal: »Haltet mich nicht auf, ich bin nur ein Kurier.« Ähnlich glaubte auch Skrjabin, daß es seine heiligste Pflicht sei, den letztgültigen Akkord der Menschheit zu schaffen, der sie mit dem göttlichen Geist vereinen sollte.

Während des Sommers 1970 wollte Jimi vor allem sein nächstes Album beenden, eine Doppel-LP, eine Einheit aus Musik und Geist. Mit »First Rays Of The New Rising Sun« wollte er einen neuen Anfang machen.

Seit geraumer Zeit schon hatte Jimi Freunden erzählt, daß er wegen des neuen Albums Auseinandersetzungen mit Mike habe. Mike war der Meinung, daß sich ein Doppel-Album nicht verkaufen würde und daß das bereits aufgenommene Material nicht kommerziell genug sei. Da war schon etwas Wahres dran. Ein Großteil von Jimis Studioarbeiten seit Ende 1969 bestand im wesentlichen aus Jams, mit denen er seine Kreativität neu anfachen wollte. Von den sieben oder acht Songs, die vor Weihnachten aufgenommen worden waren, ging die Hälfte in Form von Live-Versionen für das Band-of-Gypsys-Album an Ed Chalpin. Mit der inoffiziellen Eröffnung des Electric-Lady-Studios Mitte Juni begann für Jimi die intensivste Aufnahmephase seit zwei Jahren.

»Ich will es komfortabel haben«, sagte Jimi, und nach Investitionen von gut einer Million Dollar *hatte* er es komfortabel – architektonisch und technisch war das Electric Lady einmalig. Eine geschwungene Wand (die Jimi allerdings haßte) führte vom Eingang aus durch das gesamte Basement. Auf Jimis Anweisung hin hatte man alle Wände mit rotem Teppich bespannt, von Wand zu Wand und vom Boden bis zur Decke. Den Kontrast bildeten weiße Wände, deren Farbe dank einer ferngesteuerten Theater-Lichtanlage ständig wechselte. Überall gab es Spiegel und Polsterkissen, die Ruheräume waren verschwenderisch ausgestattet, und sogar eine Suite für Filmprojektionen war vorhanden. Der Studio-Eingang wurde über ein hausinternes Monitor-System polizeilich überwacht. Jimi arbeitete im größeren Studio A (das »B« war noch nicht fertig), in dem ein riesiges Aufnahmepult mit vierzig Mikrofoneingängen stand, untergebracht in einem Raum mit Wänden aus Beton und Fiberglas und mit einer abgehängten Decke, die sechs Meter über dem Fußboden schwebte – all dies konstruiert zu dem Zweck, daß man die Akustik verändern konnte. Außerdem erklärte man den Musikern, der unterirdische Bach unter dem Studio, der die Bauarbeiten um drei Monate verzögert hatte, verleihe den Aufnahmen einen einzigartigen seltsamen Raumklang. Und was kostete der ganze Luxus? Der Höchstpreis für eine Studio-Stunde mit sechzehn Spuren betrug zum Zeitpunkt der Eröffnung 155 Dollar; für Jimi war die Benutzung natürlich umsonst.

Als Jimi Ende 1968 im Record Plant arbeitete, hatten sich er und Toningenieur Eddie Kramer oft darüber gestritten, wer am Mischpult das Sagen hatte. Aber nun waren die Differenzen beigelegt, Eddie hatte für Jimi den Bau des Electric Lady geleitet, und sie freuten sich auf ihre weitere Zusammenarbeit. Ein Beispiel für Hendrix' schüchterne Zurückhaltung ist die Tatsache, daß er sich häufig ins Studio schlich und als erstes Eddie fragte, ob er reinkommen dürfe. Und Eddie antwortete meist mit mildem Ärger: »Jimi, das ist *dein* Studio.«

Während Jimi seine Arbeit wieder aufnahm, wurde hinter seinem Rücken eine neue Schlacht ausgetragen. Zu den festen Mitgliedern der Band gehörten Mitch und Billy, aber Jimi setzte auch Juma an den Congas ein. Doch es liefen alle möglichen Spielchen ab, die darauf abzielten, Juma auszubooten. Mike Jefferys »Rainbow Bridge«-Produktionsfirma Antah Kar Ana Inc. »bot mir einen Vertrag dafür an, daß ich *nicht* mit Jimi spielte, um mich in dieser Hinsicht kontrollieren zu können. Sie versuchten meine Farm zu kaufen. Ich ging mit dem Vertrag zu meinem Anwalt, und der meinte: ›Bring ihn zurück und sag ihnen, sie sollen ihn als Toilettenpapier benutzen.‹« Mike wußte, daß er eigentlich nichts unternehmen konnte, wenn Jimi wollte, daß Juma mitspielte. Also versuchte er, Juma zu kaufen. Aber Juma widersetzte sich und unterstützte Jimi, so gut er konnte.

Ende August hatte Jimi mehrere neue Songs im Kasten. Mit seiner vor dem Hintergrund der Ereignisse gerechtfertigten Aufforderung weiterzumachen (»Keep on pushing«), erinnert »Straight Ahead« an das soulorientierte Feeling manch früheren Materials, das die Band of

Gypsys aufgenommen und live gespielt hatte, zum Beispiel »Earth Blues«, »Power Of Soul« und »Message To Love«. »Freedom« steht zwar in der Tradition von »Straight Ahead«, sollte aber vor allem im Zusammenhang mit »Dolly Dagger« gehört werden, vor allem deshalb, weil sich beide Songs auf Devon Wilson beziehen. »Dolly Dagger« ist die eindeutigere Widmung. Devon war persönlich im Studio anwesend, als Jimi die Basis-Spuren einspielte. An einer Stelle sagt er: »Paß auf, Devon, gib mir ein Stück von diesem Himmel, eh?!« Und sie fühlte sich durch diesen Song, der sie als gefährlichen Vamp porträtierte, geschmeichelt.

Mit unbekannten Partygängern, Minneapolis, Minnesota, 3. Mai 1970

Here comes Dolly Dagger
Her love's so heavy, gonna make you stagger.
Dolly Dagger, she drinks her blood from a jagged edge . . .
Been riding broomsticks since she was fifteen
Blow out all the other witches on the scene.
She got a bull whip, just as long as your life.
Her tongue can even scratch
The soul out of the devil's wife.

In »Freedom« steht Devon eher als Symbol für Restriktionen und Einschränkungen der persönlichen Freiheit, aber die Anspielungen auf sie als Person sind unmißverständlich: Devon, wie sie sich bemüht, eine Rivalin im Kampf um Jimis Gunst aus dem Feld zu schlagen (»you've hooked my girlfriend«), Devon und ihre dubiosen Bekanntschaften (»you know the drug-store man«); schließlich Jimis Spitzname für Devon, mit dem er sich über ihren Flirt mit Mick Jagger lustig machte (»Better stick your daggers in someone else«). Devon tauchte auch in einer Version von »Crash Landing« auf, die im April 1969 eingespielt wurde:

You don't need me
You just wanna bleed me,
So take out your dagger and cut me free, cut me free, cut me free,
Hey, you don't love me girl, you just try to suffocate me . . .
You don't love me, hey look at ya, all lovey-dovey when you,
mess around with that needle . . .
As long as you're gonna be all messed up, I don't give a damn,
Slow down, slow down, slow down, bang bang, shoot shoot,
As long as you're your silly self, I don't give a hoot.

Sowohl »Dolly Dagger« als auch »Freedom« sind Belege dafür, daß Jimi inzwischen statt der elektronischen Studio-Tricks vermehrt komplexe instrumentale Arrangements verwendete. »Freedom« besteht zum Teil aus einem orchestralen Arrangement für fünf separate Gitarren-Spuren. Die Basis-Spur für »Dolly Dagger« wurde mit Baß, Schlagzeug, Percussion und Rhythmus-Gitarre live aufgenommen, was dank der exzellenten Trennmöglichkeiten im Electric-Lady-Studio möglich war. Darüber lagen die Lead-Gitarre und der Lead-Gesang sowie weitere Congas, ein verzerrter Baß, ein Hintergrund-Chor von den »Ghetto Fighters« Arthur und Albert Allen und Jimi, plus zusätzliche Percussion und Fußstampfen. Die Lead-Gitarre fließt durch den ganzen Song und hält die auf die verschiedenen Spuren verteilten, sich überlagernden und zum Teil gegenläufigen Rhythmen von Percussion, Schlagzeug, Baß und Rhythmus-Gitarre zusammen.

In diesen Songs blitzt viel vom Witz und Übermut früherer Jahre auf, und in gewisser Weise sind sie Gegenstücke zu »Foxy Lady« und »Purple Haze«. »Drifting«, »Angel«, »Night Bird Flying« und »Pali Gap« hingegen erinnern mit ihren feingewobenen Klangstrukturen an »Little Wing«, »May This Be Love« und die »Wasser-Suite« auf der vierten Seite von »Electric Ladyland«.

Da Jimi selten eine rein instrumentale Nummer für eine Plattenveröffentlichung aufnahm, ist »Pali Gap« besonders interessant. Der Song, eine Widmung an Pali oder Pele, die hawaiische Göttin der Vulkane, zeigt deutlich, wie sehr Mitch seinen Stil verändern mußte und wieviel weniger Möglichkeiten er nun hatte, hinter Jimis Gitarrenlinien »frei« zu spielen. Jimi strebte für bestimmte Songtypen einen eher »integrierten« Sound an, in dem die unterschiedlichen Rhythmus-Muster zu einem unentwirrbaren Geflecht verknüpft waren, das in Konzept und Ausführung eindeutig auf afrikanische Traditionen verwies. Außerdem verwendete er sehr viele Jazz-Akkorde, »verzogene« Doppeloktav-Intervalle und chromatische Läufe im Les-Paul-Stil, die dieses Stück zu einem Unikum in seinem Repertoire machen.

Was die Songtexte angeht, so besteht eine Verbindung zwischen »Drifting«, »Angel« und »Night Bird Flying«» auf der einen Seite und »In From The Storm« auf der anderen, die wieder einmal beweist, welchen Stellenwert für Jimi eine Mutterfigur besaß, die ihn vor der Isolation bewahren konnte.

Im Mai hatte Jimi schon Dylans »Drifter's Escape« aufgenommen, hatte dann aber auch eine eigene Idee für einen Song entwikkelt, der auf dem traditionellen Blues-Text basiert: »You know, I'm drifting just like a ship out on the sea/Well, you know I ain't got nobody in this world to care for me.« Jimis Text ist da wesentlich optimistischer: »Drifting/on a sea of forgotten teardrops/On a lifeboat sailing for your love/Sailing home.« Die Gitarrenparts sind wunderbar konzipiert, mit ebenso phantasievollem wie geschmackssicherem Einsatz einer rückwärts laufenden Gitarren-Spur. Dank der ausgeklügelten Mischung aus Harmonie- und Unisono-Gitarren scheint »Night Bird Flying« auf zwei Ebenen zugleich zu spielen. Auf der ersten ist der Song eine Ode an eine Frau, mit der er nur eine Nacht verbracht hat:

So all we got, baby, is one precious night
All we got is one precious night
Throw your blues and shoes and things
and lay it down under the bed.

Auf der zweiten Ebene stellen die Zeilen »Well, she's flying down to me« und »Just wrap me up in your beautiful wings« eine Verbindung her zu Jimis wohl bester Ballade, »Angel«, die er 1968 nach einem Traum über Lucille geschrieben hatte. Jimi hatte den Text bei sich, als er sich in Seattle mit Freddie Mae über Lucille und ihre Familie unterhielt. Er las ihn ihr wie ein Gedicht vor: »Das ging sehr tief, es drückte sein Innerstes aus.« Die gläubige Freddie Mae wollte, daß Jimi daran glaubte, Gott werde ihm durch seine Schwierigkeiten hindurchhelfen. »Er sagte: ›Ich weiß nicht, ob ich über Gott reden will, aber ich weiß, daß es ein höheres Wesen gibt.‹ Ich antwortete: ›Gut, nur daran mußt du festhalten. Wie auch immer du es nennen willst, du kannst dich darauf verlassen, daß jemand da ist, egal, ob du gewinnst, verlierst oder kämpfst.‹«

Angel came down from heaven yesterday
She stayed with me just long enough to rescue me
And she told me a story yesterday,
About the sweet love between the moon and the deep blue sea
And then she spread her wings high over me
She said she's gonna come back tomorrow

And I said »fly on my sweet Angel,
fly on through the sky,
fly on my sweet Angel,
tomorrow I'm gonna be by your side«

Sure enough this morning came unto me
Silver wings silhouetted against the child's sunrise
And my Angel she said unto me
»today is the day for you to rise,
take my hand,
you're gonna be my man,
you're gonna rise«
And then she took me high over yonder (Lord)

And I said »fly on my sweet Angel,
fly on through the sky,
fly on my sweet Angel,
forever I will be by your side«

Abgesehen davon, daß er Songs für das Album aufnahm, hatte Jimi auch bereits allein in seinem Apartment, bewaffnet mit einem vierspurigen Kassettenrecorder, an einer autobiographischen Suite gearbeitet, die aus acht Songs bestand und die er »Black Gold« nannte. Nach Jimis Tod verschwanden die Bänder, aber Alan Douglas, der über »Black Gold« Bescheid wußte, ist sich sicher, daß einer der Songs »Astro Man« war, möglicherweise der einzige, den Jimi noch hatte aufnehmen können. Leider muß gesagt werden, daß es der am wenigsten überzeugende Song aus dieser Periode ist. Der Anfang ist sehr schwach, und es ist kaum vorstellbar, daß Jimi ihn nicht verbessert hätte, wenn er noch dazu gekommen wäre. »Astro Man« gehört zu dem »Cartoon«-Material, das Jimi in dem Interview für John Burks' »Rolling Stone«-Artikel erwähnt hatte. Der »little boy inside a dream« ist Jimi, der mit wehendem Cape durch die Straßen von Seattle rennt und die Abenteuer seines Idols aus dem Samstagskino, Flash Gordon, nachspielt oder vielleicht auch die von Batman, seinem Fernsehhelden von 1966. Aber Jimi begnügt sich nicht mit Secondhand-Heroen, er hat sein eigenes Alter ego, den Astro-Man – »flying higher than that old faggot Superman« und »Twice as fast as Donald Duck«. Ganz amüsant, aber überflüssig.

Für den sehr persönlichen und originellen Song »Belly Button Window« hatte Jimi die Form eines simplen unbegleiteten Country-Blues gewählt.

Well, I'm up here in this womb
I'm looking all around (hmm, hmm, hmm)
Well, I'm looking out my Belly Button Window
And I see a whole lot of frowns
And I'm wondering if they don't want me around

What seems to be the fuss out there?
Just what seems to be the hang?
'Cause you know if ya just don't want me this time around,
yeah I'll be glad to go back to Spirit Land
And even take a longer rest,
before I'm coming down the chute again
Man I sure remember the last time, baby,
they were still hawkin' about me then
So if you don't want me now,
make up your mind, where or when
If you don't want me now,
give or take, you only got two hundred days
'Cause I ain't coming down this way too much more again

You know they got pills for ills and thrills and even spills,
but I think you're just a little too late
So I'm coming down into this world, Daddy,
regardless of love and hate
And I'm gonna sit up in your bed, Mama (huh),
and just a-grin right in your face
And then I'm gonna eat up all your chocolates (huh),
and say »I hope I'm not too late«

So if there's any questions,
make up your mind
'cause you better give or take
questions in your mind
Give it a take,
you only got two hundred days

Way up into this womb,
looking all around
Sure's dark in here!
And I'm looking out my Belly Button Window
And I swear I see nothing but a lot of frowns
And I'm wondering if they want me around . . .

Obwohl Jimi eine kleine Prise Humor einstreut, indem er bemerkt, er habe die Süßigkeiten seiner Mutter aufgegessen, ist »Belly Button Window« ein bitterer Song, in dem Jimi seine unglückliche Kindheit und sein zerrüttetes Zuhause reflektiert. Er versucht sich vorzustellen, wie es gewesen wäre, wenn er vor seiner Geburt mit seinen Eltern hätte reden können, und sagt schließlich: »Okay, entscheidet euch – wollt ihr mich, oder wollt ihr mich nicht?« Instinktiv spürt er, daß etwas mit der Familie, in die er hineingeboren werden soll, nicht stimmt.

Viele Hendrix-Fans reagierten übrigens auf die Zeile »you only got two hundred days« mit einem wissenden »Aha!«, weil sie den Eindruck hatten, Jimi habe hier seinen nahen Tod vorausgeahnt – zumal der Song erst nach seinem Tod veröffentlicht wurde. Der Text ist in der Tat erstaunlich eindeutig. Jimi nimmt die Position eines drei Monate alten Babys ein, das seinen Eltern sagt: »you've got about six months [rund 200 Tage] to sort yourselves out«.

Das Album »The First Rays Of The New Rising Sun« ist nie erschienen. Immerhin sind die bereits erwähnten Songs zusammen mit anderen auf den ersten posthum veröffentlichten Alben »The Cry Of Love« und »Rainbow Bridge« (siehe Diskographie) zu hören. Welche Songs Jimi selbst ausgewählt hätte, läßt sich schwer sagen – »Astro Man« wahrscheinlich nicht, weil die Nummer für »Black Gold« vorgesehen war, aber vermutlich »Izabella«, »Stepping Stone«

und »Room Full Of Mirrors«. Einer seiner ganz frühen Songs, »Look Over Yonder«, *gehörte* dazu. Jimi hatte diesen Song unter dem Titel »Mr. Bad Luck« schon in den alten Greenwich-Village-Zeiten gespielt. Der Text hatte sich bis zu den Aufnahmen im Oktober 1968 (mit Noel und Mitch) aufgrund der Polizeigewalt, die Jimi im voraufgegangenen Sommer in Europa miterlebt hatte, stark verändert.

Look over yonder here come the blues . . .
I can see 'em comin'
Wearing a blue armoured coat . . .
You're sittin' there with your violins
Hittin' wrong notes . . .
Look over yonder, he's comin' my way
When he's around, I never have a happy day
(You even bust my guitar strings)

Look over yonder
Well, he's talkin' to my baby
They found my peace pipe on her
Now they're draggin' her away
Lord knows we don't need a devil like him beatin' us around
Well, he's knockin' on my door
Now my house is tumbling down.

Außer den oben genannten existieren noch andere Songs, die sich im Entwicklungsstadium befanden, so zum Beispiel »Valleys Of Neptune« (aufgenommen Anfang 1970), »Coming Down Hard On Me, Baby« und »Beginning«, sowie weiteres (nicht mehr aufgenommenes) Material wie »Eyes And Imagination«. Aber all das waren nur Fragmente dessen, was er noch vorhatte. Jimi trug ständig ein Notizbuch bei sich, in den Studios und in ganz Amerika lagen Berge von Bändern herum, und überall hinterließ er Skizzen für Songtexte.

Im Jahr 1970 erschien ein Buch mit dem Titel »Rock: A World Bold As Love« (Untertitel: »Superstars In Their Own Words«), das zum großen Teil Jimi gewidmet war und das Aussagen von ihm selbst und Äußerungen anderer Musiker wie John Mayall und John Sebastian über ihn enthielt.

Ein Wimpernschlag, und drei oder vier verschiedene Welten zogen vorbei. Dinge passierten. Ein Kerl namens Black Gold tauchte auf. Und dann dieser andere, Captain Coconut. Andere Typen tauchten auf. Und diesmal war ich es. Und schließlich, als ich nach Hause ging, stellte sich heraus, daß ich ein kleiner Westküstenjunge aus Seattle war – für eine Sekunde. Und dann ist man auf Tournee, und plötzlich kehrt man wieder zurück. Das ist mein *Leben*, bis etwas anderes passiert.

Ich wollte, sie hätten in der guten alten Zeit auf den Baumwollfeldern elektrische Gitarren gehabt. Dann wären 'ne Menge Dinge geklärt worden. Nicht nur für die Schwarzen und die Weißen, ich meine: für die *Sache*!

Es ist Zeit für eine neue Nationalhymne. Amerika ist in zwei total verschiedene Lager gespalten. Und das ist deshalb gut, weil etwas geschehen muß, sonst werden wir einfach von diesem Programm weitergeschleppt, das auf der Vergangenheit beruht und völlig verstaubt ist. Und das höchste der Gefühle ist nicht der alte Kram, darauf kann man echt verzichten. Es ist immer am leichtesten zu sagen, was schwarz und was weiß ist. Das ist ganz einfach. Man kann einen Schwarzen *sehen*. Aber worum es heute geht, ist »alt« und »jung« – nicht im Sinne von Alter, sondern von der Denkweise her. Altes und Neues sozusagen. Nicht jung und alt. Altes und Neues, weil es auch eine Menge älterer Leute gibt, die fast ein Leben dazu gebraucht haben, um einen Punkt zu erreichen, den heute auch kleine Kinder begreifen. Sie haben aber keine Chance, das zu zeigen. Deshalb klammern sie sich an das, was passiert. Deshalb waren so viele Menschen in Woodstock. Du kannst all das Kaputte aufzählen, aber warum daran herumdoktern? Man muß an den Kern der Sache heran. Das ist alles, woran man sich halten kann, in der Kunst, die die eigentliche Welt ist, die eigentliche Seele der Welt. Zum Beispiel muß man über das schreiben, was man denkt. Deine eigene kleine Sache machen. Dies und jenes machen. Solange du deinen Arsch hochkriegst und irgendwie auf die Beine kommst. Raus aus dem Bett und runter auf die Straße, verstehst du, bla-bla, wauwau, tatü-tata – wir können dazu steppen, oder nicht? Ist ein alter Hut.

Wir waren in Amerika. Wir waren in Amerika. Der Scheiß war vorbei und fing wieder von vorne an. Ja, so wie nach dem Tod, das Ende ist ein neuer Anfang. Und es ist Zeit für eine neue Hymne, und daran schreibe ich jetzt.

Am Mittwoch, dem 26. August 1970, fand die offizielle Eröffnung des Electric-Lady-Studios statt, ein wichtiger Abend für die Rock-Gemeinde: Noel Redding, Mitglieder der Fleetwood Mac, Yoko Ono, Johnny Winter – alle waren anwesend. Aber die Stimmung war miserabel. Die Leute rasteten aus und schmissen mit dem japanischen Büffet um sich. Mike Quashie, der den Gastgeber spielte, war entsetzt. Jimi ging sehr früh, angewidert und aufgebracht, daß sein wunderbares Studio, seine Kirche, so geschändet wurde. Ein Reporter vom »Rock«-Magazin, der sich auf Jimis Kosten einen schönen Abend gemacht hatte, schrieb anschließend: »Stellt euch einfach etwa hundert vollgeknallte Freaks vor, die man im Dschungel der Straßen von New York ausgesetzt hat! Das Studio war völlig hinüber, aber das war mir ziemlich egal. Jimi hatte ja auch nur eine Million reingesteckt, da ist sicher noch mehr zu holen.«[9] Kein Kommentar.

Jimi war aber auch noch aus einem anderen Grund früh aufgebrochen. Er wurde in England erwartet, auf dem Isle Of Wight Festival – sein erster offizieller Besuch in diesem Land seit beinahe achtzehn Monaten.

14

Tomorrow, I'm Gonna Be By Your Side

Ich weiß nicht, ob ich meinen 28. Geburtstag erleben werde. (»Morgenposten«, Dänemark, 6. September 1970)

Mir geht's wie Yogi-Bär, ich bin im Winterschlaf . . . Wir haben uns in New York 'ne Menge anhören müssen, 'ne Menge Ärger gehabt . . . Die meiste Zeit spielen wir in unserem eigenen Vakuum, hinter einer Klangmauer, einer Mauer aus Gefühlen, das versuchen wir rüberzubringen . . . Man muß kapieren, daß es wichtig ist, einen Freund in dieser Welt zu haben. (Radio-Interview, Stockholm, 31. August 1970)

Kannst du dir das vorstellen, all die Menschen, die vor uns gestorben sind, und wir alle, zusammen im Himmel? Alle übereinandergestapelt . . . »He, Mann, rutsch mal rüber, Mann, ich hab' hier überhaupt keinen Platz!« »Also, hey, es ist wirklich kein Kunststück zu sterben, oder?« (Interview, London, Dezember 1967)

Jimi war froh, daß der Auftritt auf dem Isle of Wight Festival nur ein Einzelkonzert sein sollte. Er wollte anschließend sofort nach New York zurück, um das neue Album fertigzustellen. Doch statt dessen hatte man für ihn eine Europa-Tournee durch Schweden, Dänemark und Westdeutschland gebucht. Aus heutiger Sicht könnte man wohl sagen, daß diese Konzerte von zahlreichen symbolischen Hinweisen und bösen Omen überschattet waren, mit denen sich die künftigen Ereignisse ankündigten. Aber man darf nicht vergessen, daß Jimi ein äußerst launischer Künstler war, der auf die Bedingungen, unter denen eines seiner Konzerte stattfand, extrem sensibel reagierte. Er war ein Gitarrist, der einfach zu spielen aufhörte und auf der Bühne im Greenwich Village zu heulen begann, wenn es musikalisch nicht klappte. Und obwohl er nicht auf Tournee wollte, hätten die Konzerte dennoch ein Erfolg werden können, wenn sie nicht durch Umstände ruiniert worden wären, auf die Jimi keinen Einfluß hatte.

Bei seinen von Spontaneität und Improvisation gekennzeichneten Live-Auftritten hingen die Qualität der Songauswahl und die Interpretation ausschließlich von seinem augenblicklichen Zustand ab und davon, wie es auf der Bühne gerade lief. Außerdem können, wenn man Abend für Abend versucht, kreativ zu sein, selbst die schönen Seiten zur Qual werden.

Bei der Beurteilung der Ereignisse in den folgenden Wochen ist auch zu berücksichtigen, daß Jimi physisch so ziemlich am Ende war. Er hatte seine Drüsenerkrankung nicht wirklich auskurieren können. Seine miserable Verfassung war eine Folge seines Lebensstils. Wenn er nicht tourte, dann verbrachte er Stunden im Studio – nicht zu vergessen die Presseempfänge und Parties, die Club- und Jam-Sessions, der Alkohol und die Drogen, das unregelmäßige Essen und der Mangel an Schlaf. Er hatte diese Lebensweise seit seiner Entlassung aus der Armee im Jahr 1962 praktiziert. Hinzu kam der psychische Druck, der aus seinem Status als berühmter Rockstar erwuchs. Probleme hinter den Kulissen, mit seinen Geschäftspartnern, in seinem Privatleben, die Suche nach den richtigen Musikern und so weiter – irgendwann ist das auch für den zähesten Körper zuviel, und er beginnt sich zu wehren.

Bevor Jimi nach England flog, rief er Monika an und bat sie, eine Wohnung zu besorgen. Man hatte für ihn zwar ein Zimmer in seinem Lieblingshotel, dem Londonderry reserviert, aber dort wollte er nur geschäftliche Dinge abwickeln: Konferenzen, Interviews und so weiter. Die Wohnung sollte als geheimes Domizil dienen.

Monika fand ein hinreißendes Plätzchen, ein Apartment im Parterre des Samarkand-Hotel in Lansdowne Crescent, Notting Hill Gate, mit einem kleinen eingezäunten Garten, den man vom Schlafzimmer aus erreichen konnte. Hinter einer Reihe von Büschen befand sich der Eingang zu einem Privatpark. Hier konnte Jimi mitten im Zentrum Londons vollkommen unbehelligt leben.

Er kam am 27. August in London an und war ziemlich erschöpft. Seit seiner Rückkehr aus Hawaii hatte er praktisch nonstop im Electric Lady gearbeitet. Da er zunächst einmal schlafen wollte, begab er sich direkt ins Londonderry. Anschließend traf er sich mit Monika, und sie verbrachten den Abend des 27. im Speakeasy. Jimi schlief im Hotel, während Monika ins Samarkand zurückkehrte. Am Samstagabend besuchte er mit Monika erneut das Speakeasy. Erst am Tag darauf besichtigte er kurz die Wohnung, die Monika gemietet hatte. Danach flog er um 18.30 Uhr auf die Isle of Wight. Die ganze Zeit über sei Jimi in bester Verfassung gewesen, meint Monika; er sei witzig und gesprächig gewesen, obwohl er in den drei Tagen seit seiner Ankunft in London kaum geschlafen hatte.

Auch die Journalisten, mit denen sich Jimi in dieser Zeit traf, fanden, daß er trotz einer Erkältung entspannt, voller Ideen und bester Stimmung gewesen sei. Norman Joplings Hendrix-Interview für den »Record Mirror« erschien unter der Überschrift: »JIMI HENDRIX IST ZURÜCK, GLÜCKLICH UND GESPRÄCHIG . . .« Jopling schrieb:

> Die ›Superstar‹-Aura, die Jimi immer umgab, ist während eines Interviews oder Gesprächs kaum zu spüren. Wieviel davon ist Show? Wieviel ist ein Teil der Rolle, die Jimi spielt?
>
> »Ich wußte nicht, wie ich so eine Rolle spielen sollte. Aber ich treffe 'ne Menge Leute, die gern hätten, daß ich sie spiele. Ich bin hier, um zu kommunizieren, das ist der Grund dafür, daß ich da bin, darum geht's. Ich will die Leute antörnen, ich will, daß sie kapieren, was los ist. Auch wenn sie von neun bis fünf arbeiten und dann zu ihrer Familie und dem Fernseher zurückkehren, zählt doch nur, daß sie angetörnt bleiben.«

Roy Hollingsworth vom »Melody Maker« nannte er einige mögliche Alternativen, und dabei wurde klar, daß Jimi dabei war, seine musikalische Richtung radikal zu überdenken:

> Der Kreis hat sich geschlossen. Ich stehe wieder genau da, wo ich angefangen habe. Ich habe in diese Ära der Musik alles reingesteckt. Ich klinge immer noch gleich, meine Musik hat sich nicht verändert, und ich kann mir einfach nicht vorstellen, daß ich ihr in ihrem augenblicklichen Stadium etwas Neues hinzufügen könnte.
>
> Nach meiner letzten Amerikatournee wollte ich eine Weile aus allem raus und alles vergessen. Ich wollte nur aufnehmen und rausfinden, ob ich noch schreiben kann. Dann fing ich an nachzudenken. Über die Zukunft. Und daß diese Musik-Ära, die mit den Beatles angefangen hat, vorbei ist. Es muß etwas Neues kommen, und Jimi Hendrix wird dabeisein.
>
> Ich will eine Big-Band. Nicht eine mit drei Harfen und vierzehn Geigen. Ich meine eine Big-Band aus kompetenten Musikern, die ich dirigieren und für die ich komponieren kann. Und mit dieser Musik werden wir Bilder von der Erde und vom All malen, die den Zuhörer davontragen.

Jimi beschrieb den Charakter seiner neuen Musik als eine »neue Form der klassischen Musik«: »Strauss und Wagner . . . werden den Hintergrund für meine Musik bilden. Und über ihr im Himmel wird der Blues sein – ich hab' noch 'ne Menge Blues in mir. Und dann wird es noch westliche Himmelsmusik und süße Opium-Musik geben – jeder muß sein eigenes Opium mitbringen.«

Jimi versuchte, einen aktuellen Vergleich zu finden, und bestätigte schließlich: »Sie wird sich auf einer ähnlichen Ebene abspielen wie das, was Pink Floyd anstreben. Sie wissen es nicht, okay, aber sie sind die verrückten Wissenschaftler unseres heutigen Zeitalters.« Jimi erklärte, er sei mit seinem Trio-Format durchaus zufrieden, solange es den Leuten gefiele und sie nicht von ihm erwarteten, »visuelle Sachen« auf Kommando zu bringen, und er betonte immer wieder: »Ich kann nur ausflippen, wenn ich mich danach fühle.«

Schließlich kam er auf die Erweiterung der Band zu sprechen: »Ich will nicht mehr soviel Gitarre spielen. Ich möchte, daß andere Musiker meinen Part übernehmen. Ich will ein guter Komponist werden. Ich kann noch nicht sagen, in welche Richtung meine Kompositionen im Moment gehen, aber ich werd's herausfinden.«

Er landete um 20.30 Uhr mit einem Hubschrauber auf der Isle of Wight. Dort empfing ihn sein Freund Vishwa, der das Gefühl hatte, daß Jimis Depressionen nicht nur eine Folge von Übermüdung waren. Noel Reddings Mutter Margaret, die ihn in seiner Wohnwagen-Garderobe traf, meint hingegen, Jimi sei in Ordnung gewesen. Man habe gelacht und gescherzt, weil der Reißverschluß seines orangefarbenen Bühnenanzugs sich nicht schließen ließ. Zu guter Letzt behob Margaret das Problem mit einer Sicherheitsnadel.

Alle Festivals zogen sich bis spät in die Nacht hin, und es war das Schicksal der Hauptgruppe, grundsätzlich zu den unmöglichsten Zeiten auftreten zu müssen, wenn die Hälfte des Publikums schlief und die andere Hälfte bereits gegangen war. Jimi betrat erst in den frühen Morgenstunden des Montags die Bühne. Alles, was er in der Dunkelheit sehen konnte, waren einige Gesichter bekiffter Festivalbesucher im gespenstischen Schein von Lagerfeuern.

»Also, vielen Dank, daß ihr gekommen seid. Mann, ihr seid echt wunderbar und wirklich unglaublich, und danke fürs Warten. Ist 'ne ganze Weile her, nicht . . . Gebt uns eine Minute, damit wir die Instrumente stimmen können. Es ist wirklich schön, wieder in England zu sein. Wir werden mit einer Melodie anfangen, die ihr da draußen alle kennt. Ihr könnt mitmachen und singen. Es würde nämlich wirklich besser klingen, wenn ihr für euer Land und für euren Glauben einstehen und mitsingen würdet. [Leise] Wenn nicht, fickt euch ins Knie.« Diejenigen, die es hörten, begriffen den Scherz, als Jimi die britische Nationalhymne anstimmte. Leider brauchte die Band mehr als eine Minute, um die richtige Tonart zu finden. Die Amerika-Tournee lag einen Monat zurück, und man war nicht mehr aufeinander eingespielt. Mitch: »Das Merkwürdige war, daß die Band vorher wirklich total gut zusammengespielt hatte. Meiner Meinung nach wäre es klüger gewesen, erst mal einen Tag zu üben.« Tatsache ist: der Auftakt des Konzerts fällt ziemlich wacklig aus. Nach der Nationalhymne drischt Mitch ein schlampiges Schlagzeug-Intro hin, auf das erst noch ein kurzes Zitat aus »Sergeant Pepper's Lonely Hearts Club Band« folgt, ehe man endlich zum ersten richtigen Song kommt: »Spanish Castle Magic«. Der Sound ist miserabel und unkontrolliert, während Jimi durch den Song huscht und den Text aus dem Stegreif improvisiert.

»Wie ich vorhin schon gesagt habe, danke fürs Kommen. Möchte jetzt einen anderen Song spielen, den wir 1833 [sic] gemacht haben. Ist meiner Meinung nach noch immer ziemlich aktuell, wenn ihr wißt, was ich meine.«

Jimi mit Ditta, der Tocher von »King« George Clemons,
die heute mit Neneh Cherry arbeitet
Stora Scenen, Gröna Lund, Tivoli Gardens, Stockholm, 31. August 1970

Der Song heißt »All Along Watchtower«, aber das Solo wird durch Probleme mit der Anlage ruiniert. Abermals jagt Jimi mit unglaublicher Hast durch das Stück, während Mitch und Billy sich bemühen mitzuhalten. In »Machine Gun« ändert Jimi einen Teil des Sprechgesangs für das englische Publikum ab und spricht »Bournemouth« wie alle Amerikaner als zwei Worte aus: »Bourne Mouth«. »Manchmal laufen 'ne Menge Gedankenspiele ab. Manchmal geraten sie außer Kontrolle . . ., und dann machen wir Gedankenspiele mit anderen Menschen, die nennen wir Krieg. Deshalb möchte ich das folgende Stück allen Soldaten widmen, die in Birmingham kämpfen, allen Skinheads, allen Soldaten in Bournemouth, London und, oh ja, in Vietnam. So viele Kriege sind im Gange.«

Jimi vertieft sich in den Song, führt seinen eigenen Krieg gegen die Anlage und die Gitarre, die wieder verstimmt ist. Währenddessen tönen aus den Marshall-Boxen in leisen Passagen laut und deutlich die Funkgespräche des Sicherheitsdienstes. Mitch ist nahe daran aufzugeben, weil er sich fragt, wohin Jimi mit dem Song überhaupt will. Jimi beginnt mit dem Riff aus »Race With The Devil« (1968 in England ein Hit für die Gruppe Gun), dann folgen ein kleiner zwölftaktiger Blues und ein Abstecher zu Elmore James' »Dust My Broom«. Mitch und Billy versuchen zu folgen, aber »Machine Gun« fällt auseinander. Während dieser halbstündigen Version kommt es zu einigen schönen Gitarrenmomenten, aber schließlich schlägt Jimi ein paar Schlußakkorde und hört abrupt auf. Jimi weiß, daß es nicht gut läuft: »Vielleicht habt ihr noch ein bißchen Geduld, ich glaub', wir kriegen's noch hin. Okay? Denn ich werd' die ganze Nacht hierbleiben, bis sich jemand rührt.« Irgend jemand schreit: »Macht die Kamera aus! Hau endlich mit der Kamera ab, Idiot!« Es kommt zu einer sehr langen Unterbrechung. Mitch und Billy überbrücken sie mit etlichen Kunststückchen, während Jimi versucht, die Verstärker, die Verzerrer-Box und seine Gitarre unter Kontrolle zu bringen. Dann spielt er »Lover Man«, aber der Sound ist schlecht, und er bricht abermals ab.

»Okay, wir fangen noch mal an. Wie geht's dir, England? Schön, euch zu sehen. Wir spielen jetzt ›Freedom‹.« Schließlich geht es auf der Bühne endlich zur Sache – das Spiel ist frisch und ausgeglichen, und Jimi legt fette Funk-Akkorde mit sehr viel Biß hin. Nachdem sie nun wenigstens einen Song gut über die Runden gebracht haben, entspannt sich Jimi mit einer sanften, ruhigen Version von »Red House«, das er mit Schwung und Überzeugung vorträgt. Das ermutigt ihn, »Dolly Dagger« in Angriff zu nehmen, was allerdings weniger überzeugend ausfällt, weil Jimi hier ebensowenig wie in der Live-Version von »Room Full Of Mirrors« Lead-, Solo- *und* Rhythmus-Gitarre gleichzeitig spielen kann. Jedesmal entsteht ein riesiges Loch, wenn er aufhört, Rhythmus zu spielen, und zu den Lead-Linien übergeht – ein Loch, das Billy Cox allein nicht füllen kann. Was zeigt, daß Jimi im Studio inzwischen so komplexes Material entwickelte, daß er es im Konzert nicht mehr ohne zusätzliche Musiker umsetzen konnte.

Eine längere Pause tritt ein, in der Jimi die Gitarre stimmt. »Wahnsinn, ihr habt wirklich Geduld, ich hab' sie nämlich nicht.« Er tritt ein paar Schritte zurück und ändert die Stimmung mit einem risikolosen langsamen Blues, »Midnight Lightning«, dem er »Foxy Lady« folgen läßt. Das Publikum springt auf »Foxy Lady« an und hofft auf weitere Knaller aus der Vergangenheit. Da Jimi so lange Zeit nicht mehr in England gespielt hat, bringt ihn das in ein Dilemma: »Ihr wollt also all diese netten Songs hören, Mann? Verdammt! Mann, wir versuchen hier ein paar andere Sachen auf die Reihe zu kriegen. Bin gerade vor zwei Minuten erst richtig wach geworden. Wir haben ein paar kleine Sachen aufgenommen, aber ich denke . . . äh . . . – ich weiß auch nicht. Ich glaube, wir spielen lieber was Bekannteres.« Der Kompromiß heißt »Message To Love«, ein ziemlich neues Stück, aber von einem Album, das in England in die Hitparaden kam. Die langsameren Songs scheinen am besten anzukommen – ein sanftes unbegleitetes Instrumentalstück, dann ein Intro, das an Dylans »All Along The Watchtower« erinnert. Was dann folgt, ist jedoch »Hey Baby (The Land Of The New Rising Sun)«. Der Rest des Konzerts ist eine Mixtur aus alt und neu: »Hey Joe« (mit improvisiertem Text – »I'm goin' way down south/ way down where I can be free/ain't nobody knows me/Ain't nobody gonna fuck with me either/ain't no redneck, man/gonna fool around with me«), dann ein Takt aus »I Feel Fine« und ein Traditional (»English Country Garden«), »Purple Haze«, »Voodoo Child«, »Ezy Ryder« und zum Schluß »In From The Storm«.

Nicht gerade eines seiner besten Konzerte. Jimi war schon zu Beginn sehr müde, brauchte eine Ewigkeit, um reinzukommen, spielte und sang falsch, als versuche er, in einen gewissen Groove zu fallen. Und es gab vier lange Schlagzeug-Soli als Intro – immer schon ein schlechtes Zeichen, aber darüber hinaus trommelte Mitch an diesem Abend ziemlich steif. Und natürlich spielte auch noch die Anlage verrückt, und Jimi mußte zwischendurch den Verzerrer austauschen. Aber der Auftritt hatte auch lichte Momente und war nicht jenes katastrophale Debakel, als das er seither beschrieben worden ist.

Jimi dankte dem Publikum für seine Geduld, und seine Worte gingen im Beifall unter. Erschöpft verließ er die Bühne. Die Sicherheitsbedingungen waren katastrophal, die Zuschauer strömten nach vorn. Jimi sackte in seinem Wohnwagen in sich zusammen und reagierte, wenn man ihn ansprach, nur noch mit einem mechanischen Lächeln. Aber er hatte keine Zeit, sich auszuruhen. Ein Hubschrauber wartete bereits, um ihn nach Southampton zu bringen, von wo aus Jimi nach Stockholm weiterflog. Vishwa, der Jimi damals als Faktotum und Laufbursche diente, sollte mit ihm nach Europa fliegen. Aber vielleicht war es Jimi einfach leid, daß ein ständiges Anhängsel mit ihm reiste, auch wenn es vielleicht zu seinem Besten war. Jedenfalls zeigte er Vishwa die kalte Schulter. »Wer bist du denn, meine alte Dame?« Vishwa blieb zurück, stand auf einem Feld und starrte dem Hubschrauber nach, der im Morgenhimmel verschwand.

It wasn't too long ago . . .
But it seems like years ago since I felt the warm hello of the Sun
Lately things seem a little colder
The wind, it seems to get a little bolder
(geschrieben Anfang September 1970 in London)

Die erste Station war das Stora Scenen in Stockholm. Jimi wurde in Schweden wie ein Halbgott verehrt. In der Garderobe drängten sich seine Verehrer. Jimi griff nach einer kleinen Flasche Whisky, leerte sie in einem Zug und betrat die Bühne ziemlich betrunken. Wenn er in Stockholm war, traf er sich offenbar regelmäßig mit Eva Sundqvist. Sie hatte ihm geschrieben, daß sie schwanger sei, und im Oktober 1969 die Geburt von James Daniel Sundqvist (den sie Klein-Jimi nannte) angekündigt, von dem sie inzwischen schon Fotos an Jimis Londoner Adresse geschickt hatte. Kathy Etchingham erinnert sich noch an ihre gemeinsame Ankunft in Stockholm, glaubt aber nicht, daß Jimi Eva und ihren Sohn je getroffen hat.

Eva behauptete später, Jimi habe sich nach dem Baby erkundigt. Das würde bedeuten, daß er Evas Briefe gelesen hatte. Er konnte jedoch all die Journalisten und Fotografen nicht abschütteln und hatte keine Möglichkeit, Klein-Jimi zu sehen, von dem Eva behauptete, er sei Jimis Sohn. Von Stockholm ging es weiter nach Göteborg. Nach dem Konzert fand eine Party statt, aber der ruhige und zurückhaltende Billy Cox zog es vor, sein Zimmer aufzusuchen. Dort brachte ihn irgend jemand auf die Idee, ein wenig Acid einzuwerfen, woraufhin er in einen Zustand von Paranoia und Katatonie verfiel und kein

Jimi und Anne Bjørndal, Hotel Atlantic, Århus, 2. September 1970

Wort mehr herausbekam. Jimi vermutete, daß dies Teil jener Taktik war, mit der man versucht hatte, Juma zu bestechen, um ihn selbst zu isolieren und noch gefügiger zu machen. Billy war ein guter Freund, auf den sich Jimi verlassen konnte. Aber es hatte sich bereits bei Gypsy Sun and Rainbows gezeigt, daß Billy nicht die Stärke besaß, sich durch das im Musikbusiness wuchernde Gestrüpp aus Intrigen und Lügen zu schlagen.

She said she comes from Iceland
I told her I was from the West
She took me to the snow capped mountains
and then she put me through the test
We walked across the glacier, the horses stayed behind
And as we laid between the frozen vallies [sic]
we kissed for the very first time
And now we're stuck together

(geschrieben September 1970 in London)

Am 2. September flog die Band nach Dänemark. Inzwischen war zu Jimis Erkältung auch noch Fieber hinzugekommen. Als er in der Vejlby Risskov Hallen von Århus eintraf, hatte er Schüttelfrost. Jimi hatte bereits mit dem Gedanken gespielt, das Konzert abzusagen. Anne Bjørndal, eine Bekannte von ihm, traf ihn im Hotel: »Er sagte: ›Ich glaub', es ist dem Publikum gegenüber nicht fair, wenn ich in diesem Zustand auftrete.‹« Mit Billy, der noch in anderen Sphären schwebte, und Jimi, der kaum stehen konnte, stolperte die Band durch »Freedom«, »Message To Love« und »Hey Baby«, bis Jimi die Bühne verließ, weil er einfach nicht mehr konnte. Das Konzert wurde abgebrochen, die Leute bekamen ihr Geld zurück, und Jimi versprach für einen späteren Zeitpunkt ein Gratiskonzert. Anne Bjørndal, die Jimi 1968 in London kennengelernt hatte, machte nach dem Konzert ein Interview mit ihm für eine dänische Tageszeitung. Sie erinnert sich, daß er »erschöpft und verängstigt« gewesen sei. »Diesen Eindruck machte er jedenfalls auf mich, verängstigt, wie ein Kind, das sich vor irgendwas fürchtet.« Das Gespräch fand in Jimis Hotel statt. Jimi bewunderte den Zimmerblick auf den Hafen.

> Er sagte: »Das ist das Schlimme an diesen Tourneen, man sieht nichts von den Orten, an denen man sich befindet.« Er aß nichts, trank nur ein bißchen Orangensaft und redete viel über überirdische Dinge, erwähnte Jesus und sagte irgendwann: »Also, die Religion muß aus deinem Inneren kommen.« Sich selbst nannte er einen Reisenden in Sachen elektrischer Religion. Er sprach auch über Harmonie und geistige Ruhe – ganz offensichtlich sehnte er sich sehr danach. Er sagte, er würde durch seine Gitarre sprechen. »Jedesmal, wenn ich spiele, opfere ich einen Teil meiner Seele.«

Jimi erklärte Anne, er werde seinen 28. Geburtstag wohl nicht mehr erleben: »In dem Moment, in dem ich merke, daß ich musikalisch nichts mehr zu geben habe, werde ich diesen Planeten verlassen, es sei denn, ich habe eine Frau und Kinder. Aber wenn ich durch meine Musik nichts mehr mitteilen kann, gibt es für mich nichts, wofür es sich lohnen würde zu leben.« Jimi sagte, er sei schon seit langem tot und in einem neuen musikalischen Körper wiedergeboren worden, und auf diesem Todestrip sei er schon seit geraumer Zeit.

Jimi reiste nach Kopenhagen, wo die Gruppe in der K. B. Hallen auftreten sollte, während Mitch nach England zurückflog, um seine gerade zur Welt gekommene Tochter Aysha und seine Frau Lyn zu sehen. Er nahm Billy mit, weil man ihn in seinem Zustand nicht allein lassen konnte.

Mitch und Billy kehrten gemeinsam nach Kopenhagen zurück. Das

Konzert war – den Umständen entsprechend – gut, wahrscheinlich das beste auf der Tournee, mit langen melodischen, ätherischen Gitarrenpassagen.

Anschließend folgten zwei Konzerte in Deutschland, eines in Berlin, das andere auf dem größten deutschen Festival des Jahres auf der Ostseeinsel Fehmarn am 6. September. Es wurde als »Love And Peace«-Festival angekündigt, aber die deutschen Motorrad-Gangs und das Wetter führten dieses Motto ad absurdum.

Die Band fuhr mit dem Zug von Berlin nach Fehmarn. Wie üblich war auch Gerry Stickells dabei: »Der Zug hatte einige Schlafabteile, aber sie waren verschlossen. Also knackten wir eines, weil Jimi schlafen wollte. Der Schaffner flippte aus, stoppte den Zug und wollte uns rauswerfen. Aber die Frau des Typs, der für den Zug verantwortlich war, saß auch drin, und sagte zu dem Schaffner: ›Stellen Sie sich nicht so an! Lassen Sie ihn da drin schlafen! *Und sorgen Sie dafür, daß der Zug weiterfährt!*‹«

Sie hätte sich wegen der Verspätung keine Sorgen machen müssen. Schon das Wetter war katastrophal: sintflutartige Regengüsse und ein heulender Sturm, der vom Baltischen Meer hereinblies, machten dem Publikum und den Musikern zu schaffen. Außerdem drehten auch noch die sogenannten »Rocker« durch, die wie die meisten Besucher mit Alkohol und Barbituraten vollgepumpt waren. Sie plünderten die Kasse mit Waffengewalt, besetzten den Parkplatz und drohten jedem mit ihren Knarren, der die Eintrittspreise zu hoch fand. Jimi wollte sofort auftreten, aber die Organisation war chaotisch, und sein Auftritt mußte wegen des Wetters um einen Tag verschoben werden. Am Morgen des 6. September war Jimi noch immer nicht auf der Bühne. Die Stimmung der Menge war gereizt, weil viele Besucher in Wind und Regen ausgeharrt hatten, nur um Jimi zu sehen. Einer der Ansager war Alexis Korner; da er fließend Deutsch sprach, hatte er die dankbare Aufgabe, dem Publikum beizubringen, daß es noch etwas Geduld haben müsse. Bis es soweit sei, würde er auf seiner akustischen Gitarre spielen.

Schließlich kam Jimi auf die Bühne. Im ersten Teil des Konzerts mußte er gegen einen lautstarken Chor verärgerter Fans ankämpfen, der »Buh« und »Go home!« schrie.

»Ist mir scheißegal, wenn ihr mich ausbuht – solange es die richtige Tonart ist«, konterte Jimi und entschuldigte sich dafür, daß er nicht schon am Tag zuvor aufgetreten war. »War einfach nicht auszuhalten, Mann.«

Vielleicht begann er auch aus diesem Grund mit »Killin' Floor« und der vielsagenden Zeile: »I should have quit you, a long time ago.« Die Menge beruhigte sich, doch hinter der Bühne eskalierte die Situation. Gerry wurde von Rockern angegriffen, und ein Bühnenarbeiter wurde angeschossen. Gleich nach ihrem Auftritt floh die Band von der Bühne. Es sollte Jimis letztes Konzert sein.

Billy Cox' Zustand verschlimmerte sich zusehends. Er litt unter Verfolgungswahn und witterte an jeder Ecke Verfolger. Mitch berichtet, Billy sei überzeugt gewesen, daß sie die Insel nicht lebend verlassen würden. Thorazin, ein bewährtes Gegenmittel für schlechte LSD-Trips, half auch nicht viel. Billy brauchte Ruhe und Zeit, um sich zu erholen. Aber er war nicht in der Verfassung, nach Amerika zurückzufliegen. Jimi war um seinen Freund sehr besorgt. Nach dem Fehmarn-Fiasko brachte er ihn nach London und quartierte ihn in einer Wohnung ein, bis er sich soweit erholt hatte, daß er die Reise antreten konnte. Sie kamen am Abend des 6. September in London an. Jimi zog ins Cumberland-Hotel, ohne sich bei Monika zu melden. Erst am 10. September traf Monika Eric Barrett und Billy im Speakeasy und erfuhr, daß Jimi zurück war. Billy sah schlimm aus, hing auf seinem Stuhl, umklammerte eine Handvoll Tabletten und beklagte sich immer wieder mit gedämpfter Stimme, daß »sie« ihn nicht zu Jimi ließen. Am Tag darauf flog Billy zu seinen Eltern nach Pennsylvania. Die geplanten Konzerte in Wien, Paris und Rotterdam wurden abgesagt. Der holländische Veranstalter Barry Visser erhielt einen Brief von Jimis Arzt Dr. J.M. Robertson, in dem dieser feststellte: »Ich habe Herrn Billy Cox untersucht. Er leidet an einem akuten Zustand krankhafter Angst und Paranoia und ist keinesfalls arbeitsfähig.«

Nun, da Jimi wieder in England war, kamen ihm Zweifel, ob er wieder nach Amerika zurückkehren sollte. Die Kommentare, die er gegenüber der Presse abgab, bestätigen Monika Dannemanns Darstellung, daß sich Jimi in England niederlassen wollte, zumindest für einige Zeit. Über Amerika äußerte er sich im »NME« folgendermaßen: »Nicht meine Welt, Mann! Ich will nicht mehr zurück, es sei denn, ich muß. Ich war aus diesem Land und aus Europa so lange weg, daß ich ihnen erst noch mal zeigen will, worum es überhaupt geht.«[1]

Die Hektik des New Yorker Alltags machte Jimi verrückt.

> New York macht mich im Moment krank. Es ist total klaustrophobisch! Alles passiert dort so schnell, daß man jedesmal, wenn man das Haus verläßt, das

Gefühl hat, in eine Achterbahn zu steigen . . . Und Amerika neigt dazu, in mir den Rebellen zu wecken. Und eigentlich bin ich das gar nicht. Ich wollte mich mal ganz in Kalifornien niederlassen. Aber ich habe gehört, daß Gott auch das bald zurückfordern wird . . . Zum Glück ist der Minirock nicht aus der Mode gekommen. London ist wirklich einmalig.«[2]

Da London die Stadt war, in der Jimi erste Anerkennung gefunden hatte, war es nur einleuchtend, daß er seinen musikalischen Neuanfang dort in Angriff nehmen wollte. In England kam er körperlich und geistig zur Ruhe und konnte so seine Energien für den nächsten großen Schlag sammeln.

Devon folgte ihm nach London, was nicht in Jimis Sinne war. Und dann tauchten dort auch noch Stella und Alan Douglas auf. Pat Hartley hatte eine Wohnung am Elvaston Place, in der eine weitere Freundin von Jimi wohnte, Alvinia Bridges, eine hochgewachsene schwarze Schönheit, die Jimi seit ungefähr zwei Jahren nicht mehr gesehen hatte. Mit diesen Leuten verbrachte Jimi seine Tage; er redete häufig über die guten alten Zeiten. Jimi übernachtete nicht im Cumberland; die erste Woche nach seiner Rückkehr verbrachte er in einer Wohnung in Fulham zusammen mit einer weiteren Freundin, der Amerikanerin Debbie Toomey, die seit einigen Jahren in London lebte. Jimi hatte sie durch Pam, eine Kellnerin aus dem Speakeasy kennengelernt.

Am 10. September wurde Jimi von Keith Altham zu einer Party eingeladen, die zu Ehren des Ex-Monkee Mike Nesmith in der Bar des Park Hotel stieg. Am Tag darauf führte Keith im Cumberland ein Interview mit Jimi für den »Record Mirror«. Keith meint, Jimi sei »angeschlagen« gewesen, »aber nicht deprimiert. Über das, was er vorhatte, hat er sich sogar sehr positiv geäußert.« Keith unterhielt sich mit Jimi auch über den Auftritt auf der Isle Of Wight. Hier ein Auszug aus Jimis letztem Interview:

Vor Isle of Wight hast du angeblich gesagt, daß du, falls es ein Erfolg werden sollte, noch eine Weile weitermachen würdest. Warst du mit Isle of Wight zufrieden?«
»Also, ich war dort so durcheinander, und alles war so konfus wie . . . äh . . . Also, auf diesem Auftritt kann ich wirklich nicht meine Zukunft aufbauen. Außer als ich »God Bless the Queen« gespielt habe, hahaha . . ., wenn du verstehst, was ich meine . . .«
»Hast du vor, wieder eine kleine Formation zu gründen, oder glaubst du, daß du was Größeres auf die Beine stellen kannst?«
»Es ist schwer zu sagen, was ich als nächstes tun werde. Ich würde gern eine kleine und eine große Band haben und vielleicht mit einer von beiden auf Tournee gehen. Manchmal ist es ganz schön schwer herauszufinden, was die Leute haben wollen.

»Stehst du unter dem Druck, dich als ›Guitar King‹ beweisen zu müssen, ein Etikett, das dir die Leute verpaßt haben?«
»Ich weiß nicht. Also, ich hab' einfach nur laut gespielt, das ist der einzige Unterschied [lacht]. Nein, also das ist für mich kein Problem, weil die Leute 'ne Menge reden. Und wenn das das Entscheidende wäre, würden sie wohl gar nicht mehr da sein . . . ›Guitar King‹ – also, das ist wohl etwas *heavy*!«

Keith spricht an, daß Jimis Bühnen-Image nicht mehr so wild sei, und fragte: »Hat sich die Wut vielleicht etwas gelegt?«

»Oh ja. Aber das passiert jedem. Ich hab' ja nicht mal gewußt, daß es Wut war, bis man es mir gesagt hat – diese Zerstörungen und so weiter. Aber ich meine, jeder sollte die Chance haben, Sachen loszuwerden wie . . . nun ja, die Möglichkeit, sich zu befreien. Und meine Möglichkeit war eben die Bühne [lacht].«
»Hast du persönlich das Gefühl, daß die Dinge nicht mehr so aufregend sind?«
»Nein, ich habe das erwartet, weil ich viel zu weit vorausgedacht habe. Es scheint, als ob . . . – nun ja, als ob der Mensch dazu neigt, sich zu langweilen, weil man ständig was Neues anfängt, verstehst du, weil man Ideen hat und sowas und weil man sie nie wirklich zu Ende führt. Stimmt's? Man sollte bestimmte Leute einfach in Ruhe lassen, ihnen die Möglichkeit geben, Ideen zu entwickeln, und andere sollten sie dann ausführen.«
»Da fällt mir ein, daß Alvin Lee von Ten Years After vor ein paar Wochen gesagt hat, daß man dich als Komponist nie wirklich anerkannt und analysiert hat. Glaubst du auch, daß du als Songwriter nie angemessen gewürdigt worden bist?«
»Nun, das ist vielleicht ganz gut so, weil ich immer noch an mir arbeite. Ich schreibe nur über das, was ich fühle, verstehst du? Das ist alles . . . Ich feile nicht lange daran herum, sondern halte es ziemlich einfach. Außerdem hasse ich es, auf eine Sache festgelegt zu werden, ich hasse es, wenn man mich nur als Gitarristen oder Songwriter sieht oder als Steptänzer oder sowas [lacht] . . . Ich wechsle gern die Seiten.«
»Steckt in den Sachen, die du machen willst, irgendeine moralische oder politische Aussage?«
»Die Musik wird zu heavy, fast schon unerträglich . . . Aber ich hab' ne bestimmte Art, damit umzugehen, wenn die Sachen zu heavy werden – ich bin wie Helium, das leichteste Gas, das die Menschheit kennt [lacht].«
»Hast du deine Musik von vornherein bewußt psychedelisch angelegt?«
»Wenn ich ehrlich bin, ich weiß es wirklich nicht. Kürzlich hab' ich ›Are You Experienced?‹ wiedergehört . . . Ich sagte: Verdammt, was ist eigentlich in meinem Kopf vorgegangen, als ich diese Sache geschrieben habe . . .? Aber ich denke nicht darüber nach . . . Die Entstehung von Psychedelic heißt, daß man einfach 'ne Menge Fragen stellt . . . wie alle neugierigen Menschen . . . Und ich hab' das nun mal zufällig in ›Purple Haze‹ gemacht. Meine Art zu schreiben . . ., nun ich schreibe einfach zwischen . . . Also meist prallen da Realität und Phantasie aufeinander. Man muß Phantasie einsetzen, um die verschiedenen Seten der Realität zu zeigen. Nur so kann man sie in den Griff kriegen.«
»Reicht dein Geld für ein bequemes Leben?«

»Ah, das glaube ich nicht, nicht, so wie ich lebe. Denn ich würde gern morgens aufwachen und mich direkt aus meinem Bett in einen Swimmingpool daneben rollen können und zum Frühstückstisch schwimmen, verstehst du? Einfach auftauchen und vielleicht einen Orangensaft oder sowas trinken, und sich dann wieder vom Stuhl fallen lassen und ins Badezimmer schwimmen, verstehst du, und so weiter, rasieren und was auch immer.«
»Du möchtest also nicht ein bequemes Leben führen, sondern ein luxuriöses!«
»Neiiin, ist das Luxus? Ich hab' da eher an ein Zelt gedacht, das über einem . . . Gebirgsbach hängt [lacht].«

In verschiedenen Interviews, auch für dieses Buch, hat Monika Dannemann erzählt, Jimi habe ihr seine totale und ewige Liebe erklärt. »Er hatte seinem Vater schon nach dem Konzert in Seattle im Sommer gesagt, daß wir heiraten würden. Und er bat mich, in England ein Haus auf dem Land zu suchen, weil er in England leben wollte. Ich war sein ein und alles . . . Ich hatte völliges Vertrauen zu ihm. Und so, wie er sich verhielt, wenn ich bei ihm war, schien es für ihn nichts Wichtigeres zu geben als mich.« Laut Monika wollte Jimi sein neues Leben mit ihr auf einer Pressekonferenz bekanntgeben, sobald er aus Skandinavien zurück war. Statt dessen meinte er in »Disc and Music Echo«: »Heiraten ist im Moment ein bißchen riskant . . . Ich will wirklich nicht verletzt werden. Das würde mich völlig fertigmachen. Aber ich gebe zu, ich würde gern ein nettes, stilles Mädchen kennenlernen – vielleicht vom Land. Aber eine, die von mir und meinem ›Ruf‹ überhaupt nichts weiß. Ich würde wirklich gern eine Familie gründen. Auch wenn man nie sagen kann, ob es der richtige Zeitpunkt dafür ist. Ich kann wirklich ein Mädchen lieben – nur eines. Ich kann mich aber auch in eine andere verlieben, aber auf eine andere Weise, gleichzeitig. Ich glaub', ich bin manchmal ziemlich konfus.«

Eine von Jimis flüchtigen Freundinnen, Kirsten Nefer, leistete sich in Dänemark ein starkes Stück, als sie in der Presse bekanntgab, sie sei mit Jimi verlobt. Diese Falschmeldung verursachte kurz vor Jimis Rückkehr nach London ziemlichen Wirbel. Im allgemeinen aber kam Jimi mit Frauen viel besser klar als mit Männern. Schon in der »normalen« Welt fällt es Männern schwer, anderen Männern ihre Gedanken, Gefühle und Unsicherheiten einzugestehen, um wieviel mehr in der von Eitelkeit und Egozentrik geprägten Macho-Welt der Rockmusik. Jimi brauchte Frauen wie die Luft zum Atmen. Sie verwöhnten ihn, hörten ihm zu, kümmerten sich um ihn und beschützten ihn. Aber schon in seinen Songs und Interviews wird deutlich, daß er sich trotz aller privaten Versprechungen durch nichts und niemanden in seiner persönlichen Freiheit hätte einschränken lassen.

Seine bitteren Kindheitserfahrungen hatten Jimi gelehrt, daß die Gefahr, betrogen zu werden, in dem Maße wächst, in dem man jemanden liebt. Er sehnte sich zwar nach einer wirklich tiefen Beziehung, scheute aber vor der Verantwortung zurück – die Lektionen der Kindheit vergißt man nicht so leicht. Vielleicht hätte die Heirat mit Monika einen Neuanfang für sein Privatleben und für seine Musik bedeutet; doch wissen werden wir das nie.

Am Sonntag, dem 13. September, rief Jimi spätabends Monika an, zum ersten Mal seit seiner Rückkehr aus Deutschland. Am Montag besuchte er sie in der Wohnung im Samarkand und am Dienstag zog er bei ihr ein, ließ jedoch einen Großteil seines Gepäcks im Cumberland zurück. Er hinterließ keine Nachricht, wo man ihn erreichen könne, und gab nur Mitch und Chas Chandler die Telefonnummer der Wohnung im Samarkand-Hotel. Jimi und Monika besuchten zusammen den Ronnie Scott's Club in der Frith Street, um Eric Burdons neue Band War zu sehen. Dort flirtete Jimi ein bißchen mit Devon und verschwand hinter der Bühne. Devon nutzte seine Abwesenheit für ein paar Sticheleien gegenüber Monika und schwärmte zum Beispiel davon, wie toll Jimi im Bett sei. Monika, die keine Erfahrung mit einer so offensiven und knallharten Person wie Devon hatte, war, wie sie sagt, schockiert darüber, daß Devon so freimütig über die Techniken sprach, mit denen sie Rockstars in ihr Bett lockte.

Man hatte abgesprochen, daß Jimi mit Erics Band jammen sollte. Eric erinnerte sich später: »Er fing schlecht an – als so eine Art ›Jimi der Sound-Freak‹ –, spielte ein Solo, das nicht vom Fleck kam und wirklich schlecht war. Er wurde dann zwar besser, richtig locker, aber als die Pause kam, war er nicht bester Stimmung. In der Garderobe sagte er, er werde nicht weiterspielen, aber nachdem wir ein bißchen geredet hatten, tat er es doch, und nachdem es eine Weile gut gelaufen war, kam er bei ›Tobacco Road‹ voll zur Sache. Er spielte nicht mehr mit dem Sound rum, sondern fügte sich gut in die Band ein.«[4] Jimi brachte schließlich Howard Scott, den War-Gitarristen, mit dem besten Solo, das man je von ihm gehört hatte, aus der Fassung. Dann teilte er sich die Soli mit Scott, und sie spielten länger als geplant. Den Rest des Abends verbrachten Jimi und Monika in der Wohnung und redeten. Monika sagt, Jimi habe über alles mögliche philosophiert, über Astrologie, Kosmologie, Kunst, Musik, Religion – ein Bewußtseinsstrom, dem sie nur schwer folgen konnte.

> Er hat wirklich an Jesus geglaubt, an Gott, aber nicht an die Institution Kirche. In Jimis Leben gab es zwei sehr wichtige Dinge, die Musik und seinen spirituellen

Jimi und Kirsten Nefer, Kopenhagen, 3. September 1970

Glauben. Er besaß gewisse übersinnliche Kräfte, er hatte Visionen: er erinnerte sich an Astral-Reisen. Er konnte sich an verschiedene Leben in seiner Vergangenheit erinnern. Er besaß wirklich telepathische Kräfte, er konnte meine Gedanken lesen und meditierte sehr viel. Er konnte es an- und abschalten: Wenn er es anschaltete, bekam er einen völlig abwesenden Gesichtsausdruck, so als ob etwas von ihm Besitz ergriff, irgendeine Eingebung. Wenn er komponierte oder einen Text schrieb, dachte er keinen Moment nach, es kam einfach aus ihm heraus, und er schrieb es hin. Er glaubte, daß er auf der Erde eine besondere Mission zu erfüllen habe, daß er das Bewußtsein der Menschen öffnen, ihre schlafenden Seelen wecken müsse. Es kam aus seinem Inneren, sein eigentlicher Motor war sein Glaube. Sein Hauptanliegen als Musiker war, den Menschen bestimmte Botschaften zu übermitteln. Er hatte viele Antworten gefunden und wollte sie weitergeben.

Jimi ermutigte Monika, mit dem Malen weiterzumachen, und zusammen entwarfen sie Skizzen für sein nächstes Plattencover. Er warnte sie auch vor Drogen und vor Leuten, die darauf aus waren, sie zu verletzen, weil sie mit ihm zusammen war.

Jimi hatte an diesem Abend noch eine weitere Verabredung, die er allerdings nicht einhielt. 1984 erzählte Ed Chalpin der Tageszeitung »The Sun«: »Jimi hatte Karriere-Probleme. Er wollte aus dem Musikbusiness aussteigen, rief mich in New York an und bat mich dringend, nach London zu kommen.« Eine Reihe von Geschäftsbesprechungen waren für die nächsten Tage angesetzt, und die erste sollte an diesem Abend stattfinden. Laut Ed Chalpin rief Jimi ihn an und sagte, er solle nach London kommen, um mit ihm seine geschäftlichen Angelegenheiten zu regeln. Monika bestätigt, daß Jimi am Abend des 15. vorhatte, sich mit Ed Chalpin zu treffen, die Verabredung dann aber nicht einhielt. Chalpin wiederum mußte ohnehin nach London, weil am Freitag, dem 18. September, eine gerichtliche Voruntersuchung im Zusammenhang mit seiner Klage gegen Track Records und Polydor stattfinden sollte. Jimi hatte mit Track Records ebenfalls einen Termin wegen der Veröffentlichung seiner neuen Single »Dolly Dagger«. Und noch jemand war am 15. in London eingetroffen, Jimis Anwalt nämlich, Henry Steingarten. Er wollte mit ihm über die Vaterschaftsklage von Diane Carpenter sprechen, mit der Jimi 1966 in New York sechs Monate zusammengelebt hatte.

Den ganzen Mittwoch, den 16., verbrachte Jimi mit Monika. Dann kehrte er ins Cumberland zurück, um seine Post abzuholen. Alle vorliegenden Aussagen stimmen darin überein, daß sich Jimi tagsüber mit niemandem traf, doch in bezug auf den Abend existieren unterschiedliche Berichte.

Monika gibt an, sie sei mit Jimi erneut ins Ronnie Scott's gegangen, um Eric Burdon & War zu sehen. In den Morgenstunden seien sie in die Wohnung zurückgekehrt. Eric Clapton, Mitch Mitchell, Chas Chandler und Alan Douglas jedoch haben abweichende Erinnerungen an die Ereignisse dieses Abends.

Um 20 Uhr traten im Lyceum Sly and the Family Stone auf. Eric Clapton berichtete Melvyn Bragg in der »South Bank Show«: »Ich sollte ihn im Lyceum treffen, wo wir uns Sly Stone ansehen wollten, und ich brachte eine Stratocaster für Linkshänder mit . . . Ich hab' sie, glaube ich, bei Orange Music gefunden. Ich hatte vorher noch nie eine gesehen und wollte sie ihm schenken. Er saß drüben in einer Loge, und ich saß hier in meiner, und ich konnte ihn sehen, aber . . . Nun, wir kamen einfach nicht zusammen.« Diese Darstellung wird bis zu einem gewissen Punkt von Mitch bestätigt, der erklärt, daß er und Ginger Baker vor dem Konzert Sly Stone vom Londoner Flughafen abholen sollten. Man hatte für später eine Jam-Session im Speakeasy organisiert. Mitch behauptet, mit Jimi gegen 19 Uhr in Gerry Stickells Wohnung in der Elgin Avenue darüber gesprochen zu haben, und Jimi habe zur Jam-Session kommen wollen. »Aber er tauchte nicht auf, und wir fanden das alle sehr, sehr merkwürdig. Denn egal, was ablief, es war nicht Jimis Art, auch nur eine Möglichkeit, die sich zum Spielen bot, zu versäumen. Wir warteten alle auf ihn, bis der Club zumachte.« Eric ist sich also sicher, Jimi am frühen Abend im Lyceum gesehen zu haben, während Mitch behauptet, Jimi habe nach dem Konzert zu einer Jam-Session ins Speakeasy kommen sollen, sei aber nicht aufgetaucht.

Chas erklärt hingegen, daß Jimi mit ihm bis in die frühen Morgenstunden des Donnerstags zusammen gewesen sei. Jimi habe ihm seine geheime Telefonnummer gegeben, da er mit ihm darüber sprechen wollte, ob er nicht wieder sein Manager werden könne. Das ergäbe eine völlig neue Situation, denn Jimis Vertrag mit Mike galt nur noch bis zum Oktober, und es war kein Geheimnis, daß er ihn nicht mehr verlängern wollte. Vielleicht hatte er auch erkannt, daß er einen persönlichen Manager brauchte, der sich für seine Musik interessierte und nicht nur kommerzielle Überlegungen ernst nahm.

Am Mittwoch abend, so Chas, »kam er in meine Wohnung, die wir uns früher einmal geteilt hatten. Er wollte meinen Sohn sehen, er kannte das Baby noch nicht, und wir sprachen miteinander. Er war mit dem Material, das er im Studio eingespielt hatte, nicht zufrieden und zu dem Schluß gekommen: ›Ich muß leider zugeben, daß die Produktionen von dir in Ordnung waren.‹ Ich sagte: ›Wenn du Stücke hast, holen wir sie hierher, wir machen's in London ohne die ganze Scheißbande.‹ Er wollte am Freitag nach New York fliegen und am Montag mit den ganzen 24-Spur-Bändern zurückkehren. Danach spielten wir eine Partie ›Risiko‹. Wir lachten 'ne Menge: ›Hast du gehört, daß der und der 'ne Platte macht?‹ Er ging etwa um drei oder vier Uhr morgens.« Später wurde Chas sowohl in »Disc« als auch im »Record Mirror« mit der Aussage zitiert, er habe Jimi seit März nicht mehr gesehen. Heute gibt er an, diese Aussagen seien frei erfunden, er habe mit keiner der beiden Zeitschriften gesprochen. In Chris Welchs Hendrix-Biographie erklärt Chas: »Ich hatte von ihm seit drei Monaten nichts gehört, aber zwei Tage vor seinem Tod meldete er sich. Er wollte, daß ich wieder sein Produzent wurde. Er rief mich dann noch mal am Donnerstag an, und wir besprachen das Cover.«[5]

Alan, Stella und Devon wohnten bei Daniel Secunda, einem Cousin des Pop-Managers Tony Secunda. »Am Mittwoch abend war er mit uns in Dannys Haus zusammen.«

Obwohl Mike Jeffery schließlich sein Einverständnis dazu gegeben hatte, daß Alan als Produzent Ende 1969 mit Jimi im Studio arbeitete, änderte er doch bald wieder seine Meinung, da er befürchtete, Alan könne sich zwischen ihn und Jimi drängen. Gerry Stickell: »Alan hing solange im Studio rum, bis man ihn irgendwann rauswarf.« Aber Mike war nicht oft in New York. Jimi traf sich weiterhin mit Alan, der behauptet, daß es Jimis Wunsch gewesen sei, mit ihm zu arbeiten, und daß er dafür von Mike kein Geld bekommen habe. Irgendwann habe ihn Jimi gefragt, ob er sich vorstellen könne, sein Manager zu werden. Alan behauptet, er habe mit der Begründung abgelehnt, daß er kein Managertyp sei, aber am Mittwoch abend »unterhielten wir uns bis spät in die Nacht. Und der Plan war, daß ich am nächsten Morgen nach New York flog, um Steingarten und der ganzen Gruppe von Anwälten mitzuteilen, daß es vorbei sei, daß wir aussteigen würden. Ich sollte persönlich mit allen Geschäftspartnern sprechen und ihnen erklären, was wir vorhatten. Statt der Tourneen wollten ir vier Konzerte pro Jahr machen, diese Konzerte filmen und die Kopien im ganzen Land in den Kinos zeigen. Er war begeistert von dieser Idee, sie war Teil des Gesamtplans.« Alan sollte auch Mo Ostin von Warner Brothers informieren, daß Jimi statt der angekündigten Solo-LP, zu der ihn Mike zwingen wollte, ein Doppelalbum abliefern würde. Er hatte mehr als genug Material dafür, und er wollte die Song nicht kürzen. Ein weiterer Teil der Vereinbarung sei gewesen, daß man mit Gil Evans, dem besten Jazzkomponisten/-arrangeur/-dirigenten der Welt, eine Aufnahme-Session veranstaltete. Für den 21. September hatte man bereits ein Treffen arrangiert. Gil äußerte sich dazu in der Zeitschrift »Guitar World«: »Wir sprachen über ein Gitarren-Album . . . Es sollte ausschließlich neues Material sein.«[6]

Alan Douglas sagt, Jimi habe ihn am folgenden Morgen, Donnerstag, den 17. September, zum Flughafen gebracht.

Am Nachmittag desselben Tages machte Monika im Garten einige Fotos von Jimi. Anschließend gingen sie zur Bank und dann zum Einkaufen auf den Kensington Market. Dort traf Jimi zufällig Kathy Etchingham: »Ich sah mir ein paar Sachen an, da stand er plötzlich hinter mir und sagte: ›Ich bin im Cumberland-Hotel. Komm später hin!‹ Ich ging nach Hause, aber Ray war schrecklich eifersüchtig, und ich konnte nicht weg.« Monika und Jimi fuhren anschließend zur King's Road, wo er Devon und Stella auf dem Bürgersteig entdeckte. Er sprang aus dem Auto und wechselte ein paar Worte mit ihnen. Sie schlugen vor, am Abend gemeinsam auf eine Party zu gehen, die der Engländer David Salmon gab, und Jimi war einverstanden. Auf der Fahrt zum Hotel kam er mit einigen wildfremden Leuten in einem anderen Wagen ins Gespräch, die ihn und Monika auf einen Drink einluden. Sie schienen nett zu sein, und Jimi, der nie die Rolle des unerreichbaren Rockstars spielte, sagte zu. Am Spätnachmittag rief er von seiner Hotel-Suite aus Henry Steingarten an, um nochmals seine Position gegenüber Mike zu erklären. Danach fuhren sie gegen 20 Uhr in die Wohnung zurück. Jimi nahm ein Bad. Monika bereitete das Abendessen, und sie tranken etwas Wein. Laut Monika riefen an diesem Abend Mitch und Chas an, aber Jimi wollte keinen der beiden sprechen.

Wie Monika weiter berichtet, bat Jimi sie kurz nach 1 Uhr nachts, ihn auf eine Dinnerparty zu fahren; eine halbe Stunde später solle sie ihn dort anrufen und wieder abholen. Monika meint, er habe nur auf die Party gewollt, um Devon zu erklären, daß sie die beiden in Ruhe lassen solle. Als Monika ihn abholen wollte, fand sie die Wohnung nicht und rief deshalb von einem nahegelegenen Hotel aus an. »Darum mußte er länger bleiben, als er vorhatte.«

Angie Burdon, die auch auf der Party war, widerspricht; Jimi sei um Mitternacht gekommen und habe ziemlich nervös gewirkt. Als Monika eintraf, um ihn abzuholen, »bat er Stella, sie abzuwimmeln. Sie sprach zweimal über die Sprechanlage, und er wurde wütend, weil sie ihn nicht in Ruhe ließ. Ehrlich gesagt, sie bedrängte ihn, Punkt. Also bat er Stella, sie abzuwimmeln. Stella war gemein zu ihr, und sie [Monika] wollte mit Jimi sprechen. Schließlich kam er selbst an die Sprechanlage, murmelte irgendwas und verschwand dann, ohne ein Wort zu sagen, im Lift.«

Gegen 3 Uhr morgens kehrten Jimi und Monika in die Wohnung zurück. Monika sagt, sie habe ihm ein Thunfischbrot gemacht, anschließend habe er etwas Wein getrunken, und sie hätten im Bett bis um 6 Uhr morgens weitergeredet. Gegen 7.30 Uhr sei sie eingeschlafen, während Jimi noch immer geredet habe. Sie sei am Vormittag gegen 10 Uhr wachgeworden. Jimi habe fest geschlafen. Da sie Zigaretten holen wollte, habe sie gegen 10.15 Uhr die Wohnung verlassen.

> Als ich zurückkam, sah ich, daß es ihm schlechtging. Ich versuchte ihn zu wecken, schaffte es aber nicht. Und man darf ja nicht vergessen, daß er ein Star war; also dachte ich, daß ich wohl besser ganz schnell seinen Arzt anrufen sollte. Ich wußte, er hieß Robertson, aber es gab so viele Robertsons im Telefonbuch, daß ich dachte, vergiß es. Ich wählte also die Nummer einer Bekannten, um sie nach einem guten Arzt zu fragen, weil ich dachte, er braucht einen Arzt und keine Klinik. Sie war aber nicht zu Hause, sondern komischerweise bei Eric Burdon, was ich zu diesem Zeitpunkt noch nicht wußte. So geriet ich an Eric Burdon.
> Als ich sie schließlich erreichte, fragte ich sie nach der Nummer, denn sie kannte Jimi auch, und ob sie oder irgend jemand sonst einen guten Arzt kennen würde. Sie sagte nein. Eric Burdon kam ans Telefon und wollte wissen, was los war. Ich sagte: »Jimi geht's nicht gut, ich krieg' ihn nicht wach und rufe jetzt den Notarzt.« Er meinte, ich solle auf gar keinen Fall einen Krankenwagen rufen, und ich antwortete: »Ich werde doch einen rufen, und ich muß jetzt auflegen.« Er sagte: »Na gut, dann ruf halt deinen blöden Krankenwagen.« Er war unheimlich wütend.

Monikas »Bekannte« war Alvinia Bridges, die Eric noch aus Los Angeles kannte. Eric schildert das Telefonat in seiner Autobiographie ein wenig anders:

> Dann klingelte das Telefon. Alvinia ging ran. »Es ist Monika Dannemann. Jimi ist bei ihr, und er ist so bekifft, daß sie ihn nicht wachkriegt.» Im Halbschlaf riet ich ihr, ihm heißen Kaffee zu machen und ihn ins Gesicht zu schlagen. Falls sie Hilfe brauche, solle sie nochmals anrufen.
> Meine Freundin Alvinia sagte zu mir: »Monika ist ein gutes Mädchen, sie wird sich schon um ihn kümmern.« Daraufhin fühlte ich mich besser und kroch wieder unter die Bettdecke. Ich weiß nicht, wie lange ich gedöst habe, als in meinem Kopf plötzlich die Alarmglocken losgingen . . . »Monikas Nummer, Alvinia, gib mir schnell Monikas Nummer! Monika, hier ist Eric, hör zu, mach genau, was ich dir sage und stell keine Fragen. Ruf sofort einen Krankenwagen, schnell.« Sie widersprach: »Ich kann hier keine Leute reinlassen, hier liegt jede Menge Stoff rum.« »Das ist doch egal. Nimm den illegalen Stoff und spül ihn im Klo runter, mach irgendwas, aber ruf einen Krankenwagen, wir sind schon unterwegs.«[7]

Der Krankenwagen wurde um 11.18 Uhr gerufen. »Bis dahin«, sagt Monika, »versuchte ich vergeblich, ihn wachzukriegen. Ich fand neben dem Bett ein Päckchen Schlaftabletten. Es fehlten etwa neun oder zehn. Eine fand ich unterm Bett, neun fehlten. Im Schrank waren auch noch Schlaftabletten, ich schaute nach, und sie waren alle da. Er hatte also mit Sicherheit nicht versucht, Selbstmord zu begehen, weil so viele Tabletten übrig waren. Und diese Tabletten waren nicht sehr stark. Er hatte sie schon mal genommen und hatte trotzdem nicht schlafen können.«

Der Krankenwagen traf um 11.27 Uhr ein. Monika erinnert sich: »Sie untersuchten sein Herz, seinen Puls, seine Atmung und sagten, es sei alles in Ordnung, alles okay, kein Grund, sich Sorgen zu machen, da er sie höchstens drei Stunden vorher genommen hatte. Sie waren überhaupt nicht besorgt. Sie sagten, ich könne sicher schon am Nachmittag mit ihm die Klinik verlassen. Danach wurde ich etwas ruhiger, weil ich den Männern von der Ambulanz vertraute und dachte, die wissen schon, wovon sie reden.«

Die Ambulanz verließ das Samarkand um 11.45 Uhr. »Sie trugen Jimi in den Krankenwagen, und ich fuhr mit. Sie stellten keine Sirene an, und wir brauchten bis zum Krankenhaus etwa 18 Minuten, es war eine ganz normale Fahrt. Später stellte ich fest, daß sich direkt um die Ecke ein Krankenhaus befand. Sie brachten ihn aber nicht dorthin, sondern ins weiter entfernte St. Mary's. Sie setzten Jimi aufrecht auf einen Stuhl. Weil Jimi schlief, fiel sein Kopf nach vorne, doch einer der Typen drückte ihn immer wieder zurück. Ich fand daran nichts Ungewöhnliches, weil ich dachte, die werden schon wissen, was sie tun.«

Der Krankenwagen erreichte das »St. Mary Abbots«-Krankenhaus in der Marloes Road in Kensington kurz nach zwölf Uhr mittags. Monika beschreibt, was dann passierte.

> Als wir den Eingang des Krankenhauses erreichten, machten die Sanitäter plötzlich ganz schnell und legten Jimi eine Sauerstoffmaske an. Also wußte ich, daß etwas nicht stimmte. Sie brachten ihn sofort in einen Raum, und ich gab dem Arzt das Päckchen, damit er wußte, um welche Tabletten es sich handelte und so weiter. Aber er interessierte sich nicht besonders für die Tabletten, sondern für mich und Jimi – schwarz und weiß, das gefiel ihm nicht. Er wollte wissen, wer ich war, was ich machte, warum ich mit ihm zusammen wäre, und so weiter. Ich konnte es nicht fassen und sagte: »Wir werden heiraten, falls Sie das interessiert.« Ich war wirklich außer mir. Aber er stellte immer neue Fragen. Ich sagte: »Ab jetzt will ich, daß er als Privatpatient behandelt wird – mit allem Drum und Dran.« Später fand ich heraus, daß dieses Krankenhaus gar keine Privatpatienten behandelte. Ich hatte wegen des Arztes ein so schlechtes Gefühl, daß ich, als er ging, jemanden anrief, der Gerry Stickells verständigen sollte. Ich dachte, wenn ein *Mann* dort auftauchen und Druck machen würde, bekäme Jimi sicher eine ordentliche Behandlung. Dann kam nach über einer halben Stunde eine Krankenschwester – zwischendurch hatte ich versucht, den Raum zu betreten, aber sie hielten mich jedesmal auf. Sie sagte, ich solle mir keine Sorgen machen, sein Herz habe aufgehört zu schlagen, aber das würden sie schon wieder in Ordnung bringen, keine Sorge. Dann kamen Gerry Stickells und Eric Barrett.

Ungefähr zehn Minuten später kam die Krankenschwester wieder und teilte uns mit, daß er gestorben war. Später habe ich mit mehreren Ärzten gesprochen, die mir erklärten, daß man, wenn einem übel ist und die Luftröhre verstopft ist, einen Luftröhrenschnitt macht, damit der Patient wieder atmen kann und es kein Problem mehr gibt. Aber bei ihm haben sie das nicht gemacht. Sie hatten ihn eine ganze Stunde lang im Krankenhaus, aber sie haben weder einen Luftröhrenschnitt gemacht noch sonst was. Er ist an seinem Erbrochenen erstickt. Sie hätten ihn also wirklich retten können – aber sie haben es verdammt noch mal nicht getan.
Ich verlangte ihn zu sehen, weil Jimi mir geraten hatte, falls er sterben würde, müßte ich bestimmte Dinge für ihn tun. Unter anderem sollte ich mich drei Tage lang um ihn kümmern, weil es schon vorgekommen sei, daß Menschen auf eine Astralreise gingen und ihr Körper dabei tot wirkte. Und deshalb seien einige von ihnen lebendig begraben worden. Natürlich wurde mir diese Bitte sofort abgeschlagen. Aber nach einigem Drängen durfte ich ihn sehen, und ich war völlig überrascht, denn auf seinem Gesicht lag ein Lächeln.

Monika schildert klar und unmißverständlich, was an jenem Tag im Krankenhaus geschah. Dennoch beharrt ein Angehöriger des Krankenhauspersonals, der an diesem Tag Dienst hatte, auf seiner Version. Walter Price arbeitete in der Aufnahme der Unfall-Ambulanz. »Der Krankenwagen fuhr vor, die beiden Sanitäter sprangen raus und rannten in die Notaufnahme. Zwei Ärzte gingen nach draußen, machten vergeblich Wiederbelebungsversuche. Später hörte ich, wie sie sagten, er sei im Krankenwagen gestorben. Sie brachten ihn direkt in die Leichenhalle. Er hat den Krankenwagen nie verlassen, das steht fest.«

Der Leiter der Aufnahmeabteilung, Mr. Price, hätte für Jimi, falls dieser ins Krankenhaus gebracht worden wäre, ein Aufnahmeformular ausfüllen müssen. Aber ein solches Formular wurde nie ausgefüllt, da Jimi offiziell nicht ins Krankenhaus eingeliefert worden war. In der Fachsprache war Jimi »DOA« – *Dead On Arrival.* Tot bei Ankunft.

Ich war zu Hause – Madeline Bell rief mich an und sagte: »Hast du's schon gehört?«
(Kathy Etchingham)

Ich war in New York. Jemand rief mich an. »Ein Freund von dir ist gerade gestorben.«
(Noel Redding)

Noel rief mich an. Ich rief Mitch an, und Mitch weinte, und ich weinte. Es war, als ob die Welt untergegangen wäre . . .
(Margaret Redding)

Ich stieg am Freitagmorgen in den Zug nach Newcastle. Als ich ankam, holte mich mein Vater ab, was er normalerweise nie tat. »Ich bin gekommen, um dir all die

Reporter vom Leib zu halten.« »Reporter?« »Weißt du's denn nicht?« »Was?« »Jimi ist tot.«
(Chas Chandler)

Auf Mallorca tobte ein Wahnsinnssturm, und alle Telefonleitungen waren zusammengebrochen. Irgend jemand erzählte Mike später, daß Jimi versucht habe, ihn anzurufen. Der erste Anruf, der durchkam, war die Nachricht von seinem Tod. Mike machte der Gedanke, daß Jimi vergeblich versucht hatte, ihn zu erreichen, völlig fertig.
(Trixie Sullivan)

In Seattle hatte sich Jimis ganze Familie versammelt. Plötzlich begann sich der Schaukelstuhl in der Ecke leicht zu bewegen. Rose, eine Freundin der Familie, drehte sich um und schrie: »Da ist Jimi!« Und der Hund der Familie hörte nicht auf zu heulen.

Die Nachricht eilte um die Welt. »JIMI HENDRIX GESTORBEN«, »JIMI HENDRIX IN LONDON OVERLEDEN«, »JIMI HENDRIX, ROCK STAR IS DEAD IN LONDON AT 27«. »MORT DU GUITARISTE POP JIMI HENDRIX«. Prompt erschienen sowohl in der bürgerlichen Presse als auch in den Musikblättern respektvolle Nachrufe. Für Michael Lydon von der »New York Times« war Jimi »ein genialer schwarzer Musiker, ein Gitarrist, Sänger und Komponist von überragender dramatischer Kraft. Er drückte sich in so großen Gesten aus, wie nur er sie erdenken und darstellen konnte; seine Abenteuerlust kannte keine Grenzen. Er war wild, leidenschaftlich und rauh, obwohl sein gesamtes Werk Ausdruck seiner sanften Persönlichkeit ist. Er war ein Künstler, der außergewöhnlich großzügig mit der Schönheit umging.«[8] Für die eher nüchterne Londoner »Times« war Jimi einfach »eine Schlüsselfigur für die Entwicklung der populären Musik«, der »viel zu der musikalischen Metamorphose beitrug, die die Popmusik in den letzten drei Jahren durchlaufen hat«.[9]

Es erschienen auch verschiedene persönliche Hommagen von Journalisten, die Jimi seit seinen ersten Tagen in New York und London begleitet hatten. Ihr Lob war großzügig, ihre Trauer greifbar. Viele bedauerten das künstlich erzeugte Image vom »Wilden Mann der Popmusik« und hoben hervor, daß sich seine Persönlichkeit trotz seines Ruhmes in all den Jahren nicht verändert hatte. Unter der riesigen Schlagzeile »GENTLEMAN JIMI – DER ERFINDER DES PSYCHEDELIC POP« schrieb Mike Ledgerwood in einem Artikel für »Disc and Music Echo«: »Trotz seines Ruhmes und seines Glücks – sowie der unvermeidlichen Probleme und Schwierigkeiten, die seine unglaubliche Karriere mit sich brachte – blieb er ein stiller, fast schüchterner Mensch. Er war von Natur aus hilfsbereit und ehrlich, beantwortete Fragen zu seiner Person nur widerstrebend, solche zu seiner Musik jedoch stets voller Begeisterung.«[10] Bob Dawbarn von »Sounds« »traf auf einen Mann mit ungewöhnlichem Charme, mit einer fast altmodischen Höflichkeit und einer absolut überwältigenden Persönlichkeit«.[11] Richard Green, der für Jimi auch Pressearbeit gemacht hatte, drückte in seinem Nachruf die Gefühle vieler aus: »Alle, die Jimi kannten, sind noch immer traurig und sprachlos. Sie haben einen Freund verloren. Auch für die Fans wird es schwer sein zu begreifen, daß sie ihn nie mehr wiedersehen werden. Nur die Erinnerung an ihn und seine Musik werden als ewiges Denkmal eines wahrhaft großen Musikers und Menschen weiterleben«.[12] Aber die wohl treffendste Beschreibung lieferte ein anderer guter Freund, Keith Altham, als er schrieb, daß der Gegensatz zwischen dem Bühnenstar Jimi und dem Privatmenschen »von seinen engsten Freunden betont wurde, die ihn oft Hendrix statt Jimi nannten.«[13]

Die Erinnerungen des New Yorker Journalisten Al Aronowitz gingen weit zurück, er hatte Jimi noch mit Carl Holmes and The Commanders im Jahr 1966 spielen sehen, »und schon damals kursierte im musikalischen Untergrund das Wort, daß man diesen strahlenden, stolzen schwarzen Giganten sehen müsse, der seine elektrische Gitarre mit den Zähnen spielen konnte – und schneller als jeder andere vor ihm«. Aronowitz' Nachruf erschien in der »New York Post«: »JIMI HENDRIX, AUSWANDERER, KOMMT NACH HAUSE.« Sein Anliegen war es, Amerika mit diesem Artikel an Jimis Wurzeln zu erinnern, obwohl er in England berühmt geworden war. Nach der Pressekonferenz vom Januar 1968 im Copter Club im obersten Stockwerk des Pan-Am-Gebäudes »gingen wir in die Seventh Av., um Soul-Food zu essen – das erste, was Jimi in Amerika zu sich nehmen wollte, weil es das in England nicht gab«. Aronowitz schloß: »Sie werden ihn nach New York zurückbringen . . . Er hat auch hier gelebt, obwohl er nie ein richtiges Zuhause hatte.«[14]

Weniger zimperlich waren bestimmte englische Tageszeitungen, die Jimis »Ruf« ausschlachteten und schmierige Bettgeschichten kolportierten. Kathy Etchingham wurde von einem befreundeten Journalisten reingelegt, der seine Geschichte an eine Sonntagszeitung verkaufte, wo ein anderer Journalist die Geschichte umschrieb. Angeblich hatte Kathy Jimi als gewalttätigen, drogenverwirrten Satyr hingestellt. Später entschuldigte sich der Redakteur schriftlich bei ihr und bedauerte die Fälschung. Eine Gegendarstellung erschien allerdings nie.

Ähnlich schlimm war eine Story, in der angeblich die letzten Tage von Jimi beschrieben wurden. Der Artikel stammte von einer einundzwanzigjährigen Angestellten des »Chelsea Drugstore« in der King's Road. Sie behauptete, Jimi sei am Vorabend seines Todes, vollgeknallt mit Marihuana, durch mehrere Wohnungen gezogen, habe es bis fünf Uhr morgens mit zwei Mädchen getrieben, sei dann auf der Treppe über einen Mann gestolpert und habe sich dabei den Arm gebrochen. »Als dieser ganze Tumult passierte, spielte Jimi verrückt, rannte ums Haus und schrie sich die Seele aus dem Leib.«[15] Ein Versicherungsinspektor entlarvte die Geschichte schließlich als pure Erfindung, aber auch in diesem Fall kam es zu keiner öffentlichen Richtigstellung.

Seit Otis Reddings Tod im Jahr 1967 war es unter Plattenfirmen und Managern Brauch geworden, daß man für Rockstars Versicherungsverträge abschloß. Warner Brothers und Mike Jeffery hatten unabhängig voneinander Lebensversicherungen für Jimi in einer Höhe von insgesamt 2 Millionen Dollar abgeschlossen. Als in Presseberichten Hinweise auftauchten, daß Jimis Tod mit Drogen zu tun haben könnte, versuchten die Versicherungen sich um die Zahlung zu drücken, mit der Begründung, Drogengenuß sei ein bewußt selbstzerstörerisches Verhalten, das, falls es zum Tode führte, ähnlich wie Selbstmord zu bewerten sei, wodurch jeglicher Anspruch an die Versicherung erlosch. Ein Ermittler der Versicherung recherchierte diese Geschichten, und nach eindringlichen Befragungen gab das Drugstore-Mädchen zu, die ganze Story erfunden zu haben, um Geld zu machen und selber im Zusammenhang mit Jimis Namen in die Zeitungen zu kommen. Der amtliche Leichenbeschauer hatte Monika inzwischen angewiesen, bis zur gerichtlichen Untersuchung nicht über die Vorfälle zu sprechen. Aber es war bereits zu spät; der von der Boulevardpresse angerichtete Schaden war nicht wiedergutzumachen.

Auch die Polizei versuchte Jimi als Junkie darzustellen. Wie bereits erwähnt, war es damals sowohl in England als auch in Amerika gang und gäbe, Musiker nach Möglichkeit mit illegalem Drogengebrauch in Verbindung zu bringen. Die Autopsie wurde am Montag, dem 21. September, durchgeführt. Aber aufgrund des Zeitungsartikels, der am Mittwoch, dem 23. September, veröffentlicht wurde, vertagte man die vorläufige Untersuchung wegen »weiterer Tests« auf den 28. des Monats. Mike Jeffery flog nach London und rief Trixie an, um ihr mitzuteilen, daß die Polizei alles daransetzte, Beweise dafür zu erbringen, daß Jimi durch Drogenmißbrauch gestorben sei.

Für weiteren Wirbel sorgte eine Nachricht, die Jimi angeblich am Abend vor seinem Tod auf Chas' Anrufbeantworter im Büro hinterlassen hatte: »Hilf mir, Mann!« Chas bestritt, daß es jemals eine solche Nachricht gegeben hatte: »Ich habe in meinem ganzen Leben keinen Anrufbeantworter besessen.«

Während der gerichtlichen Vernehmung sagten Monika und Gerry als Zeugen aus. Beide gaben übereinstimmend zu Protokoll, Jimi habe vor seinem Tod nicht deprimiert gewirkt und sei auch kein Konsument harter Drogen gewesen. Monika sagte aus, »daß er kein Mann mit Stimmungsschwankungen war«, während Gerry versicherte, er habe Jimi niemals Cannabis rauchen sehen. Professor Donald Teare, ein anerkannter englischer Gerichtsmediziner, lieferte seinen Autopsie-Bericht ab, laut dem er in Jimis Körper Vesparax gefunden hatte. Die normale Dosis betrug eine halbe Tablette. Monika erklärte dem Gericht, daß sie normalerweise eine ganze Tablette nahm. Dem Autopsie-Bericht zufolge hatte Jimi etwa die neunfache Menge genommen. Professor Teare hatte auch andere Barbiturate gefunden, Seconal und 20 mg Amphetamine, die Jimi auf der Party am frühen Freitagmorgen geschluckt haben mußte. Da es keine Anhaltspunkte für eine größere Drogenmenge gab, untersuchte man Jimi auf eventuelle Nadeleinstiche. Aber auch hier wurde man nicht fündig. Eine kleine Restmenge Alkohol wurde im Urin festgestellt, einige Reiskörner im Magen, Rückstände des polynesischen Essens, das auf der Party serviert worden war. Das Thunfischbrot wurde nicht erwähnt.

Da Jimi keinen Abschiedsbrief hinterlassen hatte, der auf einen Selbstmord hingewiesen oder den Beweis geliefert hätte, daß er das Opfer eines Komplotts war, mußte der amtliche Leichenbeschauer als abschließendes Untersuchungsergebnis bekanntgeben, daß der Tod durch »Aspiration von Erbrochenem aufgrund einer Barbiturat-Vergiftung durch Qunalbarbiturate« eingetreten sei.

Hatte Jimi Selbstmord begangen? Eric Burdon zumindest schien davon überzeugt zu sein. In einem umstrittenen Fernsehinterview mit Kenneth Allsop in der BBC-Sendung »24 Hours« konstatierte Burdon: »Er machte seinen Abgang, als er es wollte. Er ging bewußt in den Tod. Er starb glücklich . . . Und er benutzte die Droge, um sich aus diesem Leben davonzuschleichen und woandershin zu gehen.« Als Beweis führte er den Song an, den Jimi in der Nacht vor seinem Tod geschrieben hatte. Aber Eric sollte seine Einlassungen schon bald bereuen. In seiner Autobiographie schrieb er: »Unter Mißachtung von allem, wofür Jimi eingetreten war, und aus Trotz gegen jeden, bekiffte ich mich vor dem Interview. Allsop nahm mich auseinander, er hat mich regelrecht verheizt . . . Und ich war eitel genug, in der Öffentlichkeit über den Tod meines Freundes zu reden . . . Als ich das Fernsehstudio verließ, traf ich einen Mitarbeiter von Polydor Records . . . Er packte mich am Arm: ›Weil du das gerade gesagt hast, wirst du in England nie mehr arbeiten, mein Sohn.‹«[16]

Es kursierten Gerüchte, daß Jimi in seinen schlimmen Anfangszeiten in New York einmal versucht hatte, sich die Pulsadern aufzuschneiden. Bei den Untersuchungen wurde tatsächlich eine kleine Narbe an seinem linken Handgelenk entdeckt, die aber ebensogut zu den Schnittwunden gehören konnte, die er sich in Schweden beim Zerstören seines Hotelzimmers zugezogen hatte. Für einen Film über Jimis Leben wurde Stella Douglas interviewt: »Er wechselte unglaublich schnell von überschwenglicher Freude zu absoluter Traurigkeit . . . Also, das war schon selbstmörderisch, weil er nicht am Leben hing, weil er seinen Körper völlig ignorierte.«

Der Entschluß zum Selbstmord kann eine Sache von Sekunden sein. Der Komiker Jerry Lewis hat erzählt, daß er einmal bereits die Pistole in der Hand hielt, den Finger am Abzug. Dann aber hörte er sein Kind im Flur lachen und war unfähig abzudrücken. Es gibt Leute, die so einfache Tätigkeiten wie Geschirrspülen unterbrochen haben, um Selbstmord zu begehen. Jimi schien so optimistisch, was seine Zukunft, seine Pläne betraf – warum sollte er sich umbringen? Aber das allein ist natürlich kein Argument. Wirklich Depressive (und Ende 1969/Anfang 1970 *war* Jimi depressiv) spüren nichts, kein Gefühl und keine Motivation, irgend etwas zu tun. Aber jeder Therapeut weiß, daß die gefährlichste Phase erst dann beginnt, wenn sich die Depression allmählich lichtet und die Gefühle zurückkehren. Jimi war sehr verschlossen. Niemand wußte wirklich, was er dachte. Keiner, der ihn gekannt hat, will an einen Selbstmord glauben, weil ihn seine eigenen Schuldgefühle vermutlich erdrücken würden. »Wenn ich doch nur . . ., dann wäre es vielleicht nie so weit gekommen.« Aufgrund dieser Umstände ist es legitim, wenn man alle Möglichkeiten in Betracht zieht, und sei es nur, um sie zu widerlegen. Keiner, der für dieses Buch interviewt worden ist, glaubt an einen Selbstmord von Jimi. Und es gibt auch keinen Hinweis darauf. Wie Monika gesagt hat: Es waren in dem Schrank noch genug Tabletten, für den Fall, daß er sich wirklich hätte umbringen wollen. Außerdem kursierte in einigen Kreisen das Gerücht, Jimi sei das Opfer eines Mordes geworden. Er sei vom CIA, dem FBI, den Black Panthers und den mysteriösen »sie« umgebracht worden, womit natürlich Mike Jeffery gemeint war. Aber auch für diese Verschwörungstheorie gibt es keinen

Anhaltspunkt. Wie schon zu seinen Lebzeiten, so wollten allzu viele Menschen Jimi auch im Tod noch als Opfer sehen, als Märtyrer seines Talents, zerstört von skrupellosen Managern, Plattenfirmen, Schmarotzern, Drogenhändlern, politischen Aktivisten . . . Stimmt, denn wie jede öffentliche Person befand sich auch Jimi unter enormem Druck. Aber man erweist ihm keinen besonderen Dienst, wenn man ihm posthum jegliche inneren Abwehrkräfte, den Glauben an die Stärke seiner persönlichen Vision und die Fähigkeit, Kontrolle über sein Leben zu haben, abspricht.

Alle Spekulationen bringen uns jedenfalls nicht weiter. Denn es bleibt die Frage: Warum hat Jimi so viele Tabletten geschluckt? Er könnte sie mit Mandrax (Methaqualone, Quaaludes) verwechselt oder die Wirkung von Barbituraten unterschätzt haben. Das größte Problem beim Umgang mit diesen Drogen ist der schmale Grat zwischen einer normalen therapeutischen Dosis und einer lebensgefährlichen; und Alkohol verstärkt ihre Wirkung. In Jimis Todesjahr starben allein in England fast 1000 Menschen an der unbeabsichtigten Einnahme einer Überdosis von Barbituraten. Bleiben noch die widersprüchlichen Aussagen über die medizinische Hilfe, die Jimi geleistet oder nicht geleistet wurde. Gerry Stickells bezeichnet Jimis Tod einfach als »einen tragischen Unfall.« Und das ist wohl die Wahrheit.

Falls Jimi all die Drogen geschluckt hätte, wie in Zeitungen und Büchern behauptet wird, hätte er niemals solange gelebt. Jimi war jemand, der die Dinge auf die Spitze trieb, aber er hatte keine Selbstmord-Tendenzen. Er wird als eine tragische Figur gezeichnet, die er nicht war. Sein Tod war tragisch, aber das ist nicht dasselbe. (Mitch Mitchell), »Hot Press«, 30. November 1989)

Wenn ich sterbe, sollen die Leute meine Musik spielen, sich amüsieren, ausflippen und das machen, was sie tun wollen. (»Daily Mirror«, 11. Januar 1969)

Möglicherweise werde ich bei meiner eigenen Beerdigung verhaftet. (»Melody Maker«, 8. März 1969)

Meine nächste Reise nach Seattle werde ich in einer Holzkiste antreten. (zu Chuck Wein, Juli 1970)

Am Dienstag, dem 22. September, vier Tage nach Jimis Tod, flog Buddy Miles nach Seattle und besuchte Jimis Familie. Er wollte statt einer Beerdigung eine »All-Star Jam-Session« veranstalten. Sie sollte nicht in Seattle, sondern in New York stattfinden. Gaststars wie Eric Clapton, Mick Jagger, die Beatles und andere sollten auftreten. Al war nach New York gereist, um mit Jimis Anwalt Henry Steingarten den Nachlaß zu regeln. Die Familie wollte ohne ihn keine Entscheidung fällen. Al war für das Konzert, ließ sich aber von Mike Jeffery und dem Presseagenten Mike Goldstein überzeugen, daß ein solches Ereignis Jimis Beerdigung in einen Rock'n'Roll-Zirkus verwandeln würde, zumal sich auch radikale Gruppen wie die Black Panthers beteiligen wollten. Die Familie wehrte sich gegen den Vorschlag, das Konzert nach Seattle zu verlegen. Darüber waren die Stadtväter, die ein zweites Woodstock befürchteten, sehr erleichtert. Buddy Miles zufolge hatte Mike Jeffery einen triftigen Grund, keine »Show-Beerdigung« zu veranstalten. Miles hatte für seine Zeit bei der Band of Gypsys Geld von Mike gefordert und einige weitere Behauptungen hinsichtlich der unkorrekten Abrechnung von Jimis Einnahmen aufgestellt. Angeblich hatte er dem »Rolling Stone« eine detaillierte Aufstellung gegeben (die Zeitschrift bestritt dies), und Mike befürchtete nun, Miles werde die Sache auf dem Abschiedskonzert hinausposaunen.

Mit Sicherheit wollte Jimi nicht in Seattle begraben werden, aber er hatte es nicht schriftlich festgelegt. So wurde sein Leichnam nach Abschluß der gerichtlichen Untersuchung am 28. September nach Seattle geflogen. Alles Weitere war Sache der Familie.

Seattle hatte einen wunderschönen Altweibersommer erlebt, aber am 1. Oktober, dem Tag von Jimis Beerdigung, schien eine blasse Wintersonne. Am frühen Morgen waren Jimis Freunde und Bekannte aus New York, Los Angeles und London eingeflogen: John Hammond, Johnny Winter, Steve Paul vom »Scene«-Club, Miles Davis, Noel und Mitch, Buddy Miles, Alan Douglas, Devon, Eric Barrett, Gerry Stickells, Chuck Wein und Eddie Kramer. Die Trauerfeier fand in der Dunlap Baptist Church statt, einer schlichten kleinen Kapelle an der Rainier Avenue South. Freddie Mae Gautier hielt die Grabrede. Sie rezitierte »Angel« und Jimis Album-Kommentar zu Buddy Miles' »Expressway To Your Skull«:

> Der Express hat die Kurve gekriegt, er rattert die Schienen runter, schüttelt sich gleichmäßig, schüttelt *Funk,* schüttelt Gefühle, schüttelt das Leben . . . Als wir raufklettern, sagt der Schaffner . . . »Wir fahren zur Electric Church.« Der Express nahm sie mit, und sie lebten glücklich und funky bis ans Ende ihrer Tage und – oh – Entschuldigung, ich glaube, ich hör' meinen Zug kommen . . .

Leon hatte ein Gedicht geschrieben, und Freddie Mae hatte verwundert festgestellt, daß Jimi trotz seiner Kindheit »kein schlechter Mensch« geworden war. Das waren ihre Worte. Aber Jimi hatte ja ein wunderbares Talent besessen. Leon hatte nicht soviel Glück gehabt und war vom Weg abgekommen. 1968 war er wegen einfachen Diebstahls im Gefängnis gelandet. Jimi war über seinen Bruder enttäuscht und hatte sich geweigert, ihn während seines Aufenthalts in Seattle im Gefängnis zu besuchen. Aber Leon hatte begonnen, Gitarre zu spielen, und behauptete später, Jimi habe ihm auf die Beine helfen wollen. Also scheint es doch noch eine Versöhnung gegeben zu haben. Leon schrieb: »Er wußte, daß er irgendwo Frieden und Liebe finden würde, und er machte Musik, um uns dorthin zu führen.«

Der Sarg wurde geöffnet, damit die Anwesenden Jimi die letzte Ehre erweisen konnten. Mitch wischte sich die Tränen aus den Augen, Buddy war dem Zusammenbruch nahe. Mit Ausnahme von Herbert Price, Jimis Chauffeur und Diener auf Maui während der Dreharbeiten zu »Rainbow Bridge«, waren die Sargträger ausschließlich Freunde von Jimi, unter ihnen auch James Thomas, der ihm als erster eine Chance in einer Band gegeben hatte. Sie trugen den Sarg zu den Autos und fuhren dann zum Greenwood Cemetery, auf dem Lucille begraben liegt. Und dort wurde Jimi Hendrix im Alter von siebenundzwanzig Jahren zur Ruhe gebettet.

Es gibt Menschen, die die Aufmerksamkeit der Öffentlichkeit erregen und die vermarktet werden, bis sie im Bewußtsein der Massen ihren Platz gefunden haben. Man macht uns klar, daß sie berühmt sind, und wir wiederholen, sie sind berühmt. Und dann gibt es jene, die sich so intuitiv mit dem Universum in Einklang befinden, daß sie noch immer Einfluß haben, obwohl sie längst gegangen sind. Das ist Unsterblichkeit, und Jimi Hendrix ist unsterblich. Es ist aufregend zu sehen, daß die Welt erst jetzt Jimis Talent wirklich erkennt. Vielleicht werden die alles überschattenden Gerüchte, die von einigen in Umlauf gebracht worden sind und die das Bild von ihm wie eine Wolke verdunkelt haben, ersetzt werden durch ein Verständnis für den Menschen, den *ich* gekannt habe – ein Kind des Universums, ein Meistergitarrist, eine warme und sanfte Seele. (Billy Cox, »Guitar Player«, Mai 1989)

15

Ain't No Telling

Nach Jimis Tod begann eine unendliche Geschichte von Rechtsstreitigkeiten, Vermarktung und Verramschung, in der seine Heimatstadt Seattle eine unrühmliche Rolle spielte.

In der Diskographie werden alle Hendrix-Veröffentlichungen aufgeführt, von denen allenfalls ein Dutzend Alben seinen Namen tragen dürfte. Und selbst bei diesen ist es unwahrscheinlich, daß Jimi sie in dieser Form selbst zur Veröffentlichung freigegeben hätte. Die meisten sind schlichtweg furchtbar.

Unmittelbar nach seinem Tod wurde seine New Yorker Wohnung regelrecht geplündert, und alle Wertsachen verschwanden. Mike hatte zwei Mitarbeiter beauftragt, sämtliche Tonbänder, Gitarren, Privatfilme und Fotos von Jimi einzukassieren. Da Mike den beiden angeblich noch Geld schuldete, unterschlugen sie offensichtlich die unfertigen Bänder von Jimis autobiographischer Suite »Black Gold«. Diese Bänder sind bis zum heutigen Tag nicht wieder aufgetaucht. Angie Burdon zufolge hatte Mike Devon Wilson erlaubt, »das, was sie haben wollte, aus der Wohnung zu holen – Teppiche, Kleider und Schmuck«.*

Viele, die auf die eine oder andere Weise in den Besitz von Jimis Sachen gekommen sind, haben damit nach seinem Tod auf Auktionen erstaunliche Beträge erzielt. Auf diese Weise ist vieles verlorengegangen, was man in einer ständigen Ausstellung über populäre Musik dem Publikum hätte zugänglich machen können.

Nach Jimis Tod erschienen Presseberichte, die besagten, daß Al Hendrix rund 500 000 Dollar erben sollte. Das erschien jenen, die in

* Nach Jimis Tod bekam Devon ihre Heroinsucht nicht mehr in den Griff. Sie starb unter mysteriösen Umständen im Februar 1971 im New Yorker Chelsea-Hotel.

die Geschäfte eingeweiht waren, als eine doch recht magere Summe. Dabei war die tatsächliche Lage noch wesentlich schlimmer. Al soll von Mike unterrichtet worden sein, daß auf den Konten nur noch schäbige 20 000 Dollar lagen. Ein kleiner Provinzanwalt aus Seattle traf sich mit Vertretern von Jimis Anwaltskanzlei Steingarten, Weiss and Weden in New York, aber er war den cleveren Juristen von der Ostküste nicht gewachsen. Gleichzeitig betrat ein weiterer Anwalt die Szene, Leo Branton. Jimis zeitweiliger Diener Herbert Price hatte ihn Al empfohlen. Branton war ein aggressiver, selbstbewußter schwarzer Anwalt, der unter anderem schon für Nat King Cole (für den Price ebenfalls tätig gewesen war) gearbeitet und die schwarze Aktivistin Angela Davies verteidigt hatte. Er nahm den Kampf gegen Steingarten & Co. auf und drohte ihnen mit einem Prozeß aufgrund einer Interessenkollision, denn einige Angestellte der Firma vertraten sowohl Jimi als auch Mike.

Zudem engagierte Branton noch zwei weitere schwarze Anwälte, Ed Howard und Kenny Hagood, die fortan behaupteten, Jimi habe sie bereits im April 1969 aufgesucht, weil er nach einer Möglichkeit suchte, aus dem Vertrag mit Mike herauszukommen. Hagood sollte sich um die Verwaltung des Nachlasses kümmern, und Howard sollte die Schriftsätze verfassen, während Branton selbst die Gerichtstermine wahrnehmen und die ganze Operation leiten sollte, mit der er herausfinden wollte, wo Jimis Geld geblieben war. Branton schloß mit Mike folgendes Geschäft ab: Mike kaufte Jimis Anteile am Electric-Lady-Studio für 240 000 Dollar zurück und forderte gleichzeitig das restliche Darlehen von Warner Brothers ein.

Dann nahm Branton den laufenden Prozeß mit Ed Chalpin in Angriff. Die Verhandlungen begannen nach Jimis Tod, aber erst im März 1973 kam der Rechtsstreit Ed Chalpin (PPX) gegen Track Records und Polydor vor ein Londoner Gericht. Branton vertrat die Plattenfirmen. Gleichzeitig verklagten Mike, Chas und Jimis Erben, vertreten durch Branton, die Firma Track Records, mutmaßlich wegen nicht bezahlter Tantiemen. Insgesamt gab es 42 verschiedene Streitpunkte zwischen PPX und Track/Polydor. Branton erklärt, daß er versucht habe, eine außergerichtliche Einigung zu erzielen, die von Chalpin abgelehnt wurde. Nach Eröffnung des Prozesses sei klargeworden, so Branton, daß der zuständige Richter, Mr. Justice Mars-Jones, Chalpins Begehren sehr ablehnend gegenüberstand. Chalpin merkte es und versuchte während des Prozesses einen Vergleich herbeizuführen. Branton war jedoch überzeugt, daß er gewinnen werde, und schickte Chalpin zum Teufel. Laut Leo Branton und Chris

Stamp von Track zog Mars-Jones einen Schlußstrich unter den Fall. Chalpin erklärte sich bereit, über 150000 Dollar, die das Gericht in Pfund Sterling verlangte, sowie die Prozeßkosten zu zahlen. Ed Chalpin bestreitet, den Prozeß verloren zu haben. Seine Behauptung belegt er damit, daß er weiterhin die Alben, die bereits auf dem Markt waren, verkaufen durfte. Aber das konnte er nur aufgrund seines Vertrages mit Jimi; andernfalls hätte er die Platten sofort vom Markt nehmen müssen. Gegen Ende des Prozesses kam es zu einer bizarren und tragischen Wendung. Am 5. März 1973, also genau an jenem Tag, an dem das Urteil verkündet werden sollte, wurde Mike Jeffery bei einem Flugzeugabsturz getötet.

Zu diesem Zeitpunkt lief außerdem gegen Mike eine Klage der Animals wegen nichtgeleisteter Zahlungen. Der Anwalt der Klagepartei hatte gefordert, Mikes Paß zu beschlagnahmen, aber der Richter hatte dies abgelehnt und sogar in eine Vertagung des Prozesses eingewilligt, damit Mike zu seinen Geschäftsterminen nach Mallorca fliegen konnte. Mike war auf dem Rückflug nach England, wo er sich um die beiden Verfahren kümmern mußte. Falls Track gegen Chalpin gewann, wurden Jimis gesamte Tantiemen aus England fällig, die seit 1968 zurückgehalten worden waren. Das hätte Mike als Jimis persönlichem Manager und dank seines Vertrags mit Track eine Menge Geld gebracht. Doch als er an Bord einer DC-9 der Iberian Airways ging, streikten die französischen Fluglotsen. Fluglotsen der Armee übernahmen den Dienst. Aus irgendeinem Grund befand sich die DC-9 über Nantes auf derselben Flugroute wie eine Coronado der Spantax. Die DC-9 war zu früh dran, die Coronado hatte Verspätung. Aus ungeklärten Gründen flog der Spantax-Pilot einen Schwenk nach rechts und kollidierte mit der DC-9. Die Coronado überstand den Zusammenstoß und flog weiter; die DC-9 jedoch stürzte ab, und alle 47 britischen Passagiere kamen ums Leben. Unter ihnen war auch Mike Jeffery.

Wegen Mikes schlechtem Ruf glaubten eine Menge Leute, er habe seinen eigenen Tod »inszeniert«, um anschließend in Südamerika oder sonstwo ein Leben in Luxus zu führen. Doch Gerry Stickells flog zur Identifizierung der Leiche nach Frankreich: »Ich hab' ihn mit Hilfe seines Schmucks identifiziert. Sie sagten: ›Sie wollen sicher kein Foto sehen.‹« Keiner hatte Mikes Behauptungen, er habe »einflußreiche Connections«, je so recht Glauben geschenkt. Aber das überraschende Engagement der Vanilla Fudge für die '68er Tour, der Ausgang von Jimis Entführung und das Zustandekommen des Auftritts im Salvation bieten genug Anhaltspunkte dafür, daß es sich hier nicht in jedem Fall um pure Einbildung handelte. Mikes Anspielungen wurden noch untermauert durch einen Zeitungsausschnitt aus der »Los Angeles Times« vom 21. Juli 1972, den man unter seinen Papieren fand. Er bezog sich auf den Mord an dem Mafia-Boß Tommy Eboli und den anschließenden Aufstieg zu absoluter Macht, mit dem sich Carlo Gambino gegenüber allen New Yorker Gangsterfamilien durchsetzte. Niemand hatte eine einleuchtende Erklärung dafür, warum Mike diesen Ausschnitt aufgehoben hatte.*

Dank Leo Brantons Bemühungen kamen eine Million Dollar für den Nachlaß zusammen, aber seine Versuche, an das Kapital der englischen Auslandsfirma Yameta mit Sitz auf den Bahamas zu gelangen, verliefen im Sande. In dieses Unternehmen waren schätzungsweise 1 bis 5 Millionen Dollar geflossen und verschwunden. Man flüsterte Branton, daß er, selbst wenn er herausbekäme, was mit den Geldern geschehen war, nur leere Konten vorfinden würde; folglich sei es reine Zeitverschwendung, in London einen kostspieligen Prozeß anzustrengen. In Kapitel 6 haben wir gesehen, wie Jimi, Mitch und Noel im Jahr 1966 einen Produktionsvertrag mit Mike und Chas abschlossen (oder auch später, da sowohl Mitch als auch Noel zu diesem Zeitpunkt noch nicht volljährig waren). Im Dezember unterschrieb dann *nur* Jimi einen Anstellungsvertrag, und zwar nicht direkt mit Chas oder Mike, sondern mit Yameta.

Die Idee zu Yameta stammte von dem Rechtsbeistand John Hillman, der auf Steuer- und internationales Zivilrecht spezialisiert war. Er hatte an der Pall Mall ein Büro in der angesehenen Anwaltskanzlei Clinton.

Hillman sagt, daß ihn Mike Jeffery 1965, als er noch Manager der Animals war, »aufsuchte und meinte, er habe gehört, daß es da eine Möglichkeit gäbe, auf dem Umweg über Steuerparadiese die Steuern für die Künstlereinnahmen zu sparen.« Womit Mike recht hatte. John Hillman schlug vor, die Einnahmen der Künstler aus Übersee in eine speziell zu diesem Zweck gegründete Auslandsfirma fließen zu lassen, um so die horrenden Steuersätze in Großbritannien zu umgehen. Dies sei aber nur mit Auslandseinnahmen möglich. Die Bahamas boten sich dafür aus zwei Gründen an: erstens waren sie politisch stabil, zweitens ermöglichten es ihre Gesetze einer Firma wie Yameta, völlig diskret zu arbeiten. Man mußte weder die Namen der tatsächlichen

* In Fredric Dannes Buch »Hit Men« wird eine Verbindung zwischen Eboli und dem Musikgeschäft hergestellt, als deren »Scharnier« Morris Levy fungiert, der Gründer des Roulette-Labels.

Firmeninhaber preisgeben noch die der berufenen Direktoren. Es wurden keine Garantien verlangt und auch keine Geschäftsbücher. Mit anderen Worten, es war gegen eine Registrierungsgebühr von ein paar Hundert Dollar möglich, eine Firma zu etablieren, die Millionen von Dollars umsetzte, ohne darüber Rechenschaft ablegen zu müssen.

Mike war einverstanden und transferierte 50 000 Dollar der Animals an eine Firma auf den Bahamas, die John Hillman im Januar 1966 gründete. Die Firma wurde Yameta genannt, nach einem Indianerstamm, der früher auf den Karibischen Inseln beheimatet war. Die Firma hatte Konten bei der Nassauer Niederlassung der Bank of Nova Scotia und der Chemical Trust Bank in New York. Aber Yameta war selber nur eine Tochterfirma der Caicos Trust Company, die später in Bank of New Providence Trust Company umbenannt wurde. Direktor dieser Firma war ebenfalls John Hillman. Dem Trust gehörten die Anteile an Yameta, und er stellte auch das nach den Gesetzen der Bahamas notwendige Personal (Geschäftsführer, Finanzbuchhalter und so weiter). Neben der Yameta Co. gab es noch die Firmen Yameta Music und Yameta Publishing. Zu den Direktoren von Yameta gehörten der frühere oberste Richter der Bahamas, Sir Guy Henderson, sowie ein weiterer Rechtsbeistand und für kurze Zeit auch John Hillman selbst.

Gemäß den Verträgen flossen alle Einnahmen aus Übersee an Yameta, die dafür 5 bis 10 Prozent für Verwaltungskosten kassierte. Im Laufe der Zeit übernahm die im Endeffekt als Künstler-Management fungierende Firma Yameta in zunehmendem Umfang die Begleichung sämtlicher Beträge, die für einen Musiker anfallen: Veranstalter, Agenten, Hotels, Reisen, Werbung, Rechts- und Bankkosten, Management- und Produktionsgehälter. Bis zu 40 Prozent davon wurden von den Bruttoeinnahmen beglichen. Nach Bezahlung aller Rechnungen, inklusive jener für Privatausgaben der Künstler, behielt man den Überschuß, der einer Band zustand, ein – »zu treuen Händen«, versteht sich – und legte ihn angeblich zinsbringend an.

Nach der Auflösung der Animals Ende 1966 flog jemand, wie Eric Burdon berichtet, nach Nassau, um für sie das Geld abzuholen. Der fand jedoch weder Gewinnanteile noch den kleinsten Notgroschen vor. Damals hatte Chas bereits die Seite gewechselt. Er war der Partner von Mike geworden, der ihn in das Yameta-System einwies. Anfangs besaß Mike große Anteile. Aber diese »legale« Steuerhinterziehung funktionierte nur, wenn alle Beteiligten Angestellte der Firma waren und ein Gehalt bezogen. Deshalb schlossen Mike und

Chas mit Yameta Arbeitsverträge ab, und John Hillman gab seinen Direktorenposten auf und wurde statt dessen zusammen mit Lee Dicker, dem Anwalt der Firma, Repräsentant von Yameta. Eine Zeitlang wurden in den Yameta-Büchern sowohl die Who als auch die Animals, später auch Soft Machine und Blue Mink geführt. Aber nach dem Ende der Animals herrschte bis zu Jimis Eintritt Flaute. Von diesem Zeitpunkt an seien, so John Hillman, Mike und Chas »praktisch die geschäftsführenden Manager von Yameta« gewesen.

Jimi wurde aufgrund eines Vertrags Angestellter von Yameta. Aber die Frage bleibt: Wie konnte Jimi als amerikanischer Staatsbürger von einem britischen Steuerparadies profitieren? Das Finanzamt konnte von ihm Steuern einziehen, egal, wo er sich befand. Es gab keine Bestimmung, nach der ein Amerikaner seine Auslandsverdienste in dem Land versteuern durfte, in dem er das Geld verdient hatte, und er konnte eine Besteuerung in den USA auch nicht umgehen, indem er seine Einkünfte an eine Auslandsfirma weiterleitete. Wie es aussah, hätte Jimi in seinem Heimatland nur dann einen Teil der Steuern auf seine Auslandseinkünfte sparen können, wenn er einen Wohnsitz außerhalb der USA gehabt und in diesem Land ein Steuerjahr lang sein Geld verdient hätte. Aber das war nicht der Fall. Da Jimi auch keinen festen Wohnsitz in den USA hatte, stand in seinen offiziellen Dokumenten immer entweder die Adresse in Nassau oder die von Mikes Büro oder die von Gerry Stickells Wohnung in London. Daß er keine feste Anschrift in den Staaten besaß, brachte wohl Steuervorteile mit sich.

Aus diesem Grund auch war für Jimi der Angestelltenvertrag mit Yameta wichtig. Doch als Angestellter der Bahamas-Firma gehörte ihm strenggenommen nichts von den Einnahmen. Das Geld gehörte der Firma Yameta, die ihm ein Gehalt in beliebiger Höhe zahlte. Natürlich galt das nur für Jimis Einkünfte außerhalb Amerikas. Aber das große Geld machte er in Amerika, und damit, so Hillman, »befinden wir uns auf dem Gebiet der Steuerhinterziehung«. Allerdings wurden möglicherweise Steuern dadurch eingespart, daß zum Beispiel eine Plattenfirma einen gewissen Teil der Tantiemen nicht direkt bezahlte, sondern auf dem Umweg über eine ihrer Tochterfirmen im Ausland.

Und Noel und Mitch? Laut John Hillman waren die beiden nicht daran interessiert, Steuern zu sparen: »Sie wollten nichts unterschreiben – diese Jungs wollten nicht mitmachen, und keiner hat sie wirklich dazu aufgefordert. Denn zumindest Mike glaubte, daß sie sowieso nur für eine gewisse Zeit zur Band gehören würden.« Und

Yameta wollte nicht alle naselang Anstellungsverträge mit neuen Musikern abschließen. In den siebziger Jahren beauftragte Noel den amerikanischen Anwalt Micky Shapiro, seine Finanzansprüche durchzusetzen. Shapiro traf sich mit Sir Guy Henderson und kehrte mit einem Stapel von Papieren zurück. Auf einem Blatt waren mehrere Schecks für verschiedene Leute verzeichnet, manche in einer Höhe von 50000 Dollar. Doch die Namen von Noel, Mitch oder gar Jimi waren nicht darunter.

»Und ganz zu Recht!« meint Hillman und weist noch einmal auf den Punkt hin, daß weder Noel noch Mitch Angestellte von Yameta waren. Bei Yameta war entweder Jimi oder Mike für die Bezahlung der anderen Musiker zuständig. Jimi hatte mehrmals direkt von Mikes Büro Bargeld erhalten; das bestätigen mehrere von Jimi unterschriebene Empfangsbescheinigungen, die belegen, daß ihm zum Beispiel zwischen August und Dezember 1969 etwa 16000 Dollar in bar ausgezahlt wurden. Auch die Miete für das Haus in Shokan, das er für etwa die Hälfte dieses Zeitraums bewohnte, war direkt vom Büro bezahlt worden. Von den Scheckauszahlungen, die Noel Reddings Anwalt auf der Liste gefunden hatte, waren mehrere für Lee Dicker bestimmt. Dies seien, erklärt John Hillman, zusätzlich zum Gehalt einige Rückzahlungen an Dicker gewesen, der die Experience persönlich weiterfinanziert hatte, als Chas mit ihnen noch nichts verdiente und ihm das Geld ausging. Auch Yameta habe dafür Gelder vorgestreckt, die später zurückerstattet worden seien.

Womit alles wieder auf Mike Jeffery zurückfällt. Bedauerlicherweise, denn, wie John Hillman sagt: »Er ist tot und kann keine Antworten mehr geben. So ist er leicht anzugreifen, und das ist es, was mir an der Sache nicht gefällt. Ich weiß nur das, was passiert ist.«

Zur Zeit von Monterey, also 1967, waren alle wichtigen Verträge abgeschlossen: ein Produktionsvertrag, ein Managementvertrag, die Verlags- und Agenturverträge sowie die Verträge mit Track Records, Warner Brothers und der französischen Plattenfirma Barclay. Dann, 1968, unternahm die Firma Warner eine Anstrengung und versuchte sich mit Ed Chalpin zu arrangieren, und nun wurden die Dinge wirklich kompliziert. Hier ein mögliches Szenario dessen, was abgelaufen sein könnte: Die Warner-Leute wollten von Mike, Jimi und Yameta alles zurückfordern, was sie Chalpin bezahlt hatten, denn da Jimi bereits bei Ed Chalpin unter Vertrag stand, hatten alle drei ihren Vertrag mit Warner eindeutig gebrochen. Warner wollte sich deshalb auf die Schadenersatzklausel berufen, um die Gelder zurückzubekommen, die Chalpin zugesprochen worden waren. Aber Jimis Ver-

Jimi mit Mike Jeffery, Fillmore East, New York City, 10. Mai 1968

trag mit Yameta enthielt ebenfalls eine Schadenersatzklausel. »Wir hatten von Anfang an eine solche Klausel,« erklärte John Hillman, »weil wir ihnen einfach nicht trauten, als sie behaupteten, sie hätten keine weiteren Verträge mit Dritten abgeschlossen.« Damit stand Jimi auf dem Trockenen: aufgrund des Vorschusses, den er bei Vertragsabschluß von Warner kassiert hatte, schuldete er ihnen Geld, das sie nun zurückholen wollten, indem sie Jimis Tantiemen einbehielten. Mike befand sich in einer ähnlich verzwickten Lage; aber er schlug Warner einen Handel vor, der darauf hinauslief, daß Yameta unbehelligt blieb und er selbst und Warner das größte Stück vom Kuchen der Experience-Einkünfte garantiert war. Doch irgendwie verfrüht hatte er auch noch Jimi, Noel und Mitch überredet, Briefe an ihren Agenten, an ihren Musikverleger und an Warner zu unterzeichnen, in denen alle Agenturen angewiesen wurden, kein Geld an Yameta auszuzahlen, sondern es direkt an die Jeffery and Chandler

Inc. zu überweisen. Diese Firma hatte Mike in New York gegründet, nachdem er sein Londoner Büro in weiser Voraussicht (kurz vor dem Auftauchen der Gerichtsvollzieher) geschlossen hatte.

Das war im August 1968. Aber Yameta merkte erst im Dezember während einer Revision, die von der Firma Price Waterhouse durchgeführt wurde, was da vor sich ging. John Hillman hatte die Revision persönlich angeordnet, nachdem Behauptungen laut geworden waren, Gelder der Animals seien veruntreut worden. Der Bericht von Price Waterhouse klärte gewisse Unstimmigkeiten in bezug auf Kontengelder, die von da nach dort transferiert worden waren, doch laut der Geschäftsbücher niemals eingegangen waren. Betrug oder Unterschlagung konnte zwar nicht nachgewiesen werden, doch immerhin bewies die Revision, daß Yameta Gelder in die eigene Tasche hatte fließen lassen. Und als Hillman den Grund dafür herausfand, »war das eine Sache fürs Gericht. Wir wollten Jeffery ein für allemal begraben.« Aber Mike zuckte nur mit den Schultern, gab zu, daß man ihn auf frischer Tat ertappt hatte, und bezahlte. Doch damit war die Geschichte noch nicht zu Ende. John Hillman behauptet, keine der Konzertgagen sei jemals auf den Bahamas eingetroffen; und das betraf den größten Teil der Einnahmen, wenn nicht sogar die kompletten 1,3 Millionen aus der Amerika-Tournee 1969. »Ich konnte nicht damit leben, daß Firmenstrukturen da waren, und daß trotzdem ständig Kapital abgezweigt wurden. Irgend jemand hatte die Gelder nach den Konzerten kassiert und war damit verschwunden.«

Hillman über Mike: »Das Problem mit Mike bestand darin, daß er schlampig war. Er machte jede Menge Nebengeschäfte, manche im Namen von Yameta, andere nicht. Er legte verschiedene Fonds an, da gibt's gar keinen Zweifel. Aber das heißt noch lange nicht, daß er die Gelder unterschlagen hat.« Wenn John Hillman von Mike wissen wollte, wohin bestimmte Gelder geflossen waren,

> . . . dann sagte er immer: »Ich laß sie den Jungs zukommen« oder: »Sie schulden mir Geld, und ich hab's verrechnet, und ich werde dir den Yameta-Anteil auszahlen.« Aber es hätte eigentlich genau andersherum laufen sollen: Yameta erhält das Geld, zieht seine 10 Prozent ab und zahlt die Jungs aus. Er war ein Gauner, aber ich hab' ihm eine Menge nachgesehen. Es gibt Tausende von Sängern – die allermeisten bringen es zu nichts. Und es sind Leute wie Mike, die es trotz all ihrer Fehler schaffen, jemanden berühmt zu machen, weil sie investieren, weil sie die Unkosten zahlen, sich abrackern und notfalls stehlen, um ihn in eine solche Position zu bringen. Und das kostet Geld. Und normalerweise interessiert es einen Künstler dann nicht mehr, was es gekostet hat. Ihn interessiert

nur noch die Frage: »Wo ist mein Geld?« Die Animals wären ohne Mike Jeffery nichts gewesen. Sie haben Geld gemacht und Geld ausgegeben.

Mike hatte die Angewohnheit, mit Koffern voller Geld von einem Land ins andere zu reisen, und das schürte Spekulationen, daß er auf betrügerische Weise bestimmte Summen abzog, um seine übrigen Projekte zu finanzieren, beispielsweise seine Clubs in Spanien. Aber seine persönliche Assistentin Trixie Sullivan glaubt nicht, daß Mike ein Betrüger war. »Ich hätte nicht all die Jahre für ihn gearbeitet, wenn ich diesen Eindruck gehabt hätte.« An einem Beispiel erklärt sie, wie sich die Clubs gegenseitig finanzierten. Im Juni 1966 hatte eine spanische Vokalgruppe namens Los Bravos einen weltweiten Monsterhit mit »Black Is Black«. Kurz vor ihrem Plattenerfolg hatte Mike sie für einen seiner Clubs verpflichtet, für insgesamt sechs Monate. Dank des Hits war der Club jeden Abend knüppelvoll, und Mike verdiente ein Vermögen. Die Gewinne flossen in den »Sergeant Pepper's«-Club, den Jimi im Juli 1968 eröffnete.

Als Noel und Mitch feststellten, daß es für sie bei Yameta nichts zu holen gab, wandten sie sich an Leo Branton und die Nachlaßverwaltung. Unter Hinweis auf ihre mündliche Vereinbarung mit Jimi, daß alle Einnahmen auf einer 50 : 25 : 25-Basis aufgeteilt werden sollten, forderten sie eine Entschädigung. Außerdem leiteten sie gerichtliche Schritte gegen Warner Brothers ein, weil angeblich keine Tantiemen bezahlt worden waren. Da sich der Prozeß jedoch in die Länge zog und das Geld allmählich knapp wurde, ließen sich die beiden schließlich mit einer Gesamtsumme von 400 000 Dollar abspeisen. Vor allem Noel bemüht sich bis auf den heutigen Tag herauszufinden, was mit den Geldern geschehen ist. Denn zu dem Zeitpunkt, da sie sich mit der einmaligen Zahlung aus dem Nachlaß begnügten, herrschte so gut wie keine Nachfrage nach Jimis Musik. Doch durch die Entwicklung von CD und Video ist der Verkauf von Jimis Platten in die Höhe geschnellt. Noels Berechnungen nach müßte er inzwischen mindestens 6 Millionen englische Pfund bekommen. Der Vermögenswert des Nachlasses wird inzwischen auf ungefähr 50 bis 80 Millionen Dollar taxiert. Damit sind wir wieder bei Noels und Mitchs Status innerhalb der Band und der Vereinbarung, wie das Geld geteilt werden sollte. Chas betont, daß Noel und Mitch dieser Vereinbarung gemäß bezahlt worden seien. »Solange ich dafür zuständig war, hat das auch geklappt.« Das mag zwar auf die Gelder zutreffen, die legal abgezogen wurden, bevor die Band einen Pfennig sah; doch in dem Moment, da die Band berühmt wurde, wuchs der zur Verteilung stehende Kuchen in gigantische und in den zwanzig Jahren seit Jimis Tod astronomische Dimensionen. Leo Brantons Ansicht nach war der Betrag, der 1972 aufgrund der mündlichen Vereinbarung und ohne Rechtsgrundlage ausgezahlt wurde, vollkommen angemessen. Ende der Diskussion. Noel und Mitch sehen das allerdings anders.

Wären die beiden auch in den siebziger und achtziger Jahren Großverdiener geblieben wie viele ihrer Kollegen (zum Beispiel die Who), hätten sie die finanziellen Mittel gehabt, um vor Gericht ihre miserablen Verträge anzufechten und nach den angeblich verschwundenen Einnahmen aus den sechziger Jahren zu forschen. Aber Mitch konnte wegen persönlicher Probleme nicht mehr auf Tournee gehen, und Noel taumelte von einem Management-Desaster ins nächste; heute lebt er in Südirland und spielt dort vor allem in Clubs und Bars. Tragisch, wenn man bedenkt, daß sie *ihrer Meinung nach,* dank Jimis Millioneneinnahmen, reiche Männer sein könnten.

War also Yameta eine Art Bahama-Dreieck, in dem unzählige Millionen verschwanden?

Es gibt eine Menge Gründe dafür, daß nach Jimis Tod so wenig Geld für Als Erbe übrig war. Es sind dieselben Gründe, aus denen auch für Noel und Mitch nur so wenig blieb.

So waren die meisten Verträge, die damals von Musikern unterzeichnet wurden (üblicherweise ohne einen unparteiischen Rechtsberater), schlichtweg kriminell – auch jene der Experience. Yameta konnte zum Beispiel Jimis Songs an einen Musikverlag verkaufen. In diesem Fall war es ein großer amerikanischer Verlag, der ausschließlich Mr. und Mrs. Aaron Schroeder gehörte. Sie erwarben die Rechte an Jimis Gesamtwerk für eine Zeitspanne von fünf Jahren mit einer zusätzlichen Langzeitoption, die vom Verleger selbst nach Belieben verlängert werden konnte.

Aufgrund einer gängigen Praxis, die den ausländischen Tochterfirmen erlaubte, sich zunächst selbst zu bedienen, waren die üblichen 50:50-Verträge praktisch wertlos. Dem Künstler blieb so nur die Hälfte vom Rest und nicht die Hälfte der Bruttoeinnahmen. In Jimis Fall war es noch übler. Er hatte nicht einmal einen direkten Vertrag mit Schroeder. Seinen Anteil bekam er erst, nachdem Schroeder, Yameta und die Manager die ihrigen kassiert hatten. Das große Geld wird nicht mit Plattenverkauf und Tourneen gemacht, sondern mit Musikverlagen. Wenn man bedenkt, daß jede Hendrix-Single und jedes Hendrix-Album in England oder gar Amerika oder in beiden Ländern ein Hit war, nicht zu vergessen den europäischen Kontinent,

Die Experience mit Chas Chandler
Hamburg, 17., 18. oder 19. März 1967

dann müssen die tatsächlichen Einkünfte enorm gewesen sein. Was Jimi von ihnen und von den Vorschüssen aus seinen Plattenverträgen wirklich gesehen hat, läßt sich nur vermuten.

Außerdem war es generell sehr schwierig, von den Plattenfirmen Tantiemen zu erhalten. Yametas New Yorker Anwalt Lee Dicker wollte einmal von MCG Tantiemen für die Animals kassieren. Die Empfangsdame erklärte ihm, der Veranwortliche sei im Moment »nicht da«. »Ist in Ordnung, ich warte.« »Er ist nicht in der Stadt.« – »Kein Problem, ich warte.« Er lief also in der Empfangshalle herum und wartete. Als er merkte, daß sich nichts tat, löcherte er jeden, der hereinkam, einschließlich des *Sandwich-Boys,* und verkündete lautstark, wie schwierig es sei, von MCG sein Geld zu bekommen. Es dauerte nicht lange, bis die Empfangsdame fieberhaft ins Telefon flüsterte und ein wütender Angestellter aus seinem Büro stürmte: »Lee, verdammt noch mal, was um Himmels willen treibst du hier?«

John Hillman hatte ähnliches mit fast allen Firmen, mit denen er zu tun hatte, erlebt. »Die Plattenfirmen pflegen eine Politik, das Geld so lange wie nur irgend möglich zurückzuhalten, um investieren zu können. Sie haben damit ihre Geschäfte gemacht.« In Jimis Fall hatten die Plattenfirmen einen guten Vorwand, die Zahlungen zurückzuhalten; Ed Chalpins Prozeß dauerte von 1968 bis 1973, und der Ausgang war keineswegs sicher.

John Hillman zufolge rissen die laufenden Ausgaben und Barzahlungen an die Musiker ein besorgniserregendes Loch in die Kasse der Firma. Zu den Animals meint Hillman: »Sie warfen das Geld nur so zum Fenster raus. Einmal gaben Eric Burdon, Hilton Valentine und John Steels in New York innerhalb einer Woche 17000 Dollar für Limousinen aus.« Die Musiker bekamen die Rechnungen für die in Anspruch genommenen Dienstleistungen nie zu Gesicht: Hotels (inklusive Zerstörung), Bars, Reisekosten, Freundinnen und Schmarotzer, Restaurants, Autos, Häuser – eine endlose Liste. Wenn dann schließlich die Gehälter der Agenturen und Anwälte bezahlt waren, blieb nicht mehr viel übrig. Kurz nach seinem Ausstieg aus der Experience, im August 1969, erklärte Noel gegenüber Ritchie Yorke vom »Toronto Globe and Mail«: »Das Problem mit Mitch und auch mit Jimi ist, daß sie nie Geld gespart haben. So schnell, wie es reinkam, gaben sie es auch wieder aus. Aber nicht ich, Mann! Ich hab' meinen Rolls und noch 'nen ganz schönen Batzen auf der Bank.«

Und dann war da noch die Sache mit den abgezweigten Geldern. Hillman behauptet, daß niemals die volle Summe aller Beträge, die eigentlich durch Yameta hätten fließen müssen, eingegangen sei. Das bezieht sich vor allem auf die Konzerteinnahmen, die meist bar ausgezahlt wurden. Es gibt jedenfalls hieb- und stichfeste Beweise dafür, daß die Mitglieder der Experience durch irgend jemanden, der in unmittelbarem Auftrag von Yameta handelte, systematisch betrogen wurde. Doch abgesehen von den Privatausgaben scheint auch kein Bandmitglied den Betrag erhalten zu haben, auf den es tatsächlich Anspruch hatte. Der amerikanische Autor Ogden Nash hat die Zahlungsmoral im Musikbusiness auf folgenden Nenner gebracht: »Geschäftsleute haben keine Skrupel, egal, was passiert, sie haben ihren Anteil.«

Seit 1970 scheint so ungefähr jeder jeden vor Gericht gezerrt oder zumindest damit gedroht zu haben. Eine Kurzfassung der unendlichen Geschichte dieser Prozesse könnte etwa so aussehen:

1972: Diane Carpenter verliert den Vaterschaftsprozeß für ihre Tochter Tamika, weil die Klage zu spät erhoben wurde und sie keinen Bluttest beibringen konnte. Hätte sie gewonnen, wäre ihre Tochter Alleinerbin gewesen. Al hatte jedoch inzwischen erreicht, daß er gerichtlich als einziger Erbe anerkannt wurde, da Jimi kein Testament hinterlassen hatte.

1973: Noel verklagt Warner Brothers auf Zahlung von 350 000 Dollar Entschädigung und der ihm zustehenden Tantiemen.

1974: Eine 10-Millionen-Dollar-Klage gegen Warner, Polydor und die Nachlaßverwaltungen von Jimi und Mike Jeffery wird angestrengt von Last Experience, einer Firma, die die Rechte an zwei Songs für sich reklamiert, die Jimi am 24. Februar 1969 in der Royal Albert Hall gespielt hat. Es handelt sich um »Little Wing« und »Voodoo Child (Slight Return)«, die Anfang 1972 auf dem Album »Hendrix In the West« veröffentlicht wurden. Das gesamte Konzert wurde von Steve und Jerry Goldstein (Manager/Produzent der Gruppe War) gefilmt. Die Rechte fielen an Last Experience.

1975: Ein schwedisches Gericht entscheidet zugunsten von Eva Sundqvist und erkennt an, daß Little Jimi der Sohn von Big Jimi ist. Sie sagt, sie hätte den Prozeß nie geführt, wenn man ihr nicht mit dem Entzug der Sozialhilfe gedroht hätte für den Fall, daß sie den Namen des Vaters nicht preisgab. Vor einem amerikanischen Gericht verlor sie in derselben Sache, weil der für den Nachweis der Vaterschaft nötige Bluttest nicht mehr beigebracht werden konnte. Al erkannte den Jungen trotzdem als seinen Enkel an.

Nach einem fünfjährigen Kampf gegen Capitol gewann Ed Chalpin seine Rechte an zwei Curtis-Knight/Jimi-Hendrix-Alben zurück, »Flashing« und »Get That Feeling«.

1976: Noel verklagt erneut Warner Brothers und Chas Chandler auf insgesamt 3 Millionen Dollar.

1978: In der schwedischen Presse wird berichtet, daß die Hendrix-Nachlaßverwaltung Eva Sundqvist rund 1 Million Dollar zugesprochen hat.

1979: Nach einem fünfjährigen Streit kommt es zu einer außergerichtlichen Einigung zwischen Warners und Last Experience bezüglich der beiden Songs auf dem Album »Hendrix In The West«.

1982: Die Hendrix-Nachlaßverwaltung klagt gegen die Firma Last Experience sowie Gold and Goldstein, um die Veröffentlichung des Films vom Royal-Albert-Hall-Konzert zu verhindern. Die Antwort von Last Experience ist eine 50-Millionen-Klage gegen Warner Brothers wegen des Doppelalbums »The Jimi Hendrix Concerts«, weil

»Stone Free« und »Bleeding Heart« ebenfalls aus diesem Konzert stammen. Der Film ist bis heute nicht veröffentlicht worden.

1989/90: Alan Douglas wird von Warner Brothers beauftragt, die mehrere hundert Stunden umfassenden Bandaufnahmen von Jimi zu sichern, die sich im Besitz der Nachlaßverwaltung befinden. Mike Jefferys Anwalt Maxwell Cohen, der Mikes Nachlaß betreute und das Electric Lady übernahm, hat behauptet, daß diese Bänder, die ursprünglich im Studio aufbewahrt wurden, unter falschen Angaben (und noch vor Leo Brantons und Alan Douglas' Einmischung) in »Sicherheit« gebracht worden seien. Schließlich kam es unter Alan Douglas' Regie zu »Crash Landing« und »Midnight Lightning« (beide 1975 veröffentlicht). Und Douglas erhielt die Möglichkeit, alle von den Verwaltern des Hendrix-Nachlasses genehmigten Aufnahmen durchzuhören – eine Position, die er bis heute innehat. Was die Nachlaßverwaltung wirklich genehmigen und nicht genehmigen darf, scheint fraglich. Sowohl die BBC als auch ein Plattenlabel namens Castle Communications schlossen mit Alan Douglas Verträge über die Veröffentlichung zweier Alben ab. Das erste war die »Experience Radio One«-Session aus dem Jahr 1967 und das zweite die 3-CD-Edition einer sechsstündigen amerikanischen Radio-Show, »Live & Unreleased«. Polydor hatte wegen dieser Veröffentlichungen in England die Rechtsposition der Nachlaßverwaltung in Frage gestellt. Diese wiederum ging daraufhin gegen Chas Chandlers erklärte Absicht vor, Hendrix-Material aus dem »Olympic«-Studio zu veröffentlichen, das kurz zuvor beim Abriß des Studios entdeckt worden war. Und schließlich verklagte der Nachlaßverwalter von Alexis Korner die BBC wegen Musikpiraterie, weil sie den Song »Hoochie Coochie Man« mit Jimi und Alexis ohne Genehmigung auf dem »Radio One«-Set veröffentlicht hatte.

Das Interesse an Jimis Musik war noch nie so groß wie heute. Und es wird zweifellos dafür sorgen, daß die Richter und Anwälte nicht arbeitslos werden.

Jimis Vater, Al Hendrix, entließ im Februar 1993 seinen Rechtsanwalt Leo Branton Jr. und am 16. April 1993 erhob er vor dem US District Court in Seattle Klage gegen ihn (und andere).

An Seattle hatte Jimi nur schlechte Erinnerungen gehabt. Er hatte gar nicht früh genug wegkommen können und wollte später nie mehr zurück. Und mit Sicherheit wollte er dort nicht begraben werden. Aber es sollte anders kommen, und manche schlechte Erinnerung sollte wieder aufgefrischt werden . . .

Einige Tage nach Jimis Tod bekamen sein Vater und Freddie Mae

Gautier Besuch von einem mit der Familie befreundeten Anwalt, William Lockett. Angeblich wollten ein paar Freunde von ihm eine »Jimi Hendrix Memorial Foundation« (JHMF) gründen, eine Stiftung, die der Stadt Seattle Land schenken wollte. Auf diesem Land sollten Rockkonzerte veranstaltet und ein Jimi-Hendrix-Museum erbaut werden, und es sollten Sommercamps für bedürftige Kinder stattfinden. Sie wollten von Al die Genehmigung, Jimis Namen benutzen zu dürfen.

Locketts Partner in diesem selbstlosen Stück waren zwei weitere Anwälte, Gary Culver und Buck Austin, sowie Howard Greenlin, ein Pornokino-Besitzer aus Los Angeles und der schwergewichtige Raymond »Tiny« Becker, einer seiner Kinoleiter. Greenlin gehörte auch das Rivoli-Theater in Seattle. Culver hatte Becker 1969 in einem Verfahren wegen Vorführung obszöner Filme vertreten. Am 20. November 1970, als Al noch immer nicht wußte, ob er überhaupt irgend etwas aus Jimis Besitz bekommen würde, unterschrieb er einen Vertrag, der ihm 1000 Dollar und weitere 100 pro Woche garantierte, von denen er allerdings nie mehr als 400 Dollar gesehen hat. Al wurde auch Vizepräsident der JHMF und Freddie Mae eine der Direktorinnen. Aber Becker war der Präsident und leitete die Geschäfte. Er mietete im Lyon Building an der Third Avenue Büros an, in denen zwölf Telefonanschlüsse eingerichtet wurden. Geschäftsleute sollten mit Anzeigen das »The Offical Jimi Hendrix Memorial Foundation Souvenir Photograph Album« finanzieren, für das man eine Auflage von 500 000 garantierte. Den interessierten Sponsoren wurde mitgeteilt, daß die Einnahmen in ein knapp 584 000 Quadratmeter großes Grundstück fließen würden, das die Stiftung für die Verwirklichung ihrer wohltätigen Ziele spenden wolle. Alle möglichen Souvenirs für Hendrix-Fans kamen auf den Markt, und die Stiftung verkaufte Mitgliedschaften für das JHMF und organisierte vier Konzerte. Aber die ganze Geschichte wurde nur inszeniert, um die Grundstückskäufe eines gewissen Charles Bollingford zu finanzieren. Culver und Austin hatten Bollingford dabei geholfen, Gelände am Lake Roosevelt im östlichen Teil des Staates Washington zu kaufen. Bollingford war in finanzielle Schwierigkeiten geraten und wollte es loswerden. Die JHMF wurde einzig zu dem Zweck gegründet, das Land mit den Geldern treuherziger Sponsoren und Fans kaufen zu können. Aber dann stürzte das Kartenhaus ein.

Der Typ, der den Telefondienst versah, bekam mit Becker Streit, kündigte und ging zur Polizei. Denn die Vorschriften für gemeinnützige Unternehmen untersagen Maklergeschäfte per Telefon, wie sie von der JHMF abgewickelt wurden. Das Arbeitsamt erhielt eine Beschwerde, da das Büro nicht einmal die gesetzlichen Mindestlöhne zahlte. Dann entdeckte die Aufsichtsbehörde für gemeinnützige Unternehmen, daß es von Becker eine Polizeiakte gab, unter anderem wegen mehrfachen Diebstahls von Flugtickets. Das JHMF verlor seinen Wohltätigkeitsstatus. Ein Jahr nachdem Al in gutem Glauben unterschrieben hatte, war die JHMF ruiniert. Als Al eines Tages das Büro an der Third Avenue aufsuchte, war alles, einschließlich des Standes mit Jimi-Hendrix-Süßigkeiten, verschwunden. Keiner der Beteiligten will heute darüber sprechen. Die beiden Anwälte Austin und Culver behaupten, sie hätten ihre Investitionen verloren, obwohl diese nie nachgewiesen werden konnten. Der Anwalt William Lokkett, der sich als erster mit Al und Freddie Mae in Verbindung gesetzt hatte, erschoß sich nach einer Anklage wegen bewaffneten Raubes. Am 3. November 1973 wurde Tiny Becker in Tucson, Arizona, nach einem Familienstreit von seiner Frau mit einem 38er Revolver erschossen.

Damals, 1970, war Seattle das nichtsahnende Opfer skrupelloser Betrüger geworden, die angeblich das Andenken an Jimi bewahren wollten. Deshalb hätte man annehmen können, daß die Stadt künftig nach angemessenen Möglichkeiten suchen würde, ihren berühmtesten Sohn zu ehren. Doch das Gegenteil war der Fall.

Die traurige Geschichte begann im September 1980. Um Jimis zehnten Todestag zu begehen, startete die lokale Radiostation KZOK das »Hendrix Memorial Project«. Es sollten Gelder für ein Denkmal von Jimi gesammelt werden, das in einem Stadtpark errichtet werden sollte, den man eventuell nach Jimi benennen wollte. Im Gespräch war der Seward Park – was wirklich eine nette Geste gewesen wäre, da Jimi dort als Kind oft gespielt hatte. Bis zum Juli 1981 waren von Fans landesweit über 20000 Dollar gespendet worden.

Die Verantwortlichen vom Seattle Parks Department boykottierten von Beginn an den Plan, für Jimi eine Gedenkstätte einzurichten. Sie waren nicht die einzigen. Die Kunstkommission der Stadt fand ein Denkmal »unangemessen«, eine Entscheidung, der sich die Parkverwaltung gern anschloß. Ein Verwaltungsangestellter ging sogar soweit, die Idee einer Statue als »einfallslos« zu bezeichnen, und schlug stattdessen ein »lebendes Denkmal« vor. Das sollte ein einmaliges Konzert oder eine ähnliche zeitlich begrenzte Veranstaltung sein, die keinen Schandfleck in der Landschaft hinterlassen würde. Warum dieser Widerstand? Der erste Gedanke zielt natürlich auf Rassismus. Aber in diesem Fall waren es wohl eher die Drogen.

Im Juli 1981 versammelte sich die First National Anti-Drug Coalition in Seattle, um »Kräfte gegen die Kinder des Wassermann-Zeitalters zu mobilisieren, die die Stadt überfluten, um von ihr Besitz zu ergreifen«. Die »Coalition« wurde von der inzwischen aufgelösten Labor Party der USA unterstützt, die trotz ihres Namens eine extrem rechtsorientierte Organisation war, angeführt von Lyndon LaRouche.* Er war bereits in alle möglichen dubiosen Polit-Aktivitäten verwickelt gewesen und hatte ein Buch publiziert, in dem die gesamte britische Königsfamilie als Drogenhändler und die Königin selbst als Drahtzieherin des internationalen Drogenhandels dargestellt wurde. Später landete er wegen Steuerunterschlagungen im Gefängnis. Die Presseveröffentlichungen von LaRouches »Coalition« lasen sich folgendermaßen: »Mitglieder des Stadtrats von Seattle sind wegen einer lokalen Radiostation unter Druck geraten, die für den Acid-Rocker Jimi Hendrix, der 1970 an einer Überdosis Drogen starb, ein Denkmal fordert. Hendrix, der 1968 [sic] auf dem Drogenfestival Woodstock durch seine pervertierte Version der Nationalhymne bekannt wurde, wird dafür von der Stadt geehrt.« Während der Versammlung wurden Flugblätter mit der Aufschrift »Stoppt das Jimi-Hendrix-Denkmal für LSD!« verteilt. Die Stadtväter haben nie eine Erklärung geliefert, warum sie gegen das Hendrix-Denkmal waren. Und obwohl sie nicht öffentlich die Meinung der »Coalition« vertreten konnten, haben sie deren Arbeit zweifellos unterstützt. Im Laufe der Monate verloren die Organisatoren des Denkmal-Projekts jegliche Hoffnung, die bürokratischen Hürden überwinden zu können. Auch das lokale Fernsehen schloß sich der Anti-Hendrix-Lobby an. Ein Sender kommentierte:

> Amerika wird durch den Drogenmißbrauch zermürbt. Die Greuelgeschichten nehmen kein Ende. Der Präsident der Vereinigten Staaten hat den Drogenschmugglern und dem illegalen Drogenkonsum den Krieg erklärt. Kuba, die Marionette der Sowjets, setzt alles daran, um Amerika mit dem Terror illegaler Drogen zu überziehen.
> Und nun will Seattle einen Drogensüchtigen ehren, der an einer Überdosis gestorben ist, und öffentliches Eigentum der Steuerzahler für ein Denkmal benutzen . . . und auf diese Weise zu dem pervertierten Heldenkult um Hendrix beitragen . . .

* Am 12. 2. 1993 berichtete die »Süddeutsche Zeitung«, daß Anhänger Lyndon LaRouches 1992 in München die sogenannte »Bürgerrechtsbewegung« gegründet haben, die Auftritte von James Bevel, einem ehemaligen Mitarbeiter Martin Luther Kings, organisiert und beabsichtigt, bei der nächsten Bundestagswahl anzutreten. Der bayerische Verfassungsschutz kann die Forderungen der LaRouche-Gruppe nicht in sein Rechts-Links-Schema einordnen. Lyndon LaRouche selbst ist 1989 in den USA wegen verschiedener Finanzdelikte zu 15 Jahren Gefängnis verurteilt worden.

> Gesetzliche Schritte müssen unternommen werden, um diesen Mißbrauch öffentlichen Geländes zu verhindern.

Weil sich kein öffentlicher Platz für das Denkmal finden ließ, wandte sich Jane Wainwright, eine der Organisatorinnen von KZOK, in ihrer Not an David Hancocks, den Direktor des Woodland Park Zoo. Hancocks fühlte sich geehrt, gab jedoch später zu, daß der Zoo als Standort nicht »die beste oder naheliegendste Wahl« war. Doch bei Radio KZOK war man wohl damit einverstanden.

Und so wurde am 9. Juni 1983 in der Zoo-Abteilung »Afrikanische Savanne« eine circa 30 mal 30 Zentimeter große Gedenktafel enthüllt mit der Inschrift: »Dieser Ausblickspunkt [die Savanne] wurde durch weltweite Spenden an Radio KZOK zum Gedenken an Jimi Hendrix und seine Musik ermöglicht.«

In einem Artikel mit der Überschrift »HENDRIX VERRAMSCHT« schrieb Matt Dentino im »Seattle Rocket«:

> Ich glaube, daß eine Menge Fragen über die Art und Weise, wie man Jimis gedenkt, einer Antwort bedürfen. Der Kompromiß im Zoo ist für diesen Mann und seine Musik eine unglaubliche Beleidigung, nicht nur wegen der rassistischen Komponente, die der Standort »Afrikanische Savanne« enthält . . ., sondern auch, was viel schwerwiegender ist, wegen der Art und Weise, wie das Establishment (in diesem Fall die Parkverwaltung und die Stadtväter) das Andenken an Seattles berühmtesten Mann mit einem Zoo in Verbindung gebracht hat . . . Genau da, denken sie, gehören er und seine Musik eigentlich hin.
>
> Warum keine Statue? Ist der Anblick eines Schwarzen mit einer Gitarre (selbst wenn er ein anerkanntes Genie war) für den Normalbürger von Seattle eine Bedrohung? . . .
>
> Und schließlich diese armselige Gedenktafel . . ., umgeben von einem mosaikverzierten Gehweg, hohen Felsen und lila Blumen. Jimis Energie und sein ungeheurer Beitrag zur Musik sind verwässert und gezähmt worden, um jene zufriedenzustellen, die gegen die Statue sind . . . Ein Totalausverkauf.

Dentino schloß den Artikel mit einem Zitat aus »If 6 Was 9« über »white-collar conservatives, flashing down the street, pointing their plastic finger at me« und wies darauf hin, daß die Zeremonie am 6. September 1983 stattfinden würde.

Doch damit nicht genug. Im Januar 1990 wurde ebenfalls vom »Rocket« berichtet, daß die Schüler einer Schule in Connecticut forderten, ein Gedenkstein für Jimi solle zugedeckt werden, weil er ihrer Meinung nach »den Drogenmißbrauch glorifizieren« würde. Der Schuldirektor erwarb sich dann einige Verdienste, indem er die Forderung als lächerlich zurückwies.

Der »Rocket« fuhr in seiner Schilderung fort: »Hendrix hat seine Gitarre für sich sprechen lassen, und wenn wir jeden Aspekt seines Lebens auslöschen wollen, weil er auch Drogen genommen hat, dann sollten wir vielleicht in Zukunft auch Gründerväter wie George Washington und Thomas Jefferson nicht mehr ehren, die beide auf ihren Plantagen Shit angebaut haben.«

Die Zeitschrift veröffentlichte eine Chronik der Geschichte des Hendrix-Denkmals von Seattle und berichtete dann über ein nach Jimi Hendrix benanntes Schulstipendium für vielversprechende junge Musiker an Seattles Volksschulen. Eines Tages vielleicht wird sich der Schleier vom blinden Auge des Vorurteils heben.

16

Can You See Me?

I am what I am, thank God. Some people just don't understand. (»Message To Love«)

Die Bedeutung eines Künstlers wird immer an der Größe des Schattens gemessen, den er auf seine Nachfolger wirft. Schon zu Jimis Lebzeiten standen seine Kollegen und Zeitgenossen in seinem Schatten, war er eine lebende Legende. Auch heute noch klingt im Gegensatz zu den Platten anderer Künstler dieser Ära ein Großteil seiner Musik so frisch und unverbraucht wie zum Zeitpunkt ihrer Veröffentlichung. Dafür gibt es mehrere Gründe.

Zunächst einmal war Jimi ein musikalischer Kosmopolit, der alle Musikformen als gleichberechtigt behandelte: von Georg Friedrich Händel bis zu Charlie Mingus, von John Coltrane bis zu indischen Ragas. Schon eine flüchtige Beschäftigung mit dem stilistischen Spektrum der ersten drei Alben offenbart einen funkensprühenden Schmelztiegel, der Musik aus aller Welt beinhaltet: afrikanische Rhythmen, europäische Harmonien und Polyphonie, Melodien und Spielweisen asiatischen Ursprungs. Jimi ließ sich nicht durch die begrenzten Möglichkeiten des Rock 'n' Roll oder durch subjektive Vorlieben einschränken, und er lehnte eine Kategorisierung seiner Musik grundsätzlich ab.

Allein die Liste der unterschiedlichen Musiker, die Coverversionen von Jimis Songs aufgenommen haben, ist in ihrer Vielfalt aufschlußreich genug: Blood, Sweat & Tears, The Cure, Joan Jett, Stevie Ray Vaughan, das Kronos Quartet, Gil Evans, Roy Buchanan, Stanley Jordan, Keith Levine, Todd Rundgren, The Pretenders, Sting und Yngwie Malmsteen. Alle diese Musiker fanden in Jimis reichhaltiger Musik einen besonderen Aspekt, den sie neu verarbeiten konnten.

Jimi hat Musiker inspiriert, egal welches Instrument sie spielten. Der verstorbene Jaco Pastorius, wohl einer der besten Bassisten aller Zeiten, schwärmte einmal: »Ich kann nur eines sagen . . . ›Third Stone From The Sun‹. Und jeder, der das bis jetzt noch nicht kapiert hat, hätte sich schon viel früher mit Jimi beschäftigen sollen.«[1] Aber begreiflicherweise verehren vor allem die Gitarristen diesen Mann, der das Buch des modernen elektrischen Gitarrenstils geschrieben hat. Für Al di Meolas Generation der Fusion-Gitarristen war »Jimi ein Führer«, während er für John McLaughlin »im Alleingang die Richtung des Gitarrenspiels änderte. Und er tat das mit einer unglaublichen Finesse und wahrer Leidenschaft.«[2] Aber neben diesen »anerkannten« Gitarristen gibt es viele andere wie Robin Trower und Frank Marino, die vielen als Zielscheibe spöttischer Kritik dienen und als hirnlose Nachahmer hingestellt werden. Jimi hat Seelen berührt – und wem steht es zu, über die Qualität oder den Wert persönlicher Inspiration zu urteilen, nur weil einem vielleicht ihr Resultat nicht zusagt? Was man allenfalls sagen kann, ist, daß manche dieser Gitarristen zwar das Ungestüm von Jimis Musik rekreieren konnten, nicht jedoch ihre Kraft und ihre Dynamik.

Bei manchen Musikern ist es offensichtlich, daß sie von Jimis Musik auf die eine oder andere Weise beeinflußt worden sind, obwohl sie keine Songs von Jimi gecovert haben: George Clinton, Run DMC, Weather Report, James Blood Ulmer, Robert Cray, ZZ Top. Allerdings besteht bei ihnen die Gefahr, daß das Erbe, das uns Jimi hinterlassen hat, in Vergessenheit gerät und Jimi, die Quelle, das Epizentrum, aus den Augen verloren wird. Vielleicht ist es deshalb sinnvoller, Jimis Hinterlassenschaft unmittelbar am eigenen Schaffen zu messen.

Einen weiteren dauerhaften Einfluß auf die Musikszene nahm Jimi durch seine innere Überzeugung, durch das Gefühl, daß er eine Mission zu erfüllen habe, was seiner Musik ihre Stärke verlieh. Jimi war fest davon überzeugt, daß er durch das Medium Musik eine (göttliche) Botschaft vermitteln sollte, durch die die Welt Liebe und Genesung erfahren würde. Dabei spielt es keine Rolle, daß er mit seiner Musik ein Versprechen gegeben hat, das er nicht halten konnte – die Menschheit zu erlösen. Dadurch wird die Bedeutung des Kreuzzugs, als den er sein Leben ansah, nicht geschmälert. Die Vielseitigkeit von Jimis Musik läßt sich nicht von seiner aufrechten Denkungsart trennen, durch die er sich der Menschheit verpflichtet fühlte.

Und dann war da diese unglaubliche Energie und Leidenschaft, die in seine Musik einfloß. Seit seinen allerersten Auftritten in Seattle trug Jimi Klänge, Träume, Bilder, Texte und Visionen in sich und zweifelte, ob es ihm je möglich sein werde, sie in Musik umzusetzen. Er besaß nicht das nötige Equipment und die finanziellen Mittel. Außerdem entsprach der damalige Stand der Technik noch nicht seinen Ambitionen. Seine Frustrationen sind also nur zu verständlich. Ab 1966/67 war dann plötzlich alles vorhanden. Auf einmal befand er sich in einem Studio mit gleichgesinnten Technikern, die die gesamte Architektur der modernen elektronischen Rockmusik entwickelt haben, so wie wir sie heute kennen. Und das nur, um die Klänge, die Jimi in seinem Kopf hörte, umsetzen zu können. 1967 durchlief er eine unglaublich kreative Phase, er schrieb und produzierte zwischen Tourneen und Verpflichtungen, die ein profilierter Popstar einzuhalten hat, zwei Alben und eine Reihe von Singles, die zu den Meilensteinen in der Geschichte der populären Musik zählen.

Alle Plattenproduktionen spiegeln die Widersprüche seines Lebens: der Amerikaner, der an Amerika »zurückverkauft« wurde; der schwarze Musiker mit dem überwiegend weißen Publikum; die Symbolfigur der sechziger Jahre, die funkigen Rhythm 'n' Blues und Country-Blues spielte; der Komponist anspruchsvoll strukturierter und orchestrierter Musik, dem oft nur drei Musiker zur Verfügung standen, um sie umzusetzen. Der Introvertierte, der seine Anlage zerstörte; der Pazifist und Anti-Establishment-Held, der glaubte, daß der Kommunismus nur durch Krieg zu besiegen sei. Der höfliche Charmeur, dem das Temperament durchging, und der bescheidene Musiker, der einmal zu seinem Publikum sagte: »Ich bin der Busfahrer, ihr seid die Fahrgäste.« Für Alan Douglas war er »ein Baby«, für Mitch Mitchell »kein naiver Mensch«. Meistens lebte Jimi in seinem eigenen Kopf, in einer Halb-Traumwelt aus Science Fiction, Fantasy und Comic-Bildern, mit Charakteren wie Flash Gordon, Batman, Winnie dem Bär und Figuren aus Hans Christian Andersens Märchen, die er alle liebte. Zugleich war er sehr bodenständig, nahm die Welt um sich herum genau wahr und konnte – sehr ungewöhnlich für einen Musiker – öffentlich über so heikle Themen wie schwarzen Nationalismus, Ghetto-Gewalt und Krieg sprechen. Und nicht nur das: was er sagte, traf oft den Nagel auf den Kopf.

Jimis komplexe Persönlichkeit spiegelt sich in seiner Musik wider, einer hochprozentigen Mischung aus Innovation und Tempo, die einem das Gefühl vermittelt, daß sie solange brodeln wird, solange es Musik gibt. Ein finnischer Musikwissenschaftler hat in einem unveröffentlichten Essay über die Intensität von Jimis Konzerten geschrieben: »Der *ganze Mann* vibriert von Gefühlen wie eine perfekt gestimmte Saite. Viele, die ein Live-Konzert von Jimi Hendrix erlebt haben, waren überrascht von dieser Einheit aus musikalischem Inhalt und visueller Präsenz und dem Gefühl von Meisterschaft und Freiheit, die sich allein beim Zusehen vermittelte. Was wir erlebt haben, war die direkte Manifestation purer künstlerischer Energie . . . Das machte ihn frei, und die Zuschauer fühlten sich frei. Eine solche künstlerische Leistung ist selten und ein kostbares Talent.«[3]

Die Leidenschaft von Jimis Spiel hat sogar seinen Tod überlebt, wie ein Gebäude, das alles Leben bewahrt, das in ihm stattgefunden hat. Wie jeder überragende Musiker hatte er seinen eigenen unverwechselbaren Stil, den man auf den Platten wiederfindet, Musik, die sich immer wieder aufs neue entfaltet, immer wieder mit Unerwartetem überrascht, das man zuvor nicht gehört hat.

K. B. Hallen, Kopenhagen, 3. September 1970

Und dann noch diese unerschöpfliche Eingebungskraft! Abend für Abend hängte sich Jimi seine Gitarre um und wiederholte sich dennoch nicht. Charlie Parker sagte einmal zu Gil Evans, alles, was Musik wirklich ausmache, sei die Selektion, eine Folge von »Jas« und »Neins«, Entscheidungen, die man während eines Konzerts zu fällen habe. Man denke einmal an die Töne, die Jimi Hendrix *nicht* gespielt hat!

Und schließlich Jimi, der Revolutionär: Wie bereits erwähnt, hatte man viele der Effekte, die während der Aufnahmen zu Hendrix' Platten entstanden, vorher noch nie gehört. Jimi war der erste, der Klänge »elektronisch« benutzte, der all die technischen Mittel des Gitarristen (Gitarre, Verstärker, Verzerrer-Box, Wah-Wah und so weiter) unter Kontrolle hatte und mit ihnen völlig neue Klanglandschaften schuf. Aus all diesen Gründen besitzt die Musik von Jimi Hendrix die zeitlose Qualität aller bedeutenden musikalischen Werke.

Als Brian Eno im März 1989 von »Pulse«, einer Zeitschrift aus Seattle, interviewt wurde, konnte er sich die Frage nicht verkneifen: »Warum wird eigentlich Jimi Hendrix nicht als einer der wichtigsten Komponisten dieses Jahrhunderts anerkannt? Von den Musikwissenschaftlern, meine ich . . . Warum wird über ihn nicht wie über John Cage gesprochen . . .? Er ist doch einer der Bezugspunkte geworden, wenn es um die Beurteilung von Musik geht. Man darf offenbar nicht populär sein, denn alles, was populär ist, kann einfach in musikalischer Hinsicht ganz automatisch nicht interessant sein.«

Es gab zwar einige gutgemeinte, aber letztendlich falsch verstandene Versuche, Jimi zum »ernsten« Musiker zu erklären, etwa durch die Behauptung, daß der »Nur«-Rockgitarrist kurz vor seinem Tod die Gesellschaft von Jazzmusikern gesucht habe. Andere wollten Jimi als Vertreter der *black music* »retten«. Doch so verständlich all solche Zuordnungsversuche sein mögen, so ungenügend bleiben sie.

Jimi fungierte als Katalysator für die Aktivitäten einer ganzen Generation schwarzer Musiker (allen voran Vernon Reid von Living Colour). Er versuchte, die Barrieren einzureißen, die verhinderten, daß Schwarze innerhalb der von Weißen beherrschten Musikindustrie mit ihrem eklatanten Rassismus Anerkennung fanden.

Schwarze Musiker werden zwar diskriminiert, aber zugleich werden schwarze Rockmusiker von weiten Teilen des schwarzen Musikpublikums nicht anerkannt. Diese Kluft konnte Jimi nicht überbrücken, obwohl er es sich so sehr wünschte und durch Country-Blues und Jazz-Hommagen an seine musikalischen Wurzeln erinnerte. Der schwarze

Musikkritiker und Autor Nelson George bemerkte ganz richtig, das schwarze Publikum habe ein Problem mit Jimis Musik gehabt, weil »man einfach nicht dazu tanzen konnte . . . Für das Publikum von Stax, Motown und James Brown *brachten* es ›Purple Haze‹ und ›Hey Joe‹ einfach nicht . . . Schon [Chuck] Berry wurde aufgrund seines Erfolgs mit gitarrenorientierter Musik zu einem Außenseiter auf der schwarzen Hauptstraße.«[4] Außerdem darf man nicht vergessen, daß die frühen und mittleren sechziger Jahre für Musiker wie Muddy Waters und B.B. King magere Zeiten waren; erst später wurden sie durch ihre weißen Fans wie Eric Clapton einem weißen Publikum nahegebracht. Andererseits war Jimi auch kein »Weißer ehrenhalber«; Schwarz und Weiß prägten ihn zu gleichen Teilen. In Harlem war er zwar ein Außenseiter, aber Miles Davis und einige andere anerkannte schwarze Musiker hielten Jimi für etwas ganz Besonderes. Und während weiße Musiker Jimi ähnlich verehrten, war er frustriert von seinem weißen Publikum, das nichts anderes als »Wild Thing« hören und seine Gitarre brennen sehen wollte.

Jimi wünschte sich, musikalisch von allen gleichermaßen anerkannt zu werden und auch das schwarze Publikum für sich zu gewinnen. Doch dazu boten sich ihm zu wenig Chancen. Doch auf rassistische Untertöne reagierte er durchaus sensibel. So feuerte er einmal in Schweden einen Roadie, weil dieser seiner Ansicht nach eindeutig rassistische Bemerkungen losgelassen hatte. Jimi schrieb und sprach über schwarze Themen und unterstützte die Arbeit und die Ideen von Martin Luther King, aber er machte nie einen Beruf daraus, ein Schwarzer zu sein.

Womit wir wieder bei der Frage von Brian Eno wären: Warum genießt Jimi Hendrix noch immer nicht den Ruf eines John Cage? Es ist nicht nur eine Frage der Popularität – Eric Clapton und Nigel Kennedy sind beide populär, aber das tut ihrem Status als Musiker keinen Abbruch. Ein Kritiker der »Daily Mail« verfolgte eine Pressevorführung der »South Bank Show«-Dokumentation über Jimi, die im Oktober 1989 stattfand. Da sie hauptsächlich aus Material bestand, das Jimi bei den verschiedensten Methoden der Zerstörung seiner Gitarre, aber nicht beim Spielen zeigte, erkannte er nicht, daß Jimi möglicherweise der beste Gitarrist aller Zeiten war. Aber wer kann ihm einen Vorwurf daraus machen?

Und damit kommen wir zum Kern des Problems. In den vergangenen zwanzig Jahren haben diese Symbole für Jimis Zugehörigkeit zur Pop-Kultur den Blick auf den bedeutenden Musiker vernebelt. Und die übermäßige Konzentration auf die eher nebensächlichen und/oder negativen Aspekte seines Lebens wie Drogen, Sex, Management-Probleme und so weiter hat das ihre dazu beigetragen.

Es hilft auch nichts, wenn man versucht, die Ideen eines Künstlers von seinem Umfeld und seiner Persönlichkeit zu trennen. Jimis *gesamte* Erfahrungen haben seine Musik geprägt. Wie unwichtig diese Aspekte jedoch letztendlich für die Beurteilung von Jimis Größe sind, wird dann klar, wenn man die Stereoanlage anstellt und sich einfach seine Musik anhört.

Natürlich besteht bei dem Versuch, diese Diskrepanz aufzuzeigen, die Gefahr, daß man die Musik »überintellektualisiert«, sie bis zur Sterilität analysiert. Noch gefährlicher allerdings wäre es, würde man Jimi als ein außerirdisches Überwesen oder als ein Opfer der Umstände betrachten und seine Bedeutung auf die eines weiteren toten Rockstars reduzieren, der in das »Schnell gelebt, früh gestorben«-Pantheon eingegangen ist. Dies wäre nur eine jener Vergötterungen, die Jimi zeitlebens abgelehnt hat. Er selbst meinte einmal: »Übertreibt es nicht, ich bin nur ein Kurier.«

Dies ist eine Biographie und keine Heiligenlegende. Vielleicht ist es eine Illusion, daß die Kunst den Sieg über Sensationskitzel und Pop-Ikonographie davontragen kann. Aber es wäre wohl der größte Tribut, den man Jimi zollen kann, wenn eines Tages die Substanz seiner Musik über sein Image triumphieren, das Gezänk um seine Hinterlassenschaft verstummen und die ernsthafte Auseinandersetzung mit seinem Werk zu der Erkenntnis führen würde, daß er ein Genie der zeitgenössischen Musik des zwanzigsten Jahrhunderts war.

K. B. Hallen, Kopenhagen, 3. September 1970

Ein Musiker, der etwas mitzuteilen hat, ist wie ein Kind, das von den Menschen nicht verdorben worden ist, das nur wenige Fingerabdrücke auf seinem Gehirn hat. Deshalb ist Musik so viel stärker als alles andere, was du je gefühlt hast. (Jimi Hendrix, Interview, April 1969).

The story of life (slow)

The story of Jesus
so easy to explain
After they crucified him,
a woman, she claimed his name
The story of Jesus
the whole bible knows
went all across the desert
and in the middle, he found a rose

There should be no questions
there should be no lies
He was married ever happily after
All the tears we cry
No use in arguing
all the use to the man that moans
When each man falls in battle,
his soul it has to roam
Angels of heaven
flying saucers to some,
made Easter Sunday
the name of the rising sun

The story is written
by so many people who dared,
to lay down the truth
to so very many who cared
to carry the cross
of Jesus and beyond
We will guide the light
this time with a woman in our arms
We as men
can't explain the reason why
the woman's always mentioned
at the moment that we die
All we know
is God is by our side,
and he says the word
so easy yet so hard

I wish not to be alone,
so I must respect my other heart
Oh, the story
of Jesus is the story
of you and me
No use in feeling lonely
I am you searching to be free

The story of life (slow)

The story
of life is quicker
than the wink of an eye
The story of love
is hello and goodbye
Until we meet again

(Jimis letzter Song – komponiert in London am 17. September 1970)

Quellennachweis

Abkürzungen

NME = *New Musical Express*
MM = *Melody Maker*
Disc = *Disc and Music Echo*
RM = *Record Mirror*
RS = *Rolling Stone*
BI = *Beat Instrumental*

Kapitel 1: Cherokee Mist

1. David Henderson, *'Scuse Me While I Kiss the Sky: The Life of Jimi Hendrix* (Bantam, 1981), S. 8.

Kapitel 2: The Night I Was Born, The Moon Turned A Fire Red

1. Interview mit Meatball Fulton, London, Dezember 1967.
2. Jerry Hopkins, *The Jimi Hendrix Story* (Sphere, 1984), S. 14.
3. *Disc* 28/1/67.
4. *Observer* 3/12/67.
5. *International Times* 28/3/69.
6. *NME* 9/9/67.
7. Fulton, op. cit.
8. *Rave* 8/67.
9. *Music Maker* 2/68.

Kapitel 3: Spanish Castle Magic

1. Charles Keil, *Urban Blues* (University of Chicago Press, 1966), S. 32.
2. William Ferris, *Blues from the Delta* (Da Capo Press, 1984), S. 37.
3. *Pacific* 30/4/89.
4. *BI* 3/67.
5. Ibid.
6. *MM* 28/10/67.
7. *Humo* 18/3/67.
8. Ray Charles und David Spitz, *Brother Ray* (Macdonald & Jane, 1978), S. 97.
9. *MM* 22/2/69.
10. *RS* 9/3/68.
11. Giles Oakley, *The Devil's Music: A History of the Blues* (BBC Books, 1983), S. 49.
12. Robert Palmer, *Deep Blues* (Macmillan, 1982), S. 60.
13. Peter Guralnick, *Sweet Soul Music* (Virgin Books, 1986), S. 148.
14. *Life* 1/4/68.
15. *Humo,* op. cit.
16. Henderson, op. cit., S. 39.
17. *Sunday Mirror* 11/2/68.
18. *Daily Mirror* 11/1/69.
19. *Humo,* op. cit.

Kapitel 4: Hope You Brought Your Parachute With You

1. *NME* 28/1/67.
2. *A Film About Jimi Hendrix,* Warner Brothers 1973 (im folgenden WB).
3. *Jackie* 25/11/67.
4. *Music Maker* 2/68.
5. *Rave* 6/67.
6. Ibid.
7. *Disc* 28/1/67.
8. *BI* 3/67.
9. *Rave* 6/67.
10. *Rave* 6/67.
11. *Guitar Player* 9/87.
12. *Rave* 6/67.

13. *Guitar Player* 9/87.
14. *LA Free Press* 25/8/67.
15. *Guitar Player* 9/87.
16. *MM* 1/3/69.
17. *LA Free Press* 25/8/67.
18. Keil, op. cit., S. 77.
19. *MM* 22/2/69.
20. Charles Shaar Murray, *Crosstown Traffic: Jimi Hendrix and Post-War Pop* (Faber & Faber, 1989), S. 37.
21. *Rave* 6/67.

Kapitel 5: Dusty Boots Cadillac

1. John Henrik Clarke (Hrsg.), *Harlem USA* (Macmillan, 1971), Seiten 3–5.
2. *Gallery* 9/82.
3. *Sepia* 9/75.
4. Interview aus unbekannter britischer Quelle. London 1/69.
5. Album-Text zu *In the Beginning,* Isley Brothers, Teaneck, 1970.
6. Ibid.
7. WB.
8. *Guitar World* 9/85.
9. *Guitar Player* 9/75.
10. *RS* 9/3/68.
11. Charles White, *The Life and Times of Little Richard: The Quasar of Rock* (Pan, 1985), S. 124.
12. Ibid, Seiten 126–127.
13. *Rave* 6/67.
14. WB.
15. Ibid.
16. White, S. 129.
17. *Cheltenham Chronicle* 11/2/67.
18. WB.
19. *New York Times* 25/2/68.
20. *Guitar Player* 9/75.
21. *Rave* 6/67.
22. *Guitar Player* 9/75.
23. *West One* 2/67.
24. Chris Welch, *Hendrix: A Biography* (Omnibus, 1982), S. 57.

Kapitel 6: If My Daddy Could See Me Now

1. »Tribute to Jimi Hendrix«, BBC Radio One, September 1980.
2. Philip Norman, *The Stones* (Elm Tree, 1984), S. 234.
3. *L'Eure Éclair* 22/10/66.
4. Radio One, op. cit.
5. *NME* 23/11/68.
6. *Humo* 18/3/67.
7. *RM* 10/12/66.
8. Johnny Rogan, *Starmakers and Svengalis: The History of British Pop Management* (Queen Anne Press, 1988), S. 94.

Kapitel 7: Are You Experienced?

1. *RS* 11/5/68.
2. *Disc* 28/1/67.
3. *RM* 14/1/67.
4. *NME* 28/1/67.
5. *RS* 25/8/88.
6. *Musician* 8/86.
7. *Disc* 17/6/67.
8. *West One* 2/67.
9. *Observer* 3/9/89.
10. *Plaza Bulletin* 11/2/67.
11. Fulton, op. cit.
12. Radio One, op. cit.
13. *NME* 28/1/67.
14. *Dundee Recorder* 7/4/67.
15. Unveröffentlichte Konzertkritik von Lorraine Walsh.
16. *NME* 6/5/67.
17. *Disc* 13/5/67.
18. *Bravo* 26/6/67.
19. *Oz* 10/70.
20. *Fabulous 208* 14/10/67.
21. Evan Eisenberg, *The Recording Angel: Music, Records and Culture from Aristotle to Zappa* (Picador, 1988), S. 69.
22. *West One* 2/67.
23. Stockholm Radio-Interview, 25/5/67.
24. Nelson George, *The Death of Rhythm and Blues* (Omnibus, 1988), S. 19.

25. *West One* 2/67.
26. *Music Maker* 6/67.
27. John Litweiler, *The Freedom Principle: Jazz after 1958* (Blandford, 1985), S. 32.
28. Informationen, die der Limited-Edition-CD-Box beilagen.

Kapitel 8: No More Surf Music

1. Eric Burdon, *I Used to Be an Animal, But I'm All Right Now* (Faber & Faber 1986), S. 172.
2. Ibid.
3. Ellen Sander, *Trips: Rock Life in the Sixties* (Scribners, 1973), S. 97.
4. *Musician* 8/86.
5. Hopkins, op. cit., S. 96.
6. *NME* 9/9/67.
7. *West One* 2/67.
8. *History of Rock 1982,* Bd. 5, S. 990 (Orbis, 1982).
9. Hopkins, op. cit., S. 96.
10. *Guitar World* 3/88.
11. *NME* 29/7/67.
12. *Guitar Player* 9/75.
13. *Open City* 24/8/67.
14. *NME* 9/9/67.
15. *MM* 19/8/67.
16. *MM* 26/8/67.
17. *Nottingham Guardian Journal* 26/8/67.
18. Unit One (Manchester University), 2/68.
19. *Disc* 2/9/67.
20. *Live & Unreleased,* US-Radio-Show 1988.
21. *Recording Engineer and Producer* 12/76.
22. Ibid.
23. *Guitar World* 9/85.
24. Ibid.
25. Ibid.
26. *MM* 9/12/67.
27. Douglas Kent Hall and Sue Clark, *Rock: A World Bold as Love* (Cowles Book Co., 1970), S. 131.
28. *Eye* 7/68.
29. *Downbeat* 10/82.

30. Stockholm, Radio-Interview, 8/1/68.
31. *RS* 6/4/68.
32. *NME* 23/11/68.
33. *Disc* 25/11/67.
34. *Chatham Standard* 5/12/67.
35. *Disc* 2/9/67.
36. *Manchester Independent* 5/12/67.
37. *MM* 23/12/67.

Kapitel 9: Alive, But the War Is Here to Stay

1. *Hitparader* 1/68.
2. Palmer, op. cit., S. 18.
3. *NME* 23/8/75.
4. *Guitar Player* 9/75.
5. *Pop* 10/67.
6. Interview mit Pat O'Day, *Straight Ahead* 3/89.
7. *Time* 5/4/68.
8. Interview, das in *See My Music Talking* gezeigt wurde.
9. Pamela Des Barres, *I'm With the Band* (Jove Books, 1988), S. 98.
10. Ibid., S. 109.
11. *Time* 5/4/68.
12. *Time* 5/4/68.
13. Interview *South Bank Show*. LWT. 1/10/89.

Kapitel 10: Have You Ever Been . . . to Electric Ladyland?

1. *Guitar World* 9/85.
2. Ibid.
3. *Eye* 7/68.
4. *Guitar Player* 9/75.
5. *RS* 2/3/72.
6. *Live & Unreleased*.
7. *Modern Drummer* 12/81.
8. Interview WLIR FM 18/9/80.
9. Richard Neville, *Playpower* (Paladin, 1971), S. 38.
10. *NME* 8/6/68.
11. *RS* 9/3/68.
12. *Guitar World* 9/85.

13. *MM* 20/7/68.
14. Marc Eliot, *Rockonomics* (Franklin Watts, 1989), S. 45.
15. *Hullabaloo* 8/68.
16. *Dallas Notes* 15/8/68.
17. *MM* 9/11/68.
18. *Downbeat* 4/4/68.
19. *Metanoia* 12/68.
20. *Circus* 4/69.
21. *History of Rock,* Bd. 6, S. 1372 (Orbis).
22. *Live & Unreleased.*

Kapitel 11: Electric Church

1. *MM* 1/3/69.
2. Interview von Unbekannt. Januar 1969.
3. *Eye* 1/69.
4. *Top Pops* 11/1/69.
5. *MM* 1/3/69.
6. *International Times* 28/3/69.
7. Eisenberg, op. cit., S. 123.
8. *Distant Drummer* 17/4/69.
9. *LA Image* 2/5/69.
10. *LA Times* 29/4/69.

Kapitel 12: House Burning Down

1. *Charleston Gazette* 17/5/69.
2. *Guitar Player* 9/75.
3. *Creem* 9/74.
4. Interview mit Paul Zimmerman, New York, Mai 1969.
5. *Seattle Post-Intelligencer* 24/5/69.
6. *San Diego Door* 5/6/69.
7. WB.
8. *LA Image* 27/6/69.
9. *Disc* 19/7/69.
10. *MM* 28/1/67.
11. *MM* 11/2/67.
12. *Kink* 25/2/67.
13. *Aftonbladet* 9/1/68.

14. *New York Times* 6/9/69.
15. *RS* 15/11/69.
16. Arthur Taylor, *Notes and Tones* (Quartet, 1983), S. 35.
17. *Rock Scene* 7/87.
18. *Guitar Player* 1/88.

Kapitel 13: New Rising Sun

1. Michael Herr, *Dispatches* (Picador, 1978), S. 148.
2. Kent Hall and Clark, op. cit., Seiten 22–25.
3. *MM* 20/12/69.
4. *RM* 3/1/70.
5. *Guitar Player* 9/75.
6. *RM* 19/9/70.
7. Neville, op. cit., S. 20.
8. *International Times* 14/6/73.
9. *Rock* 2/11/70.

Kapitel 14: Tomorrow, I'm Gonna Be by Your Side

1. *NME* 5/9/70.
2. *Disc* 12/9/70.
3. *Disc* 12/9/70.
4. *MM* 26/9/70.
5. Welch, op. cit., S. 50.
6. *Guitar World,* 3/88.
7. Burdon, op. cit., S. 216.
8. *New York Times* 27/9/70.
9. *The Times* 19/9/70.
10. *Disc* 26/9/70.
11. *Sounds* 10/10/70.
12. *NME* 26/9/70.
13. *Rave* 11/70.
14. *New York Post* 19/9/70.
15. *News of the World* 20/9/70.
16. Burdon, op. cit., S. 218.

Kapitel 16: Can You See Me?

1. *Downbeat* 10/82.
2. Ibid.
3. Arto Koskinen, »The Music of Jimi Hendrix as a Spiritual Phänomenon«, unveröffentlicht, 1989.
4. George, op. cit., S. 109.

Bibliographie

Außer auf Artikel, Zeitungsausrisse, Kritiken und weiteres Material, die das Hendrix Information Centre zur Verfügung gestellt hat und deren vollständige Auflistung den Umfang dieses Buches sprengen würde, haben die Autoren auf folgende Veröffentlichungen zurückgegriffen:

Victoria Balfour, *Rock Wives* (Virgin Books, 1986).
Pamela Des Barres, *I'm With the Band* (Jove Books, 1988).
Eric Burdon, *I Used to Be an Animal, But I'm All Right Now.* (Faber & Faber, 1986).
Evan Eisenberg, *The Recording Angel: Music, Records and Culture from Aristotle to Zappa* (Picador, 1988).
Marc Eliot, *Rockonomics* (Franklin Watts, 1989).
David Evans, *Tommy Johnson* (Studio Vista, 1971).
John Fahey, *Charlie Patton* (Studio Vista, 1970).
William Ferris, *Blues from the Delta* (Da Capo Press, 1978).
Julio Finn, *The Bluesman* (Quartet, 1986).
Ted Fox, *Show Time at the Apollo* (Quartet, 1985).
Simon Garfield, *Expensive Habits: The Dark Side of the Music Industry* (Faber & Faber, 1986).
Paul Garon, *The Devil's Son-in-Law: The Story of Peetie Wheatstraw* (Studio Vista, 1971).
Nelson George, *The Death of Rhythm and Blues* (Omnibus, 1988).
John Gibbens, »Be in My Dream: Bob Dylan Through the Needle's Eye«, unveröffentlicht.
Charlie Gillett, *The Sound of the City* (Souvenir, 1983).
Michael Gray, *The Art of Bob Dylan* (Hamlyn, 1981).
Jonathon Green, *Days in the Life: Voices from the English Underground 1961–1971* (Heinemann, 1988).

Peter Guralnick, *Sweet Soul Music* (Virgin, 1986).
Douglas Kent Hall and Sue Clark, *Rock: A World Bold as Love* (Cowles Book Co., 1970).
David Henderson. *'Scuse Me While I Kiss the Sky: The Life of Jimi Hendrix* (Bantam, 1981).
John Herdman, *Voice Without Restraint: Bob Dylan's Lyrics and Their Background* (Paul Harris, 1982).
Gerry Hershey, *Nowhere to Run: The Story of Soul Music* (Pan, 1985).
Jerry Hopkins, *The Jimi Hendrix Story* (Sphere, 1984).
Leroi Jones, *Blues People: Negro Music in White America* (MacGibbon & Kee, 1965).
Charles Keil, *Urban Blues* (University of Chicago Press, 1966).
Curtis Knight, *Jimi Hendrix* (Star Books, 1975).
Michael Lydon, *Boogie Lightning* (Da Capo, 1974).
Dave Marsh, *Before I Get Old: The Story of The Who* (Plexus, 1983).
Richard Middleton, *Pop Music and the Blues: A Study of the Relationship and Its Significance* (Gollancz, 1972).
Andrew Motion, *The Lamberts* (Chatto & Windus, 1986).
Charles Shaar Murray, *Crosstown Traffic: Jimi Hendrix and Post-War Pop* (Faber & Faber, 1989).
Richard Neville, *Playpower* (Paladin, 1971).
Giles Oakley, *The Devil's Music: A History of the Blues* (BBC Books, 1983).
Paul Oliver, *The Meaning of the Blues* (Collier, 1963).
Robert Palmer, *Deep Blues* (Macmillan, 1981).
Johnny Rogan, *Starmakers and Svengalis: The History of British Pop Management* (Queen Anne Press, 1988).
The Rolling Stone Encyclopaedia of Rock & Roll (Michael Joseph, 1983).
Victor Sampson, *Hendrix: An Illustrated Biography* (Proteus, 1984).
Ellen Sander, *Trips: Rock Life in the Sixties* (Scribners, 1973).
Carl Seashore, *The Psychology of Music* (Dover, 1967).
Harry Shapiro, *Waiting for the Man: The Story of Drugs and Popular Music* (Quartet, 1988).
Robert Spitz, *Barefoot in Babylon: The Creation of the Woodstock Music Festival 1969* (Viking, 1979).
Arthur Taylor, *Notes and Tones: Musician to Musician Interviews* (Quartet, 1983).
Frank Waters, *Book of the Hopi* (Ballantine, 1963).
Chris Welch, *Hendrix: A Biography* (Omnibus, 1982).

Charles White, *The Life and Times of Little Richard: The Quasar of Rock* (Pan, 1985).

Music, Sweet Music: Die Diskographie

Einführung

Zu Jimis Lebzeiten gab es nur fünf offiziell veröffentlichte Alben: *Are You Experienced?, Axis: Bold As Love, Electric Ladyland, Smash Hits* und *Band Of Gypsys.* Zusätzlich war ihm die Hälfte des Albums *Historic Performances Recorded At The Monterey International Pop Festival* gewidmet – die andere Hälfte bestritt Otis Redding. Von all diesen Einspielungen hatte Jimi die größte Kontrolle über die Produktion von *Electric Ladyland.* Doch selbst hier war er unglücklich darüber, wie das Album nach der Anpressung klang; ihm wurde klar, daß viel von der Tiefe des Sounds der Original-Masterbänder verlorengegangen war. Dennoch sind all diese Alben für jeden Hörer, der eine Sammlung von Jimi-Hendrix-Veröffentlichungen anlegen will, von grundlegender Bedeutung.

Die Qualität vieler posthumer Hendrix-Veröffentlichungen ist eine Verunglimpfung des Andenkens an diesen Musiker. Sozusagen als »Diamanten im Staub« sind noch folgende Platten für eine mögliche Sammlung von Bedeutung: *The Cry Of Love, Rainbow Bridge, Isle Of Wight, Hendrix In The West, Jimi Plays Monterey, Radio One* und beide *Woodstock*-Veröffentlichungen. Außerdem ist noch einiges an gut gespielter Musik auf *Jimi Hendrix Concerts* und *Live At Winterland* zu hören. Beide Alben waren wie ein frisches Lüftchen nach viel wertlosem Zeug, obwohl die Darbietungen auf der letztgenannten Veröffentlichung nicht ganz so weltbewegend sind, wie uns manche Kritiker glauben machen möchten.

Es folgt, nach bestem Wissen des Autors, die umfassendste Diskographie, die je von Jimi Hendrix' Aufnahmen veröffentlicht worden ist. Abgesehen wurde dabei allerdings von der unüberschaubaren Zahl sich naturgemäß überschneidender »Best Of«-Compilations. In Jimis Fall geht sie in die Hunderte und erstreckt sich auf alle Formate (LPs, CDs, MCs, Bänder und Acht-Spur-Cassetten); daher wurde hier nur eine Auswahl berücksichtigt.

Die Diskographie ist in vier separate Abschnitte unterteilt: »Experience-Veröffentlichungen«, »Verschiedene Veröffentlichungen«, »Jimi Hendrix als Gast und/ oder Produzent« (dieser Abschnitt enthält alle frühen Aufnahmen aus der Zeit, bevor Hendrix berühmt wurde) und »Bootlegs«. Auch die Singles wurden selbstverständlich aufgelistet, jedoch nicht in einem separaten Abschnitt, da sie auch auf Alben erschienen sind.

Bei den diskographischen Angaben wurde nach folgenden Regeln verfahren:

a. Wird eine Aufnahme zum ersten Mal erwähnt, erhält sie eine Nummer, die bei jeder weiteren Nennung beibehalten wird.
b. Jede Eintragung hat einen vorangestellten Buchstaben: I = Interview, L = Live (Konzertaufnahme), P = Private Aufnahme bzw. Heimaufnahme, S = Studioaufnahme. So ist z. B. S001 die Studioversion von »Hey Joe«.
c. Die erste Eintragung für einen Song enthält alle bekannten Details zu der Aufnahme; diese werden nur einmal aufgeführt.
d. Was die oft fehlerhaften Informationen auf Schallplattenhüllen, Labels und beigefügten Booklets betrifft, gilt die Regel, alles zu vergessen, was Sie je gelesen haben, um hier neu zu beginnen. Es wäre zu aufwendig gewesen, alle bisherigen Irrtümer zu zitieren; nur einige der gravierendsten Fehler werden erwähnt.
e. Alle Kompositionen stammen, wenn nicht anders angegeben, von Jimi Hendrix.
f. Die angegebenen Daten zu den Studioaufnahmen beziehen sich grundsätzlich auf den Zeitpunkt der Einspielung der sogenannten *Basic Tracks*. Wegen Hendrix' anhaltendem Perfektionismus kam es jedoch auch nach Fertigstellung der *Basic Tracks* oft noch zu weiteren Studiobesuchen, ehe ein Song endgültig für »fertig« befunden wurde – falls dies überhaupt je der Fall war.
g. Die Zeitschriften *Music Week* (Top 40 für LPs und Top 50 für Singles) und *Billboard* (Top 200 für LPs und Top 100 für Singles) dienten als Quellen für Informationen über Chartsplazierungen in England und Amerika.
h. Datumsangaben erfolgen nach »europäischer« Weise: Tag/Monat/Jahr.
i. Bei allen LP- und CD-Veröffentlichungen handelt es sich, wenn nicht anders angegeben, um Einzelalben.
j. In der Diskographie finden sich einige technische Informationen über Gitarren, Effektgeräte, etc.; dieser Bereich wird jedoch hauptsächlich im technischen Anhang behandelt. (Seiten 669 bis 699)
k. »Getting My Heart Back Together Again« wird gegenüber dem alternativen Songtitel »Hear My Train A Coming'« durchgehend bevorzugt.

Schließlich gelten noch folgende Abkürzungen:

Instrumente & Gesang

ba = Baßgitarre
dr = Schlagzeug
fl = Flöte
gi = Gitarre
gs = Gitarren
ha = Mundharmonika
hv = Harmoniegesang
lv = Hauptgesang
or = Orgel
pe = Percussion
pi = Klavier
sa = Saxophon
ta = Tamburin
vo = Gesang aller Beteiligten

Namen der Musiker

Billy = Billy Cox
Buddy = Buddy Miles
Jerry = Jerry Velez
Jimi = Jimi Hendrix
Juma = Juma Sultan
Larry = Larry Lee
Mitch = Mitch Mitchell
Noel = Noel Redding

Studiomusiker

Chas = Chas Chandler
Dave = Dave Siddle
Eddie = Eddie Kramer
Gary = Gary Kellgren

Informationen zu einzelnen Aufnahmen

a.k.a.	=	auch bekannt als
brc:	=	Rundfunk/Fernseh-Übertragung während
Comp:	=	komponiert von
Engi:	=	aufgenommen von
Prod:	=	produziert von
Rec:	=	aufgenommen in
I	=	Interview
L	=	Live/Konzert-Aufnahme
P	=	Private »Heim«-Aufnahme
S	–	Studio-Aufnahme
*	=	Hörvorschlag/Höhepunkte

Land der Veröffentlichung und/oder Pressung

CAN	=	Kanada
ENG	=	England
FRA	=	Frankreich
GER	=	Westdeutschland
HOL	=	Holland
ITA	=	Italien
JAP	=	Japan
LUX	=	Luxemburg
SWE	=	Schweden
USA	=	Vereinigte Staaten von Amerika

Aufnahmestudios

BBCA	=	BBC-Funkhaus, Portland Place, London W1 – Anmerkung: Alle Aufnahmen entstanden auf 4-Spur-Mono-Bandmaschinen.
BBCB	=	BBC-Theater The Playhouse, Northumberland Avenue, London WC2 – Anmerkung: Alle Aufnahmen entstanden auf 4-Spur-Mono-Bandmaschinen.
CBS	=	CBS-Aufnahmestudio, 73 New Bond Street, London W1 – Anmerkung: Alle Aufnahmen entstanden auf Studer J37 4-Spur-Bandmaschinen mit einer Aufnahmegeschwindigkeit von 15 Zoll/Sek.
CEN	=	Sound Center, 247 West 46th Street New York City
DLL	=	De Lane Lea Music Ltd. (a.k.a.: Kingsway Studio), 129 Kingsway, London WC2 – Anmerkung: Alle Aufnahmen entstanden auf 4-Spur-Bandmaschinen mit 15 oder 30 Zoll/Sek. Benutztes Band: Scotch 202. Aussteuerung über VU-Meter.
ELE	=	Electric Lady Studios, 52 West 8th Street, New York City – Anmerkung: Die Mehrzahl der Aufnahmen entstand auf 16-Spur-Bandmaschinen mit 2-Zoll-Band.
HIT	=	The Hit Factory, 6 West 20th Street, New York City – Anmerkung: Die Mehrzahl der Aufnahmen entstand auf 16-Spur-Bandmaschinen mit 2-Zoll-Band.
MAY	=	Mayfair Recording Studio Inc., 701 7th Avenue, New York City – Anmerkung: Alle Aufnahmen entstanden auf Ampex 8-Spur-Bandmaschinen mit 1-Zoll-Band und 15 Zoll/Sek.
OLM	=	Olmstead Sound Studios, New York City – Anmerkung: Alle Aufnahmen entstanden auf 8-Spur-Bandmaschinen mit 1-Zoll-Band.
OLY	=	Olympic Sound Studios, 117 Church Road, Barnes, London SW13 – Anmerkung: Alle Aufnahmen von 1967 und 1968 entstanden auf 4-Spur-Maschinen mit 15 Zoll/Sek. 4-Spur-Bandmaschine: Ampes 8300. Benutztes Band: BASF LR56, Halbzoll. Mischpult: Sonderanfertigung von Dick Swetenham. Aussteuerung über PPM (Peak Program Meters). Limiter: Pye. Baß-Aufnahmen (hauptsächlich): DI (Direct Inject) in Verbindung mit Live-Mikrophonierung. Benutzte Mikrophone: Neumann U67, Neumann U87, Neumann KM84, Neumann KM86, AKG D20, AKG D30, AKG C12, AKG C12A, Beyer M160 (u. a.)

PLA = Record Plant, 321 West 44th Street, New York City – Anmerkung: Bis März 1969 entstanden alle Aufnahmen auf 12-Spur-Bandmaschinen mit 1-Zoll-Band. Ab 18. März 1969 entstand der überwiegende Teil der Aufnahmen auf 16-Spur-Bandmaschinen mit 2-Zoll-Band.

REG = Regent Sound (Studio A), 163–166 Tottenham Court Road, London W1 – Anmerkung: Alle Aufnahmen von 1967 entstanden auf 4-Spur-Bandmaschinen.

TTG = T.T.G. Inc. Sunset-Highland Recording Studios, 1441 North McCadden Place, Hollywood, California – Anmerkung: Alle Aufnahmen entstanden auf 8-Spur/1-Zoll-Band und 16-Spur/2-Zoll-Band-Maschinen.

Experience-Veröffentlichungen

Was die Qualität der Mischung, des Stereoeffekts und der Pressung betrifft, gibt es kaum Übereinstimmungen zwischen den Veröffentlichungen aus verschiedenen Ländern; selbst die Länge der Songs ist oft unterschiedlich. So sind z. B. die amerikanischen Veröffentlichungen von *Are You Experienced* und *Smash Hits* ihren europäischen Gegenstücken in all diesen Belangen überlegen. Das gleiche gilt auch für CDs. So wird man auf der bei Polydor (GER) veröffentlichten CD *The Cry of Love* die Instrumental-Einleitung des Songs »Freedom« vermissen. Darüber hinaus hat die Firma Reprise (USA) die technische Qualität ihrer Jimi-Hendrix-CDs verbessert. Diese überarbeiteten CDs sind auf dem kleinen Innenkreis der Platte mit »RE-1« markiert. Nur daran ist zu erkennen, ob man eine alte oder eine bearbeitete CD-Version vor sich hat. Man könnte natürlich vorschlagen, daß die Schallplattenfirmen (die noch immer enorm viel Geld mit Jimi-Hendrix-Produkten verdienen) eine Rückerstattung für alte CD-Versionen anbieten sollten, wenn jemand eine überarbeitete Version erwirbt – so wie es auch beim Kauf der neuesten Version eines Computerprogramms üblich ist. Aber in der Regel heißt die CD-Botschaft der Plattenfirmen: »Du hast sie gekauft, nun behältst du sie auch . . .«.

HEY JOE b/w STONE FREE
– Polydor 56139 (ENG) – Veröffentlicht: 16. 12. 66 – Single Charts-Eintritt: 41 (5. 1. 67); Spitzenposition: 6; Wochen in den Charts: 10
– Auch auf: Polydor 59061 (GER)

S001: **Hey Joe** – Jimi (gs, lv), Mitch (dr), Noel (ba), The Breakaways (Gloria George, Barbara Moore, Margaret Stredder) (hv). Comp: William M. Roberts. Rec: DLL, 23. 10. 66. Engi: Dave. Prod: Chas.

Anmerkung: Noel lieh sich Chas Chandlers Gibson EB-2-Baß aus, da er zu diesem Zeitpunkt noch keine eigene Baßgitarre besaß, und benutzte diesen auf einigen frühen Aufnahmen (bis Mitte Feb. 67) wie etwa »Hey Joe«.

S002: **Stone Free** – Jimi (gs, vo), Mitch (dr, cow-bell), Mitch? (ta), Noel (ba). Rec: DLL, 2. 11. 66. Engi: Dave. Prod: Chas.

Anmerkung: Dies war der erste Song, den Jimi schrieb, nachdem er Ende 1966 nach England gezogen war.

PURPLE HAZE b/w 51ST ANNIVERSARY
– Track 604001 (ENG) – Veröffentlicht: 17. 3. 67 – Single Charts-Eintritt: 39 (23. 3. 67); Spitzenposition: 3; Wochen in den Charts: 14
– Auch auf: Polydor 59072 (GER)

S003: **Purple Haze** – Jimi (gs. lv, voice, Husten vor dem ersten Gesangseinsatz), Mitch (dr), Noel (ba, hv, voice). Spezialeffekt: Jimi (octavia). Rec: DLL, 11. 1. 67 (basic track); OLY, 3. 2. 67 (gi-overdub mit octavia); DLL, 11. 1. 67 (vo) oder OLY, 7. 2. 67 (vo). Engi: Dave (DLL). Engi: Unbekannt (OLY). Prod: Chas.

Anmerkungen: <1> Komponiert von Jimi in der Garderobe des Upper Cut Clubs in London, 26. 12. 66. <2> Chas streitet ab, daß »Purple Haze« ursprünglich anders konzipiert war und/oder einen umfangreicheren Text besaß (»es war genauso gemacht worden, wie es aufgenommen wurde, nicht zusammengeschnitten oder so«). Demgegenüber behauptete Jimi: »Es hatte um die tausend, tausend Wörter . . . du hättest es hören sollen, Mann. Ich hatte es ausgeschrieben . . .« <3> »Purple Haze« ist von anderen Künstlern öfter aufgenommen worden als jede andere Jimi-Hendrix-Komposition. Bei der letzten Zählung gab es 40 veröffentlichte Cover-Versionen. Die lustigste Version wurde 1968 von Bill Cosby eingespielt (Single: Warner Brothers 7096; LP: Warner Brothers WS 1728). Die Musik von »Purple Haze« mit neuem Text von Cosby war hier umbenannt worden in »Hooray For The Salvation Army«, jedoch ohne irgendeinen Hinweis auf Jimis Urheberschaft. Die rätselhafteste Version (Copyright: Oktober 1968, aber wahrscheinlich unveröffentlicht) ist eine von Frank Metis mit der Angabe »Text, Musik und Klavier-Arrangements von Jimi Hendrix«.

S004: **51st Anniversary** – Jimi (gs, vo), Mitch (dr), Noel (ba). Rec: DLL, wahrscheinlich 11. 1. 67. Engi: Dave. Prod: Chas.

THE WIND CRIES MARY b/w HIGHWAY CHILE

- Track 604004 (ENG) – Veröffentlicht: 5. 5. 67 – Single Charts-Eintritt: 27 (11. 5. 67); Spitzenposition: 6; Wochen in den Charts: 11
- Auch auf: Polydor 59078 (GER); Barclay 060840 (FRA)

S005: **The Wind Cries Mary** – Jimi (gs, vo), Mitch (dr), Noel (ba). Rec: DLL, 11. 1. 67. Engi: Dave. Prod: Chas.

Anmerkung von Jimi: »Mary ist eine Freundin von mir. Sie ist ein Mädchen, das liebend gern mit ihren Freunden über mich spricht, weißt du. Im einen Moment spricht sie von mir wie von einem Hund, und im nächsten Moment sagt sie das glatte Gegenteil . . . Wir spielten diese Nummer in zwei Takes ein, wir machen nie mehr als vier oder fünf Takes in einem Aufnahmestudio, es ist zu teuer . . .«

S006: **Highway Chile** – Jimi (gi, vo), Mitch (dr), Noel (ba). Rec: OLY, 3. 4. 67. Prod: Chas.

ARE YOU EXPERIENCED?

- Track 612 001 (ENG) – Veröffentlicht: 12. 5. 67 – *: Komplette Veröffentlichung
  Charts-Eintritt: 21 (25. 5. 67); Spitzenposition: 2; Wochen in den Charts: 33
- Auch auf: Polydor 184 085 (GER); Polydor 2459 390 (GER); Barclay 820 143 (FRA)
- CD: nicht veröffentlicht (siehe nächste Eintragung)

<1> Die Aufnahmen für die erste Jimi-Hendrix-Experience-LP entstanden während 16 Aufnahmesessions in London (erster Aufnahmetag: 23. 10. 66, letzter Aufnahmetag: 4. 4. 67). <2> Jimi: »Zuallererst möchte ich nicht, daß die Leute meinen, das wäre hier eine Sammlung von Freak-out-Material. Ich habe Songs für Teenybopper geschrieben wie ›Can You See Me‹ und Blues-Sachen. ›Manic Depression‹ ist so häßlich, daß man es fühlen kann, und ›May this Be Love‹ ist eine Art ›Halt-deinen-

Kopf-zusammen‹-Stück. Die Vorstellungskraft ist sehr wichtig, unsere Musik kann nicht kategorisiert werden. *Free form* ist die beste Art, unseren Sound zu beschreiben, unbegrenzter und ungehemmter kreativer Ausdruck . . .« <3> Chas: »Bei der Arbeit am Album ›Are You Experienced?‹ war es das erste Mal, daß wir etwas Zeit hatten. Wir machten einfach mit dem Equipment rum, versuchten zwei oder drei Instrumente durch einen Kompressor zu jagen, nur um rauszufinden, was zum Teufel am anderen Ende herauskommen würde, solche Dinge eben. Wenn es klappte, fügten wir es in das Stück ein oder so. Wir taten alles, was uns einfiel, aus lauter Spaß an der Sache; wir probierten jede verrückte Idee aus.« <4> Obwohl Dave Siddle bei DLL als Toningenieur geführt wird, ist es gut möglich, daß auch andere Toningenieure dieses Studios beteiligt waren. <5> Alle Mischungen: OLY.

S007: **Foxy Lady** – Jimi (gs, lv, hv), Mitch (dr), Noel (ba, hv). Spezialeffekt: Jimi (slide mit gi am Schluß). Rec: CBS, 13. 12. 66. Engi: Mike Ross. Prod: Chas.

Anmerkung: Dieser Song wurde angeblich von Heather Taylor angeregt (die später Roger Daltrey heiratete).

S008: **Manic Depression** – Jimi (gs, vo, leichtes Räuspern), Mitch (dr), Noel (ba). Rec: DLL, 29.(?) 3. 67. Engi: Dave. Prod: Chas.

Anmerkungen: <1> »Der schnellste ›Blanke-Nerven-Walzer‹ auf Schallplatte!« <2> Die Idee für diesen Song entstand bei einem Presse-Empfang, als Chas zu Jimi sagte, er klänge wie ein manisch Depressiver. Während Jimi die Journalistenfragen beantwortete, schrieb er den Text nieder.

S009: **Red House** – Jimi (gi, vo, voice), Mitch (dr), Noel (Baßsaiten auf einer normalen 6-saitigen gi, möglicherweise aus dem Besitz von Alexis Korner), Chas (Stimme aus dem Kontrollraum). Rec: CBS, 13. 12. 66. Engi: Mike Ross. Prod: Chas.

S010: **Can You See Me?** – Jimi (gs, vo), Mitch (dr, ta), Noel (ba). Rec: DLL oder REG, 11. 66 oder 12. 66. Prod: Chas.

S011: **Love Or Confusion** – Jimi (gs, vo, voise), Mitch (dr), Noel (ba). Rec: DLL oder REG oder OLY, 11. 66 (Basic Track); OLY, 3. 4. 67 (möglicherweise zusätzliche Aufnahmen). Prod.: Chas.

Anmerkung: Dieser Song war ursprünglich als zweite Jimi-Hendrix-Experience-Single vorgesehen, statt dessen wurde dann »Purple Haze« ausgewählt.

S012: **I Don't Live Today** – Jimi (gs, hand wah-wah, vo, voice), Jimi (hand claps), Mitch (dr), Noel (ba, voice). Rec: DLL, 2. 67. Engi: Dave. Prod: Chas.

Anmerkungen: <1> Dies ist Jimis erste Aufnahme mit einem Wah-Wah-Effekt. <2> In Konzerten widmete Jimi diesen Song häufig »den amerikanischen Indianern«.

S013: **May This Be Love** – Jimi (gs, vo, Umblättern einer Songtext-Seite), Mitch (dr), Mitch? (ta), Noel (ba). Rec: OLY, 3. 4. 67. Prod: Chas.

Anmerkung: Song a.k.a.: Waterfall.

S014: **Fire** – Jimi (gs, lv), Mitch (dr, hv), Noel (ba, hv). Spezialeffekt: Jimi (octavia). Rec: OLY, 3. 2. 67. Prod: Chas.

Anmerkungen: <1> a.k.a.: Let Me Stand Next To Your Fire. <2> Die Grundidee zu diesem Song stammt zum Teil von einer Party, die am 31. 12. 66 in Folkestone, Kent, England gefeiert wurde. Jimi fragte Margaret Redding, Noels Mutter: »Haben Sie was dagegen, wenn ich mich neben Ihren offenen Kamin stelle?«

S015: **3rd Stone From The Sun** – Jimi (gs, vo, Stimmen, Stimme von »Star Fleet«), Mitch (dr), Noel (ba), unbekannte männliche Person (Stimme von »Scout Ship«). Rec: CBS, 13. 12. 66 (Basic Track); OLY, vermutlich 3. 4. 67 (zusätzliche Aufnahmen, unter anderem »Star Fleet« und »Scout Ship«-Overdub). Engi: Mike Ross (CBS); unbekannt (OLY). Prod: Chas.
Anmerkungen: <1> Jimi schrieb diesen Song im Hyde Park Towers Hotel, London, wo er zwischen dem 24. 9. 66 und dem 6. 12. 66 residierte. <2> Beim Abspielen dieses Songs mit 66⅔ UpM hört man einen Austausch von Botschaften zwischen einem »Star Fleet« und einem »Scout Ship«. Siehe auf Seite 196 für den Text der ›Übertragung‹. Diese Idee geht auf eine Donald-Duck-Story des Walt-Disney-Zeichners Carl Barks von Ende 1968 zurück, die unter dem Titel »Officer For A Day« erstmals im amerikanischen Donald-Duck-Band 126 veröffentlicht wurde (7. 69). In der Geschichte spielt Donald einen Hilfspolizisten und sieht sich, neben anderen Problemen, mit Besuchern aus einer fliegenden Untertasse konfrontiert, die glauben, Hühner seien die einzigen Erdbewohner, mit denen zu sprechen sich lohne.

S016: **Remember** – Jimi (gs, vo, Zungenschnalzen), Mitch (dr, ta), Noel (ba). Rec: DLL, 2. 67. Engi: Dave. Prod: Chas.

S017: **Are You Experienced?** – Jimi (gs, pi, vo), Mitch (dr), Noel (ba). Spezialeffekte: Jimi (Rückwärts-gi), Mitch (Rückwärts-dr), Noel (Rückwärts-ba). Rec: OLY, 3. 4. 67. Prod: Chas.
Anmerkungen: <1> George Chkiantz über die »Rückwärts«-Gitarren-Sequenzen: »Die ursprüngliche Idee war, eine Bandschleife herzustellen, doch damit gab es Probleme . . . Wir versuchten (aus einer Gitarren-Sequenz) eine Schleife zu machen, und dann bekamen wir es nicht hin . . . Am Schluß wurde Jimi so ungeduldig, daß er sagte: ›Paßt auf, es ist ganz einfach, wir *spielen* das Ganze!‹ Und dann spielte er es aufs Tape.« <2> Möglich, daß Jimi einiges vom »Rückwärts-Schlagzeug« selbst gespielt hat.

ARE YOU EXPERIENCED?
– CD: Polydor 825 416-2 (GER)

S018: **Can You See Me** – Jimi (gs, vo), Mitch (dr, ta), Noel (ba). Rec: DLL oder REG, 11. 66 oder 12. 66. Prod: Chas.
Anmerkung: Dies ist dieselbe Grundversion wie S010. Unterschiede: anderer Gesangstake von Jimi; etwas ADT und Hall auf dem Gesang.
Plus: Foxy Lady (S007); Manic Depression (S008); Red House (S009); Love Or Confusion (S011); I Don't Live Today (S012); May This Be Love (S013); Fire (S014); 3rd Stone From The Sun (S015); Remember (S016); Are You Experienced (S017).

HEY JOE b/w 51ST ANNIVERSARY
– Reprise 0572 (USA – Veröffentlicht 1. 5. 67 – Single Charts – nie
Enthält: Hey Joe (S001); 51st Anniversary (S004).

ARE YOU EXPERIENCED?
– Reprise RS 6261 (USA) – Veröffentlicht: 8. 67 – *: Komplette Veröffentlichung
Charts-Einstieg: 190 (26. 8. 67); Spitzenposition: 5; Wochen in den Charts: 106 (!)
– CD: Reprise 6261-2 (USA)
Enthält: Purple Haze (S003); Manic Depression (S008); Hey Joe (S001); Love Or Confusion (S011); May This Be Love (S013); I Don't Live Today (S012); The Wind Cries Mary (S005); Fire (S014); Third Stone From The Sun (S015); Foxy Lady (S007); Are You Experienced? (S017).

PURPLE HAZE b/w THE WIND CRIES MARY
- Reprise 0597 (USA) – Veröffentlicht: 19. 6. 67 – Single
  Charts-Einstieg: 94 (26. 8. 67); Spitzenposition: 65; Wochen in den Charts: 8

Enthält: Purple Haze (S003); The Wind Cries Mary (S005).

THE BURNING OF THE MIDNIGHT LAMP b/w THE STARS THAT PLAY WITH LAUGHING SAM'S DICE
- Track 604007 (ENG) – Veröffentlicht: 19. 8. 67 – Single
  Charts-Einstieg: 32 (2. 9. 67); Spitzenposition: 18; Wochen in den Charts: 9
- Auch auf: Polydor 59.117 (GER)

S019: **The Burning Of The Midnight Lamp** – Jimi (gs, elektrisches Cembalo, lv, Mellotron für hv-Effekte), Mitch (dr), Noel (ba), Unbekannt (ta). Rec: MAY, 6. und 7. 7. 67 (basic track); MAY, 20. 7. 67 (zusätzliche Aufnahmen, sehr wahrscheinlich mit Cembalo und Mellotron); MAY, 20. 7. 67 (Endabmischung). Engi: Gary. Prod: Chas.

Anmerkungen: <1> Von Jimi auf einem Flug zwischen Los Angeles und New York (3. 7. 67) geschrieben. <2> Jimi: »Ich kümmere mich wirklich nicht darum, wie sich unsere Platte chartsmäßig entwickelt. Wir hatten die eine (›The Burning Of The Midnight Lamp‹), die nur Platz 11 schaffte . . . [und] die jeder hier (in England) haßte. Sie sagten, es wäre die schlechteste Platte, weißt du. Für mich war es die beste, die wir je gemacht hatten. Nicht so sehr als Aufnahme, die Aufnahmetechnik war wirklich schlecht, weißt du, man konnte die Worte nicht richtig verstehen. Vielleicht ist es das gewesen . . .«

S020: **The Stars That Play With Laughing Sam's Dice** – Jimi (gs, vo, Stimme des »friendly neighbourhood experience maker«), Mitch (dr), Noel (ba), »the Milky Way Express« (Stimmen, Pfiffe, Jubel). Rec: MAY, 18. 7. 67 (basic track) und 29. 7. 67. Engi: Gary. Prod: Chas.

Anmerkungen: <1> Song a.k.a.: STP with LSD. <2> Eine Menge Leute waren bei den Aufnahmesessions anwesend, unter ihnen Frank Zappa; die Anwesenden bildeten wahrscheinlich den »Milky Way Express«. <3> Dies ist die erste veröffentlichte Aufnahme, auf der Jimi ein Wah-Wah-Fußpedal benutzt hat.

AXIS: BOLD AS LOVE
- Track 613003 (ENG) – Veröffentlicht: 1. 12. 67 – *: Komplette Veröffentlichung
  Charts-Einstieg: 22 (13. 12. 67); Spitzenposition: 5; Wochen in den Charts: 16
- Reprise RS 6281 (USA) – Veröffentlicht: 1. 68
  Charts-Einstieg: 140 (10. 2. 68); Spitzenposition: 3; Wochen in den Charts: 53
- Auch auf: Track 2407 011 (ENG); Polydor 184 110 (GER); Polydor 2343 097 & 2486 029 (HOL); Barclay 0820 167 (FRA)
- CD: Polydor 813 572-2 (GER); Reprise 6281-2 (USA); Polydor P33P 25023 (JAP)

<1> Die Aufnahmen für diese zweite Jimi-Hendrix-Experience-LP entstanden während 14 oder 15 Studio-Sessions (erster Aufnahmetag: 4. 5. 67, letzter Aufnahmetag: 30. 10. 67). <2> Tape Operator und Ideen für ADT und Phasing: George Chkiantz. Einige weitere Spezialeffekte und elektronische Geräte wurden hergestellt von Roger Mayer. Obwohl Eddie Kramer für alle Songs auf der LP als Toningenieur

genannt wird, versteht sich von selbst, daß bei einigen Songs auch Toningenieur Andy Johns die Aufsicht hatte. <3> Alle Mischungen: OLY. <4> Das Covergemälde stammt von Roger Law. Jimi: »Als ich zum ersten Mal den Entwurf sah, dachte ich, er ist großartig, aber vielleicht sollten wir einen Indianer nehmen. Wir drei haben nichts mit dem zu tun, was auf diesem Axis-Cover zu sehen ist . . .« <5> Eddie: »Ich baute eine Schlagzeug-Plattform auf . . . Ich erinnere mich, wie ich Mitch mikrophonierte, indem ich ihn mit dieser Plattform um etwa einen Fuß erhöhte und dann Distanz- und Nah-Mikrophone einsetzte – mit dem D30 an der Baßdrum und, höchstwahrscheinlich 67er oder C12er an den Becken, wahrscheinlich C12er und 87er an den Standtoms . . .« <6> Chas: »Es sind mehr Hendrix-Soli auf dem Fußboden im Schneideraum des Olympic gelandet als herausgebracht worden. Jimi hatte einen Hang zum Abschweifen, wenn er zu den Soli kam . . ., und du kannst keine Drei-Minuten-Single mit einem dreiminütigen Gitarrensolo machen. Ich änderte seine Texte und alles . . . George Chkiantz war hauptsächlich Tape Operator, und er dachte sich wirklich Sounds aus. Da gab es noch einen anderen jungen Typen (Roger Mayer), und es endete damit, daß er im Studio auftauchte und er und George Chkiantz in der Ecke zusammenhockten, sich Soundideen und Möglichkeiten ausdachten, wie man das Equipment mißbrauchen . . . könnte« <7> Jimi: ». . . es war wunderschön abgemischt, aber wir verloren den Original-Mix, also mußten wir es neu abmischen. Chas, der Toningenieur, Eddie Kramer und ich, wir alle mußten es am nächsten Morgen innerhalb von 11 Stunden neu mischen, und es ist sehr schwer, das zu machen. Wir brauchen dafür mehr Zeit . . .«

S021: **EXP** – Jimi (Stimme von »Mr. Paul Caruso«), Mitch (Stimme des »Ansagers« von Radio EXP). Rec: OLY, 5. 5. 67. Engi: Terry Brown? Prod: Chas.

Anmerkung: In diesem Song ist kein echter Baß vorhanden. The Experience stellten einige Gitarren auf, drehten die Lautstärke voll auf und schlugen sie gegen die Verstärker – das sind die ganzen Geräusche in »Part B«. Dieser Teil war ursprünglich unter dem Titel »Symphony Of Experience« aufgenommen und von Terry Brown gemischt worden.

S022: **Up From The Skies** – Jimi (gi, vo), Mitch (dr, brushes), Noel (ba). Rec: OLY, 29. 10. 67. Engi: Eddie. Prod: Chas.

S023: **Spanish Castle Magic** – Jimi (gs, pi, vo), Mitch (dr), Noel (Hagstrom 8-Saiten-Baß). Rec: OLY, 27. und 28. 10. 67. Engi: Eddie. Prod: Chas.

Anmerkung: Der Songtitel bezieht sich auf den Spanish Castle Club in Seattle, Washington, in dem Jimi in seinen frühen Tagen spielte.

S024: **Wait Until Tomorrow** – Jimi (gs, lv), Mitch (dr, ta, hv), Noel (ba, hv). Rec: OLY, 26. 10. 67. Engi: Eddie. Prod: Chas.

S025: **Ain't No Telling** – Jimi (gs, lv), Mitch (dr, hv), Noel (ba, hv). Spezialeffekt: Jimi (octavia). Rec: OLY, 26. 10. 67. Engi: Eddie. Prod: Chas.

S026: **Little Wing** – Jimi (gi, Glockenspiel, vo), Mitch (dr, ta), Noel (ba). Spezialeffekt: Leslie Speaker (für gi); Pultec Filter (auf Teilen von Jimis vo). Rec: OLY, 25. 10. 67 (basic track); OLY, 28. 10. 67 (zusätzliche Aufnahmen, wahrscheinlich auch Glockenspiel). Engi: Eddie. Prod: Chas.

S027: **If Six Was Nine** – Jimi (gs, Blockflöte, lv), Mitch (dr, pe), Noel (ba, hv), Gary Leeds (Fußstampfen), Graham Nash (Fußstampfen), Michael Jeffery (»heftiges Fußstampfen«), Unbekannt (Stimme). Rec: OLY, 4. oder 5. 5. 67 (basic track); OLY, 9. 5. 67 (hv von Noel plus Fußstampfen). Engi: Eddie. Prod: Chas.

S028: **You've Got Me Floating** – Jimi (gs, lv), Mitch (dr, hv), Noel (Hagstrom

8-Saiten-Baß, hv), Trevor Burton (hv), Chris Kefford oder Roy Wood (hv), Unbekannt (ta). Spezialeffekt: Jimi (Rückwärts-gi). Rec: OLY, 3. 10. 67. Engi: Eddie. Prod: Chas.

S029: **Castles Made Of Sand** – Jimi (gs, vo, Geräusch beim Wenden des Textblattes), Mitch (dr), Noel (ba). Spezialeffekt: Jimi (Rückwärts-gi). Rec: OLY, letzte Woche 10. 67. Engi: Eddie. Prod: Chas.

S030: **She's So Fine** – Jimi (gs, hv), Mitch (dr, hv), Noel (ba, lv). Comp: Noel Redding. Rec: OLY, 4. 5. 67 (basic track); OLY, 30. 10. 67 (Alle hv und sehr wahrscheinlich lv von Noel). Engi: Eddie. Prod: Chas.
Anmerkung: Song a.k.a.: She's So Fine (She's In With Time).

S031: **One Rainy Wish** – Jimi (gs, vo), Mitch (dr), Noel (ba). Rec: OLY, 10. 67. Spezialeffekte: Jimi (Octavia); ADT (auf Teilen von Jimis vo); Engi: Eddie. Prod: Chas.
Anmerkung: Song a.k.a.: Gold and Rose.

S032: **Little Miss Lover** – Jimi (gs. lv), Jimi? (ta), Mitch (dr, hv), Noel (Hagstrom 8-Saiten ba, hv). Spezialeffekt: Jimi (octavia); Pultec Filter (auf Jimis lv). Rec: OLY, erste Woche 10. 67. Engi: Eddie. Prod: Chas.

S033: **Bold As Love** – Jimi (gs, Cembalo, vo), Mitch (dr), Noel (ba). Spezialeffekt: Phasing (insbesondere auf dem Schlagzeug). Rec: OLY, 29. 10. 67. Engi: Eddie. Prod: Chas.

FOXY LADY b/w HEY JOE
- Reprise 0641 (USA) – Veröffentlicht: 27. 11. 67 – Single
  Charts-Einstieg: 80 (23. 12. 67); Spitzenposition: 67; Wochen in den Charts: 4
  Enthält: Foxy Lady (S007); Hey Joe (S001).

UP FROM THE SKIES b/w ONE RAINY WISH
- Reprise 0665 (USA) – Veröffentlicht: 26. 2. 68 – Single
  Charts-Einstieg: 94 (16. 3. 68); Spitzenposition: 82; Wochen in den Charts: 4
- Auch auf: Barclay 060959 (FRA)

Enthält: Up From The Skies (S022); One Rainy Wish (S031)

SMASH HITS
- Track 613004 (ENG) – Veröffentlicht: 4. 68 – *: Komplette Veröffentlichung
  Charts-Einstieg: 32 (24. 4. 68); Spitzenposition: 4; Wochen in den Charts: 25
- Auch auf: Polydor 2310 268 (ENG)
- CD: nicht veröffentlicht (siehe aber nächste Eintragung)

Enthält: Purple Haze (S003); Fire (S014); The Wind Cries Mary (S005); Can You See Me (S010); 51st Anniversary (S004); Hey Joe (S001); Stone Free (S002); The Stars That Play With Laughing Sam's Dice (S020); Manic Depression (S008); Highway Chile (S006); The Burning Of The Midnight Lamp (S019); Foxy Lady (S007).

SMASH HITS
- CD: Polydor 825 255-2 (GER)
  Enthält: Purple Haze (S003); Fire (S014); The Wind Cries Mary (S005); Can You See Me (S010); 51st Anniversary (S004); Hey Joe (S001); Stone Free (S002); The Stars That Play With Laughing Sam's Dice (S020); Manic Depression (S008); Highway Chile (S006); The Burning Of The Midnight Lamp (S019); Foxy Lady (S007).

ALL ALONG THE WATCHTOWER b/w THE BURNING OF THE MIDNIGHT LAMP

- Reprise 0767 (USA) – Veröffentlicht: 2.9. 68 – Single
  Charts-Einstieg: 66 (21.9. 68); Spitzenposition: 20; Wochen in den Charts: 9

S034: **All Along The Watchtower** – Jimi (gs, vo), Mitch (dr), Dave Mason (ba, acoustic gi), Mitch? (temple block), Unbekannt (ta). Comp: Bob Dylan. Spezialeffekt: Jimi (Slide-Effekt mit der Rückseite seines Feuerzeugs und der auf dem Schoß liegenden Gitarre), Rec: OLY, 21. 1. 68 (Basic Tracks); PLA, 4. 68 oder 5. 68 (Übertragung von 4- auf 12-Spur, plus zusätzliche Aufnahmen). Engi: Eddie (OLY); Gary (PLA). Prod: Chas (OLY); Jimi (PLA). 1968 (bei PLA) gelöscht: Dave Mason (ba). 1968 (bei PLA) hinzugefügt: Jimi (ba).

Anmerkungen: <1> Jimi, Dave Mason und Viv Price waren auf einer kleinen Party, wo sie alle zum ersten Mal Bob Dylans LP »John Wesley Harding« hörten. Als der Titel »All Along The Watchtower« kam, sagte Jimi: »Wir müssen das aufnehmen, ich muß das machen.« Am selben Abend spielte Jimi das Stück im Olympic-Studio ein. Unter anderen waren Brian Jones und Linda Keith bei dieser Session anwesend. <2> Jimi: »Mir kam es vor, als wäre ›Watchtower‹ ein Song, den ich selbst geschrieben hätte, aber dazu war ich nicht in der Lage. Ich spüre so etwas oft bei Dylan.« <3> Siehe S138 für eine etwas anders abgemischte Version. <4> Siehe S816 für die Version mit dem originalen Baß-Take.

Plus: The Burning Of The Midnight Lamp (S019).

ELECTRIC LADYLAND (Doppelalbum)

- Reprise 2RS 6307 (USA) – Veröffentlicht: 10. 68 – *: Komplette Veröffentlichung
  Charts-Einstieg: 179 (19. 10. 68); Spitzenposition: 1; Wochen in den Charts: 37
- Track 613 008/9 (ENG) – Veröffentlicht: 25. 10. 68
  Charts-Einstieg: 23 (13. 11. 68); Spitzenposition: 6; Wochen in den Charts: 12
- Doppel-CD: Reprise 6307-2 (USA); Polydor 823 359-2 (GER); Polydor P58P 25001/2 (JAP)
- Einzel-CD: Reprise 6307-2 (USA) – Klanglich verbesserte Version

<1> Die Warner Brothers-Tape-Box, die die Masterbänder enthält, trägt folgende Aufschrift: »Hinweis: spezielle Phaseneffekte auf diesem Band. Nicht die Phase wechseln!« <2> Alle Mischungen: PLA. Jimi: »Einiges von dem Mix wurde irgendwie matschig, nicht direkt matschig, aber irgendwie baßlastig, weil wir keine Chance bekamen, ihn komplett bis zum Ende selbst zu machen. Wir mischten alles und produzierten es und so weiter. Doch als es Zeit für die Firma wurde, die Platte zu pressen, machten sie natürlich Ärger, weil sie nicht wußten, was wir wollten. Da ist 3-D-Sound drauf, aber da hat niemand was von, weil sie nicht in der Lage waren, die Aufnahmen sauber zu mastern. Sie dachten, die Phasen wären vertauscht (lacht)!« <3> Die amerikanischen und die englischen Hüllen sind völlig unterschiedlich. Jimi: »Man hat mich nach dem englischen Cover gefragt, und ich weiß überhaupt nichts davon. Ich wußte nicht, daß es verwendet werden sollte.« – Mitch: »Wir dachten, es sei ein Haufen Müll. Wir wußten nichts darüber, bis wir aus den Staaten zurückkamen.« <4> Auf mehreren Songs dieser Veröffentlichung spielt Jimi auch Baßgitarre. Mitch: »Es gab da einige Sachen, wobei es einfach darum ging, schneller zu arbeiten,

nur Jimi und ich. Mal ging es darum, Gitarre und Schlagzeug mitzuschneiden, mal waren es nur Baß und Schlagzeug, dafür gab es keine vorgesehene Normalspur.«

S035: **And The Gods Made Love** – Jimi? (Pauken), Jimi (ba, gs?). Spezialeffekte: Jimi (Rückwärts-vo bei halber Geschwindigkeit); Bandmanipulationen. Rec: PLA, 29.(?) 6. 68. Engi: Eddie oder Gary. Prod: Jimi.

Anmerkung: <1> Dieser Song wurde ursprünglich aufgenommen unter dem Titel: At Last The Beginning. <2> Jimi: ». . . ein 90-Sekunden-Gemälde vom Himmel. Ich weiß, daß es ein Ding ist, worauf die Leute abfahren werden, um es zu kritisieren, also setzten wir es an den Anfang, um es hinter uns zu bringen. Es symbolisiert, was passiert, wenn die Götter Liebe machen oder womit auch immer sie ihre Zeit verbringen.« <3> Jimis Rückwärts-Gesang (auch die Zeile »Okay, one more time«) stammt von einer Studio-Probe für »Voodoo Child« (Rec: PLA, 1.(?) 5. 68).

S036: **Have You Ever Been (To Electric Ladyland)** – Jimi (gs, ba, vo), Jimi oder Mitch (ta), Mitch (dr). Spezialeffekt: Phasing (auf dr). Rec: PLA, zwischen 4. 68 und 6. 68. Engi: Eddie oder Gary. Prod: Jimi.

Anmerkung: Siehe S153 für eine ganz andere Studioaufnahme, bekannt unter dem Titel: Electric Lady Land.

S037: **Crosstown Traffic** – Jimi (gs, pi, kazoo, lv), Mitch (dr, hv auf »Crosstown«-Parts), Noel (ba, hv auf »Crosstown«-Parts), Dave Mason (hv auf »Traffic«-Parts), Spezialeffekt: Pultec Filter (auf Jimis vo). Rec: OLY, 20. und 21. 12. 67 (basic track); PLA, 4. 68 oder 5. 68 (4-Spur auf 12-Spur-Übertragung, plus zusätzliche Aufnahmen). Engi: Eddie (OLY); Gary (PLA). Prod: Chas (OLY); Jimi (PLA).

S038: **Voodoo Chile** – Jimi (gi, vo), Mitch (dr), Jack Casady (ba), Steve Winwood (or), Unbekannt (Lärmen der Menge). Rec: PLA, 1. oder 2. 5. 68; PLA, 10.(?) 6. 68 (Endabmischung). Engi: Eddie, Prod: Jimi.

Anmerkung: <1> Steve Winwood: »Draußen auf dem Gang warteten all diese Musiker darauf, daß man ihnen eine Chance gab zu spielen. Jimi kam heraus und sagte: ›Hi, kommt rein.‹ Es gab keine Blätter mit Akkordfolgen, gar nichts. Er begann einfach zu spielen. Es war ein One-Take-Job, und er sang und spielte gleichzeitig.« <2> Das Lärmen der Menge während dieses Songs wurde separat aufgenommen und später der Musik hinzugefügt.

S039: **Little Miss Strange** – Jimi (gs), Mitch (dr, hv), Noel (gi, ba, acoustic gi, lv). Comp: Noel Redding. Rec: PLA, 22. 4. 68 (Basic Track); PLA, 25. 4. 68 (zusätzliche Aufnahmen); PLA, 28. 4. 68 (Mischung), Engi: Eddie & Gary. Prod: Jimi & Noel. Gelöscht am 5. 5. 68: Noel (ba). Hinzugefügt am 5. 5. 68: Noel (neuer ba-Take).

S040: **Long Hot Summer Night** – Jimi (gs, ba, hv, Stimme), Mitch (dr), Al Kooper (pi), Unbekannt (hv). Rec: PLA, 18. 4. 68; PLA, 26. 7. 68 (Endabmischung). Engi: Gary. Prod: Jimi.

S041: **Come On (Part I)** – Jimi (gi, vo), Mitch (dr), Noel (ba). Comp: Earl King (richtiger Name: Solomon Johnson). Rec: PLA, 27. 8. 68. Engi: Eddie oder Gary. Prod: Jimi.

Anmerkung: <1> Song a.k.a.: Let The Good Times Roll. <2> Jimi nahm insgesamt 14 Takes dieses Songs auf. Dies ist Take 14.

S042: **Gypsy Eyes** – Jimi (gs, ba, vo), Mitch (dr). Rec: PLA, letzte Woche 4. 68 oder erste Woche 5. 68. Engi: Eddie oder Gary. Prod: Jimi.

Anmerkung: Dieser Song handelt von Jimis Mutter Lucille.

S043: **Rainy Day, Dream Away** – Jimi (gs, vo, Husten und Schniefen, Sprechen),

Jimi? (ba), Buddy (dr), Larry Faucette (congas), Freddie Smith (sa), Mike Finnigan (or). Rec: PLA, 10. 6. 68. Engi: Eddie oder Gary. Prod: Jimi.

Anmerkung: Die Idee für die Textzeile »Hey man, it's raining« (Jimi mit fröhlicher Stimme) stammt aus einer Bill-Cosby-Story auf dessen LP »Revenge« C. Warner Bros. WS 1691 (USA), die Jimi in seiner Plattensammlung hatte. Bill Cosby bringt dort seine Textzeile (»Hey man«) mit der gleichen fröhlichen Stimme, die Jimi für seinen Song adaptierte.

S044: **1983 . . . (A Merman I Should Turn To Be)** – Jimi (gs, ba, pe, vo), Mitch (dr), Chris Wood (fl). Spezialeffekte: Jimi (Rückwärts-gi); Chris Wood (ein bißchen Rückwärts-fl); Seemöwen-Sound entstand über Mikrophon durch Feedback von Jimis »quietschendem« Kopfhörer, dem Hall, Echo etc. hinzugefügt wurden; schwerer Hall auf vo; Manipulationen der Bandaufnahme durch Verlangsamung und Beschleunigung. Rec: PLA, 23.(?) 4. 68. Engi: Gary oder Eddie. Mix: Jimi & Eddie. Prod: Jimi

S045: **Moon, Turn The Tides . . . Gently, Gently Away** – Jimi (gs). Spezialeffekte: Manipulationen der Bandaufnahme durch Verlangsamung und Beschleunigung. Rec: PLA, 23.(?) 4. 68. Engi: Gary oder Eddie. Mix: Jimi & Eddie. Prod: Jimi

S046: **Still Raining, Still Dreaming** – Jimi (gs, vo, Stimme), Jimi? (ba), Budy (dr), Mike Finnigan (or). Rec: PLA, 10. 6. 68. Engi: Eddie oder Gary. Mix: Jimi & Eddie. Prod: Jimi.

Anmerkung: Komponiert am 19. 5. 68 in Hallandale, Florida.

S047: **House Burning Down** – Jimi (gs, ba, vo, Stimme), Mitch (dr). Spezialeffekt: Phasing (auf gi). Rec: PLA, 1. 5. 68 (basic track); PLA, 8. 68 (zusätzliche Aufnahmen); PLA, 23. 8. 68 (Endabmischung). Engi: Eddie oder Gary. Prod: Jimi.

Anmerkung: Jimi: »Wir ließen die Gitarre so klingen, als würde sie brennen. Sie wechselt ständig die Dimensionen, und die darübergelegte Leadgitarre schneidet sich durch all das durch.«

S048: **Voodoo Child (slight return)** – Jimi (gi, vo), Mitch (dr), Jimi oder Mitch (maracas), Noel (ba). Rec: PLA, 3. 5. 68 (basic track); PLA, 5. 68 (maracas overdub). Engi: Eddie. Prod: Jimi.

Anmerkung: <1> Jimi nahm insgesamt acht Takes dieses Songs auf. Dies ist der letzte Take. <2> Jimi: »Jemand filmte uns, als wir damit anfingen . . . nach dem Motto: Okay Jungs, jetzt seht mal so aus, als würdet ihr aufnehmen. Es war im Studio, und sie *nahmen* es auf . . . Also hieß es eins-zwei-drei, und wir stürzten uns in ›Voodoo Child‹.«

Plus: The Burning Of The Midnight Lamp (S019); All Along The Watchtower (S034).

ELECTRIC JIMI HENDRIX

– Track 2856 002 (ENG) – Veröffentlicht: Ende 68
– Charts: nie
– Nicht veröffentlicht (USA)

Dies war eine »alternative« »Best Of«-Zusammenstellung, die nach ihrer Veröffentlichung sofort zurückgezogen wurde. Nur wenige Kopien schafften es, wenn überhaupt, bis in die Läden.

Enthält: Still Raining, Still Dreaming (S046); House Burning Down (S047); All Along The Watchtower (S034); Voodoo Child (slight return) (S048); Little Miss Strange (S039); Long Hot Summer Night (S040); Come On (Part 1) (S041); Gypsy Eyes (S042); The Burning Of The Midnight Lamp (S019).

Jimis Londoner Apartment, erste Januarwoche 1969

ALL ALONG THE WATCHTOWER b/w LONG HOT SUMMER NIGHT
- Track 604025 (ENG) – Veröffentlicht: 18. 10. 68 – Single
  Charts-Einstieg: 48 (23. 10. 68); Spitzenposition: 5; Wochen in den Charts: 11
- Auch auf: Barclay 060993 (FRA)

Enthält: All Along The Watchtower (S034); Long Hot Summer Night (S040).

CROSSTOWN TRAFFIC b/w GYPSY EYES
- Reprise 0792 (USA) – Veröffentlicht: 18. 11. 68 – Single
  Charts-Eintritt: 73 (30. 11. 68); Spitzenposition: 52; Wochen in den Charts: 8
- Track 604029 (ENG) – Veröffentlicht: 4. 4. 69 – Single
  Charts-Einstieg: 37 (16. 4. 69); Spitzenposition: 37; Wochen in den Charts: 3
- Auch auf: Polydor 59 256 (GER); Barclay 061 038 (FRA)
  Enthält: Crosstown Traffic (S037); Gypsy Eyes (S042).

SMASH HITS
- Reprise MS 2025 (USA) – Veröffentlicht: 7. 69 – *: ganze Veröffentlichung
  Charts-Einstieg: 81 (2. 8. 69); Spitzenposition: 6; Wochen in den Charts: 35

– CD: nicht veröffentlicht (USA); siehe hierzu die nächste Eintragung.

Im Original enthielt die Veröffentlichung ein Farbposter, das die JHE als Cowboys verkleidet zeigte (aus einer Foto-Session am 29. 4. 69 in einer Warner-Bros.-Filmkulisse in Hollywood).

S049: **Red House** – Jimi (gi, vo), Mitch (dr), Noel (Baßsaiten auf einer normalen 6-saitigen gi, möglicherweise Eigentum von Alexis Korner). Rec: CBS, 13. 12. 66. Engi: Mike Ross. Prod: Chas.

Anmerkung: Dies ist eine leicht veränderte Version von S009. Unterschiede: anderer Gesangstake von Jimi; andere Mischung, viel mehr Echo auf der Gitarre; die Studiogespräch-Einleitung zwischen Jimi und Chas wurde herausgemischt.

Plus: Purple Haze (S003); Fire (S014); The Wind Cries Mary (S005); Can You See Me (S018); Hey Joe (S001); Stone Free (S002); Manic Depression (S008); Foxy Lady (S007); Crosstown Traffic (S037); All Along The Watchtower (S034); Remember (S016).

SMASH HITS

– Reprise 2276-2 (USA) – Veröffentlicht: 11. 89 – nur CD

– nicht veröffentlicht (ENG)

Enthält: Purple Haze (S003); Fire (S014); The Wind Cries Mary (S005); Can You See Me (S018); Hey Joe (S001); Stone Free (S002); Manic Depression (S008); Foxy Lady (S007); Crosstown Traffic (S037); All Along The Watchtower (S034); Red House (S049); Remember (S016); 51st Anniversary (S004); Highway Chile (S006).

STONE FREE b/w IF 6 WAS 9

– Reprise 0853 (USA) – Veröffentlicht: 15. 9. 69 – Single
Charts: nie

– Nicht veröffentlicht (ENG)

Enthält: Stone Free (S002); If 6 Was 9 (S027).

FIRE b/w THE BURNING OF THE MIDNIGHT LAMP

– Track 604033 (ENG) – Veröffentlicht: 14. 11. 69 – Single
Charts: nie

– Auch auf: Polydor 59375 (GER)

– Nicht veröffentlicht (USA)

Enthält: Fire (hier unter dem Titel: Let Me Light Your Fire) (S014); The Burning Of The Midnight Lamp (S019).

STEPPING STONE b/w IZABELLA

– Reprise 0905 (USA) – Veröffentlicht: 13. 4. 70 – Single – *: Stepping Stone
Charts: nie

– Nicht veröffentlicht (ENG)

<1> Es wurden nur wenige Exemplare dieser Single herausgebracht, und dies auch nur während einer kurzen Zeit. Die Single wurde vermutlich vom Markt genommen, weil sie nicht sauber gemischt war und/oder ohne Jimis Zustimmung veröffentlicht worden war.

<2> Juma Sultan: »Heaven Research Unlimited, das waren wir alle, Jimi, Arthur, Albert Allen etc. Wir alle hatten es drauf, und wir kamen zusammen zu einer Einheit, wir alle hatten bestimmte Fähigkeiten. Jimi versuchte, sich mit Leuten zu umgeben, die offene Ohren hatten. Es basierte alles auf Gefühl. Jimi arbeitete an einigen Sachen auf meinem Album, und das ist alles, was es zu Heaven Research Unlimited zu sagen gibt.«

S050: **Stepping Stone** – Jimi (gs, vo), Buddy (dr), Billy (ba), Bob Hughes? (Stimme aus dem Kontrollraum). Rec: PLA, 14. 11. 69. Engi: Bob Hughes. Prod: Heaven Research Unlimited.

Anmerkung von Jimi: »Ich weiß nicht, wie gut die Platte ist – ich kann es nicht mehr sagen. Auf einigen Kopien, die hier veröffentlicht wurden, ist gar kein Baß drauf. Ich mußte irgendwohin und sagte dem Typen nur, er solle es neu abmischen, aber er tat es nicht. Natürlich macht das was aus . . .«

S051: **Izabella** – Jimi (gs, lv, hv), Buddy (dr, hv), Juma und Jerry (ta, pe, maracas), Unbekannt (hv). Rec: HIT, 28. und 29. 8. 69. Prod: Jimi oder Heaven Research Unlimited.

Anmerkung: Dieser Song wurde Anfang 8. 69 in Jimis Haus, Tavor Hollow Road, nahe Shokan, New York, geschrieben.

BAND OF GYPSYS

- Capitol STAO-472 (USA) – Veröffentlicht: 4. 70 – *: Komplette Veröffentlichung
  Charts-Einstieg: 18 (2. 5. 70); Spitzenposition: 5; Wochen in den Charts: 61
- Track 2406 002 (ENG) – Veröffentlicht: 12. 6. 70
  Charts-Einstieg: 6 (4. 7. 70); Spitzenposition: 6; Wochen in den Charts: 16
- Auch auf: Polydor 2480 005 (GER); Polydor 2491 507 (HOL); Barclay 0920. 221 (FRA).
- CD: Polydor 821 933-2 (GER); nicht veröffentlicht (USA)

<1> Dies ist die Veröffentlichung, die Jimi Hendrix PPX/Capitol dafür »schuldete«, daß sie ihn für die Firma Reprise freigaben. <2> Es sind drei völlig verschiedene Cover in Umlauf: Die Capitol-Version zeigt Fotos der Band Of Gypsys; die erste Track-Version hatte ein Foto, das verschiedene Puppen zeigte. Das Magazin »Music Now« (20. 6. 70): »Jimi Hendrix« plus Brian Jones, John Peel und Bob Dylan bekommt auf seiner Plattenhülle dieselbe Behandlung, die die Labour Party ihren Gegnern in Wahlkampfanzeigen angedeihen ließ: er ist in eine Puppe verwandelt worden.« Mike Jeffery: »Sollte es jemals einen Preis für das Cover mit dem schlechtesten Geschmack geben, muß er diesem hier verliehen werden.« Nachdem das erste Track-Cover zurückgezogen worden war, zeigte das zweite Cover Fotos von Jimis Auftritt beim Isle Of Wight-Festival am 30. 8. 70 <3> Konzertansage: Bill Graham. <4> Alle Songs rec.: Fillmore East, New York City (von Wally Heider). Engi: Eddie. Mischung: Eddie. Prod: Heaven Research Unlimited. <5> Jimi: »Ich war nicht sehr zufrieden mit dem Album. Wäre es nach mir gegangen, wäre es nie erschienen . . . Es war nicht genügend vorbereitet, und es wurde ein bißchen *›grizzly‹*. Die Sache war die, daß wir der Plattenfirma ein Album schuldeten und sie uns dazu drängten – und nun haben sie es.«

L052: **Who Knows** – Jimi (gi, lv), Buddy (dr, hv), Billy (ba). Spezialeffekt: Jimi (octavia). Rec: 1. 1. 70, erste Show.

L053: **Machine Gun** – Jimi (gi, lv), Buddy (dr, hv), Billy (ba, hv). Spezialeffekt: Jimi (Uni-Vibe mit Chorus-Einstellung; Octavia; Anschlagen der Stahlfedern des Gitarren-Vibratos). Rec: 1. 1. 70, erste Show.

Anmerkung: Das Anschlagen der Stahlfedern des Gitarren-Vibratos taucht erst ganz am Schluß des Songs auf, während der sehr schnellen Gitarrenphrasen (Imitation explodierender Bomben etc.).

L054: **Changes** – Jimi (gi, hv), Buddy (dr, lv), Billy (ba). Comp: Buddy Miles. Rec: 1. 1. 70, zweite Show.

L055: **Power Of Soul** – Jimi (gi, lv), Buddy (dr, hv), Billy (ba), Billy? (hv). Spezialeffekt: Jimi (octavia), Rec: 1. 1. 70, zweite Show.

L056: **Message To Love** – Jimi (gi, lv), Buddy (dr, hv), Billy (ba), Billy? (hv). Rec: 1. 1. 70, zweite Show.

Anmerkung: Der Song enthält unüberhörbar einen verdächtig verschwommen klingenden Teil, der auf eine Zensur von Jimis Texten hinzuweisen scheint. Diese offensichtlich zensierte Passage kommt vor der Textzeile »They'll never understand«. Beim Isle-of-Wight-Festival (30. 8. 70) singt Jimi zum Beispiel »Forget about that pig, they'll never understand«, während auf dem Kopenhagener Konzert (3. 9. 70) die Worte »Never mind the policeman, they'll never understand« zu hören sind.

L057: **We Gotta Live Together** – Jimi (gi, hv), Buddy (dr, lv), Billy (ba), Billy? (hv). Spezialeffekt: Jimi (octavia). Comp: Buddy Miles. Rec: 1. 1. 70, zweite Show.

BAND OF GYPSYS 2

- Capitol SJ-12416 (USA) – Veröffentlicht: 10. 86 – *: Getting My Heart Back Together Again; Hey Baby (The Land Of The New Rising Sun)
  Charts: nie
- Auch auf: Capitol/EMI 1A 064-26 1174 1 (HOL)
- CD: nicht veröffentlicht

<1> Von der US-Ausgabe des Albums sind zwei verschiedene Pressungen in Umlauf, deren Cover und Label jedoch identisch sind. <2> Obwohl es als Band-Of-Gypsys-Album ausgewiesen ist, sind tatsächlich nur drei Songs (L058, L059, L060) auf dieser Veröffentlichung, die von der originalen Besetzung der Band Of Gypsys aufgeführt werden. <3> Die Tonaufnahmen (in kläglicher Qualität) von »Foxy Lady« und »Stop« wurden von einem Videotape kopiert; »Getting My Heart Back Together Again« wurde von einem Viertelzoll-Mixer-Mitschnitt überspielt. <4> Die 31. 12. 69- und alle 1. 1. 70-Songs rec: Fillmore East, New York City. <5> Alle 30. 5. 70-Songs rec (von Wally Heider auf 8-Spur, 1-Zoll): Berkeley Community Theatre, Berkeley, California. Engi: Abe Jacobs. <6> Der Atlanta-Song ist aufgenommen auf 8-Spur, 1-Zoll.

NORMALE PRESSUNG

L058: **Getting My Heart Back Together Again** – Jimi (gi, lv), Buddy (dr, hv), Billy (ba). Rec: 31. 12. 69, erste Show.

L059: **Foxy Lady** – Jimi (gi, lv), Buddy (dr, hv), Billy (ba). Rec: 1. 1. 70, erste Show.

L060: **Stop** – Jimi (gi, hv), Buddy (dr, lv, hv), Billy (ba, hv). Comp: Jerry Ragavoy & Mort Shuman. Rec: 1. 1. 70, erste Show.

Anmerkung: unvollständig.

L061: **Voodoo Child (slight return)** – Jimi (gi, vo), Mitch (dr), Billy (ba). Rec: 2nd Atlanta Pop Festival/Middle Georgia Raceway, Byron, Georgia, 4. 7. 70.

L062: **Stone Free** – Jimi (gi, vo), Mitch (dr), Billy (ba). Rec: 30. 5. 70, zweite Show.

L063: **Ezy Ryder** – Jimi (gi, vo), Mitch (dr), Billy (ba). Rec: 30. 5. 70, erste Show.

ALTERNATIVE PRESSUNG

L064: **Hey Joe** – Jimi (gi, vo), Mitch (dr), Billy (ba). Comp: William M. Roberts. Rec: 30. 5. 70, zweite Show.

L065: **Hey Baby (The Land Of The New Rising Sun)** – Jimi (gi, vo), Mitch (dr), Billy (ba). Spezialeffekt: Jimi (Uni-Vibe mit vibrato-Einstellung bei niedriger Geschwindigkeit). Rec: 30. 5. 70, zweite Show.

L066: **Lover Man** – Jimi (gi, vo), Mitch (dr), Billy (ba). Rec: 30. 5. 70, zweite Show.

Plus: Getting My Heart Back Together Again (L058); Voodoo Child (slight return) (L061); Stone Free (L062); Ezy Ryder (L063).

WOODSTOCK (Dreifach)

- Cotillion SD 3500 (USA) – Veröffentlicht: 6. 70 – *: Komplette Veröffentlichung
  Charts-Einstieg: 4 (6. 6. 70); Spitzenposition: 1; Wochen in den Charts: 68

– Atlantic K60001 (ENG) – Veröffentlicht: 6. 70
Charts-Einstieg: 35 (8. 8. 70); Spitzenposition: 35; Wochen in den Charts: 8
– Doppel-CD: Mobile Fidelity Sound Lab 4-816-1/2 (USA);
Atlantic SD 500-2 (USA, auch erhältlich in ENG)

<1> Der Rest der Veröffentlichung enthält Auftritte anderer Künstler in Woodstock. <2> Alle aufgelisteten Songs rec (von Hanley Sound Inc. auf 8-Spur, 1-Zoll): Woodstock Music & Art Fair Festival, Bethel, New York, am frühen Morgen des 18. 8. 69. Location Engi: Eddie Kramer & Lee Osborne. Prod: Eric Blackstead. <3> Jimi nannte seine Band »Gypsy Sun And Rainbows«. <4> Star Spangled Banner, Purple Haze und Instrumental-Solo bilden in Wirklichkeit ein Medley. <5> Das Instrumental-Solo war nicht der letzte aufgeführte Song des Konzerts, auch wenn der Woodstock-Film und das Album diesen Eindruck erwecken.

L067: **Star Spangled Banner** – Jimi (gi), Mitch (dr), Billy (Teile von ba). Comp: Francis Scott Key.

Anmerkung: Dieser Song beginnt mit einigen Sekunden von »Voodoo Child (slight return)«.

L068: **Purple Haze** – Jimi (gi, vo), Mitch (dr), Billy (ba), Larry (Rhythmus-gi), Juma (ta), Jerry (pe).

Anmerkung: unvollständig (das Instrumental-Intro am Anfang des Songs wurde herausgenommen). Siehe L625 für komplette Version.

WOODSTOCK TWO (Doppel)

– Cotillion SD 2400 (USA) – Veröffentlicht: 4. 71 – *: Komplette Veröffentlichung
Charts-Einstieg: 28 (10. 4. 71); Spitzenposition: 8; Wochen in den Charts: 17
– Atlantic K60002 (ENG) – Veröffentlicht: 4. 71
Charts: nie
– Doppel-CD: Mobile Fidelity Sound Lab 4-816-3/4 (USA); Atlantic 781 981-2 (GER)

<1> Weitere Aufnahmen vom Woodstock-Konzert (siehe vorige Veröffentlichung für nähere Information). <2> Der Rest der Veröffentlichung enthält Auftritte anderer Künstler in Woodstock.

L070: **Jam Back At The House** – Jimi (gi), Mitch (dr), Billy (ba), Larry (rhythm gi), Juma (cow-bell, pe), Jerry (pe). Comp: Mitch Mitchell.

Anmerkung: <1> Song a.k.a.: Beginning. <2> Unvollständig. Siehe L620 für komplette Version.

L071: **Izabella** – Jimi (gi, vo), Mitch (dr), Billy (ba), Larry (rhythm gi), Juma (pe), Jerry (pe).

Anmerkung: unvollständig. Siehe L621 für komplette Version.

L072: **Getting My Heart Back Together Again** – Jimi (gi, vo), Mitch (dr), Billy (ba), Larry (rhythm gi), Juma (maracas, pe), Jerry (congas).

Anmerkung: unvollständig. Siehe L614 für komplette Version.

JIMI PLAYS MONTEREY

– Reprise 25358-1 (USA) – Veröffentlicht: 2. 86 –*: Komplette Veröffentlichung
– Auch auf: Polydor 827 990-1 (GER)
– CD: Polydor 827 990-2 (GER); Reprise 9 25358-2 (USA)

<1> Diese Veröffentlichung enthält den gesamten Auftritt (mit korrekter Reihen-

folge der Songs) vom Monterey International Pop Festival, Monterey, California, 18. 6. 67 (rec: von Wally Heider auf 8-Spur, 1-Zoll). 1967 Engi: Eric Weinbang. <2> Die Reprise-CD ist von etwas besserer Tonqualität und auch, verglichen mit den anderen aufgeführten Veröffentlichungen, 4 : 37 min länger (sie enthält das komplette Stimmen der Instrumente und alle »Gespräche« der Musiker zwischen den Songs) <3> Konzertansage: Brian Jones.

L073: **Killin' Floor** – Jimi (gi, vo), Mitch (dr), Noel (ba). Comp: Howlin' Wolf (richtiger Name: Chester Burnett).

L074: **Foxy Lady** – Jimi (gi, lv), Mitch (dr), Noel (ba, hv).

L075: **Like A Rolling Stone** – Jimi (gi, vo), Mitch (dr), Noel (ba). Comp: Bob Dylan.

L076: **Rock Me, Baby** – Jimi (gi, vo), Mitch (dr), Noel (ba). Comp: B. B. King & Joe Josea.

L077: **Hey Joe** – Jimi (gi, vo), Mitch (dr), Noel (ba). Comp: William M. Roberts.

L078: **Can You See Me** – Jimi (gi, vo), Mitch (dr), Noel (ba).

L079: **The Wind Cries Mary** – Jimi (gi, vo), Mitch (dr), Noel (ba).

L080: **Purple Haze** – Jimi (gi, vo), Mitch (dr), Noel (ba).

L081: **Wild Thing** – Jimi (gi, lv, Zungenschnalzen), Mitch (dr), Noel (ba, hv). Comp: Chip Taylor.

HISTORIC PERFORMANCES RECORDED AT THE MONTEREY INTERNATIONAL POP FESTIVAL

- Reprise MS 2029 (USA) – Veröffentlicht: 9. 70
  Charts-Einstieg: 53 (19. 9. 70); Spitzenposition: 16; Wochen in den Charts: 20
- Auch auf: Atlantic 40 430 (FRA); nicht veröffentlicht (ENG)
- CD: Nicht veröffentlicht

<1> Der Rest der Veröffentlichung enthält einen Teil des Auftritts von Otis Redding. <2> Siehe die vorige Eintragung zum kompletten JHE-Auftritt in Monterey.

Enthält: Like A Rolling Stone (L075); Rock Me, Baby (L076); Can You See Me (L078); Wild Thing (L081).

VOODOO CHILD (SLIGHT RETURN) b/w HEY JOE b/w ALL ALONG THE WATCHTOWER

- Track 2095 001 (ENG) – Veröffentlicht: 23. 10. 70 – Maxi-Single
  Charts-Einstieg: 15 (7. 11. 70); Spitzenposition: 1; Wochen in den Charts: 13
- Nicht veröffentlicht (USA)

Enthält: Voodoo Child (slight return) (S048); Hey Joe (S001); All Along The Watchtower (S034).

THE CRY OF LOVE

- Reprise MS 2034 (USA) – Veröffentlicht: 3. 71 – *: Komplette Veröffentlichung
  Charts-Eintritt: 18 (6. 3. 71); Spitzenposition: 3; Wochen in den Charts: 39
- Track 2408 101 (ENG) – Veröffentlicht: 5. 3. 71
  Charts-Einstieg: 2 (3. 4. 71); Spitzenposition: 2; Wochen in den Charts: 13
- Auch auf: Polydor 2480 027 (GER); Barclay 080 433 (FRA)
- CD: Reprise 2034-2 (USA); Polydor 829 926-2 (GER); Polydor P33P 25011 (JAP)

<1> Die meisten Aufnahmen dieser Veröffentlichung und die meisten Studioaufnahmen des »Rainbow-Bridge«-Albums waren von Jimi für eine Doppel-LP mit dem Titel »First Rays Of The New Rising Sun« geplant. <2> Posthum: Mitch nahm kleine Schlagzeugparts neu auf und korrigierte sie, Eddie Kramer mischte noch einen Teil der Aufnahmen ab und nahm Veränderungen an bereits fertigen Mixes vor. <3> Die CD-Veröffentlichung der Firma Polydor (GER) enthält eine leicht gekürzte Version von »Freedom«. Alle anderen CDs enthalten die komplette Version.

S082: **Freedom** – Jimi (gs, lv), Mitch (dr), Billy (ba), Arthur Allen & Albert Allen (hv), Juma (congas), Unbekannt (pi). Rec: ELE, 6. 70. Engi: Eddie. Prod: Jimi

Anmerkung: Dieser Song bezieht sich (teilweise) auf Devon Wilson.

S083: **Drifting** – Jimi (gs, vo), Mitch (dr), Bill (ba). Spezialeffekt: Jimi (Rückwärts-gi). Rec: ELE, 6. 70 oder 7. 70. Engi: Eddie. Prod: Jimi. Ende 1970 hinzugefügt: Buzzy Linhart (vibraphone).

Anmerkung von Buzzy Linhart: »Das war posthum [aufgenommen worden], es war eine sehr emotionale Angelegenheit für mich . . . Die meisten Sachen waren fertig, aber er erzählte Eddie und Mitch, daß er nicht wüßte, ob er auf ›Drifting‹ noch eine Rhythmusgitarre oder ein Vibraphon hinzufügen sollte. Wir mieteten ein Vibraphon, aber es lagen keine Noten vor.«

S084: **Ezy Ryder** – Jimi (gs, lv, hv), Buddy (dr), Buddy? (hv), Billy (ba), Juma (cow-bell), Juma oder Jerry (congas), Steve Winwood? (hv), Chris Wood? (hv), Unbekannt (ta). Rec. PLA, 18. 12. 69. Engi: Tony Bongiovi? Prod: Heaven Research Unlimited

S085: **Night Bird Flying** – Jimi (gs, vo), Mitch (dr), Billy (ba), Juma (cow-bell, pe). Rec: ELE, 16. 6. 70. Engi: Eddie. Prod: Jimi.

S086: **My Friend** – Jimi (ba, vo), Jimmy Mayes (dr), Kenny Pine (ba), Paul Caruso (ha), Stephen Stills (pi). Rec: CEN, 17. o. 18. 3. 68. Prod: Chas.

Anmerkung von Paul Caruso (Rolling Stone 10. 6. 71): »Da die simple Wahrheit immer rauszukommen scheint, laß es mich einfach so sagen: Die Mundharmonika auf ›My Friend‹ von ›The Cry Of Love‹ wurde nicht von irgendeiner Person namens Gers gespielt, sondern von mir . . . Ich versuchte, eine Änderung der Credits auf diplomatischem Weg zu erreichen, um rechtliche Schritte zu vermeiden, die ein anderer Musiker, der an dieser Platte beteiligt war, eingeleitet hatte – doch keiner von uns erreichte etwas. Wieder mal Michael Jeffery.«

S087: **Straight Ahead** – Jimi (gi, vo, Stimme), Mitch (dr), Billy (ba), Eddie (leise Stimme aus dem Kontrollraum). Rec: ELE 16.(?) 6. 70. Engi: Eddie. Prod: Jimi.

S088: **Astro Man** – Jimi (gs, vo), Mitch (dr), Billy (ba), Juma (cow-bell, pe). Spezialeffekt: Jimi (Uni-Vibe mit Vibratoeinstellung bei sehr niedriger Geschwindigkeit – zweite gi); Becken mit Phasing. Rec: ELE, 24.(?) 6. 70. Engi: Eddie. Prod: Jimi

S089: **Angel** – Jimi (gs, vo, voice), Mitch (dr), Billy (ba). Spezialeffekt: unbekannte Art von Orgeleffekt auf Jimis gi. Rec: ELE, 23. 7. 70. Engi: Eddie. Prod: Jimi

Anmerkung: Komponiert von Jimi Anfang 1968, nachdem er von seiner Mutter Lucille geträumt hatte.

S090: **In From The Storm** – Jimi (gs, lv, hv, voice), Mitch (dr), Billy (ba), Emeretta Marks (hv). Rec: ELE, 21. und 22. 7. 70. Engi: Eddie. Prod: Jimi.

Anmerkung von Emeretta Marks: »Ursprünglich versuchte Eddie es mit uns vieren, doch unsere Stimmen paßten nicht zueinander; [statt dessen] sang ich mit Jimi. Ich sang all diese hohen Stellen.«

S091: **Belly Button Window** – Jimi (gs, vo, Pfiffe). Rec: ELE, 22. 8. 70. Engi: Eddie. Prod: Jimi.

Anmerkung: Dies ist Jimis allerletzte Studioaufnahme. Aufgenommen auf 4-Spur, Halb-Zoll.

FREEDOM b/w ANGEL

– Reprise 1000 (USA) – Veröffentlicht: 8. 3. 71 – Single
Charts-Einstieg: 99 (3. 4. 71); Spitzenposition: 59; Wochen in den Charts: 8

– Nicht veröffentlicht (ENG)

Enthält: Freedom (S082); Angel (S089).

EXPERIENCE

– Ember 5057 (ENG) – Veröffentlicht: 8. 71
Charts: nie

– Auch auf: Ariola 85 087TT (GER); Sonet SLPS 1526 (SWE); Entertainment International SLDEI 782 (FRA)

– Nicht veröffentlicht (USA)

– CD: Nicht veröffentlicht

<1> Alle Songs rec: Royal Albert Hall, London, 24. 2. 69, auf 4-Spur, Halb-Zoll. Engi: Glyn Johns. <2> Die Songs auf dieser Veröffentlichung sind sehr schlecht gemischt. <3> Der Film »Experience« ist bisher nicht veröffentlicht worden. <4> Der Hüllentext der Veröffentlichung gibt ein falsches Datum für das Konzert an und behauptet fälschlicherweise, die Aufnahmen seien ». . . möglicherweise die letzten aufgenommenen Klänge von Jimi Hendrix«!

L092: **The Sunshine Of Your Love** – Jimi (gi), Mitch (dr), Noel (ba). Comp: Pete Brown & Jack Bruce & Eric Clapton.

Anmerkung: Dieser Song war nicht die »Opening Jam« des Konzerts, wie der Covertext behauptet (»Lover Man« war der erste Song).

L093: **Room Full Of Mirrors** – Jimi (gi, vo), Mitch (dr, cow-bell), Noel (ba), Dave Mason (gi), Chris Wood (fl), Kwasi »Rocky« Dzidzournu (bongos)

L094: **Bleeding Heart** – Jimi (gi, vo), Mitch (dr), Noel (ba). Comp: Elmore James.

Anmerkung: Siehe L183 für eine Version desselben Songs in wesentlich besserer Klangqualität.

L095: **Smashing Of Amps** – Jimi (gi), Mitch (dr), Noel (ba).

MORE EXPERIENCE

– Ember NR 5061 (ENG) – Veröffentlicht: 3. 72

– Auch auf: Sonet SLPS 1535 (SWE); Entertainment International LDM 30.148 (FRA); Kaleidoscope KAL 19026 (FRA)

– Nicht veröffentlicht (USA)

– CD: nicht veröffentlicht

Anmerkungen: <1> Alle Songs rec: Royal Albert Hall, London, 24. 2. 69. <2> Siehe vorige Veröffentlichung für weitere Informationen.

L096: **Little Wing** – Jimi (gi, vo), Mitch (dr), Noel (ba).

Anmerkungen: <1> Unkorrekt angegeben als: Little Ivey. <2> Siehe L125 für eine Version desselben Songs in wesentlich besserer Klangqualität.

L097: **Voodoo Child (slight return)** – Jimi (gi, vo), Mitch (dr), Noel (ba).

Anmerkung: Siehe L122 für eine Version desselben Songs in wesentlich besserer Klangqualität.

L098: **Fire** – Jimi (gi, vo), Mitch (dr), Noel (ba).

L099: **Purple Haze** – Jimi (gi, vo), Mitch (dr), Noel (ba).

L100: **Wild Thing** – Jimi (gi, Zungenschnalzen), Mitch (dr), Noel (ba). Comp: Chip Taylor.

Anmerkungen: <1> Unvollständig. <2> »Purple Haze« und »Wild Thing« bilden ein Medley.

Plus: Teil von Room Full Of Mirrors (L093); Teil von Bleeding Heart (L094).

THE LAST EXPERIENCE

- CD: Bescol CD-42 (GER oder ITA) – Veröffentlicht: 80er Jahre
- Auch auf CD (betitelt: Experience): Bulldog Records BDCD 400023 (ENG)

Die Bescol-Veröffentlichung behauptet fälschlicherweise: »Final Live Performance«.

Enthält: Little Wing (L096); Voodoo Child (slight return) (L097); Teil von Room Full Of Mirrors (L093); Fire (L098); Purple Haze (L099); Wild Thing (L100); Teil von Bleeding Heart (L094); The Sunshine Of Your Love (L092); Room Full Of Mirrors (L093); Bleeding Heart (L094); Smashing Of Amps (L095).

GYPSY EYES; REMEMBER b/w PURPLE HAZE; STONE FREE

- Track 2094 010 (ENG) – Veröffentlicht: 10. 71 – Maxisingle
  Charts-Eintritt: 50 (30. 10. 71); Spitzenposition: 35; Wochen in den Charts: 5
- Nicht veröffentlicht (USA)

Enthält: Gypsy Eyes (S042); Remember (S016); Purple Haze (S003); Stone Free (S002).

ISLE OF WIGHT

- Polydor 2302 016 (ENG) – Veröffentlicht: 11. 71 – *: Komplette Veröffentlichung
  Charts-Eintritt: 17 (20. 11. 71); Spitzenposition: 17; Wochen in den Charts: 2
- Auch auf: Polydor 2310 139 (GER); Barclay 80 462 (FRA); nicht veröffentlicht (USA)
- CD: Polydor 831 313-2 (GER); Polydor P33P 25010 (JAP); nicht veröffentlicht (USA)

<1> Konzertansage: Jeff Dexter. <2> Alle Songs rec: Isle Of Wight Festival, England, 30. 8. 70, vom Pye Mobile. Mix (1971): Carlos Olms. <3> »Midnight Lightning« and »Foxy Lady« bilden in Wirklichkeit ein Medley. <4> Die in Spanien veröffentlichte LP-Version (Polydor 2310 151) war zensiert: »Freedom« wurde vollständig entfernt!

L101: **Midnight Lightnin'** – Jimi (gi, vo), Mitch (dr), Billy (ba).

Anmerkungen: <1> Jimi: »Ich schaue gern den Blitzen zu. Besonders auf den Feldern zwischen Blumen, wenn ich alleine bin.« <2> Siehe S765 für die erste aufgenommene Version dieses Songs. <3> Siehe S163 für einen vollständig anderen Song mit demselben Titel.

L102: **Foxy Lady** – Jimi (gi, vo), Mitch (dr), Billy (ba).

L103: **Lover Man** – Jimi (gi, vo), Mitch (dr), Billy (ba).

L104: **Freedom** – Jimi (gi, vo), Mitch (dr), Billy (ba).

L105: **All Along The Watchtower** – Jimi (gi, vo), Mitch (dr), Billy (ba). Comp: Bob Dylan.

L106: **In From The Storm** – Jimi (gi, vo), Mitch (dr), Billy (ba).
THE FIRST GREAT ROCK FESTIVALS OF THE SEVENTIES: ISLE OF WIGHT/ATLANTA POP FESTIVAL (Doppel)

- *: Message to Love
- Columbia G3X 30805 (USA) – Veröffentlicht: 9. 71
  Charts-Einstieg: 91 (18. 9. 71); Spitzenposition: 47; Wochen in den Charts: 9
- CBS 66311 (ENG) – Veröffentlicht: 10. 71
  Charts: nie
- CD: nicht veröffentlicht

<1> Alle angeführten Songs rec: Isle-Of-Wight-Festival, 30. 8. 70. <2> Der Rest der Veröffentlichung enthält Material anderer Künstler.
L107: **Message To Love** – Jimi (gi, vo), Mitch (dr), Billy (ba).
Anmerkung: Fälschlicherweise angegeben als: Power To Love.
L108: **Midnight Lightnin'** – Jimi (gi, vo), Mitch (dr), Billy (ba).
Anmerkung: Dies ist die gleiche Version wie L101. Unterschiede: unvollständig; anderer Mix.
L109: **Foxy Lady** – Jimi (gi, vo), Mitch (dr), Billy (ba).
Anmerkung: Dies ist die gleiche Version wie L102. Unterschiede: unvollständig; anderer Mix.
RARE TRACKS

- Polydor 2482 274 (ENG) – Veröffentlicht: 4. 76
  Charts: nie
- Auch auf: Polydor MPF 1009 (JAP); nicht veröffentlicht (USA)
- CD: nicht veröffentlicht

<1> Ein weiterer Song vom Isle-Of-Wight-Festival, 30. 8. 70. <2> Der Rest der Veröffentlichung enthält Material anderer Künstler.
L110: **Dolly Dagger** – Jimi (gi, vo), Mitch (dr), Billy (ba).
RAINBOW BRIDGE

- Reprise MS 2040 (USA) – Veröffentlicht: 10. 71 – *: Komplette Veröffentlichung
  Charts-Eintritt: 69 (9. 10. 71), Spitzenposition: 15; Wochen in den Charts: 21
- Reprise K44159 (ENG) – Veröffentlicht: 11. 71
  Charts-Einstieg: 16 (4. 12. 71); Spitzenposition: 16; Wochen in den Charts: 10
- Auch auf: Reprise REP 54004 (GER); Reprise 54004 (FRA)
- CD: nicht veröffentlicht

<1> Obwohl das Cover und die Label »Original Motion Picture Soundtrack« behaupten, stammt keine dieser Aufnahmen tatsächlich aus den zwei Live-Shows, die Jimi, Mitch und Billy am 30. 7. 70 in Hawaii aufführten. <2> Um »Platz zu schaffen« für die Crash-Landing-, Midnight-Lightning- und Nine-To-The-Universe-Veröffentlichungen, zog Reprise dieses Album in den USA aus dem Verkehr (folglich ist es bisher auch nicht als CD erhältlich). Unverzeihlich, zumal die meisten der Studioaufnahmen dieser Veröffentlichung, zusammen mit dem größten Teil der Songs auf The Cry Of Love (plus einigen zusätzlichen Songs), von Jimi für die Veröffentlichung einer Doppel-LP mit dem Titel The First Rays Of The New Rising Sun geplant waren.
S111: **Dolly Dagger** – Jimi (gs, lv, hv), Mitch (dr), Billy (ba, fuzz bass), Juma (congas), Unbekannt (pe), Arthur Allen & Albert Alln (hv), Unbekannt

(Fußstampfen). Spezialeffekt: Jimi (Uni-Vibe mit Vibratoeinstellung). Rec: ELE, 1. 7. 70. Engi: Eddie. Prod: Jimi.

Anmerkungen: <1> Dieser Song wurde angeregt von Devon Wilson (= Dolly Dagger). <2> Arthur Allen & Albert Allen a.k.a.: The Ghetto Fighters.

S112: **Earth Blues** – Jimi (gs, lv, hv, voice), Buddy (dr, hv), Billy (ba), The Ronettes (Veronica Bennett & Estelle Bennett & Nedra Talley) (hv), Juma? (pe, maracas), Unbekannt (ta), Unbekannt (cow-bell). Spezialeffekt: Jimi (Uni-Vibe mit Vibrato-Einstellung). Rec: PLA, 19. 12. 69 (basic track); PLA 20. 1. 70 (zusätzliche Aufnahmen). Prod: Heaven Research Unlimited.

S113: **Pali Gap** – Jimi (gs, voice), Mitch (dr), Billy (ba), Juma (pe, congas), Unbekannt (ta), Unbekannt (cow-bell). Spezialeffekt: Jimi (Uni-Vibe mit Vibrato-Einstellung). Rec: ELE, 1. 7. 70. Engi: Eddie. Prod: Jimi.

Anmerkung: Pali ist die Göttin der Vulkane auf Hawaii.

S114: **Room Full Of Mirrors** – Jimi (gs, vo), Buddy (dr), Billy (ba), Juma (pe, congas), Unbekannt (cow-bell). Spezialeffekt: Jimi (slide mit seinem Ring oder Armband; octavia). Rec: PLA, 17. 11. 69. Engi: Tony Bongiovi? Prod: Heaven Research Unlimited.

S115: **Star Spangled Banner** – Jimi (gs). Comp: Francis Scott Key. Spezialeffekt: Jimi (octavia). Rec: PLA, 18. 3. 69. Prod: Jimi

Anmerkung: Jimi nahm zuerst den Basic Track auf, spielte dann weitere Rhythmus- und Sologitarren darüber, während der Basic Track mit halber Geschwindigkeit lief; daher hört man die Gitarrensoli in doppelter Geschwindigkeit, wenn der Song auf Schallplatte mit normaler Geschwindigkeit läuft.

S116: **Look Over Yonder** – Jimi (gs, vo, Stimme), Mitch (dr), Noel (ba). Rec: TTG, 22. 10. 68. Prod: Jimi

Anmerkung: <1> Song a.k.a.: »Mr Bad Luck«. <2> Jimi spielte »Mr Bad Luck« während der Live-Auftritte mit seiner Gruppe Jimmy James & The Blue Flames im Sommer 1966 in New York City. <3> Siehe S236 für »Mr Bad Luck«.

L117: **Getting My Heart Back Together Again** – Jimi (gi, vo), Mitch (dr), Billy (ba). Rec: Berkeley Community Theatre, Berkeley, California, 30. 5. 70, erste Show.

S118: **Hey Baby (The Land Of The New Rising Sun)** – Jimi (gi, vo, voice), Mitch (dr), Billy (ba), Juma (pe). Spezialeffekt: Jimi (Uni-Vibe mit Vibrato-Einstellung bei hoher Geschwindigkeit). Rec: ELE, 1.(?) 7. 70. Engi: Eddie. Prod: Jimi.

Anmerkung: Song a.k.a.: Gypsy Boy (New Rising Sun).

DOLLY DAGGER b/w STAR SPANGLED BANNER

- Reprise 1044 (USA) – Veröffentlicht: 10. 71 – Single
  Charts-Einstieg: 89 (23. 10. 71); Spitzenposition: 64; Wochen in den Charts: 7
- Nicht veröffentlicht (ENG)

Enthält: Dolly Dagger (S111); Star Spangled Banner (S115).

Anmerkung: Spätere Reprise-Singles kamen nicht mehr in die Charts.

HENDRIX IN THE WEST

- Polydor 2302 018 (ENG) – Veröffentlicht: 1. 72 – *: Johnny B. Goode; Little Wing; Red House
  Charts-Eintritt: 8 (12. 2. 72); Spitzenposition: 7; Wochen in den Charts: 12

- Reprise MS 2049 (USA) – Veröffentlicht: 2. 72
  Charts-Einstieg: 43 (4. 3. 72); Spitzenposition: 12; Wochen in den Charts: 19
- Auch auf: Polydor 2310 161 (GER); Barclay 80 448 (FRA)
- CD: Polydor 831 312-2 (GER); Polydor P33P 25004 (JAP); nicht veröffentlicht (USA)

<1> Alle 24. 2. 69-Songs rec (auf 4-Spur, Halb-Zoll): Royal Albert Hall, London. Engi: Glyn Johns. <2> Die 24. 5. 69-Songs rec (von Wally Heider) auf 8-Spur, 1-Zoll. Engi: Abe Jacobs. <3> Alle 30. 5. 70-Songs rec: Berkeley Community Theatre, Berkeley, California. <4> Alle 30. 8. 70-Songs rec: Isle-Of-Wight-Festival, England.

L119: **Johnny B. Goode** – Jimi (gi, vo), Mitch (dr), Billy (ba). Comp: Chuck Berry. Rec: 30. 5. 70, erste Show.

L120: **Lover Man** – Jimi (gi, vo), Mitch (dr), Billy (ba). Rec: 30. 5. 70, zweite Show.

L121: **Blue Suede Shoes** – Jimi (gi, vo), Mitch (dr), Billy (ba). Comp: Carl Lee Perkins. Rec: 30. 5. 70, Nachmittagsprobe.

Anmerkung: Leicht gekürzt. Siehe L825 für die komplette Version.

L122: **Voodoo Child (slight return)** – Jimi (gi, vo), Mitch (dr), Noel (ba). Rec: 24. 2. 69

L123: **God Save The Queen** – Jimi (gi), Mitch (dr), Billy (ba). Comp: Dr. John Ball. Rec: 30. 8. 70

L124: **Sergeant Pepper's Lonely Hearts Club Band** – Jimi (gi, vo), Mitch (dr), Billy (ba). Comp: John Lennon & Paul McCartney. Rec: 30. 8. 70

L125: **Little Wing** – Jimi (gi, vo), Mitch (dr), Noel (ba). Rec: 24. 2. 69

L126: **Red House** – Jimi (gi, vo), Mitch (dr), Noel (ba). Rec: Sports Arena, San Diego, California, 24. 5. 69

JOHNNY B. GOODE b/w LITTLE WING

- Polydor 2001-277 (ENG) – Veröffentlicht: 1. 72 – Single
  Charts-Eintritt: 50 (12. 2. 72); Spitzenposition: 35; Wochen in den Charts: 3
- Auch auf: Polydor 2001 277 (GER)

Enthält: Johnny B. Goode (L119); Little Wing (L125).

MUSIQUE ORIGINALE DU FILM JIMI PLAYS BERKELEY

- Barclay 80.555 (FRA) – Veröffentlicht: späte 70er Jahre
- Nicht veröffentlicht (ENG); nicht veröffentlicht (USA)
- CD: nicht veröffentlicht

Dies ist nicht der Soundtrack des Films »Jimi Plays Berkeley«, wie der Titel dieser Veröffentlichung suggerieren will. Tatsächlich stammen nur »Johnny B. Goode« und »Lover Man« vom Berkeley-Konzert.

Enthält: Johnny B. Goode (L119); Purple Haze (S003); Star Spangled Banner (L067); Little Wing (L125); Voodoo Child (slight return) (L122); Machine Gun (L053); I Don't Live Today (S012); Lover Man (L120).

WAR HEROES

- Polydor 2302 020 (ENG) – Veröffentlicht: 1. 10. 72 – *: Bleeding Heart; Tax Free; Midnight; Beginning
  Charts-Einstieg: 40 (11. 11. 72); Spitzenposition: 23; Wochen in den Charts: 3
- Auch auf: Polydor 2310208 (GER); Barclay 80467 (FRA)
- CD: Polydor 813 573-2 (GER)

S127: **Bleeding Heart** – Jimi (gs, vo), Mitch oder Buddy (dr), Billy (ba), Juma und/oder Jerry (cow-bell, pe), Unbekannt (ta), Unbekannt (rhythm gi). Comp: Elmore James. Rec: PLA, 18. 12. 69 und/oder 24. 3. 70. Prod: Jimi.

S128: **Tax Free** – Jimi (gs), Mitch (dr), Unbekannt (ba), unwahrscheinlich: Noel, Steve Winwood? (or). Spezialeffekt: Orgelsound von Jimis gi (nicht bekannt, wie dieser Effekt erzielt wurde). Comp: Bo Hansson & Janne Karlsson. Rec: PLA, 1. 5. 68. Engi: Eddie? Prod: Jimi.

S129: **Peter Gunn** – Jimi (gi, voice), Mitch (dr), Billy (ba), Eddie (Stimme aus dem Kontrollraum). Comp: Henry Mancini. Rec: PLA oder ELE, Mitte 70. Engi: Eddie. Prod: Jimi

Anmerkung: <1> »Peter Gunn« war das erste Stück, das Jimi in seiner Kindheit in Seattle spielen lernte. <2> »Peter Gunn« und »Catastrophe« bilden in Wirklichkeit ein Medley.

S130: **Catastrophe** – Jimi (gi, vo, voice), Mitch (dr, voice), Billy (ba), Eddie (Stimme aus dem Kontrollraum). Rec: PLA oder ELE, Mitte 70. Engi: Eddie. Prod: Jimi.

Anmerkung: Dieser Song ist in Wirklichkeit eine Übernahme des Songs »Jealousy« (Comp: V. Bloom & Gade), der von Frankie Laine Ende 1951 populär gemacht wurde. Während der Improvisation von »Catastrophe« erfindet Jimi seinen eigenen Text.

S131: **Stepping Stone** – Jimi (gs, vo), Buddy (dr), Billy (ba), Bob Hughes? (Stimme aus dem Kontrollraum). Rec: PLA, 14. 11. 69. Engi: Bob Hughes. Prod: Heaven Research Unlimited. 1972 gelöscht: Buddy (dr), Bob Hughes (Stimme aus dem Kontrollraum). 1972 hinzugefügt: Mitch (dr).

Anmerkung: Dies ist dieselbe Grundversion wie S050. Unterschiede: neuer Schlagzeug-Take; etwas anderer Mix. Siehe S050 für die unveränderte Originalversion mit Buddy (dr).

S132: **Midnight** – Jimi (gi), Mitch (dr), Noel (ba). Spezialeffekt: heftiges Phasing (auf gi). Comp: Noel Redding. Rec: OLM, möglicherweise 4. 69. Prod: Jimi.

Anmerkung: Song a.k.a.: Trashman. Siehe S162 für Trashman.

S133: **3 Little Bears** – Jimi (gs, vo), Mitch (dr), Noel? (ba), Unbekannt (cowbell). Rec: PLA, 2. 5. 68. Engi: Gary oder Eddie. Prod: Jimi.

Anmerkung: <1> Siehe S136 für dieselbe, doch zensierte Version! <2> Unvollständig. Siehe S782 für die komplette Version.

S134: **Beginning** – Jimi (gi), Mitch (dr), Billy (ba), Juma (bongos), Juma? (temple block). Comp: Mitch Mitchell. Rec: ELE, 16. 6. 70 und/oder 1. 7. 70. Engi: Eddie. Prod: Jimi. 1972 gelöscht: Juma (bongos), Juma? (temple block).

Anmerkung: <1> Song a.k.a.: »Jam Back At The House«. <2> Leicht unvollständig. <3> Siehe S738 für die komplette und unveränderte Version.

S135: **Izabella** – Jimi (gs, lv, hv, voice), Buddy (dr, hv), Billy (ba), Juma und Jerry (ta, pe, maracas), Unbekannt (hv). Rec: HIT, 28 und 29. 8. 69. Prod: Jimi oder Heaven Research Unlimited

Anmerkung: Dies ist dieselbe Version wie S051. Unterschiede: leicht veränderter Mix; Jimis Stimme nach vorn gemischt. Plus: Highway Chile (S006).

WAR HEROES

– Reprise MS 2103 (USA) – Veröffentlicht: 12. 72

Charts-Eintritt: 171 (9. 12. 72); Spitzenposition: 48; Wochen in den Charts: 18
– CD: nicht veröffentlicht (siehe vorige Eintragung)

S136: **Three Little Bears** – Jimi (gs, vo), Mitch (dr), Noel? (ba), Unbekannt (cowbell). Rec: PLA, 2. 5. 68. Engi: Gary oder Eddie. Prod: Jimi.

Anmerkung: Nur für diese Veröffentlichung wurden 1972 einige Zeilen von Jimis Text (»Oh fuck me, fuck me« und »Stop that shit, stop it« sowie einige andere Worte) gelöscht oder ganz weit nach hinten gemischt. Alle europäischen Veröffentlichungen (siehe vorige Eintragung) enthalten den gesamten Text, wie er ursprünglich von Jimi gesungen und aufgenommen wurde.

Plus: Bleeding Heart (S127); Tax Free (S128); Peter Gunn (S129); Catastrophe (S130); Stepping Stone (S131); Midnight (S132); Beginning (S134); Izabella (S135).

WATERFALL b/w 51st ANNIVERSARY
– Barclay 61 389 (FRA) – Veröffentlicht: 72 – Single
– Nicht veröffentlicht (ENG); nicht veröffentlicht (USA)

Dies ist eine Wiederveröffentlichung mit dem Untertitel: »Jimi Hendrix Story Vol. 7«.

S137: **Waterfall** – Jimi (gs, vo, Geräusch beim Wenden eines Textblattes), Mitch (dr), Mitch? (ta), Noel (ba). Rec: OLY, 3. 4. 67. Prod: Chas.

Anmerkung: <1> Song a.k.a.: May This Be Love. <2> Dies ist dieselbe Grundversion wie S013. Unterschied: leicht veränderter Mix. <3> Diese Version ist auf keiner anderen Veröffentlichung zu finden.

Plus: 51st Anniversary (S001).

ALL ALONG THE WATCHTOWER b/w CROSSTOWN TRAFFIC
– Reprise 0742 (USA) – Veröffentlicht: 83(?) – Single (Stereo)

Dies ist eine Wiederveröffentlichung mit dem Untertitel: »Back To Back Hits«.

Enthält: All Along The Watchtower (S034); Crosstown Traffic (S037).

ALL ALONG THE WATCHTOWER b/w CROSSTOWN TRAFFIC
– Reprise GRE 0742 (USA) – Veröffentlicht: 83(?) – Single (Mono)

Dies ist eine Wiederveröffentlichung mit dem Untertitel: ›Back To Back Hits‹.

S138: **All Along The Watchtower** – Jimi (gs, vo), Mitch (dr), Dave Mason (ba, acoustic gi), Mitch (temple block), Unbekannt (ta). Comp: Bob Dylan. Spezialeffekt: Jimi (Slide-Effekt mit der Rückseite seines Feuerzeugs und der gi auf dem Schoß). Rec: OLY, 21. 1. 68 (basic track); PLA, 4. 68 oder 5. 68 (Transfer von 4-Spur auf 12-Spur, plus zusätzliche Aufnahmen). Engi: Eddie (OLY); Gary (PLA). Prod: Chas (OLY); Jimi (PLA). 1968 (bei PLA) gelöscht: Dave Mason (ba). 1968 (bei PLA) hinzugefügt: Jimi (ba).

Anmerkung: Dies ist dieselbe Grundversion wie S034. Unterschied: anderer Mono-Mix. Diese Version ist auf keiner anderen Veröffentlichung zu finden.

Plus: Crosstown Traffic (S037).

SOUNDTRACK RECORDINGS FROM THE FILM JIMI HENDRIX (Doppel)
– Reprise K 64017 (ENG) – Veröffentlicht: 14. 6. 73 – *: Red House; Getting My Heart Back Together Again
Charts-Einstieg: 37 (21. 7. 73); Spitzenposition: 37; Wochen in den Charts: 1
– Reprise 2RS 6481 (USA) – veröffentlicht: 7. 73
Charts-Einstieg: 150 (14. 7. 73); Spitzenposition: 89; Wochen in den Charts: 18
– Auch auf: Reprise REP 64 107 (GER)
– CD: nicht veröffentlicht

<1> Diese Veröffentlichung enthält (neben den unten angeführten) 12 weitere Kurzinterviews mit verschiedenen anderen Personen. <2> Alle Stücke vom 19. 12. 67 rec: Bruce Flemings Fotostudio, 12 Great Newport Street, London WC2. <3> Alle Songs vom 30. 8. 70 rec: Isle-Of-Wight-Festival, England.

L139: **Machine Gun** – Jimi (gi, vo), Mitch (dr), Billy (ba). Rec: 30. 8. 70

Anmerkung: unvollständig. Siehe L698 für komplette Version.

I140: **Interview mit Jimi** – von Meatball Fulton. Rec: Jimis Wohnung, Upper Berkeley Street, London W1, Mitte 12. 67

Anmerkung: <1> Dieses Interview befindet sich auf Seite 1 (drittes Stück). <2> Siehe I295 für das komplette Interview.

L141: **Purple Haze** – Jimi (gi, vo), Mitch (dr), Billy (ba). Rec: Berkeley Community Theatre, Berkeley, California, 30. 5. 70, erste Show.

I142: **Interview mit Jimi** – aus dem Film *See My Music Talking* (a.k.a.: *Experience*). Rec: 19. 12. 67

Anmerkung: <1> Dieses Interview befindet sich auf Seite 2 (erstes Stück). <2> Weitere Interview-Auszüge enthält der Film.

I143: **Interview mit Jimi** – von unbekannter Person. Rec: möglicherweise Copter Lounge, Pan Am Building, Manhattan, New York City, 30. 1. 68.

Anmerkung: Dieses Interview befindet sich auf Seite 2 (viertes Stück).

S144: **Getting My Heart Back Together Again** – Jimi (1960 Zemaitis 12-string acoustic gi, vo). Rec: 19. 12. 67

I145: **Interview mit Jimi** – von unbekannter Person oder Hugh Curry. Rec: entweder Copter Lounge, Pan Am Building, Manhattan, New York City, 30. 1. 68 oder Jimis Wohnung in Brook Street, London, 7. 1. 69 (von Hugh Curry).

Anmerkung: Dieses Interview befindet sich auf Seite 3 (zweites Stück).

L146: **Red House** – Jimi (gi, vo), Mitch (dr), Billy (ba). Rec: 30. 8. 70

Plus: Rock Me, Baby (L076); Wild Thing (L081); Johnny B. Goode (L119); Hey Joe (L077); Like A Rolling Stone (L075); Star Spangled Banner (L067), Machine Gun (L053); In From The Storm (L106).

HEAR MY TRAIN A' COMIN' b/w ROCK ME, BABY

- Reprise K 14286 (ENG) – Veröffentlicht: 8. 73 – Single
  Charts: nie
- Nicht veröffentlicht (USA)

Enthält: Getting My Heart Back Together Again (S144); Rock Me, Baby (L076).

LOOSE ENDS

- Polydor 2310 301 (ENG) – Veröffentlicht: 2. 74 – *: Electric Lady Land
  Charts: nie
- Auch auf: Polydor 2310 301 (GER); Barclay 80 491 (FRA); nicht veröffentlicht (USA)
- CD: Polydor 837 574-2 (GER); nicht veröffentlicht (USA)

S147: **Coming Down Hard On Me Baby** – Jimi (gs, vo), Mitch (dr), Billy (ba). Rec: ELE, 14(?). 7(?). 70. Engi: Eddie. Prod: Jimi.

S148: **Blue Suede Shoes** – Jimi (gi, vo, voice, drum, Zungenschnalzer), Buddy (dr, voice, Husten), Billy (ba). Comp: Carl Lee Perkins. Rec: PLA, 23. 1. 70. Engi: Jack Adams? Prod: Jimi.

Anmerkung: <1> Unvollständig. Dies ist der erste Teil einer Jam-Session mit Jimis Improvisation über den Textanfang des Songs »Heartbreak Hotel« (Comp: Mae Boren Axton & Tommy Durden & Elvis Presley). Die komplette Session dauerte gut elf Minuten; Don – Nachname unbekannt – (harmonica). <2> Siehe S779 für einen weiteren Teil der kompletten Jam-Session.

S149: **Jam 292** – Jimi (gi), Dallas Taylor? (dr), Unbekannt – nicht Noel – (ba), Stephen Stills? (pi). Rec: PLA, 14. 5. 69. Prod: Jimi.

Anmerkung: Diese Jam-Session wurde ohne Titel aufgenommen, als Bezeichnung diente die Archivnummer des Bandes.

S150: **Drifter's Escape** – Jimi (gs, vo), Mitch (dr), Mitch? (ta), Billy (ba), Unbekannt (cow-bell). Spezialeffekt: Jimi (octavia). Comp: Bob Dylan. Rec: ELE, 15.(?) 5.(?) 70. Engi: Eddie. Prod: Jimi.

S151: **Burning Desire** – Jimi (gi, lv, voice), Buddy (dr, cow-bell, hv), Billy (ba, hv). Rec: PLA, zwischen 15. 12. 69 und 23. 1. 70. Prod: Jimi.

S152: **I'm Your Hoochie Coochie Man** – Jimi (gi, lv, voice), Buddy (dr, hv, voice, Lachen), Billy (ba). Comp: Willie Dixon. Rec: PLA, zwischen 15. 12. 69 und 23. 1. 70. Prod: Jimi.

S153: **Electric Lady Land** – Jimi (gi, voice), Buddy (dr), Gary (Stimme aus dem Kontrollraum). Spezialeffekt: Jimi (Tremolo). Rec: PLA, 14. 6. 68. Engi: Gary. Prod: Jimi. 1973 gelöscht: Buddy (dr).

Plus: The Stars That Play With Laughing Sam's Dice (S020).

CRASH LANDING

- Reprise MS 2204 (USA) – Veröffentlicht: 3. 75 – *: Message To Love; With The Power; Text von Somewhere
  Charts-Einstieg: 36 (22. 3. 75); Spitzenposition: 5; Wochen in den Charts: 20
- Polydor 2310 398 (ENG) – Veröffentlicht: 8. 75
  Charts-Einstieg: 36 (30. 8. 75); Spitzenposition: 35; Wochen in den Charts: 2
- CD: Polydor 827 932-2 (GER); Reprise 2204-2 (USA); Polydor P33P 25024 (JAP)

<1> Dies ist das erste der »Douglas-Alben«. Bis auf Jimis Gitarren- und Gesangsspuren wurden fast alle Instrumente der Musiker, die an den Originalaufnahmen beteiligt waren, von Alan Douglas nachträglich (1974/'75) gelöscht. Sie wurden durch neue Einspielungen verschiedener Sessionmusiker ersetzt, die zu den Bändern von Jimis ursprünglichen Gitarren- und Vocal-Tracks eine neue Begleitung einzuspielen versuchten. Keiner dieser Sessionmusiker hatte je vorher mit Jimi gespielt. <2> Auf einigen der Veröffentlichungen ist als Komponisten-Credit für fünf der acht Stücke fälschlicherweise angegeben: Hendrix-Douglas. Um eine Erklärung gebeten, sagte Alan Douglas: »Das ist ein politisches Problem.« <3> Dank einer massiven Publicity-Kampagne einige Monate vor der Veröffentlichung, die versprach: »Hier kommt der neue Jimi Hendrix« – verbunden mit der Tatsache, daß in jenen Tagen in US-Läden das Hören von LPs vor dem Kauf unüblich war –, mag »Crash Landing« ein kommerzieller Erfolg gewesen sein – doch das ist sicher kein Maßstab für künstlerische Qualität. Einigen Rezensenten gefiel zwar das Material (Billboard 22. 3. 75: *»Jimi at his best«*), doch die meisten Kritiker fragten nach dem Sinn und Zweck der Übung, die Originalmusiker aus den ursprünglichen Aufnahmen zu verbannen. Die Kommentare reichten von *»Is there morality in Rock and Roll?«* (Melody Maker, 30. 8. 75) bis zu *»The release of this album stinks«* (Sounds, 4. 10. 75).

S154: **Message To Love** – Jimi (gs, lv, hv), Buddy (dr, hv), Billy (ba), Billy? (hv), Juma? (cow-bell), Unbekannt (ta). Rec: PLA, 12. 69 oder 1. 70.

Engi: Tony Bongiovi? Prod: Jimi. 1974 gelöscht: Buddy (sein Schlagzeug-Finale).

Anmerkung: <1> Leicht gekürzt. <2> Auf dem Cover gibt es einen Hinweis auf den Perkussionisten Jimmy Maeulen (1974 hinzugefügt), jedoch scheint die hier zu hörende Perkussion aus der ursprünglichen Aufnahme-Session zu stammen. <3> Siehe S724 für die komplette und unveränderte Originalversion.

S155: **Somewhere** – Jimi (gi, vo), Buddy (dr), Noel? (ba), Unbekannt (rhythm gi). Rec: CEN, 13. 3. 68 (basic track). Prod: Chas. 1974 gelöscht: Buddy (dr), Noel? (ba), 1974 hinzugefügt: Jeff Mironov (gi), Alan Schwartzberg (dr), Bob Babbit (ba).

Anmerkung: <1> Unkorrekt angegeben als: »Somewhere Over The Rainbow«. <2> Leicht gekürzt. Siehe S768 für die komplette und unveränderte Version.

S156: **Crash Landing** – Jimi (gi, vo), Unbekannt – nicht Mitch oder Buddy – (dr), Unbekannt – nicht Noel oder Billy – (ba), Unbekannt (or). Rec: PLA, 24. 4. 69. Prod: Jimi. 1974 gelöscht: Jimi (Teile von vo), Unbekannt – nicht Mitch oder Buddy – (dr), Unbekannt – nicht Noel oder Billy – (ba), Unbekannt (or). 1975 hinzugefügt: Jeff Mironov (gi/gs?), Alan Schwartzberg (dr), Bob Babbit (ba), Jimmy Maeulen (cow-bell, pe), Linda November (hv), Vivian Cherry (hv), Barbara Massey (hv).

Anmerkung: <1> Dieser Song wurde (teilweise) von Devon Wilson angeregt. <2> Siehe S820 für die unveränderte Originalversion.

S157: **Coming Down Hard On Me Baby** – Jimi (gs, vo), Mitch (dr), Billy (ba). Rec: ELE, 14.(?) 7. 70. Engi: Eddie. Prod: Jimi. 1974 gelöscht: Mitch (dr), Billy (ba). 1975 hinzugefügt: Jeff Mironov (gi), Alan Schwartzberg (dr), Bob Babbit (ba).

Anmerkung: Siehe S147 für die unveränderte Originalversion.

S158: **Peace In Mississippi** – Jimi (solo gi, rhythm gi), Mitch (dr), Noel (ba). Rec: TTG, 24. 10. 68. Prod: Jimi. 1974 gelöscht: Jimi (rhythm gi), Mitch (dr), Noel (ba), Halleffekte. 1974 hinzugefügt: Jeff Mironov (rhythm gi), Alan Schwartzberg (dr), Bob Babbit (ba), Jimmy Maeulen (pe).

Anmerkung: Siehe S769 für eine etwas weniger veränderte Version.

S159: **With The Power** – Jimi (gs, lv, hv), Buddy (dr, hv), Billy (ba), Billy? (hv), Juma (cow-bell). Rec: PLA, 21. 11. 69. Engi: Tony Bongiovi? Prod: Jimi. 1974 gelöscht: Jimi (Teile verschiedener Gitarrensoli/-Overdubs, Teile von lv), Buddy (drum break), Juma (cow-bell). 1974 hinzugefügt: Jimmy Maeulen (pe).

Anmerkung: <1> unvollständig. Siehe S798 für die komplette und unveränderte Originalversion. <2> Ursprünglich aufgenommen unter dem Arbeitstitel: Paper Airplanes. <3> With The Power a.k.a.: Power Of Soul. <4> Emeretta Marks: »Jimi verpaßte den Taktwechsel. Also räumten sie das Studio, und ich setzte mich auf den Teppich, während Jimi spielte. Ich nickte Jimi zu und zählte die Takte, denn ich glaube nicht, daß Jimi jemals die Takte gezählt hat . . .«

S160: **Stone Free** – Jimi (gs, lv), Mitch (dr, voice), Noel (ba, hv), Andy Fairweather Low (hv), Roger Chapman (hv), Unbekannt (ta), Unbekannt (cow-bell), Unbekannt (Husten), Unbekannt (2 hand-claps). Rec: PLA, 7. und 8. 4. 69. Engi: Gary. Prod: Jimi. 1974 gelöscht: Jimi (Teile von verschiedenen Gitarrensoli/-Overdubs, Teile von lv), Mitch (dr, voice), Noel (ba), Unbekannt (ta), Unbekannt (cow-bell), Unbekannt (Husten), Unbekannt (2 hand-claps). 1974 hinzugefügt: Jeff Mironov (gs), Alan

Schwartzberg (dr), Bob Babbit (ba), Jimmy Maeulen (pe); Compressor (auf Jimis lv benutzt).

Anmerkung: unvollständig. Siehe S725 für die komplette und unveränderte Originalversion.

S161: **M.L.K.** – Jimi (gi), Buddy (dr, cow-bell), Billy (ba). Spezialeffekt: Jimi (Uni-Vibe mit Choruseinstellung) Rec: PLA, spät 69 oder früh 70. Engi: Jack Adams. Prod: Jimi. 1970 (von Jimi) hinzugefügt: etwas Rückwärts-gi. Abgemischt (1972): Alex Trevor (ELE). 1974 gelöscht: Buddy (dr, cowbell), Billy (kleine Teile von ba). 1974 hinzugefügt: Alan Schwartzberg (dr), Jimmy Maeulen (slinky). 1974 hinzugefügt: deutlicher Echo-Hall, um den Sound von mehr als einer Leadgitarre zu erzeugen.

Anmerkung: <1> Unvollständig. <2> Der ursprüngliche Basic Track enthält nur eine Leadgitarre. Siehe S777 für die komplette und unveränderte Basic-Track-Version. <3> »M.L.K.« (für Martin Luther King) ist fälschlicherweise betitelt als »Captain Coconut«. <4> Les Kahn (einer der Toningenieure von 1974): »Das Stück entstand aus drei verschiedenen Teilen: Wir fanden das Master für diesen ganzen Mittelteil, aber nicht den Beginn und das Ende – das wurde so zusammengesetzt. Wir mußten mit dem Mix arbeiten, weil wir die Masters nicht hatten . . . Der Titel, der auf der Schachtel stand, lautete ›M.L.K.‹, und der tauchte noch hier und da auf; aber wir konnten nicht herausfinden, was zum Teufel er bedeuten sollte.«

MIDNIGHT LIGHTNING

- Reprise MS 2229 (USA) – Veröffentlicht: 11. 75 – *: Gypsy Boy (The New Rising Sun)
  Charts-Eintritt: 96 (29. 11. 75); Spitzenposition: 43; Wochen in den Charts: 11
- Polydor 2310 415 (ENG) – Veröffentlicht: 11. 75
  Charts: nie
- CD: Polydor 825 166-2 (GER); Polydor P33P 25025 (JAP); nicht veröffentlicht (USA)

<1> Dies ist das zweite der »Douglas-Alben«, bei dem die Parts der Originalmusiker gelöscht und durch Parts von Sessionmusikern ersetzt wurden, mit denen Jimi nie gespielt hatte. <2> Wird von vielen als schlechteste kommerzielle Jimi-Hendrix-Veröffentlichung betrachtet, die je auf den Markt gebracht wurde. Melody Maker, 22. 11. 75: *»Let us be rid of those turbulent producers.«* Stereo Review, 3. 76: »Es beweist nur, daß die kommerzielle Nekrophilie bei Hendrix von der unerbittlichsten und ekelhaftesten Sorte ist und daß die Produzenten dieser Marionetten-Serie vielleicht von der Familie Frankenstein abstammen. Das Publikum sollte solche Leichenfledderei boykottieren.« The Cincinnati Enquirer, 7. 12. 75: »Douglas maßt sich inzwischen auf überhebliche Art die Rolle des Produzenten und Künstlers an. Er ist nicht Hendrix. Douglas hat nicht das Recht oder den Verstand, das zu bearbeiten und zu verfeinern, was für Hendrix formbildende musikalische Experimente waren. ›Midnight Lightning'‹ zeigt, daß Jimi Hendrix in den Augen von Douglas und Warner Records noch immer kein Künstler ist. Er bleibt ein Rohstoff, den es auszubeuten gilt.«

S162: **Trashman** – Jimi (gi), Mitch (dr), Noel (ba). Comp: Noel Redding. Rec: OLM, möglicherweise 4. 69. Prod: Jimi. 1975 gelöscht: Mitch (dr), Noel (ba). 1975 hinzugefügt: Jeff Mironov (gi), Alan Schwartzberg (dr), Bob Babbit (ba).

Anmerkung: Song a.k.a.: »Midnight«. Siehe S132 für »Midnight«.

S163: **Midnight Lightning** – Jimi (gi, vo), Mitch (dr), Billy? (ba), Juma? (congas). Rec: PLA, vielleicht 23. 3. 70. Prod: Jimi. 1975 gelöscht: Jimi (Teil von vo), Mitch (dr), Billy? (ba), Juma? (congas). 1975 neu arrangiert: Reihenfolge der Songs und einiges von Jimis Gesang. 1975 hinzugefügt: Jeff Mironov (gi), Lance Quinn (gi), Alan Schwartzberg (dr), Bob Babbit (ba), Jimmy Maeulen (pe), Maeretha Stewart (hv), Hilda Harris (hv), Vivian Cherry (hv).

Anmerkung: <1> Der Text enthält Zitate aus verschiedenen Kinderliedern. <2> Unvollständig. Siehe S718 für den größten Teil der unveränderten Originalversion. <3> Diese Version von »Midnight Lightnin'« ist ein vollkommen anderer Song, jedoch unter demselben Titel wie L101.

S164: **Getting My Heart Back Together Again** – Jimi (gi, vo), Mitch (dr), Noel (ba). Rec: OLM, 2.(?) 4. 69. Prod: Jimi. 1975 gelöscht: Noel (ba). 1975 hinzugefügt: Jeff Mironov (gi), Bob Babbit (ba), Alan Schwartzberg (shaker).

S165: **Gypsy Boy (New Rising Sun)** – Jimi (gi, vo, voice), Buddy (dr), Billy (ba). Spezialeffekt: Jimi (Uni-Vibe mit Chorus-Einstellung bei niedriger Geschwindigkeit). Rec: PLA, 16. 2. 70. Prod: Jimi. 1975 gelöscht: Jimi (voice), Buddy (dr), Billy (ba). 1975 hinzugefügt: Lance Quinn (gi), Alan Schwartzberg (dr, pe), Bob Babbit (ba), Maeretha Stewart (hv), Hilda Harris (hv), Vivian Cherry (hv).

Anmerkung: Song a.k.a.: »Hey Baby (The Land Of The New Rising Sun)«.

S166: **Blue Suede Shoes** – Jimi (gi, vo, voice, Anweisungen fürs Schlagzeug, Zungenschnalzer), Buddy (dr, voice, Husten), Billy (ba), Don – Nachname unbekannt – (ha). Comp: Carl Lee Perkins. Rec: PLA, 23. 1. 70. Engi: Jack Adams? Prod: Jimi. 1975 gelöscht: Jimi (voice, Schlagzeug-Unterricht), Buddy (dr, voice, Husten), Billy (ba), Don – Nachname unbekannt – (ha). 1975 hinzugefügt: Jeff Mironov (gi), Alan Schwartzberg (dr), Bob Babbit (ba). 1975: Songaufbau geändert.

Anmerkung: unvollständig. Siehe S148 für einen kleinen ersten Teil der unveränderten und originalen Jam-Session. Siehe S779 für einen anderen unveränderten Teil.

S167: **Izabella/Machine Gun** – Jimi (gs, vo), Buddy? (dr), Billy (ba), Larry (rhythm gi), Juma? (cow-bell), Jerry (pe), Unbekannt (ta). Rec: HIT, 29. 8. 69. Prod: Jimi. 1975 gelöscht: Buddy? (dr), Billy (ba), Larry (rhythm gi), Juma? (cow-bell), Jerry (pe). 1975 hinzugefügt: Lance Quinn (gi), Alan Schwartzberg (dr), Bob Babbit (ba).

Anmerkung: <1> Das Medley von »Izabella/Machine Gun« wird nur angegeben als: »Machine Gun:«. <2> unvollständig. Siehe S719 für die komplette unveränderte Originalversion.

S168: **Once I Had A Woman** – Jimi (gi, vo), Buddy (dr), Billy (ba), Don – Nachname unbekannt – (ha). Rec: PLA, 23. 1. 70. Engi: Jack Adams? Prod: Jimi. 1975 gelöscht: Buddy (dr), Billy (ba), Don – Nachname unbekannt – (ha). 1975 hinzugefügt: Lance Quinn (gi), Alan Schwartzberg (dr), Bob Babbit (ba), Buddy Lucas (ha), Maeretha Stewart (hv), Hilda Harris (hv), Vivian Cherry (hv). 1975: Songaufbau umgeändert.

Anmerkung: <1> Unvollständig. Siehe S775 für einen Teil der unveränderten Version. <2> Der Songtitel wurde 1975 »erfunden«; Jimi gab dem Stück keinen Namen, als die Session mitgeschnitten wurde.

S169: **Beginning** – Jimi (gi), Mitch (dr), Billy (ba), Juma (bongos), Juma? (temple block). Comp: Mitch Mitchell. Rec: ELE, 16. 6. 70 und/oder 1. 7. 70. Engi: Eddie. Prod: Jimi. 1975 gelöscht: Mitch (dr), Billy (ba), Juma (bongos), Juma? (temple block). 1975 hinzugefügt: Jeff Mironov (gi), Alan Schwartzberg (dr), Bob Babbit (ba), Jimmy Maeulen (pe).
Anmerkung: <1> Song a.k.a.: »Jam Back At The House«. <2> Siehe S134 für den größten Teil einer weniger veränderten Version. Siehe S738 für die komplette unveränderte Originalversion.
THE ESSENTIAL JIMI HENDRIX (Doppel)
– Reprise 2RS 2245 (USA) – Veröffentlicht: 7. 78
Charts-Einstieg: 144 (12. 8. 78); Spitzenposition: 114; Wochen in den Charts: 15
– Polydor 2612 034 – Labels geben 2335-134 und 2335-135 an
– (ENG) – Veröffentlicht: 8. 78
Charts: nie
– Auch auf: Polydor MPZ 8109/10 (JAP)
– CD: nicht veröffentlicht (siehe jedoch zwei Eintragungen weiter unten)
<1> »Gloria« erscheint als separate einseitige Single, ist aber auf der Reprise-Veröffentlichung nicht enthalten. <2> Die Stimme des Toningenieurs (»You made it«) auf »Stepping Stone« ist entfernt worden.
S170: **Gloria** – Jimi (gi, vo), Mitch (dr), Noel (ba). Comp: Van Morrison. Rec: TTG, 10. 68. Prod: Jimi
Anmerkung: unvollständig.
Plus: Are You Experienced (S017); Third Stone From The Sun (S015); Purple Haze (S003); Little Wing (S026); If Six Was Nine (S027); Bold As Love (S033); Little Miss Lover (S032); Castles Made Of Sand (S029); Gypsy Eyes (S042); The Burning Of The Midnight Lamp (S019); Voodoo Child (slight return) (S048); Have You Ever Been (To Electric Ladyland) (S036); Still Raining, Still Dreaming (S046); House Burning Down (S047); All Along The Watchtower (S034); Room Full Of Mirrors (S114); Izabella (S135); Freedom (S082); Dolly Dagger (S111); Stepping Stone (S131); Drifting (S083); Ezy Ryder (S084).
THE ESSENTIAL JIMI HENDRIX VOLUME TWO
– Reprise 2RS 2293 (USA) – Veröffentlicht: 7. 79
Charts-Einstieg: 180 (18. 8. 79); Spitzenposition: 156; Wochen in den Charts: 7
– Polydor 2311 014 (ENG) – Veröffentlicht: 1. 81
Charts: nie
– CD: nicht veröffentlicht (siehe jedoch nächste Eintragung)
»Gloria« kommt als separate einseitige Single, ist aber auf der Polydor-Veröffentlichung nicht enthalten.
Enthält: Hey Joe (S001); Fire (S014); Foxy Lady (S007); The Wind Cries Mary (S005); I Don't Live Today (S012); Crosstown Traffic (S037); Wild Thing (L081); Machine Gun (L053); Star Spangled Banner (L067); Gloria (S170).
THE ESSENTIAL JIMI HENDRIX VOLUMES ONE AND TWO
– (nur) Doppel-CD; Reprise 26035-2 (USA) – Veröffentlicht: 11. 89
Enthält: Are You Experienced (S017); Third Stone From The Sun (S015); Purple Haze (S003); Hey Joe (S001); Fire (S014); Foxy Lady (S007); The Wind Cries Mary (S005); Little Wing (S026); If 6 Was 9 (S027); Bold As Love (S033); Little Miss Lover (S032); Castles Made Of Sand (S029); Gypsy Eyes (S042); The Burning Of The

Midnight Lamp (S019); Voodoo Child (slight return) (S048); Crosstown Traffic (S037); Still Raining, Still Dreaming (S046); Have You Ever Been (To Electric Ladyland) (S036); All Along The Watchtower (S034); House Burning Down (S047); Room Full Of Mirrors (S114); Izabella (S135); Freedom (S082); Dolly Dagger (S111); Stepping Stone (S131); Drifting (S083); Ezy Ryder (S084); Wild Thing (L081); Machine Gun (L053); Star Spangled Banner (L067); Gloria (S170).

NINE TO THE UNIVERSE

- Reprise HS 2299 (USA) – Veröffentlicht: 3. 80 – *: Young/Hendrix; Easy Blues
  Charts-Einstieg: 181 (26. 4. 80); Spitzenposition: 127; Wochen in den Charts: 7
- Polydor 2344 155 (ENG) – Veröffentlicht: 6. 80
  Charts: nie
- Auch auf: Polydor KI 8007 – Labels geben MPF 1311 an – (JAP)
- CD: nicht veröffentlicht

Dies ist das, was man ein Jam-Session-Album nennen kann. Während seiner Karriere jammte Jimi mit fast jedem. Er nahm diese Musiker auch regelmäßig mit ins Studio, entweder nur zum Spaß oder um seine musikalischen Ideen auszuprobieren. Jack Adams (1969 Toningenieur im Record Plant): »Sie kamen rein und jammten die ganze Nacht. Ein Song ging in den anderen über, aber später erinnerte er sich an jeden einzelnen.« <2> Alle Songtitel (außer »Message From Nine To The Universe«) wurden 1979/80 »erfunden«. Jimi gab keiner dieser Jams einen Namen, als er sie aufnahm. <3> Diese Veröffentlichung erschien Ende 1979 in Brasilien mit anderem Cover und anderer Song-Abfolge unter dem Titel: Message From Nine To The Universe (auf WEA 38.023).

S171: **Message From Nine To The Universe** – Jimi (gi, lv, voice), Buddy (dr), Billy (ba), Devon Wilson (hv). Rec: PLA, 22. 5. 69. Prod: Jimi. 1979/80 gelöscht: Devon Wilson (hv).

Anmerkung: <1> Unvollständig. Siehe S790 für die komplette Version. <2> Dies ist ein früher Versuch von »Message To Love«.

S172: **Jimi/Jimmy Jam** – Jimi (gi), Mitch oder Buddy (dr), Dave Holland (ba), Jim McCarthy (gi). Spezialeffekt: Jimi (octavia). Rec: PLA, 25. 3. 69. Prod: Jimi.

Anmerkung: unvollständig. Siehe S789 für die komplette Version.

S173: **Young/Hendrix** – Jimi (gi), Buddy? (dr), Billy (ba), Larry Young (or). Rec: PLA, 14. 5. 69. Prod: Jimi.

Anmerkung: unvollständig.

S174: **Easy Blues** – Jimi (gi, voice), Mitch (dr), Billy (ba), Larry (rhythm gi), Unbekannt (ta). Spezialeffekt: Jimi (UniVibe mit Choruseinstellung bei niedriger Geschwindigkeit). Rec: HIT, Herbst 69. Prod: Jimi.

Anmerkung: <1> Das Tambourin scheint 1969 mittels Overdub hinzugefügt worden zu sein. <2> Unvollständig. Siehe S848 für die komplette Version ohne Tambourin.

S175: **Drone Blues** – Jimi (gi), Unbekannt – nicht Mitch oder Buddy – (dr), Unbekannt – nicht Noel oder Billy – (ba). Rec: PLA, 24. 4. 69. Prod: Jimi.

Anmerkung: unvollständig. Siehe S781 für die komplette Version.

THE JIMI HENDRIX CONCERTS (Doppel)

- Reprise 2306-1 (USA) – Veröffentlicht: 8. 82 – *: Stone Free; Are You Experienced; Little Wing; Bleeding Heart
- CBS 88592 (ENG, in HOL gepreßt) – Veröffentlicht: 8. 82

Charts-Einstieg: 16 (21. 8. 82); Spitzenposition: 16; Wochen in den Charts: 5

- Auch auf: Frituna FRIX-178 (SWE)
- Einzel-CD: Media Motion Media CD 1 (ENG); Polydor P33P 25038 (JAP); nicht veröffentlicht (USA), siehe jedoch nächste Eintragung

<1> Alle von 10. 68 aufgelisteten Songs rec (auf 8-Spur, 1-Zoll): Winterland, San Francisco, California. <2> Alle Songs vom 24. 4. 69 rec: Royal Albert Hall, London. <3> »New York Pop« aufgenommen auf 8-Spur, 1-Zoll. <4> Die Media-Motion-Media-CD (ENG) ist um alle Songeinführungen von Jimi gekürzt. Alle anderen CD-Veröffentlichungen enthalten diese Ansagen.

L176: **Fire** – Jimi (gi, lv), Mitch (dr), Noel (ba, leise hv). Rec: 12. 10. 68, erste Show.

L177: **I Don't Live Today** – Jimi (gi, lv), Mitch (dr), Noel (ba, hv). Rec: Sports Arena, San Diego, California, 24. 5. 69.

L178: **Red House** – Jimi (gi, vo), Mitch (dr), Billy (ba). Rec: »New York Pop«, Downing Stadium, Randall's Island, New York, 17. 7. 70.

L179: **Stone Free** – Jimi (gi, vo), Mitch (dr, cow-bell), Noel (ba). Rec: 24. 2. 69.

Anmerkung: unvollständig (Teil des Schlagzeugsolos 1982 gelöscht). Siehe L709 für die komplette Version.

L180: **Are You Experienced** – Jimi (gi, vo), Mitch (dr), Noel (ba). Rec: 10. 10. 68, erste Show.

L181: **Little Wing** – Jimi (gi, vo), Mitch (dr), Noel (ba). Rec: 12. 10. 68, zweite Show.

L182: **Voodoo Child (slight return)** – Jimi (gi, vo), Mitch (dr), Noel (ba). Rec: 10. 10. 68, erste Show.

L183: **Bleeding Heart** – Jimi (gi, vo), Mitch (dr), Noel (ba). Comp: Elmore James. Rec: 24. 2. 69.

Anmerkung: Dies ist dieselbe Version wie L094, hier jedoch in wesentlich besserer Qualität.

L184: **Wild Thing** – Jimi (gi, Zungenschnalzer, vo), Mitch (dr), Noel (ba). Comp: Chip Taylor. Rec: 12. 10. 68, erste Show.

L185: **Getting My Heart Back Together Again** – Jimi (gi, vo), Mitch (dr), Noel (ba). Rec: 10. 10. 68, zweite Show.

Anmerkung: unvollständig (1982 bearbeitet). Siehe L801 für die komplettierte Version.

Plus: Hey Joe (L064).

THE JIMI HENDRIX CONCERTS

- Reprise 9 2306-2 (USA) – Veröffentlicht: 11. 89 – (nur) Einzel-CD
- Castle Communications CCSCD 235 (FRA, erhältlich in ENG) – (nur) Einzel-CD

L186: **Foxy Lady** – Jimi (gi, lv), Mitch (dr), Noel (ba, hv). Rec: The Forum, Los Angeles, California, 26. 4. 69

Plus: Fire (L176); I Don't Live Today (L177); Red House (L178); Stone Free (L179); Are You Experienced (L180); Little Wing (L181); Voodoo Child (slight return) (L182); Bleeding Heart (L183); Hey Joe (L064); Wild Thing (L184); Getting My Heart Back Together Again (L185).

THE SINGLES ALBUM (Doppel)

- Polydor PODV 6 (ENG) – Veröffentlicht: 2. 83
  Charts: nie

– Auch auf: Polydor 2625 047 – Labels geben 2335 267 und 2335 268 an – (HOL); nicht veröffentlicht (USA)

– Doppel-CD: Polydor 827 369-2 (GER); nicht veröffentlicht (USA)

Enthält: Hey Joe (S001); Stone Free (S002); Purple Haze (S003); 51st Anniversary (S004); The Wind Cries Mary (S005); Highway Chile (S006); The Burning Of The Midnight Lamp (S019); The Stars That Play With Laughing Sam's Dice (S020); All Along The Watchtower (S034); Long Hot Summer Night (S040); Crosstown Traffic (S037); Fire (S014); Voodoo Child (slight return) (S048); Angel (S089); Night Bird Flying (S085); Gypsy Eyes (S042); Remember (S016); Johnny B. Goode (L119); Little Wing (L125); Foxy Lady (S007); Manic Depression (S008); 3rd Stone From The Sun (S015); Gloria (S170).

KISS THE SKY

– Reprise 25119 (USA) – Veröffentlicht: 10. 84
Charts-Einstieg: 182 (17. 11. 84); Spitzenposition: 148; Wochen in den Charts: 5

– Polydor 823 704-1 (ENG), gepreßt in GER) – Veröffentlicht: 11. 84
Charts: nie

– CD: Reprise 9 25119-2 (USA); Polydor 823 704-2 (GER)

S187: **Red House** – Jimi (gi, vo, voice), Mitch (dr), Noel (Baßsaiten von einer normalen 6-saitigen gi, wahrscheinlich Eigentum von Alexis Korner). Rec: CBS, 13. 12. 66. Engi: Mike Ross. Prod: Chas.

Anmerkung: Dies ist dieselbe Version wie S049. Unterschied: einige eingefügte Sekunden mit Studiogeplauder von Jimi.

Plus: Are You Experienced? (S017); I Don't Live Today (L177); Voodoo Child (slight return) (S048); Stepping Stone (S050); Castles Made Of Sand (S029); Killin' Floor (L073); Purple Haze (S003); Crosstown Traffic (S037); 3rd Stone From The Sun (S015); All Along The Watchtower (S034).

JOHNNY B. GOODE

– Capitol MLP 15022 (USA) – Veröffentlicht: 6. 86 – Mini-LP – *: Machine Gun
Charts: nie

– Capitol/EMI FA 3160 (ENG) – Veröffentlicht: 86 – Mini-LP
Charts: nie

– CD: nicht veröffentlicht

Alle 4. 7. 70 Songs rec: 2nd Atlanta-Pop-Festival, Middle Georgia Raceway, Byron, Georgia.

L188: **All Along The Watchtower** – Jimi (gi, vo), Mitch (dr), Billy (ba). Comp: Bob Dylan. Rec: 4. 7. 70

Anmerkung: Der Hüllentext behauptet fälschlicherweise, daß Jimi »so oft« den Text dieses Songs vergaß.

L189: **Star Spangled Banner** – Jimi (gi). Comp: Francis Scott Key. Rec: 4. 7. 70

L190: **Machine Gun** – Jimi (gi, vo), Mitch (dr), Billy (ba). Rec: Berkeley Community Theatre, Berkeley, California, 30. 5. 70, zweite Show.

Anmerkung: Dieser Song ist im Video »Johnny B. Goode« nicht enthalten, wie der Hüllentext glauben machen will.

Plus: Teil von Voodoo Child (slight return) (L061); Johnny B. Goode (L119).

LIVE AT WINTERLAND

– Einzel-CD: Rykodisc RCD 20038 (USA) – Veröffentlicht: 5. 87 – *: Manic Depression; Red House; Tax Free

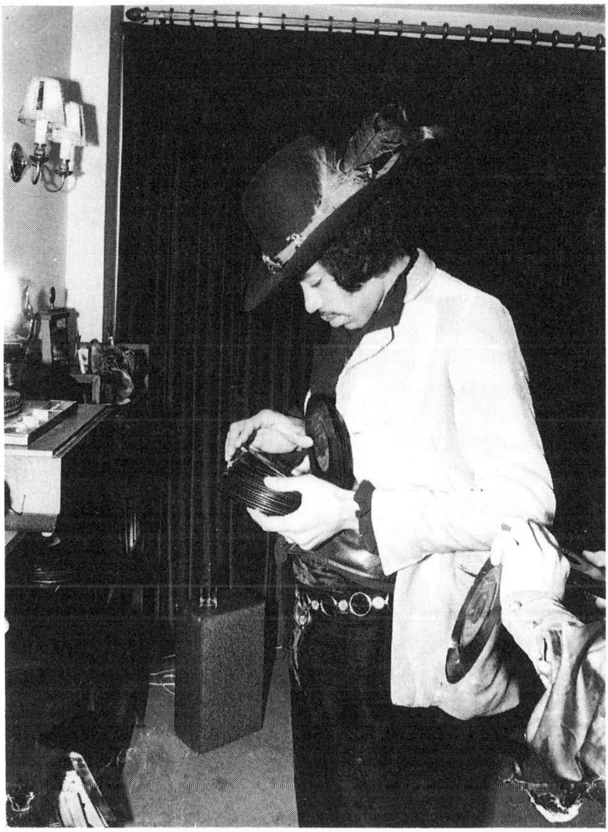

London, Dezember 1967

Charts (Billboard CD Top-30)-Einstieg: 29 (23. 5. 87); Spitzenposition: 11; Wochen in den Charts: 15
- Auch auf: Polydor 833 004-2 (GER) – Einzel-CD
- Auch auf: Ryko 0038 (USA) – Doppel-LP; Polydor 833-0044-1 (GER) – Doppel-LP

<1> Auf der Doppel-LP nehmen die Songs nur drei von vier Seiten ein (eine Plattenseite ist unbespielt). <2> Alle Songs rec: Winterland, San Francisco, California. <3> Konzertansage: Bill Graham.

L191: **Fire** – Jimi (gi, vo), Mitch (dr), Noel (ba), Herbie Rich (or). Rec: 11. 10. 68, zweite Show. 1986 gelöscht: Herbie Rich (or).

Anmerkung: Siehe L807 für die unveränderte Originalversion.

L192: **Manic Depression** – Jimi (gi, vo), Mitch (dr), Noel (ba). Rec: 12. 10. 68, zweite Show.

L193: **The Sunshine Of Your Love** – Jimi (gi), Mitch (dr), Noel (ba). Comp: Pete Brown & Jack Bruce & Eric Clapton. Rec: 10. 10. 68, zweite Show.

Anmerkung: Jimis gesprochene Einleitung rec: 12. 10. 68, zweite Show.

L194: **Spanish Castle Magic** – Jimi (gi, vo), Mitch (dr), Noel (ba). Rec: 12. 10. 68, zweite Show.

L195: **Red House** – Jimi (gi, vo), Mitch (dr), Noel (ba). Rec: 11. 10. 68, erste Show.

L196: **Killin' Floor** – Jimi (gi, vo), Mitch (dr), Jack Casady (ba). Comp: Howlin' Wolf. Rec: 10. 10. 68, zweite Show.

L197: **Tax Free** – Jimi (gi), Mitch (dr), Noel (ba). Comp: Bo Hansson & Janne Karlsson. Rec: 11. 10. 68, zweite Show.

Anmerkung: Leicht gekürzt (Baß-Solo 1986 bearbeitet).

L198: **Foxy Lady** – Jimi (gi, vo), Mitch (dr), Noel (ba), Herbie Rich (or). Rec: 11. 10. 68, zweite Show. 1986 gelöscht: Herbie Rich (or).

Anmerkung: Siehe L808 für die unveränderte Originalversion.

L199: **Hey Joe** – Jimi (gi, vo), Mitch (dr), Noel (ba). Comp: William M. Roberts. Rec: 12. 10. 68, erste Show.

L200: **Purple Haze** – Jimi (gi, lv), Mitch (dr), Noel (ba, leise hv). Rec: 12. 10. 68, erste Show.

Plus: Wild Thing (L184).

RADIO ONE (Doppel)

- Ryko Analogue RALP 0078-2 (USA) – Veröffentlicht: 11. 88 – *: komplette Veröffentlichung
- Auch auf: Castle Communications CCSLP 212 (ENG) – Veröffentlicht: Anfang 1989
- Einzel-CD: Rykodisc RCD 20078 (USA); Castle Communications CCSCD 212 (ENG)

<1> Alle Songs in Mono. <2> Allein in den USA wurde die CD weit über 300.000 mal verkauft, während in Großbritannien die Marke von 100 000 erreicht wurde (alle Tonträgerformate zusammen).

S201: **Stone Free** – Jimi (gi, lv, hv), Mitch (dr), Noel (ba, hv). Rec: BBCA, 13. 2. 67. Prod: Bill Bebb & Jimmy Grant. Erste brc: »Saturday Club«, BBC Light, 18. 2. 67

S202: **Radio One** – Jimi (gi, vo), Mitch (dr), Noel (ba). Rec: BBCB, 15. 12. 57. Engi: Pete Ritzema. Prod: Bernie Andrews & Bev Phillips. Erste brc: »Top Gear«, BBC Radio 1, 24. 12. 67

Anmerkung: <1> Leicht gekürzt (einige Studioplaudereien gelöscht). Siehe S480 für die komplette Version. <2> Dieser Song war von der Experience ausgearbeitet worden und nicht, wie der Hüllentext behauptet, ein »Impromptu«-Jingle, das »am Ende einer Session mit fünf überschüssigen Minuten« aufgenommen wurde. Tatsächlich ist dieser Song der erste, der während dieser Session aufgenommen wurde.

S203: **Day Tripper** – Jimi (gi, lv), Mitch (dr, hv), Noel (ba, hv). Comp: John Lennon & Paul McCartney. Rec: BBCB, 15. 12. 67. Engi: Pete Ritzema. Prod: Bernie Andrews & Bev Phillips. Erste brc: »Top Gear«, BBC Radio 1, 24. 12. 67

Anmerkung: Der Hüllentext weist fälschlicherweise auf eine Beteiligung der Beatles an den *harmony vocals* hin.

S204: **Killin' Floor** – Jimi (gi, vo, Zungenschnalzer), Mitch (dr), Mitch? (handclaps), Noel (ba). Comp: Howlin' Wolf. Rec: BBCA, 28. 3. 67. Prod: Bill Bebb & Jimmy Grant. Erste brc: »Saturday Club«, BBC Light, 1. 4. 67

S205: **Love Or Confusion** – Jimi (gi, vo), Mitch (dr), Noel (ba). Rec: BBCA,

13. 2. 67. Prod: Bill Bebb & Jimmy Grant. Erste brc: »Saturday Club«, BBC Light, 18. 2. 67

S206: **Drivin' South** – Jimi (gi), Mitch (dr), Noel (ba). Rec: BBCB, 6. 10. 67. Engi: Pete Ritzema. Prod: Bernie Andrews & Bev Phillips.

Anmerkung: <1> Der Hüllentext vermerkt fälschlicherweise, dieser Song sei erstmals 1967 in »Top Gear« ausgestrahlt worden. Bei dieser Aufnahme handelt es sich um eine alternative Version, die bis zur Veröffentlichung des Albums »Radio One« von der BBC nie gesendet wurde. <2> Für »Drivin' South« wurde am 25. 2. 70 beim United States Copyright Office (Alexandria, Virginia) das Copyright angemeldet und als Komponist angegeben: Curtis McNear (a.k.a.: Curtis Knight). Der wahre Komponist ist jedoch, laut Curtis Knight selbst, Jimi Hendrix! Während eines Konzerts von Jimi (als er noch unter dem Namen Jimmy James bekannt war) mit der Gruppe Curtis Knight & The Squires am 26. 12. 65 im George's Club 20, Hackensack, New Jersey – veröffentlicht auf der LP »Welcome Home« (Astan 201020) (GER) –, kündigte Curtis Knight »Drivin' South« mit folgenden Worten an: »Und nun stellen wir Ihnen Jimmy James vor, Jimmy wird ein kleines Lied für Sie bringen, eines aus seinem eigenen Repertoire.« Als der Song beendet ist, gibt Curtis Knight noch weiteren Aufschluß: »Wie war das, *ladies and gentlemen?* . . . Das ist ein Originalstück, geschrieben von Jimmy, ein kleines Ding mit dem Titel – geschrieben sollte ich sagen, schrieb-geschrieben-geschrieben-schrieb –, ›Drivin' South‹ . . .«

S207: **Catfish Blues** – Jimi (gi, vo), Mitch (dr), Noel (ba). Comp: Muddy Waters. Rec: BBCB, 6. 10. 67. Engi: Pete Ritzema. Prod: Bernie Andrews & Bev Phillips. Erste brc: »Top Gear«, BBC Radio 1, 15. 10. 67

Anmerkung: <1> Dieser Song ist in Wirklichkeit eine Kombination von Teilen verschiedener Blues-Songs: »Rolling Stone« (comp: Muddy Waters) und »Two Trains Running« (comp: L. J. Welch), letzterer a.k.a.: »Still A Fool«. Jimi selbst nannte seine Bearbeitung »Experiencing The Blues«. <2> Überraschenderweise mussen der »Beeb«-Zensurbehörde 1967 einige Textzeilen entgangen sein!

S208: **Wait Until Tomorrow** – Jimi (gi, lv), Mitch (dr, hv), Noel (ba, hv, voice). Rec: BBCB, 15. 12. 67. Engi: Pete Ritzema. Prod: Bernie Andrews & Bev Phillips. Erst brc: »Top Gear«, BBC Radio 1, 24. 12. 67.

S209: **Getting My Heart Back Together Again** – Jimi (gi, lv), Mitch (dr, hv, voice), Mitch? (ta), Noel (ba), Studiogäste (hand-claps, Stimmen, Fußstampfen). Rec: BBCB, 15. 12. 67. Engi: Pete Ritzema. Prod: Bernie Andrews & Bev Phillips. Erste brc: »Top Gear«, BBC Radio 1, 24. 12. 67

Anmerkung: Der Hüllentext vermerkt fälschlicherweise, dieser Song sei erstmals 1967 in »Top Gear« ausgestrahlt worden. Bei dieser Aufnahme handelt es sich um eine alternative Version, die bis zur Veröffentlichung des Albums »Radio One« von der BBC nie gesendet wurde.

S210: **Hound Dog** – Jimi (gi, lv), Mitch (dr), Noel (ba), Jimi & Mitch & Noel (Katzen- und Hundegeräusche, Gelächter). Comp: Jerry Leiber & Mike Stoller. Rec: BBCB, 6. 10. 67. Engi: Pete Ritzema. Prod: Bernie Andrews & Bev Phillips. Erste brc: »Top Gear«, BBC Radio 1, 15. 10. 67

S211: **Fire** – Jimi (gi, lv), Mitch (ba), Noel (ba, hv), Jimmy Leverton (hv), Trevor Burton (hv), Brian Mathew (Einführung – overdub). Rec: BBCA, 28. 3. 67. Prod: Bill Bebb & Jimmy Grant. Erste brc: »Saturday Club«, BBC Light, 1. 4. 67

S212: **I'm Your Hoochie Coochie Man** – Jimi (gi, vo), Mitch (dr), Noel (Hagstrom 8-string ba), Alexis Korner (slide-gi). Comp: Willie Dixon. Rec: BBCB, 17. 10. 67. Prod: Jeff Griffin. Erste brc: »Rhythm And Blues«, BBC World Service, 13. 11. 67

S213: **Purple Haze** – Jimi (gi, lv, Zungenschnalzer), Mitch (dr), Noel (ba, hv). Rec: BBCA, 28. 3. 67. Prod: Bill Bebb & Jimmy Grant. Erste brc: »Saturday Club«, BBC Light, 1. 4. 67

S214: **Spanish Castle Magic** – Jimi (gi, lv, hv), Mitch (dr, hv, voice), Noel (ba, hv). Rec: BBCB, 15. 12. 67. Engi: Pete Ritzema. Prod: Bernie Andrews & Bev Phillips. Erste brc: »Top Gear«, BBC Radio 1, 24. 12. 67

S215: **Hey Joe** – Jimi (gi, vo), Mitch (dr), Noel (ba). Comp: William M. Roberts. Rec: BBCA, 13. 2. 67. Prod: Bill Bebb & Jimmy Grant. Erste brc: »Saturday Club«, BBC Light, 18. 2. 67

S216: **Foxy Lady** – Jimi (gi, vo), Mitch (dr), Noel (ba). Rec: BBCA, 13. 2. 67. Prod: Bill Bebb & Jimmy Grant. Erste brc: »Saturday Club«, BBC Light, 18. 2. 67

S217: **The Burning Of The Midnight Lamp** – Jimi (gi, vo), Mitch (dr), Noel (ba). Rec: BBCB, 6. 10. 67. Engi: Pete Ritzema. Prod: Bernie Andrews & Bev Phillips. Erste brc: »Top Gear«, BBC Radio 1, 15. 10. 67

DAY TRIPPER

– Rykodisc RCD31-008 (USA) – Veröffentlicht: Ende 88 – (nur) CD-Single – *: komplette Veröffentlichung
Nicht veröffentlicht (ENG)

S218: **Driving South** – Jimi (gi), Mitch (dr), Noel (ba). Rec: BBCB, 6. 10. 67. Engi: Pete Ritzema. Prod: Bernie Andrews & Bev Phillips. Erste brc: »Top Gear«, BBC Radio 1, 15. 10. 67

Anmerkung: <1> Unvollständig (Schlagzeugsolo fehlt). Siehe S478 für die komplette Version. <2> Der Hüllentext vermerkt fälschlicherweise, daß diese Aufnahme eine Alternativ-Version sei. Siehe S206 für die Alternativ-Version.

S219: **Getting My Heart Back Together Again** – Jimi (gi, lv), Mitch (dr, hv, voice), Mitch? (ta), Noel (ba), Studiogäste (hand-claps). Rec: BBCB, 15. 12. 67. Engi: Pete Ritzema. Prod: Bernie Andrews & Bev Phillips. Erste brc: »Top Gear«, BBC Radio 1, 24. 12. 67.

Anmerkung: Der Hüllentext vermerkt fälschlicherweise, daß diese Aufnahme eine Alternativ-Version sei. Siehe S209 für die Alternativ-Version.

Plus: Day Tripper (S203)

THE PEEL SESSIONS: THE JIMI HENDRIX EXPERIENCE

– Strange Fruit Records SFPS065 (ENG) – Veröffentlicht: 88 – 12-inch Ep
– CD: Strange Fruit Records SFPSCD065 (ENG)

Enthält: Radio 1 (S202); Day Tripper (S203); Wait Until Tomorrow (S208); Getting My Heart Back Together Again (S209); Spanish Castle Magic (S214).

21 YEARS OF ALTERNATIVE RADIO 1 (Doppel)

– Strange Fruit Records SFRLP200 (ENG) – Veröffentlicht: 9.(?) 88
– Einzel-CD: Strange Fruit Records SFRCD200 (ENG)

Der Rest der Veröffentlichung enthält BBC-Material von anderen Künstlern.
Enthält: Hey Joe (S215).

PURPLE HAZE

– Polydor PZCD 33 (ENG) – Veröffentlicht: 88 – (nur) CD-Single
Nicht veröffentlicht (USA)

Enthält: Purple Haze (S003); 51st Anniversary (S004); All Along The Watchtower (S034); Hey Joe (S001).

GLORIA

- Polydor 887 585-2 (GER) – Veröffentlicht: 88 – (nur) CD-Single
  Nicht veröffentlicht (USA)

Enthält: Gloria (S170); Hey Joe (S001); Voodoo Child (slight return) (S048); Purple Haze (S003).

CROSSTOWN TRAFFIC

- Polydor PZCD 71 (ENG) – Veröffentlicht: 4. 90 – (nur) CD-Single
  Nicht veröffentlicht (USA)

Enthält: Crosstown Traffic (S037); Voodoo Child (slight return) (S048); All Along The Watchtower (S034); Have You Ever Been (To Electric Ladyland) (S036).

LIVE & UNRELEASED (5 LPs)

- Castle Communications HBLP 100 (FRA) – Veröffentlicht: 20. 11. 89 – *: Mr Bad Luck; One Rainy Wish; Machine Gun; Room Full Of Mirrors; Send My Love To Linda; Night Bird Flying
- Dreifach-CD: Castle Communications HBCD 100 (FRA)
- Nicht veröffentlicht (USA)

<1> Obwohl in Frankreich gepreßt, ist diese Veröffentlichung in ganz Europa erhältlich. <2> Das Ganze ist ein Ausschnitt aus einer sechsstündigen Radioshow, zuerst in den USA am 2. und 3. 9. 88 ausgestrahlt. Das zugrunde liegende Konzept mag für das Radio funktionieren, doch als kommerzielle Veröffentlichung ist es ein Desaster. Was tatsächlich geboten wird, ist sehr, sehr wenig: zwölf mehr oder weniger bekannte Songs oder Alternativ-Versionen bereits veröffentlichter Songs, die komplett sind. Das ist alles. Der Rest sind lediglich Schnipsel von Songs (und viel von diesem Material war bereits lange vorher anderswo erschienen); oder es wurden nach ein oder zwei Minuten Ausblendungen vorgenommen, oder der Song wird in darüberliegenden Stimmen ertränkt, die vom eigentlichen Geschehen nur ablenken. <3> Die Information im Beiheft dieser Veröffentlichung enthält viele faktische Fehler und falsch geschriebene Namen. <4> Die unten angegebene Liste stellt den kompletten Ablauf aller Stücke auf dieser Veröffentlichung (außer den Nicht-Jimi-Hendrix-Interviews) dar. <5> Alle Interviews mit Jimi sind nur sehr kurz. <6> Alle 26. 12. 65-Songs rec: George's Club 20, Hackensack, New Jersey. <7> Alle frühen 68er Songs Rec: Jimis Wohnung, New York City, zwischen 2. und 4. 68.

Teil von Purple Haze (S213).

I220: **Interview mit Jimi** – von Lennart Wretlind. Rec: Stockholm, Schweden, 9. 1. 69

Anmerkung: unvollständig.

L221: **I Don't Live Today** – Jimi (gi, lv), Mitch (dr), Noel (ba, hv). Rec (von Wally Heider, auf 8-Spur, 1-Zoll): The Forum, Los Angeles, California, 26. 4. 69

Anmerkung: <1> Stück 1. <2> Unvollständig (geschnittenes Schlagzeugintro). Siehe L598 für die komplette Version.

Teil von Remember (S016).

Teil von Stone Free (S002).

P222: **Cherokee Mist** – Jimi (gi). Rec: früh 68

Anmerkung: <1> Stück 2. <2> Unvollständig.

I223: **Interview mit Jimi** – von Meatball Fulton. Rec: Jimis Wohnung, Upper Berkeley Street, London W1, Mitte 12. 67.

Anmerkung: unvollständig. Siehe I295 für das komplette Interview.

S224: **Star Spangled Banner** – Jimi (gs). Comp: Francis Scott Key. Spezialeffekt: Jimi (octavia). Rec: PLA, 18. 3. 69. Prod: Jimi.
Anmerkung: <1> Unvollständig. <2> Dies ist dieselbe Grundversion wie S115. Unterschied: leicht veränderter Mix.
I225: **Interview mit Jimi** – aus dem Film See My Music Talking (a.k.a.: Experience). Rec: Bruce Flemings Fotostudio, 12 Great Newport Street, London WC2, 19. 12. 67.
Anmerkung: unvollständig.
S226: **Bleeding Heart** – Jimi (gs), Juma? (ta). Rec: PLA, 18. 12. 69. Comp: Elmore James. Prod: Jimi.
Anmerkung: unvollständig.
S228: **Testify Part I** – Jimi (gi), Isley Brothers (vo), Unbekannt (rest). Comp: Ronald Isley & O'Kelly Isley & Rudolph Isley. Rec: unbekanntes Studio, New York City (auf 4-Spur), 21. 5. 64.
Anmerkung: <1> Stück 3. <2> Unvollständig. Siehe S339 für komplette Version. <3> Der Hüllentext behauptet fälschlicherweise, daß diese Version als Single veröffentlicht worden sei. Siehe S331 für die Single-Version.
Teil von Tutti Frutti von Little Richard.
Anmerkung: Dieser Titel erhält keine Eintragnummer, da Jimi keine einzige Note in diesem Song spielt! Übrigens enthält dieser Little-Richard-Song Gitarren mit Wah-Wah, ein Effekt, der bis Mitte 1967 gar nicht realisierbar war . . . Siehe Seite 615 [engl. Vorlage: S. 574] für weitere Details.
Ein anderer Teil des Interviews mit Jimi – von Klas Burling (I227).
Teil von Lawdy Miss Clawdy von Little Richard. Stück 4.
Anmerkung: Auch dieser Titel erhält keine Eintragsnummer, da Jimi in diesem Song ebenfalls nicht zu hören ist. Siehe Seite 615 [engl. Vorlage: S. 574] für weitere Details.
L229: **Drivin' South** – Jimi (gi, voice), Curtis Knight (vo, voice), Curtis Knight & The Squires (rest). Rec: 26. 12. 65.
Anmerkung: unvollständig. Siehe L406 für die komplette Version.
L230: **I'm A Man** – Jimi (gi, lv), Curtis Knight & The Squires (rest). Comp: Bo Diddley. Rec: 26. 12. 65
Anmerkung: <1> Stück 5. <2> Unvollständig. Siehe L407 für die komplette Version.
Ein anderer Teil des Interviews mit Jimi – von Klas Burling (I227).
L231: **Like A Rolling Stone** – Jimi (gi, vo), Phillip Wilson (dr), Buzzy Feiten (ba), Al Kooper (or). Comp: Bob Dylan. Rec: Generation, 54 West 8th Street, New York City, Mitte 4. 68.
Anmerkung: <1> Stück 6. <2> Unvollständig. <3> Jimi nahm die gesamte Jam-Session (an der auch B. B. King mitwirkte) auf seinem eigenen Cassettenrecorder auf.
S232: **Little One** – Jimi (gs), Mitch (dr), Mitch? (cow-bell), Jimi oder Dave Mason (ba), Dave Mason (sitar), Unbekannt (pe), Unbekannt (Zungenschnalzer), Unbekannt (leise Stücke von hv). Rec: OLY, 26. 1. 68. Engi: Eddie. Prod: Chas.
Anmerkung: <1> Unvollständig. <2> Es ist möglich, daß Brian Jones an dieser Einspielung beteiligt war.
L233: **Red House** – Jimi (gi, vo), Mitch (dr), Noel (ba). Rec: L'Olympia, Paris, Frankreich, 9. 10. 67.
Anmerkung: <1> Stück 7. <2> Unvollständig (2 : 16 in der Mitte herausgeschnitten). Siehe L524 für die komplette Version.
Hey Joe (S0010). Stück 8.

S234: **Cat Talkin' To Me** – Jimi (gs), Mitch (dr, cow-bell), Noel (ba). Spezialeffekt: Jimi (octavia – mit gi-overdub). Rec: OLY, 1. 68 o. 2. 69. Prod: Jimi.
Anmerkung: unvollständig.
Teil von I'm Your Hoochie Coochie Man (S212). Stück 9.
Purple Haze (S003).
S235: **Instrumental** – Jimi (gs), Mitch (dr), Noel (ba). Spezialeffekt: Jimi (octavia – mit gi-overdub). Rec: TTG?, 10(?). 68.(?) Prod: Jimi.
Anmerkung: <1> Unvollständig.
The Wind Cries Mary (S005). Stück 10.
Teil von Love Or Confusion (S205).
Foxy Lady (S216). Stück 11.
Teil von Third Stone From The Sun (S015). Stück 12.
Weitere zwei Teile des Interviews mit Jimi – von Klas Burling (I227)
Ein weiterer Teil von Third Stone From The Sun (S015). Stück 12.
Teil von Killin' Floor (L073).
Wild Thing (L081). Stück 13.
Teil von Tax Free (S128).
Teil von May This Be Love (S013).
S236: **Mr Bad Luck** – Jimi (gs, lv), Mitch (dr), Noel (ba), Mitch oder Noel (hv), Unbekannt (ta). Rec: OLY, 4. 5. 67. Engi: Eddie. Prod: Chas.
Anmerkung: <1> Stück 14. <2> Mr Bad Luck a.k.a.: Look Over Yonder. Siehe S116 für Look Over Yonder.
S237: **The Burning Of The Midnight Lamp** – Jimi (gi), Mitch (dr). Rec: MAY, 6.(?) 7. 67. Engi: Gary. Prod: Chas.
Anmerkung: unvollständig.
I238: **Interview mit Jimi** – von Klas Burling. Rec: Stockholm, Schweden, 5. 9. 67.
Anmerkung: unvollständig.
The Burning Of The Midnight Lamp (S019).
Anmerkung: <1> Stück 15. <2> Der Hüllentext vermerkt fälschlicherweise, dieser Song sei in London aufgenommen worden, und die *backing vocals* stammten von den Sweet Inspirations.
Teil von You've Got Me Floating (S028).
Spanish Castle Magic (S023). Stück 16.
Bold As Love (S033). Stück 17.
I239: **Interview mit Jimi** – von Leif H. Andersson. Rec: Stockholm, Schweden, 8. 1. 68.
Anmerkung: unvollständig.
S240: **One Rainy Wish** – Jimi (gs, vo), Mitch (dr), Noel (ba). Rec: OLY, 10. 67. Spezialeffekt: Jimi (octavia); ADT (auf Teilen von Jimis vo). Engi: Eddie. Prod: Chas.
Anmerkung: <1> Stück 18. <2> One Rainy Wish a.k.a.: Gold and Rose. <3> Dies ist dieselbe Grundversion wie S031. Unterschiede: einige zusätzliche Gitarrenlicks; etwas anderer Mix. <4> Der Hüllentext behauptet fälschlicherweise, daß diese Version einer der gestohlenen oder »vermißten Mixes« sei.
Little Wing (S026). Stück 19.
Drivin' South (S206).
Anmerkung: <1> Stück 20. <2> Der Hüllentext behauptet fälschlicherweise, diese Version sei am 17. 10. 67 in der BBC aufgenommen worden.
Ein anderer Teil des Interviews mit Jimi von Meatball Fulton (I223).

I241: **Interview mit Jimi** – von Tony Glover. Rec: Auditorium, Minneapolis, Minnesota, 2. 11. 68.
Anmerkung: unvollständig.
S242: **The Things I Used To Do** – Jimi (gi, vo), Johnny Winter (slide gi), Stephen Stills (ba), Dallas Taylor (dr). Comp: Guitar Slim. Rec: PLA, 15. 5. 69. Prod: Jimi.
Anmerkung: <1> Stück 21. <2> Unvollständig. <3> Siehe S761 für eine etwas andere (aber vollständige) Version.
All Along The Watchtower (S034). Stück 22.
S243: **Drifter's Escape** – Jimi (gs, vo), Mitch (dr), Mitch? (ta), Billy (ba). Comp: Bob Dylan. Rec: ELE, 15.(?) 5.(?) 70. Engi: Eddie. Prod: Jimi.
Anmerkung: <1> Stück 23. <2> Dies ist dieselbe Grundversion wie S150. Unterschiede: andere Gitarrenparts; keine Kuhglocke; anderer Mix.
S244: **Cherokee Mist** – Jimi (gs), Jimi? (sitar), Mitch (dr). Rec: PLA, 2. 5. 68. Engi: Eddie? Prod: Jimi.
Anmerkung: <1> Stück 24. <2> Unvollständig. Siehe S710 für die komplette Version.
Drei weitere Teile des Interviews mit Jimi – aus dem Film See My Music Talking (a.k.a.: Experience) (I224).
P245: **Voodoo Child** – Jimi (gi, vo), Rec: früh 68.
Anmerkung: <1> Stück 25. <2> Unvollständig. Siehe P736 für die komplette Version.
S246: **Voodoo Child (slight return)** – Jimi (gi, vo), Mitch (dr), Noel (ba). Rec: PLA, 3. 5. 68 (Take 4). Engi: Eddie. Prod: Jimi. Stück 26.
Teil von . . . And The Gods Made Love (S035).
S247: **1983 . . . (A Merman I Should Turn To Be)** – Jimi (gs, ba, pe, vo), Mitch (dr), Chris Wood (fl). Spezialeffekte: Jimi (etwas Rückwärts-gi); deutlicher Hall auf vo; Verlangsamung und Beschleunigung der Bandgeschwindigkeit. Rec: PLA, 23. 4. 68. Engi: Gary oder Eddie. Mixing: Jimi & Eddie. Prod: Jimi.
Anmerkung: <1> Stück 27. <2> Unvollständig. <3> Ein Teil der Instrumentation (z. B. einer von Jimis Gitarrentakes) ist, obwohl in dieser Version anders gemischt, identisch mit der von S044.
Teil von Have You Ever Been (To Electric Ladyland) (S036).
S248: **Voodoo Child** – Jimi (gi, vo, voice), Mitch (dr), Jack Casady (ba), Steve Winwood (or), unbekannt (voice). Rec: PLA, 1. oder 2. 5. 68. Engi: Eddie. Prod: Jimi.
Anmerkung: unvollständig (nur zwei kleine Teile).
Teil von Voodoo Chile (S038). Stück 28.
S249: **Rainy Day, Dream Away** – Jimi (gi), Buddy (dr), Freddie Smith (sa), Mike Finnigan (or), Larry Faucette (congas). Rec: PLA, 10. 6. 68. Engi: Eddie oder Gary. Prod: Jimi.
Anmerkung: unvollständig (nur ein kleiner Ausschnitt).
Ein anderer Teil des Interviews mit Jimi – von Lennart Wretlind (I220).
S250: **Come On (Part 1)** – Jimi (gi, vo, voice), Mitch (dr), Noel (ba). Comp: Earl King. Rec: PLA, 27. 8. 68 (Take 9). Stück 29.
Teil von Fire (L191).
I251: **Interview mit Jimi** – von Hugh Curry. Rec: Jimis (Handel) Wohnung, 25 Brook Street, London W1, 7. 1. 69.

Anmerkung: <1> Unvollständig (nur eine Zeile). Entnommen aus A Film About Jimi Hendrix.
Manic Depression (L192). Stück 30

S252: **Astro Man** – Jimi (gi), Mitch (dr), Billy (ba). Rec: PLA, 20. 1. 70. Prod: Jimi.
Anmerkung: unvollständig. Siehe S721 für die komplette Version.
Ein anderer Teil des Interviews mit Jimi – von Lennart Wretlind (I220).
Teil von The Stars That Play With Laughing Sam's Dice (S020).

L253: **Machine Gun** – Jimi (gi, vo), Buddy (dr, cow-bell), Billy (ba). Rec: Fillmore East, New York City, 31. 12. 69, zweite Show.
Anmerkung: <1> Stück 31. <2> Unvollständig.
Teil von Stepping Stone (S050).

S254: **Room Full Of Mirrors** – Jimi (gs, vo), Buddy (dr), Billy (ba), Juma (pe, congas), Unbekannt (cow-bell). Spezialeffekt: Jimi (octavia; slide mit seinem Ring oder Armband). Rec: PLA, 17. 11. 69. Engi: Tony Bongiovi? Prod: Heaven Research Unlimited.
Anmerkung: <1> Stück 32. <2> Dies ist dieselbe Grundversion wie S114. Unterschiede: weiterer Rhythmusgitarren-Take; mehrere verschiedene Sologitarren-Takes; stellenweise zusätzliche Congas; anderer Mix; Slidegitarren-Take nur am Schluß.

P255: **Angel** – Jimi (gi, vo). Rec: Anfang 1968. Stück 33.

S256: **Rainy Day Shuffle** – Jimi (gi), Jimi (ba), Buddy (dr), Mike Finnigan (or), Unbekannt (ta). Rec: PLA, 10. 6. 68. Engi: Eddie oder Gary. Prod: Jimi.
Anmerkung: <1> Stück 34. <2> Unvollständig.

S257: **Valleys Of Neptune** – Jimi (gi, vo, voice), Mitch (dr, voice), Unbekannt (ba), Juma? oder Jerry? (congas), Juma? (pe). Rec: HIT, 8. o. 9. 69 (basic track); PLA?, 70 (ba und pe overdub). Prod: Jimi.
Anmerkung: <1> Stück 35. <2> Unvollständig.

S258: **Drifting** – Jimi (gi), Billy (ba). Rec: ELE, 6. oder 7. 70. Engi: Eddie. Prod: Jimi.
Anmerkung: unvollständig. Siehe S745 für die komplettere Version.

S259: **Send My Love To Linda** – Jimi (gi, vo, voice). Rec: HIT? 9.(?) 69(?). Prod: Jimi. Stück 36.

S260: **Send My Love To Linda** – Jimi (gi, vo). Rec: HIT? 9.(?) 69.(?) Prod: Jimi.
Anmerkung: unvollständig.

S261: **South Saturn Delta** – Jimi (gs), Jimi? (ba), Buddy? (dr), Freddie Smith? (horns), Larry Faucette (congas). Rec: PLA, 14. 6. 68 (basic track). Engi: Gary? (basic track). Prod: Jimi.
Anmerkung: <1> Stück 37. <2> Unvollständig. <3> Der Hüllentext vermerkt fälschlicherweise die Beteiligung der Brecker Brothers.

S262: **God Save The Queen** – Sorry, keine Beteiligung von Jimi!
Anmerkung: unvollständig. Siehe S812 für die komplette Version.
Dolly Dagger (L110).

S263: **Can I Whisper In Your Ear** – Jimi (gi, vo), Billy (ba). Rec: PLA oder HIT, Herbst 69, oder ELE, Sommer 70. Prod: Jimi.
Anmerkung: <1> Unvollständig. <2> Der richtige Songtitel ist unbekannt.

S264: **Night Bird Flying** – Jimi (gs, vo), Mitch (dr), Billy (ba), Juma (cow-bell, pe). Rec: ELE, 16. 6. 70. Engi: Eddie. Prod: Jimi.

Anmerkung: <1> Stück 39. <2> Dies ist dieselbe Grundversion wie S085. Unterschiede: etwas mehr pe; andere Gitarrenphrasen; anderer Mix.
Teil von Getting My Heart Back Together Again (S209 und S219).
Anmerkung: Diese »neue« Version wurde 1988 zusammengebastelt; der Anfangsteil von S209 wurde mit dem Schlußstück von S219 verschweißt. Wie erfindungsreich kann man noch sein?

VERSTREUTE VERÖFFENTLICHUNGEN

LITTLE MISS LOVER
– Emidisc (ENG) – Gepreßt: Ende '67 – Acetate Single (Mono)
<1> Einseitiges Acetate von: Jimi Hendrix Experience. <2> Diese Version ist auf keiner anderen Veröffentlichung erschienen.
S265: **Little Miss Lover** – Jimi (gs, vo, »Wolfspfiff«), Mitch (dr), Mitch? (ta), Noel (ba). Rec: OLY, 10.(?) 67. Engi: Eddie? Prod: Chas.

DREAM b/w DANCE
– Emidisc (ENG) – Gepreßt: Anfang '68 – Acetate Single (Mono)
<1> Acetate von: Jimi Hendrix Experience. <2> Diese Songs sind auf keiner anderen Veröffentlichung erschienen.

S266: **Dream** – Jimi (ba, hv), Mitch (dr, hv), Noel (gi, lv). Comp: Noel Redding. Rec: OLY, 20. 12. 67 (basic track); OLY, 30. 12. 67 (zusätzliche Aufnahmen). Prod: Chas.

S267: **Dance** – Jimi (gi, hv), Mitch (dr, lv), Noel (ba). Comp: Noel Redding & Mitch Mitchell. Rec: OLY, 21. 12. 67. Prod: Chas.

THE IN SOUND
– United States Army USA-IS 67 (USA) – Gepreßt: Ende 67. Staatsdienst-LP
<1> Ein entzückendes Kleinod, mit Harry Harrison, der versucht, in kurzen 5-minütigen Radiospots Leute für die Armee zu rekrutieren: »Deine Zukunft, deine Entscheidung, wähle die Armee!« <2> Der Rest der Veröffentlichung enthält Musik und kurze Interviews mit anderen Künstlern. <3> Das Label trägt die Aufschrift: »Für Sendewoche ab 30. Oktober 1967.«

I268: **Interview mit Jimi** – von Harry Harrison. Rec: Unbekannte Radiostation, wahrscheinlich Los Angeles, California, 6.(?) 67.

Plus: Teil von Purple Haze (S003).

THE IN SOUND
– United States Army USA-IS81 (USA) – Gepreßt: Anfang '68 – Staatsdienst-LP
<1> Weiteres Armeematerial. <2> Der Rest der Veröffentlichung enthält Musik und kurze Interviews mit anderen Künstlern. <3> Das Label trägt die Aufschrift: »Für Sendewoche ab 5. Februar 1968.«

I269: **Interview mit Noel** (mit kicherndem Jimi im Hintergrund) – von Harry Harrison. Rec: Unbekannte Radiostation, wahrscheinlich Los Angeles, California, 6.(?) 67.

Plus: Teil von Foxy Lady (S007).

THE BURNING OF THE MIDNIGHT LAMP b/w HOUSE BURNING DOWN
– Bell Sound Studios Inc: (USA) – Gepreßt: 8.(?) 68 – Acetate Single
<1> Acetate von: Jimi Hendrix Experience. <2> Die Version von »House Burning Down« ist auf keiner anderen Veröffentlichung erschienen.

S270: **House Burning Down** – Jimi (gs, ba, lv, hv, voice), Mitch (dr), Mitch? (hv). Rec: PLA, 1. 5. 68 (basic track); PLA, 8. 68 (zusätzliche Aufnahmen); PLA 23.(?) 8. 68 (Endmix). Engi: Eddie oder Gary. Prod: Jimi.

Anmerkung: Dies ist eine etwas andere Version als S047. Unterschiede: einige Gitarrensoli und Teile des Schlagzeugparts sind verändert; komplett anderer Mix.
Plus: The Burning Of The Midnight Lamp (S019).

THE STARS THAT PLAY WITH LAUGHING SAM'S DICE
– Mayfair Recording Studio Inc. (USA) – Gepreßt: '67 – Acetate Single
<1> Einseitiges Acetate von: Jimi Hendrix Experience. <2> Diese Version ist auf keiner anderen Veröffentlichung erschienen.

S271: **The Stars That Play With Laughing Sam's Dice** – Jimi (gs), Mitch (dr), Noel (ba, 12-string gi mit Wah-Wah), Unbekannt (or). Rec: Unbekanntes Studio, Los Angeles, California, sehr wahrscheinlich 28. 6. 67. Prod: Chas.

WOKE UP THIS MORNING AND FOUND MYSELF DEAD
– Red Lightnin' RL0015 (ENG) – Veröffentlicht: 10. 80 – LP

– Auch auf: Red Lightnin' RL0048 (ENG) – Picture LP; Surprise JTUAL 77 (FRA) – LP
– Auch (als: Tomorrow Never Knows) auf: Happy Bird B/90166 (GER) – LP
– Red Lightnin' RLCD 0068 (ENG) – CD
– Auch (als: New York Sessions) auf: Tradit. Line CD 1301 (GER) – CD

<1> Alle Songs rec: The Scene, 301 West 46th Street, New York City, 6.(?) 3. 68, Jimi nahm die gesamte Jam-Session mit seinem eigenen Cassettenrecorder auf. <2> Fälschlicherweise wurde behauptet, daß Noel Redding (Baß) und Johnny Winter (zweite Gitarre) an dieser Session beteiligt gewesen seien. Tatsächlich lebte Johnny Winter noch in Texas, als diese Session stattfand. Da die McCoys während dieser Zeit quasi die Hausband des Clubs »The Scene« waren, ist es möglich, daß einige Mitglieder dieser Gruppe auf der Session spielten. Vielleicht waren dies Randy Hobbs (Baß) und Randy Zherringer (Schlagzeug); Schlagzeuger Buddy Miles wäre für einige Songs ein anderer möglicher Kandidat. Der zweite Gitarrist wird jedoch ein ewiges Rätsel bleiben . . . <3> Der größte Teil dieser Session wurde erstmals 1972, also lange vor den hier aufgelisteten Veröffentlichungen, auf der Bootleg-LP »Sky High« herausgebracht.

L272: **Red House** – Jimi (gi, vo), Jim Morrison (Geschrei), Unbekannt (Rest).

L273: **I'm Gonna Leave This Town/Everything's Gonna Be Allright** – Jimi (gi, vo), Jim Morrison (ha, Geschrei), Unbekannt (Rest). Comp: Walter Jacobs (Everything's Gonna Be Allright).

L274: **Bleeding Heart** – Jimi (gi, lv), Jim Morrison (ha, hv, Geschrei), Unbekannt (Rest). Comp: Elmore James.

L275: **Tomorrow Never Knows** – Jimi (gi, voice), Jim Morrison (Obszönitäten), Unbekannt (Rest). Comp: John Lennon & Paul McCartney.

Anmerkung: unvollständig. Siehe L277 für eine etwas längere Version.

L276: **Outside Woman Blues/The Sunshine Of Your Love** – Jimi (gi), Jim Morrison (leise Zurufe), Unbekannt (Rest). Comp: Reynolds (Outside Woman Blues); Pete Brown & Jack Bruce & Eric Clapton (The Sunshine Of Your Love).

Anmerkung: unvollständig.

HIGH, LIVE 'N DIRTY

– Nutmeg NUT-1001 (USA) – Veröffentlicht: 11. 78 – LP

Falls jemand daran interessiert sein sollte: Jim Morrisons Schreie und Obszönitäten sind auf dieser Veröffentlichung deutlicher zu hören als auf jeder oben angeführten . . .

L277: **Tomorrow Never Knows** – Jimi (gi, voice), Jim Morrison (Obszönitäten), Unbekannt (Rest). Comp: John Lennon & Paul McCartney.

Anmerkung: <1> Dies ist die etwas längere Version von L275. <2> Während dieser Session warf jemand (vielleicht Jim Morrison) Jimis Mikrophonständer um . . .

Plus: Teil von Tomorrow Never Knows (L275); Teil von Bleeding Heart (L274); Outside Woman Blues/The Sunshine Of Your Love (L276); Bleeding Heart (L274).

EXPERIENCE

– Signal CD 88110 (HOL) – Veröffentlicht: 80er Jahre – CD
– Auch auf: Galaxis CE 9006 (GER) – Veröffentlicht: 86 – CD

PURPLE HAZE

– Success 2101CD (GER?) – Veröffentlicht: 80er Jahre – CD

Alle Veröffentlichungen enthalten dieselben Songs, jedoch in unterschiedlicher Reihenfolge.

Enthält: Teil von Red House (L272); Voodoo Child (slight return) (L097); Bleeding Heart (L094); Fire (L098); Purple Haze (L099); Teil von Room Full Of Mirrors (L093); Smashing Of Amps (L095); Wild Thing (L100); The Sunshine of Your Love (L092).

Plus (fälschlich): She's So Fine; Suspicious; Something You Got.
JIMI HENDRIX AT HIS BEST VOLUME 1
- Saga 6313 (ENG) – Veröffentlicht: 6. 72 – LP
- Auch auf: Joker SM 3271 (ITA) – LP

<1> Ein Teil des Materials auf den folgenden fünf Veröffentlichungen war zum ersten Mal 4. 70 auf der Bootleg-LP »This Flyer« erhältlich. Ab 1971 folgten ständig weitere »offizielle« Veröffentlichungen auf Plattenlabels wie Saga und Joker. <2> Alle Jam-Sessions rec: Jimis Mietshaus, Tavor Hollow Road, nahe Shokan, New York, 22.(?) 9. 69. Die Hüllentexte geben fälschlicherweise als Aufnahmedatum 1964 an oder: »als Hendrix in seinen Teenagerjahren war«. Die Labels weisen ebenfalls fälschlicherweise Mike Ephron als Komponisten aller Improvisationen aus; alle Titel dieser Improvisationen sind frei erfunden, sie sind auf den Hüllen und Labels angegeben.

P278: **Stepping Stone** – Jimi (gi, vo), Mike Ephron (keyboards), Juma (pe).
Anmerkung: falsch angegeben als: »She Went To Bed With My Guitar«.

P279: **Instrumental 1** – Jimi (gi), Mike Ephron (keyboards), Juma (pe).
Anmerkung: angegeben als: »Free Thunder«.

P280: **Instrumental 2** – Jimi (gi), Mike Ephron (keyboards), Juma (pe).
Anmerkung: angegeben als: »Cave Man Bells«.

P281: **Instrumental Solo** – Jimi (gi), Mike Ephron (keyboards), Juma (pe).
Anmerkung: falsch angegeben als: »Strokin' A Lady On Each Hip«.

P282: **Instrumental 3** – Jimi (gi), Mike Ephron (keyboards), Juma und Jerry (pe, ta).
Anmerkung: angegeben als: »Baby Chicken Strut«.

JIMI HENDRIX AT HIS BEST VOLUME 2
- Saga 6314 (ENG) – Veröffentlicht: 6. 72 – LP
- Auch auf: Joker SM 3272 (ITA) – LP

P283: **Instrumental 4** – Jimi (gi), Mike Ephron (keyboards), Juma (pe)
Anmerkung: angegeben als: »Down Man Blues«.

P284: **Flying (Here I Go)** – Jimi (gi, vo, voice), Mike Ephron (keyboards, voice), Juma (fl, pe), Jerry (pe).
Anmerkung: angegeben als: »Feels Good«.

P285: **Instrumental 5** – Jimi (gi), Mike Ephron (keyboards), Juma und Jerry (pe).
Anmerkung: angegeben als: »Fried Cola«.

P286: **Monday Morning Blues** – Jimi (gi, vo voice), Mike Ephron (keyboards), Juma (pe).

P287: **Key To The Highway** – Jimi (gi), Mike Ephron (keyboards, voice), Juma und Jerry (pe, ta). Comp: Charles Segar & Willy »Big Bill« Broonzy.
Anmerkung: <1> falsch angegeben als: »Jimi Is Tender Too«. <2> Möglicherweise ist mit Charles Segar Charles Seeger gemeint (der Vater von Pete Seeger).

P288: **Instrumental 6** – Jimi (gi), Mike Ephron (keyboards), Juma und Jerry (pe, ta, marimba?).
Anmerkung: angegeben als: »Madagascar«.

JIMI HENDRIX AT HIS BEST VOLUME 3
- Saga 6315 (ENG) – Veröffentlicht 6. 72 – LP
- Auch auf: Joker SM 3273 (ITA) – LP

P289: **Instrumental 7/Gypsy Boy (New Rising Sun)** – Jimi (gi), Mike Ephron (keyboards), Juma und Jerry (pe).
Anmerkung: falsch angegeben als: »Young Jim«.

P290: **Instrumental 8** – Jimi (gi, voice), Mike Ephron (keyboards), Juma (pe, fl, voice), Jerry? (maracas).
Anmerkung: angegeben als: »Lift Off«.
P291: **Instrumental 9** – Jimi (gi), Mike Ephron (keyboards), Juma und Jerry (pe).
Anmerkung: angegeben als: »Swift's Wing«.
P292: **Earth Blues** – Jimi (gi), Mike Ephron (keyboards), Juma und Jerry (pe).
Anmerkung: falsch angegeben als: »Giraffe«.
Plus: Flying (Here I Go) (P284), angegeben als »Spiked With Heady Dreams«.
JIMI HENDRIX
– Pantonic Pan 6307 (ENG) – Veröffentlicht: 4. 71 – LP
<1> Die frei erfundenen Titel der Improvisationen wurden diesmal angegeben als: »Impromptu No. 1 ›Baroque I‹«, »Impromptu No. 2 ›Baroque II‹«; »Impromptu No. 3 ›Virtuoso‹ Part 1. Berceuse – Part. 2. Flying – Part. 3. Perpetuum Mobile.«
<2> Melody Maker, 17. 4. 71: ». . . Die Veröffentlichung dieses Albums ist ein Schwindel der übelsten Sorte, der nichts für Jimi tut, außer, daß er ihm noch Pennies aus den toten Augen kratzt.«
Enthält: Instrumental 7/Gypsy Boy (New Rising Sun) (P289); Instrumental 9 (P291); Flying (Here I Go) (P284).
JIMI HENDRIX '64
– Boulevard 4106 (ENG) – Veröffentlicht: 1. 75 – LP
Enthält: Stepping Stone (P278); Instrumental 8 (P290); Instrumental 4 (P283); Instrumental 6 (P288); Monday Morning Blues (P286); Earth Blues (P292); Key To The Highway (P287).
. . . AND A HAPPY NEW YEAR
– Reprise PRO 595 (USA) – Veröffentlicht: 12. 74 – Promo Single
– Auch auf: Reprise PRO-A 840 (USA) – Veröffentlicht: 12. 79 – 12-inch-Promo-Single
Die 12-inch-Veröffentlichung enthält alle Songs zweimal, auf Seite A und B.
S293: **The Little Drummer Boy/Silent Night** – Jimi (gi), Buddy (dr), Billy (ba). Comp: David Onorati & Harry Simeone & Katherine Davis (The Little Drummer Boy); Father Joseph Mohr & Franz Gruber (Silent Night). Rec: PLA, 12. 69. Engi: Tony Bongiovi? Prod: Jimi.
S294: **Auld Lang Syne** – Jimi (gi), Buddy (dr, vo), Billy (ba). Comp: Robert Burns. Rec: PLA, 12. 69. Engi: Tony Bongiovi? Prod: Jimi.
THE INTERVIEW
– Rhino Records RNDF 254 (USA) – Veröffentlicht: 80er Jahre – Picture-LP
– Auch auf: CID Productions CID 006 (ENG) – CD
Die LP-Veröffentlichung enthält auch einige gesprochene Anmerkungen von Meatball Fulton, die auf der CD nicht enthalten sind.
I295: **Interview mit Jimi** – von Meatball Fulton. Rec: Jimis Wohnung, Upper Berkeley Street, London W1, Mitte 12. 67.
Anmerkung: Dies ist das komplette Interview von I140 und I223.
JIMI HENDRIX
– British Broadcasting Corporation LP 37480 (ENG) – Gepreßt: 2. 76
– LP von einer Wiedergabe
<1> Diese Veröffentlichung enthält verschiedenes Interviewmaterial, das zum Teil für die Sendung ›Insight‹ verwendet wurde, BBC Radio 1, 22. 2. 76.

I296: **Interview mit Jimi** – von Keith Altham. Rec: Hotel Cumberland, Zimmer 507 & 508, London W1, 11. 9. 70.
Anmerkung: <1> Leicht gekürzt. <2> Dies war das letzte Interview, das mit Jimi aufgenommen wurde.
I297: **Interview mit Jimi** – von Klas Burling. Rec: Stockholm, Schweden, 25. 5. 67.
Anmerkung: <1> Unvollständig. <2> Dieses Material stammt aus demselben Interview wie I227.
I298: **Interview mit Jimi** – von Lennart Wretlind. Rec: Stockholm, Schweden, 9. 1. 69.
Anmerkung: <1> Unvollständig. <2> Dieses Material stammt aus demselben Interview wie I220.
Plus: Verschiedene Kurz-Interviews mit Chas Chandler, Chris Welch, Alan Douglas und Paul McCartney.
VARIATIONS ON A THEME: RED HOUSE
– Hal Leonard HL00660040 (USA) – Veröffentlicht: 11. 89 – CD – *: Versionen S300; L301; L302; L303
Nicht veröffentlicht (ENG)
Diese Veröffentlichung (und die folgenden zwei) sind (als CD und Cassette) nur in Musik- und Instrumentengeschäften erhältlich.
L299: **Red House** – Jimi (gi, vo), Mitch (dr), Billy (ba). Rec: Berkeley Community Theatre, Berkeley, California, 30. 5. 70, erste Show.
S300: **Red House** – Jimi (gi, vo, Einführung), Mitch (dr), Buddy (dr), Noel (ba), Le Michaels (or), Unbekannt (ta). Rec: TTG, 29. 10. 68. Prod: Jimi.
L301: **Red House** – Jimi (gi, vo), Mitch (dr), Noel (ba). Rec: The Forum, Los Angeles, California, 26. 4. 69.
L302: **Red House** – Jimi (gi, vo), Mitch (dr), Noel (ba). Rec: Royal Albert Hall, London, 24. 2. 69.
L303: **Red House** – Jimi (gi, vo), Mitch (dr), Noel (ba). Rec: Winterland, San Francisco, California, 10. 10. 68, erste Show.
Plus: Red House (falsche Angabe: stammt nicht von Newport, 20. 6. 69) (L178).
Plus: Red House von John Lee Hooker (ohne Beteiligung von Jimi).
FUZZ, FEEDBACK & WAH-WAH
– Hal Leonard HL00660036 (USA) – Veröffentlicht: 11. 89 – CD
Nicht veröffentlicht (ENG)
Diese Veröffentlichung enthält 42 Songschnipsel.
Enthält: 1 : 08 von Drivin' South (S206); 0 : 16 von Drivin' South (S206); 0 : 17 von Freedom (S082); 0 : 45 von Peace In Mississippi (S158); 0 : 32 von Purple Haze (S003); 0 : 45 von Manic Depression (S008); 0 : 34 von Love Or Confusion (S011); 0 : 50 von Bold As Love (S033); 0 : 14 von Spanish Castle Magic (S023); 1 : 03 von If 6 Was 9 (S027); 0 : 19 von Little Miss Lover (S032); 3 : 51 von Stone Free (L179 und L709); 0 : 12 von Foxy Lady (S007).
L304: **Foxy Lady** – Jimi (gi), Mitch (dr), Noel (ba). Rec: Winterland, San Francisco, California, 10. 10. 68, erste Show.
Anmerkung: Nur 0 : 42 von dieser Version.
Enthält: 0 : 47 von Third Stone From The Sun (S015); 0 : 28 von EXP (S021); 0 : 19 von Wild Thing (L184); 0 : 51 von Look Over Yonder (S116); 0 : 32 von Ezy Ryder (S084); 0 : 38 von Red House (L302); 0 : 39 von Stone Free (L179); 1 : 25 von Are You Experienced (L180); 0 : 28 von The Burning Of The Midnight Lamp (S019);

0 : 15 von Up From The Skies (S022); 0 : 31 von Up From The Skies (S022); 0 : 19 von Little Miss Lover (S032); 0 : 35 von Voodoo Child (slight return) (S048); 0 : 12 von Still Raining, Still Dreaming (S046); 0 : 08 von Belly Button Window (S091); 0 : 16 von Tax Free (L197); 0 : 44 von Changes (L054); 0 : 16 von Who Knows (L052); 0 : 44 von Are You Experienced (L180); 0 : 28 von Straight Ahead (S087); 0 : 21 von In From The Storm (S090); 1 : 04 von Red House (L301); 0 : 51 von Red House (L299); 1 : 05 von Red House (L301); 0 : 37 von Message To Love (L056); 2.28 von Tax Free (L197); 0 : 39 von 1983 . . . (A Merman I Should Turn To Be) (S044).

WHAMMY BAR & FINGER GREASE

– Hal Leonard HL00660038 (USA) – Veröffentlicht: 11. 89 – CD
Nicht veröffentlicht (ENG)

<1> Diese Veröffentlichung enthält 40 kurze Ausschnitte bzw. Schnipsel von Songs. Alle 10. 10. 68- und 11. 10. 68-Songs rec: Winterland, San Francisco, California.
Enthält: 1 : 23 von Star Spangled Banner (L067); 0 : 27 von Third Stone From The Sun (S015); 0 : 23 von Machine Gun (L053).

L305: **Star Spangled Banner** – Jimi (gi). Comp: Francis Scott Key. Rec: 10. 10. 68, zweite Show.

Anmerkung: <1> Nur 0 : 06 von dieser Version. <2> Angegeben als: »This Is America«. <3> Siehe L803 für die komplette Version.
Enthält: 0 : 27 von Pali Gap (S113); 0 : 12 von Look Over Yonder (S116); 0 : 40 von I Don't Live Today (S012); 0 : 31 von Tax Free (L197); 1 : 04 von Cherokee Mist (S244 und S270).

L306: **Star Spangled Banner** – Jimi (gi), Mitch (dr). Comp: Francis Scott Key. Rec: 10. 10. 68, zweite Show.

Anmerkung: <1> Weitere 0 : 32 von dieser Version. <2> Angegeben als: »This Is America«. <3> Siehe L803 für komplette Version.
0 : 45 von Machine Gun (L053); 0 : 40 von Machine Gun (L139 und L698); 0 : 12 von Ain't No Telling (S025); 0 : 10 von Machine Gun (L053); 0 : 24 von Machine Gun (L139 und L698); 0 : 47 von House Burning Down (S047); 1 : 07 von Hey Joe (L199); 0 : 27 von Hey Joe (S001); 0 : 19 von Red House (das Beiheft behauptet fälschlicherweise, diese Version stamme aus der »Live At Winterland«-Veröffentlichung (L303); 0 : 24 von Foxy Lady (S007); 0 : 29 von Astro Man (S252 und S721) 0 : 54 von Drivin' South (S206); 0 : 35 von Machine Gun (L139 und L698); 0 : 33 von Spanish Castle Magic (L194); 0 : 29 von Manic Depression (S008); 1 : 16 von Bold As Love (S033); 0 : 38 von Third Stone From The Sun (S015); 0 : 49 von Third Stone From The Sun (S015); 0 : 31 von Astro Man (S252 & S721); 0 : 48 von Drivin' South (S206); 0 : 25 von Machine Gun (L139 und L698); 0 : 58 von God Save The Queen (S262 und S812); 0 : 27 von Spanish Castle Magic (L194); 0 : 27 von Machine Gun (L053); 0 : 37 von The Wind Cries Mary (S005); 1 : 17 von May This Be Love (S013); 0 : 11 von Third Stone From The Sun (S015); 1 : 07 von Astro Man (S252 und S721).

L307: **Star Spangled Banner** – Jimi (gi), Mitch (dr). Comp: Francis Scott Key. Rec: 10. 10. 68, zweite Show.

Anmerkung: <1> Weitere 0 : 29 von dieser Version. <2> Angegeben als: »This Is America«. <3> Siehe L803 für die komplette Version.

L308: **Spanish Castle Magic** – Jimi (gi), Mitch (dr), Noel (ba). Rec: 11. 10. 68, zweite Show.

Anmerkung: <1> Nur 4 : 03 von dieser Version. <2> Siehe L806 für die komplette Version.

JIMI HENDRIX ALS GAST UND/ODER PRODUZENT

<1> Viele der hier aufgelisteten ganz frühen Veröffentlichungen werden nur noch sehr schwer bzw. längst nicht mehr im Handel erhältlich sein. <2> Soweit sie bekannt sind, wurden auch andere Musiker genannt, die an den verschiedenen Sessions beteiligt waren. Leider war es jedoch unmöglich, für jeden Song zu bestimmen, »wer genau was« gespielt hat – dies gilt insbesondere für Jimis frühe Studiozeit, da die meisten Bands und Performer, für die er tätig war, in Besetzungen arbeiteten, die von Tag zu Tag wechseln konnten. <3> Wenn nicht anders vermerkt, kam keine der aufgelisteten frühen Veröffentlichungen in die Charts.

Lonnie Youngblood

<1> Lonnie Youngbloods richtiger Name lautet Lonnie Thomas. 1986 wurde die Firma Audiofidelity Enterprises von PPX unter Hinweis auf den U.S. Lanham Act verklagt, acht verschiedene »offenkundig betrügerische« Alben, »angeblich *featuring* Jimi Hendrix, jedoch solche Aufführungen nicht enthaltend«, verbreitet und vermarktet zu haben. Am 5. Mai 1987 bestätigte das U.S.-Berufungsgericht des zweiten Gerichtsbezirks von New York die Schadenersatzforderung. Diese LPs waren von Audiofidelity Enterprises über Plattenfirmen wie Nutmeg, Trip und viele andere weltweit vertrieben und an sie lizensiert worden. Die auf diesen LPs enthaltenen Sessions wurden angeblich (laut Hüllentext) 1966 in New York City mit dem Saxophonisten Lonnie Youngblood und dem Gitarristen Herman Hitson aufgenommen. In einem Interview mit der Fernsehgesellschaft CBS hatte Lonnie Youngblood folgendes zu diesem Material zu sagen: »Du denkst, du kaufst Hendrix. Du kaufst nicht Hendrix, du kaufst Lonnie Youngblood . . . Sogar die Stimme, das singt nicht Hendrix . . ., und das spielt nicht Hendrix.« Da es weltweit rund 100 (!) verschiedene Veröffentlichungen gibt, die diese »unechten« Songs enthalten, wurden sie an dieser Stelle nicht alle aufgelistet. Statt dessen finden Sie eine Liste aller gefälschten Songs, gefolgt von einer Liste der LPs, auf denen sie jeweils auftauchen:
SONGS: A Mumblin' Word (auch angegeben als: Funky); All Alone; Be My Baby; Bring My Baby Back; Edda Mae; Every Little Bit Hurts (auch angegeben als: Gotta Find Someone); Everything You Got; Feel That Soul; Find Someone; Free Spirit; From This Day On (auch angegeben als: She's So Fine); Gangster Of Love; Get Down (auch angegeben als: Git Down und Down Now); Girl So Fine; Gonna Take A Lot; Good Feeling; Good Time; Good Times; Groove; Hey LeRoy; Hot Trigger (auch angegeben als: Not Trigger und Walking With Bessie Mae); House Of The Rising Sun; Human Heart (auch angegeben als: Let Me Go, und Louisville); Interlude; Let Me Thrill Your Soul; Let The God Sing; Miracle Worker; Nite Life; Psycho; So Called Friend (auch angegeben als: Backroom Lady); Something You Got; Suspicious (auch angegeben als: I Love My Baby); Voice In The Wind; Win Your Love; You Got It; You Say You Love Me (auch angegeben als: Freedom And You); Young Generation.
LPs: Attention Jimi Hendrix!; Jimi Hendrix!; Before London; Cosmic Turnaround; Faces and Places Vol. 12; Free Spirit; Gangster Of Love; Good Times; Hendrix & Youngblood; Hendrix 66; In The Beginning; Jimi Hendrix; Jimi Hendrix At His Best (Doppel); Jimi Hendrix In Concert; Jimi Hendrix 1966 Jimi Hendrix (Doppel);

Kaleidoscope; La Grande Storia Del Rock Vol. 31; La Grande Storia Del Rock Vol. 56; La Grande Storia Del Rock Vol. 60; Moods; Original Sessions; Purple Haze; Rare Hendrix; Rock Guitar Greats; Rock Guitar Greats Vol. 2; Rock Guitar/ Original Jimi Hendrix; Original Hendrix/Roots Of Hendrix; 16 Greatest Classics; 16 Greatest Hits; 16 Greatest Hits; Strange Things; Superpak; That Unforgettable Jimi Hendrix; The Greatest Original Sessions (Doppel); The Very Best Of (The World Of) Jimi Hendrix.
<2> Dennoch enthalten die meisten der oben genannten Veröffentlichungen einige Songs, die tatsächlich authentische Aufnahmen von Jimi mit Lonnie Youngblood sind. Diese »echten« Songs finden sich verstreut zwischen den gefälschten Stücken und werden unten nur einmal aufgelistet, da sie auf diesen Veröffentlichungen in nur einer Version vertreten sind. <3> Diese Aufnahmen mit Lonnie Youngblood sind mit fast absoluter Sicherheit die allerersten Studioaufnahmen, die Jimi überhaupt gemacht hat. <4> Zu beachten ist, daß einige der oben genannten Veröffentlichungen auch Material anderer Künstler enthalten sowie Songs aus der sogenannten »Sky High«-Jam-Session. <5> Alle aufgelisteten Songs von Jimi und Lonnie Youngblood rec: Unbekanntes Studio, Philadelphia?, Pennsylvania, Ende '63.

GO GO SHOES b/w GO GO PLACE
– Fairmount Records F-1002 (USA) – Veröffentlicht: Ende '63 – Single (Mono)

S309: **Go Go Shoes** – Jimi (gi), Lonnie Youngblood (sa, lv), Unbekannte weibliche Person (hv), Unbekannt (rest). Comp: M. Thomas & Lonnie Johnson & A. Hall. Prod: Lonnie Youngblood.

Anmerkung: Leicht unvollständig. Siehe S324 für komplette Version

S310: **Go Go Place** – Jimi (gi), Lonnie Youngblood (sa, vo), Unbekannt (rest). Comp: M. Thomas & Lonnie Youngblood & A. Hall. Prod: Lonnie Youngblood.

Anmerkung: leicht gekürzt. Siehe S330 für die komplette Version.

SOUL FOOD (THAT'S A WHAT I LIKE) b/w GOODBYE, BESSIE MAE
– Fairmount Records F-1022 (USA) – Veröffentlicht: Anfang (?) 64 – Single (Mono)

S311: **Soul Food (That's A What I Like)** – Jimi (gs), Jimi? (ba), Lonnie Youngblood (sa, vo), Unbekannt (rest). Comp: Lonnie Youngblood & Hank Anderson. Prod: Lonnie Youngblood.

Anmerkung: Siehe S317 für eine etwas andere Version.

S312: **Goodbye, Bessie Mae** – Jimi (gi), Lonnie Youngblood (sa, lv), Unbekannt (rest). Comp: Lonnie Youngblood. Prod: Lonnie Youngblood.

Anmerkung: Siehe S316 für eine etwas andere Version.

THE GREAT EXPERIENCES TOGETHER
– Maple Records LPM 6004 (USA) – Veröffentlicht: 3. 71 – LP
Charts-Einstieg: 132 (20. 3. 71); Spitzenposition: 127; Wochen in den Charts: 4
– Auch auf: Joker SM 3536 (ITA)

Offenbar handelt es sich bei den Songs dieser Mono-Veröffentlichung um die Originalaufnahmen; die meisten Stereo-Versionen bestehen demnach aus dem Mono-Original und (1971) hinzugefügten Stereo-Overdubs.

S313: **Wipe The Sweat I** – Jimi (gi), Lonnie Youngblood (sa, Teile von vo), Unbekannt (rest). Comp: Lonnie Youngblood? 1971 hinzugefügt: Unbekannt (gi → höherer, saubererer Sound).

Anmerkung: <1> Angegeben als: Wipe The Sweat (vocal). <2> Stereo.

S314: **Wipe The Sweat II** – Jimi (gi), Lonnie Youngblood (sa, vo), Unbekannt (rest). Comp: Lonnie Youngblood?

Anmerkung: <1> Angegeben als: Segway II. <2> Stereo.

S315: **Wipe The Sweat III** – Jimi (gi, lv während der zweiten Hälfte des Songs), Lonnie Youngblood (sa, lv während der ersten Hälfte des Songs, hv), Unbekannt (rest). Spezialeffekt: Hall. Comp: Lonnie Youngblood?

Anmerkung: <1> Angegeben als: Segway III. <2> Mono.

S316: **Goodbye, Bessie Mae** – Jimi (gi), Lonnie Youngblood (sa, vo), Unbekannt (rest). Comp: Lonnie Youngblood. Prod: Lonnie Youngblood.

Anmerkung: <1> Dies ist dieselbe Grundversion wie S312. Unterschiede: ohne Harmony Vocals; mit Tamburin; Jimis Gitarrensolo im Fade-Out weggenommen. <2> Mono.

S317: **Soul Food (That's A What I Like)** – Jimi (gi), Jimi? (ba), Lonnie Youngblood (sa, vo), Unbekannt (rest). Comp: Lonnie Youngblood & Hank Anderson. Prod: Lonnie Youngblood.

Anmerkung: <1> Angegeben als: All I Want. <2> Dies ist dieselbe Grundversion wie S311. Unterschiede: anderer Gesangstake; anderer Orgeltake; weniger Gitarre; andere Gitarre; längere Version. <3> Stereo.

S318: **Under The Table I** – Jimi (gi), Lonnie Youngblood (sa), Unbekannt (rest). Comp: Lonnie Youngblood?

Anmerkung: <1> Kurze »Fehlstart«-Version. <2> Mono.

S319: **Under The Table II** – Jimi (gi), Lonnie Youngblood (sa), Unbekannt (rest). Comp: Lonnie Youngblood?

Anmerkung: <1> Dieses Stück beginnt mit demselben Gitarren-Intro wie S318. Es enthält eine Unterbrechung des Songs, während derer jemand (der Toningenieur?) sagt: *»This is two«;* es folgen einige lustige Gitarrenpassagen, und der Song beginnt aufs neue mit demselben Gitarren-Intro wie S318. <2> Stereo.

S320: **Under The Table III** – Jimi (gi), Lonnie Youngblood (sa), Unbekannt (rest). Comp: Lonnie Youngblood. 1971 hinzugefügt: Unbekannt (gi – scharfer/verzerrter Sound)

Anmerkung: Stereo.

Plus: Two In One Goes (keine Beteiligung von Jimi oder Fälschung). Plus Fälschung: Psycho.

THE GENIUS OF JIMI HENDRIX

– Trip (TLP-9523 (USA) – Veröffentlicht: 9. 74 – LP

Alle angeführten Songs in verbessertem Mono.

S321: **Sweet Thang** – Jimi (gi), Lonnie Youngblood (sa, vo), Unbekannt (rest). Comp: Nathan W. Stuckey.

S322: **Groovemaker** – Jimi (gi), Lonnie Youngblood (sa, vo), Unbekannt (rest). Comp: Lonnie Youngblood?

S323: **Fox** – Jimi (gi), Lonnie Youngblood (vo, sa), Unbekannt (rest). Spezialeffekt: Jimi (tremolo). Comp: Lonnie Youngblood?

Anmerkung: Song a.k.a.: She's A Fox.

Plus: Red House (L272); I'm Gonna Leave This Town/Everything's Gonna Be Allright (falsch angegeben als: Blue Blues) (L273); Bleeding Heart (L274); zwei Teile von Tomorrow Never Knows (falsch angegeben als: Whoa' Ech; Lime Lime) (L275). Plus Fälschung: Gonna Take A Lot.

FOR REAL!

– DJMMD 8011 (ENG) – Veröffentlicht: 11. 75 – Doppel-LP

Alle aufgeführten Songs in Mono.

S324: **Go Go Shoes** – Jimi (gi), Lonnie Youngblood (sa, lv), unbekannte weibliche Person (hv), Unbekannt (rest). Comp: M. Thomas & Lonnie Youngblood & A. Hall. Prod: Lonnie Youngblood.

Anmerkung: Dies ist die komplette Version von S309.

S325: **Wipe The Sweat IV** – Jimi (gi), Lonnie Youngblood (sa, Teile von vo), Unbekannt (rest). Comp: Lonnie Youngblood? 1971 hinzugefügt: Unbekannt (gi klingt »sauber«).

Anmerkung: <1> Angegeben als: Wipe The Sweat. <2> Dies ist dieselbe Grundversion wie S313. Unterschied: keine Stereo-Overdubs.

S326: **Under The Table IV** – Jimi (gi), Lonnie Youngblood (sa), Unbekannt (rest). Comp: Lonnie Youngblood?

Anmerkung: <1> Angegeben als: Under The Table Pt. 1. <2> Dies ist dieselbe Grundversion wie S318 und S319, hier allerdings in Gestalt eines einzigen Songs. Unterschiede: ohne die Stimme (des Toningenieurs?), die *»This is two«* sagt; ohne Gitarren-Overdub.

S327: **Wipe The Sweat V** – Jimi (gi), Lonnie Youngblood (sa, vo), Unbekannt (rest). Comp: Lonnie Youngblood?

Anmerkung: <1> Angegeben als: More Sweat. <2> Dies ist dieselbe Grundversion wie S314. Unterschied: Mono-Mix.

S328: **Under The Table V** – Jimi (gi), Lonnie Youngblood (sa), Unbekannt (rest). Comp: Lonnie Youngblood?

Anmerkung: <1> Angegeben als: Under The Table Pt. 2. <2> Dies ist dieselbe Grundversion wie S320. Unterschied: Mono-Mix.

Plus: Goodbye, Bessie Mae (S316); Sweet Thang (S321); Groovemaker (S322); Fox (S323).

Plus: Red House (L272); Bleeding Heart (L274); I'm Gonna Leave This Town/ Everything's Gonna Be Allright (falsch angegeben als: Blue Blues) (L273).

Plus Fälschung: Good Time; Bring My Baby Back; Suspicious; Hot Trigger; Voice In The Wind; Psycho; Good Feeling.

RARE HENDRIX

- Enterprise ENTF 3000 (ENG) – Veröffentlicht: 7. 72 – LP
- Auch auf: Trip TLP-9500 (USA) – LP
- Auch (mit dem Untertitel Jimi Hendrix Vol. 4) auf: Joker Records CSM 3535 (ITA) – LP

Alle Veröffentlichungen enthalten dieselben Songs, nur in unterschiedlicher Reihenfolge.

S329: **Go Go Shoes** – Jimi (gi), Lonnie Youngblood (sa, lv), unbekannte weibliche Person (hv), Unbekannt (rest). Comp: M. Thomas & Lonnie Youngblood & A. Hall. Prod: Lonnie Youngblood.

Anmerkung: <1> Angegeben als: Go Go Shoes Part I. <2> Dies ist dieselbe Version wie S324. Unterschied: Stereo-Mix.

S330: **Go Go Place** – Jimi (gi), Lonnie Youngblood (sa, vo), Unbekannt (rest). Comp: M. Thomas & Lonnie Youngblood & A. Hall. Prod: Lonnie Youngblood.

Anmerkung: <1> Angegeben als: Go Go Shoes Part II. <2> Dies ist die komplette Version von S310, nun als Stereo-Mix.

Plus Fälschung: Good Feeling; Voice In The Wind; Good Times; Hot Trigger; Bring My Baby Back; Suspicious.

ORIGINAL JIMI HENDRIX ROOTS OF HENDRIX
– Musidisc 30 CV 1315 (FRA) – Veröffentlicht: 80er Jahre – LP
Enthält: Wipe The Sweat I (S313); Wipe The Sweat II (S314); Goodbye, Bessie Mae (S316); Soul Food (That' A What I Like) (S317); Teil von Under The Table II (S319); Under The Table III (angegeben als: Under The Table II) (S320).
Plus: Two In One Goes (keine Beteiligung von Jimi oder Fälschung). Plus Fälschung: Psycho.
JIMI HENDRIX IN CONCERT
– Springboard SPB-4031 (USA) – Veröffentlicht: 80er Jahre – LP
Enthält: Teil von Under The Table III (angegeben als: Under The Table Part 2) (S320); Plus: Sweet Thang (S321).
Plus: Bleeding Heart (L274); Teil von Tomorrow Never Knows (falsch angegeben als: Whoa' Ech) (L275); Outside Woman Blues/The Sunshine Of Your Love (falsch angegeben als: Lime Line) (L276).
Plus Fälschung: Miracle Worker; From This Day On; Human Heart.

The Isley Brothers

Alle Songs comp: Ronald Isley & O'Kelly Isley & Rudolph Isley. Alle Songs aufgenommen auf 8-Spur, 1 Zoll, wenn nicht anders angegeben. Die 3 Isley Brothers: Ronald, O'Kelly und Rudolph. Alle angeführten 5. 8. 65. Songs: arrangiert und dirigiert von Teacho Wilshire (Orchesterleiter).
TESTIFY (PART I) b/w TESTIFY (PART II)
– T-Neck 45-501 (USA) – Veröffentlicht: Anfang '64 – Single
– Nicht veröffentlicht (ENG)
Beide Songs rec: unbekanntes Studio, New York City (auf 4-Spur). 21. 5. 64.
S331: **Testify (Part I)** – Jimi (gi), Isley Brothers (vo), Unbekannt (rest).
S332: **Testify (Part II)** – Jimi (gi), Isley Brothers (vo), Unbekannt (rest).
THE LAST GIRL b/w LOOKING FOR A LOVE
– Atlantic 45-2263 (USA) – Veröffentlicht: Ende '64 – Single
– Atlantic AT 4010 (ENG) – Veröffentlicht: 11. '64 – Single
Beide Songs rec: Atlantic Studios, New York City, 23. 9. 64.
S333: **The Last Girl** – Jimi (gi), Isley Brothers (lv, hv), Dionne Warwick (hv), Unbekannt (rest, einschließlich zweiter Gitarrist).
S334: **Looking For A Love** – Jimi (gi), Isley Brothers (vo), Unbekannt (rest, einschließlich acoustic gi). Spezialeffekt: Jimi (tremolo)
MOVE OVER AND LET ME DANCE b/w HAVE YOU EVER BEEN DISAPPOINTED?
– Atlantic 45-2303 (USA) – Veröffentlicht: Ende '65 – Single
– Nicht veröffentlicht (ENG)
Beide Songs rec: Atlantic Studios, New York City, 5. 8. '65.
S335: **Move Over And Let Me Dance** – Jimi (gi), Isley Brothers (vo), Al Lucas (ba), James Brown oder Bobby Gregg (dr), Jimmy Nottingham, Eddie Williams, Quentin Jackson, Dickie Harris, Seldon Powell; Haywood Henry (horn section), Unbekannt (ta).
S336: **Have You Ever Been Disappointed?** – Jimi (gi), Isley Brothers (vo), Al Lucas (ba), James Brown oder Bobby Gregg (dr), – Paul Griffin (pi), Jimmy Nottingham, Eddie Williams, Quentin Jackson; Dickie Harris; Seldon Powell, Haywood Henry (horn section), Unbekannt (ta).

IN THE BEGINNING
- T-Neck TNS 3007 (USA) – Veröffentlicht: frühe 70er Jahre – LP
- Auch auf: Polydor 2310 105 (GER); Brunswick 2911 508 (GER); nicht veröffentlicht (ENG)
- CD: nicht veröffentlicht

S337: **Move Over Let Me Dance Part 1** – Jimi (gi), Isley Brothers (vo), Al Lucas (ba), James Brown oder Bobby Gregg (dr), Jimmy Nottingham, Eddie Williams, Quentin Jackson, Dickie Harris, Seldon Powell, Haywood Henry (horn section) Unbekannt (ta). Rec: Atlantic Studios, New York City, 5. 8. '65.

Anmerkung: Dies ist dieselbe Grundversion wie S335. Unterschiede: anderer Gesangstake; Echo auf Teilen des Gesangs; Saxophon fast ganz nach hinten gemischt; Gitarre nach vorne gemischt.

S338: **Have You Ever Been Disappointed?, Part 1 & Part 2** – Jimi (gi), Isley Brothers (vo), Al Lucas (ba), James Brown oder Bobby Gregg (dr), Paul Griffin (pi), Jimmy Nottingham, Eddie Wilson, Quentin Jackson, Dickie Harris, Seldon Powell, Haywood Henry (horn section), Unbekannt (ta). Spezialeffekt: Jimi (tremolo). Rec: Atlantic Studios, New York City, 5. 8. '65.

Anmerkung: Dies ist dieselbe Grundversion wie S336. Unterschiede: mehr als doppelt so lang; anderer Gesangstake; Piano fast ganz nach hinten gemischt; Gitarre und Schlagzeug nach vorne gemischt.

S339: **Testify, Part 1** – Jimi (gi), Isley Brothers (vo), Unbekannt (rest). Rec: unbekanntes Studio, New York City (auf 4-Spur), 21. 5. 64.

Anmerkung: <1> Dies ist die komplette Version von S228. <2> Dies ist eine völlig andere Version von S331.

S340: **Testify, Part 2** – Jimi (gi), Isley Brothers (vo), Unbekannt (rest). Rec: unbekanntes Studio, New York City (auf 4-Spur), 21. 5. 64.

Anmerkung: Dies ist eine völlig andere Version von S332 und in Wahrheit eine Fortsetzung von S339.

S341: **Move Over Let Me Dance, Part 2** – Jimi (gi), Unbekannt (rest). Rec: Atlantic Studios, New York City, 5. 8. '65.

Anmerkung: <1> Dies ist dieselbe Grundversion wie S335. Unterschiede: kein Gesang; Saxophon fast ganz nach hinten gemischt; Gitarre nach vorne gemischt. <2> Dies ist in Wahrheit eine Fortsetzung von S337.

S342: **The Last Girl** – Jimi (gi), Isley Brothers (lv, hv); Dionne Warwick (hv), Unbekannt (rest, einschließlich zweiter Gitarrist). Rec: Atlantic Studios, New York City, 23. 9. '64.

Anmerkung: Dies ist dieselbe Grundversion wie S333. Unterschiede: etwas länger; anderer Mix (Gitarre weiter vorn); einzelne Teile mit weiterer Gitarre.

S343: **Looking For A Love** – Jimi (gi), Isley Brothers (vo), Unbekannt (rest, einschließlich acoustic gi). Spezialeffekt: Jimi (tremolo). Rec: Atlantic Studios, New York City, 23. 9. '64.

Anmerkung: Dies ist dieselbe Grundversion wie S334. Unterschied: anderer Gesangs-Take.

Plus: Wild Little Tiger (keine Beteiligung von Jimi); Simon Says (keine Beteiligung von Jimi).

Little Richard & The Upsetters

Bis heute herrscht große Verwirrung in bezug auf die Zeitspanne, in der Jimi tatsächlich mit Little Richard zusammengespielt und Aufnahmen gemacht hat. Im Verlauf ausgiebiger Recherchen (siehe auch die Tagebucheintragungen von 1965) wurde klar, daß Jimi, der sich zu dieser Zeit Maurice James nannte, nur zwischen Januar 1965 und Juli 1965 mit Little Richard aufgetreten ist und Aufnahmen gemacht hat. Daher ist Jimi auf keiner der folgenden Little-Richard-Veröffentlichungen zu finden:
Little Richard Is Back – Vee Jay Records VJS-1107 – Veröffentlicht: 8. '64 – LP
Friends From The Beginning – Ala Records ALA 1972 (USA) – Veröffentlicht: 72 – LP
Together – Pickwick SPC-3347 (USA) – Veröffentlicht: 72 – LP
Friends From The Beginning – EMI Stateside 5C 054-93 762 (HOL) – Veröffentlicht: 72(?) – LP
Friends From The Beginning – Ember EMB 3434 (ENG) – Veröffentlicht: 2. 77 – LP
Friends From The Beginning – Disques Esperance ESP 155 566 (FRA) – Veröffentlicht: 77(?) – LP
Rock'n'Roll Special – PMC CD 926 (GER) – Veröffentlicht: 88(?) – CD
Die Songs »Whole Lotta Shakin' Goin' On«, »Hound Dog«, »Going Home Tomorrow«, »Goodnight Irene«, »Money Honey« und »Lawdy, Miss Clawdy« wurden rec: Los Angeles, California, 6. '64, »Blueberry Hill«, »Cherry Red«, »Only You«, »Memories Are Made Of This«, »Groovy Little Suzie« und »Short Fat Fanny« wurden rec: Los Angeles?, Sommer '64. »Belle Stars«, »Funky Dish Rag« und »Why Don't You Love Me« enthalten Gitarre von Black Arthur. Niemand weiß etwas über diese 3 Songs, und Little-Richard-Experten bewerten sie als »verdächtig in bezug auf Ursprung und Besetzung«. Schließlich: »Keep A Knockin«, »Tutti Frutti« und »Lucille«, die alle eine Wah-Wah-Gitarre enthalten! Vielleicht kann jemand den Autoren erklären, wie es möglich ist, daß Jimi »1964–1965« (Quelle: Hüllentext der Pickwick-Veröffentlichung) auf diesen Songs mit einem Wah-Wah-Effektgerät gespielt haben soll, das bis Mitte 1967 gar nicht erhältlich war! Die nachfolgenden Veröffentlichungen enthalten allerdings wirklich Aufnahmen von Jimi. Alle angeführten Songs rec: unbekanntes Studio, New York City oder Los Angeles, zwischen 2. 65 und 7. 65. Alle Songs wurden während derselben Session aufgenommen.
I DON'T KNOW WHAT YOU'VE GOT BUT IT'S GOT ME PART I b/w I DON'T KNOW WHAT YOU'VE GOT BUT IT'S GOT ME PART II

– Vee Jay Records VJ-698 (USA) – Veröffentlicht: 11. 65 – Single
Charts-Einstieg: 92 (27. 11. 65); Spitzenposition: 92; Wochen in den Charts: 1
– Nicht veröffentlicht (ENG)

S344: **I Don't Know What You've Got But It's Got Me Part I** – Jimi (gi), Little Richard (pi, lv), Don Covay (or), Unbekannt (rest). Spezialeffekt: Jimi (tremolo). Comp: Don Covay. Prod: Calvin Carter.

S345: **I Don't Know What You've Got But It's Got Me Part II** – Jimi (gi), Little Richard (pi, lv), Don Covay (or), Unbekannt (rest). Spezialeffekt: Jimi (tremolo). Comp: Don Covay. Prod: Calvin Carter.

MR BIG

– Joy 195 (ENG) – Veröffentlicht: 6. 71 – LP

S346: **I Don't Know What You've Got But It's Got Me Part I** – Jimi (gi), Little Richard (pi, vo), Don Covay (or), Unbekannt (rest). Spezialeffekt: Jimi (tremolo). Comp: Don Covay. Prod: Calvin Carter.
Anmerkung: Dies ist eine völlig andere Version von S344. Tatsächlich handelt es sich um eine Version, die aus Part I und II besteht und hier als ein kompletter Song präsentiert wird.
S347: **Dancin' All Around The World** – Jimi (gi), Little Richard (pi, vo), Unbekannt (rest). Comp: Little Richard?
Anmerkung: Song aufgenommen unter dem Titel: Dance A-Go-Go.
Plus: I Don't Know What You've Got But It's Got Me Part II (S345).
Plus: anderes Little-Richard-Material.
THE COLLECTION
– Castle Communications CCSLP227 (FRA) – Veröffentlicht: 9. 89 – LP
– CD: Castle Communications CCSCD227 (FRA)
<1> Obwohl in Frankreich gepreßt, sind diese Veröffentlichungen in ganz Europa erhältlich. <2> Going Home Tomorrow ist fälschlicherweise angegeben als »Hendrix/Richard«-Komposition.
S348: **I Don't Know What You've Got But It's Got Me** – Jimi (gi), Little Richard (pi, lv), Don Covay (or), Unbekannt (rest). Spezialeffekt: Jimi (tremolo). Comp: Don Covay. Prod: Calvin Carter.
Anmerkung: Dies sind in Wahrheit die Versionen von S344 und S345, hier präsentiert als eine einzige komplette Version, obwohl das Ende (von S345) ungefähr eine halbe Minute früher ausgeblendet wird.
Plus: Dancin' All Around The World (S347). Plus: anderes Little-Richard-Material.
RIP IT UP
– Chameleon Records D2-74797 (USA) – Veröffentlicht: 89 – CD
Enthält: I Don't Know What You've Got But It's Got Me (S348).
Plus: anderes Little-Richard-Material.

Rosa Lee Brooks

MY DIARY b/w UTEE
– Revis Records 1013 (USA) – Veröffentlicht: Mitte 65 – Single
– Nicht veröffentlicht (ENG)
Arthur Lee: »Ich kriegte ihn dazu, auf dieser Platte zu spielen. Der Sound war so wie – na ja, du nimmst Curtis Mayfield und seine Riffs, drehst deine Verstärker auf volle Lautstärke und [soundmäßig] um Jahre weiter und siehst zu, was herauskommt.«
Beide Songs rec: unbekanntes Studio, Los Angeles, California, zwischen 2. und 4. 65.
S349: **My Diary** – Jimi (gi), Rosa Lee Brooks (vo), Unbekannt (rest). Spezialeffekt: Jimi (tremolo). Comp: Arthur Lee. Engi: Doc Siegel. Prod: Billy Revis
S350: **Utee** – Jimi (gi), Rosa Lee Brooks (vo), Unbekannt (rest). Comp: Rosa Lee Brooks & Billy Revis. Engi: Doc Siegel. Prod: Billy Revis.

King Curtis

1966 nahm Jimi innerhalb eines Zeitraums von sechs Monaten einige Sessions auf und spielte auch kurzzeitig live mit King Curtis – Ort des Geschehens: New York City und Umgebung. In einem Interview, das 1968 in Schweden erschien, wurde Jimi nach einer bestimmten King-Curtis-Platte gefragt, die in Schweden mit seinem Namen auf dem Cover erschienen war. Jimi: »Auf dieser Platte bin ich nur einer von verschiedenen Gitarristen im Studio. Auf vielen dieser Stücke spiele ich auf meinem Instrument nicht eine einzige Note. Es ist von Anfang bis Ende die Platte von King Curtis.« Leider konnte das fragliche Album nicht ermittelt werden. Möglicherweise handelt es sich um die LP »That Loving Feeling« (Atco Records 33-189 [USA] – veröffentlicht: 4. 66), obwohl sie nicht viele Gitarrenparts enthält und die Aufzeichnungen über die verschiedenen Studiosessions Jimi als Mitspieler gar nicht erwähnen. Siehe hierzu die Tagebucheintragung vom 28. 4. '66 für eine unveröffentlichte Aufnahmesession von Jimi mit King Curtis.

HELP ME – PART I b/w HELP ME – PART II

– Atco Records 45–6402 (USA) – Veröffentlicht: Anfang '66 – Single (Mono)

– Nicht veröffentlicht (ENG)

Single von: Ray Sharpe with the King Curtis Orchestra. Help Me trägt den Untertitel: Get The Feeling. Help Me ist musikalisch fast identisch mit »Gloria« (comp: Van Morrison). Beide Songs rec: Atlantic Studios, New York City, 21. 1. '66.

S351: **Help Me – Part I** – Jimi (lead gi), Ray Sharpe (vo), King Curtis (tenor sa), Melvin Lastie (trumpet), Willie Bridges (baritone), Cornell Dupree (rhythm gi), Chuck Rainey (ba), Ray Lucas (dr). Comp: King Curtis & Ray Sharpe & Cornell Dupree. Prod: King Curtis.

S352: **Help Me – Part II** – Jimi (lead gi), Ray Sharpe (vo), King Curtis (tenor sa), Melvin Lastie (trumpet), Willie Bridges (baritone), Cornell Dupree (rhythm gi), Chuck Rainey (ba), Ray Lucas (dr). Comp: King Curtis & Ray Sharpe & Cornell Dupree. Prod: King Curtis.

BLAST OFF b/w PATA PATA

– Atlantic 45-2468 (USA) – Veröffentlicht: Winter '67 – Single (Mono)

– Nicht veröffentlicht (ENG)

Single von: The Atlantic Sounds with the King Curtis Orchestra. Da keine Details über die Aufnahme zu ermitteln waren, läßt sich Jimis Mitwirkung nicht bestätigen.

S353: **Blast Off** – Jimi? (etwas lead gi), King Curtis (tenor sa), Unbekannt (Rest der Aufnahme: anderer Gitarrist). Rec: Atlantic Studios, New York City, 31. 5. '66. Comp: King Curtis. Prod: King Curtis & Tom Dowd & Arif Mardin.

Plus: Pata Pata (keine Beteiligung von Jimi).

Jayne Mansfield

AS THE CLOUDS DRIFT BY b/w SUEY

– London HL 10147 (ENG) – Veröffentlicht: 21. 7. '67 – Single

S354: **Suey** – Jimi (gi), Jayne Mansfield (vo), Unbekannt (rest). Comp: Ed Chalpin & Doug Henderson. Rec: Studio 76 Inc. (a.k.a.: Dimensional Studio), 1650 Broadway, New York City, zwischen 10. 65 und 12. 65.

Plus: As The Clouds Drift By (keine Beteiligung von Jimi).

Curtis Knight & The Squires

<1> Weltweit existiert eine beträchtliche Anzahl von Veröffentlichungen, die Studio- und Liveaufnahmen von Curtis Knight mit Jimi enthalten. Ihre Gesamtzahl beträgt weit über 100, und kaum eine dieser Veröffentlichungen ist völlig identisch mit einer anderen. Deshalb war es hier notwendig, verschiedene Versionen/Mixes/unvollständige Versionen/bearbeitete Versionen/etc. unter Hinzunahme von Version I, II, etc. (in manchen Fällen bis VI!) aufzulisten. Tatsächlich wurden 35 verschiedene Live-Songs und 26 verschiedene Studio-Songs veröffentlicht, insgesamt also 61. Durch Anwendung zahlreicher »Tricks« (Kürzen von Songs, Zusammenbauen von »neuen« Songs aus »alten« Songs, etc.) stieg die Gesamtzahl auf 100. <2> Das Identifizieren einzelner Details ist ein weiterer Alptraum. Sogar in Curtis Knights eigenem Buch über Jimi finden sich sehr wenig Angaben zu diesem Material. Beispielsweise wird, abgesehen von einer gelegentlichen Erwähnung des Schlagzeugers Ray Lucas, kein einziger der übrigen beteiligten Musiker genannt. Jimi im Melody Maker vom 23. 12. 67: »Das waren nichts als Jam-Sessions, Mann, mit einer Gruppe, die sich The Squires nannte. Nein, ich habe nicht auf ›Hush Now‹ gesungen, das wurde später von Knight mit Overdub gemacht, wobei er versuchte, meine Stimme zu imitieren. Und bei dieser Aufnahme war die Gitarre verstimmt; und ich war bekifft, total daneben . . .«
STUDIO MATERIAL: Alle Songs rec: Studio 76 Inc. (a.k.a.: Dimensional Studio), 1650 Broadway, New York City. Prod: Ed Chalpin (wenn nicht anders angegeben). Beteiligte Musiker waren: Ray Lucas (drums auf einigem 1967-Material), Marlon Booker? (drums), Ed Dantes (organ, piano), Curtis Knight (vocals, etwas rhythm guitar), Unbekannt (electric 12-string mandolin), Dick Glass und Jerry Simon. Möglicherweise auch Marvin Held (bass) und Johnny Starr (engineer?). Alle 65 Songs rec: zwischen 10. 65 und 12. 65. (zwei Sessions an zwei Tagen). Alle 7. 67-Songs rec: Ende 7. '67 (zwei Sessions an zwei Tagen) Fuzz bass = Hagstrom-8-string-Bass mit Verzerrer.
LIVE MATERIAL: Alle Songs wurden offenbar bei zwei Livekonzerten aufgenommen: Die 26. 12. 65-Songs rec: George's Club 20, Hackensack, New Jersey. Die Winter 65-Songs rec: sehr wahrscheinlich um den 26. 12. 65 oder in den ersten Tagen des Jahres 1966; Aufnahmeort ist unbekannt: entweder im Staat New York oder wieder New Jersey. Beteiligte Musiker waren: Marlon Booker (drums), Henry Henderson (bass), Curtis Knight (rhythm guitar, lead vocals, harmony vocals, tambourine), Ed Dantes? (organ, piano), Unbekannt (saxophone). Alle Songs wurden ursprünglich in Mono aufgenommen. Vielen Songs wurden Schlagzeug, Rhythmus- und Baßgitarre per Overdub hinzugefügt (natürlich ohne Beteiligung von Jimi); dies geschah vermutlich, um einen Stereo-Effekt vorzugaukeln. Einleitungen von Jimi und/oder Curtis zu einzelnen Songs können von Veröffentlichung zu Veröffentlichung unterschiedlich sein. Noch eine Anmerkung: Ein Band mit einem Zusammenschnitt aller verschiedenen Live-Songs hat eine Gesamtspieldauer von etwa 151 Minuten. Mit anderen Worten, eine Doppel-LP oder Doppel-CD hätte ausgereicht . . .
HOW WOULD YOU FEEL? b/w WELCOME HOME

– RSVP 1120 (USA) – Veröffentlicht: Ende '65 oder Anfang '66 – Single (Mono)

Beide Labels tragen die Aufschrift: Arr. by Jimmy Hendrix
S355: **How Would You Feel** – Jimi (straight gi, fuzz gi), Jimi? (hv), Curtis (lv, hv). Comp: Curtis Knight. Rec: 65.

S356: **Welcome Home I** – Jimi (»einfache« lead gi, hv), Curtis (lv, hv), Unbekannt (Rest einschließlich hv). Comp: Curtis Knight & Dick Glass. Rec: 65
Anmerkung: unvollständig. Siehe S379 für die komplette Version.
HORNET'S NEST b/w KNOCK YOURSELF OUT
– RSVP 1124 (USA) – Veröffentlicht: Anfang '66 – Single (Mono)
S357: **Hornet's Nest I** – Jimi (fuzz gi). Comp: Jimmy Hendrix & Jerry Simon. Prod: Jerry Simon. Rec: 65.
Anmerkung: unvollständig. Siehe S366 für eine komplette (und etwas anders gemischte) Version.
S358: **Knock Yourself Out I** – Jimi (fuzz gi). Comp: Jimmy Hendrix & Jerry Simon. Prod: Jerry Simon. Rec: 65.
Anmerkung: unvollständig. Siehe S370 für die komplette Version.
HOW WOULD YOU FEEL? b/w YOU DON'T WANT ME
– London 5.620 (ENG) – Veröffentlicht: 11. 8. '67 – Single (Mono)
– Track 604 009 (ENG) – Veröffentlicht: 17. 8. '67 – Single (Mono)
S359: **You Don't Want Me** – Jimi (fuzz gi). Comp: Curtis Knight. Rec: 65
Plus: How Would You Feel (S355).
HUSH NOW b/w FLASHING
– London HL 10160 (ENG) – Veröffentlicht: 20. 10. '67 – Single (Mono)
– Auch auf: London FLX 3197 (HOL)
S360: **Hush Now I** – Jimi (wah-wah gi), Curtis (vo). Comp: Curtis Knight. Rec: 7. 67.
Anmerkung: unvollständig. Siehe S368 für die komplette Version.
S361: **Flashing I** – Jimi (fuzz ba). Comp: Ed Dantes. Rec: 7. 67.
Anmerkung: leicht gekürzt. Siehe S369 für die komplette Version.
GET THAT FEELING
– Capitol ST 2856 (USA) – Veröffentlicht: 12. '67 – LP
Charts-Einstieg: 194 (30. 12. 67); Spitzenposition: 75; Wochen in den Charts: 12
– Auch auf: London SH 8349 (ENG); London LDY 379 256 (HOL)
S362: **Ballad Of Jimi I** – Jimi (wah-wah gi), Curtis (vo). Comp: Curtis Knight. Rec: 7. 67.
S363: **No Business I** – Jimi (fuzz ba), Curtis (vo). Comp: Curtis Knight. Rec: 7. 67.
S364: **Future Trip** – Jimi (fuzz ba). Comp: Ed Dantes. Rec: 7. 67.
Anmerkung: Dieser Song hat musikalisch große Ähnlichkeit mit Day Tripper (Comp: John Lennon & Paul McCartney) . . .
S365: **Gotta Have A New Dress** – Jimi (straight gi). Comp: Sampson Horton & Curtis Knight. Rec: 65.
S366: **Hornet's Nest II** – Jimi (fuzz gi). Comp: Jimmy Hendrix & Jerry Simon. Prod: Jerry Simon. Rec: 65.
Anmerkung: Dies ist dieselbe Grundversion wie S357. Unterschiede: komplette Version von S357; ein Teil des Geschreis ist nach vorn gemischt worden.
S367: **Don't Accuse Me I** – Jimi (straight gi, etwas hv), Curtis (lv, hv). Comp: Curtis Knight. Rec: 65.
S368: **Hush Now II** – Jimi (wah-wah gi), Curtis (vo). Comp: Curtis Knight. Rec: 7. 67.
Anmerkung: Dies ist die komplette Version von S360.

S369: **Flashing II** – Jimi (fuzz ba). Comp: Ed Dantes. Rec: 7. 67.
Anmerkung: Dies ist die komplette Version von S361.
S370: **Knock Yourself Out II** – Jimi (fuzz gi). Comp: Jimmy Hendrix & Jerry Simon. Prod: Jerry Simon. Rec: 65.
Anmerkung: Dies ist die komplette Version von S358.
S371: **Happy Birthday I** – Jimi (wah-wah gi), Curtis (vo). Comp: Curtis Knight. Rec: 7. 67.
FLASHING/JIMI HENDRIX PLAYS CURTIS KNIGHT SINGS
– Capitol ST 2894 (USA) – Veröffentlicht: Ende '68 – LP
Down Beat, 26. 12. 68: »Alles an dieser Platte ist Schund: das Fehlen jeglicher Information über die Musiker, das Repertoire, die Kürze, die Darbietungen selbst, die Klangqualität . . .«
S372: **Gloomy Monday I** – Jimi (gi-main riff). Comp: Curtis Knight. Rec: 7. 67.
S373: **Fool For You Baby** – Jimi? (straight rhythm gi). Comp: Curtis Knight. Rec: 65.
S374: **Day Tripper I** – Jimi (fuzz ba), Curtis (vo). Comp: John Lennon & Paul McCartney. Rec: 7. 67.
Anmerkung: unvollständig. Siehe S387 für eine komplette (und etwas andere) Version.
S375: **Odd Ball I** – Jimi (fuzz ba). Comp: Ed Dantes. Rec: 7. 67.
Anmerkung: leicht gekürzt. Siehe S386 für komplette Version.
S376: **Love Love I** – Jimi (wah-wah gi), Curtis (vo), Comp: Curtis Knight. Rec: 7. 67.
Plus: Hornet's Nest II (S366); Happy Birthday I (S371); Flashing II (S369); Don't Accuse Me I (S367).
THE GREAT JIMI HENDRIX IN NEW YORK (Doppel)
– London 379 008 XNU (HOL) – Veröffentlicht: 12. 68 – LP
S377: **Get That Feeling I** – Jimi (fuzz ba), Curtis (vo). Comp: Curtis Knight & Gregory (?). Rec: 7. 67.
S378: **Hush Now III** – Jimi (wah-wah gi). Comp: Curtis Knight. Rec: 7. 67.
Anmerkung: <1> Falsch angegeben als: »Level«. <2> Dies ist eine andere Version (ein gemächliches Ausprobieren) von Hush Now. Zudem handelt es sich um eine bearbeitete Version, aus der ein Fehler von Jimi herausgenommen und die mit einem anderen Take kombiniert wurde. Siehe S454 für einen kleinen Teil der Version, die den genannten Fehler enthält.
S379: **Welcome Home II** – Jimi (straight lead gi, hv), Curtis (lv, hv), Unbekannt (Rest einschließlich hv). Comp: Curtis Knight & Dick Glass. Rec: 65.
Anmerkung: Dies ist die komplette Version von S356.
S380: **Simon Says I** – Jimi (fuzz gi, straight gi). Spezialeffekt: Jimi (tremolo – on straight gi). Comp: Curtis Knight. Rec: 65.
S381: **Simon Says II** – Jimi (fuzz gi, straight gi). Spezialeffekt: Jimi (tremolo – on straight gi). Comp: Curtis Knight. Rec: 65.
Anmerkung: Dies ist dieselbe Grundversion wie S380. Unterschiede: mit Bläsern; etwas anderer Mix.
S382: **Love Love II** – Jimi (wah-wah gi). Comp: Curtis Knight. Rec: 7. 67.
S383: **U.F.O. I** – Jimi (straight Hagstrom ba). Curtis Knight. Rec: 7. 67.
Anmerkung: Siehe S446 für eine völlig andere Version.
S384: **Hush Now IV** – Jimi (wah-wah gi). Comp: Curtis Knight. Rec: 7. 67.

Anmerkung: <1> Unvollständig. Siehe S390 für die komplette Version. <2> Version 2 auf dieser Veröffentlichung ist dieselbe Grundversion wie S368. Unterschiede: kein Gesang; gekürzt; weniger Gitarren-Overdubs; etwas anderer Mix.

S385: **Strange Things I** – Jimi (fuzz gi), Curtis (vo). Comp: Curtis Knight. Rec: 65.

S386: **Odd Ball II** – Jimi (fuzz ba). Comp: Ed Dantes. Rec: 7. 67.

Anmerkung: Dies ist die komplette Version von S375.

Plus: Future Trip (S364); Teil von Flashing II (S369); Ballad Of Jimi I (S362); My Heart Is Higher (keine Beteiligung von Jimi); Love Love I (S376); Gloomy Monday I (S372); Teil von Hush Now II (S368); Day Tripper I (S374).

MY BEST FRIEND

– Astan 201017 (GER) – Veröffentlicht: 81(?) – LP

S387: **Day Tripper II** – Jimi (fuzz ba). Comp: John Lennon & Paul McCartney. Rec: 7. 67.

Anmerkung: Dies ist dieselbe Grundversion wie S374. Unterschiede: kein Gesang; 6 Minuten länger.

S388: **No Business II** – Jimi (fuzz ba). Comp: Curtis Knight. Rec: 7. 67.

Anmerkung: Falsch angegeben als: Sleepy Fate. <2> Dies ist dieselbe Grundversion wie S363. Unterschied: kein Gesang.

S389: **Ballad Of Jimi II** – Jimi (wah-wah gi). Comp: Curtis Knight. Rec: 7. 67.

Anmerkung: <1> Angegeben als: My Best Friend. <2> Dies ist dieselbe Grundversion wie S362. Unterschied: kein Gesang.

Plus: Get The Feeling I (S377); Happy Birthday I (S371); Teil von Hush Now II (S368); Odd Ball I (S375).

SECOND TIME AROUND

– Astan 201018 (GER) – Veröffentlicht: 81(?) – LP

S390: **Hush Now V** – Jimi (wah-wah gi). Comp: Curtis Knight. Rec: 7. 67.

Anmerkung: <1> Falsch angegeben als: »Torture Me, Honey«. <2> Dies ist dieselbe Grundversion wie S384. Unterschiede: 2 Minuten länger; etwas anderer Mix.

S391: **Love Love III** – Jimi (wah-wah gi). Comp: Curtis Knight. Rec: 7. 67.

Anmerkung: <1> Falsch angegeben als: »Mercy Lady Day«. <2> Dies ist dieselbe Grundversion wie S382. Unterschied: etwas anderer Mix.

L392: **Let The Good Times Roll** – Jimi (gi, leise vo, voice), Curtis (leise hv). Comp: Earl King. Rec: 26. 12. 65.

Anmerkung: <1> Falsch angegeben als: »Hard Night«. <2> Let The Good Times Roll a.k.a.: »Come On« (Part 1).

S393: **Get That Feeling II** – Jimi (fuzz ba). Comp: Curtis Knight & Gregory (?). Rec: 7. 67.

Anmerkung: <1> Falsch angegeben als: »Second Time Around«. <2> Dies ist dieselbe Grundversion wie S377. Unterschiede: kein Gesang, etwas kürzer; etwas anderer Mix. <3> Siehe S449 für eine etwas längere Version.

S394: **Happy Birthday II** – Jimi (wah-wah gi). Comp: Curtis Knight. Rec: 7. 67.

Anmerkung: <1> Falsch angegeben als: »Got To Have It«. <2> Dies ist dieselbe Grundversion wie S371. Unterschiede: Gesang wurde nach hinten gemischt; viel kürzer.

HUSH NOW

– Astan 201021 (GER) – Veröffentlicht: 81(?) – LP

S395: **Love Love IV** – Jimi (wah-wah gi). Comp: Curtis Knight. Rec: 7. 67.

Anmerkung: Dies ist dieselbe Grundversion wie S376. Unterschiede: einige Teile des Gesangs sehr weit nach hinten gemischt; einige Gitarrenteile etwas anders gemischt.

S396: **Hornet's Nest III** – Jimi (fuzz gi). Comp: Jimmy Hendrix & Jerry Simon. Prod: Jerry Simon. Rec: 65.

Anmerkung: Falsch angegeben als: »Level«. Dies ist dieselbe Grundversion wie S366. Unterschiede: keine Orgel; Katzengejaule mehr nach vorn gemischt.

S397: **Gloomy Monday II** – Jimi (gi-main riff). Comp: Curtis Knight. Rec: 7. 67.

Anmerkung: Dies ist eine etwas andere Version von S372. Unterschiede: weniger Gitarren-Overdubs; anderer Gesangstake.

Plus: Hush Now II (S368); No Business I (S363); U.F.O. I (S383); Simon Says I (S380); My Heart Is Higher (keine Beteiligung von Jimi); Day Tripper I (S374).

BALLAD OF JIMI b/w GLOOMY MONDAY

– Decca DL 25 430 (GER) – Veröffentlicht: 10. 70 – Single (Stereo)

Die Hülle dieser Veröffentlichung enthält den Nachdruck eines Studioprotokolls mit Informationen zu den Aufnahmen einiger Songs, die Curtis Knight mit Jimi Hendrix gemacht hat. Aber diese Protokoll-Seite vom 18. 9. 65 (für »Ballad Of Jimi« ist sehr eigentümlich: Wieder einmal wird der Wah-Wah-Effekt erwähnt (der auf »Ballad Of Jimi« tatsächlich zu hören ist und im Protokoll als *»wow guitar«* bezeichnet wird); dieser Effekt war jedoch 1965 noch nicht realisierbar . . .

S398: **Ballad Of Jimi III** – Jimi (wah-wah gi), Curtis (vo). Comp: Curtis Knight. Rec: 7. 67.

Anmerkung: Dies ist eine etwas andere Version von S362. Unterschiede: zusätzliches kurzes Wah-Wah-Gitarren-Intro (von Jimi); anderer Mix; enthält einen nahezu völlig anderen Gesangstake von Curtis (wahrscheinlich nach dem 18. 9. 70 aufgenommen). Gegen Ende dieser Version mit neuem Gesang hört man einen deutlichen Bandschnitt, ab dem im Hintergrund auch Teile des Originalgesangs von Version S362 zu hören sind.

Plus: Gloomy Monday I (S372).

NO SUCH ANIMAL PART 1 b/w NO SUCH ANIMAL PART 2

– RCA 2033 (ENG) – Veröffentlicht: 2. 71 – Single (Mono)
– Auch auf: Audio Fidelity Records AF 167 (USA); Bellaphon BF 18019 (GER); Audio Fidelity AF 45.003H (HOL); Audio Fidelity Records AF 11.002 (FRA)

S399: **No Such Animal Part 1** – Jimi (fuzz gi). Rec: 65. Comp: Jimi Hendrix?

S400: **No Such Animal Part 2** – Jimi (fuzz gi). Rec: 65. Comp: Jimi Hendrix?

LOOKING BACK WITH JIMMI HENDRIX

– Ember EMB 3428 (ENG) – Veröffentlicht: 2. 75 – LP

S401: **Ballad Of Jimi IV** – Jimi (wah-wah gi), Curtis (vo). Rec: 7. 67.

Anmerkung: Dies ist dieselbe Grundversion wie S398. Unterschiede: hinzugefügter Rhythmusgitarrentake (wahrscheinlich nach dem 18. 9. 70 aufgenommen); kein Schlagzeug; etwas anderer Mix; kein Schnitt im Band mit ein wenig Originalgesang.

S402: **Don't Accuse Me II** – Jimi (straight gi), Curtis (vo). Comp: Curtis Knight. Rec: 65.

Anmerkung: Dies ist dieselbe Grundversion wie S367. Unterschiede: keine Harmony Vocals; anderer und besserer Mix (Gitarre weiter vorn).

L403: **Hang On Sloopy** – Jimi (gi, lv in der zweiten Hälfte des Songs), Curtis (rhythm gi, rest lv). Comp: Bert Russell (a.k.a.: Bert Berns) & Wes Farrell. Rec: 26. 12. 65

L404: **Twist & Shout** – Jimi (gi, hv). Curtis (hv). Comp: Phil Medley & Bert Russell. Rec: 26. 12. 65

L405: **Bo Diddley** – Jimi (gi, lv), Curtis (hv). Spezialeffekt: Jimi (tremolo). Comp: Bo Diddley. Rec: 26. 12. 65

Plus: Hush Now V (S390); Knock Yourself Out II (S370); No Business I (S363); Gotta Have A New Dress (S365); Flashing II (S369).

BALLAD OF JIMI b/w GLOOMY MONDAY

– London HLZ 10321 (ENG) – Veröffentlicht: 16. 10. 70 – Single (Mono)

Melody Maker, 17. 10. 70: »Heutzutage kann man nicht mal mehr in Frieden sterben – es gibt immer jemanden mit einigen alten Bändern, der bereitsteht, um eine schnelle Mark zu machen. Ruhe in Frieden, Jimi, diese alte Scheibe wird sich nicht verkaufen.«

Enthält: Ballad Of Jimi IV (S401); Gloomy Monday I (S372).

EARLY JIMI HENDRIX

– Stateside 5C 054-91962 (HOL) – Veröffentlicht: frühe 70er Jahre – LP

L406: **Drivin' South** – Jimi (gi, voice), Curtis (vo, voice). Rec: 26. 12. 65

Anmerkung: Dies ist die komplette Version von L229.

L407: **I'm A Man I** – Jimi (gi, lv). Comp: Bo Diddley. Rec: 26. 12. 65

Anmerkung: <1> Dies ist die komplette Version von L230. <2> Siehe L452 für eine völlig andere Version.

L408: **Killin' Floor I** – Jimi (gi, vo, voice), Curtis (voice). Comp: Howlin' Wolf. Rec: 26. 12. 65

Anmerkung: Siehe L439 für eine völlig andere Version.

L409: **California Night I** – Jimi (gi, vo). Comp: Albert King. Rec: 26. 12. 65

Anmerkung: <1> Song ursprünglich bekannt als: »Travelin' To California«. <2> Dies ist eine manipulierte Version. Die Gesangsstrophe, die mit »On my way forward, I got a friend I used to know« beginnt, sowie das folgende Gitarrensolo sind in diese Version zweimal eingearbeitet worden. Siehe L447 für die ursprüngliche, nicht manipulierte Version. <3> Siehe L448 für eine völlig andere Version.

L410: **Ain't That Peculiar?** – Jimi (gi, einige hv), Curtis (lv), Unbekannt (hv). Comp: Bobby Rogers & William »Smokey« Robinson & Pete Moore & Marv Tarplin. Rec: 26. 12. 65

L411: **What'd I Say I** – Jimi (gi, lv, Einführung), Curtis (hv). Comp: Ray Charles. Rec: 26. 12. 65

Anmerkung: leicht gekürzt. Siehe L441 für die komplette Version.

L412: **Bright Lights, Big City I** – Jimi (gi, vo), Curtis (Einführung). Comp: Jimmy Reed. Rec: wahrscheinlich 26. 12. 65

Anmerkung: Jimi imitiert die Stimme von Jimmy Reed!

EARLY JIMI HENDRIX VOL II

– Stateside 5C 052-92031 (HOL) – Veröffentlicht: frühe 70er Jahre – LP

S413: **Last Night I** – Jimi (lead gi). Comp: Charles »Packy« Axton & Jerry Lee »Smoochie« Smith mit Hilfe von Chips Moman. Rec: 65?

Anmerkung: Trotz der hinzugefügten Geräusche einer Menschenmenge ist dies eine Studioaufnahme. Siehe S450 für die (etwas andere) Grundversion.

L414: **Get Out Of My Life Woman** – Jimi (gi, vo). Comp: Allen Toussaint. Rec: 26. 12. 65

L415: **I'll Be Doggone** – Jimi (gi, hv), Curtis (lv). William Robinson & Pete Moore & Marv Tarplin. Rec: 26. 12. 65

L416: **(I Can't Get No) Satisfaction** – Jimi (gi). Comp: Mick Jagger & Keith Richards. Rec: 26. 12. 65

L417: **Sugar Pie, Honey Bunch (I Can't Help Myself) I** – Jimi (gi). Comp: Eddie Holland & Lamont Dozier & Brian Holland. Rec: 26. 12. 65

L418: **Land Of A Thousand Dances** – Jimi (gi, lv), Curtis (hv). Comp: Chris Kenner & Fats Domino. Rec: 26. 12. 65

Plus: California Night I (L409); U.F.O. I (S383).

IN THE BEGINNING

– Ember NR 5068 (ENG) – Veröffentlicht: 73 – LP

Auf dieser Veröffentlichung ist den Songs (davor, danach und manchmal mittendrin) ein irritierender Applaus hinzugefügt, der nicht Teil der Originalaufnahme war . . .

L419: **You Got Me Running I** – Jimi (gi, hv), Curtis (lv). Comp: Jimmy Reed. Rec: 26. 12. 65

L420: **Money** – Jimi (gi). Comp: Barry Gordy & Janie Bradford. Rec: 26. 12. 65

L421: **Let's Go, Let's Go, Let's Go I** – Jimi (gi). Comp: Hank Ballard. Rec: 26. 12. 65

L422: **You Got What It Takes I** – Jimi (gi, hv shouting), Curtis (lv). Comp: Joe Tex. Rec: 26. 12. 65

Anmerkung: unvollständig. Siehe L451 für die komplette Version.

L423: **Sweet Little Angel I** – Jimi (gi). Comp: B. B. King. Rec: 26. 12. 65

L424: **Walking The Dog I** – Jimi (gi, lv), Jimi oder Curtis (wilde Pfiffe). Comp: Rufus Thomas. Rec: 26. 12. 65

L425: **There Is Something On Your Mind** – Jimi (gi). Spezialeffekt: Jimi (tremolo). Comp: Unbekannt. Rec: Winter 65

Plus: Let The Good Times Roll (falsch angegeben als: »Hard Night«) (L392).

WHAT'D I SAY?

– Music For Pleasure MFP 5278 (USA) – Veröffentlicht (in ENG): 7. 72 – LP

Die Labels geben als Titel der Veröffentlichung an: »Early Jimi Hendrix«.

Enthält: Drivin' South (L406); California Night I (L409); Killin' Floor I (L408); What'd I Say? (L411); I'll Be Doggone (L415); Bright Lights, Big City I (L412).

LAST NIGHT

– Astan 201016 (GER) – Veröffentlicht: 81(?) – LP

L426: **Let's Go, Let's Go, Let's Go II** – Jimi (gi). Comp: Hank Ballard. Rec: 26. 12. 65

Anmerkungen: <1> Falsch angegeben als: »Running Slow«. <2> Dies ist ein manipulierter Song; verschiedene Gitarrensoli von L421 sind zu einem »neuen« Song zusammengeschnitten worden. Eines dieser Soli erscheint hier z. B. dreimal.

L427: **Sweet Little Angel II** – Jimi (gi). Comp: B. B. King. Rec: 26. 12. 65

Anmerkung: Dies ist dieselbe Grundversion wie L423. Unterschiede: schneller; kräftiges hinzugefügtes Echo.

L428: **You Got What It Takes II** – Jimi (gi, hv shouting), Curtis (lv). Comp: Joe Tex. Rec: 26. 12. 65

Anmerkung: Dies ist dieselbe Version wie L422, nur schneller.

L429: **Walking The Dog II** – Jimi (gi, lv), Jimi oder Curtis (Wolfspfiff). Comp: Rufus Thomas. Rec: 26. 12. 65

Anmerkung: Dies ist dieselbe Version wie L424, nur schneller.

L430: **Bright Lights, Big City II** – Jimi (gi, vo), Curtis (Einführung). Comp: Jimmy Reed. Rec: wahrscheinlich 26. 12. 65

Anmerkung: Dies ist dieselbe Version wie L412, nur langsamer.

L431: **Sweet Little Angel III** – Jimi (gi). Comp: B. B. King. Rec: 26. 12. 65
Anmerkung: Falsch angegeben als: »My Fault«. <2> Dies ist ein manipulierter Song; verschiedene Gitarrensoli von L423 wurden zu einem »neuen« Song zusammengeschnitten.
Plus: Money (L420); You Got Me Running I (L419); Hang On Sloopy (L403); Last Night I (L413).
MR. PITIFUL
– Astan 201019 (GER) – Veröffentlicht: 81(?) – LP
L432: **Wooly Bully** – Jimi (gi, hv), Curtis (lv). Comp: Sam The Sham (wirklicher Name: Domingo Samudio). Rec: 26. 12. 65
L433: **Bleeding Heart I** – Jimi (gi, lv). Comp: Elmore James. Rec: 26. 12. 65
Anmerkung: falsch angegeben als: »Left Alone«.
L434: **Mercy Mercy** – Jimi (gi, hv). Curtis (lv, Einführung). Comp: Don Covay & Horace Ott. Rec: 26. 12. 65
Anmerkung: Song a.k.a.: »Have Mercy Baby«.
L435: **Something You've Got** – Jimi (gi, lv, Einführung), Curtis (hv). Comp: Alvin Robinson. Rec: 26. 12. 65
L436: **Just A Little Bit** – Jimi (gi). Comp: Roscoe Gordon oder Roy Head. Rec: 26. 12. 65
Anmerkung: Just A Little Bit ist falsch angegeben als »Itsy Bitsy Teenie Weenie Yellow Polka Dot Bikini«.
L437: **Stand By Me** – Jimi (gi). Spezialeffekt: Jimi (tremolo). Comp: Ben E. King. Rec: 26. 12. 65
L438: **Hold (On To) What You've Got** – Jimi (gi). Spezialeffekt: Jimi (tremolo). Comp: Joe Tex. Rec: 26. 12. 65
L439: **Killin' Floor II** – Jimi (gi, vo). Comp: Howlin' Wolf. Rec: Winter 65
Anmerkung: Dies ist eine völlig andere Version von L408.
Plus: Teil von California Night I (falsch angegeben als: »Mr. Pitiful«) (L409).
WELCOME HOME
– Astan 201020 (GER) – Veröffentlicht: 81(?) – LP
L440: **You Got Me Running II** – Jimi (gi). Comp: Jimmy Reed. Rec: 26. 12. 65
Anmerkung: <1> falsch angegeben als: »Not This Time«. <2> Dies ist ein manipulierter Song; verschiedene, hier mehrfach verwendete Gitarrensoli von L419 wurden zu einem »neuen« Song zusammengeschnitten.
L441: **What'd I Say? II** – Jimi (gi, lv, Einführung), Curtis (hv). Comp: Ray Charles. Rec: 26. 12. 65
Anmerkung: Dies ist die komplette Version von L411.
L442: **Bleeding Heart II** – Jimi (gi, lv). Comp: Elmore James. Rec: 26. 12. 65
Anmerkung: <1> falsch angegeben als: »It's Not My Gig«. <2> Dies ist ein manipulierter Song; verschiedene, hier mehrfach verwendete Gitarrensoli von L433 wurden zu einem »neuen« Song zusammengeschnitten.
Plus: Sugar Pie, Honey Bunch (I Can't Help Myself) I (L417); Get Out Of My Life Woman (L414); Ain't That Peculiar? (L410); Welcome Home II (S379); I'll Be Doggone (L415); Drivin' South (L406).
IN THE BEGINNING
– Everest CBR 1031 (ENG) – Veröffentlicht: 80er Jahre – LP
L443: **Sugar Pie, Honey Bunch (I Can't Help Myself) II** – Jimi (gi). Comp: Eddie Holland & Lamont Dozier & Brian Holland. Rec: 26. 12. 65
Anmerkung: Dies ist dieselbe Version wie L417. Unterschied: ohne hinzugefügten Echoeffekt.

L444: **Day Tripper** – Jimi (gi, lv), Curtis (lv). Comp: John Lennon & Paul McCartney. Rec: 26. 12. 65

L445: **Mr. Pitiful** – Jimi (gi). Comp: Otis Redding. Rec: Winter 65

Plus: Stand By Me (L437); Bright Lights, Big City I (L412); (I Can't Get No) Satisfaction (L416); You Got What It Takes I (L422); Land Of A Thousand Dances (L418); I'm A Man I (L407); Hold (On To) What You've Got (L438); Twist & Shout (L404); What'd I Say II (L441); Wooly Bully (L432); Walking The Dog I (L424); Hang On Sloopy (L403).

THE LEGENDS OF ROCK (Doppel)
– Strand 6.28530 DP (GER) – Veröffentlicht: 80er Jahre – LP

S446: **U.F.O. II** – Jimi (simpler Hagstrom ba). Comp: Curtis Knight. Rec: 7. 67

Anmerkung: Dies ist eine völlig andere Version als S383.

Plus: Get That Feeling I (S377); Drivin' South (L406); How Would You Feel? (S355); Ballad Of Jimi II (angegeben als: My Best Friend) (S389); Gloomy Monday I (S372); I'm A Man I (L407); Hush Now IV (S384); California Night I (L409); Land Of A Thousand Dances (L418); Love Love (falsch angegeben als: »Mercy Lady Day«) (S391); Get Out Of My Life Woman (L414); Don't Accuse Me I (S367).

GUITAR GIANTS VOL I (Doppel)
– Babylon DB 80020 (GER) – Veröffentlicht: 80er Jahre – LP

L447: **California Night II** – Jimi (gi, vo). Comp: Albert King. Rec: 26. 12. 65

Anmerkung: <1> falsch angegeben als: »Mr. Pitiful«. <2> Dies ist die ursprüngliche, nicht manipulierte Version von L409. Diese Version enthält die originalen Begleitinstrumente. <3> Siehe L448 für eine völlig andere Version.

L448: **California Night III** – Jimi (gi, vo, Einführung). Comp: Albert King. Rec: Winter 65

Anmerkung: Dies ist eine völlig andere Version als L447.

S449: **Get That Feeling III** – Jimi (fuzz ba). Comp: Curtis Knight & Gregory (?). Rec: 7. 67

Anmerkung: <1> Falsch angegeben als »Second Time Around«. <2> Dies ist dieselbe Version wie S393. Unterschied: etwas länger.

Plus: Wooly Bully (L432); Bleeding Heart I (falsch angegeben als: »Left Alone«) (L433); Killin' Floor II (L439); Welcome Home II (S379); Sugar Pie, Honey Bunch (I Can't Help Myself) II (L443); Get Out Of My Life Woman (L414); Ain't That Peculiar? (L410); Bleeding Heart II (falsch angegeben als: »Not This Time«) (L442); Fool For You Baby (angegeben als: »Fool About You«) (S373); Killin' Floor I (L408); Land Of A Thousand Dances (L418); Twist & Shout (L404); Knock Yourself Out II (S370); Let The Good Times Roll (falsch angegeben als: »Hard Night«) (L392).

GUITAR GIANTS VOL 2 (Doppel)
– Babylon DB 80021 (GER) – Veröffentlicht: 80er Jahre – LP

S450: **Last Night II** – Jimi (lead gi, voice), Curtis (voice). Comp: Charles »Packy« Axton & Jerry Lee »Smoochie« Smith mit Hilfe von Chips Moman. Rec: 65(?)

Anmerkung: Dies ist die Grundversion von L413. Unterschiede: kürzer; keine Gitarren-Overdubs; anderes Schlagzeug; anderer Mix.

L451: **You Got What It Takes III** – Jimi (gi, hv shouting), Curtis (lv). Comp: Joe Tex. Rec: 26. 12. 65

Anmerkung: Dies ist die komplette Version von L422.

L452: I'm A Man II – Jimi (gi, lv, voice). Comp: Bo Diddley. Rec: Winter 65
Anmerkung: Dies ist eine völlig andere Version von L407.
Plus: Don't Accuse Me II (S402); Teil von Hush Now II (S368); Odd Ball I (S375); No Business II (falsch angegeben als: »Sleepy Fate«) (S388); Ballad Of Jimi II (angegeben als: »My Best Friend) (S389); Strange Things I (S385); You Got Me Running I (L419); Walking The Dog I (L424); Flashing I (S361); Hush Now V (S390); No Business I (S363); U.F.O. I (S383); Teil von Love Love I (S376); Hornet's Nest II (S366); Ballad Of Jimi IV (S401); How Would You Feel? (S355).
JIMI HENDRIX INSTRUMENTAL
– Music For Pleasure 2M 046/94370 (FRA) – Veröffentlicht: 80er Jahre – LP

S453: Strange Things II – Jimi (fuzz gi). Comp: Curtis Knight. Rec: 65
Anmerkungen: <1> falsch angegeben als: »You Can Do It«. <2> Dies ist dieselbe Grundversion wie S385. Unterschiede: etwas länger; keine Orgel; anderer Mix (Gesang fast ganz herausgemischt).

S454: Hush Now VI – Jimi (wah-wah gi). Comp: Curtis Knight. Rec: 7. 67
Anmerkungen: <1> falsch angegeben als: »Wah Wah«. <2> Dies ist der Anfangsteil der Grundversion von S378. Unterschiede: enthält einen Fehler von Jimi; anderer Mix (Rhythmusgitarre weiter vorn); kürzer; nicht mit anderen Takes zusammengeschnitten.
Plus: Hornet's Nest II (S366); No Business II (falsch angegeben als: »Sleepy Fate«) (S388); Hush Now V (falsch angegeben als: »Torture Me Honey«) (S390); Ballad Of Jimi II (angegeben als: »My Best Friend«) (S389); Love Love III (falsch angegeben als: »Mercy Lady Day«) (S391).
HISTORIC HENDRIX
– Pair Records SPCD2 1155 (USA/gepreßt in JAP) – Veröffentlicht: 86 – (nur) CD
Enthält: Get That Feeling I (S377); How Would You Feel (S355); Hush Now IV (S384); No Business I (S363); Simon Says I (S380); Gotta Have A New Dress (S365); Strange Things I (S385); Welcome Home II (S379); Love Love I (S376); Day Tripper I (S374); Gloomy Monday I (S372); Fool For You Baby (S373); Happy Birthday I (S371); Don't Accuse Me II (S402); Hornet's Nest I (S357); Flashing I (S361); Odd Ball I (S375).
16 GREATEST CLASSICS
– Bigtime 2615252 (GER) – Veröffentlicht: 88(?) – (nur) CD
Enthält: Strange Things I (S385); Welcome Home II (S379); Day Tripper I (S374); Simon Says I (S380); Fool For You Baby (S373); Don't Accuse Me II (S402); Flashing I (S361); Odd Ball I (S375); Hornet's Nest I (S357); Happy Birthday I (S371).
Plus: Teil von Tomorrow Never Knows (falsch angegeben als: »Whoa Eeh«) (L275).
Plus: Sweet Thang (S321).
Plus Fälschungen: Voice In The Wind; Bring My Baby Back; Good Times; Psycho.
STRANGE THINGS
– Success 2171CD (GER?) – Veröffentlicht: 88(?) – (nur) CD
JIMI HENDRIX THE COLLECTION
– Object Enterprises OR0071 (FRA) – Veröffentlicht: 90 – (nur) CD
Obwohl in Frankreich gepreßt, ist die zweite Veröffentlichung auch in England erhältlich.

Enthält: Flashing I (S361); Hornet's Nest I (falsch angegeben als: »Homet's Nest«) (L357); Don't Accuse Me II (S402); Simon Says I (S380); Day Tripper I (S374); Welcome Home II (S379); Strange Things I (S385); Odd Ball I (S375).
Plus: Soul Food (That's A What I Like), angegeben als: »All I Want« (S317).
Plus: Teil von Tomorrow Never Knows (falsch angegeben als: »Whoaech« und »Whoa Ech«) (L275).
Plus: Instrumental 4 (falsch angegeben als: »Down Mean Blues«) (P283); Monday Morning Blues (P286).
Plus Fälschung: Bring My Baby Back; Suspicious; Good Times; Hot Trigger; Psycho; Good Feeling.

McGough & McGear

McGOUGH & McGEAR
- EMI Parlophone PCS 7047 (ENG) – Veröffentlicht: 10. 4. 68 – LP
- Auch auf: Parlophone PCS 7332 (ENG) – Wiederveröffentlicht: 89 – LP
- CD: EMI CDP 7 91877 2 (ENG)

Jimi ist nur an zwei Songs beteiligt. Roger McGough und Mike McGear (wirklicher Name: Mike McCartney; er ist Pauls Bruder), bekannt von The Scaffold, nahmen diese entzückende LP mit Hilfe zahlreicher Stars auf, u. a. mit Mitch Mitchell und Noel Redding. Beide Songs rec: DLL, 20.(?) 1. 68. Ein anderer Song mit Jimi (der hier auf Spielzeug-Trommeln spielt!) aus derselben Session ist unveröffentlicht geblieben: die »Toy-Symphony«, komponiert von Joseph Haydn.*

S455: **So Much** – Jimi (lead gi), Mike McGear (lv), Gary Leeds? (dr), Barry Fantoni (sa), Unbekannt (ba), Unbekannt (rhythm gi), Unbekannt (hv), Unbekannt (ta). Comp: Roger McGough & Mike McGear. Engi: Mike Weighell? Prod: Paul McCartney.

S456: **Ex Art Student** – Jimi (lead gi), Mike McGear (lv), Roger McGough (lv), Dave Mason? (sitar), Jack Bruce? (ba), Unbekannt (dr), Unbekannt (fl), Unbekannt (pe). Comp: Roger McGough. Engi: Mike Weighell? Prod: Paul McCartney.

Fat Mattress

FAT MATTRESS
- Polydor 583 056 (ENG) – Veröffentlicht: 15. 8. 69 – LP
- Atco SD 33-309 (USA) – Veröffentlicht: 10. 69 – LP
  Charts-Einstieg: 172 (15. 11. 69); Spitzenposition: 134; Wochen in den Charts: 10
- CD: nicht veröffentlicht

* Anm. des Lektors: Hier irren die Autoren. Die »Toy Symphony« wurde zwar von der Musikwissenschaft jahrzehntelang Joseph Haydn zugeschrieben. Als Urheber gilt heute jedoch Leopold Mozart als gesichert. Deutscher Titel des Werks: »Cassatio ex G ›Kindersymphonie‹«.

Mitglieder von Fat Mattress: Noel Redding (guitar, vocals), Eric Dillon (drums), Jimmy Leverton (bass, organ, vocals, harpsichord), Neil Landon (vocals). Jimi ist nur an einem Song beteiligt. Jimmy Leverton: »Ich glaube nicht, daß er irgendwo Gitarre spielte . . . Ich habe ein Bild vor Augen, wie er und Mitch Percussion spielen, Maracas, Tamburins und ähnliche Sachen.« Mitch spielt auf mehreren anderen Songs dieser Veröffentlichung (wie z. B. »Magic Forest«) Schlagzeug.

S457: **How Can I Live?** – Jimi (pe), Mitch (pe), Fat Mattress (Rest). Comp: Neil Landon & Noel Redding. Rec: PLA, 27. 8. 68 (basic track). Prod: Fat Mattress.

Robert Wyatt

SLOW WALKING TALK

– Label unbekannt (USA) – Gepreßt: Ende 68 – Acetate Single

»Slow Walking Talk« wurde von Robert Wyatt auf dem Label dieser Anpressung in »But I'm Clean As A Whistle« umbenannt. Jahre nach dieser Aufnahme fügte Wyatt einen eigenen Text hinzu und nahm den Song neu auf unter dem Titel: »Soup Song«. Robert Wyatt: »Das Ganze ist so eine Art Mose-Allison-Ding. Jimi kam rein, hörte zu und flüsterte: ›Ich könnte mal eine Baßlinie dazu versuchen, du mußt sie ja nicht unbedingt verwenden.‹ Und dann nahm er Noels Baß, und du mußt dich erinnern, er war Linkshänder; also spielte er den Baß andersrum. Er spielte also den ersten Take, irgend so eine verdammte Larry-Graham-Baßlinie [bekannt von Sly And The Family Stone]. Er hatte den Song nur einmal gehört, einschließlich der Wechsel, der Breaks und allem, und es war phantastisch.«

L458: **Slow Walking Talk** – Jimi (ba), Robert Wyatt (dr, pi, or, vo). Comp: Brian Hopper. Rec: TTG, 10. 68. Prod: Robert Wyatt.

Eire Apparent

ROCK'N'ROLL BAND b/w YES I NEED SOMEONE

– Buddah Records 201039 (ENG) – Veröffentlicht: 21. 3. 69 – Single

– Auch auf: Buddah Records 2011-117 (USA)

Mitglieder von Eire Apparent: Eric Stewart (bass), Ernie Graham (rhythm guitar, vocals), Mick Cox (lead guitar), David Lutton (drums). Carlos Olms: »Eire Apparent kamen um sechs Uhr nachmittags an, und wir probierten bis elf Uhr herum, um den richtigen Sound hinzubekommen; und dann traf Jimi ein . . . Die Jungs hatten es wirklich schwer, ihn soundmäßig zufriedenzustellen. Wir gingen fünf oder sechs komplette Versionen von A bis Z durch, doch er fand immer etwas, das er nicht in Ordnung fand. Und wir machten es noch einmal! So war es schon drei Uhr nachts, als Jimi anfing, seine Parts aufs Band zu spielen. Er sollte den mittleren A-Teil und das Ende [von ›Rock'n'Roll Band‹] spielen . . . Wir drehten das Licht so weit runter, daß ich nur noch seinen Schatten sehen konnte. Ich muß sagen, ich war sehr beeindruckt, als er das erste Mal spielte, und jedesmal, wenn er anfing, seine Parts zu spielen, dachten wir, es ist fantastisch – bloß Jimi dachte nicht so! Es wurde fünf Uhr morgens, und er spielte noch immer seine Parts, er war nie zufrieden. Wir blieben bis neun Uhr morgens, und die anderen kamen schon in die Büros und waren ziemlich überrascht, daß wir immer noch da waren.«

S459: **Rock 'N' Roll Band** – Jimi (gi), Eire Apparent (Rest). Comp: Mick Cox. Rec: Polydor Studio, 13 St. Georges Street, London W2, erste Woche 1. 69. Mixing: Jimi & Carlos Olms. Engi: Carlos Olms. Prod: Jimi.

S460: **Yes I Need Someone** – Jimi (gi), Eire Apparent (Rest). Spezialeffekt: Jimi (Rückwärts-gi). Comp: Eric Stewart & Ernie Graham & Mick Cox & David Lutton. Rec: TTG, 10. 68. Prod: Jimi.

SUNRISE
- Buddah Records 203 021 (ENG) – Veröffentlicht: 5. 69 – LP
- CD: nicht veröffentlicht

Alle Songs (außer »1026«) prod: Jimi. »The Clown« und »Captive In The Sun« rec: TTG, 31. 10. 68. Engi: Jack Hunt. Alle anderen Songs rec: TTG, 10. 68. Engi: Jack Hunt & Eddie Kramer & Gary Kellgren & Tony Bongiovi. Noel Redding (harmony vocals) und Robert Wyatt (drums?) wirkten auch an einigen der Songs mit. Orchestrator: Vic Briggs. Jimi spielt in den genannten Songs die heavy klingenden Leadgitarren-Parts (daher nicht die Rhythmusgitarre).

S461: **The Clown** – Jimi (gi), Eire Apparent (Rest). Spezialeffekt: Jimi (gi am Schluß: instrumentale Imitation des »lachenden Clowns«; Rückwärts-gi). Comp: Eric Stewart.

Anmerkung: Jimi brauchte zehn Minuten, um das »Lachen des Clowns« auf seiner Gitarre nachzuahmen . . .

S462: **Mr. Guy Fawkes** – Jimi (gi: *»After the Storm«*-Sounds), Eire Apparent (Rest). Comp: Mick Cox.

S463: **Someone Is Sure To (Want You)** – Jimi (ein wenig gi im letzten Teil des Songs), Eire Apparent (Rest). Comp: Ernie Graham.

S464: **Morning Glory** – Jimi (etwas gi), Eire Apparent (Rest). Comp: Mick Cox.

S465: **Magic Carpet** – Jimi (vielleicht gi mit wah-wah), Eire Apparent (Rest). Comp: Ernie Graham.

S466: **Captive In The Sun** – Jimi (gi mit wah wah), Eire Apparent (Rest). Comp: Mick Cox

Plus: Yes I Need Someone (S460); Got To Get Away (keine Beteiligung von Jimi); Rock'n'Roll Band (S459); 1026 (ohne Beteiligung von Jimi).

SUNRISE
- Buddah Records BDS 5031 (USA) – Veröffentlicht: 69 – LP
- CD: nicht veröffentlicht

Siehe vorige Veröffentlichung für zusätzliche Information.

S467: **Let Me Stay** – Jimi (gi), Eire Apparent (Rest). Comp: Eric Stewart & Ernie Graham & Mick Cox & David Lutton. Rec: TTG, 10. 68. Prod: Jimi.

Plus: Yes I Need Someone (S460); Got To Get Away (keine Beteiligung von Jimi); The Clown (S461); Mr. Guy Fawkes (S462); Someone Is Sure To (Want You) (S463); Morning Glory (S464); Magic Carpet (S465); Captive In The Sun (S466); 1026 (ohne Beteiligung von Jimi).

Timothy Leary

YOU CAN BE ANYONE THIS TIME AROUND
- Douglas 1 (USA) – Veröffentlicht: 4. 70 – LP
- Nicht veröffentlicht (ENG)
- CD: nicht veröffentlicht

Jimi ist nur an einem Song beteiligt. Dies war Learys sogenanntes »Campaign Album«, das seine Bewerbung für den Gouverneursposten des Staates Kalifornien im Jahre 1970 unterstützen sollte. Als die LP veröffentlicht wurde, saß Leary mal wieder im Gefängnis.

S468: **Live And Let Live** – Jimi (ba), Stephen Stills (gi), John Sebastian (gi). Buddy (dr), Timothy Leary (vo). Comp: Timothy Leary. Rec: PLA, 19. oder 20. 5. 69. Prod: Alan Douglas.

Lightnin' Rod

DORIELLA DU FONTAINE b/w DORIELLA DU FONTAINE

– Celluloid CART 232 (USA) – Veröffentlicht: 7. 84 – 12 inch Single

– Carrere Records 332 (ENG) – 12 inch Single

<1> Lightnin' Rod (Sänger von The Last Poets) a.k.a.: Alafia Pudim. <2> Doriella Du Fontaine war Teil einer Suite mit dem Titel »Jail Toasts«. <3> Beide Songs rec: PLA, 11. 69. <4> Beide Songs prod: Alan Douglas.

S469: **Doriella Du Fontaine** – Jimi (gi, ba), Buddy (dr, or), Lightnin' Rod (vo). Comp: Lightnin' Rod.

S470: **Doriella Du Fontaine** – Jimi (gi, ba), Buddy (dr, or). Comp: Lightnin' Rod.

Stephen Stills

STEPHEN STILLS

– Atlantic 2401 004 (ENG) – Veröffentlicht: 11. 70 – LP

– Atlantic SD 7202 (USA) – Veröffentlicht: 11. 70 – LP
Charts-Einstieg: 59 (28. 11. 70); Spitzenposition: 4; Wochen in den Charts: 39

– Auch auf: Atlantic 940 058 (FRA) – LP

– CD: Atlantic 7202-2 (USA)

Jimi war nur an einem Song beteiligt. Stephen Stills: »Jimis Gitarre wurde in einem Take eingespielt . . . Jimi und ich waren wie im Wahn . . . Wir schnitten einen Haufen Dinge mit, und eine Menge davon habe ich noch in petto.«

S471: **Old Times Good Times** – Jimi (gi), Stephen Stills (vo, or), Conrad Isedor (dr), Calvin Samuels (ba), Jeff Whittaker (congas). Comp: Stephen Stills. Engi: Andy Johns. Prod: Stephen Stills & Bill Halverson. Rec: Island Studios (das untere Studio), 8–10 Basing Street, London W11, Mitte 3. 70. Aufgenommen auf 16-Spur, 2 Zoll. Mischpult: Helius.

Love

FALSE START

– Blue Thumb BTS 22 (USA) – Veröffentlicht: 12. 70 – LP
Charts-Einstieg: 184 (26. 12. 70); Spitzenposition: 184; Wochen in den Charts: 3

– CD: MCAD 22029 (USA) – Veröffentlicht: 7. 90

Möglicherweise spielt Jimi auf »Slick Dick« und »Ride That Vibration« zusätzlich Leadgitarre.

S472: **The Everlasting First** – Jimi (gi), Arthur Lee (vo), George Suranovich (dr), Frank Fayad (ba). Comp: Arthur Lee. Rec: OLY, 17. 3. 70, Prod: Arthur Lee.
THE EVERLASTING FIRST b/w KEEP ON SHINING
– Harvest HAR 5030 (ENG) – Veröffentlicht: 11. 70 – Single
– Auch auf: Blue Thumb 7116 (USA); Blue Thumb 5C 006-92 011 (HOL)
Enthält: The Everlasting First (S472). Plus: Keep On Shining (ohne Beteiligung von Jimi).

Buddy Miles Express

EXPRESSWAY TO YOUR SKULL
– Mercury 20137 SMLC (ENG) – Veröffentlicht: 1. 69 – LP
– Auch auf: Mercury SR-61196 (USA)
– CD: nicht veröffentlicht
Jimis einziger Beitrag zu dieser Veröffentlichung waren die auf dem Innencover abgedruckten einführenden Anmerkungen, die er circa 10. 68 in Kalifornien verfaßte.
ELECTRIC CHURCH
– Mercury 20163SMCL (ENG) – Veröffentlicht: Mitte 69 – LP
– Auch auf: Mercury SR-61222 (USA)
Charts-Einstieg: 147 (7. 6. 69); Spitzenposition: 145; Wochen in den Charts: 4
– CD: nicht veröffentlicht
Mitglieder des Buddy Miles Express: Buddy Miles (drums, vocals), Jim McCarty (guitar), Bill Rich (bass), Duane Hitchings (organ), Tobie Wynn (baritone saxophone), James Tatum (tenor saxophone), Bobby Rock (tenor saxophone), Peter Carter (trumpet), Tom Hall (trumpet). Jimi war an dieser Veröffentlichung nur als Produzent folgender Songs beteiligt: »Miss Lady«, »69 Freedom Special«, »Destructive Love« und »My Chant«. Rec: unbekanntes Studio, New York City, Mitte bis Ende 3. 69.

Cat Mother And The All Night Newboys

»THE STREET GIVETH . . . AND THE STREET TAKETH AWAY«
– Polydor 24-4001 (USA) – Veröffentlicht: 6. 69 – LP
Charts-Einstieg: 177 (5. 7. 69); Spitzenposition: 55; Wochen in den Charts: 15
– Auch auf: Polydor 184 300 (ENG)
– CD: nicht veröffentlicht
Mitglieder von Cat Mother And The All Night Newsboys: Roy Michaels (bass, rhythm guitar, vocals), Michael Equine (drums, rhythm guitar, vocals), Larry Packer (lead guitar, violin, mandolin, vocals), Bob Smith (piano, organ, drums, vocals), Charlie Chin (rhythm guitar, banjo, vocals). Jimi produzierte alle Songs. Möglicherweise spielte er auch einige Parts der Rhythmusgitarre auf »Track In' A' (Nebraska Nights)«, allerdings existiert dafür keine Bestätigung. Alle Songs rec: PLA, 11. 68. Engi: Tony Bongiovi & Gary Kellgren. Prod: Jimi & Cat Mother. Laut Roy Michaels war Jimi stärker an der Abmischung beteiligt. Beide Veröffentlichungen enthalten dieselben Songs, allerdings in unterschiedlicher Reihenfolge.
Enthält: Can You Dance To It; Favors; Bad News; Boston Burglar; How I Spent My

Summer; Marie; Good Old Rock'n'Roll (Medley: Sweet Little Sixteen/Long Tall Sally/Chantilly Lace/Whole Lotta Shakin' Goin' On/Blue Suede Shoes/Party Doll); Bramble Bush; Probably Won't; Track In' A' (Nebraska Nights).

BOOTLEGS

LIVE EXPERIENCE 1967–68 – Voodoo Chile (ENG) – Veröffentlicht: 70 – LP – *: Purple Haze; Wild Thing
LIVE EXPERIENCE – LP
LIVE EXPERIENCE – Pod Records (USA) – LP
J. H. – Voodoo Chile (ENG) – LP
GOODBYE, JIMI – (USA) – LP
BROADCASTS – Trade Mark Of Quality 1841 (USA) – LP
<1> Alle 15. 3. 68-Songs rec: Atwood Hall, Clark University; Worcester, Massachusetts, erste oder zweite Show. <2> Alle 4. 1. 69-Songs rec: BBC Television Centre/ Studio 4, Wood Lane, Shepherd's Bush, London W12. Erste brc: Happening For Lulu, BBC 1 TV (Live-Übertragung).

L473: **Purple Haze** – Jimi (gi, lv), Mitch (dr), Noel (ba, hv, voice). Rec: 15. 3. 68
L474: **Wild Thing** – Jimi (gi, vo), Mitch (dr), Noel (ba). Comp: Chip Taylor. Rec: 15. 3. 68
L475: **Voodoo Child (slight return)** – Jimi (gi, vo), Mitch (dr), Noel (ba). Rec: 4. 1. 69
L476: **Hey Joe** – Jimi (gi, vo), Mitch (dr), Noel (ba), Comp: William M. Roberts. Rec: 4. 1. 69
L477: **The Sunshine Of Your Love** – Jimi (gi, Ansage), Mitch (dr), Noel (ba). Comp: Pete Brown & Jack Bruce & Eric Clapton. Rec: 4. 1. 69
S478: **Drivin' South** – Jimi (gi), Mitch (dr), Noel (ba). Rec: BBCB, 6. 10. 67. Engi: Pete Ritzema. Prod: Bernie Andrews & Bev Phillips. Erste brc: »Top Gear«, BBC Radio 1, 15. 10. 67
Anmerkung: Dies ist die komplette Version von S218.
S479: **Little Miss Lover** – Jimi (gi, lv), Mitch (dr, cow-bell, hv), Noel (ba, hv), Unbekannt (hand-claps). Rec: BBCB, 6. 10. 67. Engi: Pete Ritzema. Prod: Bernie Andrews & Bev Phillips. Erste brc: »Top Gear«, BBC Radio 1, 15. 10. 67
Plus: Catfish Blues (S207); Hound Dog (S210); Love Or Confusion (S205); Foxy Lady (S216); Hey Joe (S215); Stone Free (S201).
10 YEARS AFTER – Weird Sounds (USA) – Veröffentlicht: 81(?) – LP
Enthält: Purple Haze (L473); Wild Thing (L474); Voodoo Child (slight return) (L475); Hey Joe (L476); The Sunshine Of Your Love (L477); Drivin' South (S478); Day Tripper (S203); Catfish Blues (S207); Hound Dog (S210); Little Miss Lover (S479); Love Or Confusion (S205); Foxy Lady (S216); Stone Free (S201).
LENNON-HENDRIX DAYTRIPPER JAM
– King Kong Records (USA) – LP
LENNON-HENDRIX – DAYTRIPPER JAM
– Instant Analyses JL 1056/4242 (USA) – LP
WORKING CLASS HERO!
– Chet Mar Records CMR-75 (USA) – Veröffentlicht: 84(?) – Doppel-LP
Veröffentlichungen von: John Lennon. Der Rest dieser Veröffentlichungen enthält Songs von John Lennon.

Enthält: Day Tripper (S203).
THEIR LEGENDS LIVE ON – Jaar Records 83425 (HOL) – Veröffentlicht: 80er Jahre – Single
Die B-Seite dieser Veröffentlichung enthält einen Song der Rolling Stones.
Enthält: Day Tripper (S203).
GUITAR HERO THE UNRELEASED ALBUM – Stoned Records STD3 (SWE) – Veröffentlicht: 77 – LP
GUITAR HERO – K & S Records 011 (USA?) – Veröffentlicht: 78 – LP
PRIMAL KEYS – Impossible Recordworks IMP 1-02 (HOL?) – Veröffentlicht: 78 – LP
GUITAR HERO – Document Records DR 013 CD (ITA) – Veröffentlicht: 88 – CD
Alle 17. 10. 67-Songs erste brc: »Rhythm And Blues«, BBC World Service, 13. 11. 67

S480: **Radio One** – Jimi (gi, vo, voice), Mitch (dr, faint voice), Noel (ba), Pete Ritzema (Stimme aus dem Kontrollraum). Rec: BBCB, 15. 12. 67. Engi: Pete Ritzema. Prod: Bernie Andrews & Bev Phillips. Erste brc: »Top Gear«, BBC Radio 1, 24. 12. 67

Anmerkung: Dies ist die komplette Version von S202.
Unterschied: Enthält mehr Geplauder von Jimi, Mitch und Pete Ritzema.

S481: **Can You Please Crawl Out Your Window?** – Jimi (gi, vo), Mitch (dr), Noel (ba). Comp: Bob Dylan. Rec: BBCB, 17. 10. 67. Prod: Jeff Griffin.

S482: **Drivin' South** – Jimi (gi), Mitch (dr), Noel (ba). Rec: BBCB, 17. 10. 67. Prod: Jeff Griffin.

Plus: Catfish Blues (S207); I'm Your Hoochie Coochie Man (S212); Spanish Castle Magic (S214); Day Tripper (S203); Wait Until Tomorrow (S208); Stone Free (S201); Foxy Lady (S216); Little Miss Lover (S479); The Burning Of The Midnight Lamp (S217); Hound Dog (S310); Hey Joe (S215); Getting My Heart Back Together Again (S209).
THE GUITAR WIZZARD (sic) – Document Records DR 1305 (ITA) – Veröffentlicht: 88 – Single
Enthält: Hound Dog (S210); Foxy Lady (S216).
JIMI HENDRIX VOLUME 2: A MAN OF OUR TIME
– Napoleon NLP 11018 (ITA) – Veröffentlicht: 70er Jahre – LP
Der Rest dieser Veröffentlichung enthält Material anderer Künstler.
Enthält: Highway Chile (S006); Stone Free (S201); Hound Dog (S210); Foxy Lady (S216); Purple Haze (L473); Little Miss Lover (S479); Catfish Blues (S207); The Sunshine Of Your Love (L477).
CAN YOU PLEASE CRAWL OUT YOUR WINDOW?
– Dragonfly Records 5 (USA) – Veröffentlicht: 70er Jahre – LP
CAN YOU PLEASE CRAWL OUT YOUR WINDOW?
– Ruthless Rhymes Ltd. (USA) – LP
Alle 17. 9. 70-Songs rec: Ronnie Scott's Club, Frith Street, London W1. Jimis letzte Jam-Session, aufgenommen in den frühen Morgenstunden . . .

L483: **Mother Earth** – Jimi (solo gi), Eric Burdon & War (rest). Comp: Memphis Slim & Lewis Simpkins. Rec: 17. 9. 70

L484: **Tobacco Road** – Jimi (solo gi), Eric Burdon & War (rest). Comp: John D. Loudermilk. Rec: 17. 9. 70

Plus: Auld Lang Syne (S294); Little Drummer Boy/Silent Night (S293); The Burning Of The Midnight Lamp (S217); Can You Please Crawl Out Your Window (S481);

Drivin' South (S482); Plus: kurze Interviews & Einführungen von Alexis Korner (alle aus »Insight«, BBC Radio 1; 22. 2. 76).

LIVE IN LONDON 1967

– Koine Records K881104 (ITA) – Veröffentlicht: 88 – CD

S485: **Ain't Too Proud To Beg** – Jimi (gi), Noel (ba), Stevie Wonder (dr, leise vo). Comp: Norman Whitfield & Eddie Holland. Rec: BBCB, 6. 10. 67. Engi: Pete Ritzema. Prod: Bernie Andrews & Bev Phillips. Erste brc: »The Friday Rock Show«, BBC Radio 1, 25. 5. 79

Anmerkung: Unvollständig. Erste brc der kompletten Version: »Night Rockin'«, BBC Radio 1, 2. 10. 88.

Plus: Hey Joe (S215); Foxy Lady (S216); Love Or Confusion (S205); Purple Haze (S213); Killin' Floor (S204); The Burning Of The Midnight Lamp (S217); Hound Dog (S210); Catfish Blues (S207); Little Miss Lover (S479); Teil von Radio One (S202); Can You Please Crawl Out Your Window? (S481); I'm Your Hoochie Coochie Man (S212); Drivin' South (S482); Spanish Castle Magic (S214); Wait Until Tomorrow (S208); Stone Free (S201); Day Tripper (S203); Getting My Heart Back Together Again (S209).

ON THE KILLING FLOOR

– Swingin' Pig Records TSP-CD-012-1/2 (LUX) – Veröffentlicht: 89 – Doppel-CD – *: Komplette zweite Show.

<1> Alle Songs rec: Konserthuset, Stockholm, Schweden, 9. 1. 69. Beide Shows sind auf dieser Veröffentlichung komplett enthalten. <2> Durchgehend exzellente CD-Qualität; während die erste Show fast als Desaster bezeichnet werden kann, gehört die zweite zu den besseren JHE-Konzerten, die auf Band festgehalten wurden.

L486: **Killin' Floor** – Jimi (gi, vo), Mitch (dr), Noel (ba). Comp: Howlin' Wolf. Rec: erste Show.

L487: **Spanish Castle Magic** – Jimi (gi, vo), Mitch (dr), Noel (ba). Rec: erste Show.

L488: **Fire** – Jimi (gi, lv), Mitch (dr), Noel (ba, hv). Rec: erste Show.

L489: **Hey Joe** – Jimi (gi, vo), Mitch (dr), Noel (ba). Comp: William M. Roberts. Rec: erste Show.

L490: **Voodoo Child (slight return)** – Jimi (gi, vo), Mitch (dr), Noel (ba). Rec: erste Show.

L491: **Red House** – Jimi (gi, vo), Mitch (dr), Noel (ba). Rec: erste Show.

L492: **The Sunshine Of Your Love** – Jimi (gi), Mitch (dr), Noel (ba). Comp: Pete Brown & Jack Bruce & Eric Clapton. Rec: erste Show.

L493: **Instrumental** – Jimi (gi). Rec: zweite Show.

L494: **I Don't Live Today** – Jimi (gi, vo), Mitch (dr), Noel (ba). Rec: zweite Show.

L495: **Spanish Castle Magic** – Jimi (gi, vo), Mitch (dr), Noel (ba). Rec: zweite Show.

L496: **Hey Joe** – Jimi (gi, vo), Mitch (dr), Noel (ba). Comp: William M. Roberts. Rec: zweite Show.

L497: **Voodoo Child (slight return)** – Jimi (gi, vo), Mitch (dr), Noel (ba). Rec: zweite Show.

L498: **The Sunshine Of Your Love** – Jimi (gi), Mitch (dr), Noel (ba). Comp: Pete Brown & Jack Bruce & Eric Clapton. Rec: zweite Show.

Anmerkung: Enthält ein Baß- und Schlagzeugsolo sowie eine kurze Fortsetzung von Voodoo Child (slight return).

L499: **Red House** – Jimi (gi, vo), Mitch (dr), Noel (ba). Rec: zweite Show.
L500: **Fire** – Jimi (gi, lv), Mitch (dr), Noel (ba, hv). Rec: zweite Show.
L501: **Purple Haze** – Jimi (gi, lv), Mitch (dr), Noel (ba, hv). Rec: zweite Show.
L502: **Star Spangled Banner** – Jimi (gi), Mitch (dr), Noel (ba). Comp: Francis Scott Key. Rec: zweite Show.

ELECTRIC CHURCH MUSIC
– Pyramid Records PY CD 23 (ITA) – Veröffentlicht: 88 – CD
Enthält: Killin' Floor (L486); Spanish Castle Magic (L487); Fire (L488); Hey Joe (L489); Red House (L491); The Sunshine Of Your Love (L492).
JIMI HENDRIX – Veröffentlicht: 70er Jahre – Single
Enthält: Spanish Castle Magic (L487); Fire (L488); Hey Joe (L489).
LIVE IN STOCKHOLM – Fruit End C 10 168 (HOL) – Veröffentlicht: 70er Jahre – LP
LIVE IN STOCKHOLM – Wizardo Records WRM6 333 (USA) – LP
PIPE DREAM – The Amazing Kornyfone Record Label TAKRL 1959 (USA) – LP
LIVE IN STOCKHOLM 1967 – Document Records DR 003 CD (ITA) – Veröffentlicht: 88 – CD
Alle angeführten Songs rec: Studio 4/Radiohuset, Stockholm, Schweden, 5. 9. 67.

L503: **Sergeant Pepper's Lonely Hearts Club Band** – Jimi (gi, lv), Mitch (dr), Noel (ba, hv). Comp: John Lennon & Paul McCartney.
L504: **Hey Joe** – Jimi (gi, vo), Mitch (dr), Noel (ba). Comp: William M. Roberts.
L505: **I Don't Live Today** – Jimi (gi, lv), Mitch (dr), Noel (ba, hv).
L506: **The Wind Cries Mary** – Jimi (gi, vo), Mitch (dr), Noel (ba).
L507: **Foxy Lady** – Jimi (gi, lv), Mitch (dr), Noel (ba, hv).
L508: **Fire** – Jimi (gi, lv, Zungenschnalzer), Mitch (dr), Noel (ba, hv).
L509: **The Burning Of The Midnight Lamp** – Jimi (gi, vo), Mitch (dr), Noel (ba).
Anmerkung: erste öffentliche Aufführung dieses Songs.
L510: **Purple Haze** – Jimi (gi, lv), Mitch (dr), Noel (ba, hv).
Plus: The Sunshine Of Your Love (L498); Voodoo Child (slight return) (L497).

NEVER FADE
– Phoenix Records 44775 (USA) – Veröffentlicht: 79 – Doppel-LP
Enthält: Radio One (S480); Catfish Blues (S207); Can You Please Crawl Out Your Window (S481); I'm Your Hoochie Coochie Man (S212); Drivin' South (S482); Spanish Castle Magic (S214); Day Tripper (S203); Wait Until Tomorrow (S208); Stone Free (S201); Foxy Lady (S216); Little Miss Lover (S479); The Burning Of The Midnight Lamp (S217); Hound Dog (S210); Hey Joe (S215); Getting My Heart Back Together Again (S209); Sergeant Pepper's Lonely Hearts Club Band (L503); Hey Joe (L504); I Don't Live Today (L505); The Wind Cries Mary (L506); Foxy Lady (L507); Fire (L508); The Burning Of The Midnight Lamp (L509); Purple Haze (L510); The Sunshine Of Your Love (L498); Voodoo Child (slight return) (L497).

LIVE IN CONCERT 1967
– Living Legend Records LLR-CD 001 (ITA) – Veröffentlicht: 88 – CD
Enthält: Hey Joe (L504); Voodoo Child (slight return) (L497); Catfish Blues (S207); Can You Please Crawl Out Your Window (S481); I'm Your Hoochie Coochie Man (S212); Drivin' South (S482); Spanish Castle Magic (S214); Day Tripper (S203); Wait Until Tomorrow (S208); Stone Free (S201); Foxy Lady (S216); Little Miss Lover (S479); Burning Of The Midnight Lamp (S217); Teil von Hound Dog (S210).

RECORDED LIVE AT THE MONTEREY POP FESTIVAL 1967
– Document Records DR 021 CD (LUX) – Veröffentlicht: 88(?) – CD

Enthält: Can You See Me (L078); Hey Joe (L077); Purple Haze (L080); The Wind Cries Mary (L079); Killin' Floor (L073); Foxy Lady (L074); Like A Rolling Stone (L075); Rock Me, Baby (L076); Wild Thing (L081).

THE WILD MAN OF POP PLAYS VOLUME 1
– Pyramid Records RFT LP 003 (ITA) – Veröffentlicht: 88 – LP

THE WILD MAN OF POP PLAYS VOLUME 1
– Pyramid Records RFT CD 003 (ITA) – Veröffentlicht: 88 – CD

<1> Alle 18. 5. 67 Songs rec: Stadthalle, Offenbach, BRD. Erste brc: Beat, Beat, Beat!, Hessischer Rundfunk, Deutsches Fernsehen, 29. 5. 67. <2> Alle 24. 5. 67 Songs rec: TV Studio, Stockholm, Schweden. Erste brc: Popside, Schwedisches Fernsehen, 11. 6. 67.

L511: **Stone Free** – Jimi (gi, lv), Mitch (dr), Noel (ba, hv). Rec: 18. 5. 67
Anmerkung: unvollständig.

L512: **Hey Joe** – Jimi (gi, vo), Mitch (dr), Noel (ba). Comp: William M. Roberts. Rec: 18. 5. 67

L513: **Purple Haze** – Jimi (gi, lv), Mitch (dr), Noel (ba, hv). Rec: 18. 5. 67

L514: **The Wind Cries Mary** – Jimi (gi, vo), Mitch (dr), Noel (ba). Rec: 24. 5. 67

L515: **Purple Haze** – Jimi (gi, lv), Mitch (dr), Noel (ba, hv). Rec: 24. 5. 67

Plus: Sergeant Pepper's Lonely Hearts Club Band (L503); The Wind Cries Mary (L506); Foxy Lady (L507); Fire (L508); Hey Joe (L504); I Don't Live Today (L505); The Burning Of The Midnight Lamp (L509); Purple Haze (L510).

THE WILD MAN OF POP PLAYS VOLUME 2
– Pyramid Records RFT LP 004 (ITA) – Veröffentlicht: 88 – LP – *: Catfish Blues; Red House

THE WILD MAN OF POP PLAYS VOLUME 2
– Pyramid Records RFT CD 004 (ITA) – Veröffentlicht: 88 – CD

Alle 10. 11. 67-Songs rec: Vitus Studio, Bussum, Holland. Erste brc von Catfish Blues und Purple Haze: »Jimi Hendrix Jams«, VPRO, Holländisches Radio, 3. 8. 73, »Foxy Lady« Erste brc von »Hoepla«, VPRO, Holländisches Fernsehen, 23. 11. 67. Ansage von: Roselie Peters. <2> Alle 25. 11. 67-Songs rec: Opera House, Blackpool, England (erste oder zweite Show). <3> Alle 9. 10. 67-Songs rec: Olympia, Paris, Frankreich.

L516: **Catfish Blues** – Jimi (gi, vo), Mitch (dr), Noel (ba). Comp: Muddy Waters. Rec: 10. 11. 67

L517: **Foxy Lady** – Jimi (gi, lv), Mitch (dr), Noel (ba, hv). Rec: 10. 11. 67

L518: **Purple Haze** – Jimi (gi, lv), Mitch (dr), Noel (ba, hv). Rec: 10. 11. 67

L519: **Purple Haze** – Jimi (gi, lv), Mitch (dr), Noel (ba, hv). Rec: 25. 11. 67

L520: **Wild Thing** – Jimi (gi, vo, Zungenschnalzer), Mitch (dr), Noel (ba). Comp: Chip Taylor. Rec: 25. 11. 67

L521: **Foxy Lady** – Jimi (gi, lv), Mitch (dr), Noel (ba, hv). Rec: 9. 10. 67

L522: **The Wind Cries Mary** – Jimi (gi, vo), Mitch (dr), Noel (ba). Rec: 9. 10. 67

L523: **Rock Me, Baby** – Jimi (gi, vo), Mitch (dr), Noel (ba). Comp: B. B. King & Joe Josea. Rec: 9. 10. 67

L524: **Red House** – Jimi (gi, vo), Mitch (dr), Noel (ba). Rec: 9. 10. 67
Anmerkung: Dies ist die komplette Version von L233.

L525: **Purple Haze** – Jimi (gi, lv), Mitch (dr), Noel (ba, hv). Rec: 9. 10. 67
Anmerkung: Am Anfang ist Jimi zu hören, der ein wenig französisch spricht . . .

L526: **Wild Thing** – Jimi (gi, lv, Zungenschnalzer), Mitch (dr), Noel (ba, hv). Comp: Chip Taylor. Rec: 9. 10. 67

Plus: Getting My Heart Back Together Again (S144).
FIRE – The Swingin' Pig TSP-CD-018 (LUX) – Veröffentlicht: 89 – CD
FIRE – The Swingin' Pig TSP-LP-018 (LUX) – Veröffentlicht: 89 – LP
Enthält: Sergeant Pepper's Lonely Hearts Club Band (L503); The Wind Cries Mary (L506); Foxy Lady (L507); Fire (L508); Hey Joe (L504); I Don't Live Today (L505); The Burning Of The Midnight Lamp (L509); Purple Haze (L510); Foxy Lady (L517); Purple Haze (L518); Catfish Blues (L516).
PARIS IS SIR JAMESTOWN – Instant Analysis (USA) – Veröffentlicht: 87(?) – LP
PARIS 67 – Instant Analysis BBR 003 (USA) – Veröffentlicht: 87(?) – LP
Enthält: Foxy Lady (L521); The Wind Cries Mary (L522); Rock Me, Baby (L523); Red House (L524); Purple Haze (L525); Hey Joe (S215); Purple Haze (S213); Foxy Lady (S216); Love Or Confusion (S205); Killing' Floor (S204); The Burning Of The Midnight Lamp (S217); Hound Dog (S210); Day Tripper (S203).
THE LEGENDARY STARCLUB TAPES
– The Early Years 02-CD-3309 (GER) – Veröffentlicht: 89 – CD
Alles angeführte Material rec: Studio 1/NDR Funkhaus, Hamburg, BRD, 18. 3. 67. Erste (Liveübertragung) brc: »Twenclub«, NDR. Weitere brc: »Hamburg Swings«, BBC Light Radio, 1. 7. 67.
I527: **Interview mit Jimi und Noel** – von Jochen Rathmann.
Anmerkungen: <1> Unvollständig. <2> Das Interview mit Noel wurde in deutscher Sprache geführt.
L528: **Foxy Lady** – Jimi (gi, vo), Mitch (dr), Noel (ba).
L529: **Hey Joe** – Jimi (gi, vo), Mitch (dr), Noel (ba). Comp: William M. Roberts.
L530: **Stone Free** – Jimi (gi, lv), Mitch (dr), Noel (ba, hv).
L531: **Fire** – Jimi (gi, lv), Mitch (dr), Noel (ba, hv).
L532: **Purple Haze** – Jimi (gi, lv, hv), Mitch (dr), Noel (ba, hv).
Plus: I Don't Live Today (L494); Spanish Castle Magic (L495); Teil von Voodoo Child (slight return) (L497); Teil von Sunshine Of Your Love (L498).
FUCKIN' HIS GUITAR FOR DENMARK
– JH CO (ENG) – Veröffentlicht: 88 – LP
FUCKIN' HIS GUITAR FOR DENMARK
– Polymore (HOL) – Veröffentlicht: 88 – LP
Alle Songs rec: Tivolis Konsertsal, Kopenhagen, Dänemark, 7. 1. 68, wahrscheinlich zweite Show.
L533: **Sergeant Pepper's Lonely Hearts Club Band** – Jimi (gi, vo), Mitch (dr), Noel (ba). Comp: John Lennon & Paul McCartney.
L534: **Fire** – Jimi (gi, lv), Mitch (dr), Noel (ba, hv).
L535: **Hey Joe** – Jimi (gi, vo), Mitch (dr), Noel (ba). Comp: William M. Roberts.
L536: **Catfish Blues** – Jimi (gi, vo), Mitch (dr), Noel (ba). Comp: Muddy Waters.
L537: **The Wind Cries Mary**– Jimi (gi, vo), Mitch (dr), Noel (ba).
Anmerkung: unvollständig.
L538: **Purple Haze** – Jimi (gi, lv), Mitch (dr), Noel (ba, hv).
L539: **Spanish Castle Magic** – Jimi (gi, vo), Mitch (dr), Noel (ba).
L540: **Wild Thing** – Jimi (gi, vo), Mitch (dr), Noel (ba). Comp: Chip Taylor.
DRIVING SOUTH WITH THE JIMI HENDRIX EXPERIENCE
– Tan Studio (ENG) – Veröffentlicht: 81 – LP
LIVE AT THE OLYMPIA THEATRE
– JH 68 P (USA?) – Veröffentlicht: 87(?) – LP
Alle Songs rec: Olympia, Paris, Frankreich, 29. 1. 68, zweite Show.

L541: **Killin' Floor** – Jimi (gi, vo), Mitch (dr), Noel (ba). Comp: Howlin' Wolf.
L542: **Catfish Blues** – Jimi (gi, vo), Mitch (dr), Noel (ba). Comp: Muddy Waters.
L543: **Foxy Lady** – Jimi (gi, lv), Mitch (dr), Noel (ba, hv).
L544: **Red House** – Jimi (gi, vo), Mitch (dr), Noel (Baßsaiten einer normalen 6-saitigen gi, Eigentum von Keith Richards).
L545: **Tune-Up Song (Spanish Castle Magic)** – Jimi (gi), Mitch (dr), Noel (ba).
L546: **The Wind Cries Mary** – Jimi (gi, vo), Mitch (dr), Noel (ba).
L547: **Drivin' South** – Jimi (gi), Mitch (dr), Noel (ba).
L548: **Fire** – Jimi (gi, lv), Mitch (dr), Noel (ba, hv).
L549: **Little Wing** – Jimi (gi, vo), Mitch (dr), Noel (ba).
L550: **Purple Haze** – Jimi (gi, lv), Mitch (dr), Noel (ba, hv).

LIVE IN PARIS
– Swingin' Pig TSP-CD-016 (LUX) – Veröffentlicht: 89 – CD

LIVE IN PARIS
– Swingin' Pig TSP 016 (LUX) – Veröffentlicht: 89 – LP Enthält: Killin' Floor (L541); Catfish Blues (L542); Foxy Lady (L543); Red House (L544); Drivin' South (L547); The Wind Cries Mary (L546); Fire (L548); Little Wing (L549); Purple Haze (L550).

GUITARS & AMPS – World Productions of Compact Music WPOCM 0888B005-1 (ITA) – Veröffentlicht: 88 – LP

GUITARS & AMPS
– World Productions of Compact Music WPOCM 0888D005-2 (ITA) – Veröffentlicht: 88 – CD

Enthält: Killin' Floor (L541); Catfish Blues (L542); Foxy Lady (L543); Red House (L544); Drivin' South (L547); Fire (L548); Little Wing (L549); Purple Haze (L550).

RECORDED LIVE PARIS OLYMPIA JANUARY 29, 1968
– UFO 201018 (USA) – Veröffentlicht: 82 – LP

Enthält: Killin' Floor (L541); Catfish Blues (L542); Foxy Lady (L543); Red House (L544); Drivin' South (L547); Purple Haze (L550).

RECORDED LIVE IN EUROPE 1967 (sic)
– Bulldog Records – Veröffentlicht: 90 – LP

Enthält: Sergeant Pepper's Lonely Hearts Club Band (L503); Hey Joe (L504); I Don't Live Today (L505); The Wind Cries Mary (L506); Foxy Lady (L507); Fire (L508); The Burning Of The Midnight Lamp (L509); Purple Haze (L510); Killin' Floor (L541); Catfish Blues (L542); Foxy Lady (L543); Red House (L544); The Wind Cries Mary (L546); Drivin' South (L547); Fire (L548).

SKY HIGH – (ENG) – Veröffentlicht: 79er Jahre – LP
SKY HIGH – Kustom Records SPJH1 (ENG) – Veröffentlicht: 70er Jahre – LP
SKY HIGH – Skydog 2017378 (HOL) – Veröffentlicht: 72 – LP
SKY HIGH – Trade Mark Of Quality 73031 (USA) – LP
JAM – Ax Records HHJAM (USA) – LP

Enthält: Red House (L272); I'm Gonna Leave This Town/Everything's Gonna Be Allright (L273); Bleeding Heart (L274); Tomorrow Never Knows (L275); Outside Woman Blues/The Sunshine Of Your Love (L276).

CAFE AU GO GO
– Koine Records K880802 (ITA) – Veröffentlicht: 88 – CD

JIMI HENDRIX JAMMING WITH FRIENDS
– Koine Records V880802 (ITA) – Veröffentlicht: 88 – LP

Alle Jam-Session-Songs rec: Cafe Au Go Go, 152 Bleecker Street, New York City, 17. 3. 68.

L551: **Everything's Gonna Be Allright** – Jimi (gi); Elvin Bishop (gi), Phillip Wilson (dr), Harvey Brooks (ba), Paul Butterfield (vo, ha). Comp: Walter Jacobs.

L552: **Stormy Monday** – Jimi (gi), Elvin Bishop (gi), Buddy (dr), Harvey Brooks (ba), Herbie Rich (or), James Tatum (sa).

L553: **Three Little Bears** – Jimi (gi), Elvin Bishop (gi), Buddy (dr), Haarvey Brooks (ba), Herbie Rich (or), James Tatum (sa).

L554: **Instrumental Jam I** – Jimi (gi), Elvin Bishop (gi), Buddy (dr), Harvey Brooks (ba), Herbie Rich (or), James Tatum (sa). Comp: Unbekannt.

L555: **Instrumental Jam II** – Jimi (gi), Elvin Bishop (gi), Phillip Wilson (dr), Harvey Brooks (ba), Paul Butterfield (ha), James Tatum (sa). Comp: Unbekannt.

L556: **Little Wing** – Jimi (gi, voice), Phillip Wilson (dr), Harvey Brooks (ba), Herbie Rich (or), Paul Butterfield (ha), Unbekannt (voice).

CANADIAN CLUB
– World Productions of Compact Music WPOCM 0888 B 006-1 (ITA) – Veröffentlicht: 88 – CD

CANADIAN CLUB
– World Productions of Compact Music WPOCM 0888 D 006-2 (ITA) – Veröffentlicht: 88 – CD

Alle angeführten Songs rec: Capitol Theatre, Ottawa, Kanada, 19. 3. 68, zweite Show.

L557: **Foxy Lady** – Jimi (gi, lv), Mitch (dr), Noel (ba, hv).

L558: **Fire** – Jimi (gi, lv), Mitch (dr), Noel (ba, hv).

L559: **Killin' Floor** – Jimi (gi, vo), Mitch (dr), Noel (ba). Comp: Howlin' Wolf.

L560: **Red House** – Jimi (gi, vo), Mitch (dr), Noel (ba).

L561: **Spanish Castle Magic** – Jimi (gi, vo), Mitch (dr), Noel (ba).

L562: **Hey Joe** – Jimi (gi, vo), Mitch (dr), Noel (ba). Comp: William M. Roberts.

L563: **Purple Haze** – Jimi (gi, lv), Mitch (dr), Noel (ba, hv).

Plus: Ain't Too Proud To Beg (S485).

LIVE IN OTTAWAY (sic), CANADA – 3/19/68
– (USA) – Veröffentlicht: 81(?) – LP

LIVE FROM OTTAWAY
– SL 87010 (USA) – LP

Beide Veröffentlichungen enthalten dieselben Songs, jedoch in unterschiedlicher Reihenfolge.

L564: **Tax Free** – Jimi (gi), Mitch (dr), Noel (ba). Comp: Bo Hansson & Janne Karlsson. Rec: Capitol Theatre, Ottawa, Kanada, 19. 3. 68, zweite Show.

Plus: Fire (L558); Red House (L560); Foxy Lady (L557); Hey Joe (L562); Spanish Castle Magic (L561); Purple Haze (L563).

DAVENPORT, IOWA '68
– Creative Artisty 26K10/55K10 (USA) – Veröffentlicht: 82 – Doppel-LP

Alle Songs rec: Col Ballroom, Davenport, Iowa, 11. 8. 68

L565: **Are You Experienced?** – Jimi (gi, vo), Mitch (dr), Noel (ba).

Anmerkung: unvollständig.

L566: **Lover Man** – Jimi (gi, vo), Mitch (dr), Noel (ba).
L567: **Foxy Lady** – Jimi (gi, vo), Mitch (dr), Noel (ba).
L568: **Red House** – Jimi (gi, vo), Mitch (dr), Noel (ba).
L569: **I Don't Live Today** – Jimi (gi, vo), Mitch (dr), Noel (ba).
L570: **Fire** – Jimi (gi, lv), Mitch (dr), Noel (ba, hv).
LIVE AT THE HOLLYWOOD BOWL
– Continuing Saga Records RSR 251 (USA) – Veröffentlicht: 80er Jahre – Doppel-LP
LIVE AT THE HOLLYWOOD BOWL
– Continuing Saga Records/Trade Mark Of Quality (USA) – Veröffentlicht: 80er Jahre – Doppel-LP
Alle aufgeführten Songs rec: Hollywood Bowl, Hollywood, California, 14. 9. 68.
L571: **Are You Experienced?** – Jimi (gi, vo), Mitch (dr), Noel (ba).
L572: **Voodoo Child (slight return)** – Jimi (gi, vo), Mitch (dr), Noel (ba).
L573: **Red House** – Jimi (gi, vo), Mitch (dr), Noel (ba).
Anmerkung: unvollständig.
L574: **Fire** – Jimi (gi, lv), Mitch (dr), Noel (ba, hv).
L575: **Hey Joe** – Jimi (gi, vo), Mitch (dr), Noel (ba). Comp: William M. Roberts
L576: **I Don't Live Today** – Jimi (gi, lv), Mitch (dr), Noel (ba, hv).
L577: **Little Wing** – Jimi (gi, vo), Mitch (dr), Noel (ba).
Anmerkung: Zu Anfang ein »Fehlstart«. Der Song mußte wegen störender Wassergeräusche abgebrochen werden!
L578: **Star Spangled Banner** – Jimi (gi, voice), Mitch (dr). Comp: Francis Scott Key.
L579: **Purple Haze** – Jimi (gi, lv), Mitch (dr), Noel (ba, hv).
Plus: Sergeant Pepper's Lonely Hearts Club Band (L503); The Wind Cries Mary (L506); Foxy Lady (L507); The Sunshine Of Your Love (L498); The Burning Of The Midnight Lamp (L509).
LIVE AT PHILHARMONIC HALL
– Sagittarius Ltd. (USA) – Veröffentlicht: 70er Jahre – LP
<1> Alle 28. 11. 68-Songs rec: Philharmonic Hall, New York City, erste Show. <2> Alle 10. 7. 69-Songs und Interviews rec: The Tonight Show (Live-Übertragung aus New York City), NBC TV Studio, NBC TV. Erster öffentlicher Auftritt von Jimi mit Billy Cox am Baß. Das Interview mit Flip Wilson enthält auch einige Kommentare von Ed McMahon. Jimis Verstärker explodierte während Lover Man, deshalb die zweite Version.
L580: **I Don't Live Today** – Jimi (gi, lv), Mitch (dr), Noel (ba). Rec: 28. 11. 68
L581: **Getting My Heart Back Together Again** – Jimi (gi, vo), Mitch (dr), Noel (ba). Rec: 28. 11. 68
L582: **Spanish Castle Magic** – Jimi (gi, vo), Mitch (dr), Noel (ba). Rec: 28. 11. 68
I583: **Interview mit Jimi** – von Flip Wilson. Rec: 10. 7. 69 Anmerkung: unvollständig
L584: **Lover Man I & II** – Jimi (gi, vo), Billy (ba), Ed Shaughnessy (dr). Rec: 10. 7. 69
ELECTRIC CHURCH MUSIC PART 1
– Tan Studio (ENG) – Veröffentlicht: 81 – LP
Alle Songs rec: Falkoner Centret, Kopenhagen, Dänemark, 10. 1. 69, erste Show.
L585: **Fire** – Jimi (gi, vo), Mitch (dr), Noel (ba).
L586: **Tax Free** – Jimi (gi), Mitch (dr), Noel (ba). Comp: Bo Hansson & Janne Karlsson.

L587: **Spanish Castle Magic** – Jimi (gi, vo), Mitch (dr), Noel (ba).
L588: **Red House** – Jimi (gi, vo), Mitch (dr), Noel (ba).
L589: **I Don't Live Today/Star Spangled Banner** – Jimi (gi, vo), Mitch (dr), Noel (ba). Comp: Francis Scott Key (Star Spangled Banner).

Anmerkung: Während des Konzerts kündigte Jimi dieses Medley als »Electric Church Music Part One« an.

Plus: zwei kurze Passagen von I239.

ELECTRIC CHURCH MUSIC PART ONE
– Guitar Hero Records 71056 (ENG) – Veröffentlicht: 90 – LP

L590: **The Sunshine Of Your Love** – Jimi (gi), Mitch (dr), Noel (ba). Comp: Pete Brown & Jack Bruce & Eric Clapton.

Rec: Falkoner Centret, Kopenhagen, Dänemark, 10. 1. 69, erste Show.

Plus: Tax Free (L586); Red House (L588); I Don't Live Today/Star Spangled Banner (L589).

GOOD VIBES – Trade Mark Of Quality JH 113/MQ71042 (USA) – Veröffentlicht: 70er Jahre – LP
GOOD VIBES – Mushroom Records Vol. 7/1850 (USA) – LP
GOOD VIBES – Ruthless Rhymes 1850 (USA) – LP
HE WAS A FRIEND OF YOURS
– Out To Lunch Production I (USA) – LP

<1> Alle 24. 2. 69-Songs rec: Royal Albert Hall, London, während der Nachmittagsproben. Außer den kompletten Versionen der genannten Songs enthält diese Veröffentlichung auch verschiedene Teile von Probeaufnahmen derselben Songs, die im Verlauf der gesamten Probe entstanden. Außerdem sind während der Songs verschiedene Stimmen (von Jimi, Noel und einigen Mitgliedern der Film- und Sound-Crew) zu hören.

<2> Das Backstage-Interview von Ende 3.69 rec: Teen-Age Fair/Pop Expo '69/The Palladium, Hollywood, California, wahrscheinlich für die Radiostation KAA1. Das Interview wurde hier in mehrere kleine Abschnitte aufgeteilt und über die gesamte Veröffentlichung verstreut.

I591: **Interview mit Jimi** – von Jay Harvey. Rec: Ende 3.69
L592: **Hey Joe** – Jimi (gi, vo), Mitch (dr), Noel (ba). Comp: William M. Roberts. Rec: 24. 2. 69
L593: **Hound Dog I** – Jimi (gi, vo), Mitch (dr), Noel (ba). Comp: Jerry Leiber & Mike Stoller. Rec: 24. 2. 69
L594: **Hound Dog II** – Jimi (gi), Mitch (dr), Noel (ba). Comp: Jerry Leiber & Mike Stoller. Rec: 24. 2. 69.
L595: **Voodoo Child (slight return)** – Jimi (gi, vo), Mitch (dr), Noel (ba). Rec: 24. 2. 69

Anmerkung: Zwei separate kurze Teile des Songs

L596: **Getting My Heart Back Together Again** – Jimi (gi, vo), Mitch (dr), Noel (ba). Rec: 24. 2. 69

UNKNOWN WELLKNOWN
– Stardust (USA) – Veröffentlicht: 72 – LP

Enthält: Star Spangled Banner (L067); Purple Haze (L068); Instrumental Solo (L069); Getting My Heart Back Together Again (S144); Day Tripper (S203); Hound Dog I (S593).

»EXPERIENCE«
– Immaculate Conception Records CBMR-10 (USA) – LP

Enthält: The Sunshine Of Your Love (L092); Room Full Of Mirrors (L093); Bleeding Heart (L094); Smashing Of Amps (L095).

Hawaii, erste Oktoberwoche 1968

»SMASHING AMPS«
– Duck Records (USA) – Veröffentlicht: 78 – LP
Die Labels geben 11 falsche Songtitel an, die alle das Wort »Duck« enthalten, so z. B.: »Smoke On The Duck«, »I Wanna Hold Your Duck« und »Voodoo Duck (slight return)« . . .
Enthält: The Sunshine Of Your Love (L092); Room Full Of Mirrors (L093); Bleeding Heart (L094); Smashing Of Amps (L095).
SMASHING AMPS – Trade Mark Of Quality (USA) – Veröffentlicht: 70er Jahre – LP
SMASHING AMPS – Ruthless Rhymes JHE (USA) – Veröffentlicht: 71 – LP
Beide Veröffentlichungen enthalten dieselben Songs, jedoch in unterschiedlicher Reihenfolge.
Enthält: Bleeding Heart (L094); Purple Haze (L519); Getting My Heart Back Together Again (S144); Wild Thing (L520); The Sunshine Of Your Love (L092); Room Full Of Mirrors (L093); Smashing Of Amps (L095).
LIVE AT THE ALBERT HALL
– Jimi Records 2288 (ENG?) – Veröffentlicht: 70er Jahre – LP
Enthält: The Sunshine Of Your Love (L092); Room Full Of Mirrors (L093); Bleeding Heart (L094); Smashing Of Amps (L095).
BLUES
– Toasted Records 25 912 (USA) – Veröffentlicht: 80(?) – Doppel-LP
Enthält: Bleeding Heart (L094); Purple Haze (L519); Getting My Heart Back Together Again (S144); The Sunshine Of Your Love (L092); Room Full Of Mirrors (L093); Smashing Of Amps (L095); Red House (L272); I'm Gonna Leave This Town/ Everything's Gonna Be Allright (L273); Bleeding Heart (L274); Tomorrow Never Knows (L275).
ELECTRIC JIMI
– Jaguarondi Records JAG CD 001/2 (ITA) – Veröffentlicht: 89 – Doppel-CD
ELECTRIC JIMI
– Jaguarondi Records JAG 001/2 (ITA) – Veröffentlicht: 89 – Doppel-LP
SPANISH CASTLE MAGIC
– Toasted Records TRW 1952 (USA) – Veröffentlicht: 89 – Doppel-LP
SPANISH CASTLE MAGIC
– Trade Mark Of Quality (USA) – Veröffentlicht: 89 – Doppel-LP
L. A. FORUM
– Zipper (USA?) – Veröffentlicht: 89 – Doppel-LP
<1> Alle Songs rec: The Forum, Los Angeles, California, 26. 4. 69. <2> Alle Veröffentlichungen enthalten dieselben Songs, jedoch in unterschiedlicher Reihenfolge.

L597: **Tax Free** – Jimi (gi), Mitch (dr), Noel (ba). Comp: Bo Hansson & Janne Karlsson.
Anmerkung: Enthält ein Schlagzeugsolo.
L598: **I Don't Live Today** – Jimi (gi, lv), Mitch (dr), Noel (ba, hv).
Anmerkung: Dies ist die komplette Version von L221.
L599: **Spanish Castle Magic** – Jimi (gi, vo), Mitch (dr), Noel (ba).
L600: **Star Spangled Banner** – Jimi (gi, voice), Mitch (dr). Comp: Francis Scott Key
L601: **Purple Haze** – Jimi (gi, lv), Mitch (dr), Noel (ba, hv).

L602: **Voodoo Child (slight return)** – Jimi (gi, vo), Mitch (dr), Noel (ba).
Anmerkung: Enthält ein Schlagzeugsolo.
L603: **The Sunshine Of Your Love** – Jimi (gi), Mitch (dr), Noel (ba). Comp: Pete Brown & Jack Bruce & Eric Clapton.
Anmerkung: Enthält die Fortsetzung von Voodoo Child (slight return).
Plus: Foxy Lady (L186); Red House (L301).
I DON'T LIVE TODAY, MAYBE TOMORROW
– Living Legend Records LLRCD 030 (ITA) – Veröffentlicht: 89 – CD
Enthält: Tax Free (L597); Spanish Castle Magic (L599); Star Spangled Banner (L600); Purple Haze (L601); Red House (L301); Foxy Lady (L186); I Don't Live Today (L598); Voodoo Child (slight return) (L602); The Sunshine Of Your Love (L603).
A LIFETIME OF EXPERIENCE
– Sleepy Dragon 55 10 Vcröffentlicht: 88(?) – Doppel-LP – ': Are You Experienced?; Like A Rolling Stone.
Alle angeführten Songs rec: Newport '69-Festival, nahe San Fernando, Devonshire Downs, California, 20. 6. 69.
L604: **Stone Free** – Jimi (gi, vo), Mitch (dr), Noel (ba).
Anmerkung: <1> Enthält ein Schlagzeugsolo. <2> Unvollständig.
L605: **Are You Experienced?/Stone Free** – Jimi (gi, lv), Mitch (dr), Noel (ba, hv).
L606: **The Sunshine Of Your Love** – Jimi (gi), Mitch (dr), Noel (ba). Comp: Pete Brown & Jack Bruce & Eric Clapton.
Anmerkung: Enthält ein Baß- und ein Schlagzeugsolo.
L607: **Fire** – Jimi (gi, lv), Mitch (dr), Noel (ba, hv).
L608: **Getting My Heart Back Together Again** – Jimi (gi, vo), Mitch (dr), Noel (ba).
Anmerkung: Unvollständig.
L609: **Red House** – Jimi (gi, vo), Mitch (dr), Noel (ba).
Anmerkung: unvollständig.
L610: **Foxy Lady** – Jimi (gi, lv), Mitch (dr), Noel (ba, hv).
L611: **Like A Rolling Stone** – Jimi (gi, vo), Mitch (dr), Noel (ba). Comp: Bob Dylan.
L612: **Voodoo Child (slight return)** – Jimi (gi, vo), Mitch (dr), Noel (ba).
Anmerkung: Enthält ein kurzes Baß- und ein langes Schlagzeugsolo.
L613: **Purple Haze** – Jimi (gi, lv), Mitch (dr), Noel (ba, hv).
Plus: Everything's Gonna Be Allright (L551); Stormy Monday (L552).
WIZARD'S [sic] VISIONS
– World Productions Of Compact Music WPOCM 0789 D 026-2 (ITA) – Veröffentlicht: 89 – CD
Enthält: Fire (L607); Getting My Heart Back Together Again (L608); Red House (L609); Stone Free (L604); Are You Experienced/Stone Free (L605); The Sunshine Of Your Love (L606); Foxy Lady (L610); Like A Rolling Stone (L611); Voodoo Child (slight return) (L612); Purple Haze (L613).
THE LORD OF THE STRINGS
– International Record (USA) – Veröffentlicht: 83 – Doppel-LP
THE LORD OF THE STRINGS
– Continuing Saga Records (USA) – Veröffentlicht: 83(?) – Doppel-LP
WOODSTOCK NATION
– Wild Bird Records WBR890901/2 (ITA) Veröffentlicht: 89 – Doppel-CD

<1> Alle Songs rec: Woodstock Music & Art Fair, Bethel, New York, am frühen Morgen des 18. 8. 69. <2> Alle Songs dieser Veröffentlichung sind, verglichen mit den offiziellen Versionen, anders abgemischt. <3> Diese Veröffentlichung enthält die Songs in der richtigen Konzert-Reihenfolge. Mindestens ein Titel (»Message To Love«), der ebenfalls aufgeführt wurde, fehlt hier allerdings.

L614: **Getting My Heart Back Together Again** – Jimi (gi, vo), Mitch (dr), Billy (ba), Larry (rhythm gi), Juma (maracas, pe), Jerry (congas).

Anmerkung: Dies ist die komplette Version von L072.

L615: **Spanish Castle Magic** – Jimi (gi, vo), Mitch (dr), Billy (ba), Larry (rhythm ge), Juma (cow-bell), Jerry (congas).

L616: **Red House** – Jimi (gi, vo), Mitch (dr), Billy (ba), Larry (rhythm gi), Juma (maracas).

L617: **Mastermind** – Jimi (gi, vo), Mitch (dr), Billy (ba), Larry (rhythm gi, lv). Comp: Larry Lee.

L618: **Lover Man** – Jimi (gi, vo), Mitch (dr), Billy (ba), Larry (rhythm gi).

L619: **Foxy Lady** – Jimi (gi, vo), Mitch (dr), Billy (ba), Larry (rhythm gi).

L620: **Jam Back At The House** – Jimi (gi, vo), Mitch (dr), Billy (ba), Larry (rhythm gi), Juma (cow-bell, pe), Jerry (pe). Comp: Mitch Mitchell.

Anmerkung: <1> Song a.k.a.: Beginning. <2> Dies ist die komplette Version von L070.

L621: **Izabella** – Jimi (gi, vo), Mitch (dr), Billy (ba), Larry (rhythm gi), Juma (pe), Jerry (pe).

Anmerkung: Dies ist die komplette Version von L071.

L622: **Gypsy Woman** – Jimi (gi, vo), Mitch (dr), Billy (ba) Larry (rhythm gi, vo), Juma und Jerry (cow-bell). Comp: Curtis Mayfield.

L623: **Fire** – Jimi (gi, vo), Mitch (dr), Billy (ba), Lerry (rhythm gi), Juma (pe).

L624: **Voodoo Child (slight return)** – Jimi (gi, vo), Mitch (dr), Billy (ba), Larry (rhythm gi, plus ein Solo), Jerry (congas).

L625: **Instrumental Solo** – Jimi (gi), Mitch (dr), Billy (ba), Larry (rhythm ge), Juma (ta), Jerry (pe).

Anmerkung: Dies ist die komplette Version von L069.

L626: **Hey Joe** – Jimi (gi, vo), Mitch (dr), Billy (ba), Larry (rhythm gi). Comp: William M. Roberts.

Plus: Star Spangled Banner (L067); Purple Haze (L068).

BEST OF WOODSTOCK
– (ENG) – Veröffentlicht: 69/70 – LP

Der Rest dieser Veröffentlichung enthält Material anderer Künstler.

Enthält: Star Spangled Banner (L067); Purple Haze (L068); Teil von Instrumental Solo (L069).

WOW – Veröffentlicht: 69/70 – LP

Enthält: Like A Rolling Stone (L075); Rock Me, Baby (L067); Can You See Me (L078); Wild Thing (L081); Star Spangled Banner (L067); Purple Haze (L068); Instrumental Solo (L069).

JIMI HENDRIX LIVE AT THE LOS ANGELES FORUM 4-25-70
– Rubber Dubber 70-001 (USA) – Veröffentlicht: 70 – Doppel-LP – *: (L634)

JIMI HENDRIX LIVE AT THE LOS ANGELES FORUM 4-25-70
– Pod Records (USA) – Doppel-LP

LIVE AT THE FORUM
– Munia Records LPR-28/9 & Munia M1612 (USA) – Doppel-LP
HENDRIX ALIVE!
– (USA) – Doppel-LP
L. A. FORUM – LIVE!
– Trade Mark Of Quality – Doppel-LP
LIVE IN L. A. APRIL 1970
– Bread & Circus Records (USA) – vier Singles
<1> Alle Songs rec: The Forum, Los Angeles, California, 25. 4. 70. <2> Alle Veröffentlichungen enthalten dieselben Songs, jedoch in unterschiedlicher Reihenfolge.
L627: **Spanish Castle Magic** – Jimi (gi, vo), Mitch (dr), Billy (ba).
L628: **Foxy Lady** – Jimi (gi, vo), Mitch (dr), Billy (ba).
L629: **Lover Man** – Jimi (gi, vo), Mitch (dr), Billy (ba).
L630: **Getting My Heart Back Together Again** – Jimi (gi, vo), Mitch (dr), Billy (ba).
L631: **Message To Love** – Jimi (gi, vo), Mitch (dr), Billy (ba).
L632: **Ezy Ryder** – Jimi (gi, vo), Mitch (dr), Billy (ba).
L633: **Machine Gun** – Jimi (gi, vo), Mitch (dr), Billy (ba).
L634: **Room Full Of Mirrors/Hey Baby (The Land Of The New Rising Sun)/ Instrumental Solo/Freedom** – Jimi (gi, vo), Mitch (dr), Billy (ba).
Anmerkung: Dieses Medley enthält auch ein Schlagzeugsolo (nach Instrumental Solo).
L635: **Star Spangled Banner** – Jimi (gi), Mitch (dr). Comp: Francis Scott Key.
L636: **Purple Haze** – Jimi (gi, vo), Mitch (dr), Billy (ba).
Anmerkung: Star Spangled Banner und Purple Haze bilden ein Medley.
L637: **Voodoo Child (slight return)/Midnight Lightnin'** – Jimi (gi, vo), Mitch (dr), Billy (ba).
JIMI HENDRIX LIVE AT THE L. A. FORUM 4-25-70 'SCUSE ME . . . WHILE I KISS THE SKY . . .
– (USA) – Veröffentlicht: 70 – LP
Enthält: Spanish Castle Magic (L627); Foxy Lady (L628); Lover Man (L629); Getting My Heart Back Together Again (L630); Message To Love (L631); Ezy Ryder (L632); Machine Gun (L633).
THE BEST OF JIMI HENDRIX LIVE IN CONCERT
– Immaculate Conception Records CBMR-7 (USA) – Veröffentlicht: 70er Jahre – LP
Enthält: Foxy Lady (L628); Purple Haze (L068); Instrumental Solo (L069); Can You See Me (L078); Voodoo Child (slight return)/Midnight Lightnin' (L637); Ezy Ryder (L632); Getting My Heart Back Together Again (L630); Wild Thing (L081); Like A Rolling Stone (L075).
GOOD KARMA 1
– Trade Mark Of Quality TMQ 71060/JH 525 (USA) – LP
GOOD KARMA
– Trade Mark Of Quality (USA) – Veröffentlicht: 70er Jahre – LP
Alle Songs rec: Berkeley Community Theatre, Berkeley, California, 30. 5. 70, erste Show.
L638: **Fire** – Jimi (gi, vo), Mitch (dr), Billy (ba).
L639: **Foxy Lady** – Jimi (gi, vo), Mitch (dr), Billy (ba).
L640: **Machine Gun** – Jimi (gi, vo), Mitch (dr), Billy (ba).

L641: **Freedom** – Jimi (gi, vo), Mitch (dr), Billy (ba).
Plus: Johnny B. Goode (L119); Getting My Heart Back Together Again (L117).
GOOD KARMA 2
– Trade Mark Of Quality JH 549 (USA) – Veröffentlicht: 73 – LP
GOOD KARMA VOL 2
– Trade Mark Of Quality TMQ-71060 (USA) – LP
Alle Songs rec: Berkeley Community Theatre, Berkeley, California, 30. 5. 70, erste Show.
L642: **Message To Love** – Jimi (gi, vo), Mitch (dr), Billy (ba).
L643: **Star Spangled Banner** – Jimi (gi, voice). Comp: Francis Scott Key.
L644: **Voodoo Child (slight return)** – Jimi (gi, vo), Mitch (dr), Billy (ba).
Plus: Red House (L299); Ezy Ryder (L063); Purple Haze (L141).
JIMI HENDRIX LIVE
– Black Gold Concerts BG-2022 (USA) – Veröffentlicht: 80er Jahre – Doppel-LP
Enthält: Fire (L638); Johnny B. Goode (L120); Getting My Heart Back Together Again (L117); Foxy Lady (L639); Machine Gun (L640); Freedom (L641); Red House (L299); Message To Love (L642); Ezy Ryder (L063); Star Spangled Banner (L643); Purple Haze (L141); Voodoo Child (slight return) (L644).
ATLANTA
– Toasted Records TRW 1946 (USA) – Veröffentlicht: 89(?) – Doppel-LP
Alle Songs rec: 2nd Atlanta International Pop Festival, Middle Georgia Raceway, Byron, Georgia, 4. 7. 70.
L645: **Fire** – Jimi (gi, lv), Mitch (dr), Billy (ba, hv).
L646: **Lover Man** – Jimi (gi, vo), Mitch (dr), Billy (ba).
L647: **Spanish Castle Magic** – Jimi (gi, vo), Mitch (dr), Billy (ba).
L648: **Red House** – Jimi (gi, vo), Mitch (dr), Billy (ba).
L649: **Room Full Of Mirrors** – Jimi (gi, vo), Mitch (dr), Billy (ba).
L650: **Getting My Heart Back Together Again** – Jimi (gi, vo), Mitch (dr), Billy (ba).
L651: **Message To Love** – Jimi (gi, vo), Mitch (dr), Billy (ba).
L652: **Purple Haze** – Jimi (gi, vo), Mitch (dr), Billy (ba).
L653: **Hey Joe** – Jimi (gi, vo), Mitch (dr), Billy (ba). Comp: William M. Roberts.
L654: **Stone Free** – Jimi (gi, vo), Mitch (dr), Billy (ba).
L655: **Hey Baby (The Land Of The New Rising Sun)** – Jimi (gi, vo), Mitch (dr), Billy (ba).
Plus: All Along The Watchtower (L188); Voodoo Child (slight return) (L061); Star Spangled Banner (L189).
CAN YOU HERE [sic] ME ROCK
– Hemero 01/Keri (FRA) – Doppel-LP
Alle 17. 7. 70-Songs rec: »New York Pop«, Downing Stadium, Randall's Island, New York.
L656: **Purple Haze** – Jimi (gi, vo), Mitch (dr), Noel (ba). Rec: Marquee, London W1, 2. 3. 67
L657: **Foxy Lady** – Jimi (gi, lv), Mitch (dr), Noel (ba, hv). Rec: Royal Albert Hall, London, 24. 2. 69.
L658: **Getting My Heart Back Together Again** – Jimi (gi, vo), Mitch (dr), Billy (ba). Juma? (bongos). Rec: von Jimi gemietetes Haus nahe Shokan, New York, 14. 8. 69

L659: **Stone Free** – Jimi (gi, vo), Mitch (dr), Billy (ba). Rec: 17. 7. 70

L660: **Fire** – Jimi (gi, vo), Mitch (dr), Billy (ba). Rec: 17. 7. 70

L661: **Message To Love** – Jimi (gi, vo), Mitch (dr), Billy (ba). Rec: 17. 7. 70

L662: **Lover Man** – Jimi (gi, vo), Mitch (dr), Billy (ba). Rec: 17. 7. 70

L663: **All Allong The Watchtower** – Jimi (gi, vo), Mitch (dr), Billy (ba). Comp: Bob Dylan. Rec: 17. 7. 70

L664: **Ezy Ryder** – Jimi (gi, vo), Mitch (dr), Billy (ba). Rec: 17. 7. 70

L665: **Star Spangled Banner** – Jimi (gi, voice), Mitch (dr). Comp: Francis Scott Key. Rec: 17. 7. 70

L666: **Purple Haze** – Jimi (gi, vo), Mitch (dr), Billy (ba). Rec: 17. 7. 70

L667: **Voodoo Child (slight return)** – Jimi (gi, vo), Mitch (dr), Billy (ba). Rec: 17. 7. 70

Plus: Foxy Lady (L528); Stone Free (L530); Fire (L531); Purple Haze (L532); Spanish Castle Magic (L487); Manic Depression (L119); Red House (L178).

LIVE AT RANDALL'S ISLAND

– Moon Tree Records PH 1692 (USA) – LP

L668: **Foxy Lady** – Jimi (gi, lv), Mitch (dr), Billy (ba, hv). Rec: »New York Pop«, Downing Stadium, Randall's Island, New York, 17. 7. 70.

Plus: Stone Free (L659); Fire (L660); Message To Love (L661); Lover Man (L662); Ezy Ryder (L664); Star Spangled Banner (L665); Purple Haze (L666).

LAST AMERICAN CONCERT ALIVE AND FLOWING FROM THE CRATER OF THE SUN

– Jupiter 444 (USA) – Veröffentlicht: 77 – LP – ·: Komplette Veröffentlichung

<1> Exzellente Qualität. <2> Alle Songs rec: »Rainbow Bridge Vibratory Color/ Sound Experiment«, Rainbow Ridge, Haleakala Crater, nahe Seabury Hall, Insel Maui, Hawaii, 30. 7. 70. <3> Dies war nicht Jimis letztes amerikanisches Konzert (sein letzter offizieller US-Auftritt fand am 1. 8. 70 statt)

L669: **Hey Baby (The Land Of The New Rising Sun)** – Jimi (gi, vo), Mitch (dr), Billy (ba). Rec: erste Show.

Anmerkung: unvollständig.

L670: **In From The Storm** – Jimi (gi, vo), Mitch (dr), Billy (ba). Rec: erste Show.

Anmerkung: <1> Leicht gekürzt. <2> Hey Baby (The Land Of The New Rising Sun) und In From The Storm bilden ein Medley.

L671: **Getting My Heart Back Together Again** – Jimi (gi, vo), Mitch (dr), Billy (ba). Rec: erste Show.

Anmerkung: Unvollständig. Siehe L680 für komplette Version.

L672: **Voodoo Child (slight return)** – Jimi (gi, vo), Mitch (dr), Billy (ba). Rec: erste Show.

L673: **Hey Baby (The Land Of The New Rising Sun)** – Jimi (gi), Mitch (dr), Billy (ba). Rec: zweite Show.

L674: **Midnight Lightning** – Jimi (gi), Mitch (dr), Billy (ba). Rec: zweite Show.

Anmerkung: <1> Unvollständig. Siehe L691 für die komplette Version. <2> Hey Baby (The Land Of The New Rising Sun) und Midnight Lightnin' bilden ein Medley.

L675: **Foxy Lady** – Jimi (gi, vo), Mitch (dr), Billy (ba). Rec: erste Show.

L676: **Red House** – Jimi (gi, vo), Mitch (dr), Billy (ba). Rec: zweite Show.

L677: **Ezy Ryder** – Jimi (gi, vo), Mitch (dr), Billy (ba). Rec: zweite Show.

L678: **Purple Haze** – Jimi (gi, vo), Mitch (dr), Billy (ba). Rec: erste Show.

Plus: Kurzer Ausschnitt aus Ansage zu den Hawaii-Songs.

INCIDENT AT RAINBOW BRIDGE
– (USA) – Veröffentlicht: 71 – LP –: Jam Back At The House/Straight Ahead
HENDRIX LIVE IN HAWAII – 1970
– Hen Records 37 (USA) – LP
J. H. IN HAWAII – 1970
– Trade Mark Of Quality (USA) – LP
Alle Songs rec: »Rainbow Bridge Vibratory Color/Sound Experiment«, Rainbow Ridge, Haleakala Crater, nahe Seabury Hall, Insel Maui, Hawaii, 30. 7. 70.
L679: Jam Back At The House/Straight Ahead – Jimi (gi, vo), Mitch (dr), Billy (ba). Comp: Mitch Mitchell (Jam Back At The House). Rec: zweite Show.
L680: Getting My Heart Back Together Again – Jimi (gi, vo), Mitch (dr), Billy (ba). Rec: erste Show.
Anmerkung: Dies ist die komplette Version von L671.
L681: Instrumental Solo – Jimi (gi), Mitch (dr), Billy (ba). Rec: zweite Show.
Anmerkung: Hinzugefügt (von den Bootleggern): Aufnahme von Tönen einer Seemöwe.
Plus: Einführung zu den Hawaii-Songs; Kurzer Ausschnitt aus Hey Baby (The Land Of The New Rising Sun) (L669); Red House (L676); Kurzer Ausschnitt aus Ezy Ryder (L677).
JIMI HENDRIX RAINBOW BRIDGE
– Shalom (USA) – LP
Enthält: Red House (L676); Jam Back At The House/Straight Ahead (L679); Getting My Heart Back Together Again (L680); Instrumental Solo (L681); Kurzer Ausschnitt aus Ezy Ryder (L677).
YOU CAN'T USE MY NAME
– Rock Folders 2 (USA) – LP – *: Komplette Veröffentlichung
<1> Exzellente Qualität. <2> Alle »Studio 76 Inc.«-Stücke rec: (während derselben Session): 1650 Broadway, New York City, spät 7.67. <3> Alle 30. 7. 70 Songs rec: »Rainbow Bridge Vibratory Color/Sound Experiment«, Rainbow Ridge, Haleakala Crater, nahe Seabury Hall, Insel Maui, Hawaii.
S682: »You Can't Use My Name– Studiogeplauder mit Jimi, Curtis Knight, Ed Chalpin (vom Kontrollraum), plus weitere unbekannte männliche Person. Rec: Studio 76 Inc.
Anmerkung: Siehe Seite 223 für den kompletten Text des Gesprächs.
S683: Gloomy Monday 1 – Jimi (gi – main riff), Curtis Knight (vo), Unbekannt (rest). Comp: Curtis Knight. Rec: Studio 76 Inc.
S684: Gloomy Monday 2 – Jimi (gi – main riff), Curtis Knight (vo), Unbekannt (rest). Comp: Curtis Knight. Rec: Studio 76 Inc.
S685: 1983 . . . (A Merman I Should Turn To Be) – Jimi (gi, vo, voice), Buddy (dr), Stephen Stills oder Noel Redding (ba), Unbekannt (rhythm gi). Rec: CEN, 13.(?) 3. 68. Prod: Jimi.
S686: Little Miss Strange – Jimi (gi), Buddy (dr, count-in), Noel (gi, leises Lachen), Stephen Stills (ba), Comp: Noel Redding. Rec: CEN, 13. 3. 68. Prod: Chas.
Anmerkung: Dies ist eine frühe Probe-Version, die hier in Teilen eher wie der Song »I Can't Turn You Loose« (comp: Otis Redding) klingt.
L687: Dolly Dagger– Jimi (gi, vo), Mitch (dr), Billy (ba). Rec: 30. 7. 70, zweite Show.

L688: **Instrumental Solo** – Jimi (gi), Mitch (dr), Billy (ba). Rec: 30. 7. 70, zweite Show.
Anmerkung: Dies ist dieselbe Version wie L681. Unterschiede: wesentlich bessere Qualität; ohne die Seemöwe.
Anmerkung: Dolly Dagger und Instrumental Solo bilden ein Medley.
L689: **Freedom** – Jimi (gi, vo), Mitch (dr), Billy (ba). Rec: 30. 7. 70, zweite Show.
L690: **Stone Free/Hey Joe** – Jimi (gi, vo, voice), Mitch (dr), Billy (ba). Rec: 30. 7. 70, zweite Show. Comp: William M. Roberts (Hey Joe).
L691: **Midnight Lightnin'** – Jimi (gi), Mitch (dr), Billy (ba). Rec: 30. 7. 70, zweite Show.
Anmerkung: Dies ist die komplette Version von L674.
Plus: Catfish Blues (L516); Hey Baby (The Land Of The New Rising Sun) (L673).
UNKNOWN WELLKNOWN
– Raven Records JH 6146 (USA?) – LP
Enthält: Hey Baby (The Land Of The New Rising Sun) (L669); In From The Storm (L670); Getting My Heart Back Together Again (L671); Voodoo Child (slight return) (L672); Hey Baby (The Land Of The New Rising Sun) (L673); Midnight Lightnin' (L674); Foxy Lady (L675); Red House (L676); Ezy Ryder (L677); Purple Haze (L678).
BROADCASTS MAUI
– Trade Mark Of Quality JH-106/7 (USA) – Veröffentlicht: 70er Jahre – Doppel-LP
BROADCASTS MAUI
– Trade Mark Of Quality TMQ 7502 (USA) – Doppel-LP
Enthält: Purple Haze (L473); Wild Thing (L474); Voodoo Child (slight return) (L475); Hey Joe (L476); The Sunshine Of Your Love (L477); Drivin' South (S478); Catfish Blues (S207); Hound Dog (S210); Little Miss Lover (S479); Love Or Confusion (S205); Foxy Lady (S216); Hey Joe (S215); Stone Free (S201); Einführung zu den Hawaii-Songs; Hey Baby (The Land Of The New Rising Sun) (L673); Red House (L676); Jam Back At The House/Straight Ahead (679); Getting My Heart Back Together Again (L680); Instrumental Solo (L681), kleiner Teil aus Ezy Ryder (L677).
LAST BRITISH CONCERT
– (USA) – Veröffentlicht: 80 – LP – *: Hey Baby (The Land Of The New Rising Sun)
<1> Exzellente Qualität. <2> Alle Songs rec: Isle Of Wight Festival, England, 30. 8. 70.
L692: **Spanish Castle Magic** – Jimi (gi, vo), Mitch (dr), Billy (ba).
L693: **Hey Baby (The Land Of The New Rising Sun)** – Jimi (gi, vo), Mitch (dr), Billy (ba).
L694: **Ezy Ryder** – Jimi (gi, vo), Mitch (dr), Billy (ba).
L695: **Hey Joe** – Jimi (gi, vo), Mitch (dr), Billy (ba). Comp: William M. Roberts.
L696: **Purple Haze** – Jimi (gi, vo), Mitch (dr), Billy (ba).
L697: **Voodoo Child (slight return)** – Jimi (gi, vo), Mitch (dr), Billy (ba).
LAST BRITISH CONCERT ISLE OF WRIGHT [sic] 3/8/70 [sic] LAST AMERICAN MAUI
– Postcard Records (USA) – Veröffentlicht: 80er Jahre – Doppel-LP
Enthält: Spanish Castle Magic (L602); Hey Baby (The Land Of The New Rising Sun) (L693); Ezy Ryder (L694); Hey Joe (L695); Purple Haze (L696); Voodoo Child

(slight return) (L697); kleines Stück von I591; Einführung zu den Hawaii-Songs; Hey Baby (The Land Of The New Rising Sun) (L669); In From The Storm (L670); Getting My Heart Back Together Again (L671); Voodoo Child (slight return) (L672); Hey Baby (The Land Of The Rising Sun) (L673); Midnight Lightnin' (L674); Foxy Lady (L675); Red House (L676); Ezy Ryder (L677); Purple Haze (L678).

JIMI HENDRIX LIVE ISLE OF WIGHT 30-8-70 Vol. 1
– (ENG) – Veröffentlicht: 70 – LP

J. H. ISLE OF WIGHT VOL. I
– Space (HOL) – Veröffentlicht: 70 – LP

L698: **Machine Gun** – Jimi (gi, vo), Mitch (dr), Billy (ba). Rec: Isle Of Wight Festival, England, 30. 8. 70.

Anmerkungen: <1> Dies ist die komplette Version von L139. <2> Enthält ein Schlagzeugsolo.

Plus: Lover Man (L103); Freedom (L104); Red House (L146).

JIMI HENDRIX LIVE ISLE OF WIGHT 30-8-70 Vol. 2
– (ENG) – Veröffentlicht: 70 – LP

J. H. ISLE OF WIGHT VOL. II
– Space (HOL) – Veröffentlicht: 70 – LP

Enthält: Foxy Lady (L109); Hey Baby (The Land Of The New Rising Sun) (L693); Ezy Ryder (L694); Voodoo Child (slight return) (L697); In From The Storm (L106).

KRALINGEN ISLE OF WIGHT
– Westcoast Recordings WCR 001-S (HOL) – Veröffentlicht: 70 – LP

Der Rest dieser Veröffentlichung enthält Material anderer Künstler.

Enthält: God Save The Queen (L123); Sergeant Pepper's Lonely Hearts Club Band (L124); Spanish Castle Magic (L692).

JAM THE NIGHT
– Trade Mark Of Quality TMQ 71116 (USA) – Veröffentlicht: 89 – LP

Enthält: Doriella Du Fontaine (S469); Doriella Du Fontaine (S470); Teil von Purple Haze (L473); Wild Thing (L474); Message To Love (falsch angegeben als: Power To Love) (L107); Midnight Lightnin' (L108); Foxy Lady (L109).

WINK OF AN EYE
– Fan Records (USA) – Veröffentlicht: 79 – LP

WINK OF AN EYE
– Loma Records M-105 (USA?) – LP

Alle Songs rec: Love And Peace Festival, Insel Fehmarn, BRD, 6. 9. 70. Diese Veröffentlichung enthält einen Teil von Jimis letztem offiziellem Konzertauftritt.

L699: **Killin' Floor** – Jimi (gi, vo), Mitch (dr), Billy (ba). Comp: Howlin' Wolf.
L700: **Spanish Castle Magic** – Jimi (gi, vo), Mitch (dr), Billy (ba).
L701: **Foxy Lady** – Jimi (gi, lv), Mitch (dr), Billy (ba, hv).
L702: **Room Full Of Mirrors** – Jimi (gi, vo), Mitch (dr), Billy (ba).
L703: **All Along The Watchtower** – Jimi (gi, vo), Mitch (dr), Billy (ba). Comp: Bob Dylan.
L704: **Hey Joe** – Jimi (gi, lv), Mitch (dr), Billy (ba, hv). Comp: William M. Roberts.
L705: **Hey Baby (The Land Of The New Rising Sun)** – Jimi (gi, vo), Mitch (dr), Billy (ba). Spezialeffekt: Jimi (Uni-Vibe mit Chorուseinstellung in niedriger Geschwindigkeit).
L706: **Message To Love** – Jimi (gi, vo), Mitch (dr), Billy (ba).

FOXY HENDRIX
– (USA) – Veröffentlicht: 80 – Doppel-LP

Enthält: Killin' Floor (L699); Spanish Castle Magic (L700); Foxy Lady (L701); Room Full Of Mirrors (L702); All Along The Watchtower (L703); Hey Joe (L704); Hey Baby (The Land Of The New Rising Sun) (L705); Message To Love (L706); Sergeant Pepper's Lonely Hearts Club Band (L503); Hey Joe (L504); I Don't Live Today (L505); The Wind Cries Mary (L506); Foxy Lady (L507); Fire (L508); The Burning Of The Midnight Lamp (L509); Purple Haze (L510); The Sunshine Of Your Love (L498); Voodoo Child (slight return) (L497).

JIMI – INSIDE THE RAINBOW

– Blue Records SX501 (USA) – Veröffentlicht: 80 – Doppel-LP

Enthält: Killin' Floor (L699); Spanish Castle Magic (L700); Foxy Lady (L701); Room Full Of Mirrors (L702); All Along The Watchtower (L703); Hey Joe (L704); Hey Baby (The Land Of The New Rising Sun) (L705); Message To Love (L706); Spanish Castle Magic (L692); Hey Baby (The Land Of The New Rising Sun) (L693); Ezy Ryder (L694); Hey Joe (L695); Purple Haze (L696); Voodoo Child (slight return) (L697).

THE GOOD DIE YOUNG

– White Knight Records WK22 (USA) – Veröffentlicht: 81 – Doppel-LP

L707: **Pass It On** – Jimi (gi, vo), Mitch (dr), Billy (ba). Rec: Berkeley Community Theatre, Berkeley, California, 30. 5. 70, zweite Show.

Anmerkung: »Pass It On« ist eine frühe Probe-Version von »Straight Ahead«.

L708: **Lover Man** – Jimi (gi, vo), Mitch (dr), Noel (ba). Rec: Royal Albert Hall, London, 24. 2. 69.

L709: **Stone Free** – Jimi (gi, vo), Mitch (dr, cow-bell), Noel (ba). Rec: Royal Albert Hall, London, 24. 2. 69.

Anmerkung: Dies ist die komplette Version von L179.

L710: **Cherokee Mist** – Jimi (gs), Jimi? (sitar), Mitch (dr). Rec: PLA, 2. 5. 68. Engi: Eddie? Prod: Jimi.
Anmerkung: Dies ist die komplette Version von S244.

L711: **Are You Experienced?** – Jimi (gi, vo), Mitch (dr), Noel (ba). Rec: The New York Rock Festival, Singer Bowl, Flushing Meadow Park, Queens, New York, 23. 8. 68.

L712: **Come On (Part 1)** – Jimi (gi, vo), Mitch (dr), Billy (ba). Rec: Stora Scenen, Gröna Lund, Tivoli Garden, Stockholm, Schweden, 31. 8. 70.

Anmerkung: Enthält ein kurzes Schlagzeugsolo.

L713: **Stop** – Jimi (gi, hv), Buddy (dr, lv), Billy (ba, hv). Comp: Jerry Ragavoy & Mort Shuman. Rec: Fillmore East, New York City, 31. 12. 69, erste Show.

Plus: I Don't Live Today (L598); The Wind Cries Mary (L514); Killin' Floor (L073); All Along The Watchtower (L188) Teil von Fire (L660); Spanish Castle Magic (L487); Freedom (L104).

THE EXPERIENCE

– Towne Records RG-2001 (USA) – Veröffentlicht: 81 – Doppel-LP

S714: **Dolly Dagger** – Jimi (gs, lv, hv), Mitch (dr), Billy (ba, fuzz ba), Juma (congas), Unbekannt (pe), Arthur und Albert Allen (hv), Unbekannt (Fußstampfen). Spezialeffekt: Jimi (Uni-Vibe mit Vibratoeinstellung). Rec: ELE, 1. 7. 70. Engi: Eddie. Prod: Jimi.

Anmerkung: Dies ist dieselbe Version wie S111 und ein »auseinandergenommener« Mix vom originalen 16-Spur-Master, anhand von Beispielen erläutert von Eddie Kramer.

Plus: Foxy Lady (L557); Fire (L558); Killin' Floor (L559); Red House (L560); Spanish Castle Magic (L561); Hey Joe (L562); Tax Free (L564); Purple Haze (L563); I Don't Live Today (L598); Ain't Too Proud To Beg (S485).
THIS FLYER
– (USA) – Veröffentlicht: 4.70 – LP
P715: **Instrumental Jam 10** – Jimi (gi), Mike Ephron (keyboards), Juma und Jerry (pe).
Anmerkung: Diese lange Jam-Session ist die erste auf der Plattenseite mit den meisten Grooves. Sie beginnt auf ähnliche Art wie P288.
P716: **Instrumental Solo Jam** – Jimi (gi), Mike Ephron (keyboards), Juma und Jerry (pe).
Plus: Instrumental 4 (283); Flying (Here I Go) (P284); Teil von Instrumental 6 (P288).
. . . AND A HAPPY NEW YEAR
– Warner Bros. Records (USA) – Veröffentlicht: späte 70er Jahre – Picture-Single
Enthält: Little Drummer Boy/Silent Night (S293); Auld Lange Syne (S294).
T'ANKS FOR THE MAMMARIES
– The Amazing Kornyfone Record TARKL Anthology Bozo 1 (USA) – Veröffentlicht: 77(?) – Doppel-LP.
Der Rest dieser Veröffentlichung enthält Material anderer Künstler.
Enthält: The Little Drummer Boy/Silent Night (S293); Auld Lang Syne (L294).
JIMI HENDRIX EXPERIENCE – ERIC CLAPTON – GINGER BAKER – JOHN MAYALL – JACK BRUCE
– Munia MBR 707 (USA) – Veröffentlicht: 70er Jahre – LP
JIMI HENDRIX EXPERIENCE – ERIC CLAPTON – GINGER BAKER – JOHN MAYALL – JACK BRUCE
– Munia MBR 1 (USA) – LP
Der Rest dieser Veröffentlichung enthält Material anderer Künstler.
Enthält: The Stars That Play With Laughing Sam's Dice (S020); Highway Chile (S006).
JIMMY JAMES & HIS BLUE FLAMES
– Blue Flame Records 5205 (USA) – Veröffentlicht: 89 – Single
Enthält: Bright Lights, Big City I (L412); I'm A Man (L407); No Such Animal Pt. 1 (S399); No Such Animal Pt. 2 (S400).
GYPSY SUNS, MOONS AND RAINBOWS
– Sidewalk Music JHX 8868 (ITA) – Veröffentlicht: 88 – CD – *: Astro Man; Country Blues.
JAMES MARSHALL: MIDNIGHT LIGHTNING
– Marshall Records JMH/L32641 (USA) – Veröffentlicht: 89 – LP
S717: **Crash Landing** – Jimi (gs, vo, voice), Unbekannt – nicht Mitch oder Buddy – (dr), Unbekannt – nicht Noel oder Billy – (ba), Unbekannt (or), unbekannter Engi (Stimme vom Kontrollraum). Rec: PLA, 24. 4. 69. Prod: Jimi. 1974 gelöscht: Unbekannt – nicht Mitch oder Buddy – (dr), Unbekannt (or).
Anmerkung: Dies ist eine etwas weniger veränderte Version von S156. Siehe S820 für die unveränderte Originalversion.
S718: **Midnight Lightnin'** – Jimi (gi, vo), Mitch (dr), Billy? (ba), Juma? (congas). Rec: Pla, wahrscheinlich 23. 3. 70. Prod: Jimi.
Anmerkung: Dies ist der größte Teil der unveränderten Version von S163.

S719: **Izabella/Machine Gun** – Jimi (gs, vo), Buddy? (dr), Billy (ba), Larry (rhythm gi), Juma (cow-bell), Jerry (pe), Unbekannt (ta). Rec: HIT, 29. 8. 69. Prod: Jimi oder Heaven Research Unlimited.
Anmerkung: Dies ist die komplette unveränderte Version von S167.
S720: **Further Up On The Road** – Jimi (gi, vo, voice), Mitch (dr), Billy (ba), Eddie Kramer (Stimme vom Kontrollraum). Comp: Joe Nedwick Veasey & Don G. Robey. Rec: ELE, 24. 6. 70. Engi: Eddie. Prod: Jimi.
S721: **Astro Man** – Jimi (gi), Mitch (dr), Billy (ba). Rec: PLA, 20. 1. 70. Prod: Jimi.
Anmerkung: Dies ist die komplette Version von S252.
S723: **Lord I Sing The Blues For Me And You** – Jimi (gi, vo), Buddy oder Mitch (dr), Billy (ba), Larry (rythm gi), Juma und/oder Jerry (pe). Rec: HIT, 6. 9. 69. Engi: Bob Hughes? Prod: Heaven Research Unlimited.
Anmerkung: Unvollständig.
S724: **Message To Love** – Jimi (gi, lv, hv), Buddy (dr, hv), Billy (ba), Billy? (hv), Juma? (cow-bell), Unbekannt (ta). Rec: PLA, 12. 69 oder 1. 70. Engi: Tony Bongiovi? Prod: Jimi.
Anmerkung: Dies ist die unveränderte Version von S154.
S725: **Stone Free**– Jimi (gs, lv), Mitch (dr, voice), Noel (ba, hv), Andy Fairweather Low (hv), Roger Chapman (hv), Unbekannt (ta), Unbekannt (cow-bell), Unbekannt (Husten), Unbekannt (2 hand-claps). Rec: 7. und 8. 4. 69. Engi: Gary. Prod: Jimi.
Anmerkung: Dies ist die komplette unveränderte Version von S160.
S726: **Untitled Rock & Roll Jam** – Jimi (gi), Mitch (dr), Noel (ba). Rec: OLM, 4. 69. Prod: Jimi.
S727: **Izabella**– Jimi (gs, vo), Buddy (dr), Billy (ba), Juma und Jerry (ta, pe, maracas). Rec: HIT, 28. und 29. 8. 69. Prod: Jimi oder Heaven Research Unlimited.
Anmerkung: Dies ist dieselbe Grundversion wie S051.
Unterschiede: andere Gitarrensoli; keine Harmony Vocals von Buddy; anderer Mix.
THE FIRST RAYS OF THE NEW RISING SUN
– Living Legend LLRCD 023 (ITA) – Veröffentlicht: 89 – CD
S728: **Voodoo Chile** – Jimi (gi, vo), Mitch (dr), Jack Casady (ba), Steve Winwood (or). Rec: PLA, 1. oder 2. 5. 68. Engi: Eddie, Prod: Jimi.
Anmerkung: <1> Unvollständig. <2> Dies ist dieselbe Grundversion wie S038.
Unterschied: kaum noch Geräusche der Menschenmenge.
Plus: Angel (P255); Teil von Cherokee Mist (S710); The Things I Used To Do (S242); Like A Rolling Stone (L231); I'm A Man (L230); Cherokee Mist (falsch angegeben als: »First Rays Of The New Rising Sun«) (P222); Little Wing (S026); Mr Bad Luck (S236); One Rainy Wish (S240); Manic Depression (L192); Are You Experienced (L180); Red House (L303); Machine Gun (L253); Send My Love To Linda (S259).
ACOUSTIC JAMS
– Sphinx Records SXCD 001 (ITA) – Veröffentlicht: 89 – Doppelseitig bespielte CD – *: Belly Button Window
<1> Alle frühen '68 Songs rec: Jimis Wohnung, New York City, zwischen 2. 68 und 4. 68. <2> Alle Herbst 69 Songs rec: Jimis Haus in Shokan.
P729: **Long Hot Summer Night I** – Jimi (acoustic gi, vo, voice). Rec: Anfang 68.

P730: **Long Hot Summer Night II** – Jimi (acoustic gi, vo, voice). Rec: Anfang 68.
P731: **1983 . . . (A Merman I Should Turn To Be)** – Jimi (gi, vo). Rec: Anfang 68.
P732: **Cherokee Mist** – Jimi (gi). Rec: Anfang 68.
P733: **Astro Man/Valleys Of Neptune** – Jimi (gi, vo). Rec: Herbst 69.
P734: **Money**– Jimi (gi), Unbekannt (gi), Unbekannt (Husten). Comp: Barry Gordy & Janie Bardford. Rec: Herbst 69
P735: **Getting My Heart Back Together Again** – Jimi (gi, vo). Rec: Anfang 68.
P736: **Voodoo Chile** – Jimi (gi, vo, voice). Rec: Anfang 68.
Anmerkung: Dies ist die komplette Version von P245.
P737: **Gypsy Eyes** – Jimi (acoustic gi, vo). Rec: Anfang 68.
S738: **Beginning** – Jimi (gi), Mitch (dr), Billy (ba), Juma (bongos), Juma? (temple block). Comp: Mitch Mitchell. Rec: ELE, 16. 6. 70 und/oder 1. 7. 70. Engi: Eddie. Prod: Jimi.
Anmerkung: Dies ist die komplette unveränderte Version von S134.
S739: **Little Miss Strange** – Jimi (gs), Mitch (dr, hv), Noel (gi, ba, acoustic gi, lv, hv). Comp: Noel Redding. Rec: PLA, 22. 4. 68 (basic track); PLA, 25. 4. 68 (zusätzliche Aufnahmen); PLA, 28. 4. 68 (Mix). Engi: Gary & Eddie. Prod: Jimi.
Anmerkung: Dies ist dieselbe Grundversion wie S039.
Unterschiede: verschiedene zusätzliche Gitarrensoli; mit dem ursprünglichen Baß-Take; anderer Mix.
S740: **South Saturn Delta** – Jimi (gi). Rec: PLA?, Frühling (?) 68.
Anmerkung: Falsch angegeben als: »Three Little Bears«.
P741: **Three Little Bears** – Jimi (gi). Rec: Anfang 68.
P742: **Gypsy Eyes** – Jimi (gi). Rec: Anfang 68.
P743: **1983 . . . (A Merman I Should Turn To Be)** – Jimi (gi). Rec: Anfang 68.
P744: **Gypsy Eyes** – Jimi (gi). Rec: Anfang 68.
Anmerkung: Dies ist eine Fortsetzung von P742.
S745: **Drifting**– Jimi (gi), Mitch (dr), Billy (ba), Eddie (Stimme aus dem Kontrollraum). Rec: ELE, 6. oder 7. 70. Engi: Eddie. Prod: Jimi.
Anmerkung: <1> Dies ist eine längere Version von S258. <2> Diese Version enthält einen »Fehlstart« und einige Instrumental-Passagen aus »Midnight Lightnin'«.
S746: **Drifting** – Jimi (gi, vo, voice), Mitch (dr), Billy (ba). Rec: ELE, 6. oder 7. 70. Engi: Eddie. Prod: Jimi.
S747: **Belly Button Window** – Jimi (gi), Mitch (dr, brushes), Billy (ba). Rec: ELE, 23. 7. 70. Engi: Eddie. Prod: Jimi.
S748: **Freedom** – Jimi (gs, vo, voice), Mitch (dr), Billy (ba). Spezialeffekt: Phasing (auf gi). Rec: ELE, 6. 70. Engi: Eddie. Prod: Jimi.
Anmerkung: Zu Anfang einige Ausschnitte, in denen Mitch beim Einspielen, Eddie (Stimme aus dem Kontrollraum) und Jimi (Stimme, Gitarrenstimmen) zu hören sind.
S749: **Cherokee Mist/In From The Storm/Valleys Of Neptune** – Jimi (gi, voice), Mitch (dr), Billy (ba), Unbekannt (voice). Rec: ELE, 6. oder 7. 70. Engi: Eddie. Prod: Jimi.
P750: **Untitled Acoustic Jam** – Jimi (acoustic gi), Mitch (pe, Händeklatschen, leise Stimme). Rec: Jimis Wohnung?, New York City?, 69(?)
Plus: Angel (P255); Voodoo Child (slight return) (S246); Come On (Part 1) (S250); Mr Bad Luck (S236); Send My Love To Linda (S259).

TWO SIDES OF THE SAME GENIUS
– The Amazing Kornyfone Record Label TAKRL H-6770 (USA) – Veröffentlicht: 80er Jahre – LP
Alle genannten Herbst 69-Songs wahrscheinlich rec: Jimis Haus in Shokan.
P751: **Room Full Of Mirrors Jam** – Jimi (gi, lv), Unbekannt (gi, leise Stücke hv). Rec: Herbst 69.
Anmerkung: Falsch angegeben als: »Afternoon Blues Jam«.
P752: **Instrumental Jam** – Jimi (gi), Unbekannt (gi). Rec: Herbst 69.
Anmerkung: Falsch angegeben als: »Night Blues Jam«.
Plus: The Wind Cries Mary (L506); Foxy Lady (L507); Fire (L508); Sergeant Pepper's Lonely Hearts Club Band (L503); Hey Joe (L504); I Don't Live Today (L505); The Burning Of The Midnight Lamp (L509); Purple Haze (L510); Astro Man/Valleys Of Neptune (falsch angegeben als: They Call Me Extra Man) (P733); Teil von Money (falsch angegeben als TaJimi Boogie) (P734).
THIS ONE'S FOR YOU
– Veteran Music Inc. MF-243 (USA) – Veröffentlicht: 87 – LP
S753: **Lover Man** – Jimi (gi), Mitch (dr), Billy (ba), Juma (cow-bell). Rec: ELE, 20?. 7. 70. Engi: Eddie. Prod: Jimi.
S754: **Untitled Instrumental** – Jimi (gi), Unbekannt (dr), Unbekannt (ba), Unbekannt (pi), Unbekannt (trumpet), Unbekannt (gi). Rec: unbekanntes Studio, wahrscheinlich New York City, 69 oder 70.
S755: **Peace In Mississippi** – Jimi (gi), Mitch (dr), Noel (ba). Rec: TTG, 24. 10. 68. Prod: Jimi.
S756: **The Little Drummer Boy/Silent Night** – Jimi (gi, voice), Buddy (dr), Billy (ba). Comp: David Onorati & Harry Simeone & Katherine Davis (The Little Drummer Boy); Pater Joseph Mohr & Franz Gruber (Silent Night). Rec: PLA, 12. 69. Engi: Tony Bongiovi? Prod: Jimi.
Anmerkung: Dies ist dieselbe Grundversion wie S293.
Unterschied: 1974(?) hinzugefügt: unbekannte Frauen (vocals, voice).
S757: **Calling All Devil's Children** – Jimi (gi), Mitch (dr), Noel (ba, gi). Comp: Jimi Hendrix & Noel Redding. Rec: TTG, 21. 10. 68. Prod: Jimi.
S758: **Jungle** – Jimi (gi), Buddy (dr). Rec: PLA, 14.? 11. 69. Spezialeffekt: Jimi (Uni-Vibe eingeschaltet, doch mit keiner einzigen Einstellung benutzt). Prod: Jimi.
S759: **Ezy Ryder** – Jimi (gi, lv, hv), Buddy (dr, hv), Billy (ba, hv). Rec: PLA, 18. 12. 69. Prod: Jimi.
Anmerkung: Unvollständig.
S760: **Message To Love** – Jimi (gi, lv, hv), Buddy (dr, hv), Billy (ba, hv). Rec: PLA, 18. 12. 69. Prod: Jimi.
S761: **The Things I Used To Do** – Jimi (gi, vo, voice), Johnny Winter (slide gi), Stephen Stills (ba), Dallas Taylor (dr). Comp: Guitar Slim. Rec: PLA, 15. 5. 69. Prod: Jimi.
Anmerkung: Dies ist dieselbe Grundversion wie S242.
Unterschiede: länger; teilweise andere Sologitarre von Jimi, vor allem im Mittelteil des Songs.
S762: **Lover Man** – Jimi (gi, vo), Mitch (dr), Noel (ba). Rec: TTG, 10. 68. Prod: Jimi.
S763: **Midnight Lightnin'** – Jimi (gi, vo), Mitch (dr), Billy (ba). Rec: PLA, 23. 3. 70. Prod: Jimi.

HOOCHIE COOCHIE MAN
– Waggle Records/Toasted TRW 1953 (USA) – Veröffentlicht: 89 – Doppel-LP
Enthält: Cherokee Mist (P222); I'm A Man (L230); Like A Rolling Stone (L231); Red House (L233); Teil von I'm Your Hoochie Coochie Man (S212); Foxy Lady (S216); Lover Man (S753); Mr. Bad Luck (S236); One Rainy Wish (S240); Drivin' South (S206); The Things I Used To Do (S242); Drifter's Escape (S243); Cherokee Mist (S244); Voodoo Child (slight return) (S246); 1983 . . . (A Merman I Should Turn To Be) (S247); Come On (Part 1) (S250); Room Full Of Mirrors (S254); Angel (P255); Valleys Of Neptune (S257); Send My Love To Linda (S259); South Saturn Delta (S261); Dolly Dagger (L110); Hey Joe (L064); Hey Baby (The Land Of The New Rising Sun) (L065); Lover Man (L066).
FIRST RAYS OF THE RISING SUN
– RSJ 02 (USA) – Veröffentlicht: 87 – LP
S764: **Untitled Guitar Improvisation** – Jimi (gi). Rec: PLA, 69 oder ELE, 70. Prod: Jimi.
Anmerkung: Falsch angegeben als: »Electric Ladyland«.
S765: **Midnight Lightnin'** – Jimi (gi, vo, voice), Kathy Etchingham (leise Stimme). Rec: OLY, wahrscheinlich 14. 2. 69.
S766: **Instrumental Improvisation** – Jimi (gi), Billy (ba). Rec: ELE, 70. Prod: Jimi.
L767: **Earth Blues** – Jimi (gi), Buddy (dr), Billy (ba). Rec: Fillmore East, New York City, 1. 1. 70, zweite Show.
Anmerkung: Unvollständig.
S768: **Somewhere** – Jimi (gi, vo), Buddy (dr), Noel? (ba), Unbekannt (rhythm gi). Rec: CEN, 13. 3. 68 (basic track). Spezialeffekt: deutlicher Hall auf vo. Prod: Chas.
Anmerkung: <1> Falsch angegeben als: »Somewhere Over The Rainbow«. <2> Dies ist die unveränderte Version von S155.
S769: **Peace in Mississippi** – Jimi (solo gi, rhythm gi), Mitch (dr), Noel (dr). Rec: TTG, 24. 10. 68. Prod: Jimi. 1974 gelöscht: Jimi (etwas rhythm gi), Mitch (dr), Noel (dr). 1974 hinzugefügt: Jeff Mironov (rhythm gi), Allan Schwartzberg (dr), Bob Babbit (ba), Jimmy Maeulen (pe).
Anmerkung: Dies ist eine etwas weniger veränderte Version von S158. Unterschiede: enthält den größten Teil von Jimis Rhythmusgitarrenpart; mehr Halleffekte; anderer Mix.
Plus: Angel (P255); Cherokee Mist (S710); Further Up On The Road (S720); Mr. Bad Luck (S236); Little Miss Strange (S686); 1983 . . . (A Merman I Should Turn To Be) (S685).
ELECTRIC BIRTHDAY JIMI
– EBJ 01 (USA) – Veröffentlicht: 87 – LP
S770: **Valleys Of Neptune** – Jimi (gi), Mitch (dr), Billy (ba), Larry (rhythm gi). Rec: HIT, 8. oder 9. 69. Prod: Jimi.
Anmerkung: Falsch angegeben als: »Lonely Avenue«.
S771: **World Traveler** – Jimi (gi, vo), Mitch (dr), Billy (ba), Larry Young (or). Rec: PLA, 14. 5. 69. Prod: Jimi.
S772: **It's Too Bad** – Jimi (gi, vo), Mitch (dr), Billy (ba), Larry Young (or). Rec: PLA, 14. 5. 69. Prod: Jimi.

S773: **Message From Nine To The Universe** – Jimi (gi, voice), Buddy (dr), Billy (ba). Rec: PLA, 22. 5. 69. Prod: Jimi.

Anmerkung: <1> Falsch angegeben als: »Strato Strut«. <2> Unvollständig. <3> Diese Aufnahme stammt aus derselben Version wie S171. Der Ausschnitt auf dieser Veröffentlichung bildet den Beginn des Songs und ist zum Teil nicht in der S171-Version enthalten. <4> Siehe S790 für die komplette Version.

Plus: Einführung und Interview mit Alan Douglas von Alexis Korner; Cherokee Mist (S170); Untitled Guitar Improvisation (S764); Midnight Lightnin' (S765).

LADYLAND IN FLAMES

– Marshall Records L30640 (USA) – Veröffentlicht: 88 – Doppel-LP

Enthält: Einführung und Interview mit Alan Douglas von Alexis Korner; Valleys Of Neptune (falsch angegeben als: »Lonely Avenue«) (S770); World Traveler (S771); It's Too Bad (S772); Message From Nine To The Universe (S773); Cherokee Mist (S710); Untitled Guitar Improvisation (S764); Midnight Lightnin' (S765); Angel (P255); Cherokee Mist (S710); Untitled Guitar Improvisation (falsch angegeben als: »Electric Ladyland«) (S764); Midnight Lightnin' (S765); Further Up On The Road (S720); Instrumental Improvisation (S766); Earth Blues (L767); Mr. Bad Luck (S236); Little Miss Strange (S686); Somewhere (falsch angegeben als: »Somewhere Over The Rainbow«) (S768); 1983 . . . (A Merman I Should Turn To Be) (S685); Peace In Mississippi (S769).

SIR JAMES MARSHALL – GYPSY ON CLOUD NINE

– (USA) – Veröffentlicht: 80er Jahre – Doppel-LP – *: M. L. K.; Instrumental Jam.

S774: **Astro Man** – Jimi (gi, vo), Mitch (dr), Billy (ba), Juma (cow-bell, pe). Rec: ELE, 24.? 6. 70. Engi: Eddie. Prod: Jimi.

Anmerkung: <1> Leicht unvollständig. <2> Dies ist dieselbe Grundversion wie S088.

Unterschiede: Einige zusätzliche Gitarrenparts; anderer Mix (leichter Effekt auf Rhythmus- und Baßgitarre).

S775: **Once I Had A Woman** – Jimi (gi, vo), Buddy (dr), Billy (ba), Don – Nachname unbekannt – (ha). Rec: PLA, 23. 1. 70. Engi: Jack Adams? Prod: Jimi.

Anmerkung: Unvollständig. Dies ist ein Teil der unveränderten Version von S168.

S776: **Ezy Ryder** – Jimi (gs), Mitch (dr), Noel (ba). Rec: OLM oder PLA, 4.? 69. Prod: Jimi.

S777: **M. L. K.** – Jimi (gi, voice), Buddy (dr, cow-bell), Billy (ba). Spezialeffekt: Jimi (Uni-Vibe mit Choruseinstellung). Rec: PLA, spät 69 oder früh 70. Engi: Jack Adams. Prod: Jimi.

Anmerkung: <1> Falsch angegeben als: »Captain Coconut«. <2> Dies ist die komplette unveränderte Basic-Track-Version von S161 – und eine zehnmal bessere!

S778: **Instrumental Jam** – Jimi (gi), Buddy (dr), Billy (ba). Rec: PLA: 18.? 12. 69. Prod: Jimi.

S779: **Blue Suede Shoes** – Jimi (gi, vo, voice, Zungenschnalzer), Buddy (dr), Billy (ba), Don – Nachname unbekannt – (ha). Comp: Carl Lee Perkins. Rec: 23. 1. 70. Engi: Jack Adams? Prod: Jimi.

Anmerkung: <1> Angegeben als: Blue Suede Shoes Pt. 1. <2> Dies ist ein anderer Teil von Version S148.

Plus: Further Up On The Road (S720); The Things I Used To Do (S761); Ezy Ryder (S759); Message To Love (S760); Peace In Mississippi (S755); The Little Drummer

Boy/Silent Night (S756); Izabella/Machine Gun (S719); Teil von Midnight Lightnin' (falsch angegeben als: »Blue Suede Shoes Pt. 2«) (S718).

HELLS SESSION

– BGR 001 (ITA) – Veröffentlicht: 88 – LP

Alle Songtitel auf dieser Veröffentlichung sind frei erfunden.

S780: **Instrumental Jam** – Jimi (gi), John McLaughlin (gi), Buddy (dr), Dave Holland (ba). Rec: PLA, Mitte 69.

S781: **Drone Blues** – Jimi (gi), Unbekannt – nicht Mitch oder Buddy – (dr), Unbekannt – nicht Noel oder Billy – (ba). Rec: PLA, 24. 4. 69. Prod: Jimi.

Anmerkung: Dies ist die komplette Version von S175.

Plus: Young/Hendrix (S173); Teil von It's Too Bad (S772); Jimi/Jimmy Jam (S172).

SWEET ANGEL

– World Productions Of Compact Music WOC 022CD (ITA) – Veröffentlicht: 89 – CD

Enthält: Stone Free (L511); Hey Joe (L512); Purple Haze (L513); Catfish Blues (L516); Foxy Lady (L517); Purple Haze (L518); Voodoo Child (slight return) (L502); Hey Joe (L503); The Sunshine Of Your Love (L504); Angel (P255); Like A Rolling Stone (L230).

THE THINGS I USED TO DO

– Golden Memories GM 890738 (ITA) – Veröffentlicht: 89 – CD

S782: **Three Little Bears** – Jimi (gs, vo), Mitch (dr), Noel? (ba), Unbekannt (cowbell). Rec: PLA, 2. 5. 68. Engi: Gery oder Eddie. Prod: Jimi.

Anmerkung: Dies ist die komplette Version von S133.

S783: **Gypsy Eyes** – Jimi (gs, ba, vo), Mitch (dr). Rec: PLA, letzte Woche 4. 68 oder erste Woche 5. 68. Engi: Eddie oder Gary. Prod: Jimi.

Anmerkung: Dies ist ein Teil der Grundversion von S042. Unterschiede: länger; mehr und andere Gitarrensoli; anderer Mix.

S784: **Who Knows?** – Jimi (gi, lv, voice), Buddy (dr, hv, Teile von voice), Billy (ba). Rec: PLA, 19.? 12. 69. Prod: Jimi.

S785: **Who Knows?**– Jimi (gi, lv, voice), Buddy (dr, hv, voice), Billy (ba). Rec: PLA, 19.? 12. 69. Prod: Jimi.

S786: **Message To Love** – Jimi (gi, lv), Buddy (dr, hv, voice), Billy (ba). Rec: PLA, 19.? 12. 69. Prod: Jimi.

Anmerkung: Ganz kurzer falscher Einsatz.

S787: **Message To Love** – Jimi (gi, lv, voice), Buddy (dr, hv, voice), Billy (ba). Rec: PLA, 19.? 12. 69. Prod: Jimi.

S788: **Izabella I, II, III, IV** – Jimi (gi, voice), Mitch (dr, voice), Billy (ba), Larry (rhythm gi), Bob Hughes? (Stimme vom Kontrollraum). Rec: HIT, Herbst 69. Prod: Jimi oder Heaven Research Unlimited.

Anmerkung: Enthält verschiedene Versuche, »Fehlstarts«, Tune-Ups, Gespräch zwischen Jimi und dem Toningenieur.

Plus: The Things I Used To Do (S242); Izabella (angegeben als: Izabella V) (S727).

ELECTRIC LADY JAMS

– Sure Nice Shoes Records H-3600 (USA) – Veröffentlicht: 83 – LP

LET'S DROP SOME LUDES AND VOMIT WITH JIMI

– Sure Nice Shoes Records H-3600 (USA) – LP

S789: **Jimi/Jimmy Jam**– Jimi (gi), Mitch oder Buddy (dr), Dave Holland (ba), Jim McCarty (gi). Spezialeffekt: Jimi (octavia). Rec: PLA, 25. 3. 69. Prod: Jimi.

Anmerkung: Dies ist die komplette Version S172.
Plus: Instrumental Jam (S780); Teil von Drone Blues (S175).
RECORD PLANT JAMS
– Tam Studio (ENG) – Veröffentlicht: 81 – LP
Enthält: Jimi/Jimmy Jam (S789); Young/Hendrix (S173); Teil von Drone Blues (S781); Valleys Of Neptune (S770); Instrumental Jam (S780); Teil von The Things I Used To Do (S242).
MUSIC FOR FANS VOL. I
– OCS-1447 (USA) – Veröffentlicht: 80er Jahre – LP
MUSIC FOR FANS
– Music Of Distinction MOD 1003 (USA) – Veröffentlicht: 80er Jahre – LP

S790: **Message From Nine To The Universe** – Jimi (gi, lv, voice), Buddy (dr), Billy (ba), Devon Wilson (hv). Rec: PLA, 22. 5. 69. Prod: Jimi.
Anmerkung: Dies ist die komplette unveränderte Version von S171.

S791: **Strato Strut** – Jimi (gi), Mitch (dr), Billy (ba). Rec: ELE, Sommer 70. Engi: Eddie. Prod: Jimi.
Plus: Cherokee Mist (S710); Drone Blues (S781).
TURN 'ER ON
– APEJH-818169 (USA) – Veröffentlicht: späte 80er Jahre – LP
Enthält: In From The Storm (L106); Johnny B. Goode (L119); Hey Joe (L077); Purple Haze (L141); Machine Gun (L139); Getting My Heart Back Together Again (S144); Rock Me, Baby (L076); Wild Thing (L081); Like A Rolling Stone (L075); Red House (L146).
LOADED GUITAR
– Starlight Records SL 87013 (USA) – Veröffentlicht: 88 – LP
<1> Alle 22. 12. 67-Songs rec: »Christmas On Earth Continued«, Olympia, Kensington Road, London W8. <2> Die späten 7. 69 oder 8. 69 sowie die 9. 9. 69-Songs rec: ABC Studio, New York City (Dick Cavett Show, beides Live-Übertragungen).

L792: **Getting My Heart Back Together Again** – Jimi (gi, vo), Unbekannt (dr), Unbekannt (ba), Dick Cavett (Einführung). Rec: spät 7. 69 oder 8. 69.

L793: **Izabella/Machine Gun** – Jimi (gi, vo), Mitch (dr), Billy (ba), Juma (jawbone, congas), Dick Cavett (Einführung). Rec: 9. 9. 69.

S794: **Purple Haze** – Jimi (gi, lv, Zungenschnalzer), Mitch (dr), Noel (ba, hv). Rec: BBC Lime Grove Studios, London W12, 30. 3. 67, für Top Of The Pops, BBC 1 TV.
Anmerkung: Dies ist die normale Studioversion von Purple Haze (S004) ohne den originalen Gesang, dafür mit hinzugefügtem Livegesang.

L795: **Hey Joe** – Jimi (gi, vo), Mitch (dr), Noel (ba). Comp: William M. Roberts. Rec: Marquee, London W1, 2. 3. 67.

L796: **Sergeant Pepper's Lonely Hearts Club Band** – Jimi (gi, lv), Mitch (dr), Noel (ba, hv). Comp: John Lennon & Paul McCartney. Rec: 22. 12. 67.

L797: **Foxy Lady** – Jimi (gi, lv), Mitch (dr), Noel (ba, hv). Rec: 22. 12. 67
Plus: Purple Haze (L656); Hey Joe (L476); The Sunshine Of Your Love (L477); Getting My Heart Back Together Again (S144); I Don't Live Today (L505); The Wind Cries Mary (L506); Fire (L508); The Burning Of The Midnight Lamp (L509).
AMERICAN DREAM
– World Productions Of Compact Music WPOCM 0589D023-2 (ITA) – Veröffentlicht: 89 – CD

Enthält: Tax Free (L564); Teil von Purple Haze (L473); Wild Thing (L474); Earth Blues (L767); Hey Joe (L653); Hey Baby (The Land Of The New Rising Sun) (L065); Lover Man (L066); Hound Dog I (L593).

SHINE ON EARTH, SHINE ON

– Sidewalk Music SW 89010/89011 (ITA) – Veröffentlicht: 89 – Doppel-CD

L798: **With The Power** – Jimi (gs, lv, hv), Buddy (dr, hv), Billy (ba), Billy? (hv), Juma (cow-bell). Rec: PLA, 21. 11. 69. Engi: Tony Bongiovi? Prod: Jimi.

Anmerkung: Dies ist die komplette unveränderte Version von S159.

S799: **Freedom** – Jimi (gi, vo, voice), Mitch (dr), Billy (ba), Eddie (Stimme vom Kontrollraum). Rec: ELE, 6. 70. Engi: Eddie. Prod: Jimi.

L800: **Trying To Be** – Jimi (gi, vo), Buddy (dr), Billy (ba). Rec: Fillmore East, New York City, 1. 1. 70, erste Show.

Anmerkung: Song a. k. a.: Stepping Stone.

Plus: Little Wing (L556); Everything's Gonna Be Allright (L551); Three Little Bears (L553); Instrumental Jam I (L554); Peace In Mississippi (falsch angegeben als: »Somewhere Over The Rainbow«) (S755); Stone Free (S725); Crash Landing (S717); Teil von Drone Blues (S781); Once I Had A Woman (S775).

THE WINTERLAND DAYS

– Manic Depression Records MDR 001/002 (ITA) – Veröffentlicht: 89 – Doppel-CD

Alle Songs rec: Winterland, San Francisco, California.

L801: **Getting My Heart Back Together Again** – Jimi (gi, vo), Mitch (dr), Noel (ba). Rec: 10. 10. 68, zweite Show.

Anmerkung: Dies ist die komplette Version von L185.

L802: **Hey Joe** – Jimi (gi, vo), Mitch (dr), Jack Casady (ba). Comp: William M. Roberts. Rec: 10. 10. 68, zweite Show.

L803: **Star Spangled Banner** – Jimi (gi, leise Stimme), Mitch (dr), Noel (ba). Comp: Francis Scott Key. Rec: 10. 10. 68, zweite Show.

Anmerkung: Dies ist die komplette Version von L305, L306 und L307.

L804: **Purple Haze** – Jimi (gi, lv), Mitch (dr), Noel (ba, hv). Rec: 10. 10. 68, zweite Show.

L805: **Are You Experienced?** – Jimi (gi, vo), Mitch (dr), Noel (ba), Virgil Gonsales (fl). Rec: 11. 10. 68, erste Show.

L806: **Spanish Castle Magic** – Jimi (gi, vo), Mitch (dr), Noel (ba). Rec: 11. 10. 68, zweite Show.

Anmerkung: Dies ist die komplette Version von L308.

L807: **Fire** – Jimi (gi, vo), Mitch (dr), Noel (ba), Herbie Rich (or). Rec: 11. 10. 68, zweite Show.

Anmerkung: Dies ist die Originalversion von L191.

L808: **Foxy Lady** – Jimi (gi, vo), Mitch (dr), Noel (ba), Herbie Rich (or). Rec: 11. 10. 68, zweite Show.

Anmerkung: Dies ist die Originalversion von L198.

L809: **Lover Man** – Jimi (gi, vo), Mitch (dr), Noel (ba). Rec: 12. 10. 68, erste Show.

L810: **Like A Rolling Stone** – Jimi (gi, vo), Mitch (dr), Noel (ba). Comp: Bob Dylan. Rec: 12. 10. 68, erste Show.

L811: **Tax Free** – Jimi (gi), Mitch (dr), Noel (ba). Bo Hansson & Janne Karlsson. Rec: 12. 10. 68, erste Show.

Plus: Voodoo Child (slight return) (L182); Red House (L303); The Sunshine Of Your Love (L193); Little Wing (L181).
THE MASTER'S MASTERS
– Rockin' Records JH-01 (USA) – Veröffentlicht: 89 – CD – *: Bold As Love
S812: **God Save The Queen** – Sorry, keine Beteiligung von Jimi.
Anmerkung: Dies ist die komplette Version von S262.
S813: **Seven Dollars In My Pocket** – Jimi (gi, vo), Buddy (dr), Billy (ba), Don – Nachname unbekannt – (ha). Rec: PLA, 23. 1. 70. Engi: Jack Adams? Prod: Jimi.
S814: **Jungle Jam** – Jimi (gi), Mitch? (dr), Billy (ba), Juma und Jerry (congas, pe). Rec: HIT, 9. 69. Prod: Jimi.
S815: **Calling Al Devil's Children** – Jimi (gi), Mitch (dr), Noel (ba, gi), Jimi & Mitch & Noel & Gäste (Geräusche von einer Menschenmenge, mit denen eine polizeiliche Festnahme simuliert wird). Comp: Jimi Hendrix & Noel Redding. Rec: TTG, 21. 10. 68. Prod: Jimi.
Anmerkung: <1> Leicht unvollständig. <2> Dies ist dieselbe Grundversion wie S757. Unterschied: per Overdub hinzugefügte »Festnahme-Geräusche«.
S816: **All Along The Watchtower** – Jimi (gs, vo), Mitch (dr, congas), Dave Mason (ba, acoustic gi), Mitch? (temple block), Unbekannt (ta). Comp: Bob Dylan. Spezialeffekt: Jimi (Slide-Effekt mit der Rückseite seines Feuerzeugs und der gi auf dem Schoß). Rec: OLY, 21. 1. 68. Engi: Eddie. Prod: Chas.
Anmerkung: Dies ist die originale Basic-Track-Version von S034. Unterschiede: Mit dem originalen Baß-Take; mit Congas; anderer Mix.
S817: **Bold As Love** – Jimi (gi, vo), Mitch (dr), Noel (ba). Spezialeffekt: Phasing (auf dr). Rec: OLY, 29. 10. 67. Engi: Eddie. Prod: Chas.
S818: **Jazz Jimi Jam** – Jimi (gi), Buddy (dr), Jack Bruce? (ba). Rec: PLA, 69. Prod: Jimi.
S819: **Electric Lady Land** – Jimi (gi), Buddy (dr), Unbekannt (ba). Spezialeffekt: Jimi (tremolo). Rec: PLA, 14. 6. 68. Engi: Eddie. Prod: Jimi.
Anmerkung: Dies ist ein Ausschnitt von S153.
S820: **Crash Landing** – Jimi (gi, vo), Unbekannt – nicht Mitch oder Buddy – (dr), Unbekannt – nicht Noel oder Billy – (ba), Unbekannt (or). Rec: PLA, 24. 4. 69. Prod: Jimi.
Anmerkung: Dies ist die unveränderte Originalversion von S156 ohne Gitarren-Overdubs.
Plus: Mr. Bad Luck (S236); Red House (S300).
Plus Fälschung: Midnight (von der Clone-Band »Rainbow Bridge«).
STAR SPANGLED BLUES
– Waggle Records WAG 1935 (USA) – Veröffentlicht: 88 – Doppel-LP
Alle genannten 10. 68 Songs rec: Winterland, San Francisco, California.
L821: **Like A Rolling Stone** – Jimi (gi, vo), Mitch (dr), Noel (ba), Herbie Rich (or). Comp: Bob Dylan. Rec: 11. 10. 68, zweite Show.
L822: **Lover Man** – Jimi (gi, vo), Mitch (dr), Noel (ba), Herbie Rich (or). Rec: 11. 10. 68, zweite Show.
Anmerkung: Falsch angegeben als: »Rock Me, Baby«.
L823: **Hey Joe** – Jimi (gi, vo), Mitch (dr), Noel (ba), Herbie Rich (or). Comp: William M. Roberts. Rec: 11. 10. 68, zweite Show.

L824: **Purple Haze** – Jimi (gi, lv, Zungenschnalzer), Mitch (dr), Noel (ba, hv), Herbie Rich (or). Rec: 11. 10. 68, zweite Show.
L825: **Blue Suede Shoes** – Jimi (gi, vo), Mitch (dr), Noel (ba). Comp: Carl Lee Perkins. Rec: Berkeley Community Theatre, Berkeley, California, 30. 5. 70, Nachmittagsproben.
Anmerkung: Dies ist die komplette Version von L121.
L826: **Foxy Lady** – Jimi (gi, vo), Mitch (dr), Noel (ba). Rec: 12. 10. 68, erste Show.
L827: **Bass And Drum Jam** – Jimi (Einführung), Mitch (dr), Noel (ba). Comp: Noel Redding & Mitch Mitchell. Rec: 12. 10. 68, erste Show.
Anmerkungen: <1> Unvollständig. <2> Angegeben als: Blown Amp Blues.
Plus: Fire (L807); Foxy Lady (L808); Ezy Ryder (L063); Hey Joe (L064); Hey Baby (The Land Of The New Rising Sun) (L065); Lover Man (L066); Plus Fälschung: Star Spangled Banner (von der Clone-Band »Rainbow Bridge«).
STAR SPANGLED BLUES
– Neutral Zone Records NZCD 89011 (USA) – Veröffentlicht: 89 – CD
Enthält: Like A Rolling Stone (L821); Lover Man (falsch angegeben als: »Rock Me Baby«) (L822); Hey Joe (L823); Fire (L807); Foxy Lady (L808); Purple Haze (L824); Blue Suede Shoes (L825); Foxy Lady (L826); Bass And Drum Jam (angegeben als: »Blown Amp Blues«) (L827); Plus Fälschung: Star Spangled Banner (von der Clone-Band »Rainbow Bridge«).
MIDNIGHT MAGIC
– Waggle Records WAG 1936 (USA) – Veröffentlicht: 88 – Doppel-LP
Alle genannten 24. 5. 69 Songs rec: Sports Arena, San Diego, California.
L828: **Fire** – Jimi (gi, lv), Mitch (dr), Noel (ba, hv). Rec: 24. 5. 69.
L829: **Hey Joe** – Jimi (gi, vo), Mitch (dr), Noel (ba). Comp: William M. Roberts. Rec: 24. 5. 69.
L830: **Spanish Castle Magic** – Jimi (gi, vo), Mitch (dr), Noel (ba). Rec: 24. 5. 69.
Anmerkung: Enthält einen kurzen Ausschnitt aus The Sunshine Of Your Love (Comp: Pete Brown & Jack Bruce & Eric Clapton).
L831: **Foxy Lady** – Jimi (gi, lv), Mitch (dr), Noel (ba, hv), Konzertmenge (hv). Rec: 24. 5. 69.
L832: **Purple Haze** – Jimi (gi, lv), Mitch (dr), Noel (ba, hv). Rec: 24. 5. 69.
L833: **Voodoo Child (slight return)** – Jimi (gi, vo), Mitch (dr), Noel (ba). Rec: 24. 5. 69.
S834: **Midnight Lightnin'** – Jimi (gi, vo). Rec: PLA, früh 70?, Prod: Jimi.
S835: **Drivin' South** – Jimi (gi), Mitch (dr), Noel (ba). Rec: unbekanntes Studio, 68. Prod: Jimi.
S836: **Sergeant Pepper's Lonely Hearts Club Band** – Jimi (gi), Mitch (dr), Noel (ba). Comp: John Lennon & Paul McCartney. Rec: unbekanntes Studio, 68. Prod: Jimi.
Anmerkung: »Drivin' South« und »Sergeant Pepper's Lonely Hearts Club Band« bilden ein Medley.
Plus: I Don't Live Today (L177); Red House (S300); God Save The Queen (falsch angegeben als: »Jimi & John Jam«) (S812).
Plus Fälschung: Midnight (von der Clone-Band »Rainbow Bridge«).
MIDNIGHT MAGIC
– Neutral Zone Records 89012 (FRA) – Veröffentlicht: 89 – CD
Enthält: Fire (L828); Hey Joe (L829); Spanish Castle Magic (L830); I Don't Live

Today (L177); Foxy Lady (L831); Purple Haze (L832); Voodoo Child (slight return) (L833); Ezy Ryder (L063); Hey Joe (L064); Hey Baby (The Land Of The New Rising Sun) (L065); Lover Man (L066).

BAND OF GYPSYS HAPPY NEW YEAR, JIMI

– Cops and Robers Records JTYM 01 (USA?) – Veröffentlicht: 90 – LP

Alle Songs rec: Fillmore East, New York City, 31. 12. 69, erste Show.

L837: **Power Of Soul** – Jimi (gi, vo), Buddy (dr), Billy (ba).

L838: **Lover Man** – Jimi (gi, vo), Buddy (dr), Billy (ba).

L839: **Machine Gun** – Jimi (gi, lv), Buddy (dr, hv), Billy (ba, hv).

L840: **Bleeding Heart** – Jimi (gi, vo), Buddy (dr), Billy (ba). Comp: Elmore James.

L841: **Earth Blues** – Jimi (gi, lv), Buddy (dr, hv), Billy (ba).

L842: **Burning Desire** – Jimi (gi, lv), Buddy (dr, hv), Billy (ba, hv).

UNFORGETABLE (sic) EXPERIENCE

– RAH-2469 (USA) – Veröffentlicht: 90 – LP

Das Coverfoto zeigt ein Foto von Jimi im Garten des Samarkand Hotels, Landsdowne Crescent, London W11, aufgenommen am frühen Nachmittag des 17. 9. 70 . . .

L843: **Hey Joe** – Jimi (gi, vo), Mitch (dr), Noel (ba). Comp: William M. Roberts. Rec: Marquee, London W1, 2. 3. 67

Anmerkung: Dies ist ein Ausschnitt aus L795.

L844: **Purple Haze** – Jimi (gi, vo), Mitch (dr), Noel (ba). Rec: Marquee. London W1, 2. 3. 67

Anmerkung: Dies ist ein Ausschnitt aus L656.

L845: **Getting My Heart Back Together Again** – Jimi (gi, vo), Mitch (dr), Noel (ba). Rec: Royal Albert Hall, London, 24. 2. 69

Plus: Teil von I Don't Live Today (L221); The Wind Cries Mary (L514); Foxy Lady (L657); Red House (L302).

LORD, I CAN SEE THE BLUES

– Humphrey Records EC1333 (USA?) – Veröffentlicht: 89 – LP – *: Easy Blues

MANNISH BOY

– Contraband Records CBM 88 (USA?) – Veröffentlicht: 90 – LP

S846: **Mannish Boy** – Jimi (gi, vo), Buddy (dr), Billy (ba). Comp: Muddy Waters & Bo Diddley & Mel London. Rec: PLA, 7. 1. 70. Prod: Jimi.

S847: **Instrumental** – Jimi (gi), Mitch (dr), Noel (ba). Rec: TTG, 10. 68. Prod: Jimi.

S848: **Easy Blues** – Jimi (gi, voice), Mitch (dr), Billy (ba), Larry (rhythm gi), unbekannter Toningenieur (Stimme vom Kontrollraum). Spezialeffekt: Jimi (Uni-Vibe mit Choruseinstellung bei niedriger Geschwindigkeit). Rec: HIT, Herbst 69. Prod: Jimi.

Anmerkung: Dies ist die komplette Basic-Track-Version von S174 ohne das hinzugefügte Tamburin.

Plus: Lord I Sing The Blues For Me And You (S723); Country Blues (S722); Catfish Blues (L516); Pass It On (L707).

GYPSY SUN AND RAINBOWS

– Manic Depression Records MOCD 05/06 – Veröffentlicht: 90 – Doppel-CD

Alle 14. 8. 69-Songs rec: Jimis Haus in Shokan.

I849: **Interview mit Jimi** – Rec: 3. 9. 69, Frank's Restaurant, Harlem, New York. Anmerkung: Unvollständig.

L850: **Lover Man** – Jimi (gi, vo), Mitch (dr), Billy (ba), Larry (rhythm gi), Juma? (ta). Rec: 14. 8. 69

L851: **Lover Man** – Jimi (gi, vo), Mitch (dr), Billy (ba), Larry (rhythm gi). Rec: 14. 8. 69.

L852: **Spanish Castle Magic** – Jimi (gi, vo), Mitch (dr), Billy (ba), Larry (rhythm gi). Rec: 14. 8. 69.

Plus: Getting My Heart Back Together Again (L614); Spanish Castle Magic (L615); Red House (L616); Mastermind (L617); Lover Man (L618); Foxy Lady (L619); Jam Back At The House (L620); Izabella (L621); Gypsy Woman (L622); Fire (L623); Voodoo Child (slight return) (L624); Star Spangled Banner (L067); Purple Haze (L068); Instrumental Solo (L625); Hey Joe (L626); Getting My Heart Back Together Again (L658).

GIMMIE THE GLAD EYE

– World Productions Of Compact Music DTD 003 (ITA) – Veröffentlicht: 4. 90 – Doppel-CD

Der Titel der Veröffentlichung ist auf den Labels angegeben als: The Best Of Jimi Hendrix Live in Concert 1968-1969.

Enthält: Stone Free (L511); Hey Joe (L512); Purple Haze (L513); Catfish Blues (L516); Foxy Lady (L517); Purple Haze (L518); Voodoo Child (slight return) (L475); Hey Joe (L476); The Sunshine Of Your Love (L477); Angel (P255); Like A Rolling Stone (L231); Fire (L607); Getting My Heart Back Together Again (L608); Red House (L609); Stone Free (L604); Are You Experienced/Stone Free (L605); Foxy Lady (L610); Like A Rolling Stone (L611); Ausschnitt aus Voodoo Child (slight return) (L612); Purple Haze (L613).

Nachtrag/Update

Seit dem Erscheinen der englischen Ausgabe dieses Buches sind weitere Hendrix-Aufnahmen erschienen – offizielle und »inoffizielle«. Hier eine Auswahl:

Offizielle Veröffentlichungen

Titel	Firma/Best.-Nr.	Inhalt
ALBUMS		
Cornerstones	Polydor 847 231-1	Zusammenstellung von bereits veröffentlichtem Material
Live At The Isle Of Wight	Polydor 847 236-1	Isle-Of-Wight-Festival
COMPACT DISCS		
Calling Long Distance . . .	UniVibes UV1001	Unrelease live und studio material
Introspective	Baktaback CINT 5006	John Burks-Interview, 4. 2. 70 Scene Club, März 1968
The Best + Rest Of	Action Replay CDAR 1022	Scene Club, März 1968
Hendrix Speaks	Rhino R-2 70771	Nancy-Carter-Interview, 1969 Meatball-Fulton-Interview, 12. 67
Lifelines	Reprise 9 26435-2	Neue Zusammenstellung von »Live And Unreleased«, Los Angeles Forum, 26. 4. 69

Titel	Firma/Best.-Nr.	Inhalt
Between the Lines	Reprise PRO CD-4541	Sampler von »Lifelines«
Rarities On CD Vol 1	On The Radio releases	Zusammenstellung von bereits veröffentlichtem Material
Rarities On CD Vol 3	On The Radio releases	Zusammenstellung von bereits veröffentlichtem Material
Johnny B. Goode	Capitol 432018-2	Video-Soundtrack
Sessions [box set]	Polydor 847 232-2	Are You Experienced? Axis: Bold As Love Electric Ladyland Cry Of Love
Footlights [box set]	Polydor 847 235-2	Monterey Live At The Isle Of Wight Band Of Gypsys Winterland
Jimi Hendrix 1970	Merman-1983	John-Burke-Interview, 4. 2. 70
Jimi Hendrix 1967	If 6 was 9 CD	Zusammenstellung von Interviews aus Schweden
Masterpieces	Pulsar PULS. 008	Material von Lonnie Youngblood
Experiences	Pulsar PULS. 004	Material von Lonnie Youngblood

SINGLES

Voodoo Child [12"]	Polydor	Material von »Cornerstones«
Crosstown Traffic [CD]	Polydor POL 940	Material von »Cornerstones«
Berlin 69 [7']	If 6 Was 9 C.D.	Berliner Gespräche, 23. 1. 69
Jimi Hendrix 1970 [7"]	If 6 Was 9 C.D.	John-Burks-Interview, 4. 2. 70

Inoffizielle Veröffentlichungen

ALBUMS

Unforgettable Experience	RAH-2469-A-B	Royal Albert Hall, 24. 2. 69
Electric Jimi	Jaguarondi JAG 0001	Los Angeles Forum, 26. 4. 69
Last American Concert Vol 1	Swinging Pig TSP 062	Maui, Hawaii, 30. 7. 70, erste Show
Last American Concert Vol 2	Swinging Pig TSP 072	Maui, Hawaii, 30. 7. 70, erste Show
Paris 67	TMQ	Paris, Olympia, 29. 1. 68

COMPACT DISCS

Isle of Wight Incident at Rainbow Bridge	Triangle PYCD 060-2	Isle Of Wight/Maui, Hawaii
Last American Concert Vol 1	Swinging Pig TSP-CD-062	Maui, Hawaii, 30. 7. 70, erste Show
Last American Concert Vol 2	Swinging Pig TSP-CD-062	Maui, Hawaii, 30. 7. 70, zweite Show
Rare Masters Series Vol 3	Genuine Pig TGP-CD-134	Maui, Hawaii, 30. 7. 70, beide Shows

Titel	Firma/Best.-Nr.	Inhalt
Things I Used To Do	Early Years Releases 02-CD-3334	Studio-Outtakes
Black Devil	Great Dane Records	Paris, Olympia, 29. 1. 68
Historic Performances	Aquarius AQ 67-JH-080	Royal Albert Hall, 24. 2. 69 B. B. King-Jam Lulu-Show, 4. 1. 69
Atlanta Special	Genuine Pig TGP-CD-121	Atlanta, 4. 7. 70
It Never Takes An End	Genuine Pig TGP-CD-118	Newport, 22. 6. 69
Jimi Hendrix and Traffic	Oh Boy 1-9027	Hendrix/Traffic-Jam
Musicorama	Triangle PYCD 042	Paris, Olympia, 29. 1. 68
Message To Love	Triangle, PYCD 043	Randall's Island, 17. 7. 70
Cafe Au Go Go	Koine K880802	Jimi Hendrix und Paul Butterfield

Für weitere Informationen über Jimi Hendrix wenden Sie sich bitte an folgende Adresse (Internationaler Antwortschein erwünscht):

UniVibes – International Jimi Hendrix Magazine,
Coppeen, Enniskeane, County Cork,
Republic of Ireland

2

Move Over Rover and Let Jimi Take Over: Die Technik

JIMIS FRÜHE GITARREN – 1959 BIS 1966*

Jimis erste Gitarre überhaupt kaufte ihm sein Vater Al Hendrix 1959 im Myers Music Store in Seattle. Es war eine Supro-Ozark (Modell 1560 S), eine Solid-Body-E-Gitarre, die um 1957 gebaut wurde. Dieses Grundmodell der Supro-Reihe war die billigste Gitarre des Herstellers; sie wurde im Einzelhandel für 89 Dollar verkauft. Die Ozark hatte einen einspuligen Tonabnehmer in der Steg-Position; er war auf einer Schlagplatte befestigt, ebenso der Volumen- und der Ton-Regler sowie die Ausgangsbuchse des Instruments. Die Gitarre besaß 21 Bünde, eine Seltenheit für Instrumente dieser Preislage, die normalerweise über einen Bund weniger verfügten. Die Marke »Supro« gehörte zur Valco-Company, die auch viele weitere Fabrikate und Modelle, so z. B. »National« und »Dobro«, produzierte. Die Supro, die Jimi besaß, war ein weißes Modell mit einer schwarzen Schlagplatte. Er benutzte sie bis Ende 1960, als sie ihm, während eines Gigs im Birdland-Club in Seattle, gestohlen wurde.

Anschließend besorgte er sich bei Myers Music Store ein neues Instrument, eine Danelectro mit einem »Lipstick«-Tonabnehmer; sie wurde um 1955/57 gebaut und kostete ungefähr 75 Dollar. Die Gitarre war in zwei Farben erhältlich, in Schwarz (Modell 3011) und in Bronze (Modell 3012), und gehörte ebenfalls zu den billigsten ihrer Klasse. Marke und Modellbezeichnung waren nicht wie üblich auf dem Kopf der Gitarre angegeben. Darauf verzichtete man, damit die riesige amerikanische Sears-Mail-Order-Gesellschaft Gitarren wie die Danelectros und Silverstones in ihren Katalogen unter eigenem Markennamen anbieten konnte. Eine damals übliche Praxis, da viele Gitarrenhersteller die großen Versandhäuser mit Instrumenten versorgten. Jimis Danelectro hatte eine weiße Schlagplatte, irgendwann malte er die Gitarre jedoch rot an.

* Bei allen in diesem Anhang genannten Gitarren handelt es sich (soweit nicht anders vermerkt) um Rechtshänder-Instrumente, die der Linkshänder Jimi entsprechend umgekehrt besaitete und spielte. Alle genannten Verkaufspreise sind Neupreise und beziehen sich auf die Zeit, in der Jimi das jeweilige Instrument gekauft hat.

The Rocking Kings in der Washington Hall in Seattle, 20. Februar 1960. Besetzung (von links nach rechts): Lester Exkano, Jimi (mit einer Supro-Ozark-Gitarre), Webb Lofton, Walter Harris, Robert Green

Als er im Mai 1961 zur Armee ging, ließ Jimi das o. g. Instrument im Haus seiner Freundin (Betty Jean Morgan) zurück und spielte bis ca. Februar 1962 auf einer in Japan hergestellten Gitarre. Da er während seiner Armeezeit ständig Geldprobleme hatte, war dies auch das billigste Instrument, das er je gespielt hat – es kostete nicht mehr als 20 Dollar. Hierbei handelte es sich entweder um eine Kay oder um eine Eko, 1961 hergestellt und in England unter verschiedenen Markennamen, zum Beispiel »Star«, erhältlich.

Am 17. Januar 1962 schrieb Jimi einen Brief an seinen Vater, in dem er ihn bat, ihm seine rote Danelectro zu senden, die in Betty Jeans Haus in Seattle verstaubte. Etwa im Frühjahr 1962 wurde die Danelectro dann von Jimi in einem Musikgeschäft in Clarksville, Tennessee, für ein etwas besseres Instrument in Zahlung gegeben. Die Gitarre seiner Wahl war die Epiphone-Wiltshire (Modell SB432). Zu dieser Zeit besaß Jimi etwas mehr Geld; er kaufte die nagelneue Gitarre für etwa 65 Dollar: sie hatte eine kirschrote »Cherry«-Lackierung und eine schwarze Schlagplatte. Die Firma Epiphone wurde 1957 von Gibson aufgekauft, die dann die Epiphone-Gitarren von 1958 bis 1969 in ihrem eigenen Werk produzierte. Viele frühere Epiphone-Handwerker wechselten zur Firma Guild. Der Name »Epiphone« hat seit 1969 auf billigen Japan-Gitarren überlebt, wobei anzumerken ist, daß diese Produkte nichts mit den sorgfältig hergestellten Instrumenten der ursprünglichen Firma Epiphone gemein haben.

The Tomcats bei einem Auftritt im Bors Brumo, Seattle, Anfang 1961. Besetzung: Perry Thomas (Piano), Leroy Toots (Baß), James Thomas (Gesang), Jimi (mit einer Danelectro-Gitarre), Bill Rinnick und Richard Grayswood (Schlagzeug und Saxophon; welcher der beiden Musiker welches Instrument spielte, ist nicht bekannt)

Ungefähr zu dieser Zeit, um 1962, betätigte sich Jimi mal wieder als Lackierer; er strich das schwarze Schlagbrett seiner Epiphone Wiltshire weiß.

Während seiner Zusammenarbeit mit den Isley Brothers, von März bis November 1964, bekam Jimi seine erste Fender-Gitarre – eine »blonde« Duo-Sonic. Diese Modellreihe wurde 1959 von Fender eingeführt: Die Instrumente waren mit einspuligen (sogenannten »Singlecoil«-)Tonabnehmern in schwarzem Plastikgehäuse sowie mit einer weißen Schlagplatte bestückt. Jimi besaß ein Modell, das nach 1959/60 hergestellt worden war – es hatte eine kurze Mensur (22,5 Inch) und kostete 160 Dollar. Das weitverbreitete »Blonde Finish« war bis 1964 erhältlich. Ein interessantes Merkmal dieser Gitarre war, daß Jimi sie mit der Epiphone-»Tremtone«-Vibrato-Einheit bestückt hatte. Angeblich wurde seine damalige Gitarre nach einem Gig in Seattle gestohlen, doch ist nicht bekannt, ob es sich dabei tatsächlich genau um diese »blonde« Duo-Sonic gehandelt hat.

Während seiner Zeit mit Little Richard (als festes Mitglied der Upsetters) von Januar bis Juli 1965 benutzte Jimi eine »Sunburst«-lackierte Fender Jazzmaster. Dieses Modell kam 1957 auf den Markt. Die Gitarre hatte zwei große Singlecoil-Tonabnehmer mit schwarzen Plastik-Abdeckungen (helle Abdeckungen wurden erst ab 1959 benutzt). Die Jazzmaster war mit einem sogenannten »Floating Tremolo«

Jimi (mit einer Kay- oder Eko-Gitarre), Billy Cox und zwei weitere Musiker auf der Bühne des Pink Poodle Club, Clarksville, Tennessee, November 1961. Der Name dieser Band ist unbekannt, möglicherweise handelt es sich um The King Kasuals

versehen und im »Standard-Sunburst-Finish« lackiert; die laminierte Plastik-Schlagplatte wurde ab 1959/60 hinzugefügt. Der Einzelhandelspreis dieser Gitarre betrug ungefähr 220 Dollar.

Nachdem Jimi Little Richard verlassen hatte, behielt er die Fender-Jazzmaster entweder in der Hinterhand, oder er mußte sie an Little Richard zurückgeben. Denn während seines zeitweiligen Engagements bei Curtis Knight & The Squires (von September 1965 bis Mai 1966) spielte Jimi wieder auf einer Fender-Duo-Sonic (mit Sunburst-Finish). Dieses Modell, das etwa 95 Dollar kostete, wurde um 1963/64 hergestellt; es hatte eine weiße Schlagplatte sowie schwarze Standard-Tonabnehmer.

Während einer kurzen Periode, Mitte 1966, ging Jimi erneut dazu über, eine Fender-Jazzmaster zu spielen. Es ist nicht bekannt, ob dies dieselbe Jazzmaster war, die er vorher besaß, oder ob er eine andere Gitarre gleichen Typs gekauft oder geliehen hatte. Um ihn endgültig von Curtis Knight zu »befreien«, gab ihm seine damalige Freundin Carol Shiroky das nötige Geld, damit er sich bei Manny's in New York eine fast neue Fender kaufen konnte; dafür gab er die Duo-Sonic in Zahlung. Und dies war Jimis erste Fender-Stratocaster, die er damals für einen Verkaufspreis von 289 Dollar erstand; das betreffende Modell wurde um 1964 hergestellt.

Die Stratocaster wurde 1954 von Fred Tavares entwickelt: sie besitzt drei einspulige Tonabnehmer (mit Alnico-Magneten) und verfügt über ein federgelagertes

The King Kasuals im Jolly Roger, Nashville, Tennessee, Frühjahr 1962. Besetzung: Jimi (mit einer Epiphone-Gitarre in Standard-Lackierung), Billy Cox (Baß), Harold Nesbit (Schlagzeug), Leonard Moses (Gitarre), Buford Majors (Saxophon), Harry Batchelor (Gesang)

The King Kasuals im Club Del Morocco, Nashville, Tennessee, 19. Mai 1962. Besetzung: Jimi (mit einer bemalten Epiphone-Gitarre), Billy, Harry Batchelor (Gesang), Babe Boo (Gitarre), Tee Howard Williams (Saxophon). Zwei weitere Musiker, die ebenfalls mitspielten, sind hier nicht zu sehen: der Schlagzeuger Frank Sheffield und der zeitweilige Kasuals-Saxophonist Tommy Lee Williams

Jimi (mit einer Fender-Duosonic-Gitarre) zusammen mit der Begleitband der Isley Brothers, USA, 1964. Die Namen der Musiker sind nicht bekannt

Tremolo-System sowie einen ergonomisch geformten und eine komfortable Spielhaltung ermöglichenden Body (Korpus). Als Jimi im September 1966 von New York nach London flog, war es wahrscheinlich diese Strat, die er im Gepäck hatte.

JIMIS GITARREN – 1966 BIS 1970

Der Linkshänder Jimi benutzte fast ausnahmslos Rechtshänder-Gitarren, einfach aus dem Grund, weil damals kaum spezielle Linkshänder-Modelle erhältlich waren. Daher blieb ihm keine andere Wahl, als Standard-Gitarren umgekehrt zu besaiten und auch entsprechend seitenverkehrt zu halten. Dies hatte aber zur Folge, daß sich Volumen- und Ton-Regler nun an der oberen Hälfte des Gitarrenkorpus befanden und so, während des Spielens, sehr einfach einzustellen waren. Dennoch bereitete ihm die Benutzung einer rechtshändigen Gitarre auch einige Probleme. Zuerst mußte er den Sattel (Nut) seitenverkehrt anbringen, was ein Problem mit der tiefen E-Saite zur Folge hatte: Aufgrund der Position der Stimm-Mechanik sprang die tiefe E-Saite nun leicht aus dem Sattel. Um das zu verhindern, wickelte Jimi die Saite einfach in der entgegengesetzten Richtung um den Wirbel – so schien das Problem gelöst. Zahllose Fotografien belegen, daß Jimi diesen Trick während seiner ganzen Karriere

Jimi (mit einer Fender-Duosonic) mit Curtis Knight & The Squires, New York, Ende 1965/Anfang 1966

Jimi (mit einer Fender-Jazzmaster-Gitarre) mit Wilson Pickett während einer Party, die Atlantic Records Mitte 1966 in New York für ihre Künstler gab. Jimi war zu dieser Zeit offizielles Mitglied der Begleitband von King Curtis, The Kingpins angewendet hat. Im allgemeinen waren Jimis Gitarren in keiner Weise modifiziert, obwohl Roger Mayer angibt, daß er die Instrumente manchmal neu verdrahtete, um den Tonregler zu überbrücken. Roger glättete und profilierte auch die Bünde, um jegliches Schnarren zu verhindern. Außerdem verbesserte er das Sustain von Jimis Gitarren, indem er darauf achtete, daß die Verbindung von Hals und Korpus sauber ausgeführt war. Roger: »Manchmal passiert es während des ersten Lackierens, daß in diesem Bereich Farbe zusammenläuft; dann passen Hals und Korpus nicht mehr perfekt zusammen, was zu großen Sustainverlusten führt. Wenn Hals und Korpus aber perfekt zusammensitzen, verbessert sich das Sustain der Gitarre.« Es bleibt anzumerken, daß dies hauptsächlich mit den Gitarren geschah, die Jimi im Studio benutzte. Wenn niemand von den Equipment-Leuten zur Stelle war, besorgte er das Aufziehen der Bünde und ähnliche Dinge selbst. Die Gitarren, die Jimi auf langen Tourneen (besonders in den USA) auf der Bühne einsetzte, waren Standard-Modelle, die oft unterwegs »von der Stange« gekauft wurden: »Ich benutze eine Fender-Stratocaster. Jeder schreit nach der sieben Jahre alten Telecaster und der zwölf Jahre alten Gibson und der 92 Jahre alten Les Paul. Die Leute sind jetzt auf einem Alterstrip, doch das ist nur eine Laune. Die heutigen Gitarren lassen sich genausogut spielen. Weißt du, die Verkäufer versuchen dir immer zu erzählen, daß Chuck Berry diese Gitarre mit zur Toilette nahm und dann kein Papier hatte, also achte auf den Pickguard . . . Die Stratocaster ist die beste Allround-Gitarre für das Zeug, das wir machen. Du bekommst die sehr klaren Höhen und den tiefen Baßsound. Ich habe die Telecaster ausprobiert, aber die hat nur zwei Sounds, ›Gut‹ und ›Schlecht‹, und sehr schwache Klangregelungsmöglichkeiten. Die Guild ist sehr empfindlich, aber sie hat einen der besten Sounds. Ich habe auch eine von den neuen Gibsons ausprobiert, aber ich konnte sie praktisch überhaupt nicht spielen – also bleibe ich bei Fender. Ich mag meine alten Marshall-Röhrenverstärker wirklich, denn wenn alles richtig funktioniert, gibt es nichts, was sie schlagen kann, nichts in der ganzen Welt. Die sehen aus wie zwei gekoppelte Kühlschränke . . .«

1966–1968 – Jimi benutzte viele verschiedene Fender-Stratocaster. Es waren während dieser Periode hauptsächlich Modelle mit Rosewood-Neck, obwohl er bei einigen Gelegenheiten auch Gitarren mit Maple-Neck benutzte.

1968–1970 – Ab Oktober 1968 setzte Jimi eine schwarze Stratocaster, ab November eine »blonde« Stratocaster, beide mit Maple Neck, ein – letztere ist die Gitarre, die meistens mit Jimi in Verbindung gebracht wird. Diese beiden Modelle blieben auch für den Rest seiner Karriere seine »erste Wahl«. Die Stratocaster war ein neues Modell von Fender, mit einem laminierten Ahornhals, einer größeren Kopfplatte und einem sehr viel größeren Logo. Die Modelle mit dem laminierten Ahorn-Griffbrett waren genauso konstruiert wie die Rosewood-Variante; sie hatten demnach nicht den gewohnten eingearbeiteten Holzstreifen auf der Hals-Rückseite und die Öffnung für die Einstellung des Hals-Spannstabs an der Kopfplatte. Soweit es überprüft werden konnte, waren diese Modelle nur für kurze Zeit auf besonderen Wunsch erhältlich, was es heute nahezu unmöglich macht, ein solches Instrument aufzutreiben.

Marke	Modell	Seriennummer	Baujahr	Farbe	Hals	Besitzer/Anmerkungen
Supro	Ozark	?	1957	White	r/wood	1960 im Birdland-Club in Seattle gestohlen
Danelectro		?	1956	Red	r/wood	1962 in Nashville verkauft
Kay or Eko		?	1961	White	r/wood	Während Jimis Armeezeit im Einsatz; möglicherweise war dieses Instrument ausgeliehen
Epiphone	Wiltshire	?	1961	Cherry	r/wood	Während seiner Nashville-Zeit im Einsatz
Fender	Duo-Sonic	?	1964–	White	r/wood	Während der Zeit mit den Isley Brothers im Einsatz; mit einer »Tremtone«-Vibrato-Einheit bestückt
Fender	Jazzmaster	?	1965–	Sunburst	r/wood	Während der Zeit mit Little Richard im Einsatz
Fender	Duo-Sonic	?	1964–	Sunburst	r/wood	Während der Zeit mit Curtis Knight im Einsatz; wurde später für das folgende Instrument in Zahlung gegeben
Fender	Stratocaster	?	1964	Sunburst	r/wood	Gekauft bei Manny's; wahrscheinlich die Strat, die Jimi nach England mitnahm
Fender	Stratocaster	?	1964	Red?	r/wood	–
Fender	Stratocaster	?	1964–	Blue	r/wood	Besitzer unbekannt (früher im Besitz von Oliver Keen/Irland)
Fender	Stratocaster	?	1965–	Sunburst	r/wood	Anfang 1967 im Studio, bis ca. Mai 1967 auch bei Konzerten im Einsatz
Fender	Stratocaster	?	1965–	Sunburst	r/wood	Während eines Auftritts im Londoner Saville Theatre (7. 5. 67) im Einsatz
Fender	Stratocaster	?	1959–	Red	maple	Während der Probe zu einer TV-Aufzeichnung (18. 5. 67) im Einsatz; schwarze Tonabnehmer, Schalter und Regler
Fender	Stratocaster	?	1965–	Red?	r/wood	In Stockholm (24. 5. 67) und Spalding (29. 5. 67) im Einsatz
Fender	Stratocaster	?	1965–	Black	maple	Im Saville Theatre zwischen April und Juni 1967 im Einsatz
Fender	Stratocaster	?	1965–	White	r/wood	Gespielt und zerstört während der zweiten Show im Saville Theatre (4. 6. 67)
Fender	Stratocaster	?	1965–	Black	r/wood	In Monterey (18. 6. 67) und Golden Gate (25. 6. 67) im Einsatz
Fender	Stratocaster	?	1965–	Black	r/wood	Al Kooper/USA; möglicherweise identisch mit der vorgenannten Gitarre

Marke	Modell	Seriennummer	Baujahr	Farbe	Hals	Besitzer/Anmerkungen
Fender	Stratocaster	?	1965–	Red	r/wood	Von Jimi weiß angemalt; gespielt und verbrannt in Monterey (18. 6. 67)
Fender	Stratocaster	?	1965+	White	r/wood	Während des Konzerts im Central Park (5. 7. 67) im Einsatz
Fender	Stratocaster	?	1959–	White	r/wood	Beim Auftritt im Hollywood Bowl (14. 9. 67) im Einsatz
Gibson	Flying V	?	?	Cherry	r/wood	Gespielt vom 15. 8. 67 bis Januar 1969; von Jimi bemalt
Fender	Jaguar	?	1967–	Blue	r/wood	Während der BBC-TV-Show »Top Of The Pops« (24. 8. 67) im Einsatz
Epiphone	Acoustic	?	1967–	Sunburst	r/wood	Gekauft während der ersten USA-Tour
Fender	Stratocaster	?	1965+	White	r/wood	Gespielt in einer holländischen TV-Show (10. 11. 67); mit schwarzem Tonabnehmer-Wahlschalter
Fender	Stratocaster	?	1967	White	r/wood	Während des Rotterdamer Konzerts (10. 11. 67) gespielt; Schlagbrett aus Schildpatt
Fender	Stratocaster	?	1968–	M/Blue	r/wood	Eingesetzt in Zürich (31. 5. 68) und im Singer Bowl (23. 8. 68); metallic-blau lackiert
Fender	Stratocaster	?	1959–	Pink	maple	Billy Gibbons/USA
Goya		?	1968–	?	r/wood	Wahrscheinlich eine Leihgabe an Jimi
Guild	SF-V Starfire DeLuxe	?	1966	Red	r/wood	Bob Terry/USA; im Mai 1968 während einer Jam-Session in Miami im Einsatz; Linkshänder-Modell
Fender	Stratocaster	?	1968–	Sunburst	r/wood	Frank Zappa/USA; von Hendrix in Miami (19. 5. 68) angezündet und später von Rex Bouge restauriert
Gibson	SG Custom	?	1968–	White	r/wood	1968 und 1969 im Einsatz
Gibson	SG Custom	899617	1969	White	r/wood	Hard Rock Café, London; diese Gitarre zeigt typische Abnutzungserscheinungen für den Gebrauch durch einen Rechtshänder, daher ist es sehr zweifelhaft, ob Jimi dieses Instrument jemals besessen hat

Marke	Modell	Seriennummer	Baujahr	Farbe	Hals	Besitzer/Anmerkungen
Washburn	Acoustic	A33191	?	?	r/wood	Besitzer unbekannt; auf der Sotheby's-Auktion vom 5. 8. 87 von Mitch Mitchell verkauft; Gitarre mit 3/4-Mensur, eventuell bei der Studio-Einspielung von »All Along The Watchtower« im Einsatz
Fender	Stratocaster	240981	1968	White	maple	Gabriele Ansaloni (alias Red Ronnie)/Italien; von Mitch Mitchell am 25. 4. 90 bei Sotheby's für 198 000 englische Pfund verkauft; von 10/68 bis 9/70, einschließlich der letzten Europa-Tour, im Einsatz
Fender	Stratocaster	222625	1968	Black	maple	Monika Dannemann/UK; von 10/68 bis 9/70, einschließlich des Isle-Of-Wight-Festivals im Einsatz
Gibson	Les Paul Custom	?	1954/1958	Black	r/wood	Besitzer unbekannt; seit 5/68 im Einsatz
Gibson	ES-335	847084	1968	Sunburst	r/wood	Hard Rock Café/Dallas; Linkshänder-Modell; es existieren keine Fotos, auf denen Jimi diese Gitarre spielt . . .
Epiphone	Casino	8508423?	?	?	?	Von Jimi bei Manny's gekauft (7. 11. 69); bei der auf dem Lieferschein angegebenen Seriennummer wurde eine Ziffer zuviel eingetragen
Gibson	Les Paul	1042?	?	?	?	Von Jimi bei Manny's gekauft (7. 11. 69); bei der auf dem Lieferschein angegebenen Seriennummer fehlt eine Ziffer
Fender	Stratocaster	40281	1968	Sunburst	maple	Hard Rock Café/Dallas (verkauft von Velvert Turner/USA)
Gibson	Flying V	SN-849476	1970	Black	r/wood	Hard Rock Café/Dallas (verkauft von Eric Barrett/USA); Linkshänder-Modell mit Trini-Lopez-Griffbrett und zwei goldenen Tonabnehmern
Fender LH	Stratocaster	285705	1968	Black	maple	Besitzer unbekannt (verkauft auf der Sotheby's-Auktion vom 17. 6. 88)
Fender	Stratocaster	240981	1968	White	?	–
Fender	Stratocaster	244458	1968	Sunburst	?	–
Fender	Mustang	L45185	1964	Red	r/wood	Von der Sotheby's-Auktion am 28. 8. 86 zurückgezogen; daher möglicherweise eine »Fälschung« . . .

Marke	Modell	Seriennummer	Baujahr	Farbe	Hals	Besitzer/Anmerkungen
Fender	Stratocaster	?	1965–	White	r/wood	Besitzer unbekannt (verkauft von Brian Eno/UK); trägt auf der Rückseite einen EXP-Aufkleber
Fender	Jazz Bass	116544	1965	Sunburst	r/wood	Al Hendrix/USA
Gibson	Acoustic J-200	?	1968–	Sunburst	r/wood	Dave Brewis/UK (verkauft von Chas Chandler/UK)
Fender	Stratocaster	L39720	1964	Sunburst	r/wood	»Fälschung«
Fender	Stratocaster	L66347	1965	Red	maple	»Fälschung«
Fender	Stratocaster	186781	1966	Sunburst	r/wood	»Fälschung«
Fender	Stratocaster	135306	1967	Sunburst	r/wood	»Fälschung«
Fender	Stratocaster	217373	1967	Black	maple	»Fälschung«
Fender	Stratocaster	247724	1968	?	?	»Fälschung«
Fender	Stratocaster	252238	1968	?	?	»Fälschung«
Fender	Stratocaster	236326	1968	?	?	»Fälschung«

Anmerkung: Seit einigen Jahren sind die Preise, die auf Auktionen in den USA und im UK für Jimis Gitarren gezahlt werden, rapide gestiegen (was auch für die Instrumente gilt, bei denen nur behauptet wird, sie stammten aus Jimis Besitz). Bei entsprechenden Käufen sollte also mit großer Vorsicht vorgegangen werden, denn aufgrund der heutigen Profitmöglichkeiten ist die Anzahl der Gitarren, die Jimi nie in der Hand hatte, innerhalb dieser Angebote erheblich gewachsen. Falls also ein entsprechender Kauf beabsichtigt ist, sollte man das betreffende Instrument von einem Gitarren- und/oder Hendrix-Experten begutachten lassen. Das gleiche gilt für irgendwelche Papiere, die die Echtheit des Instruments belegen sollen – auch sie sollten einem Experten vorgelegt werden. In einem bekanntgewordenen Fall konnte eine Verkaufsbescheinigung als Fälschung entlarvt werden: das darauf angegebene Gitarrengeschäft hätte sich aufgrund der frei erfundenen New Yorker Straßenzahl mitten im Hudson-River befunden!

ANDERE VON JIMI BENUTZTE GITARREN

Während Jimi in New York lebte, besuchte er oft »Manny's Musical Instruments« in der 48. Straße und probierte Gitarren und neue Effektgeräte aus. Er kaufte Unmengen verschiedener Gitarren, von einer Rickenbacker über eine Firebird und eine elektrische Dobro von Mosrite bis hin zu einer Guild und einer akustischen Martin mit Perlmutt-Einlagen. Einige Instrumente behielt er, andere gab er an Freunde oder sonst jemanden weiter. Henry Goldrich (von Manny's): »Ich sah Kids mit Gitarren in den Laden kommen, die ich Jimi eine Woche vorher verkauft hatte. Wenn er so einen jungen Typen mochte, gab er ihm seine Gitarre, nagelneu.« Es folgt ein kleiner Überblick über einige für Jimi eher unübliche Gitarren, die er gespielt und/oder besessen hat.

Höfner »Club 40« – hergestellt 1959.
Dieses Foto vom April 1967 zeigt Jimi während eines Interviews mit Alan Freeman für das Magazin »Rave«. Zu sehen ist eine elektrische Höfner – eine Rechtshänder-Gitarre –, »rechtshändig« besaitet, mit einem einzelnen Tonabnehmer. All dies legt nahe, daß dieses Instrument nicht Jimi gehörte. Es stimmt allerdings, daß Jimi zu einem frühen Zeitpunkt eine Höfner besaß, weitere Einzelheiten sind jedoch nicht bekannt. Übrigens wurde in einigen Magazinen fälschlicherweise behauptet, daß Jimi bei der Studioaufnahme von »Red House« eine sehr alte Höfner benutzt habe. Tatsächlich spielte er aber eine Stratocaster.

Epiphone »Acoustic«
Siehe das Foto von Jimi mit dieser Gitarre auf Seite 249.

Gretsch »Corvette« – hergestellt 1967.
Während einer Aufwärm-Session für einen Studiotag mit Curtis Knight in New York City, Ende Juli 1967, spielte Jimi diese kirschrote Gitarre. Hier arbeitete er auch mit einem roten 1967er Hagström-Baß, einem Achtsaiter, der entweder Jimi selbst oder Noel Redding gehörte (beide besaßen ein solches Instrument). Jimi benutzte den Hagström auf einigen Aufnahmen mit Curtis Knight (siehe die Diskographie für weitere Details).

Gibson »Flying V«
Jimi kaufte diese Gitarre zwischen Juni und August 1967 in den USA. Ursprünglich war sie kirschrot, doch er malte sehr bunte psychedelische Muster über den gesamten Korpus. Jimi behielt die Gitarre bis Anfang Januar 1969, als er sie an Mick Cox, den Gitarristen von Eire Apparent, weitergab. Cox verkaufte die Flying V später; der letzte bekannte Eigentümer war Mick Box von Uriah Heep. Das erste Foto, auf dem Jimi diese Gitarre benutzt, ist eine Aufnahme aus dem Fifth Dimension Club in Ann Arbor/Michigan. Siehe hierzu auch das Foto von Jimi mit der Flying V auf Seite 7.

Fender »Jaguar«
Dieses seltene Foto zeigt Jimi bei einem Auftritt in der BBC-TV-Show »Top Of The Pops« (24. 8. 67) während seiner Interpretation von »The Burning Of The Midnight Lamp«. Gesungen wurde live, aber die Gitarre war nicht angeschlossen – und tatsächlich ist das hier zu sehende Instrument noch wie ein Rechtshänder-Modell besaitet!

Zamaitis – hergestellt 1960.
Dies ist die zwölfsaitige akustische Gitarre, mit der Jimi in dem Film »See My Music Talking« (weiterer Titel: »Experience«) den Song »Getting My Heart Back Together Again« (19. 12. 67) spielt. Die Gitarre wurde von Tony Zamaitis gebaut. Jimi war nicht der Besitzer; Filmregisseur Peter Neal lieh sie zu diesem Anlaß von einem Freund aus und besaitete das Rechtshänder-Modell entsprechend neu.

Fender »Jazzmaster«
Jimi spielte diese Gitarre während Konzerten mit der Experience eher selten. Das Foto entstand im März 1968 bei einem Auftritt in den USA.

Goya – wahrscheinlich hergestellt Anfang 1968.
Das Foto (circa März 1968 in den USA entstanden) zeigt Jimi mit diesem in Handarbeit gefertigten italienischen Instrument – die erste Gitarre mit »psychedelischem« Design, die auf den Markt kam.

Gibson »Les Paul« 1954/58 Custom
Irgendwann gegen Mitte 1968 bekam Jimi eine schwarze Les Paul. Der erste fotografische Beleg dafür, daß er diese Gitarre gespielt hat, stammt vom 10. Mai 1968 aus dem Fillmore East in New York City. Das nebenstehende Foto zeigt Jimi mit dieser Gitarre im Hallenstadion, Zürich/Schweiz (30. 5. 68).

Guild »SF-V Starfire Deluxe« – hergestellt um 1966.
Diese Linkshänder-Gitarre war mit einem Guild-Bigsby-Vibrato bestückt. Das Instrument war von einem unbekannten Verehrer wunderschön bemalt worden, der Jimi die Gitarre während einer Jam-Sassion in der Wreck Bar in Miami/Florida am 20. Mai 1968 zum Geschenk machte. Siehe Ft.10.

Gibson »SG Custom type 2« – hergestellt 1968.
Der früheste Beleg dafür, daß Jimi diese Gitarre gespielt hat, ist ein Foto, aufgenommen im Oktober 1968 im TTG-Studio in Hollywood. Nachdem er seine Gibson Flying V Anfang Januar 1969 an Mick Cox weitergegeben hatte, spielte er auf Konzerten die Gibson SG (als Strat-Alternative) in Blues-Nummern. Er benutzte die SG, bis er sich 1970 seine zweite Gibson Flying V zulegte. Dieses Foto stammt von einem Konzert in der Musikhalle Hamburg (11. 1. 69).

Gibson »Flying V« – hergestellt wahrscheinlich 1970.
Hierbei handelt es sich um eine schwarze Flying V, ein Linkshänder-Modell mit Rosewood-Hals und prachtvollen goldenen Tonabnehmern, Mechaniken, etc. Man geht davon aus, daß Gibson diese Gitarre speziell für Jimi angefertigt hat; dies würde erklären, warum es sich um ein Linkshänder-Instrument handelt. Das älteste Foto, auf dem er diese Gitarre spielt, stammt vom 16. Mai 1970 aus dem Temple University Stadium in Philadelphia/Pennsylvania. Jimi benutzte die »V« weiter für Blues-Nummern und melodischere Stücke wie »Hey Baby (The Land Of The New Rising Sun)«. Nach Jimis Tod erstand Eric Barrett die Gitarre und behauptete: »Ich würde sie nie verkaufen, selbst wenn ich hungern müßte.« Und was ist passiert? Eric versilberte das gute Stück 1986 für 11 000 Dollar an das Hard Rock Café in Dallas/Texas.

JIMIS SPIELTECHNIKEN

Vieles von dem, was Jimi mit seiner Gitarre anstellte, ist noch immer ein Rätsel. Dennoch ist es bei sorgfältigem Studium von Filmen und Videoaufnahmen sowie durch intensive Auseinandersetzung mit seinem musikalischen Vermächtnis möglich, einige seiner spieltechnischen Eigenarten herauszuarbeiten. Nachfolgend ein kurzer Abriß einiger dieser Techniken . . .

Vibratohebel

Es wurde behauptet, Jimi habe Stunden damit verbracht, den Vibratohebel seiner Gitarre mit der Hand zurechtzubiegen, so daß er jede Saite mit der auf dem Hebel sitzenden Kappe berühren konnte. Dies ist nicht der Fall. Der wahre Grund, weshalb Jimi soviel Zeit mit dem Biegen des Hebels verbrachte, ist folgender: Beim linkshändigen Spielen einer rechtshändigen Gitarre liegt der Hebel parallel zur tiefen E-Saite, was seinen Einsatz beim Spielen nicht gerade erleichtert. Also bog Jimi den Hebel quer über die Saiten hinunter, so daß er parallel zur hohen E-Saite lag – in der für einen rechtshändigen Spieler gewohnten Position.

Finger-Tremolo

Diese Spieltechnik ist auch bekannt als »Vibrato«. Sie wird angewendet, indem man die Saite über den Bund bewegt und dabei leicht das Handgelenk hin und her bewegt. Jimi hatte ein sehr charakteristisches Finger-Vibrato, was in gewisser Weise zu seinen Markenzeichen gehörte. Das Finger-Vibrato ist bei jedem Gitarristen individuell ausgebildet und deshalb nur sehr schwer zu kopieren.

Rhythmusgitarre

Was nur selten beachtet wird: Jimi war ein absolut hervorragender Rhythmusgitarrist. Er entwickelte seine Rhythmus-Spieltechniken während seiner Jahre als Begleitmusiker für Soul- und R&B-Künstler. Jimi war auch einer der selten zu findenden Gitarristen, die im Konzert Rhythmus-Parts und Leadgitarren-Soli zur gleichen Zeit spielen konnten. Manchmal erzeugte Jimi den Rhythmus auch auf »toten Saiten«: dabei dämpfte er die Saiten mit seinen Fingern ab und erzeugte dann einen »kratzenden« Rhythmus-Sound mit dem Plektrum. Ein klassisches Beispiel dafür ist das Gitarren-Intro der Studioversion von »Voodoo Child (slight return)«.

Saitenziehen

Heutzutage arbeiten die meisten Rockgitarristen mit dieser Technik. Jimi zog die Saiten oft aufwärts – im Gegensatz zu dem von den meisten Gitarristen praktizierten Abwärtsziehen. Laut Eric Barrett war es Jimi dank seiner kräftigen Finger möglich, »die erste Saite auf einem Baß bis ganz nach oben zu ziehen«. Jimi spielte auch oft einen Ton auf einer nach oben gezogenen Saite und dann einen zweiten auf einer anderen Saite, während er die erste Saite wieder in ihre Ausgangsposition zurückgleiten ließ. Diese Technik ist in »Message From Nine To The Universe« (LP: *Nine To The Universe)* zu hören. Eine ähnlich geartete Technik bestand darin, eine Saite zu ziehen und die gleiche Note simultan auf einer zweiten Saite anzuschlagen – zu hören in der Einleitung von »Highway Chile«.

Oktavspiel

Jimi setzte häufig das Oktavspiel ein; dabei spielte er eine Note auf einer Saite und dieselbe Note eine Oktav höher auf einer anderen Saite. Der Effekt war, daß die jeweilige Einzelnote einen »Akkord«-Charakter annahm. Diese Spiel- und Grifftechnik ist sehr effektvoll in den folgenden Aufnahmen zu hören: »Third Stone From The Sun«, »Instrumental Solo« (live in Woodstock) sowie »Earth Blues« und »Pali Gap« von der LP *Rainbow Bridge.*

Akkordspiel

Jimi spielte die meisten Akkordgriffe unter Einbeziehung seines Daumens. Auf diese Weise war er in der Lage, einen Akkord zu spielen und den Rhythmus in Gang zu halten, während er zur gleichen Zeit auch Leadgitarren-Phrasen spielte.

Aufgrund dieser Fähigkeit konnte bei seinem Spiel der Eindruck entstehen, es seien eher zwei Gitarristen als bloß einer zu hören. Jimi wußte eine Menge über Akkorde, konnte aber nicht eine einzige Note lesen. Es läßt sich nur spekulieren, wozu er noch fähig gewesen wäre, wenn er auch in der Lage gewesen wäre, Musik zu lesen. Er war manchmal sehr frustriert darüber, daß er die Dinge, die er in seinem Kopf hörte, nicht umsetzen konnte. Dafür beherrschte er die sehr schwierige Technik des gleichzeitigen Singens und Spielens (im Gegensatz zur Praxis, eine Zeile zu singen, ein paar Licks dazwischen zu spielen, dann wieder zu singen, etc.), wozu die meisten Gitarristen überhaupt nicht in der Lage sind!

Harmonics

Abgesehen von den Saiten der Gitarre benutzte Jimi auch fast jeden anderen Teil des Instruments, um Klangeffekte zu erzielen. Er klopfte auf die Rückseite der Kopfplatte, an verschiedene Stellen des Gitarrenhalses und des Korpus, um auf diese Weise jeweils eigene harmonische Effekte zu erzielen. Auf der Rückseite der Stratocaster verdeckt eine Plastikplatte die Federn des Vibrato-Systems: Jimi entfernte diese Abdeckung, so daß er mit den Fingern die Federn anschlagen konnte, um so verschiedene Sounds zu erzeugen. Diesen Trick setzte er auch in Verbindung mit dem Vibratohebel ein und kreierte auf diese Weise feurige »Sturzbomber«-Sounds. Dank des Entfernens der genannten Plastikabdeckung war es auch einfacher, die Gitarrensaiten auszutauschen.

Slide

Jimi verwendete nie den konventionellen »Bottleneck« aus Metall, wenn er diese Spieltechnik einsetzte. Manchmal benutzte er einen seiner Ringe, für dramatischere Slide-Effekte setzte er die Kante einer Lautsprecherbox oder den Mikrofonständer ein. Einige Beispiele, in denen Jimi als Slide-Gitarrist zu hören ist, sind »Room Full Of Mirrors« (LP: *Rainbow Bridge*) und »All Along The Watchtower« (Doppel-LP: *Electric Ladyland*). Auf diesem Foto – am 2. März 1968 hinter der Bühne des Hunter College, New York City, aufgenommen – führt Jimi den alten Trick vor, wie man mit einer Bierdose »Slide« spielt . . .

Bühnenshow

Jimi vollführte Tricks mit seiner Gitarre, die fast ein halbes Jahrhundert alt waren: er spielte das Instrument hinter dem Kopf, zwischen den Beinen, hinter dem Rücken und natürlich auch mit den Zähnen. Ein paar andere »Tricks« und »Effekte« sind gleichfalls erwähnenswert. So berichtete Mick Cox über eine Jam-Session von Jimi (Baß) und Jeff Beck (Gitarre), die im Juni 1968 im Scene Club in New York City stattfand: »Sie spielten ›Superstition‹. Das ist so eine dieser Nummern mit einem Break von zwei Sekunden. Als es dann zu diesem Break kam, warfen sich die beiden gegenseitig ihre Instrumente zu: Beck schnappte sich den Baß, Jimi die Gitarre, und sie machten mit dem Song sofort weiter. Die Leute haben es nicht mal bemerkt!«

Hugh Hopper berichtet über ein Konzert, in dem Jimi sich über das defekte Equipment ärgerte: »Gegen Ende brachte er nicht die Geschichte, mit der Gitarre auf den Verstärker [zu schlagen], sondern er nahm den Kopf der Gitarre, ging an den Footlights auf dem Bühnenboden entlang und ließ sie alle platzen. Es sah gut aus, aber die Leute vom Theater mochten es überhaupt nicht. Ich erinnere mich, wie die Bühnenhelfer – alles ganz bürgerliche Typen – nur mit dem Kopf schüttelten . . .«

Einige Male bohrte Jimi seine Gitarre auch in den Verstärker oder in die Bühnendecke. Chas Chandler zu diesem Thema: »Es war in der Newcastle City Hall [4. Dezember 1967], und es war eine der Nächte, in denen alles schiefgeht: Ein Verstärker gab den Geist auf, es kam nur ein Krachen rüber, und irgendwann, nach der Hälfte der Vorstellung, wurde er so wütend, weil da draußen auf der Bühne die Welt um ihn herum zusammenbrach, daß er die Gitarre nahm, die er gerade spielte [Gibson Flying V], und sie gegen den Verstärker warf. Und dabei hatte er Glück, denn die Gitarre flog geradewegs in den Verstärker hinein und blieb stecken. Es sah aus, als würde ein riesiger Pfeil herausragen. Das Publikum dachte, es sei Teil der Show; sie standen auf wie eine Eins, und von da an ging nichts mehr schief. Das war so eine von diesen kleinen magischen Sekunden.« Schließlich noch eine kleine

Geschichte über den Eröffnungs-Gig im Sgt. Pepper's in Palma de Mallorca, Spanien (15. Juli 1968); die damaligen neuen Besitzer des Clubs waren Mike Jeffery und Chas Chandler. Keith Altham berichtet: »Jimi eröffnete den Laden und holte dabei die neue Deckenverkleidung herunter. Chas wußte nicht, ob er lachen oder weinen sollte. Jimi steckte einfach seine Gitarre, mit dem Hals voran, durch die neue polystyrolverkleidete Decke . . ., die in großen Asbestwolken runterkam . . .«

Zerstörung

Zerstörungsakte waren kein neues Phänomen in der Musikszene, als Jimi mit seinen Aktionen begann. The Who zerschlugen in den 60er Jahren während ihrer Bühnenshows gern alles, was in ihre Nähe geriet. In Jimis Fall, so behauptet Chas Chandler, fing alles damit an, daß die Jimi Hendrix Experience im Oktober 1966 für vier Tage im Münchner Big Apple Club auftrat: Jimi schlug seine Gitarre in Stücke, nachdem er von einigen begeisterten Fans von der Bühne gezogen worden war. Obwohl Jimi (unglücklicherweise) ständig mit dem Zerschmettern und Verbrennen von Gitarren in Verbindung gebracht wird (wir schlagen ein absolutes Vorführverbot von Jimis »Wild Thing«-Auftritt in Monterey vor!), hat er in Wahrheit nur in sehr wenigen Shows seine Gitarre angezündet. Verglichen mit den 527 offiziellen Auftritten, die Jimi auf dem Gipfel seiner Karriere absolvierte, kann man die bei diesen Gelegenheiten zerschmetterten Gitarren an den Fingern von zwei Händen abzählen. Normalerweise harpunierte er nur die Lautsprecher mit seiner Gitarre, oder er warf das Instrument gegen die Boxentürme. Roadies bauten dann aus den Einzelteilen wieder ein komplettes Instrument für den nächsten Auftritt zusammen. Tatsache ist jedenfalls, daß Jimi wesentlich mehr Gitarren aufgrund von Diebstählen abhanden gekommen sind . . .

JIMIS VERSTÄRKER

Jimi Hendrix arbeitete mit einer Menge unterschiedlicher Verstärker-Typen. Hier einige Anmerkungen zu den wichtigsten Geräten.

Silvertone

Während Jimis Anfangszeit als Berufsmusiker (etwa 1961 in und um Tennessee), besaß er – wenn überhaupt – einen Silvertone-Amp mit einer 2-mal-2-Inch-Lautsprecherbox. Meist lieh er sich jedoch Verstärker von anderen Musikern, Clubbesitzern und so weiter.

Fender

Von 1965 bis Anfang 1966 benutzte Jimi einen Fender Twin Reverb. Dieser Gitarrenverstärker hat eine (Dauer-)Ausgangsleistung von 85 Watt/RMS, seine Spitzenleistung beträgt 187 Watt. Der Kofferverstärker enthielt zwei 12-Inch-J.-B.-Lansing-D120F-Lautsprecher und hatte einen eingebauten Hall- und Tremolo-Effekt. Für das Tremolo befanden sich zwei Regler am Verstärker, einer für die »Tiefe« des Effekts, einer für die »Geschwindigkeit«. Der damit erzeugte Sound erinnerte sehr an einen rotierenden Lautsprecher, der nach Wunsch verlangsamt oder beschleunigt werden konnte. Alle Songs in der Diskographie dieses Buches, die auf »Spezialeffekt: Jimi (tremolo)« hinweisen, beziehen sich auf den Einsatz eines Verstärkers mit eingeschaltetem Tremolo-Effekt.

Burns
Während der ersten Proben der 1966 neu formierten Jimi Hendrix Experience benutzte die Band kleine, 30 Watt starke Burns-Verstärker. Mitch: »Chas zog los und besorgte uns ein paar Verstärker. Er brachte diese kleinen Burns-Amps mit, und bei der zweiten Probe versuchten wir, die verdammten Dinger kleinzukriegen, indem wir sie das Treppenhaus hinunterwarfen – doch sie gingen nicht kaputt! Aber wir wußten, was wir wollten, und das war der dicke Hammer, weißt du! Wir wollten große Verstärker haben, um alles so dramatisch wie möglich zu gestalten . . .«

Fender (1968)
Für die ausgedehnte USA-Tournee, die im Februar 1968 begann, bekam Jimi brandneue Fender-Dual-Showman-Verstärker. Sie bekamen den Spitznamen »Hukkepack«-Verstärker und hatten eine Wiedergabeleistung von 85 Watt/RMS bzw. 187 Watt/Peak. Die Lautsprecherboxen waren mit zwei 15-Inch-JBL-Lautsprechern bestückt. Jimi benutzte zwei Verstärker-Top-Teile und zwei Lautsprecherboxen.

Marshall
Der erste Marshall-Verstärker wurde 1962 von Ken Bran entworfen und hergestellt. Er war in ein zwei Inch tiefes Aluminium-Chassis eingebaut. Die ersten Modelle waren mit einem Paar amerikanischer 5880-Endstufen-Röhren, einem GZ34-Receiver und drei ECC83-Vorverstärker-Röhren bestückt, die ungefähr 35 Watt produzierten. Auf Verlangen vieler Musiker jener Zeit entschloß sich Jim Marshall, einen Verstärker zu bauen, der 100 Watt liefern konnte – und genau dieses Modell machte Jimi Hendrix populär. Der erste 100-Watt-Marshall war mit vier KT66-Endstufen-Röhren und zwei 50-Watt-Übertragern bestückt. Anfang 1966 wurden die KT66er durch EL34-Endstufen-Röhren ersetzt. Jim Marshall entwarf auch die zugehörigen Lautsprecherboxen; sie wurden als »4X12er« bekannt – jede Box war mit vier 12-Inch-Lautsprechern bestückt; hierbei handelte es sich um Celestion G12-Inch-Speakers mit einer Belastbarkeit von 25 Watt pro Lautsprecher. Es gehörten jeweils zwei Boxen zu einem Turm (Stack): Die untere besaß eine gerade Front, die Vorderseite der oberen Box war nach hinten abgeschrägt. Jim Marshall: »Mitch arbeitete samstags im (Schlagzeug-)Geschäft, und er brachte Jimi mit, damit wir uns kennenlernten. Jimi sagte, er wolle Marshall-Equipment benutzen. Ich dachte, er sei auch nur einer von denen, die etwas umsonst haben wollten. Er schien meine Gedanken zu lesen und sagte fast im selben Atemzug: ›Ich will es nicht umsonst, ich möchte den vollen Preis bezahlen – aber ich will einen guten Service.‹ Und den gaben wir ihm. Ich baute den ersten 100-Watt-Turm für Pete Townshend, das muß 1965 gewesen sein . . . Ich glaube, Jimi kaufte, soweit ich mich erinnern kann, vier Bühnenanlagen, die er an strategische Punkte [des Landes] plazierte, so daß sie nicht herumtransportiert werden mußten. Er hatte mehr als eine Anlage . . . Standard-100-Watt-Topteile und Standard-1960 [Modellnummer]-4X12er . . .«

Jimi experimentierte mit verschiedenen Marshall-Formaten, anfangs mit nur einem Turm, der einen 100-Watt-Marshall-Verstärker und zwei 4X12-Inch-Lautsprecherboxen enthielt, bis hin zur Benutzung von drei Stacks, die aus drei 100-Watt-Verstärkern und sechs 4X12-Inch-Boxen bestanden. Der Marshall-100-Watt-Super-Lead-Verstärker hatte vier Eingänge: Eingang 1 (*high treble*), Eingang 2 (*low treble*), Eingang 3 (*high normal*) und Eingang 4 (*low normal*). Um also drei Marshall-Stacks miteinander zu verbinden, steckte Jimi seine Gitarre in Eingang 1 des ersten Turms, nahm ein Kabel und verband Eingang 2 des ersten Turms mit Eingang 1 des zweiten Turms und so weiter. Auf diese Weise war es möglich, so viele Verstärker miteinander zu verbinden, wie man wollte. Das ganze Marshall-Equipment von Jimi Hendrix wurde im Januar 1969 vom inzwischen verstorbenen John »Upsy« Downing, einem damaligen Roadie von Jimi, mittels einer Schablone mit dem Schriftzug »J. H. EXP« beschriftet.

Weiter unten findet sich eine Liste aller Verstärker und Boxen, die Jimi Hendrix besessen oder benutzt hat. Da es nicht möglich ist, das Alter des Marshall-Equipments allein aufgrund der Seriennummer zu bestimmen, sind nur die uns zugänglichen Verstärker datiert worden. Dies geschah mit Hilfe der im Inneren angebrachten »Passed«-Aufkleber, die nach Fertigstellung und Überprüfung der Geräte im Marshall-Werk datiert und unterschrieben wurden. Die unten aufgeführten SLA (*Super Lead Amplifier*) wurden im März 1969 hergestellt und, rechtzeitig zum Beginn von Jimis Frühjahrstournee, per Schiff zur West Coast Organ and Amp Service Company in die USA gebracht.

Einige von Jimi Hendrix' Marshall-Boxen waren mit JBL-»120F-6 Signature«-Lautsprechern bestückt. Der Austausch der Celestion-Speaker gegen JBLs (die aus den Sunn-Verstärkern stammten) wurde von Eugene McFadden im Sommer 1970 während Aufnahmen im »Electric Lady«-Studio vorgenommen. Grund dafür war, daß die Celestion-Speaker ständig ihren Dienst verweigerten – was ohne Zweifel auf die maximale Verstärker-Einstellung »10« zurückzuführen war.

Marke	Modell	Seriennummer	Herstellungsdatum	Derzeitiger Besitzer
Verstärker				
Marshall	100 watt Lead	SLA 10032	03/69	Tony Brown/UK
Marshall	100 watt Lead	SLA 10045	?	?
Marshall	100 watt Lead	SLA 10047	?	?
Marshall	100 watt Lead	SLA 10590	03/69	Marcel Aeby/Schweiz
Marshall	100 watt Lead	SLA 12361	?	?
Marshall	100 watt Lead	SL/A 5273A	?	?
Marshall	100 watt Lead	ST/A 4329A	?	?
Marshall	100 watt Lead	ST/A 4360A	?	?
Fender	Duel Showman TFL 5000D	99110624	?	Al Hendrix/USA
Fender	Champ 5F1	C11239	?	? (verkauft von Mitch Mitchell auf der Sotheby's-Auktion vom 5. 8. 1987)
Lautsprecherboxen				
Marshall	4 × 12s	10133	?	?
Marshall	4 × 12s	11244	?	?
Marshall	4 × 12s	11252	?	Tony Brown/UK
Marshall	4 × 12s	11368	?	?
Marshall	4 × 12s	17649	?	?
Marshall	4 × 12s	29127	?	?
Marshall	4 × 12s	29573	?	?
Marshall	4 × 12s	30023	?	?
Marshall	4 × 12s	30036	?	John Gregg/UK

Fender (1970)
Jimi benutzte für die meisten seiner Aufnahmen im »Electric Lady«-Studio einen Fender-Twin-Reverb-Verstärker und einen sogenannten »½ Stack«-Marshall (ein Verstärker und eine 4X12-Inch-Lautsprecherbox).

Sound City
Ab November 1967 setzte Jimi für Konzertauftritte einen Sound-City-Turm, bestehend aus einem 100-Watt-Verstärker und zwei 4X12-Inch-Lautsprecherboxen, ein. Diese Anlage war eine Ergänzung zu seinen Marshall-Türmen. Der Sound City gehörte offenbar zu dem Equipment, das er während seiner Bühnenshow mit der Gitarre am liebsten attackierte. Jimi benutzte diese Anlage nur bis Ende Januar 1968, obwohl er auch später noch den Sound City gelegentlich als Monitor einsetzte. Während der Aufnahmen für die *Axis*-LP wurde der Sound City ziemlich regelmäßig verwendet, um einen sehr viel klareren Ton zu erzielen (im Gegensatz zu den Marshall-Verstärkern mit ihrem stärker verzerrten Sound).

Sunn
Während der ersten Phase der USA-Tournee, die im Februar 1968 begann, kamen Verstärker der Firma Sunn auf Jimis Bühne. Damals war anscheinend jemand »zur richtigen Zeit am richtigen Ort«, da sich zu dieser Zeit Probleme mit den Fender-Verstärkern einstellten. Buck Munger erklärt hierzu: »Mei Auftrag war es, einen oder zwei Künstler zu finden, die die Firma mit einem kompletten Gratis-Equipment unterstützen konnte – als Gegenleistung für den Werbeeffekt. Ich sah Jimi spielen, und es war offensichtlich, daß er mehr auf seinem Verstärker spielte als auf seiner Gitarre, und so kam meine Firma auf die Idee . . . Ich ging zu Jimi und sagte: ›Ich arbeite für eine Verstärkerfirma in Oregon. Ich sehe, du hast einen Haufen uralte gequirlte und verkokelte Scheiße, und wir geben dir, was immer du willst – umsonst‹ . . . Jimi sagte zu mir: ›Schlepp das Equipment ran, und wir probieren es aus.‹ Die Geräte waren brandneu, aber sie waren noch nicht besonders ausgereift. Wir unterschrieben einen Fünfjahresvertrag, der sich später als einer von anderthalb Jahren herausstellen sollte.« Roger Mayer sieht die Geschichte mit den Sunn-Verstärkern etwas anders:

»Im Grunde haben sie uns eine unglaubliche Menge Ärger bereitet. Wir hatten keine verkokelte Scheiße, wir hatten brandneue Fender-Amps, die man uns gerade erst zu Beginn der Tournee gegeben hatte. Wir bekamen aber nicht den richtigen Sound aus den Fendern, vielleicht lag es an den 15-Inch-Lautsprechern. Aber diese Sunn-Verstärker, weißt du – die Transformatoren fielen aus den Gehäusen. Ich baute sie wieder zusammen, und sie waren total falsch konstruiert; Jimi war äußerst unzufrieden mit diesen Amps. Ich mußte tatsächlich zum Werk rausfahren, um zu sehen, ob wir irgendwas daran machen konnten, denn die Ausgangs-Trafos fielen bim Transport einfach aus dem Gehäuse und schlugen alles zu Brei. Außerdem brannten sie andauernd durch. Dieser Typ [Buck Munger] sieht die Sache etwas sehr naiv. Wir haben sie uns einfach so schnell, wie wir konnten, vom Hals geschafft. In Wahrheit hatte Jimi, als wir zurück nach New York kamen, die Original-Marshalls aus England einfliegen lassen, um damit die Tournee zu beenden . . .«

Jimi benutzte die Sunn-100-F-Lautsprecherboxen zum ersten Mal am 10. Februar 1968 bei einem Konzert im Shrine Auditorium in Los Angeles. Sie enthielten einen JBL-D-30 und darüber ein »L-E-100-S«-Hochtonhorn. Da sie wenig Mittenfrequenzen übertrugen, wurden sie mit den anderen Amps, die Jimi benutzte, kombiniert, um so eine etwas bessere Soundmischung zu erzielen. Er probierte dann ein anderes Set von Sunn; das enthielt zwei für Gitarren modifizierte »Coliseum«-PA-Topteile mit einer Ausgangsleistung von 120 Watt/RMS; daran angeschlossen waren fünf Lautsprecherboxen, von denen jede zwei 12-Inch-JBL-»D-130 F«-Speaker enthielt. Der Sunn-Verstärker selbst arbeitete mit vier KDAD88-Röhren, ein ultra-lineares Design, schon eher wie ein HiFi-Verstärker konzipiert – und als Ergebnis konnte er der permanenten Übersteuerung, der Jimi ihn aussetzte, nicht standhalten.

Noch einmal Buck Munger: »Die einzigen technischen Eigenschaften, mit denen sich Jimi wirklich beschäftigte, hatten in der Regel mit der Verstärkerleistung und der Lautsprecher-Bestückung zu tun: ›Ich will soundsoviel Watt und soundsoviele 12-Inch-Speaker und Clusters . . .‹ und zu dieser Zeit hatte Sunn mit einer Box experimentiert, der 100S, die ein Hochfrequenz-Horn, eine Frequenzweiche und einen 15-Inch-JBL-Speaker enthielt. Der Grundgedanke von Sunn, aus der Sicht der Techniker, war, ihm einen großen Turm mit Speakern hinzustellen, der auf der einen Seite diese Hochfrequenz-Hörner hatte, andererseits große tiefklingende 15-Inch-Speaker und in der Mitte all die 12-Inch-Speaker. Aber Jimi lehnte das von vornherein ab, er wollte nichts damit zu tun haben. Was also in diesem Fall, der langsam zu einem Witz wrde, passierte, war, daß die Ingenieure von Sunn sagten: ›Gut, wir geben ihm das Maximum an klarer Power, ehe der Verstärker zu verzerren beginnt; wir geben ihm aber nur zwei Drittel davon, denn dann bekommt er, selbst wenn er alles voll aufdreht, einen zu hundert Prozent klaren Sound.‹ Das klang intelligent für jeden, der damit zu tun hatte. Also gingen sie die Sache an und schickten Jimi die Amps. Er schloß alles an, drehte voll auf und wußte sofort, was los war. Er schüttelte nur den Kopf und sagte: ›Ihr kriegt nicht mit, worum es geht, stimmt's?‹ Es funktionierte also überhaupt nicht, und das war der Anfang vom Ende . . . Auch wenn damals niemand ganz von den Marshalls weg wollte – Jimi wäre auf den Mond geflogen, wenn nur der Sound gestimmt hätte . . .«

Daher benutzte Jimi das Sunn-Equipment nur für eine kurze Zeit, und ab April 1968 spielte er schon wieder über Marshall-Verstärker. Die Sunn-Geräte wurden nur noch als Monitorsystem verwendet, obwohl Noel Redding seine Baß-Anlage von Sunn noch über einen wesentlich längeren Zeitraum spielte.

Wem

Für einige Auftritte benutzte Jimi 4X12-Inch-Säulenboxen dieses Fabrikats, so im Februar 1969 in der Royal Albert Hall, London, und beim Isle Of Wight-Festival am 30. August 1970. Das Wem-Equipment kam allerdings nur als Monitoranlage zum Einsatz.

JIMIS GITARRENEFFEKTE

Die Effektgeräte, die Jimi hauptsächlich benutzt hat, waren folgende: Fuzz Face, Mosrite Fuzzrite, Uni-Vibe, Wah-Wah und Octavia. Hier ein kurzer Abriß zur Geschichte dieser Geräte.

Fuzz

Die ersten Fotos, auf denen zu erkennen ist, daß Jimi eine Fuzz-Box spielt, wurden während eines Auftritts mit Curtis Knight & The Squires im Mai 1966 im Cheetah, New York City, aufgenommen. Möglicherweise handelte es sich bei dem hier eingesetzten Gerät um ein Maestro-Fuzz.

Arbiter Fuzz Face
Das Fuzz Face wurde in England entwickelt und hergestellt und von der Arbiter Company in London vertrieben. Es war ab Ende 1966 erhältlich und kostete damals sieben Guineen (sieben Pfund und sieben Schilling). In den späten Sechzigern fusionierte die Dallas Musical Instruments Company mit Arbiter, und man begann, das Dallas Arbiter Fuzz Face zu produzieren. Dieses Effektgerät erschien in einem gußeisernen runden Gehäuse, hatte Kontrollregler für Volume und Sustain und einen in der Mitte des Geräts angebrachten Fußschalter. Die Anordnung der Regler auf dem runden Gehäuse ergab ein menschliches Gesicht – daher der Name »Fuzz Face«. Das Gerät erschien in unterschiedlichen Farbgebungen, die frühen Modelle, die Jimi benutzte, waren jedoch rot und hatten schwarze Regler. Die ersten Fuzz Faces besaßen zwei PNP-Germanium-Transistoren, die jedoch kurze Zeit später nur noch schwer zu beschaffen waren, so daß statt ihrer Transistoren des NPN-Typs verwendet wurden. Unglücklicherweise hatte dies zur Folge, daß das Gerät nun unter Live-Bedingungen Radiosignale empfing. Die ersten Fotos, auf denen Jimi das Fuzz Face spielt, wurden am 24. Januar 1967 im Marquee, London, aufgenommen. Jimi benutzte das Arbiter Fuzz Face während seiner gesamten Karriere in erster Linie für Konzertauftritte.

»Axis« Fuzz
Hierbei handelt es sich um einen Verzerrer, der von Roger Mayer speziell für Jimi gebaut wurde. Das Axis Fuzz wurde 1967 regelmäßig während der Aufnahmen in den »Olympic«-Studios eingesetzt. Ebenso stand es bei den Band-Of-Gypsys-Konzerten im Fillmore East, New York City, mit auf der Bühne.

Mosrite Fuzzrite
Das Mosrite Fuzzrite wurde in Kalifornien hergestellt, war sehr einfach konzipiert und produzierte einen Sound, der dem Arbiter Fuzz Face sehr ähnelte. Unklar ist, in welcher Periode Jimi das Mosrite benutzt hat, aber es dürfte im Studio nur 1969 oder 1970 eingesetzt worden sein.

Vox Wah-Wah-Pedal
Dieses Effekt-Pedal wurde von der Firma Jennings Musical Industries Ltd. in Kent, England, hergestellt. Jimi: »Auf der ersten LP *Are You Experienced?* . . . na ja, weißt du, auf diesem Stück ›I Don't Live Today‹ spielt eine Gitarre ein Solo, und es ist ein Wah-Wah zu hören. Aber wir haben den Effekt damals von Hand erzeugt, weißt du, also haben Vox und diese andere Firma in den Staaten dieses Ding gebaut . . . Die erste Aufnahme mit Wah-Wah, die ich gehört habe, war ›Tales Of Brave Ulysses‹ von Cream; ja, das ist eine meiner Lieblingsplatten, aber das war sie auch schon vorher, als wir noch das Hand-Wah-Wah benutzt haben, was ja sehr gut klingt . . .«

Es gibt viele Songs, in denen Jimi diesen Effekt eingesetzt hat, so zum Beispiel in »The Burning Of The Midnight Lamp« und »Voodoo Child (slight return)«, beide auf dem Album *Electric Ladyland*. Die ersten Fotos, auf denen zu erkennen ist, daß Jimi das Wah-Wah-Pedal live auf der Bühne eingesetzt hat, stammen vom 15. August 1967 aus dem Fifth Dimension Club in Ann Arbor, Michigan. Er benutzte das Vox-Wah-Wah während seiner gesamten Karriere, obwohl er für kurze Zeit auch das »Cry Baby« der Firma Jennings spielte. Heute stellen die Dunlop Manufacturing Inc., Kalifornien, und die italienische Firma JEN Elettronica ein »Cry Baby« her, das identisch ist mit dem Original. Während der Aufnahmen zu der LP *Axis: Bold As Love* modifizierte Roger Mayer Jimis Wah-Wah-Pedale, um den Wirkungsbereich des Filters zu optimieren und ihn besser auf das (oft gleichzeitig eingesetzte) Fuzz-Gerät abzustimmen.

Leslie Speaker Cabinet

Der Leslie-Speaker war in erster Linie als Ergänzung zur Leslie-Orgel gedacht, doch Jimi war so scharf darauf, mit vielen verschiedenen Gitarren-Sounds zu experimentieren, daß er das Gerät für die Studioaufnahme von »Little Wing« (LP: *Axis: Bold As Love*) benutzte.

Jimi: »Ja, da ist ein Song drauf, auf den wir eine Menge Sounds gelegt haben, weißt du. Wir haben die Gitarre durch den Leslie-Speaker einer Orgel geschickt, und es klingt wie Jelly Bread, verstehst du . . .«

Die Techniker des »Olympic« bauten auch ein kleineres Speaker-Cabinet, das auf dem Original-Leslie basierte, jedoch kleinere Lautsprecher auf der rotierenden Scheibe hatte und zudem ohne die Hochfrequenz-Hörner des Originals arbeitete. Diese Spezialanfertigung hatte eine (für die Gitarre) günstigere Hochfrequenz-Wiedergabe und wurde für einige der *Axis*-Aufnahmen benutzt.

Uni-Vibe

Das Uni-Vibe wurde von der Uni-Vox Company, Long Island, New York, entwickelt und hergestellt und von der Firma Merson Musical Products, Westbury, New York, vertrieben. Das Gerät kam Anfang 1969 für 110 Dollar auf den Markt. Beim Uni-Vibe handelt es sich um ein Effektgerät, das den Sound eines rotierenden Lautsprechers simuliert. Es war mit einer variablen Breitband-Geschwindigkeitskontrolle ausgestattet und ursprünglich für den Gebrauch mit elektronischen Orgeln gedacht, entpuppte sich jedoch als recht praktisch für den Einsatz an Gitarren. Das Uni-Vibe bestand aus zwei Teilen: Das Herzstück des Effekts war in einem Metallgehäuse von 10,5 mal 7 Inch (26,6 mal 17,7 cm) untergebracht. Der zweite Teil bestand aus einem Fußpedal (einem modifizierten Wah-Wah-Pedal), das man zur Beschleunigung des Uni-Vibe-Effekts wie ein Gaspedal »durchtreten« mußte. Das »Armaturenbrett« des eingangs genannten Hauptgeräts besitzt zwei Eingänge und einen Ausgang, eine fünfpolige Buchse für den Anschluß des Fußschalters, ein Potentiometer für die Lautstärke, ein weiteres für die Intensität des Effekts sowie einen Kippschalter für die zwei unterschiedlichen Effekte des Uni-Vibe. Der erste ist ein Chorus-Effekt, der den Klang eines rotierenden Lautsprechers (zu Ruhm und Ehre gekommen durch die Leslie-Company) simuliert. Dieser ermöglicht einen unregelmäßig »wirbelnden« Effekt, den Jimi in Songs wie »Hey Baby (The Land Of The New Rising Sun)« und »Machine Gun« eingesetzt hat. Der zweite, vergleichsweise normal klingende Grundeffekt des Uni-Vibe ist das Vibrato, zu hören in »Earth Blues« von der LP *Rainbow Bridge*.

Roger Mayer über das Uni-Vibe: »Es handelt sich um einen vierstufigen Swept-Filter, ähnlich dem Filter in einem Phaser. Er wird von vier Fotozellen gesteuert, die von einer Glühbirne betrieben werden, die wiederum von einem variablen Oszillator moduliert wird . . . Was wir im Prinzip damit gemacht haben, war eine ganz ähnliche Sache wie beim Wah-Wah; du mußtest dich vergewissern, daß die jeweiligen Filter optimiert waren, denn die Fotozellen haben etwas Streuung, wenn du sie kaufst . . . Und dann mußtest du auch noch mit dem Modulationssignal, das zur Glühbirne ging, herumspielen, um das zu optimieren. Also habe ich sie eigentlich nur einander angepaßt. Wenn du es schaffst, daß sie funktionieren, klingen sie wirklich sehr musikalisch.«

Abgesehen von ihrer Verwendung im Studio scheint Jimi etwa im August 1969 auch damit begonnen zu haben, das Uni-Vibe für den Live-Einsatz zu benutzen. Zum ersten Mal setzte er das Uni-Vibe während einer Jam-Session am 10. August 1969 im Tinker Street Cinema, Woodstock, ein. Das erste offizielle Live-Konzert, bei dem Jimi mit diesem Gerät spielte, fand acht Tage später statt – das Woodstock-Festival. Von diesem Moment an wurde das Uni-Vibe zum festen Bestandteil seines Bühnen-Set-Up; doch wirklich eingesetzt wurde es nur in den Titeln »Machine Gun« und »Hey Baby (The Land Of The New Rising Sun)«. Allerdings erzeugte das Uni-Vibe einen wärmeren Sound, auch wenn der Effekt selbst nicht eingeschaltet, sondern das Gerät nur innerhalb von Jimis »Effektkette« verkabelt war. Da das von Jimi benutzte Modell in Amerika hergestellt worden war, lief es mit einer Betriebsspannung von 110 Volt. Das Uni-Vibe wurde später auch von der japanischen Firma Shin-ei-Companion hergestellt (Modell-Nr. SM.NO 49.2) und war bis Mitte der siebziger Jahre erhältlich. Die Geräte waren für den europäischen Markt konzipiert und in 240-Volt-Ausführung erhältlich. Hingegen waren die japanischen Geräte klanglich und optisch mit den amerikanischen Originalmodellen identisch.

Uni-Drive

Laut Auskunft des Herstellers Merson Musical Products, veröffentlicht im »Melody Maker« (11. September 1971), erhielt Jimi Mitte 1970 noch ein weiteres Effektgerät: das Uni-Drive (Verkaufspreis: 49,50 Dollar). Weitere Information fehlt.

Octavia

Dieses Effektgerät wurde Anfang 1967 von Roger Mayer entworfen und gebaut. Roger: »Im Grunde handelt es sich dabei um einen Frequenzverdoppler, das Gerät produziert die obere Oktave. Wenn du eine Klangkurve hineinschickst und sie analysierst, wirst du sehen, daß die doppelte Frequenz aus dem Gerät herauskommt. Es erzeugt den Effekt eines mehrfachen Spiegelbilds des ursprünglichen Sounds, mit der ursprünglichen Phase allerdings. So produziert es wirklich einen Sound, der sämtliche Obertöne multipliziert, beinahe unendlich. Und du bekommst so einen extrem hohen, schrillen Ton heraus. Es gibt noch einen weiteren wichtigen Punkt beim Octavia: Die Schaltung ist anschlagdynamisch entworfen, es benutzt also einiges vom Input des Spielers, um die jeweilige Charakteristik der Gerätefunktionen zu verändern; es kriegt also mit, wie du spielst, aber grundsätzlich ist es ein Frequenzverdoppler.« Jimi setzte das Octavia während seiner frühen Phase nur im Studio ein. Der erste Titel, den er mit seiner Hilfe einspielte, war »Purple Haze«; anschließend entstanden noch zahlreiche weitere Songs unter Verwendung dieses Geräts, so etwa »One Rainy Wish«. Roger Mayer baute noch mehrere andere Effektgeräte für Jimi, von denen die meisten einfach »Octavia« genannt wurden und ansonsten nur mit einer Identifikationsnummer versehen waren.

Kurz bevor die Band Of Gypsys ihr Debüt im Fillmore East, New York, gab, baute Roger Mayer einige neue Octavias, Jimi setzte den Effekt in vielen Songs dieser Shows ein, am auffälligsten in »Machine Gun«. Heutzutage ist das Octavia, nach vielen Jahren, in denen es in der Versenkung verschwunden war, wieder auf dem Markt und über die Firma von Roger Mayer erhältlich.

KOMBINATION DES EQUIPMENTS

Jimi baute sein Equipment bei Live-Auftritten in der Regel folgendermaßen auf: Das Ausgangssignal seiner Fender Stratocaster ging in ein Vox-Wah-Wah, dahinter waren gegebenenfalls ein Octavia, ein Arbiter Fuzz Face und das Uni-Vibe geschaltet; letztes Glied der Kette war der Marshall-Turm.

SAITEN
Jimi: »Ich spiele auf einer Fender Stratocaster mit *Light-Gauge-Saiten*, benutze eine normale E-Saite als H-Saite und manchmal eine Tenor-A-Saite als hohe E-Saite. Um meine Art von Sound auf der Stratocaster hinzukriegen, stelle ich die Saitenlage etwas höher ein, so daß die Saiten länger schwingen können. Ich benutze zwei 100-Watt-Marshall-Lautsprecherboxen mit einem 100-Watt-Marshall-Verstärker – obwohl wir jede Woche die Röhren auswechseln müssen, weil sie an Leistung verlieren . . .«

Es scheint, als habe Jimi fast immer Fender Rock-'n'-Roll-*Light-Gauge*-Saiten (in den Stärken .010, .013, .015, .026, .032, .038) benutzt, obwohl er auch einige Male Esquier-Saiten verwendet haben könnte, da er Ende 1968 für diesen Hersteller in einigen amerikanischen Publikationen Werbung machte.

STIMMUNG
Von September 1966 bis Juni 1967 benutzte Jimi die Standardstimmung (E–A–D–G–H–E). Nach der Rückkehr von seiner ersten Amerika-Tournee stimmte er seine Gitarre allerdings fast immer einen halben Ton tiefer, also auf Es, As, und so weiter. Das Herunterstimmen der Gitarre erleichterte natürlich das Saitenziehen, aber mehr noch hatte es mit Jimis Gesang zu tun, da die Erniedrigung um einen Halbton seiner Stimme einiges an Anstrengung ersparte. Aufgrund seiner Art, den Vibrato-Arm einzusetzen, hatte Jimi ständig Probleme, seine Gitarre in korrekter Stimmung zu halten; er stimmte sie während seiner Konzerte fast nach jedem Song neu – »*we really care for your ears*«. Während der Live-TV-Übertragung der Lulu-Show im Januar 1969 stimmte er sogar im Verlauf von »Hey Joe« nach mit einem leicht verlegenen Lachen. Bei anderer Gelegenheit ärgerte er sich allerdings ganz offensichtlich über seine verstimmte Gitarre und zeigte seine Frustration auch. Ein klassisches Beispiel ist das Video vom ersten Konzert in Stockholm (9. Januar 1969), bei dem einfach nichts in seinem Sinne lief.

NOEL REDDINGS EQUIPMENT
Als Noel Redding zum ersten Vorspielen bei Jimi eingeladen war, lieh er sich Chas Chandlers halbakustischen Gibson-EB-2-Baß aus. Dieses mit einem Tonabnehmer bestückte Instrument spielte er bis Mitte Februar 1967. Anschließend leistete sich Noel seinen eigenen Baß, einen in »Sunburst« lackierten Fender-Jazz-Bass, Baujahr 1964. Noel: »Ich benutzte eine Zeitlang einen sechssaitigen Baß. Das machte den Wechsel vom Lead-Spiel einfacher, aber irgendwie bekam ich damit nur einen höhenbetonten Sound hin. Später ging ich dann zum Viersaiter über.« Für den Rest seiner Karriere mit der Jimi Hendrix Experience benutzte Noel den Jazz-Baß. Er besaß auch einen achtsaitigen Hagström-Baß, den er für einige Studioaufnahmen (mehr dazu in der Diskographie) und bei Live-Konzerten (hauptsächlich für den Song »Spanish Castle Magic«) verwendet. Vor einigen Jahren wurde ein Fender-Jazz-Bass (obwohl in erbärmlichem Zustand) von Privat für lockere 10 000 Pfund verkauft.

Noel benutzte auf seinen Instrumenten immer Saiten der Marke »Rotosound Swing Bass«.

MITCH MITCHELLS EQUIPMENT
Mitch verwendete hauptsächlich Schlagzeuge der Firmen Ludwig, Premier und Gretsch. Für seine gesamte Studioarbeit mit Jimi benutzte er fast ausschließlich ein sehr kleines Kit. Mitch versuchte bei Live-Auftritten mehrmals mit einer Double-Bassdrum zu arbeiten; diese Experimente begannen bereits im November 1966 in München, als er sich die zweite Bassdrum von der Vorgruppe auslieh. Man kann Mitchs exzellentes Double-Bassdrum-Spiel auf der LP *The Cry Of Love* hören.

STUDIO-EFFEKTE

Jimi verwendete für seine Studioaufnahmen eine Vielzahl von Effekten. Nachfolgend eine kurze Beschreibung einiger Effekte, mit denen er gearbeitet hat.

ADT
Automatic (oder Artificial) Double-Tracking, kurz: ADT, ist ein Prozeß, bei dem ein Aufnahmesignal vom Playback-Kopf einer Bandmaschine auf eine separate Bandmaschine aufgenommen wird, die über einen variablen Oszillator verfügt (der eine stufenlose Veränderung der Bandgeschwindigkeit ermöglicht). Das Signal wird schließlich in die erste Bandmaschine zurückgeschickt und mit dem Original-Signal kombiniert. Der wahre Ursprung des ADT liegt bis heute, zu einem wesentlichen Teil jedenfalls, im Dunkeln. In mindestens drei verschiedenen Londoner Studios (Abbey Road, EMI und Olympic) arbeiteten die Techniker unabhängig voneinander mit diesem Verfahren. Laut Mark Lewisohn, Autor des Buchs »The Beatles' Recording Sessions«, war es Ken Townsend, der als erster mit dem ADT (hier als »Artificial Double Tracking« bezeichnet) gearbeitet hat. Eddie Kramer meint, daß Beatles-Produzent George Martin (der sich sein technisches Wissen und seine Erfahrung aneignete, als er in den späten fünfziger und frühen sechziger Jahren in den Tonstudios der BBC arbeitete) die grundlegende Idee dem »BBC Radiophonic Workshop«-Handbuch entnahm. George Chkiantz (während der meisten Aufnahmen in den »Olympic Sound«-Studios anwesend) ist der Ansicht, daß die ursprüngliche Grundidee für ADT vielleicht aus einer noch älteren Quelle stammt: aus dem »British Navy Signal«-Handbuch von 1930, das den Spitznamen »Blue Book« trug! Wer auch immer damit angefangen haben mag, Sinn und Zweck dieses Verfahrens bei Jimis Studioaufnahmen war es, den Effekt einer Stimmverdopplung, ausgehend von nur einer Tonspur oder -quelle, zu simulieren. Beispiele für den Einsatz dieser Technik sind in »One Rainy Wish« (LP: *Axis: Bold As Love)* zu hören.

Phasing
Dieser »Jet-Sound«-Effekt wurde produziert, indem man ein Signal in zwei Tape-Recorder schickte und die kombinierten Outputs auf einer anderen Bandmaschine aufnahm. Der Effekt zeichnet sich durch eine Art von »Klangwirbel« aus, der durch Ändern der Geschwindigkeit eines der beiden Input-Tape-Recorder und Variation der Frequenzstruktur (EQ) des Audiosignals erzielt wurde. Eddie Kramer berichtet, Jimi habe ihm erzählt, er habe diesen Klang in seinen Träumen als »Unterwasser-Sound« gehört. Als Eddie eines Tages im Studio mit Aufnahmen herumexperimen-

tierte, geriet er irgendwie auch an den Phasing-Effekt, und als Jimi hereinkam, spielte Eddie ihm den Track, an dem sie gearbeitet hatten, vor, indem er zugleich etwas Phasing hinzufügte. Laut Eddie rief Jimi: »Das ist der Sound! Das ist der Sound, den ich in meinem Traum gehört habe!« Eine nette Geschichte, aber in Wahrheit sollte man George Chkiantz für das Phasing danken. Chas Chandler: »George hat Sachen wie das Phasing erfunden – er war ein echter Experte darin, das Equipment zu mißbrauchen . . . Obwohl er im Studio eine Art ›Tape Operator‹ war, wäre es schrecklich, zu sagen, er sei nur der ›*Tape Op*‹ gewesen, denn er war *mehr*; er war verantwortlich für eine Menge von dem Krach, der da aufs Band kam . . .«

George: »Es war mit Sicherheit eine Erfindung, die parallel gemacht wurde. Während der Aufnahmen der Beatles für die LP *Sgt. Pepper's* bei EMI benutzten sie einen alten ›BTR-2‹-Tape-Recorder, der mit 30 Inches pro Sekunde lief. Dabei handelt es sich um eine Mehrspurmaschine, die einen selbstmischenden Output hat, der direkt vom Aufnahme-Tonkopf der Maschine kam und so die ganze Zeit präsent war. Und die Beatles fanden heraus, daß sie diesen Effekt erzielen konnten, wenn sie das Output-Signal nahmen und es wieder [in den Eingang] hineinmischten. Vielleicht lief das Gerät nicht mit der korrekten Geschwindigkeit, und sie erzielten deshalb den Phasing-Effekt eher zufällig; so wurde es uns jedenfalls beschrieben. Nur waren wir dazu nicht in der Lage, einfach aus dem Grund, weil wir nicht dasselbe Equipment hatten; also versuchte ich erst einmal nur eine Simulation des Beatles-Effekts. So kam ich zum Phasing-Effekt, und als es passierte, fummelte ich gerade an P. P. Arnolds 'The First Cut Is The Deepest' herum – und ich hatte den Effekt hinbekommen. An dem Abend machte ich eine Session mit Glyn Johns und sagte: ›Hey, du mußt dir mal diesen Effekt anhören.‹ Er sagte, ›Hmm, ja, das ist ein guter Trick, den solltest du für dich behalten.‹ Und dann schlug er den Small Faces vor, sie sollten ihn auf 'Itchycoo Park' einsetzen, was sie auch taten. Das ist das, was ich darüber weiß, und der Effekt wurde zu dieser Zeit als meine Schöpfung angesehen. Unterdessen war Eddie Kramer absolut wütend darüber, daß ich Glyn den Effekt gegeben hatte, er war aufgebracht, daß ich ihn diesem fremden Ingenieur verraten hatte. Es hätte ein interner ›Trick des Hauses‹ bleiben sollen; was er aber wirklich meinte, war, daß ich ihm, Eddie, diesen Trick hätte vermachen sollen. Und ich sagte ihm, daß man, wenn man eine Idee hat, sie nicht zurückhalten kann; denn in dem Moment, wo du das tust, hörst du meiner Meinung nach auf, überhaupt Ideen zu haben. Also herrschte für eine Weile praktisch der totale Krieg zwischen uns, aber wir wurden dann doch recht enge Freunde.« Gute Beispiele für den Einsatz des Phasing sind »Midnight« (auch als »Trashman« bekannt) und »House Burning Down«. Außerdem hört man ihn in, »in vollem Flug« auf Mitchs Schlagzeug »If Six Was Nine«. Heute wird Phasing mittels elektronischer Effektgeräte erzeugt und ist daher wesentlich einfacher zu erzielen – obwohl man auf diese Weise noch immer nicht den Original-Phasing-Sound der sechziger Jahre erreicht.

Pultec Filter

Dieses Filter erzeugte eine Art von »Telefonstimme«, die man in »Little Wing« und »Little Miss Lover« (beide auf der *Axis*-LP) hören kann. George Chkiantz: »Dies ist ein Flat-topped-Bandpaßfilter, der nur aus Transformatoren besteht, die die obersten Frequenzen regeln. Wir nannten ihn das Top-Hat-Filter.« Das Filter wurde von der Pulse Techniques Company in England hergestellt und hauptsächlich während der Session im Olympic Sound Studio verwendet.

Panning

Panning wird durch die Benutzung der Panorama-Regler am Mischpult erzeugt. Mit ihnen erzielt man den Effekt, daß sich das aufgenommene Signal zwischen den beiden Stereo-Lautsprechern räumlich vor und zurück bewegt. Benutzt man einen LFO (Low Frequency Oscillator) bei niedriger Geschwindigkeit, wandert das Signal von links nach rechts, benutzt man den LFO bei hoher Geschwindigkeit, klingt das Signal wie ein Leslie Speaker Cabinet (ein mechanisches Mittel, einen Chorus-Effekt zu produzieren, indem man rotierende Schallwände vor den Lautsprecher plaziert). Heute wird das Panning mit einem »Autopanner« erzeugt – eine Art elektronischer Panorama-Regler, der von einem LFO kontrolliert wird.

Echoplex

Les Paul war in den frühen fünfziger Jahren *der* Pionier schlechthin, was die Arbeit mit dem Bandecho anging. Es handelt sich bei diesem Gerät um eine Art Tonbandmaschine, mit der über eine Bandschleife und fünf Aufnahmeköpfe ein Echo-Effekt erzeugt werden kann. (Anmerkung: Musiker bezeichnen diesen Effekt als »Echo«, während die Ingenieure von »Hall« sprechen.) Die Aufnahmeköpfe des Geräts sind beweglich, um die Herstellung von Echos mit jeder gewünschten Verzögerungszeit zu ermöglichen. Im Olympic benutzte man für besondere Effekte EMT-Echoplatten, die eine Echokammer simulierten.

Reversed Tape

Auch »Backwards Tape« genannt. Dabei handelt es sich um einen simplen Effekt, den Jimi in verschiedenen Stücken ausprobiert hat. Er nahm (mit der Band) die Basis-Spur auf, drehte das Tonband um, so daß es nun rückwärts lief, und spielte noch eine Gitarrenspur neben die bereits aufgenommenen Spuren. Wurde das Band nun richtig herum abgespielt, enthielt es zwar die Spur, die Jimi nachträglich aufgenommen hatte – allerdings rückwärts. Eddie Kramer hat erklärt, Jimi habe an jedem Punkt genau gewußt, wo er sich grade auf der Basis-Spur befand, und ebenso habe er gewußt, wo er das »Rückwärts-Gitarrensolo« einfügen mußte. Es ging soweit, daß er eine klare Vorstellung davon hatte, wie die gerade beendete Spur später (im Zusammenhang des Songs) klingen würde. Mitschnitte von Studiogesprächen zwischen Jimi und Eddie (bei denen übrigens Jimi Eddie instruiert!) bestätigen das. Im Ergebnis war Jimi in der Lage, ein »Rückwärts-Solo« zu spielen, das perfekt in das Stück paßte . . . Zum ersten Mal setzte Jimi die »Rückwärtsgitarre« in »Are You Experienced?« auf dem gleichnamigen Album ein. (Siehe die Diskographie für alle anderen Songs mit Verwendung von Backwards-Tapes).

DI

Diese Abkürzung steht für »Direkt Inject«. Bei diesem Aufnahmeverfahren wird ein elektrisches Instrument direkt in das Mischpult eingestöpselt. Obwohl dieses Verfahren in der Praxis meist nur in Baß-Aufnahmen angewendet wurde, hat Jimi in »Dolly Dagger« (LP: *Rainbow Bridge)* ebenfalls mit einer DI-Variante gearbeitet. In diesem Fall wurde das Gitarrensignal gesplittet: eine Hälfte ging direkt ins Mischpult (DI!), was einen sehr sauberen Gitarrensound ergab; die andere Hälfte des Signals führte in Jimis Effektgeräte und Verstärker, womit dann meist ein stark verzerrter Sound erzeugt wurde. Beide Spuren wurden anschließend zusammengemischt, wodurch ein Quasi-Stereo-Effekt entstand.

Beyer M160
Obwohl Unmengen verschiedener Mikrophone während der zahlreichen Aufnahme-Sessions verwendet wurden, benutzte Eddie Kramer im Olympic und auch in den Electric Lady Studios regelmäßig das Beyer M160 (so z. B. für Jimis Gesang). Zweifellos können einige subtilere Charakteristika der Sounds, die hier geschaffen wurden, darauf zurückgeführt werden.

Es gab keine Formel, um den Hendrix-Sound zu erzielen . . .

George Chkiantz

Das ist mein eigenes Ding in meinem Kopf. Ich höre Sounds, und wenn *ich* die nicht zusammenkriege, dann wird es auch sonst niemand schaffen . . .

Jimi Hendrix

Ich versuchte sein Equipment zu testen, aber ich bekam nur Rückkopplungen. Jimi konnte alles mit den Fingern kontrollieren, und ich verstehe bis zum heutigen Tag nicht, wie er es gemacht hat. Es war alles Teil seines Genies . . .

Eric Barrett

Ich bin so gut imitiert worden, daß ich schon gehört habe, wie andere Leute meine *Fehler* kopieren . . .

Jimi Hendrix

3

Jimi Hendrix – A Life In Music: Eine Chronologie

1942 – 1966

Anmerkung: Alle im folgenden Kapitel erwähnten Ereignisse fanden, wenn nicht anders vermerkt, in Seattle statt.

27. Nov. 1942	Johnny Allen Hendrix wird um 10.15 Uhr im King County Hospital (auch Harborview) geboren. Anmerkung: Für weitere Details zur Hendrix-Familie siehe den Stammbaum auf den Seiten 756/757.
7. Dez. 1942	Lucille Hendrix läßt ihren Sohn unter dem Namen Johnny Allen Hendrix registrieren.
4. Juli 1945	Johnny bekommt eine Lungenentzündung und muß für kurze Zeit ins Krankenhaus.
11. Nov. 1945	Al Hendrix wird am »Tag des Waffenstillstands« aus der Armee entlassen.
19. Nov. 1945	Al beschafft sich eine Kopie von Johnnys Geburtsurkunde.
Nov. 1945	Al holt Johnny bei Mrs. Champ in Berkeley, California, ab, und sie fahren mit dem Zug zurück nach Seattle.
11. Sept. 1946	Al läßt seinen Sohn umbenennen: aus Johnny Allen Hendrix wird James Marshall Hendrix.
1946 (?)	James bekommt sein erstes Instrument, eine Mundharmonika.
8. Sept. 1948	James beginnt seine Kindergarten- bzw. Vorschulzeit in der Rainier Vista School, 3100 Alaska Street S.
Juni 1949 (?)	James fährt während der Sommerferien zum ersten Mal nach Vancouver, British Columbia.
5. Sept. 1949	Ab diesem Tag besucht James die Dawson Annex School, Dawson Street, in Vancouver.
Nov. 1949 (?)	James kehrt nach Seattle zurück.
Nov. 1949 (?)	James besucht wieder die Rainier Vista School.
1950 oder 1951	Er verläßt die Rainier Vista School. Bis zum Alter von ungefähr acht Jahren lautete James' Spitzname »Buster«, danach bestand er darauf, Jimmy genannt zu werden.

1950 oder 1951	Jimmy wird in die Horace Mann Elementary School, 2410 East Cherry Street/23rd Avenue eingeschult.
17. Dez. 1951	Al und Lucille Hendrix werden geschieden, und Al bekommt das Sorgerecht für Jimmy, Leon Morris und Joseph Allen Hendrix.
Juni 1952	Jimmy verläßt die Horace Mann Elementary School.
5. Sept. 1952	Jimmy tritt wieder in die Rainier Vista School ein.
24. April 1953	Jimmy verläßt die Rainier Vista School.
27. April 1953	Jimmy tritt in die Leschi Elementary School, 135 32nd Avenue S., ein.
1953	Jimmy schließt sich den Pfadfindern an.
1954	Ab diesem Jahr ist Jimmy für zwei Jahre Mitglied des Jugendliga-Footballteams »The Fighting Irish«.
17. Juni 1955	Jimmy verläßt die Leschi Elementary School.
7. Sept. 1955	Jimmy tritt in die Meany Junior Highschool, 301 Jackson Street S., ein.
1955/1956	Jimmy spielt Football im Team der »Capitol Hill Rough Riders«.
20. Febr. 1956	Jimmy verläßt die Meany Junior High School.
23. Febr. 1956	Jimmy tritt in die Washington Junior High School, 1600 Columbian Way, S., ein.
15. Juni 1956	Jimmy verläßt die Washington Junior High School.
5. Sept. 1956	Jimmy tritt wieder in die Meany Junior High School ein.
1. Sept. 1957	Jimmy besucht den Auftritt von Elvis Presley im Sicks Stadium.
2. Febr. 1958	Lucille Hendrix stirbt im Kings County Hospital (auch: Harborview).
5. Febr. 1958	Lucille Hendrix wird auf dem Greenwood Cemetery, Renton, Washington beerdigt.
6. Juni 1958	Jimmy verläßt die Meany Junior High School.
1958	Al besorgt eine Ukulele für seinen Sohn.
1958	Ein Freund von Al verkauft Jimmy für 5 Dollar eine gebrauchte akustische Gitarre.
4. Sept. 1958	Jimmy tritt in die Asa Mercer Junior High School, 1600 Columbian Way S., ein.
9. Dez. 1958	Jimmy verläßt die Asa Mercer Junior High School und tritt wieder in die Washington Junior High School ein.
1956/1958	Laut Leon Hendrix entwarf Jimmy Autos, schickte Entwürfe an den Hersteller Ford und gewann einige Preise dafür.
9. Sept. 1959	Jimmy tritt in die Garfield High School, 400 23rd Avenue S., ein.
1959	Al kauft (bei Myers Music, 1204 1st Avenue S.) für sich selbst ein »C Melody«-Saxophon und für Jimmy die erste elektrische Gitarre.
1959	Jimmy absolviert seinen ersten offiziellen Auftritt in der Washington National Guard Armory, 36th Avenue, nahe Kent, Washington. Anmerkung: Die erste Band, der Jimmy sich anschloß, hieß wahrscheinlich »The Velvetones«.
1959	Jimmy wird Mitglied der »Rocking Kings«. Besetzung: Lester Exkano (dr), Walter Harris (sax), Ulysses Heath Jr. (gi), Jimmy (»Baß«, er spielt jedoch auf einer normalen sechssaitigen Gitarre), Webb Lofton (sax), James Woodberry (pi, vo).
1959	Jimmy und andere Mitglieder der Rocking Kings gehen zufällig in der 21st Avenue am Haus von James Thomas vorbei und nehmen an einer Probe von Thomas und dessen Neffen Perry teil. James

	Thomas agiert von nun an als »Manager« der Rocking Kings, bei denen Jimmy kurz darauf vom »Baß« zur Leadgitarre wechselt.
1959	Die Rocking Kings spielen in der Polish Hall, 1714 18th Street S.
20. Febr. 1960	Die Rocking Kings spielen in der Washington Hall, 153 14th Street S. Die Band besteht nun aus Lester Exkano (dr), Robert Green (pi), Walter Harris (sax), Jimmy (gi) und Webb Lofton (sax).
1960	Die Rocking Kings spielen auf einer Teenager-Tanzveranstaltung in der Yesler Terrace.
1960	Die Rocking Kings spielen über einen längeren Zeitraum, bis zu den Sommerferien, im Birdland, 21st Avenue/Madison Street E. Ihr Engagement gilt für drei Abende pro Woche (Mittwoch, Donnerstag und Sonntag).
1960	Während eines Auftritts im Birdland wird Jimmys Gitarre gestohlen. Mary Hendrix kauft ihm bei Myers Music ein neues Instrument, das Vater Al aber von Jimmy ins Geschäft zurückbringen läßt. Kurz darauf kauft Al eine andere Gitarre für Jimmy.
1960	Die Rocking Kings spielen in Ballard (einem Stadtteil von Seattle) bei einem Wettbewerb für Bands aus dem gesamten Bundesstaat und gewinnen einen Preis als zweite »All State Band Of The Year«.
Sommer 1960	Die Rocking Kings spielen in der Nähe von Cottage Lake (östlich von Woodinville), Washington, bei einem Freiluft-Picknick anläßlich der »Annual Fair« der »L.C.I.O. Union, Local 242«, vor 2000 Zuschauern.
1960	Die Rocking Kings spielen nachmittags auf den Straßen nahe dem Campus des Western Washington State College, Bellingham, Washington, und abends im Auditorium des College. Kurze Zeit später verlieren einige Bandmitglieder ihr Durchhaltevermögen, und die Besetzung der Formation ändert sich wie folgt: Lester Exkano (dr), Jimmy (gi) und Webb Lofton (sax).
1960	James Thomas formiert eine neue Band, »The Tomcats«. Besetzung: Lester Exkano (dr), Rolland Green (ba), Jimmy (gi), Webb Lofton (sax), James Thomas (vo) und Perry Thomas (pi).
22. Juli 1960	Die Tomcats spielen in der American Legion Hall, 620 University Street. Sie werden unter dem Motto »Cabaret Summer Style Dance« präsentiert.
Winter 1960	Weitere Gigs der Tomcats finden auf folgenden Militärstützpunkten statt: Paine Field Airport Base, Everett, Washington; Larson Air Force Base, nahe Moses Lake, im Osten des Staates Washington; Fort Lewis Army Base, Washington; US Naval Reservation, Pier 91, nahe Magnolia Bridge, im Westen von Seattle.
1960	Zusammen mit einem Freund bricht Jimmy in das Bekleidungsgeschäft Wilner's ein, stiehlt einige Sweater, Hemden und Hosen und deponiert die Beute am nächsten Tag anonym in der »Sammelbox für Bedürftige« vor dem Rektorzimmer der Garfield High School.
31. Okt. 1960	Jimmy verläßt (am Halloween-Tag) die Garfield High School ohne Abschluß . . .
1960	Jimmy versucht mehrmals vergeblich, einen Job zu bekommen; daraufhin schließt er sich Al an, der mittlerweile selbständiger Landschaftsgärtner ist.

1961	Die neue Besetzung der Tomcats lautet: Richard Gayswood (sax oder dr), Jimmy (gi), Bill Rinnick (sax oder dr), James Thomas (vo), Perry Thomas (pi), Leroy Toots (ba).
Anfang 1961	Die Tomcats spielen im Bors Brumo Nightclub.
2. Mai 1961	Jimmy wird von der Polizei in Seattle wegen »Entwenden eines Motorfahrzeugs ohne Erlaubnis« verhaftet.
5. Mai 1961	Jimmy wird erneut verhaftet, diesmal wegen »Entwenden und Fahren eines Motorfahrzeugs ohne Erlaubnis des Eigentümers«. Er wird eingesperrt im Rainier Vista 4-H Youth Centre, 12th Avenue/Terrace Street.
Mai 1961	Jimmy steht in Seattle vor Gericht (Seattle Court House, 12th Avenue/Terrace Street) und erhält eine Strafe, die zur Bewährung ausgesetzt wird. Die beiden Anklagepunkte werden dauerhaft in seinem Führungszeugnis vermerkt.
26. Mai 1961	Für seine Registrierung bei der Armee besorgt sich Jimmy eine Kopie seiner Geburtsurkunde.
31. Mai 1961	Jimmy meldet sich freiwillig zur Armee in Fort Ord, California, und beginnt eine achtwöchige Grundausbildung. Er verpflichtet sich anschließend für einen Zeitraum von drei Jahren.
5. Aug. 1961	Die Tomcats werden für den jährlichen Seattle Seafair Picnic & Dance im Vassa Park (für Auftritte am 5., 6. und 12. 8.) gebucht. Jimmy ist jedoch zu dieser Zeit bereits in der Armee-Grundausbildung . . .
Sept. 1961	Jimmy besucht während eines Urlaubs seine Heimatstadt Seattle. Anmerkung: Während seiner gesamten Armeezeit hält er sich nur zweimal während eines Urlaubs in Seattle auf.
11. Sept. 1961	Kehrt über San Francisco, California, aus seinem Urlaub zurück.
31. Okt. 1961	Jimmy erhält seine endgültige Einberufung
8. Nov. 1961	Jimmy tritt in die 101st Airborne Division, Fort Campbell, Kentucky, ein.
Nov. 1961	Jimmy lernt in Fort Campbell Billy Cox (geboren am 16. Oktober 1941 in Wheeling, West Virginia) kennen.
Nov. 1961	Jimmy, Billy und drei weitere Musiker spielen im Pink Poodle Club in Clarksville, Tennessee.
17. Jan. 1962	Jimmy schreibt Al einen Brief aus Fort Campbell und bittet ihn, ihm seine Gitarre zu schicken.
Jan. 1962	Jimmy gründet zusammen mit Billy Cox die Gruppe »The King Kasuals«. Besetzung: Billy Cox (ba), Gary Ferguson (dr), Jimmy (gi), Anmerkung: Für ganz kurze Zeit gehörte auch Major Charles Washington (sax) zur Band.
30. Jan. 1962	Jimmy wird zum »einfachen Soldaten erster Klasse« befördert.
1962	Während seiner Armeezeit führt Jimmy einen Fallschirmsprung über Hawaii aus.
19. Mai 1962	Die King Kasuals spielen im Del Morocco, Nashville, Tennessee. Die Band besteht zu dieser Zeit aus Harry Batchelor (vo), Babe Boo (gi), Billy Cox (ba), Jimmy (gi), Frank Sheffield (dr), Tee Howard Williams (sax) und Tommy Lee Williams (sax). Anmerkung: Tommy spielte nur gelegentlich mit der Band.

1962	Die King Kasuals begleiten bei Engagements im Del Morocco Club verschiedene andere Künstler wie Nappy Brown, School Boy, Carla Thomas und Ironing Board Sam.
2. Juli 1962	Jimmy wird wegen »medizinisch begründeter Untauglichkeit« aus der Armee entlassen, nachdem er sich bei einem Fallschirmsprung (seinem 26.?) das rechte Fußgelenk gebrochen hat.
Sept. 1962	Nachdem Billy Cox ebenfalls aus der Armee entlassen worden ist, mieten er und Jimmy für kurze Zeit ein Haus in Clarksville, Tennessee.
1962	Jimmy und Billy Cox ziehen für kurze Zeit nach Indianapolis, Indiana, und gehen dann wieder zurück nach Clarksville.
1962	Jimmy trifft Larry Lee im Club Del Morocco, Nashville, Tennessee. Larry, mit vollem Namen Lawrence H. Lee Jr., wurde am 7. März 1943 in Memphis, Tennessee, geboren.
1962	Jimmy und Billy Cox ziehen nach Nashville, Tennessee, und leben in einer Wohnung über dem Club Joyce's House of Glamour.
1962	Die neue Besetzung der King Kasuals lautet: Harry Batchelor (vo), Billy Cox (ba), Jimmy (gi), Buford Majors (sax), Leonard Moses (gi), Harold Nesbit (dr).
1962	Die King Kasuals spielen im Jolly Roger, Nashville, Tennessee.
1962 (?)	Jimmy, Billy Cox und Larry Lee schließen sich Bob Fisher & The Barnevilles an. Sie gehen für einen Monat auf Tournee und begleiten The Marvelettes sowie Curtis Mayfield & The Impressions.
1962 (?)	Jimmy und Billy Cox nehmen an einer Aufnahme-Session mit Bill »Hoss« Allen für die Firma Starday-King Records in Nashville teil. Allen: »Es war Billys Session für King Records . . . Jimmys Gitarrenspiel war so wild, daß ich es überhaupt nicht gebrauchen konnte. Ich mußte ihn auf der Platte zum Schweigen bringen!«
Winter 1962	Jimmy zieht nach Vancouver und lebt bei seiner Großmutter Nora und ihrer Familie. Er schließt sich Bobby Taylor & The Vancouvers (mit Leadsänger Tommie Chong, Bobby Taylor u. a.) an und spielt regelmäßig im Nachtclub Dante's Inferno.
März 1963 (?)	Jimmy verläßt Vancouver und schlägt sich wieder nach Nashville, Tennessee, durch, wo er »Gorgeous« George Odell trifft. Odell nahm damals an einer großen Tournee teil, deren Headliner Sam Cooke und Jackie Wilson waren. Jimmy beginnt daraufhin in George Odells Band zu spielen und tourt mit ihm quer durch die USA. Dabei begleitet Jimmy zahllose Künstler, so z. B. Jackie Wilson, Sam Cooke, Slim Harpo, Tommy Tucker, The Supremes, The Valentinos (mit den Womack-Brüdern). Jimmy und George arbeiten auch für Henry Wynne, einen Tour-Promoter.
13. März 1963	Jimmy spielt in Columbia, South Carolina.
März 1963	Jimmy und Gorgeous George schließen sich einer anderen Package-Tour mit Hank Ballard & The Midnighters und Little Richard an. George setzt sich dafür ein, daß Jimmy an einer Tour von Little Richard teilnehmen kann. Schon am nächsten Tag spielt Jimmy (er benutzt eine Gitarre mit fünf Saiten), dank der Initiative von Gorgeous George, in Greenville, South Carolina, zusammen

	mit den Upsetters, der Begleitband von Little Richard. Jimmys Aktivitäten beschränken sich jedoch auf die sogenannten »after-hours-gigs« der Upsetters . . . Anmerkung: Diese Verpflichtung hat nichts mit der späteren Periode zu tun, in der Jimmy der reguläre Gitarrist von Little Richard wurde . . .
1963	Jimmy, Gorgeous George, The Valentinos (u. a.) spielen in Minneapolis, Minnesota.
Ende 1963	Jimmy macht (wahrscheinlich in Philadelphia, Pennsylvania) Aufnahmen mit Lonnie Youngblood.
Anfang 1964	Jimmy kommt in New York City an.
Anfang 1964	Jimmy gewinnt den ersten Preis (25 Dollar) beim Mittwochabend-Amateurwettbewerb im Apollo Theatre, New York City.
1964	Jimmy zieht ins Hotel Theresa, 125th Street/Seventh Avenue, in New York City.
März 1964	Jimmy trifft die Isley Brothers und wird Mitglied der Band.
21. Mai 1964	In New York City entstehen die ersten gemeinsamen Aufnahmen mit den Isley Brothers.
1964	Jimmy geht mit den Isley Brothers auf Tournee nach Kanada und den Bermudas (wo die Band in einem Baseballstadion spielt.)
1964	Jimmy spielt mit den Isley Brothers im Upton Club in Montreal, wo er Buddy Miles (George Allen Buddy Miles, geboren am 5. September 1947 in Omaha, Nebraska) trifft.
1964	Jimmy spielt mit den Isley Brothers in seiner Heimatstadt Seattle. Er bleibt einen Tag länger in der Stadt, und seine Gitarre wird gestohlen. Eine Woche später macht er sich wieder auf den Weg nach New York City.
5. Aug. 1964	Es entstehen weitere gemeinsame Aufnahmen mit den Isley Brothers in New York City.
Sept. 1964	Jimmy bricht mit den Isley Brothers zu einer 35tägigen Tour durch den Mittleren Westen, den Osten und Süden der USA auf.
23. Sept. 1964	Es entstehen weitere Aufnahmen mit den Isley Brothers in New York City.
28. Sept. 1964	Jimmy spielt mit den Isley Brothers in Columbus, Ohio.
Okt. 1964	Jimmy spielt mit den Isley Brothers in Jacksonville, Tampa und Miami, im US-Bundesstaat Florida.
Okt. 1964	Jimmy spielt mit den Isley Brothers in Cincinnati, Ohio.
Nov. (?) 1964	Jimmy verläßt die Isley Brothers in Nashville, Tennessee.
1964	Jimmy trifft Steve Cropper in einem »Soulfood«-Restaurant in Memphis, Tennessee, und spielt mit ihm ein Demo ein.
1964	Jimmy nimmt wieder an einer Package-Tour teil. Er spielt für kurze Zeit mit Sam Cooke, bis er in Kansas City, Missouri, den Tour-Bus verpaßt. Doch er schafft es, sich (zum nächsten Konzert) nach Atlanta, Georgia, durchzuschlagen. Anmerkung: Sam Cooke stirbt am 11. Dezember 1964 in Los Angeles.
Jan. 1965	Jimmy trifft Little Richard in Atlanta, Georgia, wieder und wird fester Gitarrist in dessen Band; er bleibt für etwa 5 bis 6 Monate bei Little Richard.
25. Jan. 1965	Jimmy schreibt aus Lafayette, Louisiana, eine Postkarte an seinen Vater Al, auf der er ihm mitteilt, daß er nun mit Little Richard

	spielt . . . Während dieser Tournee wird Jimmy nach einem Konzert von Fans eingekeilt, die ihn für Little Richard halten . . .
Febr. 1965	Jimmy nimmt sich ein Zimmer im Wilcox Hotel, 6500 Selma Avenue, Hollywood, California. Er nennt sich zu diesem Zeitpunkt Maurice James.
1965	Jimmy trifft Arthur Lee in Los Angeles und macht mit ihm Aufnahmen für die Sängerin Rosa Lee Brooks.
1965	Jimmy spielt mit Little Richard im Club Cyril's in Los Angeles.
1965	Jimmy spielt bei Ike & Tina Turner vor.
1965	Jimmy spielt mit Little Richard im Fillmore Auditorium in San Francisco.
1965	Jimmy jammt mit Albert Collins im Club 500 in Houston, Texas.
1965	Jimmy spielt mit Ike & Tina Turner in Amarillo, Texas. Anmerkung: Nach wenigen Shows mit den Turners kehrt Jimmy zu Little Richard zurück.
1965	Jimmy, Buddy & Stacey (zwei Sänger aus Long Island, New York), nehmen, unterstützt von Mitgliedern der Upsetters, eine Live-Version des Titels »Shotgun« auf (in einem TV-Studio in Dallas, Texas, für Nashvilles Channel-5-TV-Show »Night Train«).
Febr./April 1965	Jimmy macht (in Los Angeles oder New York City) Aufnahmen mit Little Richard.
April (?) 1965	Jimmy spielt mit Little Richard im Whiskey A Go Go in Atlanta, Georgia.
April 1965	Jimmy kehrt nach New York City zurück und nimmt sich im Theresa Hotel, 2090 7th Avenue ein Zimmer.
17. April 1965	Jimmy spielt mit Little Richard im Paramount Theatre, Broadway, New York City. Folgende Künstler treten bei dieser Veranstaltung ebenfalls auf: Soupy Sales (Komödiant), Little Richard & The Upsetters, King Curtis & The Kingpins, The Hallabaloos (Tänzer), The Detergents, Shirley Ellis, The Hollies, Joe Stampley & The Uniques, The Vibrations, Dee Dee Warwick, Sandie Shaw, The Exciters.
18. April 1965	Jimmy spielt mit Little Richard im Paramount Theatre, Broadway, New York City. (Außerdem treten hier dieselben Künstler wie am vorigen Tag auf.) Anmerkung: Jimmy hätte hier auch am nächsten Tag spielen sollen, doch Little Richard & Band wurden aus der Show entlassen.
Mai 1965	Jimmy spielt mit Little Richard im Union College, Schenectady, New York.
Mai 1965	Jimmy spielt mit Little Richard im Syracuse College, Syracuse, New York.
Juni/Juli 1965	Jimmy verläßt Little Richard in New York City.
27. Juni 1965	Jimmy unterschreibt einen Zweijahresvertrag (mit einer Option für weitere drei Jahre) mit Sioux Records und dem Copa Management in New York City. Anmerkung: Chas Chandler kaufte diesen Vertrag 1966 für 50 Dollar auf . . .
5. Aug. 1965	Jimmy macht Aufnahmen mit den Isley Brothers in New York City.
Okt. 1965	Jimmy schließt sich Curtis Knight & The Squires an, mit denen er (zwischen vielen anderen Jobs) bis Anfang 1966 gelegentlich spielt.

	Hier einige der New Yorker Clubs, in denen Jimmy mit dieser Band auftrat: Purple Onion, 4th Street, Greenwich Village; Queen's Inn, Queens Boulevard; Ondine's, 59th Street/3rd Avenue; The Lighthouse.
15. Okt. 1965	Jimmy unterschreibt einen Dreijahresvertrag mit Ed Chalpin für PPX Inc. in New York City.
Okt./Dez. 1965	Jimmy macht in New York City Aufnahmen mit Curtis Knight & The Squires.
Okt./Nov. 1965	Jimmy schließt sich Joey Dee & The Starlighters an.
Nov. 1965	Jimmy tritt mit Joey Dee eine 10tägige Tour durch Massachusetts an und spielt in Beverly, Boston, Lynn und anderen Städten.
Nov. 1965	Jimmy spielt mit Joey Dee im Rahmen einer Package-Tour (an der auch Chuck Jackson teilnimmt) in der Arena in Cleveland, Ohio.
26. Dez. 1965	Jimmy spielt mit Curtis Knight & The Squires in George's Club 20, Hackensack, New Jersey.
Ende 1965	Jimmy macht in New York City Aufnahmen mit Jayne Mansfield.
Jan. 1966	Jimmy schließt sich der Band von King Curtis an, mit dem er (während der nächsten ca. sechs Monate) gelegentlich auftritt. Sein erster Auftritt mit Curtis findet im Smalls Paradise, 135th Street/7th Avenue, Harlem, New York City statt.
21. Jan. 1966	Jimmy macht mit King Curtis und Ray Sharpe Aufnahmen in einem New Yorker Studio.
Ende Jan. 1966	Jimmy spielt (mit King Curtis?) in Houston, Dallas und Fort Worth im US-Bundesstaat Texas.
Febr. 1966	Jimmy spielt (mit King Curtis?) in der Nähe von Tulsa, Oklahoma, und in Louisiana.
Febr. 1966	Jimmy spielt (mit King Curtis?) in Kalifornien.
28. April 1966	Jimmy macht mit King Curtis (sax), Ray Sharpe (vo), Cornell Dupree (rhythm gi), Chuck Rainey & Al Lucas (ba) und Bernard Purdie (dr) Aufnahmen in New York City. Eingespielt werden die Titel »Linda Lou«, »I Can't Take It« und »Baby How About You«. Diese Songs wurden nie auf Platte veröffentlicht; die Bänder wurden bei einem Brand im Lager von ATCO/Atlantic zerstört.
Mai (?) 1966	Jimmy spielt mit King Curtis auf einer Party von Atlantic Records in New York City; bei diesem Anlaß jammt Jimmy auch mit Percy Sledge und Wilson Pickett . . .
13. Mai 1966	Jimmy spielt mit Curtis Knight & The Squires (angekündigt als: »Curtiss Night«) für knapp zwei Wochen im Cheetah, 53 Broadway, in New York City. Anmerkung: Dies war Jimmys letzter Auftritt mit Curtis Knight . . .
Ende Mai 1966	Jimmy schließt sich in New York City Carl Holmes & The Commanders an.
Ende Mai 1966	Jimmy spielt mit Carl Holmes & The Commanders in Gettysburg, Pennsylvania.
27. Mai 1966	Jimmy spielt eine Woche lang mit Carl Holmes & The Commanders im Cheetah in New York City.

1966	Jimmy trifft Bob Dylan im The Kettle of Fish, MacDougal Street, Greenwich Village, New York City.
Juni 1966	Jimmy kauft bei Manny's, New York City, eine Gitarre; hier trifft er Randy California.
Juni 1966	Jimmy spielt im Night Owl Café, 118 West 3rd Street, New York City.
Juni/Juli 1966	Jimmy formiert seine erste eigene Band »Jimmy James and The Blue Flames« (auch »The Rainflowers«). Besetzung: Jimmy (gi), Randy California (gi), Randy – Nachname unbekannt, aus Texas stammend – (ba) und ein unbekannter Drummer. Anmerkung: Jeff Baxter spielte in dieser Formation ebenfalls gelegentlich Baß.
5. Juli 1966	Die Animals fliegen zu einer USA-Tournee von London nach New York City.
5. Juli 1966	Chas Chandler sieht einen Auftritt von Jimmy James and The Blue Flames im Café Wha?, MacDougal Street, Greenwich Village, New York City.
Aug. 1966	John Hammond Jr. sieht Jimmy James and The Blue Flames im Café Wha? und schließt sich der Band nach einigen Proben an.
Aug. 1966	Jimmy James and The Blue Flames spielen für einige Wochen im Café Au Go Go, 152 Bleecker Street, New York City. Anmerkung: Verschiedene Keyboarder wie Al Kooper und Barry Goldberg ergänzen gelegentlich die Band.
Aug. 1966	Jimmy spielt einige Solokonzerte mit Ellen McIlwaine (pi) in New York City.
5. Sept. 1966	Die US-Tournee der Animals endet mit einem Auftritt im Central Park in New York City.
9. Sept. 1966	Chas Chandler verhandelt mit Jimmy in New York City über eine Zusammenarbeit. Für die Ausstellung eines Reisepasses wird eine Kopie von Jimmys Geburtsurkunde in Seattle angefordert . . .
19. Sept. 1966	Die Kopie der Geburtsurkunde ist eingetroffen.
23. Sept. 1966	Jimmys Paß (G 1044108) wird in New York City ausgestellt. Unmittelbar danach fliegt er vom New Yorker Kennedy International Airport nach London . . .

1966

Anmerkung: Alle offiziellen Konzerte, die Jimmy (ab nun: »Jimi«) gab, sind – beginnend mit dem 13. Oktober 1966, endend mit dem 6. September 1970 – in Großbuchstaben gedruckt. Zwei Shows an einem Konzertort werden durch »2« angezeigt.

September	
24.	ENGLAND Jimi kommt in den frühen Morgenstunden am London Airport an. Jimis erste öffentliche Jam-Session findet im Scotch Of St. James, London, statt. Jimi zieht in das Hyde Park Towers Hotel, 41–49 Inverness Terrace, London.

29.	Jimi trifft Noel Redding beim Vorspielen im Birdland, London (Noel David Redding, geboren am 25. Dezember 1945 in Folkestone, Kent) Blaises, London: Jimi jammt mit The Brian Auger Trinity. Johnny Hallyday ist im Publikum und lädt Jimi ein, mit ihm in Frankreich auf Tournee zu gehen.
Ende	Scotch Of St. James, London: Jimi jammt mit den anwesenden VIPs.

Oktober

1.	The Polytechnic of Central London: Jimi jammt mit Cream.
2.	Mitch Mitchell spielt seinen letzten Gig mit Georgie Fame & The Blue Flames bei der »Grand Gala Du Disque« in Amsterdam, Holland.
5.	Les Cousins, London: Jimi jammt mit verschiedenen amerikanischen Bluesmusikern.
6.	Mitch Mitchell schließt sich der Band an, und die Proben der Jimi Hendrix Experience beginnen (John Mitchell, geboren am 9. Juli 1947 in Ealing, Middlesex).
12.	FRANKREICH
13.	NOVELTY, EVREUX (Vorgruppe für: Long Chris, The Blackbirds, Johnny Hallyday)
14.	UNBEKANNTER VERANSTALTUNGSORT, NANCY (Vorgruppe für: Long Chris, The Blackbirds, Johnny Hallyday)
15.	SALLE DES FÊTES, VILLERUPT (Vorgruppe für: Long Chris, The Blackbirds, Johnny Hallyday)
18.	OLYMPIA, PARIS (Vorgruppe für: Long Chris, The Blackbirds, The Brian Auger Trinity, Johnny Hallyday); mitgeschnitten
19.	ENGLAND
23.	De Lane Lea Music Ltd., London: erste JHE-Studioaufnahmen
25.	SCOTCH OF ST. JAMES, LONDON SW1
Sept./Okt.	Knuckles Club, London: Jimi jammt mit Deep Feeling

November

2.	De Lane Lea Music Ltd., London: Aufnahmen
8.	Gerry Stickells kommt als Road Manager zur JHE.
	WESTDEUTSCHLAND
8.	BIG APPLE, MÜNCHEN –2–
9.	BIG APPLE, MÜNCHEN –2–
10.	BIG APPLE, MÜNCHEN –2–
11.	BIG APPLE, MÜNCHEN –2–
12.	ENGLAND
18.	Regent Sound, London: Aufnahmen
24.	De Lane Lea Music Ltd., London: Aufnahmen

25.	BAG O' NAILS, LONDON W1 Presseempfang & Konzert Bag O' Nails: erstes Interview in England mit Jimi von Peter Jones für »Record Mirror« (Ausgabe vom 10. Dezember)
26.	RICKY TICK, HOUNSLOW, MIDDLESEX (Vorgruppe für: The New Animals)
27.	Jimis 24. Geburtstag
30.	Blaises, London: Jimi besucht ein Konzert der Young Rascals.
Ende	The Cromwellian Club, London: Jimi jammt mit den örtlichen Musikern, unter ihnen Lol Coxhill.

Proben für die Fernsehsendung »Ready, Steady, Go!«, Wembley, 13. Dezember 1966

I've heard of people playing by ear . . . but this Jimi Hendrix plays by TEETH!

Dezember

6. Jimi bezieht eine Wohnung am Montagu Square 34, London W1

10. THE RAM JAM CLUB, LONDON SW9
(Vorgruppe für: John Mayall's Bluesbreakers)

11. London: Jimi trifft Little Richard in seinem Hotel und borgt sich von ihm 50 Dollar.

13. Wembley, Middlesex: TV-Aufnahmen für »Ready, Steady, Go!« TV-Debüt der JHE mit: »Hey Joe«; live, CBS Studios, London: Aufnahmen

16. »Hey Joe« b/w »Stone Free« (erste JHE-Single, in England auf Polydor veröffentlicht)
CHISLEHURST CAVES, BROMLEY, KENT

21. CBS Studios, London: Aufnahmen BLAISES, LONDON SW7
Über den Blaises-Auftritt erscheint die erste JHE-Konzertbesprechung in England von Chris Welch für »Melody Maker« (Ausgabe vom 31. Dezember).

22. GUILDHALL, SOUTHAMPTON, HAMPSHIRE –2–
(Vorgruppe für: Geno Washington and The Ram Jam Band)
Gage der JHE: £20

26. THE UPPER CUT, LONDON E7

29. London: TV-Aufnahmen für »Top Of The Pops« (»Hey Joe«, mit den Breakaways als Backing Vocals; live gespielt)

31. HILLSIDE SOCIAL CLUB, FOLKESTONE, KENT
Margaret Reddings Haus, Folkestone, Kent: Jimi besucht die Silvesterparty, wo er das »First Footing« aufführt

1967

Januar

4. BROMEL CLUB, BROMLEY COURT HOTEL, BROMLEY, KENT –2–

7. NEW CENTURY HALL, MANCHESTER, LANCASHIRE
(Vorgruppen: The Silverstone Set, DJ Dave Eager)
Twisted Wheel, Manchester: Jimi besucht ein Konzert der Spellbinders

8. TOLLBAR, MOJO A GO GO, SHEFFIELD, YORKSHIRE
Angekündigt als »The New Weirdo Trio Jimi Hendrick's Experience«

11. De Lane Lea Music Ltd., London: Aufnahmen
BAG O' NAILS, LONDON W1 –2–

12. National Hall, Olympia, London JHE-Auftritt auf der 1967 International Racing Car Show auf einem Balkon anläßlich einer Veranstaltung von Radio London; Playback, nicht gesendet
7 1/2 CLUB, LONDON W1

13. 7 1/2 CLUB, LONDON W1

14. BEACHCOMBER, CLUB, NOTTINGHAM, NOTTINGHAMSHIRE
(Vorgruppe: Jimmy Cliff and Shakedown Sound)

15. COUNTRY CLUB, KIRK LEVINGTON, YORKSHIRE

16. 7 1/2 CLUB, LONDON W1

17. Tiles, London: Radioaufnahmen für »Ready, Steady, Radio!«; Live-Konzert, nicht übertragen
7 1/2 CLUB, LONDON W1

18. London: TV-Aufnahmen (»Hey Joe«; live)
7 1/2 CLUB, LONDON W1

19. SPEAKEASY, LONDON W1

20. HAVERSTOCK HILL COUNTRY CLUB, LONDON NW3

21. REFECTORY, LONDON NW11

22. ASTORIA, OLDHAM, LANCASHIRE

24. MARQUEE, LONDON W1
(Vorgruppe: Syn)

25. THE ORFORD CELLAR, NORWICH, NORFOLK
(Vorprogramm: The Orford Discotheque System)

27. CHISLEHURST CAVES, BROMLEY, KENT

28. THE UPPER CUT, LONDON E7
Angekündigt als: »The American Top Soul Singer and Guitarist extraordinary«

29. SAVILLE THEATRE, LONDON W1 –2–
(Vorgruppen: The Who, The Koobas, Thoughts, MC Mike Quinn)

30. London: Radioaufnahmen (»Hey Joe«, »Rock Me, Baby« und »Foxy Lady«; live)

31. Saville Theatre, London: Promoclip für »Hey Joe« wird gefilmt; Playback

Februar

1. NEW CELLAR CLUB, SOUTH SHIELDS, CO. DURHAM
(Vorgruppe: The Bond)

2. IMPERIAL HOTEL, DARLINGTON, CO. DURHAM
(Vorgruppe: West Coast Promotion)
Konzertwerbung: »Verpassen Sie nicht den Mann, der Dylan, Clapton und James Brown in einem ist«

3. RICKY TICK, HOUNSLOW, MIDDLESEX
Olympic Sound Studios, London: Aufnahmen

4. THE RAM JAM CLUB, LONDON SW9
(Vorgruppe:All Night Workers)
FLAMINGO, LONDON W1
(Vorgruppe: All Night Workers)

5. Saville Theatre, London: Jimi besucht ein Konzert von Cream

6. STAR HOTEL, CROYDON, SURREY

7. Olympic Sound Studios, London:
Aufnahmen

8. Olympic Sound Studios, London:
Aufnahmen
BROMEL CLUB, BROMLEY COURT HOTEL, BROMLEY, KENT

9. LOCARNO, BRISTOL, GLOUCESTER

10. PLAZA, NEWBURY, BERKSHIRE

11. BLUE MOON, CHELTENHAM, GLOUCESTERSHIRE

12. SINKING SHIP CLUBLAND, STOCKPORT, CHESHIRE

13. London: Radioaufnahmen für »Saturday Club« (Interview, »Love Or Confusion«, »Foxy Lady«, »Hey Joe«, »Stone Free«; live)

14. THE CIVIC HALL, GRAYS, ESSEX
(Vorgruppe: Lot 5)
»Valentine's Day Massacre«, Speakeasy, London: Jimi jammt mit Skip Allen (dr) von den Pretty Things.

15. DOROTHY BALLROOM, CAMBRIDGE, CAMBRIDGESHIRE

17. RICKY TICK, THAMES HOTELS, WINDSOR, BERKSHIRE

18. YORK UNIVERSITY, YORK, YORKSHIRE

19. BLARNEY CLUB, LONDON W1

20. De Lane Lea Music Ltd., London:
Aufnahmen
THE PAVILION, BATH, SOMERSET

22. London: Radioaufnahmen (»Hey Joe«; live)
Speakeasy, London: Jimi besucht einen Presseempfang der Band Soft Machine (die ihre erste Single herausbringt)
ROUNDHOUSE, LONDON NW1
(Vorgruppe: Soft Machine)

23. De Lane Lea Music Ltd., London: Aufnahmen
THE PAVILION, WORTHING, SUSSEX

24. LEICESTER UNIVERSITY, LEICESTER, LEICESTERSHIRE

Presseempfang im Speakeasy, London, circa Februar 1967

25.	SATURDAY SCENE, CORN EXCHANGE, CHELMSFORD, ESSEX (Vorgruppe: The Soul Trinity)
26.	CLIFF'S PAVILION, SOUTHEND-ON-SEA, ESSEX –2– (Vorgruppen: Dave Dee, Dozy, Beaky, Mick & Tich; Nashville Teens; Koobas; Force Five; Mc Pete Murray

März

1.	De Lane Lea Music Ltd., London: Aufnahmen ORCHID BALLROOM, PURLEY, SURREY
2.	Marquee, London: TV-Aufnahmen (»Hey Joe«, »Purple Haze«; live. Es wurden von jedem Song mehrere Versionen eingespielt.)
3.	FRANKREICH
4.	KLEINER CLUB IN EINEM HOTEL, PARIS (MC: Robert Ismir) Paris: Radioaufnahmen

LAW SOCIETY GRADUATION BALL, FACULTÉ DE DROIT D'ASSAS, PARIS
(Vorgruppe: The Pretty Things)

5. BELGIEN
TWENTY CLUB, MOUSCRON

FRANKREICH
TWENTY CLUB, LENS

6. BELGIEN
Zoniëwoud (ein Waldgebiet), St. Pieters Woluwe: TV-Aufnahmen (»Hey Joe«; Playback)
7. Universal Video, Waterloo: TV-Aufnahmen (»Hey Joe«, »Stone Free«; Playback)

ENGLAND
9. SKYLINE BALLROOM, HULL, YORKSHIRE
(Vorgruppen: The Family, The Small Four, The Strollers, The Mandrakes)
10. CLUB A GO GO, NEWCASTLE-UPON-TYNE, NORTHUMBERLAND –2–
11. INTERNATIONAL CLUB, LEEDS, YORKSHIRE
12. GYRO CLUB, TROUTBECK HOTEL, ILKLEY, YORKSHIRE
Das Konzert wurde von der Polizei wegen Überfüllung des Clubs abgebrochen . . .

13. HOLLAND
14. Bellevue, Amsterdam: TV-Aufnahmen für Fanclub (»Hey Joe«, »Stone Free«; Playback)

15. ENGLAND
16. Speakeasy, London: Jimi besucht die Eröffnungsparty von Track Records
17. »Purple Haze« b/w »51st Anniversary« (zweite JHE-Single) in England veröffentlicht

WESTDEUTSCHLAND
17. STAR CLUB, HAMBURG
18. Funkhaus, Hamburg: Radioaufnahmen
(zwei Interviews, »Foxy Lady«, »Hey Joe«, »Stone Free«, »Fire«, »Purple Haze«; live)
STAR-CLUB, HAMBURG –2–
19. STAR-CLUB, HAMBURG –2–
20. LUXEMBOURG
21. Radio Luxembourg: Radio-Interviews
ENGLAND
23. GUILD HALL, SOUTHAMPTON, HAMPSHIRE
25. STARLIGHT ROOM, GLIDERDROME, BOSTON, LINCOLNSHIRE
(Vorgruppen: Sons & Lovers, Charades, The Steel Band, Ray Bones)

26.	TABERNACLE CLUB, STOCKPORT, CHESHIRE
27.	Manchaster, Lancashire: TV-Aufnahmen (»Purple Haze«; Halb-Playback mit Live-Gesang)
28.	London: Radioaufnahmen für »Saturday Club« (»Killing Floor«, »Fire«, »Purple Haze«; live)
	ASSEMBLY HALL, AYLESBURY, BUCKINGHAMSHIRE
29.	De Lane Mea Music Ltd., London: Aufnahmen
30.	London: TV-Aufnahmen (»Purple Haze«; Halb-Playback mit Live-Gesang; zwei Versionen)
31.	START DER ERSTEN UK-TOURNEE
	Line-Up für alle Konzerte bis zum 30. April: Walker Brothers, JHE, Cat Stevens, Engelbert Humperdinck, Californians, Quotations, MC Nick Jones
	THE ASTORIA, LONDON N4–2–

April

Anfang/Mitte	London: Radiointerview mit Leif H. Andersson
1.	GAUMONT, IPSWICH, SUFFOLK –2– (gefilmt)
2.	GAUMONT, WORCESTER, WORCESTERSHIRE –2–
3./4.	Olympic Sound Studios, London: Aufnahmen
5.	ODEON, LEEDS, YORKSHIRE –2–
6.	ODEON, GLASGOW, SCHOTTLAND –2–
7.	ABC, CARLISLE, CUMBERLAND –2–
8.	ABC, CHESTERFIELD, DERBYSHIRE –2–
9.	THE EMPIRE, LIVERPOOL, LANCASHIRE –2–
10.	London: Radioaufnahmen (»Purple Haze«, »Foxy Lady«; live)
11.	GRANADA, BEDFORD, BEDFORDSHIRE –2–
12.	GAUMONT, SOUTHAMPTON, HAMPSHIRE –2–
13.	GAUMONT, WOLVERHAMPTON, STAFFORDSHIRE –2–
	Kingfisher, Wolverhampton: Jimi jammt mit den Californians
14.	ODEON, BOLTON, LANCASHIRE –2–
15.	ODEON, BLACKPOOL, LANCASHIRE –2–
16.	DE MONTFORT HALL, LEICESTER, LEICESTERSHIRE –2–
17.	London: TV-Aufnahmen (»Purple Haze«, »Manic Depression«; live)
Mitte	Speakeasy, London: Jimi (ba) jammt mit Georgie Fame (or) und Ben E. King (dr)
19.	ODEON, BIRMINGHAM, WARWICKSHIRE –2–
20.	ABC, LINCOLN, LINCOLNSHIRE –2–
21.	CITY HALL, NEWCASTLE-UPON-TYNE, NORTHUMBERLAND –2–
22.	ODEON, MANCHESTER, LANCASHIRE –2–
23.	GAUMONT, HANLEY, STAFFORDSHIRE –2–
24.	Saville Theatre, London: Jimi besucht ein Konzert von Donovan
25.	COLSTON HALL, BRISTOL, GLOUCESTERSHIRE –2–
26.	CAPITOL, CARDIFF, GLAMORGAN, SOUTH WALES –2–
27.	ABC, ALDERSHOT, HAMPSHIRE –2–

»Ha, ein graues Haar!«
London, The Astoria, 31. März 1967

28.	ADELPHI, SLOUGH, BUCKINGHAMSHIRE –2– UFO, London: Jimi (ba) jammt mit Keith West (vo), John »Twink« Adler (dr) und Stephen Howe gi), alle Mitglieder der Band Tomorrow
29.	WINTER GARDENS, BOURNEMOUTH, HAMPSHIRE –2–
30.	GRANADA, LONDON SW17 –2–
	ENDE DER ERSTEN UK-TOURNEE
Mai	
4.	London: TV-Aufnahmen (»Purple Haze«; Halb-Playback mit Live-Gesang) Olympic Sound Studios, London: Aufnahmen
5.	»The Wind Cries Mary« b/w »Highway Chile« (dritte JHE-Single) in England veröffentlicht Olympic Sound Studios, London: Aufnahmen
6.	BALLROOM OF THE STARS, THE IMPERIAL, NELSON, LANCASHIRE (Vorgruppen: The Movement, The Jo De Brown Trust)
7.	SAVILLE THEATRE, LONDON W1 –2– (Vorgruppen: Garnet Mimms; 1, 2, 3; MC Rick Dane) »Schreiende Fans sind wie eine Herde kleiner quiekender Schweinchen . . .«, sagte Jimi während der Show
8.	Speakeasy, London: Jimi besucht ein Konzert der Brian Auger Trinity
9.	Dorchester Hotel, London: Jimi ist einer der Ehrengäste bei einem Lunch, zu dem der Variety Club Of Great Britain als »Tribut an die Schallplattenindustrie« eingeladen hat. Olympic Sound Studios, London: Aufnahmen
10.	London: TV-Aufnahmen (»The Wind Cries Mary«; Halb-Playback mit Live-Gesang)
11.	FRANKREICH Paris: TV-Aufnahmen (»Hey Joe« und vier andere Songs; live)
12.	ENGLAND Erste JHE-LP »Are You Experienced?« in England veröffentlicht »BLUESVILLE '67«, BLUESVILLE CLUB, THE MANOR HOUSE, LONDON N4
Mitte	Speakeasy, London: Jimi jammt mit Amen Corner
13.	IMPERIAL COLLEGE, LONDON SW7
14.	BELLE VUE, NEW ELIZABETHAN, MANCHESTER, LANCASHIRE (Vorprogramm: DJ Jimmy Savile)
15.	WESTDEUTSCHLAND NEUE WELT, BERLIN –2– (Vorgruppen: The Beat Cats, Restless Sect, Shatters und Manuela)
16.	BIG APPLE, MÜNCHEN –2–

Neue Welt, Berlin, 15. Mai 1967

17. Hotel Intercontinental, Frankfurt: Radiointerview von Hans Carl Schmidt

18. Stadthalle Offenbach: TV-Aufnahmen (»Stone Free«, »Hey Joe«, »Purple Haze«; live)
K 52, Frankfurt: Jimi (ba) jammt mit Noel (gi), David »Dave Dee« Harman (vo) und John »Beaky« Dymond (dr)

19. SCHWEDEN
KONSERTHALLEN, LISEBERG, LISEBERG NÖJESPARK, GÖTEBORG –2–
(Vorgruppen: Mats & Brita, Cat Stevens, DJ Clem Dalton)

20. MARIEBERGSSKOGEN, KARLSTAD
(Vorgruppen: Metrosextetten, Arnes)

21. DÄNEMARK
FALKONER CENTRET, KOPENHAGEN
(Vorgruppen: Harlem Kiddies mit King George, Defenders, Beefeaters)

22.	FINNLAND Ratakatu TV-Studio: Helsinki: TV-Aufnahmen (»Hey Joe« und drei andere Songs; Playback) KULTTUURITALO, HELSINKI (Vorgruppen: First, Wantons, New Joys, DJ Antti Einiö)
23.	SCHWEDEN KLUBB BONGO – NEW ORLEANS, MALMÖ –2– (Vorgruppe: Namelosers)
24.	Stockholm: TV-Aufnahmen (»The Wind Cries Mary«, »Purple Haze«; live) STORA SCENEN, GRÖNA LUND, TIVOLI GARDEN, STOCKHOLM –erste Show– DANS IN, GRÖNA LUND, TIVOLI GARDEN, STOCKHOLM –zweite Show– (Vorgruppen: Perhaps, Bread) Stockholm: Radiointerview von Roger Wallis
24. oder 25.	En Till, Stockholm: Jimi (ba) jammt mit Noel (gi), Mitch (dr) und lokalen Musikern
25.	Stockholm: Radiointerview von Klas Burling
27.	WESTDEUTSCHLAND STAR PALACE, KIEL –2–
28.	JAGUAR CLUB, SCALA, HERFORD (Vorgruppen: The Rivets, The Lions)
29.	ENGLAND »BARBEQUE 67«, TULIP BULB AUCTION HALL, SPALDING, LINCOLNSHIRE (Vorgruppen: Cream, Geno Washington & The Ram Jam Band, Pink Floyd, The Move, Zoot Money And His Big Roll Band, Sounds Force Five)
Juni	
Anfang	Speakeasy, London: Jimi besucht ein Konzert von José Feliciano und jammt mit ihm
4.	SAVILLE THEATRE, LONDON W1 –2– (Vorgruppen: Stormsville Shakers, Procol Harum, Chiffons, Denny Laine And His Electric String Band) Speakeasy, London: Jimi besucht ein Konzert der Turtles
5.	London: Studioaufnahmen
13.	USA Café A Go Go, New York City: Jimi besucht ein Konzert von Richie Havens
14.	Scene, New York City: Jimi besucht ein Konzert der Doors
18.	Monterey International Pop Festival: Jimi verfolgt Ravi Shankars Auftritt MONTEREY INTERNATIONAL POP FESTIVAL, MONTEREY, CALIFORNIA

Jam Session (Jimi am Baß, Noel an der Lead-Gitarre), En Till, Stockholm, 24. oder 25. Mai 1967

(Line-Up für diesen Tag: Ravi Shankar, Blues Project, Buffalo Springfield, The Who, Grateful Dead, JHE, The Mamas And The Papas; gefilmt und aufgenommen)

20. FILLMORE WEST, SAN FRANCISCO, CALIFORNIA –2–
(Vorgruppen: Gabor Szabo, Jefferson Airplane)

21. FILLMORE WEST, SAN FRANCISCO, CALIFORNIA –2–
(Vorgruppe: Gabor Szabo)

22. FILLMORE WEST, SAN FRANCISCO, CALIFORNIA –2–
(Vorgruppe: Gabor Szabo)

23. FILLMORE WEST, SAN FRANCISCO, CALIFORNIA –2–
(Vorgruppe: Gabor Szabo)

24. FILLMORE WEST, SAN FRANCISCO, CALIFORNIA –2–
(Vorgruppe: Gabor Szabo)

25. »PANHANDLE«, GOLDEN GATE PARK, SAN FRANCISCO, CALIFORNIA
FILLMORE WEST, SAN FRANCISCO, CALIFORNIA –2–
(Vorgruppe: Gabor Szabo)

26.	Whisky A Go Go, Los Angeles, California: Jimi besucht ein Konzert von Sam & Dave
zwischen 26. und 30.	Stephen Stills' Haus in Malibu, California: Jimi jammt mit Steve Stills, Hugh Masekela (tp), Buddy Miles (dr), und Bruce Palmer (ba)
28. bis 30.	Los Angeles, California: Aufnahmen

Juli

1.	EARL WARREN SHOWGROUNDS, SANTA BARBARA, CALIFORNIA (Vorgruppen: Moby Grape, Tim Buckley)
2.	WHISKY A GO GO, LOS ANGELES, CALIFORNIA
3.	SCENE, NEW YORK CITY (Vorgruppen: Tiny Tim, The Seeds)
4.	SCENE, NEW YORK CITY (Vorgruppen: Tiny Tim, The Seeds)
5.	RHEINGOLD FESTIVAL, CENTRAL PARK, NEW YORK CITY (Vorgruppen: Len Chandler, The Young Rascals)
6.	Mayfair Recording Studio Inc., New York City: Aufnahmen
7.	Mayfair Recording Studio Inc., New York City: Aufnahmen Garrick Theatre, New York City: Jimi besucht ein Konzert von Frank Zappa
8.	START DER MONKEES-TOURNEE Line-Up für alle Konzerte bis zum 16. Juli; The Sundowners, Lynne Randell, JHE, The Monkees COLISEUM, JACKSONVILLE, FLORIDA
9.	CONVENTION HALL, MIAMI, FLORIDA
11.	COLISEUM, CHARLOTTE, NORTH CAROLINA
12.	COLISEUM, GREENSBORO, NORTH CAROLINA
13.	FOREST HILLS STADIUM, NEW YORK CITY
14.	FOREST HILLS STADIUM, NEW YORK CITY
15.	FOREST HILLS STADIUM, NEW YORK CITY
16.	FOREST HILLS STADIUM, NEW YORK CITY Während eines der Konzerte in Forest Hills unterbricht ein Mädchen aus dem Publikum Jimis Auftritt mit dem Zwischenruf: »Jetzt reicht's aber mit dem psychedelischen Zeug« . . . ENDE DER JHE AUF DER MONKEES-TOURNEE
Mitte	The Electric Circus, New York City: Jimi besucht ein Konzert der Seeds
18. & 19.	Mayfair Recording Studio Inc., New York City: Aufnahmen
20.	Mayfair Recording Studio Inc., New York City: Aufnahmen SALVATION, NEW YORK CITY
Ende	Studio 76 Inc., New York City: Aufnahmen mit Curtis Knight (zwei Tage)
21.	CAFE A GO GO, NEW YORK CITY –2–

22.	CAFE A GO GO, NEW YORK CITY –2–
23.	CAFE A GO GO, NEW YORK CITY –2–
Ende	Gaslight Café, New York City: Jimi jammt an verschiedenen Tagen mit John Hammond And His Screaming Nighthawks und mit Eric Clapton
29.	Mayfair Recording Studio Inc., New York City: Aufnahmen
August	
3.	SALVATION, NEW YORK CITY
4.	SALVATION, NEW YORK CITY
5.	SALVATION, NEW YORK CITY
7.	SALVATION, NEW YORK CITY
8.	SALVATION, NEW YORK CITY
9.	AMBASSADOR THEATRE, WASHINGTON DC –2– (Vorgruppe: Natty Bumpo)
10.	AMBASSADOR THEATRE, WASHINGTON DC –2– (Vorgruppe: Natty Bumpo) Mitch war krank, und ein anderer (unbekannter) Schlagzeuger sprang bei diesem Auftritt für ihn ein.
11.	AMBASSADOR THEATRE, WASHINGTON DC –2– (Vorgruppe: Natty Bumpo)
12.	AMBASSADOR THEATRE, WASHINGTON DC –2– (Vorgruppe: Natty Bumpo)
13.	»KEEP THE FAITH FOR WASHINGTON YOUTH FUND«, AMBASSADOR THEATRE, WASHINGTON DC –2– (Vorgruppe: Natty Bumpo)
Mitte	Jimi wird in Washington DC als Fußgänger wegen Unachtsamkeit im Straßenverkehr festgenommen!
15.	FIFTH DIMENSION CLUB, ANN ARBOR, MICHIGAN –2–
18.	HOLLYWOOD BOWL, HOLLYWOOD, CALIFORNIA –2– (Vorgruppen: The Mamas And The Papas, Scott McKenzie)
19.	»The Burning Of The Midnight Lamp« b/w »The Stars That Play With Laughing Sam's Dice« (vierte JHE-Single) in England veröffentlicht EARL WARREN SHOWGROUNDS, SANTA BARBARA, CALIFORNIA (Vorgruppen: Moby Grape, Captain Speed, Tim Buckley)
21.	ENGLAND
22.	Manchester, Lancashire; TV-Aufnahmen (»The Burning Of The Midnight Lamp«; live)
24.	London: TV-Aufnahmen (»The Burning Of The Midnight Lamp«; Halb-Playback mit Live-Gesang; zwei Versionen)
27.	SAVILLE THEATRE, LONDON W1 (Vorgruppen: Crazy World Of Arthur Brown, Tomorrow feat. Keith West; die zweite Show wurde wegen des Todes von Brian Epstein abgesagt) Speakeasy, London: Jimi jammt mit Fairport Convention
29.	NOTTINGHAM BLUES FESTIVAL SHERWOOD ROOMS, NOTTINGHAM, NOTTINGHAMSHIRE

	(Vorgruppen: Jimmy James & Vagabonds, Jimmy Cliff, Wynder K. Frogg, Long John Baldry)
Ende	Speakeasy, London: Jimi besucht das Dantalians-Chariot-Konzert
31.	WESTDEUTSCHLAND Berlin: Radioaufnahmen: live
September	
2.	Berlin: TV-Aufnahmen (»Can You See Me?«, »The Burning Of The Midnight Lamp«; Playback)
3.	SCHWEDEN KONSERTHALLEN, LISEBERG, LISEBERGS NÖJESPARK, GÖTEBORG –2– (Vorgruppen: Outsiders, Lucas)
4.	STORA SCENEN, GRÖNA LUND, TIVOLI GARDEN, STOCKHOLM –erste Show– DANS IN, GRÖNA LUND, TIVOLI GARDEN, STOCKHOLM –zweite Show–
5.	Radiohuset, Stockholm: Radioaufnahmen der Live-Show Stockholm: Radiointerview von Klas Burling
6.	VÄSTERÅS IDROTTSHALL, VÄSTERÅS –2– (Vorgruppen: Mersy Sect, AB-Musik, Deejays, Outsiders)
8.	Stockholm: TV-Aufnahmen (»Hey Joe«, »Foxy Lady«, »Purple Haze«, »The Wind Cries Mary«, »I Don't Live Today«; Playback) POPLADEN, HÖGBO BRUK, HÖGBO –2– (Vorgruppen: Midnighters, Halifax Team, Outsiders)
9.	MARIEBERGSSKOGEN, KARLSTAD –2– (Vorprogramm: Jörgen Reinholds)
10.	STORA SALEN, AKADEMISKA FÖRENINGEN, LUND –2– (Vorgruppen: Bread, Hansson & Karlsson)
11.	STORA SCENEN, GRÖNA LUND, TIVOLI GARDEN, STOCKHOLM –erste Show– Stockholm: Radiointerview von Leif H. Andersson DANS IN, GRÖNA LUND, TIVOLI GARDEN, STOCKHOLM –zweite Show–
11. (?)	Club Filips, Stockholm: Jimi (ba) jammt mit Janne Karlsson (dr), und George Wadenius von Blood, Sweat And Tears und Yanne Karlsson; mitgeschnitten
12.	STJÅRNSCENEN, LISEBERG, LISEBERGS NÖJESPARK, GÖTEBORG –2–
13.	ENGLAND
15.	Bluesville '67, Bluesville Club, The Manor House, London: Jimi jammt mit Eric Burdon & The Animals
16.	Europa Hotel, London: Jimi ist vom Melody Maker (UK) zum »World Top Musician« gewählt worden und nimmt eine Auszeichnung entgegen

Unbekannter Geistlicher, unbekanntes Mädchen, Jimi mit seiner Trophäe und Discjockey Jimmy Savile. Hotel Europa, London, 16. September 1967

23.	Royal Albert Hall, London: Jimi besucht ein Konzert von Frank Zappa
24.	Saville Theatre, London: Jimi besucht ein Konzert von Traffic
25.	»GUITAR-IN«, ROYAL FESTIVAL HALL, LONDON SW1 (Vorgruppen: siehe Plakat auf Seite 727)
Oktober	
1. bis 5.	Olympic Sound Studios, London: Aufnahmen
6.	London: Radioaufnahmen für »Top Gear« (zwei Interviews, »Little Miss Lover«, zwei Versionen von »Driving South«, »The Burning Of The Midnight Lamp«, »Hound Dog«, »Experiencing The Blues«)
	London: Radioaufnahmen (Jimi jammt mit Stevie Wonder [dr] und Noel [ba]: »Ain't Too Proud Beg«; live)
7.	THE WELLINGTON CLUB, DEREHAM, NORFOLK (Vorgruppen: The Flower People, The Rubber Band)
8.	SAVILLE THEATRE, LONDON W1 –2– (Vorgruppen: Crazy World Of Arthur Brown, The Herd, Eire Apparent, MC Len Marshall)
	FRANKREICH
9.	OLYMPIA, PARIS (Vorgruppe: The Pebbles); gefilmt und aufgenommen
10.	Paris: TV-Aufnahmen (»The Burning Of The Midnight Lamp«, »Hey Joe«; Playback)
11.	Paris: TV-Aufnahmen (im Freien; zwei Songs; Playback)
12.	Paris: TV-Aufnahmen (»The Burning Of The Midnight Lamp«, »The Wind Cries Mary«; Playback: Jimi mimt am Klavier und an der Violine . . .)
	Paris: TV-Aufnahmen
	ENGLAND
13.	Borehamwood, Hertfordshire: TV-Aufnahmen (»Little Miss Lover«; zuvor live aufgenommener Backing Track mit Live-Gesang)
15.	STARLIGHT BALLROOM, CRAWLEY, SUSSEX
17.	London: Radioaufnahmen für »Rhythm & Blues« (»Can You Please Crawl Out Your Window«, »I'm Your Hoochie Coochie Man«, »Driving South«; live)
18.	The London Pavilion, London: Jimi besucht die Premiere von John Lennons Film »How I Won The War«; gefilmt
22.	HASTINGS PIER, HASTINGS, SUSSEX (Vorgruppe: The Orange Seaweed)
23.	De Lane Lea Music Ltd., London: Studioproben und Fotosession
24.	MARQUEE, LONDON W1 (Vorgruppe: The Nice)
25. bis 27.	Olympic Sound Studios, London: Aufnahmen
28.	CALIFORNIA BALLROOM, DUNSTABLE, BEDFORDSHIRE (Vorgruppen: Modes Mode, Canal Street Philharmonic)

Guitar-In

The Jimi Hendrix Experience
Bert Jansch Paco Pena
Sebastian Jorgensen & Tim Walker

The Royal Festival Hall
8pm Monday 25th September
Tickets: 21/- 15/6 12/6 7/6 5/-
available from the Royal Festival Hall box office (telephone 01 928 3191)

The Royal Festival Hall General Manager John Denison CBE Published by Liberal International Director Ken Woollard Design John Holder / Ken Vail Print D S M of Cambridge

	Olympic Sound Studios, London: Aufnahmen
29. & 30.	Olympic Sound Studios, London: Aufnahmen
November	
8.	THE UNION, MANCHESTER, LANCASHIRE (Vorgruppen: Tamla Express, DJ The Baron)
10.	HOLLAND Vitus Studio, Bussum: TV-Aufnahmen für »Hoepla« (»Foxy Lady«, »Catfish Blues«, zwei Versionen von »Purple Haze«; live) HIPPY HAPPY BEURS VOOR TIENERS EN TWENS, AHOY HALLEN, ROTTERDAM (Vorgruppe: The Flowers, The Motions)
11.	ENGLAND NEW REFECTORY, SUSSEX UNIVERSITY, BRIGHTON, SUSSEX (Vorgruppe: Ten Years After) Gage für JHE £500, für TYA £60 . . .
14.	START DER ZWEITEN UK-TOURNEE Vorgruppen für alle Konzerte bis zum 5. Dezember: The Move, Pink Floyd, Amen Corner, Outer Limits, Eire Apparent, The Nice, MC Pete Drummond ROYAL ALBERT HALL, LONDON SW7
15.	Mayfair Hotel, London: Gefilmtes Interview WINTER GARDENS, BOURNEMOUTH, HAMPSHIRE –2–
17.	CITY HALL, SHEFFIELD, YORKSHIRE –2–
18.	THE EMPIRE, LIVERPOOL, LANCASHIRE –2–
19.	THE COVENTRY THEATRE, COVENTRY, WARKSHIRE –2–
22.	GUILD HALL, PORTSMOUTH, HAMPSHIRE –2–
23.	SOPHIA GARDENS PAVILION, CARDIFF, GLAMORGAN, WALES –2–
24.	COLSTON HALL, BRISTOL, GLOUCESTERSHIRE –2–
25.	OPERA HOUSE, BLACKPOOL, LANCASHIRE –2– (gefilmt und aufgenommen)
26.	PALACE THEATRE, MANCHESTER, LANCASHIRE –2–
27.	»FESTIVAL OF ARTS«, WHITLA HALL, QUEEN'S COLLEGE, BELFAST, NORDIRLAND –2– (Jimi erhält hinter der Bühne einen Geburtstagskuchen)
Dezember	
1.	Die zweite JHE-LP »Axis: Bold As Love« wird in England veröffentlicht CENTRAL HALL, CHATHAM, KENT –2–
2.	THE DOME, BRIGHTON, SUSSEX –2–
3.	THEATRE ROYAL, NOTTINGHAM, NOTTINGHAMSHIRE –2–
4.	CITY HALL, NEWCASTLE-UPON-TYNE, NORTHUMBERLAND –2–

5.	GREEN'S PLAYHOUSE, GLASGOW, LANARK, SCHOTTLAND –2– ENDE DER ZWEITEN UK-TOURNEE
6.	Speakeasy, London: Jimi besucht eine Party für The Foundations
7.	Speakeasy, London: Jimi jammt mit The Fairport Convention
Anfang	Speakeasy, London: Jimi jammt mit Ainsley Dunbar, Noel Redding und Alan Price
8.	Borehamwood, Hertfordshire: TV-Aufnahmen (»Spanish Castle Magic«; zuvor aufgenommener Live-Backing-Track mit Live-Gesang)
10.	Speakeasy, London: Jimi besucht ein Konzert der Moody Blues
Mitte	Jimis Wohnung, London: Interview von Meatball Fulton; mitgeschnitten
13.	De Lane Lea Music Ltd., London: Aufnahmen
15.	London: Radioaufnahmen für »Top Gear« (Interview, Radio One Jingle, »Day Tripper«, »Spanish Castle Magic«, zwei Versionen von »Getting My Heart Back Together Again«, »Wait Until Tomorrow«)
16.	London: TV-Aufnahmen (»Purple Haze«; Halb-Playback mit Live-Gesang)
19.	Bruce Fleming Photo Studio, London: Dreharbeiten zu dem Film »See My Music Talking« (auch: »Experience«) (Interview, »Getting My Heart Back Together Again« – 12-string-Solo; live)
20. & 21.	Olympic Sound Studios, London: Aufnahmen
22.	»CHRISTMAS ON EARTH CONTINUED«, GRAND & NATIONAL HALLS, OLYMPIA, LONDON W8 (Vorgruppen: The Who, Eric Burdon & The Animals, The Move, Pink Floyd, Keith West & Tomorrow, Soft Machine, Paper Blitz Tissue, Traffic, Graham Bond Organisation, Sam Gopal Dream, Jeffrey Shaw & The Plastic Circus, DJs: Mike Lennox und John Peel; vor und auch hinter der Bühne gefilmt)
23.	»Christmas Festival«, Roundhouse, London: Gerüchten zufolge spielte Jimi auf einer Kinderparty den Weihnachtsmann . . .
Ende (?)	Speakeasy, London: Jimi jammt mit Sam Gopal Dream; mitgeschnitten
25.	Noels Wohnung, London: Jimi besucht Noels Geburtstagsparty
26.	Bruce Flemings Haus, London: Jimi verbringt die Weihnachtstage mit Bruce Fleming und dessen Familie
Ende	Speakeasy, London: Jimi jammt mit Dave Mason, Eric Burdon und Harry Hughes von The Clouds
30.	Olympic Sound Studios, London: Aufnahmen
31.	Speakeasy, London: Jimi besucht die Silvesterparty und spielt während einer Jam-Session eine 30-Minuten-Version von »Auld Lang Syne«

1968

Januar

1.	London: Radio-Interview
2.	Klooks Kleek, Railway Hotel, London: Jimi jammt mit Al Sykes und John Mayall
3.	SCHWEDEN
4.	Jimi wird im Hotel Opalen, Göteborg, wegen Verwüstung eines Hotelzimmers von der schwedischen Polizei festgenommen LORENSBERG, CIRKUS, GÖTEBORG –2– (Vorgruppen: Baby Grandmothers, Mecki Mark Men)
5.	JERNVALLEN SPORTS HALL, SANDVIKEN (Vorgruppen: Baby Grandmothers, Mecki Mark Men)
6.	DÄNEMARK Kopenhagen: TV-Aufnahmen
7.	TIVOLIS KONSERTSAL, KOPENHAGEN –2– (Vorgruppe: Hansson & Karlsson)
8.	SCHWEDEN STORA SALEN, KONSERTHUSET, STOCKHOLM –2– (Vorgruppen: Baby Grandmothers, Mecki Mark Men) Radio-Interview von Leif H. Andersson
16.	Gerichtshof Göteborg: Jimi wird zu einer Geldstrafe von 8918 Schwedischen Kronen verurteilt.
17.	ENGLAND
19.	London: Jimi besucht die Gründungsparty der Gruppe Grapefruit
20. (?)	De Lane Lea Music Ltd., London: Aufnahmen mit McGough & McGear
21.	Olympic Sound Studios, London: Aufnahmen
26.	Olympic Sound Studios, London: Aufnahmen
28.	Olympic Sound Studios, London: Aufnahmen
29.	FRANKREICH Paris: Radiointerview OLYMPIA, PARIS –2– (Vorgruppe: Eric Burdon & The Animals; zweite Show aufgenommen)
30.	USA Copter Club, Pan Am Building, Manhattan, New York City: Jimi besucht den Presseempfang »The British Are Coming«; verschiedene Interviews für Magazine, Radio, TV

Februar
– JHE werden von »Beat Instrumental« (UK) zur »Best Group on Stage« gewählt

1. FILLMORE AUDITORIUM, SAN FRANCISCO, CALIFORNIA –2–
(Vorgruppen: Albert King, John Mayall's Bluesbreakers, Soft Machine)

2. WINTERLAND, SAN FRANCISCO, CALIFORNIA –2–
(Vorgruppen: Soft Machine, Albert King, John Mayall's Bluesbreakers)

3. WINTERLAND, SAN FRANCISCO, CALIFORNIA –2–
(Vorgruppen: Albert King, John Mayall's Bluesbreakers)

4. WINTERLAND, SAN FRANCISCO, CALIFORNIA –2–
(Vorgruppen: Albert King, John Mayall's Bluesbreakers, Big Brother And The Holding Company)

5. SUN DEVILS GYM, ARIZONA STATE UNIVERSITY, TEMPE, ARIZONA
(Vorgruppe: Soft Machine)

6. V.I.P. CLUB, TUCSON?, ARIZONA
(Vorgruppe: Soft Machine)

8. MEN'S GYM, SACRAMENTO STATE COLLEGE, SACRAMENTO, CALIFORNIA
(Vorgruppen: The Creators, Soft Machine)

9. ANAHEIM CONVENTION CENTRE, ANAHEIM, CALIFORNIA –2–
(Vorgruppen: Eire Apparent, Soft Machine, Eric Burdon & The Animals)

10. Shrine Auditorium: Jimi jammt mit Buddy Miles (dr), Harvey Brooks (ba) und David Crosby (gi)
SHRINE AUDITORIUM, LOS ANGELES, CALIFORNIA
(Vorgruppen: Soft Machine, Blue Cheer, Electric Flag)

11. ROBERTSON GYM, SANTA BARBARA, CALIFORNIA
(Vorgruppen: East Side Kids, Soft Machine)

12. CENTER ARENA, SEATTLE, WASHINGTON
(Vorgruppe: Soft Machine)

13. Jimi besucht die Garfield High School, Seattle
ACKERMAN UNION GRAND BALLROOM, UCLA, LOS ANGELES, CALIFORNIA
(Vorgruppe: Soft Machine)

14. REGIS COLLEGE, FIELDHOUSE, DENVER, COLORADO
(Vorgruppe: Soft Machine)

15. MUNICIPAL AUDITORIUM, SAN ANTONIO, TEXAS
(Vorgruppen: The Moving Sidewalks, Neal Ford And The Fanatics, Soft Machine)

16. STATE FAIR MUSIC HALL, DALLAS, TEXAS
(Vorgruppen: The Moving Sidewalks, Neal Fort And The Fanatics, Soft Machine)

17. Jimi wird von »Disc And Music Echo« (UK) zum »Top World Musician« gewählt
WILL ROGERS AUDITORIUM, FORT WORTH, TEXAS

	(Vorgruppen: The Moving Sidewalks, Neal Ford And The Fanatics, Soft Machine)
18.	MUSIC HALL, HOUSTON, TEXAS –2– (Vorgruppen: The Moving Sidewalks, Neal Ford And The Fanatics, Soft Machine)
20.	Scene, New York City: Jimi jammt mit Mitgliedern von The Electric Flag, Soft Machine und The Tremeloes
21.	ELECTRIC FACTORY, PHILADELPHIA, PENNSYLVANIA –2– (Vorgruppe: Woody's Truck Stop)
22.	ELECTRIC FACTORY, PHILADELPHIA, PENNSYLVANIA –2– (Vorgruppen: Woody's Truck Stop, Soft Machine)
23.	MASONIC TEMPLE, DETROIT, MICHIGAN (Vorgruppen: Soft Machine, MC5, The Rationals)
24.	Jimi wird vom »Rolling Stone« (USA) für den »Rolling Stone Great Balls Of Fire Award 1967« ausgewählt CNE COLISEUM ARENA, TORONTO, ONTARIO, CANADA (Vorgruppen: The Paupers, Soft Machine)
25.	CHICAGO CIVIC OPERA HOUSE, CHICAGO, ILLINOIS –2– (Vorgruppe: Soft Machine)
27.	THE FACTORY, MADISON, WISCONSIN –2– (Vorgruppe: Soft Machine)
28.	THE SCENE, MILWAUKEE, WISCONSIN –2– (Vorgruppe: Soft Machine)
29.	THE SCENE, MILWAUKEE, WISCONSIN –2– (Vorgruppe: Soft Machine)

März

2.	HUNTER COLLEGE, NEW YORK CITY –2– (Vorgruppen: John Hammond Jr., Soft Machine) Realrock Station, New York City: Radio-Interview; Live-Übertragung
3.	VETS MEMORIAL AUDITORIUM, COLUMBUS, OHIO (Vorgruppen: Dantes, 4 O'Clock Balloon, Soft Machine)
6. (?)	Scene, New York City: Jimi jammt mit Jim Morrison (ha) und anderen; von Jimi aufgenommen
8.	MARVEL GYM, BROWN UNIVERSITY, PROVIDENCE, RHODE ISLAND
9.	STATE UNIVERSITY OF NEW YORK, STONY BROOK, LONG ISLAND, NEW YORK (Vorgruppe: Soft Machine)
10.	INTERNATIONAL BALLROOM, WASHINGTON HILTON HOTEL, WASHINGTON DC –2– (Vorgruppe: Soft Machine)
13.	Sound Center, New York City: Aufnahmen
15.	Jimi wird von »Hitweek« (Holland) zum »Instrumentalist Of The World« gewählt

ATWOOD HALL, CLARK UNIVERSITY, WORCESTER, MASSACHUSETTS –2–
(Vorgruppe: Soft Machine; gefilmt und aufgenommen)

16. LEWISTON ARMORY, LEWISTON, MAINE
(Vorgruppen: Hanseatic League, Terry And The Telstars)

17. Cafe A Go Go, New York City: Jimi jammt mit Elvin Bishop (gi), Harvey Brooks (ba), Phillip Wilson (dr), Buddy Miles (dr), James Tatum (sax), Herbie Rich (or) und Paul Butterfield (ha); von Jimi aufgenommen

19. CAPITOL THEATRE, OTTAWA, ONTARIO, CANADA –2–
(Vorgruppe: Soft Machine; zweite Show aufgenommen)

21. COMMUNITY WAR MEMORIAL, ROCHESTER, NEW YORK
(Vorgruppe: Rustics, Soft Machine; von Jimi aufgenommen)

22. BUSHNELL MEMORIAL HALL, HARTFORD, CONNECTICUT
(Vorgruppen: The Bowl, Soft Machine)

23. BUFFALO MEMORIAL AUDITORIUM, BUFFALO, NEW YORK
(Vorgruppen: Jesse's First Carnival, Soft Machine)

24. IMA AUDITORIUM, FLINT, MICHIGAN
(Vorgruppen: Rationals, Fruit Of The Loom, Soft Machine)

25. Otto's Grotto, Cleveland, Ohio: Jimi jammt mit Good Earth

26. WKYC, Cleveland, Ohio: Radio-Interview; Live-Übertragung
PUBLIC MUSIC HALL, CLEVELAND, OHIO –2–
(Vorgruppe: Soft Machine)

27. TEEN AMERICA BUILDING, LION'S DELWARE CO. FAIRGROUNDS, MUNCIE, INDIANA
(Vorgruppen: The Glass Calendar, Soft Machine)

28. XAVIER UNIVERSITY FIELDHOUSE, CINCINNATI, OHIO –2–
(Vorgruppe: Soft Machine)

29. Chicago University, Chicago, Illinois: JHE gingen nach dem Auftritt von Soft Machine auf die Bühne, aber ihre Verstärker empfingen Radiosignale; daraufhin weigerte sich Jimi, das Konzert zu spielen.
The Cheetah, Chicago: Jimi jammt mit der Paul Butterfield Blues Band.

30. UNIVERSITY OF TOLEDO FIELDHOUSE, TOLEDO, OHIO
(Vorgruppe: Soft Machine)

31. ARENA, PHILADELPHIA, PENNSYLVANIA
(Vorgruppen: Woody's Truck Stop, Soft Machine)

April

2. PAUL SAUVE ARENA, MONTREAL, QUEBEC, CANADA
(Vorgruppen: Olivus, Soft Machine)

4. Martin Luther King wird ermordet
CIVIC DOME, VIRGINIA BEACH, VIRGINIA –2–

5. SYMPHONY HALL, NEWARK, NEW JERSEY
(Die zweite Show wird wegen des Todes von Martin Luther King abgesagt)

6.	WESTCHESTER COUNTY CENTER, WHITE PLAINS, NEW YORK (Vorgruppe: Soft Machine)
7.	Generation, New York City: Jimi jammt mit Roy Buchanan (ba) und anderen; gefilmt
Mitte	Generation, New York City: Jimi jammt mit Elvin Bishop (gi), B.B. King (gi), Buzzy Feiten (ba), Phillip Wilson (dr), Don Martin (gi), Al Kooper (or), Paul Butterfield (ha) und Stewart Somebody (pi); aufgenommen von Jimi Später in dieser Nacht jammt Jimy noch mit Ted Nugent, B.B. King, Al Kooper und anderen
18.	Record Plant, New York City: Aufnahmen
19.	TROY ARMORY, TROY, NEW YORK (Vorgruppe: Soft Machine)
20. bis 26.	Record Plant, New York City: Aufnahmen
28. bis 30.	Record Plant, New York City: Aufnahmen

Mai

1. bis 5.	Record Plant, New York City: Aufnahmen; ein Teil der Session vom 3.5 wurde gefilmt
8.	Record Plant, New York City: Aufnahmen
10.	FILLMORE EAST, NEW YORK CITY –2– (Vorgruppen: Sly & The Family Stone) Jimi spielt die mit 17 Minuten längste Version von »Red House«; beide Shows aufgenommen
17.	Record Plant, New York City: Aufnahmen
18.	MIAMI POP FESTIVAL, GULF STREAM RACE TRACK, HALLANDALE, MIAMI, FLORIDA –2– (Vorgruppen: Mothers Of Invention, Crazy World Of Arthur Brown, Blue Cheer, John Lee Hooker) teilweise gefilmt
19.	MIAMI POP FESTIVAL, GULF STREAM RACE TRACK, HALLANDALE, MIAMI, FLORIDA –2– möglicherweise abgesagt (Vorgruppen: wie am Vortag) Wreck Bar, The Castaways Hotel, Miami: Jimi jammt mit Noel, Frank Zappa, Jimmy Carl Black, Arthur Brown und anderen
20.	Wreck Bar, The Castaways Hotel, Miami: Jimi jammt auf einer Guild »SF-V Starfire Deluxe«
23.	Eric Barrett schließt sich der JHE-Crew als Road-Manager an ITALIEN PIPER CLUB, MAILAND (Vorgruppe: Rocky Roberts & The Airedales; erste Show wird abgesagt, da das Equipment nicht rechtzeitig vor Ort ist)
24.	TEATRO BRANCACCIO, ROM –2– (Vorgruppen: Pier Franco Colonna, The Triad, Franco Estill Groups – eine Ballettgruppe)
25.	TEATRO BRANCACCIO, ROM –2– (Vorgruppen: siehe vorigen Tag)

24. & 25.	Titan, Rom: Jimi (ba) jammt mit Noel (gi), Mitch (dr) und verschiedenen lokalen Bands, unter ihnen die Formation The Folks
26.	PALASPORT, BOLOGNA –2– (Vorgruppe: The Cliffters)
27.	USA
30.	SCHWEIZ »MONSTER-KONZERT«, HALLENSTADION, ZÜRICH (Vorgruppen: The Move, Anselmo Trend, Traffic, Small Faces, Koobas, John Mayall's Bluesbreakers, Eric Burdon & The Animals, Eire Apparent)
31.	Hallenstadion, Zürich: Jimi jammt mit Chris Wood (fl), Stevie Winwood (or), Dave Mason (ba), Trevor Burton (dr), Carl Wayne (bongos) und Vic Briggs (gi); aufgenommen von Chris Wood »MONSTER-KONZERT«, HALLENSTADION, ZÜRICH (Vorgruppen: Siehe vorigen Tag)

Juni

1.	ENGLAND
5.	Borehamwood, Hertfordshire: TV-Aufnahmen für die Show »It Must Be Dusty!: (»Stone Free«, »Mockingbird« und Dusty Springfield [vo], »Voodoo Child [slight return]«; live)
7.	USA Fillmore East, New York: Jimi jammt mit The Electric Flag
10. & 11.	Record Plant, New York City: Aufnahmen
14.	Record Plant, New York City: Aufnahmen
Mitte	Scene, New York City: Jimi jammt mit Eric Clapton und Jeff Beck
Mitte	Scene, New York City: Jimi jammt mit der Jeff Beck Group
16.	»Daytop Music Festival«, Staten Island, New York: Jimi jammt mit der Jeff Beck Group
22.	Scene, New York City: Jimi jammt mit Larry Coryell
28.	»Soul Together«, Madison Square Garden, New York City: Benefiz-Veranstaltung für den Martin Luther King Memorial Fund; Jimi spendet anläßlich seines Besuchs 5000 Dollar.
29.	Record Plant, New York City: Aufnahmen

Juli

1.	Record Plant, New York City: Aufnahmen
4.	ENGLAND
6.	WOBURN MUSIC FESTIVAL, WOBURN ABBEY, BEDFORDSHIRE (Vorgruppen: Shirley And Dolly Collins, Pentangle, Geno Washington & The Ram Jam Band, Tyrannosaurus Rex, The Family, New Formula, Little Women)

15.	SPANIEN
	SGT. PEPPER'S, PALMA, MALLORCA
18.	Sgt. Pepper's: JHE bringen ein Rock & Roll Set (mit zusätzlichen Musikern wie Jimmy Leverton und Neil Landon) und spielen Klassiker wie »Lucille« und »Johnny B. Goode«
19.	ENGLAND
Ende	Revolution, London: Jimi spielt auf einer Jam-Session (Mitspieler unbekannt)
25.	USA
30.	INDEPENDENCE HALL, LAKESHORE AUDITORIUM, BATON ROUGE, LOUISIANA –2– (Vorgruppe: Soft Machine)
31.	MUNICIPAL AUDITORIUM, SHREVEPORT, LOUISIANA
August	
1.	CITY PARK STADIUM, NEW ORLEANS, LOUISIANA
2.	MUNICIPAL AUDITORIUM, SAN ANTONIO, TEXAS (Vorgruppe: Soft Machine)
3.	MOODY COLISEUM, SOUTHERN METHODIST UNIVERSITY, DALLAS, TEXAS (Vorgruppe: Soft Machine)
4.	KSMK, Houston: Radioaufnahmen
	SAM HOUSTON COLISEUM, HOUSTON, TEXAS
7.	Central Park, New York City: Fotosession für das LP-Cover von Electric Ladyland
10.	AUDITORIUM THEATRE, CHICAGO, ILLINOIS –2– (Vorgruppe: Soft Machine)
11.	COL BALLROOM, DAVENPORT, IOWA
12.	»Operation Airlift Biafra Benefit«, Scene, New York City: JHE spielen ein Set Record Plant, New York City: Aufnahmen
16.	MERRIWEATHER POST PAVILION, COLUMBIA, MARYLAND (Vorgruppe: Soft Machine)
17.	ATLANTA MUNICIPAL AUDITORIUM, ATLANTA, GEORGIA –2– (Vorgruppen: Eire Apparent, Soft Machine, Vanilla Fudge und nur in der ersten Show die Amboy Dukes)
18.	CURTIS HIXTON HALL, TAMPA, FLORIDA
20.	THE MOSQUE, RICHMOND, VIRGINIA –2– (Vorgruppen: Eire Apparent, Soft Machine)
21.	CIVIC DOME, VIRGINIA BEACH, VIRGINIA –2–
23.	THE NEW YORK ROCK FESTIVAL, SINGER BOWL, FLUSHING MEADOW PARK, QUEENS, NEW YORK (Vorgruppen: Big Brother And The Holding Company, Chambers Brothers, Soft Machine, MC Scott Muni)
24.	BUSHNELL MEMORIAL, HARTFORD, CONNECTICUT (Vorgruppe: Eire Apparent)

25. CAROUSEL THEATRE, FRAMINGHAM, MASSACHUSETTS –2–
(Vorgruppe: Soft Machine)
26. KENNEDY STADIUM, BRIDGEPORT, CONNECTICUT
(Vorgruppen: Eire Apparent, Soft Machine)
27. Record Plant, New York City: Aufnahmen
30. LANGOON OPERA HOUSE, SALT LAKE CITY, UTAH
(Vorgruppe: Soft Machine)

September
1. RED ROCKS PARK, DENVER, COLORADO
(Vorgruppen: Eire Apparent, Vanilla Fudge, Soft Machine)
3. BALBOA STADIUM, SAN DIEGO, CALIFORNIA
(Vorgruppen: Eire Apparent, Vanilla Fudge, Soft Machine)
4. MEMORIAL COLISEUM, PHOENIX, ARIZONA
(Vorgruppen: Eire Apparent, Vanilla Fudge, Soft Machine)
5. SWING AUDITORIUM, SAN BERNARDINO, CALIFORNIA
(Vorgruppen: Eire Apparent, Vanilla Fudge, Soft Machine)
6. CENTER COLISEUM, SEATTLE, WASHINGTON
(Vorgruppen: Eire Apparent, Vanilla Fudge, Soft Machine)
7. PACIFIC COLISEUM, VANCOUVER, BRITISH COLUMBIA, CANADA
(Vorgruppen: Eire Apparent, Vanilla Fudge, Soft Machine)
Pacific Coliseum: TV-Interview hinter der Bühne
8. COLISEUM, SPOKANE, WASHINGTON
(Vorgruppen: Eire Apparent, Vanilla Fudge, Soft Machine)
9. MEMORIAL COLISEUM, PORTLAND, OREGON
(Vorgruppen: Soft Machine, Vanilla Fudge)
Mitte Hollywood, California: Radio-Interviews
13. OAKLAND COLISEUM, OAKLAND, CALIFORNIA
(Vorgruppen: Eire Apparent, Vanilla Fudge, Soft Machine)
14. HOLLYWOOD BOWL, HOLLYWOOD, CALIFORNIA
(Vorgruppen: Eire Apparent, Vanilla Fudge, Soft Machine)
15. MEMORIAL AUDITORIUM, SACRAMENTO, CALIFORNIA
(Vorgruppen: Vanilla Fudge, Soft Machine)
18. Whisky A Go Go, Los Angeles, California: JHE besuchen ein Konzert des Buddy Miles Express und jammen später mit Graham Bond (or), Buddy Miles (gi, dr) und Eric Burdon (vo); Jam-Session gefilmt

Oktober
5. HONOLULU INTERNATIONAL CENTER, HONOLULU, INSEL OAHU, HAWAII
(Vorgruppe: Times Music Co.)
6. (?) K-POI, Honolulu: Radio-Interview
10. WINTERLAND, SAN FRANCISCO, CALIFORNIA –2–
(Vorgruppen: Dino Valente, Buddy Miles Express; Jack Casady (ba) steigt während der zweiten Show der JHE als Gastmusiker ein; beide Shows aufgenommen

11. WINTERLAND, SAN FRANCISCO, CALIFORNIA –2–
(Vorgruppen: Dino Valente, Buddy Miles Express)
Virgil Gonzales (fl) steigt während der ersten Show der JHE ein. Herbie Rich (or) steigt während der zweiten Show als Gastmusiker ein. Beide Shows aufgenommen

12. WINTERLAND, SAN FRANCISCO, CALIFORNIA –2–
(Vorgruppen: Dino Valente, Buddy Miles Express; beide Shows aufgenommen)

18. »All Along The Watchtower« b/w »Long Hot Summer Night« in England veröffentlicht
T.T.G., 1441 N. McCadden Place, Hollywood, California: Aufnahmen

19. The Forum, Los Angeles, California: Jimi besucht das Abschiedskonzert von Cream
Los Angeles: Jimi jammt mit der Lee Michaels Group

20. bis 24. T.T.G., Hollywood: Aufnahmen

Während einer Radiosendung bei K-POI, Honolulu, wahrscheinlich 6. Oktober 1968

Civic Auditorium, Bakersfield, USA, 26. Oktober 1968

25.	Die dritte JHE-LP-Veröffentlichung, »Electric Ladyland«, erscheint in England T.T.G., Hollywood: Aufnahmen
26.	CIVIC AUDITORIUM, BAKERSFIELD, CALIFORNIA
27. bis 29.	T.T.G., Hollywood: Aufnahmen
–	T.T.G., Hollywood: Demo-Aufnahme mit Robert Wyatt
Ende	T.T.G., Hollywood: Aufnahmen mit Eire Apparent
	November
	MUNICIPAL AUDITORIUM ARENA, KANSAS CITY, MISSOURI (Vorgruppe: Cat Mother & The All Night Newsboys) Anmerkung: Cat Mother & The All Night Newsboys werden im weiteren Text abgekürzt zu »Cat Mother«
2.	AUDITORIUM, MINNEAPOLIS, MINNESOTA (Vorgruppe: Cat Mother) Auditorium: Interview hinter der Bühne von Tony Glover; mitgeschnitten
3.	KIEL AUDITORIUM, ST. LOUIS, MISSOURI (Vorgruppe: Cat Mother)
6.	Record Plant, New York City: Aufnahmen
15.	CINCINNATI GARDENS, CINCINNATI, OHIO
16.	BOSTON GARDEN, BOSTON, MASSACHUSETTS (Vorgruppen: The McCoys, Cat Mother)
17.	WOOLSEY HALL, YALE UNIVERSITY, NEW HAVEN, CONNECTICUT (Vorgruppen: Cat Mother, Terry Reid)
22.	JACKSONVILLE COLISEUM, JACKSONVILLE, FLORIDA (Vorgruppe: Cat Mother)
23.	CURTIS HIXON HALL, TAMPA, FLORIDA (Vorgruppe: Cat Mother)
24.	MIAMI BEACH CONVENTION HALL, MIAMI BEACH, FLORIDA (Vorgruppe: Cat Mother)
27.	RHODE ISLAND AUDITORIUM, PROVIDENCE, RHODE ISLAND »The Annual Thanksgiving Blues Bag«, Cafe Au Go Go, New York City: Geburtstagsparty für Jimi
28.	»AN ELECTRONIC THANKSGIVING«, PHILHARMONIC HALL, NEW YORK CITY –2– (Vorgruppen: Fernando Valenti, The New York Brass Quintet)
30.	COBO ARENA, DETROIT, MICHIGAN (Vorgruppe: Cat Mother)

Nach dem Besuch eines JHE-Konzerts in Amerika sagte eine ältere Dame zu Eric Barrett: »Ist es nicht wundervoll, daß all die jungen Leute hier herauskommen, um Harry Belafonte zu hören?« (Belafonte sollte eine Woche später am gleichen Ort auftreten.)

Dezember

1.	COLISEUM, CHICAGO, ILLINOIS
24.	»Poetry At St. Mark's«, New York City: Jimi besucht einen Abend mit Poesie-Lesungen
28.	JHE werden von »Billboard« (USA) zum »Artist Of The Year« gewählt

1969

Januar

1.	Record Plant, New York City: Aufnahmen
2.	ENGLAND
4.	Television Centre, London: TV-Aufnahmen für »Happening for Lulu« (»Voodoo Child [slight return]«, »Hey Joe«, »The Sunshine Of Your Love«; live; Live-Übertragung)
Anfang	Polydor Studio, London: Aufnahmen mit Eire Apparent
7.	Jimis Wohnung im Händel-Haus, 25 Brook Street, London: TV-Interview von Hugh Curry
8.	London: Radio-Interview von Keith Altham
	SCHWEDEN
	LORENSBURG CIRKUS, GÖTEBORG –2–
	(Vorgruppen: Gin House Blues Group, Burning' Red Ivanhoe)
9.	Stockholm: Presseempfang
	Stockholm: Radio-Interview von Lennart Wretlind
	KONSERTHUSET, STOCKHOLM –2–
	(Vorgruppe: Jethro Tull; erste Show auf Video, zweite Show auf Tonband aufgenommen)
10.	DÄNEMARK
	FALKONER CENTRET, KOPENHAGEN –2–
	(Vorgruppe: Jethro Tull)
11.	WESTDEUTSCHLAND
	MUSIKHALLE, HAMBURG –2–
	Anmerkung: Vorgruppe für alle Konzerte bis zum 23. Januar ist Eire Apparent
12.	RHEINHALLE, DÜSSELDORF –2–
	Club 66, Düsseldorf: Jimi jammt
13.	Studio DuMont, Köln: gefilmtes Interview und Autogrammstunde
	SPORTHALLE, KÖLN
	Kleiner Club, Köln: Jimi (ba) jammt mit Noel (gi) und weiteren Musikern
14.	HALLE MÜNSTERLAND, MÜNSTER
15.	KONGRESS-SAAL, DEUTSCHES MUSEUM, MÜNCHEN –2–

16.	MEISTERSINGERHALLE, NÜRNBERG –2–
17.	JAHRHUNDERTHALLE, FRANKFURT –2– Da sich viele Soldaten im Publikum befinden, baut Jimi »Reveille« und die »Letzte Post« in einige Songs ein . . .
19.	LIEDERHALLE, STUTTGART –2–
20.	FRANKREICH
21.	»WACKEN«, HALLE 16, STRASSBURG
22.	ÖSTERREICH »STIMMEN DER WELT«, KONZERTHAUS, WIEN –2–
23.	WESTDEUTSCHLAND Sportpalast, Berlin: Filmmitschnitte aus dem Backstage-Bereich SPORTPALAST, BERLIN
24.	ENGLAND
30.	USA
Februar	
1.	Jimi wird vom »Rolling Stone« (USA) zum »Performer Of The Year« des Jahres 1968 gewählt.
Anfang	ENGLAND
13.	Post Office Tower Restaurant, London: Jimi besucht die Veröffentlichungsparty für Mary Hopkins LP »Postcard«
14.	Seymour Hall, London: Jimi wird von »Disc And Music Echo« (UK) zum »World Top Musician« gewählt und nimmt eine Auszeichnung entgegen Olympic Sound Studios, London: Aufnahmen
15. & 16.	Olympic Sound Studios, London: Aufnahmen
18.	ROYAL ALBERT HALL, LONDON SW7 (Vorgruppen: Soft Machine; Mason, Capaldi, Wood & Frog)
Mitte	Jimi besucht eine Aufnahmesession der Band Glass Menagerie
21.	Jimi wird von der Zeitschrift »Hitweek« (Holland) zum »Instrumentalist Of The World« gewählt
22.	Olympic Sound Studios, London: Aufnahmen
24.	ROYAL ALBERT HALL, LONDON SW7 (Vorgruppen: Van Der Graaf Generator, Fat Mattress; gefilmt und aufgenommen) Speakeasy, London: Jimi jammt mit Jim Capaldi, Dave Mason und Alan Price
26.	Olympic Sound Studios, London: Aufnahmen
28.	Speakeasy, London: Jimi jammt mit Kwasi »Rocky« Dzidzournu und anderen Musikern

März	
Anfang	Jimis Wohnung im Händel-Haus, London: zweitägiges Interview von Jane de Mendelssohn für »IT« (Ausgabe vom 28. März)
6.	Speakeasy, London: Jimi jammt mit Billy Preston
8.	Ronnie Scott's, London: Jimi jammt mit Roland Kirk
Mitte	Speakeasy, London: Jimi jammt mit The Gods
13.	USA
15. (?)	Mercury Studios, New York City: Jimi jammt mit dem Buddy Miles Express: mitgeschnitten
18. & 19.	Record Plant, New York City: Aufnahmen
25.	Record Plant, New York City: Aufnahmen
Ende	»Teen Age Fair«, »Pop Expo 69«, The Palladium, Hollywood, California: Radio-Interview hinter der Bühne von Jay Harvey für KAA1
	Jimi besucht ein Konzert von Delaney & Bonnie und jammt mit ihnen auf der Bühne
Ende	The Factory, Hollywood, California: Jimi besucht eine Party für Donovan
April	
Anfang	New York City: Interview für »Life« (Ausgabe vom 3. Oktober: »An Infinity of Jimis«)
1. bis 4.	Olmstead Studios, New York City: Aufnahmen
5.	Record Plant oder Olmstead Studios, New York City: Aufnahmen
6. bis 9.	Record Plant, New York City: Aufnahmen
11.	DORTON ARENA, RALEIGH, NORTH CAROLINA (Vorgruppe: Fat Mattress)
12.	SPECTRUM, PHILADELPHIA, PENNSYLVANIA (Vorgruppe: Fat Mattress)
14. & 15.	Record Plant, New York City: Aufnahmen
16.	Scene, New York City: Jimi jammt mit Noel und Mitch
17.	Record Plant, New York City: Aufnahmen
18.	ELLIS AUDITORIUM AMPHITHEATRE, MEMPHIS, TENNESSEE –2– (Vorgruppe: Fat Mattress)
19.	SAM HOUSTON COLISEUM, HOUSTON, TEXAS (Vorgruppe: Fat Mattress)
20.	MEMORIAL AUDITORIUM, DALLAS, TEXAS (Vorgruppen: Fat Mattress, Cat Mother)
21. & 22.	Record Plant, New York City: Aufnahmen
24.	Record Plant, New York City: Aufnahmen
26.	THE FORUM, LOS ANGELES, CALIFORNIA (Vorgruppen: Cat Mother, Chicago Transit Authority: mitgeschnitten)
27.	OAKLAND COLISEUM, OAKLAND, CALIFORNIA (Vorgruppen: Fat Mattress, Jefferson Airplane)
	Jimi jammt während des Konzerts mit Noel (gi), Mitch (dr) und dem Jefferson-Airplane-Musiker Jack Casady (ba)

29.	Record Plant, New York City: Aufnahmen
Mai	
2.	COBO ARENA, DETROIT, MICHIGAN (Vorgruppen: Fat Mattress, Cat Mother)
3.	Toronto International Airport, Toronto, Canada: Jimi wird um 13.30 Uhr verhaftet und später gegen 10 000 Dollar Kaution freigelassen MAPLE LEAF GARDENS, TORONTO, ONTARIO, CANADA (Vorgruppe: Cat Mother)
4.	SYRACUSE WAR MEMORIAL AUDITORIUM, SYRACUSE, NEW YORK (Vorgruppe: Cat Mother)
5.	Gerichtshof Toronto, Toronto: Jimi erscheint für drei Minuten vor Gericht. Die Voranhörung wird auf den 19. Juni angesetzt
7.	Record Plant, New York City: Aufnahmen MEMORIAL COLISEUM, TUSCALOOSA, ALABAMA (Vorgruppen: Fat Mattress, Cat Mother)
9.	CHARLOTTE COLISEUM, CHARLOTTE, NORTH CAROLINA (Vorgruppe: Chicago Transit Authority)
10.	CHARLESTON CIVIC CENTER, CHARLESTON, WEST VIRGINIA (Vorgruppen: Fat Mattress, Chicago Transit Authority: auf Video aufgezeichnet)
11.	FAIRGROUNDS COLISEUM, INDIANAPOLIS, INDIANA (Vorgruppe: Chicago Transit Authority)
13. & 14.	Record Plant, New York City: Aufnahmen
Mitte	Scene, New York City: Jimi jammt mit Stephen Stills (ba) und Johnny Winter (gi)
15.	Record Plant, New York City: Aufnahmen
16.	Record Plant, New York City: Aufnahmen CIVIC CENTER, BALTIMORE, MARYLAND (Vorgruppen: Buddy Miles Express, Cat Mother)
17.	RHODE ISLAND AUDITORIUM, PROVIDENCE, RHODE ISLAND (Vorgruppen: Buddy Miles Express, Cat Mother)
18.	Fillmore East, New York City: Jimi besucht ein Konzert von The Who MADISON SQUARE GARDEN, NEW YORK CITY (Vorgruppen: Buddy Miles Express, Cat Mother)
19. oder 20.	Record Plant, New York City: Aufnahmen mit Timothy Leary
21. & 22.	Record Plant, New York City: Aufnahmen
23.	SEATTLE CENTER COLISEUM, SEATTLE, WASHINGTON (Vorgruppe: Fat Mattress)
24.	Sports Arena, San Diego (Garderobe): Interview von Jim Brodey für »San Diego Free Press« (Ausgabe vom 13. Juni) SPORTS ARENA, SAN DIEGO, CALIFORNIA (Vorgruppe: Fat Mattress); mitgeschnitten

25.	»POP FESTIVAL«, SANTA CLARA COUNTY FAIRGROUNDS, SAN JOSE, CALIFORNIA (Vorgruppen: Fat Mattress, Taj Mahal, Loading Zone und andere); teilweise gefilmt
30.	WAIKIKI SHELL, HONOLULU, INSEL OAHU, HAWAII (Vorgruppe: Fat Mattress)
Juni	
1.	WAIKIKI SHELL, HONOLULU, INSEL OAHU, HAWAII (Vorgruppe: Fat Mattress)
Anfang	Jimi zieht ins Beverly Rodeo Hyatt House, Beverly Hills, California, und lädt Billy Cox ein, bei ihm einzuziehen.
8.	Beverly Rodeo Hyatt House: Interview von Jerry Hopkins für den Rolling Stone (Ausgabe 12. Juli)
15.	Beverly Rodeo Hyatt House: Interview von Nancy Carter (mitgeschnitten)
19.	Gerichtshof Toronto, Toronto, Kanada: Jimi besucht die Voranhörung. Das Hauptverfahren wird für den 8. Dezember angesetzt Interview von Ritchie Yorke für »Los Angeles Times« (Ausgabe vom 7. September)
20.	»NEWPORT 69«, SAN FERNANDO VALLEY STATE COLLEGE, DEVONSHIRE DOWNS, CALIFORNIA (Vorgruppen: Muscle, Southwind, Ike & Tina Turner, Don Ellis, Taj Mahal, Joe Cocker, Edwin Hawkins Singers, Spirit)
22.	»Newport 69«: Jimi jammt mit Buddy Miles (dr, vo), Brad Campbell (ba), Terry Clements (sax), Cornelius »Snooky« Flowers (sax), Lee Oskar (ha), Eric Burdon (vo), Bonnie Bramlett? (voc) u. a.
29.	DENVER POP FESTIVAL, MILE HIGH STADIUM, DENVER, COLORADO (Vorgruppen: Aum, Zephyr, Three Dog Night, Joe Cocker) Letztes offizielles Konzert der JHE, da Noel die Band verläßt . . .
Juli	
Anfang	Jimi zieht in ein von ihm gemietetes Haus in der Tavor Hollow Road nahe Shokan, New York
Anfang	Die beiden Perkussionisten Jerry Velez (geb. am 15. August 1947 in Puerto Rico) und Juma Sultan (geb. am 13. April 1942 in Monrovia, California) schließen sich der Band an.
10.	NBC Studio, New York City: TV-Aufnahmen für Tonight Show (Interview, zwei Versionen von »Lover Man«; live; Live-Übertragung; erster öffentlicher Auftritt mit Billy Cox als neuem Bassisten)
14.	Larry Lee (rhythm gi) schließt sich der Band an
–	MAROKKO Jimi, Deering Howe und Michael Jason fahren für etwa eine Woche in Urlaub (ungefähr zwischen dem 15. und 23. Juli)

Ende Juli/August	USA ABC Studio, New York City: TV-Aufnahmen für die Dick Cavett Show (Interview, »Getting My Heart Back Together Again«; live; Live-Übertragung)
August	
10.	Tinker Street Cinema, Woodstock, New York: Jimi jammt mit Juma, Jerry und verschiedenen lokalen Musikern; auf Video aufgezeichnet
18.	»WOODSTOCK MUSIC AND ARTS FAIR«, BETHEL, NEW YORK Gypsy Suns And Rainbows (mit Jimi, Billy Cox, Mitch Mitchell, Larry Lee, Juma Sultan und Jerry Velez) betreten um 8 Uhr morgens die Bühne; sie spielen als letzte Band des Festivals; gefilmt und aufgenommen
28. bis 30.	Hit Factory, New York City: Aufnahmen
September	
3.	Frank's Restaurant, Harlem, New York City: Presse-Konferenz (gefilmt)
4.	Hit Factory, New York City: Aufnahmen
5.	139th STREET/ LENOX AVENUE, HARLEM, NEW YORK CITY (Vorgruppen: Sam & Dave-Begleitband, Big Maybelle, J. D. Bryant, Maxine Brown, MC Eddie O'Jay) Jazz-Straßenfestival: Benefiz für die United Block Association; auf Video aufgezeichnet Hit Factory, New York City: Aufnahmen
6.	Hit Factory, New York City: Aufnahmen
9.	ABC-Studio, New York City: TV-Aufnahmen für Dick Cavett Show (Interview, »Machine Gun«/»Izabella«, Medley; live; Live-Übertragung)
10.	SALVATION, NEW YORK CITY
9. oder 11.	Ungano's New York City: Jimi (ba) jammt mit Mountain
15.	Record Plant, New York City: Aufnahmen
21. (?)	Jimis Haus in Shokan, New York: Jimi jammt mit Mike Ephron, Juma Sultan und Jerry Velez
22. (?)	Jimis Haus in Shokan, New York: Interview von Sheila Weller für den »Rolling Stone« (Ausgabe vom 15. November)
23. bis 25.	Record Plant, New York City: Aufnahmen
Oktober	
	Hotel Navarro, New York City: Jimi löst The Gypsy Sun And Rainbows auf und gründet die Band Of Gypsys mit Billy Cox (ba) und Buddy Miles (dr)

November	
–	Record Plant, New York City: Aufnahmen mit Lightnin' Rod
2.	Record Plant, New York City: Aufnahmen
7.	Record Plant, New York City: Aufnahmen
10.	Record Plant, New York City: Aufnahmen
12.	Record Plant, New York City: Aufnahmen
14.	Record Plant, New York City: Aufnahmen
17.	Record Plant, New York City: Aufnahmen
20./21.	Record Plant, New York City: Aufnahmen
27.	Jimis 27. Geburtstag Madison Square Garden, New York City: Jimi besucht ein Konzert der Rolling Stones; Filmaufnahmen aus dem Backstage-Bereich
Nov./Dez.	Cafe A Go Go, New York City: Jimi jammt mit der James Cotton Blues Band
Dezember	
8.	Gerichtshof Toronto, Toronto, Kanada: Jimis erster Verhandlungstag
9.	Gerichtshof Toronto: zweiter Verhandlungstag
10.	Gerichtshof Toronto: dritter Verhandlungstag; die Jury zieht sich für 8 Stunden zur Beratung zurück. Das Urteil lautet: »Nicht schuldig«; Jimi ist damit in allen Anklagepunkten freigesprochen.
15.	Record Plant, New York City: Aufnahmen
18./19.	Record Plant, New York City: Aufnahmen
23.	Record Plant, New York City: Aufnahmen
31.	FILLMORE EAST, NEW YORK CITY –2– (Vorgruppe: Voices Of East Harlem) Debüt der Band Of Gypsys; zweite Show teilweise gefilmt

1970

Januar	
1.	FILLMORE EAST, NEW YORK CITY –2– (Vorgruppe: Voice Of East Harlem) Beide Shows aufgenommen; von der ersten Show existiert auch ein Video-Mitschnitt
7.	Record Plant, New York City: Aufnahmen
16.	Record Plant, New York City: Aufnahmen
19. bis 21.	Record Plant, New York City: Aufnahmen
23.	Record Plant, New York City: Aufnahmen
28.	»WINTER FESTIVAL FOR PEACE«, MADISON SQUARE GARDEN, NEW YORK CITY (Vorgruppen: Harry Belafonte, Dave Brubeck, Judy Collins, Peter, Paul & Mary, Blood, Sweat And Tears, The Rascals, Richie Havens, Mother Earth, Voices Of East Harlem, Hair) Benefizkonzert für das Vietnam Moratorium Committee; gefilmt Anmerkung: Jimi verläßt die Bühne nach nur zwei Songs, »Who Knows?« und »Earth Blues«. Dies war der letzte Auftritt der Band Of Gypsys

Februar	
2.	Record Plant, New York City: Aufnahmen
4.	Michael Jeffery's Apartment, New York City: Interview mit JHE von John Burks für den »Rolling Stone« (Ausgabe vom 19. März); mitgeschnitten Ira Cohens Fotostudio, New York City: JHE-Fotoaufnahmen
16.	Record Plant, New York City: Aufnahmen
März	
Mitte	ENGLAND
13.	Revolution Club, London: Jimi besucht ein Konzert der Band Rubber Duck
Mitte	Island Studios, London: Aufnahmen mit Stephen Stills
17.	Olympic Studios, London: Aufnahmen mit Arthur Lee & Love
19.	USA
23./24.	Record Plant, New York City: Aufnahmen
April	
25.	START DER »THE CRY OF LOVE«-TOURNEE THE FORUM, LOS ANGELES, CALIFORNIA (Vorgruppen: Buddy Miles Express, Ballin' Jack; Video-Mitschnitt)
26.	»CAL EXPO«, SACRAMENTO, CALIFORNIA (Vorgruppen: Buddy Miles Express, Blue Mountain Eagle)
Mai	
1.	MILWAUKEE AUDITORIUM, MILWAUKEE, WISCONSIN (Vorgruppe: Oz)
2.	DANE COUNTY MEMORIAL COLISEUM, MADISON, WISCONSIIN (Vorgruppen: Savage Grace, Oz)
3.	ST. PAUL CIVIC CENTER, ST. PAUL, MINNESOTA (Vorgruppen: Savage Grace, Oz)
4.	»HOLDING TOGETHER«, VILLAGE GATE, NEW YORK CITY (Vorgruppe: Johnny Winter, mit Noel als Gastmusiker) Dies war eine Benefiz-Veranstaltung für Timothy Leary
8.	UNIVERSITY OF OKLAHOMA FIELD HOUSE, NORMAN, OKLAHOMA –2– (Vorgruppe: Bloodrock)
9.	WILL ROGERS COLISEUM, FORT WORTH, TEXAS
10.	SAN ANTONIO HEMISPHERE ARENA, SAN ANTONIO, TEXAS
14./15.	Record Plant, New York City: Aufnahmen
16.	TEMPLE UNIVERSITY STADIUM, PHILADELPHIA, PENNSYLVANIA (Vorgruppen: Grateful Dead, Steve Miller Band, Cactus)

22.	Jimi ist vom 22. bis zum 24. Mai krank und sagt drei Konzerte ab
30.	BERKELEY COMMUNITY THEATRE, BERKELEY, CALIFORNIA –2– (Vorgruppe: Tower of Power; von beiden Shows existieren Film- und Tonaufnahmen)
Juni	
5.	MEMORIAL AUDITORIUM, DALLAS, TEXAS
6.	SAM HOUSTON COLISEUM, HOUSTON, TEXAS (Vorgruppe: Ballin' Jack)
7.	ASSEMBLY CENTER ARENA, TULSA, OKLAHOMA (Vorgruppe: Ballin' Jack)
9.	MID SOUTH COLISEUM, MEMPHIS, TENNESSEE
10.	ROBERTS MUNICIPAL STADIUM, EVANSVILLE, INDIANA
12.	Die LP »Band Of Gypsys« wird in England veröffentlicht
13.	CIVIC CENTER, BALTIMORE, MARYLAND (Vorgruppen: Ballin' Jack, Cactus)
15. bis 17.	Electric Lady Studios, 52 West 8th Street, New York City 10011: Aufnahmen
19.	CIVIC AUDITORIUM, ALBUQUERQUE, NEW MEXICO –2–
20.	SWING AUDITORIUM, SAN BERNARDINO, CALIFORNIA
21.	VENTURA COUNTY FAIRGROUNDS, VENTURA, CALIFORNIA (Vorgruppen: Ballin' Jack, Grin)
23.	MAMMOTH GARDENS, DENVER, COLORADO
24./25.	Electric Lady Studios, New York City: Aufnahmen
27.	BOSTON GARDEN, BOSTON, MASSACHUSETTS (Vorgruppen: The Illusion, Cactus)
Juli	
1./2.	Electric Lady Studios, New York City: Aufnahmen
4.	»2ND ATLANTA INTERNATIONAL POP FESTIVAL«, MIDDLE GEORGIA RACEWAY, IN DER NÄHE VON BYRON, GEORGIA (Vorgruppen: Rare Earth, Chambers Brothers, Lee Michaels, Jethro Tull, Cactus, Cat Mother, Rotary Connection, The Gypsy; gefilmt und aufgenommen)
5.	MIAMI JAI ALAI FRONTON, MIAMI, FLORIDA –2–
14.	Electric Lady Studios, New York City: Aufnahmen
17.	»NEW YORK POP«, DOWNING STADIUM, RANDALL'S ISLAND, NEW YORK (Vorgruppen: John Sebastian, Grand Funk Railroad, Steppenwolf, Jethro Tull); gefilmt und aufgenommen
20. bis 23.	Electric Lady Studios, New York City: Aufnahmen
25.	SPORTS ARENA, SAN DIEGO, CALIFORNIA (Vorgruppe: Cat Mother)
26.	SICKS STADIUM, SEATTLE, WASHINGTON (Vorgruppen: Cactus, Rube Tuben & The Rhondonnas)

30. RAINBOW BRIDGE VIBRATORY COLOR/SOUND EXPERIMENT, HALEAKALA CRATER, RAINBOW RIDGE, NÄHE SEABURY HALL, INSEL MAUI, HAWAII –2–
Beide Shows gefilmt und aufgenommen

August

1. ARENA, HONOLULU
INTERNATIONAL CENTER, HONOLULU, INSEL OAHU, HAWAII
Jimis letztes offizielles Konzert in den USA
ENDE DER »THE CRY OF LOVE«-TOURNEE

22. Electric Lady Studios, New York City: Aufnahmen
Jimis letzte Aufnahme-Session . . .

26. Electric Lady Studios, New York City: Jimi besucht die offizielle Eröffnungsparty

27. Jimi fliegt von New York City nach London, Heathrow Airport

ENGLAND

Heathrow Airport: Interview für »The Times« (Ausgabe vom 1. September); Jimi mietet die Park Suite im Londonderry Hotel, Park Lane, London

28. Londonderry Hotel, London: Interview von Gillian Saich für den »New Musical Express« (Ausgabe vom 5. September)
Speakeasy, London: Jimi jammt mit Billy Cox und Stephen Stills

29. Londonderry Hotel, London: Interviews mit Jimi von Roy Hollingworth für den »Melody Maker«, (Ausgaben vom 5. und 26. September), von Mike Ledgerwood für das »Disc And Music Echo« (Ausgabe vom 12. September), von Bob Partridge für den »Record Mirror« (Ausgabe vom 19. September), von Norman Joplin für »Music Now« (Ausgabe vom 12. September) und von Steve Clackson für »Bild am Sonntag« (Ausgabe vom 20. September)

30. Jimi fährt von London zum Stapleford Aerodrome, Stapleford, Wiltshire, und fliegt von dort zum Bembridge Airport, Isle Of Wight
ISLE OF WIGHT FESTIVAL, EAST AFTON FARM, ISLE OF WIGHT
(Vorgruppen: Kris Kristofferson, Ralph McTell, Heaven, Free, Donovan, Pentangle, Moody Blues, Jethro Tull, Joan Baez, Richie Havens, Leonard Cohen)
Die Gruppe ist hier mit folgenden Titeln zu hören: »God Save The Queen«, »Sergeant Pepper's Lonely Hearts Club Band«, »Spanish Castle Magic«, »All Along The Watchtower«, »Machine Gun«, »Lover Man«, »Freedom«, »Red House«, »Dolly Dagger«, »Midnight Lightning«, »Foxy Lady«, »Message To Love«, »Hey Baby (The Land Of The New Rising Sun)«, »Ezy Ryder«, »Hey Joe«, »Purple Haze«, »Voodoo Child (slight return)«, »In From The Storm«; vom kompletten Konzert existieren Film- und Tonaufnahmen
Isle Of Wight: Interview für einen französischen Radiosender

31. Jimi fliegt von Southampton nach Stockholm

SCHWEDEN
Stockholm: Radio-Interview von Klas Burling
STORA SCENEN, GRÖNA LUND, TIVOLI GARDEN, STOCKHOLM
Die Gruppe ist hier mit folgenden Titeln zu hören: »Lover Man«, »Catfish Blues«, »Midnight Lightning«, »Ezy Ryder«, »Red House«, »Come On (Part 1)«, »Room Full Of Mirrors«, »Hey Baby (The Land Of The New Rising Sun)«, »Message To Love«, »Machine Gun«, »Voodoo Child (slight return)«, »In From The Storm«, »Purple Haze«, »Foxy Lady«; von Teilen dieses Konzerts existieren Video-Mitschnitte

September

1. Jimi fliegt von Stockholm nach Göteborg
STORA SCENEN, LISEBERG, GÖTEBORG
Die Gruppe ist hier mit folgenden Titeln zu hören: »Spanish Castle Magic«, »Killing' Floor«, »Getting My Heart Back Together Again«, »Message To Love«, »Hey Baby (The Land Of The New Rising Sun)«, »In From The Storm«, »Hey Joe«, »Foxy Lady«, »Red House«, »Room Full Of Mirrors«, »Straight Ahead«, »Purple Haze«, »Voodoo Child (slight return)«

2. DÄNEMARK
Jimi checkt ein im Hotel Atlantic, Århus
Hotel Atlantic: Interview von Anne Björndal für die Zeitung »Morgenposten« (Ausgabe vom 6. September)
VEJLBY RISSKOV HALLEN, ÅRHUS
Die Gruppe ist hier mit folgenden Titeln zu hören: »Freedom«, »Message To Love« /»Hey Baby (The Land Of The New Rising Sun«-Medley
Jimi verläßt nach diesen Songs wegen totaler Erschöpfung die Bühne.

3. Kopenhagen
Jimi ist zum Abendessen zu Gast bei Kirsten Nefer und ihren Eltern
K.B. HALLEN, KOPENHAGEN
(Vorgruppe: Blue Sun)
Die Gruppe ist hier mit folgenden Titeln zu hören: »Stone Free«, »Foxy Lady«, »Message To Love«, »Hey Baby (The Land Of The New Rising Sun)«, »All Along The Watchtower«, »Machine Gun«, »Spanish Castle Magic«, »Ezy Ryder«, »Freedom«, »Red House«, »In From The Storm«, »Purple Haze«, »Voodoo Child (slight return)«, »Hey Joe«, »Fire«

4. Jimi fliegt von Kopenhagen über Hamburg nach Berlin

WESTDEUTSCHLAND
Jimi checkt ein im Hotel Kempinski
Berlin Deutschlandhalle, Berlin: Im Backstage-Bereich gefilmtes Interview von Chris Bromberg
»SUPER CONCERT 70«,

Stora Scenen, Gröna Lund, Tivoli Garden, Stockholm, 31. August 1970

DEUTSCHLANDHALLE, BERLIN
(Vorgruppen: Murphy Blend, Procol Harum, Canned Heat, Ten Years After, Cat Mother)
Die Gruppe ist hier mit folgenden Titeln zu hören: »Straight Ahead«, »Spanish Castle Magic«, »The Sunshine Of Your Love«, »Hey Baby (The Land Of The New Rising Sun)«, »Message To Love«, »Machine Gun«, »Purple Haze«, »Red House«, »Foxy Lady«, »Ezy Ryder«, »Hey Joe«, »Power Of Soul«, »Lover Man«

5. Jimi fährt mit dem Zug von Berlin nach Puttgarden auf der Insel Fehmarn und checkt ein im Hotel Dania

6. »LOVE AND PEACE FESTIVAL«, INSEL FEHMARN
(Vorgruppen: Alexis Korner, Floh de Cologne, Limbus 4, Embryo)
Die Gruppe ist hier mit folgenden Titeln zu hören:
»Killing Floor«, »Spanish Castle Magic«, »All Along The Watch-

Vejlby Risskov Hallen, Århus, 2. September 1970

tower«, »Hey Joe«, »Hey Baby (The Land Of The New Rising Sun)«, »Message To Love«, »Foxy Lady«, »Red House«, »Ezy Ryder«, »Freedom«, »Room Full Of Mirrors«, »Purple Haze«, »Voodoo Child (slight return)«
Dies ist Jimis letztes offizielles Konzert, das teilweise auf Film mitgeschnitten wurde. Jimi fliegt mit dem Helikopter vom Festivalgelände nach Hamburg und von dort zurück nach London

ENGLAND
Jimi checkt ein im Cumberland Hotel, Great Cumberland Place, Marble Arch, London; in seinen beiden Zimmern (Nr. 507 und 508) hält er sich jedoch kaum auf.

10. Park Hotel, Hamilton Place, Park Lane, Mayfair, London: Jimi besucht eine Party für Mike Nesmith (Ex-Monkees)

11. Cumberland Hotel, London: Interview von Keith Altham für BBC-Radio und den »Record Mirror« (Ausgabe vom 3. Oktober); dies ist Jimis letztes Interview

15.	Jimi zieht ins Hotel Samarkand, Lansdowne Crescent, Notting Hill, London Ronnie Scott's, London: Jimi besucht ein Konzert von Eric Burdon & War
16.	Ronnie Scott's, London: Jimi spielt mit Eric Burdon & War die Titel »Mother Earth« und »Tobacco Road«
17.	Samarkand Hotel, London: Jimi schreibt seinen letzten Song: »The Story Of Life . . .«
18.	Ein Notarztwagen wird um 11.18 Uhr gerufen, trifft um 11.27 Uhr ein und verläßt gegen 11.45 Uhr das Samarkand Hotel. Etwa um 12 Uhr erreicht der Wagen das St. Mary Abbots Hospital, Kensington, London. Hier wird Jimi sofort nach seiner Einlieferung für tot erklärt.
23.	Eine Untersuchung der Todesursache wird eingeleitet. Aufgrund weiterer Tests wird die Bekanntgabe des Ergebnisses jedoch vertagt.
28.	Das Untersuchungsergebnis wird bekanntgegeben: Die Ursache des Todes von James Marshall Hendrix kann nicht eindeutig bestimmt werden.
29.	Gerry Stickells fliegt mit dem Leichnam von London zurück in Jimis Heimatstadt Seattle, Washington

Oktober

1.	Dunlap Baptist Church, Rainier Avenue S., Renton, Washington: Hier findet der Beerdigungsgottesdienst statt. Jimi wird auf dem Greenwood Cemetery in Renton, Washington, begraben. Sargträger: Dave Anderson, James Thomas, Steve Phillips, Eddy Rye, Donny Howell und Herbert Price Neben anderen nahmen folgende Personen an den Beerdigungsfeierlichkeiten teil: Al Aronowitz, Eric Barrett, Reverend Harold Blackburn, Miles Davis, Alan Douglas, Freddie Mae Gautier, Dolores Hall, Eddie Hall, John Hammond Jr., Al Hendrix, Ayako June Hendrix, Janie Hendrix, Leon Hendrix, Nora Hendrix, Tom Hullet, Abe Jacobs, Michael Jeffery, Eddie Kramer, Buddy Miles, Mitch Mitchell, Steve Paul, Noel Redding, Gerry Stickells, Chuck Wein, Devon Wilson, Johnny Winter

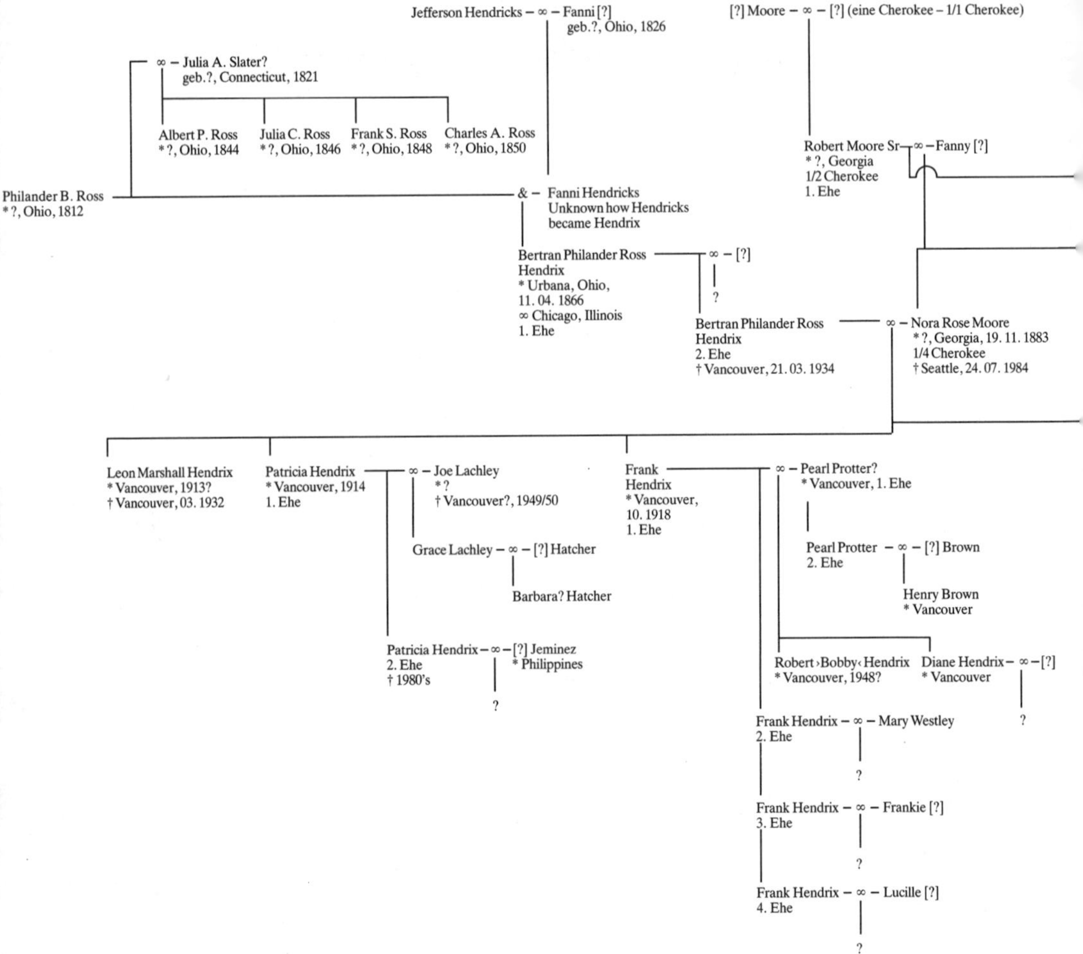
Jefferson Hendricks – ∞ – Fanni [?]
geb.?, Ohio, 1826
[?] Moore – ∞ – [?] (eine Cherokee – 1/1 Cherokee)
∞ – Julia A. Slater?
geb.?, Connecticut, 1821
Albert P. Ross
* ?, Ohio, 1844
Julia C. Ross
* ?, Ohio, 1846
Frank S. Ross
* ?, Ohio, 1848
Charles A. Ross
* ?, Ohio, 1850
Robert Moore Sr – ∞ – Fanny [?]
* ?, Georgia
1/2 Cherokee
1. Ehe
Philander B. Ross
* ?, Ohio, 1812
& – Fanni Hendricks
Unknown how Hendricks became Hendrix
Bertran Philander Ross Hendrix
* Urbana, Ohio, 11. 04. 1866
∞ Chicago, Illinois
1. Ehe
∞ – [?]
?
Bertran Philander Ross Hendrix
2. Ehe
† Vancouver, 21. 03. 1934
∞ – Nora Rose Moore
* ?, Georgia, 19. 11. 1883
1/4 Cherokee
† Seattle, 24. 07. 1984
Leon Marshall Hendrix
* Vancouver, 1913?
† Vancouver, 03. 1932
Patricia Hendrix
* Vancouver, 1914
1. Ehe
∞ – Joe Lachley
* ?
† Vancouver?, 1949/50
Grace Lachley – ∞ – [?] Hatcher
Barbara? Hatcher
Patricia Hendrix – ∞ – [?] Jeminez
2. Ehe
† 1980's
* Philippines
?
Frank Hendrix
* Vancouver, 10. 1918
1. Ehe
∞ – Pearl Protter?
* Vancouver, 1. Ehe
Pearl Protter – ∞ – [?] Brown
2. Ehe
Henry Brown
* Vancouver
Robert ›Bobby‹ Hendrix
* Vancouver, 1948?
Diane Hendrix – ∞ – [?]
* Vancouver
?
Frank Hendrix – ∞ – Mary Westley
2. Ehe
?
Frank Hendrix – ∞ – Frankie [?]
3. Ehe
?
Frank Hendrix – ∞ – Lucille [?]
4. Ehe
?

4. Stammbaum der Familie Hendrix

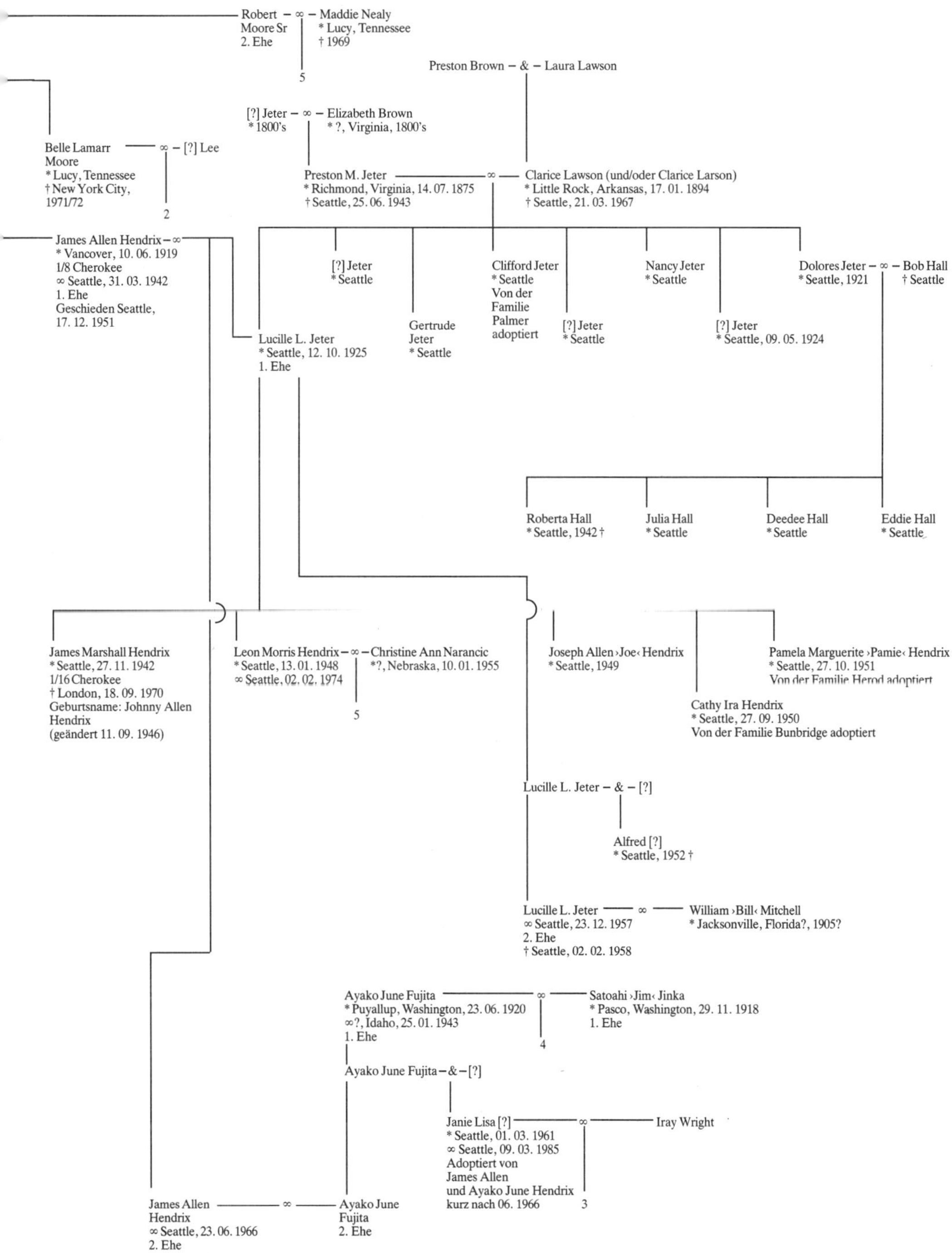

5

Jimi Hendrix in Büchern und Filmen

Bücher

Azderball, Robert: Jimi Hendrix, Fotoband. Verlag Azderball, München, 1971.
Bertoncelli, Riccardo: Jimi Hendrix. Arcana Editrice Srl, Mailand, 1989.
Brown, Tony: Jimi Hendrix: A Visual Experience. Omnibus Books, London 1992
Dister, Alain: Jimi Hendrix. Les Nouvelles Éditions Polaires, Paris, 1972.
Feller, Benoît: Jimi Hendrix. Éditions Albin Michel, Paris, 1976.
Gentile, Enzo: Jimi Hendrix. Multiplo Edizioni Srl, Mailand, 1989.
Hatay, Nona: Jimi Hendrix/The Spirit Lives On . . . Last Gap Of San Francisco, San Francisco, 1983.
Henderson, David: Jimi Hendrix: Voodoo Child of the Aquarian Age. Doubleday & Company Inc., New York, 1978. Auch veröffentlicht von: Bantam Books Inc., New York; Arcana Editrici Srl, Mailand; Love Kirjat, Helsinki.
Jimi Hendrix/Anthology. Songbook. A. Schroeder Int. Ltd., New York, 1975.
Jimi Hendrix: The Forty Greatest. Songbook mit einem Text von Pearce Marchbank & Jonathan Green, Wise Publications, London 1975.
Jimi Hendrix. Songbook. Ritter Music, Japan, 1977.
Jimi Hendrix/Note For Note. Songbook mit einem Text von Richard Daniels. Cherry Lane Music Co. Inc., Greenwich, New York, 1980.
Original Hendrix. Songbook und Stilanalyse von Steve Tarshis. Wise Publications, London 1982.
Jimi Hendrix/Recorded Poems. Textbuch mit einer Einleitung von Roger St. Pierre. International Music Publications, Woodford Green, England 1986.
Jimi Hendrix/Testi Con Traduzione a Fronte/Con Una Testimonianza di Noel Redding. Textbuch. Arcana Editrice Srl., Mailand. 1987.
Instant Hendrix. Songbook mit Transkriptionen von Douglas J. Noble. International Music Publications, Woodford Green, England, 1988.
Are You Experienced? Songbook. Hal Leonard Publishing Corporation, Milwaukee, Wisconsin, 1989.
Axis: Bold As Love. Songbook. Hal Leonard Publishing Corporation, Milwaukee, Wisconsin, 1989.
Electric Ladyland. Songbook, Hal Leonard Publishing Corporation, Milwaukee, Wisconsin, 1989.

Hinter der Bühne des BBC-Fernsehens, London, 18. Januar 1967

Herfurtner, Rudolf: Brennende Gitarre/Ist Jimi Hendrix wirklich tot? Edition Pestum, München. 1980.

Hopkins, Jerry: Hit & Run/The Jimi Hendrix Story. Perigee Books/The Putnam Publishing Group, New York, 1983. Auch veröffentlicht von: Sphere Books Ltd. London, B.V. Uitgeverij De Kern, Baarn, Holland.

Knight, Curtis: Jimi: An Intimate Biography of Jimi Hendrix. W. H. Allen, London, 1974. Auch veröffentlicht von: Praeger Publishers Inc., New York.

Menn, Don: Jimi Hendrix. Ein Nachdruck der Jimi-Hendrix-Sonderausgabe des »Guitar Player« vom September 1975; in japanischer Sprache. Player Corporation, Tokio, 1977.

Mitchell, Mitch und John Platt: The Hendrix Experience. Pyramid, London, 1990.

Murray, Charles Shaar: Crosstown Traffic/Jimi Hendrix And Post-War Pop. Faber & Faber, London, 1989.

Nolan, Tom: Jimi Hendrix/A Biography In Words And Pictures. Sire Books/Chappell Music Company, New York, 1977.

Ordovas, Jesus: Jimi Hendrix. Ediciones Júcar Madrid, 1974.

Raffaelli, Ron: Jimi Hendrix/Electric Church/A Visual Experience. Fotoband. The Visual Thing Inc., Beverly Hills, California, 1969.
Redding, Noel und Carol Appleby: Are You Experienced? Fourth Estate, London, 1990.
Rotondi, Saverio: Jimi Hendrix/Nei Ditorni Del Paradiso. Edizioni Leti Srl, Rom, 1972.
Rust, Jürgen: Jimi Hendrix: Der Letzte Auftritt/Das Fehmarn-Festival 1970. Cobra Verlag Hasum/Nordsee, BRD, 1988.
Salvatori, Dario: Jimi Hendrix. Lato Side Editori Srl, Rom, 1980.
Sampson, Victor: Hendrix/An Illustrated Biography. Proteus Books Ltd, London, 1984.
Sonderhoff, Achim: Jimi Hendrix/Voodoo Chile/Die Biographie einer Rocklegende. Gustav Lübbe Verlag GmbH, Bergisch Gladbach, BRD, 1981.
Welch, Chris: Hendrix: A Biography. Ocean Books Ltd, London, 1972. Auch veröffentlicht von: Flash Books, New York; Shobun-sha Publisher, Tokio; Gammalibri, Mailand.

FILME

Bewertung ***** exzellent, **** sehr gut, *** gut, ** schwach, * grauenhaft

JIMI HENDRIX EXPERIENCE: Peter Neal, 33 Minuten. ***Auch bekannt als »See My Music Talking«. Der Film ist in erster Linie eine Collage aus Interviewschnipseln mit und von der JHE. Die Live-Aufnahmen von »Purple Haze« und »Wild Thing« stammen aus dem Opera House, Blackpool, vom 25. November 1967. Das Highlight des Films ist Jimis akustische 12-string-Version von »Getting My Heart Back Together Again«, gefilmt am 19. Dezember 1967 in London.
Video: 1987: Palace Video (UK)

JIMI PLAYS BERKELEY: Peter Pilafian, 55 Minuten. ***
Footage-Material von Proben und Auszüge aus zwei Shows im Berkeley Community Theatre, Berkeley, California, vom 30. Mai 1970. Dies könnte ein Fünf-Sterne-Film sein, wenn man einige der Songs in ihrer Gesamtheit präsentiert hätte. Sehr bemerkenswert, wie unterschiedlich Jimi während der ersten und der zweiten Show aussieht. Highlights: »Johnny B. Goode« und »Machine Gun«.
Video: 1971: Palace Video (UK), Westron Music Video (USA)

RAINBOW BRIDGE: Chuck Wein, 72 Minuten. **
Obwohl der Sound nur durchschnittlich ist, die Songs stark bearbeitet worden sind und die Tonspur nicht synchron zum Film läuft, ist Jimis Auftritt mit Billy Cox und Mitch Mitchell am 30. Juli 1970 in Hawaii die Rettung des Films. Der Film war ursprünglich 103 Minuten lang; eine der geschnittenen Szenen zeigt Jimi, wie er sich aus einem Fenster lehnt und einen Typen erschießt, der eine lange ausschweifende Rede gehalten hatte. Da der Typ weiß war, ist die Annahme begründet, daß die Entscheidung zur Entfernung dieser Szene politischer Natur war. Es ist eine Schande, daß man hier nicht mehr Material mit kompletten Songs aus der zweiten Show zu

sehen bekommt, in der Jimi verschiedene schöne Instrumentals spielte. *Das* wäre ein interessanter Film . . .
Video: 1971: Hendring (UK), Rhino Home Video (USA)

A FILM ABOUT JIMI HENDRIX: Joe Boyd, 102 Minuten. ****
Ein Dokumentarfilm mit verschiedenen Interviews (allerdings nur wenigen mit Jimi) und vielen Konzertmitschnitten, vom Marquee im März 1967 über Monterey bis zum Isle Of Wight Festival vom 30. August 1970. In jedem Fall eine definitive Dokumentation, zeigt sie doch einige der besseren Momente vom Auftritt auf der Isle Of Wight.
Video: 1973: Warner Home Video

JOHNNY B. GOODE: Alan Douglas, 26 Minuten. *
»All Along The Watchtower« und »Star Spangled Banner« live vom 2nd Annual Atlanta Pop Festival, 4. Juli 1970. Diese Songs hätten niemals veröffentlicht werden dürfen (»Star Spangled Banner« ist einfach schrecklich). Jimi ist weit von seiner Topform entfernt und sieht sehr müde aus. Außerdem sind zu sehen: eine Promofilm/ Foto-Collage zur Musik von »Are You Experienced?«, »Johnny B. Goode« vom Berkeley-Konzert und ein »künstlerisches« Ballett zur Musik von »Voodoo Child (slight return)«.
Video: 1985: Virgin Music Video (UK), Sony (USA)

JIMI PLAYS MONTEREY: Don A. Pennebaker, 50 Minuten. ****
Fast das komplette Konzert der Jimi Hendrix Experience in Monterey, 18. Juni 1967, plus »Sergeant Pepper's Lonely Hearts Club Band« und »Wild Thing«, live vom »Christmas On Earth Continued«-Pop-Spektakel im Londoner Olympia (22. Dezember 1967). Zu bemängeln sind die etwas blassen Farben und die Einblendung der Film-Credits während »Purple Haze«.
Video: 1987: Virgin Music Video (UK)

WOODSTOCK 2: Michael Wadleigh, 90 Minuten. ***
Jimis Band »Gypsy Sun And Rainbows« ist in diesem Film über 10 Minuten lang zu sehen und zu hören (»Star Spangled Banner« und »Purple Haze«); das »Instrumental Solo« wird als Hintergrundmusik benutzt.
Video: 1979: Warner Home Video

SUPERSTARS IN CONCERT: Peter Clifton, 104 Minuten. **
Jimi kann hier für etwa 11 Minuten bestaunt werden (der Rest des Videos enthält Material anderer Künstler). Der Film bietet eine Playback-Promo-Version von »Hey Joe« aus dem Saville Theatre, London, vom 31. Januar 1967 sowie eine weitere Playback-Version von »Hey Joe« aus dem belgischen Fernsehen vom 7. März 1967. Darüber hinaus bringt der Film eine unvollständige Live-Version von »Wild Thing« aus dem Pariser Olympia vom 9. Oktober 1967 plus einige stumme Filmsequenzen aus den USA (1967) und vom Isle-Of-Wight-Festival (30. August 1970); der Titel »Freedom« vom Isle-Of-Wight-Konzert wird hier als Hintergrundmusik eingesetzt. Einige Ausschnitte aus diesem Video wurden bereits früher in den Filmen »Rock City« und »The Sound Of The City« veröffentlicht.
Video: 1989: Telstar Video Entertainment (UK)

JIMI HENDRIX CONCERT, 27 Minuten. **
Ein Wundertütenvideo ohne Neuigkeiten. »Purple Haze« (eine Hälfte aus dem Marquee, die andere Hälfte von Berkeley) wie bereits veröffentlicht in »A Film About Jimi Hendrix«, »Wild Thing« aus Paris (1967). »Wild Thing« und »Hey Joe« vom Monterey-Konzert 1967 und »Hey Joe« aus dem Saville Theatre von 1967.
Video: 1978: Media-Home Entertainment Inc. (USA)

ISLE OF WIGHT: Murray Lerner, 57 Minuten. ***
Video: 1990: BMG

JIMI HENDRIX AT THE ATLANTA POP FESTIVAL: 56 Minuten. ****
Video: 1992: BMG

JIMI AT WOODSTOCK: 56 Minuten. *****
Video: 1992: BMG

UNVERÖFFENTLICHTE FILME

WAKE AT GENERATION: Don A. Pennebaker
Dieser Film ist seit kurzer Zeit in den USA als Bootleg erhältlich. Er bietet Material aus dem Generation Club, New York City, vom 7. April 1968. Hier ist auch eine sechsminütige Blues-Jam-Session von Jimi mit Roy Buchanan (Baß) zu sehen, gefilmt während einer Gedenkveranstaltung für Martin Luther King.

THE LAST EXPERIENCE: Steve Gold & Jerry Goldstein.
Der Film bietet das komplette Konzert aus der Royal Albert Hall, London, vom 24. Februar 1969. Rechtliche Schwierigkeiten haben über die Jahre verhindert, daß dieser Film bisher auf der (öffentlichen) Leinwand gezeigt werden konnte.

WINTER FESTIVAL FOR PEACE: Michael Jeffery
Ausschnitte vom Benefiz-Konzert im Madison Square Garden, New York City, vom 28. Januar 1970. Der Film enthält Jimis kurzen Auftritt, der sich als letztes Konzert der Band Of Gypsys entpuppte.

BERKELEY: Peter Pilafian.
Beide komplette Konzerte vom 30. Mai 1970.

RANDALL'S ISLAND
Komplettes Konzert vom »New York Pop«-Festival am 17. Juli 1970 im Downing Stadium, New York.

RAINBOW BRIDGE
Beide komplette Hawaii-Konzerte vom 30. Juli 1970.

Bildnachweise

ABC Press: S. 234
Klaus Achterberg: S. 719
Ulvis Alberts: S. 279
Nils Almgren/VF–Foto: S. 238
Peter Amft: Ft. 11
Gene Anthony: Ft. 12 u.

Mike Barich: S. 462, 474
Anne Bjørndal: S. 490
Jan Blom: Ft. 15 u.
Paul van den Bos: S. 224
Sammlung Tony Brown: S. 151, 217, 675 u., 681, 683 o.
Peter Bundgaard: S. 537

Ed Caracff: S. 212, 327
Mike Charity/Camera Press: S. 157

Sammlung Michel Doncque: S. 254, 710
Toon Fey: S. 256

Bruce Fleming/Rex Features: Ft. 8
Sammlung Carol French: S. 43
Gannett Rochester Newspapers: S. 290

Caesar Glebbeek: S. 7, 19, 24, 129, 132, 362, 370 o. u. u., 372
Sammlung Caesar Glebbeek: S. 109, 127, 302, 315, 378, 498, 570, 593, 675 o., 682 u., 683 u., 683 M., 714, 752; Ft. 2 M. r., Ft. 2 r. u.
John Goddard: Ft. 3 o. l.
Göteborgs Posten: S. 260
Kim Gottlieb-Walker: S. 276
Ragnhild Haarstad/SVP S. 359

Douglas Kent Hall: S. 428; Ft. 14 u.
Tom Hammang: S. 324
Ulrich S. Handl: 149
Sammlung Jess Hansen: S. 34
Nona Hatay: S. 390
Kim Haugaard/Århus Stifstidende S. 753
Sammlung Al Hendrix: S. 24, 29, 32, 35, 36, 38, 39, 41, 72, 78, 670, 671, 672, 673 o., 674; Ft. 1, Ft. 2 o.
Peter Herzig: S. 364
Graham Howe: S. 162
Mike Huggon: S. 173

Finn Jensen: S. 541

Sören Karlson: S. 262 o. u. u.
Kippa: S. 272, 354, 725; Ft. 6, Ft. 7 o. u. u.
Alan Koss: S. 420; Ft. 14 o.

Jeffrey Mayer: S. 349
Roger Mayer: Ft. 3 u., Ft. 9
Sammlung Jean-Yves Mogureou: S. 267
Klaus Møller: S. 498
Sammlung Claire Moriece: Ft. 10
Joe Musella: S. 102

Sammlung Bill Nitopi: S. 426
Northern Echo S. 155

Archiv Michael Ochs: S. 282, 297, 328, 331, 351, 643, 738, 739
Lehtikuva Oy: S. 181
Sammlung Bruce Pates: Ft. 10

Sammlung David Pearcy: S. 673 u.
Robert F. Peters: S. 467
Lennart Petterson: S. 236
Phoco: Ft. 5
Pictorial Press: S. 759
Gernot Plitz/Spaarnestad: Ft. 16 u.
Dölf Preisig: S. 229, 314

Jean Louis Rancurel: S. 138, 144, 167, 201, 265
George Rodriguez/Transworld: Ft. 12 o.
Amalie Rothschild: S. 447

Joseph Sia: Ft. 16 o.
Sigurgeir Sirgurjønsson: S. 486
Robert Snasdell: S. 183
Spaarnestad: S. 192, 257, 264, 717
David Sygall: S. 521, 686

Sammlung Ron Theisen: S. 471
Toronto Star: S. 439

UPPA: S. 243

Ben Valkhoff: S. 373
Sammlung Ben Valkhoff: S. 145, 249, 682 o., 721

Warner Bros., Holland: S. 682 M.
Weine Lexius/Reportagebild: S. 182, 189
Wessex Newspaper: S. 160
Baron Wolman: S. 274
Sammlung Herbert Worthington: S. 404

Günter Zint: S. 163, 170, 176, 177, 178, 186, 525

Register

Adams, Jack 300
Adler, Lou 204, 206
»Ain't No Telling« 245, 250
Alkohol s. Drogen
»All Along The Watchtower« 107, 333, 348, 358, 415, 445, 487
»All My Loving« (Film) 287
Allen, Arthur u. Albert 108, 222, 397, 401, 425, 427, 475
Allen, Fay s. Pridgon, Fayne (Fay)
Allen, William »Hoss« 76
Allsop, Kenneth 509
Altham, Keith 143, 168, 185, 203 f., 207, 306, 311, 313 f., 316, 458 f., 494 f., 507
»And The Gods Made Love« 333
»Angel« 45, 188, 342, 476 f., 512
The Animals 118, 120, 122 f., 130, 134–136, 141, 143, 307, 516, 518 f., 522 f., 526
s. auch New Animals
Antah Kar Ana Inc. 454, 473
Apollo Theater, New York 88, 91 f., 103, 425
»Are You Experienced?« (Album) 185–187, 199, 227, 241, 268, 333, 405, 495
»Are You Experienced?« 198 f., 202, 227, 232, 326
Arkestra 406
Aronowitz, Al 271, 507
Astoria, London 168, *192*
»Astro Man« 478 f.
Atlanta Pop-Festival 463 f.
Auger, Brian 130, 147, 408
»Auld Lang Syne« 348, 464
Austin, Buck 529 f.
Autos 329, 413
»Axis: Bold As Love« (Album) 54, 233, 235–239, 241–253, 255, 261, 268, 270 f., 280, 318, 342

Baker, Ginger 126, 355, 500
Baker, Mickey »Guitar« 50
»The Ballad Of Frankie Lee And Judas Priest« 431
»Ballad Of A Thin Man« 107
Hank Ballard and the Midnighters 54, 85
»Bama Lama Loo« 101 f.
Band of Gypsys 435, 438, 440–450 passim, 452, 459, 463, 473 f., 512
Bank of New Providence Trust Company 518
Banks, John 142
Baptisten 48, 51, 512
Barbeque '67, Spalding 181, *183*
Barlow, Verdell 77
Baron, Nashville 76 f., 79, 85
Barrett, Eric 309 f., 364 f., 378 f., 392, 493, 504, 512
BBC 234 f., 263, 353, 509, 528
s. auch Radio One
s. auch »Rhythm and Blues Show«
The Beach Boys 205, 231
The Beatles 92, 118, 130 f., 134, 141, 207, 218, 220, 254, 293, 375 f., 385, 387, 446, 511
s. auch Lennon; McCartney
Beck, Jeff 91, 126, 139, 159, 163, 285, 299, 452

Becker, Raymond »Tiny« 529 f.
»Beginning« 480
Belgien 159
»Belly Button Window« 478 f.
Benson, Bill 40
Benson, Ernestine 40, 52
Berkeley Community Theater, Kalifornien 462 f.
Berry, Chuck 98, 112, 137, 205, 307, 539
Big Apple, München 141 f., *144*, *149*, 175
Big Maybelle 425
Birmingham, England 171
Bjørndal, Anne *490*, 491
»Black Gold« 478 f., 514
Black Panthers 399–401, 409, 425, 455, 510, 512
Blackmon, Benorce 56
Blackwell, Bumps 53
Blaises, London 124, 126, 130, 148, 310, 319
»Bleeding Heart« 371, 528
Bloomfield, Mike 118, 208, 215, 276
»Blowin' In The Wind« 106
The Blue Flames 116–118, 131
»Blue Suede Shoes« 463
Bob Fisher and The Barnevilles 81
Bolan, Marc 318
»Bold As Love« 251 f., 472
Bollingford, Charles 529
Bond, Graham 124, 255, 304
»Boris The Spider« 365
Boyle, Mark 294, 296
Brack, Ray 393
Branton, Leo 515, 517, 523 f., 528
»Bravo« 150, 175
Brevitz, Marshall 329
Bridges, Alvinia 494, 503
Brooks, Harvey *276*
Broonzy, Big Bill 52, 128
Brown, Al 437 f.
Brown, James 84, 91, 124, 141, 272, 539
Brown, Nappy 80
Brown, Phil 236
Brown, Tony 15
Bruce, Jack 126, 153, 355, 395, 408, 448
Buchanan, Roy 299, 424
Buddy Miles Express 326, 407, 460
Burdon, Angie (später King) 174, 232, 356, 502, 514
Burdon, Eric 129 f., 136, 147, 165, 208 f., 255, 269, 307, 309, 348, 398, 402, 418, 497, 499, 503, 509 f., 518, 526; s. auch War
Burke, Solomon 84, 106
Burks, John 450–452, 455, 478
»The Burning Of The Midnight Lamp« 216, 225, 227 f., 230–233, 333, 344, 433
Burns, Tito 168
Butterfield, Paul 118, 299, 409, 414, 424

Café Au Go Go, Greenwich Village 115, 118, 203, 222, 299
Café Wha?, Greenwich Village 115–118, 120 f.
Caicos Trust Company 518
»Can You Please Crawl Out Your Window?« 107, 234
»Can You See Me?« 153, 168, 191, 211, 232
Capaldi, Jim 408
»Captain Coconut« 400
Carpenter, Diana 120, 499, 527
Carpenter, Tamika 120, 499, 527
Carson, Johnny (»Johnny Carson Show«) 409, 422
Caruso, Paul 289
Casady, Jack 301, 326, 452 f.
»Castles Made Of Sand« 248, 250
»Catfish Blues« 235, 263
Cavett, Dick (»Dick Cavett Show«) 422
Chalpin, Ed 110, 121, 223, 225, 311, 316 f., 366, 433, 435, 446 f., 454 f., 472, 499, 515 f., 520, 526 f.
Champ, Celestine 32 f.
Champ, Mrs. 31–33
Chandler, Chas 120–126, 128–143 passim, 146–148, 152–154, 164, 168, 180, 184 f., 205, 209, 213, 216–218, 221 f., 232 f., 235, 237, 239 f., 242, 253, 261, 271, 280, 284, 298, 302–306, 353, 356 f., 369, 371, 392,

437, 447, 497, 499–502, 506, 509, 515, 517–520, 523, *525*, 527 f.
s. auch Jeffery and Chandler Inc.
Chandler, Lotte 125, 137, 148, 174, 232, 304 f., 357
Charles, Chrissie 155 f.
Charles, Ray 53, 124, 174, 342 f., 395
»Charleston Gazette« 393
Cheetah Club, New York 114 f.
»Cheltenham Chronicle« 265
Cherokee-Indianer 21 f.
Chesters, Neville 220, 237, 239, 269, 273, 283, 287–289, 292–295, 298, 309 f., 322, 435
Chkiantz, George 236 f., 239–241, 250
Jordan Christopher and The Wild Ones 115
Church, Jimmy 78, 80, 82
Clapton, Eric 91, 96, 111, 122, 126, 128, 152 f., 155–157, 159, 167, 174, 222, 246, 269, 271, 299, 355, 387, 402, 408, 443, 455, 457, 459, 499 f., 511, 539
Clemens, »King« George 116, *486*
Cleveland, Public Hall 292 f.
Cohen, Ira 433 f.
Cohen, Maxwell 528
Coleman, Ornette 197, 431
Collins, Judy 448
»Come On Part One« 343
»Coming Down Hard On Me, Baby« 480
Cooke, Sam 83–85, 88, 91, 99, 111
Cope, Bob 278 ff.
Coryell, Larry 299, 448
Cox, Billy 13, 73–77, *78*, 80–83, 122, 169, 188, 338, 383, 394, 397, 407–409, 415, 422 f., 435, 438, 442, 449, 452–454, 457, 459 f., 468 f., 473, 487–491, 493, 513
s. auch Band of Gypsys
Cox, Mick 304, 308, 320, 323, 365
»Crash Landing« (Album) 196, 528
»Crash Landing« s. »Power Of Soul«
The Cream 126, 134, 153, 158, 181, 253, 318, 326 f., 348, 355, 448, 470
Cropper, Steve 97, 245, 342
Crosby, David 207, 215, 275
»Crosstown Traffic« 333, 336 f. , 377
»Cry Of Love« (Album) 458, 479
Culver, Gary 529 f.
Curtis, King 91, 102, 111, 113

Dänemark 177, 261, 361, 482, 491, *498*
»Daily Mail« 539
»Daily Mirror« 232, 511
Dallas, Karl 419
Dannemann, Monika 361–363, *364*, 415, 456 f., 483, 493, 496–499, 502–505, 508–510
Danny's Pan, Hamburg 185
Dante's Inferno, Vancouver 81
Davis, Betty 434
Davis, Miles 250, 377, 393, 433 f., 512, 539
Davis, Spencer 348
»Day Tripper« 360
De Lane Lea-Studio 138, 153, 185
Decca Records, London 140 f., 225, 316
Dee, Dave 154
Joey Dee and The Starlighters 108, 115
»Deep Sea Blues« 263
Del Morocco Club, Nashville 75–78
Delgardo, John 409
Dentino, Matt 532
Denver Pop Festival (»Mile High«-Stadion) 403–405, 407
Derringer, Rick 299
Des Barres, Pamela 285, 287
»Desolation Row« 107
Deutschland 142, *143*, 175 f., 180, 233, 361–366, 482, 492 f.
Diana (Groupie) 286
Dicker, Lee 519 f., 525 f.
»Disc« 253, 256, 352, 427, 471, 501
»Disc and Music Echo« 152, 167, 175, 252, 280, 352, 405, 496, 506
»Distant Drummer« 381
Dixon, Willie 265
Dolenz, Mickey 207, 218, 220
s. auch The Monkeys
»Dolly Dagger« 474 f., 487, 499
Donner, Otto 179 f.
»Door« 396 f.
The Doors 204

Douglas, Alan 433 f., 456, 464, 494, 499, 501, 512, 528, 536
Douglas, Stella 304, 409 f., 433, 494, 501 f., 510
»Downbeat« 330
Drain, Sammy 56
»Drifter's Escape« 107, 476
»Drifting« 476
»Drive, Drive« 63
»Drivin' South« 111, 234 f., 268
Drogen 62, 119, 164 ff., 193, 206–208, 222 f., 230 f., 281–283, 304, 363, 374 f., 385–392, 414, 422, 428, 435–437, 451, 456, 458, 466, 483, 530
Drogenprozeß 398 f., 410, 436 f.
Dunaway, Chuck 293
Dunbar, Ansley 130–132
Dupree, Cornell 111
»Dust My Broom« 487
Dylan, Bob 80, 105–108, 117–119, 207, 211, 305, 348, 431, 445, 476
Dzidzournu, Rocky 341, 371

»Earth Blues« 438 ff., 449, 474
»Easy Rider« (Film) 432, 438, 468
Eire Apparent 253, 304, 307 f., 320, 365
Electric-Church-Music 350, 357, 371, 374, 397 f., 406, 512
The Electric Flag 208, 275 f.
Electric Lady Inc. 453, 515
Electric-Lady-Studio 424, 453, 455, 472 f., 481, 483, 515, 528
»Electric Ladyland« (EL) (Album) 250, 298 f., 301, 317 f., 326, 332–348, 356, 360, 381, 452, 476
Eno, Brian 538 f.
Entführung Jimis 429 ff., 516
Ephron, Mike 431
Epstein, Brian 134, 137, 153, 233, 306
Etchingham, Kathy 124–126, *127*, 137 f., 142, 148, 174, 232, *272*, 323, 331, 348, 355 f., 371, 391, 400, 456–458, 489, 502, 505, 507
Europa Hotel, London *354*
Evans, Gil 196, 246, 501, 538
»Evening Standard« 223
Exkano, Lester 54, 59
»EXP« 242
Experience s. Jimi Hendrix Experience
Experience (Club) 329
Experience (Film) s. »See My Music Talking«
»Experience Radio One« 528
»Experiencing The Blues« 263
»Expressway To Your Skill« 512
»Eye« 299, 356
»Eyes And Imagination« 480
»Ezy Ryder« 438, 460, 488

»Fab 208« 257
»Fabulous« 203
Faithfull, Marianne 134, 435
Fame, Georgie 131
Farmer, Bob 256
Fat Mattress 211, 326 f., 352 f., 356, 369, 371, 381, 383, 396 f., 447
Faucette, Larry 345
Fender, Leo 95 f.
Ferguson, Gary 73
Fidler, Frank 278
»51st Anniversary« 161, 166
Finnegan, Mike 301, 345
Finnland 177–179
»Fire« 168, 195, 268, 358, 415, 429, 433, 444, 464
»First Around The Corner« 165
»First Rays Of The New Rising Sun« (Album) 356 f., 441, 459, 472, 479
»Flashing« 527
Fleetwood Mac 481
Fleming, Bruce 17, 232, 255
Fort Campbell, Kentucky 69–73
Fort Ord, Kalifornien 69, 72
Fort Worth, Texas 280, 283, 461
Forum, Los Angeles 383 f., 418, 459
»Fox« 91
»Foxy Lady« 168, 187 f., 210, 263, 266, 323, 365, 371, 415, 429, 449, 460, 469, 476, 488
Franklin, Bertha 99
Frankreich 137, *138*, 159, *167*, 175, *201*, *254*, *265*, *267*, 493
»Freedom« 461, 463, 474 f., 487, 491
Friday, Gene 94
Fulton, Meatball 45, 164, 270

»Gallery« 89
Garfield High School, Seattle 60, 278
Gaslight Café, Greenwich Village 115, 118, 222 f.
Gautier, Freddie Mae 29, 40, 48, 465–468, 477, 512, 528–530
Generation (Club), New York 299, 423 f.
George, Nelson 539
George's Club 20, New Jersey 111
»Get That Feeling« 316 f., 527
»Getting My Heart Back Together Again« (»Hear My Train A'Comin'«) 357, 383, 401, 460, 463
»Getting Your Brother's Shoes Together« (eigentl. »Lover Man«) 460
Gillespie, Dizzy 88
Gitarre 47, 49, 51–53, 57, 71 f., 95, 330
The Gladiators 130
»Globe and Mail« 398
»Go Go Shoes« 91
Golden Gloves 25
Goldie and The Gingerbreads 134
Goldblatt, Louis 389
Goldstein, Michael 214, 221, 269, 388, 423, 512
Gonzales, Virgil 326
Gordon, Roscoe 56
»Got My Mojo Working« 338
Graham, Bill 209 f., 214 f., 272 f., 399, 440–443
Grant, Keith 236, 240
Grateful Dead 205, 210, 387
Green, Richard 314, 507
Green, Robert 59
Greenlin, Howard 529
Greer, Germaine 181 ff.
Gressel, Janine 396
Grossman, Albert 305
GTOs (Groupie-Zirkel) 285
»Guardian Journal« 231
»Guitar Player« 513
Guitar Slim (Eddie Jones) 342 f., 395
»Guitar World« 219, 501
Guitar-In, London 233
Gunnel, John 134, 143
»Gypsy Eyes« 343
Gypsy Sun and Rainbows 412, 418, 432, 434 f., 446, 490

Hagood, Kenny 515
Hallyday, Johnny 130 f., 136 f., 261
Hammond, John jr. 117 f., 222, 512
Hancocks, David 532
Harding, Dorothy 28, 30, 40, 42, 46, 48, 52, 142
Harding, Roberta 52
Harold-Davidson-Agentur, London 129, 268
Harris, Walter 54
Hartley, Pat 102, 454, 468–471, 494
»Have You Ever Been (To Electric Ladyland)« 336
Havens, Richie 115, 203 f., 408, 419, 424, 448
Hawaii *282, 297, 328*, 330, 383, 397, 453, 468–472, *471*
Hawkins, Ronnie 117
The Hawks (The Band) 117 f.
»Hear My Train A'Comin'« s. »Getting My Heart Back Together Again«
Heath, Ulysses Jr. 54 f.
»Helix« 277
Hell's Angels 206, 311, 436
»Helsingin Sanomat« 179
Henderson, Florence 77
Henderson, Sir Guy 518, 520
Hendrix, Alfred 43
Hendrix, Ayako, 277
Hendrix, Cathy Ira 37
Hendrix, Fanny 23
Hendrix, Frank 24 f., 40
Hendrix, James Allen 24–29, 31–33, *34*, 35, 37, 39–43, 45, 48, 52, 60 f., 142, 277, 466, 511 f., 514 f., 524, 527–530
Hendrix, Janie 277, *279*
Hendrix, Jefferson 23
Hendrix, Jimi (Kleidung) 62, 77, 93 f., 119, 131, 137, 159, 274
(Namen) 94 f., 99, 108, 116 f., 204, 208 f., 341
Hendrix, Joseph 37
Hendrix, Leon Marshall, 24 f., 33,
Hendrix, Leon Morris 33–36, *38*, 39, 41 f., 45, 64, 70, 190, 277, 465, 468, 512 f.

Hendrix, Lucille (geb. Jeter, später Mitchell) 26–28, 30–35, *36*, 37, 42–46, 48, 166, 247, 342 f., 466, 477, 513
Hendrix, Mary 57
Hendrix, Pamela Marguerite 37, 44
Hendrix, Patricia 24 f., 34 f., 40, 45, 81
Hendrix, Pearl 40
Hendrix, Ross (Bertran Philander Ross) 23 f., *24*, 25
»Hendrix In The West« (Album) 396, 527
»Hey Baby (The Land Of The New Rising Sun)« 461, 488, 491
»Hey Joe« 116, 121, 130, 137–140, 143, 146, 148, 151–153, 159, 161, 168, 185, 211, 232, 354 f., 358, 360, 365, 455, 488, 539
»Highway Chile« 172, 174
»Highway 61 Revisited« (Dylan-Album) 105 f., 118
Hillman, John 517–522, 526
Holiday, Billie 117, 386 f.
Holland 159 f., *257*
Holland, Dave 377
The Hollies 102, 130, 348
Hollingsworth, Roy 484
Holly, Buddy 20, 50, 96, 111
Carl Holmes and The Commanders 115, 507
»Hoochie Coochie Man« 338
Hopi-Indianer (Book of the Hopi) 165, 190 f., 252
Hooker, John Lee 56, 308
Hopkins, Jerry 397
Hopper, Hugh 271 f., 275, 278, 283, 288 f., 292 f., 295
Horace-Mann-Grundschule, Seattle 37, 50
»Hound Dog« 235
»House Burning Down« 347, 400
»The House Of The Rising Sun« 239
»How Would You Feel?« 110, 225, 316
Howard, Ed 515
Howe, Deering 410
»Hullabaloo« 325
Humperdinck, Engelbert 167–169, 171 f.
Hunter, Meredith 436
»Hush Now« 316
Hyde Park Towers Hotel, London 125
»I Don't Know What You've Got But It's Got Me« 101
»I Don't Live Today« 193 f., 251, 360, 382, 400
»I Dreamed I Saw St. Augustine« 348
»I Feel Fine« 360, 488
»If 6 Was 9« 246 f., 251, 270, 415, 432, 532
»Image« 384, 402
Imperial Hotel, Darlington *155*
»In From The Storm« 470, 476, 488
Irland 255
Ironing Board Sam 80
Isle Of Wight Festival 481–485, 494
Isley Brothers 92–96, 111, 208
Italien 309–311, *312*
»Izabella« 415, 429, 434, 455, 479

Jacobs, Jeanette 120, 436, *439*
Jagger, Mick 128, 134, 200, 205, 435, 455, 475, 511
»Jam Back At The House« 415
James, Elmore 49, 56, 371, 395, 487
James, Jimmy (= Jimi Hendrix) 166, 133
James, Maurice (= Jimi Hendrix) 99
Jason, Michael 410
Jefferson Airplane 215, 387, 452
Jeffery and Chandler Inc. 268, 521 f.
Jeffery, Frank u. Alice 135
Jeffery, Mike 120, 122, 130, 132–137, 153 f., 184, 203, 205, 209, 213 f., 216 f., 222 f., 253, 268, 271, 280, 302, 304–307, 320, 322 f., 352 f., 366, 369, 371, 388, 392, 397, 405, 407, 410, 417, 422–425, 427–430, 432–435, 446 f., 449 f., 453 f., 456 f., 464, 466, 470–473, 500 f., 506, 508, 510, 512, 514–520, *521*, 522 f., 527 f.
Jeter, Clarice 26–31, 33 f., 44, 48
Jeter, Dolores 27 f., 30–34, 42, 44
Jeter, Lucille s. Hendrix, Lucille
Jeter, Nancy 31
Jeter, Preston 26 f.
»The Jimi Hendrix Concerts« (Album) 326, 527
Jimi Hendrix Experience 17, 54, 95, 133, 136 f., *138*, 141, 146, 152–154, 159, 168, 171 f., 178 f., 181, 188,

202 f., 207, 209 f., 214 f., 218–220, 225, 227, 233–235, 237, 253, 261, 269, 271, 276, 280–284, 286 f., 294 f., 298, 301, 306 f., 318 f., 323, 326 f., 352 f., 356, 366, 384, 391, 397, 405, 446, 448, 450 f., 459, 520, *525*
»Jimi Hendrix Memorial Foundation« (JHMF) 529 f.
»Jimi Plays Berkeley« (Video) 462 f.
Jimmy James and The Blue Flames 116
»John Wesley Harding« 348, 431, 445
»Johnny B. Goode« 360, 463
Johnson, James P. 88
Johnson, Pete 384, 418
Johnston, Bruce 231
Johnson, Tommy 58
Jones, Brian 128, 165, 207 f., 210, *272*, 410
Jones, David 220
Dow Jones and The Industrials 115
Jones, Johnny 79 f., 82
Jones, Melody 60
Jones, Quincy 53 f., 434
Joplin, Janis 272, 305, 348, 417, 424
Joplings, Norman 484

»Kalastajatorra«, Helsinki 180
Kasuals s. King Kasuals
Keil, Charles (»Urban Blues«) 49, 82
Keith, Linda 120 f., 125 f.
Kellgren, Gary 301, 379
»Killin' Floor« 111, 126, 137 f., 210, 263, 358, 492
King, Albert 81, 91, 98, 271, 273
King, B.B. 49, 54, 56, 79, 81–83, 91, 98 f., 266, 299, 325, 341, 402, 424, 539
King, David 252, 332
King, Earl 343
King Kasuals 74 f., 77, *78*
King, Martin Luther 294–296, 347, 399, 466, 531, 539
Kingpins *102*, 111 f.
The Kings 141
Kirk, Roland 196 f., 369, 377, 393
Knight, Curtis 110 f., 113 f., 146, 223, 225, 235, 316 f., 527
Knight, Dave 132
Knight, Gladys 91
Kooper, Al 299, 301, 342, 348
Korner, Alexis 19, 124, 338, 492, 528
Kornfeld, Artie 415
Kramer, Eddie 13, 185, 235–237, 239 f., 252, 301, *302*, 309, 333, 347, 424, 432, 434, 473, 512
»Kulttuuritalo«, Helsinki 178, 180, *181*

Lambert, Kit 134, 140 f., 146, 153, 232
Landon, Neil 352
Lang, Michael 307 f., 415 f.
LaRouche, Lyndon 531
Last Experience 527
»Last Poets« (Album) 433
Law, Roger 252
Lawrence, Sharon 391, 424, 436 f.
Leaks, Sylvester 87
Leary, Timothy 305, 419, 433
The Leaves 121
Ledgerwood, Mike 152, 506
Lee, Alvin 459, 495
Lee, Arthur 101, 457
Lee, Larry 77–82, 85, 169, 188, 407–409, 422 f., 429, 463
Leeds, Gary 169, 171
Lennon, John 128, 342, 387
s. auch The Beatles
Leschi-Grundschule, Seattle 37, *39*, *40*, 61
Lesh, Phil 210
Leverton, Jimmy 169, 171, 352, 396 f., 400
Levine, Bob 268, 429
Lewis, Jerry Lee 319
»Like A Rolling Stone« 106 f., 116, 126, 153, 172, 211, 225
»Lincolnshire Chronicle« 168 f.
»Little Band Of Gypsies« (Album) 356
»Little Miss Lover« 250 f., 389
»Little Miss Strange« 250, 341
Little Richard (Richard Penniman) 51, 54, 85, 99–102, *102*, 103, 105, 111, 137, 210, 226, 438
»Little Wing« 91, 245 f., 261, 268, 336, 476, 527
»Live & Unreleased« 528
»Live At Winterland« (Album) 326

Lockett, William 529 f.
Lofton, Webb 54, 59
Lombardi, John 381 ff.
The Lonely Ones 129
»Long Hot Summer Night« 342
»Look Over Yonder« (ehem. »Mr. Bad Luck«) 454, 480
Los Angeles 215, 225, 271–273, 276, 285, 383, 391, 397, 459, 461
»Los Angeles Times« 214, 398, 418, 517
»Louisiana Blues« 338, 343
»Love Is Strange« 50
»Love Me Tender« 51
»Love Or Confusion«, 191 f., 472
»Lover Man« 409, 415, 460, 487
Loving Kind 129 f., 352
Lucas, Joyce 75, 77
Lucas, Ray 112
Lulu Show 353, 356
Lydon, Michael 272, 506

McCartney, Linda (ehem. Eastman) 332 f.
McCartney, Paul 128, 202, 207, 375 s. auch The Beatles
McLaughlin, John 196, 377, 395, 433, 535
McNeely, Jay 55
McVay, Terry 123
»Machine Gun« 443–445, 460, 463 f., 487
Madison Square Garden, New York 385, *390*, 393, 448, 452
Mae, Freddie s. Gautier
Mafia 320–323, 427–430, 517
Mahal, Taj 414
Mallorca 319, 424
Mamas & Papas 200, 205, 214, 225
»Manchester Independent« 256
»Manic Depression« 188
Mann, Manfred 130, 235
»Mannish Boy« 289
Marks, Emeretta 120, 215
Marokko 410 ff.
Marquee-Club, London 153
Mars-Jones, Mr. Justice 515 f.
Marshall, Austin 17
Marshall, Jim 131, 255
Marvin, Hank 96
»Mary« s. »The Wind Cries Mary«
Mason, Dave 369, 371
Maui, Hawaii
»May This Be Love« 194 f., 227, 342, 476
John Mayall and the Bluesbreakers 111, 124, 130, 271, 309, 480
Mayer, Ray 457, 502
Mayer, Roger 163, 237, 251
Mayfield, Curtis 81, 91 f., 101, 172
Meany Junior High School, Seattle 40, 43
»Melody Maker« 145, 147, 219, 231, 253, 318, 329, 332, 348, 352, 423, 441, 448, 458, 484, 511
Mendelssohn, Jane de 374 ff., 382
The Merseybeats 142
»Message To Love« 445 f., 460, 463, 470, 488, 491, 534
Miami Pop Festival 307, 329, 415
Michaels, Lee 350
»Midnight Lightnin'« 457 f., 461, 488, 528
Miles, Buddy 208 f., 215, 275, 329, 338, 345, 350, 402, 408 f., 412, 414, 424, 435, 438, 442, 445–450, 460, 511–513
s. auch Buddy Miles Express
Militärdienst 63–74
Mimram, Colette, 303 f., 409 f., 463 f.
Mind Octopus 327
Mingus, Charlie 196
Minnesota, St. Paul Civic Center *462*
Mitchell, Aysha 491
Mitchell, Bill 44
Mitchell, Lyn 491
Mitchell, Mitch (John) 17, 131, *132*, 133, 137, 141, 147 f., 154, 159, 165, 169–172, 184, 188, 191, 193, 198 f., 208 f., 211, 213, 219 f., 222, 232, 235, 240, 242, 244, 247, 250–254, 257, 259 f., 263, 265, 281, 283–285, 292, 298, 302, 308, 310 f., 316, 318 f., 322 f., 326 f., 329 f., 332 f., 345, 350, 352 f., 358, 360, 363, 377, 380, 389, 391, 393 f., 404, 408 f., 412, 417 f., 422, 432, 435, 448, 450–454, 457,

460 f., 469 f., 473, 476, 486 f., 491, 497, 499 f., 502, 505, 511–513, 517, 519–521, 523 f., 536
Mitchell, Joni 424
»MLK (Martin Luther King)« 400
Money, Ronnie 124 f.
Money, Zoot 124 f., 147, 181
Monique 303
Monk, Thelonious 88, 386 f.
The Monkees 207, 216, 217–221
Monterey Pop Festival 58, 150, 165, 200 ff., 204–214 passim, *212*, 246, 307
The Moody Blues 141
»Moon, Turn The Tides« 346 f.
Moore, Nora Rose 22 f., *24*, 25, 32, 40 f., 46, 48, 81, 193
Morgan, Betty Jean 61, 63, 68 f., 70, 72, 74 f., 190
Moriece, Claire 412–415, 421 f., 431, 433
Morrison, Jerry 305, 392, 407, 412 f., 429 f.
Morrison, Jim 188, 294, 381
Mother Earth 402
Move 255
Movilia, Gigi 310
»Mr. Bad Luck« s. »Look Over Yonder«
Munger, Buck 275
Murray, Charles Shaar 198, 342
Murray, Juggy 121
Murray, Sunny 408
»Music Maker« 261
»Musician« 273
»My Diary« 101
»My Friend« 289–292, 454

Nash, Graham 348
Nash, Henry 85
Neal, Peter 17
Nefer, Kirsten 496, *498*
Nelson, Tracy 402
Nesmith, Mike 219 f., 494
Neville, Richard 313
New Action Produktionsfirma (Lambert u. Stamp) 153 f.
New Animals 129, 145, 208, 269, 311, 348
New Era, Nashville 76, 79
»New Musical Express« (NME) 71, 143, 146, 148, 150, 152, 165, 172, 174, 185, 203, 208, 221, 253, 314, 493
»New York Post« 507
»New York Times« 259, 271 f., 425, 506
Newport Pop Festival, Northridge, Kalifornien 397 f., 401, 459
»Night Bird Flying« 476 f.
»Nine To The Universe« (Album) 395
»1983 (A Merman I Should Turn To Be)« 345 f., 348, 376, 418
Nitopi, Bill 13 f., 96
Nobles, Gene 76
Nolan, Hugh 253
Norman, Tony 356 f.
Nugent, Ted 299

O'Day, Pat 277 f.
Odell, »Gorgeous« George 83, 85, 99 f.
Oldham, Andrew 134
Olympia, Paris 261–263, *265, 267*
Olympia-Ausstellungszentrum, London 255, *256*
Olympic-Studios, London 235 f., 240 f., 366, 458
»One Rainy Wish« 250, 472
Ono, Yoko 481
O'Neill, Mike 130
»Open City« 225
Otis, Charles 222

»Pali Gap« 476
Palm Café, Harlem 87, 92
Palmer, Bruce 215
Palmer, Robert 266
Palmer, Tony 287, 470
Pariser, Alan 200
Parker, Charlie 88, 538
Pastorius, Jaco 535
Patton, Charlie 58
Paul, Gene 96
Paul, Les 95 f., 476
Paul, Steve 395, 512
The Pavillon, Bath *160*
»Peace In Mississippi« 400
Penniman, Richard s. Little Richard
Penniman, Marquette 100
Penniman, Robert 103

Pentecostalisten/Pentecostal-Kirche 48 f., 55, 84
Pernell, Alexander 56
Perrin, Les 274
Phillips, John 200, 204, 206, 209
Pine, Ken 289
Pink Floyd 181, 485
Pinnacle 276
»Plaster Casters« 285 ff.
»Playpower« 313
Polydor Records 141, 146, 153 f., 223, 225, 316 f., 366, 455, 499, 510, 515, 527 f.,
Polytechnic of Central London 126
»Power Of Soul« (»Crash Landing«) 445, 463, 474 f.
PPX Enterprises 110, 121, 223, 515
Presley, Elvis 50 f.
Preston, Billy 112
Price, Alan 147, 232 f., 369
Price, Herbert 513, 515
Price, Walter 505
Pridgeon, Fayne (Fay) 88–90, 105 f., 108, 222 f., 231, 401
Pridgeon, Mrs. (Fay's Mutter) 89
Purdie, Bernard »Pretty« 111–113, 121
»Purple Haze« 153, 160–168 passim, 171, 184, 187, 232, 268, 366, 376, 395, 415, 461, 464, 476, 488, 495, 539

Quashie, Mike 119 f., 140, 456, 481

»Race With The Devil« 487
»Radio One« (Album) 234 f.
Radio London 152
Radio Luxemburg 147
Radiostation KZOK, Seattle 530 f., 532
»Rainbow Bridge« (Album) 418, 454, 479
»Rainbow Bridge« (Film, ehem. »Wave«) 453, 468–470
Rainflowers 116
Rainier-Vista-Jugendgefängnis 63
Rainier-Vista-Schule, Seattle 37
»Rainy Day, Dream Away« 309, 345, 415
Randall's Island Festival, New York 464 f.
Randy California s. Wolfe, Randy
Randy's Record Store, Gallatin 76
Randy Texas 116 f.
The Rascals 448
Rassismus 76 f., 128, 204, 219, 277, 422, 466, 530, 538 f.
»RAT Subterranean News« 423
»Ready, Steady, Go« (RSG) 141 f., 146, 151
»Record Mirror« 143, 148, 218, 231, 253, 448, 484, 494, 501
Record Plant, New York 299–301, *302*, 338, 343, 345, 377, 379, 383, 394 f., 432, 435, 438, 457, 473
»Red House« 188 ff., 232, 266, 350, 360, 371, 384, 389, 396, 450, 487
»Red House Blues« 325
Redding, Margaret 148, 195, 371, 485, 505
Redding, Noel 17, 129 f., 132–134, 137, 142, 154, 169, 171, 184, 188, 198, 207 f., 211, 219, 221 f., 225, 232, 234 f., 239–241, 247, 250, 253–255, 257, 263, 266, 271, 273, 275, 280 f., 283–285, 287 f., 294, 298, 301, 305 f., 308–311, 316, 319, 323, 326 f., 329, 332, 341, 345, 350, 352 f., 358, 360, 363–366, 369, 371, 377, 380, 383, 391, 394, 397, 399, 404–406, 447 f., 450–453, 459, 481, 505, 512, 517, 519–521, 523 f., 526 f.
Redding, Otis 106, 207, 508
Redding, Vicky 148, 311
Reed, Jimmy 56
Reid, Vernon 538
»Remember« 198, 232
Rheingold-Festival, Central Park 219
Rheinhalle, Deutschland *362*
»Rhythm and Blues Show« 338
Rice, Tony 92
Rich, Herbie 326
Richards, Keith 120, 125, 163, 205, 266
Richbourg, John »R« 76
Ricky Tick-Club, London 145
Robbins, Tom 277 f.
Roberts, John 416
Robinson, Dave 253, 320 f.
Robinson, Richard 427
Robinson, Smokey 202
»Rock« 429, 481

»Rock: A World Bold As Love« (Buch) 480
»Rock Me Baby« 153, 211
Rocking Kings 54–59, 95, 130
Rogan, Johnny (»Starmakers and Svengalis«) 146
»Rollin' And Tumblin'« 263 ff., 343
»Rolling Stone« 150, 300, 388 f. 397, 431, 450–453, 455, 464, 478, 512
Rolling Stones 118, 134, 136, 141, 205, 207, 210, 285, 385, 387, 435
Ronnie Scott's 499
»Room Full Of Mirrors« 367–369, 371, 386, 434 f., 461, 463, 480, 488
Rose, Tim 121, 139
Rosenman, Joel 416
Royal Albert Hall, London 253 f., 363, 365 f., 369, *370*, 371, *372*, *373*, *378*, 527
Royal Festival Hall, London 233
Ruby, Jay 269

»St. Mary Abbots«-Krankenhaus 504 f.
Sales, Soupy 103
Salmon, David 502
Salvation, New York 222, 299, 427–429, 516
Sam & Dave 97, 102, 216, 425
Sanborn, David 414
Santana 414
Santana, Carlos 435 f., 443
Saville Theatre, London 137, 153, 175, 202, 209, 233, *234*
Scene (Club), New York 219, 299–301, 379, 395, 430, 448, 512
School Boy 80
Schroeder, Mr. und Mrs. Aaron 524
Schweden 177, 233, 238, 259–261, 357–361, 482, 489
Schweiz 229, 309, 311–315, *315*
Scott, Howard 497
Scott, James s. Vishwa
»Seattle Post-Intelligencer« 396
»Seattle Rocket« 532 f.
Sebastian, John 348, 480
Secunda, Daniel 501
»See My Music Talking« (Film) 17, 71
Seeger, Pete 117
»Sergeant Pepper's Lonely Hearts Club Band« 202, 486
Shankar, Ravi 209
Shapiro, Ben 200, 204
Shapiro, Micky 520
Shaw, Sandie 102
»She Moves Me« 338
»She's So Fine« 250, 342
Shiroky, Carol (Kim) 113 f., 116 f., 120
»Shotgun« 116
Sicks Baseball Stadium, Seattle 51, 465
Simon, Paul 200
Small's Paradise, Harlem 88, 112, 425
»Smash Hits« (Album) 318, 433
Smith, Freddie 345
Smith, Willie »The Lion« 88
»So Many Roads« 118
Soft Machine 255, 271 f., 294, 296, 307, 320, 350, 519
»Somewhere« 196
Summers, Andy 124
»South Saturn Delta« 196
»Spanish Castle Magic« 54, 244 f., 268, 336, 358, 389, 403, 460, 486
Speakeasy-Club, London 369, 457, 483, 493, 500
»Spoonful« 265
Springfield, Buffalo 207, 215
Springfield, Dusty 316
Springsteen, Bruce 117, 192
Squires 110 f., 113–115
Stamp, Chris 140 f., 146, 153 f., 232, 322, 515 f.
»Stand By Me« 113
Star Club, Hamburg *176*, *177*, *178*
»The Star Spangled Banner« 400, 403, 418, 421, 455, 461, 463 f.
»The Stars That Play With Laughing Sam's Dice« 227, 230 f., 336
Steingarten, Henry 424, 499, 501 f., 511, 515
»Stepping Stone« 392, 418, 434, 455, 479
Stern, Mike 250
Stevens, Cat 168 f., 178 f.
Stickells, Gerry 142, *178*, 220, 255, *262*, 268, 275, 292 f., 308, 310, 315, 329–331, 363–366, 382, 388, 403, 405,

448, 468, 492 f., 500 f., 504, 509, 511 f., 516, 519
Stigwood, Robert 134, 220
»Still A Fool« 263
»Still Raining, Still Dreaming« 345
Stills, Stephen 215, 289, 387, 395, 457
»Stone Free« 138 f., 161, 242, 313, 371, 377, 382, 528
Stone, Sly (and the Family Stone) 419, 500
Storch, Doc 377 f., 380
»Story of Life« 542 f.
»Straight Ahead« 473 f.
Sue Records 121
Sullivan, Trixie 135, 146, 268, 305 f., 308 f., 330, 355, 365 f., 371, 391, 399, 430, 453, 506, 508, 523
Sultan, Juma 408–410, 417, 422, 428, 431, 434, 457, 473, 490
»The Sun« 499
Sun Ra 406
»Sunday Mirror« 277
Sundqvist, Eva 358, 361, 489, 527
Sundqvist, James Daniel (»Little Jimi«) 489, 527
»Sunshine« 358
»Sunshine Of Your Love« 153, 326, 355, 360
Sutcliffe, Reina 332
Swetenham, Dick 236

»Taps« 325, 358
»Tax Free« 384
Taylor, Arthur 431
Taylor, Dallas 395
Taylor, Robert (Richter) 398 f.
»Teenset« 400 f.
»Testify« 92 f.
»Them Changes« 446
»The Things I Used To Do« 343, 395
»Third Stone From The Sun« 195 f., 198, 244, 389, 535
Thomas, Carla 80
Thomas, James 54 f., 57–59, 63, 95, 513
Thomas, Perry 54, 59
Thomas and The Tomcats 59, 63
Thompson, Hunter 150
The Times 506
Tivoli Garden, Stockholm 180, *182*, *189*, 233, *486*
Tobler, John 14
Toomey, Debbie 494
»Top Gear« 234
»Top Of The Pops« 151, 232 f.
Tork, Peter 207, 210, 215, *217*, 218, 220, 275
s. auch The Monkees
Touraine, Emilie 471 f.
Townshend, Pete 126, 128, 209, 275
Track Records 141, 153 f., 161, 185, 223, 225, 252, 316–318, 322, 332, 366, 433, 455, 499, 515 f., 520
Traffic 301, 318, 348, 371
T.T.G. Studio, Hollywood 215, 329, 350, *351*
Tucker, Tommy 95
Turner, Ike & Tina 102, 141, 343, 398

»Under The Table« 90
»Up From The Skies« 244, 261
Upper Cut Club, London *147*, 164
Upsetters 85, 99, *102*

Valentine, Elmer 216
Valentine, Penny 175
Valkhoff, Ben 13 f.
»Valleys Of Neptune« 196, 480
The Vancouvers 81
Vanderpool, Sylvia 50 f.
Vanilla Fudge 320, 323, 516
Vaughan, Sarah 91
Velez, Jerry 408 f., 412 f., 417, 422, 431, 432
Velvetones 57
Ventura County Fairgrounds, Kalifornien *467*
»Vibratory Color/Sound Experiment« *471*, 472
Vinkenoog, Simon 161
Vishwa 412, 463, 485, 489
»Voodoo Child (Slight Return)« 341, 354, 358, 360, 418, 461, 465, 488, 527
»Voodoo Chile« 333, 337–341

Wainwright, Jane 532
»Wait Until Tomorrow« 245, 250

Walker Brothers 167–169, 171, 187, 217 f., 253
Walker, Scott 169
Walker, T-Bone 51, 58, 325
Waller, Fats 88
War 497, 499
Warner Brothers 154, 214, 218, 223, 268, 316 f., 319, 322, 332, 433, 453–455, 471, 501, 508, 515, 520 f., 523, 527 f.
Washington, Geno 294
Washington Junior High, Seattle 43
Washington, Major Charles 73
»Wasser-Suite« 476
Waters, Muddy 51, 54 f., 89, 98 f., 128, 235, 263, 265 f., 299, 325, 341, 343, 395, 539
»Wave« s. »Rainbow Bridge« (Film)
»We Gotta Live Together« 446
Wein, (To) Chuck 453 f., 468, 470 f., 512
Weiss, Steven 268, 323
Welch, Chris 147 f., 318, 348, 352 f., 501
Weller, Sheila 431 f.
West, Keith *224*
»West One« 150, 158
Whitehill, Dave 337
The Who 126, 134, 140 f., 205, 209 f., 214, 220, 250, 255, 275, 318, 519, 524
»Who Knows« 443, 445, 449
»Wild Thing« 116 f., 137, 143, 153, 172, 213, 234, 325, 360, 442, 539
Williams, James 37 f., *39*, 61 f.
Williams, John 30, 32 f., 44
Williams, Tony 196, 394 f., 412
Willings, Glyn 100
Wilson, Brian 202
Wilson, Devon 215 f., 303 f., 336, 379, 433, 435, 437, 449, 454–456, 463 f., 474 f., 494, 497, 501 f., 512, 514
Wilson, Flip 409
Wilson, Hosea 100
Wilson, Jackie 83 f., 106
Wilson, Marvin 388, 436
»The Wind Cries Mary« 45, 172–175, 185, 188, 211, 232, 268, 325, 376
Winter, Johnny 300, 343, 395, 398, 448 f., 481, 512
Winwood, Stevie 301, 311, 339, 447
»Wipe The Sweat« 90
WLAC (Radiostation, Nashville) 76
Woburn Music Festival (1968) 318
Wolf, Howlin' 98, 111, 126, 266, 299, 395
Wolfe, Randy (Randy California) 116, 122
Womack, Bobby 85, 92, 172
Womack Brothers (ehem. Valteninos) 84 f.
Womack, Harry 85
Wonder, Stevie 141, 235
Wood, Chris 301, 371, 408
Wood, Randy 76
Woodberry, James 54
Woods, Bobby 427
»Woodstock« (Film) 463
Woodstock Music and Arts Festival 308, 412, 414, 415–419, *420*, 421, 481
Worthington, Herbert 403 f., *404*, 406
Wyatt, Robert 272, 320, 350
Wyman, Bill 147

Yameta 517–524, 526
Yarrow, Peter 448
Yasgur, Max 416
Yorke, Ritchie 398, 526
»You Can Be Anyone This Time Around« 433
»You Got Me Floatin'« 247 f.
»You Keep Me Hanging On« 320
Young, Larry 196, 395, 446
The Young Rascals 219
Youngblood, Gene 276
Youngblood, Lonnie 90

Zappa, Frank 158, 246, 285, 308
Zeppelin, Led 285
»Zygote« 377 f.

vgs
SYMPATHY FOR THE DEVILS
30 JAHRE MIT DEN
ROLLING
STONES
Tony Sanchez
John Blake

Spätestens mit ihrem emphatisch umjubelten Auftritt 1967 auf dem Monterey Pop Festival wird Janis Joplin – die Frau, „die den Blues sang wie keine Weiße vor ihr" – zu einem Superstar der „wilden Sixties". Doch die Sucht nach neuen Erfahrungen, die dieses aufregende Jahrzehnt prägt, wird Janis schließlich zum Verhängnis: Im Oktober 1970 spritzt sie sich eine tödliche Überdosis Heroin.

Gestützt auf zahlreiche unveröffentlichte Briefe, die Janis seit Beginn ihrer Karriere an die Familie schrieb, zeichnet Laura Joplin in *Love, Janis* das einfühlsame Porträt ihrer geliebten Schwester.

Das mit zahlreichen Fotos aus dem Privatbesitz der Familie Joplin ausgestattete Buch ist die authentische und ultimative Janis-Joplin-Biographie und zugleich eine Hommage an das Jahrzehnt der Love-and-Peace-Generation, das unsere Kultur nachhaltig veränderte.

November 1981: Nico Päffgen, früher Model, Sängerin bei „Velvet Underground“ und Andy Warhols Muse, lebt zurückgezogen in der englischen Industriemetropole Manchester. Ein zwielichtiger Rock-Manager sieht seine Chance: „Dr.“ Demetrius heuert Backgroundmusiker an und organisiert für die heroinabhängige Sängerin eine Tour durch Italien, die in einem Desaster endet.

Bis zu ihrem frühen Tod im Juli 1988 zieht Nico mit wechselnden Begleitmusikern durch die Welt – mit mäßigem Erfolg. Oft verschreckt sie ihr Publikum, doch manchmal, in ihren besten Momenten, verzaubert sie es wie einst...

James Young gehörte von 1982 an als Pianist zu Nicos Band. Seine persönliche Erinnerung an die letzten Jahre des einzigen deutschen Undergroundstars ist ein schockierendes Stück Enthüllungsliteratur über die bizarren Possen eines Wanderzirkus von Junkies und Drop-outs und zugleich eine tragische „Road-Movie“-Geschichte – fesselnd wie ein Roman.

Im Dezember 1980 fallen vor dem düsteren Dakota-Apartmenthaus nahe dem New Yorker Central Park die tödlichen Schüsse auf John Lennon. Frederic Seaman war seit 1979 Lennons persönlicher Assistent und fungierte seitdem als wichtigstes Verbindungsglied zwischen dem legendären Gründer der Beatles und der Außenwelt, von der ihn seine Frau Yoko Ono hermetisch abschirmte.

In seinen Erinnerungen an John Lennon zeichnet Seaman das einfühlsame Porträt eines Superstars der Rockszene, dem er zuletzt nahe stand wie kaum ein zweiter. Der Autor gewährt Einblick in die zerrissene Seele seines Freundes, und er enthüllt die bislang unbekannten Aspekte im Leben Lennons: Gejagt von den Dämonen einer ruhmreichen Vergangenheit und gefangen in einer problematischen Ehe, die zuletzt auch in sexueller Hinsicht scheitert, sind Lennons letzte Jahre geprägt von Selbstzweifeln, unerfüllten Sehnsüchten und prophetischen Vorahnungen seines gewaltsamen Todes.

Frederic Seaman
JOHN LENNON – GEBORGTE ZEIT
Eine persönliche Erinnerung

vgs verlagsgesellschaft, Köln